A TRAGÉDIA DE UM POVO

ORLANDO FIGES

A TRAGÉDIA DE UM POVO

A REVOLUÇÃO RUSSA 1891 – 1924

Tradução
Valéria Rodrigues

3ª edição

EDITORA RECORD
RIO DE JANEIRO • SÃO PAULO
2025

CIP-BRASIL. CATALOGAÇÃO NA PUBLICAÇÃO
SINDICATO NACIONAL DOS EDITORES DE LIVROS, RJ

F481t Figes, Orlando, 1959-
3. ed. A tragédia de um povo : a Revolução Russa : 1891-1924 / Orlando Figes ; tradução Valéria Rodrigues. - 3. ed. - Rio de Janeiro : Record, 2025.

Tradução de: A people's tragedy : the Russian Revolution 1891-1924
ISBN 978-85-01-11918-6

1. Rússia - História - Nicolau II, 1894-1917. 2. União Soviética - História - Revolução, 1917-1921. I. Rodrigues, Valéria. II. Título.

CDD: 947.0841
25-100995.2 CDU: 94(47+57)"1917/1921"

Meri Gleice Rodrigues de Souza - Bibliotecária - CRB-7/6439

Título original em inglês: A People's Tragedy: The Russian Revolution 1891-1924

Texto revisado segundo o Acordo Ortográfico da Língua Portuguesa de 1990.

Direitos exclusivos de publicação em língua portuguesa somente para o Brasil adquiridos pela
EDITORA RECORD LTDA.
Rua Argentina, 171 – Rio de Janeiro, RJ – 20921-380 – Tel.: (21) 2585-2000,
que se reserva a propriedade literária desta tradução.

Impresso no Brasil

ISBN 978-85-01-11918-6

Para Stephanie

Sumário

PARTE DOIS
A CRISE DA AUTORIDADE (1891-1917)

PARTE TRÊS
A RÚSSIA REVOLUCIONÁRIA (FEVEREIRO DE 1917 — MARÇO DE 1918)

PARTE QUATRO
A GUERRA CIVIL E A CONSTRUÇÃO DO SISTEMA SOVIÉTICO (1918-1924)

Prefácio

Hoje em dia, usamos a palavra "revolução" com tanta frequência — referindo-nos a uma mudança na política de esportes do governo, a uma inovação tecnológica, ou mesmo a uma nova tendência de marketing — que pode ser difícil ao leitor deste livro embarcar logo de início na vasta escala do assunto. A Revolução Russa foi, considerando pelo menos seus efeitos, um dos maiores eventos da história mundial. A partir da criação do poder soviético, e no espaço de uma única geração, um terço da humanidade passou a viver sob regimes inspirados nesse poder. A revolução de 1917 definiu a forma do mundo contemporâneo e somente agora estamos emergindo de suas sombras. Não foi exatamente uma revolução — a erupção compacta de 1917, tão frequentemente contada nos livros de história — mas todo um complexo de diferentes *revoluções*, desencadeadas em meio à Primeira Guerra Mundial, e que provocaram uma reação em cadeia de mais revoluções, guerras civis, étnicas e entre nações. Quando terminou, despedaçara — e recompusera —, um império que cobria um sexto da superfície do globo. Ainda que com o risco de parecermos insensíveis, o modo mais fácil de transmitir o escopo dessa revolução seria listar os modos pelos quais desperdiçou vidas humanas: dezenas de milhares foram mortos por bombas e balas disparadas pelos revolucionários e pelas repressões do governo tsarista, antes de 1917; milhares morreram lutando nas ruas, durante aquele ano; centenas de milhares morreram em consequência do Terror Vermelho — e outro tanto por conta do Terror Branco, se incluírmos as vítimas dos *pogroms* contra judeus — ao longo dos anos que se seguiram; mais de um milhão pereceu na guerra civil, incluindo civis, mortos na retaguarda; e mais pessoas ainda caíram de fome, frio e doenças, em número muito superior ao das que sucumbiram pelas demais razões.

Tudo isso, suponho, vale como desculpa pelo alentado tamanho deste livro — a primeira tentativa de uma história abrangente sobre todo o período revolucionário num só volume. A narrativa tem início na década de 1890, quando a crise revolucionária realmente começou, ou mais especificamente, em 1891, quando a opinião pública reagiu pela primeira vez à crise decorrente da fome, entrando em rota de colisão com a autocracia tsarista. O término da história dá-se em 1924, com a morte de Lênin, quando a revolução já tinha feito um círculo completo e estavam estabelecidas as instituições básicas, se não todas as práticas do regime stalinista. Isso deveria dar à revolução uma longevidade muito maior do que o habitual. Todavia, afora uma ou duas exceções, parece-me que as histórias anteriores da revolução têm se concentrado quase exclusivamente nos eventos de 1917, o que tornou muito limitada a gama de seus possíveis desdobramentos. Sem dúvida era inevitável que a revolução terminasse na ditadura bolchevique, embora olhar somente para aquele ano fatal nos levasse a tirar tal conclusão. Houve vários momentos decisivos, antes e durante 1917, nos quais a Rússia poderia ter seguido um curso mais democrático. Em *A tragédia de um povo*, analisando a revolução em sua *longue durée*, tentaremos explicar por que isto não aconteceu em cada um desses momentos. Como o título pretende sugerir, o livro se apoia na proposição de que o fracasso democrático da Rússia decorreu das profundas raízes culturais, políticas e histórico-sociais do seu povo. Muitos dos temas dos quatro capítulos introdutórios da Parte Um — a ausência de um contrapeso em nível estatal, capaz de fazer frente ao despotismo do tsar; o isolamento e a fragilidade da sociedade civil liberal; o atraso e a violência vigentes na aldeia russa, e que levou tantos camponeses a sair em busca de uma vida melhor nos centros industriais; e o estranho fanatismo da *intelligentsia* radical russa — reaparecerão constantemente nas Partes Dois, Três e Quatro.

Embora a política nunca esteja muito distante, suponho que esta seja uma história social, já que seu principal foco é a gente comum. Tentei apresentar as principais forças sociais — o campesinato, a classe trabalhadora, os soldados e as minorias nacionais — como participantes do drama revolucionário, e não como "vítimas" da revolução. Houve inúmeras vítimas, sem dúvida, e não pretendi adotar a abordagem "de baixo para cima" tão em voga hoje em dia entre os historiadores "revisionistas" da Rússia Soviética. Seria absurdo — e no caso da Rússia, vergonhoso — deduzir que um povo tem os governantes que merece. No entanto, também não resta dúvida de que carece de pertinência a versão histórica "de cima para baixo" da Revolução Russa, típica do período da Guerra Fria, e na qual o povo aparecia como objeto passivo das malévolas maquinações bolcheviques. Dispomos agora de uma rica e abrangente literatura, baseada em pesquisas realizadas em arquivos recém-abertos, sobre a vida social do campesinato russo, dos trabalhadores, dos soldados, dos marinheiros, dos cossacos, dos habitantes das cidades provincianas e das regiões não russas do Império durante o período revolucionário. Tais monografias nos revelaram um retrato muito mais complexo e convincente do relacionamento entre o partido e o povo do que aquele apresentado pelas antigas versões "de cima para baixo". Os textos mostram que em vez de uma única revolução abstrata, imposta pelos bolcheviques à Rússia inteira, o que aconteceu foi um processo moldado por paixões e interesses locais. *A tragédia de um povo* é um esforço no sentido de sintetizar essa reavaliação e levar a questão a um estágio mais avançado, demonstrando, como o título indica, que a revolução popular continha as sementes de sua própria degeneração na violência e na ditadura. As mesmas forças sociais que levaram ao triunfo do regime bolchevique tornaram-se as principais vítimas de seu triunfo.

Finalmente, *A tragédia de um povo* oscila entre as esferas pública e privada. Sempre que possível, procurei enfatizar o aspecto humano dos grandes eventos, ouvindo as vozes de indivíduos cujas vidas se enovelaram na tempestade. Diários, cartas e outros escritos privados atuam de modo proeminente. Mais substancialmente, as histórias pessoais de várias figuras foram entrelaçadas na narrativa. Algumas delas são ilustres — Máximo Gorki, o general Brusilov e o príncipe Lvov —, enquanto outras permanecem ignoradas pelos próprios historiadores — o camponês reformista Sergei Semenov e o soldado Dmitry Os'kin. Todas, entretanto, alimentavam esperanças e aspirações, medos e decepções típicos da experiência revolucionária como um todo. Acompanhando a sorte dessas figuras, meu objetivo foi transmitir o caos daqueles anos tal como deve ter sido percebido por homens e mulheres comuns. Tentei apresentar a revolução, não como uma marcha de forças sociais e ideologias abstratas, mas como um evento humano de complicadas tragédias individuais. Uma história em grande dimensão de pessoas que abraçam elevados ideais e acabam chegando a resultados muito diferentes. Eis, mais uma vez, por que optei por este título: *A tragédia de um povo* não trata somente do momento trágico em que se deu uma virada histórica, mas diz respeito aos modos pelos quais a tragédia da revolução engolfou os destinos daqueles que a viveram.

Este livro levou mais de seis anos para ser escrito e implicou um grande débito para com muitas pessoas.

Devo agradecer, principalmente, a Stephanie Palmer, que suportou longas horas de trabalho egoísta, fins de semana e feriados estragados por horas extras e um comportamento quase sempre intratável do marido, muito além do que seria justo tolerar. Em troca, recebi da parte dela amor e apoio em escala muito maior do que merecia. Stephanie cuidou de mim ao longo dos anos sombrios de uma doença debilitadora que sofri nos primeiros estágios de produção deste livro e, além de seu próprio fardo de trabalho pesado, assumiu mais do que seria sua cota justa na tarefa de dar atenção às nossas filhas, Lydia e Alice, depois que elas nasceram, em 1993. Dedico este livro a ela, por gratidão.

Neil Belton, da Jonathan Cape, teve imensa participação na preparação deste livro. Neil é o editor dos sonhos de qualquer escritor. Ele leu cada capítulo em cada uma das versões e os comentou em cartas longas e detalhadas da mais fina prosa.

Suas críticas sempre foram no alvo, seu conhecimento sobre o assunto constantemente surpreendente e seu entusiasmo inspirador. Se há um leitor ao qual este livro é dirigido, é a ele.

A segunda versão foi lida também por Boris Kolonitskii durante o curso de vários encontros nossos em Cambridge e São Petersburgo. Sou muito grato a ele por seus muitos comentários, todos os quais resultaram em aperfeiçoamentos do texto e espero que, embora este tenha sido um trabalho unilateral, possa ser o começo de uma parceria intelectual duradoura.

Tenho grande débito para com duas mulheres extraordinárias. Uma é minha mãe, Eva Figes, mestre na arte narrativa do passado que sempre me deu bons conselhos sobre como praticar tal ofício. A outra é a agente Deborah Rogers, que me prestou um grande serviço ao intermediar o casamento com a Cape.

Na Cape duas outras pessoas merecem agradecimentos especiais. Dan Franklin navegou pelo livro ao longo de seus estágios finais, com sensibilidade e inteligência. E Liz Cowen cruzou o texto inteiro, linha por linha, sugerindo melhorias com cuidado meticuloso. Sou profundamente agradecido a ambos.

Pela assistência na preparação do texto final, quero agradecer também a Claire Farrimond, que me ajudou a checar as notas, e a Laura Pieters Cordy, que trabalhou além do que devia para inserir as correções. Também devo agradecimentos a Ian Agnew, que desenhou os esplêndidos mapas.

Os últimos seis anos foram um período estimulante para a pesquisa histórica na Rússia. Gostaria de agradecer à equipe de muitos arquivos e bibliotecas russos onde a pesquisa deste livro foi concluída. Devo muito ao conhecimento e aconselhamento de inúmeros arquivistas, quantidade grande demais para poder nomeá-los um a um, mas há uma exceção, Vladimir Barakhov, diretor do Arquivo Gorki, que foi mais do que generoso com seu tempo.

Muitas instituições me ajudaram na pesquisa para este livro. Sou grato à Academia Britânica, ao Leverhulme Trust e — embora a parceria não tenha sido possível — também ao Woodrow Wilson Center, em Washington, por seu generoso apoio. A Faculdade de Trinity, em Cambridge, à qual pertenço, tão generosa quanto rica, foi de enorme valia, concedendo-me tanto subvenção quanto licença para estudos. Entre os Holy and Undivided Fellows, devo agradecimentos especiais a meus colegas Boyd Hilton e John Lonsdale, por me substituírem em ausências frequentes; ao inimitável Anil Seal, por seu grande apoio; e sobretudo a Raj Chandavarkar, por sua crítica tão arguta e amizade leal. Finalmente, na Faculdade de História, sou, como sempre, grato a Quentin Skinner por seus esforços em meu favor.

O melhor da Universidade de Cambridge é a qualidade de seus alunos, e no curso dos últimos seis anos tive o privilégio de ensinar alguns dos mais brilhantes em minha cadeira especial sobre a Revolução Russa. Este livro é, em grande medida, resultado dessa experiência. Muitas foram as ocasiões em que deixei a sala de aula às pressas para pôr no papel ideias que recolhi em discussões com meus alunos. Mesmo que tal contribuição não possa ser reconhecida nas notas, espero que aqueles que lerem este livro o tomem como um tributo de minha gratidão a eles.

Cambridge
Novembro de 1995

Glossário

atamã	comandante cossaco
Cem Negros	grupos paramilitares de extremistas de direita (para a origem do termo, ver página 234)
Bund	organização social-democrata judaica
burzhooi	termo popular para burguês ou qualquer outro inimigo social (ver página 570)
Cheka	polícia secreta soviética de 1917 a 1922 (mais tarde transformada em OGPU, NKVD e KGB); o nome por extenso da Cheka era Comissão Extraordinária de Todas as Rússias para Combater a Contrarrevolução e a Sabotagem
Defensivistas	socialistas que apoiaram a guerra (1914-18) sob o argumento da defesa nacional; os mencheviques e os SRs [Socialistas Revolucionários] dividiram-se entre defensivistas e internacionalistas
desyatina	medida agrária equivalente a 1,09 hectare ou 2,7 acres
Duma	assembleia dos representantes do povo no parlamento russo de 1906 a 1917; em nível municipal, eram conselhos eleitos
guberniia	província (subdividida em *uezdy* e *volosti*)
Internacionalistas	socialistas que se opunham à guerra (1914-18), defendendo a paz imediata com base no internacionalismo proletário; os mencheviques e os SRs dividiram-se entre internacionalistas e defensivistas
Kadets	denominação popular dos membros do Partido Constitucional Democrático
kolkhoz	fazenda coletiva

Komuch	governo antibolchevique estabelecido em Samara, durante o verão de 1918; seu nome completo era Comitê dos Membros da Assembleia Constituinte
Krug	assembleia de cossacos
kulak	camponês rico
mir	comuna de aldeia
NEP	Nova Política Econômica (1921-29)
obshchina	terra comunal camponesa
Outubristas	denominação popular dos membros do Partido Liberal Conservador
pud	medida de peso equivalente a 16,38 kg
SDs	denominação popular dos social-democratas, marxistas, agrupados no Partido Trabalhista Social-Democrata russo e divididos entre mencheviques e bolcheviques a partir de 1903
skhod	assembleias de aldeia
sovkhoz	fazenda soviética
SRs	denominação popular do Partido Socialista Revolucionário, não marxista, dividido entre SRs de direita e SRs de esquerda, em 1917
Stavka	quartel-general do exército
uezd	distrito (subdivisão de *guberniia*)
versta	medida de distância equivalente a 1.067 metros
voisko	comunidade cossaca dotada de autogoverno
volia	liberdade, autonomia
volost	cidade rural e unidade administrativa básica, geralmente abrangendo várias aldeias
zemstvo	assembleia local, provincial e distrital, eleita, mas dominada pela nobreza (1864-1917); um *zemstvo* chegou a ser estabelecido, em 1917, sendo logo suplantado pelos Sovietes.

Nota sobre as datas

Até fevereiro de 1918, a Rússia usava o calendário juliano (Velho Estilo), que corre treze dias atrás do calendário gregoriano (Novo Estilo), em uso na Europa Ocidental. O governo soviético adotou o calendário Novo Estilo à meia-noite de 31 de janeiro de 1918: o dia seguinte foi declarado 14 de fevereiro. Datas relativas a eventos domésticos são dadas no Velho Estilo até 31 de janeiro de 1918; e no Novo Estilo, depois dessa data. Datas relativas a eventos internacionais (i.e., negociações diplomáticas e batalhas militares na Primeira Guerra Mundial) são dadas no Novo Estilo ao longo de todo o livro.

RÚSSIA EUROPEIA
circa 1900
Murmansk
SUÉCIA
Arkhangelsk
FINLÂNDIA
Helsingfors
(Helsinki)
mar
Báltico
SÃO PETERSBURGO
ESTÔNIA
Novgorod
Vologda
Pskov
Kostroma
Viatka
Perm
Riga
Yaroslavl'
MONTES URAIS
Ob
Tobolsk
Tiumen'
Omsk
Ekaterinburg
Cheliabinsk
Kovno
Wilno
Vitebsk
Nizhnyi Novgorod
Volga
Kazan
LITUÂNIA
Smolensk
MOSCOU
Ufa
Varsóvia
Minsk
Mogliev
Tula
Simbirsk
BIELORRÚSSIA
POLÔNIA
Brest-Litovsk
Orel
Tambov
Samara
Orenburg
Chernigov
Saratov
Lvov
Kiev
Voronezh
UCRÂNIA
GALÍCIA
Kharkiv
Poltava
Dniepre
Tsaritsyn
Kishinev
Odessa
Rostov
Don
Volga
ÁSIA
CENTRAL
ROMÊNIA
Sebastopol
Stavropol
BULGÁRIA
mar Negro
GEORGIA
Mar
Khiva
Tiflis
AZERBAIJÃO
Bukhara
ARMÊNIA
Baku
IMPÉRIO
OTOMANO
Cáspio
PÉRSIA
0
milhas
500

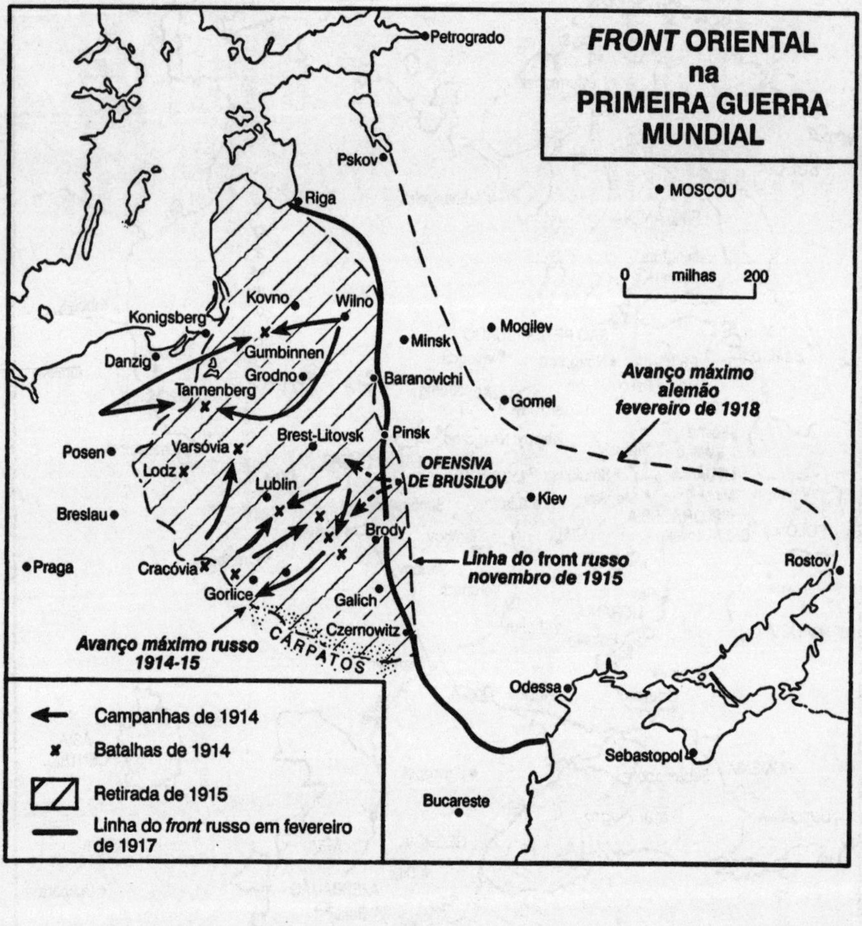

FRONT ORIENTAL na PRIMEIRA GUERRA MUNDIAL
Petrogrado
Pskov
Riga
MOSCOU
0 milhas 200
Kovno
Wilno
Konigsberg
Danzig
Gumbinnen
Grodno
Tannenberg
Minsk
Mogilev
Baranovichi
Gomel
Avanço máximo alemão fevereiro de 1918
Pinsk
Brest-Litovsk
Posen
Varsóvia
Lodz
OFENSIVA DE BRUSILOV
Lublin
Kiev
Breslau
Brody
Praga
Cracóvia
Linha do front russo novembro de 1915
Rostov
Gorlice
Galich
Czernowitz
CARPATOS
Avanço máximo russo 1914-15
Odessa
Sebastopol
Bucareste
Campanhas de 1914
Batalhas de 1914
Retirada de 1915
Linha do front russo em fevereiro de 1917

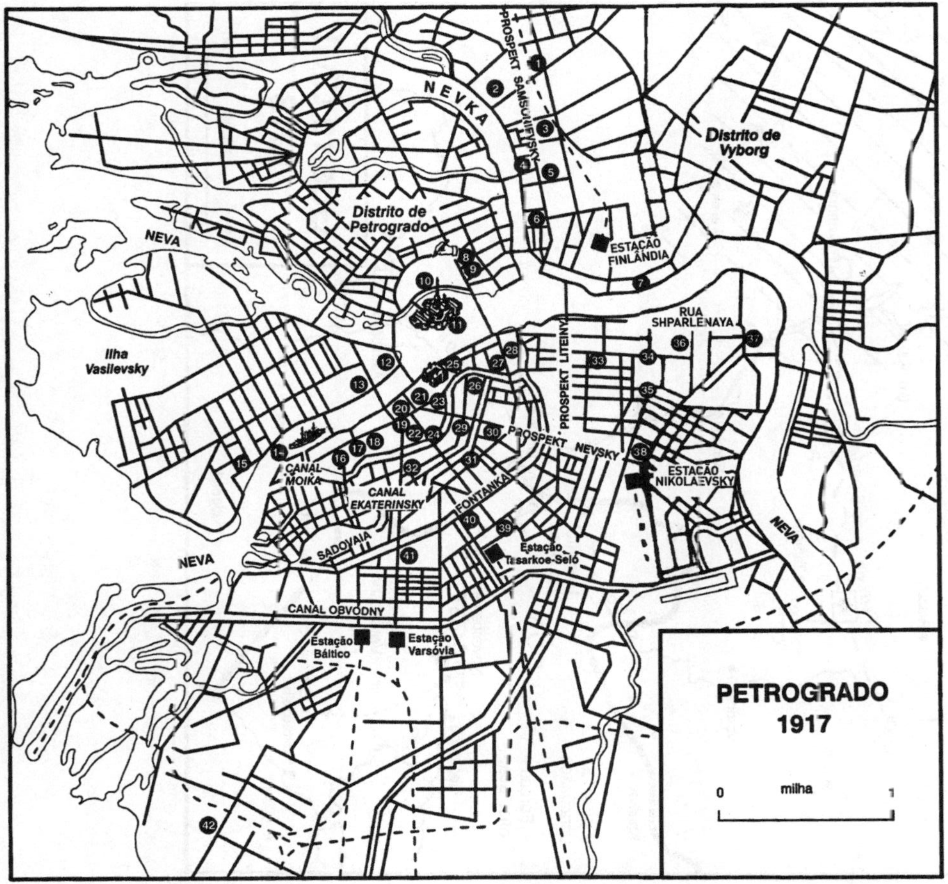

Casa de Gorki
1 Fábrica da Renault russa
2 Fábrica New Lessner
3 Regimento de Moscou
4 Fábrica Erickson
5 Primeiro Regimento de Metralhadoras
6 Quartel-general bolchevique, distrito de Vyborg
7 Prisão Kresty
8 Circo Moderno
9 Mansão da Kshesinskaya
10 Arsenal
11 Fortaleza de Pedro e Paulo
12 Bolsa de Valores
13 Universidade de Petersburgo
14 *Aurora*
15 Regimento Finlandês
16 Sede dos telégrafos
17 Agência telegráfica de Petrogrado
18 Correios
19 Ministério da Guerra
20 Almirantado
21 Praça do Palácio
22 Catedral de Santo Isaac
23 Quartel do Estado-Maior
24 Estação telefônica de Petrogrado
25 Palácio de Inverno
26 Redação e instalações gráficas do *Pravda*
27 Regimento Pavlovsky
28 Campo de Marte
29 Catedral de Kazan
30 Duma da Cidade
31 Banco do Estado
32 Palácio Marinsky
33 Regimento Lituano
34 Regimento Preobrazhensky
35 Regimento Volynsky
36 Palácio Tauride
37 Instituto Smolny
38 Praça Znamenskaya
39 Regimento Semenovsky
40 Estação elétrica de Petrogrado
41 Regimento de Petrogrado
42 Fábrica Putilov

Insurgência cossaca
Marcha do Gelo (fevereiro-abril)
Extensão máxima do território Komuch
Linha do *front* em meados de outubro
Kama
Perm
Izhevsk
Belaia
Volga
Kazan
Moscou
Ufa
Kaluga
Riazan'
Simbirsk
Tula
Ferrovia Trans-Siberiana
Samara
Orel
Penza
Kozlov
QG do
front Sul
Tambov
Orenburg
Voronezh
Saratov
Ural'sk
Kharkov
Don
Soldados
ucranianos
Exército
do Don
DON
Tsaritsyn
Forças
austríacas
Novocherkassk
Rostov
Taganrog
Don
Volga
Exército
Voluntário
Astracã
Ekaterinodar
Stavropol
Novorossiisk
Piatigorsk
Guerra Civil
1918
0
milhas
200

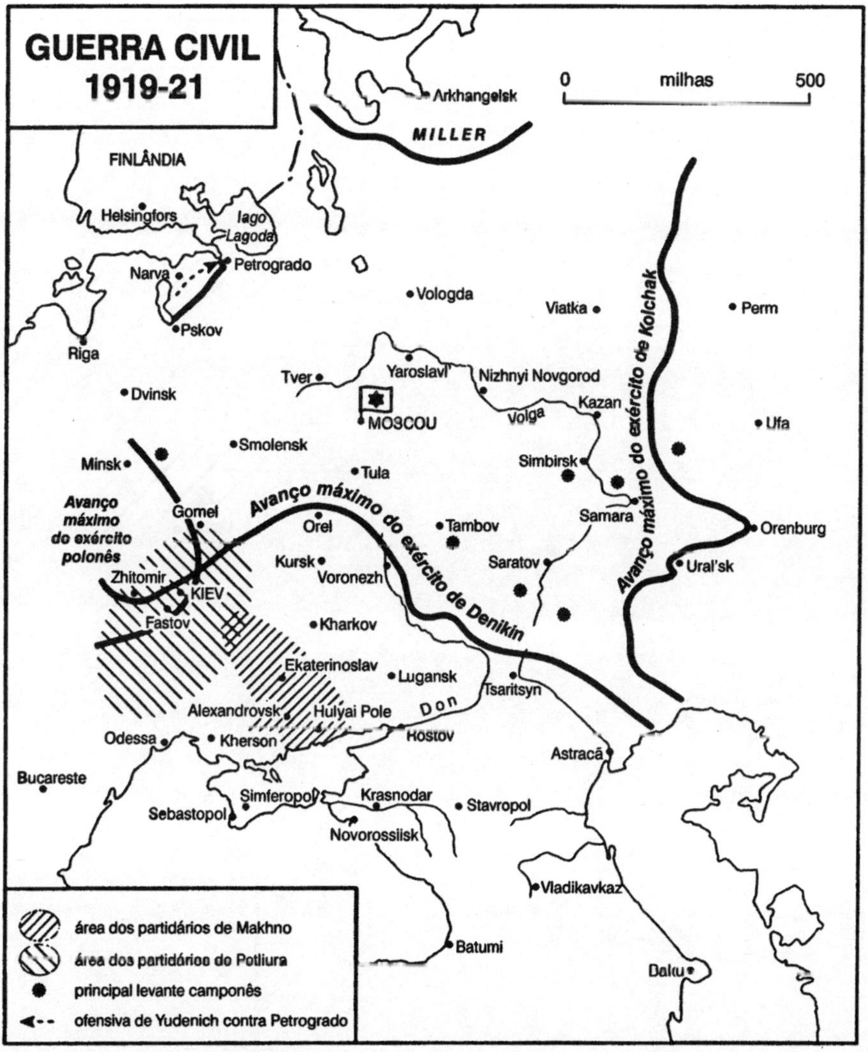
GUERRA CIVIL
1919-21
0 milhas 500
Arkhangelsk
MILLER
FINLÂNDIA
Helsingfors
Iago Lagoda
Petrogrado
Narva
Pskov
Riga
Dvinsk
Vologda
Viatka
Perm
Tver
Yaroslavl'
Nizhnyi Novgorod
Kazan
Volga
MOSCOU
Ufa
Smolensk
Minsk
Tula
Simbirsk
Samara
Orenburg
Avanço máximo do exército de Kolchak
Avanço máximo do exército polonês
Gomel
Avanço máximo do exército de Denikin
Orel
Tambov
Kursk
Saratov
Ural'sk
Zhitomir
KIEV
Voronezh
Fastov
Kharkov
Ekaterinoslav
Lugansk
Tsaritsyn
Alexandrovsk
Hulyai Pole
Don
Odessa
Kherson
Rostov
Astracã
Bucareste
Simferopol
Krasnodar
Stavropol
Sebastopol
Novorossiisk
Vladikavkaz
Batumi
Baku
área dos partidários de Makhno
área dos partidários de Petliura
principal levante camponês
ofensiva de Yudenich contra Petrogrado

PARTE UM

A RÚSSIA SOB O ANTIGO REGIME

I.

A dinastia

1. O tsar e seu povo

Numa manhã fria e assolada pelo vento, em fevereiro de 1913, São Petersburgo celebrou trezentos anos de governo Romanov sobre a Rússia. Há semanas o povo vinha falando sobre o grande evento e todos concordavam que, enquanto vivessem, jamais voltariam a ver algo tão esplêndido. O poder majestoso da dinastia seria ostentado como nunca antes, numa extravagância de pompa. Quando o jubileu se aproximou, dignitários de partes remotas do império russo lotaram os grandes hotéis da capital: príncipes da Polônia e das terras bálticas; sumos sacerdotes da Geórgia e da Armênia; mulás e chefes tribais da Ásia Central; o emir de Bukhara e o cã de Khiva. A cidade fervilhava de visitantes vindos das províncias, e os transeuntes bem-vestidos que sempre circulavam em torno do Palácio de Inverno agora se viam suplantados em número pelas massas sujas — camponeses e operários em suas túnicas e gorros, mulheres envoltas em trapos com lenços cobrindo a cabeça. A Nevsky Prospekt experimentou os piores congestionamentos de trânsito de sua história quando para lá convergiram bondes, carruagens puxadas a cavalos e trenós. As ruas principais estavam enfeitadas com as cores imperiais, branco, azul e vermelho; estátuas foram cobertas com guirlandas e fitas; e retratos dos tsares, numa linhagem que remontava a Mikhail, pendiam das fachadas de bancos e lojas. Sobre as linhas de bonde foram estirados fios de luzes coloridas, que acendiam à noite com as palavras "Deus Salve o Tsar" ou ainda com uma águia de duas cabeças e as datas 1613-1913. Pessoas de fora da cidade, muitas das quais jamais haviam visto luz elétrica, erguiam os olhos e coçavam a cabeça, maravilhadas.

Havia colunas, arcos e obeliscos de luz. Em frente à Catedral de Kazan havia um pavilhão branco abarrotado de incenso, bromeliáceas e palmas, que tremiam na atmosfera do inverno russo.

Foi na Catedral de Kazan que o ritual começou, com uma missa solene de ação de graças realizada pelo patriarca da Antióquia — vindo da Grécia especialmente para a ocasião — , por três metropolitanos russos e por cinquenta sacerdotes de São Petersburgo. A família imperial deixou o Palácio de Inverno em carruagens abertas, escoltada por dois esquadrões dos guardas de Sua Majestade e por cavaleiros cossacos de cafetãs negros e quepes cáucasos vermelhos. Era a primeira vez que o tsar cavalgava em público desde a Revolução de 1905, e a polícia não pretendia correr riscos. O percurso foi guarnecido pela Guarda Imperial magnificamente adornada com seus quepes típicos de hussardos húngaros e uniformes escarlates. As bandas militares troaram o hino nacional e os soldados deram vivas quando a cavalgada passou. Do lado de fora da catedral, procissões religiosas de várias partes da cidade se amontoavam desde cedo. A multidão imensa, uma floresta de cruzes, ícones e flâmulas, se ajoelhou quando uma das carruagens chegou mais perto. No interior da catedral, estava a classe dominante da Rússia: grão-duques e príncipes, membros da corte, senadores, ministros, conselheiros de Estado, parlamentares da Duma, servidores civis de destaque, generais e almirantes, governadores de província, prefeitos, líderes de *zemstvos* e marechais da nobreza. Praticamente não havia um só peito sem medalhas cintilantes ou uma estrela de diamante; dificilmente encontrar-se-ia um par de pernas que não estivesse cingido por uma espada. Tudo reluzia à luz de velas — os santuários de prata, as mitras dos sacerdotes ornadas de joias e a cruz de cristal. No meio da cerimônia duas pombas desceram da escuridão do domo e pairaram por vários momentos sobre as cabeças do tsar e de seu filho. Transportado de exaltação religiosa, Nicolau interpretou o voo das duas aves como um símbolo da bênção divina à Casa dos Romanov.

Enquanto isso, nos distritos operários as fábricas foram fechadas, num feriado público. Os pobres fizeram fila na porta das cantinas municipais, onde refeições gratuitas eram servidas em comemoração ao aniversário. Lojas de penhores foram cercadas por multidões excitadas pelos rumores de que teria havido uma concessão especial permitindo ao povo reaver seus valores sem o pagamento de taxas de juros; quando tais boatos se mostraram falsos, as massas se enfureceram e várias lojas de penhores tiveram janelas quebradas. Mulheres se reuniram do lado de fora das cadeias da cidade na esperança de que seus diletos estivessem entre os 2 mil prisioneiros favorecidos pela anistia que também celebrou o tricentenário.

Durante a tarde, grupos enormes afluíram ao centro da cidade para uma muito esperada *son et lumière*. Tabuleiros ao longo do caminho vendiam cerveja em caneca, tortas, bandeiras dos Romanov e suvenires. Houve feiras e concertos nos parques. Ao cair da noite, a Nevsky Prospekt se transformou numa massa sólida de pessoas. Todos os rostos voltaram-se para o alto quando o céu se acendeu num ardor de cores de fogos de artifício e luzes, que atravessou a cidade, cruzando por cima dos telhados para em seguida pousar fugazmente sobre monumentos importantes. O pináculo dourado do Almirantado queimou como uma tocha contra o céu carregado e o Palácio de Inverno foi intensamente iluminado por três grandes retratos de Nicolau II, de Pedro, o Grande, e de Mikhail Romanov.

A família imperial permaneceu na capital para mais uma semana de rituais de homenagem. Houve recepções pomposas no Palácio de Inverno, onde longas filas de dignitários desfilaram respeitosamente pelos cômodos festivos à espera do momento de se apresentarem a Nicolau e Alexandra, no salão de concertos. Houve um baile suntuoso na Assembleia dos Nobres, ao qual compareceu o casal imperial e sua filha mais velha, Olga, em um de seus primeiros compromissos sociais. Ela dançou a polonesa com o príncipe Saltykov, que causou estremecimentos por ter esquecido de tirar o chapéu. No Teatro Marinsky, foi realizada uma apresentação de gala da ópera patriótica de Glinka, *Uma vida pelo tsar*, que recontava a lenda do mujique Susanin, conhecido por ter salvado o primeiro Romanov de uma situação funesta. As fileiras de camarotes "brilhavam com joias e tiaras", segundo Meriel Buchanan, filha do embaixador britânico, e os balcões estavam lotados de uniformes escarlates de oficiais da corte, que se agitaram em uníssono, "como um campo de papoulas", para saudar a chegada do tsar. Mathilde Kshesinskaya, ex-amante de Nicolau, saiu do retiro para dançar mazurcas no segundo ato. Mas a sensação da noite foi a aparição silenciosa do tenor Leonid Sobinov substituindo Shaliapin, que naquela noite cruzou o palco à frente de uma procissão religiosa, vestido de Mikhail Romanov. Foi a primeira (e a última) ocasião da história do teatro imperial em que a figura de um tsar Romanov se fez representar em cena.[1]

Três meses depois, durante um maio quente como de hábito, a família imperial saiu em peregrinação pelas cidades da antiga Moscou ligadas ao nascimento da dinastia. Os Romanov seguiram a rota tomada por Mikhail, o primeiro tsar da linhagem, logo depois de ter sido escolhido para o trono russo, em 1613 — de casa até Kostroma, no Volga, e de lá para Moscou. A excursão imperial chegou a Kostroma numa flotilha de barcos a vapor. A margem do rio foi tomada por gente da cidade e do campo, os homens vestidos em túnicas e barretes, as mulheres, com lenços azul-claros e brancos, característicos do local. Centenas de observadores entraram no rio até ficarem com água pela cintura, esperando assim se aproximar um pouco mais dos visitantes reais. Nicolau esteve no monastério de Ipatiev, onde Mikhail se refugiara dos invasores poloneses e das guerras civis que varreram Moscou às vésperas de sua ascensão ao trono. O tsar recebeu uma delegação de camponeses das terras outrora pertencentes ao monastério e posou para uma fotografia com os descendentes dos boiardos que haviam saído de Moscou, em 1613, para oferecer a coroa aos Romanov.

De Kostroma, o grupo de viajantes foi para Vladimir, Nizhnyi-Novgorod e Yaroslavl'. Eles cumpriram todo o trajeto no trem imperial, lindamente mobiliado e arrematado com cômodos em mogno, poltronas de veludo macio, escrivaninha e um grande piano. O lavatório dispunha de mecanismo especial para evitar que a banheira de Sua Majestade Imperial respingasse enquanto o trem se movimentava. Não havia ferrovia entre Vladimir e a pequena cidade monastério de Suzdal, e assim eles tiveram que prosseguir viagem por estradas rurais empoeiradas, numa frota de trinta Renaults sem capota. Nas aldeias, os habitantes punham-se de joelhos à passagem dos veículos. Em frente às suas modestas cabanas de madeira, que passavam quase despercebidas à família imperial, os mujiques expunham pequenas mesas enfeitadas de flores, pão e sal, tradicionais oferendas russas aos forasteiros.

A peregrinação real chegou ao clímax com uma entrada triunfante em Moscou, a antiga capital russa onde o primeiro tsar Romanov havia sido coroado. Lá, seguiu-se mais uma rodada de fausto e gastronomia. O baile na Assembleia dos Nobres de Moscou foi particularmente elegante, muito além dos sonhos mais delirantes de Hollywood. Um elevador foi instalado para que os Romanov não se cansassem na escadaria que dava acesso ao salão de baile, no segundo andar. O tsar e seus acompanhantes chegaram a Moscou de trem e foram saudados por uma enorme delegação de dignitários na Estação Alexandrovsky. Nicolau deixou o local numa montaria branca, cerca de 18 metros à frente de sua escolta de cossacos e do restante da cavalgada imperial, e seguiu para o Kremlin em meio à fervorosa aclamação da massa. A decoração ao longo da rua Tverskaya, banhada por um sol resplandecente, era ainda mais magnífica do que a de São Petersburgo. Estandartes de veludo castanho com emblemas dos Romanov ondulavam no bulevar. As construções estavam ornadas com bandeiras, flâmulas coloridas e luzes que acendiam à noite para revelarem símbolos ainda mais criativos do que os exibidos na Nevsky Prospekt. Havia estátuas engrinaldadas do tsar nas vitrinas das lojas e nos balcões das residências. O povo jogava confete na comitiva. O tsar desmontou na Praça Vermelha, onde procissões religiosas vindas de todas as partes da cidade tinham se reunido para vê-lo, e, caminhando por entre filas de sacerdotes que entoavam cânticos, entrou na Catedral de Uspensky para rezar. A imperatriz e o herdeiro Alexis também deveriam caminhar algumas centenas de metros. Mas Alexis sofrera uma nova crise de hemofilia e teve que ser carregado por um guarda-costas cossaco. Quando a procissão fez uma pausa, o primeiro-ministro e conde Kokovtsov ouviu da multidão "exclamações de pesar à vista daquela pobre criança desamparada, o herdeiro do trono dos Romanov".[2]

Durante a comemoração do tricentenário, a dinastia Romanov apresentou ao mundo uma imagem brilhante do poder e da opulência da monarquia. Não se tratava de simples propaganda. Os rituais de homenagem à dinastia e a glorificação de sua história pretendiam, seguramente, inspirar reverência e apoio popular ao princípio da autocracia. Mas o objetivo era também *reinventar* o passado, recontar o épico do "tsar popular", de modo a investir a monarquia de uma legitimidade mítico-histórica e de uma imagem de permanência eterna numa época de inquietação, na qual seu direito de governar era desafiado pela democracia emergente da Rússia. Os Romanov estavam recuando para o passado com a esperança de que isso os salvasse do futuro.

O culto à Moscou do século XVII era a chave dessa reinvenção e o *leitmotiv* do jubileu. Nos últimos anos, três princípios reconhecidos do tsarismo moscovita tornaram-se fundamentais para os Romanov. O primeiro era a noção de patrimonialismo, segundo o qual o tsar possuía, literalmente, toda a terra da Rússia como seu feudo privado *(votchina)*, como se fosse um senhor medieval. No primeiro censo nacional, em 1897, Nicolau se descreveu como "proprietário de terras". Até a segunda metade do século XVIII, essa ideia manteve a Rússia afastada do Ocidente, onde uma classe latifundiária independente emergira como contraponto à monarquia. O segundo princípio era a ideia de governo pessoal: como a personificação de Deus na terra, a vontade do tsar não devia ser limitada por leis ou pela burocracia, e ele poderia governar o país conforme sua própria consciência de deveres e direitos. Isso também tinha caracterizado a tradição bizantina de despotismo do Estado absolutista ocidental. Conservadores, como Konstantin Pobedonostsev, tutor e principal ideólogo dos dois últimos tsares, Nicolau e Alexandre, alegava que essa autocracia religiosa adequava-se perfeitamente ao espírito nacional russo e que um autocrata divino era necessário para conter os instintos anárquicos do povo russo.* Finalmente, havia a ideia de união mística entre o tsar e o povo ortodoxo, que o amava e lhe obedecia como a um pai e a um deus. Era uma fantasia de governo paternal, de uma era de ouro da autocracia popular, livre das complicações do Estado moderno.

Os dois últimos tsares tiveram motivos óbvios para se aferrar tão firmemente a essa visão arcaica. Na verdade, na medida em que acreditavam que seu poder e prestígio estavam sendo corroídos pela "modernidade" sob todas as formas — crenças seculares, ideologias constitucionais do Ocidente e as novas classes urbanas —, a eles parecia lógico que procurassem retroceder o relógio para alguma era dourada remota. Foi no século XVIII e no reinado de Pedro, o Grande — "Vosso Pedro", como Nicolau se referia a ele em conversas com funcionários — que o apodrecimento começou a aparecer. Havia dois modelos opostos de autocracia na Rússia:

* Bertrand Russell lançou mão de ideia similar quando, numa tentativa de explicar a Revolução Russa a *lady* Ottoline Morrell, observou que, embora o despotismo bolchevique fosse terrível, este parecia o tipo certo de governo para a Rússia: "Para entender, basta se perguntar como os personagens de Dostoiévski devem ser governados."

o petrino e o moscovita. Baseado no absolutismo ocidental, o modelo petrino procurava sistematizar o poder da Coroa por meio de normas legais e instituições burocráticas, o que levava a uma limitação dos poderes do tsar, ainda que, em última análise, ele estivesse obrigado a respeitar as leis criadas por ele mesmo. O tsar que não acatasse suas próprias determinações era considerado um déspota. A tradição petrina também implicava uma transferência do foco de poder: da pessoa divina de um tsar para o conceito abstrato do Estado autocrático. Nicolau abominava tal noção. Como seu pai, Alexandre III, ele fora educado para manter os princípios do governo personalista, garantindo poder na corte e desconfiando da burocracia como se esta fosse uma espécie de "muro" rompendo o vínculo natural entre o tsar e seu povo. Essa desconfiança pode ser explicada pelo fato de que, durante o século XIX, a burocracia imperial tinha começado a emergir como uma força tendente à modernização e à reforma. Os burocratas tornavam-se cada vez mais independentes da corte e cada vez mais próximos da opinião pública. E isso, à vista dos conservadores, levava a demandas revolucionárias por uma Constituição. O assassinato de Alexandre II em 1881 (após duas décadas de reformas cautelosas) parecia confirmar a tese dos conservadores de que havia chegado a hora de combater a deterioração do sistema. Alexandre III (o qual uma vez afirmou "desprezar a burocracia e brindar com champanha a sua destruição")[3] instituiu a volta a formas personalistas de governo autocrático nas duas esferas de governo, central e local. E para onde seguia o pai, o filho devia acompanhá-lo.

O modelo autocrático de Nicolau era quase inteiramente moscovita. Seu tsar favorito era Alexei Mikhailovich (1645-76), e o nome que deu a seu herdeiro foi inspirado exatamente na admiração pelo antepassado. Imitava a piedade serena de Alexei Mikhailovich, a qual lhe teria assegurado a convicção de governar a Rússia segundo sua própria consciência religiosa e gostava de justificar suas políticas alegando que a ideia lhe "fora sugerida" por Deus. Segundo o conde Witte, um de seus ministros mais esclarecidos, Nicolau acreditava que "o povo não tem influência sobre os fatos, que Deus tudo dirige e ainda que o tsar, como um ser escolhido por Deus, não devia se aconselhar com ninguém e apenas seguir sua inspiração divina". Tamanha era a admiração de Nicolau pelos costumes semiasiáticos da Idade Média, que tentou introduzi-los em sua corte. Ele ordenou que se mantivesse a grafia de antigas formas eslavônias em documentos oficiais e publicações mesmo depois dessas já terem desaparecido da literatura russa. Ele empregava a palavra *Rus'*, o velho termo moscovita para as terras centrais da Rússia, e não *Rossiia,* expressão usada pelo império e que havia sido adotada por Pedro, o Grande. Não gostava do título *Gosudar Imperator* (Imperador Soberano), também introduzido por Pedro, pois isso implicava que o autocrata nada mais era do que o primeiro funcionário do Estado abstrato (*gosudarstvo*), e dava preferência à nomenclatura mais antiga, *tsar* (derivada do grego, *kaisar*), que remontava à era bizantina e carregava conotações religiosas de governo paternalista. Nicolau também brincava com a ideia de fazer com que todos seus cortesãos usassem longos cafetãs, iguais aos dos velhos boiardos moscovitas (o custo da indumentária foi o senão para que realmente obrigasse todos a tal costume). O ministro do Interior, D. S. Sipiagin, autor da ideia, tinha seus aposentos decorados no estilo moscovita. Numa ocasião, recebeu o tsar — que apareceu fantasiado de Alexei — com todos os rituais da corte do século XVII, seguidos por um banquete tradicional russo e orquestra cigana. Nicolau encorajava a elegante corte russa a promover bailes de fantasias, hábito surgido na época de seu pai. Em 1903, Nicolau foi o responsável por um dos mais suntuosos desses bailes. Os convidados vestiram-se com réplicas de trajes usados na corte de Alexei e dançaram à moda medieval russa. Fotografias de todos os presentes, cada qual identificado por seu respectivo posto na corte segundo a terminologia dos séculos XVII e XX, foram publicadas em dois álbuns ricamente produzidos. Nicolau desfilou com uma cópia da túnica processional usada por Alexei, e Alexandra escolheu um vestido de gala e penteado iguais aos que eram exibidos pela tsarina Natalia.[4]

Nicolau não escondia que preferia Moscou a São Petersburgo. A velha "cidade sagrada", com seus mil domos em forma de cebola, representava a tradição oriental e bizantina que era o centro de sua visão de mundo moscovita. Preservada de influências ocidentais, Moscou conservava o "estilo nacional" tão caro aos dois últimos tsares. Ambos consideravam Petersburgo — com seu estilo arquitetônico clássico, suas lojas e sua burguesia ocidentais — alheia à Rússia. Eles tentaram moscovitizar a cidade, construindo igrejas no estilo bizantino, moda iniciada na época de Nicolau I — e também acrescentando traços arquiteturais arcaicos à paisagem local. Alexandre III, por exemplo, encomendou um Templo da Ressurreição de Cristo que foi erguido segundo as características da velha Moscou e que tinha por objetivo consagrar o ponto exato do canal Catarina onde seu pai fora assassinado, em 1881. Com seus domos característicos, mosaicos multicoloridos e decoração trabalhada, o templo contrastava bizarramente com as outras grandes catedrais da cidade, a Catedral de Kazan e a de Santo Isaac, ambas baluartes do estilo clássico. Nicolau remodelou prédios à maneira neobizantina. O Conselho Escolar do Santo Sínodo foi refeito conforme o Templo-Monumento de Alexandre Nevsky, graças ao embelezamento de sua fachada clássica com motivos moscovitas e ao acréscimo de cinco cúpulas em forma de cebola ao telhado outrora linear e de um campanário triangular. Mais edificações foram levantadas no velho estilo russo para marcar o jubileu Romanov. A Catedral do Tricentenário, perto da estação de Moscou, por exemplo, foi construída como uma réplica explícita do estilo da igreja de Rostov, do século XVII. A Aldeia Fedorov, erguida a mando de Nicolau em Tsarskoie Seló, nas cercanias da capital, era uma recriação elaborada do Kremlin e da catedral do século XVII, uma espécie de parque temático moscovita.[5]

Nicolau e seu pai Alexandre visitavam Moscou com frequência e usavam a cidade para ostentações ritualísticas de homenagem à dinastia. A coroação do tsar, que tradicionalmente acontecia em Moscou, se tornou um evento ainda mais importante e mais simbólico do que fora no passado. Nicolau passou a ter o hábito de ir a Moscou na Páscoa e este era um costume que tsar nenhum adotara ao longo de cinquenta anos. Ele se convencera de que somente em Moscou e nas províncias seria possível encontrar comunhão espiritual com o povo russo. "Unido em prece com meu povo", ele escreveu ao governador-geral de Moscou, em 1900, logo depois de sua primeira visita de Páscoa à velha capital, "ganho forças novas para servir à Rússia, para seu bem-estar e glória."[6] Depois de 1906, quando São Petersburgo se tornou sede da Duma, Nicolau se dedicou ainda mais a Moscou e às províncias, utilizando-as como base para a construção de sua "autocracia popular" para rivalizar com o parlamento. Com o apoio do povo simples russo — representado cada vez mais por Gregorii Rasputin — ele reafirmaria o poder do trono, havia tanto tempo forçado a se retrair diante da burocracia e da sociedade.

O jubileu do tricentenário marcou o auge dessa indústria de herança moscovita. Foi uma celebração dinástica, centrada nos símbolos do tsar e destinada a colocar de lado tudo o que comemorasse o Estado não personalista. A disputa entre Rasputin, o escandaloso "homem sagrado" camponês, cuja influência passara a dominar a corte, e Mikhail Rodzianko, presidente da Duma, durante a cerimônia na Catedral de Kazan, foi emblemática a esse respeito. Rodzianko ofendera-se porque os membros da Duma sentar-se-iam no fundo da catedral, muito longe dos lugares reservados aos conselheiros de Estado e senadores. Isso, segundo ele se queixou ao mestre de cerimônias, "não estava em consonância com a dignidade" do parlamento. "Se o jubileu pretendia ser verdadeiramente uma exaltação nacional, não devia ser desconsiderado que em 1613 fora uma assembleia do povo e não um grupo de funcionários que elegera Mikhail Romanov tsar da Rússia." O argumento de Rodzianko foi levado em conta e os assentos da Duma foram trocados pelos dos senadores. Mas quando o presidente da Duma ia ocupar o lugar que lhe era destinado, o encontrou ocupado por um homem de barba escura em roupa de camponês, a quem imediatamente reconheceu como sendo Rasputin. Os dois discutiram acaloradamente, um insistindo na santidade de sua posição como presidente do parlamento eleito do país, o outro alegando ter apoio do próprio tsar, até que um membro do judiciário foi chamado para restaurar a paz. Com um forte gemido, Rasputin se retirou rumo à saída, onde foi ajudado com seu manto de zibelina e teve uma carruagem preparada para levá-lo dali.[7]

O primeiro-ministro foi igualmente ultrajado pela atitude desdenhosa da corte em relação ao governo durante os rituais do jubileu. Os ministros teriam que providenciar transporte e acomodações por conta própria enquanto acompanhassem a comitiva real na viagem às províncias. "A atitude corrente", recordou o conde Kokovtsov:

> parecia sugerir que o governo era uma barreira entre o povo e seu tsar, a quem o povo veria com devoção cega porque fora escolhido por Deus... Os amigos mais próximos do tsar na corte convenceram-se de que o Soberano tudo podia, fiando-se no amor ilimitado e na lealdade suprema do povo. Os ministros do governo, por outro lado, não se compraziam com esse tipo de autocracia; nem a Duma, que continuamente buscava controlar o poder executivo. Ambos eram de opinião de que o Soberano deveria reconhecer as mudanças ocorridas desde o dia em que os Romanov tornaram-se tsares de Moscou e senhores dos domínios russos.

O primeiro-ministro tentou em vão explicar a Nicolau que não seria possível salvar o trono com a tentativa de adotar "o halo do 'tsar moscovita' que governa a Rússia como se fosse seu próprio patrimônio".[8]

A comunhão entre o tsar e seu povo foi o tema central do jubileu. O culto do mujique Ivan Susanin deveria reforçar a mensagem de que pessoas simples amavam os Romanov. Susanin tinha vivido na propriedade da família imperial, em Kostroma. Segundo a lenda, ao custo da própria vida, ele salvara Mikhail Romanov ao enganar os poloneses que pretendiam matá-lo à véspera de sua subida ao trono. A partir do século XIX, Susanin passou a ser oficialmente chamado de herói nacional e celebrado em poemas patrióticos e em óperas como *Uma vida pelo tsar*, de Glinka. Durante as comemorações do tricentenário, a ópera foi executada em todo o país por companhias amadoras, escolas e regimentos. A imprensa barata e os panfletos populares recontavam o mito do camponês *ad nauseam*. À história era atribuído *status* de símbolo da devoção do povo e de seu dever para com o tsar. Um jornal do exército relatou a seus leitores que Susanin havia mostrado a cada soldado como ser fiel ao juramento feito ao monarca. A imagem do herói mujique do século XVII foi reproduzida em toda parte durante o jubileu, mais notadamente na base do Monumento Romanov, em Kostroma, onde uma figura feminina representando a Rússia abençoava um Susanin de joelhos. Durante a excursão a Kostroma, Nicolau chegou a ser apresentado a uma delegação de camponeses de Potemkin formada por supostos descendentes de Susanin.[9]

De acordo com a propaganda do jubileu, a eleição dos Romanov em 1613 fora um momento crucial do despertar nacional, o primeiro ato, de fato, do Estado-nação russo. A "pátria inteira" teria participado da escolha, assim garantindo um mandato popular à dinastia, embora tivesse sido amplamente aceito por historiadores do século XIX que a eleição fora produto de maquinações de uns poucos boiardos poderosos, e não de pessoas comuns. Por meio daquela eleição, alegava-se, os Romanov passaram a personificar a vontade da nação. "O espírito da Rússia está encarnado em seu tsar", escreveu um propagandista. "O tsar é para o povo a mais alta concepção dos destinos e ideais da nação." A Rússia, em suma, eram os

Romanov. "Em cada alma há algo dos Romanov", declarou o jornal *Novoe vremia*. "Algo da alma e do espírito da dinastia que reina há 300 anos."[10]

Nicolau Romanov, encarnação da Rússia: este era o culto promovido pelo jubileu. Um culto que procurava se manter com base na posição religiosa que o tsar ocupava na consciência popular. A Rússia tinha uma longa tradição de príncipes santificados — governantes que foram canonizados por darem a vida *pro patria et fides* — e isso desde o século X. Na mente do povo comum, o tsar não era somente um governante régio, mas um deus na terra. Ele se via como uma figura paterna (o folclórico *Batiushka-Tsar*, ou Paizinho Tsar) que conhecia pessoalmente todos os mujiques pelo nome, compreendia seus problemas nos mínimos detalhes e que, se não fosse pelos boiardos e pelos funcionários da nobreza que o cercavam — todos maus —, satisfaria suas demandas num Manifesto Dourado, dando-lhes a terra. Daí a tradição camponesa de mandar apelos diretos ao tsar — uma tradição que (como a psique monárquica refletida no povo comum) perdurou na era soviética, quando petições similares eram mandadas a Lênin ou Stálin. Esse mito "ingênuo" do mujique em relação ao Bom Tsar podia às vezes ser usado para legitimar rebeliões camponesas, especialmente quando uma reforma governamental havia muito esperada não satisfazia as expectativas populares. Pugachev, o líder rebelde cossaco da década de 1770, se autoproclamou tsar Pedro III; e os camponeses rebeldes depois de 1861 também se levantaram em nome do Verdadeiro Tsar quando a emancipação dos servos daquele ano não atendeu às reivindicações camponesas. Mas, no geral, o mito do Bom Tsar funcionava para beneficiar a Coroa, e quando a crise revolucionária se aprofundou, os propagandistas de Nicolau se apoiaram cada vez mais nessa tradição.

A propaganda do tricentenário foi o apogeu dessa lenda. Nicolau foi representado para seus súditos como se fosse um pai divino intimamente conhecido de cada um deles e cuidadoso de todas as suas necessidades. Ele era louvado por seu estilo de vida modesto e por seus gostos simples, sua acessibilidade ao povo comum, sua bondade e sua sabedoria. Uma biografia popular de Nicolau foi encomendada especialmente para o jubileu, a primeira já publicada de um tsar vivo. Nela, era retratado como o "pai de seu povo, sobre cujas necessidades mantém uma vigília franca e compassiva". A ele atribuía-se devotar "cuidado e atenção especiais ao bem-estar e ao desenvolvimento moral" dos mujiques, em cujas cabanas frequentemente entrava "para ver como vivem e partilhar de seu leite e pão preto". Em ocasiões oficiais, ele "conversava cordialmente" com os camponeses, que então "se benziam e sentiam-se mais felizes pelo resto de suas vidas". Nicolau compartilhava dos hábitos e das aspirações singelos, usava uma túnica simples e se alimentava de pratos típicos camponeses, como *borscht* (sopa de beterraba) e *blinies* (pequenas panquecas fermentadas, feitas de farinha de fagópiro e servidas com caviar e uma espécie de iogurte). Durante o jubileu, foi fotografado em atos de homenagem simbólica ao povo, inspecionando um novo tipo de arado ou provando as rações de seus soldados. Tais imagens foram calculadas para reforçar o mito popular de que nada da vida cotidiana do povo, por mais trivial que fosse, escapava à atenção do tsar e que sua influência estava em toda parte. "Milhares de fios invisíveis cruzam o coração do tsar", escreveu o biógrafo real; "e esses fios se estendem às cabanas dos pobres e aos palácios dos ricos. E essa é a razão por que o povo russo sempre aclama seu tsar com tal fervor entusiástico, seja no Teatro Marinsky, em São Petersburgo... ou em sua passagem pelas cidades e aldeias."[11]

"Agora pode-se ver que covardes são aqueles ministros", a imperatriz Alexandra disse a uma dama de companhia logo após o jubileu. "Estão sempre assustando o imperador com ameaças de revolução e você teve oportunidade de constatar o contrário, com seus próprios olhos — basta aparecermos e imediatamente os corações são nossos." Se os rituais do jubileu pretendiam criar a ilusão de uma dinastia poderosa e estável, então convenceram poucas pessoas, exceto a corte. Os Romanov tornaram-se vítimas de sua própria propaganda. Nicolau, em particular, voltou de sua excursão às províncias convicto da autoilusão de que "Meu povo me ama". Isso despertou um novo desejo de viajar pelo interior da Rússia. Ele falava de uma viagem de barco Volga abaixo, uma visita ao Cáucaso e à Sibéria. Encorajado pela crença em sua própria popularidade, começou a procurar maneiras de se aproximar do sistema de governo personalista que tanto admirava na antiga Moscou. Estimulado por seus ministros mais reacionários, chegou a considerar a total dissolução da Duma, ou transformá-la num corpo meramente consultivo, como a Assembleia da Terra (*Zemskii Sobor*) dos séculos XVI e XVII.

Observadores estrangeiros simpáticos à monarquia eram facilmente conquistados pela retórica otimista. "Nenhum futuro parece tão confiante ou tão brilhante", *The Times*, de Londres, anunciou sobre as perspectivas dos Romanov, numa edição especial sobre o jubileu. Convencido da devoção do povo ao tsar, o jornal relatou que uma série de selos postais com retratos dos governantes Romanov tinha sido impressa para marcar o tricentenário, mas fora cancelada porque alguns funcionários realistas dos correios se recusaram a bater o carimbo sobre aqueles rostos venerados. "Esses escrúpulos leais e eminentemente respeitáveis", concluiu *The Times*, "são típicos da mente das vastas massas do povo russo." Tais sentimentos eram ecoados pelo Ministério das Relações Exteriores britânico. "Nada podia exceder a afeição e a devoção à pessoa do imperador demonstradas pela população sempre que Sua Majestade aparecia. Não há dúvida de que nesse forte apego das massas... à pessoa do imperador está a grande força da autocracia russa."[12]

Na verdade, o jubileu aconteceu em meio a uma profunda crise social e política; alguns diriam revolucionária. As celebrações ocorreram num cenário de várias décadas de violência, sofrimento humano e repressão crescentes, que tinham oposto o povo do tsar ao seu regime. Nenhuma das feridas da Revolução de 1905 tinha se fechado; algumas delas ainda supuravam e pioravam. O grande problema camponês permanecia insolúvel, a despeito dos esforços tardios em favor da reforma agrária; e, de fato, se é que isso era possível, desde a Revolução de 1905, quando tivera suas propriedades invadidas pela massa, a nobreza agrária tinha se tornado ainda mais avessa à ideia de concessões aos mujiques. Também tinha havido uma ressurgência de greves industriais, muito mais militantes do que as predecessoras, ocorridas no início do século, os bolcheviques ganhando cada vez mais terreno nas organizações sindicais e minando os rivais mais moderados, os mencheviques. Quanto às aspirações liberais, aparentemente tão próximas em 1905, essas haviam se tornado uma perspectiva mais distante quando a corte e seus apoiadores bloquearam todas as reformas liberais da Duma. Além disso, com o julgamento de Beiliss, em 1913 — que mesmo depois do Caso Dreyfus chocou toda a Europa com a perseguição medieval a um judeu inocente com base em acusações fabricadas de assassinato ritual de um garoto cristão —, essas aspirações liberais tropeçaram no frágil ideal de direitos civis. Havia, em resumo, um abismo cada vez maior de desconfiança não só entre a corte e a sociedade — um abismo simbolizado pelo escândalo Rasputin — mas também entre a corte e muitos de seus apoiadores tradicionais do funcionalismo civil, da Igreja e do Exército, que se fazia notar sempre que o tsar resistia a suas demandas por reforma. Assim como os Romanov estavam se auto-homenageando e autoelogiando com a crença fantástica de que poderiam governar outros trezentos anos, do lado de fora da corte havia círculos nos quais crescia a sensação de crise e catástrofe iminentes. Essa sensação de desespero foi mais bem enunciada pelos poetas da chamada "Idade de Prata" da literatura russa — sobretudo Blok e Belyi —, que representaram a Rússia como se esta vivesse sobre um vulcão. Nas palavras de Blok:

> E sobre a Rússia vejo um silencioso
> Fogo que se espalha para longe e tudo consome.

Como devemos explicar o colapso da dinastia? Colapso é certamente a palavra certa a ser usada. Pois o regime Romanov caiu sob o peso de suas próprias contradições internas. Não foi derrubado. Como em todas as revoluções modernas, as primeiras fissuras apareceram no topo. A revolução não começou com o movimento operário — havia muito a preocupação dos historiadores de esquerda do Ocidente. Nem começou com a erupção dos movimentos nacionalistas na periferia; como aconteceu com o colapso do império soviético, construído sobre as ruínas do governo Romanov, a revolta nacionalista foi consequência, e não causa da crise. Um argumento mais convincente poderia ser o de que tudo tivera início com a revolução camponesa por causa da terra — que em alguns lugares surgiu já em

1902, três anos antes da Revolução de 1905 —, o que não seria de estranhar, na medida em que a Rússia era esmagadoramente uma sociedade rural. Mas embora o problema camponês, assim como o dos operários e nacionalistas, tenha sido responsável por debilitações estruturais fundamentais no sistema social do velho regime, ainda assim não determinou as políticas da monarquia; e era na política que estava o problema. Não há razão para supor que o regime tsarista estava fadado ao colapso à maneira que os deterministas marxistas alegaram a partir de sua análise estreita das "contradições sociais". O regime poderia ter se salvado pela reforma. Mas havia obstáculos, pois os dois últimos tsares da Rússia careciam de vontade por reformas de verdade. Com efeito, em 1905, quando o tsar esteve perto de ser arrancado do trono, ele foi forçado, mesmo com relutância, a conceder reformas; mas uma vez passada a ameaça, ele se realinhou com os partidários da reação. Este é o ponto fraco fatal do argumento daqueles historiadores de direita que pintam uma imagem cor-de-rosa do império tsarista às vésperas da Primeira Guerra Mundial. Eles pretextam que o regime estava sendo reformado, ou "modernizado", segundo as tendências ocidentais liberais. Mas os dois últimos tsares e seus seguidores mais reacionários — a nobreza, a Igreja e os círculos políticos de direita — eram, na melhor das hipóteses, ambíguos em relação à ideia de "modernização". Eles sabiam, por exemplo, que precisavam de uma economia industrial moderna para competir com as forças do Ocidente; mas ao mesmo tempo eram profundamente hostis às demandas políticas e às transformações sociais da ordem industrial urbana. Em vez de adotarem a reforma, preferiram aderir obstinadamente à visão arcaica de autocracia. Enquanto a Rússia entrava no século XX, eles tentavam voltar ao século XVII. E esta foi a sua desgraça.

Aqui, portanto, estão as raízes da revolução, no conflito crescente entre uma sociedade que rapidamente tornava-se mais bem informada, mais urbana e mais complexa, e uma autocracia fossilizada que não faria concessões políticas. Esse conflito tornou-se agudo (na verdade, revolucionário) pela primeira vez após a fome de 1891, quando o governo chafurdou na crise e a sociedade liberal tornou-se politizada a ponto de deslanchar ela mesma uma campanha de socorro; e é nesse ponto que a narrativa da Parte Dois começa. Mas antes, devemos examinar mais detalhadamente os principais protagonistas do conflito, começando pelo tsar.

2. O miniaturista

Quatro anos antes do tricentenário, o brilhante escultor, príncipe P.N. Trubetskoi, concluíra a estátua equestre do tsar Alexandre III, já falecido, que foi posta na Praça Znamenskaya, do lado oposto à Estação Nikolaevsky, em São Petersburgo. Era uma representação tão engenhosa e formidável da autocracia sob forma humana, que depois da revolução os bolcheviques decidiram deixá-la no mesmo lugar, como uma lembrança assustadora do velho regime; e lá ficou até a década de 1930.* A imensa figura de bronze de Alexandre sentava-se rigidamente sobre um cavalo vigoroso de proporções arquitetônicas maciças, suas quatro pernas fortes fixadas ao chão como pilares. Cavaleiro e montaria tinham sido confeccionados para darem a impressão de que, de tão pesados e sólidos, não conseguiriam se mover. Muitas pessoas entenderam a escultura como um símbolo da inércia da autocracia, e nisso talvez houvesse um elemento sarcástico não inteiramente fortuito. Os trabalhadores logo perceberam o lado divertido da estátua. Apelidaram-na de "Hipopótamo" e recitavam versos manhosos:

Aqui está uma arca de gavetas,
Sobre a arca um hipopótamo
E no hipopótamo senta um idiota.

Mesmo o grão-duque Vladimir Alexandrovich, presidente da Academia de Artes e irmão temporão do tsar, denunciou a estátua como uma caricatura. Foi certamente uma peça cruel do destino que Trubetskoi tivesse escolhido construir a estátua na forma equestre, já que Alexandre III sempre tivera medo de cavalos. As dificuldades com esses animais se agravaram em seus últimos anos de vida, quando o tsar engordou. Tornara-se quase impossível encontrar um cavalo em que fosse persuadido a montar.[13]

Nicolau estava alheio a tais ironias. Para ele, a estátua de Trubetskoi simbolizava o poder e a solidez da autocracia durante o reinado de seu pai. Ele encomendou uma estátua ainda maior de Alexandre, a ser construída em Moscou, sua cidade favorita, a tempo do tricentenário. Foram necessários dois anos para a conclusão do monumento, que o próprio Nicolau inaugurou em meio a uma grande cerimônia durante as celebrações do jubileu. Ao contrário de sua irmã de Petersburgo, que combinava uma grande semelhança de feições do tsar com um forte apelo simbólico, a nova estátua não tinha pretensões de mérito artístico. A figura gigante do tsar era um manequim sem expressão humana, uma encarnação monolítica do poder autocrático. Sentada, dorso ereto no trono, mãos nos joelhos, carregava todos os ícones da autoridade tsarista — a coroa, o cetro e a orbe, o manto imperial e o traje militar de gala —, olhos fitos no Kremlin, de costas para a catedral, como um faraó sem nada para pensar a não ser na fonte de seu próprio poder ilimitado.[14]

Desde a morte de Alexandre, em 1894, Nicolau tinha desenvolvido uma reverência quase mística pela memória do pai, a quem via como um autêntico auto-

* Depois de mais de cinquenta anos guardada, a estátua foi devolvida às ruas da cidade, em 1994. Ironicamente, o cavalo agora está em frente ao antigo Museu Lênin, onde substituiu o carro blindado que, em abril de 1917, transportou Lênin da Estação Finlândia.

crata. Alexandre tinha governado a Rússia como um senhor medieval cuidava de seu patrimônio pessoal. Tinha centralizado o poder em suas mãos e comandado seus ministros como um general em tempos de guerra. E tinha a aparência pronta e acabada de um autocrata — enorme, mais de 1,90 m de altura, o rosto severo emoldurado por uma barba negra imponente. Era um homem que gostava de divertir seus companheiros de bebida arrombando portas trancadas e dobrando rublos de prata com seu "polegar imperial que servia de torno". Longe do burburinho, num canto privado do palácio, ele tocava corneta com igual alarde. Diz a lenda que, em 1888, salvara a família da morte certa apoiando, sobre os ombros hercúleos, a cobertura de ferro do vagão-refeitório do trem imperial, que ruíra em consequência de um descarrilamento provocado por revolucionários em meio a uma viagem para a Crimeia. Sua única fraqueza, ao que parece, era o vício fatal do álcool. Quando adoeceu dos rins, a imperatriz o proibiu de beber. Mas ele driblou o veto valendo-se de um par de botas providas de compartimentos escondidos e grandes o bastante para guardar um frasco de conhaque. O general P.A. Cherevin, uma de suas companhias prediletas, recordou:

> Quando a tsarina estava ao nosso lado, sentávamos silenciosamente e brincávamos como boas crianças. Mas sempre que ela se retirava, ainda que por pouco tempo, trocávamos olhares. E então — um, dois, três! Tirávamos nossos frascos, dávamos um trago e seria como se nada tivesse acontecido. Ele [Alexandre] se divertia muito com essa brincadeira. Era como um jogo. Chamávamos de "Necessidade é a mãe da invenção". "Um, dois, três. Necessidade, Cherevin?" — "Invenção, Vossa Majestade." "Um, dois e três" — e bebíamos um gole.[15]

Nicolau cresceu à sombra desse colosso alcoolizado, inteiramente ciente de sua própria inferioridade. De natureza tímida e aparência juvenil, continuou a ser tratado pelos pais como se fosse uma criancinha ("Nicky" era seu apelido na família) mesmo depois de ter cruzado a adolescência. Adulto, manteve muitos de seus gostos e aspirações infantis. Os diários que escreveu no início de seus vinte anos são recheados de pequenas observações sobre brincadeiras e travessuras. Em 1894, aos 26 anos, por exemplo, menos de um mês antes de subir ao trono, registrou uma batalha de nozes contra o príncipe Jorge, da Grécia, no parque real: "Começamos em frente à casa e terminamos no telhado." Poucos dias depois, escreveu sobre outra batalha, dessa vez com pinhas. Alexandre, que nada sabia de complexos físicos ou emocionais, considerava o filho débil e algo imbecil. Chamava-o de "maricas" e pensava não haver muita razão em prepará-lo para as questões de governo. Quando o conde Witte, seu ministro das Finanças, sugeriu que chegara a hora de instruir o herdeiro do trono nos assuntos de Estado, Alexandre pareceu surpreso. "Diga-me", perguntou ao ministro, "você alguma vez já conversou com Sua Alteza Imperial, o grão-duque tsaréviche?" Witte admitiu que sim. "Então não me diga que nunca notou que o grão-duque é um estúpido!"[16]

Graças à educação que teve, Nicolau dispunha de todos os talentos e encantos de um aluno de internato da Inglaterra. Dançava com graça, cavalgava com elegância, era muito bom atirador e se destacava em vários outros esportes. Falava inglês como um mestre de Oxford, e francês e alemão com perfeição. Quase desnecessário dizer que suas maneiras eram impecáveis. Seu primo e amigo de infância, o grão-duque Alexandre, o tinha na conta de "o mais polido homem da Europa". Mas do conhecimento prático exigido para administrar um país do tamanho da Rússia — e um país, além do mais, em situação pré-revolucionária — Nicolau possuía quase nada. Seu tutor principal, um cavalheiro inglês de nome Heath, dominava a arte de pintura com aquarela e gostava imensamente da vida ao ar livre. Mas não tinha a vantagem de uma educação universitária e conhecia pouco sobre a Rússia, exceto por um restrito vocabulário básico. De V. O. Kliuchevsky, o célebre historiador, Nicolau aprendeu um pouco sobre a história de sua terra, mas nada de seus problemas contemporâneos. Quando Pobedonostsev tentou adestrá-lo sobre o funcionamento do Estado, ficou "inteiramente absorto em esquadrinhar o interior do nariz". A política entediava Nicolau. Sempre sentiu-se mais à vontade na companhia de oficiais e de mulheres da sociedade do que frente a ministros e políticos.[17]

Nada confiante quanto à habilidade do filho em aprender nos livros a arte de reinar, Alexandre o matriculou no corpo de oficiais da Guarda, na esperança de que o exército formasse seu caráter e lhe ensinasse algo do mundo. Nicolau amava a vida militar. O espírito de camaradagem na sala de reuniões dos oficiais, mais parecido com um clube de cavalheiros do que com um quartel militar, permaneceria com ele pelo resto da vida como uma boa lembrança dos dias que antecederam aqueles em que foi esmagado pelo fardo do ofício. Foi então que se apaixonara pela bailarina Mathilde Kshesinskaya. Seu posto de coronel na Guarda de Preobrazhensky, dado pelo pai, era uma fonte de orgulho imenso. Ele se recusou a ser promovido, mesmo durante a Primeira Guerra Mundial, quando assumiu a posição de Comandante Supremo. Isso manchou seu prestígio no exército, onde ficou conhecido como "coronel Romanov".

Em 1890, Alexandre mandou o filho numa grande excursão pela Sibéria, Japão, Indochina, Egito e Grécia. A jornada tinha por objetivo ampliar a educação política do herdeiro. Mas a natureza de sua comitiva de viagem (o grupo de sempre, formado por opacos e hedonistas oficiais da Guarda) teve grande influência no resultado improdutivo dessa iniciativa. Durante o percurso, Nicolau encheu seu diário com as mesmas anotações banais e triviais que registrava quando estava em casa: notas breves sobre o tempo, as distâncias percorridas a cada dia, horários de chegada e partida, a companhia nas refeições e assim por diante. Parece que nada na viagem o encorajava a alargar horizontes e a fazer considerações sobre a vida. O único efeito duradouro da viagem foi desafortunado. Em Otsu, no Japão, escapou por um triz de um atentado desferido por um terrorista insano. A experiência lhe deixou um ódio inveterado aos japoneses (ele os chamava de "macacos", *makaki*) e com frequência é afirmado que isso o tornou vulnerável à influência dos cortesãos que desejaram e conseguiram promover a guerra desastrosa contra o Japão, em 1904-5.

Tivesse Alexandre vivido mais três anos e dez meses, o destino do império russo poderia ter sido muito diferente. Mas como quis a sorte, ele morreu de doença renal em 1894, com apenas 49 anos. Quando o enxame de parentes, médicos e cortesãos se reuniu em torno do leito de morte do grande autocrata, Nicolau irrompeu em lágrimas e exclamou pateticamente para o primo, Alexandre: "O que será de mim e de toda a Rússia? Não estou preparado para ser tsar. Nunca quis me tornar tsar. Nada sei sobre governar. Nem mesmo tenho ideia de como conversar com os ministros".[18] Luís XVI, com quem Nicolau tinha muito em comum, fez uma observação espantosamente similar quando soube em 1775 que seria rei da França.

O reinado do último tsar da Rússia começou desastrosamente. Uns poucos dias depois da coroação, em maio de 1896, uma feira comemorativa foi organizada no Campo de Khodynka, área de treinamento militar nas imediações de Moscou. De manhã cedo, cerca de meio milhão de pessoas já havia chegado, esperando receber do novo tsar presentes à guisa de lembrança, como canecas de cerveja e *biscuits* gravados com a data e o motivo do festejo. Grandes quantidades de cerveja e salsicha grátis deviam ser distribuídas. Enquanto mais gente se reunia no local, circulou o boato de que não haveria prendas para todos. A massa avançou. Pessoas tropeçaram e caíram nos fossos militares, onde sufocaram e morreram esmagadas. Em minutos, 1.400 pessoas perderam a vida e 600 ficaram feridas. Ainda assim o tsar foi persuadido a dar prosseguimento à celebração. À noite, enquanto os corpos eram retirados em carroças, ele compareceu a um baile oferecido pelo embaixador francês, marquês de Montebello. Ao longo dos dias que se seguiram, o restante das festividades agendadas — banquetes, bailes e concertos — foi cumprido à risca como se nada tivesse acontecido. Nicolau tentou se remir nomeando um ex--ministro da Justiça para investigar as causas da catástrofe. Mas quando o ministro descobriu que o grão-duque Sergius, governador-geral de Moscou e marido da irmã da imperatriz, tinha responsabilidade pelo ocorrido, os outros grão-duques protestaram furiosamente. Eles argumentavam que os princípios da autocracia seriam minados pela admissão pública da falha de um membro da família imperial. O caso foi encerrado. Mas foi visto como um mau presságio para o novo reinado e aprofundou o já grande abismo entre a corte e a sociedade. Nicolau, que cada vez mais se acreditava infausto, mais tarde recordaria esse incidente como o começo de todos os seus problemas.[19]

Ao longo de todo seu reinado, Nicolau pareceu incapaz de lidar com a tarefa de reinar sobre um vasto império nas garras de uma crise revolucionária que se aprofundava. De fato, somente um gênio poderia ter dado conta daquela crise. E Nicolau certamente não era um gênio.* Tivessem as circunstâncias e as inclinações do tsar sido diferentes, ele poderia ter salvado sua dinastia, afastando-se do governo autocrático e optando por um regime constitucional durante sua primeira década no trono, enquanto ainda havia tempo de apaziguar os liberais e de isolar o movimento revolucionário. Nicolau tinha muitas qualidades pessoais exigidas para ser um bom monarca. Na Inglaterra, onde era preciso ser apenas um "bom homem" para ser um bom rei, teria dado um soberano admirável. Seguramente não era mais embotado do que seu colega inglês, Jorge V, considerado um modelo de rei constitucional. Nicolau tinha maneiras gentis, excelente memória e um perfeito senso de decoro, e tudo isso o tornava potencialmente ideal para as tarefas cerimoniais de um monarca constitucional. Mas ele não nascera para tal papel: era o Imperador e Autocrata de Todas as Rússias.** A tradição familiar e a pressão dos aliados tradicionais da Coroa o compeliram não apenas a reinar, mas também a governar. Não caberia a um Romanov desempenhar o papel de um monarca *pro forma*, deixando as questões importantes para a burocracia. Nem caberia se recolher diante das demandas dos liberais. O estilo Romanov, em face da oposição política, era afirmar a "autoridade divina" do monarca absoluto, confiar no "vínculo histórico entre o tsar e seu povo" e reinar com força e determinação. A despeito de sua formação anglo-germânica, a imperatriz adotara com energia todas as tradições medievais do despotismo bizantino, e constantemente pressionava seu marido de temperamento suave a se portar como Ivan, o Terrível, e Pedro, o Grande. A veneração que Nicolau sentia pelo pai, e sua própria ambição crescente de exercer autoridade à maneira de seus ancestrais moscovitas, tornaram inevitável que se empenhasse em cumprir o papel de um

---

* Havia uma divertida anedota soviética que dizia: o Soviete Supremo decidira conferir a Nicolau II, postumamente, a Ordem do Estandarte Vermelho, "por serviços à revolução". A última realização do tsar, dizia-se, foi ter produzido uma situação revolucionária.

** Os títulos completos de Nicolau II eram: Imperador e Autocrata de Todas as Rússias; Tsar de Moscou, Kiev, Vladimir, Novgorod, Kazan, Astracã, Polônia, Sibéria, Tauric Chernonese e Geórgia; Senhor de Pskov; Grande Príncipe de Smolensk, Lituânia, Volínia, Podólia e Finlândia; Príncipe da Estônia, Livônia, Curlândia e Semigalia, Samogatia, Belostok, Karelia, Tver, Yugria, Perm, Viatka, Bulgária e outras terras; Senhor e Grande Príncipe de Nizhnyi-Novgorod e Chernigov; Governante de Riazan, Polotsk, Rostov, Yaroslavl', Belo-Ozero, Udoria, Obdoria, Kondia, Vitebsk, Mstislav e todas as Terras ao Norte; Senhor e Soberano das terras Iverianas, Kartalinianas e Kabardianas e das províncias armênias; Senhor Hereditário e Suserano dos Príncipes Circassianos e dos Príncipes das Terras Altas e outras; Senhor do Turquestão; Herdeiro do Trono da Noruega; Duque de Schleswig-Holstein, Stormam, Dithmarschen e Oldenburg.

verdadeiro autocrata. Segundo advertência que ele mesmo fez aos nobres liberais de Tver pouco depois de ser coroado, considerava dever diante de Deus "manter o princípio da autocracia tão firme e inflexivelmente quanto fora preservado por meu inesquecível falecido pai".[20]

Mas Nicolau não fora abençoado nem com a força de caráter do pai nem com sua inteligência. E esta foi sua tragédia. Com suas limitações, podia somente fazer-se passar por autocrata, imiscuindo-se e tumultuando o funcionamento do governo, sem imprimir liderança. Era amável e tímido demais para exercer autoridade de verdade entre seus subordinados. Tendo pouco mais de 1,60 m, uma estatura feminina, não parecia sequer desempenhar o papel de um autocrata. Figuras dominantes, como sua mãe, a imperatriz Maria Fedorovna, seus tios, os quatro grão-duques e seu ex-tutor, Konstantin Pobedonostsev, ofuscaram Nicolau durante os primeiros anos do reinado. Posteriormente, sua mulher "vestiria calças", conforme ela mesma registrou numa carta escrita ao marido.

Mas ainda assim poderia ser equivocado presumir, como fizeram tantos historiadores, que o fracasso de Nicolau originou-se de uma fundamental "fraqueza de vontade". A explicação geralmente aceita tem sido a de que o tsar foi uma vítima passiva da história. Uma vítima que, ao perceber sua impotência cada vez maior frente à revolução, se tornou paulatinamente mais mística e indiferente em relação a seu próprio destino. Essa interpretação deve muito às observações de seus inimigos revolucionários, que dominaram a primeira literatura produzida a respeito de Nicolau. Viktor Chernov, o líder socialista revolucionário, por exemplo, afirmava que o tsar tinha enfrentado a adversidade com "uma espécie de passividade obstinada, como se desejasse fugir da vida... Não parecia um homem, mas a réplica malfeita de um homem". Da mesma forma, Trótski retratou o último tsar como alguém que opôs "apenas uma indiferença parva" à "torrente histórica" que corria cada vez mais perto dos portões de seu palácio. Há, evidentemente, um elemento de verdade em tudo isso. Frustrado em suas ambições de governar segundo seu conceito do que era ser um verdadeiro autocrata, Nicolau aos poucos se retirou para a vida privada e colocou em xeque as prerrogativas de sua família. Faltava-lhe empenho até mesmo para reconhecer, de forma velada, que fracassara politicamente. Mas, sob a aparência dócil, havia um forte senso de seu dever de sustentar os princípios da autocracia. Ao tornar-se mais confiante ao longo do reinado, Nicolau desenvolveu um intenso desejo de reinar com base em sua própria consciência religiosa, como seus ancestrais moscovitas. Defendeu com pertinácia suas prerrogativas autocráticas contra as interferências de seus ministros ambiciosos e mesmo de sua esposa, cujas demandas persistentes (frequentemente em beneficio de Rasputin) o tsar tudo fez para ignorar e resistir. Não foi a "fraqueza de vontade" que destruiu o último tsar, mas, ao contrário, foi uma determinação férrea de governar, a despeito do fato de claramente carecer das qualidades necessárias para tal.[21]

Uma deficiência óbvia era a inabilidade completa em lidar com seus subordinados e comandá-los. Enquanto viveu, Nicolau foi sobrecarregado por um sentimento excessivo de decoro. Escondia emoções e sentimentos por sob uma máscara de reserva passiva que o fazia parecer indiferente em relação àqueles, como Chernov e Trótski, que o observavam à distância. Preferia concordar tacitamente com qualquer interlocutor a ter que sofrer o embaraço de contradizê-lo. Isso dava margem ao chiste, que cruzava os salões de São Petersburgo, segundo o qual o homem mais poderoso da Rússia fora o último a conversar com o tsar. Nicolau era educado demais para entrar em confronto com seus ministros por conta de falhas por eles cometidas, e assim incumbia terceiros de informá-los sobre exonerações. O conde Witte recordou sua demissão como presidente do Conselho de Ministros: "Conversamos [Nicolau e Witte] durante duas horas inteiras. Ele apertou minha mão. Ele me abraçou. Desejou-me toda a sorte do mundo. Voltei para o meu posto transbordante de felicidade e encontrei uma ordem escrita de exoneração em minha mesa." Witte acreditava que o tsar extraía alguma estranha satisfação do fato de atormentar seus ministros com tal procedimento. "Nosso tsar", Witte escreveu em suas memórias, "é um oriental, cem por cento bizantino." Tal comportamento imprevisível deu margem a sentimentos de insegurança nos círculos governantes. Começaram a circular rumores danosos de que o tsar estava envolvido em várias conspirações da corte, ou, ainda pior, não se conhecia o bastante e havia se transformado num inocente útil de forças obscuras e ocultas que agiam nos bastidores. O fato de Nicolau se fiar num gabinete informal de conselheiros reacionários (incluindo Pobedonostsev, procurador-geral do Santo Sínodo, e o notório editor de jornal, príncipe Meshchersky, cujos amantes homossexuais eram promovidos a posições proeminentes na corte) servia somente para alimentar essa teoria da conspiração — um combustível que, anos mais tarde, Rasputin usou com maestria.

O que faltava a Nicolau em liderança, ele conseguiu com trabalho árduo. Foi um monarca industrioso e consciencioso, em especial durante a primeira metade de seu reinado, sentado diligentemente à sua mesa de trabalho até que terminasse todos os deveres administrativos de praxe. Fazia tudo isso à maneira de um meirinho — o "Meirinho-chefe do Império" — devotando todas as energias à rotina minuciosa de seu cargo, sem sequer parar para considerar as questões políticas mais abrangentes. Enquanto seu pai era informado apenas das questões políticas mais importantes e delegava a maior parte das funções executivas de pouca monta aos subalternos, Nicolau mostrava-se completamente incapaz de lidar com o que estivesse além dos assuntos mais triviais. Encarregava-se, em pessoa, de ninharias como o orçamento para reformas numa escola de treinamento agrícola e da nomeação de parteiras de província. Era evidente que encontrava conforto nessas rotinas burocráticas menores: elas criavam a ilusão de uma administração azeitada, sem percalços, e lhe proporcionava a sensação de propósito. Todos os dias, registrava cuidadosamente em seu diário o horário e a duração das reuniões ministeriais e de outras atividades oficiais, ao lado de notas sumárias sobre o clima, a hora em que tomara o desjejum, com quem bebera chá. Esses hábitos tornaram-se uma espécie de ritual: todo dia, à mesma hora, executava as mesmas tarefas, a ponto de seus funcionários gracejarem poder acertar o relógio de acordo com os costumes do tsar. Ao medíocre Nicolau, parecia que o papel de um verdadeiro autocrata era precisamente preocupar-se com cada mísero detalhe administrativo de suas vastas terras. Passava horas em meio às petições para a chancelaria: centenas delas chegavam a cada mês, muitas delas enviadas por mujiques, cujos nomes rústicos (i.e., apelidos de servos tais como "Fedido" ou "Feio", que tinham sido formalizados como sobrenomes) não podiam ser mudados sem consentimento do tsar. Nicolau era inapto em ir além de tal desempenho. Tornou-se cada vez mais ciumento das funções burocráticas dos ministros, que confundia com exercício de poder, e ressentia-se por ter lhes delegado autoridade, uma vez que isso lhe parecia usurpação de seus poderes autocráticos. Tão zeloso era de seus pequeninos privilégios de executivo que se recusava a ter secretário particular, preferindo cuidar de sua própria correspondência. Mesmo instruções simples, como a convocação de um funcionário ou a compra de um veículo a motor, eram registradas num bilhete e seladas num envelope pela mão delicada do tsar. Nunca lhe ocorreu que um autocrata poderia ser mais bem empregado na resolução de questões de Estado maiores. Sua mente era a de um miniaturista, bem sintonizada com os mínimos detalhes da administração mas inteiramente incapaz de sintetizá-los em princípios gerais de governo. Como Pobedonostsev uma vez falou, referindo-se a Nicolau, "Ele só entende o significado de um fato isolado, sem conexão com o restante, sem apreciar a inter-relação de todos os demais fetos, eventos, tendências e ocorrências pertinentes. Aferra-se a seu ponto de vista insignificante, ínfimo".[22]

Para defender suas regalias autocráticas, Nicolau acreditava precisar que seus funcionários fossem fracos e divididos. Quanto mais poderoso era um ministro, mais ciúmes tinha o tsar de seus poderes. Primeiros-ministros competentes, como o conde Witte e Petr Stolypin, que sozinho podia ter salvado o regime tsarista, foram envoltos na névoa da desconfiança. Apenas figuras apagadas, como o "velho" Ivan Goremykin, sobreviveram por muito tempo, no mais alto dos postos. O sucesso desse homem medíocre foi atribuído pelo comentarista britânico Bernard Pares ao fato de ser "aceitável" aos olhos do tsar e da tsarina "por sua atitude de mordomo, levando instruções a outros criados". De fato, como convém a um soberano que governava a Rússia à moda de um senhor medieval, Nicolau via seus ministros como servos de seu feudo particular, e não como servidores do Estado. Na verdade, não mais se dirigia a eles com a expressão apropriada, *tyi* (pronome reservado aos animais, servos e crianças). Mas esperava que lhe tivessem devoção absoluta e, quando avaliava os ministros, colocava a lealdade muito acima da competência. Mesmo o conde Witte, humilde em seu comportamento habitual, se viu quase esmolando a atenção do tsar, os polegares alinhados com as costuras da calça como se fosse algum empregado particular.

Nicolau explorava as rivalidades e cisões entre os ministros. Colocava as opiniões de um em confronto com as de outro, para assim manter superioridade. Isso era pouco coerente para um governo, mas não o incomodava enquanto funcionasse como instrumento capaz de manter domínio sobre os subalternos. O tsar recusava-se terminantemente a coordenar o trabalho ministerial, o que teria que fazer à presidência de reuniões do Conselho de Ministros: ele parecia temer a formação de poderosas facções que o forçassem a adotar políticas que desaprovava. Preferia ver seus ministros em encontros solitários, o que resultava em mantê-los divididos, embora essa fosse uma receita que derivava no caos e na confusão. Tais audiências podiam ser muito frustrantes para os ministros, pois enquanto Nicolau invariavelmente dava impressão de concordar com as propostas apresentadas, nunca se podia confiar que as apoiaria quando confrontadas com sugestões de outros membros do ministério. Portanto, debates acalorados e gerais sobre política eram raríssimos. Se um auxiliar estendia-se demais sobre questões políticas, o tsar deixava claro que estava entediado e mudava o rumo da conversa para o tempo ou outro tópico mais agradável. Ciente de que Nicolau considerava aborrecidos tais relatos, os ministros os encurtavam propositalmente. Alguns chegavam a rascunhá-los e aproveitavam o despacho para divertir o tsar com anedotas e mexericos.[23]

O resultado foi que a Rússia não dispôs de liderança efetiva nem de coordenação durante os anos finais do regime. O último tsar era a fonte de todos os problemas. Se havia um vácuo de poder no centro do sistema de governo, então a pessoa do tsar era esse espaço vazio. Em certo sentido, a Rússia ganhara, com ele, o pior dos dois mundos: um tsar determinado a governar, ainda que inepto para exercer o poder. Aquela era uma "autocracia sem autocrata". Talvez ninguém pudesse ter desempenhado o papel que Nicolau se impôs: o trabalho de um governo que se tornara vasto e complexo demais para um só homem; a autocracia era algo ultrapassado. Mas Nicolau estava enganado em tentar abraçar o mundo com os pés. Em vez de delegar funções, permitiu-se uma fantasia de poder absoluto. Era tão ciumento de suas próprias prerrogativas que tentou ignorar inteiramente as instituições do Estado e o poder central da corte. Mas nem de longe seus súditos amigáveis e estupidificados eram capazes de lhe garantir conselhos pertinentes sobre como dirigir o país, já que provinham de um estreito círculo aristocrático de oficiais da Guarda que nada sabiam da Rússia situada para além das ruas elegantes de São Petersburgo. A maioria deles desprezava a Rússia, falava francês em detrimento do idioma natal e passava mais tempo em Nice ou Biarritz do que em suas propriedades rurais nas províncias. Sob o domínio cada vez maior da corte, o governo não conseguiu criar políticas coerentes capazes de enfrentar os problemas ascendentes de uma sociedade que rumava, em linha reta, para a revolução. Durante os últimos anos, em especial depois da queda de Stolypin, em 1911, o regime tsarista oscilou de maneira perigosa quando uma após outra nulidade sicofanta foi nomeada primeiro-ministro por Nicolau. Ele próprio consumia mais e mais tempo longe de seu posto. Às vezes, questões prementes tinham que ser postergadas por semanas, à espera que o soberano voltasse de viagens de caça, passeios de iate e férias em família na Crimeia. Mas no refúgio aparentemente seguro da intimidade doméstica, uma outra tragédia se desenrolava.

3. O herdeiro

A imperatriz Alexandra considerou exaustivas as comemorações do jubileu. Com grande esforço, se fazia presente em todas as funções públicas, mas frequentemente ia embora antes do término, com claros sinais de aflição. No baile suntuoso oferecido pela nobreza de Moscou, teve dificuldade em manter-se de pé. Quando o imperador saiu em seu socorro, houve tempo apenas para tirá-la do salão e evitar que desmaiasse em público. Durante a apresentação de gala no Teatro Marinsky, sua aparência era pálida e melancólica. Sentada no camarote adjacente, Meriel Buchanan, filha do embaixador britânico, observou como as mãos da imperatriz chacoalhavam a ventarola e como respirava com dificuldade:

> fazendo os diamantes que cobriam o corpete do vestido subirem e descerem, cintilando e tremeluzindo com mil lampejos ininterruptos. Naqueles momentos, parecia que essa emoção ou angústia a dominava por completo e com umas poucas palavras sussurradas ao imperador ela levantou-se e retirou-se ao fundo do camarote, para não ser mais vista naquela noite. Uma pequena onda de ressentimento agitou-se pelo teatro.[24]

Fato era que a imperatriz não aparecera em público em mais do que uma dúzia de ocasiões, durante a última década. Desde o nascimento do filho hemofílico, o herdeiro Alexis, em 1904, ela se confinara no Palácio Alexandre, em Tsarskoie Seló, e outras residências imperiais distantes da capital. Esperava-se que Alexandra aproveitasse o ensejo do tricentenário para melhorar sua imagem junto aos súditos. Tendo voltado as costas para a sociedade, passara a ser considerada fria e arrogante, e a dependência em relação ao "sagrado" Rasputin — que exercia domínio crescente na corte — havia muito era motivo de inquietação política. Pouco antes do jubileu, o estado de saúde do pequeno tsar agravara-se e a ansiedade acompanhou a tsarina durante todo o festejo. Para tornar a situação ainda pior, Tatiana, sua segunda filha, contraíra tifo por ter bebido a água infectada da capital. Alexandra fazia o possível para esconder o sofrimento dos olhos da opinião pública, mas não tinha ímpetos de ir além e conquistar simpatias.

Ela não passava de uma forasteira na Rússia quando tornou-se imperatriz. Desde o século XVIII, era costume dos governantes Romanov casarem-se com princesas de outras nacionalidades. No fim do século XIX, laços matrimoniais tinham feito dos Romanov parte integrante da família de cabeças coroadas da Europa. Seus oponentes gostavam de chamá-los de dinastia "Gottorp-Holstein", o que em termos genealógicos não estava longe de ser verdade. A maioria dos estadistas partilhava a opinião de que o equilíbrio do poder europeu seria assegurado por esses vínculos dinásticos. Assim, em abril de 1894, havia razão para se receber com alegria o noivado do herdeiro Nicolau com a princesa Alexandra, ou Alix, como era chamada, filha do grão-duque de Hesse-Darmstadt e da princesa Alice, da Inglaterra. Esperava-se que a princesa tivesse tempo de sobra para se adequar ao papel de imperatriz. Mas Alexandre III morreu seis meses depois de o compromisso ser firmado e a jovem, de 22 anos, subitamente se viu sentada no trono russo.

Embora anos mais tarde fosse amaldiçoada pelos súditos como "a alemã", Alexandra era, sob muitos aspectos, a quintessência da mulher inglesa. Órfã de mãe a partir de 1878, foi educada na Inglaterra pela avó, a rainha Vitória, cuja moral, atitudes e gostos severos, para não mencionar sua tenacidade de propósito, a futura tsarina assimilara. Era em inglês que Alexandra falava e se correspondia com Nicolau. Expressava-se mal em russo, com um pronunciado sotaque saxão, e só usava esse idioma para se dirigir a criados, funcionários civis e ao clérigo. Sua rotina no Palácio Alexandre era austeramente vitoriana. Mobília confeccionada em escala industrial fora encomendada na Maples, a loja de departamentos da classe média inglesa, escolha feita em detrimento do fino mobiliário imperial que se adequava com maior propriedade ao estilo clássico da residência dos soberanos. Suas quatro filhas dividiam um único quarto e dormiam em estreitas camas de campanha; a própria imperatriz era quem trocava os lençóis. Banhos frios faziam parte do cotidiano da casa. Nicolau e Alexandra alimentavam a ambição modesta de preservar o estilo de vida das camadas intermediárias da sociedade inglesa. Eles falavam a linguagem doméstica acolhedora da burguesia vitoriana: *hubby* e *wifey* (corruptelas de *husband*/marido e *wife*/esposa, que denotam tratamento afetuoso) eram os apelidos com os quais o casal se chamava.[25] Mas a imperatriz equivocou-se ao supor que tais hábitos poderiam ser adotados por um autocrata russo. Ela baseara-se no conhecimento adquirido na corte da Inglaterra, onde a simplicidade dos nobres resultava do distanciamento do monarca em relação às atividades do poder executivo.

Desde o início, Alexandra parecia se ressentir do papel público a que sua posição a obrigava. Só raramente frequentava a corte e ocasiões sociais. Sendo de natureza reservada, adotara uma pose de alheamento em suas primeiras aparições, o que lhe dava fama de desajeitada e antipática. Era tida por enigmática e arrogante, dois defeitos nada russos. "Ninguém gostava da tsarina", escreveu a anfitriã e literata

Zinaida Gippius. "Seu rosto anguloso, bonito, mas mal-humorado e deprimido, com lábios finos e fortemente comprimidos, não agradava; sua altura alemã excessiva não a favorecia." Informada sobre a impopularidade da neta, a rainha Vitória escreveu, oferecendo conselhos:

> Não há ofício mais árduo do que o nosso, o de governar. Reinei por mais de cinquenta anos em meu próprio país, que conheci desde a infância e, ainda assim, todos os dias penso sobre o que preciso fazer para preservar e fortalecer o amor de meus súditos. Quão difícil é sua situação! Você se encontra num país estranho, um país do qual nada sabe, onde os costumes, o modo de pensar e o povo lhe são completamente alheios e, não obstante, é seu supremo dever conquistar o amor e o respeito de todos.

Alexandra respondeu com uma altivez capaz de sugerir que sua reputação era merecida:

> A senhora está enganada, minha querida avó; a Rússia não é a Inglaterra. Aqui não precisamos ganhar o amor das pessoas. O povo russo reverencia seus tsares como seres divinos, dos quais derivam toda caridade e fortuna. No que diz respeito à sociedade de São Petersburgo, conquistar apreço é algo que se pode desconsiderar inteiramente. A opinião daqueles que compõem essa sociedade não tem importância nenhuma.

O conteúdo dessa correspondência logo se tornou conhecido nos círculos de São Petersburgo, redundando na ruptura de relações entre as figuras de destaque no meio social e a imperatriz. Ela reduziu ainda mais sua agenda de festividades e limitou suas amizades àquelas das quais podia esperar devoção servil. Aqui estão as raízes de sua insistência paranoica em dividir a corte e a sociedade em "amigos" e "inimigos", o que levaria a monarquia à beira da catástrofe.[26]

A impopularidade da imperatriz não teria sido importante se ela não tivesse assumido um papel político ativo. Na carta que mandou à rainha Vitória, fica claro que as atrações místicas do despotismo bizantino desde cedo seduziram--na. Ela acreditava, e nisso suplantava seu marido de temperamento afável, que a Rússia ainda podia ser dirigida — e, de fato, assim tinha que ser — nos mesmos moldes empregados pelos tsares medievais. Ela considerava o país um feudo privado da Coroa; a Rússia existia para satisfazer à dinastia e não o contrário. Os ministros do governo eram criados particulares do tsar, não servidores públicos. À sua maneira autoritária, pôs-se a organizar o Estado como se fosse parte de seu mundo doméstico. Não raro, pressionava Nicolau a ser mais vigoroso e a afirmar sua vontade autocrática. "Seja mais autocrático do que Pedro, o Grande", instava, "e mais rígido do que Ivan, o Terrível." Alexandra queria que o tsar, como seus antecessores feudais, reinasse escorado em suas próprias convicções religiosas, sem levar em conta as restrições da lei. "Você e a Rússia são iguais", ela diria ao marido, enquanto o fazia agir exatamente como pretendia, segundo suas próprias ambições, vaidades, temores e ciúmes. Pelo menos aos olhos do povo, eram a tsarina e Rasputin que realmente mandavam na Rússia tsarista durante os últimos anos de catástrofe. Alexandra gostava de se comparar a Catarina, a Grande. Mas, na verdade, seu desempenho lembrava muito mais o de Maria Antonieta, a última rainha do *Ancien-Régime* francês, cujo retrato pendia sobre sua escrivaninha no Palácio Alexandre.[27]

Alexandra assumiu a missão de dar à dinastia Romanov um herdeiro saudável. Mas deu à luz quatro meninas, uma após a outra. Desesperada, recorreu ao dr. Philippe, praticante da "medicina astral" que fora apresentado à família imperial em 1901, durante visita dos Romanov à França. Ele a convenceu de que estava grávida de um menino, e o ventre da imperatriz cresceu até que um exame médico revelou tratar-se de uma gestação psicológica. Philippe era um charlatão (tinha sido multado três vezes pelas autoridades francesas, acusado de exercício ilegal da medicina) e partiu da Rússia em desgraça. Mas o episódio demonstrara a suscetibilidade da tsarina a formas espúrias de misticismo. Poder-se-ia ter imaginado isso pelo modo emocional como se convertera à ortodoxia. Depois do mundo espiritual frio e espartano do protestantismo do norte da Alemanha, viu-se transportada por rituais solenes, pelas orações melodiosas e pelo canto fervoroso da Igreja russa. Com todo o ardor dos recém-convertidos, passou a crer no poder da prece e em milagres divinos. E quando, em 1904, finalmente pariu um varão, convenceu-se de que fora graças à intercessão de São Serafim, um ancião pio do meio rural russo, canonizado um ano antes por insistência do tsar, num trâmite que burlou os cânones expressos da religião.

O herdeiro Alexis transformou-se num garotinho brincalhão, mas logo descobriu-se que sofria de hemofilia, na época uma doença incurável e, em muitos casos, fatal. O mal era hereditário na Casa dos Hesse (um dos tios da tsarina, um de seus irmãos e três de seus sobrinhos morreram por problemas de coagulação), e não restava dúvida de que a imperatriz fora a transmissora. Tivessem os Romanov sido mais prudentes, poderiam ter impedido Nicolau de casar-se com Alexandra; mas a hemofilia era tão comum nas famílias reais da Europa que passara a ser considerada ossos do ofício. A tsarina encarava a doença como castigo divino e, para redimir seus pecados, dedicava-se à religião e aos deveres da maternidade. Se a debilidade do pequeno herdeiro tivesse sido revelada à opinião pública, poderia ter granjeado, como a mãe, a simpatia do povo que a desdenhava como imperatriz. Alexandra velaria zelosa por Alexei, temerosa de que caísse e sofresse hemorragias internas letais, típicas da hemofilia. Não havia como o tsaréviche levar a vida de uma criança normal, já que o menor acidente podia ser causa de sangramentos. Um marinheiro de nome Derevenko foi nomeado para acompanhar o menino por toda parte e tinha que carregá-lo sempre que não conseguia caminhar — e isso era frequente. Alexandra consultou inúmeros especialistas, mas a cura estava além das possibilidades da ciência. Segura de que só um milagre salvaria o herdeiro, empenhou-se em ser digna do favor divino, entregando doações à Igreja, fazendo boas ações e passando horas intermináveis absorta em rezas. "Toda vez que a tsarina o via corado, ou ouvia seu riso alegre, ou observava suas travessuras", registrou Pierre Gilliard, tutor de Alexei, "seu coração encher-se-ia de uma esperança imensa e ela diria: 'Deus me ouviu. Teve misericórdia de mim, afinal.' Então a doença de repente recrudescia, mais uma vez colocando o menino esticado em seu leito de dor e o levava aos portões da morte."[28]

Foi a necessidade materna premente de encontrar uma cura milagrosa que permitiu a Rasputin entrar na vida dos Romanov e na vida da Rússia. Grigorii Rasputin nascera numa família camponesa relativamente abastada, na aldeia de Pokrovskoe, no oeste da Sibéria. Até pouco tempo, pensava-se que seu nascimento datava do início da década de 1860; mas já se sabe que era mais jovem do que o povo imaginava — na verdade, de 1869. A infância e juventude de Rasputin são quase um mistério. Uma comissão formada pelo Governo Provisório em 1917 entrevistou vários de seus conterrâneos, que se lembravam dele como um garoto sujo e desobediente. Mais tarde tornou-se célebre por suas bebedeiras, sua devassidão e como ladrão de cavalos, e tais características, muito provavelmente, deram origem a seu sobrenome, *rasputnyi*, que equivale a "dissoluto".* Em certo momento, arrependeu-se e juntou-se a um grupo de peregrinos a caminho do monastério de Verkhoturye, situado nas imediações, e lá passou três meses antes de voltar à sua aldeia natal. Então, já era outro homem. Renunciara ao álcool e à carne, aprendera a ler e escrever grosseiramente, tornara-se religioso e arredio. A principal causa de sua conversão parece ter sido o "homem sagrado", o estaroste Makarii, monge de Verkhoturye, cujos poderes espirituais, como os de Zozima, em *Os irmãos Karamazov*, de Dostoiévski, atraíam discípulos de toda a região. Makarii havia sido recebido pelo tsar e pela tsarina, estes sempre em busca de Homens de Deus entre a gente simples, e Rasputin mais tarde passou a alegar que se inspirara em seu exemplo. Mas não há dúvida de que jamais foi discípulo do monge: não tinha educação formal bastante para se tornar religioso profissional e parecia incapaz de sê-lo. Quando o posto de confessor do tsar vagou, em 1910, Alexandra insistiu que Rasputin fosse treinado e ordenado, e assim pudesse assumir a função. Porém, em pouco tempo já se percebia que o ex-mujique só conseguia ler as partes mais

* Era comum entre os aldeões dirigirem-se uns aos outros por apelidos concernentes a seus atributos: "Esperto", "Pateta", "Coração", "Lobo" etc.

básicas das Escrituras. A capacidade de decorar, essencial ao sacerdócio, estava além de suas forças (sua memória era tão fraca que não raro esquecia os nomes de amigos; assim, lhes punha apelidos, como "Beldade" ou "Governador", mais fáceis de lembrar). Em todo caso, não era bem a fé ortodoxa que trouxera consigo, da vastidão da Sibéria para São Petersburgo. Sua estranha mistura de misticismo e erotismo era mais parecida com as práticas da seita proscrita que conheceu em Verkhoturye, embora nunca tenham sido levadas a termo as acusações contumazes de que adotara sua doutrina, segundo a qual o pecado era o primeiro passo rumo à redenção. Em encontros noturnos, os seguidores dançavam nus para atingirem um estado de frenesi e praticavam a flagelação e o sexo grupal. O campesinato russo considerava pecadores e pios igualmente íntimos de Deus; e talvez ainda mais íntimos os primeiros.[29]

Aos 28 anos, ou pelo menos era isso que ele próprio afirmava, Rasputin teve uma visão da Virgem Maria e saiu em romaria até Jerusalém. Não há registro dessa viagem e é mais provável que apenas tenha seguido a trilha de peregrinos camponeses, sábios e profetas que durante séculos caminharam pela Rússia de alto a baixo, de leste a oeste, vivendo das esmolas de aldeões. Em pouco tempo, Rasputin desenvolveu tamanha aura de autoridade espiritual e tamanha habilidade para pregar que logo chamou a atenção de alguns dos mais importantes clérigos russos. Em 1903, apareceu pela primeira vez em São Petersburgo, muito bem acompanhado: de um lado, o arquimandrita, confessor de Alexandra, Theophan e o bispo Hermógenes de Saratov; de outro, o célebre padre João de Kronstadt, também amigo íntimo da família real. A Igreja Ortodoxa estava à procura de homens santos que, como Rasputin, tivessem origem humilde e assim pudessem colaborar para reacender a influência religiosa entre as massas urbanas e aumentar o prestígio da instituição na corte de Nicolau.

Aquele era um período em que a corte e os círculos sociais de São Petersburgo haviam enveredado por formas religiosas alternativas. Nos salões da aristocracia e nas salas de estar da classe média, havia um fermento de curiosidade sobre todos os aspectos do espiritualismo e da teosofia, do oculto e do sobrenatural. Sessões espíritas e tabuleiros de ouija* estavam em alta. Em parte, isso refletia uma demanda hedonista por novas maneiras de crença e experiência. Mas era também reflexo de um sentimento mais geral e profundo de desequilíbrio moral, que ecoava nas obras de escritores como Blok e Belyi e que foi acentuado na cultura europeia na década anterior à Primeira Guerra Mundial. Vários homens sagrados e espiritualistas se abancaram nos palácios da Rússia muito antes de Rasputin vir à cena. O sucesso desses místicos lhe abriu caminhos: foi apresentado em festas e *soirées*

---

* Jogo em que uma prancha marcada com palavras, letras etc. é usada por forças do além ou telepáticas para se comunicar com os vivos. [*N. da T.*]

como um ser divino, pecador e penitente, agraciado com poderes extraordinários de clarividência e cura. Sua aparência física repulsiva apenas temperava seus encantos morais. Usava túnica camponesa e calças largas, o cabelo negro ensebado descia até os ombros, a barba era incrustada com velhas migalhas de comida e as mãos e o corpo nunca viam água. Com ele, vinha um forte odor de suor, que muitos comparavam ao de um bode. Mas eram seus olhos que cativavam. O brilho penetrante e o poder hipnótico causavam impressão duradoura. Algumas pessoas afirmavam que Rasputin era capaz de fazer com que suas pupilas se expandissem e contraíssem, voluntariamente.[30]

Em novembro de 1905, foi apresentado ao tsar e à tsarina como um curandeiro apto a curar Alexei. Desde o primeiro momento, pareceu ser detentor de alguma força misteriosa capaz de conter hemorragias internas. Profetizava que o herdeiro não morreria e que a doença desapareceria quando o menino completasse 13 anos de idade. Alexandra se deixou persuadir de que Deus mandara Rasputin em resposta a suas orações. As visitas do mago ao palácio tornaram-se mais frequentes à medida que a imperatriz depositava cada vez mais confiança no forasteiro. Sua presença confirmava os preconceitos do casal imperial, segundo os quais um simples mujique russo próximo a Deus poderia fazer o que estava fora do alcance de todos os médicos.

Nos muitos livros sobre o assunto, não há conclusão sobre o segredo do dom curador de Rasputin. É amplamente reconhecido que crianças e animais sentiam-se confortados à vista do camponês, e isso pode ter ajudado a deter os sangramentos de Alexei. Também é sabido que fora treinado na arte do hipnotismo, o qual pode ter o poder de realizar mudanças físicas, a contração de vasos sanguíneos, por exemplo. O próprio Rasputin uma vez confessou a seu secretário, Aron Simanovich, que às vezes usava drogas tibetanas ou o que estivesse à mão, em outras ocasiões apenas fingia utilizar medicamentos ou tartamudeava palavras sem sentido enquanto orava. Tudo isso aludia à fé curadora e talvez o feito mais admirável de Rasputin possa ser creditado a tais métodos. Em outubro de 1912, o tsaréviche sofreu uma hemorragia particularmente aguda, depois de acompanhar a mãe num passeio de carruagem perto de Spala, a propriedade imperial de caça no leste da Polônia. Os médicos foram incapazes de evitar que um tumor grande e doloroso se formasse em sua virilha e disseram à família imperial que se preparasse para a morte iminente. Somente um milagre, que provocasse a reabsorção espontânea do caroço, poderia salvar o menino. A situação era considerada tão grave que, pela primeira vez, os boletins médicos sobre o estado de Alexei foram publicados na imprensa nacional, embora sem menção à natureza da doença. Grupos de orações foram organizados em igrejas de todo o país e Alexis recebeu os últimos sacramentos enquanto jazia transpassado de dor. Em desespero, Alexandra mandou um telegrama a Rasputin, que estava em casa, em Pokrovskoe. Segundo o testemunho de sua filha, o mago fez algumas orações e foi até o posto telegráfico local, de onde enviou a seguinte mensagem à imperatriz: "Deus viu suas lágrimas e ouviu suas preces. Não pranteie. O pequeno não morrerá." Em questão de horas, o paciente teve uma súbita recuperação: a hemorragia parou, a temperatura caiu e os médicos, atônitos, confirmaram que o perigo havia passado. Os mais céticos quanto ao poder de cura de orações transmitidas por cabos telegráficos podem atribuir o fato a uma extraordinária coincidência. Mas Alexandra estava certa de que fora Rasputin o responsável pelo restabelecimento do garoto, e depois do "milagre de Spala" a posição do místico na corte tornou-se inquestionável.[31]

Tal status lhe garantiu ainda mais autoridade e prestígio. Transformou-se em *maître de requêtes*, aceitando subornos, presentes e favores sexuais daqueles que o procuravam na esperança de que usasse sua influência para ajudá-los. Durante a Primeira Guerra Mundial, quando sua ingerência política estava no auge, desenvolveu um lucrativo sistema de nomeações no governo, na Igreja e no funcionalismo civil, e vangloriava-se de estar tudo sob seu controle direto. Às centenas de mortais que faziam fila do lado de fora de sua residência todos os dias — mulheres implorando isenção militar para os filhos e maridos, pessoas à procura de emprego — bastava que entregasse um pedaço de papel, colocasse uma cruz no cabeçalho e com sua garatuja de semialfabetizado escrevesse a algum funcionário: "Meu caro e valioso amigo. Faça isso por mim, Grigorii." Um desses bilhetes foi levado ao chefe do secretariado da corte por uma bela jovem de quem Rasputin claramente gostava. "Arranje isso para ela. Tudo certo com a moça. Grigorii." Quando o servidor perguntou o que queria, a candidata respondeu que pretendia tornar-se prima-dona da Ópera Imperial.[32]

Com frequência tem sido presumido que, pelo fato de ter aceitado propinas, Rasputin era movido por interesses financeiros. Isso não corresponde à verdade. Ele não tinha grande apego ao dinheiro, que gastava ou distribuía de modo igualmente rápido. O que o excitava era o poder; tratava-se de um homem muito egocêntrico, ávido por se manter no centro das atenções. Adorava jactar-se de suas conexões na corte. "Posso fazer qualquer coisa", era uma de suas frases favoritas, originária dos rumores exagerados sobre sua onipotência política. Os presentes que recebia de patronos ricos tinham importância não por serem caros, mas porque confirmavam sua influência pessoal. "Veja, esse tapete vale 400 rublos", alardeou certa vez a um amigo, "uma grã-duquesa me mandou para que abençoasse seu casamento. E veja você, por acaso não tenho uma cruz de ouro? Foi o tsar quem me deu." Sobretudo, gostava do status e do poder de que desfrutava; a ele, nada mais do que um mujique, recorriam homens e mulheres de posição social superior. Ele se comprazia em ser rude com as damas bem-nascidas que sentavam a seus pés. Enfiaria o dedo sujo num prato de presunto para dizer, "Humilhe-se, lamba até que fique limpo!" A primeira vez em que foi recebido por Varvara Uexküll, uma rica socialite, a desancou ao constatar que consumia objetos de arte como uma perdulária: "O que é isso, mãezinha, quadros na parede como num museu de verdade? Aposto que as pinturas penduradas numa só parede bastariam para alimentar cinco aldeias de famintos." Quando Uexküll o apresentou aos convidados, fitou intensamente cada mulher, tomou uma a uma pela mão e fez perguntas: "Casada?", "Onde está seu marido?", "Por que veio sozinha?" "Se o casal estivesse aqui, reunido, poderia analisar os dois, ver como vivem e comem." Ele calculava que tamanha insolência o tornava ainda mais atraente aos olhos dos aristocratas dominados pela culpa, uma culpa que os levava a lhe pedir conselhos. As damas pródigas e insatisfeitas da sociedade sentiam-se fascinadas pelo carismático camponês. Muitas delas alimentavam uma curiosa excitação sexual diante das humilhações que ele lhes impingia. Na verdade, o prazer que Rasputin desfrutava com tais conquistas amorosas tanto tinha a ver com a dominação psicológica de suas vítimas quanto com a saciedade de seus desejos masculinos. Assegurava às mulheres que a salvação seria certa se abdicassem do orgulho, e isso implicava se entregarem a ele. Uma delas confessou que ao ir para a cama pela primeira vez com Rasputin, teve um orgasmo tão violento que desmaiou. Talvez sua competência como amante também tivesse uma explicação física. Felix Yusupov, assassino do ex-camponês — e com quem tivera um pretenso romance — afirmou que o ótimo desempenho sexual de Rasputin devia-se a uma grande verruga estrategicamente situada no falo, de tamanho excepcional. Por outro lado, há evidências de que fosse impotente e que, mesmo deitando-se nu com muitas mulheres, fazia sexo com poucas. Em suma, era devasso, mas não um garanhão. Num exame médico, ao qual se submeteu após um atentado fracassado, em 1914, e que lhe valeu algumas punhaladas, sua genitália foi considerada tão pequena e retraída a ponto de o clínico ponderar se seria mesmo capaz de manter relações sexuais. O próprio Rasputin uma vez gabara-se ao monge Iliodor de ser capaz de deitar com mulheres sem sentir desejo, pois seu "pênis não funcionava".[33]

Junto com seu poder, cresciam as lendas sobre seus crimes e bruxarias. Havia histórias danosas sobre suas investidas sexuais, algumas delas indesejáveis, incluindo estupro. Mesmo a irmã do tsar, Olga Alexandrovna, envolvera-se em boatos segundo os quais fora vítima da mão boba do mago. Havia orgias de bebedeira, dias passados em termas com prostitutas e noites de farra consumidas em restaurantes e bordéis. O escândalo mais famoso aconteceu no conhecido restaurante cigano Yar, em março de 1915, e teve como protagonistas o místico, dois jornalistas e três prostitutas. Ele se embriagou, tentou agarrar as jovens ciganas e enalteceu suas aventuras sexuais com a imperatriz. "Veem esse cinto?", vociferou. "É trabalho de Sua Majestade, posso fazer com que fabrique qualquer coisa. Sim, eu, Grishka Rasputin. Poderia fazer com que a velha garota dançasse assim, se eu quisesse" — e fez um gesto de ato sexual. Todos olhavam para ele e várias pessoas perguntaram se aquele era mesmo o famoso homem sagrado. Foi então que ele abaixou as calças e balançou o pênis diante da plateia. O agente britânico, Bruce Lockhart, que estava no andar de baixo do restaurante, ouviu "gritos femininos selvagens, vidros se quebrarem e portas baterem". Os garçons abandonaram o local, a polícia foi chamada, mas ninguém ousou apontar o responsável pela desordem. Dentre os telefonemas feitos para funcionários eminentes, um deles foi para o chefe do Corpo de Gendarmes, que ordenou a prisão de Rasputin. Ele foi retirado do restaurante e mantido preso por uma noite. Mas na manhã seguinte, o tsar, em pessoa, determinou que fosse solto.[34]

O que tornava esses rumores tão nocivos do ponto de vista político era a crença generalizada, alimentada pelo próprio Rasputin, de que era amante da tsarina. Havia até mesmo mexericos sobre orgias ferozes promovidas pela dupla, com a participação do tsar e de Anna Vyrubova, dama de companhia de Alexandra, que seria lésbica. Histórias igualmente pornográficas sobre Maria Antonieta e o "impotente Luís" circularam às vésperas da Revolução Francesa. Não existem provas para nenhum desses murmúrios. Mas houve uma carta infame escrita pela imperatriz a Rasputin, e publicada pela imprensa em 1912. "Beijo suas mãos e deito minha cabeça em seus ombros benfazejos. Sinto-me, então, exultante. Tudo o que desejo é dormir, dormir para sempre sobre seu ombro, em seu abraço."[35] Mas, levando em conta tudo o que até hoje se sabe sobre Alexandra, seria uma incongruência atribuir a essas frases o valor de mensagem entre amantes. Ela era uma esposa leal e devotada, uma mãe que se voltara para seu mentor em angústia espiritual. Além disso, tinha horizontes muito estreitos para se entreter com um caso extraconjugal.

Ainda assim, era o simples fato de existirem rumores, e não sua fidedignidade, que causava tanto alarme entre os que apoiavam o tsar. Eles tentavam convencê-lo da má influência de Rasputin e pensavam em poder expulsá-lo da corte. Embora soubesse dos malfeitos do Homem Sagrado, Nicolau não o afastaria enquanto a imperatriz continuasse a crer que ele, e só ele, podia ajudar o filho moribundo. O efeito apaziguador do místico sobre Alexandra era muito bem-visto pelo marido faltoso, que certa feita deixou escapar num momento de descuido: "Melhor um Rasputin do que dez surtos de histeria, todos os dias." O arquimandrita Theophan, que ajudara o místico a alcançar São Petersburgo, foi banido da capital em 1910, depois de tentar fazer com que a imperatriz reconhecesse o comportamento escandaloso de seu conselheiro. No ano seguinte, o monge Iliodor e o bispo Hermógenes foram encarcerados em monastérios remotos por terem-no enfrentado com um minucioso levantamento de suas feitiçarias, chamando-o ao arrependimento. Por vingança, Iliodor entregou à imprensa as cartas da imperatriz. O tsar entrou em cena e impediu que os jornais continuassem a publicar mais histórias sobre o mago, a despeito da promessa de abolir a censura prévia, feita no rastro da Revolução de

1905. A Igreja silenciou também por conta da nomeação de Vladimir Sabler, aliado de Rasputin, para procurador-geral do Santo Sínodo.[36]

Os políticos não foram mais bem-sucedidos em seus esforços para derrubar o Homem Sagrado. Nicolau se recusou a agir mesmo diante dos relatos que chegavam a seus ouvidos sobre os erros do camponês. Por que tanta tolerância? A resposta, com certeza, está na crença de que o conselheiro do Império era um homem simples, um mujique, do "povo" e que Deus o mandara para salvar a dinastia Romanov. O acusado fomentava esses preconceitos, que revertiam a seu favor, e incitava as fantasias de autocracia popular nutridas pelo tsar. Rasputin era um símbolo da fé de Nicolau na trindade bizantina — Deus, Tsar e Povo; uma trindade que o soberano considerava útil à remodelação do regime conforme os parâmetros da Moscou do século XVII. "E apenas um russo bom, religioso, simplório", disse uma vez a um de seus cortesãos. "Quando tenho problemas ou sou assolado por dúvidas, gosto de conversar com ele e depois, invariavelmente, sinto-me em paz comigo mesmo." De caso pensado, Rasputin brincava com essa ideia, dirigindo-se a seus patronos reais com expressões folclóricas, *Batiushka-Tsar* e *Matiushka-Tsarina* ("Paizinho Tsar" e "Mãezinha Tsarina"), em lugar de "Vossa Majestade Imperial". Nicolau cria que somente as pessoas ingênuas — pessoas não contaminadas por ligações com as facções de São Petersburgo — eram capazes de ser sinceras com a família real e de emitir opiniões desinteressadas. Durante quase vinte anos, Nicolau recebeu relatórios produzidos por Anatoly Klopov, funcionário menor do Ministério das Finanças. Rasputin, por sua origem humilde, merecia a mesma confiança. Como personificação do ideal tsarista do povo russo leal, o mago não podia errar. O imperador desprezava os rumores com base no argumento de que qualquer pessoa privando dos favores da corte, em especial sendo um camponês rude, estava sujeita a julgamentos invejosos. Além do mais, considerava o místico um assunto de família e via tais críticas como invasão de seu patrimônio privado. Quando o primeiro-ministro, Stolypin, lhe entregou um dossiê de documentos da polícia secreta sobre as indiscrições do guia da imperatriz, o tsar deixou claro que aquela advertência não solicitada fora um grave desrespeito à etiqueta. "Sei, Petr Arkadevich, que me tem devoção sincera. Talvez tudo que diz seja verdade. Mas peço-lhe que nunca volte a me pedir para conversar sobre Rasputin. Não há nada que eu possa fazer a respeito." O presidente da Duma não conseguiu ir mais longe ao apresentar um calhamaço ainda mais difamador, baseado em documentos de Iliodor e do Santo Sínodo. O tsar, mesmo perturbado pelas evidências, disse a Rodzianko: "Rasputin é um camponês simples que pode mitigar os sofrimentos de meu filho por meio de um estranho poder. O crédito que a tsarina lhe confere é uma questão familiar e não permitirei que ninguém se imiscua em meus assuntos."[37] Parece que Nicolau, em sua obstinada fidelidade aos princípios da autocracia, considerava qualquer questionamento um ato de traição.

E assim o caso Rasputin continuou insolúvel. E cada vez mais ele envenenava as relações da monarquia com a sociedade e com seus tradicionais pilares de apoio na corte, a burocracia, a Igreja e o Exército. O episódio costuma ser comparado ao Caso do Colar de Diamantes, um escândalo similar que prejudicou inexoravelmente a reputação de Maria Antonieta pouco antes da Revolução Francesa. Na época do assassinato de Rasputin, em dezembro de 1916, a dinastia Romanov estava à beira do colapso.

II.

Pilares instáveis

1. Burocratas e trajes de gala

Na primeira manhã de 1883, os leitores do *Pravitel'stvennyi vestnik* (Notícias do governo) abriram o jornal e foram informados de que A. A. Polovtsov fora nomeado secretário imperial. Não era exatamente o tipo de notícia capaz de fazer alguém engasgar durante o desjejum. Aos 51 anos, ele tinha todas as credenciais para ocupar um posto tão alto na burocracia. Filho de um nobre latifundiário, casado com a herdeira de uma instituição bancária, formado pela elitista Escola de Leis, teve ascensão rápida nas fileiras da administração imperial. Era, segundo todos os relatos, refinado, culto e de boas maneiras. Witte o considerava um pouco fútil, mas Polovtsov era seguro e sentia-se inteiramente à vontade nos círculos aristocráticos de São Petersburgo, onde tinha inúmeros grão-duques entre seus amigos mais próximos. E era sócio do Iate Clube Imperial, sede dos divertimentos da elite governante russa após o horário comercial. Foi lá que, na véspera, recebera a confirmação de sua escolha para o cargo.[1] Em resumo, Alexandre Alexandrovich era um representante da pequena e privilegiada tribo que geria os negócios do Estado imperial.

A burocracia russa era uma casta de elite pairando acima da sociedade. Assim sendo, não seria improvável que fosse sucedida pela nomenklatura comunista. O sistema tsarista baseava-se na estrita hierarquia social. No topo, estava a corte; abaixo, seus três pilares de sustentação: o serviço público, o serviço militar e a Igreja, formada por membros advindos desses dois primeiros blocos; e na base da ordem social havia o campesinato. Existia um forte vínculo entre a autocracia e essa pirâmide de estratos sociais (nobres, clérigos, negociantes e mujiques), cuja posição variava conforme os obséquios prestados ao Estado. Era uma hierarquia social rígida, na qual direitos e deveres legais específicos eram determinados pelo lugar que cada um ocupava nessa escala. Nicolau comparava essa estratificação ao sistema patrimonial: "Imagino a Rússia como uma propriedade", declarou em 1902, "cujo dono é o tsar, o administrador é a nobreza, e os trabalhadores, os camponeses." Impossível uma metáfora mais arcaica para definir uma sociedade que acabara de entrar no século XX.

A despeito do rápido progresso do comércio e da indústria durante as últimas décadas do século XIX, grande parte da elite russa ainda era originária da velha aristocracia latifundiária. Os nobres ocupavam 71% dos quatro postos mais altos do funcionalismo (i.e., acima dos conselheiros civis), segundo o censo de 1897. Na verdade, as portas da burocracia eram abertas aos filhos de famílias comuns, mas para isso era fundamental que tivessem formação universitária ou diploma secundário, com louvor. O abismo entre o topo da pirâmide e o restante da sociedade estava aumentando, graças às grandes diferenças culturais e à importância atribuída à origem social. Boa parcela da nobreza vendera suas propriedades rurais e transferira-se para a cidade; outra jamais havia possuído terras e conquistara o título em troca de serviços prestados ao Estado. Tratava-se de uma via de mão dupla: o serviço público poderia garantir acesso à nobreza e vice-versa. Apesar disso, os burocratas tinham valores próprios, que somente os marxistas mais empedernidos interpretariam como equivalentes aos "interesses de classe" dos nobres latifundiários. Até 1900, prevalecera a máxima cunhada pelo escritor Iurii Samarin — "O burocrata não passa de um nobre de uniforme e o nobre é apenas um burocrata em roupa de gala". A Rússia ainda era um reino agrário e sua elite ainda era dominada pelas famílias rurais mais ricas. Poderosas dinastias como os Stroganov, Dolgorukov, Sheremetev, Obolensky, Volkonsky mantiveram-se muito afinadas com a cúpula do Estado moscovita no período de expansão territorial, entre os séculos XV e XVIII, o que lhes valeu generosíssimas doações de terras férteis, principalmente no sul da Rússia e na Ucrânia.[2] O interesse em perpetuar tais riquezas e em garantir colocações na máquina burocrática não deixou que a aristocracia russa funcionasse como uma classe latifundiária independente, que servisse de contraponto à monarquia. Uma situação peculiar, se comparada com a Europa do século XVI.

Os leitores de Gogol sabem, como poucos, que o funcionalismo era obcecado por postos e hierarquia. Um intricado conjunto de regras, dispostas nos 869 parágrafos do volume I do Código de Leis, enumerava 14 cargos públicos, cada qual com farda e título próprios, e todos classificados com termos traduzidos do alemão. Polovtsov, por exemplo, ao ser nomeado secretário imperial, recebeu a fita azul-escura e a estrela de prata da Ordem da Águia Branca e, como todos os burocratas agraciados com os dois cargos administrativos mais importantes, passou a ser chamado de "Vossa Suma Excelência"; os que ocupavam as duas funções seguintes mereciam o tratamento "Vossa Excelência". E assim sucessivamente, até que, no sopé da escala, os designados para os sete postos menos ilustres resumiam-se a "Vossa Senhoria". O *chinovnik*, ou servidor público, tinha ciência plena do poder que tais rapapés lhe conferiam. Passar das calças brancas às pretas, trocar a fita vermelha por outra, azul, ou ter direito a mais uma listra eram rituais de imensa deferência na vida medíocre de um burocrata. As promoções eram determinadas por uma escala hierárquica, criada em 1722, por Pedro, o Grande. Um funcionário só poderia ter ofício equivalente ou inferior a sua posição social. Em 1856, foram acrescidas novas regras de ascensão, com intervalos preestabelecidos para se passar de uma função a outra: era preciso permanecer pelo menos três anos em determinado cargo para avançar na escala que abarcava os sete postos menos favorecidos; o prazo era maior — quatro anos — para os três postos intermediários. Cabia diretamente ao tsar fazer as indicações para os quatro cargos mais augustos, que davam direito a títulos hereditários. Portanto, qualquer burocrata mediano, capaz de evitar os pecados mais abomináveis, podia sonhar em melhorar de vida, passo a passo, e por volta dos 65 anos chegar a conselheiro civil: bastava ser paciente e esperar que as décadas se sucedessem. O sistema encorajava a apatia de quem tem o tempo como melhor aliado. Escritores como Gogol retrataram a essência dessa burocracia russa do século passado, mas o esquema de promoção automática caiu em desuso quando o mérito pessoal tornou-se mais importante do que a idade.[3]

Ainda assim, as melhores colocações na burocracia de São Petersburgo continuaram prerrogativa de uma pequena elite de famílias nobres. A capital era um mundo político de dimensões mínimas, onde todos se conheciam. Essa microssociedade ocupava as ruas residenciais elegantes em torno da Nevsky e da Liteiny Prospekts, e fazia do casamento com vizinhos uma maneira de fortalecer seus vínculos de amizade. Quase todos haviam frequentado os mesmos colégios de elite (Corps des Pages, Escola de Guardas-Marinhas e Junkers da Cavalaria, o Liceu Alexandre e a Escola de Leis) e seus filhos alistavam-se nos mesmos regimentos de prestígio (Chevaliers Gardes, Cavalaria, Regimento Hussardo da Guarda Pessoal do Imperador e Regimento Preobrazhensky), de onde sairiam para uma longa carreira até o topo dos serviços público ou militar. Os contatos sociais eram imprescindíveis nesse mundo, como revela o diário de Polovtsov, já que muitos assuntos de Estado resolviam-se em bailes e banquetes, em recepções privadas e salas de estar, no restaurante do Hotel Evropeiskaya e no bar do Iate Clube Imperial. Era um círculo fechado, mas não exatamente pomposo. A aristocracia de São Petersburgo era cosmopolita demais para esbanjar esnobismo. "Petersburgo não era Viena", afirma Dominic Lieven em seu estudo magistral sobre a elite governante russa, que sempre garantiu espaço para sedutores e excêntricos. Um exemplo foi o príncipe Alexei

Lobanov-Rostovsky, *grand seigneur* octogenário, colecionador de livros hebraicos e de amantes francesas, que "brilhava nos salões" e "ia à igreja em traje de gala". De quebra, foi um dos melhores ministros das Relações Exteriores do reinado de Nicolau II. Outro exemplo foi o príncipe M. I. Khilkov, "descendente de uma das mais antigas famílias aristocráticas", que durante vários anos dedicou-se à ocupação de mecânico na América do Sul e ao trabalho num estaleiro em Liverpool, até voltar à Rússia e tornar-se ministro das Comunicações.[4]

Apesar de seus talentos, a burocracia jamais foi uma ferramenta eficiente nas mãos da autocracia. E para isso havia três razões. Primeira, os burocratas eram frágeis por dependerem da nobreza, que no final do século XIX estava em franco declínio. Havia uma escassez crescente de especialistas (principalmente na indústria) para fazer frente às demandas do Estado moderno. Essa deficiência poderia ter sido sanada com o recrutamento de servidores públicos da nova classe média ligada ao setor produtivo, mas a elite governante estava muito comprometida com sua visão arcaica da ordem tsarista, na qual os nobres orgulhavam-se do lugar que ocupavam e temiam a ameaça democrática representada por essas camadas sociais emergentes. Segunda, a engrenagem dispunha de tão poucos recursos financeiros que os ministros e, em especial, os governos locais nunca contavam com a verba necessária para controlar ou reformar a sociedade. Os orçamentos curtos eram decorrência da dificuldade em recolher impostos num país muito grande e pobre, onde os contribuintes eram quase todos camponeses. E, finalmente, os ministérios tinham jurisdições e divisões superpostas, fruto da maneira caótica com que o Estado se desenvolvera, cada pasta crescendo como se fosse autônoma, quase *ad hoc*, uma extensão dos poderes pessoais do autocrata. As agências do governo não seguiam uma única linha de ação nem trabalhavam de modo coordenado, sob o pretexto de que era mais interessante para o tsar mantê-las débeis e subordinadas. Cada soberano privilegiaria um determinado grupo de repartições em um dado campo político, desautorizando as que haviam sido criadas por seus antecessores. O resultado era o caos e a confusão burocráticos. Os ministros tinham poder para agir como quisessem, sem terem que se submeter a um gabinete que funcionasse como elo entre eles. Os titulares dos Ministérios das Finanças e do Interior, tidos como os mais vitais, arrebanhavam assessores nas famílias e nas escolas de elite. Os dois ministros rivalizavam por recursos, primazia política, poder sobre seus colegas menores e influência nos governos locais. Não havia fronteira clara das atribuições de cada um, bem como as diferentes leis em vigor não eram hierarquizadas — *nakaz, ukaz, ustav, zakon, polozhenie, ulozhenie, gramota* e *manifest*, para citar apenas algumas. Assim, cabia ao tsar, em pessoa, intervir para desfazer os imbróglios de competência e legislação. Em consequência, o regime parecia arbitrário: não ficava transparente onde, de fato, residia o poder, nem se uma lei podia ser anulada por determinação especial do tsar, ou ainda se a polícia, afinal, estaria sujeita a algum limite. Com base em tais pretextos, certos filósofos mais complacentes sustentavam que o tsar não governava. "O que há é uma autocracia de policiais e capitães da terra — uma espécie de capataz do tsar nas aldeias —, governadores, chefes de departamento e ministros", registrou o príncipe Sergei Trubetskoi, em 1900. "Mas uma autocracia tsarista unitária, no sentido rigoroso da expressão, não existe e não pode existir." Para os menos favorecidos, era essa arbitrariedade (chamada pelos russos de *proizvol*) que tornava o regime tão opressivo. Faltavam princípios e parâmetros cristalinos que tornassem possível ao indivíduo desafiar a autoridade ou o Estado.[5]

O que restava era um emaranhado burocrático que não se traduzia numa força política coerente. Mas esse novelo poderia funcionar como instrumento de reforma e modernização, em moldes parecidos com os identificados por Max Weber no Estado prussiano. Na Rússia, porém, existia mais do que um sistema burocrático "racional" — um dos tipos ideais forjados pelo sociólogo alemão, cuja base eram relações institucionais sólidas, divisões claras de função, procedimentos rígidos e princípios legais. O Estado russo era híbrido, combinando elementos do sistema prussiano com um patrimonialismo ainda mais antigo, o que submetia o serviço público aos caprichos e à intervenção da corte. E isso não permitia o surgimento de um etos burocrático profissional.

E não precisaria ter sido assim. Houve um período, em meados do século XIX, em que a burocracia esteve frente à possibilidade de desenvolver seu potencial como força criativa e modernizadora. Afinal, foram os "burocratas esclarecidos" — termo tão habilmente urdido por W. Bruce Lincoln — que modelaram as Grandes Reformas da década de 1860. Esses formavam uma nova classe de funcionários de carreira, a maioria filhos de nobres sem terras e frutos de *raznochintsy* — casamentos contraídos fora do restrito círculo social da fidalguia — cujo acesso aos degraus do serviço público, nos anos 1830 e 1840, fora possível graças à franquia do diploma universitário. Eram homens retos e sérios que, como Karenin, personagem do romance *Ana Karenina*, de Leon Tolstói, falavam com sinceridade, e um certo pedantismo, sobre "progresso" e estatísticas. Desprezavam aristocratas amadores encastelados em cargos importantes, um tipo sintetizado pelo conde Vronsky, amante de Ana, capaz de imiscuir-se nos assuntos em que os "esclarecidos" eram especialistas; e acreditavam na missão da burocracia como alavanca para civilizar e reformar a Rússia em consonância com o Ocidente. Muitos dos "burocratas esclarecidos" não iam além da demanda liberal por um Estado baseado no domínio da lei, com liberdades civis e parlamento: sua compreensão de *Rechtsstaat* resumia-se a um Estado burocrático apoiado nos procedimentos racionais e em leis gerais. Afora isso, reivindicavam maior transparência no funcionamento do governo (o que chamavam de *glasnost*) como meio de, simultaneamente, garantir controle contra abuso de poder e atrair especialistas para debates sobre a reforma. Os servidores progressistas transitavam entre a *intelligentsia* mais avançada da capital e passaram a ser conhecidos como "Partido do Progresso de São Petersburgo". Assíduos no salão da grã-duquesa Elene Pavlovna, desfrutavam do patronato do grão-duque Konstantin, que, como presidente do Conselho de Estado, se empenhava em introduzir funcionários reformistas nos grupos governantes, na época de Alexandre II. Também tinham laços estreitos com órgãos públicos, como a Sociedade Geográfica Imperial, à qual encomendavam levantamentos estatísticos com vistas à grande mudança legislativa da década de 1860.[6]

As Grandes Reformas foram o clímax desse movimento: concebidas como um processo modernizador — o que significava ocidentalizar a Rússia —, visavam a fortalecer o Estado após a derrota na guerra da Crimeia. Liberdades e revisões limitadas foram concedidas, na esperança de reanimar a sociedade e criar uma economia dinâmica, sem alterar a estrutura básica da autocracia. Nesse sentido, essas reformas foram similares, em concepção, à *perestroika* de Mikhail Gorbatchov, um século mais tarde. Em 1861, os servos foram *de direito* (e não de fato) emancipados da tirania de seus senhores e ganharam algumas das regalias de cidadão, embora continuassem presos à comuna de aldeia, que perpetuava a velha ordem patriarcal, e privados da faculdade de possuírem terras próprias, além de permanecerem juridicamente inferiores aos nobres e aos demais estratos sociais. Mesmo assim, estava lançada a pedra fundamental para o desenvolvimento da agricultura camponesa. Uma segunda grande reforma, em 1864, criou assembleias locais de autogoverno, os *zemstvos*, na maior parte das províncias russas. Para preservar o domínio dos fidalgos agrários, os *zemstvos* existiam somente nas províncias e distritos; abaixo deles, nos *volosts* (pequenas unidades administrativas rurais) e nas aldeias, as comunas mujiques se governavam e sofriam muito pouca interferência da parte dos nobres. As reformas de 1864 também estabeleceram um sistema legal independente, com julgamentos públicos para todas as camadas da sociedade, exceto para os camponeses, que se mantiveram sob a jurisdição das leis consuetudinárias locais. No ano seguinte, houve nova legislação, relaxando a censura e, em 1863, as universidades ganharam maior autonomia. Em 1864, houve reformas nas escolas primárias. E, ao longo de um período de doze anos (1863-1875), foram feitas mudanças no setor militar. Boris Chicherin, com a vantagem de poder avaliar a situação depois de decorrido certo tempo, resumiu os ideais progressistas de tais reformas:

> ...remodelar completamente o Estado gigantesco, que havia sido confiado aos cuidados [de Alexandre], abolir a velha ordem fundada na escravidão, substituí-la pela decência e liberdade civil, estabelecer justiça num país que jamais conhecera o significado da legalidade, redesenhar toda a administração, introduzir a liberdade de imprensa no contexto da autoridade desim-

> pedida, chamar, a cada mudança, novas forças à vida e pô-las sobre firmes fundamentos legais, colocar de pé uma sociedade reprimida e humilhada e dar a ela a chance de flexionar seus músculos.[7]

Tivesse o espírito liberal da década de 1860 continuado a soprar no governo, a Rússia poderia ter se transformado numa sociedade ao estilo do Ocidente, baseada na propriedade individual e na liberdade garantida pelo domínio da lei. A revolução não teria sido necessária. Mas, com certeza, seria um progresso lento e doloroso. O campesinato, em particular, teria perseverado como ameaça enquanto estivesse à margem da propriedade e dos direitos civis. O velho sistema patriarcal no campo, que mesmo depois da emancipação dos servos assegurou a hegemonia da nobreza, teria que ser substituído por um sistema moderno no qual camponeses tivessem maior participação. Pelo menos, havia, dentro da elite governante, uma ciência crescente do que era preciso ser feito — e do quanto custaria — para que essa transformação social acontecesse. No entanto, essa mesma elite estava cada vez mais dividida sobre as vantagens de se levar a cabo tal transformação. E assim, não conseguia desenvolver uma estratégia coerente para enfrentar os desafios da modernização.

De um lado da arena estavam os reformistas, os "Homens de 1864", como Polovtsov, que aceitavam de bom grado a necessidade de uma ordem social burguesa (mesmo que fosse em detrimento dos nobres), da concessão de liberdades políticas (especialmente no governo local) e de um *Rechtsstaat* (que cada vez mais entendiam não apenas como um Estado apoiado nas leis universais, mas também sustentado no domínio da lei). No fim da década de 1870, essa visão reformista desdobrara-se em demandas por uma Constituição. Os estadistas esclarecidos argumentavam vigorosamente que as tarefes do governo na era moderna haviam se tornado complexas demais para recaírem apenas sobre os ombros do tsar e de seus burocratas. E defendiam que camadas leais e instruídas da sociedade fossem chamadas a trabalhar no Estado. Em janeiro de 1881, Alexandre II determinou que seu ministro do Interior, conde Loris-Melikov, esboçasse uma Constituição limitada que teria pessoas de fora do governo no papel de consultoras. "O trono não pode fundamentar-se exclusivamente num milhão de baionetas e num exército de burocratas", afirmara o ministro das Finanças, A. A. Abaza, durante os debates de tais propostas. Esses sentimentos reformistas eram lugar-comum entre os funcionários do Ministério das Finanças. Sendo responsáveis pela industrialização, foram os primeiros a enxergar a premência de transpor obstáculos às empresas e à iniciativa privada. Muitos deles, como Polovtsov, que casara com a filha de uma família de financistas, eram originários da "nova Rússia" comercial e industrial. Witte, o grande ministro das Finanças da última década do século XIX e arauto das mudanças, trabalhara por vinte anos em administração de ferrovias, um negócio em que começou como vendedor de bilhetes. Sua posição era clara: o sistema tsarista só poderia evitar uma revolução se transformasse a Rússia numa sociedade industrial moderna, na qual "iniciativas privada e pública" fossem encorajadas por um Estado legal com garantias de liberdades civis.[8]

No outro extremo da questão havia os que apoiavam a ordem tsarista tradicional. Não por acaso, a base mais forte dessa corrente era o Ministério do Interior, cujos servidores procediam quase que inteiramente da "velha Rússia", nascidos em famílias de oficiais da nobreza e de proprietários de terras, e adeptos ferozes da *Polizeistaat*. Para eles, a única saída de se evitar a revolução era governar o país com mão de ferro. E isso significava defender o princípio autocrático (tanto no governo central quanto em nível local), os poderes ilimitados da milícia, a hegemonia da nobreza e o domínio moral da Igreja para abafar os clamores liberais e seculares da ordem industrial urbana. Abrir espaço para uma Constituição e direitos políticos apenas serviria ao enfraquecimento do Estado, pregavam P.N. Durnovo e Viacheslav von Plehve, os dois ministros do Interior no período em que Witte ocupou a pasta das Finanças. E as camadas médias liberais que chegariam ao poder na cauda dessa debilidade autocrática não tinham autoridade junto às massas, que as desprezavam. Apenas quando o progresso econômico extirpasse a ameaça de uma revolução social, haveria maturidade para reformas políticas. O atraso da Rússia precisava dessa estratégia (liberalismo econômico mais autocracia), apregoavam Durnovo e von Plehve. Pois, conforme alardeava o primeiro, e não sem razão: "Não se pode, ao curso de umas poucas semanas, introduzir na Rússia os sistemas norte-americano ou inglês."[9] E essa seria uma das lições a ser aprendida em 1917.

Os argumentos dos reacionários ganharam fôlego com o trágico assassinato de Alexandre II, em março de 1881. O novo tsar, Alexandre III, foi persuadido pelo tutor e conselheiro, o procurador do Santo Sínodo, Konstantin Pobedonostsev, de que dar continuidade às reformas liberais somente contribuiria para o surgimento de mais revolucionários da mesma estirpe dos que haviam matado seu pai. Assim, abandonou o projeto constitucional, alegando não desejar um governo de "brigões e advogados criadores de caso"; forçou a exoneração de seus ministros reformistas (Abaza, das Finanças, Loris-Melikov, do Interior, e Dmitry Miliutin, da Guerra); e divulgou um manifesto reafirmando os princípios da autocracia.[10] Essa foi a deixa para uma série de contrarreformas durante o reinado de Alexandre III. Seu propósito era centralizar o controle e cassar os direitos das administrações locais, de modo a reforçar o governo pessoal do tsar por meio das milícias e de seus agentes diretos. Em suma, corroborar a ordem patriarcal — encabeçada pela nobreza — no campo. Nada seria mais eficaz para produzir uma revolução. Pois as camadas liberais da sociedade provinciana chegavam à conclusão de que seus interesses e identidade cabiam como uma luva na defesa de direitos do governo local, numa batalha contra a burocracia excessivamente centralizadora à qual o novo tsar tanto se agarrava.

2. O tênue verniz de civilização

Quando o príncipe Sergei Urusov viu-se nomeado governador da Bessarábia, em maio de 1903, sua primeira providência foi comprar um guia da área. Essa província no sudoeste do império, entre o mar Negro e a Romênia, era totalmente desconhecida para o ex-aluno da Universidade de Moscou, três vezes eleito mestre de cerimônias da nobreza de Kaluga. "Sabia tão pouco da Bessarábia", ele admitiria mais tarde, "quanto sabia da Nova Zelândia, ou até menos."

Passadas três semanas, após uma escala na capital para um encontro com o tsar, Urusov deixou Moscou, rumo a Kishinev, capital da Bessarábia, numa viagem ferroviária ao longo de mais de 1.400 km. Foram duas noites e três dias de deslocamento, o trem resfolegando menos à medida que se embrenhava em território ucraniano. Sozinho em sua cabine especial, Urusov aproveitou o tempo para estudar o manual recém-adquirido, visando aos primeiros contatos com dignitários locais, os quais contava encontrar assim que desembarcasse. Ele havia escrito ao vice-governador solicitando que a comitiva de recepção fosse reduzida. Mas quando o comboio parou na estação de Bendery, a primeira cidade grande da província, viu através da janela do vagão que a plataforma estava cheia e que havia até uma banda orquestral completa. No centro, protegido por um cordão de policiais, destacavam-se o vice-governador, em uniforme de gala, e o prefeito da cidade, que ostentava a insígnia do cargo e carregava uma bandeja de pão e sal. Era dessa forma que os novos governadores eram saudados na Bessarábia e não seria diferente com Urusov. Em Kishinev, uma hora e meia depois, Sua Excelência, o governador, foi conduzido pelas ruas em carruagem aberta puxada por seis cavalos brancos. "Homens, mulheres e crianças em grupos comprimidos nas calçadas", recordou Urusov. "Curvavam-se, acenavam com lenços e alguns chegavam a cair de joelhos. Fiquei pasmo com esta última forma de cumprimento, pois não estava acostumado a tais cenas." Após uma breve parada na catedral, onde se invocou a bênção divina para o trabalho que o esperava, o novo governador foi levado à residência oficial que passaria a ocupar, um imponente palácio neoclássico no centro da cidade. De lá, agiria como representante do tsar sobre aquele remoto torrão do império russo.[11]

Kishinev tinha 120 mil habitantes e era uma cidade tipicamente provinciana. O centro administrativo, situado na "cidade alta", numa colina, era uma encruzilhada de ruas amplas, retas e pavimentadas, bordejadas por álamos e acácias brancas. A avenida principal, Alexandrov, era particularmente elegante, as vias de circulação largas o bastante para que veículos de tração animal a percorressem sem dificuldade. Além da sede do governo, havia grande número de altos prédios de pedra, escritórios e igrejas que, na avaliação de Urusov, "não fariam má impressão mesmo nas ruas de São Petersburgo". Muito perto dessas belas fachadas neoclássicas, a "cidade baixa", que descia as encostas, era um outro mundo — um mundo de ruas sinuosas, estreitas e sem calçamento, lamacentas na primavera e empoeiradas no verão; de choupanas de madeira e cortiços superlotados que serviam de residência e oficina para operários russos, judeus e moldávios; um mundo de porcos e vacas perambulando pelas aleias, de esgotos a céu aberto e pilhas de lixo nas praças públicas; um mundo onde epidemias de cólera ocorriam a cada três anos. Essas eram as duas faces de toda cidade russa: de um lado, o poder imperial e a civilização europeia; de outro, a pobreza e a sordidez de proporções asiáticas.[12]

Não se poderia culpar Urusov por considerar sua nomeação uma espécie de exílio. Muitos governadores sentiam o mesmo. Acostumados às esferas cosmopolitas das principais cidades, tendiam a ver a sociedade provincial como obtusa e limitada. No fim do século XIX, a cultura local das províncias russas mantinha-se nos estágios iniciais de desenvolvimento, se comparada com as sociedades ocidentais. A maior parte das municipalidades da Rússia havia sido de postos avançados do Estado tsarista, fossem de caráter administrativo ou militar, e não centros culturais ou comerciais. Na verdade, contavam com uma minguada fidalguia, quase sempre dedicada ao serviço burocrático da região, e com uma grande quantidade de pequenos comerciantes, artesãos e trabalhadores. Mas não havia "burguesia" nem "classe média", no sentido mais preciso da palavra. Na Rússia camponesa não existiam os burgueses que, na Europa Ocidental, desde a Renascença, tinham promovido a civilização. As profissões eram débeis demais e dependiam muito do Estado, sendo incapazes de, às vésperas do século XX, afirmarem sua autonomia. Os artesãos e mercadores eram setores distintos, histórica e legalmente dois estratos separados. Além disso, mantinham-se afastados das camadas mais instruídas, o que impedia o surgimento de *Bügertum*. Em suma, a Rússia parecia confirmar a máxima de Petr Struve: "Quanto mais a leste da Europa, mais fraca é a política, mais covarde e ignóbil torna-se a burguesia."[13]

Qualquer um familiar às peças de Anton Tchekhov sabe que a vida cultural da cidade provinciana média não passava de monótona e paroquial. Pelo menos era assim que a *intelligentsia* — balizada pela Europa Ocidental — via (com algum desgosto) a vida retrógrada das províncias russas. Ouçamos o mano de *As três irmãs* descrevendo o lugar onde viviam:

> Essa cidade existe há duzentos anos; cem mil pessoas vivem aqui, mas não há uma só pessoa que seja diferente de todas as outras! Nunca houve um estudioso ou um artista ou um santo nesse local, nunca um único homem notável o suficiente para provocar com fervor o desejo de imitá-lo. Os de cá nada fazem além de comer, beber e dormir. Depois morrem e outros os substituem, e comem, bebem e dormem também — e apenas para introduzir uma pequena novidade em suas vidas, de modo a evitar que se tornem com-

pletamente estupidificados pelo tédio, permitem-se mexericos repugnantes, vodca e jogos e processos legais.

Kishinev também era uma cidade medíocre. Tinha doze escolas, dois teatros e um auditório de música ao ar livre, mas faltavam-lhe biblioteca e galeria de arte. O centro social era o Clube dos Nobres. Era lá, segundo Urusov, que "o caráter geral da sociedade de Kishinev encontrava seu reflexo mais conspícuo. As dependências do clube estavam sempre cheias. Os frequentadores se reuniam em torno de mesas de carteado de 2 horas da tarde às 3 ou 4h da madrugada, no inverno; a jornada estendia-se às 6 ou 7h da manhã, no verão". Em Kishinev, como na maior parte das cidades de província, os hábitos sociais da nobreza eram mais parecidos com os dos mercadores locais do que com os de aristocratas de São Petersburgo. A filha de Stolypin deixou registrado que, em Saratov, onde seu pai fora governador, as esposas da fidalguia "vestiam-se de modo tão informal que nos convites era necessário especificar 'exigido vestido de noite'. Mesmo assim, às vezes apareceriam nos bailes em roupões".[14]

Numa comunidade como essa, inevitavelmente o governador desempenhava o papel de grande celebridade. O ponto alto de qualquer acontecimento social era o momento em que Sua Excelência chegava para brindar os presentes com sua companhia. Receber uma convocação para o baile anual na residência oficial do governador significava estar nos píncaros da glória. O príncipe Urusov, sendo um homem de maneiras modestas, ficou desconcertado pelo tratamento deífico recebido dos moradores: "Conforme as convenções locais, eu teria que circular apenas em carruagens, escoltado por guardas montados, com o chefe da polícia à frente. Caminhar ou sair para fazer compras seria, de minha parte, um grave desrespeito à etiqueta." Mas outros governadores, menos sóbrios, tiravam vantagem da posição elevada e se comportavam como pequenos autocratas. Um governador provinciano uma vez ordenou à polícia que interrompesse todo o trânsito sempre que fosse percorrer a cidade. Um outro não permitia que um espetáculo começasse antes de sua chegada ao teatro local. Para os amantes da liberdade, o governador de província era a personificação da opressão e do despotismo tsarista. Gorki não poderia ter encontrado maneira melhor para condenar o autoritarismo de Tolstói do que compará-lo a um governador.[15]

O posto assumido por Urusov remontava à era medieval, embora com nuanças alteradas pelo passar dos anos. Num país tão vasto e difícil de governar como a Rússia, as incumbências de coletar impostos e manter a lei e a ordem certamente estavam além das capacidades do diminuto Estado imperial. Assim, tais obrigações eram entregues a plenipotenciários do tsar, que em troca de seus serviços ao Estado tinham carta branca para "cevarem" às custas dos distritos que geriam (geralmente com uma boa dose de violência e venalidade). A inabilidade do Estado em construir um sistema eficaz de administração das províncias garantia o poder desses governadores. Mesmo no século XIX, quando a burocracia estendia seus tentáculos aos cantões mais distantes, os vice-reis nunca estiveram totalmente integrados ao aparato do Estado centralizado.

Cabia a eles comandar a milícia local, pela qual respondiam junto ao Ministério do Interior. Também funcionavam como presidentes de comissões provinciais cujas atribuições eram da alçada de outros ministérios, como Justiça, Finanças e Transporte. Esse poder executivo fragmentado cada vez mais obrigava os governadores a negociar, persuadir e ceder — fazendo o papel de um político moderno — nos anos finais do século XIX. Ainda assim, graças às conexões com a corte, podiam ignorar as demandas dos ministros de São Petersburgo — e, de fato, isso ocorria com frequência quando tais solicitações eram contrárias aos interesses da nobreza, da qual todos os governadores de província eram originários. As reformas nas instâncias locais tentadas por Stolypin, a partir de 1906, encontraram a resistência desses representantes do império, que as consideravam uma provocação ao domínio dos fidalgos. A. A. Khvostov, um dos sucessores de Stolypin no Ministério do Interior, queixou-se de ser "virtualmente impossível" evitar que os vice-reis sabotassem o trabalho de sua pasta, pois se apoiavam em seus "sublimes protetores" na corte: "um deles tem uma tia, amiga da imperatriz, outro é escudeiro de um parente, e um terceiro possui um primo muito bem posicionado". O poder extraordinário desses homens decorria do fato de serem mandatários particulares do tsar: incorporavam o princípio autocrático nas províncias. Os últimos dois tsares da Rússia foram notadamente avessos à ideia de subordinar os governadores à burocracia, pois os tinham na conta de fiéis seguidores. Ou, segundo Richard Robbins, "como representantes pessoais do Soberano, os governadores não permitiam que os imperadores se tornassem dependentes de seus ministros e lhes garantiam um elo direto com as províncias e o povo". Duas das contrarreformas de Alexandre III, em 1890 e 1892, aumentaram em muito as regalias dos vice-reis, em prejuízo dos *zemstvos* e dos órgãos municipais. Como seu filho, ele percebia tal iniciativa como meio de tornar mais viva a fantasia de governar a Rússia diretamente do trono. Mas o resultado foi apenas confusão na administração provincial: os governadores, as várias repartições de ministérios centrais e os corpos locais eleitos lutavam uns contra os outros.[16]

O poder do governo de província limitava-se às 89 capitais onde os vice-reis tinham seus gabinetes. Para além delas, não havia nada que pudesse se assemelhar a controle. Nem o *uezd* (cidades distritais) nem o *volost* (cidades rurais) dispunham de funcionários de importância. Havia somente um conjunto de magistrados que surgiria de tempos em tempos com alguma missão específica, em geral recolher impostos ou arbitrar um conflito pontual, para depois desaparecer novamente. As questões da Rússia camponesa, onde 85% da população viviam, eram desconhecidas dos burocratas cosmopolitas. "Sabíamos tanto sobre o Tula rural quanto sabíamos sobre a África Central", confessou o príncipe Lvov, líder do *zemstvo* de Tula na década de 1890.[17]

O ponto fraco crucial do sistema tsarista era a *ausência de controle*. Este aspecto indispensável é insistentemente ofuscado pela imagem mítica, alardeada por revolucionários, segundo a qual havia um velho regime todo-poderoso. Nada poderia estar mais longe da verdade. Pois, na virada do século, para cada mil habitantes do império russo, existiam apenas quatro burocratas. Pouco, se comparado com os 7,3 funcionários por milheiro de moradores da Inglaterra e País de Gales, ou com os 12,6 da Alemanha e 17,6 da França para cada grupo de mil pessoas. A milícia regular, ou seja, a que não incluía o braço repressor político, era pequena segundo os padrões europeus. *Per capita*, os russos gastavam com ela menos do que a Itália ou a França, e menos de um quarto do que a Prússia. Para uma população rural de 100 milhões, em 1900, o país não contava com mais de 1.852 sargentos milicianos e 6.874 agentes. Em média, o policial russo era responsável pela vigilância de 50 mil pessoas, espalhadas em dezenas de povoados que ocupavam vastíssimas extensões. Muitos deles sequer utilizavam cavalos ou carroças. Desde 1903, os agentes eram auxiliados pelas milícias camponesas, para as quais 40 mil homens eram escolhidos. Mas esses grupamentos não mereciam confiança e, em todo caso, faziam muito pouco para reduzir os fardos cada vez mais pesados das tropas oficiais. Na falta de organismos eficientes no meio rural, a burocracia central entregava mais e mais tarefas aos poderes locais; não só a manutenção da lei e da ordem, mas também a coleta de tributos, a implementação de leis de governo e decretos militares, o cumprimento de regulamentos referentes à saúde e segurança, a inspeção de estradas e prédios oficiais, o levantamento de dados estatísticos e a supervisão geral da "moral pública" (i.e., fazer com que os camponeses mantivessem as barbas lavadas). Em resumo, a milícia estava sendo usada como uma espécie de órgão executivo pau-para-toda-obra. E esses quase sempre eram os únicos mandatários do Estado com quem os mujiques tinham contato.[18]

O atraso da Rússia — o alcance limitado da taxação e as dificuldades de comunicação — explica em grande parte essa ausência de controle. O legado da servidão também tinha sua cota de culpa. Até 1861, os servos haviam estado sob a jurisdição de seus suseranos e, contanto que pagassem seus tributos, o Estado não intervinha nas relações entre eles. Só depois da emancipação — e mesmo assim de maneira lenta — o governo tsarista deu-se conta de que precisava estender sua influência aos novos "cidadãos" das aldeias e da necessidade de forjar uma política capaz de promover o desenvolvimento da agricultura camponesa.

De início, na década de 1860, o regime deixou as questões dos distritos mais remotos nas mãos dos nobres locais. Eles dominavam as reuniões dos *zemstvos* e respondiam por quase três quartos dos comitês dessas assembleias de província.

Nobres e chefes de polícia eleitos nesses foros tinham amplos poderes administrativos, em particular em nível distrital (*uezd*), onde eram praticamente os únicos a merecer o crédito do regime tsarista. Além do mais, os novos magistrados (*mirovye posredniki*) tinham generosas prerrogativas judiciais, em nada diferentes daquelas de seus predecessores à época da servidão, incluindo o direito de açoitar mujiques por crimes menores e mau comportamento.

Aos olhos do regime tsarista, era lógico que os tentáculos de seu poder nas províncias fossem a nobreza agrária, seu aliado mais próximo. Mas essa era uma estratégia perigosa e o risco crescia com o passar do tempo. Em franco declínio econômico durante os anos de crise agrícola, em fins do século XIX, os nobres do meio rural estavam recorrendo aos *zemstvos* para defenderem seus interesses locais contra a burocracia centralizadora e industrializadora de São Petersburgo. No período que culminou com os eventos de 1905, essa resistência desaguou no liberalismo, considerado uma salvaguarda para a "sociedade de província", expressão que só entrou em vigor nessa época e que foi ampliada para abarcar também os interesses camponeses. Esse movimento liberal nos *zemstvos* teve seu ápice na reivindicação política por mais autonomia para o governo local, por um parlamento nacional e por uma Constituição. Ali estava a semente da revolução: não nos movimentos socialistas ou operários, mas — como na França, na década de 1780 — nas aspirações do aliado mais antigo do regime, a nobreza provincial.

A emancipação surgiu como um golpe rude não só na economia, como também em toda a cultura fidalga de província. Privada de seus serviçais, a maior parte da nobreza agrária entrou em crise aguda. Muitos poucos foram capazes de responder aos novos desafios do mundo comercial, no qual como donos de terras — e, com menos frequência, também como industriais e comerciantes — eram obrigados a sobreviver. Todo o período entre 1861 e 1917 poderia ser visto como o da morte lenta da velha elite fundiária com a qual o regime tsarista sempre contara.

De Gogol a Tchekhov, a figura do fidalgo dono de terra e empobrecido foi uma constante na literatura russa do século XIX, uma obsessão cultural. A peça *O jardim das cerejeiras* (1903) retrata, de maneira singular e sutil, a atmosfera familiar da nobreza decadente: a propriedade elegante, mas deficitária, é vendida para um homem de negócios empreendedor, que fizera fortuna por conta própria, à margem da teia de relações nobiliárquicas. Filho de um servo que trabalhara naquelas mesmas glebas, o comprador comanda a derrubada do pomar para ali construir casas. A maior parcela dos proprietários, como os Ranevsky, no texto de Tchekhov, mostrou-se incapaz de transformar suas herdades em fazendas comerciais viáveis, já que a emancipação os havia destituído do trabalho servil gratuito e os forçara a entrar no mundo capitalista. Eles não podiam seguir os passos dos aristocratas prussianos. A vetusta economia russa servil nunca tinha sido posta em funcionamento com intenção de lucro. Os nobres ganhavam prestígio (e, às vezes, postos de destaque) de acordo com o número de servos que possuíam — daí a história de Chichikov, em *Almas mortas* (1842), de Gogol, que viaja pelas terras russas comprando títulos de posse de criados falecidos (ou "almas", como eram então chamados) mas ainda sem atestado de óbito. E eram mais influentes quanto mais pomposas fossem suas moradas, independente do sucesso obtido com a safra. Grande quantidade de suseranias eram lavradas com as mesmas ferramentas e métodos primitivos usados pelos servos para cultivarem seus quinhões domésticos. Muitos dos fidalgos desperdiçavam a renda mínima de suas terras com luxos dispendiosos importados da Europa, e não se preocupavam em fiscalizar seu território. Poucos pareciam compreender que renda não era lucro.

Em meados do século passado, a pluralidade da nobreza estava irremediavelmente endividada. Em 1859, um terço das glebas e dois terços dos servos pertencentes a nobres tinham sido penhorados ao Estado e bancos da aristocracia. E foi isso, mais do que qualquer outra circunstância, que ajudou o governo a fazer cumprir a emancipação, a despeito da considerável oposição da nobiliarquia. Não que as condições da libertação dos servos fosse desfavorável aos senhores feudais: eles receberam uma boa quantia pela terra (que geralmente valia menos do que a indenização) que escolhiam entregar a seus ex-criados.* Mas agora estavam sós, privados do trabalho, das ferramentas e dos animais dos vassalos. Não podiam mais desfrutar de uma vida de prazeres: sua sobrevivência dependia de uma colocação no mercado; tinham que pagar por instrumentos de trabalho e serviços de terceiros. Era preciso aprender a diferença entre lucro e prejuízo, mas eles não haviam sido preparados para os desafios do capitalismo. A maioria nada sabia de agricultura ou contabilidade e continuou a assumir gastos tão pródigos quanto antes, mobiliando suas casas senhoriais no estilo imperial francês e mandando seus filhos para as escolas mais caras. Mais uma vez suas dívidas cresceram, compelindo-os a arrendar ou vender, de início, uma ou duas glebas. Depois, tiveram que se desfazer de praticamente todos os imóveis. Entre 1861 e 1900, mais de 40% das propriedades da nobreza foram vendidas a camponeses, cuja crescente fome de terra, decorrente da explosão demográfica, fez com que os preços ficassem sete vezes mais altos. Houve uma supervalorização similar nos valores do arrendamento e, em 1900, dois terços da terra arável dos fidalgos já haviam sido alugados a famílias mujiques. Era uma ironia que a queda dos preços agrícolas durante as décadas de 1880 e 1890, forçando os campônios a aumentar a extensão da terra onde trabalhavam, também tornasse lucrativo para os nobres arrendar ou vender seus quinhões, em vez de cultivá-los.

---

* Segundo os termos da emancipação, os servos eram forçados a pagar pela terra adquirida, que ficava hipotecada ao Estado. O valor integral da propriedade era transferido diretamente pelo Estado ao ex-suserano, que poderia, então, usá-lo para saldar débitos. Portanto, os vassalos compravam sua liberdade remindo as dívidas de seus senhores.

Apesar desses ganhos oriundos da especulação, na virada do século quase todos os fidalgos descobriram não ter mais condições de viver da forma com que haviam se acostumado desde sempre. Suas casas senhoriais neoclássicas, com pinturas italianas e bibliotecas, seus salões de festas e seus jardins simétricos afundaram pachorrentamente na decadência.[19]

Nem todos os fidalgos foram de boa vontade para o fundo do poço. Muitos tentaram administrar seus territórios como empresas comerciais e foi exatamente desses círculos que emergiram os homens dos *zemstvos* liberais, prontos para pôr em xeque a autocracia, ao longo das últimas décadas do século XIX.

O príncipe G. E. Lvov (1861-1925) — que se tornaria primeiro-ministro da Rússia democrática, em 1917 — caracterizava esses ex-suseranos progressistas. Os Lvov eram uma das mais antigas famílias nobres russas. Suas raízes remontavam a 31 gerações, volvendo a Rurik, que no século IX fundara o "Estado" russo. Popovka, casa ancestral dos Lvov, ficava na província de Tula, a menos de 200 km de Moscou, embora, dadas as estradas precaríssimas da Rússia, a viagem de coche durasse pelo menos dois dias. A propriedade dos Tolstói, em Yasnaya Polyana, situava-se a apenas alguns quilômetros de distância, e os Lvov tinham o grande escritor como um de seus amigos mais próximos. A residência senhorial em Popovka era muito grande para um terreno pequenino pelos padrões russos, o qual media somente 404 hectares. Era uma construção de dois andares, ao estilo imperial da década de 1820, com mais de 20 cômodos, cada qual com teto alto, portas e janelas duplas, vislumbrando um jardim de proporções regulares que, na frente, tinha rosas e estátuas clássicas. Havia um parque nos fundos da casa, com uma vasta capela de pedra branca, um lago artificial, um laranjal, uma avenida de bétulas e um pomar. O regime doméstico era o mesmo prevalecente nas moradias fidalgas provinciais do século passado. Havia uma governante britânica chamada "Miss Jenny" e, não à toa, o inglês fora o primeiro idioma em que Lvov aprendeu a escrever. Seu pai era um literal reformista, um homem de 1864, e gastava tudo o que tinha na educação dos filhos. Os cinco varões foram matriculados nas melhores escolas de Moscou, tratamento bastante diferente do conferido à única filha. Os luxos eram mínimos, se comparados aos modelos perdulários da fidalguia russa: a típica mobília de mogno do Primeiro Império; uma ou duas paisagens flamengas do século XVIII; alguns cachorros para a caça de outono; e uma carruagem inglesa com cavalos de raça. Tudo isso era muito pouco para impressionar os esbanjadores Tolstói.

Mesmo assim, no final da década de 1870, os Lvov haviam conseguido contrair débitos imensos, que ultrapassavam a soma de 150 mil rublos. "Com o término da servidão, logo caímos na categoria de proprietários rurais que não tinham meios para viver à maneira a que seu círculo se acostumara", registrou Lvov. A família teve que vender suas duas outras glebas, uma em Chernigov, por 30 mil rublos, e a segunda em Kostroma, por pouco menos, além de uma fábrica de cerveja, em

Briansk, e o apartamento que mantinha em Moscou. Mas isso não era o bastante para quitar todos os compromissos. Agora era preciso escolher entre vender Popovka ou torná-la rentável. A despeito da inexperiência, os Lvov não vacilaram em optar pela segunda alternativa. "A ideia de desistir da casa de nossos ancestrais era inconcebível", escreveu o príncipe, posteriormente. Décadas de desmazelo tinham deixado a propriedade tão arruinada que, quando os Lvov voltaram ao local para começar a geri-lo, até mesmo os camponeses das redondezas os cumprimentaram com apertos de mão, lamentaram a decadência da família e se ofereceram para ajudar a restaurar a propriedade e pôr abaixo a floresta de ervas daninhas que cobria as terras Os quatro irmãos mais velhos encarregaram-se de Popovka, pois o pai estava idoso e doente demais para trabalhar. Georgii, porém, continuou a estudar Direito na Universidade de Moscou e só ia para o campo nas férias. Os criados foram dispensados e todo o serviço doméstico foi transferido à irmã do futuro primeiro-ministro. A família passou a viver como campônios, à base de pão de centeio e sopa de repolho. Mais tarde, Lvov relembraria essa época como o ponto de partida de sua própria emancipação — sua própria revolução pessoal — da cultura dos nobres agrários da ordem tsarista. "Isso nos apartou dos que estavam no alto da pirâmide social e nos tornou democráticos. Comecei a me sentir incomodado na companhia de aristocratas e a ficar mais à vontade na presença dos aldeões." Gradualmente, graças à labuta no cultivo, os Lvov fizeram Popovka voltar a seu antigo esplendor. Aprenderam métodos de plantio com os agricultores vizinhos e também através de consultas a manuais adquiridos por Georgii em Moscou. O solo mostrou-se bom para leguminosas, mais tarde substituídas por centeio, o que lhes proporcionou lucros extraordinários. No fim da década de 1880, Popovka estava salva, todos os débitos, pagos, e o recém-formado Georgii estabeleceu-se na propriedade para transformá-la numa fazenda comercial. Organizou um pomar e montou uma fábrica de conservas para fazer purê de maçãs, destinado ao mercado moscovita.[20] Que situação seria mais adequada à visão de Tchekhov sobre a nobreza em declínio?

O príncipe Lvov tornou-se membro proeminente do *zemstvo* de Tula, no início da década de 1890. Os ideais e dificuldades que partilhara com os demais liberais da região deixariam sua marca na gestão de Georgii, entre março e julho de 1917. Ele não era o tipo de homem que se poderia esperar à frente de um governo revolucionário. Na juventude, sonhara "ser monteiro e viver sozinho nos bosques". Esse traço contemplativo de seu caráter, uma espécie de naturalismo tolstoiano, nunca se apagou. Ekaterina Kuskova disse que "numa conversa, ele podia falar com fervor sobre misticismo e então, de repente, mudar de assunto e discorrer sobre o preço das batatas". Seu temperamento era muito mais afeito aos círculos íntimos (*kruzhki*) dos ativistas do *zemstvo* do que ao mundo impiedoso dos partidos políticos modernos. Georgii era tímido e modesto, gentil e retraído, incapaz de dar ordens que não estivessem embasadas apenas na autoridade moral, pura e simples. Nada disso era virtude aos olhos de políticos mais ambiciosos, que o consideravam "passivo", "melancólico" e "frio". O rosto triste e nobre de Lvov, que raramente transparecia emoção ou nervosismo, fazia com que parecesse ainda mais distante. A elite metropolitana e arrogante tinha-o por provinciano e enigmático. O líder liberal Pavel Miliukov chamava-o de "simplório" (*shliapa*), e isso explica, em parte, o tratamento quase negligente conferido ao primeiro-ministro nos livros de história. Tais adjetivos eram somente o reflexo do quanto o príncipe foi mal compreendido e subestimado. Na verdade, tinha um raciocínio político voltado para a prática, fruto de anos de militância no *zemstvo* dedicados a melhorias das condições de vida no campo. E estava muito longe de ser um teórico, como Miliukov. O liberal V. A. Obolensky, que privou da intimidade de Lvov, alegou nunca tê-lo "ouvido fazer uma observação de natureza utópica. As 'ideologias' da *intelligentsia* lhe eram completamente alheias". Esse aspecto de sua personalidade — que Obolensky classificava de "dom nato" — não fazia de Lvov, necessariamente, um homem público de menor mérito. Ele tinha uma percepção aguçada em questões técnicas, uma boa dose de bom senso e discernimento mais do que suficiente. E todas essas características são bem-vindas na política.[21]

Lvov não era apenas um revolucionário improvável: era também relutante. Seus ideais provinham das Grandes Reformas — coincidentemente, nascera em 1861 — e, no seu âmago, sempre seria um monarquista liberal. Acreditava ser tarefa da nobreza colocar-se a serviço do povo. Esse populismo paternalista era lugar-comum nos *zemstvos*. Seus integrantes eram servidores públicos bem-intencionados e dedicados, parecidos com os personagens que habitam as páginas de Tolstói e Tchekhov, cheios de aspirações de levar a civilização ao campo, tenebroso e retrógrado. Como filhos liberais de ex-donos de servos (portanto, carregados de culpa), muitos deles, sem dúvida, imaginavam ser essa a forma de recompensarem o débito que tinham para com os mujiques. Alguns estavam dispostos a consideráveis sacrifícios pessoais. Lvov consumia três meses por ano percorrendo os povoados, em inspeções a escolas e tribunais. Usou parte dos lucros amealhados em Popovka para erguer um centro de ensino e instalar um sistema de abastecimento de água nas aldeias da vizinhança. Sob sua liderança, na última década do século XIX, o *zemstvo* de Tula tornou-se um dos mais progressistas de todo o país, responsável pela construção de mais escolas e bibliotecas, hospitais e manicômios, estradas e pontes. O *zemstvo* local fornecia aos mujiques assistência veterinária e agronômica, investia no comércio e na indústria dos arrabaldes, financiava planos de seguro e garantia crédito rural. E, na melhor das tradições liberais, concluiu levantamentos estatísticos ambiciosos com vistas a novas reformas. O *zemstvo* de Tula era um exemplo da doutrina progressista: superar o atraso e a apatia provincianos e integrar os camponeses, que se tornariam "cidadãos", à vida da "nação".

As expectativas otimistas dos liberais dos *zemstvos* jamais se realizaram, o que é quase óbvio. A tarefa era imensa, muito além das capacidades restritas dessas assembleias. Houve alguns sucessos, em especial na educação primária, que se refletiram no aumento geral de gastos dos *zemstvos*, de 15 milhões de rublos anuais, em 1868, para 96 milhões por ano, na virada do século. Contudo, o dispêndio não era tão alto assim, considerando a ampla gama de atribuições que lhes cabia; e a proporção de tributos locais no todo dos impostos arrecadados pelo Estado era de cerca de 15%, pouco, se comparado com a maior parte da Europa, onde era superior a 50%.[22] Havia ainda um problema fundamental, que minou o projeto liberal na sua base: como envolver campônios no trabalho do *zemstvo*. Após emancipação, os antigos servos mantiveram-se isolados nas comunas aldeãs, sem direitos legais equiparados aos da nobreza e sem a prerrogativa de eleger delegados para o *zemstvo* local. Como resultado, viam essas sociedades como uma instituição de fidalgos e resistiam a pagar impostos.

Uma dificuldade ainda maior era a crescente oposição do governo central ao trabalho dessas assembleias, durante o reinado dos dois últimos tsares. Alexandre III via-os como perigosos fomentadores do liberalismo, no que contava com a concordância da maioria de seus burocratas. Polovtsov imaginava que os *zemstvos* "faziam nascer, no campo, uma nova linhagem de tipos urbanos — escritores, agiotas, vendedores — estranhos ao campesinato". O governo estava muito inquieto com os 70 mil empregados dessas assembleias — professores, médicos, estatísticos, agrônomos, conhecidos coletivamente como o Terceiro Elemento. Ao contrário dos dois primeiros elementos dos *zemstvos* (administradores e delegados eleitos), saídos quase sempre da nobreza agrária, esses profissionais eram originários das aldeias ou de camadas de origem social inferior, o que dava à iniciativa um cunho político democrático e radical. Nas duas últimas décadas do século passado, quando a quantidade de assembleias locais cresceu, os liberais tentaram ampliar o trabalho social no campo. De órgãos da nobiliarquia, os *zemstvos* transformaram-se em instituições voltadas quase que unicamente para os mujiques. Projetos grandiosos de reforma agrícola e melhorias sanitárias foram postos em prática no rastro da grande fome que assolou a Rússia rural no início da década de 1890. Proprietários de terras liberais, como Lvov, lançaram-se de cabeça em tais empreendimentos. Mas os latifundiários mais conservadores hostilizaram a ideia de terem que pagar mais impostos para dar conta dessas demandas. Após mais de um decênio de problemas na lavoura, muitos enfrentavam terríveis problemas financeiros. O resultado foi uma campanha contra o Terceiro Elemento. Os proprietários agrícolas estranhos aos *zemstvos* encontraram um aliado natural e poderoso no ministro do Interior, que desde os primórdios do reinado de Alexandre fizera todo o possível para podar as tendências democráticas do governo local. Sucessivos ocupantes dessa pasta, e seus respectivos chefes de polícia, percebiam o Terceiro Elemento como uma força revolucionária — "maltas de *sans culottes*", nas palavras de Plehve, diretor do Departamento de Polícia e mais tarde também ministro do Interior. E, segundo eles, essa súcia estaria fazendo uso de suas posições nos *zemstvos* para agitar o campesinato.

Em resposta a tamanha pressão, em 1890 foi aprovado um estatuto que tornou maior a participação de nobres proprietários de terra nas assembleias locais, graças à cassação do direito de voto e da elegibilidade de judeus e agricultores camponeses. As atividades dos *zemstvos* passaram ao controle férreo do governador de província, subordinadas ao Ministério do Interior, sendo que este tinha poder de veto na nomeação de funcionários dos *zemstvos*, na aprovação de orçamentos e publicações, bem como na maioria das decisões de rotina. De posse de armas tão valiosas, o ministério e seus agentes nas províncias obstruíam o funcionamento das instituições locais. Impunham limites sufocantes de despesas, sob pretexto de serem desnecessárias. Em alguns casos, a economia era mesquinha. O *zemstvo* de Perm, por exemplo, teve sua planilha de custos reduzida após a encomenda de um retrato do dr. Litvinov, que durante muito tempo dirigiu o hospício da região. O de Suzdal foi punido por dispor de 50 rublos do fundo de reserva para ajudar a pagar a construção de uma biblioteca. A milícia também se imiscuía no trabalho dessas sociedades, prendendo estatísticos e agrônomos, os quais acusavam de "revolucionários", e evitando que viajassem pelos campos. Outra prática de constrangimento eram as batidas em locais mantidos pelos *zemstvos*, inclusive hospitais e manicômios, à cata de "suspeitos políticos". Mulheres de origem fidalga chegaram a ser presas por dedicarem horas livres à alfabetização de crianças camponesas.[23]

As contrarreformas do reinado de Alexandre, das quais o estatuto de 1890 foi a pedra fundamental, resumiram-se à tentativa de reerguer o princípio autocrático nas administrações locais. O governador de província, cujos poderes sobre os *zemstvos* e os órgãos municipais cresceram consideravelmente graças à reação imperial, assumiria o papel de um tsar em miniatura. A mesma ideia permeou a criação do posto de capitão da terra (*zemskie nachal'niki*), consequência de uma outra contrarreforma, de 1889. Tais dignitários continuaram a ser agentes centrais do regime tsarista no campo, até a Revolução de 1917, embora depois de 1905 seus poderes tenham se diluído. Nomeados pelos governadores de província e, portanto, sob a autoridade do Ministério do Interior, os 2 mil capitães da terra, quase todos de origem nobre, foram investidos de uma ampla gama de poderes executivos e judiciais, cuja finalidade última era controlar os camponeses. Não à toa passaram a ser chamados de "pequenos tsares". Suas regalias abrangiam o direito de anular decisões das assembleias locais, dispensar funcionários aldeões eleitos e arbitrar pendengas judiciais. Até 1904, tinham franquia até mesmo para determinar o chicoteamento público de campônios por deslizes menores, tais como entrar sem autorização em terra de fidalgos ou sonegação de tributos. É difícil calcular o impacto psicológico que esses castigos físicos, impostos décadas após a emancipação, causaram à gente do campo. O escritor camponês Sergei Semenov (1868-1922), com quem estaremos em várias passagens deste livro, registrou que seu povo considerava os capitães da terra "uma volta aos dias de servidão, quando o senhor feudal comportava-se arrogantemente na aldeia". Semen Kanatchikov, outro filho da área rural que também marcará presença ao longo das páginas seguintes, deu voz ao ressentimento provocado pelo modo feudal como os capitães da terra agiam nos povoados. Certa vez, o escritor ouviu a seguinte pergunta de um camponês, que fora preso por não tirar o chapéu e não fazer salamaleques diante do "pequeno tsar", ora entretido em ministrar uma palestra na aldeia: "O que é um pobre lavrador diante de um cavalheiro? É pior do que um cão. Pelo menos o cão late, mas o mujique é miserável e humilde e tudo tolera."

Preocupados com os arranhões que os capitães da terra estavam provocando na imagem do regime em território rural, muitos dos burocratas mais liberais, e até mesmo alguns dentre os conservadores, empenharam-se em dar fim ao título, durante a primeira década do reinado de Nicolau. Seus argumentos eram o despreparo dos ocupantes do cargo (com frequência oficiais militares da reserva ou filhos menos importantes de fidalgos locais, medíocres demais para fazer carreira na burocracia regular) e advertiam que a presteza desses homens em recorrer à chibata poderia levar a uma rebelião no campo. Mas Nicolau fazia-se de surdo. Para o soberano, os capitães da terra eram os seus "paladinos fiéis". Funcionavam como um vínculo direto com os agricultores — um vínculo que a "barreira" da burocracia queria romper — e ajudavam a realizar o sonho de uma autocracia popular no estilo moscovita. Por meio da força desses capatazes, Nicolau procurava restaurar a velha ordem social, com os nobres agrários à testa, assim contrabalançando as vocações democráticas do mundo moderno.[24]

A reação de Alexandre foi um marco na pré-história da revolução; colocou o regime tsarista e a sociedade russa a caminho do conflito e, em certa medida, determinou o desfecho de fatos ocorridos entre 1905 e 1917. As contrarreformas autocráticas contra os *zemstvos*, assim como sua associada — a oposição da nobreza à democracia — pretendiam excluir a massa do povo dos meandros políticos. As tentativas de promover os camponeses à posição de cidadãos e de alargar a base do governo liberal, anseios dos "Homens de 1864", ruíram quando a corte e seus asseclas tentaram reafirmar o antigo sistema paternalista, encimado pelo tsar, seu clérigo e seus cavaleiros. E nessa ordem caduca, os mujiques, da mesma forma que as crianças e os selvagens, eram tidos como primitivos demais para ganhar participação ativa. A derrocada do compromisso liberal só ficou inteiramente clara com a derrota das reformas do primeiro-ministro Stolypin, entre 1906 e 1911 — sobretudo, a de seu projeto de estabelecer *zemstvos volosts* (assembleias administrativas rurais) dominados pelos mujiques. Mas desde muito antes já era possível sentir a atmosfera de fracasso. Como seus pioneiros jamais se cansaram de afirmar, os *zemstvos* eram a única instituição capaz de garantir, no campo, base política para o regime. Tivessem essas assembleias conseguido integrar os camponeses ao sistema administrativo local, talvez a decrépita divisão entre as "duas Rússias" (uma expressão famosa, cunhada por Herzen), entre um país burocrata e um país camponês, pudesse, pelo menos, ter sido reduzida, se não extinta. Esse abismo definiu todo o curso da revolução. Sem escoras no velho sistema de governo, os mujiques não hesitaram, em 1917, em varrer todo o Estado, assim criando o vácuo político que permitiu a tomada do poder pelos comunistas. Dessa forma, o tsarismo solapou a si mesmo; mas também preparou o terreno para o triunfo do bolchevismo.

3. Resquícios de um exército feudal

"Prometo e por isso juro, diante de Deus Todo-poderoso, diante de Seus Evangelhos Sagrados, servir à Sua Majestade Imperial, o Supremo Autocrata, sincera e fielmente, obedecer-lhe em todas as coisas, e defender sua dinastia, sem poupar meu corpo, até a última gota de meu sangue." Todo soldado fazia esse juramento de sujeição ao entrar no exército imperial. Não por acaso, era ao tsar e à preservação de sua linhagem, e não ao Estado ou mesmo à nação, que as tropas afiançavam lealdade. Os votos tinham que ser renovados na coroação de cada novo tsar. O exército russo pertencia ao soberano, em pessoa; oficiais ou não, eram vassalos do imperador.[25]

O princípio patrimonial sobreviveu mais tempo no exército do que em qualquer outra instituição do Estado russo. Nada era mais próximo, ou mais importante, da corte Romanov do que o aparato militar. Era sobre esse aparato que o poder do império fundamentava-se. As necessidades do exército e da marinha tinham primazia na formulação da política tsarista. As reformas mais célebres da história russa haviam sido motivadas pela premência de superar e rivalizar com os rivais do império, a oeste e sul; as iniciativas de Pedro, o Grande, tinham sido consequência de guerras com a Suécia e com os otomanos; as de Alexandre II, da derrota na Crimeia.

A corte mantinha-se apoiada no etos militar. A partir do século XVIII, tornou-se costume dos tsares brincar de soldados em família. A residência real organizava-se como um imenso Estado-Maior, com o soberano como Comandante Supremo, os cortesãos divididos em postos. Os filhos do casal imperial, alistados na Guarda, desde a tenra idade, eram forçados a cruéis humilhações no rancho dos oficiais, para que aprendessem com rapidez noções de disciplina e subordinação de que, supunha-se, precisariam para governar. O próprio Nicolau tinha paixão pela Guarda. Suas melhores lembranças eram as de dias juvenis e despreocupados, como coronel do Regimento de Preobrazhensky. O tsar tinha uma certa queda por desfiles de uniformes e não media gastos em fitas de ouro para seus soldados. Nicolau foi o responsável pelo resgate de alguns dos mais arcaicos e faustosos adornos da farda dos regimentos de guardas de elite, abolidos anos antes por Alexandre III, por questões de economia. O último tsar estava constantemente fazendo alterações nos uniformes de suas unidades favoritas — um botão extra aqui, uma outra borla acolá — como se ainda fosse um menino entretendo-se com soldadinhos de brinquedo. Em dias santos e datas comemorativas, todos os militares vestiam-se a caráter e eram inspecionados por seus superiores. Exibiam-se em paradas e revistas, manobras, apresentações da bandeira, jantares regimentais, aniversários de batalhas e outras cerimônias. Os oficiais responsáveis pela segurança da família imperial, a qual acompanhavam a toda parte, mereciam tratamento quase equivalente ao de parentes por afinidade dos Romanov. Nenhum outro grupo era tão próximo ou tão leal à pessoa do tsar.[26]

Muitos historiadores referem-se às forças armadas russas como um esteio vigoroso do regime tsarista. Essa era a opinião da maioria dos observadores, até a revolução. Em 1903, o major Von Tettau, do Estado-Maior alemão, escreveu que o soldado russo "é cheio de abnegação e lealdade para com seu dever", de um modo que "dificilmente poderá se encontrar em qualquer outra tropa do mundo". Ainda segundo Von Tettau, o militar da Rússia "agia sempre com determinação", e em todas as situações era "despretensioso, satisfeito e contente — mesmo depois do trabalho e de privações".[27] Mas, na verdade, havia tensões cada vez maiores entre militares de todos os postos e o regime dos Romanov.

Para os líderes da caserna russa, a raiz do problema estava nos calamitosos resultados obtidos pelas tropas no século XIX, que atribuíam às políticas de governo. O exército e a marinha estavam desmoralizados por uma sucessão de malogros: fracasso na guerra da Crimeia (1853-56), uma vultosa campanha contra a Turquia (1877-78) e uma vexatória derrota impingida pelos japoneses, em 1904-1905, que garantiu à Rússia o título de primeira potência europeia a ser batida por um país asiático. As causas dessa debilidade eram, em parte, econômicas: os recursos industriais não eram suficientes para fazer frente às demandas militares numa era de crescente competição entre impérios. Mas essa incompetência também tinha origem política: no final do século XIX, o exército gradativamente abandonara o topo da lista de gastos prioritários do governo. A derrota na Crimeia tinha desacreditado as forças armadas e trazido à baila a necessidade de minguar verbas de campanha em favor da modernização da economia. O Ministério da Guerra perdeu a posição privilegiada que manteve no governo de Nicolau I (1825-55) e foi ofuscado pelos Ministérios das Finanças e do Interior, que a partir de então passaram a receber a fatia do leão do orçamento oficial. Entre 1881 e 1902, a fatia do tesouro que cabia aos militares caiu de 30 para 18%. Dez anos antes da Primeira Guerra Mundial, o combatente russo despendia apenas 57% do que era gasto com cada soldado alemão, e 63% do que custava cada homem ao exército austríaco. Em suma, o militar russo foi para a peleja mal treinado, mal equipado e menos estimulado do que os inimigos. O exército contava com tão poucas verbas que as fardas e a alimentação eram produzidas dentro dos quartéis. Os soldados plantavam e colhiam a comida e o tabaco que consumiam, e remendavam suas fardas e coturnos. De quebra, ainda ajudavam na receita do regimento fazendo serviços temporários em lavouras, fábricas e minas perto de suas guarnições. Muitos passavam mais tempo cultivando vegetais do que aprendendo como manusear armas. Ao reduzir o orçamento militar, o regime tsarista criou uma tropa de agricultores e sapateiros.

O moral baixo estava ligado também ao papel cada vez mais proeminente que oficiais e praças desempenhavam na repressão a protestos civis. O império russo era coberto por uma rede de comandos, cuja missão era garantir, aos governadores de províncias e às milícias, assistência militar mais ou menos instantânea em caso de perturbações da ordem. Entre 1883 e 1903, as tropas foram chamadas quase 1.500 vezes. Oficiais queixavam-se amargamente de que agir como polícia estava aquém da dignidade de um soldado profissional e que isso afastava a corporação de seu verdadeiro propósito militar. Outra tônica da reclamação da caserna residia no efeito danoso que isso teria sobre a disciplina. A história provou que tinham razão. A grande maioria dos soldados rasos eram mujiques e sua conduta era muito influenciada pelas notícias que recebiam da aldeia. Em 1905-1906, quando o exército foi chamado a sufocar os levantes no campo, muitas unidades, e em especial as da infantaria, com grande presença camponesa, recusaram-se a obedecer e se amotinaram em apoio à revolução. Houve mais de 400 motins entre o outono de 1905 e o verão do ano seguinte. O exército chegou à beira do colapso e precisou de anos para recuperar algo que se parecesse à ordem.[28]

Muitas dessas sublevações fizeram parte de um protesto geral contra as condições feudais prevalecentes nas forças armadas. Tolstói, que servira como oficial na guerra da Crimeia, discorreu sobre essas afrontas em seu último romance, *Hadji-Murad*. Os soldados camponeses opunham-se ao modo como os oficiais dirigiam-se a eles, usando o tratamento familiar *tyi*, geralmente destinado a animais e crianças, em vez do pronome *vyi*, mais polido. Era assim que os suseranos falavam com seus servos; e, já que a maioria dos oficiais era fidalga, e a maior parte dos praças, filhos de ex-vassalos, o emprego do *tyi* simbolizava a perpetuação do velho mundo feudal. A primeira lição de um recruta recém-admitido na tropa era aprender os diferentes títulos de seus oficiais: "Vossa Reverência", para o posto de coronel; "Vossa Excelência", para generais; "Vossa Magnificência", para oficiais portadores de títulos de nobreza. Não bastava uma simples continência para saudar coronéis e generais: era preciso parar e se pôr de lado, em posição de sentido, à espera de que o superior passasse. A mesura só poderia ser desfeita quando este estivesse a um número de passos preestabelecido. O soldado era treinado para responder aos oficiais com frases de deferência padronizadas: "Absolutamente, Vossa Reverência", "Feliz em servi-lo, Vossa Excelência". Quaisquer improvisos tendiam a ser punidos. Os castigos variavam: socos no rosto, coronhadas na boca e, às vezes, até mesmo chibatadas por faltas relativamente pequenas. Os oficiais tinham a seu dispor um imenso suprimento de insultos — "escória" e "patife" eram alguns deles — para aviltar seus inferiores hierárquicos. Mesmo de folga, os praças estavam privados de direitos mínimos: não podiam fumar em lugares públicos, frequentar restaurantes e teatros, andar de bonde ou ocupar vagões ferroviários de primeira e segunda classes. Os parques das cidades exibiam uma tabuleta: PROIBIDA A ENTRADA DE CÃES E SOLDADOS. A determinação da soldadesca em se livrar da "servidão da caserna" e conquistar dignidade e cidadania tornar-se-ia um fator fundamental na revolução.[29]

E não foi somente a infantaria mujique que se amotinou após 1905. Mesmo alguns integrantes da cavalaria cossaca, que desde o início do século XIX fora um modelo de fidelidade ao tsar, participaram das rebeliões. Os cossacos tinham reivindicações específicas. Casta militar de elite a partir do século XVI, 300 anos depois passara ao controle do Ministério da Guerra. Em troca de seus préstimos, os cossacos recebiam generosos quinhões de terra fértil, quase sempre na fronteira sul (Don e Kuban) e nas estepes a leste, que lhes cabia defender. Desfrutavam também de considerável liberdade política para gerir suas comunidades (*voiskos*, advinda da palavra russa para "guerra"). No entanto, ao longo das últimas décadas do século XIX, os custos de compra de selas, arreios e cavalos aptos para o serviço militar tornaram-se cada vez mais pesados. E, pelas patentes das terras doadas, todo o equipamento deveria ser adquirido sem auxílio do poder central. Em dificuldades, muitos agricultores da cavalaria russa tiveram que se desfazer de parte de seus animais para dar conta de suas obrigações e apetrechar os filhos que seguiriam a tradição familiar. Os *voiskos* exigiam mais e mais concessoes econômicas e políticas como compensação por serviços militares prestados. Foi então que começaram a levantar a bandeira do "nacionalismo cossaco", uma forma estreita e torpe de patriotismo baseado na ideia de superioridade étnica sobre os mujiques. Tal aleijão cultuava a memória de um passado mítico remoto em que os cossacos tinham se autogovernado por meio de assembleias de anciões e atamãs por eles eleitos.[30]

O modo como o império tratava o exército fez crescer as suscetibilidades da elite militar da Rússia. A oposição mais feroz partiu da nova geração de guerreiros profissionais originária do corpo de oficiais e do Ministério da Guerra, nas últimas décadas do velho regime. Muitos eram formados em escolas militares da aristocracia prussiana, que haviam sido arejadas e revitalizadas no rastro da derrota na Crimeia, com o objetivo de assegurar meios para que filhos de famílias sem título de nobreza ascendessem a postos de maior relevância. Oficiais de carreira transformaram-se em ferrenhos defensores da modernização das forças armadas e em críticos atrozes das doutrinas militares arcaicas difundidas nas academias de elite e no Estado-Maior. Para esses oficiais, as prioridades máximas da corte deveriam ser a nomeação de aristocratas leais ao tsar para os postos de comando mais altos e a destinação de recursos para a cavalaria, que se tornara pouco mais do que peça decorativa. A tudo isso, somava-se a exigência de maior atenção para as novas tecnologias — artilharia pesada, metralhadoras, transporte motorizado, projetos de trincheiras e aviação — que seriam decisivas em guerras futuras. Mas os esforços de modernização na política autocrática eram tão tênues no setor militar quanto em quaisquer outras instituições do velho regime.

Alexei Brusilov (1853-1926) tinha a postura típica da nova geração de oficiais. Foi, talvez, o comandante mais talentoso produzido pelo tsarismo em suas últimas décadas; e, em 1917, fez mais do que ninguém para garantir a vitória dos bolcheviques. Por essa razão, posteriormente seria difamado como "traidor da Rússia" pelos *émigrés* russos da reação. Mas toda sua extraordinária carreira foi dedicada à defesa da pátria: o longo serviço prestado como general no exército do tsar, o desempenho das funções de comandante nas tropas de Kerenski, em 1917, e, finalmente, sua atuação como conselheiro no Exército Vermelho. Sob vários aspectos, a vida amarga de Brusilov, que conheceremos ao longo do livro, simbolizou a tragédia de sua classe.

Nada havia no passado de Brusilov que sugerisse o caminho revolucionário. Fisicamente, com seus belos traços de raposa e seu elegante bigode, tinha a figura de um típico general tsarista do século XIX. Um amigo o descreveu como um "homem de altura mediana, feições gentis e modos naturalmente calmos, um ar de dignidade altiva capaz de provocar afeição e temor simultâneos em quem o fita". Brusilov provinha de uma antiga família de nobres, com vasta tradição militar e não morreria sem repetir, pouco depois da Revolução de 1917, a proeza de um ancestral que, no século XVIII, se destacara na batalha entre ucranianos e poloneses. Foi a iniciativa desse antepassado que garantiu à família uma grande porção de terra arável, na Ucrânia. Aos 19 anos, Brusilov formara-se no Corps des Pages, a mais elitista dentre todas as academias militares, responsável pelo treinamento de aspirantes à Guarda Imperial. O futuro conselheiro do Exército Vermelho entrou para os dragões do Regimento Tver, no Cáucaso, onde lutou, ganhando várias medalhas por bravura na guerra contra a Turquia, em 1877-1878. Logo depois, voltou a São Petersburgo e se matriculou na Escola de Guardas-Marinhas e Junkers da Cavalaria e tornou-se um dos principais especialistas russos em manobras em lombo de montaria. Seu currículo fez com que, instintivamente, passasse a partilhar as opiniões e preconceitos do oficialato. Era monarquista, um defensor da Grande Rússia, disciplinador rígido com seus soldados e, em família, agia como um patriarca. Sobretudo, era um frequentador pio, quase místico, da Igreja Ortodoxa. Fora isso, segundo sua esposa, que lhe garantia calma lendária e autoconfiança, presentes até mesmo quando sua tropa estava em perigo.[31]

Mas as posições de Brusilov eram mais liberais e mais inteligentes do que as da média dos oficiais da Guarda. Embora cavalariano de formação, foi um dos primeiros a reconhecer que a montaria não seria mais fundamental, pois peças de artilharia, ferrovias, telefones e transporte motorizado seriam armas mais importantes. "Já tínhamos cavalos demais, especialmente para uma época em que a luta de trincheiras substituiria a guerra em campo aberto", registraria em suas memórias.[32] Ele acreditava que todas as atividades militares russas tinham que ser subordinadas a um objetivo maior: preparar o exército imperial para os conflitos modernos. Isso significava sacrificar o primado da cavalaria e, se necessário, os interesses dinásticos da corte em nome da defesa da pátria russa. Mesmo tendo coração monarquista, colocava o exército acima da política, e sua obediência ao tsar vacilou ao perceber que o império estava desmoronando por causa da interferência da corte em questões de Estado.

A decepção de Brusilov com a monarquia desaguou em 1917, quando aderiu à revolução. Mas as raízes dessa conversão remontam à primeira década do século, um período em que muitos oficiais da nova geração passaram a considerar a corte um obstáculo à reforma e modernização do exército. Essa nova estirpe de oficiais queria ver as forças armadas russas preparadas para uma guerra na Europa, pois, a cada ano, parecia mais provável que o conflito eclodisse nas fronteiras ocidentais do império. A inquietação reinante na caserna crescia diante da insensibilidade do Estado-Maior, que parecia não ter aprendido com a desastrosa derrota na guerra contra o Japão, em 1904-1905. Como muitos de seus pares, Brusilov ressentia-se pelo modo como os militares haviam sido empurrados a enfrentar os japoneses, a quase 10 mil quilômetros de distância e, virtualmente, sem as mínimas condições. E isso por pura ingerência da corte em assuntos bélicos. A guerra no Extremo Oriente tinha levado à destruição das defesas do país, a oeste. Em 1909, ao assumir o comando do XIV Exército, situado em Varsóvia, importantíssima região de fronteira, Brusilov encontrou um estado de "caos e desorganização absolutos em todas as tropas":

> Em caso de mobilização, não haveria roupas ou coturnos para os homens convocados, e os caminhões teriam quebrado tão logo fossem postos nas estradas. Tínhamos metralhadoras, mas apenas oito por regimento, e não dispúnhamos de carretas para os canhões. Se houvesse guerra, teriam que ser montados sobre carroças. Faltavam baterias de obuses e sabíamos que a munição era pouca, fosse para artilharia ou para rifles. Eu [mais tarde] fui informado de que a situação era generalizada, não só no XIV Exército. Naquele momento, teria sido inteiramente impossível guerrear se a Alemanha pensasse em tomar a Polônia ou as províncias bálticas.[33]

Muito poucos soldados russos recebiam treinamento para guerra de trincheiras. Os generais mais velhos continuavam a acreditar que a cavalaria estava destinada ao papel de protagonista em qualquer peleja futura, como acontecera no século XVIII. Brusilov pediu autorização para exercitar os praças em simulações de batalhas, com uso de artilharia. Os generais da antiga negaram, alegando que seria desperdício de munição. O que eles entendiam por manobras resumia-se a fazer com que os homens marchassem em desfiles e revistas: eram exibições bonitas e propiciavam aos superiores uma agradável sensação de disciplina e precisão. Infelizmente, tais situações não tinham valor nenhum como treinamento para a guerra do século XX. Brusilov atribuía essas práticas arcaicas ao domínio que a corte e a aristocracia exerciam sobre o Estado-Maior. Os nobres pareciam pensar que divisões inteiras da infantaria poderiam ser comandadas por um bando de tolos e estúpidos que tivessem como única qualificação serem egressos de uma das escolas militares de elite. Raciocínios assim alijavam os soldados de carreira das escolas junkers, pois, ao contrário dos filhos pródigos do Estado-Maior, quase sempre ascendiam hierarquicamente por razões de competência. Não foi coincidência o fato de que, como Brusilov, muitos desses soldados se juntassem aos vermelhos.

As queixas dos profissionais das forças armadas aos poucos os empurraram para a vida parlamentar. A Duma, a partir de 1905, foi para eles um órgão onde podiam expressar oposição à interferência da corte em assuntos da caserna. Os mais progressistas dentre eles, como A. A. Polivanov, assistente do ministro da Guerra, juntaram-se aos políticos liberais do legislativo. Um dos braços direitos dessa causa foi Alexandre Guchkov, que, mesmo não sendo militar, defendeu, da tribuna do legislativo, aumento dos recursos orçamentários do exército e, principalmente, da marinha. Guchkov queria também reformas na administração das tropas, capazes de permitir que certos controles exercidos pelo governo passassem à Duma.

Gradativamente, o tsar perdia autoridade sobre os elementos mais talentosos da elite militar. Em 1908, Nicolau tentou reafirmar sua influência, nomeando o elegante e leal cortesão V. A. Sukhomlinov para o Ministério da Guerra. Na crise que assolou a marinha, no ano seguinte, o novo ministro impressionou, ao forçar a Duma e o governo a reconhecerem que apenas ele deveria deter o comando militar (ver página 264). Mas era tarde demais para o tsar reconquistar corações e mentes de oficiais como Brusilov. Eles já haviam adotado a Duma como púlpito e ganho uma visão mais abrangente sobre reformas destinadas a resgatar a força de suas queridas forças armadas. Ali estavam os germes da coalizão feita durante a guerra, e que teriam papel importante na derrocada de Nicolau.

4. Uma Rússia nem tão sagrada

Deus conceda saúde ao tsar ortodoxo
Grande príncipe Mikhail Fedorovich
Possa ele manter o tsarismo
Em toda a sagrada terra russa.

Segundo a canção popular, foi com essa prece que, em 1619, Mikhail Romanov foi abençoado por seu pai, seis anos após ter ascendido ao trono. O mito da "sagrada terra russa" era a ideia básica do tsarismo moscovita, desenvolvida pelos Romanov desde o início do século XVII. A fundação da dinastia, conforme apresentada pela propaganda do jubileu de 1913, representou o despertar de uma nova consciência nacional russa, baseada na defesa da Igreja Ortodoxa. Contava a lenda que Mikhail Romanov havia sido eleito por todo o povo, logo depois da guerra civil e da intervenção polonesa durante a época de crise, entre 1598 e 1613. A "sagrada terra russa" fora, portanto, unificada pelos Romanov e Mikhail salvara a fé ortodoxa do contágio católico. Desde então, a ideia de "Rússia Sagrada", de um baluarte em defesa da fé cristã oriental, tornara-se um mito fundamental para legitimar a dinastia.

Não que faltasse base popular para tal mitificação. Mesmo antes do século XVII, modinhas folclóricas e épicos cossacos mencionavam a pátria sacrossanta. Era natural que o cristianismo se transformasse num símbolo de identidade dos eslavos, habitantes daquela planície eurasiana tão frequentemente ameaçada pela invasão mongol e tártara. Ser russo era ser cristão e devoto da ortodoxia. De fato, é revelador que a expressão "Rússia Sagrada" *(Sviataia Rus')* só existisse atrelada ao antigo nome do país (*Rus'*), do qual derivou o adjetivo pátrio russo *(russkii)*; seria impossível dizer *Sviataia Rossiia*, já que *Rossiia*, termo mais recente com que os habitantes passaram a denominar seu território, estava conectado apenas ao Estado imperial.* Ainda mais sugestivo é o fato de a expressão russa para camponês *(krest'ianin)*, que em todas as outras línguas europeias originou-se da ideia de campo ou terra, ser muito parecida com *khrist'ianin*, equivalente, em português, a cristão.

Mas onde o mito popular da Rússia Sagrada santificava sua população e costumes, o mito oficial sacralizava o Estado na pessoa do tsar. Moscou tornou-se a "Terceira Roma", herdeira do legado de Bizâncio, a última capital da crença ortodoxa; e a Rússia converteu-se numa "terra imaculada" escolhida por Deus para salvação da humanidade. Essa missão messiânica dava aos tsares um papel religioso único: pregar a Verdadeira Palavra e combater heresias no mundo todo. Ao contrário da tradição medieval do Ocidente, a imagem do tsar não era a de um

* A diferença entre *Rus* e *Rossiia* era similar à diferença entre Inglaterra e Grã-Bretanha.

simples monarca, a de um homem mortal reinando com direitos divinos; era, sim, a de um Deus na terra, que governava por ordem recebida dos céus e que, mais que homem, era santo. E fizera-se hábito a canonização de príncipes que tivessem dado a vida *pro patria et fides*, como Michael Cherniavsky mostrou em seu estudo magistral sobre os mitos russos. Os tsares usavam as leis da Igreja para perseguir seus oponentes. E essa caça escorada em pretextos religiosos foi muito mais inexorável do que qualquer outra promovida por governantes ocidentais. A Rússia inteira metamorfoseou-se numa espécie de grande monastério, de onde todas as heresias eram banidas graças ao domínio de um tsar-arquimandrita.[34]

A partir do século XVIII, aos poucos essa base religiosa do poder tsarista foi substituída por outra, mais secular. Pedro, o Grande, procurou reformular as relações entre Igreja e Estado, seguindo o modelo absolutista ocidental. Num esforço para sujeitar o mundo eclesiástico à esfera profana, a administração clerical foi transferida do patriarcado para o Santo Sínodo, um corpo de laicos e sacerdotes nomeados pelo tsar. No século XIX, o procurador-geral, representante secular desse colegiado, foi alçado à posição de ministro para assuntos eclesiásticos, com poderes para controlar nomeações episcopais, educação religiosa e grande parte das finanças da Igreja. Fora de sua alçada, ficaram as questões referentes a dogmas teológicos. O Santo Sínodo continuou a ser um instrumento valioso nas mãos do tsar. À Igreja não interessava virar a mesa: durante a segunda metade do século XVIII, tinha perdido quantidades enormes de terra para o Estado e agora precisava que o Tesouro garantisse fundos para o sustento de 100 mil párocos e suas famílias.* Assim, seria um erro atribuir à instituição o papel de órgão submisso ao círculo leigo. O tsarismo apoiava-se na Igreja tanto quanto esta amparava-se no tsarismo: era uma dependência mútua. Num país rural e grande como a Rússia, onde a maioria da população era analfabeta, a religião funcionava como arma de propaganda preciosa e meio de controle social quase imprescindível.[35]

Os sacerdotes eram conclamados a denunciar, do púlpito, todas as formas de dissensão e oposição ao tsar e a comunicar a polícia sobre a presença de elementos subversivos em suas jurisdições. A orientação valia inclusive para informações obtidas no confessionário. E os párocos ainda eram sobrecarregados de pequenos deveres administrativos: ajudavam na repressão à vadiagem; liam manifestos e decretos imperiais em público; forneciam às autoridades estatísticas sobre nascimentos, óbitos e casamentos. Nas 41 mil escolas paroquiais, o clérigo ortodoxo tinha a tarefa de incutir lealdade, deferência e obediência nas crianças mujiques. Um trio de sentimentos que não deveria se restringir à pessoa do tsar, mas também à burocracia inteira e a todos os homens e mulheres mais velhos e em melhor posição social. Eis um trecho do catecismo para escola primária redigido pelo Santo Sínodo:

* Diferentemente dos católicos, os sacerdotes ortodoxos russos podem se casar. A exceção aplica-se aos clérigos monásticos.

> *P.* Como devemos demonstrar nosso respeito pelo tsar?
>
> *R.* 1. Devemos ter lealdade absoluta pelo tsar e estar prontos a darmos nossas vidas por ele. 2. Sem objeção, devemos atender a suas ordens e ser obedientes às autoridades por ele nomeadas. 3. Devemos rezar pela saúde e salvação do tsar e de toda a Casa Governante.
>
> *P.* O que devemos pensar daqueles que violam seus deveres para com o Soberano?
>
> *R.* Esses são culpados não só diante do Soberano, mas também aos olhos de Deus.
>
> A palavra divina diz, "Portanto, qualquer um que tenha resistido ao poder, resistiu à lei de Deus." (Rom. 13:2).[36]

A Igreja teve um papel proeminente na ordem moral do tsarismo. No império, só ela podia fazer proselitismo e desempenhar funções missionárias. As políticas de russificação, postas em prática pelo regime, ajudaram a promover a causa ortodoxa. Na Polônia e no Báltico, durante o reinado de Alexandre III, 40 mil católicos e luteranos converteram-se ao cristianismo oriental, ainda que apenas nominalmente. A instituição religiosa utilizava-se de uma pletora de mecanismos de pressão legais contra seitas dissidentes, em especial os Velhos Crentes.* Até 1905, era insultuoso para qualquer membro da fé ortodoxa que alguém deixasse a congregação para abraçar outra crença. A publicação de textos contrários à ortodoxia também era considerada uma afronta. Todos os livros sobre religião e filosofia tinham que passar pelo crivo dos censores clericais. Além disso, havia um punhado de questões morais e sociais em que a influência eclesiástica era dominante, às vezes maior do que a exercida pelas autoridades seculares. Casos de adultério, incesto, bestialidade e blasfêmia eram julgados nos tribunais da Igreja. Uma vez que o Estado deixava tais assuntos a cargo do clero e se abstinha de formular uma lista de castigos, as condenações resultavam em penas que beiravam o medievalismo, sempre de cunho religioso, como penitência e encarceramento num monastério. No tocante ao divórcio, também prevalecia a ingerência eclesial. O único caminho para a dissolução do vínculo do matrimônio era alegar adultério diante das cortes

* Em 1660, os Velhos Crentes rejeitaram as reformas litúrgicas do Patriarca Nikon, bem como o governo que os forçava a adotar os novos rituais. Para fugir à perseguição, a maioria dos fiéis estabeleceu-se em áreas remotas da Sibéria, onde permanecem até hoje. Levantamento realizado na virada do século registrou a existência de cerca de 18 milhões de tradicionalistas. As outras seitas religiosas mais importantes, todas com doutrina próxima ao evangelismo, eram os *Stundist* (Batistas), os *Dukhobortsy* (Guerreiros do Espírito) e os *Molokane* (Bebedores de Leite). Somadas, chegavam a um milhão de seguidores. Muitas dessas seitas tinham a tradição da dissidência radical, fruto da falta de tolerância do Estado e, simultaneamente, explicação da intransigência oficial.

religiosas, um processo difícil e, com frequência, doloroso. Tentativas de tornar a lei do divórcio mais liberal e de transferir a matéria para câmaras criminais foram bloqueadas pela Igreja, no final do século XIX. A essa altura, a instituição tornara-se mais inflexível em questões referentes à sexualidade privada. Como pilar da velha ordem patriarcal, forjou uma aliança natural com os dois últimos tsares, unindo forças na luta contra o mundo moderno liberal. Em suma, os dias finais da Rússia imperial foram os de um Estado ortodoxo.[37]

Mas ainda era um Estado sagrado? A pergunta inquietava os líderes da ortodoxia e, nas últimas décadas do tsarismo, levou clérigos mais liberais a defender uma reforma nas relações entre Estado e Igreja. Depois de 1917, os cristãos — dos quais Brusilov era um exemplo típico — alegavam que o levante das massas fora causado pelo declínio da influência religiosa. Tratava-se de uma visão simplista, mas é evidente que a revolução social estava intimamente ligada à secularização da sociedade e em larga medida dependera dela.

A raiz de tudo estava na urbanização. O inchaço das cidades fora mais rápido do que a capacidade de se construírem igrejas nos grandes centros e milhões de trabalhadores, provenientes de aldeias cheias de templos, foram obrigados a viver num Estado sem Deus. No início do século, o subúrbio industrial de Orekhovo-Zuevo, nas cercanias de Moscou, tinha um único local de culto e 40 mil habitantes. Iuzovka, cidade de mineração e capital do Donbass, hoje chamado Donetsk, tinha duas capelas para uma população de 20 mil pessoas. Mas não era uma simples questão de acomodações físicas. A instituição religiosa não conseguira encontrar uma fórmula para tratar os novos problemas da vida urbana, diferentemente do que o metodismo fizera durante a Revolução Industrial na Inglaterra. O clérigo ortodoxo mostrou-se incapaz de criar uma catequese popular para um mundo de fábricas e moradias multifamiliares. Os sacerdotes que tentaram dar um tom citadino aos sermões logo foram desautorizados pelo topo conservador da hierarquia eclesiástica, contrário a posições religiosas inspiradas em clamores por reformas sociais.[38] Um exemplo desses poucos pregadores bem-intencionados foi o padre Gapon, radical de São Petersburgo que liderou a marcha operária até o Palácio de Inverno, em janeiro de 1905.

O crescimento da urbe foi um fator a mais de secularização. Jovens camponeses que se mudaram para as cidades deixaram para trás a velha cultura oral do povoado, onde párocos e anciões fomentavam a vida espiritual. Desagregados, esses migrantes encontraram uma cultura urbana em que prevalecia a palavra escrita. Nesse mundo novo, a Igreja era forçada a competir com as novas ideologias socialistas. Semen Kanatchikov foi um dos muitos filhos de lavradores que se engajou no trabalho industrial e acabou nas fileiras bolcheviques. Em suas memórias, ele registrou como sua apostasia cresceu, aos poucos, durante a década de 1890, quando deixou sua aldeia natal e foi trabalhar numa fábrica de maquinaria pesada frequentada por agitadores. De início, tinha medo daqueles "estudantes" porque "não acreditavam em Deus e podiam abalar minha fé, o que resultaria em tormentos eternos e infernais no além". Mas ele também os admirava, "pois eram tão livres, tão independentes, tão bem informados sobre tudo e não havia ninguém ou nada na terra que os intimidasse". À medida que ganhava autoconfiança e procurava imitá-los, Kanatchikov tornava-se cada vez mais influenciado pelos rapazes. Histórias de padres corruptos e milagres fraudulentos começaram a subverter "os fundamentos morais com que eu vivera e crescera". Um operário conseguiu "provar" ao ex-agricultor que o Senhor não criara o homem. O argumento era simples: se enchesse uma caixa com terra e a mantivesse à temperatura ambiente, o que apareceria seriam vermes e insetos. Esse tipo de ciência pré-darwiniana vulgarizada, muito comum em panfletos de esquerda da época, tinha um tremendo impacto sobre trabalhadores de pouca idade. "Agora, emancipava-me dos preconceitos em ritmo acelerado", ele escreveu, mais tarde. "Deixei de ir procurar o padre para me 'confessar', não frequentava mais a igreja e passei a consumir comida 'proibida' durante o jejum da quaresma. Contudo, ainda por muito tempo não abandonaria o hábito de me benzer, especialmente quando voltava à aldeia, em férias."[39]

E o que acontecia no campo, viga mestra da "Rússia Sagrada", suposto bastião da Igreja? A religiosidade do campesinato tinha sido um dos mitos mais perenes da história do país, rivalizando apenas com a quimera sobre a grande dimensão da alma russa. Mas, na verdade, o campônio nunca tivera mais do que apego relativo à religião ortodoxa, uma leve camada de verniz cristão cobrindo a antiga cultura pagã. A devoção aparente era grande: persignava-se continuamente, evocava o nome do Senhor a cada duas frases, ia com regularidade à igreja, sempre observava o fastio da quaresma, nunca trabalhava em feriados santos e, de tempos em tempos, saía em peregrinação a relicários. Intelectuais eslavófilos, como Dostoiévski ou Soljenítsin, pretenderam analisar esses pormenores como evidências do profundo aferro mujique à ortodoxia. Quem fosse a uma aldeia russa, em fins do século passado, e pedisse aos habitantes que se identificassem, a resposta provável seria: "Somos ortodoxos e nascemos aqui." Mas a religião por eles professada estava muito distante do cristianismo erudito do clérigo. Às crenças ortodoxas misturavam-se cultos pagãos e superstições, magia e sortilégios. Assim era a religião mujique, que atendia às necessidades da vida precária no campo.

Sendo analfabeto, o agricultor mediano conhecia pouco os evangelhos. Não sabia de cor o Pai-Nosso e os Dez Mandamentos, mas compreendia vagamente os conceitos de céu e inferno e, sem dúvida, esperava que a observância de rituais ortodoxos de algum modo salvasse sua alma. Concebia Deus como um ser humano de carne e osso, e não como um espírito abstrato. Gorki descreveu um camponês que encontrara numa aldeia perto de Kazan. O homem

> imaginava Deus como um ser idoso, grande e bonito, mestre amável e inteligente do universo que só não conseguia acabar com o mal porque "não

> pode estar em toda parte ao mesmo tempo, há gente demais no mundo. Mas ele vai vencer, você vai ver. Mas não posso entender essa história sobre haver um Cristo! Para mim, não tem a menor importância. Deus existe e isso basta. Mas agora há um outro! O filho, dizem. E daí que seja filho de Deus? Deus não está morto, não que eu saiba".

Os ícones eram o cerne da fé camponesa. Eram essas imagens de devoção que permitiam aos fiéis do meio rural acompanharem as histórias bíblicas. Para homens e mulheres do campo, os ícones tinham poderes mágicos. Nas cabanas toscas onde viviam, o cantinho destinado às imagens era, como o fogão, um local sagrado. Abrigava as almas de antepassados e livrava a família de maus espíritos. Ao sair ou entrar em casa, o lavrador deveria tirar o chapéu, fazer uma reverência e o sinal da cruz, em respeito à presença dos ídolos protetores, que ainda tinham uma utilidade extra. Como Belinsky contou a Gogol, o lavrador costumava dizer: "É bom para rezar — e podem-se cobrir as panelas com eles."[40]

Do mesmo modo, o culto aos santos era praticado segundo a concepção simplória da gente das vilas, que não abria mão de deuses profanos e espíritos ligados ao mundo agrícola. Havia Vlas (santo padroeiro do gado), Frol e Lavr (guardiões dos cavalos), Elijah (padroeiro do trovão e da chuva), Muchenitsa Paraskeva (protetor do linho e do algodão) e incontáveis entidades e divindades — do lar, do rio, da floresta, da montanha, das margens dos lagos, da beira-mar — convocadas por parteiras, curandeiros, médicos-feiticeiros, adeptos da flebotomia, benzedores, mágicos e bruxos, em sessões de pajelança e orações. Os aldeões transbordavam superstição. Acreditavam que suas vidas eram infestadas por demônios e espíritos malignos, que praguejavam contra a colheita e os animais, disseminavam a infertilidade entre as mulheres, causavam infortúnio e doença. Não fosse suficiente, para assombrá-los ainda traziam de volta as almas dos mortos. Os quebrantos só podiam ser exorcizados por um sacerdote ou por alguém com dons especiais, cujos recursos auxiliares seriam ícones, velas, ervas e alquimia primitiva. Era um mundo religioso estranho que nunca compreenderemos inteiramente, a despeito da vasta e valiosa pesquisa que tem sido feita sobre o assunto.[41]

A posição do pároco era precária, pois situava-se numa zona nebulosa, entre a religião oficial e o paganismo. Por várias razões, os mujiques não o tinham em grande estima.* Segundo um contemporâneo, os representantes eclesiásticos dos povoados eram vistos não como "guias ou conselheiros espirituais, mas como uma categoria de

---

* Ao se comparar essa desafeição com o respeito e reverência aos sacerdotes demonstrados pelos habitantes rurais da Europa católica, começa-se a entender o motivo que levou a Rússia a fazer uma revolução e o fator que pode ter levado os camponeses espanhóis ao que se poderia chamar de contrarrevolução.

negociantes que vendia sacramentos no atacado e no varejo". Incapazes de se sustentar com os magros subsídios pagos pelo Estado ou com o cultivo de pequenos lotes adjacentes ao templo, tiravam grande parte de seus proventos da cobrança de taxas, cujo valor eles mesmos arbitravam: dois rublos por um casamento; uma galinha por abençoar a lavoura; algumas garrafas de vodca por um funeral. A pobreza da clientela e a avidez dos padres tornavam a barganha demorada e odiosa. Noivas esperariam horas, na igreja, enquanto a família e o celebrante discutiam o preço da cerimônia. As negociações vergonhosas, embora quase sempre necessárias, empreendidas pelos clérigos tendiam a arranhar o prestígio da religião. Com raras exceções, os párocos locais tinham pouca instrução, inclinavam-se à corrupção e ao alcoolismo, mantinham ligações com a polícia e eram subservientes diante da nobreza, o que justificava o pouco apreço que lhes era destinado. "Em toda parte, das salas de visitas mais suntuosas às asfixiantes cabanas camponesas, desprezava-se o clero, ao qual se aludia com zombarias maliciosas, palavras de mais profundo desdém e repulsa infinita."[42]

Certamente, essa não era uma circunstância privilegiada que garantisse à Igreja defender o rebanho mujique da insidiosa cultura secular da cidade moderna. No fim do século XIX, cada vez mais sacerdotes ortodoxos acordavam para o problema, preocupando-se com a redução acentuada do número de pessoas presentes aos cultos, um fenômeno que preferiam atribuir aos ataques violentos a propriedades e a outros males sociais detectados no campo e classificados por eles sob um só rótulo: "vandalismo". Foi então que, no seio da Igreja, surgiram reivindicações de reforma radical. Os primeiros clamores foram enunciados pela geração de sacerdotes liberais egressa dos seminários em meados do século XIX. Mais ilustrados e mais escrupulosos do que seus antecessores, esses "párocos progressistas" bebiam na fonte das Grandes Reformas da década de 1860. Falavam em revitalizar a vida paroquial e em suscitar, nos aldeões, um cristianismo "consciente". Com isso, pensavam ser possível aproximar a Igreja local da vida cotidiana do povoado: os fiéis passariam a ter controle sobre as atividades religiosas; seriam criadas mais escolas de influência ortodoxa; e os eclesiásticos concentrar-se-iam em afazeres etéreos e pastorais, livrando-se do fardo das pequenas e inúmeras tarefas burocráticas. Na aurora do século XX, ficara claro que a Igreja só poderia ser revigorada se estivesse liberta dos deveres impostos pelo Estado e, em decorrência, o clérigo liberal ampliou a base do movimento por reformas, incluindo em seus pleitos uma revisão geral das relações entre o mundo religioso e a administração pública. Em 1905, a agitação chegou ao auge, os sacerdotes solicitando que o Santo Sínodo fosse substituído por um Conselho Clerical (*Sobor*) com ampla representatividade de diferentes segmentos da doutrina ortodoxa. Muitos iam além: queriam que o poder eclesiástico, localizado em São Petersburgo, fosse descentralizado e que a hierarquia monástica se fragmentasse pelas dioceses, e delas para as paróquias. Seria equivocado afirmar que tal movimento fez parte da revolução democrática de 1905, mas com certeza havia paralelos entre as demandas reformistas religiosas e as demandas dos liberais por mudanças políticas. Como os homens dos *zemstvos,* o clero mais avançado desejava a autogestão para melhor servir às suas comunidades.[43]

Isso era muito mais do que pretendia a conservadora hierarquia da Igreja. Embora apoiasse a ideia geral de autogoverno no âmbito da vida religiosa, a cúpula ortodoxa não estava preparada para o enfraquecimento da autoridade de bispos nomeados e do clero monástico. E estava ainda menos propensa a aceitar o argumento apresentado pelo primeiro-ministro, conde Witte, ao propor a Lei de Tolerância Religiosa. Trazida à baila em 1905, a sugestão de Witte ensejava o fim da discriminação de rivais da Igreja Ortodoxa e calcava-se num raciocínio lógico: a medida não prejudicaria o clero se fossem adotadas reformas capazes de reavivar a religião oficial. Na verdade, o projeto tinha motivações econômicas, pretendendo adular importantes grupos comerciais judeus e seguidores dos Velhos Crentes. Os hierarcas mais antigos poderiam ter flertado momentaneamente com ideias de autogoverno lançadas por confrades liberais, mas a insistência do primeiro-ministro em promover a indulgência de fé ao preço de tamanha autonomia carregou-os para os braços da reação. Assim, cerraram fileiras com a corte e organizações de extrema direita, como a União do Povo Russo, opondo-se a todas as tentativas liberais de reforma da Igreja e de maior benevolência religiosa. A aliança vetusta entre "Autocracia, Ortodoxia e Nacionalidade" foi resgatada para enfrentar a ameaça de uma nova ordem moral. O confronto de ideologias foi decisivo nos rumos tomados pela história russa entre 1905 e 1917.

Derrotado o clero liberal, a Igreja viu-se dividida e débil. O principal pilar filosófico do regime tsarista finalmente começara a desmoronar. A ascensão de Rasputin aos centros de poder do mundo religioso foi o golpe de misericórdia. "O Sumo Santo Sínodo nunca desceu a tamanhas profundezas!", confessou um ex-ministro ao embaixador da França, em fevereiro de 1916. "Se quisessem destruir todo o respeito remanescente pela religião, toda a fé, não seria preciso agir de outra forma. O que sobrará da Igreja Ortodoxa? Quando o tsarismo, em perigo, procurar por sua base de apoio, descobrirá que não tem mais onde se escorar."[44]

5. Prisão de povos

O colapso do tsarismo, assim como a *débâcle* do socialismo que o sucedeu, foram intimamente ligados ao crescimento de movimentos nacionalistas em territórios não russos. Em nenhum dos dois casos, sentimentos pátrios foram a causa direta do problema. Ao contrário, surgiram com força justamente nas brechas deixadas pelo enfraquecimento dos governos, de início com propostas moderadas pró-autonomia, depois, diante da evidente fragilidade dos adversários, reivindicando independência absoluta. Nas duas vezes, o poder central esfacelou-se sob a pressão de aspirações nacionais cada vez maiores, explicitadas nas décadas do declínio paulatino que desaguou no ocaso final.

Da perspectiva pós-soviética, essa afirmativa soa óbvia. Hoje, o nacionalismo tem tanta importância que tendemos a acreditar que é, e sempre foi, parte da nossa natureza. Mas, como advertiu Ernest Gellner, "ter uma nação não é atributo inerente da humanidade". O desenvolvimento de uma consciência de massa nacional só nasceu no leste da Europa nas últimas décadas do século passado, como resultado de vários fatores associados à vida civil moderna. As diferenças e desvantagens étnicas — quando comparadas com outros grupos num mundo que se tornara menor — passaram a ser visíveis com a transição de práticas agrárias e comunitárias para uma organização urbana e industrial; com a primazia da cultura nacional sobre a folclórica (possível graças aos tentáculos do sistema de ensino, à alfabetização e às melhorias na comunicação) e com o aumento na mobilidade da população. De horizontes mais largos, filhos e netos daqueles que antes pensavam viver num planeta diminuto engajaram-se na defesa de uma pátria embrionária. Ou seja, o fracasso do tsarismo em fazer frente ao crescimento do nacionalismo foi mais um reflexo da incompetência em responder aos desafios da modernidade.[45]

Tais movimentos eram tão incipientes que, mesmo depois dos levantes poloneses do século XIX, surpreenderam o regime imperial ao surgirem como força política durante a Revolução de 1905. Nenhuma das duas principais escolas de pensamento russas podiam decifrar os meandros conceituais lançados pela ascensão do nacionalismo. Conservadores e liberais estavam presos na teia urdida pelo fato de a Rússia ter-se tornado um império antes de se constituir como nação: sendo patriotas, isso os obrigava a se identificar com os clamores do regime em vigor. Os direitistas que sustentavam a autocracia consideravam as terras não russas como simples possessões do tsar. O Império era indivisível, da mesma forma que o poder do soberano era divino. Até Brusilov, que em 1917 receberia a República de braços abertos, não conseguiu se desvencilhar dessa ideia e foi exatamente isso que o levou a se juntar aos vermelhos, cujo regime estava fadado a conservar a unidade política daquele imenso território. Na concepção da direita, a religião ortodoxa era a base da pátria, e ucranianos e bielo-russos não constituíam povos distintos, mas "pequenos russos" e "russos-brancos". O reverso desse raciocínio aplicava-se a poloneses, muçulmanos e judeus, que nunca poderiam ser assimilados à nação ou ter direitos iguais aos do povo russo, devendo ser mantidos sob as asas imperiais numa espécie de *apartheid* permanente. Daí a dificuldade dos paladinos da autocracia em formular saídas para a crise provocada pela emergência de sentimentos nacionais: reconhecer a validade das reivindicações de não russos seria minar a base racial da ideologia que os mantinha no poder. E os liberais eram igualmente incapazes de analisar a questão. Para eles, os direitos nacionais estavam subordinados à luta por liberdades civis e religiosas, pois criam que uma vez resolvidas essas pendências, os movimentos inspirados por questões político-culturais locais acabariam por desaparecer. Alguns liberais estavam abertos à proposta de uma federação russa, onde outros povos teriam autogestão e vida cultural autônoma. Mas nenhum deles estava disposto a admitir que as aspirações dessas sociedades pudessem ser legítimas o bastante para merecerem o prêmio de se transformar em Estado independente. Mesmo o príncipe Lvov não entendia as vindícias ucranianas como uma questão pátria. A seu ver, o que havia eram camponeses da Pequena Rússia, com costumes e dialeto diferentes dos adotados pelos grandes russos do norte.

Apenas os partidos socialistas abraçaram as ideias de autonomia e independência nacionais, embora pendessem a sufocar a questão sob o peso da luta democrática mais ampla. Não é de espantar que os movimentos de libertação estivessem na medula da agitação revolucionária. Na verdade, esse era o pretexto ensejado pela direita para perseguir os líderes não russos: ser polonês ou, pior, judeu, era ser subversivo. O matiz socialista dos movimentos pátrios é digno de ênfase. O leitor do final do milênio pode ser tentado a pensar que os nacionalistas se opusessem aos objetivos socialistas, visto a queda do comunismo e o esfrangalhamento recente da unidade política na Europa Oriental. Mas o admirável nesses movimentos de independência é que as variantes políticas mais bem-sucedidas quase sempre tiveram nuanças de esquerda: na Polônia, o Partido Socialista local, de Joseph Pilsudski, liderou a efervescência nacionalista; o Partido Socialista Finlandês fez o mesmo em seu quintal; os movimentos bálticos foram conduzidos por socialistas; os Socialistas Revolucionários Ucranianos eram o mais importante partido nacional na chamada Pequena Rússia; os mencheviques conduziram a luta separatista na Geórgia; e os socialistas de Dashnak agiram assim na Armênia. Isso explica-se, em parte, pelo fato de o conflito étnico correr paralelo a questões de inserção social. Camponeses estonianos e letões contra donos de terra e comerciantes germânicos; camponeses ucranianos contra senhorios e burocratas poloneses ou russos; operários azerbaijanos ou camponeses georgianos contra a burguesia armênia; pastores do Cazaquistão e quirguizes contra agricultores russos. Os partidos que apelavam exclusivamente para o nacionalismo não conquistavam a simpatia das massas. Aqueles que combinavam a luta nacional com o embate social tinham uma força democrática à beira da invencibilidade. Diante do noticiário negativo de que os movimentos de libertação têm sido alvo no século XX, vale repetir que os povos do império tsarista — ou do império soviético — tinham no nacionalismo um meio de se desagrilhoar da opressão e do domínio estrangeiro. O próprio Lênin reconheceu isso quando, parafraseando o marquês de Custine, referiu-se à Rússia como "prisão de povos".[46]

O primeiro sintoma claro do surgimento de lutas nacionalistas na Rússia foi a febre de obras literárias de cunho patriótico em meados do século XIX. Escritores, estudantes e pintores românticos, desgastados pela rotina das cidades, viajavam para o campo em busca de sossego e inspiração. Eles devaneavam sobre o modo de vida simples dos conterrâneos rurais e acrescentaram temas populares às suas criações, na tentativa de imprimir um "estilo nacional". Essa apropriação da cultura nativa — canções e folclore, costumes locais e dialetos, ofícios e tradições mujiques — foi mais do que um modismo passageiro; na verdade, fez parte de um projeto mais abrangente de uma classe média urbana recém-desperta para a possibilidade de fomentar um conjunto de símbolos étnicos capazes de lhe servir de base para uma identidade e etos nacionais próprios, algo próximo a uma "comunidade idealizada". A *intelligentsia* urbana não só observou a vida campestre como ainda a reinventou e a mitificou à sua imagem e semelhança. O que entendia como sendo a cultura camponesa, a qual considerava a origem primeira do país, era pouco mais do que o produto de sua imaginação fértil. Pois eram cada vez mais as camadas médias urbanas, e não os campônios, que frequentavam a igreja fantasiadas em roupas toscas e que abarrotavam suas casas com arremedos de mobílias e utensílios encontrados em áreas mais remotas. Eram os estratos intermediários da sociedade que afluíam aos museus etnográficos e folclóricos, inaugurados nas cidades de toda a Europa Oriental na passagem do século XIX.* Se ao invés de encerrarem-se em museus, tivessem ido pessoalmente às aldeias, para estudar *in loco* a cultura popular, teriam descoberto que seu objeto de curiosidade estava desaparecendo com rapidez. Os velhos ofícios artesanais estavam sucumbindo diante da competição dos preços mais baratos praticados pela indústria. A gente do campo, assim como os operários, vestia-se com roupas feitas em confecções, consumia alimentos vendidos em potes e recipientes de estanho, seus móveis haviam sido montados em fábricas, idem para seus utensílios domésticos e a roupa de cama e mesa. Só a classe média podia pagar por peças produzidas pelo trabalho manual.[47]

Na Finlândia, o caráter essencialmente burguês desse tipo de nacionalismo era visível. Em 1808-1809, ao arrancar o grão-ducado do jugo sueco, os russos garantiram aos habitantes a perpetuação de direitos e privilégios que haviam sido concedidos pela política mais liberal dos antigos dominadores. Dada essa particularidade, a Finlândia desfrutava de mais autonomia do que qualquer outro território do império tsarista. Essas liberdades culturais possibilitaram o crescimento de uma classe de intelectuais pouco numerosa, mas consciente de suas diferenças étnicas, e inspirada em brochuras de épicos folclóricos, como *Kalevala*. A partir

---

* Varsóvia criou o primeiro museu etnográfico em 1888. No mesmo ano, Sarajevo imitou a iniciativa, seguido por Helsinque (1893), Praga e Lvov (1895), Belgrado (1901), São Petersburgo (1902) e Cracóvia (1905).

da década de 1860, uma campanha pela valorização do idioma local — o objetivo era que ganhasse importância equivalente à atribuída ao germânico setentrional, falado na Suécia — ajudou na unificação do país.[48]

Movimento cultural similar ocorreu nas províncias bálticas, onde a campanha foi pelo direito de uso de línguas locais no ensino básico e universitário, em obras literárias e em documentos oficiais. Em última instância, o alvo desse movimento eram os germânicos (na Estônia e na Letônia) e os poloneses (na Lituânia), que haviam dominado a região antes da chegada dos russos, no século XVIII. Os idiomas nativos sobreviviam somente em cantões rurais muito remotos, pois as elites haviam assimilado a cultura linguística dos primeiros conquistadores. E esses resquícios não passavam de dialetos mujiques, aparentados mas com variações entre si, a exemplo do que ocorreu com o celta falado por irlandeses e escoceses. Durante o século XIX, linguistas e etnógrafos reuniram e padronizaram essas nuanças, forjando uma ortografia e uma gramática formal. Mesmo se soubessem ler, os camponeses teriam dificuldade em entender aquela "linguagem nacional", já que ora predominavam aspectos dos dialetos mais importantes, ora tratava-se de uma construção artificial, uma espécie de esperanto rural, fusão de todas as ramificações linguísticas encontradas no báltico. Ainda assim, a criação de um idioma nativo capaz de ser traduzido em símbolos gráficos e a publicação de uma literatura e de uma história nacionais — escritas numa prosa que passara a ser considerada local — ajudaram a deslanchar o processo de construção de uma identidade própria. E tornou possível, em décadas futuras, educar a gente do campo segundo os parâmetros dessa cultura nacional emergente. Na Estônia, os marcos desse renascimento foram a edição do poema épico *Kalevipoeg*, de Kreutzwald, em 1857, e a fundação, no mesmo ano, de um jornal todo escrito no vernáculo regional, *Postimeees*, destinado a leitores das áreas rurais. Na Letônia, em 1878 também surgiu um jornal em idioma nativo, *Balss* (*A Voz*), que, junto com a Associação de Letãos, estava comprometido com o ideal de unificação de povos das províncias da Livônia e de Curlândia — que, na época, compreendiam o território da Letônia —, de modo a formar uma só nação. Por fim, na segunda metade do século XIX, na Lituânia, que durante muito tempo fora domínio polonês, desenvolveu-se um idioma nacional escrito (para espicaçar a Polônia, baseava-se no alfabeto tcheco). Logo em seguida, brotou uma literatura nativa.[49]

Como no Báltico, na Polônia dividida, nação era uma ideia, não um lugar. Existia somente na imaginação e na memória do histórico reino polonês, anterior à derrota e subjugo às grandes potências europeias, em fins do século XVIII. O espírito dessa pátria etérea era expresso na poesia de Adam Mickiewicz, nos hinos ufanistas da Igreja Católica e na música de Chopin, embora o compositor também pudesse ser considerado francês. Esse nacionalismo cultural era um conforto para os poloneses, e uma sublimação da política. Muito poucas pessoas engajavam-se na vida pública e ainda menos eram dissidentes declaradas dos conquistadores. A censura e o perigo constante de prisões forçaram a população instruída a se abrigar num mundo poético (como na Rússia, a literatura da Polônia funcionou como metáfora para a política). Os levantes de 1830 e 1863 — este segundo ainda maior — foram obra de uma parca minoria nacionalista, a maioria estudantes, oficiais, padres e nobres fundiários mais liberais. Nenhuma das duas sublevações ganhou apoio do campesinato, que não se via como poloneses. Seus interesses limitavam-se a ganhar terra e libertar-se dos suseranos, o que excluía a hipótese de lutarem por uma causa liderada pela nobiliarquia e homens de saber.[50]

Em nenhum outro lugar a expressão intelectual com tons de nacionalismo latente era mais forte do que na Ucrânia, cuja capital, Kiev, fora berço do cristianismo russo, no século X. Sem dúvida isso devia-se, em parte, ao fato de suas tradições serem bastante próximas das praticadas pelos invasores. Não havia, em todo o império, um povo mais afinado culturalmente com São Petersburgo e Moscou do que os ucranianos. A futura república soviética era conhecida como "Pequena Rússia" e, na época dos tsares, fora proibido o uso da palavra "Ucrânia". As diferenças entre dominados e dominadores — em especial quanto à língua, direitos agrários e tributação — só se desenvolveram entre os séculos XIII e XVII, quando a Ucrânia ocidental caiu nas mãos de poloneses e lituanos. Assim, nacionalistas locais precisaram estudar as características que os distinguiam do império, para embasar uma cultura própria, separatista.

A inspiração veio do movimento patriota ucraniano na vizinha Galícia. Como território do império austro-húngaro, tivera o privilégio de obter direitos de autogoverno relativamente liberais. Isso permitiu que os "rutenos" (latim macarrônico para "russos" e modo pelo qual os austríacos os chamavam) promovessem uma língua própria, em escolas de ensino básico e na vida pública. Publicavam-se periódicos e livros no idioma nativo e foram feitas pesquisas avançadas sobre a história ucraniana e a cultura popular local. Para o restante do movimento autonomista na Ucrânia tsarista, a Galícia tornou-se um tipo de "piemonte": uma casamata da consciência nacional e um oásis de liberdade para intelectuais patriotas. A capital, Lviv, também conhecida como Lemberg (pelos alemães) e Lvov (pelos russos), era um centro próspero da cultura ucraniana. Embora súditos do tsar, o compositor Lysenko e o historiador Hrusshevsky tinham encontrado sua pátria na Galícia. Em meados do século XIX, todos os intelectuais patriotas pioneiros na linguagem literária ucraniana tomaram emprestado termos do dialeto galiciano, que julgavam mais sofisticado. Mas, quando tentaram chegar aos camponeses por meio de jornais e livros, foram obrigados a adotar o idioma popular de Poltava, na Ucrânia, cuja compreensão pelos locais era mais fácil. Os textos profícuos dessa literatura nacional renascida foram publicados pela Fraternidade de São Cirilo* e São Methodius, antes

* Monge bizantino, 827-869, a quem se atribui a invenção dos caracteres cirílicos, alfabeto eslavo do século IX, de que resultou o moderno alfabeto usado na ex-URSS, na Bulgária e em outros países eslavos. [*N. da T.*]

de a entidade ser dissolvida pelas autoridades tsaristas em 1847. A mais importante de tais produções literárias foi a poesia romântica de Taras Shevchenko, que desempenhou função similar à dos versos de Mickiewicz, na Polônia, pois verteu para o papel o espírito da consciência nacional da intelectualidade. Publicações em linguagem ucraniana continuaram a aparecer, a despeito da restrição legal que lhes era imposta. Muitas foram editadas pela seção de Kiev da Sociedade Geográfica Imperial, cujo número crescente de membros nacionalistas se dedicava ao estudo da cultura popular, da língua e da história ucranianas.[51]

Nos setores não europeus do império, esse estágio cultural dos movimentos nacionais demorou mais tempo para decolar. Após a derrota persa para a Rússia, em 1827, a *intelligentsia* armênia recebera bem a extensão do domínio tsarista à metade leste do país, pois o novo governante era cristão e evitava a aproximação dos turcos. Além disso, os armênios esperavam que os russos ajudassem a libertar o restante do território da influência do império otomano. A defesa das tradições locais continuou centrada na Igreja Gregoriana e em suas escolas. Pelo menos até a campanha de russificação da década de 1880, foi a religião que manteve o povo aliado aos conquistadores de plantão, contra os turcos. Na vizinha Geórgia, ao contrário, a língua foi a chave para a evolução da identidade nacional, pois a Igreja local foi fundida com a Igreja Ortodoxa Russa. Durante os cinquenta anos seguintes à anexação da Geórgia, em 1801, o sistema social georgiano, produto de um tipo peculiar de feudalismo, fora assimilado ao sistema russo de propriedades, ainda que de modo canhestro. A intelectualidade foi dominada pelos nobres dessa faixa de terra às margens do mar Negro, que haviam sido arruinados pela emancipação dos servos, na década de 1860. A decorrência foi um nacionalismo nostálgico: as poesias românticas de Chavchavadze e Baratashvili lamentavam a imensa derrocada dos reinos georgianos na Idade Média. Finalmente, no Azerbaijão, invadido pelos russos na primeira década do século XIX, o surgimento de uma identidade própria foi tolhido pelo domínio islâmico, que sempre tendeu a formas supranacionais e bloqueou o crescimento de uma cultura secular e o acesso das massas a uma linguagem escrita. De início, os russos encorajaram o desenvolvimento da cultura profana dos azeri, promovendo peças de Akhundzada, o "Molière tártaro", e autorizando a publicação de histórias daquele povo, escritas no seu idioma próprio. Parece estranho, mas foi uma maneira de enfraquecer o poder muçulmano no sul do país.[52]

No Azerbaijão, mais do que em qualquer outro lugar, a incipiente intelectualidade nacionalista foi capaz de chegar às massas camponesas estorvadas pelo atraso geral da sociedade. Esse era um problema presente em todo o império tsarista. Isolados em seus povoados remotos, sem escolas ou comunicação com outras comunidades, a grande maioria dos habitantes rurais não tinha noção do que fosse nacionalidade. Sua cultura era local, com prevalência da tradição e da oralidade. Um horizonte estreito: a aldeia e seus campos, a igreja paroquial, o castelo do senhor feudal e o mercado de gêneros básicos. Para além, havia apenas um mundo desconhecido. Na Estônia, por exemplo, os camponeses chamavam-se de *maarahvas*, "pessoas do povo". *Saks* (de saxão, ou seja, germano) referia-se a suserano ou mestre. Foi só no final do século XIX, quando intelectuais de Tallinn ganharam influência no meio rural, que essas palavras assumiram um novo significado, étnico. O mesmo aconteceu na Polônia. "Não sabia que era polonês até começar a ler livros e jornais", recordou um lavrador, na década de 1920. O povo da região onde esse homem vivia, não longe de Varsóvia e Vístula, considerava-se mazuriano, e não polonês.[53]

A quantidade de grupamentos étnicos e religiosos era muito maior na Bielo-Rússia e no norte da Ucrânia. Numa área do tamanho do condado de Cambridge, poderiam situar-se uma mescla de assentamentos bielo-russos, ucranianos, russos, poloneses, judeus e lituanos, o que tornava quase impossível subsistir, na consciência popular, qualquer conceito de identidade étnica que não fosse pontual. Um diplomata britânico — certamente imperialista dedicado e, portanto, algo desdenhoso quanto a reivindicações de pequenas sociedades como a Ucrânia — concluiu que a mesma situação perdurava em 1918:

> Vá alguém perguntar a um camponês mediano qual sua nacionalidade. A resposta será: "ortodoxo grego"; pressionado a informar se é grande russo, polonês ou ucraniano, é provável que diga ser "lavrador"; se o pesquisador insistir em saber em que idioma o homem se expressa, saberá que fala "a língua local". Talvez seja possível flagrá-lo autodenominando-se segundo a classificação nacional pertinente e, digamos, que seja *russki*. Tal declaração não significaria que tem noção do que seja a relação entre Rússia e Ucrânia; simplesmente ele não pensa nos termos que são familiares à intelectualidade. Mais uma vez, se tentarmos descobrir a que Estado deseja pertencer — se quer ser dirigido por um representante de Todas as Rússias ou por uma administração ucraniana independente — saberemos que julga todos os governos uma praga e que seria melhor se "a gente camponesa cristã" fosse deixada em paz.

Tais formas de identidade localizadas eram ainda mais marcantes nas regiões muçulmanas do Cáucaso (entre os chechenos, daghestanis e azeris), assim como em boa parte da Ásia Central, onde feudos tribais continuaram a existir, a despeito da sobreposição de estruturas administrativas tsaristas.[54]

Portanto, era preciso ampliar as perspectivas da aldeia, fazer com que a população mais isolada conhecesse o mundo exterior, pois só assim o campesinato poderia participar dessa cultura nacional emergente, até então restrita aos centros urbanos. E foi o que ocorreu. Conforme demonstrou Eugen Weber, em seu primoroso *De camponeses a franceses*, na segunda metade do século XIX ocorreu um fenômeno pan-europeu. Suas causas foram o ensino promovido pelo Estado nas regiões agrícolas; o crescimento das instituições rurais (clubes, sociedades, mercados, cooperativas, ligas camponesas e partidos de massa); a construção de estradas e ferrovias; a implantação de serviços postais e telegráficos em cantões mais distantes; e a proliferação de jornais e periódicos, que passaram a circular também nos povoados.

Na Polônia, o desenvolvimento de uma consciência nacional junto à massa de camponeses foi produto da disseminação do ensino e de instituições rurais, como cooperativas. Somada a isso, houve a migração de lavradores para as cidades. Na Geórgia, a ascensão do patriotismo decorreu de um processo similar. Os agricultores integravam-se paulatinamente à economia de mercado, vendendo cereais, frutas, vinho e tabaco a comerciantes armênios. Tiflis, cidade onde predominavam famílias armênias, ganhou uma classe operária constituída pelos lavradores mais pobres oriundos da Geórgia. Em Baku, a presença de mercadores e industriais, também armênios, fez com que camponeses imigrantes azeris — instalados nos subúrbios petrolíferos já nas últimas décadas do século XIX — formulassem uma consciência de classe e uma identidade nacional própria. Nas regiões tártaras do Volga, as origens do nacionalismo pan-turco remontavam ao movimento jadidista, que advogava educação secular para as massas nativas como tática de luta contra o ensino elitista ministrado por líderes religiosos maometanos. Em 1900, os jadidistas ribeirinhos controlavam mais de mil escolas primárias. Enquanto isso, na Escola de Educação e na Universidade de Kazan, surgia uma intelectualidade tártara cada vez mais rebelde, fato digno de nota, visto que a população da cidade era basicamente russa.[55]

Na Ucrânia ocidental (Galícia), a formação de uma consciência nacional no campo ocorreu *pari passu* com o nascimento de uma rede de instituições rurais ligadas ao movimento autonomista — clubes de leitura, agências de crédito, armazéns cooperativados, corais, agências seguradoras, corpo de bombeiros voluntários, sociedades para a prática de ginástica. Escrito em ucraniano, o jornal *Baktivshchyna* (*Pátria*) foi o principal arauto do nacionalismo em áreas distantes. Graças à cobertura extensa de eventos locais, que se misturavam a uma sutil propaganda pela causa nacional, conquistou grande número de camponeses. Assim como os frequentadores dos clubes literários e congêneres, os leitores do *Baktivshchyna* representavam um novo "tipo consciente" de aldeão, egresso das escolas paroquiais mais ou menos na virada do século. Jovens, alfabetizados, prósperos, lúcidos e, sobretudo, autodidatas, compunham a legião aldeã do movimento nacionalista, da qual participavam também religiosos, chantres e professores. Aos poucos, essa hoste tirou o governo das mãos dos prefeitos e de seus lacaios (quase sempre judeus), que, em sua maioria, haviam sido nomeados por latifundiários poloneses. Nesse sentido, o movimento nacionalista foi inteiramente democrático: levou a política à aldeia.[56]

Sob o jugo austríaco ou tsarista, o aspecto mais extraordinário da organização autonomista ucraniana foi ter se mantido baseada no campo, ao contrário da maior parte de seus similares, concentrados no mundo urbano. Na eleição da Assembleia Constituinte de novembro de 1917 — o primeiro pleito democrático na história do país — 71% dos camponeses ucranianos votaram a favor dos nacionalistas. A encarniçada disputa pelo poder, de 1917 a 1921, mostraria que essa peculiaridade era o calcanhar de aquiles dos chamados pequenos-russos: a história do país prova que os camponeses eram politicamente fracos demais para sustentar um regime revolucionário sem o apoio dos urbes. Mas no período anterior, quando a principal preocupação do movimento nacionalista era construir uma base popular, o caráter típico do camponês local foi uma fonte de força. Noventa por cento do povo ucraniano viviam em áreas rurais. As cidades eram habitadas por russos, judeus e poloneses; e mesmo os poucos ucranianos que moravam na cidade (em sua maioria profissionais liberais e burocratas) eram russificados. Em consequência, ser ucraniano significava ser camponês, o que era duas vezes desvantajoso. Essa identidade era simbolizada pelo vocábulo local para "cidadão" (*hromadjanyn*), que em todas as outras línguas europeias derivou de cidade mas que na Ucrânia originava-se de *hromada*, ou assembleia aldeã. Assim, o movimento nacionalista desenvolveu-se como uma iniciativa camponesa contra a influência de urbes "estrangeiras". Agitadores nacionalistas atribuíam aos russos, poloneses e judeus citadinos todos os males que os camponeses detectavam nos centros urbanos — opressão do Estado, riqueza e privilégios da nobreza, ganância e trapaças de agiotas e mercadores. As campanhas separatistas cotejavam o estilo de vida simples e puro do povoado ucraniano com a corrupção do mundo urbano forasteiro. Quando a urbe tornou-se mais influente, levando o capitalismo, bens manufaturados e modismos para o campo, os prosélitos puderam alardear que havia uma ameaça ao "modo de vida nacional". Os argumentos giravam em torno do mesmo tema: produtos industriais relegariam o trabalho manual ao esquecimento ou o "honesto" mercador ucraniano seria substituído por um judeu embusteiro. Surgiram, então, cooperativas destinadas a proteger os campônios da exploração de negociantes e usurários judeus. A iniciativa transformou-se na espinha dorsal da organização nacionalista ucraniana.[57]

Mas seria injusto sugerir que o apelo de tais ativistas junto ao campesinato baseava-se apenas na xenofobia e no ódio às cidades. Na Ucrânia, onde três quartos dos donos de terra eram russos ou poloneses, a luta dos lavradores pela propriedade estava embaralhada com movimento patriótico. Não foi coincidência o fato de, em 1902, a revolução no campo ter irrompido primeiro nas regiões em torno da província de Poltava, onde o movimento nacionalista ucraniano era mais avançado. A defesa de valores pátrios fortificou e politizou o conflito camponês contra o senhor fundiário; associou o embate de uma aldeia específica ao movimento de libertação nacional de todo o povo ucraniano, unido contra uma classe estrangeira de donos de terras e burocratas. Como os nacionalistas forjaram esse elo? Citemos dois exemplos. Um refere-se à disputa entre lavradores e proprietários agrários por florestas e áreas de pastagem. Na Ucrânia, durante a emancipação, os senhorios cercaram bosques e pastoreios, como se fossem bens privados. Os camponeses não tinham mais acesso a zonas que, desde os tempos da servidão, lhes fornecia lenha, além de alimento para o gado. Ao ajudar esses homens na longa e amarga batalha pela restauração desses direitos, os nacionalistas conseguiram envolvê-los num movimento político mais abrangente. É revelador que muito da cultura patriótica do período, cheia de tons folclóricos e românticos, mencionasse matas e pastos como símbolos primeiros do solo nativo: nada teria despertado mais paixão e emoção no campesinato. O segundo exemplo alude às causas da pobreza rural. Agitadores nacionalistas contextualizavam a penúria no âmbito mais vasto da exploração semicolonial da Ucrânia. Explicavam que mais da metade do excedente agrícola era exportado para a Rússia ou para o exterior; esclareciam que o camponês ucraniano era miserável por causa dos pesados impostos que incidiam sobre produtos russos, como querosene, vodca e fósforos. Assim, para se abastecer de gêneros básicos manufaturados, precisava vender quase toda a safra, pouco sobrando para o consumo doméstico. Seria melhor se vivesse numa Ucrânia independente. De tanto ouvir a lição, os camponeses ucranianos passaram a interpretar suas contendas econômicas a partir de uma conjuntura nacional mais ampla, ganhando força e unidade. Um estudo recente demonstrou que, nas eleições locais, os camponeses de certos distritos combinavam como votariam, de modo a garantir a derrota dos candidatos judeus poloneses e russos.[58]

A luta nacionalista pelo idioma também foi um movimento de libertação para os camponeses, pois a unificação linguística pelos padrões rurais permitir-lhes-ia compreender o que diziam o governo e os tribunais. E só essa compreensão asseguraria acesso a direitos políticos e civis. Era preciso ser alfabetizado para desfrutar de oportunidades de ascensão social. Além disso, só poderiam zelar por suas almas se entendessem o que pregavam os padres. Haveria esperança se fossem alfabetizados. Mas a questão linguística ultrapassou as fronteiras da necessidade, tornando-se motivo de orgulho e dignidade nacional para o camponês ucraniano. Isso deu aos nacionalistas uma profunda base de apoio emocional. Como o próprio Trótski reconheceu, ao fazer uma retrospectiva dos acontecimentos de 1917: "Esse despertar político do campesinato não poderia ter ocorrido... senão por meio de sua língua nativa — com todas as consequências decorrentes relativas a escolas, tribunais de justiça, autoadministração. Opor-se a isso teria sido devolvê-los à inexistência."[59]

O fim do império russo não precisava ter sido anunciado pela emergência dos movimentos nacionalistas. Antes do reinado de Nicolau, nem mesmo as campanhas patriotas mais bem articuladas constituíam uma organização política de base. A maioria ainda estava circunscrita a objetivos culturais limitados, não necessariamente incompatíveis com a perpetuação do governo imperial. Não havia lei histórica afirmando que esse nacionalismo cultural tinha que transbordar em movimentos maduros de independência. Há sinais claros de que muitos líderes ufanistas consideravam a preservação da unidade imperial positiva aos interesses dos povos de Todas as Rússias, contanto que houvesse vínculos mais lassos e mais autonomia. Mas a ideologia tsarista não toleraria essa frouxidão — seu lema de governo, "Autocracia, Ortodoxia e Nacionalidade", significava o subjugo dos povos não russos às tradições do centro do poder. Mais do que tudo, foi essa estratégia de russificação, perseguida com vigor pelos dois últimos soberanos, que politizou os movimentos nacionalistas e os metamorfoseou em inimigos de São Petersburgo. Em 1905, partidos patrióticos emergiram como uma grande força revolucionária na maior parte das fronteiras da Grande Rússia — a incompetência em lidar com as demandas de mais liberdade cultural levou o regime tsarista a criar um novo instrumento que ajudaria a destruí-lo. Pode-se dizer o mesmo do modo desastrado como tratou o movimento liberal antes de 1905: ao reprimir uma oposição moderada, levantou ventos revolucionários. Na posição privilegiada de um inglês observando o ocaso do império britânico, *Sir* John Maynard pôde apreciar os perigos do nacionalismo colonial. E essa experiência lhe foi valiosa para analisar também o problema da Europa Oriental. Ele deixou registrado que metade das causas da Revolução de 1917 residia nas políticas escolhidas por Alexandre III e Nicolau para oprimir seus vassalos não russos.[60]

A tentativa de russificação não era nova. Sempre fora uma meta importante da filosofia tsarista, com vistas a assimilar os povos do império num sistema cultural e político único. A ideia era transformá-los em "verdadeiros cristãos, súditos leais e bons russos", embora a ênfase dada a esses três atributos variasse de tsar para tsar. Paralela à hierarquia social, havia uma hierarquia étnica, que escalonava as diferentes nacionalidades segundo a fidelidade demonstrada ao imperador. Cada povo usufruía de direitos e privilégios específicos. No topo estavam os russos e os germanos bálticos, ocupantes dos principais postos na corte, no serviço militar e na burocracia. Abaixo deles havia os poloneses, ucranianos, georgianos, armênios etc. Os 5 milhões de judeus que viviam no império situavam-se na base dessa estratificação, submetidos a uma gama maior de incapacidades legais e discriminações. No fim do século XIX, existiam 1.400 estatutos e regulamentos diferentes, milhares de normas, provisões e interpretações judiciais menores apenas para cercear direitos judeus, único grupo étnico proibido de possuir terra, entrar para o funcionalismo ou chegar a oficial das forças armadas. Nas escolas secundárias e nas universidades, havia um número ínfimo de vagas destinadas a judeus. E, com raríssimas exceções, eram forçados, por lei, a viver em 15 províncias da Ucrânia ocidental, Bielo-Rússia, Lituânia e Polônia, que formavam o assentamento. Essa era a versão tsarista do sistema de castas hindu, com os judeus no papel dos intocáveis.[61]

Durante as décadas finais do século XIX, o regime tornou-se mais temeroso do nacionalismo, e assim as políticas de russificação foram intensificadas. Uma causa de inquietação era que, em decorrência da expansão do tsarismo na Ásia, intensificava-se a desvantagem demográfica dos russos, dadas as altas taxas de natalidade e a superpopulação dos territórios mais a leste. O censo de 1897 mostrou que os russos representavam somente 44% dos habitantes de todo o território imperial e, ainda mais alarmante, era um dos grupos étnicos que menos crescia.[62] Os nacionalistas eslavófilos, responsáveis pelas campanhas de russificação empreendidas pelos dois últimos tsares, queriam a preservação absoluta do domínio cultural. Segundo eles, só isso impediria que os movimentos nacionais desintegrassem o império. Em suma, defendiam que o nacionalismo russo fosse mobilizado como arma política e consolidado no centro do regime tsarista, servindo de contrapeso às forças centrífugas dos povos não russos.

Além da perseguição religiosa, o banimento da língua nativa dos não russos foi a mais grave e mais agressiva medida do processo de russificação, depois de 1881. A proibição, válida para escolas, obras literárias, placas de sinalização, tribunais e repartições públicas, foi especialmente funesta. Um de seus efeitos foi alijar do sistema educacional e do serviço burocrático a crescente *intelligentsia* local, falante do idioma não oficial. Rejeitado, esse grupo foi atraído para os braços da oposição nacionalista e revolucionária. Para os não russos, a tentativa de esmagar os idiomas nativos não era apenas uma política insultuosa e desmoralizante, era também ridícula. Estudantes da Universidade de Varsóvia tiveram que suportar a indignidade de aprender literatura polonesa a partir de traduções russas. Alunos do segundo grau podiam ser expulsos por conversarem em polonês nos dormitórios, uma informação garimpada pelo bolchevique e fundador da Cheka, Felix Dzerzhinsky. Até mesmo o futuro líder dos Brancos, Anton Denikin, via a ideia como "quimericamente severa". Sendo russo, em meados da década de 1880 fora instado a monitorar os diálogos de seus colegas da escola secundária, num distrito de Varsóvia. Seus relatórios constavam de uma única observação: "Nada a informar." Se tais medidas eram rigorosas, fazer o mesmo com camareiros encarregados dos vagões ferroviários era invadir o surrealismo cruel. Os alunos poloneses pelo menos tinham alguma referência do que fosse o russo, mas camareiros e similares jamais haviam tido a oportunidade de estudar o idioma, embora, na qualidade de "funcionários públicos", fossem obrigados a se expressar num vocabulário desconhecido. Essa não foi a única providência instituída pela insanidade reinante. Em 1907, o comitê médico da província de Kiev recusou-se a permitir que notícias sobre uma epidemia de cólera fossem publicadas em ucraniano. Resultado: os camponeses que não liam russo morreram por beber água infectada.[63]

De todas as nacionalidades não russas, os judeus foram os que mais sofreram com o açoite chauvinista das últimas décadas do tsarismo. Recaiu sobre eles a culpa pelo assassinato de Alexandre II, em 1881, ainda que as acusações fossem infundadas. Nesse ano, centenas de *pogroms* varreram a Ucrânia. Ao contrário do velho e arraigado mito, nenhum desses atos de violência foi investigado pelo governo. E haveria muitos mais, em Kishinev (1903) e em todo o império (1905-1906). As autoridades demoraram a restaurar a ordem e muito poucos envolvidos no massacre foram levados a julgamento. Não se tratava de uma conspiração, mas de um reflexo da letargia do governo e de sua hostilidade aos judeus. Durante a década de 1880, num período em que os impérios germânico e austríaco começavam a desmantelar o sistema de restrições legais impostas às comunidades judaicas, o regime tsarista acrescentava fardos à estrutura do antissemitismo institucionalizado. Nicolau e Alexandre III eram antissemitas declarados, ambos associavam judeu a ameaças de modernidade urbana, capitalismo e socialismo. Assim, tornara-se moda nos círculos oficiais repetir os preconceitos raciais dos soberanos. Nicolau II, em particular, tendia cada vez mais a considerar os *pogroms* atos de patriotismo e lealdade patrocinados pela "boa e simples gente russa". Na verdade, na época do Caso Beiliss, em 1911-1913, quando um rapaz judeu foi empurrado ao tribunal de Kiev sob falsa acusação de assassinato ritual, Nicolau pretendia fazer do antissemitismo generalizado uma bandeira capaz de reunir as massas contra os adversários de seu regime claudicante. Para isso, tinha a seu favor ventos semitofóbicos insuflados por grupos de nacionalistas extremistas, inclusive a sua querida União do Povo Russo (ver páginas 282-286).[64]

Não seria de surpreender que uma parcela significativa do movimento revolucionário fosse formada por judeus.* No rastro do *pogrom* de Kishinev, mesmo Witte foi levado a admitir que se os semitas "respondiam por cerca de 50% dos filiados a partidos revolucionários, então o erro é do nosso governo. Os judeus são oprimidos demais". O Bund judeu foi o primeiro partido marxista de massa. Fundado em 1897, doze anos depois tinha 35 mil associados e, apesar de não exigir divórcio da federação russa, declarava que os judeus formavam uma "nação" e, portanto,

---

* Embora, é claro, nunca deva ser esquecido que, apesar de muitos revolucionários serem judeus, o inverso nem sempre acontecia. Havia um mito entre os antissemitas segundo o qual todos os judeus eram bolcheviques. De fato, até onde é possível fazer afirmações com base na eleição da Assembleia Constituinte, em 1917, a maioria da população judaica votava nos partidos sionistas e da social-democracia. Como observou certa feita o rabino mais importante de Moscou, com uma pitada do habitual humor semita, "Os Trótskis podem fazer as revoluções, mas quem paga a conta são os Bronsteins" (Melamed, "St. Paul and Leon Trotski", 8).

lutavam por autonomia nacional absoluta. A questão linguística também não fora esquecida: nesse território livre, o iídiche seria o idioma oficial. Essas demandas foram repelidas pelos marxistas russos (inclusive Yuli Martov e Leon Trótski, ambos judeus), que colocavam os interesses de classe acima de problemas pátrios. Além disso, os seguidores russos de Marx eram profundamente avessos ao nacionalismo do Bund. George Plekhanov acusava-os de sionistas que temiam enjoo de mar. A consequência foi os dois movimentos seguindo caminhos distintos. Havia ainda uma grande agitação sionista, cujo crescimento o tsarismo permitira no início da década de 1880, pois a plataforma principal dessa vertente era a emigração como resposta aos *pogroms*; não obstante, também foi banida em 1903, sob o pretexto de servir de veículo ao nacionalismo judaico.[65]

Não eram somente os sionistas que recorriam a sentimentos ufanistas como reação à discriminação crescente registrada na virada do século. Em todo o império, o efeito da campanha de russificação impeliu os outros povos para os novos partidos antitsaristas. A partir de 1899, virtualmente toda a população da Finlândia juntou-se à Juventude Finlandesa, aos social-democratas e ao Partido de Resistência Ativa, opondo-se ao governo russo e ao alistamento militar, que feria os direitos de autogestão antes garantidos. Nas províncias bálticas, a social-democracia também foi o refúgio para a salvaguarda de prerrogativas nacionais. Na Polônia, os habitantes voltaram-se para o Partido Socialista, defensor de uma mescla de revolução social e nacional como saída para os problemas locais. Na Ucrânia, havia o Partido Revolucionário Ucraniano, criado em 1902, primeira organização a favor de uma sublevação ufanista e social, desempenhando papel-chave nos levantes camponeses de 1902, após o que foi rapidamente ofuscada pelo Partido Nacional Ucraniano e pelos social-democratas. Estes últimos, na Geórgia, em 1904-1906, lideraram a revolta nacional, de cunho também socialista. Em 1903, até mesmo os armênios, sempre os súditos mais leais, reuniram-se aos dashnaks para lutar contra a russificação imposta aos centros de ensino. Às vésperas da Revolução de 1905, todo o império tsarista estava pronto para vir abaixo e os povos que se mantinham atrelados a São Petersburgo queriam soltar as amarras.

III.

Ícones e baratas

1. Um mundo à parte

Ao despontar de uma manhã de março de 1888, Mikhail Romas deixou Kazan e navegou cerca de 50 km pelo Volga, com destino a Krasnovidovo. Nessa aldeia, esperava mudar a vida dos camponeses com a implantação de uma cooperativa. Populista, como eram chamados os membros do grupo clandestino Direitos do Povo,* Romas acabara de voltar do exílio, amargado depois de ter sido preso por tentar organizar um movimento rural. Foram doze anos de pena, entre confinamento e expatriação, mas a Sibéria não o convencera a abandonar suas convicções. Em Krasnovidovo, pretendia livrar a gente simples das garras dos negociantes locais, vendendo-lhe bens manufaturados baratos e engajando-a numa sociedade voltada para o comércio de frutas e vegetais, cujo mercado principal seria Kazan.

Seu companheiro de viagem era um jovem de 20 anos, Alexei Peshkov. Mais tarde, o rapaz tornar-se-ia conhecido como o escritor Máximo Gorki (1868-1936), mas ao cruzar o rio respondia por "velho". A pertinência do apelido da juventude foi posteriormente confirmada por Tolstói, pois parecia "ter nascido adulto". Em seus primeiros anos de vida, Gorki experimentou mais sofrimento do que o conde Leon conheceria em oitenta décadas de existência. A casa do avô, em Nizhnyi-

* *Narodnaia Pravo* — organização com características de partido político que funcionou de 1891 a 1904, defendendo interesses agrários, a expansão da moeda, a estatização das ferrovias e o aumento do imposto de renda. Seus adeptos tornaram-se conhecidos como narodniks. [*N. da T.*]

-Novgorod, onde fora criado após a morte do pai, era uma tradução, em pequena escala, da Rússia provincial. Em *Minha Infância*, ele registrou o cotidiano familiar de pobreza, crueldade e epidemias de cólera, um ambiente em que os homens afogavam-se na bebida e as mulheres buscavam consolo em Deus. Aos 9 anos, já trabalhava catando trapos, ossos e pregos, às vezes furtando lenha das margens do Volga. Quando ficou órfão de mãe, foi expulso pelo avô, com recomendações para que aprendesse a se sustentar sem ajuda de ninguém. Como incontáveis crianças abandonadas, passou a vagar, maltrapilho e descalço, pelas cidades industriais vizinhas ao rio. Lavou pratos num navio a vapor, foi estivador, vigia, auxiliar de sapateiro, assistente de desenhista, pintor de ícones, até empregar-se como padeiro, em Kazan, e conhecer Romas. O militante apiedou-se do garoto ao saber que tentara o suicídio com um tiro no peito.

Krasnovidovo situava-se numa encosta íngreme, com vista para o Volga. No alto da colina, havia uma igreja de domo azul-claro e com a característica forma de cebola. Logo abaixo, estendia-se uma fileira de cabanas feitas de toras de madeira, que desciam até alcançar a beira da água. Para além, ficavam as hortas, termas e estábulos rudimentares, seguidos por áreas de cultivo "desdobrando-se, gentis, rumo ao cimo anil da floresta, no horizonte". Aquela era uma aldeia relativamente próspera. A proximidade de Kazan tornara-a centro produtor de alimentos e os donos das glebas mais fecundas desfrutavam de algum conforto. Suas moradas bem-feitas tinham telhados de tábuas e ornamentos coloridos, com figuras de animais nas venezianas e nos caixilhos das janelas. Do lado de dentro, era grande a variedade de objetos fabris, saídos das empresas russas recém-nascidas: panelas e vasilhames de ferro, samovar, cortinas, espelhos, estrados para os colchões, lampiões a querosene, acordeões. Como o restante dos povoados, Krasnovidovo, aos poucos, via-se empurrado para a economia de mercado.[1]

Esse capitalismo latente levou os populistas a escolher a aldeia como trincheira na batalha pela conquista dos corações e mentes dos camponeses. O cerne da filosofia defendida por eles consistia em erigir os costumes igualitários das comunas em modelo para a reorganização do país em bases socialistas. Se a aldeia fosse protegida da invasão capitalista, a Rússia poderia passar direto à utopia do socialismo, sem atravessar o "estágio de desenvolvimento burguês" — com todos os traços negativos que isso significava — num processo distinto do ocorrido na Europa Ocidental. A antiga comuna mujique seria preservada como pedra fundamental do comunismo russo.

Respondendo aos apelos dos líderes populistas de que era preciso "Ir ao Povo", milhares de estudantes radicais, entre eles Mikhail Romas, afluíram em direção do campo, durante a década de 1870, na expectativa ingênua de ganhar os aldeões para a causa revolucionária. Esperando encontrar no mundo rural um reflexo exato de suas próprias aspirações românticas, convenceram-se de que os camponeses eram suas "almas gêmeas" e aliados na luta socialista. Alguns tentaram vestir-se e falar como a gente do campo, tamanha era a identificação com o "estilo de vida simples". Um deles, judeu, chegou a converter-se à Igreja Ortodoxa, na esperança de que isso o aproximasse do "espírito camponês". Esses sonhadores concebiam a aldeia como uma comunidade coletiva e harmoniosa que atestava os instintos socialistas básicos dos mujiques. Entre o campesinato, escreveu um dos líderes do movimento, "há mais observância do valor do indivíduo humano, menos indiferença à aparência do vizinho e à impressão que possa causar a terceiros". As concepções desses populistas eram idealizadas ao extremo, a ponto de muitos afirmarem, categóricos, que, em matéria de sexo, a gente do campo era mais respeitosa e abstinente do que a corrompida população urbana. Assim, acreditavam não existir prostituição entre camponeses (muito embora a maioria das meretrizes urbanas fosse de origem rural) e não haver estupro ou violência sexual na aldeia (a despeito do costume rural do *snokhachestvo*, garantindo aos patriarcas o direito de coito com as noras cujos maridos estivessem ausentes). Para eles, a sífilis (endêmica em toda a Rússia) poderia ser venérea nas cidades depravadas, mas nos povoados era causada por prática mais inocente, ou seja, pelo hábito camponês de partilhar colheres e tigelas de madeira.[2]

Esses missionários românticos foram desenganados pela realidade que encontraram ao chegar à aldeia. A maioria foi recebida com suspeita arredia ou com pura hostilidade e em pouco tempo foi rastreada pela polícia. Fazendo uma retrospectiva da prisão e do exílio, populistas moderados como Romas persuadiram-se de que o problema básico fora o isolamento mantido pelos camponeses em relação ao restante da sociedade. Ao longo de séculos de servidão, os únicos forasteiros que conheceram foram a nobreza e os funcionários do Estado. Assim sendo, não era de surpreender a cautela demonstrada frente aos estudantes agitadores. Seriam necessários anos de trabalho paciente para construir laços de confiança entre os mujiques e a *intelligentsia* populista. Daí a ida de Romas para Krasnovidovo.

Seus esforços foram debalde. Desde a primeira hora, os camponeses mostraram-se arredios à proposta de cooperativa, pois não conseguiam entender por que os preços eram muito mais baixos do que os cobrados por outros comerciantes de varejo. Os agricultores mais ricos tinham vínculos fortes com os negociantes já estabelecidos e intimidaram Romas e seus aliados. Recheando pilhas de lenha com pólvora para provocar um pequeno estouro, ameaçavam os mujiques mais pobres que demonstravam interesse pela cooperativa e chegaram a assassinar um partidário de Romas, morador da aldeia, cujo corpo foi mutilado, cortado em pedaços e deixado insepulto na margem do rio. Por fim, explodiram a cooperativa (junto com metade do povoado), ateando fogo num depósito de querosene, e acusaram Romas e Gorki pelo incêndio. A dupla transformou-se em alvo da fúria camponesa, mas conseguiu escapar ilesa.

Romas aceitou a derrota de maneira filosófica, atribuindo-a à ignorância dos aldeões e recusando-se a desistir de sua fé no potencial socialista dos camponeses. Quando, quinze anos depois, Gorki o reencontrou, já havia cumprido outra pena de dez anos de exílio na Sibéria por atividades políticas. No entanto, para o futuro escritor, a experiência foi uma dura desilusão, pois levara-o a concluir que por melhores que fossem isoladamente, os camponeses abandonavam tudo o que era bom ao "reunirem-se a uma massa indistinta":

> Possuía-os algum miserável desejo de agradar os fortes da aldeia e me causava aversão ter que fitá-los. Como selvagens, uivavam uns para os outros, prontos para a briga — e engalfinhavam-se por qualquer ninharia. Nesses momentos, eram assustadores e pareciam capazes de destruir a igreja onde na noite anterior tinham se juntado humilde e submissamente, como ovelhas num rebanho.[3]

O "nobre selvagem" que os populistas tanto procuravam era, como Gorki agora inferia, não mais do que uma ilusão romântica. E quanto mais experimentava a vida cotidiana dos camponeses, mais os denunciava como selvagens e bárbaros.* Mal-entendidos como esse foram uma constante na história das relações entre a Rússia culta e a Rússia camponesa — as "Duas Rússias", como Herzen certa vez as chamou. Os populistas não eram os únicos a impor seus próprios ideais aos homens do campo. Virtualmente, todo grupo com alguma simpatia pela causa social russa parece ter caído na mesma armadilha. Como profetizou Dostoiévski:

> Nós, amantes do "povo", vemo-lo como parte de uma teoria, e parece que nenhum de nós realmente gosta dele como de fato é, e sim como cada um de nós o imaginou. Em algum tempo futuro, o povo mostrar-se-á diferente do que o concebemos e então, a despeito de nosso amor, renunciaremos a ele, com presteza e sem pesar.[4]

Muito antes de os populistas entrarem em cena, escritores eslavófilos tinham defendido a superioridade moral da "velha" comuna camponesa sobre os valores ocidentais modernos. "Uma comuna é a união do povo que abdicou ao egoísmo e à individualidade, uma forma de expressar consenso; é um ato de amor, um nobre ato cristão", registrou Konstantin Aksakov. Virtudes similares foram imputadas aos camponeses pelos grandes escritores românticos do século XIX. Dostoiévski, por exemplo, pretextava que o camponês russo simples — o "nosso mujique", como

---

* Aos 23 anos, Gorki foi espancado por um grupo de mujiques, até perder consciência. O motivo fora um só: interveio em prol de uma mulher que, acusada de adultério, fora despida e açoitada pelo marido e por uma malta ensandecida.

o classificou certa feita, num debate famoso — vivia num plano moral superior ao dos mais sofisticados cidadãos do oeste da Europa. Os camponeses, apontara em seu *Diário de um escritor*, eram piamente cristãos e resignados. Seriam eles a indicar "uma nova estrada, uma saída invulgar para nossas dificuldades aparentemente insolúveis. Pois não será São Petersburgo a determinar o destino russo... A luz e a salvação virão de baixo". Tolstói também via os aldeões como sábios natos. Portanto, fora com eles que o príncipe Levin, de *Anna Karenina*, aprendera a viver, assim como em *Guerra e paz* fora com Karataev, um humilde camponês russo, que Pierre Bezukhov passou a compreender o sentido espiritual da existência. O caráter espontâneo, direto e desembaraçado de Karataev era uma projeção da filosofia moral do autor. Ele vivia em harmonia com o mundo e os homens.[5]

Essas visões românticas dos mujiques eram constantemente negadas pelo contato com o mundo de verdade, quase sempre com consequências devastadoras para aqueles que as alimentavam. Os populistas, que enxergavam os camponeses através de lentes distorcidas, impingindo-lhes características quiméricas, foram os que mais sofreram. A desintegração de seus pontos de vista minava não somente suas crenças radicais mas também a imagem que tinham de si. O escritor Gleb Uspensky, para citar um exemplo trágico, enlouqueceu após anos de tentativas de reconciliar seus conceitos fantasiosos com a feia realidade das relações humanas que foi forçado a observar no campo. Muitos dos literatos "realistas" da década de 1860, que descreveram o lado mais escuro da vida rural, enveredaram pelo alcoolismo. Havia um sentimento geral de angústia entre as camadas cultas e liberais sempre que fatos cruéis da vida camponesa perturbavam as imagens idealizadas que tanto lhes eram caras. E essa ânsia traduziu-se na tempestuosa polêmica causada pelo retrato nada lisonjeiro da vida aldeã traçado por Tchekhov em *Camponeses* (1897) — um garçom de Moscou, ao descobrir-se doente, volta com a mulher para sua aldeia natal e é mal recebido pela família paupérrima, que se ressente por ter que alimentar o casal. Ou revelou-se no ultraje público diante da publicação da novela de Bunin, *A aldeia* (1910), que não poupou tintas fortes ao discorrer sobre a pobreza e a crueldade dos mujiques. "O que afrontava o leitor russo nesse livro não era a descrição da miséria material, cultural e legal dos camponeses [...] mas a sensação de que não havia saída para o problema. [...] No romance de Bunin, o máximo que o mujique era capaz de perceber limitava-se à percepção de sua selvageria irremediável, de sua condenação inevitável", observou um crítico, à época.[6]

Segundo Gorki, o texto obrigou a sociedade a pensar "seriamente não só sobre o mujique, mas também sobre a grave questão do que a Rússia poderia ou não vir a tornar-se".[7] O enigma do camponês estava na medula do problema da autoidentidade nacional. A "questão camponesa" era o ponto de partida de todos aqueles debates intermináveis sobre o futuro da Rússia e que encheram páginas e páginas de romances menos conhecidos, escritos no século XIX.

Na aurora do século XX, o país ainda era uma sociedade rural: 80% da população pertenciam ao campesinato; e os 20% restantes tinham raízes nas aldeias. Por baixo de um citadino russo havia um mujique. A maior parte dos operários das fábricas, oficinas, lavanderias, cozinhas, termas e lojas eram emigrantes saídos do campo ou filhos desses homens, que ainda voltavam a seus sítios na colheita e mandavam dinheiro para os que optaram por manter-se longe das cidades. Os restaurantes empregavam um vasto exército de garçons de origem rural e as casas dos ricos tinham criados numa quantidade que deixava visitantes europeus boquiabertos. Os vendedores ambulantes das urbes também tinham a mesma procedência, assim como os cocheiros, porteiros, burros sem rabo, pedreiros, jardineiros, lixeiros, carreteiros, mascates, pedintes, ladrões e prostitutas. As cidades russas eram essencialmente "camponesas" em seu caráter e composição social. A apenas alguns quilômetros de qualquer centro urbano, havia bosques onde viviam bandidos e estradas que, na primavera, não passavam de pântanos lodosos. Os sinais externos de vida nas vilas remotas quase não haviam mudado desde a Idade Média. E, apesar de viverem tão perto dos mujiques, as camadas instruídas das urbes conheciam pouquíssimo sobre o mundo rural, que lhes era tão exótico e estranho quanto os nativos da África para seus colonizadores distantes. Nessa incompreensão mútua, nesse abismo cultural entre as "Duas Rússias", escondiam-se as raízes da revolução social e seus trágicos resultados.

O isolamento do campesinato do restante da sociedade se manifestava em quase todos os níveis — jurídico, político, cultural, social e geográfico. Os mujiques habitavam três quartos de um milhão de povoações rurais espalhadas por um país cuja superfície ocupava um sexto do planeta. Raramente eles ultrapassavam os estreitos confins de suas aldeias e campos, da igreja paroquial, da casa senhorial e do mercado local. A comunidade aldeã era o centro desse espaço pequeno e enclausurado. Na verdade, o velho termo camponês para denominar aldeia *(mir)* também implicava as acepções de "mundo", "paz" e "universo". A *mir* era governada por uma assembleia de anciões mujiques que regulavam a comuna fundiária *(obshchina)* e praticamente todos os aspectos da vida social. Seus poderes de autogoverno haviam sido bastante ampliados pela emancipação dos servos, que lhes garantiu o controle da maior parte das funções administrativas, policiais e judiciais, antes a cargo dos nobres agrários. Desse modo, surgira a *obshchestva*, uma nova unidade básica de gestão rural, subordinada aos órgãos rudimentares de gerência do Estado na cidade *volost.* A *obshchestva* controlava a terra transferida pelos fidalgos aos camponeses durante a emancipação e passara a se responsabilizar pelo pagamento das parcelas de amortização devidas pela aquisição das glebas. Em grande parte da Rússia, os sítios aráveis foram mantidos como propriedade comunal e, a intervalos de alguns anos, a *mir* podia redistribuir as centenas de faixas férteis entre as famílias camponesas, de acordo com o número de trabalhadores ou com a quantidade de pessoas constantes em cada habitação. Também era a *mir* a estabelecer que pedaços de terra seriam destinados à lavoura e pastagens, conforme os restolhos necessários para o sistema de cultivo por zonas,* que não previa o cercamento das áreas. Além disso, administrava os bosques e os pastoreios comunais; contratava vigias e pegureiros; recolhia impostos; realizava recrutamento de soldados; cuidava da manutenção de estradas, pontes e prédios pertencentes à comunidade; colocava em prática programas filantrópicos e de assistência social; organizava festas santas; assegurava a ordem pública; arbitrava disputas menores e ministrava justiça de acordo com o costume local.

A *mir* engendrava laços fortes de solidariedade entre os mujiques, pois estes estavam presos à aldeia e à terra por laços comunais. Havia muitos provérbios camponeses que refletiam essa situação: "O que um homem não pode, a *mir* pode" ou "Ninguém é maior do que a *mir*".[8] A existência desses elos pode ser constatada em comunidades rurais em todo o mundo, que servem de testemunho à lógica funcional da auto-organização camponesa na luta pela sobrevivência contra as realidades severas da natureza e os poderosos inimigos externos, como os nobres agrários e o Estado; mas esses mesmos elos não necessariamente endossam o "coletivismo natural" do povo russo, tão querido aos eslavófilos e populistas. De fato, sob o manto da solidariedade comunal observada pelos forasteiros, os aldeões continuavam a brigar entre si por questões individuais. A vila era um antro de intrigas, vendetas, ganância, desonestidade, mesquinharia e, às vezes, de terríveis atos de violência de um vizinho camponês contra outro; não era o paraíso de harmonia comunitária que os intelectuais urbanos imaginavam. A atividade coletiva existia somente porque atendia melhor os interesses individuais dos mujiques. A brevidade da estação agrícola na Rússia — do degelo e do início da aradura de primavera, em abril, até as primeiras neves do começo de novembro — tornava algumas formas de cooperação no trabalho essenciais à conclusão das grandes tarefas do ciclo de plantio e colheita, possível somente em rápidas investidas de esforço intenso. Eis por que a família camponesa tradicional tendia a ser muito maior do que sua congênere europeia, frequentemente sendo formada por mais de uma dúzia de pessoas: em cada casa viviam o pai e a mãe, dois ou três filhos casados, suas respectivas esposas e a prole da terceira geração. Estudos estatísticos mostraram as vantagens econômicas de famílias mais numerosas (uma proporção maior de adultos homens, mais terra e animais *per capita*, dentre outras) e isso tinha muito

---

* Como não havia sebes entre as faixas de terra e campos, era essencial que todas as famílias fizessem as mesmas semeaduras ao mesmo tempo (i.e., uma rotatividade de três campos, inverno/primavera/pousio), de modo a evitar que o gado posto para pastar no restolho de uma faixa acabasse por destruir as lavouras de terrenos vizinhos.

a ver com os benefícios do trabalho conjunto. As dificuldades do cultivo camponês em pequena escala, que na grande maioria das famílias era feito com a ajuda de um único cavalo e um magro estoque de sementes e ferramentas, também tornavam proveitosas formas simples de colaboração com vizinhos, tais como empréstimo de utensílios. Finalmente, havia muitos projetos que só podiam ser levados a cabo pela aldeia como um todo, como limpar florestas e terras brejosas, construir celeiros, estradas e pontes e organizar programas de irrigação.

A assembleia da vila, ou *skhod*, onde essas decisões eram tomadas, arregimentava os anciões das famílias camponesas e, em geral, ocorria em feriados públicos, na rua ou no prado, já que poucas comunidades dispunham de prédios grandes o bastante para acomodar todos os presentes. Não havia normas rígidas para a realização do encontro. Os camponeses se reuniam em grupos, bebendo, fumando e debatendo assuntos variados de interesse local, até que o ancião, tendo se misturado à multidão e se certificado das opiniões dominantes entre todos, convocava uma votação sobre uma série de resoluções. Os votos eram dados por meio de gritos, ou pela aglomeração dos mujiques em lados diferentes, formando facções favoráveis ou contrárias a determinada medida. Todas as decisões tinham que ser unânimes pois, quando havia divergência, a minoria sempre se submetia à maioria, ou, como diziam os camponeses, "à vontade da *mir*". Observadores românticos consideravam essa anuência um sinal de harmonia social. Nas palavras de Aksakov, a comuna expressava sua vontade de maneira una, como um "coro moral". Mas, na verdade, a deliberação quase sempre acontecia a reboque de uma pequena fração dos patriarcas de mais idade, os quais, com frequência, eram também os agricultores mais bem-sucedidos. O restante dos aldeões tendia a seguir a liderança. A unanimidade da *mir* não era reflexo de alguma harmonia congênita do mujique, mas a posição imposta pelos chefes de família mais velhos.

Por outro lado, alguns estudiosos da vida camponesa (e aqui incluem-se os bolcheviques) descreveram esses patriarcas como "comunófogos" *(miroyedy)* ou *kulaks*.* Eram os chamados camponeses "ricos" e "astutos", "pequenos empreendedores capitalistas", "usurários", "parasitas" e "homens fortes", a quem os demais temiam e cuja avidez e individualismo acabariam por levar à ruína da comunidade.

---

* O termo *kulak*, nascido da palavra usada para "pulso", foi originalmente usado pelos camponeses para referir-se a exploradores (usurários, subarrendatários da terra, intermediários). Aos olhos desses mujiques, um sitiante mais arrojado não podia ser um *kulak*, mesmo se contratava serviços de terceiros. Os bolcheviques, ao contrário, distorceram a expressão e deram-lhe matizes marxistas, fazendo com que identificasse qualquer camponês rico. Tornaram-na sinônimo de "capitalista", com base na falsa premissa de que o uso de trabalho pago numa propriedade rural era uma forma de "capitalismo". No governo de Stálin, o termo foi usado para denominar o campesinato dono de pequenas áreas de cultivo. Por meio da coletivização, o regime dedicou-se à "destruição dos *kulaks* enquanto classe".

"Nas assembleias de aldeia, as únicas pessoas a participar são os títeres e os lacaios dos ricos. Os honestos trabalhadores camponeses não comparecem, pois sabem que sua presença é inútil", escreveu um jurista no início do século XX.[9]

Tal visão também derivava da insistência em se analisarem os camponeses não como eles eram, mas como a prova concreta de alguma teoria abstrata, nesse caso, a marxista. Os camponeses preponderantes nas aldeias eram os patriarcas mais idosos, frequente mas não necessariamente os chefes de famílias de mais posses. O povoado mujique do final do século XIX preservava muitos traços do que antropólogos chamariam de "sociedade tradicional". Embora o capitalismo estivesse se desenvolvendo na Rússia como um todo, só penetrara em algumas regiões específicas e ainda não chegara com força total nas vilas, onde, na verdade, o propósito das comunas era justamente limitar tal invasão. O domínio dos patriarcas não se baseava na exploração capitalista, mas no fato de a cultura da aldeia ser oral, calcada nos costumes do passado, que atravessavam gerações e serviam de modelo para ações coletivas do presente e do futuro: "Nossos avós assim fizeram, e assim faremos nós." Nesse tipo de cultura, os anciões eram considerados as pessoas mais importantes, pois tinham grande vivência na lavoura e sabiam tudo sobre a terra. Sua opinião era tida como decisiva. As mulheres mais velhas também eram respeitadas pela habilidade no artesanato, na medicina popular e na magia. Tratava-se de uma sociedade conservadora. Como demonstraram muitos dos trabalhos do antropólogo Jack Goody, há caminhos através dos quais uma cultura oral pode produzir um dinamismo informal: por não conhecer em detalhes o que seus avós haviam feito, os camponeses podiam reformular a tradição a cada geração, de modo a atender a novas necessidades. Mas, com raras exceções, os patriarcas nutriam desconfiança irrestrita pelo mundo que ficava para além dos limites de sua experiência: a meta era preservar os costumes aldeões e defendê-los do progresso. O "velho estilo de vida" era tido como melhor do que qualquer outro que pudesse surgir. Todo o povoado acreditava haver uma utopia camponesa no passado remoto, uma utopia muito anterior ao domínio imposto pela nobreza e pelo Estado.

Evidentemente, era fato que havia forças mais vigorosas impondo o declínio do mundo patriarcal. A economia monetária aos poucos embrenhava-se em áreas rurais mais longínquas. Manufaturas urbanas estavam substituindo os velhos ofícios camponeses. Novas tecnologias tornavam-se disponíveis ao agricultor menos preso à tradição. Ferrovias, estradas, serviços postais e telégrafos abriam a vila ao mundo exterior. Hospitais e escolas, clubes de leitura, bibliotecas foram inaugurados no campo e o governo local e os partidos políticos aos poucos se aproximavam da vida cotidiana dos aldeões. O crescimento do ensino no meio rural estava fazendo nascer uma nova geração de homens e mulheres camponeses "conscientes" e desejosos de transformar o velho universo em que viviam.

Podemos ver essa circunstância como fundamental para a fragmentação da casa patriarcal, em fins do século passado. Após a emancipação dos vassalos, houve um aumento sensível no número de famílias que deixaram a casa paterna para montar seu próprio núcleo, numa moradia à parte. Entre 1861 e 1884, a taxa anual de unidades familiares subiu de 82 mil para 140 mil. Mais de 40% de todas as habitações camponesas dividiram-se ao longo desses 23 anos. Como resultado, cada cabana rural da Rússia central passou a ter, em média, 6,8 membros, e não 9,5 como antes. Os mujiques estavam passando do modelo tradicional de família numerosa para um outro, mais moderno, formado somente por um casal e seus filhos. Essa partilha fazia pouco sentido do ponto de vista econômico, pois os novos núcleos, bem como aqueles de onde provinham, passavam a contar com menos animais, ferramentas e força de trabalho. E ainda foi motivo de grande inquietação no governo tsarista, que por razões morais, sociais e materiais considerava que apenas a sobrevivência da família patriarcal poderia garantir o sustento camponês. Mas os mujiques de menos idade, cujas aspirações individuais clamavam pela mudança, preferiam desdenhar esse aspecto. Os jovens casais de camponeses, cansados da tirania dos patriarcas, afastavam-se para estabelecer seus próprios sítios, em vez de esperarem que o dono da casa morresse (e isso poderia acontecer quando os sucessores já estivessem com 40 ou 50 anos) para poderem assumir a chefia da família. As novas propriedades podiam ser mínimas e débeis, mas pelo menos o trabalho revertia para uma célula familiar também menor. "Numa família pequena, cada um labuta em benefício próprio, cada um ganha o próprio sustento; mas se a família é grande, não se consegue nada para si", explicou um jovem campônio na década de 1880. A taxa de subdivisões familiares estava diretamente relacionada com o envolvimento do campesinato no mercado operário, alheio à agricultura. Quando alguns mujiques passaram à condição de assalariados, houve um aumento marcante nas divergências entre eles e os patriarcas, sempre por causa de dinheiro e propriedade. Os filhos de camponeses russos recusar-se-iam a mandar à aldeia parte do dinheiro adquirido na cidade ou optariam por estabelecer um sítio próprio a ter que partilhar os ganhos com os demais parentes. Os jovens faziam distinção entre os frutos de seu esforço pessoal no cultivo e o quinhão que caberia a todos pela lida na propriedade patriarcal.[10] Esse era um sinal cada vez mais claro da percepção do valor do indivíduo: "Ganho dinheiro, logo existo."

A alfabetização dos filhos de mujiques foi uma outra causa para o surgimento de aspirações individualistas. Em 1897, apenas 21% da população do império sabiam ler e escrever, mas, às vésperas da Primeira Guerra Mundial, 40% dos habitantes de toda a Rússia já eram alfabetizados. O acesso à escola favorecia, em especial, os rapazes de regiões rurais mais próximas às cidades. Em 1904, nas províncias de São Petersburgo e Moscou, nove entre dez camponeses alistados no exército tsarista eram tidos como alfabetizados. A juventude de origem rural foi a principal beneficiária do esforço de escolarização empreendido durante as últimas décadas do antigo regime. O número de centros de ensino básico quadruplicou (de 25 mil para 100 mil), entre 1878 e 1911; e mais da metade das crianças mujiques em idade escolar (de 8 a 11 anos) já estava matriculada em algum estabelecimento de ensino, em 1911.[11]

O vínculo entre alfabetização e revoluções é um fenômeno histórico bem conhecido. As três grandes revoluções da história europeia — na Inglaterra, França e Rússia — ocorreram em sociedades nas quais o número de pessoas aptas a ler e escrever chegava quase a 50% de toda a população. Com frequência, os ativistas rurais da Revolução Russa originaram-se dessa nova geração recém-saída das salas de aula. Ironicamente, o regime tsarista, em seu empenho tardio de educar o povo, estava ajudando a cavar o próprio túmulo.

O acesso à palavra escrita teve um efeito profundo na mentalidade e na comunidade camponesas, promovendo o pensamento abstrato e capacitando o mujique a dominar novas habilidades e tecnologias. Essas, por sua vez, ajudavam-no a aceitar o conceito de progresso, que incita a busca por mudanças no mundo moderno. A alfabetização também enfraqueceu a ordem patriarcal da aldeia, rompendo as barreiras que mantinham o mundo exterior afastado. O poder, no interior dos povoados, foi transferido para aqueles que sabiam ler e escrever. Os camponeses jovens e mais instruídos estavam mais bem capacitados do que seus pais para lidar com as novas técnicas agrícolas do final do século XIX; e também tinham como dominar os métodos contábeis do sistema monetário; entender contratos escritos, escrituras fundiárias e hipotecas; e ainda compreender todo o novo sistema administrativo que passou a vigorar a partir de 1861 — do simples registro de horários e datas à leitura de documentos oficiais e à formulação de resoluções e petições da aldeia encaminhadas às autoridades. A posição desse novo perfil de camponês tornou-se mais proeminente quando o mercado e a burocracia se infiltraram na aldeia. Cada vez mais, a comunidade rural apoiava-se nos líderes investidos das habilidades exigidas pela nova sociedade.

O mundo alfabetizado dividiu os povoados em dois grupos de gerações. Os mais velhos e analfabetos temiam e desconfiavam de quem tinha alguma instrução ("Não se podem comer livros", alegavam) e tentavam limitar os danos que isso causava à cultura aldeã tradicional. Uma das preocupações dos idosos era a adoção, pelos jovens, de comportamentos típicos do individualismo urbano — modas e cortes de cabelo, desrespeito pelos mais velhos e ideias políticas perigosas. Essas transformações eram fruto do acesso à leitura. Em 1911, um inspetor de escolas paroquiais, cujas simpatias pela inquietação dos patriarcas eram inconteste, escreveu o seguinte:

> O único resultado [da escolarização] é um interesse crescente pelo dandismo, de mau gosto e inútil. Em muitas áreas, o traje habitual mujique está sendo substituído por estilos urbanos, que arruínam o parco orçamento das famílias e cerceiam melhorias em outros aspectos muito mais importantes

> da vida camponesa... Laços de parentesco, fundamento básico do bem-estar do Estado e da sociedade, foram profundamente abalados. Reclamações sobre insubordinação aos pais e anciões são ubíquas. Rapazes e adolescentes ofendem os mais velhos com palavras e, às vezes, usam de espancamentos; impetram ações nos tribunais e sugam da casa tantas posses quanto possam. Parece que os pais perderam toda a autoridade sobre os filhos.[12]

Alheios a esse tipo de admoestação, os mais jovens colocavam a educação no topo de suas prioridades. Estudar era a chave para a ascensão social. E a explosão demográfica no campo contribuía para que a juventude ganhasse vantagem numérica sobre os tradicionalistas — em 1897, 65% da população rural tinham menos de 30 anos.[13] Essa cisão cultural no seio da aldeia seria uma característica fundamental da revolução camponesa. Em parte, seria progressista e reformista, buscando aproximar a aldeia das influências do mundo urbano moderno. Outra parcela da revolução camponesa seria pela restauração, tentando defender a aldeia de tais influências. Veremos como essas duas forças conflitantes afetaram a vida de um povoado específico quando nos detivermos na história de Sergei Semenov e na sublevação em Andreevskoe.

Ainda assim, a despeito dos impulsos modernizadores, a estrutura básica da política camponesa continuava patriarcal em sua essência. Na verdade, os mantenedores da ordem patriarcal dispunham de uma ampla gama de controles sociais com a qual conter a maré modernizadora. Da cultura material aos costumes legais, os aspectos da vida rural eram padronizados. Todos os aldeões vestiam as mesmas roupas simples e até os cabelos tinham o mesmo corte — os homens, com os cachos repartidos no alto da cabeça e aparados com a ajuda de uma cuia, que determinava o comprimento dos fios; as mulheres solteiras usavam tranças e as casadas cobriam as madeixas com um lenço. Em povoados fiéis à tradição, as roupas não poderiam ser usadas para afirmar a identidade pessoal de cada habitante. Nesses locais, a percepção do que fosse privacidade era mínima. Todos os membros de uma família faziam as refeições num vasilhame só e dormiam amontoados num único cômodo. A falta de espaço fazia com que as relações sexuais acontecessem praticamente em público. Em algumas partes da Rússia a prometida devia ser deflorada diante de toda a aldeia; e se o noivo não consumasse o ato, seria substituído por um homem mais velho ou pelo dedo do casamenteiro. O recato era raro no mundo camponês. Os banheiros existiam a céu aberto; as mulheres não hesitavam em desnudar o colo diante de todos, fosse para examiná-lo, acariciá-lo ou amamentar; e os homens não se sentiam vexados em brincar com o pênis quando bem lhes aprouvesse. Médicos da cidade diziam-se chocados pelos costumes rurais: cuspida no olho era bom para curar terçol; os alimentos eram postos na boca das crianças pela língua dos pais; os meninos, quando bebês, podiam ser acalmados se alguém lhes sugasse o pênis.[14]

As características internas e externas das cabanas dos mujiques seguiam o padrão tosco que governava o restante de suas vidas. O mesmo valia para a mobília. Na verdade, em toda a Rússia, havia somente três tipos básicos de habitação camponesa: ao norte predominava o *izba*, ou choupanas de madeira, onde as áreas ocupadas pela família e os cômodos anexos eram construídos sob um só telhado e formavam um quadrângulo; ao sul do país, havia *izbas* onde os ambientes familiares eram separados das demais dependências; e, por fim, a *khata* ucraniana, de madeira ou argila e teto de sapê, e que constituía um compartimento doméstico à parte, distinto das demais dependências. Independente do modelo adotado, todas as cabanas abrigavam os mesmos utensílios básicos. No espaço para cozinhar, reinava o fogão, e era sobre ele, apesar das baratas, que os camponeses gostavam de dormir. Havia um espaço "vermelho"* ou "sagrado" destinado aos ícones, que também servia para receber visitas e para a família fazer refeições em torno de uma mesa caiada; e uma área que funcionava como dormitório, e onde, no inverno, era comum encontrar cabritos, potros e bezerros deitados na palha, ao lado dos homens, mulheres e crianças. O calor úmido e o cheiro dos animais, os rolos de fumaça negra dos lampiões a querosene e o odor pungente de tabaco — que os camponeses fumavam enrolados em jornal — combinavam-se para criar uma atmosfera única, nóxia. "As portas são mantidas rigorosamente fechadas, as janelas não poderiam ser mais herméticas e o ambiente não é passível de descrição. O teor de envenenamento só pode ser avaliado pela experiência pessoal", escreveu um quacre inglês a respeito de um povoado do Volga. Dadas as condições tão insalubres, não é de espantar que, na primeira década do século XX, uma em quatro crianças morresse antes de completar um ano de idade. As que sobreviviam coabitariam em situação precaríssima durante cerca de 35 anos, expectativa de vida média do mujique.[15] A existência na aldeia russa era sórdida, brutal e curta.

A aldeia era permeada por um código moral extraordinariamente rígido. Comportamentos desviantes eram punidos com multas, banimento ou algum tipo de humilhação pública. A forma mais comum de castigo era o *charivari*, nome pelo qual era conhecido no sul europeu: os aldeões gritavam do lado de fora da casa do acusado até que ele aparecesse e fosse cercado pela multidão. Seguia-se uma violenta rodada de execrações e punições. Não raro, esposas infiéis eram despidas, espancadas pelos maridos, ou amarradas a uma carroça e arrastadas nuas pelo povoado. Ladrões de cavalos podiam ser castrados, surrados, marcados a ferro quente ou golpeados com foicinhas até a morte. Outros transgressores tinham os olhos arrancados, pregos enfiados no corpo a golpes de martelo, pernas e braços extirpados ou estacas empurradas garganta abaixo. Uma das penas mais frequentes consistia em, com a ajuda de uma roldana, erguer a vítima, de pés e mãos atados.

* A palavra russa para vermelho (*krasnyi*) está relacionada com a palavra para belo (*krasivyi*), um fato de significado poderosamente simbólico para o movimento revolucionário.

A certa altura, o mecanismo era afrouxado e o infeliz batia de encontro ao solo, de costas, quebrando a espinha; a operação era repetida várias vezes, até que só restasse uma massa de ossos moídos. Outra forma de tortura era prender o infrator, nu, dentro de um saco molhado, o abdome envolto num travesseiro. Em seguida, os carrascos usavam martelos, toras e pedras para golpear o estômago do sujeito, cujas entranhas desfaziam-se sem deixar sinais visíveis na pele.[16]

É difícil afirmar qual a procedência desse barbarismo, se era devido à cultura dos mujiques ou ao meio árduo onde viviam. Durante a revolução e a guerra civil, o campesinato desenvolveu modos ainda mais medonhos de assassinato e tortura (os corpos de seus inimigos foram mutilados, as cabeças, cortadas e as vísceras, extraídas), mas essas foram situações extremas e não há como garantir que outras pessoas, independente de nacionalidade, não agiriam de maneira similar em circunstâncias parecidas. Mesmo assim, devemo-nos perguntar se a sublevação não se limitou a revelar "a excepcional crueldade do povo russo", expressão usada por Gorki em seu famoso ensaio "Do Campesinato Russo" (1922). Aquela era uma tirania produzida pela história. Muito depois de a servidão ter sido abolida, os capitães da terra açoitavam camponios por faltas de pouca gravidade e os liberais já haviam, com razão, advertido para os efeitos psicológicos que essa sevícia teria sobre as comunidades rurais. Em 1895, durante uma reunião da Sociedade Médica de Kazan, um especialista disse que o tratamento conferido aos mujiques pelos "pequenos tsares" "não somente desvaloriza a natureza humana como ainda a endurece e brutaliza". Tchekhov, também clínico praticante, colocou-se contra os castigos corporais, que "enrudecem e acanalham os ultrajados, aqueles que os atormentam e todos os que presenciam tais cenas".[17] A coerção e a perversidade do velho regime para com os camponeses transformou-se em violência nas aldeias. E isso desfigurou a vida cotidiana dos povoados e ricocheteou contra o tsarismo, num terrível redemoinho revolucionário.

Se as comunidades rurais eram rudes, a casa camponesa era pior. Durante séculos, os mujiques desfrutaram do direito de bater nas esposas. Os provérbios russos que circulavam no campo eram recheados de pérolas da sabedoria popular:

> "Espanque sua mulher com o cabo do machado, e veja se ela ainda respira. Se isso acontecer é porque ela está fingindo e quer mais."
>
> "Quanto mais se bate numa mulher velha, mais saborosa será a sopa."
>
> "Bata em sua mulher como se fosse um casaco de peles, assim o barulho será menor."
>
> "Uma esposa é duas vezes agradável: quando é trazida para casa [como noiva] e quando é levada para fora, rumo à sepultura."

Os ditos camponeses também denotavam o valor atribuído ao espancamento de homens: "Para um homem que foi surrado é preciso oferecer dois que ainda não o foram, e mesmo assim não se pode decidir a barganha." E havia outros sugerindo que só a violência dava tempero à vida: "Oh, a vida é boa, mas é pena não haver ninguém para bater." As brigas eram o passatempo favorito dos mujiques. No Natal, no Dia de Reis e no Carnaval, havia lutas-livres violentas e fatais entre diferentes zonas dos povoados. Às vezes, as disputas ocorriam entre aldeias diferentes, e nem mulheres nem crianças ficavam de fora. Tais ocasiões eram sempre acompanhadas por grandes bebedeiras. Além disso, não raro pequenas rixas entre vizinhos terminavam em murros. "Por causa de um vaso de cerâmica quebrado, valendo 12 copeques, três famílias lutaram com bastões. Uma mulher de idade teve o braço quebrado, e um garoto, o crânio esfacelado. Desavenças como essa aconteciam todas as semanas", escreveu Gorki sobre sua temporada em Krasnovidovo.[18] Aquela era uma cultura na qual a vida valia quase nada. E, não importa como se expliquem as causas dessa violência, caberia a ela um papel muito importante na revolução.

Muitas pessoas consideravam a tempestuosidade do mundo camponês reflexo do pulso fraco do Estado. A emancipação havia livrado os vassalos da tirania jurídica de seus suseranos, mas não os tinha incorporado à ordem regida pela lei que prevalecia no restante da sociedade. Excluídos das leis escritas aplicadas pelos tribunais, a partir de 1861 os camponeses recém-libertos foram mantidos numa espécie de *apartheid* legal. O regime tsarista os via como meio selvagens, meio crianças e os sujeitava a magistrados indicados pela nobreza. As prerrogativas jurídicas dos mujiques restringiam-se ao que determinava as cortes camponesas, cujas noções de justiça baseavam-se no costume local. Em suma, do ponto de vista legal, eram inferiores aos demais estratos sociais. Até 1906, os camponeses não podiam possuir terra individualmente. Havia restrições de mobilidade: o campônio só podia abandonar a comuna da aldeia se pagasse sua cota no total de tributos devido pela propriedade ou se quitasse as taxas de amortização referentes às terras que antes da emancipação haviam pertencido aos nobres. Uma família desejosa de se apartar da comuna teria que enfrentar um complexo procedimento burocrático: era preciso aprovação de dois terços da assembleia da vila, o que era penoso de conseguir.* Mesmo quando um camponês queria deixar sua aldeia por

* A dificuldade não era menor nem mesmo nas comunas onde prevaleciam a propriedade hereditária (em especial no noroeste e na Ucrânia). Nesses casos, a família que quisesse se alijar da lavoura cultivada por toda a aldeia tinha que pagar integralmente sua parcela no débito tributário da terra de propriedade comum (uma tarefa quase impossível para a grande maioria de camponeses) ou encontrar uma outra família que assumisse o fardo em troca do terreno que seria desocupado. Como os impostos não raro excediam o valor da terra arrendada, era difícil achar um núcleo familiar substituto.

algumas poucas semanas para trabalhar, ele precisava primeiro obter um passaporte interno com os anciãos da comunidade (que normalmente se opunham a esse tipo de deslocamento argumentando que isso enfraquecia a família e aumentava a carga de impostos do restante da aldeia). As estatísticas mostram que a emissão de passaportes era extremamente restrita, apesar da necessidade de trabalhadores em função da industrialização e da agricultura comercial.[19] Os camponeses continuavam presos à terra, e embora a servidão tivesse sido abolida, ela conseguiu uma vigorosa sobrevida no controle do camponês. Não surpreende que os camponeses, privados da consciência e dos direitos legais da cidadania, não tenham respeitado nem a lei do Estado nem sua autoridade quando o poder coercitivo sobre eles foi removido em 1905 e depois em 1917.

É um erro supor, como muitos historiadores, que o campesinato russo não tinha um sistema moral ou uma ideologia que pudesse substituir o Estado tsarista. Richard Pipes, em sua história da Revolução, retrata os camponeses como um povo primitivo e ignorante que só poderia desempenhar um papel destrutivo na Revolução e que não passaram de massa de manobra nas mãos dos bolcheviques. Na verdade, como veremos, durante o período 1917–1918, os camponeses se mostraram capazes de reestruturar a sociedade rural em sua totalidade, desde a relação com a terra e o comércio local até a educação e a justiça, e revelaram uma sofisticação política marcante, que não surgiu de um vácuo moral. Os ideais da revolução camponesa tinham raízes numa longa tradição de sonhos camponeses e filosofia utopista. Por intermédio de provérbios, mitos, histórias, canções e leis comuns, surge uma ideologia própria, que se expressa nas ações dos camponeses durante os anos revolucionários de 1902 a 1921. Essa ideologia foi modelada por séculos de oposição ao Estado tsarista. Como observou Herzen, durante séculos "a vida do camponês foi uma longa e silenciosa oposição passiva à ordem estabelecida: o camponês suportou a opressão, sofreu; mas nunca aceitou nada que existisse fora da vida da comuna".[20] Foi esse confronto cultural, o modo como o camponês via a sociedade que ficava para além das fronteiras da aldeia, que lançou as raízes da revolução.

Vamos analisar mais de perto a visão de mundo camponesa segundo os cânones da lei consuetudinária. Ao contrário do que pensam alguns historiadores, a lei camponesa calcada nos costumes continha um conjunto de conceitos morais muito abrangentes. É verdade que nem sempre eram aplicados da mesma forma, pois havia variáveis geográficas. Os tribunais para mujiques funcionavam de maneira algo aleatória, decidindo os casos conforme a reputação e as conexões dos litigantes. Ou ainda, arbitrando sentenças que dependiam do quanto cada uma das partes dispunha, em vodca, para subornar os juízes escolhidos. Mas mesmo em meio a esse caos, é possível discernir algumas noções pragmáticas de justiça, nascidas do dia a dia dos camponeses e cristalizadas em normas legais mais ou menos universais, ainda que com matizes regionais.

Três ideias legais deram forma à mentalidade camponesa revolucionária. A primeira referia-se ao conceito de propriedade familiar. Os bens de uma família mujique (gado, ferramentas, safras, a habitação e seu conteúdo, mas não a terra propriamente dita) eram considerados de todos os parentes que viviam sob o mesmo teto.* Todos os membros de uma casa tinham direitos iguais no uso dessas posses, inclusive os que ainda estavam por nascer, embora o patriarca, ou *bol'shak)* tivesse mais ingerência na administração do sítio e pudesse optar por dispor dos bens comuns. Mas a lei consuetudinária deixava claro que só deveria agir com o consentimento dos demais homens adultos da família e que, ao morrer, não poderia legar a terceiros absolutamente nada do que pertencia, por direito, aos seus. Todas as propriedades familiares continuariam sendo de todos os que coabitavam sob um só teto, passando à responsabilidade de um novo *bol'shak* (em geral, o filho mais velho). Se o *bol'shak* desempenhasse mal as funções que lhe cabiam, ou bebesse demais e fosse excessivamente violento, a comuna, apoiada pela lei de costumes, poderia substituí-lo por um outro parente. O único modo de a propriedade familiar ser repartida era por meio da divisão em núcleos menores, segundo os métodos determinados pela tradição local. Em todas as regiões da Rússia, era estabelecido que os bens seriam distribuídos igualmente entre os adultos do sexo masculino, salvaguardado o sustento dos mais velhos e das mulheres solteiras.[21] Os princípios da propriedade familiar e da repartição igualitária estavam profundamente arraigados na cultura camponesa russa. Isso ajuda a explicar o fracasso das reformas fundiárias de Stolypin (1906-1917), que tentaram converter os bens da casa camponesa em propriedade privada do *bol'shak,* permitindo a este deixá-los de herança para um ou mais filhos.** A revolução camponesa de 1917 varreu todas essas reformas — que faziam parte de um programa cujo objetivo era criar um estrato de sitiantes capitalistas prósperos — e ainda promoveu a volta aos princípios legais tradicionais de propriedade familiar.

A vida do camponês era organizada e definida de acordo com o princípio do trabalho, o segundo mais importante conceito legal do mujique. Ser membro de uma família era participar ativamente da lavoura (ou, como eles próprios diziam, "comer numa só vasilha"), e isso valia mais do que laços de sangue ou parentescos por afinidade. Um forasteiro adotado por uma família, e que vivesse e trabalhasse

---

* A única exceção digna de nota era o dote e outros artigos de uso pessoal (roupas e utensílios domésticos), vistos como propriedade privada da esposa, que podia passá-los às filhas.

** Enquanto a divisão da propriedade familiar era inteiramente controlada pela lei consuetudinária, as novas regras de herança, baixadas por Stolypin, constavam do Código Civil. Portanto, os casos concernentes à sucessão da terra levados às cortes civis (i.e., não camponesas) foram o primeiro exemplo importante de mujiques integrados ao sistema legal nacional.

no campo, era visto como alguém com os mesmos direitos dos demais moradores da casa. E o contrário aplicava-se a um filho que abandonasse a aldeia para ganhar a vida em outro lugar e que, portanto, deixava de ser considerado parente. O mesmo apego que tinham ao direito ao trabalho prevalecia no tocante à terra.* Os mujiques acreditavam num elo sagrado entre trabalho e terra. Esta pertencia a Deus e não podia ser comprada ou vendida, mas todas as famílias tinham a prerrogativa de se sustentarem com a lida na lavra e a comuna existia para assegurar a distribuição igual entre todos.[22] Como a terra deveria estar nas mãos daqueles que a cultivavam, os nobres não eram proprietários legítimos e os camponeses famintos estavam certos em lutar por tirá-la dos antigos donos. Uma batalha constante era travada entre a lei escrita do Estado, feita para defender os direitos de propriedade dos fidalgos, e a lei consuetudinária dos camponeses, usada por estes para defender transgressões que, na aldeia, pudessem ferir o direito que tinham à terra. Sob a lei consuetudinária ninguém consideraria errado um camponês furtar madeira da floresta de um nobre, já que este tinha mais lenha do que poderia usar. Um provérbio mujique ensinava: "Deus fez as matas para todos." O Estado classificava como "crime" um vasto conjunto de atividades que os camponeses consideravam inteiramente pertinentes: roubar caça ou levar o gado para pastar em terras dos nobres; colher cogumelos e bagas nos bosques dos fidalgos; tirar frutas de seu pomar; pescar em seus lagos. A lei consuetudinária era o instrumento usado pelos aldeões para subverter uma ordem legal — o Estado — que, a seu ver, perpetuava o domínio injusto da nobreza e dos proprietários fundiários mais abastados.** Não foi coincidência o fato de a legislação agrária da revolução, baixada em 1917-1918, ter se baseado nos princípios do trabalho encontrados na lei consuetudinária.

A abordagem subjetiva da lei local, que julgava o mérito das questões conforme a posição socioeconômica das partes envolvidas, foi o terceiro aspecto específico do pensamento legal camponês relevante para o entendimento da revolução. Essa subjetividade ecoou no conceito bolchevique de "justiça revolucionária", princípio guia dos Tribunais Populares de 1917-1918. Nesses tribunais, a classe social de um acusado era fator decisivo para o veredicto. Os mujiques consideravam roubar de um rico — em especial se o ladrão fosse pobre — uma injúria muito menos grave

---

* Por exemplo, sob a lei dos aldeões, alguém acusado de cultivar a lavoura de um outro homem sempre recebia paga por seu trabalho, embora o grosso da colheita fosse para o dono da área. Os camponeses, nas palavras de um observador, "tinham um respeito quase religioso pelo direito à posse do produto do trabalho na terra", e, pelo costume, isso tinha que ser usado como arma contra o direito formal à propriedade agrícola (Efimenki, *Issledovaniiia*, 2, 143).

** Essa é a explicação parcial de por que os camponeses tinham tão pouco escrúpulo em cometer perjúrio nos tribunais e de por que tendiam a simpatizar com criminosos condenados. Era comum cederem comida a bandos de prisioneiros que passassem pela aldeia a caminho da Sibéria.

do que roubar de um homem que mal conseguia alimentar a si próprio e à família.* Como veremos adiante, na opinião dos camponeses era procedente executar alguém responsável por um dano sério causado à comunidade. E o assassinato de um forasteiro não era tido como algo tão ruim quanto matar um aldeão. Do mesmo modo, ludibriar um vizinho era uma demonstração de falta de caráter, mas enganar um nobre dono de terra ou um funcionário do Estado não constituía sequer objeto de censuras morais; essa "astúcia" era apenas uma das muitas maneiras cotidianas de resistência passiva usadas pelos camponeses para subverter uma ordem estabelecida injusta.[23] No contexto da sociedade rural, essa interpretação particular tinha lógica própria, pois a gente dos povoados entendia por justiça tudo o que fosse de efeito prático para suas próprias comunidades, desconsiderando formulações legais mais abstratas. Mas isso, com frequência, podia resultar numa articulação confusa das normas vigentes na aldeia, levando os habitantes da cidade a tomar os camponeses por "ignorantes". Em O *réu*, Tchekhov relata a história real de um mujique levado a julgamento por roubar uma cavilha, para utilizá-la como peso em sua vara de pesca. Ele não consegue entender do que exatamente o acusam, e ao tentar justificar-se, emprega inúmeras vezes o pronome "nós", em vez de "eu", aludindo a todos os camponeses de sua aldeia. "Ora, há quantos anos nós retiramos pinos, graças a Deus, e aqui estão vocês falando sobre um acidente, pessoas mortas. Não retiramos todos, sempre sobram alguns. Nós não agimos sem pensar. Nós sabemos o que fazemos." Nesse modo próprio de compreender o problema estava o germe do anarquismo instintivo camponês. Ele vivia à margem das leis do Estado, e era exatamente à margem que queria estar. Séculos de servidão tinham alimentado no mujique uma profunda antipatia por toda autoridade externa à aldeia. O que ele queria era a *volia*, o antigo conceito camponês de autodeterminação e autonomia sem quaisquer restrições impostas por forças de fora do povoado. "Durante centenas de anos, o camponês russo sonhou com um Estado impotente para influir na vontade individual e na liberdade de ação, um Estado sem poder sobre os homens", escreveu Gorki. O sonho mujique era mantido aceso por histórias lendárias e subversivas de Stenka Razin e Emelian Pugachev, camponeses revolucionários dos séculos XVII e XVIII, respectivamente. As imagens míticas desses dois homens — corvos flanando por sobre o Volga, anunciando o advento da utopia — perdurariam até o início do século XX. E havia narrações fantasiosas também sobre um "Reino de Opona", um ponto qualquer à beira do abismo, num mundo considerado plano, onde os camponeses viviam felizes, sem os aborrecimentos causados pelo Estado ou pela nobreza. Grupos de mujiques partiam em expedições, rumo ao norte, na esperança de encontrar essa terra prometida.[24]

* Tal raciocínio vincula-se à crença religiosa de que pobreza é virtude.

No final do século XIX, quando o governo tentou estender o controle burocrático ao meio rural, os camponeses procuraram defender sua autonomia desenvolvendo formas ainda mais sutis de resistência passiva a esses novos tentáculos de São Petersburgo. Assim, criaram uma estrutura administrativa dual nas aldeias; a formal, voltada para o Estado, era inativa e ineficiente; a informal, voltada para os habitantes dos povoados, era a que geria a comunidade. Os anciões das localidades e os aldeões coletores de impostos eleitos para trabalhar nos órgãos de administração do Estado montados nas aldeias (*obshchestva*) e nos *volost* dos povoados (*upravy*) eram inteiramente "insatisfatórios e indignos de confiança", segundo um frustrado agente do governo. Muitos deles haviam optado pela incompetência como tática de sabotagem da iniciativa tsarista. Houve, inclusive, casos em que os camponeses elegiam o "idiota" da vila para fazer o papel de representante junto à burocracia.[25] Enquanto isso, o centro de decisão continuava sendo a *mir*, na vetusta assembleia dominada pelos patriarcas. O poder do Estado imperial nunca conseguiu penetrar com vigor na aldeia e este continuou sendo seu principal ponto fraco até 1917, quando o regime foi derrubado por completo e os povoados ganharam suas *volias*.

As camadas mais instruídas das cidades sempre temeram que uma *volia* camponesa degenerasse em anarquia e atitudes violentas de vingança contra autoridades. "Nosso povo compreende liberdade como *volia*, e *volia* para o povo significa promover desordens. A nação russa alforriada não seguirá para o parlamento, mas para a taverna, onde embriagar-se-á, quebrará copos e enforcará a nobreza, cuja única culpa é barbear-se e usar sobrecasacas em vez de túnicas camponesas", escreveu Belinsky, em 1837.[26] Sob várias maneiras, a revolução faria dessa profecia uma verdade.

2. Tentativas de banir o passado

Na primeira década do século XX, quando ainda era garota, a escritora Nina Berberova costumava observar os camponeses que procuravam seu avô, no escritório da propriedade da família, perto de Tver. "Eram de dois tipos diversos e me pareciam ser cepas inteiramente diferentes":

> Alguns mujiques eram reservados, bem-educados, distintos, cabelos grisalhos, barrigas estufadas e faces lustrosas. Usavam camisas e cafetãs bordados de tecidos finos. Havia aqueles que, mais tarde, seriam chamados de *kulaks*. Eles [...] cortavam árvores nas florestas cerradas há pouco adquiridas por meu avô para construírem casas. Os troncos seriam usados na construção de casas. Caminhavam na igreja carregando bandejas com donativos e acendiam velas diante do ícone de Santa-Maria-Apazigua-Minha-Aflição.

> Mas que espécie de aflição poderia acometê-los? O Banco de Crédito Camponês lhes fornecia empréstimos. Em seus lares, que visitei algumas vezes, havia gerânios nos peitoris das janelas e o cheiro de massas doces cozidas nos fornos. Seus filhos transformavam-se em homens cheios de energia e ambição, estavam começando vida nova e formavam, na Rússia, uma nova classe, ainda que embrionária.
>
> Os outros camponeses calçavam sandálias de samo, cobriam o corpo com trapos, faziam mesuras servis, jamais ultrapassavam as soleiras das portas e seus rostos careciam de expressão humana... Com frequência, caíam nas valas próximas à tasca mantida pelo Estado. Seus filhos não cresciam porque eram subnutridos. Suas esposas tísicas davam a impressão de estar sempre no último mês de gestação, as crianças viviam cobertas de eczemas gotejantes e, em suas choupanas, que também conheci, as janelas quebradas eram remendadas com panos velhos, bezerros e galinhas circulavam pelos cantos. No ar, um fedor azedo.[27]

As disparidades entre camponeses ricos e pobres eram amplamente debatidas desde 1870, quando a questão da miséria rural e de suas causas veio à baila e passou a agitar a opinião pública do país. Para marxistas e liberais, era evidente que a chegada do capitalismo aos povoados mais remotos havia dividido o campesinato em duas classes isoladas — a dos sitiantes-patrões e a dos agricultores sem terra. Mas os populistas, que sonhavam com um campesinato unido, capaz de levar a Rússia direto ao socialismo, negavam peremptoriamente tal classificação. Cada uma dessas facções produziu um calhamaço de estatísticas para provar, ou refutar, que o capitalismo estava provocando a desintegração dos mujiques. E, até hoje, historiadores ainda se desentendem quanto a isso.

E verdade que havia desigualdades crescentes entre os setores mais ricos e os setores mais pobres do campesinato. Num extremo situava-se a pequena, mas próspera, categoria de agricultores ricos, que contratavam serviços de terceiros; no outro, um camponês quase indigente, forçado a abandonar o cultivo da comuna para se juntar ao exército de migrantes assalariados da agricultura, da mineração, do transporte e da indústria. Na década de 1890, o jovem Lênin tentou demonstrar que esses dois contrastes eram fruto do desenvolvimento capitalista. Mas nem por isso a tese é necessariamente correta.

As principais diferenças nos padrões de vida do campesinato eram geográficas. No século XIX, a lavoura com fins comerciais tinha se arraigado num cinturão de áreas da periferia do velho centro moscovita da Rússia. Em partes do Báltico, a emancipação dos servos (1817) garantira mão de obra barata aos donos de terra, que assim se transformaram em sitiantes capitalistas. A seu favor, esses proprietários tinham ainda a facilidade de acesso aos mercados de grãos do Ocidente. No oeste da Ucrânia, os nobres haviam estabelecido imensas fazendas de beterraba. E nas zonas férteis do sul da Rússia, no Kuban e no norte do Cáucaso, camponeses e cossacos puderam tornar-se um estrato misto e abastado de senhores fundiários. O mesmo aconteceu na Sibéria ocidental, onde a construção da ferrovia permitiu aos pequenos proprietários de terra enriquecerem com a produção de cereais e laticínios destinados ao mercado. Eram essas regiões que respondiam pelo aumento dos padrões de vida camponeses no cômputo nacional (um aumento refletido em maior poder de compra). E também foram dessas faixas geográficas específicas que estudiosos recentes se valeram para contestar a antiga ortodoxia histórica de que os camponeses, antes de 1917, afundavam cada vez mais na miséria.[28] O que ocorria, de fato, era uma discrepância acentuada na posição econômica do campesinato conforme a localização que ocupava no império. A oeste, sul e leste, situavam-se áreas novas e relativamente opulentas de agricultura comercial. E na antiga e cada vez mais povoada zona agrícola central situava-se a maioria das propriedades da nobreza e prevaleciam métodos retrógrados incapazes de fazer com que todos os camponeses tivessem meios de trabalhar na terra. Não por acaso, depois de 1917 as regiões de lavouras mais ricas tornaram-se baluartes da contrarrevolução, ao passo que a área central mais miserável permaneceu leal aos bolcheviques.

Na zona agrícola central da Rússia havia poucos sinais de comercialização e as principais desigualdades nos padrões de vida dos aldeões deviam-se a diferenças locais na qualidade do solo ou a legados históricos que remontavam aos dias da servidão. Dessa forma, as aldeias formadas por ex-camponeses do Estado (i.e., estabelecidos em propriedades públicas) tendiam a ter terras mais férteis do que povoados de ex-servos. A economia de mercado era fraca nessas regiões e a maioria dos mujiques estava ligada a um sistema natural de produção. Vendiam uma pequena quantidade da safra e, às vezes, alguns objetos feitos à mão — concluídos durante o inverno — para pagar tributos e comprar alguns artigos necessários para a casa. Mas, quase sempre, seu trabalho na lavoura estava voltado para as exigências de alimentação básicas da família. De acordo com levantamento do *zemstvo* da província de Tambov, no centro do país, na década de 1880, duas em cada três unidades familiares só comiam se recorressem a dívidas. "Em nossa comunidade, apenas cinco ou seis casas conseguem tirar de suas próprias terras as provisões para os doze meses do ano. Para outras, o que colhem é bastante somente até o feriado de Mikhailov [no início de novembro]; em alguns casos, o trabalho na lavoura garante alimentação até o Natal e, em outros, até o Carnaval, e então precisam tomar dinheiro emprestado para comprar grãos", registrou Semenov. Era uma tragédia para milhões de mujiques que débitos constantes e impostos os forçassem a vender a safra no outono, quando havia fartura de gêneros e os preços eram baixos. Com a chegada da primavera — e com ela vinha a fome — eram obrigados a recorrer ao mercado para a aquisição de cereais, por valores mais altos. Cada povoado tinha seu punhado de agiotas e mercadores, chamados pelos camponeses de *kulaks*, que compravam os grãos a preço vil no outono e, seis meses depois, os revendiam aos agricultores pelo dobro. Eram comerciantes empedernidos e vorazes, o caráter que se encontra num "homem sem instrução nenhuma que conseguiu sair da pobreza para a riqueza e passou a considerar a abastança a única meta a que um ser racional deve se devotar, não importa por que meios", resumiu um contemporâneo. Aldeias inteiras tinham débitos com esses *kulaks,* e muitas tinham que vender parte de suas terras para pagar o empréstimo contraído. Se isso era "capitalismo", como insistiam os bolcheviques, era de um tipo primitivo.[29]

O número de camponeses "capitalistas" (aqueles que empregavam trabalho assalariado) provavelmente, no todo, não representava mais de 1%.[30] O fato de não ter surgido grande quantidade de agricultores opulentos deve-se, em parte, à redistribuição periódica de lotes da terra comunal. Outra explicação é que os sítios mais ricos, que também tendiam a ser ocupados por famílias mais populosas, costumavam dividir a propriedade quando os filhos adultos casavam-se e estabeleciam-se numa faixa de terreno desmembrada do que antes era domínio do patriarca.* Em outras palavras, os camponeses não se tornaram capitalistas porque raramente mantinham suas propriedades por mais de uma geração.

A pobreza do meio rural não estava ligada ao desenvolvimento do capitalismo. O problema básico da zona agrícola da Rússia central eram os costumes igualitários do campesinato, que servia de muito pouco incentivo para que produzissem algo que não fossem bebês. Na segunda metade do século XIX, a taxa de natalidade russa (cerca de 50 nascimentos anuais para cada mil habitantes) era quase o dobro da média europeia. E as taxas de natalidade eram mais altas justamente nas áreas de posse comunal da terra, onde o tamanho do lote era determinado segundo o tamanho da família. O aumento astronômico da população camponesa (de 50 para 79 milhões no período 1861-1897) resultou numa escassez crescente de terra. Na

* Um estudo na província de Tula revelou que 62% das famílias camponesas com quatro ou mais cavalos tinham repartido suas propriedades entre 1899 e 1911. O número de desmembramentos de unidades familiares que dispunham de um só animal correspondia a apenas 23% (Shanin, *Awkward Class*, 83). Estatísticos, como A.V. Chayanov, acreditavam que o ciclo de vida da casa camponesa explicava as desigualdades econômicas encontradas nas aldeias. Os núcleos familiares mais recentes — constituídos a partir de homens adultos de antigas casas patriarcais e formados por um casal e uma ou duas crianças — tendiam a dispor de um pequeno lote de terra e de pouquíssimos animais. Mas quando os filhos cresciam e começavam a trabalhar na economia familiar, era possível acumular mais área para agricultura e mais rebanhos, até que chegasse a hora de haver casamentos e novas divisões de núcleos. Chayanov argumentava que os levantamentos estatísticos usados pelos marxistas para mostrar a diferenciação econômica do campesinato eram, na verdade, estudos que refletiam estágios distintos desse ciclo de vida das famílias rurais.

virada do século, 7% das famílias camponesas não dispunham de um só pedaço de lavoura, enquanto uma em cada cinco tinha apenas uma área ínfima de menos de 1 *desyatina* — equivalente a menos de 1,5 hectare. Os dados podem parecer estranhos para um país de tamanhas proporções como a Rússia, mas na zona central do país, onde vivia a maior parte do campesinato, a densidade populacional era similar à da Europa Ocidental. Em 1900, o lote camponês médio, de 2,6 *desyatiny*, assemelhava-se às pequeninas e típicas propriedades francesas e alemãs. Mas o cultivo russo era muito menos intensivo, e assim a produção de grãos mal atingia 50% do que se obtinha no restante da Europa, em lavouras de dimensões similares. Os mujiques ainda usavam arados leves de dentes de madeira puxados por um só cavalo ou por uma parelha de bois. A ferramenta parecia-se muito com o *aratrum* empregado no Império Romano e era muito inferior aos pesados instrumentos de ferro comuns no oeste da Europa, tracionados por quatro ou seis animais. Às vésperas da Primeira Guerra Mundial, a foicinha de mão ainda era utilizada na maior parte das colheitas russas. Nessa época, já fazia meio século que os agricultores do Ocidente haviam-na substituído pela cegadeira e por outros artefatos mais elaborados. Plantar, debulhar e peneirar ainda eram trabalhos braçais na Rússia, quando em outros países havia muito tais tarefas já haviam sido mecanizadas. A adubagem, para não mencionar a ausência total de fertilizantes químicos, estava muito aquém dos padrões europeus. E o rodízio no uso do solo, alternando safras de tubérculos com cultivo de cereais, introduzido na Europa Ocidental durante a revolução agrícola do século XVIII, ainda era quase desconhecido da atrasada Rússia camponesa.[31]

Em tais circunstâncias, diante da falta de recursos para modernizar suas lavouras, os camponeses só tinham uma saída para alimentar o número cada vez maior de bocas: conseguir mais terra para cultivar. E o modo mais fácil de conseguir isso no sistema de três campos era reduzir o tamanho da terra alqueivada. E foi o que fizeram milhares de aldeias. Mas o efeito a longo prazo tornaria a situação ainda mais crítica, pois o solo exauria-se pelo excesso de uso e os rebanhos (que forneciam a maior parte do adubo) reduziam-se graças à escassez de áreas de pousio, onde se alimentavam, e de outras terras de pastagens. No final do século XIX, uma em cada três famílias camponesas sequer tinha um único cavalo e sulcava a terra com a ajuda de animais alugados ou, pior, assumindo o trabalho que seria feito pelos quadrúpedes.[32] Não existe símbolo mais triste da pobreza em que milhões de camponeses eram obrigados a viver do que a imagem de pai e filho lutando para abrir um sulco na lama.

A solução mais tentadora para a fome de terra do mujique podia ser vista todos os dias nas aldeias, na forma das casas senhoriais. "Todo camponês acreditava, no fundo da alma, que, mais cedo ou mais tarde, a terra da nobreza lhe pertenceria", escreveu o príncipe Lvov. Na década de 1870, um terço das propriedades aráveis da

Rússia estava nas mãos dos fidalgos. Em 1905, a proporção declinara para 22%, e a principal causa dessa ligeira mudança foram as aquisições feitas pelas comunas (no mesmo período, a participação do campesinato como proprietário rural aumentara de 58% para 68%). Nessa mesma época, cerca de um terço da terra dos nobres estava arrendada a mujiques. Mas não devemos inferir que não havia problema agrário, como insistem tantos historiadores de direita. A maioria dos camponeses arrendatários recorriam a esse expediente premidos pela pobreza e não porque tivessem recursos de sobra: com o rápido crescimento da população rural, passaram a depender de terras alugadas para complementar o sustento da família. Por esse motivo, quase sempre estavam dispostos a pagar mais do que a terra valia em termos puramente econômicos. Foi a necessidade de a família camponesa trabalhar para garantir a sobrevivência que fez os valores do aluguel da terra setuplicar. E era essa renda inflacionada que garantia o bem-estar da fidalguia.[33]

As relações entre mujiques e nobres diferiam conforme a posição geográfica que ocupavam no império tsarista, o que ajuda a explicar o modo como a violência agrária se distribuiu durante a revolução. Tanto em 1905 como em 1917, a guerra camponesa contra fidalgos concentrou-se no arco de províncias em torno do extremo sul da zona agrícola central (de Samara e Saratov, no sudeste, passando por Tambov, Voronezh, Kursk, Kharkov, Chernigov, Ekaterinoslav, Kherson e Poltava, e alastrando-se até Kiev e Podólia, no sudoeste). Essas eram regiões de grande densidade demográfica e grande quantidade de propriedades nobiliárquicas. Os arrendamentos eram caros e os salários, baixos. Eram também áreas onde o solo fértil e a estação de cultivo relativamente longa favoreciam o desenvolvimento de plantios comerciais de trigo, beterraba e outros produtos apropriados à mecanização. Em outras palavras, os camponeses dessas zonas estavam presos no pior dos mundos: entre o velho sistema de cultivo pré-capitalista, no centro, e o sistema emergente da lavoura voltada para o mercado, nas terras da periferia. Enquanto os senhores fundiários continuassem a lhes locar suas terras, mesmo a valores exorbitantes, os camponeses mal ou bem conseguiriam sobreviver. Com a depressão dos preços agrícolas mundiais, entre 1878 e 1896, a grande parte dos senhorios não se interessava por nenhum outro ganho que não fosse a renda. Mas os preços dos cereais subiram, os fretes tornaram-se mais baratos e, encorajados pela perspectiva de lucros polpudos, muitos proprietários reocuparam suas glebas para transformá-las em lavouras comerciais. Nos primeiros quatorze anos do século XX, a extensão de terra arável cultivada a mando dos nobres russos cresceu pouco mais de 30%. E nas regiões espremidas entre o velho mundo agrário e a mecanização, a presença de fidalgos em negócios agrícolas tornou-se ainda mais forte do que em outras áreas do país. Na província de Poltava, que assistiu à primeira onda de violência rural em 1902, a quantidade de terra cultivada por nobres quase dobrou no mesmo período. Os terrenos antes arrendados a camponeses — e com os quais esses contavam para poder alimentar suas famílias — foram retomados ou alugados sob condições ainda mais cruéis. Nesses casos, o pagamento em espécie da renda era substituído por trabalho no plantio e na colheita das glebas do senhorio (*otrabotka*), o que os camponeses viam como um novo tipo de servidão. Além do mais, muitas dessas fazendas comerciais com produção em larga escala foram modernizadas, com a introdução de ceifeiras e debulhadoras e, assim, a demanda por braços camponeses foi ainda mais reduzida. Com isso, é óbvio, era necessário suar infinitamente mais para quitar o valor da terra arrendada. Muitas famílias de mujiques que dependiam do trabalho sazonal foram alijadas por completo do acesso a um pequeno quinhão de terra.[34]

Durante os últimos decênios do tsarismo, milhões de camponeses foram aos poucos afastados da zona rural, fosse pela pobreza ou por outros infortúnios, como incêndio ou morte de um adulto, o que, para uma família endividada até o pescoço, era capaz de determinar os limites entre a sobrevivência e a catástrofe. A bebida era também uma causa cada vez maior dos débitos e da ruína camponeses. Semenov descreveu um grupo inteiro de viciados em álcool na aldeia de Andreevskoe: “Os adultos, sempre magros, olhos baixos e baços; as crianças, trôpegas, pescoços inchados pela escrófula, vistas imensas e aterrorizadas em rostos pálidos e anêmicos, ventres pandos sobre pernas de gravetos.”[35]

Alguns desses miseráveis conseguiam encontrar sustento em pequenos negócios locais, fazendo-se de tecelões, carpinteiros, oleiros, sapateiros, lenhadores e carroceiros, embora muitos desses ofícios estivessem sendo varridos pela competição das fábricas. Outros migraram para a Sibéria, onde havia terras disponíveis para colonização. Mais de um milhão de camponeses, muitos originários da Ucrânia, fizeram essa rota ao longo da década seguinte à grande fome de 1891. Mas a enorme maioria se juntou ao exército de migrantes que a cada primavera, a pé ou em carretas, atravessavam as estradas lamacentas do campo, cruzavam rios caudalosos, embarcavam como clandestinos em vapores ou varavam a Rússia pelas estradas de ferro, acomodados em vagões sem calefação ou ainda pendurados nos tetos dos trens. Essa hoste nômade que, na passagem para o século XX, reunia cerca de 9 milhões de desgraçados,[36] rumava para os mercados do feriado de Páscoa, nos quais se contratavam homens para o plantio em grandes propriedades comerciais. No verão, chegava mais gente, que reforçava as tropas empregadas na colheita. E, depois, todos espalhavam-se pelo país, em busca de ocupação no inverno, fosse em ferrovias, estaleiros, minas, construção civil, oficinas e fábricas. E em alguns meses, quando voltasse a primavera, o ciclo repetir-se-ia.

A cada ano, esses migrantes camponeses afastavam-se ainda mais de suas aldeias, de corpo e alma. E eram atraídos para o novo mundo da revolução industrial russa. Nos cinquenta anos derradeiros do tsarismo, a população urbana quadruplicou, passando de 7 para 28 milhões. O fator preponderante para esse inchaço era a torrente de mujiques que chegava às cidades em busca de trabalho. De início, eram os rapazes, quase garotos, seguidos pelos homens casados. Depois, foi a vez das mulheres solteiras e, por fim, das casadas e seus filhos menores. Em 1914, três em cada quatro habitantes de São Petersburgo eram registrados como camponeses de nascimento. Cinco décadas antes, a proporção era inferior a um terço. Nesse mesmo ano, metade dos 2,2 milhões de moradores de São Petersburgo era formada por pessoas que chegaram à capital nas últimas duas décadas.[37] A consequência dessa migração em massa foi ainda mais acentuada em Moscou. Trechos inteiros da cidade ganharam uma atmosfera agreste, com multidões camponesas caminhando a esmo, numerosos mercados a céu aberto (havia um até mesmo na Praça Vermelha), vias públicas sem calçamento, habitações de madeira e animais que vagavam livremente pelos bairros operários. Ainda hoje, Moscou mantém o apelido de "Grande Aldeia".

Semen Kanatchikov (1879-1940) foi um dos milhões de mujiques que mudaram do povoado para a cidade quando do crescimento industrial do último decênio do século XIX. Muitos anos depois, já como integrante do governo bolchevique, registrou a experiência em seu livro de memórias. Ele nascera numa família camponesa pobre do povoado de Gusevo, distrito de Volokolamsk, província de Moscou. Seu pai fora servo e, embora tentasse melhorar de vida recorrendo ao arrendamento de terras nobres, intrometendo-se no comércio e aprendendo, sozinho, a ler, vivera às margens da pobreza, como a maioria dos camponeses de seu distrito. A cada inverno deixava o povoado para trabalhar como operário na cidade e, nesse período, a mulher, doente e frágil, que vira morrer quatorze de seus dezoito filhos, administrava a lavoura. Anos de desilusão transformaram-no em alcoólatra, e quando estava embriagado, espancava a esposa e a prole. E ainda assim, como muitos russos, misturava o vício da bebida com um profundo temor a Deus; e só desejava que o filho se tornasse um "bom mujique". O jovem Kanatchikov considerava a vida insuportável. Depois da morte prematura da mãe, pela qual responsabilizara o pai, resolvera fugir. "Queria me livrar da monotonia do cotidiano aldeão o mais rápido possível", escreveu mais tarde, "me libertar do despotismo e da tutela paterna, começar uma vida independente."[38] Aos 16 anos, Kanatchikov finalmente partiu para Moscou, onde o pai lhe arrumara um emprego de aprendiz na metalúrgica de Gustav List. Lá, como milhares de outros migrantes camponeses, começaria a se redefinir como trabalhador e como "camarada" do movimento revolucionário.

Os motivos de Kanatchikov para querer deixar a aldeia eram típicos de sua geração. A rotina monótona do cotidiano camponês e o isolamento do povoado eram um fardo pesado para jovens como ele. E tudo parecia ainda mais difícil quando eram alfabetizados, pois as histórias da vida urbana, disseminadas em jornais e panfletos, apenas serviam para reforçar a consciência de tais limitações. Virtualmente, qualquer emprego na cidade parecia estimulante e desejável se comparado com as privações da vida camponesa. "Todos os rapazes saudáveis e capazes fugiram de nossa aldeia para Moscou e pegaram qualquer serviço que pudesse aparecer", recordou Semenov. "Aguardávamos ansiosos o momento em que teríamos idade bastante para encontrar algo em Moscou e poder sair de nossa aldeia nativa." Andreevskoe, terra natal de Semenov, também localizava-se nas cercanias de Moscou, e a cidade era um ímã para os camponeses jovens. "A proximidade de nossa aldeia com Moscou fez nossos camponeses enjoarem da terra. A ânsia por uma vida social, por roupas da moda, por bebidas, pela busca de uma existência mais fácil — tudo isso pesa demais sobre eles, que não se importam mais em cultivar. Todos estão tentando o máximo que podem para se libertar da lavoura e achar um modo de sustento menos penoso."[39]

O sonho de ascensão social era, com frequência, sinônimo de desejo de deixar a aldeia e encontrar emprego fora da agricultura. Para esses jovens, tornar-se escriturário ou balconista era sinônimo de ascensão social. E, para as moças da aldeia, que ocupavam posição ainda mais inferior na família patriarcal, trabalhar como empregada doméstica na cidade (destino da maioria delas) era a garantia de melhores condições de vida e de maior independência. Muitos observadores constataram tais aspirações. Um estudo sobre crianças de escolas rurais realizado no início do século XX revelou que quase metade desses alunos pretendiam buscar uma "profissão erudita" na cidade. Somente 2% imaginavam seguir os passos dos pais mujiques. "Quero trabalhar numa loja porque não gosto de caminhar na lama", comentou um estudante do campo. "Quero ser como aquelas pessoas que usam roupas limpas e trabalham em lojas."[40] Pais e educadores alarmavam-se pelo fato de muitos rapazes camponeses, tendo aprendido a ler e escrever, recusarem-se a trabalhar na lavoura e tentarem se distinguir do restante do povoado exibindo-se em trajes urbanos vulgares.

Se a ambição social era quase sempre o motivo primário para que esses camponeses afluíssem às cidades, era ainda mais comum, como no caso de Kanatchikov, que se tratasse da consequência fortuita de um passo forçado pela pobreza. Mas, nos dois modos, a experiência urbana transformava a maneira como a maioria dos camponeses pensava — sobre o mundo, sobre si mesmos e sobre a vida na aldeia que deixavam para trás. No todo, tinha o efeito de fazê-los pensar em termos seculares, mais racionais e mais humanistas, o que os aproximava da *intelligentsia* socialista, e a rejeitar e mesmo desprezar a cultura aldeã, com suas características supersticiosas, obscuras e retrógradas. Aquela era a Rússia dos "ícones e baratas", para citar a expressão de Trótski, enquanto a cidade — e, para muitos deles, também a cultura urbana do movimento revolucionário — significava progresso, educação e libertação. A base do Partido Bolchevique era recrutada entre camponeses, como

Kanatchikov. A desconfiança e o desdém que os bolcheviques, uma vez no poder, demonstrariam pelo campesinato, podem ser explicados por esse fato social — aqueles moços associavam o funesto mundo camponês a seu próprio passado infeliz e esse era um impulso vital de sua própria identidade pessoal e de classe, assim como de seu compromisso com a revolução, segundo a qual esse mundo seria abolido.

O pai de Kanatchikov lhe arranjara uma colocação como aprendiz na fábrica de Gustav List por intermédio de um vizinho de Gusevo que fora trabalhar no mesmo lugar, havia muitos anos. A maior parte dos migrantes se apoiava em tais contatos para se estabelecer na cidade. Os camponeses de uma aldeia ou região formariam uma associação (um *artel'* ou um *zemliachestvo)* para garantir empregos fabris e moradia para seus conterrâneos. Fábricas inteiras e áreas da cidade eram "colonizadas" por camponeses de uma localidade, especialmente se todos partilhavam algum ofício regional de valor, e não raro os empregadores usavam tais organizações para recrutar operários. No subúrbio industrial de Sormovo, perto de Nizhnyi-Novgorod, por exemplo, situava-se uma das maiores obras de engenharia do país e todos os seus funcionários provinham de um punhado de aldeias vizinhas onde o trabalho em metal era um ofício estabelecido. Por meio de tais associações, os migrantes camponeses eram capazes de manter vínculos com suas aldeias nativas. A maioria deles suplementava seus salários com a manutenção de suas glebas comunais e voltando ao povoado no verão para ajudar a família na colheita. As fábricas sofriam grandes perdas na época da safra.* Outros camponeses mandavam, com regularidade, dinheiro para suas famílias. Desse modo, conseguiam manter um pé no mundo rural, enquanto sua posição econômica na cidade ainda era instável. De fato, em algumas regiões industriais, como nos Urais e nas áreas de mineração do sul, era comum que os trabalhadores vivessem nas aldeias, onde seus parentes mantinham a lavoura, e ao mesmo tempo trabalhassem em fábricas e minas.

Muitos desses migrantes continuavam a se ver como essencialmente camponeses, e consideravam o trabalho industrial meio de garantir dinheiro para subsidiar a produção agrícola familiar. Eles mantinham a aparência camponesa — vestindo as tradicionais blusas de algodão feitas em casa e não as manufaturadas, preservando o corte de cabelo em forma de "cuia" e não no novo estilo urbano e recusando-se

* Segundo um levantamento feito em 1881, mais de 90% da força de trabalho do setor têxtil e de 71% de todos os trabalhadores da indústria voltavam a suas aldeias no verão. Na virada do século, essa proporção foi reduzida, já que a essa altura a força de trabalho urbana já estava mais estabelecida nos grandes centros. As fábricas adaptavam-se à situação interrompendo a produção durante a estação agrícola ou mudando-se para o campo. O governo encorajava essa segunda alternativa, temendo a formação de uma classe operária urbana. Somente 4.096 dos trabalhadores industriais do império viviam nas cidades na passagem para o século XX.

a cortar a barba. "Eles viviam em condições insalubres, amontoados, e comportavam-se de modo avaro, negando a si mesmos tudo o que fosse possível, de modo a acumular mais dinheiro para mandar à aldeia", recordou Kanatchikov. "Nos feriados, iam à missa e visitavam conterrâneos, e as conversas giravam em torno de grãos, terra, colheita e animais." Quando economizavam dinheiro bastante, voltavam à aldeia e compravam um pequeno pedaço de terra. Outros, porém, como Kanatchikov, preferiam continuar como operários urbanos. Estes viam a gleba na aldeia como uma alternativa temporária, cuja finalidade era garantir a retaguarda enquanto ainda fincavam raízes na cidade.[41]

Foi através de um *artel'* de 15 operários migrantes que Kanatchikov encontrou um "canto" de um cômodo numa "casa grande e fedorenta habitada por todos os tipos de gente pobre". Os homens que dividiam o lugar compravam comida e pagavam um cozinheiro. Todos os dias, às dozes horas em ponto, corriam da fábrica até a casa para almoçar sopa de repolho — exatamente como faziam os camponeses, "numa tigela comunitária com colheres de madeira". Kanatchikov dormia num pequeno catre com outro aprendiz. O "canto" sem janelas era sujo e cheio de "percevejos e pulgas e do mau cheiro da 'humanidade'". Mas na verdade, ele tivera sorte em dispor de tais instalações. Muitos trabalhadores tinham que se contentar com uma cama de tábuas estreita em alojamentos das fábricas, onde centenas de homens, mulheres e crianças dormiam juntos, em filas, cobrindo-se com lençóis sujos que eles mesmos haviam trazido do campo. Nesses alojamentos, que Gorki comparou a "habitações de um povo pré-histórico", não havia onde se lavar nem onde cozinhar, e assim os operários tinham que frequentar banhos públicos e comer em cantinas. Havia famílias inteiras vivendo nessas condições. Cada um fazia o possível para ter um pouco de privacidade, pendurando cortinas em torno das camas de prancha. Outros, menos afortunados, eram forçados a viver em casas de cômodos ou a comer e dormir ao lado das máquinas em que trabalhavam. Tamanha era a demanda por acomodações que os trabalhadores tinham que gastar metade do que ganhavam em aluguel. Os senhorios dividiam quartos, vestíbulos, porões e cozinhas para maximizar seus lucros. Especuladores apressaram-se em construir prédios altos, que eram rapidamente subdivididos. Em São Petersburgo, dezesseis pessoas, em média, moravam num único apartamento, seis em cada cômodo, de acordo com levantamento feito em 1904. Nos distritos operários, os números eram ainda degradantes. O conselho municipal poderia ter aliviado a crise de moradia construindo subúrbios e oferecendo transporte mais barato, mas a pressão dos senhorios estabelecidos no centro da cidade bloqueou todos os projetos desse tipo.[42]

Como a maioria das cidades industriais da Rússia, São Petersburgo crescera sem planejamento adequado. As fábricas foram construídas nos distritos residenciais centrais e podiam descarregar dejetos industriais nos rios e canais. A rede de abastecimento de água para as casas era um foco de disseminação de tifo e cólera, como a filha do tsar, grã-duquesa Tatiana Nikolaevna, descobriu por experiência própria ao adoecer durante as celebrações do tricentenário da capital. A taxa de mortalidade nessa Cidade dos Tsares era a mais alta dentre todas as capitais europeias, incluindo Constantinopla, com uma epidemia de cólera ocorrendo a cada três anos. Nos distritos operários, menos de um em cada três apartamentos tinha banheiro ou água corrente. Os excrementos eram empilhados nos quintais que ficavam nos fundos das moradias, à espera de que carroças de madeira passassem para fazer a coleta noturna. A água era armazenada em barricas, depois de extraída de bombas e poços instalados nas ruas. Era preciso fervê-la para evitar que transmitisse doenças. Em toda a cidade — nas frentes das casas, dentro dos bondes e em centenas de áreas públicas — havia avisos em letras vermelhas bem visíveis, informando a todos para não beber água sem ferver, embora operários sedentos, especialmente aqueles recém-chegados do campo, prestassem muito pouca atenção à mensagem. Nada de muito eficaz foi feito para melhorar os sistemas de abastecimento de água e de esgoto sanitário da cidade, que permaneceram um escândalo nacional mesmo depois que 30 mil habitantes foram atingidos pela cólera, em 1908-1909. Houve muito falatório sobre a construção de dutos até o lago Lagoda, mas o projeto continuou na gaveta até 1917.[43]

Desde seu primeiro dia de trabalho na fábrica, o jovem Kanatchikov teve aguda percepção de sua aparência desajeitada e rústica: "Os trabalhadores especializados me olhavam com desprezo, beliscavam minhas orelhas, puxavam meus cabelos, chamavam-me de 'labrego verde do campo' e de outros nomes insultuosos." Esses operários aristocratas tornaram-se um modelo para Kanatchikov, que procurou assimilar a cultura proletária urbana, invejando seus trajes da moda, suas camisas brancas enfiadas no cós da calça com bainha, suas botas de couro reluzentes, seus colarinhos presos por cordões. Eles cheiravam a sabonete e água-de-colônia, tinham o cabelo cortado ao "estilo polonês" (i.e., repartido no lado e não no meio, como era costume camponês) e, aos domingos, usavam ternos e chapéus-cocos. O orgulho que demonstravam por sua aparência física parecia transmitir "a consciência que tinham de seu próprio valor"; e era precisamente esse senso de dignidade que Kanatchikov procurava adquirir.[44]

Mas por ora, ele se via na base da hierarquia da fábrica, um trabalhador não especializado, labutando de segunda a sábado, de 6 horas da manhã às 7 horas da noite, por um salário vil de 1,5 rublo por semana. A tardia revolução industrial russa dependia de mão de obra barata vinda do campo, como Kanatchikov. E essa era a principal vantagem do país sobre potências industriais mais antigas, nas quais os operários organizados tinham conquistado pagamentos mais justos e melhores condições de trabalho. Como colocou o conde Witte em 1900, o trabalhador russo "criado nos hábitos frugais da vida rural" era "muito mais facilmente saciado" do que seu congênere da Europa ou da América do Norte, de modo que "baixos salários pareciam ser uma dádiva para a iniciativa privada russa". De fato, quando as fábricas tornaram-se mais mecanizadas, os empregadores puderam explorar o trabalho ainda mais barato de mulheres e crianças. Em 1914, as mulheres representavam 33% da força de trabalho industrial da Rússia, sendo que, em alguns setores, como têxteis e processamento de alimentos, elas eram maioria. Em 1885, o sexo feminino respondia por apenas 20% do total de operários. A fábrica foi um fator a mais para a debilitação da saúde das mulheres, já sobrecarregadas com maridos alcoólatras e pencas de filhos. "Não se pode deixar de notar a decrepitude prematura da força de trabalho feminina", escreveu um médico em 1913. "Uma operária de 50 anos enxerga e ouve mal, sua cabeça é trêmula, seus ombros são claramente arqueados. Aparenta ter vinte anos mais. É óbvio que somente a necessidade desesperada a mantém na fábrica, forçando-a a trabalhar para além de suas forças. Enquanto no Ocidente os operários mais velhos dispõem de pensão, o que nossas trabalhadoras podem esperar de melhor é passar seus últimos dias de vida como serventes de banheiro."[45]

O governo tsarista relutava em melhorar a sorte dos trabalhadores por meio de legislações fabris. Esse foi um de seus maiores erros, pois a formação de uma classe operária urbana numerosa e insatisfeita seria uma das principais causas da queda do regime. Parte do problema devia-se ao fato de reacionários influentes, como Pobedonostsev, procurador-geral do Santo Sínodo e conselheiro próximo dos dois últimos tsares, recusarem-se a reconhecer a "questão do trabalho". Na opinião desses homens, a Rússia ainda era (e deveria continuar sendo) uma sociedade agrária. Em outras palavras, os proletários deviam ser tratados como camponeses. Outros temiam que aprovar reformas apenas faria crescer as expectativas dos operários. Mas a principal preocupação era que, estando grande parte da indústria russa nas mãos de proprietários estrangeiros,* a alta dos custos poderia levar o capital a abandonar o solo russo. As conquistas dos operários britânicos na década de 1840, e dos operários alemães na de 1880, permaneciam fora do alcance do operariado russo na virada do século. As duas legislações fabris de maior peso — uma, em 1885, proibindo o trabalho noturno de mulheres e crianças, e outra, de 1887, restringindo a jornada de trabalho para 11 horas e meia por dia — tiveram que ser arrancadas do governo, depois de greves importantes. Mas mesmo essas reformas tinham brechas. As pequenas oficinas artesanais e os locais onde as condições de trabalho eram precárias — suavam-se muito e ganhava-se pouco —, empregando provavelmente a maioria dos operários vindos do campo, situava-se à margem de qualquer legislação protetora. As inspetorias, encarregadas de garantir que as

* A percentagem de acionistas estrangeiros em empresas de capital aberto cresceu de 25% em 1890 para cerca de 40% às vésperas da Primeira Guerra Mundial.

fábricas cumprissem as determinações legais, não tinham poderes efetivos e os patrões as ignoravam, impunemente. Áreas operárias eram tomadas por rolos de fumaça nóxia e não tinham ventilação. As fábricas eram abarrotadas de máquinas perigosas e os acidentes eram frequentes. Ainda assim, a maior parte dos trabalhadores não tinha acesso a seguro e, se perdesse um olho ou um braço, nada podia esperar, a não ser alguns rublos a título de indenização.

"O dono da fábrica é um soberano e legislador absoluto, sobre o qual não incide lei nenhuma", declarou o professor Yanzhul, um dos principais proponentes da legislação fabril durante a década de 1880. De fato, ao arregimentar operários por meio de contratos particulares, os patrões podiam driblar a maioria das imposições das normas trabalhistas baixadas pelo governo. Todos os tipos de cláusulas eram inseridas nos contratos, privando os trabalhadores de direitos legais. Muito tempo depois de as multas serem banidas, os operários continuavam a ter o pagamento reduzido por baixa produtividade, por danos involuntários causados à maquinaria ou a objetos manufaturados e por pequenas infrações das regras febris (às vezes até mesmo por ir ao banheiro durante o horário de trabalho). Alguns empregadores promoviam revistas aviltantes à saída das fábricas, em busca de bens roubados. Outros ordenavam açoitamentos por mau comportamento. Havia aqueles que proibiam os operários de usar chapéus ou de apresentar roupas melhores para trabalhar, e isso era visto como um modo de ensinar-lhes o lugar que ocupavam na hierarquia social. Esse tipo de "regime servil" provocava ressentimentos amargos nos proletários, que se viam afrontados em sua dignidade pessoal. "Sequer somos considerados gente", queixou-se um deles, "e sim como objetos que podem ser jogados fora a qualquer momento." Um outro lamentou que "fora da Rússia, mesmo os cavalos são postos para descansar. Mas a existência de nossos trabalhadores é pior do que a de um cavalo".[46] Quando desenvolveram sentimento de autoestima, esses trabalhadores passaram a exigir tratamento mais respeitoso da parte dos empregadores. Queriam ser chamados por *vyi*, pronome que denota mais polidez, e não por *tyi*, que associavam ao velho regime de vassalagem. Queriam ser vistos como "cidadãos". Não raro, foi essa questão de tratamento respeitoso, e não a questão dos salários, que levou a greves e manifestações operárias.

Os historiadores têm procurado exaustivamente as raízes dessa militância operária. O tamanho das fábricas, os níveis de especialização e escolaridade, a oscilação de salários e preços, o número de anos que os trabalhadores de origem rural já haviam passado no meio urbano e a influência da *intelligentsia* revolucionária — todos esses fatores foram examinados em detalhes microscópicos em monografias incontáveis, cada uma esperando descobrir a mistura crucial que explicaria o ponto de partida da "revolução do proletariado". A principal discussão entre os historiadores refere-se aos efeitos da urbanização. Alguns argumentaram que foram os trabalhadores mais urbanizados, aqueles com níveis mais altos de especialização e escolaridade, que se tornaram os soldados da revolução.[47] Mas outros defenderam que os migrantes chegados à cidade havia pouco tempo — aqueles que tinham sido "tirados à força do arado e empurrados para a fornalha das fábricas", como uma vez colocou Trótski — tendiam a ser os mais violentos, frequentemente adaptando ao meio industrial, novo e hostil, formas espontâneas de rebelião características do meio rural (*buntarstvo*). [48]

Hoje não há dúvida de que os migrantes camponeses acrescentaram um elemento volátil e quase sempre beligerante à classe operária urbana. A agitação operária durante as primeiras décadas da industrialização tendeu a assumir a forma de manifestações espontâneas de violência, como desordens, *pogroms*, saques e quebra-quebra de máquinas, o tipo de ações que se esperaria de uma massa camponesa em êxodo e desorganizada, lutando para se adaptar ao mundo novo da cidade e à disciplina da fábrica. Algumas dessas formas "pré-industriais" de violência tornaram-se traços permanentes da agitação operária. Um bom exemplo é a prática comum entre os trabalhadores, durante greves e manifestações, de colocar o patrão, ou seu capataz, num carrinho de mão e jogá-lo numa cloaca ou num canal. Ainda assim, é demais sugerir que tais formas "primitivas" de protestos nas indústrias, ou que aqueles que promoviam esses protestos, foram o fator crucial na ascensão da militância operária.[49] Durante a década de 1890, as greves tornaram-se a principal forma de protesto nas indústrias e essas greves exigiam o tipo de organização disciplinada que somente os trabalhadores mais urbanizados, com níveis mais altos de especialização e escolaridade, podiam ter. Nesse contexto, os migrantes camponeses provavelmente não desempenhariam um papel de maior importância. Na verdade, em geral eles relutavam em participar de greves. Com um quinhão de terra na aldeia, para onde podiam retornar quando a situação ficasse mais difícil, eram menos inclinados a assumir os riscos de uma greve, ao contrário daqueles trabalhadores que tinham rompido os laços com o povoado e que dependiam apenas do salário da fábrica. Estes últimos colocaram-se à frente do movimento operário.

Nesse caso, a Rússia pôs-se em absoluto contraste com a Europa, onde a maior parte dos trabalhadores especializados e alfabetizados tendiam a ser os menos revolucionários e estavam sendo integrados num movimento democrático mais amplo. Na Rússia, havia poucos sinais indicando o surgimento de um "operariado aristocrata". Os gráficos, com seus salários mais polpudos e vínculos estreitos com a intelectualidade, eram os candidatos mais prováveis para se transformarem em "operários aristocratas". Mas mesmo eles puseram-se com firmeza ao lado dos partidos marxistas e socialistas revolucionários. Tivessem sido capazes de desenvolver seus sindicatos dentro da legalidade, esses trabalhadores poderiam ter feito conquistas dentro do *status quo* sem reivindicar sua derrubada. Poderiam ter seguido a via da reforma moderada tomada pelos movimentos operários europeus. Mas a situação política russa naturalmente os empurrava para extremos. Impossibilitados de criar organizações independentes próprias, foram forçados a se apoiar na liderança da clandestinidade revolucionária. Em larga medida, portanto, o movimento revolucionário dos trabalhadores foi criado pelo regime tsarista.

A militância nada mais é do que um conjunto de atos e emoções. E como ilustra a história de Kanatchikov, as raízes da militância operária eram essencialmente psicológicas. A personalidade de Kanatchikov mudou enquanto ele se adaptava ao estilo de vida da cidade e adquiria novas habilidades. Ele ganhou confiança em si mesmo ao dominar as técnicas de precisão dos moldadores, a elite dos operários de construção de máquinas, os quais esboçavam e fundiam as partes de metal. E também passou a ganhar mais dinheiro, o que lhe proporcionou um grande senso de seu próprio valor. Aprender a ler e a conversar com outros operários o expôs aos modos seculares de pensamento e a novas teorias "científicas", como o darwinismo e o marxismo, que enfraqueciam a crença religiosa. Sob outros aspectos o jovem Kanatchikov também lutava para se libertar da influência da aldeia. Sentia aversão pelo "vandalismo" de seus colegas de *artel'* pelas bebedeiras, pelas brigas e pelas maneiras camponesas rudes. Mudou-se para um quarto só seu, fez o juramento solene de não beber nada mais forte do que chá e impôs-se um rigoroso autoaperfeiçoamento capaz de extirpar todos os traços de sua origem humilde de camponês. Procurou criar uma nova imagem para si mesmo, imitar "aqueles jovens metalúrgicos urbanos que tinham vida independente e não se destruíam com vodca", como ele mesmo deixou escrito. Economizava para cortar o cabelo no estilo polonês e para comprar um paletó elegante com botões de madrepérola e um boné com faixa de veludo, exatamente como era hábito entre os operários aristocratas. Para os domingos, comprou um terno, um relógio para o bolso do colete, um chapéu de palha e um par de belos sapatos. Ao custo de quinze copeques, adquiriu ainda um *Self-teacher of Dance and Good Manners* [Manual de dança e boas maneiras], que o advertia a não limpar o nariz com o guardanapo e o instruía a comer iguarias como alcachofras e aspargos. Mas, como ele mesmo admitiria mais tarde, "nem mesmo sabia se essas coisas pertenciam ao reino animal, vegetal ou mineral".[50]

O autoaperfeiçoamento era uma aspiração bastante natural entre operários especializados, todos, como Kanatchikov, ansiosos por superar suas origens camponesas e alcançar o status social que seu senso de dignidade cada vez maior os fazia sentir que mereciam. Muitos alimentavam sonhos de se casar com filhas da pequena burguesia e de se estabelecer com pequenas lojas ou outros empreendimentos de menor porte. E devoravam diários como *Petersburgskii listok* [Folha de Petersburgo], que esposava os ideais vitorianos, orientando seus leitores em questões de bom gosto e decoro, além de entretê-los com histórias sensacionais sobre personagens ricos e glamourosos.

Era de esperar que essa busca por respeitabilidade fosse acompanhada por um certo pedantismo por parte da elite operária, uma preocupação excessiva em se distinguir da massa "obscura" de trabalhadores camponeses. E isso implicava comportar-se de modo discreto e "cultivado".* Mas entre os operários de origem camponesa, como Kanatchikov, que mais tarde juntar-se-iam aos bolcheviques, essa compostura frequentemente era levada a exageros. A sobriedade desses homens tornou-se um puritanismo militante, como se, através de suas maneiras convenientes e ascetas, pelo consumo de chá e pela autodisciplina, pudessem banir inteiramente o passado rural. "Éramos da opinião de que nenhum socialista consciente devia beber vodca", recordou um desses bolcheviques. "Condenávamos até o fumo. Propagávamos a moralidade no sentido mais estrito da palavra." Era por essa razão que tantos bolcheviques que formavam a base do movimento revolucionário se abstinham de ligações românticas, embora no caso de Kanatchikov isso possa ter tido mais a ver com seu calamitoso fracasso com as mulheres. Os operários revolucionários, ele posteriormente reconheceu, "desenvolviam uma atitude negativa em relação à família, ao casamento e mesmo em relação ao sexo feminino". Viam-se como homens "predestinados", de destinos atados por inteiro à causa da revolução, o que podia ser corrompido pelo "contato com garotas". Tão contidos eram esses proletários pioneiros, que as pessoas não raro os tomavam por pashkovitas, membros de uma pia seita bíblica. Mesmo a polícia às vezes se confundia quando recebia instruções para aumentar a vigilância sobre operários "revolucionários" que só bebiam chá.[51]

Foi através de seus colegas bebedores de chá que o jovem Kanatchikov se envolveu nos "círculos de estudo" clandestinos (*kruzhkt*), devotados à leitura de tratados socialistas e à educação proletária. De início, a maioria desses grupos era organizada por estudantes populistas. Mas, no final da década de 1890, quando Kanatchicov mudou-se para São Petersburgo e entrou para uma dessas rodas, a tarefa passara às mãos dos marxistas. Para Kanatchikov, assim como para tantos outros operários "conscientes", a principal atração desses círculos era a abertura para um novo mundo de conhecimento, a apresentação a textos de Puchkin e de Nekrasov, a livros de ciência, de história, de aritmética e gramática, ao teatro e a concertos, assim como aos tratados marxistas populares na época. Tudo isso lhe propiciava a sensação de estar sendo elevado a um nível cultural superior ao da maioria dos proletários, que passavam o tempo de lazer nas tavernas. Mas ele e seus camaradas

* Aqui estão as raízes do peculiar conceito russo de *kul'turnost'*, que se refere à ostentação de boas maneiras, e não a ser instruído. O termo originou-se do conceito ocidental de "refinado", adquirindo nova conotação na língua russa. Essa distorção etimológica só poderia ter ocorrido num país como a Rússia, que lutava para se livrar de seu passado camponês e para alcançar símbolos externos de posição social comuns no Ocidente, uma vez que não era possível alcançar as suscetibilidades morais mais profundas da civilização europeia.

ainda sentiam-se pouco à vontade na companhia das camadas médias liberais que patrocinavam esses estudos. Ocasionalmente, como recorda Kanatchikov, eles seriam levados "para demonstrações" em casas burguesas elegantes:

> Nosso guia da *intelligentsia* nos apresentaria em voz alta, enfatizando as palavras: "operários conscientes". Então éramos regalados com chá e todos os tipos de petiscos estranhos, que hesitávamos em tocar, com receio de cometer algum equívoco embaraçoso. Nossas conversas com esses liberais tinham um caráter muito artificial. Eles nos perguntariam sobre esse ou aquele livro que tínhamos lido, nos questionariam sobre como vivia a massa de trabalhadores, o que pensavam, se tinham interesse em se organizar. Alguns nos interrogariam se líamos Marx. Qualquer estupidez que murmurássemos em nossa confusão seria recebida com beneplácito condescendente.

Ao sair dessas reuniões, Kanatchikov e seus amigos "respirariam aliviados e ririam da falta de compreensão dos anfitriões a respeito da vida dos trabalhadores". Embora na superfície concordassem com seus mentores estudantes de que os liberais poderiam ser úteis à causa revolucionária, "uma espécie de hostilidade em relação a eles, um sentimento de desconfiança, crescia dentro de nós.[52] Era precisamente esse sentimento de desconfiança, a certeza dos operários de que suas próprias aspirações não eram as mesmas dos liberais", que apressou a queda do Governo Provisório em 1917.

Nessa época, a concepção que Kanatchikov tinha de socialismo era extremamente maleável. E o mesmo aplicava-se à maioria dos proletários. Eles consideravam difícil abordagens mais complexas ou pensar em termos abstratos, mas eram receptivos a propagandas na forma de panfletos simples, apresentando histórias que pontificavam a exploração cotidiana dos operários. As obras de Gorki eram muito populares. Desde que escapara de Krasnovidovo, ele vagara pelo país, sustentando-se com empregos ocasionais, até conhecer o romancista e crítico V. G. Korolenko, que o encorajou a escrever. Em meados da década de 1890, Gorki tornara-se uma celebridade nacional, o primeiro autor de qualidade a emergir do submundo urbano de trabalhadores migrantes, vagabundos e ladrões que suas histórias representavam com tanta vivacidade e compaixão. Vestido como um operário simples, com seu bigode de morsa e seus traços fortes, Gorki foi recebido como um fenômeno nos salões da *intelligentsia* radical. Os operários tinham facilidade em se identificar com seus personagens e enredos, pois estes concentravam-se nas preocupações do dia a dia dos trabalhadores e, como o pseudônimo do escritor, capturavam o espírito de desafio e revolta reinante nas fábricas (*gor'kii* significa "amargo" em russo). Além do mais, a óbvia simpatia de Gorki pelo operário industrial e sua igual antipatia pela Rússia camponesa "retrógrada" do passado formulavam um novo conjunto de ideais e valores morais úteis a trabalhadores que, como Kanatchikov, estavam tentando se libertar de suas próprias raízes. Numa passagem famosa de *Minha Infância* (1913), Gorki se perguntava por que recordava todos os incidentes de crueldade e sofrimento que marcaram seus primeiros anos de vida; e deu uma resposta com a qual muitos trabalhadores, como Kanatchikov, teriam concordado:

> Quando tento recordar aquelas vis abominações da existência bárbara na Rússia, às vezes me descubro perguntando: vale a pena recordá-las? E com convicção ainda maior descubro que a resposta é sim, pois aquela era a verdade repugnante que ainda é válida até hoje. E aquela verdade que deve ser conhecida até suas raízes mais fundas, para que estas sejam arrancadas inteiramente e assim apagadas por completo da memória, da alma do homem, de toda nossa vida opressiva e vergonhosa.

Todos os personagens das histórias de Gorki eram divididos em bons e maus — ambos definidos segundo suas classes sociais — com poucas nuanças e variações. Esse absolutismo moral também tinha apelo para a crescente consciência de classe e consciência revolucionária dos proletários. Mas, talvez acima de tudo, era o espírito de revolta na escrita de Gorki que a tornava tão inspiradora. *Petrel, o procelário* (1895), sua bombástica elegia ao herói revolucionário romântico, disfarçada sob a forma de um falcão voando por sobre ondas espumosas, tornou-se o hino dos revolucionários e circulou clandestinamente em centenas de cópias impressas, datilografadas e manuscritas. Como a maioria dos operários, Kanatchikov sabia os versos de cor:

> Intrépido Petrel, mesmo que morras,
> Sempre viverás como um exemplo
> Na canção dos ousados e firmes de espírito,
> Como um chamado orgulhoso à liberdade e à luz![53]

Os trabalhadores também gostavam de ler histórias sobre a luta popular pela libertação em terras estrangeiras. “Se eram os albigenses lutando contra a Inquisição, os garibaldianos ou os nacionalistas búlgaros, víamos a todos como nossos irmãos em espírito”, escreveu Kanatchikov. Não importava que esses heróis estrangeiros enfrentassem batalhas muito diferentes das travadas pelos operários, pois estes eram rápidos em reinterpretar essas histórias no contexto russo. Na verdade, a censura literária sobre os “revolucionários” locais, como Pugachev ou os dezembristas, os obrigava a olhar para o exterior, em busca de alento. Na velha e boa tradição russa de ler nas entrelinhas, eles assumiram a luta dos holandeses contra a Inquisição como um exemplo tocante do espírito e da organização de que precisariam em sua própria batalha contra a polícia. Era o conteúdo emocional da história, sua representação poética do rebelde como aquele que luta por liberdade e justiça, que tornava tais histórias tão arrebatadoras. Com elas, Kanatchikov escreveu, "aprendemos o significado de abnegação, da capacidade do sacrifício pessoal em benefício do bem comum".[54] Ao se identificarem com os destemidos defensores da emancipação humana de diferentes partes do planeta, converteram-se à causa da revolução.

A atração especial exercida pelo marxismo provinha da importância que essa doutrina atribuía ao papel da classe operária e à ideia de progresso. Os populares panfletos marxistas do final da década de 1890, que pela primeira vez atraíam grandes números de operários para a causa, levavam para casa as lições da crise de fome de 1891: que os camponeses estavam fadados a desaparecer como resultado do progresso econômico; que eram uma relíquia do passado retrógrado da Rússia e que seriam varridos pela indústria; e que a crença dos populistas na comuna (à qual muitos dos operários de origem camponesa ainda aderiam) não era mais sustentável. Apenas o marxismo podia explicar aos proletários por que seus pais camponeses haviam empobrecido tanto e por que eles mesmos haviam sido forçados a migrar para as cidades. Havia, portanto, um elo estreito entre o apego de Kanatchikov à exaltação marxista da industrialização e do progresso e sua rejeição psicológica ao passado camponês. Como muitos trabalhadores vindos do campo, o jovem investiu muito de sua própria personalidade no ideal de libertação através da indústria. Ele encontrava "poesia" nos "fragores e resfôlegos" da fábrica. Para operários como ele, o marxismo parecia uma "ciência" moderna que explicava em termos simples por que o mundo em que viviam era estruturado de tal modo, e como podia ser transformado.

Muitas pessoas argumentam que o marxismo agia como uma religião, pelo menos em sua forma popular. Mas operários como Kanatchikov acreditavam com a máxima seriedade que os ensinamentos de Marx eram uma ciência, em pé de igualdade com as ciências naturais; e seria injusto afirmar que a crença desses homens nada mais era do que uma forma de fé religiosa. Havia, porém, um dogmatismo óbvio na visão de muitos desses proletários, que facilmente podia ser tomado por fanatismo religioso. Isso se manifestava no ar de desdém com que muitos operários, tendo alcançado conhecimentos mais pormenorizados do entendimento marxista, demonstravam em relação àqueles que ainda não tinham ascendido a tais alturas. Certa feita, um "camarada" cheio de arrogância, mesmo na iminência de ser preso, xingou o policial de "idiota" porque "nunca lera Marx" e "nem mesmo sabia o que eram política e economia".[55] Esse dogmatismo tinha muito a ver com a escassez relativa de ideias políticas alternativas, que poderiam pelo menos ter levado os trabalhadores a ver a doutrina marxista com um pouco mais de reserva e ceticismo. Mas também tinha suas raízes no modo como a maioria dos trabalhadores havia entrado em contato com ideias filosóficas. Quando se aprende, já adulto, aquilo que as crianças normalmente conhecem nos bancos escolares, com frequência considera-se difícil ir além de ideias abstratas mais simplórias. Estas tendem a se arraigar no raciocínio, tornando-se resistentes à absorção posterior de conhecimentos em níveis mais sofisticados. Adultos educados tardiamente veem o mundo em preto e branco porque suas noções estreitas obscurecem quaisquer outros matizes. O marxismo exerceu esse efeito sobre proletários como Kanatchikov. A doutrina dava-lhes uma solução simples para os problemas do "capitalismo" e para o atraso, sem exigir que pensassem de maneira independente.

Para um trabalhador, se comprometer com o movimento operário militante era ter a certeza de que seria perseguido. A polícia local, uma vez tendo ouvido que um proletário desenvolvia atividades políticas, logo faria com que fosse demitido da fábrica como causador de problemas. Mas devido à imensa demanda por trabalho especializado durante o crescimento industrial, operários como Kanatchikov tinham facilidade em conseguir novas colocações no mercado de trabalho. Eles perambulavam de fábrica em fábrica, organizando clubes e associações ilegais de proletários, até que a polícia os pegasse novamente e os forçasse a deixar o emprego. Frente a uma vida tumultuada, os militantes de vontade menos férrea optavam por retornar à segurança de suas aldeias nativas. Mas para trabalhadores como Kanatchikov isso era impensável. Eles já tinham se comprometido com o movimento revolucionário e sua identidade era fundamentada nessa participação. Voltar ao atraso da aldeia minaria suas percepções de si mesmos, conquistadas a duras penas. A única alternativa era se juntar ao movimento revolucionário clandestino. A camaradagem que eles encontravam nesse movimento era em parte compensada pelo desenraizamento que muitos deles devem ter sentido enquanto se mudavam de uma cidade para outra. A organização partidária se tornou "o lar e o aconchego familiar" dos trabalhadores, como colocou Kanatchikov. Os "companheiros de luta" assumiam "o lugar de irmãos, irmãs, pai e mãe". Pertencer a essa comunidade secreta tinha também um apelo romântico peculiar, como um outro operário bolchevique explicou: "O risco constante de prisão, o sigilo de nossas reuniões e a certeza de que deixara de ser apenas um grão de areia, deixara de ser um simples operário, e passara à posição de membro de uma organização que era perigosa e ameaçadora para o governo e para os ricos — tudo isso era novo e estimulante."[56]

Esse sentimento de pertencer ao partido e de ser parte de sua missão histórica funcionava como um amálgama das divisões sociais entre os operários e a intelectualidade marxista. No início, a camaradagem era mais forte do que a classe. Mas cada vez mais o relacionamento entre operários e intelectuais era marcado por tensão e desconfiança. Os operários estavam começando a se organizar. As greves de meados da década de 1890 foram os primeiros rompantes do movimento operário independente. A maioria dessas paralisações foram lideradas pelos próprios trabalhadores especializados, embora os intelectuais marxistas do Partido Social-Democrata tivessem um importante papel secundário em espalhar propaganda que ajudava a fazer as greves tão amplas e eficazes. Nesse estágio, os marxistas ainda estavam aferrados à ideia de agitação de massa para greves. Mas no fim da década, muitos começaram a alegar que o movimento operário, com seu foco estreito em questões de sobrevivência, não era forte o bastante para derrubar o governo tsarista. Eles reivindicavam um movimento político mais abrangente, no qual a disciplina e a organização dos social-democratas, e não dos próprios trabalhadores, desempenhariam o papel principal. Aqui estava a raiz do conflito entre os objetivos econômicos do movimento operário e as ambições políticas da *intelligentsia* revolucionária, um conflito que racharia todo o movimento marxista da Rússia.

Com um pé na fábrica e outro na clandestinidade revolucionária, Kanatchikov agora tinha que escolher entre os dois caminhos. Às vésperas da Revolução de 1905, conforme aprendemos a partir da última e orgulhosa frase de suas memórias, ele deixou a fábrica e tornou-se, em tempo integral, um "revolucionário profissional" do Partido Bolchevique.

IV.

Tinta vermelha

1. No interior da fortaleza

Na boca do rio Neva, no lado diretamente oposto ao Palácio de Inverno, situa-se a Fortaleza de Pedro e Paulo. Erguida em 1703 por Pedro, o Grande, como bastião contra a esquadra sueca, foi a primeira construção de São Petersburgo, e durante vários anos funcionou como capital do vasto império tsarista. Uma vez edificado o restante da cidade — sobre os ossos de servos que morreram nas obras —, a pequenina ilha-fortaleza deixou de ser sede do governo imperial, mas continuou a simbolizar seu extraordinário poder. As tumbas dos tsares foram mantidas na catedral da fortaleza, cujo pináculo dourado levantava-se como uma agulha sobre o centro da capital. E no interior das espessas paredes de pedra e sob as oito torres da fortaleza escondia-se a mais infame de todas as prisões políticas do regime. A lista de encarcerados era uma relação honorífica dos movimentos radicais e revolucionários russos: Radishchev; os dezembristas; os Petrashevtsy; Kropotkin; Chernyshevsky; Bakunin, Tkachev; Nechaev; populistas e marxistas; operários e estudantes — todos sofreram naquelas celas úmidas e sombrias. Em dois séculos como cadeia, nem um só prisioneiro escapou da fortaleza, embora muitos encontrassem uma forma diferente de libertação, pelo suicídio ou pela insanidade.

Essa "Bastilha russa" não guardava apenas subversivos perigosos; era também um cativeiro da imaginação popular. Canções e baladas folclóricas representavam a fortaleza como um inferno vivo. Abundavam lendas de como prisioneiros eram submetidos a torturas, de como enlanguesciam em masmorras escuras e tomadas por bichos asquerosos, ou de como enlouqueciam em meio ao silêncio cavernoso (que fazia parte do regime prisional). Contavam-se histórias de cativos mantidos em celas tão ínfimas que não conseguiam ficar de pé nem deitar, sendo obrigados a se curvar como se fossem bolas; após certo tempo, seus corpos ficavam curvados e deformados. Havia histórias de execuções secretas, de prisioneiros forçados a cavar os próprios túmulos no rio congelado, à noite, antes de serem afogados nas águas glaciais. Na mente da gente comum, a fortaleza tornara-se um símbolo monstruoso do despotismo sob o qual viviam, um símbolo de seus medos e da falta de liberdade, e o fato de estar localizada no meio de São Petersburgo, de situar-se num local por onde as pessoas passavam todos os dias, apenas fazia com que seus horrores secretos parecessem mais medonhos.

Na verdade, as condições da prisão não eram tão ruins quanto cria o povo. Comparadas com as condições com que tiranias do século XX trataram suas vítimas, a fortaleza era como um hotel confortável. A maioria dos presos tinha acesso a comida e a tabaco, a livros e papel para escrever, e podia receber cartas de parentes. O bolchevique Nikolai Bauman teve, inclusive, permissão para ler *O capital*, de Marx, durante sua estada na prisão. Vários clássicos da literatura russa foram escritos no silêncio daquelas celas, entre eles O *pequeno herói*, de Dostoiévski, a peça *Os filhos do sol*, de Gorki, e o romance *Que fazer?*, de Chernyshevsky, que se tornou um texto profícuo do movimento revolucionário.* A imagem pública da fortaleza — a de que era abarrotada de prisioneiros, a ponto de quase explodir, com dezenas de milhares de homens enclausurados havia longo tempo — não podia ser mais distante da verdade. Nunca houve mais do que cem encarcerados ao mesmo tempo e, depois de 1908, nunca mais de trinta. Poucos passaram mais de um mês na fortaleza, antes de serem transferidos para cadeias de província. Em fevereiro de 1917, quando o local foi finalmente tomado pela multidão, o anticlímax da realidade foi a soltura de apenas dezenove presos (todos soldados amotinados aprisionados há alguns dias). Mas isso não interferiu nas expectativas míticas dos revolucionários. O evento foi retratado como o triunfo da Liberdade sobre o Despotismo.

A reinvenção da fortaleza foi um aspecto vital da demonologia revolucionária. Se o regime tsarista devia ser representado como cruel e opressor, furtivo e arbitrário em seus poderes penais, então a fortaleza era um símbolo perfeito desses pecados. Durante a segunda metade do século XIX, exatamente quando o tratamento dos presos tornou-se mais benevolente, a vida dentro das muralhas de Pedro e Paulo foi descrita em textos de ex-internos com horror exagerado. Houve um furor de memórias góticas carcerárias ao longo das duas últimas décadas do tsarismo, e essas histórias alimentavam o apetite popular por mártires revolucionários. Como disse Gorki, ao ser questionado por que se recusara a acrescentar suas lembranças

---

* O romance de Chernyshevsky foi publicado quando ele ainda estava preso na Fortaleza de Pedro e Paulo — e logo depois foi banido!

à pilha já existente: "Todo russo que alguma vez já sentou numa cela, mesmo que só por um mês, na condição de 'preso político', ou que passou um ano no exílio, considera dever sagrado legar ao país as recordações do quanto sofreu."[1]

Para os críticos do tsarismo, a Fortaleza de Pedro e Paulo era um microcosmo do regime. A Rússia, observou o marquês de Custine após visitar a prisão na década de 1830, "é em si mesma uma cadeia, uma cadeia cujas dimensões enormes apenas a tornam mais formidável". A estrutura básica do Estado policial tsarista fora formada sob Nicolau I após o levante dezembrista de 1825, quando um grupelho de nobres liberais conspirou — como colocou Puchkin, "entre o vinho tinto e o champanhe" — para, aproveitando-se da morte de Alexandre I, impor uma Constituição à monarquia. Nicolau introduziu leis avassaladoras para abafar dissidências: entre elas, um novo código de censura (1826), que fez da Rússia o único país europeu da época no qual todos os textos passavam pelo crivo do Estado *antes* de serem publicados. A Terceira Seção, ou polícia secreta, criada no mesmo ano, tinha o poder de deter e de mandar para exílio administrativo na Sibéria qualquer um *suspeito* de "crime político". E essa também era uma sanção inexistente no restante da Europa. Além do mais, nenhum outro país do mundo tinha dois tipos de polícia — uma para proteger os interesses do Estado, outra para proteger o povo.

Mas foi só em fins do século XIX, com a chegada do telégrafo e da telefonia, que a engrenagem do Estado policial tornou-se realmente eficiente. A Okhrana, que em 1881 assumiu as funções da Terceira Seção, travou o que pode ser descrito como uma guerra secreta, usando prerrogativas especiais, não previstas em lei, para combater os revolucionários. Tinha milhares de agentes e informantes, muito deles fazendo-se passar por simpatizantes do movimento revolucionário, que se infiltravam em fábricas, universidades, tropas e instituições burocráticas. Porteiros faziam relatórios diários para a polícia. Centenas de funcionários eram lotados numa repartição ultrassecreta, encarregada de vasculhar correspondência interceptada. "Toda São Petersburgo sabe que suas cartas são lidas pela polícia", queixou-se a condessa Vorontsova a Nicolau II. Havia uma quantidade enorme de atividades que mesmo os cidadãos mais bem-nascidos só poderiam exercer se obtivessem permissão oficial: realizar um concerto, abrir uma loja ou consultar obras de Darwin. De fato, da perspectiva do indivíduo, poder-se-ia estabelecer da seguinte forma a maior diferença entre a Europa Ocidental e a Rússia: na primeira, os cidadãos eram livres para agir como quisessem, contanto que suas atividades não fossem especificamente proibidas pelo Estado; já na segunda, fosse sob o tsarismo ou sob o comunismo, o povo não tinha liberdade para nada, a menos que o Estado desse permissão expressa para iniciativas mínimas. Nenhum súdito do tsar, independente de posto ou classe social, podia dormir com tranquilidade, seguro de que sua casa não sofreria uma busca noturna, na qual ele próprio poderia ser preso.[2]

Essa batalha constante com a repressão oficial engendrou um tipo peculiar de mentalidade entre seus adversários. Pode-se traçar uma linha reta ligando os rigores penais do regime tsarista ao terrorismo dos revolucionários e ao Estado tirânico dos bolcheviques. Como afirmou Flaubert, "dentro de cada revolucionário existe um policial". Felix Dzerzhinsky (1877-1926), fundador da Cheka, foi um caso clássico. Até 1917, consumira a melhor parte de sua vida adulta em prisões e no exílio, com passagem de três anos pela cadeia de Orel, notória por suas torturas sádicas. Lá, como líder de uma greve de fome, foi o escolhido para receber punição exemplar (a história diz que seu corpo ficou coberto de cicatrizes). Uma vez aboletado no poder, utilizaria muitos desses métodos de sevícias ao longo do Terror Vermelho. Mas Dzerzhinsky foi somente uma das inúmeras caças transformadas em caçador. Em 1917, a média dos ativistas do Partido Bolchevique passara quase quatro anos em prisões imperiais ou exilada; a média dos mencheviques, cerca de cinco anos. A prisão embrutecia os revolucionários, preparava-os para a "luta", proporcionando-lhes motivos pessoais para odiar o velho regime e para buscar vingança contra seus representantes. Kanatchikov, que perdeu sete anos de sua vida encarcerado em celas tsaristas, alegou que, para trabalhadores como ele, a prisão funcionava como uma espécie de "seleção natural": "os fracos de espírito abandonaram a revolução e, muitas vezes, a própria vida, mas os fortes e firmes de propósito robusteceram-se ainda mais e armaram-se para batalhas futuras." Seis anos depois, Kanatchikov soube que um dos juízes que o haviam condenado ao encarceramento, em 1910, fora fuzilado pelos bolcheviques. "Isso me deu grande satisfação", ele confessou.[3]

Justificar a violência em nome da revolução não era exclusividade dos bolcheviques. Entre a elite instruída havia um culto generalizado à rebeldia. A "*intelligentsia*" (palavra de origem russa) local era menos uma classe do que um estado de espírito: por definição, significava ser oposição radical e inflexível ao regime tsarista e desejar tomar parte da luta por sua derrubada. A trajetória do movimento revolucionário é a trajetória da intelectualidade. A maioria dos líderes bolcheviques eram, antes de tudo, intelectuais. Suas cabeças eram cheias de literatura e história europeia, especialmente no tocante aos eventos franceses de 1789 e 1848. "Fomos forjados mais pelos livros do que pela vida real", registrou Lydia Dan, uma menchevique.[4] E nenhum outro grupo de intelectuais provocou tamanho impacto no mundo do século XX.

Aqueles que se viam como *intelligenty* (estudantes, escritores, profissionais liberais etc.) tinham um conjunto de normas éticas próprio e partilhavam códigos de vestimenta e linguagem, noções de honra e companheirismo, para não mencionar os salões e cafeterias, clubes e círculos sociais, jornais e outras publicações, que os mantinham à parte do restante da sociedade privilegiada da qual quase todos eram originários. Muitos deles compartilhavam até a aparência física — cabelos longos e despenteados, barbados e de óculos, características que se tornaram marca registrada de esquerdistas e revolucionários de todo o mundo.* O filósofo Nikolai Berdyaev uma vez comparou a *intelligentsia* russa a uma "ordem monástica" ou "seita religiosa"; e é fato que muito da mentalidade desse grupo tinha similaridades com o cristianismo. Tomemos, por exemplo, a rejeição que nutriam pela ordem existente, considerada por eles pecaminosa e corrupta; ou a imagem que tinham de si mesmos, defensores impolutos da "causa do povo"; ou sua crença quase mística na existência da verdade absoluta. A intelectualidade radical tinha veneração religiosa pelo cânone literário da revolução. Ariadna Tyrkova-Williams recorda como, na década de 1880, sua irmã adolescente "assistia às orações da tarde na igreja, levando consigo, às escondidas, um exemplar de versos revolucionários. Enquanto os outros liam a Bíblia, ela clamava por revolta e terror."[5]

Essa tradição vinha dos dezembristas, cuja execução, em 1826, produzira os primeiros mártires do "movimento". Gerações mais jovens tiravam inspiração romântica do autossacrifício daqueles nobres jacobinos. A partir de então — e ali nascia a obsessão por pertencer aos grupos adversários ao regime — tornou-se moda que os filhos da fidalguia evitassem ingressar no serviço público, "por questões de princípios". Como explicou Chicherin, era uma traição moral deixar-se ser usado "como instrumento direto de um governo que reprimia, sem misericórdia, todo pensamento e todas as luzes". A oposição empedernida ao Estado imperial e a todos os seus burocratas, por mais humildes que fossem, era uma questão de honra. Consideremos a história de Anatolii Dubois, estudante da Universidade de São Petersburgo que, em 1902, se recusou ("por princípios") a cumprimentar um sargento da polícia. O homem, que registrava o novo endereço do aluno, dera início a uma conversa amistosa e, ao se despedir, estendera a mão direita apenas para ser cortês. O rapaz não retribuiu o gesto. Um relatório policial foi entregue ao reitor, e Dubois, expulso — acabou juntando-se ao movimento revolucionário e preso, no ano seguinte. Esse foi um exemplo típico de como agia o Estado repressor imperial, usando de punições estúpidas e forçando uma classe média dissidente aos subterrâneos revolucionários onde se desenvolvia a tradição terrorista (a história de Lênin é bastante parecida com a de Dubois). Os intelectuais radicais rejeitavam, com grande dose de desdém, qualquer concessão ao "regime"; e, segundo eles, apenas a luta por meio de violência levaria à derrocada do tsarismo. O liberalismo era acusado de paliativo. A lei era desprezada como ferramenta do Estado: era tida pelas camadas médias como moralmente inferior às normas consuetudinárias

* O pai de Lydia Dan tinha um modo divertido de zombar desses radicais. Rapazes, ele dizia, não aparam o cabelo sob pretexto de que não têm tempo para isso; mas as moças mantêm as madeixas curtas sob alegação de que precisam economizar tempo. Mulheres frequentam a universidade porque esse é um indício de progresso; os homens fogem do sistema educacional porque isso também é ser progressista.

camponesas e aos interesses da justiça social — o que justificava o desrespeito às determinações legais. Esse foi o frágil fundamento moral do sentimento revolucionário que tomou conta das mentes das classes intermediárias e intelectuais no final do século XIX. Vera Figner, uma terrorista, mencionou "o culto à bomba e à arma", no qual "o assassinato e o cadafalso têm um fascínio magnético". Nos círculos da *intelligentsia*, era considerado de "bom-tom" simpatizar com atos de extrema violência e muitos cidadãos de posses doaram quantias vultosas para a causa desses homens e mulheres sanguinários.[6]

É impossível compreender tamanho extremismo sem primeiro avaliar o isolamento cultural da intelectualidade russa. As tendências políticas faziam com que essa pequenina elite estivesse ilhada da Rússia oficial; e sua educação a mantinha afastada da Rússia camponesa. Os dois abismos eram intransponíveis. Mas talvez fosse ainda mais importante o fato de estar apartada do restante do mundo cultural europeu que procurava imitar. Em consequência, como demonstrou tão bem Isaiah Berlin, as ideias que importavam do Ocidente (e quase todas as ideias russas eram nascidas além das fronteiras do país) tendiam a se congelar em dogmas abstratos assim que eram incorporadas pela intelectualidade local. Na Europa, ideias novas rivalizavam com doutrinas e atitudes várias, fazendo com que o povo tendesse a um ceticismo saudável diante de alegações de verdades absolutas e fazendo florescer um pluralismo salutar. Mas na Rússia havia o vácuo cultural: o censor proibia toda expressão política e, assim, ideias contrabandeadas ganhavam status de dogma sagrado, de panaceia para todos os males do mundo, impermeáveis a questionamentos e até mesmo à necessidade de serem testadas pela vida real. Um modismo intelectual europeu após o outro disseminar-se-ia por São Petersburgo — hegelianismo na década de 1840, darwinismo duas décadas depois, marxismo em 1890. E a sua vez, cada um desses autores era visto como o detentor da verdade final.[7] Havia algo de bom nessa estranha busca por soluções apocalípticas — como a paixão por grandes ideias que deu à literatura russa do século XIX caráter e força únicos — mas o lado mais sinistro desse idealismo desaguou num didatismo emblemático, num dogmatismo moral, numa intolerância que, a seu próprio modo, eram tão nocivos quanto a censura a que se opunham. Convencidos de que suas verdades eram a chave para o futuro do planeta, que o destino da humanidade dependia do resultado de suas lutas doutrinárias, a intelectualidade russa dividia o mundo em forças do "progresso" e forças da "reação", amigos e inimigos da causa do povo, não deixando espaço para dúvidas entre as duas opções. Ali estavam as origens da visão totalitária. Embora nenhum dos dois teria gostado de admitir, havia muito em comum entre Lênin e Tolstói.

O sentimento de culpa era a inspiração psicológica da revolução. Quase todos esses intelectuais radicais tinham aguda consciência da riqueza e do privilégio de que desfrutavam. "Percebemos que nosso conhecimento da verdade universal só poderia ter sido alcançado ao custo do sofrimento ancestral do povo. Éramos devedores do povo e esse débito pesava em nossa consciência", escreveu o pensador radical Nikolai Mikhailovsky. Como filhos da nobreza criados em mansões por servos domésticos, muitos deles nutriam uma sensação especial de culpa pois, como assinalou Marc Raeff, esses "pequenos mestres" não raro haviam sido autorizados a tratar suas babás e "tios" (cuja função era brincar com eles) com menosprezo cruel.* Mais tarde, esses fidalgos arrependidos recorreriam à revolução para tentar reparar suas faltas para com "o povo". Eles imaginavam que, se pudessem assegurar a libertação da gente simples, o pecado original — ter nascido na abastança — seria redimido. A literatura russa do século XIX foi dominada pelo tema da penitência do pecado do privilégio. Tomemos o caso do príncipe Levin, em *Anna Karenina*, de Tolstói, que trabalha a terra lado a lado com os camponeses e sonha em presenteá-los com os lucros da lavoura, de modo a produzir uma "revolução sem sangue": no lugar da pobreza haveria fartura e felicidade para todos; em vez de hostilidade, concórdia e uma rede de interesses comuns.[8]

O primeiro passo rumo à reconciliação era mergulhar na vida cotidiana do povo. A curiosidade romântica por cultura folclórica que assolou a Europa no século passado foi exacerbada pela *intelligentsia* russa. Em 1908, Blok escreveu (e aqui há apenas uma leve pitada de ironia):

> a *intelligentsia* entulha estantes com antologias de canções folclóricas russas, épicos, lendas, encantamentos, endechas; pesquisa a mitologia, ritos de casamento e de funeral; chora pelo povo; vai até o povo; enche-se de esperanças sublimes; cai em desespero; desiste da própria vida, enfrenta execuções e a morte pela causa do povo.

Atormentada pela culpa do privilégio, a intelectualidade faz oferendas ao altar do "povo". Acredita piamente em sua missão de servir ao povo, assim como seus pais fidalgos confiavam que era preciso estar a serviço do Estado. E nessa visão de mundo, o "bem do povo" é a meta suprema, à qual todos os outros princípios, como lei ou moral, devem se subordinar. Eis a origem da máxima revolucionária de que quaisquer meios podem ser justificados nos interesses da revolução.

Para muitos desses revolucionários bem-nascidos, a principal atração exercida pela "causa" não estava na satisfação que poderiam experimentar ao ver o povo vivendo em melhores condições. O fascínio residia na busca romântica de uma sensação de "plenitude" que poderia garantir significado mais elevado a suas existências e dar fim à alienação que os mantinha alheios ao mundo. Certamente

* Aias camponesas e criados sequer eram chamados pelos nomes, mas por apelidos como Masha ou Vanka. Portanto, lhes era negado o reconhecimento mais básico de sua personalidade.

esse era o caso de Mikhail Bakunin, fundador do anarquismo russo, conforme demonstrou, de modo brilhante, seu biógrafo Aileen Kelly. Foi a necessidade pessoal do rico fidalgo Bakunin de "identificar-se com uma entidade coletiva de peso" que o levou a sublimar seu ego (que, por sinal, era imenso) na noção abstrata da causa do povo. Em larga medida, a história do movimento revolucionário é a prosopografia dos que nele se envolveram, ligados por algum tipo de afinidade, quer fossem intelectuais nobres ou burgueses à procura da sensação de pertencer a algo maior do que si mesmos. Eles imaginavam ter encontrado tal sentimento na atmosfera de clã dos subterrâneos revolucionários.

Quanto ao compromisso com o "povo", tratava-se de uma quimera. Eles amavam o Homem, mas não estavam seguros se gostavam de indivíduos. M. V. Petrashevsky, o teórico utopista, resumiu essa noção ao declarar: "Incapaz de encontrar algo em mulheres ou em homens digno de minha devoção, pus-me a serviço da humanidade". Nessa abstração idealizada do "povo" perdurava o desprezo esnobe com que os aristocratas tendiam a considerar os hábitos da gente simples. Como explicar as atitudes autoritárias de revolucionários como Bakunin, Speshnev, Tkachev, Plekhanov e Lênin, se não por suas origens fidalgas? Era como se vissem o povo como agentes de suas doutrinas fantásticas e não como indivíduos sofredores com necessidades e ideais próprios e complexos. Ironicamente, os interesses da "causa" às vezes significavam que as condições de vida da gente simples tinham que se deteriorar ainda mais, para assim produzir o cataclismo final. "Quanto pior, melhor", como dizia sempre Chernyshevsky (aludindo ao fato de que, quanto mais crítica a situação, mais vantajoso seria para a revolução). Em 1861, por exemplo, ele defendeu a emancipação dos servos *sem* garantia correspondente de acesso à terra, argumentando que tal medida resultaria "em catástrofe imediata".[9]*

Nesse desprezo pelas condições de vida da gente comum estavam os germes do autoritarismo para o qual a revolução tinha uma propensão tão trágica. Seus líderes queriam libertar o "povo" segundo suas próprias noções fantasiosas de Verdade e Justiça. Mas se o povo não quisesse ser guiado na direção proposta por eles, ou se mostrasse caótico demais para ser controlado, então os grilhões teriam que ser rompidos à força e à revelia dos interessados.

A literatura na Rússia moderna sempre foi um anódino da política. Em nenhum outro lugar a máxima de Shelley — "poetas são os legisladores oficiosos do mundo" — mostrou-se tão sinistramente relevante como na Rússia. Na ausência de

---

* Essa era uma doutrina que seria seguida por Lênin. Durante a fome de 1891, ele opôs-se à ideia de campanhas humanitárias alegando que a crise levaria milhões de camponeses destituídos a correr para as cidades e juntar-se às fileiras do proletariado: assim, o movimento revolucionário daria um passo à frente.

homens públicos dignos de crédito, a população voltava-se para seus escritores à cata de liderança moral na luta contra o tsarismo. "Eis por que se dá tanta atenção a todas as correntes literárias liberais, mesmo no caso de talentos menores, e por que a popularidade de grandes autores declina com rapidez quando se colocam a serviço da autocracia", foram as palavras de Vissarion Belinsky escritas a Gogol, em 1847. Ao longo dos séculos XVIII e XIX, a *intelligentsia* formulara seus códigos e convenções de acordo com modelos literários e com a moral que críticos extraíam das obras de ficção.[10] A crítica literária russa, iniciada por Belinsky, servia de veículo para ideias políticas, ainda que numa linguagem esópica que exigia exame cuidadoso das entrelinhas. Todos os primeiros teóricos revolucionários (Herzen, Belinsky, Dobroliubov, Chernyshevsky) escreveram basicamente sobre ficcionismo. Foi através de jornais literários da década de 1850, como *O sino*, de Herzen, e *O contemporâneo*, de Chernyshevsky, mistos de literatura com comentários sociais, que ideias básicas do movimento revolucionário passaram a atingir grande número de leitores. Nenhuma outra cultura atribuía tanta importância a periódicos eruditos. Essas publicações literárias "massudas" eram consumidas e discutidas por praticamente toda a sociedade instruída.* Não existia nada parecido no Ocidente, onde a liberdade de expressão resultara em apatia política generalizada. O *Edinburgh Review*, que no século XIX talvez fosse o equivalente mais próximo da produção de periódicos russos, era lido apenas por uma elite ínfima.

A partir de Belinsky, a missão assumida pela literatura russa tinha cunho social e didático: pôr às claras as forças motoras da sociedade e guiar o povo rumo a uma nova vida, democrática. Nenhuma outra literatura conferia tamanha importância ao romance social, que dominou o padrão ficcional desde a década de 1840, com a edição de *Pobre gente*, de Dostoiévski, até o primeiro decênio do século XX, com *A mãe*, de Gorki, obra que por sua vez tornou-se modelo para a reencarnação do romance social na sua versão sovietizada do realismo socialista. Enquanto parâmetro de instrução moral, esse tipo de romance quase sempre continha um "herói positivo" que incorporava as virtudes do Novo Homem. Compromisso com a causa do povo, com frequência à custa de grande autossacrifício, era atributo essencial desses heróis da ficção. Personagens com interesses estéticos ou voltados para questões alheias à "causa" eram "homens supérfluos", alienados da sociedade.

O mais valoroso desses heróis positivos foi Rakhmetev, do romance *Que fazer?* (1862), de Chernyshevsky. Titã monolítico que serviria de exemplo para toda uma geração de rebeldes (inclusive Lênin), ele renuncia a todos os prazeres da vida para

---

* Os jornais literários "massudos" exerceram influência similar no período soviético, com publicações como *Novyi Mir*, lido por dezenas de milhões de pessoas. Essas edições também funcionavam como propagadoras de ideias políticas num sistema em que o debate franco havia sido banido.

fortalecer sua determinação sobre-humana e fazer-se insensível ao sofrimento humano que a revolução iminente criaria. É um puritano e asceta: numa ocasião, chega a dormir numa cama de pregos para sufocar anseios sexuais. Domina o corpo com sessões de ginástica e de levantamento de peso. Dieta? Só carne crua. A mente também passa por treinamento rigoroso: leitura, "apenas a essencial" (política e ciência) durante dias e noites sem fim até que tenha absorvido a sabedoria da raça humana. Somente então o herói revolucionário parte em seu ministério de "trabalhar em benefício do povo". Nada o distrai da causa, nem mesmo as atenções amorosas de uma jovem e bela viúva, a quem repele. Leva uma vida espartana: funciona como um relógio, com horários rígidos para dedicar-se aos livros, para exercícios físicos e para todas as demais atividades do dia. Assim (e aqui está a mensagem da história), é apenas através de tamanha devoção abnegada que o Novo Homem é capaz de transcender a existência alienada do velho "homem supérfluo". A salvação está na política, nada mais do que isso.[11]

Permitir a publicação da obra de Chernyshevsky foi um dos maiores erros já cometidos pelos censores tsaristas, pois converteu mais pessoas à causa da revolução do que todas as obras de Marx e Engels juntos (o próprio Marx aprendeu russo para ler o romance no original). Plekhanov, "fundador do marxismo russo", resumiu a influência que o romance teve sobre os insurretos. Segundo ele, de *Que fazer?* "todos nós extraímos força moral e fé num futuro melhor". O teórico da revolução Tkachev considerava o texto o "evangelho" do movimento; Kropotkin o tinha por "estandarte da juventude russa". Na década de 1860, um revolucionário afirmou que a história só comportava três grandes personalidades: Jesus Cristo, São Paulo e Chernyshevsky. Lênin, cujo estilo de vida asceta tinha uma semelhança perturbadora com a rotina de Rakhmetev, leu o romance cinco vezes ao longo de um único verão. Mais tarde, reconheceu que fora crucial em sua conversão ao movimento revolucionário. "Esse livro me fez mudar por completo", disse Lênin a Valentinov, em 1904. "É uma obra capaz de transformar alguém para o resto da vida." Na opinião de Lênin, Chernyshevsky "não só mostrou que todo homem de convicções acertadas e realmente honesto deve ser revolucionário, mas também — e este é seu maior mérito — como *deve agir* um revolucionário". Rakhmetev, com sua vontade de aço e dedicação altruísta à causa, era o modelo perfeito do bolchevique.[12]

O herói de *Que fazer?* também era fonte de inspiração para estudantes niilistas da década de 1860. Sua ascese, sua crença na ciência e sua rejeição da velha ordem moral tinham forte apelo entre os jovens. O "niilismo" desses moços levou a uma rebelião contra os rabiscos artísticos da geração de seus pais (os "homens dos anos quarenta"); ao utilitarismo militante, ao materialismo e à fé no progresso, decorrências da aplicação de métodos científicos para analisar a sociedade; e a um questionamento geral de toda autoridade, moral e religiosa. Todos esses aspectos manifestavam-se numa paixão revolucionária e iconoclasta que ardia pela destruição. Dmitry Pisarev, um dos ídolos estudantis da década de 1860, incitava seus seguidores a desancar todas as instituições, sob o pretexto de que qualquer coisa capaz de ruir sob a força desses ataques não era mesmo digna de continuar de pé. Como afirmou Bakunin, já que a velha Rússia estava podre até a raiz, era uma "premência criativa" destruí-la. Esses eram os rapazes rebeldes da época. Muitos deles vinham de famílias relativamente humildes — filhos de reverendos, como Chernyshevsky, ou de origens sociais mistas (*raznochintsy*) — e assim o que entendiam por falta de valor russo era reforçado pelo fato de considerarem-se desprivilegiados. Chernyshevsky não hesitava em expressar um ódio profundo e um sentimento de vergonha pelo atraso da província de Saratov, onde crescera. "Seria melhor não ter vindo ao mundo do que nascer russo." Havia uma longa tradição de hostilidade nacional entre os intelectuais russos, proveniente do fato de viverem distantes da gente comum e de sempre terem se baseado em modelos ocidentais.[13]

Esses jovens irrequietos encontraram um outro espelho para suas atitudes em Bazarov, o herói da novela de Turgueniev, *Pais e filhos* (1862). Turgueniev (um "homem dos anos quarenta") pretendeu fazer do personagem uma caricatura monstruosa dos niilistas, os quais via como materialistas obtusos, moralmente escorregadios e artisticamente filisteus. Só mais tarde é que o autor diria que não fora essa sua intenção. Havia um paralelo extraordinário entre Bazarov e o ídolo dos estudantes Pisarev. Mas tamanho era o abismo de incompreensão existente entre pais e filhos na vida real, que os jovens radicais tomaram os defeitos de Bazarov como se fossem virtudes e o elegeram o homem ideal.

O manifesto desses jacobinos juvenis foi escrito em 1862 por Zaichnevsky, um agitador estudantil então na cadeia. Embora batizado de *Jovem Rússia*, numa paráfrase de *Jovem Itália*, tinha pouco a ver com o texto de Mazzini que lhe emprestou o título. O documento de Zaichnevsky defendia a tomada violenta do poder por um pequeno, mas muito bem disciplinado, grupo de conspiradores; a criação de uma ditadura revolucionária que levaria a cabo a transformação socialista do país e exterminaria todos os inimigos, incluindo democratas e quaisquer socialistas que esboçassem algum tipo de oposição. O manifesto poderia ter passado por uma descrição do que realmente os bolcheviques fizeram (no futuro, os bolcheviques afirmariam que o escrito havia sido produzido por eles, e não pelo estudante). Estatizar a terra e a indústria, colocar todas as crianças sob os cuidados do Estado, marcar eleições para uma nova assembleia constituinte recém-convocada de modo a garantir a vitória do governo eram algumas das metas. Aquela seria uma "revolução cruenta" mas, como pretextava Zaichnevsky, "não a tememos, muito embora saibamos que um rio de sangue correrá e que muitas vítimas inocentes perecerão". Numa das passagens mais aterradoras dos preceitos revolucionários russos, ele avaliou o preço a ser pago pela transformação social:

> Breve, muito breve, chegará o dia em que desfraldaremos o grande estandarte do futuro, a bandeira vermelha, e com um grito vigoroso de "Vida Longa à República Social e Democrática Russa!", arremeteremos contra o Palácio de Inverno para exterminar todos os que ali vivem. Pode ser que baste aniquilar apenas a família imperial, i.e., cerca de cem pessoas; mas também pode acontecer, e isso é mais provável, que todo o séquito da corte se levante como se fora um só homem para defender o Tsar, pois para eles será uma questão de vida ou morte. Se isso ocorrer, então, com fé em nós mesmos, em nossa força, no apoio do povo e no glorioso futuro da Rússia — cujo destino é ser o primeiro país a produzir o triunfo do socialismo — ergueremos nosso grito de guerra: "A seus machados!" e mataremos a corte imperial com a mesma falta de piedade que agora é demonstrada por nós. Mataremo-la nas praças, se aqueles porcos imundos ousarem aparecer por lá; mataremo-la em suas casas; mataremo-la nas vielas das cidades; mataremo-la nas avenidas das capitais; mataremo-la nas aldeias. Lembrem-se: qualquer um que não estiver conosco é nosso inimigo e todos os métodos podem ser usados para exterminar nossos desafetos.[14]

Esse novo espírito de violência era ainda mais acentuado nos escritos de Sergei Nechaev. Lênin lhes atribuía grande valor enquanto teoria de conspiração revolucionária. Nascido em 1847 numa família de servos, Nechaev foi o primeiro teórico russo da insurreição a emergir de camadas sociais inferiores e não da *intelligentsia*, como era de praxe. Aos 9 anos, foi trabalhar numa fábrica, aprendeu a ler e escrever por conta própria e, em 1866, tornou-se instrutor religioso. Na década de 1860, a propaganda que fazia entre estudantes e operários de São Petersburgo batia insistentemente na tecla da vingança de classe. "Nechaev não era produto de nossos círculos intelectuais, aos quais era alheio. Não eram as opiniões advindas do contato com esse meio que reforçavam sua energia revolucionária, mas um ódio ardente, e não apenas ódio contra o governo... mas também contra toda a sociedade, todos as camadas cultas, todos esses bem-nascidos, ricos e pobres, conservadores, liberais e radicais." Ele era, em suma, um bolchevique antes de haverem bolcheviques.

Nechaev é lembrado principalmente por *Manual do revolucionário*, escrito por ele ou, o que é mais provável, por Bakunin com a ajuda dele, em 1869. Os vinte e seis artigos do texto, determinando os princípios do revolucionário profissional, poderiam ter servido como juramento bolchevique. A moral do partido deveu tanto a Nechaev quanto deveu a Marx. Disciplina e dedicação incondicionais eram os pontos-chave do *Manual*. Sua mensagem essencial era que somente "os métodos tsaristas" — i.e., os métodos do Estado policial — eram capazes de derrotar o regime imperial. O primeiro artigo assim rezava:

> O revolucionário é um homem dedicado. Não tem sentimentos pessoais, nem assuntos particulares, não tem emoções, apegos, propriedade e nome. Tudo nele está subordinado a uma única e exclusiva fixação, um só pensamento e uma só paixão — a revolução.

Rejeitando toda moralidade, o revolucionário deveria estar pronto "a destruir todos que se interpusessem em seu caminho". Devia tornar-se impermeável a qualquer tipo de sofrimento: "Todos os sentimentos familiares estúpidos e ternos, amizade e amor, mesmo toda gratidão e honra, devem ser sufocados, e em seu lugar é preciso estar a paixão fria e resoluta para o trabalho da revolução." O revolucionário relacionar-se-ia com os membros da sociedade conforme o papel que desempenhassem na luta revolucionária. Portanto, as elites dominantes deveriam ser "executadas sem demora"; os ricos, explorados em benefício da causa; e os democratas, comprometidos e usados para criar desordem. Mesmo os camaradas das fileiras menos importantes do partido deveriam ser vistos como "parcelas de um fundo comum do capital revolucionário", que cada líder empregaria "como considerar conveniente".

Ivan Ivanov foi um desses camaradas que se mostrou "gastável". Nechaev e três outros conspiradores assassinaram Ivanov depois de este ter se recusado a cumprir ordens ditatoriais do primeiro, que ocupava a posição de líder de um grupo de estudantes revolucionários. A brutalidade do crime, que Dostoiévski usou em *Os possessos* como base para a cena do assassinato de Shatov,* levou a um sentimento generalizado de repugnância moral, mesmo entre os socialistas. Na década de 1870, oito meses após o assassinato de Ivanov, Bakunin (que fora mentor de Nechaev) escreveu a um amigo de Londres, advertindo-o a não ajudar o fugitivo russo:

> N. não se detém diante de nada... Profundamente impressionado pelas repressões policiais que destruíram a organização secreta na Rússia, ele chegou à conclusão de que, para formar uma organização forte, teria que baseá-la nos princípios de Maquiavel e no lema dos jesuítas: "Violência para o corpo, mentiras para a alma!" Verdade, confiança mútua, solidariedade — isso só pode existir entre a dúzia de camaradas que formam o santuário interno da Sociedade. Todos os demais nada mais são do que um instrumento cego à disposição desses doze homens. É permitido, na verdade é um dever, enganá-los, comprometê-los e roubá-los; é permitido até mesmo matá-los.[15]

* Dostoiévski, que pertencera ao círculo revolucionário de Petrashevsky na década de 1850, usou seu romance para atacar a mentalidade dos revolucionários, em especial a dos niilistas. Petr Verkhovensky, o personagem principal, baseia-se claramente em Nechaev. Em uma passagem do livro, ele diz que seria justificado matar um milhão de pessoas na luta contra o despotismo, pois no curso de cem anos os déspotas matariam muito mais.

A polícia finalmente alcançou Nechaev. Em 1872 ele foi preso na Suíça e extraditado para a Rússia, onde foi posto em confinamento solitário na Fortaleza de Pedro e Paulo. Durante oito anos ninguém ouviu falar dele — presumiu-se que havia morrido —, até que um grupo de terroristas recebeu carta sua, propondo um plano de fuga. Graças à força absoluta de sua personalidade, Nechaev tinha conquistado a simpatia de seus vigias e, literalmente, montou uma célula revolucionária clandestina nas masmorras do bastião tsarista. Foram esses guardas que fizeram a carta chegar aos destinatários. Mais tarde, ao serem levados a julgamento, os sentinelas preferiram ir para a cadeia a ter que denunciar o líder. Mas já era tarde demais para Nechaev (ele morreria na fortaleza no ano seguinte ao despacho da mensagem). Desde seu aprisionamento, o clima havia mudado e um novo credo, o populismo, afastara-se das táticas golpistas pregadas por Nechaev, buscando a propaganda de massa e a educação popular como armas para detonar uma revolução social.

Tratava-se menos de uma doutrina do que um conjunto de emoções e atitudes. Na sua raiz situava-se a adoração da *intelligentsia* pela gente simples e a crença na sabedoria e na bondade do povo. O culto era expresso tanto na literatura quanto nas teorias políticas e sociais. Embora o termo populismo só fosse realmente usado a partir da década de 1870, seus três princípios básicos — primazia da liberdade e da democracia, idealização do campesinato e a crença de que a via da Rússia rumo ao socialismo era autóctone e separada daquela seguida pelo Ocidente — faziam parte de uma longa tradição do pensamento russo, tradição que teve início na década de 1840, com os eslavófilos radicais e Herzen, culminando meio século depois com a formação do Partido Socialista Revolucionário.

Desiludido com a Europa burguesa depois do fracasso das Revoluções de 1848, Herzen centrou suas esperanças no campesinato russo — na Jovem Rússia, como a chamava — como força condutora do socialismo. A comuna camponesa era a portadora dessa missão messiânica. Herzen via a comuna como o repositório indestrutível das antigas liberdades russas, um símbolo orgânico da condição autêntica do país antes da imposição do Estado tsarista e de sua civilização "germânica". Evidentemente, essa era uma visão romântica: derivava da mesma ânsia por uma vida fraternal, não deteriorada pela civilização moderna, e da mesma crença no "bom selvagem" que inspiraram intelectuais desde Rousseau. A comuna, defendia Herzen, já continha os ideais socialistas que serviriam para abrir caminho ao que o restante da Europa — a Velha (e "moribunda") Europa — ainda estava tentando alcançar. A comuna era democrática e igualitária, baseada na partilha da terra; nutria um espírito de comunidade e harmonia social entre os camponeses; e através de seus costumes ancestrais expressava um senso de justiça social e moralidade mais profundo do que a tradição legal do Ocidente, baseada na defesa da propriedade privada. Em resumo, a comuna oferecia à Rússia a chance de rumar direto para o socialismo sem primeiro experimentar os efeitos dolorosos do capitalismo.

A teoria revolucionária de Herzen chegou a uma proposição central: como a fonte de toda liberdade estava no povo e a fonte de toda opressão estava no Estado tsarista, a Rússia só podia ser libertada por meio de uma autêntica revolução social. Teria que ser uma revolução democrática, que viesse de baixo e se baseasse na vontade do povo. Também teria que ser uma revolução total, que derrubasse a civilização estrangeira sobre a qual o regime tsarista se apoiara, já que o povo era oprimido demais para se satisfazer com "meias liberdades" de reforma política. Isso teve importantes implicações no tocante aos métodos dos revolucionários; e foi aqui que Herzen deixou sua marca no movimento populista que estava por surgir. Nenhuma minoria tinha o direito de impor seus ideais abstratos ao povo. Não haveria mais falatório sobre conspiração e tomada do poder — o que tendia a terminar em tirania e terror. Em vez de colocar abaixo as muralhas da prisão tsarista, simplesmente "lhes seria dada uma nova função, como se o projeto para uma nova prisão pudesse ser usado para uma existência livre".[16] Os únicos meios democráticos de revolução eram a educação e a propaganda, que ajudariam o povo a compreender quais eram seus interesses e a se preparar gradualmente para as tarefas do poder.

Democrático como era esse ideal, levantou um imenso dilema para os populistas (e mais tarde para os marxistas). Se a revolução viria do povo, então o que os líderes revolucionários deveriam fazer se o povo rejeitasse a revolução? E se os camponeses se mostrassem conservadores? Ou se os operários estivessem mais interessados em dividir os benefícios do capitalismo do que em tentar derrubá-lo? Todos os partidos revolucionários — e, nessa época, nenhum deles contava com mais de umas poucas centenas de membros — estavam divididos com relação a essa questão: onde traçar a linha entre a base e a liderança, entre democracia e ditadura, dentro do próprio partido? Entre os populistas havia aqueles como Plekhanov e Pavel Axelrod, que defendiam não haver alternativa a não ser esperar até que a propaganda e a educação tivessem preparado o terreno para um movimento social de massa. De outra forma, a revolução não se justificaria como democrática e tenderia a terminar em uma nova ditadura. Os mencheviques do Partido Social-Democrata mais tarde esposaram os mesmos princípios. Mas, por outro lado, populistas como Tkachev argumentavam que esperar indefinidamente por uma revolução social e, nesse ínterim, condenar todas as formas de revolta e terrorismo empreendidas pela vanguarda da elite era correr o risco de permitir à ordem tsarista se estabilizar por meio do avanço do capitalismo. Apenas pela tomada do poder e pelo estabelecimento de uma ditadura revolucionária era possível garantir as condições políticas necessárias à transição para o socialismo. Essa ideia também tinha seguidores no Partido Social-Democrata, e tornou-se uma linha mestra da teoria revolucionária de Lênin.

Esse era o dilema que os populistas enfrentavam depois do colapso do movimento "Ao Povo". Durante o "verão louco" de 1874, milhares de estudantes deixaram as salas de aula para "ir até o povo". Não havia uma organização de verdade, embora muitos desses missionários pertencessem aos círculos de Lavrov e Chaikovsky, que acreditavam espalhar a propaganda entre os camponeses como preparação para a revolução inevitável. Vestidos como camponeses ou pequenos comerciantes, esses jovens idealistas afluíam para o campo com o objetivo de "servir ao povo": empregavam-se como operários e pretendiam ensinar a gente simples a ler e escrever e auxiliá-la a entender as causas de seu sofrimento. A culpa e o desejo de autossacrifício desempenharam papel importante nessa história de paixão revolucionária. Os estudantes tinham consciência aguda da necessidade de quitar o "débito para com o povo". Eles abraçavam a ideia de viver com os camponeses e de partilhar suas dores. Estavam dispostos a correr o risco de contrair cólera ou de serem presos e mandados para a cadeia. Alguns até gostavam da ideia de tornarem-se mártires "do povo": isso iria transformá-los em heróis. "Você estará lavando panelas e depenando galinhas", diz um desses estudantes fictícios no romance de Turgueniev, *Solo virgem*. "E, quem sabe, talvez, assim salve nosso país." Os camponeses, porém, recebiam esses cruzados pueris com desconfiança e hostilidade. Consideravam suas maneiras urbanas e suas doutrinas inteiramente estranhas; e como não compreendiam a propaganda de que eram alvo, compreendiam o suficiente para saber que era perigosa. "O socialismo", um dos populistas posteriormente escreveu, "afastava os camponeses como ervilhas ricocheteiam ao serem lançadas contra uma parede. Eles ouvem os nossos como fazem com o padre — respeitosamente, mas sem o mínimo efeito em seu pensamento ou ações." A maioria dos radicais logo foi pega pela polícia, às vezes delatada pelos camponeses locais.[17]

Esse encontro pouco receptivo com o povo comum levou os populistas a afastarem-se, desiludidos, da propaganda e da revolução social. "Não podemos mudar o modo de pensar de nem mesmo um em seiscentos camponeses, muito menos o de um em sessenta", escreveu Stepniak a Lavrov, em 1876. "Todos estão começando a perceber a necessidade de organização... Uma revolta tem que ser organizada."[18] O resultado foi o surgimento de uma estrutura partidária mais centralizada do que os círculos lassos do início da década de 1870. Essa estrutura passou a chamar-se Terra e Liberdade (*Zemlia i Volia*), e afastou-se da propaganda aberta para adotar um trabalho político de conspiração clandestina. Em 6 de dezembro de 1876, tal estrutura organizou a primeira manifestação pública da história russa.

A roda estava dando um giro completo: tendo rejeitado o jacobinismo em favor de uma revolução social, os populistas agora estavam retornando aos métodos jacobinos de conspiração, terrorismo e golpes em nome do povo. Os escritos de Petr Tkachev foram um divisor de águas crucial. Eles formaram uma ponte entre a tradição jacobina de Nechaev, a tradição populista clássica do Terra e Liberdade e a tradição marxista de Lênin. O líder bolchevique deveu mais a Tkachev do que a qualquer outro teórico russo. Nascido em 1844 numa família da pequena nobreza,

Tkachev passara vários anos na Fortaleza de Pedro e Paulo depois de ser preso por participação nas greves estudantis de 1861. No final dessa mesma década, caíra sob o feitiço de Nechaev — o que lhe valeu mais uma temporada na prisão, seguida de exílio na Suíça. Foi lá que, ainda que de modo primário, começou a adotar a sociologia de Marx, que o afastou do populismo. Em meados do decênio seguinte, desenvolveu uma crítica violenta do movimento "Ao Povo". Ele alegava que a propaganda não podia produzir uma revolução pois as leis de progresso social (à qual a Rússia, como o restante da Europa, estava subordinada) significavam que os camponeses mais ricos sempre apoiariam o regime. Em vez disso, defendia a tomada do poder pela vanguarda revolucionária, que assim estabeleceria uma ditadura e começaria a construir o socialismo. Tkachev argumentava que já havia condições maduras para o golpe, que deveria acontecer o mais breve possível, já que não havia força social preparada para se alinhar com o governo, o que poderia acontecer logo com o desenvolvimento do capitalismo e da burguesia. Numa passagem a ser citada por Lênin em outubro de 1917, Tkachev troou o grito de guerra: "Eis por que não podemos esperar. Eis por que clamamos que uma revolução é indispensável, e indispensável agora, *neste exato momento.* Não podemos permitir nenhum adiamento. É agora ou — talvez muito em breve — nunca." Para levar a cabo esse *coup d'état*, Tkachev deixou claro que deveria haver um partido elitista e conspirador, que, como um exército, fosse altamente disciplinado e centralizado. Aqui, também, Lênin faria eco a ele.[19]

No entanto, voltar aos métodos jacobinos significava que os populistas, como seus predecessores, eram forçados a engajar-se numa guerra desesperada contra o Estado policial tsarista. Um ciclo vicioso teve início com a repressão cada vez maior desferida pela polícia e os atos de terrorismo retaliatórios promovidos pelos populistas. O momento decisivo chegou em 1878, quando Vera Zasulich, uma das líderes do Terra e Liberdade, atirou e feriu o general F. F. Trepov, governador de São Petersburgo. O atentado foi uma represália pelo fato de o general ter ordenado o açoitamento de um estudante prisioneiro que — num gesto típico de desafio — se recusara a tirar o chapéu em sua presença. Os intelectuais democratas saudaram Zasulich como mártir da justiça. E um tribunal liberal a absolveu. Esse foi o sinal para o desencadeamento de uma onda de terror, cujo objetivo era minar a autocracia e forçá-la a fazer concessões políticas. Dois governadores de províncias foram mortos. Seis atentados fracassados foram feitos contra o tsar, incluindo uma bomba colocada no trem imperial e uma enorme explosão no Palácio de Inverno. Finalmente, em 1º de março de 1881, Alexandre foi morto por uma bomba quando seguia de carruagem por São Petersburgo.

A repulsa generalizada dos próprios revolucionários contra essa onda de terrorismo levou a uma cisão no Terra e Liberdade. Uma facção, que se autointitulava Vontade do Povo (*Narodnaia Valia*), esposando os ideais de Tkachev, permaneceu leal à tática anterior como caminho para a tomada do poder. Formada em 1879, essa facção promoveu o assassinato do tsar. Mais tarde, muitos de seus líderes foram presos — vários deles executados — durante a repressão que se seguiu ao atentado. Mas a campanha de terror teve continuidade graças a diversos grupos menores, na década de 1880. Um deles incluía o irmão mais velho de Lênin, Alexander Ulianov, que foi executado após o fracasso de um plano para assassinar Alexandre III na ocasião do sexto aniversário de morte do seu pai. O suposto objetivo da campanha era desestabilizar o Estado e acender uma centelha capaz de fazer explodir a rebelião popular. Mas logo isso degenerou em violência pela violência, como acontece com todo terrorismo. Estima-se que mais de 17 mil pessoas foram mortas ou feridas por terroristas durante os últimos vinte anos do regime tsarista — mais de cinco vezes o número de pessoas mortas na Irlanda do Norte durante os 25 anos de "problemas".[20] Parte do terror era pouco mais do que violência criminosa para ganhos pessoais. Em alguma medida, todos os partidos revolucionários se financiavam com produtos de roubos (que eufemisticamente chamavam de "expropriações"), principalmente de bancos e trens, e havia dificuldade em deter aqueles que roubavam em proveito próprio. Isso era muito ruim para o moral dos partidos revolucionários. Mas nem se comparava aos danos causados pelo efeito cumulativo dos anos de assassinatos, que resultaram em cinismo, indiferença e insensibilidade para com as vítimas da causa.

A facção rival do Terra e Liberdade se autointitulava Dissidência Negra (*Chernyi Peredel*) — expressão pela qual os camponeses identificavam a revolução na terra. Surgiu em 1880, formada por três futuros expoentes do Partido Social-Democrata — Plekhanov, Axelrod e Zasulich, que se converteriam ao marxismo no início daquela década. Eles rejeitavam o uso do terror, alegando que tendia a terminar em fracasso e repressão ainda maior. Argumentavam que somente uma revolução social, vinda do povo, poderia ser bem-sucedida e democrática. O fracasso na obtenção de concessões políticas após o assassinato de Alexandre parecia provar a correção da primeira dessas assertivas; e o crescimento da classe operária urbana dava novas bases para se alimentar a segunda afirmação. Esse foi o verdadeiro começo do movimento marxista na Rússia.

2. Marx chega à Rússia

Em março de 1872, um pesado tomo de economia política, escrito em alemão, aterrissou na escrivaninha do censor tsarista. Seu autor era conhecido por suas teorias socialistas e todos seus livros anteriores haviam sido proibidos. Os editores não poderiam esperar um destino diferente para essa nova obra. Era uma crítica intransigente ao sistema fabril moderno e, embora as leis da censura tivessem sido liberalizadas em 1865, ainda havia uma clara proibição a qualquer texto que expusesse "doutrinas nocivas de socialismo e comunismo", ou despertassem "inimizade entre classes". As novas leis eram estritas o bastante para banir livros perigosos como *Ética*, de Spinoza, *Leviatã*, de Hobbes, *Filosofia da história*, de Voltaire, e *História da moral europeia*, de Lecky. E ainda assim aquela *magnum opus* alemã — 674 páginas de densas análises estatísticas — foi considerada muito difícil e abstrusa para ser sedutora. "É possível afirmar com certeza", concluiu o primeiro dos dois censores, "que muito poucas pessoas na Rússia a lerão, e ainda menos a compreenderão." Além do mais, acrescentou o segundo censor, como o autor atacava o sistema fabril britânico, sua crítica não se aplicava à Rússia, onde a "exploração capitalista" tratada pelo livro nunca fora vivenciada. Nenhum dos censores considerou necessário proibir a publicação daquela "obra estritamente científica".[21]

Assim, O *capital* de Marx foi lançado na Rússia. Foi a primeira edição estrangeira do livro, apenas cinco anos depois da tiragem original de Hamburgo e quinze anos antes de sua primeira publicação inglesa. Ao contrário das expectativas de todos, inclusive do autor e dos censores, a obra levou a Rússia a fazer a revolução russa mais cedo do que em qualquer outra sociedade ocidental à qual se dirigia.

Os censores tsaristas logo perceberam o erro que haviam cometido. Dez meses depois, vingaram-se de Nikolai Poliakov, o primeiro editor russo de Marx, levando-o a julgamento por uma outra edição "subversiva", uma coletânea de histórias de Diderot, que foi confiscada e queimada pela polícia. Poliakov foi forçado a abandonar o ramo. Mas já era tarde demais, pois O *capital* transformara-se num sucesso instantâneo. Sua primeira tiragem de 3 mil exemplares esgotou-se em um ano (a primeira edição alemã de mil exemplares só foi inteiramente vendida ao cabo de cinco anos). O próprio Marx reconheceu que na Rússia sua obra-prima fora "lida e valorizada mais do que em qualquer outro lugar". Eslavófilos e populistas receberam a obra como um apanhado dos horrores do sistema capitalista ocidental, que pretendiam evitar na Rússia. A sociologia de Marx e sua visão histórica — ainda que, na época, sua política não se disseminasse tanto — espalharam-se como um surto enlouquecido durante o final da década de 1870. Entre os estudantes era "quase impróprio" não ser marxista. "Hoje em dia, ninguém ousa levantar a voz contra Karl Marx", queixou-se um liberal, "sem despertar a fúria de seus admiradores mais jovens."[22]

Depois do colapso do movimento "Ao Povo", com sua falsa idealização do camponês russo, aos olhos da *intelligentsia* radical a mensagem marxista parecia ser a salvação. Todas as suas esperanças de uma revolução social agora podiam ser transferidas para a classe operária industrial. Claramente não havia mais apoio à ideia de um movimento revolucionário camponês; e a partir de 1880, trabalhar entre os camponeses era condescendentemente descrito pelo marxista como "realizações menores" (i.e., uma espécie de caridade concedida pelos nobres e pelo *zemstvo*).

A crise de fome de 1891 parecia sublinhar o atraso do campesinato. Mostrava que estava fadado a desaparecer, como indivíduos e como classe, sob as rodas do desenvolvimento econômico. Os camponeses eram uma relíquia do passado selvagem da Rússia — seu estilo de vida asiático ou *aziatchina* — inevitavelmente seria varrido pelo progresso da indústria. Seu atraso cultural era simbolizado por histórias segundo as quais, durante a epidemia de cólera que se seguiu à crise de fome, os camponeses tinham atacado os médicos que tentavam vaciná-los. Ainda segundo as histórias que corriam, os camponeses agiam assim por pensarem que as vacinas não passavam de veneno. Durante a década de 1890, publicações científico-sociais tiveram grande crescimento — bibliotecas inteiras eram tomadas por livros de estatística editados naqueles anos; a meta era encontrar as causas da crise de fome a partir das leis marxistas de desenvolvimento econômico.

A natureza "científica" da teoria marxista tomou conta da mentalidade radical russa, já mergulhada até a cabeça no racionalismo e no materialismo da década de 1860. A dialética histórica de Marx parecia fazer pela sociedade o que Darwin tinha feito pela humanidade: fornecer uma teoria lógica de desenvolvimento evolutivo. Era "séria" e "objetiva", um sistema abrangente que explicaria o mundo social. Nesse sentido, era uma resposta à demanda russa fundamental por um conhecimento que fosse absoluto. Além disso, o marxismo era otimista. Mostrava que o progresso estava na indústria, que havia um sentido no caos da história e que através da classe operária, através da luta consciente da humanidade, o socialismo tornar-se-ia o fim da história. Essa mensagem tinha apelo especial para a intelectualidade russa, que era dolorosamente ciente do atraso de seu país. Afinal, a mensagem marxista implicava a afirmação de que a Rússia inevitavelmente tornar-se-ia parecida com os países avançados do Ocidente — com a Alemanha, em particular, cujo Partido Social-Democrata era modelo para o restante do movimento marxista na Europa. Portanto, a crença populista numa "via separada" russa, que antes parecia condenar o país a ser perpetuamente uma sociedade rural, podia ser rejeitada como romântica e destituída de conteúdo científico.

A ideia de que o marxismo podia aproximar a Rússia do Ocidente era, talvez, o maior apelo de todos. O marxismo era visto como a "via da razão", nas palavras de Lydia Dan, iluminando o caminho rumo à modernidade, à educação e à civilização. Como Valentinov, um outro veterano do movimento marxista, recordou na década de 1950:

> Adotamos o marxismo porque fomos atraídos por seu *otimismo* sociológico e econômico, sua crença forte, sustentada por fatos e números, de que o desenvolvimento da economia, o desenvolvimento do capitalismo, desmoralizando e erodindo as fundações da velha sociedade, estava criando novas forças sociais (inclusive nós), que certamente varreriam o regime autocrático

> junto com suas abominações. Com o otimismo da juventude, procurávamos por uma fórmula que oferecesse esperança, e a encontramos no marxismo. Também fomos atraídos por sua natureza *europeia*. O marxismo vinha da Europa. Não tinha o cheiro ou o gosto dos fungos domésticos, nem ranço do provincialismo, ao contrário, era novo, diferente e estimulante, oferecendo a promessa de que não permaneceríamos um país semiasiático, mas que nos tornaríamos parte do Ocidente, com sua cultura, instituições e atributos de um sistema político livre. O Ocidente era nossa luz guia.

Petr Struve, um dos principais teóricos marxistas, disse ter endossado a doutrina porque oferecia uma "solução científica" para dois problemas russos paralelos: o fim da autocracia e o fim da miséria do atraso. A frase famosa que proferiu em 1894 — "Não, vamos admitir nossa falta de cultura e nos matricularmos na escola do capitalismo" — tornou-se um dos lemas do movimento. Lênin repetiu essas palavras em 1921. Aqui, talvez, como sugeriu Leo Haimson, estava a raiz intelectual da atração que o movimento exerceu sobre os judeus.* Enquanto o populismo oferecia uma visão arcaica da Rússia camponesa — uma terra de *pogroms* e discriminação contra os judeus —, o marxismo oferecia uma visão moderna e ocidental. Prometia assimilar os judeus num movimento universal de libertação humana — e não só a libertação do campesinato — baseado nos princípios do internacionalismo.[23]

Até meados da década de 1890, era difícil distinguir entre populistas e marxistas russos. Mesmo a polícia (normalmente bem informada em tais questões) com frequência os confundia. Os populistas adotaram a sociologia de Marx, traduziram e distribuíram suas obras, e, nos anos finais da vida do autor, ganharam seu apoio pessoal. Os marxistas tomavam emprestadas a retórica e as táticas populistas e, pelo menos na Rússia, ainda que não no exílio, eram forçados a trabalhar ao lado deles. O movimento revolucionário não era grande o bastante para as duas facções discordarem: eram obrigadas a partilhar suas máquinas de impressão e a trabalhar juntas em fábricas e clubes. Havia grande fluidez e cooperação entre os vários grupos de operários — Emancipação do Trabalho, de Plekhanov; Seção Operária da Vontade do Povo; círculos operários, organizados por estudantes; Partido Marxista Polonês; e os primeiros grupos de social-democratas. Na propaganda, todos combinavam elementos de Marx e dos populistas.

* Os judeus desempenharam um papel proeminente no movimento social-democrata, fornecendo muitos de seus líderes mais importantes (Axelrod, Deich, Martov, Trótski, Kamenev e Zinoviev, apenas para citar uns poucos). Em 1905, o Partido Social-Democrata russo tinha 8.400 membros. O Bund, partido dos judeus operários residentes nos assentamentos, contava com 35 mil.

Esse foi o contexto em que o jovem Lênin, ou Ulianov, como era conhecido então,* entrou para a política revolucionária. Ao contrário do mito soviético, que dizia ser Lênin um teórico marxista pronto e acabado desde o tempo em que ainda usava fraldas, o líder da Revolução Bolchevique entrou para a política bastante tarde. Aos 16 anos, ainda era religioso e não mostrava nenhum interesse por política. Os clássicos e a literatura eram seus principais estudos no ginásio, em Simbirsk. Lá, por uma daquelas curiosas ironias históricas, o diretor era Fedor Kerenski, pai de seu arquirrival em 1917. Durante o último ano de Lênin no ginásio (1887), Kerenski escreveu um relatório sobre o futuro bolchevique, descrevendo-o como um aluno-modelo, nunca dando "motivo para insatisfação das autoridades da escola, por palavras ou atos". O diretor atribuía isso à natureza "moral" da criação do rapaz. "Religião e disciplina", escreveu o velho Kerenski, "foram a base de sua educação, cujos frutos são aparentes no comportamento de Ulianov." Até então nada sugeria que Lênin tornar-se-ia um revolucionário; ao contrário, todos os indícios eram de que seguiria os passos do pai e faria uma carreira notável na burocracia tsarista.

Ilya Ulianov, pai de Lênin, era um típico cavalheiro liberal, do tipo que seu filho passaria a desprezar. Não há base para o mito, promovido por Nadezhda Krupskaya em 1938, de que o pai exercera influência revolucionária sobre os filhos. Anna Ulianova, irmã de Lênin, recorda que o pai era um homem religioso, que tinha grande admiração pelas reformas da década de 1860 realizadas por Alexandre II e que considerava um dever proteger os jovens do radicalismo. Era inspetor de escolas da província de Simbirsk, um cargo importante que o autorizava a ser tratado de "Vossa Excelência". Essa origem nobre foi uma fonte de embaraço para os hagiógrafos soviéticos de Lênin. Eles preferiram concentrar-se nas origens humildes do avô paterno do líder revolucionário, Nikolai Ulianov, filho de um servo que trabalhara como alfaiate na cidade de Astracã, no baixo Volga. Mas aqui também havia um problema: Nikolai era em parte calmuque, e sua mulher, Anna, totalmente (o rosto de Lênin possuía evidentes traços mongóis), algo bastante inconveniente para o regime stalinista que alardeava suas origens grã-russas. Os antepassados de Lênin pelo lado materno eram ainda mais embaraçosos. Maria Alexandrovna, mãe de Lênin, era filha de Alexander Blank, judeu batizado que conseguiu tornar-se um médico rico e proprietário de terras em Kazan. Ele era filho de Moishe Blank, mercador judeu da Volínia e que se casara com uma sueca chamada Anna Ostedt. A origem judaica de Lênin sempre foi omitida pelas autoridades soviéticas, a despeito do apelo feito por Anna Ulianova, em carta enviada a Stálin em 1932, sugerindo que "esse fato devia ser usado para combater o antissemitismo" ."Que não se diga palavra nenhuma sobre essa carta!", foi a ordem categórica de Stálin. Alexander

* O pseudônimo "Lênin" provavelmente derivava do rio Lena, na Sibéria. Lênin o usou pela primeira vez em 1901.

Blank casou-se com Anna Groschopf, filha de uma família luterana alemã bem estabelecida. Assim, com a riqueza adquirida pelo matrimônio, deslanchou sua carreira médica de sucesso, chegando a tornar-se médico da polícia e inspetor médico em uma das maiores fábricas de armas do Estado. Em 1847, tendo alcançado o posto de conselheiro de Estado, retirou-se para sua propriedade em Kokushkino e registrou-se como nobre.[24]

Os antecedentes étnicos não russos de Lênin — mongol, judeu, sueco e alemão — podem explicar em parte o desprezo que frequentemente expressava em relação à Rússia e aos russos. Mas é injustificável concluir, como fez Dmitry Volkogonov, que as "políticas cruéis" de Lênin em relação ao povo russo derivavam de suas origens "estrangeiras" (poder-se-ia dizer o mesmo dos igualmente "estrangeiros" Romanov). Com frequência, Lênin usava a expressão "russos idiotas". Ele queixava-se de que os russos eram "afáveis demais" para as tarefas da revolução. E, de fato, muitas das tarefas revolucionárias mais importantes do partido foram confiadas a não russos (letões e judeus, em especial). Mas paradoxalmente — e o caráter de Lênin era cheio de tais paradoxos — ele, sob muitos aspectos, era um nobre russo típico. Gostava da propriedade de Blank, onde passou um grande período de sua juventude. Quando jovem, orgulhava-se em se dizer "filho de um fidalgo". Certa vez, diante da polícia, afirmou ser o "Nobre Hereditário Vladimir Ulianov". Na vida privada, Lênin era a epítome do fidalgo sem coração que seu governo um dia destruiria. Em 1891, no auge da fome, processou seus vizinhos camponeses por causarem danos à propriedade da família. E enquanto seus primeiros escritos condenavam as práticas do "capitalismo da pequena nobreza", ele mesmo vivia lautamente de lucros, extraindo quase todo seu sustento das rendas e juros originários da venda da propriedade materna.[25]

A origem nobre de Lênin é uma das explicações para sua personalidade dominadora. E isso é algo que não raro tem sido ignorado por seus biógrafos. Valentinov, que viveu com Lênin em Genebra no ano de 1904, recorda como descobriu uma fonte de sentimentos raros e profundos no líder bolchevique. Tendo lido *Meu passado e pensamentos*, de Herzen, uma obra que frequentemente acrescenta lírica à questão do campo russo, Valentinov tornara-se saudoso de sua propriedade familiar havia muito abandonada, na província de Tambov. Ele contou a Lênin sobre esses sentimentos e viu que este recebera o relato com grande simpatia. Lênin começou perguntando a Valentinov sobre a disposição dos canteiros de flores, mas a conversa logo foi interrompida por um outro bolchevique, Olminsky, que, tendo ouvido a última parte da confissão de Valentinov, o acusou de alimentar sentimentos típicos "de uma colegial": "Vejam como o filho do latifundiário se trai!" Segundo Valentinov, assim Lênin atacou Olminsky:

> Bem, e quanto a mim, qual a conclusão? Eu também vivia numa propriedade rural que pertenceu a meu avô. Em certo sentido, eu também sou descen-

> dente da nobreza agrária. Isso foi há muitos anos, mas ainda não esqueci dos aspectos agradáveis da vida em nossa propriedade. Nem esqueci das limeiras e de suas flores. Sendo assim, vá em frente, me condene à morte. Lembro-me com prazer de como costumava ficar à toa, em montes de feno, embora eu não os tivesse feito, como costumava comer morangos e framboesas, embora eu não os tivesse plantado e de como costumava beber leite fresco, embora não tivesse ordenhado as vacas. Por acaso sou... indigno de ser chamado de revolucionário?

Não eram apenas as emoções de Lênin que estavam enraizadas em seu passado nobre. O mesmo acontecia com muitas de suas atitudes políticas: sua visão dogmática e sua maneira dominadora; sua intolerância frente a qualquer forma de crítica vinda de subordinados; e sua tendência a ver as massas como nada mais do que material humano necessário a seus planos revolucionários. Como colocou Gorki em 1917, "Lênin é um 'líder' e um nobre russo, não sem certos traços psicológicos dessa classe extinta, e portanto se considera com razão em realizar com o povo russo uma experiência cruel que está fadada ao fracasso".[26]

Embora, obviamente, seja fácil demais impor o Lênin de 1917, fazendo-o prevalecer sobre o Lênin da década de 1890, é claro que muitas das características que demonstraria no poder já eram visíveis em seu primeiro estágio de vida. Um exemplo disso foi a atitude impiedosa para com o sofrimento dos camponeses durante a fome de 1891 — sua ideia de que a ajuda devia lhes ser negada para acelerar a crise revolucionária. Trinta anos mais tarde, ele mostraria a mesma indiferença frente ao sofrimento da gente do campo — dessa vez agora, na fome de 1921, ele estava em posição capaz de explorar politicamente a situação.

A vida privilegiada dos Ulianov foi interrompida abruptamente em 1887, quando o irmão mais velho de Lênin, Alexander, foi executado por envolvimento numa trama abortada, cujo objetivo era assassinar o tsar. Alexander era considerado o filho mais talentoso dos Ulianov, o mais cotado para deixar sua marca no mundo. Enquanto o jovem Vladimir tinha um traço cruel e irado — frequentemente contava mentiras e "roubava" em jogos —, Alexander era honesto e amável, sério e dedicado. Em 1883, entrou para a Universidade de São Petersburgo para aprender ciências e parecia disposto a tornar-se biólogo. Mas após a morte súbita do pai, em 1886, Alexander passou a circular num grupo de estudantes terroristas que agiam conforme os parâmetros do Vontade do Povo. Todos eram filhos de fidalgos, e muitos eram poloneses, inclusive, ironicamente, Joseph Pilsudski, que mais tarde tornar-se-ia governante da Polônia e arqui-inimigo do regime de Lênin. Eles conspiravam explodir a carruagem do tsar em 1º de março de 1887, sexto aniversário do assassinato de Alexandre II. Na ocasião, haveria uma procissão saindo do Palácio de Inverno rumo a um serviço memorial especial na Catedral de Santo

Isaac. Alexander colocava sua educação científica em prática, projetando e fazendo bombas. Mas a trama foi descoberta pela polícia e os conspiradores foram presos (no distrito policial, um deles lançou uma das bombas feitas por Alexander, mas o artefato doméstico não funcionou). Os setenta e dois conspiradores foram aprisionados na Fortaleza de Pedro e Paulo — quinze deles mais tarde foram levados a julgamento. Alexander, como um dos líderes do grupo, percebeu que seu destino já estava selado e, do banco dos réus, fez um bravo discurso justificando o uso do terrorismo. Ele e quatro outros foram executados.

Existe uma lenda segundo a qual Lênin, ao ser informado sobre a morte do irmão, teria observado para a irmã Maria: "Não, nós não devemos tomar esse caminho, nosso caminho deve ser diferente." A implicação dessa história seria a de que Lênin já estava comprometido com a causa marxista — daí o uso do pronome "nós" na frase —, rejeitando o terror. Mas isso é absurdo. Na época, Maria tinha somente 9 anos de idade e seria improvável que, em 1924, ao fazer essa afirmação, pudesse recordar tais palavras com precisão. E embora seja verdade que a execução de Alexander foi um catalisador para o envolvimento de Lênin no movimento revolucionário, sua primeira inclinação foi, assim como havia acontecido com seu irmão, pela tradição do Vontade do Povo. O marxismo de Lênin, que se desenvolveu lentamente depois de 1889, permaneceu permeado do espírito jacobino dos terroristas e da crença destes na importância esmagadora da tomada do poder.

Em 1887, Lênin matriculou-se como estudante de direito na Universidade de Kazan. Lá, como irmão de um mártir revolucionário, foi atraído para um outro grupo clandestino que também se baseava nos moldes do Vontade do Povo. A maior parte do grupo fora presa naquele dezembro, durante manifestações estudantis. Lênin foi destacado para ser punido, sem dúvida em parte por causa de seu sobrenome. Junto com outros 39 estudantes, foi expulso da universidade. Isso efetivamente deu fim à oportunidade de Lênin seguir uma carreira bem-sucedida dentro da ordem social existente e é razoável supor que muito de seu ódio por essa ordem proviesse de sua experiência pessoal. Lênin era antes de tudo ambicioso. Tendo falhado em fazer fama como advogado, agora punha-se a tentar o reconhecimento como adversário revolucionário às leis. Até 1890, quando foi readmitido na universidade para fazer exames, viveu a vida de um fidalgo ocioso na propriedade materna, em Kokushkino. Estudava leis, tentava sem sucesso administrar suas próprias terras (que sua mãe lhe comprara na esperança de ajudá-lo) e mergulhava em livros radicais.

Chernyshevsky foi seu primeiro e grande amor. Foi através da leitura desse autor que Lênin converteu-se em revolucionário — muito antes de ler Marx. De fato, na época em que se aproximou do marxismo, Lênin já estava armado não só com as ideias de Chernyshevsky, mas também com as de Tkachev e do Vontade do Povo, e foram estas que lhe deram as características específicas de sua abordagem "leninista" de Marx. Todos os principais componentes da doutrina de Lênin —

ênfase na necessidade de uma vanguarda revolucionária disciplinada; a crença de que a ação (o "fator subjetivo") poderia alterar o curso objetivo da história (e, em particular, de que a tomada do aparato do Estado podia levar a uma revolução social); a defesa dos métodos jacobinos de ditadura; o desprezo por liberais e democratas (e também por socialistas que se comprometessem com eles) — todos esses pensamentos originavam-se mais da tradição revolucionária russa do que de Marx. Lênin usou as ideias de Chernyshevsky, Nechaev, Tkachev e do Vontade do Povo para injetar, na dialética marxista, uma dose de política conspiratória nitidamente russa. De outro modo, tal dialética teria continuado passiva — contente em esperar pelo amadurecimento da revolução através do desenvolvimento de condições objetivas, e não ávida em produzir essa revolução por meio da ação política. Não foi o marxismo que fez de Lênin um revolucionário, mas Lênin que tornou o marxismo revolucionário.

Aos poucos, entre 1889 e 1894, Lênin aproximou-se dos ensinamentos principais do marxismo. Mas apenas temporariamente. Para começar, como muitos revolucionários de província, ele simplesmente acrescentou a sociologia marxista às táticas golpistas do Vontade do Povo. O objetivo do movimento revolucionário ainda era a tomada do poder, mas a arena dessa luta seria transferida do campesinato para a classe operária. Então, em sua primeira obra importante publicada, *O desenvolvimento do capitalismo na Rússia* (1899), ele conciliou as lições da obra de Marx — a de que era necessário haver um estágio capitalista de desenvolvimento antes de uma revolução socialista — com sua própria preferência por tal revolução num futuro imediato, através da bizarra (para não dizer prepóstera) tese de que a Rússia camponesa já estava nos estertores do capitalismo, classificando não menos de um quinto das famílias camponesas russas como "capitalistas" e mais da metade dos camponeses como "proletários". Isso era Tkachev vestido de Marx. Foi só depois de chegar a São Petersburgo, no outono de 1893, que Lênin chegou à visão marxista padrão — a visão de que a Rússia estava ainda no início de seu estágio capitalista e de que para levá-lo a sua maturidade teria que haver um movimento democrático unificando os operários e a burguesia na luta contra a autocracia. Não falava mais em *coup d'état* ou em terror. Só depois do estabelecimento de uma "democracia burguesa", garantindo liberdades de expressão e associação para a organização dos trabalhadores, é que poderia ter início a segunda fase da revolução, a fase socialista.

A influência de Plekhanov nessa questão era irrefutável. Fora ele quem primeiro mapeara essa estratégia revolucionária em duas etapas. Com isso, os marxistas russos finalmente tinham uma resposta para o problema de como produzir uma sociedade pós-capitalista numa sociedade pré-capitalista. Depois de tantos anos de terror infrutífero, isso lhes dava motivos para crer que, abandonando a ideia de tomada do poder — que, como colocou Plekhanov, só podia levar ao "despotismo na forma comunista" —, ainda podiam avançar rumo ao socialismo. Lênin, segundo ele mesmo dissera, "estava apaixonado" por Plekhanov, assim como todos os marxistas de São Petersburgo. Embora Plekhanov vivesse no exílio, suas palavras tornaram-no líder e sábio sem rival. Nenhum outro marxista russo tinha posição tão proeminente no movimento europeu. Sua obra mais famosa, dentre as várias que escreveu em 1895 — uma interpretação espantosamente reducionista da visão de mundo marxista, publicada sob o pseudônimo de Beltov, e que como *O capital* escorregou por entre os dedos da censura russa graças ao título esotérico de *Da questão do desenvolvimento de uma visão monística da história* — "transformou as pessoas em marxistas da noite para o dia". Ele era como Moisés — seus textos, nas palavras de Potresov, "faziam os dez mandamentos do marxismo descer o Monte Sinai, entregando-os à juventude russa".[27]

Inicialmente, Lênin causou má impressão aos marxistas de São Petersburgo. Muitos deles eram repelidos por sua figura pequena e atarracada, sua cabeça calva e de formato oval, seus olhos pequenos e penetrantes, o riso seco e sarcástico, sua brusquidão e acerbidade. Lênin era um recém-chegado e sua aparência antiquada e "provinciana" era desfavorável. Potresov o descreveu, segundo as impressões colhidas num primeiro encontro, como "um típico comerciante de meia-idade vindo de algum lugar ao norte da província de Yaroslavl".* Mas graças a sua dedicação conscienciosa e a sua autodisciplina, a sua lógica férrea e a seu espírito prático, Lênin logo surgiu como um líder natural — claramente ele era um homem de ação — entre os intelectuais de Petersburgo. Muitas pessoas pensaram que ele era um homem decente — Lênin podia ser encantador quando queria e era quase sempre pessoalmente decente em suas relações de camaradagem — e não poucas pessoas apaixonaram-se por ele. Uma delas foi sua futura mulher, Nadezhda Krupskaya, que Lênin conheceu como companheira em ações propagandistas em São Petersburgo.[28]

O propósito da propaganda era a educação de uma vanguarda de operários "conscientes" — russos como Kanatchikov, que organizariam a classe trabalhadora para a revolução que viria. Mas a educação não necessariamente fazia dos proletários também revolucionários. Ao contrário, como Kanatchikov logo descobriu, a maioria dos operários especializados e instruídos estava mais inclinada a melhorar a própria sorte dentro do sistema capitalista do que buscar derrubar esse sistema. Havia uma tensão crescente entre as principais preocupações econômicas dos trabalhadores e os objetivos políticos daqueles ativistas e intelectuais que seriam seus líderes. Portanto, os marxistas estavam diante do mesmo dilema que os populistas tinham enfrentado em relação ao campesinato após meados da década de 1870: o que deviam fazer quando as massas falhassem em responder à propaganda? Enquanto os populistas tinham sido levados ao terrorismo isolado, os marxistas encontraram

* Os mercadores de Tàroslavl' tinham uma antiga reputação, que remontava à Idade Média, e segundo a qual eram mais astutos do que os demais.

uma solução temporária para o problema ao trocarem a propaganda pela agitação de massa* para organizar — e ao mesmo tempo politizar — a classe operária, detendo-se em lutas trabalhistas específicas. A nova estratégia foi inaugurada nas greves de Vilno, em 1893, onde a *intelligentsia* marxista, em vez de pregar para os operários judeus, participou das greves e até aprendeu iídiche para ganhar apoio. Dois dos social-democratas de Vilno, Arkadii Kremer e Yuli Martov, explicaram a estratégia num panfleto que teve grande influência, *Da agitação*, escrito em 1895: através do envolvimento em greves organizadas, os operários aprenderiam a avaliar a necessidade de uma campanha política mais ampla, liderada pelos social-democratas, já que as autoridades tsaristas não tolerariam um movimento sindical legal. Em São Petersburgo, o novo plano foi posto em prática pela União de Luta pela Emancipação da Classe Operária, de vida curta mas estrondosa. A entidade fora organizada em 1895 por um pequeno grupo de intelectuais marxistas, Martov e Lênin destacando-se entre eles. Todos foram presos quase que de uma só vez. Porém, os ativistas locais dessa iniciativa também podiam reclamar algum crédito pela grande mas infrutífera greve do setor têxtil realizada em 1896, quando mais de 30 mil operários participaram do protesto.

Depois de um ano na prisão, Lênin foi sentenciado a três anos de exílio na Sibéria (1897-1900). Ao contrário dos "presos políticos" de seu próprio regime, Lênin teve permissão para viver em considerável conforto. Por "razões de saúde", pôde escolher onde viveria e optou por uma aldeia remota chamada Shushenskoe, no sul da região de Minusinsk, conhecida pelo clima tolerável. Levou vários caixotes de livros e até mesmo uma espingarda de caça e manteve contato constante com seus camaradas. Para fazer com que Krupskaya o acompanhasse, concordou em casar-se com ela. O matrimônio aconteceu numa igreja, visto que o governo russo não reconhecia casamentos civis, embora nem o noivo nem a noiva tenham se referido a esse episódio embaraçoso em seus escritos posteriores.[29]

Durante o exílio de Lênin, o movimento operário russo tornou-se cada vez mais dominado pela nova corrente do "economicismo". Os economicistas advogavam que era preciso concentrar-se em metas puramente econômicas. O objetivo era melhorar as condições dos trabalhadores dentro do sistema capitalista e não procurar destruir o sistema. De início, eram os ativistas locais nas fábricas que expressavam essa opinião. Eles acreditavam que os trabalhadores deviam reger seus próprios problemas, livres da direção da *intelligentsia* socialista. Mas cada vez mais as mesmas ideias eram adotadas pelos chamados marxistas legais. Kuskova e Struve, os líderes mais

---

* Para os marxistas da década de 1890, "propaganda" significava educação gradual dos operários em pequenos grupos de estudo com objetivo de inculcar neles uma compreensão geral do movimento e da consciência de classe. "Agitação" significava uma campanha em massa sobre questões trabalhistas e políticas específicas.

conhecidos, eram teóricos brilhantes. Influenciados pelo revisionismo de Eduard Bernstein, que estava convulsionando o movimento operário alemão na época, e influenciados também por ideias neokantianas, eles procuravam desafiar muitas das doutrinas marxistas básicas. Como Bernstein, negavam que o capitalismo levava à piora das condições dos proletários. Ao contrário, o capitalismo podia ser conciliado com o socialismo sob um sistema democrático. Os dois finalmente convergiriam. Isso significava que os operários deviam centrar seus esforços na reforma e não na revolução. Deviam trabalhar dentro da lei, em colaboração com a burguesia, e não na clandestinidade e em conflito violento com a legalidade.

Para Plekhanov e seus seguidores na Rússia, o economicismo, como a heresia de Bernstein, representava uma traição ao compromisso do movimento marxista com o objetivo da revolução. Em vez de socialismo revolucionário, ameaçava construir uma versão evolucionária. Em vez de "ditadura do proletariado", haveria uma democracia parlamentar. Talvez na Alemanha, onde os social-democratas agora podiam operar dentro do Reichstag, essa nova alternativa tivesse alguma lógica. Mas na Rússia nao havia tais brechas — na verdade, o novo tsar tinha deixado claro seu compromisso em apertar as garras da autocracia —, e assim a estratégia da revolução tinha que ser mantida a todo custo. Essa necessidade parecia ainda mais urgente dados os desenvolvimentos da política russa durante o final da década de 1890. No rastro da crise de fome, que politizou a sociedade, o neopopulismo, o liberalismo do *zemstvo* e o marxismo legal convergiram e juntos formaram um movimento nacional visando a reformas constitucionais (ver páginas 197-202). Se esse movimento tivesse podido crescer e ganhar apoio entre os operários e camponeses, teria o efeito de fazer a revolução se atrasar em pelo menos uma geração — e talvez isso fosse bom — enquanto levava os marxistas revolucionários para a periferia da política.

O Lênin exilado ficou furioso pela "heresia". Krupskaya recordou que durante 1899, depois de ler as obras de Kuskova e de Kautsky, Lênin ficou deprimido, perdeu peso e tornou-se insone.[30] A luta ideológica transformou-se numa profunda crise pessoal para ele. Ele havia abraçado o marxismo como o caminho mais seguro para a revolução — uma revolução que alguns diriam que ele via, cada vez mais, como uma extensão de seu próprio poder e personalidade. E eis que o marxismo estava sendo destituído de todo seu significado revolucionário e transformado em pouco mais do que o tipo débil de liberalismo social que seu pai, sem dúvida, teria aprovado. Lênin liderou o ataque contra o economicismo com o tipo de violência que mais tarde tornar-se-ia marca registrada de sua retórica. A tática do economicismo, dizia Lênin, destruiria o socialismo e a revolução, os quais só poderiam ter sucesso sob a liderança política centralizada de um partido de vanguarda disciplinado, nos moldes do Vontade do Povo.

As opiniões de Lênin eram partilhadas, na época, por muitos marxistas russos — aqueles se intitulavam "políticos". Eles procuravam organizar um partido centralizado que assumiria a liderança do movimento operário e o dirigisse rumo a fins políticos.* "Subconscientemente", Lydia Dan recordou, "muitos de nós associávamos tal partido ao que o Vontade do Povo havia sido." Embora admirassem os social-democratas alemães, parecia impossível construir um partido tão aberto e democrático nas condições de ilegalidade em que teriam que operar, na Rússia. Se o regime policial tinha que ser derrotado, o partido precisava ser igualmente centralizado e disciplinado. Tinha que espelhar o Estado tsarista. O modo mais rápido de construir tal partido era apoiá-lo na confecção de um jornal clandestino, que, nas palavras de Lydia Dan, "podia ser ao mesmo tempo um agitador coletivo e um organizador coletivo". Essa foi a inspiração de *Iskra* [A Centelha], que Lênin criou com Martov em 1900, após retornar do exílio. O título ecoava o poeta dezembrista cujas palavras apareciam no cabeçalho: "Dessa centelha virá uma conflagração." O *Iskra* não era exatamente uma fonte de notícias. Na verdade, funcionava como o centro de comando dos social-democratas em suas lutas político-ideológicas contra os economicistas. O conselho editorial — Plekhanov, Axelrod e Zasulich em Genebra; Lênin, Potresov e Martov, agora em Munique — era, com efeito, o primeiro comitê central do partido. Publicado em Munique, depois em Londres e Genebra, o jornal era contrabandeado para a Rússia por uma rede de agentes que formavam o núcleo da futura organização partidária.

Em suas polêmicas contra os economicistas, Lênin produziu um panfleto que se tornaria a cartilha de seu próprio partido na revolução de 1917 e também o texto fundador do leninismo internacional. Era inteiramente pertinente que o título do texto fosse *Que fazer?*, copiado da famosa novela de Chernyshevsky. Pois o revolucionário profissional sublinhado por Lênin naquelas páginas tinha uma grande semelhança com Rakhmetev, o disciplinado e abnegado militante da causa do povo, criado por Chernyshevsky. Ao mesmo tempo, a insistência de Lênin num partido extremamente disciplinado e centralizado era um eco da tradição jacobina russa da qual Chernyshevsky era um exemplo. O estridente estilo da prosa de Lênin, imitado por todos os grandes ditadores e revolucionários do século XX, surgiu pela primeira vez no seu *Que fazer?* Num ritmo de latidos, caracteristicamente militar, violento e peremptório, misturava propostas de ação e injúrias aos oponentes. Eis uma passagem característica da abertura, na qual o autor define as linhas de batalha entre os que participam do *Iskra* e os "bernsteinianos":

---

* O Primeiro Congresso do Partido Operário Social-Democrata russo aconteceu em 1898. Esse momento crucial da história embrionária do partido, que em dezenove anos passaria a governar o maior país do mundo, contou com a presença de não mais do que nove socialistas! Eles reuniram-se em sigilo na cidade de Minsk, aprovaram uma declaração de objetivos marxistas padrão e depois, quase que ao mesmo tempo, foram presos pela polícia.

Aquele que não fecha os olhos deliberadamente não pode deixar de ver que a nova corrente "crítica" do socialismo é nada mais nada menos do que uma nova variedade de *oportunismo*. E se julgarmos as pessoas não pelos uniformes resplandecentes que ostentam ou pelas apelações tonitruantes que fazem de si mesmos, mas sim por suas ações e pelo que realmente defendem, ficará claro que "liberdade de crítica" significa liberdade para uma corrente oportunista da social-democracia, liberdade para converter a social-democracia num partido democrático da reforma, liberdade para introduzir ideias burguesas e elementos burgueses no socialismo.

"Liberdade" é uma grande palavra, mas sob o estandarte da liberdade para a indústria foram travadas as guerras mais predadoras, sob o estandarte da liberdade para o trabalho o povo trabalhador foi roubado. O uso moderno da expressão "liberdade de crítica" contém a mesma falsidade inerente. Aqueles que realmente estão convencidos de terem feito progresso na ciência não demandariam liberdade para que novas visões continuassem lado a lado com as velhas, e sim clamariam pela substituição das velhas visões pelas novas. O grito ouvido hoje, "Vida Longa à Liberdade de Crítica", lembra claramente a fábula do barril vazio.

Estamos marchando num grupo compacto ao longo de um caminho precipitoso e difícil, segurando-nos uns aos outros de mãos dadas, com firmeza. Estamos cercados de inimigos por todos os lados, e temos que avançar quase que constantemente sob o fogo deles. Pusemo-nos de acordo, por uma decisão livremente adotada, que lutaríamos contra o inimigo e que não recuaríamos para o charco da vizinhança, cujos habitantes, desde o início, nos reprovaram por termos nos separado, por termos formado um grupo exclusivo e escolhido a via da luta em vez do caminho da conciliação. E agora alguns entre nós começam a gritar: Vamos para o charco! E quando começarmos a recriminá-los, retorquirão: Quão retrógrados são vocês! Não têm vergonha de nos negar a liberdade de convidá-los a tomar a melhor estrada! Oh, sim, cavalheiros! Vocês são livres não só para nos convidar, mas também para irem aonde quiserem, até mesmo para o charco. Na verdade, pensamos que o charco é o lugar certo para vocês e estamos preparados a *lhes* prestar toda ajuda para que cheguem até lá. Apenas soltem as nossas mãos, não se agarrem a nós e não blasfemem a grande palavra liberdade, pois também somos "livres" para irmos onde nos aprouver, livres para lutar não só contra o charco, mas também contra aqueles que estão voltando-se rumo ao charco!

Quando esse texto de Lênin veio a público pela primeira vez, em março de 1902, parecia enunciar o ponto de vista geral dos que participavam do *Iskra*. Todos esses queriam um partido centralizado: isso parecia essencial num Estado policial como a Rússia. As implicações ditatoriais de *Que fazer?* — a de que a base do partido seria forçada a obedecer aos comandos da liderança, à maneira militar — ainda não eram inteiramente percebidas. "Nenhum de nós podia imaginar", Lydia Dan registrou, "que pudesse haver um partido que prendesse seus próprios membros. Havia o pensamento ou a certeza de que se um partido era realmente centralizado, cada membro submeter-se-ia naturalmente às instruções ou diretivas."[31]

Foi só no Segundo Congresso do Partido, que se reuniu em Bruxelas no ano seguinte, que as implicações do catecismo de Lênin para o partido começaram a emergir. O resultado foi um racha no partido e a formação de duas facções social-democratas distintas — os bolcheviques e os mencheviques. A causa imediata da cisão pode parecer muito trivial. Mesmo aqueles que participavam do partido não perceberam de imediato a importância histórica que o fato mais tarde assumiria. O racha surgiu por causa do enunciado preciso do Artigo Um do Estatuto do Partido, no qual a participação partidária era definida. Lênin queria a participação limitada àqueles que agissem em uma das organizações partidárias; enquanto Martov, mesmo reconhecendo a necessidade de um núcleo de ativistas disciplinados, queria permitir a participação no partido de qualquer um que reconhecesse o programa partidário e que estivesse desejoso de obedecer à liderança. Por sob a superfície de disputa meramente semântica, havia duas visões opostas do papel do partido. Por um lado, Lênin estava propondo um partido centralizado e conspirador de revolucionários profissionais, segundo a tradição do Vontade do Povo. Lênin nutria uma profunda desconfiança em relação ao potencial revolucionário das massas. Ele acreditava que, sem a liderança de uma elite de vanguarda partidária, as massas inevitavelmente seriam desviadas pelas questões mais cotidianas do economicismo. "A consciência socialista", ele escreveu em *Que fazer?*, "não pode existir entre os trabalhadores. Ela só pode vir de fora." Essa desconfiança em relação à democracia formaria a base da abordagem centralista com que Lênin, a partir de 1917, tratou os sindicatos, os sovietes e todas as outras organizações orientadas para as massas. A seu ver, as massas não deviam ser mais do que instrumentos do partido. Esse fator era apontado pelos críticos de Lênin, que advertiam que tal partido centralizado levaria à ditadura. O socialismo, na opinião desses críticos, era inalcançável sem democracia, a qual precisava de um partido de base ampla nascido diretamente da cultura e da consciência da classe operária. A posição de Martov sobre o Artigo Um foi inicialmente sustentada por 28 votos a 23. Todavia, duas facções que apoiavam essa posição acabaram por abandonar o congresso — os cinco delegados do Bund (cuja demanda por autonomia fora rejeitada pelo partido) e dois economicistas (derrotados pelos integrantes do *Iskra*). Assim, Lênin tinha uma maioria apertada. Foi então que seu grupo passou a chamar-se "bolcheviques" ("majoritários") e seus oponentes passaram a ser conhecidos como "mencheviques" ("minoritários").

Avaliando a situação com o distanciamento que o tempo permite, fica claro que os mencheviques foram muito tolos em permitir a adoção dessas nomenclaturas. Isso os encilhou com a imagem permanente de um partido minoritário, o que seria uma desvantagem importante na rivalidade com os bolcheviques.

Lênin aproveitou a oportunidade para afirmar seu controle do Comitê Central e de seu órgão, o *Iskra*, expulsando os três veteranos "mencheviques" — Zasulich, Axelrod e Potresov — do conselho editorial. Os métodos conspiradores de Lênin aumentaram a divisão entre as duas facções. O atrito entre elas de início teve muito mais a ver com personalidades, estilo e emoções do que com articulação de ideologias distintas. Os mencheviques foram ultrajados pelo tratamento rude dado por Lênin aos três editores expulsos — ele os chamara de "membros menos produtivos" do *Iskra* — e, em solidariedade, Martov agora recusava-se a trabalhar com Lênin e Plekhanov no novo conselho editorial. Eles acusavam Lênin de tentar tornar-se ditador do partido — falava-se de sua necessidade em usar o "cassetete" como aquele usado pelos comandantes de exército para instilar disciplina nas fileiras — e puseram-se como defensores da democracia no partido. A intransigência de Lênin, sua recusa em chegar a termo com os mencheviques, aparando diferenças (diferenças que, ele mesmo admitira, eram "na essência... sem importância"), e sua disposição, uma vez provocado, em reconhecer sua convicção de que teria que haver um ditador no partido para disciplinar os "elementos vacilantes em nosso meio", apenas aumentaram as tensões emocionais. O encontro irrompeu em discussões de ninharias, com cada lado acusando o outro de ter "começado" a controvérsia, ou de ter "traído" o outro. As pessoas tomavam partido com base em sentimentos feridos e em sensibilidades ultrajadas e estabeleciam vínculos de lealdade. Lydia Dan recorda que se alinhou a Martov não por considerar que ele estava certo, mas porque:

> Senti que tinha que apoiá-lo. E muitos outros sentiram o mesmo. Martov era pouco adequado para ser líder. Mas tinha um fascínio inexaurível que atraía as pessoas. Em geral era difícil dizer por que elas o seguiam. Ele mesmo disse, "Tenho o grande privilégio de merecer o apreço das pessoas." E, naturalmente, se algo como um cisma ocorresse, Martov seria nobre, Martov seria honrado, enquanto Lênin... bem, a influência de Lênin era enorme, mas ainda assim... De minha parte, era muito trágico ter que dizer que todas as minhas afinidades por Lênin (que eram consideráveis) estavam baseadas em mal-entendidos.[32]

Durante vários anos, as diferenças políticas incipientes entre os mencheviques e os bolcheviques continuaram a ser mascaradas por fatores pessoais. Sem dúvida isso em parte acontecia porque as duas facções viviam juntas — às vezes literalmente — em pequenas comunidades no exílio, de modo que suas brigas a respeito de dogmas partidários não raro entrelaçavam-se em discussões sobre dinheiro e amantes. Mas a personalidade de Lênin era a questão crucial. O bolchevismo era definido por um juramento pessoal de fidelidade a ele; e o menchevismo, embora em menor medida, por uma promessa de oposição a ele. Valentinov, ao chegar em Genebra em 1904, ficou chocado com a "atmosfera de culto [a Lênin] que as pessoas que se autodenominavam bolcheviques tinham criado". Lênin reforçava essa divisão atacando violentamente os mencheviques em seu panfleto *Um passo à frente e dois para trás* (1904). Ele agora os chamava de "traidores" da causa marxista. Nenhum dos representantes bolcheviques sequer tinha permissão para falar com algum dos líderes mencheviques sem antes ter aprovação de Lênin.[33]

Apenas muito lentamente, durante e depois de 1905, as diferenças entre as duas facções foi traduzida em termos políticos. Na verdade, por muito tempo (mais exatamente até 1918), a base dos social-democratas, especialmente a ala menchevique, procurou reunir o partido mais uma vez. Esse esforço deu-se com mais ênfase nas províncias, onde as forças partidárias eram pequenas demais para sustentar disputas internas. Ali elas continuavam a trabalhar juntas em organizações social-democratas unificadas. Mas aos poucos, à medida que o partido era forçado a confrontar os dilemas da política, durante a Revolução de 1905 e depois no período da Duma, as duas facções criaram fronteiras com base em diferenças ideológicas, em estratégias e táticas, e também em termos de estilos políticos e culturas políticas diversas.

O menchevismo continuou um movimento lasso, de moral alto, de pouca disciplina. Não havia um líder menchevique de verdade, no sentido em que os bolcheviques dispunham de um, e, de fato, isso fazia parte da ideologia dessa facção, pois os mencheviques negavam a necessidade de ter uma liderança. Apenas lenta e relutantemente os mencheviques arrastaram-se rumo ao tipo de estrutura partidária formal que seus rivais mantinham desde os primórdios. O espírito menchevique permanecera o dos círculos amistosos e informais (*kruzhki*) da década de 1890, o que levava Lênin a zombar dos "largos vestidos de bailes e sapatos estilo Oblomov" dos verdes anos do movimento. No entanto, os mencheviques eram genuinamente mais democráticos do que os bolcheviques, tanto em suas políticas quanto em sua composição. Tendiam a atrair uma gama mais ampla de pessoas — mais não russos, em especial judeus e georgianos, tipos mais variados de trabalhadores, pequenos comerciantes e intelectuais —, enquanto os seguidores dos bolcheviques tendiam a vir de grupos mais estreitos (a grande maioria era de operários da Grande Rússia e de camponeses desenraizados). Essa base social mais diversificada pode explicar, em parte, a inclinação dos mencheviques rumo à transigência e à conciliação com a burguesia liberal. Essa certamente era a principal distinção entre eles e os bolcheviques que, sob a orientação de Lênin, se tornavam cada vez mais inflexíveis na oposição à democracia. Ainda assim tal demarcação — e grande parcela disso talvez possa ser atribuída a diferenças sociais — era essencialmente ética. Os mencheviques eram democratas por instinto, e suas ações como revolucionários sempre foram balizadas por escrúpulos morais. Isso não se aplicava aos bolcheviques. Eram menos refinados e mais jovens, militantes operários de origem rural como Kanatchikov; homens de ação e não pensadores. Eram atraídos pela disciplina e pela firme liderança de Lênin no partido, por suas palavras de ordem simples e por sua crença na ação imediata capaz de derrubar o regime tsarista. Eles queriam agir, ao contrário dos mencheviques, que pregavam a espera, acreditando na erosão do regime provocada pelo desenvolvimento do capitalismo. Isso, sobretudo, era o que Lênin lhes oferecia: a ideia de que algo *podia* ser feito.

[illegible]
[illegible]
[illegible]
[illegible]
[illegible]
[illegible]
[illegible]
[illegible]
[illegible]
[illegible]

PARTE DOIS

A CRISE DA AUTORIDADE (1891-1917)

V.

Primeiro sangue

1. Patriotas e libertadores

Depois de um ano de desastres meteorológicos, os camponeses da região do Volga se viram enfrentando a fome no verão de 1891. Enquanto observavam suas lavouras arruinadas, eles poderiam ser perdoados por acreditar que Deus os havia escolhido para um castigo especial. As sementes que haviam plantado no outono anterior mal tiveram tempo de germinar antes da chegada das pequenas geadas que fizeram a temperatura média cair a 35 graus abaixo de zero. A primavera trouxe ventos secos que arrancaram a camada superficial mais fértil do solo e então, ainda em abril, começou o longo verão árido. Em Tsaritsyn não houve chuva durante 96 dias consecutivos, em Saratov não choveu ao longo de 88 dias e em Orenburg houve estiagem por mais de 100 dias. Poços e tanques secaram, a terra encarquilhada fendeu, florestas acastanharam-se prematuramente e o gado morreu nas margens das estradas. Os camponeses depositaram suas últimas esperanças na colheita. Mas as safras que sobreviveram mostraram-se pequenas e queimadas pelo sol. Em Voronezh, a colheita de centeio foi inferior a 0,1 *pud* (1,6 kg) por habitante, muito inferior à produção normal de 15 *pud* por habitante. "Aqui estamos prontos para passar fome", escreveu o conde Vorontsov-Dashkov ao tsar, em carta enviada da província de Tambov, aos 3 de julho. "As colheitas de inverno dos camponeses fracassaram completamente e a situação exige ajuda imediata."

No outono, a área ameaçada pela fome atingia dezessete províncias, das montanhas do Ural ao mar Negro, uma área equivalente ao dobro do tamanho da França, com uma população de 36 milhões de pessoas. Viajantes que percorreram a região na época retrataram uma situação de desespero crescente, pois os camponeses enfraqueciam e mantinham-se em suas cabanas. Aqueles que ainda tinham forças empacotavam seus míseros pertences e fugiam para onde quer que pudessem, atulhando as estradas com suas carroças. Aqueles que permaneciam viviam do "pão da fome" feito de casca de centeio misturada com ervas de quenopódio, musgo e córtex de árvores, o que tornava as côdeas amarelas e amargas. Os camponeses tiravam os colmos dos telhados de suas cabanas e usavam-nos para alimentar os cavalos: seres humanos podem ficar famintos por muito tempo mas cavalos que não comem simplesmente morrem, e se isso acontecesse não haveria colheita no ano seguinte. E então, quase que inevitavelmente, a cólera e o tifo atacaram, matando meio milhão de pessoas no fim de 1892.

O governo empenhou-se em lutar contra a crise do melhor jeito que pôde. Mas sua burocracia era muito lenta e inábil e o sistema de transporte mostrou-se incapaz de funcionar de maneira eficiente. Politicamente, o enfrentamento do problema foi desastroso, fazendo surgir a impressão geral de negligência e insensibilidade oficiais. Houve rumores generalizados, por exemplo, de que a burocracia obstinava-se em reter remessas de alimentos até que recebesse "prova estatística" de que a população a que os gêneros destinavam-se não tinha outros meios de se alimentar: quando tal comprovação chegava, não raro era tarde demais. Havia ainda histórias de esquemas de socorro montados pelo governo para empregar o campesinato destituído em obras públicas: o mais comum era constatar que os homens a serem empregados já jaziam em seus leitos de morte. Havia relatos de vítimas de cólera sendo forçadas a deixar suas casas e mandadas para centros de quarentena a quilômetros de distância de suas aldeias, e assim os camponeses tornavam-se histéricos sempre que as autoridades médicas apareciam e motins irrompiam e só eram abafados pela intervenção de tropas. Mas, de longe, o maior ultraje público era causado pelo adiamento do governo em proibir exportações de cereais, o que só veio a acontecer em meados de agosto, quando a crise já atravessara várias semanas. O aviso de que haveria proibição de exportação fora dado com antecedência de um mês, de modo a que os negociantes de cereais corressem para cumprir seus contratos estrangeiros. Assim, estoques que poderiam ter sido usados para alimentar camponeses famintos desapareceram no exterior. A proibição fora recebida com oposição por Vyshnegradsky, ministro das Finanças, cuja política econômica (que consistia essencialmente em elevar impostos incidindo sobre bens de consumo de modo a forçar os camponeses a venderem mais grãos) era vista pelo povo como causa principal da fome. Como dizia o lema do governo: "Mesmo se passarmos fome, exportaremos grãos."[1]

Tal cinismo não parecia justificado. O governo recusava-se a admitir a existência de "fome" (*golod*), preferindo falar eufemisticamente em uma "colheita pobre" (*neurozhai*). O diário reacionário *Moscow News* advertiu que seria um ato de deslealdade usar um "termo alarmista", já que daria brecha a um "perigoso burburinho" que só seria vantajoso para os revolucionários. Os periódicos foram proibidos de publicar relatos sobre a "fome", embora muitos o fizessem sem citar a palavra banida. Isso era o bastante para convencer o público liberal, chocado e preocupado pelos rumores da crise, de que havia uma conspiração governamental para esconder a verdade. Os mexericos agora começavam a pintar a situação nos termos mais catastróficos. Alexandra Bogdanovich, anfitriã dos salões de São Petersburgo, observou em seu diário em 3 de dezembro:

> Agora estão dizendo que Durnovo [o ministro do Interior] já sabia da fome em maio e que devia ter forçado Vyshnegradsky a proibir exportações já naquela época. Verkhovsky diz que a exportação de trigo só foi impedida quando Abaza [diretor do Departamento de Economia do Estado] foi capaz de vender seu próprio trigo por um bom preço. Dizem que na província de Simbirsk todas as crianças morreram de fome; mandaram roupas infantis mas todas foram devolvidas — não há ninguém para usá-las. A indignação está crescendo em todos os lados.

Mesmo o general Kutaisov, senador e conselheiro de Estado, foi ouvido queixando-se de que "não teria havido fome se o governo não tivesse se metido numa embrulhada tão terrível".[2]

Incapaz de lidar com a crise, o governo curvou-se ao inevitável e, em 17 de novembro, baixou uma ordem imperial convocando o público a formar organizações voluntárias para ajudar na assistência aos famintos. Aquele seria um momento histórico, pois abria a porta a uma poderosa e nova onda de atividade pública e de debate que o governo não poderia controlar e que, rapidamente, se voltaria da filantropia para o político. O "perigoso burburinho" que o *Moscow News* temera tornava-se cada vez mais estrondoso.

A resposta pública à fome foi tremenda. "Pessoas das mais variadas crenças e temperamentos lançaram-se à causa", recordou Vasilii Maklakov. "Muitos abandonaram suas ocupações de praxe e puseram-se a montar cantinas. Durante epidemias, puseram-se a ajudar os médicos. Nesse trabalho, não são poucos os que perderam para sempre suas posições e sua saúde." Os *zemstvos* foram os primeiros a agir, já tendo criado suas próprias redes provinciais para distribuir comida e remédios. O príncipe Lvov, que na época era presidente do *zemstvo* provincial de Tula, se lançou na campanha de socorro como se fosse uma questão de vida ou morte para si mesmo. Era uma demonstração de seu amor pelos camponeses, com quem tinha vivido e trabalhado nos últimos dez anos, que ele arriscasse a própria vida para salvar a deles. E como fora romântico o fato de, naquela época, enquanto trabalhava numa cozinha de sopa na província de Tambov, ter conhecido e se apaixonado por sua futura esposa. Tais sentimentos sublimes de compaixão pelos camponeses não foram incomuns entre donos de terra progressistas parecidos com Lvov. Centenas de comitês foram formados por nobres e por "homens públicos" para ajudar a levantar dinheiro para as vítimas da fome. Médicos voluntários apresentaram-se para formar equipes. Milhares de cidadãos bem-intencionados aderiram às campanhas de assistência organizadas pela Sociedade de Livre Economia e outros organismos de voluntários. Discursos ardentes eram feitos em reuniões públicas. Os jornais publicavam apelos em suas manchetes de primeira página. E os estudantes apresentavam-se para trabalhar na assistência, numa nova tentativa de "Ir ao Povo".[3]

Entre esses voluntários estava Anton Tchekhov, que era médico e dramaturgo. Ele colocou de lado seus escritos para trabalhar no *zemstvo* de seu distrito, perto de Moscou. Em agosto de 1892, contou em carta a um amigo:

> Fui designado médico para cólera e meu distrito abrange vinte e cinco aldeias, quatro fábricas e um monastério. Estou organizando as coisas, montando abrigos e assim por diante, e sinto-me sozinho, porque tudo o que tem a ver com cólera me é alheio e o trabalho, que requer viagens, conversas e azáfama constantes, me exaure. Não há tempo para escrever. Abandonei a literatura há muito tempo, estou pobre e falido por ter considerado desejável para mim mesmo e para minha independência recusar a remuneração paga aos médicos que tratam de cólera... Os camponeses são rudes, não têm higiene e são desconfiados, mas o pensamento de que nossos esforços não serão vãos torna tudo isso sem importância.[4]

Tolstói também desistiu de escrever para se juntar à campanha de assistência. Com suas duas irmãs mais velhas, organizou centenas de cantinas na região atingida pela fome, enquanto Sonya, sua mulher, levantava dinheiro no exterior. "Não posso descrever em simples palavras a destituição máxima e o sofrimento desse povo", escreveu a Sonya no fim de outubro de 1891. Segundo o camponês Sergei Semenov, seguidor de Tolstói e que se juntou a ele na campanha de ajuda, o grande escritor estava tão sobrepujado pela experiência em ver as dores dos camponeses que sua barba embranqueceu, o cabelo ficou mais ralo e ele perdeu muito peso. O conde, tomado de culpa, atribuiu a crise de fome à ordem social, à Igreja Ortodoxa* e ao governo. "Tudo aconteceu por causa de nosso próprio pecado", escreveu a um amigo em dezembro. "Afastamo-nos de nossos próprios irmãos e só há um remédio — pelo arrependimento, pela mudança de nossas vidas e pela destruição

* A Igreja Ortodoxa, que havia excomungado Tolstói, proibiu que os camponeses famintos aceitassem a ajuda do escritor.

dos muros entre nós e o povo." Tolstói estendeu sua condenação da desigualdade social em seu ensaio "O reino de Deus" (1892) e na imprensa. Sua mensagem calou fundo na consciência moral dos liberais, assolados como eram por sentimentos de culpa por conta dos privilégios de que desfrutavam e da alienação em relação ao campesinato. Semenov captou esse sentimento de vergonha quando escreveu sobre a campanha assistencial:

> A cada dia a necessidade e a miséria dos camponeses crescia. As cenas eram profundamente aflitivas e era ainda mais perturbador ver que em meio a todo aquele sofrimento e morte havia imensas propriedades espraiadas, casas senhoriais lindas e bem mobiliadas, e que a velha e boa vida dos fidalgos, com suas alegres caçadas e bailes, seus banquetes e concertos, seguia como de *hábito*.[5]

Para os liberais tomados de culpa, servir "ao povo" por meio de campanhas de ajuda era um meio de pagar o "débito" que tinham para com a gente simples. E eles agora voltavam-se para Tolstói como seu líder moral e seu defensor contra os pecados do velho regime. A condenação que Tolstói fazia descer sobre o governo transformava-o num herói, num homem de integridade cuja palavra podia ser tomada como verdade num assunto que o regime tentara tão arduamente esconder.

A sociedade russa tinha sido posta em ação e politizada pela crise de fome, sua consciência social fora alfinetada e o velho sistema burocrático tinha sido colocado em descrédito. A desconfiança pública em relação ao governo não diminuiu quando a crise passou. Ao contrário, fortaleceu-se quando representantes da sociedade civil continuaram a pressionar na luta por maior participação na administração das questões de Estado. A fome, dizia-se, tinha provado a negligência e a incompetência do velho regime e agora havia uma expectativa crescente de que círculos mais amplos da sociedade deviam ser atraídos ao trabalho para evitar uma nova catástrofe. Os *zemstvos*, que tinham passado a última década lutando para expandir suas atividades em face de uma oposição burocrática cada vez maior, agora estavam fortalecidos pelo apoio generalizado vindo dos liberais pelo trabalho desenvolvido em agronomia, saúde pública e educação. Os mercadores e os industriais liberais de Moscou, que tinham participado da campanha de socorro, agora começavam a questionar a política de industrialização do governo, que parecia tão ruinosa para o campesinato, principais consumidores dos produtos que vendiam ou manufaturavam. A partir de meados da década de 1890, eles também apoiaram os vários projetos dos *zemstvos* e de entidades municipais para reviver a economia rural. Médicos, professores e engenheiros, todos os que haviam sido forçados a se organizar como resultado do envolvimento em campanhas de assistência contra a fome, passaram a exigir mais autonomia profissional e mais influência na política pública; e quando não conseguiram avanços, começaram a fazer campanhas por reformas políticas. Na imprensa, nos "jornais massudos", nas universidades e nas sociedades eruditas e filantrópicas, os debates sobre as causas da fome — e sobre as reformas necessárias para evitar uma nova crise — cruzaram a década, muito depois de o problema imediato ter sido sanado.[6]

A oposição socialista, que em grande parte estivera entorpecida na década de 1880, voltou à vida com vigor renovado, e isso foi produto dos debates. Houve um renascimento do movimento populista (mais tarde rebatizado de neopopulismo), culminando, em 1901, com a criação do Partido Socialista Revolucionário. Sob a liderança de Viktor Chernov (1873-1952), que se formara em direito pela Universidade de Moscou e que fora preso na Fortaleza de Pedro e Paulo por seu papel no movimento estudantil, esse partido seguia a nova sociologia marxista embora ainda adotasse a crença populista de que todos os operários e camponeses — o que chamava de "povo trabalhador" — eram unidos pela pobreza e pela oposição ao regime. Em suma, no rastro da fome, houve uma unidade crescente entre marxistas e neopopulistas, que colocavam de lado suas diferenças sobre o desenvolvimento do capitalismo (o que os socialistas-revolucionários agora aceitavam como fato) e se concentravam na luta democrática. Do lado marxista, Lydia Dan recordou o período como uma "nova era... em que, para nós, mais importante do que a luta pelo socialismo era a luta política... que podíamos e devíamos tornar nacional".[7]

O marxismo como ciência social estava rapidamente tornando-se o credo nacional: só ele parecia explicar as causas da fome. Universidades e sociedades eruditas eram tomadas pela nova moda intelectual. Mesmo instituições bem estabelecidas como a Sociedade de Livre Economia caíram sob a influência dos marxistas, que produziam textos e mais textos de estatísticas sociais, que assumiam ares de estudos das causas da grande fome, para provar a verdade das leis econômicas de Marx. Socialistas que anteriormente tinham vacilado em seu marxismo agora estavam completamente convertidos. Parecia a esses socialistas que a crise de fome provara não haver mais esperança na fé que o populismo depositava no campesinato. Petr Struve (1870-1944), que anteriormente tinha a si mesmo como um liberal, descobriu suas paixões marxistas reveladas pela crise, que fez dele "muito mais marxista do que a leitura de O *capital*, de Marx". Martov também registrou como a crise o transformara em marxista: "Subitamente ficou claro para mim quão superficial e infundado todo o meu revolucionismo fora até então, e quão meu romantismo político subjetivo era tacanho diante das alturas filosóficas e sociológicas do marxismo."[8] Mesmo o jovem Lênin só se converteu às ideias principais do marxismo após a crise de fome.

Em resumo, toda a sociedade fora politizada e radicalizada como resultado da crise de fome. O conflito entre a população e o regime fora posto em ação — e agora não havia como voltar atrás. Nas palavras de Lydia Dan, a fome tinha sido um marco vital na história da revolução, pois mostrara à juventude de sua geração "que o sistema russo estava completamente falido. Era como se a Rússia estivesse à beira de algo".[9]

Esse despertar político do público era parte de mudanças sociais mais amplas que estavam na raiz da revolução. Pode-se considerar a emergência de uma sociedade civil a partir da década de 1890. Agora havia uma esfera pública e uma ética pública em oposição ao Estado tsarista. Estava ficando para trás o tempo em que, nas palavras de Miliukov, a autocracia tinha sido "a única força organizada" na Rússia e fora capaz de dominar uma sociedade fraca e dividida. Agora essa relação estava sendo invertida. As instituições da sociedade tornavam-se mais independentes e organizadas, enquanto o Estado tsarista cada vez mais enfraquecia e era menos apto para controlar tais instituições. A fome fora o momento decisivo e crucial nesse processo, o momento em que a sociedade russa pela primeira vez teve, politicamente, ciência de si mesma e de seus poderes, de seus deveres para com "o povo" e do potencial que tinha de se governar. Em certo sentido, foi o momento em que pela primeira vez a Rússia tornou-se uma "nação".

Profundas mudanças sociais estavam empurrando essa cultura pública para o cenário político. A velha hierarquia de estratos sociais (*sosloviia*), que a autocracia criara para organizar a sociedade em torno de suas próprias necessidades, estava ruindo à medida que um sistema social novo e com muito mais mobilidade começava a tomar forma. Homens nascidos como camponeses, e até mesmo como servos, ascendiam e estabeleciam-se como mercadores e donos de terras, professores, médicos, engenheiros, escritores, editores e patronos de arte. Os filhos e filhas de nobres exerciam profissões liberais. Mercadores tornavam-se fidalgos. Casamentos entre os estratos sociais agora era lugar-comum. Sobretudo, as pessoas não queriam nem podiam mais se definir segundo as classificações antigas e rígidas.[10]

Essa nova sociedade civil era complicada demais para ser descrita em simples termos de "classe", pois definia-se muito menos por posição social do que pela política e pela cultura. A identidade da *intelligentsia* era definida pela visão de mundo que norteava os intelectuais — baseada na noção de serviço público e de valores liberais do Ocidente. A *intelligentsia* sempre fora formada por gente de variadas origens sociais e sempre reclamara representar "a nação" como um todo. E essa tradição universalista dava forma à ética e à linguagem dessa esfera pública nascente. Liberais instruídos falavam em servir ao "bem público" (*obshchestvennost'*), o que equivalia a dizer "sociedade" ou "nação", em oposição à velha ética fidalga de servir ao Estado tsarista. Esses homens chamavam seus políticos de "homens públicos" (*obshchestvennye deiateli*). Era parte importante do processo retórico como um todo, cuja meta era definir essa "nação política" — o que significava separá-la do Estado tsarista "estrangeiro" — que seus líderes fossem honrados com um nome genérico que os tornasse patriotas da causa do povo. Uma cultura política nacional baseada nos ideais e nas instituições da *intelligentsia* estava se amalgamando na Rússia. Um público ativo estava surgindo em oposição ao velho regime e exigindo direitos de uma cidadania independente. A disseminação da educação superior, da opinião pública e de atividades públicas dava forma a essa cultura pública emergente. Entre 1860 e 1914, o número de estudantes universitários na Rússia cresceu de 5 mil para 69 mil (45% mulheres); os jornais diários passaram de 13 para 856; e as repartições públicas incharam de 250 para 16 mil.[11]

Esses eram sinais de um novo estrato social intermediário, situado entre a aristocracia e os camponeses e a classe operária. Mas ainda assim era frágil demais em termos sociais para merecer o título robusto de "classe média". A "burguesia" industrial, que no Ocidente havia aberto caminho para forjar uma identidade de classe média, era débil e dependente demais do Estado russo, muito fragmentada por divisões regionais e étnicas e muito isolada da elite educada para desempenhar o mesmo papel na Rússia tsarista. Mesmo assim, esse era o objetivo tardio do empresariado liberal de Moscou, pertencente ao círculo de Riabushinsky, na primeira década do século XX.[12] De fato, a consciência de sua própria fragilidade e isolamento foi um aspecto crucial da autoidentidade dessa nova "sociedade censitária" (*tsenzovoe obshchestvo*). Quando o público liberal e instruído tornou-se mais consciente de si mesmo e de seu importante papel na política, também tornou-se mais consciente do abismo imenso e assustador — um abismo revelado pela fome — que o separava das massas famintas. Como na África do Sul sob o *apartheid* havia sempre uma bomba-relógio terrorista fazendo tique-taque no armário dos políticos liberais.

Na primeira década do século XX, dois grupos principais estiveram na linha de frente dessa campanha pública, levando à Revolução de 1905: os liberais "homens do *zemstvo*" e os estudantes.

Os "homens do *zemstvo*" foram pioneiros improváveis da revolução. A maioria deles eram nobres proprietários de terra, progressistas e práticos, como o príncipe Lvov, que só queriam que a monarquia desempenhasse um papel positivo na melhoria de vida de seus súditos. Eles procuravam aumentar a influência dos *zemstvos* na estrutura da legislação já existente, mas a noção de liderar um amplo movimento de oposição lhes era repugnante. O mentor do príncipe Lvov, D. N. Shipov, que organizara os *zemstvos* em nível nacional, era um dedicado monarquista avesso à demanda liberal por uma Constituição. Todo o propósito de seu trabalho era fortalecer a autocracia através da aproximação do tsar com o povo, organizado por meio de *zemstvos* e de um parlamento consultivo. Sob muitos aspectos, ele estava tentando criar de baixo a mesma autocracia popular que, nos últimos anos de seu reinado, Nicolau objetivou impor de cima. No cerne de sua eslavofilia liberal estava a noção de a Rússia como "uma terra se autogovernando localmente com um

Soberano autocrático no topo". Ele acreditava na antiga comunhão entre o tsar e seu povo, uma união que, a seu ver, fora rompida pela "autocracia da burocracia".[13]

Havia inúmeras razões, portanto, para a autocracia chegar a um acordo com os "homens do *zemstvo*". Mas, como tão frequentemente aconteceu durante seu colapso inexorável, o velho regime escolheu a repressão em lugar de transigir. Assim, *criou* a hostilidade política dos *zemstvos.* O arquiteto chefe dessa política suicida foi o todo-poderoso Ministério do Interior, que via os *zemstvos* como antros perigosos para revolucionários e os sujeitou a uma campanha renhida de perseguição. Armados com o estatuto de 1890, os governadores de província limitaram os orçamentos dos *zemstvos,* censuraram suas publicações e afastaram ou prenderam os membros eleitos de seus conselhos.

A crise de fome trouxe uma interrupção temporária a esse conflito, pois o governo apoiou-se nos *zemstvos* como agências de distribuição de alimentos e remédios. Mas, ao expandir as atividades dos *zemstvos,* a crise também os encorajou a reafirmar suas reivindicações de autonomia e reforma. A liderança foi assumida pelos profissionais dos *zemstvos* (professores, médicos, estatísticos e agrônomos, comumente conhecidos como o Terceiro Elemento), cuja influência radical sobre as assembleias dos *zemstvos* cresceu como resultado de sua participação direta nas campanhas de socorro aos famintos. Esses profissionais foram seguidos por muitos proprietários de terras, que atribuíam a fome ao fracasso do governo em proteger os agricultores da nação. Os donos de terras preocupavam-se com a possibilidade de camponeses destituídos tomarem suas propriedades. Eles agora reuniam-se nos *zemstvos* para defender os interesses agrários da sociedade provincial contra a burocracia industrializadora de São Petersburgo. Os nobres mais liberais, como o príncipe Lvov, passaram a exigir a criação de um *zemstvo* de todas as classes em nível da *volost* (eles acreditavam que isso ajudaria a integrar os camponeses no governo local) e a convocação de uma assembleia nacional. Essa fora a inspiração da Carta de Tver, apresentada a Nicolau II quando da sua ascensão ao trono pelos líderes de *zemstvo* mais progressistas do país. Num discurso que enfureceu a opinião pública, o novo tsar opôs-se aos "sonhos insensatos" e enfatizou sua adesão "firme e resoluta" ao "princípio da autocracia". Em poucos dias, o Ministério do Interior retomou a perseguição aos *zemstvos.* A Organização de Todos os *Zemstvos,* imaginada por Shipov, foi banida logo após ter sido fundada, em 1896, forçando os revolucionários relutantes a cair nos braços de constitucionalistas mais radicais. Juntos eles formaram o *Beseda* (Simpósio), em 1889, círculo de debates clandestino reunindo liberais, inclusive alguns dos maiores nomes da aristocracia russa, assim como o príncipe Lvov, e que costumavam encontrar-se no palácio dos príncipes Dolgorukov, em Moscou. De início, o *Beseda* limitava-se a debater questões dos *zemstvos.* Mas em 1900, o governo novamente pôs em ação sua campanha de perseguição, ordenando o afastamento de centenas de liberais dos comitês eleitos dos *zemstvos*. Isso inevitavelmente forçou o elegante simpósio a virar um movimento constitucional, pois uma ampla gama de homens públicos, que iam de líderes cívicos a capitães de indústria, juntaram-se ao serem convocados por esse grupo para lutar por reformas.[14]

Desde a década de 1860, as universidades tinham sido o centro organizacional da oposição ao regime tsarista. Na linguagem russa, as palavras "estudante" e "revolucionário" eram quase sinônimas. Como todo o restante da sociedade, os estudantes haviam sido politizados pela escala absoluta da miséria humana que a fome expôs. As salas de aula tornaram-se viveiros de agitação socialista e havia um novo espírito de rebeldia contra as autoridades universitárias, pois, desde 1884, as universidades estavam sob controle policial. A. F. Kerenski (1881-1970) recorda a camaradagem do dormitório da Universidade de São Petersburgo: "Os estudantes viviam como uma comunidade muito unida e amistosa, com seus próprios favoritos funcionando como líderes em questões de interesse comum... Se algo excepcional acontecesse no país e tocasse e ferisse os sentimentos morais da juventude, se alguma ordem das autoridades educacionais espicaçasse nosso orgulho corporativo, então todos os estudantes levantavam-se como se fossem um só homem."[15]

A juventude de Kerenski teve muitas semelhanças com a de Lênin, que se tornaria seu arquirrival em 1917. Ele nasceu na mesma cidade de Simbirsk, onze anos depois de Lênin. Seu pai era diretor do ginásio onde Lênin estudou e conheceu o pai de Lênin que, por sua vez, era inspetor-chefe de escolas, na mesma cidade. Em 1889, o pai de Kerenski foi promovido a diretor de uma escola em Tachkent, onde seu filho passou a estudar. Da mesma forma que ocorreu com o adolescente Lênin, "nada nesse estágio sugeria a futura carreira de Kerenski como ministro da revolução", recordou um de seus professores. "Ele obedecia alegremente à disciplina rígida da escola, ia entusiasticamente à igreja* e até cantava no coro." Aos 14 anos, o coração de Kerenski passou a bater pela arte da representação. Ele chegou a assinar assim uma carta para seus pais: "O futuro Artista do Teatro Imperial. A. Kerenski."[16] Sua crença em seu destino — que conduziria seus atos em 1917 — claramente já havia se arraigado na tenra idade. Kerenski nunca entrou para o teatro, embora como ator no palco revolucionário ele fosse se mostrar tão dramático quanto qualquer intérprete de província. Em 1899, foi para a Universidade de São Petersburgo estudar história e filologia, matérias a que seu pai havia se dedicado no mesmo estabelecimento, embora no segundo ano o jovem Kerenski transferisse seu interesse para o estudo das leis. Isso também determinou um padrão que seria seguido no futuro: mudar de história para direito é, obviamente, o passo de um carreirista.

No ano em que Kerenski matriculou-se, os estudantes de São Petersburgo estavam envolvidos numa série de manifestações no campus. Em 8 de fevereiro, era

* Como faria ao longo de toda sua vida.

costume dos estudantes comemorar o aniversário da fundação da universidade com atividades no centro da cidade. Mas em 1899, o governo não estava disposto a assistir a uma reunião estudantil nas ruas e proibiu os festejos. Quando alguns jovens tentaram desafiar o veto marchando para a cidade, encontraram o caminho bloqueado pela polícia, que os recebeu com golpes de chicote. Muito agitados, os estudantes começaram uma greve de protesto, que se espalhou a outras universidades. Suas reivindicações ainda não eram políticas; eles ficariam satisfeitos com um pedido oficial de desculpas pela brutalidade da polícia e com a restauração das liberdades acadêmicas e estudantis retiradas da universidade em 1884. Pelo menos, foi o que imaginou a comissão nomeada mais tarde para avaliar o problema. Mas, em vez disso, o governo prendeu os líderes dos estudantes e ameaçou punir futuras manifestações com convocação militar. Os estudantes sentiram-se ultrajados e, encorajados por agitadores socialistas, passaram a condenar o sistema político, de alto a baixo. Mesmo Kerenski, que até então tinha estado mais interessado em teatro do que em política, juntou-se ao protesto do campus. "O insulto do último ano não foi esquecido, nem pode ser", ele escreveu a seus pais, em fevereiro de 1900. "As repressões foram selvagens, eis o que nos perturba, e aqueles que as ordenaram (i.e., os ministros) não merecem respeito!"[17] Mais uma vez, a tática da mão de ferro usada pelo governo transformou um protesto menor em movimento de oposição a pleno vapor.

No mês de novembro seguinte, houve manifestações estudantis em Kiev e em outras universidades. Bogolepov, ministro da Educação, respondeu, em janeiro de 1901, alistando no exército mais de 200 líderes estudantis. Um mês depois, um rapaz chamado Karpovich baleou Bogolepov no pescoço, ferindo-o fatalmente, na primeira de uma nova onda de ações terroristas. O público em geral foi insensível ao assassinato (Kerenski e seus colegas estudantes viam Karpovich como um santo), entendido como uma simples reação provocada pelas repressões de Bogolepov. "Eu sinto, eu vejo", escreveu Gorki a Bryusov, "que mandar estudantes ao exército é repugnante, é um crime flagrante contra a liberdade individual, uma medida idiota da canalha embriagada de poder." Em 4 de março, dois dias depois da morte do ministro da Educação, Gorki participou de uma manifestação maciça em São Petersburgo. A capital parou quando 3 mil estudantes convergiram em frente à Catedral de Kazan. Bandeiras vermelhas foram desfraldadas, a *Marseillaise* foi cantada e Gorki fez um discurso condenando as ações do governo. Na multidão havia um grande número de liberais burgueses simpáticos aos estudantes e dúzias de luminares presentes e futuros do movimento revolucionário. De repente, um esquadrão de cossacos montados apareceu por trás da catedral e partiu contra a massa, batendo de todos os lados com cassetetes. Struve foi um dos atingidos. Enquanto as pessoas tentavam procurar refúgio, parte da multidão entrou na catedral, onde um serviço religioso estava em curso. Treze pessoas foram mortas, centenas ficaram com os rostos sangrando e, ao todo, 1.500 estudantes foram presos, muitos deles na Fortaleza de Pedro e Paulo. Foi a primeira vez que um número tão grande de cidadãos burgueses respeitáveis se viu dentro daquelas famosas muralhas penitenciárias. Os pais e amigos dos estudantes os visitavam diariamente, levando cestas de boa comida. Um conhecido industrial do tabaco, cujo filho fora aprisionado, mandou 10 mil cigarros de luxo e repetiu o presente a intervalos regulares. Foram enviados milhares de livros, permitindo aos estudantes colocar em dia seus estudos havia muito negligenciados, embora, segundo um deles, o grupo passasse a maior parte do tempo em torneios de xadrez e em concertos. Toda a aventura foi descrita por ele como "uma espécie de piquenique estudantil".[18]

Para muitos dos estudantes aquele foi o primeiro confronto com o poder coercitivo do Estado. A experiência mostrar-se-ia radicalizadora. Milhares de estudantes juntaram-se ao Partido SR, cuja Organização de Combate assumiu a liderança da campanha de terror que logo reclamou a vida de D. S. Sipiagin, ministro do Interior. Outros juntaram-se aos social-democratas. Mas o verdadeiro lar dos estudantes democráticos era a União de Libertação, criada em 1903. Idealizada por Struve, era um grupo pequeno mas influente de dissidentes saídos do movimento marxista na virada do século. Struve defendia que uma revolução social violenta seria desastrosa para a Rússia. Segundo ele, era preciso um período de evolução social e política nos moldes europeus, durante o qual os trabalhadores lutariam por seus direitos dentro do sistema capitalista e toda a democracia unificar-se-ia num movimento constitucional. Essa era a mensagem do jornal de Struve, *Osvobozhdenie* (Libertação), publicado na Alemanha, e que inspirara a fundação da União. Antagonizado pela perseguição policial organizada por Plehve, sucessor de Sipiagin no Ministério do Interior, a União aos poucos inclinou-se para a esquerda e, em 1904, abraçou o programa de uma Constituição baseada no sufrágio universal, na autodeterminação das nacionalidades e em reformas de maior alcance.

Foi nesse momento que a Rússia foi à guerra contra o Japão. Com frequência atribui-se a Plehve ter planejado o embate como "uma pequena guerra vitoriosa para extirpar a revolução". Mas as origens do conflito são mais complexas — e suas consequências foram exatamente o avesso do que Plehve poderia ter pretendido. A penetração econômica da Rússia no Extremo Oriente, tornada possível pelo construção da Ferrovia Transiberiana durante a década de 1890, tendia a levar o país ao conflito com o Japão, que tinha ambições na Coreia e na Manchúria. Mas a guerra poderia ter sido evitada se a política externa russa estivesse em mãos competentes, porém foi deixada nas mãos de uma pequena cabala da corte, liderada por Alexander Bezobrazov, um especulador com grandes e boas ligações com interesses madeireiros na Coreia. Essa cabala de lobistas persuadiu o tsar a rejeitar a oferta japonesa de um acordo, assim tornando a guerra inevitável. O fato de Nicolau ter decidido interessar-se em pessoa pela questão só tornou as coisas ainda piores. Infelizmente, política externa era a única área do governo em que o tsar considerava-se competente a administrar. Por ter excursionado pelo Extremo Oriente em sua juventude, ele acreditava ser especialista na região. O general Kuropatkin, ministro da Guerra, acreditava que Nicolau queria estender seu império por toda a Ásia, conquistando não só a Manchúria e a Coreia, mas também o Tibete, o Afeganistão e a Pérsia. A maioria de seus ministros encorajava tais pretensões. Era uma maneira de adular o tsar — que, afinal, tinha tão poucos talentos. Desejoso de distrair a atenção de Nicolau dos Bálcãs, seu primo, o kaiser Guilherme, também alimentava fantasias imperiais. Certa vez, a bordo do iate imperial, ele telegrafou ao sobrinho: "O almirante do Atlântico saúda o almirante do Pacífico."[19]

Quando a guerra começou, em janeiro de 1904, com o ataque japonês à esquadra russa em Port Arthur, na Manchúria, o tsar e seus conselheiros cantaram vitória. Kuropatkin alegou que só precisaria de dois soldados russos para cada trio de soldados japoneses, tão superiores eram os russos em relação aos asiáticos. Os cartazes do governo retratavam os japoneses como macaquinhos ridículos, de olhos puxados e pele amarela, correndo em pânico do gigantesco punho branco de um robusto soldado russo. Um outro exibia um enxame de aranhas de feições japonesas, rostos torcidos de medo, lutando para escapar de sob um imenso chapéu cossaco. A legenda era "Vamos pegá-los aos montes!" Esse espírito patriótico, com tons racistas, tomou conta da sociedade liberal. O príncipe S. N. Trubetskoi, célebre professor de filosofia da Universidade de Moscou e membro fundador do *Beseda*, argumentou que a Rússia estava defendendo toda a civilização europeia contra "o perigo amarelo, as novas hordas de mongóis armados pela tecnologia moderna". Os líderes acadêmicos da Universidade de Kiev descreveram a guerra como uma cruzada cristã contra os "mongóis insolentes". Mesmo o marxista legal Struve sentiu-se compelido a ceder ao espírito patriótico, incitando seus seguidores a reunirem-se em prol da nação e de suas forças armadas ao mesmo tempo que continuava a opor-se à autocracia.* Os *zemstvos* provinciais foram ainda mais longe em seus esforços patrióticos. Para ajudar a Cruz Vermelha no *front* da Manchúria, treze deles formaram uma brigada conjunta de 360 médicos e enfermeiros liderados pelo príncipe Lvov. Foi a primeira vez que os *zemstvos* tiveram permissão para se organizarem em nível nacional. O príncipe rogou ao tsar que deixasse a brigada partir e, assim, foi tocado por sentimentos ufanistas que Nicolau acabou abraçando, beijando e desejando boa sorte a Lvov. A missão, que foi vista com muito bons olhos pelos líderes militares, transformou Lvov em herói nacional e habilitou os *zemstvos* a se enrolarem na bandeira nacional.[20]

---

* Por causa disso, Struve foi considerado pelo governo como derrotista. E chegou a ser abordado por um espião japonês.

Tivesse a guerra sido ganha, o regime poderia ter sido capaz de capitalizar politicamente esse surto patriótico. O antigo vínculo entre o Estado tsarista e o nacionalismo russo poderia ser usado para criar um forte apelo emocional quando o inimigo pagão tombasse. A invasão mongol, que o Estado moscovita repelira, tinha deixado uma poderosa marca na psique russa. E essa marca expressava-se numa ansiedade profunda em relação às raízes confusas do povo eurasiano e de sua cultura, o que tornava fácil para um liberal culto como Trubetskoi se convencer de que a guerra era somente a defesa da identidade europeia russa contra as hordas asiáticas. E daí, bastava um pequeno passo para a visão de que o Estado tsarista cristão era o defensor dessa identidade.

Mas ganhar a guerra era muito mais difícil do que previam os governantes da Rússia. Os militares não dispunham de armamentos modernos, sem falar nos terríveis problemas logísticos decorrentes da necessidade de travar combates a mais de 9.500 km de distância. O maior entrave, porém, era a total incompetência do Alto Comando, aferrado com unhas e dentes a doutrinas militares do século XIX, do que resultava desperdício de milhares de vidas russas expostas às inúteis cargas de baionetas contra posições de artilharia. O próprio comandante em chefe, almirante Alexeev, não conhecia quase nada sobre a arte da guerra. Temendo montar, submeteu-se ao vexame de inspecionar a cavalaria a pé. A promoção de Alexeev devera-se, em grande parte, ao patrocínio do grão-duque Alexis, a quem uma vez resgatara da polícia francesa. O caso não havia passado de um imbróglio por conta do envolvimento do grão-duque numa farra regada a bebedeira num bordel de Marselha. Alexeev oferecera-se para ser preso no lugar de Alexis, alegando que a *maîtresse* do lupanar tinha confundido seu nome com o do grão-duque.[21]

Enquanto a guerra ia de mal a pior, a oposição liberal revivia, acusando o governo de incompetência na gerência da campanha. Havia abundância de evidências para apoiar a acusação, incluindo o despacho inútil da Esquadra Báltica para uma viagem de sete meses pelo mundo de modo a libertar Port Arthur. Os únicos tiros que dispararam atingiram algumas embarcações de pesca inglesas, no mar do Norte, que o comandante tinha tomado por torpedeiros japoneses. O caso foi levado à arbitragem internacional — o Inquérito dos Baixios do Mar do Norte — e a Rússia viu-se forçada a pagar os prejuízos de 65 mil libras. Mesmo os principais homens de negócios do país, que no passado tinham recorrido ao Estado em busca de proteção, agora se juntavam ao coro de críticas, pois sofriam os deslocamentos econômicos da guerra. A. I. Guchkov (1862-1936), um rico industrial de Moscou que lutou ao lado dos bôeres contra os britânicos e dirigiu um hospital de campanha na Manchúria, era especialmente crítico em relação à monarquia por seu fracasso em equipar os militares com as ferramentas da peleja moderna. O futuro líder do Partido Outubrista encontrou apoio em grande parte da imprensa, que acusava o sistema burocrático pelo declínio militar russo. Os mexericos que circulavam nos salões eram cruéis. Diante das notícias de que o tsar mandara às tropas ícones que seriam usados para levantar o moral, o general Dragomirov foi sarcástico: "Os japoneses estão nos massacrando com metralhadoras, mas não se preocupem: nós os enxovalharemos com ícones." A autocracia tinha demonstrado ser incapaz de defender o interesse nacional. Fazer parte das fileiras da oposição passou a ser visto como algo "nobre e patriótico", segundo as palavras de uma autoridade.[22]

O governo tinha se tornado tão impopular que em julho de 1904, quando o ministro do Interior Plehve foi esmigalhado por uma bomba colocada pela Organização de Combate SR (que já havia feito vários atentados contra Plehve), mal houve uma palavra de pesar público.* E tamanho era o "culto à bomba e à arma", que o público via os terroristas como defensores da liberdade. Em Varsóvia, o assassinato de Plehve foi comemorado por multidões na rua. "O aspecto mais formidável da presente situação", observou o conde Aerenthal, embaixador austro-húngaro em São Petersburgo:

> é a total indiferença da sociedade em vista de um fato que constituiu um pesado golpe aos princípios do governo. Não se poderia esperar simpatia por um ministro que, por causa de sua tendência autoritária, deve ter feito muitos inimigos. Mas seria natural um certo grau de compaixão humana, ou pelo menos preocupação e inquietação com respeito ao futuro imediato. Nem um só traço disso é encontrado... Só encontrei pessoas inteiramente indiferentes ou tão cínicas que dizem não ser possível ter-se esperado outro resultado. As pessoas estão prestes a afirmar que novas catástrofes similares ao assassinato de Plehve serão necessárias para produzir uma mudança de espírito por parte da autoridade máxima.[23]

Os cidadãos da Rússia estavam querendo o sangue dos governantes.

A oposição agora reunia-se à campanha por uma assembleia nacional de *zemstvos*. Os liberais "homens do *zemstvo*" clamavam por isso desde 1902, mas Plehve sempre obstruiu a proposta. Agora havia sinais de esperança. O assassinato de Plehve tinha chocado profundamente o tsar e, apesar de sua natural inclinação ter sido a de substituí-lo por um outro linha-dura, as más notícias vindas do *front* e a força da oposição o persuadiram da necessidade de nomear um homem que desfrutasse da "confiança da sociedade". O novo ministro do Interior, príncipe Sviatopolk-Mirsky (ou simplesmente Mirsky), era perfeito para o cargo. Liberal, amável e honesto, era um produto típico da burocracia esclarecida que esposava os ideais do *Rechtsstaat*. Falava da necessidade de fortalecer o papel da lei, de dar fim

* Constituída por Boris Savinkov (1879-1925), mais tarde ministro do Governo Provisório.

ao despotismo da polícia e de romper as barreiras de descrédito entre o governo e a sociedade. Autodenominava-se um "homem do *zemstvo*" — no sentido de que, como burocrata, via como seu dever básico servir ao público antes de servir ao tsar — e procurava conciliar os liberais do *zemstvo*. Sua posse, em 25 de agosto, foi entendida por todos como uma oportunidade de reviver a campanha em favor de uma assembleia nacional.

Tais expectativas colocaram Mirsky numa situação dificílima. "Tenho medo", escreveu em seu diário, em 22 de setembro, a esposa do novo ministro, "de que tanto seja esperado de Pepka [Mirsky] e que ainda assim tão pouco seja possível; a única coisa que ele pode fazer é agir de acordo com sua consciência, queira Deus." O ministro ficou encurralado entre as demandas dos liberais e a determinação obstinada do tsar em permanecer fiel ao princípio da autocracia. Ele não seria o último a ser pego em tal armadilha. Se há uma questão repetitiva na história russa durante os últimos vinte anos do velho regime, essa questão é a necessidade de reformas e o fracasso de governos sucessivos em realizá-las por causa da relutância do tsar. Não que houvesse necessidade de reformas radicais: a maioria dos liberais ficaria satisfeita por mudanças moderadas como a convocação de uma assembleia consultiva, a expansão do autogoverno local e maiores direitos civis, que não necessariamente minariam a monarquia. Mas Nicolau era avesso à ideia de qualquer limite de suas prerrogativas autocráticas. De modo ingênuo, talvez, Mirsky continuou gentilmente a tentar persuadi-lo quanto a reformas. Mas Nicolau era impermeável a argumentos, e a frustração do ministro só aumentava. Numa ocasião em que Mirsky explicava que todo o país reclamava uma assembleia nacional de *zemstvos*, o tsar replicou: "Sim, é necessária, assim eles serão capazes de investigar o problema veterinário." Quando Mirsky esclareceu que a questão referia-se ao direito de representantes eleitos participarem da administração do governo, e advertiu que, se nada fosse concedido, logo haveria uma revolução, o tsar manteve-se calado. "Ele deixa tudo que é desagradável longe de si", queixou-se mais tarde o ministro exasperado à esposa.[24]

Mirsky inicialmente pensou em garantir sua aprovação oficial à assembleia de *zemstvos*, imaginando que o organismo se limitaria a assuntos locais. Mas quando a assembleia produziu uma agenda revista que incluía discussões similares à de um parlamento legislativo, o ministro pensou em duas alternativas: adiar a iniciativa ou transferi-la para as províncias, onde chamaria menos atenção. Mas os "homens do *zemstvo*" fincaram pé e as maneiras afáveis de Mirsky finalmente fizeram-no ceder, permitindo que a assembleia se reunisse em acomodações privadas na capital — "para uma xícara de chá", como ele mesmo colocou. Entre 6 e 9 de novembro de 1904, 103 representantes de *zemstvos* encontraram-se em várias residências, incluindo o apartamento de Vladimir Nabokov, pai do futuro romancista. Shipov foi eleito presidente, o príncipe Lvov e Petrunkevich, vice-presidentes.

Com efeito, aquela foi a primeira assembleia nacional da história russa. As pessoas comparavam-na aos *États Généraux* franceses de 1789. E, a despeito da proibição de Mirsky, contrário a qualquer publicidade do evento, mais de 5 mil telegramas de congratulações chegaram de todas as partes do país. Órgãos e associações cívicos realizaram reuniões para apoiar as resoluções da assembleia, que condenava a situação presente e exigia uma Constituição. Esta última reivindicação, porém, era feita sem que o nome tão temido — Constituição — fosse citado. Mesmo os nobres marechais, geralmente os mais conservadores dos fidalgos detentores de cargos públicos, realizaram um congresso para apoiar a ideia de uma assembleia nacional. Organizações profissionais montaram banquetes públicos, inspirados no festim da campanha parisiense que precedeu a Revolução de 1848, nos quais oradores bradavam por reformas políticas e brindes eram feitos à futura Constituição. Gorki esteve no maior desses repastos, em 20 de novembro, em São Petersburgo, e na manhã seguinte escreveu à esposa, que estava em Yalta:

> Acabei de voltar do banquete no Salão Pavlova. Havia mais de 600 convivas — escritores, advogados, "homens do *zemstvo*" a *intelligentsia* em geral... Discursos francos foram feitos e as pessoas cantavam em uníssono "Abaixo a autocracia!", "Vida Longa à Assembleia Constituinte!" e "Queremos uma constituição!"... Por unanimidade, foi aprovada uma resolução clamando por uma Assembleia Constituinte eleita por sufrágio universal. Tudo era muito ardoroso e muito democrático... Pela primeira vez uma mulher levantou-se para falar. Ela disse que o sufrágio universal daria direito de voto a policiais, mas que ninguém havia mencionado as mulheres. Durante todo o tempo elas lutaram ao lado dos homens — mas agora as pessoas haviam esquecido delas! Que vergonha! O discurso da mulher foi muito bom.[25]

Mirsky apresentou ao tsar um resumo cuidadosamente redigido sobre as resoluções da assembleia dos *zemstvos*, na esperança de conquistá-lo para a ideia de um programa de reformas moderadas. A recomendação mais controversa era a de que representantes eleitos pelos *zemstvos* se sentassem no Conselho de Estado. Mas havia também a afirmativa de que a "velha ordem patrimonial", com suas "noções de governo pessoal", estava morta desde a década de 1860, expressões que devem ter ofendido o Autocrata Supremo. A Rússia não era mais "a propriedade pessoal e feudo de seu governante", mas um "Estado impessoal com seu próprio corpo público", seu próprio "interesse público" e sua própria "opinião pública", o que fazia com que o Estado fosse "separado da pessoa do governante". Sem dúvida, foi esse desafio aos ideais tão caros do patrimonialismo que convenceu o tsar, sob pressão da imperatriz e de seus conselheiros da corte, a rejeitar as partes mais progressistas do rascunho de decreto elaborado por Mirsky. "Nunca concordarei com a forma de governo representativo", proclamou Nicolau, "porque a considero nociva ao povo que Deus me confiou." O decreto, que finalmente foi aprovado em 12 de dezembro, prometia fortalecer o governo da lei, atenuar restrições à imprensa e expandir os direitos dos *zemstvos*. Mas nada mencionava sobre o assunto crucial de um corpo parlamentar, concessão que seria fundamental para evitar a revolução. Ao conhecer o conteúdo do texto final, Mirsky imediatamente entrou em desespero: "Tudo falhou!", disse ele, melancólico, para um de seus colegas. "Vamos construir cadeias."[26]

2. "Não existe tsar"

Nevara à noite e São Petersburgo acordou para um silêncio sombrio naquela manhã de domingo, 9 de janeiro de 1905. Logo depois da aurora, os trabalhadores e suas famílias congregaram-se em igrejas para pedir em preces que o dia terminasse bem. Mais tarde, 150 mil pessoas marchariam em colunas, saídas de vários cantos da cidade, e concentrar-se-iam em frente ao Palácio de Inverno, onde seu líder, padre Gapon, apresentaria uma Carta Humilde e Leal ao Tsar, rogando-lhe que melhorasse as condições de vida dos trabalhadores. Cantando hinos e carregando ícones e cruzes, pareciam-se mais com uma procissão religiosa do que uma manifestação operária. Passantes tiravam os chapéus e se benziam quando a massa lhes atravessava o caminho. E ainda assim não restava dúvida de que a vida de toda aquela multidão estava em perigo. Durante a noite, 12 mil tropas haviam sido colocadas de prontidão na cidade para evitar que o grupo chegasse ao palácio. Muitos dos manifestantes tinham passado insones, preparando-se para a morte. Um deles, Ivan Vasilev, escreveu um bilhete para a mulher pouco antes de partir, de madrugada, e de deixá-la dormindo com o filho:

> Niusha!
>
> Se eu não voltar e for morto, Niusha, não chore. De algum modo você conseguirá algo para viver nos primeiros dias, e depois encontrará trabalho numa fábrica. Eduque Vaniura e diga a ele que morri como mártir pela liberdade e felicidade do povo. Também morreria, se fosse o caso, por nossa própria felicidade...
>
> Seu marido e pai que muito os ama, Vania
>
> P.S.: Niusha, se eu morrer, você saberá por um de meus camaradas; se não, escreverei para você ou virei vê-la. Um beijo, adeus. Lembranças ao pai, a nossos irmãos e a todos os nossos familiares.
>
> Adeus, seu Vania.[27]

Ele nunca retornou.

Era uma ironia, ainda que de algum modo coerente, que a Revolução de 1905 tivesse que ser iniciada por uma organização idealizada pelo próprio regime tsarista. Ninguém acreditava mais no vínculo entre o tsar e o povo do que o padre Gapon. Como aluno da Academia Teológica de São Petersburgo, ele fizera fama como pregador nos distritos operários. Aos pobres urbanos que afluíam a sua igreja, ele dizia que o tsar, guardião paternal de todos, tinha a obrigação sagrada de cuidar deles, seus súditos mais humildes. A popularidade de Gapon chamou a atenção de S. V. Zubatov, chefe do Okhrana de Moscou, que desde 1900 organizava seus próprios sindicatos tutelados pela polícia com a bênção do grão-duque Sergei, governador-geral da antiga capital. Zubatov começou sua carreira extraordinária como estudante terrorista vinculado aos populistas, mas logo se desiludiu com o movimento revolucionário e passou a ser informante da polícia. O restante de sua vida foi devotado a Okhrana e à campanha contra os revolucionários.

Zubatov reconhecia que os operários tinham reivindicações legítimas e que isso poderia transformá-los em ameaça revolucionária. Se fossem deixados à mercê dos donos das fábricas, os trabalhadores estavam praticamente fadados a cair sob a influência dos socialistas. Mas se, como ele mesmo defendia, o governo montasse suas próprias organizações operárias, a iniciativa ficaria a cargo de servidores leais do império. Os sindicatos de Zubatov visavam a satisfazer as demandas dos trabalhadores por educação, ajuda mútua e organização, ao mesmo tempo que funcionavam como canal para propaganda monarquista. Para os superiores de Zubatov na corte, tais entidades ofereciam a perspectiva de uma autocracia popular, onde o tsar apareceria como guardião paternal dos trabalhadores, protegendo-os da avidez dos patrões e da contaminação "estrangeira" dos revolucionários. Era a velha estratégia imperial de dividir para governar: os operários seriam usados para enfraquecer as principais ameaças à autocracia — a burguesia industrial e a *intelligentsia* socialista.

Em 1903, quando Gapon começou a organizar seus próprios clubes e salões de chá de proletários, sob o patrocínio da polícia, a estrela de Zubatov já estava esmaecendo. No ano anterior, ele organizara uma marcha de 50 mil operários para comemorar a emancipação dos servos. Embora a marcha fosse pacífica e inteiramente leal ao tsar em suas intenções, preocupações graves foram expressas acerca de seu tamanho sem precedentes e da habilidade de Zubatov em controlar a massa e o movimento como um todo. Tais dúvidas confirmaram-se em julho de 1903, quando um dos sindicatos de Zubatov envolveu-se numa greve geral em Odessa. Zubatov foi demitido e sua experiência terminou da noite para o dia. Mas seus partidários tinham se juntado à organização do padre Gapon, que procurava estabelecer sindicatos parecidos sob o patrocínio da Igreja. Mais uma vez o movimento foi radicalizado, com um número cada vez maior de proletários reunindo-se à iniciativa para fazer campanha em prol de uma agenda de reformas. Tudo tinha começado como uma missão cultural de operários "respeitáveis" interessados em beber chá. Havia noites de dança, concertos e palestras sobre várias formas de autoajuda. Os encontros eram abertos com um pai-nosso e terminavam com o hino nacional. Mas o movimento logo foi transformado em sindicato independente, a Assembleia dos Trabalhadores das Fábricas e Moinhos Russos, que, a despeito de sua superfície leal ao império, exigia reformas radicais, inclusive o estabelecimento de um governo que tivesse responsabilidades para com o povo, tributação progressiva sobre a renda, direitos sindicais e jornada de trabalho de oito horas diárias.[28]

O programa de reformas teria exigido a reestruturação completa do Estado, ainda que não apontasse como isso poderia ser feito. O próprio Gapon ignorava tudo acerca de teoria política: não conseguia sequer pronunciar a palavra "constitucionalismo". Via-se como um homem predestinado, enviado por Deus a fim de libertar os trabalhadores. Guiado pela vaidade e pela ambição insaciável, ele nunca parou para pensar que poderia estar suscitando expectativas grandes demais. Em termos simples, com argumentos extraídos da Bíblia, ele explicava a seus seguidores que, se "o povo" fosse diretamente ao tsar, este estava obrigado, diante de Deus, a satisfazer as exigências proletárias. Conscientemente, Gapon recorria ao mito do tsar benevolente — "O tsar quer justiça, mas os boiardos resistem" — que detonou e legitimou tantos movimentos de protesto da história russa. De 3 a 8 de janeiro de 1905, quando 120 mil trabalhadores entraram em greve em São Petersburgo e começaram a falar em ir até o tsar para "buscar verdade e justiça", Gapon abraçou a causa. Estimulado pelo Movimento de Libertação, ele fez uma lista de demandas a ser apresentada ao tsar numa manifestação de massa marcada para o domingo seguinte. Suplicante e sentimental, a petição levava às lágrimas multidões inteiras de operários. O início era assim:

> Sire
>
> Nós, trabalhadores e habitantes de São Petersburgo, de vários estratos, nossas esposas, nossos filhos e nossos idosos, pais desvalidos, vamos a Ti, Ó SIRE, em busca de justiça e proteção. Estamos empobrecidos; estamos oprimidos, sobrecarregados de trabalho excessivo, desprezivelmente tratados... Estamos sufocando no despotismo e na falta de lei. Ó SIRE, não nos restam forças e nossa resistência está no fim. Chegamos àquele momento aterrador em que a morte é melhor do que a prolongação de nossos sofrimentos intoleráveis...[29]

Em 7 de janeiro, o governo ordenou a Gapon que cancelasse a marcha e anunciou, em cartazes colados no centro da cidade, "medidas resolutas" contra quaisquer ajuntamentos nas ruas. Ciente da tragédia iminente, Gorki liderou uma delegação de intelectuais aos gabinetes de Witte e Mirsky, num esforço vão de fazê-los negociar com os manifestantes. Mas o governo, que continuava a alimentar a ilusão de poder controlar Gapon, estava confiante de que não seria preciso usar a força. Nicolau pensava tão pouco no perigo que saiu da capital e foi para seu palácio em Tsarskoie Seló, rumo a mais um fim de semana tranquilo de caminhadas no campo e partidas de dominó. Mas a essa altura os trabalhadores já estavam decididos demais para serem demovidos por simples proibições. Numa série de encontros de massa, Gapon excitou-os num fervor religioso histérico, usando todos os truques retóricos do pregador fundamentalista:

> *Gapon:* A polícia e os soldados ousam nos impedir de passar, camaradas?
> *Centenas de vozes em uníssono:* Não ousam.
> *Gapon:* Camaradas, é melhor para nós morrermos por nossas demandas do que viver como temos vivido até agora.
> *Vozes:* Morreremos.
> *Gapon:* Vocês juram morrer?
> *Vozes:* Juramos.
> *Gapon:* Os que juraram levantem as mãos.

E centenas de pessoas ergueram as mãos e com os dedos fizeram o sinal da cruz.

A despeito de seus temores pessoais, os operários acreditavam que o tsar os receberia: eles o viam como um homem de Deus e sabiam que a causa era justa. Os soldados seguramente não disparariam contra uma manifestação pacífica. Para levantar o ânimo, dizia-se que no Palácio de Inverno haviam sido preparados refrescos para todos e que um desfile seria realizado para celebrar a grande ocasião.[30]

Os sinos da igreja soaram e os domos dourados do templo cintilaram ao sol daquela manhã de domingo quando as longas colunas marcharam por sobre o gelo, rumo ao centro da cidade. Nas fileiras da frente estavam as mulheres e crianças, vestidas em suas melhores roupas domingueiras — e fora proposital, pois a ideia era fazer com que os soldados se amedrontassem diante da perspectiva de atirar. À frente da coluna maior estava a figura barbada do padre Gapon, numa longa batina branca, carregando um crucifixo. Atrás dele, um retrato do tsar e um grande estandarte branco com as palavras: "Soldados, não atirem no povo!" Bandeiras vermelhas haviam sido proibidas.

Quando a coluna se aproximou dos Portões de Narva, foi subitamente atacada por um esquadrão da cavalaria. Alguns dos manifestantes se dispersaram, mas outros continuaram a avançar em direção às linhas da infantaria, cujos rifles apontavam diretamente para a massa. Duas salvas de advertência foram dadas para o ar, e então, num breve intervalo, uma terceira descarga foi disparada contra a multidão desarmada. As pessoas gritavam e caíam no chão, mas os soldados, que também tinham entrado em pânico, continuaram a atirar, visando à massa humana. Quarenta pessoas foram mortas, e centenas, feridas enquanto tentavam escapar. Gapon foi derrubado na correria. Mas levantou-se e, fitando incrédulo a carnificina que se desenrolava diante dele, disse várias e várias vezes: "Não existe mais Deus. Não existe tsar."[31]

Houve massacres similares em outras partes da cidade. Na ponte Troitsky, perto da Fortaleza de Pedro e Paulo, os manifestantes foram chacinados pelos disparos de armas de fogo e pelos sabres da cavalaria cossaca. Gorki, que estava na massa, recorda a morte de um operário:

> O dragão movimentou-se em círculos em torno dele, guinchando como uma mulher, balançou o sabre no ar... Arremetendo de seu cavalo que dançava... golpeou-o no rosto, cortando-o dos olhos ao queixo. Lembro-me dos olhos estranhamente abertos do trabalhador e... do rosto do assassino, ruborizado com o frio e a excitação, seus dentes cerrados num arreganho e os fios de seu bigode levantando-se sobre o lábio superior. Brandindo sua maculada lâmina de aço, ele emitiu outro guincho e, com um chiado, cuspiu no homem morto por entre os dentes.[32]

Perplexos e atarantados, os sobreviventes rumaram para a Nevsky Prospekt numa última tentativa desesperada de chegar à Praça do Palácio. O brilho do sol tinha convidado mais gente do que de praxe a passear na tarde de domingo e muitas dessas pessoas testemunhariam os eventos chocantes que se seguiriam. Um imenso corpo de cavalaria e vários canhões tinham sido colocados em frente ao palácio para evitar que os manifestantes entrassem na praça. Mas a massa, cerca de 60 mil pessoas, continuava a crescer, inchada por estudantes e transeuntes. Quando as informações sobre o massacre chegaram a seus ouvidos, eles começaram a avançar, escarnecendo dos soldados. Alguns dos integrantes do Regimento Preobrazhensky tinham ordens para retirar a multidão das imediações dos Jardins Alexandrovsky, usando chicotes e o lado cego das lâminas dos sabres. Mas quando isso mostrou-se inútil, eles assumiram posição de fogo. Vendo os rifles apontados para si, os manifestantes caíram de joelhos, tiraram os gorros e se persignaram, fazendo súplicas. De repente, troou uma corneta e os soldados atiraram na massa. Uma moça, que tinha escalado uma cerca de ferro para ter uma visão melhor dos acontecimentos, morreu presa entre as barras do gradil, crucificada à estrutura por uma saraivada de balas. Um garotinho, que montara na estátua equestre do príncipe Przewalski, foi lançado ao ar por uma descarga da artilharia. Outras crianças foram atingidas e caíram das árvores onde estavam empoleiradas.

Quando o fogo finalmente parou e os sobreviventes olharam em volta, para os corpos de mortos e feridos no chão, houve um momento vital, o momento decisivo de toda a revolução, quando o estado de espírito da massa subitamente mudou da incredulidade à fúria. "Observei os rostos ao meu redor", recordou um bolchevique que estava na multidão, "e não detectei nem medo nem pânico. Não, as expressões reverentes e quase piedosas foram substituídas por hostilidade e até mesmo por ódio. Vi aqueles olhares de ódio e vingança em literalmente cada um dos rostos — de velhos e jovens, de homens e mulheres. A revolução nascera de fato e nascera no âmago, nas entranhas do povo." Naquele momento vital, o mito popular de um Bom Tsar que sustentara o regime através de séculos foi repentinamente destruído. Apenas instantes depois do tiroteio ter cessado, um homem de idade voltou-se para um rapaz de 14 anos e disse, com a voz cheia de ira: "Lembre-se, filho, lembre-se e jure cobrar do tsar. Você viu quanto sangue ele derramou, não viu? Então jure, filho, jure!"[33]

Mais tarde, quando os transeuntes de domingo correram para casa em estado de choque, os operários saíram em alvoroço através das ruas elegantes em torno do Palácio de Inverno. Quebraram janelas, espancaram policiais, jogaram pedras em soldados e invadiram residências ricas. Quando a escuridão caiu, as massas começaram a construir barricadas em frente à Catedral de Kazan, usando bancos, postes telegráficos e mobília tirada de edificações. Mais barricadas foram erguidas nos distritos operários. Gangues circulavam saqueando lojas de bebidas alcoólicas e de armas. As ruas ficaram instantaneamente nas mãos de uma malta e surgiram as primeiras bandeiras vermelhas. Mas esses revolucionários não tinham líderes e à meia-noite a maioria deles já havia ido para casa.

Enquanto isso, Gapon se refugiara no apartamento de Gorki. Sua barba foi cortada, o cabelo, tosado, e o rosto, maquiado por um dos amigos que o escritor tinha no meio teatral. Segundo Gorki, o rapaz encarregado de disfarçar o padre "não entendeu com clareza a tragédia do momento e o fez parecer com um cabeleireiro ou com um vendedor de uma loja da moda". Naquela noite, Gorki levou o padre revolucionário a uma reunião da Sociedade de Livre Economia, para desfazer os rumores crescentes que anunciavam a morte de Gapon. Praticamente toda a *intelligentsia* de São Petersburgo estava atulhada na pequena construção da avenida Zabalkansky. Todos sentiam-se afrontados pelas notícias de que "milhares" de pessoas haviam sido massacradas (os números verdadeiros provavelmente giravam em torno de 200 mortos e 800 feridos). "Os meios pacíficos falharam", gritou a figura sob o disfarce. "Agora devemos passar a outros meios." Ele pediu dinheiro para ajudar o "partido dos trabalhadores" na "luta por liberdade". De súbito, irrompeu o caos no salão, pois as pessoas reconheceram Gapon. Mas o padre conseguiu escapar pela porta dos fundos e voltou ao apartamento de Gorki. Lá, o reverendo escreveu uma carta a seus "Camaradas Operários", na qual os conclamava a "rasgar todos os retratos do sanguessuga tsar e a dizer ao soberano: Maldito sejas com toda Tua

Augusta Progênie Reptiliana!" Horas depois, num novo disfarce, Gapon fugiu para a Finlândia e depois para o exterior.*[34]

Naquela noite, Gorki escreveu à ex-mulher, Ekaterina, que estava em Nizhnyi-Novgorod: "E assim, minha amiga, a Revolução Russa começou: envio-lhe minhas sinceras congratulações. Pessoas morreram — mas não deixe isso perturbá-la —, apenas o sangue pode mudar a cor da história."[35]

Dois dias depois, o escritor foi preso, junto com outros membros da delegação que fora a Witte e Mirsky em 8 de janeiro (ingenuamente eles tinham deixado seus cartões de visita). Todos foram acusados de pertencer à "convenção revolucionária" que planejara tomar o poder e criar um "governo provisório". Uma acusação ridícula, que mostra a extensão dos temores do governo. Foram presos na Fortaleza de Pedro e Paulo.[36]

Os eventos do "Domingo Sangrento", como ficou conhecido o 9 de janeiro, aproximaram Gorki dos bolcheviques. Ele conhecera Lênin em 1902 e rapidamente passara a ter uma relação de amor e ódio com o líder revolucionário. Desde então, tornara-se um ativo arrecadador de fundos para os social-democratas, recorrendo a ricos industriais, como Savva Morozov, que sabia perfeitamente para o que contribuía, mas não deixava de fazê-lo, talvez como uma espécie de medida de segurança. ("Hoje em dia é necessário ser amigo dos inimigos", disse Morozov, certa vez, ao bolchevique Krasin.) O relacionamento de Gorki com os bolcheviques nunca foi fácil ou aberto. Como acontecia com muitos intelectuais, seu comprometimento com a revolução era romântico e idealista. Ele via a revolução como uma vasta luta do espírito humano pela liberdade, fraternidade e aperfeiçoamento individual. Sua visão era essencialmente humanista, uma visão que colocava o indivíduo no centro de tudo e assim ele nunca poderia aceitar a disciplina férrea do dogmatismo estreito dos bolcheviques. "Não pertenço a nenhum de nossos partidos", escreveu certa feita ao pintor Repin, "e fico feliz por isso. Pois isso é liberdade, o homem carece muito de liberdade." Os ciganos, jogadores, pedintes e trapaceiros que encheram as páginas de suas histórias lutavam a seu próprio modo, mesquinho, pela liberdade e pela dignidade individuais; não eram representantes de um "proletariado" organizado. Pessoas lutavam, não as classes, essa era a visão de Gorki. Segundo suas

* No fim de janeiro, Gapon apareceu em Genebra, onde se ligou a revolucionários exilados. Os debates teóricos destes estavam além da capacidade do padre, que, seduzido pela fama internacional, logo partiu para Londres a fim de escrever uma autobiografia. Tendo feito de si mesmo uma celebridade, Gapon não via mais utilidade no movimento revolucionário. Em dezembro, voltou à Rússia e deu apoio ao governo de Witte e chegou a cooperar com a polícia secreta contra os socialistas. Em março de 1906, por razões obscuras, foi brutalmente assassinado por agentes da polícia secreta, entre eles seu comparsa mais próximo, que em 9 de janeiro havia resgatado o padre do massacre dos Portões de Narva.

próprias palavras, "podia admirar, mas não podia gostar" de dogmatistas opacos como Lênin, que tentavam comprimir a diversidade da vida em sua teoria abstrata. Ser totalmente humano significava, a seu ver, "amar apaixonada e dolorosamente os russos vivos, pecadores — perdoem-me — deploráveis".[37] Era quase uma visão cristã da redenção humana através da revolução (e Gorki flertou com o cristianismo). Tais ideias eram comuns entre a *intelligentsia* radical. Alguns exemplos são os escritos de Merezhkovsky (sobre "Cristianismo sem Cristo"), de Solovyov (sobre "Humanidade Divina") e de Bogdanov (sobre "Construção de Deus"), com quem Gorki tinha estreitas ligações. Durante e depois de 1917, essa contradição entre partido e objetivos humanos da revolução levaria Gorki a entrar em conflito com os bolcheviques. Mas, por ora, em 1905, eles estavam unidos na perspectiva comum de que o movimento operário tinha que ser radicalizado. Eis por que Gorki, em sua carta a Ekaterina, vira algo de bom no Domingo Sangrento; o massacre teria o efeito de radicalizar o espírito das ruas. Os proletários precisavam de algo como aquilo para tirá-los da crença ingênua na existência de um tsar benevolente. Apenas o sangue poderia mudar a cor da história. Agora era tempo de organizar os trabalhadores e afastá-los do apego que tinham aos liberais, era hora de guiá-los rumo a metas socialistas.

Houve uma imensa onda de greves depois do Domingo Sangrento. Só em janeiro, mais de 400 mil trabalhadores ficaram paralisados em todo o país. Foi o maior protesto da classe trabalhadora na história russa. Mas as greves não eram realmente organizadas; pareciam-se mais a manifestações espontâneas de fúria; e as demandas operárias muitas vezes sequer eram formuladas antes do início da greve. Os partidos socialistas ainda eram fracos demais para desempenharem um papel importante. Os principais líderes — Lênin, Martov, Trótski, Plekhanov e Chernov — ainda estavam no exílio e, embora estivessem animados pelo que viam ser o início da tão esperada revolução, muito poucos tinham pressa em trocar o ambiente confortável das cafeterias de Genebra ou Paris pela existência perigosa e árdua que os aguardava na Rússia. Foi só depois de 1905 que começaram a retornar e os operários acorreram aos partidos de esquerda quando se tornaram mais politizados.*

Nesse ínterim, a oposição liberal e democrática continuava a agir. A sociedade acadêmica sentia-se ferida pelo massacre do Domingo Sangrento. O estudante Kerenski, que testemunhara o tiroteio na Nevsky Prospekt, foi para casa naquela

* No fim de 1905, bolcheviques e mencheviques provavelmente reuniam cerca de 10 mil seguidores, cada um, embora nessa primeira fase a participação partidária não fosse definida com clareza. Não há números confiáveis com relação aos filiados do partido SR, referentes a 1905. Mas, em novembro do ano seguinte, havia 50 mil membros do SR, comparados com um total de 40 mil ligados às duas facções marxistas.

noite e escreveu uma furiosa carta de protesto a seus colegas de escola que estavam na Guarda. Duas semanas mais tarde, escreveu aos pais, que moravam em Tachkent:

> Lamento não ter escrito a vocês mais cedo, mas estamos vivendo aqui em tamanho estado de choque que foi impossível escrever. Oh, "esses dias medonhos" em Peter permanecerão para sempre na memória de todos que os atravessaram. Agora há o silêncio, mas é o silêncio que antecede a tempestade. Ambos os lados estão preparando e avaliando suas próprias forças. Apenas um lado pode prevalecer. Ou as demandas da sociedade serão saciadas (i.e., uma legislatura de representantes do povo livremente eleita) ou haverá um conflito sangrento e terrível, sem dúvida terminando na vitória da reação.

Alexander Pasternak, 12 anos de idade e irmão daquele que viria a ser poeta, ficou tão perturbado pelos tiros que declarou ser um "revolucionário entusiasta". Ele marchou com seus amigos através da pródiga vizinhança de sua casa, em São Petersburgo, gritando, "Somos social-democratas!" Estudantes em todo o país entraram em greve e transformaram os campi em centros de agitação política. Na Universidade de Moscou, 3 mil estudantes realizaram uma assembleia, na qual queimaram uma fotografia do tsar e penduraram bandeiras vermelhas nos prédios das faculdades. No fim de fevereiro, o governo viu-se forçado a fechar virtualmente todas as instituições de ensino superior até o fim do ano letivo. Mesmo as academias teológicas foram afetadas por revoltas estudantis.[38]

Enquanto isso, os constitucionalistas dos *zemstvos* reviviam sua antiga campanha e em seu Segundo Congresso Nacional, em abril, clamaram pela convocação de uma Assembleia Constituinte. Entidades de profissionais liberais organizaram-se em nível nacional na União dos Sindicatos, de modo a reunir todos os membros da causa. Advogados, professores e engenheiros foram os primeiros a formar tais federações. Mais tarde, a despeito da oposição de alguns homens da sua liderança, a nova organização absorveu a União pela Igualdade das Mulheres, que defendia o sufrágio feminino. Grupos semiprofissionais, como auxiliares de farmácia, caixeiros e guarda-livros, assim como ferroviários, também estabeleceram entidades do mesmo gênero. A participação da *intelligentsia* na União dos Sindicatos propiciava a ela um elo direto com as massas.* Centenas de *zemstvos*, conselhos municipais e corpos de voluntários mandaram petições ao governo reivindicando reformas políticas. A imprensa alardeava essas solicitações e propagandeava outras demandas

---

* Como os profissionais liberais tinham tomado a iniciativa de formar tais sindicatos, outros sindicatos operários continuaram a ser chamados de "sindicatos profissionais" (*profsoiuzy*) e não comerciais ou industriais. E isso perpetuou-se mesmo na Rússia comunista.

de um modo tal que deu ao furor público uma só voz nacional. "Não podemos mais viver assim", declarou a manchete de um importante jornal liberal, em 21 de maio, e logo todos estavam repetindo a frase.[39]

A *intelligentsia* literária também procurou desempenhar um papel importante. "Temos que servir ao povo", advertiu Gorki a um outro escritor que voltara as costas para a política. "O sangue do povo está sendo derramado, o sangue dos operários, em toda parte o regime está cinicamente matando as melhores pessoas — os jovens *rus'* — e você só escreve sobre si mesmo." Como a maioria dos intelectuais russos, Gorki lançou-se na política e no jornalismo. Ele fora libertado da Fortaleza de Pedro e Paulo depois de uma campanha que tomou a Europa, da qual participaram (entre outros) Auguste Rodin, Anatole France e Marie Curie, os quais emprestaram o peso da opinião ocidental à causa democrática contra a autocracia. Logo depois de sua libertação, Gorki escreveu a Tolstói, criticando-o porque este não mais se envolvia em política:

> Nesses tempos funestos, enquanto o sangue está correndo no solo de nosso país, e centenas, talvez milhares de pessoas decentes e honestas morrem pelo direito de viver como seres humanos, não como gado, você, cuja palavra é ouvida pelo mundo todo, você considera possível apenas repetir mais uma vez a ideia fundamental que existe por trás de sua filosofia: "Perfeição moral dos indivíduos — este é o significado e o objetivo da vida de todas as pessoas." Mas, pense, Lev Nikolaevich, é possível a um homem ocupar-se de aperfeiçoar moralmente seu caráter numa época em que outros homens e mulheres são fuzilados nas ruas?[40]

O engajamento social do escritor, no qual Gorki acreditava fervorosamente e que na época da crise de fome havia feito de Tolstói a consciência moral do país, agora estava tornando-se mais difícil de ser mantido por alguns desses literatos. Era o caso do próprio Tolstói, por exemplo. Pois essa militância passara a obrigar os escritores a apoiar uma revolução que poderia ser responsável pelo derramamento do sangue do povo. Gorki, posteriormente, iria partilhar de tais dúvidas; mas agora ele e outros estavam tomados pela premência do momento revolucionário.

O espírito de rebelião logo se espalhou ao campo. Vendo a debilidade do governo, os camponeses aproveitaram a oportunidade e organizaram greves para forçar os senhorios a aumentar os salários dos agricultores que pagavam o aluguel de terras com trabalho nas glebas que haviam permanecido em mãos dos proprietários. Os lavradores invadiram as posses senhoriais, abateram árvores e cortaram feno. No início do verão, quando ficou claro que a colheita fracassara mais uma vez, começaram a desferir ataques às propriedades, tomando faixas para si, ateando fogo aos solares e forçando os locadores a fugir. Testemunhas mencionavam que o céu acendia-se à noite com o brilho de mansões incendiadas e citavam filas de carroças puxadas a cavalo movendo-se pelas estradas, carregadas de bens saqueados. Houve muito vandalismo — "choque de culturas" — quando os camponeses puseram-se a destruir tudo que cheirasse à riqueza supérflua. Queimaram bibliotecas, destruíram antiguidades e defecaram em tapetes orientais. Alguns aldeões levaram pinturas e estátuas, cristal da Boêmia e porcelana inglesa, vestidos de seda e perucas empoadas, que depois foram distribuídas entre eles. Houve também partilha de animais, de grãos e de ferramentas. Em um povoado, os camponeses esfacelaram um piano de cauda retirado de uma casa e dividiram as teclas de marfim entre si. Quase 3 mil moradas foram arrasadas (15% do total) durante a revolta de 1905-1906. A maior parte da violência concentrou-se na zona agrícola central, onde a pobreza camponesa era mais aguda e onde se localizavam as casas senhoriais mais vastas. Uma vez tendo feito "evaporar" os fidalgos, os lavradores retiraram-se em seu mundo comunal. Burocratas locais foram substituídos pelos agricultores, padres conservadores expulsos e leis do governo e cobrança de impostos ignoradas.[41]

A luta pela terra não foi a única forma de revolução camponesa em 1905-1906, embora, graças aos temores dos nobres, essa fosse a principal preocupação contida nos registros oficiais (e, portanto, tem dominado a historiografia). Simultaneamente à violência por causa da terra, surgiu uma enorme gama de ligas camponesas, de sociedades agrícolas e de cooperativas. Tais entidades, em geral, eram mais moderadas e sofisticadas em seus objetivos e métodos do que a maioria das tradicionais comunas de aldeia e tendiam a atrair o tipo de camponeses jovens e "conscientes" que emergira com a disseminação de escolas rurais. E em especial, muitos dos sindicatos camponeses tinham conexões próximas com os professores locais e com a *intelligentsia* rural. Por essa razões, tendiam a desenvolver-se em povoados maiores, onde havia outras instituições culturais, como centros de ensino e salas de leitura, e onde o campesinato estava mais exposto à influência do mundo externo (i.e., na forma de mercados e ferrovias, burocratas e policiais). Algumas dessas organizações tornaram-se famosas em toda a Rússia por estabelecerem o que, de fato, eram repúblicas camponesas independentes (por exemplo, a República de Sumy na província de Kharkov). Esposando os ideais da reforma política, favoráveis a uma Constituição e a um parlamento, melhor educação para os camponeses, defendiam também a reforma agrária, pretendendo dar fim aos traços "obscuros" e "retrógrados" das aldeias, e conquistar os benefícios do mundo moderno, acabando com o isolamento e integrando-as à vida política nacional.[42]

Sergei Semenov, lavrador, escritor local e tolstoiano, nascido na aldeia de Andreevskoe, estava entre os fundadores da República de Markovo, um dos exemplos mais célebres e impressionantes da política camponesa progressista durante a Revolução de 1905. Ao longo da maior parte do ano, enquanto o Estado tsarista estava paralisado, a "República" instituiu um sistema sofisticado de "governo camponês" em vários *volosts* do distrito de Volokolamsk que era formado por um grupo de ativistas, professores e agricultores (entre eles Semenov) de Markovo e de aldeias próximas, que se reuniam desde 1901 em clubes de leitura e salões de chá da região para discutir os jornais de Moscou. Eles organizaram a Liga Camponesa, que garantia a estrutura política da República de Markovo. Em outubro de 1905, uma assembleia geral dos camponeses aprovou uma resolução de reformulação radical de todo o sistema político. As demandas incluíam a convocação de um parlamento nacional, sufrágio secreto e universal, direitos civis iguais para o campesinato, tributos progressivos, terra para os sem-terra, educação gratuita e universal, liberdade de ir e vir e anistia política. Os camponeses declararam que, até o atendimento de suas reivindicações, não obedeceriam às autoridades existentes, não pagariam impostos nem forneceriam mais recrutas para o exército tsarista. Eles elegeram um "Governo Republicano", encabeçado por um "presidente" (um dos anciões da comuna local) e reiteraram sujeição à Liga Camponesa. Foram criados ramos locais do sindicato — Semenov estabeleceu um em Andreevskoe —, os quais, efetivamente, governavam as aldeias. Os arrendamentos passaram a ser controlados. Medidas agronômicas foram introduzidas. A autoridade dos *volosts* foram democratizadas, e as escolas de igreja, "nacionalizadas". O regime tsarista estava impotente — não havia capitães da terra e existia só um sargento de polícia no *volost* — e só lhe restava assistir a tudo com frustração cada vez maior, enquanto esse "território livre" de autogestão camponês, a pouco mais de 100 km de Moscou, continuava a se espalhar e a ganhar fama crescente. Um professor de Chicago, que lera sobre a República nos jornais norte-americanos, chegou a Markovo para oferecer apoio. Durante vários meses, as autoridades tentaram, em vão, derrotar a República por meios políticos, inclusive afastando o ancião eleito pelo *volost*, um dos líderes da República, chamado Ryzhkov. Mas os camponeses contra-atacaram, recusando-se a eleger um sucessor, enquanto Ryzhkov declarava que, infelizmente, não podia abrir mão de seu poder, já que não havia ninguém a quem entregar o posto. Só em julho de 1906, seis meses depois de a revolução ter sido encerrada na cidade, a república camponesa foi finalmente destruída. Ryzhkov foi obrigado a abandonar o cargo graças à ação da polícia. Todas as aldeias estavam sendo vasculhadas, e seus líderes, entre eles Semenov, pegos e aprisionados em Moscou. Durante os oito meses em que foi líder da Liga Camponesa de Andreevskoe, Semenov criara uma nova escola na aldeia, uma sociedade agrícola, duas cooperativas, um clube de leitura e, mais extraordinário ainda, um teatro camponês.[43]

A nobreza local solicitara ajuda contra os lavradores e o governo mandara suas tropas. De janeiro a outubro, o exército foi usado nada menos do que 2.700 vezes para abafar levantes rurais, acelerando o colapso da disciplina militar que começara com o envio de homens à Manchúria.[44] Havia uma crescente ameaça de uma revolução de amotinados no *front* doméstico, combinada com a perspectiva de derrota no exterior — sinalizada pela humilhação da marinha em Tsushima, em maio de 1905 —, o que forçou o tsar a pedir a paz com o Japão. Ficou claro que seria impossível conduzir uma guerra estrangeira em meio a uma revolução em casa. E isso tornar-se-ia a repetir em 1917. A grande maioria da infantaria era formada por camponeses, que se ressentiam por terem sido usados para reprimir insatisfações geradas por problemas agrários. Unidades inteiras recusaram-se a cumprir ordens e os motins espalharam-se em todas as fileiras; mesmo a cavalaria cossaca foi afetada. E então, em 14 de junho, a desordem espalhou-se à Esquadra do Mar Negro.

Tudo tivera início por causa de um pedaço de carne cheio de vermes, que o médico a bordo do encouraçado *Potemkin* declarara estar bom para consumo. Os marujos procuraram o capitão para apresentar queixa, mas este determinou o fuzilamento do porta-voz do grupo, Vakulenchuk. A tripulação rebelou-se, matou sete oficiais e ergueu a bandeira vermelha. Um pequeno ajuntamento de revolucionários ativos que liderava o motim contava em disseminar o levante ao restante da esquadra. Durante uma noite eles navegaram rumo a Odessa, onde, nas duas últimas semanas, trabalhadores em greve estavam em estado de guerra virtual com o governo da cidade. Lá, colocaram o corpo de Vakulenchuk, cercado por uma guarda de honra, no pé de uma escada de degraus de mármore (mais tarde imortalizada no filme de Eisenstein), que levava do porto à cidade. Durante o dia seguinte, milhares de pessoas reuniram-se em frente ao cais, colocando coroas em torno do caixão do revolucionário transformado em mártir e oferecendo comida aos marinheiros. Quando a noite se aproximou, foram mandadas tropas para reprimir a multidão. Descendo os degraus, os soldados dispararam indiscriminadamente em civis, que se viram cercados no lado de baixo. Centenas de pessoas pularam no mar. Na aurora, quando o massacre finalmente terminou, havia 2 mil mortos e 3 mil feridos. O *Potemkin* partiu de Odessa mas, sem o apoio do restante da esquadra, foi forçado a se entregar. Em 25 de junho, os marujos aportaram em Constanta, na Romênia, e trocaram o navio por um refúgio seguro.[45] O motim em si havia sido uma ameaça menor. Mas fora um grande embaraço ao regime, pois mostrara ao mundo que a revolução atingira o âmago de sua própria engrenagem militar.

Os súditos nacionalistas do império tinham sido igualmente rápidos em tirar vantagem da fraqueza temporária do regime. As greves e protestos que se seguiram à revolta do Domingo Sangrento em São Petersburgo foram especialmente intensos nas fronteiras não russas — Letônia e Polônia, em particular —, onde tensões sociais e políticas foram reforçadas por um ódio generalizado ao governo russo. Em Riga, mais de 15 mil trabalhadores marcharam pela cidade em 13 de janeiro, protestando contra o regime tsarista e contra a crueldade do governador-geral russo A. N. Meller-Zakomelsky, que se mostrou ainda mais impiedoso ao ordenar a seus soldados que atirassem na massa. Setenta pessoas morreram e 200 ficaram feridas.

Orgulhoso do modo como seus homens haviam enfrentado a situação, Zakomelsky escreveu ao tsar sugerindo que não haveria mais tumultos se mais autoridades locais desejassem agir com tamanha determinação. Nas dez províncias polonesas, houve mais greves na primavera e no verão de 1905 do que em todo o império. A cidade têxtil de Lodz mostrou-se particularmente turbulenta: em meados de junho, semanas antes de qualquer desordem parecida ser registrada na Rússia, a população de Lodz ergueu barricadas e houve cinco dias de lutas na rua entre trabalhadores e polícia. Varsóvia foi ainda mais violenta: mais de 100 mil operários participaram de manifestações depois do Domingo Sangrento. Tropas russas dispararam contra as massas, matando 93 pessoas, e o estado de sítio foi declarado. Mais tarde, no verão, quando chegaram notícias de que o Japão derrotara a Rússia, aconteceram novas manifestações na capital polonesa, e ouviram-se brados de "Abaixo o tsarismo!", "Vida Longa a uma Polônia Socialista Independente!" e "Vida Longa ao Japão!"[46] Nacionalistas de toda parte saudaram a derrota da Rússia na esperança de que isso levaria à derrocada do tsar e que, portanto, abriria o caminho rumo à autonomia. Pilsudski, líder dos socialistas poloneses, chegou a ir ao Japão para discutir uma ação polonesa contra o esforço de guerra russo.

Em muitos desses territórios não russos virtualmente toda a população envolveu-se no movimento de libertação nacional. Na Finlândia, por exemplo, onde a imposição do governo russo destruíra a autonomia do grão-ducado, houve uma campanha em massa de resistência passiva liderada pela *intelligentsia* nacionalista. Quase todos juntaram-se à iniciativa, inclusive os suecos finlandeses, cujos privilégios usufruídos sob o domínio russo poderiam ser perdidos sob o governo finlandês. O governador-geral russo, um imperialista linha-dura chamado Bobrikov, havia sido assassinado em 1904, e logo no ano seguinte a Finlândia engajara-se nessa guerra total de resistência passiva contra São Petersburgo. Na Geórgia, os mencheviques lideraram a revolução nacional. Esse foi o primeiro movimento marxista de libertação nacional da história a desfrutar do apoio do campesinato: entre 1904 e 1906, o movimento efetivamente substituiu o Estado tsarista no oeste da Geórgia.

Com o império russo oscilando à beira do colapso, o regime tsarista reagiu à crise com sua incompetência e teimosia de praxe. Witte considerou que o tsarismo agia inspirado por um "misto de covardia, cegueira e estupidez". O problema básico era que o próprio Nicolau permanecia inteiramente alheio à gravidade da situação. Enquanto o país afundava cada vez mais no caos, ele continuava a encher seu diário com observações breves e triviais sobre o clima, a companhia que tivera para tomar chá e o número de pássaros que abateram naquele dia. Seus conselheiros advertiram-no de que agentes estrangeiros haviam sido responsáveis pela manifestação do Domingo Sangrento e ele mandou encher as prisões com suspeitos políticos. Uma delegação de trabalhadores "confiáveis" cuidadosamente escolhidos foi chamada a Tsarskoie Seló, onde foram postos em filas, como crianças, para ouvir um curto discurso feito por Nicolau, no qual acusava os operários de se deixarem iludir por "revolucionários estrangeiros". O tsar prometeu "perdoar os pecados" dos trabalhadores, pois acreditava na "devoção inabalável" que todos tinham por ele. Enquanto isso, o liberal Mirsky foi substituído como ministro do Interior pelo decente mas maleável A. G. Bulygin, que recebia ordens de seu imediato, o chefe de polícia D. F. Trepov, um disciplinarista rigoroso saído da Cavalaria de Guarda e que merecia o apreço de Nicolau por suas atitudes francas e diretas. Foi assim que Trepov pôde transformar-se em força dominante na corte. Quando o novo ministro sugeriu que poderiam ser necessárias concessões políticas, de modo a apaziguar o país, Nicolau ficou surpreso e lhe disse: "Poder-se-ia pensar que temes a irrupção de uma revolução." "Vossa Majestade, a revolução já começou", foi a resposta.[47]

A observação deve ter sido suficiente para deixar Nicolau um pouco desconfortável, pois ele logo fez promessas de reformas políticas. Em 18 de fevereiro, baixou um Manifesto e Decreto Imperial o qual, enquanto condenava as desordens, reconhecia as deficiências da burocracia e convocava as "pessoas bem-intencionadas de todos os estratos" a se unir ao trono e a enviar ideias que visassem a "melhorias na organização do Estado". Bulygin recebeu instruções para rascunhar propostas para uma assembleia nacional. O manifesto foi uma manobra tática, cujo único propósito era ganhar tempo; não havia sinal de que o objetivo fossem mesmo as reformas. Os círculos acadêmicos permaneceram céticos. "A principal meta desse manifesto", escreveu Kerenski aos pais, em 18 de fevereiro, "é sossegar e silenciar o movimento revolucionário recém-iniciado para que todas as forças do governo possam ser consolidadas com um único propósito futuro: evitar que qualquer uma das promessas seja cumprida." De fato, era característico da adesão obstinada do tsar aos princípios arcaicos da autocracia patrimonial que num momento como aquele ele tentasse transferir a responsabilidade pela crise à burocracia, ao mesmo tempo que apelava a vínculos entre ele mesmo e seus súditos. Se o povo tinha queixas, ou pelo menos era isso que o manifesto sugeria, devia levá-las diretamente ao tsar e assim ficaria satisfeito.

E nas dez semanas seguintes, dezenas de milhares de petições de reformas foram encaminhadas ao tsar, vindas de assembleias de aldeia, regimentos do exército, cidades e fábricas. Como os *cahiers,* as cartas de solicitações de 1789, davam expressão à linguagem embrionária da democracia política e social. Mas tais demandas eram radicais demais para Nicolau. A maioria delas requeria um parlamento nacional com direitos soberanos de legislação. O tipo de assembleia que o tsar tinha em mente — e que Bulygin finalmente apresentou a ele, para ser assinada, em 6 de agosto — era de cunho apenas consultivo, eleita por um grupo restrito para garantir o domínio dos nobres. Seria um parlamento do rei, como o *Zemskii Sobor,* do século XVII, compatível com a preservação do governo pessoal do tsar. O principal propósito desse organismo, na opinião de Nicolau, seria o de informá-lo sobre as necessidades de seus súditos, assim capacitando-o a governar em nome deles sem a mediação de uma burocracia autoexaltadora.[48]

A Duma de Bulygin era mais um exemplo de uma concessão pequena demais oferecida tarde demais. Seis meses antes teria sido recebida muito bem e teria permitido ao governo reconquistar a iniciativa política. Mas agora todos, à exceção dos reformadores mais moderados, consideravam a proposta insatisfatória. Tendo pormenorizadamente analisado os complexos dispositivos da nova lei eleitoral, os jornais liberais afirmavam que menos de 1% da população adulta de São Petersburgo estaria qualificada a votar, enquanto em muitas cidades provinciais a proporção seria ainda mais insignificante. A despeito das críticas, os liberais preferiram não boicotar as eleições da Duma. No entanto, os social-democratas e os radicais da União dos Sindicatos agora estavam mais determinados do que nunca a empregar a desobediência civil em massa para pressionar o governo a fazer mais concessões. O cume desses esforços foi a greve geral de setembro e outubro, a primeira greve geral da história, que obrigou o governo relutante a conceder reformas políticas efetivas.

Durante 1905, houve um aumento acentuado no nível de organização e militância das greves e protestos operários. Em parte, isso fora resultado da influência socialista no movimento operário. Mas fora também — e provavelmente com mais intensidade — fruto do fato de os trabalhadores terem adquirido maior consciência de classe e terem se tornado mais violentos nos conflitos com empregadores. E com isso, a polícia mostrara-se mais tirana e rude. Gorki registrou a crescente hostilidade dos trabalhadores depois de testemunhar um atrito na Praça Znamenskaya, em São Petersburgo, no início de setembro. Um oficial espancou um soldado em plena rua e uma massa irada de proletários reuniu-se para defender o agredido, arrancando as dragonas do uniforme do agressor. Segundo Gorki, a massa teria matado o oficial não fosse a intervenção providencial da polícia e dos cossacos. "A multidão se comportou com admirável simplicidade e abertura", escreveu ele a Ekaterina, "não hesitando em dizer e entoar diante da polícia tudo o que consideravam certo e, em geral, demonstrou grande força moral e mesmo tato. Há diferença entre essa massa e o povo suplicante de 9 de janeiro."[49]

Nem toda a violência nas cidades resultou de maior militância do movimento operário. Quando a lei e a ordem se romperam, houve um aumento marcante em todas as formas de violência, de furtos e assassinatos a arruaças de bêbados e vandalismo. Na verdade, quando a polícia se retirou de cena, o povo acudiu ao tumulto, formando grupos de vigilantes e linchando criminosos nas ruas. Todos os dias a imprensa relatava dezenas de casos de "oclocracia" (*samosud*), ao lado de assaltos e crimes de morte. Maltas de um tipo diferente circulavam nas vias públicas, sovando estudantes e passantes bem-vestidos. Houve *pogroms* contra judeus. Em suma, todo o país parecia preso numa espiral de violência e anarquia retrógradas. Como o cônsul dos Estados Unidos em Batumi deixou registrado:

> [A Rússia] está permeada pela sedição e embebida de revolução, ódio racial e guerra, assassinato, atos de incendiários, bandoleirismo, assaltos e crimes de todos os tipos... Até onde se pode ver, estamos a caminho da anarquia completa e do caos social... Um dos piores sinais é que o público, sob esse longo reinado de anarquia e crime, está tornando-se insensível e as notícias da morte violenta de um conhecido ou amigo é, em grande parte da população, recebida com indiferença, enquanto casos de bandoleirismo são vistos como algo que faz parte do curso ordinário dos fatos.[50]

Graças à preocupação de muitos historiadores com o movimento operário organizado — e a sedução a que foram expostos pelo mito soviético de proletários armados em barricadas — o papel que a violência criminal do cotidiano teve na influência da massa revolucionária tem sido ignorado ou, ou que é ainda mais enganador, confundido com a violência da guerra industrial. Quanto mais de perto se examinam as massas que tomaram as ruas, mais difícil se torna distinguir claramente entre formas organizadas de protesto — trabalhadores em marcha com faixas e canções — e atos criminosos de saque e agressividade. Com facilidade, um protesto organizado poderia — e foi isso o que aconteceu com frequência — transformar-se em banditismo. Não se tratava de uma simples questão de "vândalos" ou criminosos juntando-se a protestos operários ou tirando vantagem do caos reinante para promover quebra-quebra, assaltos e pilhagens. Tais atos parecem ter sido elementos integrantes da militância proletária, um meio de afirmar o poder da multidão plebeia e de despojar e destruir símbolos de riqueza e privilégio. O que a aterrorizada classe média chamou de "vandalismo" — ataques da turba a figuras bem estabelecidas ou detentoras de autoridade, saques e depredações, bebedeiras seguidas de brigas e desordens — podia sem dificuldade ser classificado de "atos revolucionários". E em parte era isso mesmo: a violência revolucionária de 1905-1917 foi expressa nesses tipos de atos, impulsionados pelos mesmos sentimentos de ódio aos ricos e a todas as figuras de poder, pelo mesmo desejo dos pobres e fracos de se afirmarem e de reclamarem as ruas como seu território. Da perspectiva dos que tinham bens, havia muito pouca diferença entre o comportamento "ignaro" e "grosseiro" dos "vândalos" — o modo insolente como se vestiam, suas bebedeiras e linguagem vulgar, sua "petulância" e "desaforo" — e o comportamento da massa revolucionária.[51] Mesmo os protestos operários mais organizados podiam, diante da mínima provocação, irromper em violência e pilhagem. Isso tornar-se-ia um grande problema para todos os partidos revolucionários, os bolcheviques, em particular, que tentavam usar a violência das multidões para seus próprios fins políticos. Tal violência era uma faca de dois gumes e podia levar à anarquia e não à força revolucionária controlada. Essa lição os bolcheviques aprenderiam durante os dias de julho e outubro de 1917 — manifestações de violência que estavam muito distantes da imagem soviética do heroico poder proletário.

Se, no entanto, existiu realmente algo que pudesse servir de genuína inspiração ao mito soviético do operário fabril, arma na mão, lutando nas barricadas, pela revolução, tal inspiração foi a greve geral de 1905. Esse foi o exemplo clássico de um levante espontâneo e, ainda assim, disciplinado, da classe trabalhadora. Começou em 20 de setembro com um protesto dos gráficos — operários mais instruídos — de Moscou que reivindicavam aumento salarial e melhores condições de trabalho. Os grevistas fizeram contato com os estudantes e realizaram uma manifestação pública e maciça, que foi atacada pela polícia. Os trabalhadores jogaram pedras nos policiais, quebraram vitrinas de lojas, derrubaram bancos e árvores para fazer barricadas. No início de outubro, os gráficos de São Petersburgo e de diversas outras cidades hipotecaram solidariedade ao movimento e aderiram à greve: casas de classe média ficaram sem jornais durante várias semanas. Então os ferroviários também entraram em greve. A União dos Empregados e Operários de Ferrovias era filiada à União dos Sindicatos, que, desde o verão, estivera discutindo a ideia de uma greve geral, de caráter político, para promover sua campanha por reformas. Em 10 de outubro, praticamente toda a rede ferroviária tinha parado. Milhões de outros trabalhadores — de fábricas, lojas e transporte, de bancos e escritórios, de hospitais, estudantes, professores e até mesmo atores do Teatro Imperial de São Petersburgo — passaram a apoiar o que, de fato, se tornara uma greve nacional contra a autocracia. As cidades foram paralisadas. Todos os meios de transporte deixaram de circular. As luzes apagavam-se à noite. Telégrafos e telefones não mais funcionavam. As lojas foram fechadas, e suas vitrines, cobertas com tábuas. A comida começou a escassear. Os roubos e saques irromperam em níveis impossíveis de ser controlados. A nobreza e a burguesia assustaram-se com a ruptura da lei e da ordem. Instalou-se o pânico quando o sistema de abastecimento de água de Moscou passou a funcionar precariamente; rumores garantiam que os grevistas tinham contaminado a água de propósito. Operários, estudantes e profissionais liberais juntaram-se em manifestações contra as autoridades. Muitas terminaram com barricadas sendo construídas às pressas e em violentos atritos com a polícia e os cossacos. As demandas políticas dos manifestantes eram extraordinariamente uniformes — convocação de uma assembleia constituinte eleita por sufrágio universal —, o que era um sinal do papel de coordenador desempenhado pela União dos Sindicatos assim como da grande disciplina e organização dos próprios operários.[52]

E tal disciplina e organização tinham muito a ver com o Soviete de Petersburgo. A palavra "soviete" significa "conselho" em russo e o Soviete de Petersburgo realmente nada mais era do que um conselho *ad hoc* de operários, criado para dirigir a greve geral. Suas origens remontavam em parte à União dos Sindicatos, que sugeriu a ideia, e em parte aos mencheviques, que assumiram a liderança na organização dos operários nas fábricas. Em 17 de outubro, 562 representantes de fábricas, a maioria metalúrgicos, reuniram-se no prédio da Sociedade de Economia

Livre e elegeram uma executiva de 50 membros, incluindo sete delegados de cada um dos três principais partidos socialistas (mencheviques, bolcheviques e SRs). Desde o início, a executiva assumiu a posição e a forma — o que tornaria a ocorrer em 1917 — de um governo de trabalhadores de uma fonte de poder alternativa à das autoridades tsaristas. Organizava greves, publicava seu próprio jornal, *Izvestiia*, que os operários liam com avidez, estabeleceu uma milícia, cuidava da distribuição de gêneros alimentícios e serviu de exemplo para proletários de outras 50 cidades, onde também foram criados sovietes. Os mencheviques dominavam o soviete de Petersburgo, o qual viam como a incorporação de sua ideologia. Os bolcheviques, ao contrário, tinham desconfianças em relação às iniciativas da classe trabalhadora e eram hostis à ideia do soviete como um conselho independente de operários. Sem dúvida, a posição dos bolcheviques também tinha algo a ver com o fato de sua influência sobre os sovietes ser muito pequena. Nem mesmo Lênin, que voltou do exílio no início de novembro, conseguiu falar ao soviete, apesar de ainda haver uma escrivaninha no prédio que abrigava o conselho dos trabalhadores com uma placa afirmando que ele o fez.[53]

O presidente eleito da executiva do soviete era o advogado (e futuro menchevique) G. S. Khrustalev-Nosar. Leon Trótski, porém, detinha o poder e conduzia o soviete, dando forma às resoluções da entidade e escrevendo os editoriais do *Izvetiia*. Depois da prisão de Khrustalev-Nosar, em 26 de novembro, Trótski assumiu a presidência. Ele foi o primeiro dos grandes líderes socialistas a voltar do exílio depois do Domingo Sangrento. Viveu sob vários disfarces, incluindo o de paciente num hospital oftalmológico, onde, do leito, enquanto as enfermeiras lhe lavavam os pés, redigia proclamações revolucionárias. Durante a greve geral, ele apareceu no soviete com o nome de Yanovsky, aldeia onde nasceu. Desde o grande cisma de 1903, seu apoio à insurreição da classe trabalhadora e seus brilhantes ataques jornalísticos aos liberais certamente o aproximavam da ala bolchevique dos social-democratas. Ainda assim, em essência ele permaneceu sendo um menchevique revolucionário e, como recordou mais tarde George Denike, Trótski, mais do que qualquer um, "representava o menchevismo" nessa fase.[54]

Os conselheiros do tsar agora recorriam ao conde Witte para salvar o país do desastre. Mas Nicolau continuava impassível e passou a maior parte do outono caçando. "O aspecto trágico da situação", observou um cortesão em seu diário, em 1º de outubro, "é que o tsar está vivendo no paraíso de um tolo completo, pensando que Ele é tão forte e tão todo-poderoso quanto antes." Em 9 de outubro, Witte foi finalmente recebido no Palácio de Inverno. Com franqueza brutal, ele disse a Nicolau que o país estava à beira de uma revolução cataclísmica que "varreria mil anos de história". O tsar tinha uma dentre duas opções: nomear um ditador militar ou introduzir reformas substanciais. Witte sublinhou as reformas necessárias em um memorando que defendia um Manifesto, que ele levara consigo: concessão de liberdades civis; ordem constitucional; governo de gabinete e uma Duma legislativa eleita pelo voto democrático. Na verdade, tratava-se de um programa político do Movimento de Libertação. O objetivo de Witte era claramente o de isolar a esquerda pela pacificação dos liberais. Ele enfatizava que a repressão só podia funcionar como solução temporária, e que mesmo assim seria arriscado, pois a lealdade dos servidores armados era duvidosa e se estes fossem usados para abafar a greve geral poderia haver uma debandada absoluta das hostes governistas. A maioria dos mais importantes conselheiros militares do tsar concordava com Witte, assim como Trepov, governador-geral de São Petersburgo, cuja influência na corte agora era suprema. Nicolau ainda não se convencera e pediu ao tio, grão-duque Nikolai, que assumisse o papel de ditador. Mas este, um homem excitável e franco, pegou um revólver e ameaçou se matar ali, naquele instante, se o tsar se recusasse a endossar o memorando de Witte. Desde então, a imperatriz sempre acusaria o grão-duque pela "Constituição" russa. O *coup de théâtre* de Nikolai foi com certeza um fator decisivo na mudança de opinião do tsar, pois o grão-duque era o único homem capaz de desempenhar o papel de ditador e foi só quando ele tomou partido da reforma que ocorreu ao tsar que a repressão não existia mais como alternativa. Assim, Nicolau concordou em assinar o Manifesto. "Minha cara Mae", ele escreveu à imperatriz Maria dois dias depois, em 19 de outubro, "não podes imaginar o que passei antes daquele momento... Em toda a Rússia, grita-se por isso, implora-se por isso, e em torno de mim muitos — muitos mesmo — têm a mesma posição... Não há outra saída a não ser se benzer e dar a todos o que eles pedem."[55]

Desde o começo, o tsar foi relutante ao extremo em fazer o papel de monarca constitucional. A imagem de Nicolau como um "tsar esclarecido" que "introduziu a democracia na Rússia" não podia ser mais distante da verdade, embora fosse isso o que apologistas do regime tsarista e defensores da nostalgia na Rússia gostariam que nós aceitássemos. Para um autocrata como Nicolau, que se via governando do trono segundo a velha e boa tradição bizantina, não poderia haver maior humilhação do que ser forçado por um homem como Witte (que era apenas um "homem de negócios" e, além do mais, um "ex-funcionário burocrático de ferrovia") a conceder direitos de cidadania a seus súditos. Nem mesmo o ato final de abdicação em 1917 — que ele dizia ter assinado de modo a não ser obrigado a renunciar ao juramento feito na coroação, segundo o qual manteria os princípios da autocracia — foi uma pílula tão amarga para Nicolau. Witte mais tarde alegou que a corte optou por usar seu Manifesto como uma concessão temporária e que sempre pretendeu retornar a seus velhos hábitos autocráticos quando o perigo já tivesse passado.[56] É praticamente certo que Witte tinha razão. Na primavera de 1906, o tsar quase voltou atrás em suas promessas feitas no outubro anterior, alegando que o Manifesto não tinha, de fato, estabelecido limites a suas prerrogativas autocráticas. De acordo com o argumento do tsar, o documento determinava limites apenas para a burocracia.

A proclamação do Manifesto foi recebida com júbilo nas ruas. A despeito do tempo chuvoso, multidões enormes convergiram para a frente do Palácio de Inverno com uma grande bandeira vermelha que carregava a inscrição "Liberdade para a Assembleia". Como todos deviam saber então, havia-se finalmente conseguido o que outros súditos tinham fracassado em levar a cabo em 9 de janeiro. O Domingo Sangrento não fora em vão, afinal. Em Moscou, 50 mil pessoas reuniram-se em frente ao Teatro Bolshoi. Oficiais e damas da sociedade usaram faixas vermelhas atadas aos braços e cantaram a *Marseillaise* em solidariedade a operários e estudantes. A greve geral foi cancelada, uma anistia política parcial foi proclamada e houve um sentimento eufórico de que a Rússia agora estava entrando numa nova era de constitucionalismo ocidental. Todo o país, nas palavras de um liberal, "vibrava como um imenso jardim cheio de abelhas num dia quente de verão".[57] Quando as velhas leis de censura deixaram de ser aplicadas, os jornais foram tomados por editoriais ousados e caricaturas medonhas dos governantes do país. Houve uma súbita explosão de pornografia, como se os limites da nova lei estivessem sendo testados. Quando as políticas de russificação foram suspensas, surgiu uma torrente de novas publicações impressas na língua das populações locais, fosse em Kiev, em Varsóvia ou em outras capitais do império. Reuniões políticas foram realizadas nas ruas, em praças e em parques, em todos os lugares públicos, pois o povo não mais temia ser preso. Uma palavra nova e de sotaque estrangeiro foi inventada — *mitingovanie* — para descrever a ânsia por reuniões demonstrada pelos cidadãos renascidos. A Nevsky Prospekt tornou-se uma espécie de Esquina dos Oradores, um parlamento do povo na rua, onde tribunos subiriam em barricas ou escalariam os postes, e imensas massas instantaneamente se juntariam para ouvi-los e para agarrar os panfletos que lhes eram entregues. As pessoas falavam de uma nova Rússia que surgia. Aqueles foram os primeiros e inebriantes dias de liberdade.

3. Uma encruzilhada

Foi em outubro de 1905 que o príncipe Lvov, o "homem liberal do *zemstvo*" filiou-se como membro do Kadet, o Partido Constitucional Democrático. A decisão não fora fácil para ele, pois Lvov não era um "homem de partido" por natureza. Sua visão política era essencialmente prática — e fora isso que o atraíra para as questões do *zemstvo* —, e ele não tinha inclinação para se confinar ao dogma político de qualquer partido. Seu conhecimento de partidos políticos era quase inexistente. Ele com frequência confundia SDs com SRs e, segundo seus amigos, nem mesmo sabia quais eram os pontos principais do programa do Kadet. "Em todos os meus anos de relacionamento com o príncipe Lvov", recordou V. A. Obolensky, "nunca o ouvi discutir uma questão teórica abstrata." O príncipe era um "Kadet cético", como certa vez afirmou Miliukov, líder do partido. Lvov estava sempre muito próximo do partido, mas raramente tomava parte nos debates. Mas suas opiniões eram avidamente consultadas pelos Kadets e não raro era chamado a agir como mediador dentro do partido. (O senso prático, a experiência em política local e o distanciamento de disputas entre facções finalmente fariam de Lvov candidato favorito ao cargo de primeiro-ministro do Governo Provisório, em março de 1917.)[58]

De todos os partidos políticos que nasceram no rastro do Manifesto de Outubro, os democratas constitucionalistas, ou simplesmente Kadets, eram o ninho óbvio para Lvov. Era cheio de liberais dos *zemstvos* que, como ele, haviam chegado ao partido através do Movimento de Libertação. A agenda do movimento era o cerne do programa partidário dos Kadets aprovado no congresso de fundação da entidade, em outubro de 1905. O manifesto concentrava-se quase que exclusivamente em reformas políticas — parlamento legislativo eleito com base no sufrágio universal, garantias de direitos civis, democratização do governo local e mais autonomia para a Polônia e para a Finlândia. E isso devia-se, em parte, ao fato de as alas de direita e de esquerda do partido estarem muito divididas no tocante a questões sociais, à questão agrária sobretudo. Mas talvez essa concentração fosse esperada num partido tão dominado pela *intelligentsia* formada por profissionais liberais, um partido de professores, acadêmicos, advogados, escritores, jornalistas, mestres-escolas, médicos, funcionários e homens liberais dos *zemstvos*. Dos cerca de 100 mil membros do Kadet, os nobres somavam pelo menos 60%. O comitê central era uma verdadeira "faculdade" de eruditos: 21 de seus 47 integrantes eram professores universitários, incluindo o presidente, Pavel Miliukov (1859-1943), que era o historiador de maior importância de sua época. Havia os "homens dos oitenta" — todos agora na casa dos 40 anos de idade. Eles tinham um forte sentimento do dever público e dos valores liberais do Ocidente, mas tinham também quase nenhuma noção do que fosse política de massas. Segundo a verdadeira tradição da *intelligentsia* do século XIX, eles gostavam de se ver como líderes "do povo", acima dos interesses estreitos do partido ou de interesses de classe, ainda que fizessem muito pouco esforço para ganhar o povo para sua causa.[59] Pois, em seus corações, assim como nas conversas em reuniões sociais, tinham medo e desprezo pelas massas.

Entre outros grupos liberais que emergiram nesse período, o mais importante foi o Partido Outubrista. O nome foi tirado do Manifesto de Outubro de 1905, que o partido considerava base para uma era de concessões e cooperação entre o governo e as forças públicas e para a criação de uma nova ordem legal. Esse partido atraiu cerca de 20 mil membros, a maioria proprietários de terra, empresários e funcionários de diferentes tipos, que eram favoráveis a reformas políticas moderadas, embora não apoiassem o sufrágio universal, visto como um desafio à monarquia e às suas próprias posições no governo central e local.[60] Se os democratas constitucionalistas eram "liberais radicais", posto que mantinham pelo menos um pé na oposição democrática, os outubristas podiam ser considerados "liberais conservadores", uma vez que se dispunham a trabalhar em prol das reformas, porém respeitados os limites da ordem vigente e visando apenas a fortalecê-la.

O próprio Lvov poderia ter sido tentado a juntar-se aos outubristas, pois N. D. Shipov, seu velho mentor político e amigo do movimento do *zemstvo* nacional foi um dos principais fundadores do partido, enquanto Alexander Guchkov, camarada de armas da campanha de libertação da Manchúria, tornara-se líder dos outubristas. Mas a amarga luta por reformas travada dez anos antes ensinara Lvov a não confiar tão cegamente na disposição do tsar em cumprir as promessas feitas em seu Manifesto. O príncipe preferiu ficar com os Kadets numa posição de ceticismo e semioposição ao governo a ter que juntar-se aos outubristas em declarações de apoio leal.

Esse era, na verdade, o principal dilema enfrentado pelos liberais depois do Manifesto de Outubro — apoiar ou se opor ao governo. Até então, a revolução fora um amplo ataque de toda a nação unida contra a autocracia. Mas agora o Manifesto acenava com a perspectiva de uma nova ordem constitucional na qual tanto a monarquia quanto a sociedade poderiam — simplesmente, poderiam — adotar tendências europeias. A situação estava tenuemente equilibrada. Havia sempre o perigo de que o tsar renegasse suas promessas constitucionais, ou que as massas se tornassem impacientes com o processo gradual de reforma política e abraçassem uma revolução social violenta. Muito dependeria do papel dos liberais, que até então haviam liderado o movimento de oposição e que agora estavam estrategicamente colocados entre os governantes e os governados. A tarefa dos liberais parecia difícil, pois tinham que parecer ao mesmo tempo moderados (para não alarmar os primeiros) e radicais (para não alijar os segundos).

Witte, encarregado de formar, em outubro, o primeiro governo de gabinete, ofereceu várias pastas ministeriais aos liberais. Pela sugestão de Witte, Shipov seria ministro da Agricultura, Guchkov, ministro do Comércio e da Indústria, o jurista liberal A. F. Koni, ministro da Justiça, e E. N. Trubetskoi, ministro da Educação. O príncipe Urusov, a quem já conhecemos como governador-geral da Bessarábia (ver páginas 71-74), e que simpatizava com os kadets, foi o nome considerado para o posto importantíssimo de ministro do Interior (embora fosse logo rejeitado sob o pretexto de que, embora "decente" e mesmo "muito inteligente", ele "não tinha personalidade para posições de comando"). Dois outros constitucionalistas, Miliukov e Lvov, também receberam ofertas para ocupar pastas ministeriais. Mas nenhum desses "homens públicos" concordou em juntar-se ao governo de Witte, que, ao fim, teve que ser formado por burocratas e tsaristas nomeados que não contavam com a confiança pública.[61]

É lugar-comum afirmar que, por sua recusa em participar do gabinete de Witte, os liberais jogaram fora a melhor chance que tinham de direcionar o regime tsarista rumo à reforma constitucional. Mas isso é injusto. A razão mais óbvia do colapso das negociações foi a recusa dos liberais em trabalhar com P. N. Durnovo, um homem de conhecidas posições direitistas e de passado escandaloso,* ao qual, ao que parece, tinha sido prometido o posto de ministro do Interior, posto este que, subitamente, passou a ser oferecido a Urusov. Porém, os constitucionalistas também tinham dúvidas se Witte, frente à hostilidade do tsar pelas reformas, seria capaz de cumprir as promessas do Manifesto de Outubro. Os liberais temiam que a participação num governo inclinado a mostrar-se impotente contra a autocracia os comprometesse. Seus temores eram, em parte, condicionados pela desconfiança habitual que nutriam em relação ao governo e também à predileção natural que alimentavam pela oposição. "Sem inimigos à esquerda" — este tinha sido o grito de convocação durante as lutas de 1904-1905. E o triunfo de outubro tinha confirmado o comprometimento dos liberais com a política de agitação de massas, vinda de baixo para cima. As dúvidas dos liberais não eram desarrazoadas. O próprio Witte tinha expressado o medo de estar sendo usado pela corte um expediente temporário e isso tinha sido mencionado em conversas que tiveram com os kadets. Em uma ocasião, Miliukov perguntara a Witte, sem rodeios, por que não se comprometia com uma Constituição: Witte foi forçado a admitir que não podia fazê-lo "porque o tsar não o deseja".[62] Como o premiê não podia garantir que o Manifesto seria posto em prática, não seria absurdo que os liberais concluíssem ser melhor consumir suas energias na oposição e não numa colaboração infrutífera com o governo.

Em todo caso, logo ficou claro que o "momento liberal" seria muito breve. Apenas horas depois da declaração do Manifesto de Outubro, houve luta renovada nas ruas, pois o país polarizava entre a esquerda e a direita. Essa violência foi, sob vários aspectos, uma prévia dos conflitos de 1917. Mostrou que divisões sociais já estavam muito aprofundadas para um acordo puramente liberal. Em 18 de outubro, dia em que o Manifesto foi proclamado, algumas das jubilosas multidões de Moscou resolveram marchar rumo à principal cadeia da cidade, a Butyrka, para exigir a libertação imediata de todos os prisioneiros políticos. O protesto aconteceu pacificamente e 140 prisioneiros foram soltos. Mas no caminho de volta para o centro da cidade, os manifestantes foram atacados por uma malta numerosa e fortemente armada, que carregava bandeiras nacionais e um retrato do tsar. Houve um atrito similar do lado de fora da prisão de Taganka, onde um dos encarcerados que acabara de ser libertado, o ativista bolchevique N. E. Bauman, foi espancado até a morte.

* Em 1893, quando trabalhava no Departamento de Polícia, Durnovo ordenou a seus agentes que roubassem a correspondência trocada entre o embaixador espanhol e sua amante prostituta, pois também estava apaixonado por essa mulher. O embaixador queixou-se a Alexandre III, que providenciou a demissão imediata de Durnovo. Mas após a morte de Alexandre, ele de alguma forma conseguiu retomar sua carreira.

Para a extrema direita, esse seria o início de uma guerra de rua contra os revolucionários. Vários grupos de direita tinham sido criados desde o começo de 1905. Havia o Partido Monarquista Russo, criado em fevereiro por V. A. Gringmut, editor reacionário do *Moscow News*, que defendia a restauração de uma autocracia forte, da lei marcial, da ditadura e da repressão aos judeus que, segundo se alegava, seriam os principais "instigadores" de todas as desordens. E havia ainda a Assembleia Russa, liderada pelo príncipe Golitsyn e formada principalmente de servidores públicos de direita e por oficiais de São Petersburgo, que se opunham à introdução de instituições parlamentares no estilo ocidental e que esposavam a velha fórmula de Autocracia, Ortodoxia e Nacionalidade.

Contudo, a mais importante dessas organizações era a União do Povo Russo, criada em outubro por dois funcionários públicos subalternos, A. I. Dubrovin e V. M. Purishkevich, com o intuito de mobilizar as massas contra as forças de esquerda. Foi uma versão russa e prematura do movimento fascista. Antiliberal, antissocialista e, sobretudo, antissemita, defendia a restauração da autocracia popular que seus integrantes acreditavam ter existido antes de a Rússia ter sido tomada por judeus e intelectuais. O tsar e seus seguidores na corte, que partilhavam dessa mesma fantasia, patrocinavam a União, assim como diversos homens proeminentes da Igreja, inclusive o padre João de Kronstadt, amigo próximo da família real, o bispo Hermógenes e o monge Iliodor. O próprio Nicolau usava o emblema da União e desejara a seus líderes "sucesso total" em seus esforços para unificar os "russos leais" em favor da autocracia. Agindo sob instruções do tsar, o ministro do Interior financiava os jornais da organização e, em sigilo, fazia com que chegassem armas ao grupo. A União era uma entidade consternada diante do que considerava fraqueza e fracasso do tsar em reprimir a esquerda. E assim, resolveu agir no lugar de Nicolau, formando grupos paramilitares e enfrentando os revolucionários nas ruas. Os Cem Negros,* como eram chamados pelos democratas, marchavam com estandartes patrióticos, ícones, cruzes e retratos do tsar, armados de facas e carregando socos-ingleses nos bolsos. No final de 1906, havia mil ramificações da União com um total de 300 mil membros.[63] Como aconteceu com os movimentos fascistas da Europa entreguerras, a maior parte do apoio dado à União veio de elementos do lumpemproletariado amargurados que, diante da modernização e das reformas, tinham perdido — ou temiam perder — o *status* mínimo que ocupavam na hierarquia social. Eram camponeses desenraizados premidos a se estabelecerem nas cidades como trabalhadores temporários; peque-

---

* A denominação tinha caráter depreciativo, adaptada da expressão "Cem Brancos", usada na Rússia medieval como referência às castas privilegiadas de nobres e mercadores ricos. As pessoas das camadas sociais inferiores que se juntaram aos Cem Negros estavam longe de pertencer à nobreza ou de possuir riquezas, daí o conteúdo irônico.

nos comerciantes e artesãos pressionados pela concorrência de grandes negócios; servidores públicos e policiais de baixo escalão ameaçados em seus pequenos poderes pelas novas instituições democráticas; e patriotas de taverna de todos os tipos, inquietos com a visão de operários, estudantes e judeus "emergentes" que desafiavam o poder divino do tsar. Lutar nas ruas contra a revolução era o modo de se vingarem, um meio de fazer o relógio retroceder e de restaurar a hierarquia social e racial. A essas gangues juntavam-se criminosos comuns — milhares dos quais haviam sido libertados pela anistia de outubro — que assim tinham a oportunidade de promover saques e a violência. Não raro encorajados pela polícia, os Cem Negros marchavam pelas vias públicas espancando qualquer um de quem suspeitassem simpatias democráticas. Às vezes, forçavam suas vítimas a ajoelhar em homenagem a um retrato do tsar, ou as empurravam igreja adentro e as faziam beijar a bandeira imperial.

A pior violência foi reservada aos judeus. Houve 690 *pogroms* documentados — com mais de 3 mil assassinatos relatados — durante as duas semanas seguintes à declaração do Manifesto de Outubro. Os grupos de direita desempenharam um papel fundamental nesses *pogroms*, fosse incitando a massa contra os judeus ou fosse planejando tais ataques desde o início. O pior *pogrom* aconteceu em Odessa, onde 800 judeus foram mortos, 5 mil, feridos, e mais de 100 mil perderam suas casas. Uma investigação oficial ordenada por Witte revelou que a polícia não só tinha organizado, armado e abastecido a multidão com vodca, mas também tinha ajudado a massa a retirar os judeus de esconderijos e tomado parte nos assassinatos. A sede da polícia em São Petersburgo tinha sua própria máquina de impressão secreta, que produzia milhares de panfletos acusando os judeus de tentarem destruir a Rússia e convocando o povo a "fazê-los em pedaços e matá-los". Trepov, ditador virtual do país, editara pessoalmente os panfletos. Durnovo, ministro do Interior, os subsidiava com 70 mil rublos. Mas quando Witte conclamou que o chefe de polícia responsável deveria ser processado, o tsar interveio para proteger o acusado. Nicolau estava claramente satisfeito com os *pogroms*. Ele concordava com os antissemitas de que a revolução era, em grande parte, causada pelos judeus. E, com muita ingenuidade, via os *pogroms* como uma forma justificada de vingança impetrada por seus "súditos leais". Ele deixou isso claro numa carta escrita à sua mãe, em 27 de outubro:

> Minha muito querida Mamãe...
>
> Começarei dizendo que toda a situação está melhor do que estava há uma semana... Nos primeiros dias depois do Manifesto, os elementos subversivos levantaram as cabeças, mas uma forte reação pôs-se rapidamente em movimento e uma massa inteira de pessoas leais de súbito fez sentir seu poder.

> O resultado foi óbvio, e exatamente aquele que se poderia esperar em nosso país. A impertinência dos socialistas e revolucionários enfureceu o povo, mais uma vez; e porque nove em cada dez causadores de problemas são judeus, o povo inteiro voltou-se contra eles. Eis como ocorreram os *pogroms*. É espantoso como aconteceram *simultaneamente* em todas as cidades da Rússia e da Sibéria... Exemplos tão distantes como em Tomsk, Simferopol, Tver e Odessa mostram com clareza o que uma malta enfurecida pode fazer; elas cercaram as casas onde revolucionários haviam se refugiado, incendiaram-nas e mataram todos os que tentavam escapar.[64]

O que estava surgindo era o início de uma contrarrevolução que culminaria na guerra civil. Desde então, o antissemitismo tornou-se uma das principais armas usadas pela corte e seus seguidores para reunir o "povo leal" na luta contra a revolução e contra a ordem liberal emergente.

Para os revolucionários, o assassinato de Bauman foi um lembrete poderoso dos hábitos sanguinários do regime. Da noite para o dia, o bolchevique tornou-se mártir da revolução. Mais tarde, sob o regime soviético, seu nome batizaria ruas, escolas, fábricas e mesmo um distrito inteiro de Moscou. Mas, na verdade, Bauman era indigno de tamanhas honras bombásticas. Ele gostava de pregar peças e, em certa ocasião, foi tão malicioso com uma colega de partido mais sensível que esta se enforcou. Bauman tinha desenhado um quadro cruel da jovem encarnando a Virgem Maria com um bebê no útero e uma interrogação perguntando com quem a criança se parecia. Muitos social-democratas, inclusive Martov, queriam que Bauman fosse expulso do partido. Mas Lênin discordou, argumentando que era um bom operário do partido e que isso era tudo o que importava. O escândalo continuou a dividir o partido — foi um dos muitos atritos pessoais que definiram as distinções éticas entre bolcheviques e mencheviques depois de 1903 — até que o próprio Bauman foi preso e mandado para a cadeia de Taganka. A morte o purificou de seus pecados. Através de seu martírio, os bolcheviques foram capazes, pela primeira vez, de ganhar as simpatias da massa pois, na atmosfera altamente carregada do final de outubro de 1905, pessoas de todo o espectro democrático viram no corpo de Bauman um símbolo do destino que esperava a revolução caso não se unissem contra a reação. E apareceram às dezenas de milhares para o funeral de Bauman.

Se havia algo que os bolcheviques realmente dominavam era a arte de enterrar seus mortos. Seis camaradas hercúleos vestidos de couro carregaram o caixão de Bauman, coberto por uma mortalha escarlate, através das ruas de Moscou. À frente havia um bolchevique trajado em negro jesuítico com um ramo de palmas na mão que ele balançava de um lado para o outro, seguindo a música e seus próprios passos lentos. Os líderes do partido seguiam com coroas, bandeiras vermelhas e estandartes pesados de veludo, que ostentavam os lemas da luta, grafados em floreios dourados. Eles eram flanqueados por uma milícia de estudantes e trabalhadores armados. E, atrás, fileira após fileira de pranteadores, ao todo cerca de 100 mil, que marchavam em alas de dez, em formação militar. Essa procissão com ares religiosos continuou durante todo o dia, parando em vários pontos da cidade para recolher reforços. Ao passar pelo Conservatório, ganhou a adesão de uma orquestra de estudantes, que tocou, várias e várias vezes, o hino funeral da revolução: "Caiu Vítima de uma Luta Medonha." O torpor estudado dos marchantes, a música melancólica e a organização no estilo militar encheram as ruas numa ameaça sombria. Quando a noite veio, milhares de tochas foram acesas, fazendo as bandeiras vermelhas cintilarem. As orações ao pé do túmulo foram emocionais, desafiadoras e enaltecedoras. A viúva de Bauman convocou a multidão a vingar a morte de seu marido. Enquanto todos voltavam para o centro da cidade, houve lutas esporádicas com gangues dos Cem Negros.[65]

A essa altura, os bolcheviques já planejavam uma insurreição armada. E a decisão foi fortalecida pela volta de Lênin de Genebra, em novembro, pois este insistia na necessidade de haver o início de uma revolta. Desde o Domingo Sangrento, grande parte da correspondência enviada por Lênin da Suíça tinha sido dominada por instruções detalhadas de como construir barricadas e de como lutar contra os cossacos usando bombas e pistolas. O Soviete de Petersburgo também estava preparando um confronto com o governo. Durante novembro, o soviete apoiou uma série de greves que se distinguiram por sua militância. Sob a liderança de Trótski e sob a influência das massas nas ruas, que pelo menos em Petersburgo estavam começando a mostrar sinais de disposição para uma revolução socialista, muitos dos mencheviques afastaram-se de sua aliança ampla com os liberais e abraçaram a ideia de uma revolta armada para afirmar a "hegemonia da classe trabalhadora". Havia pouca perspectiva de sucesso, mas isso ficava esquecido sob a capa de emoção dos participantes. Alguns dos social-democratas estavam transportados pela retórica desafiadora — afinal, isso os tornava populares junto aos operários revoltosos — e de algum modo o falatório descambou em planos de ação. Outros assumiram posição segundo a qual seria melhor sucumbir na luta do que não tentar nem tomar poder nenhum. Nas palavras de um menchevique, "em nossos corações, tínhamos certeza de que a derrota era inevitável. Mas éramos jovens e cheios de entusiasmo revolucionário, e nos parecia melhor morrer na luta do que permanecer imóvel, sem nos engajarmos sequer numa tentativa. *A honra da Revolução estava em risco*". De fato, para Lênin (o "jacobino"), pouco importava que o golpe falhasse. "Vitória?!", ouviu-se ele dizer em meados de novembro. "Para nós, a questão não é essa! Não devemos alimentar ilusões, somos realistas e que ninguém imagine que ganharemos. Pois ainda somos fracos demais. A questão não é a vitória, mas dar uma sacudida no regime e atrair as massas ao movimento. Essa é a questão. E dizer que porque não podemos ganhar não devemos desferir uma insurreição — isto é simplesmente o pretexto de covardes. E não temos nada a ver com eles!"[66]

O momento decisivo veio em 3 de dezembro com a prisão dos líderes do Soviete de Petersburgo. A despeito de seus débeis preparativos e da ausência de sinais claros de apoio popular, os social-democratas de Moscou declararam uma greve geral e começaram a distribuir armas aos operários. Houve providências febris — algumas cômicas. Um grupo de social-democratas de Petersburgo, por exemplo, envolveu-se num plano vertiginoso para desenvolver um "composto químico que, se aspergido num policial, supostamente o faria perder consciência no ato, e assim sua arma poderia ser pega". Gorki ajudou nessa fase das medidas, convertendo seu apartamento em quartel-general da insurreição e, vestido numa túnica de couro negra e com botas militares que chegavam aos joelhos, supervisionava as operações como um comissário bolchevique. Seu escritório foi usado para a confecção de bombas e sua cozinha foi usada para fazer a comida a ser mandada a trabalhadores e estudantes instalados nas barricadas. "Toda Moscou tornou-se um campo de batalha", ele escreveu a seu editor, em 10 de dezembro. "As janelas não têm mais vidraças. Não sei o que está acontecendo nos subúrbios e nas fábricas, mas de todas as direções chegam os sons de tiros. Sem dúvida as autoridades ganharão, mas a vitória será pírrica e ensinará ao povo uma excelente lição. E será custosa. Hoje vimos três oficiais feridos passar por nossas janelas. Um deles estava morto."[67]

Ironicamente, com apenas um pouco mais de planejamento os insurgentes poderiam ter tomado Moscou, embora no fim, dada a falta de apoio em escala nacional e o colapso dos motins do exército, as autoridades tendessem a prevalecer. Em 12 de dezembro, as milícias rebeldes tinham ganho controle de todas as estações ferroviárias e de vários distritos da cidade. Barricadas ergueram-se nas principais ruas. Estudantes e cidadãos bem-vestidos, revoltados com o emprego de artilharia contra trabalhadores e multidões desarmadas, juntaram-se às turmas de construção de barricadas, que retiravam material de postes de telégrafo, cercas quebradas, portões de ferro, bondes virados, postes de iluminação, balcões de mercados, portas arrancadas às casas e tudo o mais que estivesse à mão. O que começara como uma greve da classe trabalhadora agora transformava-se numa guerra generalizada, na rua, contra as autoridades. A polícia e as tropas desmantelariam as barricadas à noite, apenas para encontrá-las reconstruídas na manhã seguinte. O anel externo de bulevares que cerca o centro de Moscou tornou-se um grande campo de batalha, com tropas e artilharia concentradas nas principais praças e os rebeldes controlando a maior parte das ruas em torno. Nesse momento, tivessem os rebeldes investido contra o Kremlin, poderiam ter assegurado a vitória. Mas seus planos eram basicamente ditados pelos objetivos dos operários, que preferiam concentrar-se na defesa de suas fortalezas rebeldes. No distrito de Presnia, por exemplo, centro da indústria têxtil e moradia da maioria dos proletários militantes, certamente não havia quem pensasse em marchar rumo ao centro. Em vez disso, os rebeldes transformaram Presnia numa república operária, com sua própria polícia e um conselho revolucionário, que, sob muitos aspectos, antecipava o futuro sistema de sovietes.

Em 15 de dezembro, a maré já estava voltando-se contra os rebeldes. Reforços havia muito esperados chegaram de São Petersburgo na forma do Regimento Semenovsky e teve início o bombardeio do distrito de Presnia, que atingiu os prédios indiscriminadamente. O moinho de algodão Prokhorov e a fábrica de mobília Schmidt, que, graças a seus proprietários de inclinações esquerdistas, haviam sido transformados em bastiões do levante em Presnia, foram bombardeados durante dois dias e duas noites, a despeito da presteza de Schmidt em negociar uma rendição. Grande parte do distrito foi destruída. Casas arderam, sendo impossível controlar as chamas. Ao fim da repressão ao levante, mais de mil pessoas haviam morrido, a maioria civis atingidos pelo fogo cruzado ou queimados em construções. Durante as semanas que se seguiram, as autoridades desferiram medidas brutais, com prisões em massa e execuções sumárias. Filhos de trabalhadores foram acotovelados em quartéis e espancados pela polícia para que "aprendessem a lição". As prisões lotaram, operários militantes perderam os empregos e partidos socialistas foram obrigados a cair na clandestinidade. Lentamente, por meio do terror, a ordem foi restabelecida.[68]

O levante de Moscou fracassou em levantar a bandeira da revolução social, mas funcionou como um pano vermelho para atrair o touro da contrarrevolução. Em abril de 1906, Witte disse a Polovtsov ter perdido toda a influência que exercia sobre o tsar, depois do sucesso das repressões de Moscou. E comentou ainda que, apesar de seus protestos, Durnovo obtivera permissão para "pôr em prática uma série de medidas repressivas brutais, excessivas e, com frequência, totalmente injustificadas". Em todo o país, os socialistas foram cercados e presos, ou forçados ao exílio e à clandestinidade. Semen Kanatchikov, que desempenhara papel importante nas organizações revolucionárias bolcheviques de Moscou e Petrogrado em 1905, foi preso nada menos do que três vezes entre 1906 e 1910, depois do que foi sentenciado a exílio perpétuo na Sibéria. As liberdades recém-conquistadas dos partidos socialistas estavam agora perdidas, pois o velho regime policial fora restaurado. Entre 1906 e 1909, mais de 5 mil presos "políticos" foram condenados à morte e mais de 38 mil foram postos na prisão ou mandados cumprir penas de trabalhos forçados. Nas terras bálticas, unidades de exércitos punitivos atravessaram cidades e aldeias. Durante uma campanha de terror que durou seis meses, e que teve início em dezembro, essas unidades executaram 1.200 pessoas, destruíram dezenas de milhares de construções e açoitaram milhares de operários e camponeses. O tsar estava deliciado com a operação e elogiou seu oficial no comando por "agir esplendidamente". Na Rússia, o regime não hesitou em abrir uma guerra de terror contra seu próprio povo. Nas áreas de revolta camponesa, aldeias inteiras foram dizimadas pelo exército e milhares de camponeses foram presos. Quando não havia mais espaço nas cadeias locais, foram dadas ordens para que os camponeses culpados fossem fuzilados. "Apenas prender não nos fará alcançar nossas metas", escreveu Durnovo a seus governadores de província, em dezembro. "É impossível julgar centenas de milhares de pessoas. Proponho fuzilar os revoltosos e, em casos de resistência, queimar suas casas." O regime visava a quebrar a têmpera dos camponeses, humilhando-os e levando-os à submissão. Comunidades inteiras foram obrigadas a levantar o chapéu e cachecol e a se prostrar como servos diante de tropas cossacas. Depois disso, os oficiais encarregados dos interrogatórios cavalgavam pelos povoados, brandindo o chicote nas costas de qualquer um cujas respostas os desagradassem, até que os líderes rebeldes fossem delatados e entregues à execução sumária. Prodigamente abastecidos de vodca, os cossacos cometiam atrocidades terríveis contra a população rural. Mulheres e jovens eram estupradas diante de todos os homens da aldeia. Centenas de camponeses eram pendurados em árvores sem que houvesse sequer um arremedo de julgamento. Ao todo, estima-se que o regime tsarista executou 15 mil pessoas, provocou ferimentos a bala ou de outro tipo qualquer em pelo menos 20 mil e deportou ou exilou 45 mil, entre meados de outubro e a abertura da primeira Duma do Estado, em abril de 1906.[69] Não foi, em absoluto, um início promissor para a nova ordem parlamentar.

Durante a repressão ao levante de Moscou, o apartamento de Gorki foi invadido pelas gangues dos Cem Negros e ele foi forçado a fugir em sigilo para a Finlândia. "Estou hospedado perto de uma queda-d'água, no fundo de um bosque na costa do lago Saimaa", ele escreveu à ex-mulher, Ekaterina, em 6 de janeiro. "Tudo aqui é lindo, como um conto de fedas."[70] Dado o novo clima político, teria sido suicídio qualquer tentativa de Gorki de voltar à Rússia. O governo estava fazendo o que podia para difamar sua reputação de escritor. Witte chegou a pagar a um correspondente do *Daily Telegraph*, de Londres — jornal conhecido por não fazer questão de ser justo com a esquerda — para espalhar o libelo de que Gorki era antissemita. Nada poderia estar mais longe da verdade. Gorki desprezava o antissemitismo, tão popular em sua época, e o via como um sintoma do atraso russo. O fato de os *pogroms* serem frequentemente uma expressão dos impulsos revolucionários do povo tornar-se-ia uma de suas maiores inquietações em relação ao levante popular.

Na primavera de 1906, Gorki partiu de navio para a América, acompanhado por sua companheira, a atriz Marya Andreeva. De início, ele foi bem recebido na Terra da Liberdade, como defensor da luta contra monarcas tirânicos. Para os americanos, assim como para os franceses, Gorki era como uma versão moderna de seus próprios heróis republicanos. Multidões jubilosas saudaram o navio que o transportava quando esse aportou em Nova York e Mark Twain fez um discurso num banquete em homenagem ao escritor russo. Mas os tentáculos da polícia tsarista eram muito longos e fizeram chegar à imprensa americana a informação de que a acompanhante de Gorki não era sua esposa. Seguiu-se uma afronta pública. Os jornais acusaram o escritor de disseminar anarquismo licencioso na Terra dos Justos. Twain recusou-se a ser visto novamente com Gorki e opositores irados impediram-no de fazer quaisquer pronunciamentos públicos. Certa noite, de volta ao hotel, Gorki e Andreeva encontraram suas malas feitas e colocadas no saguão. O gerente explicou não poder arriscar a boa reputação do estabelecimento e sequer concordou em ceder-lhes uma cama para mais um pernoite. Nenhum outro hotel de Manhattan hospedaria os dois imorais, que foram obrigados a encontrar refúgio na casa dos Martins, um casal de mente mais aberta, residente em Staten Island.[71]

Quais foram as lições de 1905? Embora o regime tsarista tivesse sido abalado, não foi derrubado. As razões para isso eram bastante claras. Primeira, os vários movimentos de oposição — a população urbana e os trabalhadores, a revolução camponesa, os motins nas forças armadas e os movimentos de independência nacional — tinham seguido ritmos próprios e não conseguiram combinar-se politicamente. Seria diferente em fevereiro de 1917, quando a Duma e o soviete desempenharam o papel essencial de coordenadores. Segunda, as forças armadas permaneceram leais, a despeito do surto de motins, e ajudaram o regime a se estabilizar. Isso também seria diferente no futuro — pois em fevereiro de 1917, as unidades cruciais do exército e da marinha rapidamente passaram para o lado do povo. Terceira, após a vitória de outubro, houve um racha fatal dentro do campo revolucionário, que ficou dividido assim: de um lado, liberais e democratas, interessados essencialmente em reformas políticas; de outro, socialistas e seus seguidores, que queriam fazer uma revolução social. Ao baixar o Manifesto de Outubro, o regime tsarista conseguiu promover uma cisão entre liberais e socialistas. Mas nunca mais as massas russas apoiariam o movimento democrático constitucional como fizeram em 1905.

"A reação está triunfante — mas sua vitória não pode durar", Gorki escrevera a um amigo antes de partir para Nova York. E de fato, embora o regime conseguisse restaurar a ordem, não poderia esperar que o relógio retrocedesse. O ano de 1905 mudou a sociedade, e para melhor. Foi uma experiência formadora para todos aqueles que a tinham vivido. Muitos dos camaradas mais jovens de 1905 foram os camaradas mais velhos de 1917. Eles se inspiraram nas próprias lembranças e beberam na fonte das lições aprendidas em 1905. O escritor Boris Pasternak (1890-1960), no poema "1905", resumiu a importância que esse ano teve para sua geração:

> Essa noite de armas,
> Adormecidas pela greve.
> Essa noite —
> Foi nossa infância
> E a juventude de nossos mestres.[72]

Em 1905, o povo russo, e muitos daqueles não russos, também, conquistaram novas liberdades políticas, e de tal forma definitiva que o regime não pôde simplesmente cassá-las ao retomar as rédeas do poder. O aumento do número de jornais e periódicos, a convocação da Duma, a formação de partidos políticos e o crescimento de instituições públicas — tudo garantia que a política não mais seria primazia exclusiva do Estado, e sim que teria que ser abertamente discutida, mesmo se as verdadeiras alavancas do poder continuassem firmes nas mãos do tsar.

Uma vez tendo provado dessas novas liberdades, a massa do povo nunca mais poderia depositar confiança no tsar. Apenas o medo mantinha as massas no lugar de sempre. Bernard Pares cita uma conversa que teve com um camponês russo em 1907. O inglês lhe perguntara o que pensava ter sido a principal mudança no país ao longo dos últimos cinco anos. Depois de algum tempo, o camponês replicou: "Há cinco anos havia uma crença [no tsar] e também havia medo. Agora a crença não existe mais e só ficou o medo."[73]

Não era só uma mudança nas aspirações da população que descartava a volta à ordem pré-revolucionária. Muitos dos alicerces institucionais do regime tinham perdido a vontade de se manterem aliados ao poder. Mesmo as prisões, o último refúgio da autocracia, agora estavam contagiadas pelo novo espírito liberal. Quando, em agosto de 1905, Miliukov, o líder constitucional, foi preso na cadeia de Kresty, descobriu que mesmo o diretor da penitenciária mostrava "todos os sintomas do liberalismo. Ele me colocou a par do sistema prisional e discutiu comigo como organizar o trabalho e o lazer dos prisioneiros, assim como fazer funcionar a biblioteca da prisão". Trótski considerou o regime carcerário da Fortaleza de Pedro e Paulo igualmente leniente:

> As celas não eram trancadas durante o dia e podíamos dar nossos passeios juntos. Durante horas podíamos nos deleitar jogando eixo-badeixo. Minha esposa me visitava duas vezes por semana. Os funcionários de plantão faziam vista grossa a nossas trocas de cartas e manuscritos. Um deles, um homem de meia-idade, tinha extrema boa vontade em relação a nós. A pedido dele, o presenteei com um exemplar de meu livro e minha fotografia, com uma dedicatória. "Minhas filhas são todas estudantes universitárias", ele sussurrou satisfeito, enquanto piscava misteriosamente para mim. Encontrei-o depois sob o soviete, e fiz o que pude por ele naqueles anos de fome.

Seus carcereiros naquela penitenciária de segurança máxima permitiam que recebesse os mais recentes tratados socialistas, junto com uma pilha de romances franceses e alemães, que ele lia com "o mesmo prazer físico que um *gourmet* tem em sorver vinhos seletos ou em inalar a fumaça fragrante de um bom charuto". Durante sua permanência na fortaleza, Trótski conseguiu até mesmo escrever uma história do soviete de Petersburgo e vários outros textos de propaganda revolucionária. "Sinto-me esplêndido", ele gostava de brincar com seus visitantes. "Sento e trabalho e sinto-me perfeitamente seguro de que não posso ser preso." Saiu da fortaleza, segundo ele próprio recordou, "com um leve traço de pesar". Há uma fotografia dele, na cela, vestindo terno preto, camisa branca de colarinho engomado, e calçando sapatos bem polidos — nas palavras de Isaac Deutscher, com toda a aparência de "um europeu ocidental, próspero e intelectualizado do *fin-de--siècle*, em traje de recepção, e não... um revolucionário à espera de julgamento na Fortaleza de Pedro e Paulo. Apenas a austeridade da parede nua e a vigia, na porta, faziam parte do cenário real".[74]

Com sua verve de praxe, Trótski transformou o julgamento de 51 líderes soviéticos num brilhante exercício de propaganda contra o regime tsarista. O julgamento começou em outubro de 1906. Todos os dias o tribunal era assolado por petições, cartas, caixas de comida e flores mandadas por aqueles que queriam bem aos acusados. A sala do tribunal começou a se parecer com uma floricultura. Os acusados e aqueles que os apoiavam, instalados na galeria pública, usavam flores nas casas dos botões das roupas. O banco dos réus estava coberto de botões de flores. O juiz não teve a coragem de mandar retirar essa manifestação olorosa e os desmoralizados auxiliares do judiciário foram obrigados a fazer o melhor possível para circular em meio à barreira cada vez maior de encomendas recebidas. A certa altura, os réus levantaram-se para homenagear um de seus camaradas, que fora executado pouco antes do julgamento. Mesmo os promotores sentiram-se forçados a ficar de pé para fazer um minuto de silêncio.

Trótski foi chamado a fazer a defesa e transformou o banco dos réus numa tribuna revolucionária, exortando a corte a ser justa com o levante operário e, finalmente, apontando um dedo acusador em direção ao juiz, às suas costas. Seu discurso fez com que os argumentos da promotoria virassem de ponta-cabeça: os líderes dos sovietes não tinham levado os trabalhadores à insurreição, mas os seguido; se eram culpados de traição, então milhares de proletários também o seriam, e teriam que ser condenados. A ordem política contra a qual haviam se erguido não era uma "forma de governo", argumentou, mas uma "máquina destinada ao assassinato em massa... E se me disserem que os *pogroms*, os incêndios criminosos e a violência... representam a forma de governo do império russo, então — sim, reconheço, aceitando a tese da promotoria, que em outubro e novembro estávamos nos armando contra a forma de governo do império russo".[75] Quando deixou o banco dos réus, houve uma explosão de aplausos. Os advogados de defesa agruparam-se em torno dele, querendo apertar-lhe a mão.* Com certeza, haviam obtido uma insofismável

* Ironicamente, entre eles estava A. A. Zarudny, que como ministro da Justiça do governo de Kerenski, em 1917, enviaria Trótski para a prisão, sob a acusação de traição ao Estado.

vitória moral. Em 2 de novembro, o júri pronunciou seu veredicto: todos os líderes soviéticos foram inocentados. Trótski e outros 14, porém, deviam ser mandados para o exílio, no Círculo Ártico.

Para os camponeses e os operários, essas novas liberdades políticas tinham muito pouco interesse direto. Nenhuma de suas demandas específicas de reforma social haviam sido atendidas. A experiência de 1905 os ensinara a buscar a revolução social e a não seguir a liderança política dos liberais. A desilusão tornou-se ainda mais profunda com os fracassos dos anos da Duma. Havia um abismo crescente, exposto pela polarização do movimento oposicionista depois do Manifesto de Outubro, entre os ideais constitucionais das classes proprietárias liberais e as reivindicações socioeconômicas da massa de operários e camponeses: uma divisão clara do caminho a ser tomado pela revolução política e da trilha a ser seguida pela revolução social.

Os trabalhadores voltaram a suas fábricas para descobrir que o velho regime de produção continuava em funcionamento. Tendo visto seus patrões, mesmo que por pouco tempo, atemorizados, os operários passaram a considerar as brutais condições de trabalho ainda mais intoleráveis. Com a repressão do movimento socialista, as organizações da classe operária estavam sitiadas e isoladas. E isso apesar do número de operários politizados prontos e dispostos a juntarem-se a elas crescer a cada mês.

De sua parte, os camponeses estavam frustrados, mas não derrotados, na luta pela terra da nobreza. Quando os fidalgos retornaram a suas propriedades, puderam observar uma clara alteração no espírito dos camponeses. A velha deferência não existia mais e fora substituída por uma rudeza mal-humorada no comportamento em relação a seus patrões. "Em vez da cortesia anterior dos camponeses, de sua lhaneza e humildade", mencionou um senhor agrário ao retornar a suas terras em Samara, em 1906, "havia somente ódio em seus rostos, e os gestos usados em suas saudações serviam para sublinhar sua grosseria." Um outro senhor fundiário observou ao retornar da propriedade em Tula, em 1908:

> Externamente, tudo pareceu ter voltado ao normal. Mas algo essencial, algo irreparável ocorreu no interior do povo. Um sentimento geral de medo que minou toda confiança. Depois de uma vida inteira de segurança — ninguém sequer trancava as portas e janelas à noite — os nobres se preocupavam com armas e faziam rondas, em pessoa, para testar as medidas de segurança empregadas.

Muitos fidalgos queixavam-se de crescimento nas taxas de crimes perpetrados por camponeses, especialmente de aumento na ocorrência de atos de vandalismo e quebra-quebra. Encontrariam construções e máquinas destruídas ou teriam que aprender a lidar com o comportamento de suas filhas nobres e aflitas por terem sido hostilizadas por aldeões. Essa nova agressividade e impaciência para com os fidalgos se refletiam nas canções que cortavam os povoados, como essa, de 1912:

> À noite estou sempre a postos
> E os homens ricos não se atrevem a cruzar meu caminho.
> Se por acaso algum deles tentasse,
> E eu o viraria de cabeça para baixo.[76]

A revolução expôs, dramaticamente, o ódio profundo dos camponeses pelos nobres. A gente rural ressentia-se por ter que entregar a terra que, por muito pouco tempo, nos "dias de liberdade", haviam possuído. Através de olhares hostis e de pequenos atos de vandalismo, estavam informando que a terra era "deles" e que tão logo o regime se enfraquecesse, mais uma vez tentariam tomá-la.

Os nobres de província, muitos dos quais apoiaram o movimento liberal de 1904-1905, agora apoiavam a reação, alguns apenas de forma passiva, mas outros, muito dispostos à ação. Assustados com a violência camponesa, houve quem vendesse suas propriedades, mudando-se para as cidades: entre 1906 e 1914, a fidalguia abriu mão de um quinto das terras que possuía, adquiridas por camponeses; onde a rebeldia foi maior, no período de 1905 a 1906, essa proporção chegou a quase um terço. Mas a maior parte dos que preferiram permanecer mostrou-se firmemente determinada à defesa de seus direitos de propriedade, clamando pela restauração da lei e da ordem. Certos senhores contrataram exércitos particulares a fim de se proteger do vandalismo e de incêndios provocados. Os maiores latifundiários juntaram-se à Nobreza Unida e a outras organizações similares de donos de terra criadas depois de 1905. Essa "reação fidalga" teve profundos reflexos na natureza dos *zemstvos*, que de instituições liberais passaram a pilares do conservadorismo. Em seus dias liberais, os *zemstvos* tinham tentado melhorar as condições de vida do campesinato, mas depois de 1905 centraram-se cada vez mais nas inquietações mais estreitas da nobreza. No inverno de 1905-1906, o príncipe Lvov, homem de fortes inclinações liberais, foi excluído pelo voto do comitê provincial do *zemstvo* de Tula. O conde Bobrinsky, líder da Nobreza Unida, e por acaso cunhado de Lvov, acusou-o de ser um "elemento perigoso".[77]

Os donos de terra não foram os únicos cavalheiros a temer, com cada vez mais intensidade, as classes mais baixas. A sociedade que tinha posses foi forçada a enfrentar a realidade atemorizante de uma revolução violenta e a perspectiva de que isso irrompesse novamente — sem dúvida com violência ainda maior — enchia seus integrantes de horror. A próxima revolução, e isso agora parecia claro, não seria uma celebração sem sangue da Liberdade, Fraternidade e Igualdade. Viria, sim, como um tempestade terrível, uma explosão violenta da fúria e do ódio reprimidos até então pelos despossuídos, que varreriam a velha civilização. Ali estava a visão horrenda de poetas como Blok e Belyi, que retrataram a Rússia pós-1905 como um vulcão ativo e instável.

Tais receios espelhavam-se no espírito funesto com que a burguesia referia-se à "turba", depois de 1905. No lugar da visão de antes, benevolente, segundo a qual os pobres urbanos eram "um punhado de gente animada, digna de compaixão", havia agora um temor crescente do que Belyi chamara de "enxame humano de muitos milhares". As publicações mais elitistas alimentavam esse pânico moral burguês — que faz lembrar nossas inquietações de hoje sobre a ascensão de uma "ralé" — e faziam editoriais sobre a derrocada da ordem social, sobre a criminalidade e a delinquência juvenis, sobre ataques violentos aos que estavam relativamente bem na escala social, sobre o desrespeito à autoridade e até mesmo sobre promiscuidade entre a classe trabalhadora. Todo comportamento "incivil" assumido pelas camadas menos privilegiadas era cada vez mais visto como agressivo e condenado como "vandalismo" — quando, na verdade, eram protestos operários organizados que a sociedade liberal, em anos anteriores, havia considerado com alguma simpatia. Em outras palavras, não existia mais qualquer distinção clara nas mentes das classes respeitáveis entre vandalismo criminoso e protestos violentos, porém justificados. A Revolução de 1905 agora estava inteiramente condenada a ser tratada como uma espécie de "loucura", uma "epidemia psíquica", segundo expressões usadas por um psicólogo, e que havia apenas despertado os "instintos selvagens" da malta. Havia menos compaixão pelos pobres entre essa burguesia acuada e isso refletia-se no decréscimo de suas contribuições para obras de caridade.[78]

Como consciência liberal de sua classe, os democratas constitucionalistas debatiam-se enredados nos dilemas que essa ameaça crescente de violência levantava. Afinal, iriam ou não apoiar a revolução? Por um lado, eles tinham sido atraídos a uma aliança com as ruas, ainda que simplesmente por falta de alternativas políticas. E como eles mesmos proclamavam, "sem inimigos à esquerda". Mas, por outro lado, a maioria dos kadets era burguesa, tanto em termos de status social quanto em termos de visão do mundo mais geral, e como tais estavam temerosos de que as ruas produzissem ainda mais violência. Como E. N. Trubetskoi advertiu em novembro:

> A onda de anarquia que está avançando, vinda de todos os lados, e que no momento presente ameaça o governo legal, rapidamente aniquilaria qualquer governo revolucionário: as massas amarguradas voltar-se-iam, então, contra os culpados, reais ou presumidos; procurariam a destruição de toda a *intelligentsia*; começariam, indiscriminadamente, a massacrar qualquer um que vestisse roupas alemãs [i.e., bem-vestido].[79]

A maior parte dos constitucionalistas chegara à conclusão de que não queriam uma revolução. Eram inteligentes o bastante para perceber que seriam as próximas vítimas. Em sua segunda conferência, em fevereiro de 1906, o Partido Constitucional Democrático condenou as greves, o levante de Moscou e as invasões de terra do outono passado. E então suspirou aliviado: o casamento desonesto com a revolução tinha finalmente acabado.

Esse afastamento das massas em nenhum outro lugar foi mais marcante do que dentro da própria *intelligentsia*. A derrota da Revolução de 1905 e a ameaça de uma nova e mais violenta revolução social evocaram uma ampla gama de reações, emanadas de escritores e editores que sempre tinham defendido a "causa do povo". Muitos se desiludiram e trocaram a política por carreiras confortáveis, como advogados ou como homens de negócios. Estabeleceram-se, engordaram e tornaram-se conformistas. E, ao olharem para trás, pareciam embaraçados com seu passado de estudantes de esquerda. Outros abandonaram o debate político e passaram a se dedicar a buscas estéticas, a estilos de vida boêmios, a discussões sobre linguagem e sexualidade ou a filosofias místico-esotéricas. Esse foi o ápice do intelectualismo exótico e pretensioso. O idealismo religioso de Vladimir Solovyov ganhou influência particular sobre os poetas simbolistas, como Blok, Merezhkovsky e Belyi, e também exerceu fascínio sobre filósofos como S. L. Frank, Sergei Bulgakov e Berdyaev, que rejeitaram o materialismo da intelectualidade marxista e procuraram reafirmar a primazia dos valores morais e espirituais. Comum a todas essas correntes era um profundo sentimento de mal-estar com relação às perspectivas do progresso liberal na Rússia.

Havia uma sensação geral de que a civilização russa estava condenada. No romance de Belyi, *Petersburgo* (1913), um dos personagens é uma bomba. Temor e aversão pelas massas "ignaras" estavam na raiz desse pessimismo cultural. "O povo" tinha perdido sua pureza abstrata: em 1905, tinha se comportado como um povo ordinário, movido pela inveja, pelo ódio e pela ganância. Não se poderia construir uma nova civilização sobre tais fundações. Mesmo Gorki, o autoproclamado defensor do homem comum, expressou com vigor seus receios mais profundos. "Tens razão 666 vezes", ele escreveu a um amigo escritor, em julho de 1905, "[a revolução] está fazendo nascer verdadeiros bárbaros, exatamente como aqueles que assolaram Roma."[80] A partir de então, Gorki foi tomado pelo medo — e depois de 1917, pela certeza terrível — de que a "revolução do povo", pela qual lutara toda sua vida, destruiria a civilização russa.

Muitos desses temas foram reunidos em *Vekhi* [Limites], coletânea de ensaios publicada em 1909 por um grupo de filósofos críticos em relação à *intelligentsia* radical e a seu papel na Revolução de 1905. Os ensaios causaram um vendaval de controvérsias — não menos pelo fato de seus autores terem credenciais imaculadas de participação na *intelligentsia* (i.e., haviam sido politicamente radicais) — o que, por si só, era sintomático do novo espírito de dúvida e autoquestionamento que assolava a intelectualidade. Mas a maior parte do burburinho foi causada pelo fato de terem retratado os revolucionários como personalidades deformadas conduzidas à destruição patológica, à violência e à crueldade amorais e à busca de poder pessoal. E isso faria eco no romance de Boris Savinkov, O *cavalo amarelo* (1909). O culto ao herói revolucionário era tão intrínseco à própria identidade da *intelligentsia* que tal exagero tendia a lançá-la numa crise existencial. Em um dos ensaios de *Vekhi,* Struve condenava a intelectualidade por seu fracasso em reconhecer, depois do Manifesto de Outubro, que havia a necessidade de cooperar com o Estado na construção de uma ordem legítima. Até que a *intelligentsia* abandonasse seus hábitos de oposição revolucionária e se dedicasse a ensinar as massas a respeitarem a lei, o Estado tsarista permaneceria a única e verdadeira proteção contra a ameaça da anarquia.

Frank e Berdyaev argumentavam que as atitudes ateístas e materialistas da *intelligentsia* haviam feito com que tentasse subordinar as verdades absolutas e os valores morais ao "bem do povo". Com base nesse princípio utilitarista, os revolucionários acabariam dividindo a sociedade em vítimas e opressores, e em nome de um grande amor à humanidade nasceria um ódio enorme e um desejo de vingança contra homens específicos. B. A. Kistiakovsky condenou a tendência da intelectualidade em rejeitar a "formalidade" da lei como algo inferior à justiça que era feita pelo "povo". A lei, pretextava Kistiakovsky, era um valor absoluto, a única e real garantia de liberdade, e qualquer tentativa de subordiná-la aos interesses da revolução estava fadada a terminar em despotismo. Um outro ensaísta, A. S. Izgoev, ridicularizou o esquerdismo infantil dos estudantes, que acusavam o governo por todos os males e adotavam as posições mais extremas na crença de que isso os tornava mais "nobres". Finalmente, M. O. Gershenzon resumiu os deveres que agora confrontavam a *intelligentsia* em perigo:

> A *intelligentsia* devia parar de sonhar com a libertação do povo — devemos temer o povo mais do que todas as execuções realizadas pelo governo e saudar este mesmo governo que, sozinho, com suas baionetas e suas prisões, ainda nos protege da fúria das massas.[81]

A longo prazo, os bolcheviques foram os verdadeiros vitoriosos da Revolução de 1905. Não que tenham saído dela mais fortes do que seus principais rivais; sob muitos aspectos, os bolcheviques sofreram relativamente mais repressões após 1905 e, não fosse pelo apoio financeiro de patronos ricos como Gorki, poderiam não ter sobrevivido nos doze anos seguintes. As poucas brechas que restaram para a imprensa socialista e para os sindicatos foram mais bem exploradas pelos mencheviques, cuja facção de direita dominante (os chamados "liquidacionistas") interrompeu todas as atividades clandestinas para concentrar-se na criação de organizações legais. Em 1910, nem um só jornal clandestino ainda era impresso na Rússia. Dos 10 mil social-democratas que permaneceram no país, menos de 10% eram bolcheviques. Prisões em massa, exílio de seus líderes e vigilância policial constante reduziram os bolcheviques a uma seita clandestina ínfima. A infiltração da Okhrana no partido foi tamanha que os homens de maior confiança de Lênin foram desmascarados como espiões da polícia, incluindo os dois secretários do Comitê de Petersburgo e o chefe da facção bolchevique na Quarta Duma, Roman Malinovsky.

E nem os bolcheviques eram imunes a rachas de facções que aleijaram todos os partidos socialistas depois de 1905, apesar do mito soviético (e do mito antissoviético) de um partido unificado sob o comando de Lênin. Como ocorrera com os mencheviques e os SRs, a discussão mais acalorada entre os bolcheviques referia-se ao uso de métodos legais e ilegais. Todos os bolcheviques estavam de acordo sobre a primazia da clandestinidade revolucionária. Mas alguns, como Lênin, também queriam explorar os canais legais disponíveis, como a Duma e os sindicatos, ainda que tão somente como um espaço destinado à agitação de massa; outros, como Bogdanov, cofundador da facção bolchevique, argumentavam que isso encorajaria os trabalhadores a alimentar "ilusões constitucionais". O conflito misturou-se a duas outras questões: o polêmico uso bolchevique de "expropriações" (i.e., roubos a bancos) para financiar suas atividades; e o desejo de muitos bolcheviques, especialmente os da base, de que as duas facções social-democratas arreglassem suas diferenças e se fundissem.

Mas as consequências de 1905 dividiriam mencheviques e bolcheviques de maneira muito mais aguda do que a ocorrida no congresso partidário de 1903. Foi só depois de 1905 que as alas rivais do movimento social-democrata emergiram como dois partidos distintos, cada qual com sua própria cultura política, seu sistema ético, sua filosofia e seus métodos. As mudanças táticas de Lênin faziam toda a diferença. Os princípios básicos da filosofia política bolchevique já tinham sido formados em 1903, mas foi só dois anos mais tarde, quando Lênin digeriu as lições práticas da revolução abortada, que suas características estratégicas únicas começaram a emergir. Daí, quinze anos depois, a referência de Lênin à Revolução de 1905 como um "ensaio geral" para a tomada do poder bolchevique.[82]

Como Lênin posteriormente passou a ver, três coisas tinham ficado claras em 1905: a falência da "burguesia" e de seus partidos liberais como força revolucionária; o imenso potencial revolucionário do campesinato; e a capacidade dos movimentos nacionalistas das fronteiras em enfraquecer o império, de modo fatal. Ele defendia um rompimento com a afirmação marxista ortodoxa, mantida como questão inegociável pela maioria dos mencheviques, de que um país atrasado como a Rússia teria que passar por uma "revolução democrático-burguesa", acompanhada por várias décadas de desenvolvimento capitalista, antes de que sua classe operária fosse suficientemente avançada para tomar o poder e instalar um sistema socialista. Não era verdade, alegava Lênin, que, na derrubada do tsarismo, os trabalhadores teriam que seguir a liderança da "burguesia" liberal, já que podiam formar um governo revolucionário próprio em aliança com os camponeses e com as minorias nacionais. Esse conceito de autonomia da classe trabalhadora tornar-se-ia uma arma poderosa nas mãos dos bolcheviques. A partir de 1912, os operários que retomaram as greves e protestos voltavam-se para os bolcheviques, em busca de liderança. O apoio que os bolcheviques garantiam à ação militante contra a "burguesia" fazia eco ao sentimento surgido no rastro de 1905 e que se tornara comum entre os proletários — a solidariedade da classe trabalhadora.

Trótski apresentou ideia similar em sua teoria da "revolução permanente", que extraíra do teórico marxista Parvus e desenvolvera a partir de uma análise da Revolução de 1905, *Balanço e perspectivas*. Embora ainda fosse um menchevique (o orgulho não o deixava se juntar ao partido de Lênin), a teoria de Trótski se encaixava melhor no bolchevismo revolucionário que ele esposaria em 1917 do que na corrente principal do menchevismo, conforme enunciado por Plekhanov e Axelrod, que insistiam no fato de a revolução burguesa ser um pré-requisito do socialismo real.* A burguesia russa, dizia Trótski, tinha se mostrado incapaz de liderar a revolução democrática. E ainda assim essa fraqueza dos agentes do capitalismo tornaria possível à classe trabalhadora desenvolver sua revolução mais cedo do que em países mais avançados do Ocidente. Aqui está o paradoxo histórico elevado ao nível de estratégia. Para começar, a Revolução Russa teria que ganhar o apoio dos camponeses, que formavam a grande maioria da população, permitindo a eles tomar as propriedades dos nobres. Mas como a revolução movia-se rumo ao socialismo e a resistência do campesinato "pequeno-burguês" aumentava, um avanço maior dependeria da disseminação da revolução para os países industriais do Ocidente, sem cujo apoio a ordem socialista não seria capaz de se sustentar. "Trabalhadores do Mundo, Uni-vos!"

Nesse aspecto de sua teoria — e somente na sua teoria — Trótski continuava a ser menchevique. Pois o que unia todas as várias correntes do credo menchevique após 1905 era a crença de que, na ausência de uma revolução socialista no Ocidente, a luta revolucionária da classe trabalhadora russa tendia a fracassar sem apoio, ou pelo menos devido à neutralidade da burguesia. Isso, na opinião dos mencheviques, exigia uma abordagem flexível dos partidos liberais pós-1905; era de interesse mútuo fazer campanha pelo desmantelamento do Estado despótico e pelo estabelecimento da democracia. Os anos em que a Duma funcionou serviriam de último teste para esse experimento da reforma política.

---

* F. I. Dan e E. I. Martynov também tinham rompido com essa velha visão menchevique (que remontava à década de 1880). A teoria de ambos sobre uma "revolução ininterrupta", que apresentaram no jornal *Nachalo*, no outono de 1905, diferia pouco da teoria da "revolução permanente".

VI.

Últimas esperanças

1. Parlamentos e camponeses

A Duma de Estado finalmente foi aberta em 27 de abril de 1906. Era um dia quente e ensolarado, um dos muitos de uma primavera russa excepcional, e foi com algum desconforto que Vladimir Obolensky, deputado eleito pelo distrito de Yalta, espremeu-se em seu velho fraque e partiu de carruagem para o Palácio de Inverno, onde os novos parlamentares seriam recebidos no Salão de Coroação. O tsar e os representantes da Duma olharam-se com a máxima desconfiança, os dois lados relutantes em dividir seu poder, como se toda pompa e circunstância, as reverências e genuflexões fossem, na verdade, manobras delicadas numa batalha esplendidamente camuflada.

Nicolau já havia conquistado a primeira vitória ao fazer com que os deputados fossem até ele, e não ele à Duma, para a cerimônia de abertura. De fato, só depois de fevereiro de 1906, em meio a uma grave crise política, o tsar finalmente se dignara a aparecer no Palácio Tauride, sede da Duma. E como se para sublinhar sua supremacia real, o Salão de Coroação do Palácio de Inverno foi mobiliado com suntuosidade para saudar os representantes parlamentares. O trono foi coberto de arminho, e a coroa, o cetro, o selo e o orbe, colocados a seus pés, sobre quatro pequenos bancos. O ícone milagroso de Cristo posto, como um protetor sagrado, diante do assento real, era solenemente guardado por uma comitiva de sumos sacerdotes. Os baixos profundos do coro, vestidos de sotainas de carmesim e dourado, cantavam, verso após verso de "Deus Salve o Tsar", como se de propósito para manter a congregação de pé, até que, no auge do crescendo da fanfarra, chegou a procissão imperial.

De um lado do salão estava a grande e boa Rússia autocrática: conselheiros de Estado, senadores, ministros, almirantes, generais e membros da corte, todos engalanados em seus uniformes de gala, de onde pendiam medalhas e fios de ouro. Do outro lado, de frente para eles, estavam os líderes do parlamento da nova Rússia democrática, uma coleção variegada de camponeses em camisas e túnicas de algodão, profissionais liberais em roupas esporte, monges e padres de negro, ucranianos, poloneses, tártaros e outros em coloridos trajes nacionais e um pequeno número de nobres em roupas de festa. "Os dois lados hostis confrontavam-se", recordou Obolensky. "Os vetustos e grisalhos dignitários da corte, vigilantes da etiqueta e da tradição, mantinham o olhar arrogante, embora não destituído de medo e confusão, fixo no 'povo saído da rua', o qual a revolução havia atraído ao palácio, e murmuravam entre si. O outro lado sustentava o olhar, onde havia não menos desdém ou desprezo." Um dos deputados socialistas, um homem alto usando capote operário, avaliava o trono e os cortesãos em volta com óbvia repulsa. Quando o tsar e seu séquito entraram no salão, ele moveu-se para a frente e fitou-os com expressão angustiada de ódio. Por um momento, temeu-se que ele pudesse jogar uma bomba.

O lado do salão que aquartelava a corte ressoava com saudações orquestradas à medida que o tsar aproximava-se do trono. Mas os deputados da Duma permaneceram inteiramente silenciosos. "Era", Obolensky recordou, "uma expressão natural de nossos sentimentos em relação ao monarca, que em doze anos de reinado tinha conseguido destruir todo o prestígio usufruído por seus predecessores." O sentimento era mútuo: nem uma só vez Nicolau desviou a vista para o lado do salão que abrigava a Duma. Sentado em seu sólio, ele fez um discurso breve e perfunctório no qual prometia garantir os princípios da autocracia "com firmeza inabalável" e, em um tom de insinceridade óbvia, saudou os representantes da Duma como "as melhores pessoas" de seu império. Com isso, levantou-se para ir embora. A era parlamentar havia começado. Quando a procissão real deixou o salão, a imperatriz viúva, mãe do tsar, tinha lágrimas nos olhos. Foi uma "cerimônia terrível", confidenciaria ao ministro das Finanças. Durante vários dias, ela não conseguira se recuperar do choque que sofrera ao ver tantos plebeus dentro do palácio. "Eles nos olhavam como se fôssemos seus inimigos, e não pude deixar de encarar certas fisionomias, que pareciam refletir tamanho e estranho ódio por todos nós!"[1]

O embate cerimonioso foi apenas um prenúncio da guerra por vir. Todo o período da história política russa entre as duas revoluções, a de 1905 e a de fevereiro de 1917, podia ser caracterizado como uma batalha entre forças monarquistas e parlamentares. Para começar, quando o país ainda estava emergindo da crise revolucionária, a corte foi forçada a ceder terreno para a Duma. Mas como as lembranças de 1905 adormeceram, a corte tentou reaver seus poderes e restaurar a velha autocracia.

As reformas constitucionais de 1905-1906 foram ambíguas o bastante para dar esperanças aos dois lados. Nicolau nunca aceitara o Manifesto de Outubro como uma limitação necessária a suas prerrogativas autocráticas. Ele baixara o documento com relutância, pressionado por Witte e na tentativa de salvar o trono. Mas em hora alguma ele dissera considerar o Manifesto uma "Constituição" (a palavra crucial não era mencionada em passagem nenhuma do texto) e, portanto, pelo menos no entendimento de Nicolau, o juramento da coroação, a promessa de manter os princípios da autocracia, permanecia valendo. A soberania do tsar, na compreensão de Nicolau, lhe fora entregue diretamente por Deus. A base mística do poder imperial — que o punha a salvo de qualquer contestação — continuava intacta. Nada havia nas novas Leis Fundamentais (aprovadas em abril de 1906) sugerindo que a partir daquele momento a autoridade do tsar estava fadada a derivar do povo, como nas teorias constitucionais do Ocidente.

Nesse sentido, Miliukov estava certo em insistir (contra o conselho da maioria de seus colegas constitucionalistas) que a Rússia não teria uma Constituição de fato até que o tsar reconhecesse isso de maneira bem específica, na forma de um novo juramento de obediência. Pois até então Nicolau inclinava-se a não sentir nenhuma obrigação de manter os princípios constitucionais de seu próprio Manifesto e nada havia que a Duma pudesse fazer para evitar que, uma vez passada a crise revolucionária, ele retomasse o velho modelo autocrático. Na verdade as Leis Fundamentais foram deliberadamente estruturadas para cumprir as promessas do Manifesto de Outubro ao mesmo tempo que preservavam as prerrogativas do tsar. Essas novas leis impunham liberdades constitucionais numa velha estrutura legal de autocracia. O tsar mantinha, explicitamente, o título de "Autocrata", ainda que somente com o prefixo "Supremo" no lugar do antigo "Ilimitado". Nicolau levava isso a sério, como sempre. Segundo seu entendimento, as limitações impostas pelas Leis Fundamentais aplicavam-se apenas à *administração* tsarista, não a seus próprios direitos de governo irrestrito. Na verdade, na medida em que a burocracia era considerada uma "muralha" entre ele e o povo, Nicolau poderia até mesmo se confortar com a ideia de que as reformas fortaleceriam seus poderes pessoais.

E o tsar guardou para si a maior parte dos coringas do sistema pós-1905. Era o supremo comandante das forças armadas e mantinha o direito exclusivo de declarar guerra e de fazer a paz. Poderia dissolver a Duma e o fez duas vezes quando a conduta dos parlamentares não lhe agradou. Segundo o artigo 87 das Leis Fundamentais, também podia legislar por decreto de emergência quando a Duma não estivesse reunida e seu governo usou essa brecha para driblar a oposição legislativa. A Lei Eleitoral da Duma criou um sistema indireto de votação por estratos sociais, que favorecia, e muito, os aliados tradicionais da Coroa, a nobreza e os camponeses (que ainda, erroneamente, eram tidos como monarquistas fiéis). O governo (o Conselho de Ministros) era nomeado exclusivamente pelo tsar, enquanto a Duma tinha poder de veto sobre os projetos de lei desse conselho. Mas não havia sanção parlamentar eficaz contra os abusos do executivo, que continuava subordinado à Coroa (como no sistema alemão) e não ao parlamento (como no sistema inglês). Nada havia que a Duma pudesse fazer, por exemplo, para evitar que o governo subsidiasse jornais e organizações de direita, sendo que estas últimas eram conhecidas por incitar *pogroms*, chegando à tentativa de assassinar importantes líderes liberais da Duma. O Ministério do Interior e a polícia, ambos com vínculos diretos com a corte, estavam muito além do controle parlamentar. Graças aos poderes abrangentes e arbitrários dessas duas instâncias, os direitos civis e as liberdades contidas no Manifesto de Outubro continuaram a ser pouco mais do que promessas vazias. De fato, não há reflexo mais claro da verdadeira posição da Duma do que o fato de que, a cada reunião no Palácio Tauride, um grupo de policiais à paisana podia ser visto do lado de fora do parlamento à espera daqueles deputados que, segundo ordens superiores, deveriam ser seguidos e mantidos sob vigilância.[2]

A Duma era um parlamento legislativo. Ainda assim seus membros não podiam colocar em prática as leis que aprovavam. Suas propostas legislativas não podiam tornar-se efetivas até que recebessem endosso do tsar e do Conselho de Estado, uma velha assembleia consultiva formada por maioria de nobres reacionários, metade deles eleitos pelos *zemstvos,* metade deles nomeados pelo tsar. Esse conselho foi transformado em câmara alta, com poderes legislativos iguais aos da Duma, graças a um estatuto de fevereiro de 1906, e reunia-se num salão maravilhoso no Palácio Marinsky. Seus membros mais antigos, a maior parte burocratas aposentados e generais da reserva, sentavam-se (ou cochilavam) em confortáveis poltronas de veludo enquanto dignos serviçais de libré branca movimentavam-se silenciosamente, servindo chá e café. O Conselho de Estado parecia-se mais com um clube de cavalheiros ingleses do que com uma câmara parlamentar (como imitava a Câmara dos Lordes, talvez essa tenha sido a marca do sucesso de tal conselho). Os debates em tal recinto não eram propriamente acalorados, pois a maioria dos conselheiros partilhavam das mesmas posições monarquistas, enquanto alguns dos octogenários — dos quais havia mais do que só uns poucos — já haviam claramente perdido a maior parte de suas faculdades críticas. No fim de um debate, por exemplo, o general Stürler anunciou que tencionava votar com a maioria. Quando lhe foi explicado que nenhuma maioria ainda havia se formado, pois a votação mal começara, ele respondeu com irritação: "Insisto em que sou a maioria!" Mesmo assim, seria errôneo apresentar o Conselho de Estado como ridículo ou benigno. O domínio da Nobreza Unida — à qual pertencia um terço dos conselheiros — garantia que a entidade agisse como uma força da reação, e assim todos os projetos de lei liberais da Duma eram rejeitados. Não foi à toa que o Conselho de Estado tornou-se conhecido como "túmulo das esperanças da Duma".[3]

E ainda assim, naquele primeiro dia, quando os deputados da Duma assumiram suas cadeiras no Palácio Tauride, só havia esperança em seus corações. Instalado na bancada dos kadets, Obolensky se viu próximo ao príncipe Lvov, que estava "cheio de otimismo" com a nova era parlamentar. "Não acredite nos rumores de que o governo nos fechará", Lvov disse a ele, confiante. "Verás que tudo ficará bem. Sei, das melhores fontes, que o governo está disposto a fazer concessões."[4] A maior parte dos membros da Duma partilhava dessa fé ingênua de que a Rússia finalmente havia ganho sua "Câmara dos Comuns" e que agora rumaria para se juntar ao clube de Estados parlamentares liberais do Ocidente. A hora dos tiranos passara. O amanhã pertencia ao povo. Aquela era a "Duma das Esperanças Nacionais".

Ninguém acreditava que o tsar ousaria dissolver a Duma e arriscar uma torrente de críticas vinda dos liberais russos ou externos. Presumia-se com credulidade que a dependência russa em relação às finanças ocidentais, renovada em 1906 com o maior empréstimo estrangeiro de sua história, forçaria Nicolau a manter a estrutura liberal do Estado. Todos pareciam se esquecer de que o tsar desprezava a "opinião pública" e que não tinha obrigação legal de respeitá-la. Tanto era assim que Witte, o arquiteto da nova ordem parlamentar, acabara de ser substituído por Ivan Goremykin, um reacionário à moda antiga, favorito da corte e que via a Duma como um obstáculo desnecessário a seu governo. Os jovens parlamentares inocentemente acreditavam que, tendo o "povo" a escorá-los, poderiam forçar o tsar a conceder soberania parlamentar integral. A Rússia seguiria o caminho trilhado pela França depois de 1789, dos Estados Gerais para a Assembleia Constituinte.

O Palácio Tauride foi o lugar de nascimento, a cidadela e a sepultura da democracia russa. Até fevereiro de 1917 funcionou como sede da Duma. Durante as primeiras semanas da revolução, abrigou o Governo Provisório (que se mudou para o Palácio Marinsky, em 7 de março) e o Soviete de Petrogrado (instalado no Instituto Smolny, em julho). Depois, ao longo de um só dia, 6 de janeiro de 1918, abrigou o primeiro parlamento inteiramente democrático da história russa — a Assembleia Constituinte — até ela ser fechada pelos bolcheviques. Nenhum outro prédio russo terá sido cenário de drama político tão turbulento. Parece incongruente, portanto, que ele fosse de tal forma gracioso e sereno. Construído em 1783, por Catarina, a Grande, destinou-se a um de seus favoritos, Grigorii Potemkin, que assumiu o título de príncipe do Tauride, após a conquista da Crimeia. Projetado no estilo de um panteão, decorado com pilastras dóricas e estátuas clássicas, era um refúgio suburbano pacífico, longe do barulho da capital e cercado por um parque e lagos privados. O Salão Catarina, onde os deputados se reuniam, tinha cadeiras dispostas em fileiras semicirculares e um estrado em um dos extremos do ambiente, onde se exibia um retrato de Nicolau II feito por Repin. Por trás do estrado havia três grandes janelas com sacadas que vislumbravam uma vista panorâmica que poderia ter sido pintada por Watteau.

Para esse elegante palácio os deputados camponeses na Duma levaram a cultura política de seus silos de aldeia. "Bastava dar uma olhada naquela malta sortida de 'deputados'", observou um funcionário graduado e chocado, "para sentir horror à vista do primeiro corpo representativo da Rússia. Era uma reunião de selvagens. Era como se a Terra Russa houvesse mandado a Petersburgo tudo o que tinha de bárbaro." Centenas de solicitantes camponeses iam ao Palácio Tauride, vindos de todos os cantos do país: alguns para apelar sobre uma decisão de sua corte local; alguns para queixar-se dos impostos; outros simplesmente para vistoriar as atividades de seus delegados eleitos. Sergei Semenov se viu entre eles. Ele fora mandado por uma assembleia de camponeses de seu *volost* em Andreevskoe, com um pedido de reformas fundiárias que, como ele mesmo recordou, "eu deveria fazer com que a Duma aprovasse". O cheiro bolorento do tabaco barato dos camponeses e suas roupas impregnadas dos odores nefastos do campo enchiam os longos corredores do palácio. Os pavimentes estavam cobertos por cascas mastigadas de sementes de girassol que, alheios aos avisos públicos que a maioria deles não podia ler, os homens jogavam no chão, em cusparadas. Alguns deputados camponeses embriagavam-se nas tavernas, envolviam-se em brigas, e, diante da possibilidade de serem presos por isso, alegavam imunidade parlamentar. Dois deles foram descobertos vendendo "bilhetes de entrada" para o Palácio Tauride. Ficou comprovado, então, que haviam sido condenados anteriormente por pequenos furtos e logros, pelo que deveriam ter sido desqualificados como candidatos à Duma.[5]

Em parte devido à presença de elementos que só entendiam a cultura aldeã, os procedimentos do legislativo tinham um ar inequivocamente informal. O jornalista inglês Maurice Baring comparou as sessões a "um encontro de conhecidos num clube ou café".[6] Um deputado poderia começar a falar de sua cadeira e continuar a se dirigir ao salão enquanto subia na tribuna. Poderia interromper seu discurso no meio de uma frase para falar ao presidente ou para oferecer uma breve explicação de algum pormenor. Às vezes os deputados instalados nos fundos do salão se distrairiam num debate à parte e quando o presidente pedisse ordem, o grupo se transferiria para o corredor. Era como se a política das ruas, ou melhor, do campo, tivesse sido transplantada para dentro do prédio do parlamento. Talvez a Duma estivesse fadada à desorganização: aquela, afinal, era a primeira experiência parlamentar russa; e houve muitas convenções similares — a Assembleia Nacional de 1789 ou o Parlamento de Frankfurt de 1848 imediatamente vêm à mente — onde políticos nocivos fizeram um grande bulício. Ainda assim, aparentemente, os russos eram por natureza pouco afeitos à disciplina da prática parlamentar. Até hoje, na Duma pós-comunista, prevalece a mesma informalidade, típica das cervejarias. A democracia russa é como os russos — caótica e desorganizada.

A maior parte dos deputados camponeses, cerca de cem, ao todo, alinhava-se com o grupo trudovique (Trabalhista), um partido agrário frouxamente costurado, cuja principal plataforma era a necessidade de uma solução radical para a questão da terra por meio da expropriação compulsória de todas as propriedades da nobreza. Isso levava à escolha óbvia dos camponeses, uma vez que o partido pelo qual geralmente optavam, os SRs, tinha decidido, junto com os SDs, boicotar as eleições para a Duma. Com 179 deputados (incluindo Obolensky e Lvov), num total de 478 cadeiras legislativas, o Kadet era o maior partido da Duma. Uma bancada exagerada, considerando o apoio efetivo de que desfrutavam em toda a nação, mas que eles haviam conquistado em virtude do boicote. O sucesso eleitoral dera aos constitucionalistas um mínimo senso de legitimidade enquanto porta-vozes do "povo". Inspirados nesse papel histórico — e um pouco assustados com isso, pois tinham medo de não corresponder às expectativas radicais das massas —, eles adotaram uma postura de oposição militante ao governo, dando o tom à breve e tumultuada existência da Duma.

Desde sua sessão de abertura, a Duma foi transformada em tribuna revolucionária. Tornou-se um aríete retórico contra a fortaleza da autocracia. Naquele primeiro dia, os deputados chegaram ao Palácio Tauride com espírito guerreiro e imediatamente puseram-se a condenar a violência repressiva do governo (nenhuma acusação foi feita contra o terror de esquerda). Ao sair do Palácio de Inverno, os homens do legislativo haviam descido o rio Neva em um barco a vapor e, ao passarem pela cadeia de Kresty, viram os prisioneiros acenando para eles através das barras das janelas. Em resposta, os deputados balançaram seus chapéus e o simbolismo daquele momento — a ideia de que estavam sendo transportados a uma nova era parlamentar graças aos sacrifícios daqueles "presos políticos" — fez com que muitos ficassem com os olhos marejados. Enquanto assumiam suas cadeiras no Salão Catarina, o líder constitucionalista Petrunkevich conclamou os delegados "a devotar nosso primeiro pensamento e nossa primeira palavra livre àqueles que sacrificaram a própria liberdade pela libertação de nossa querida Rússia. As prisões estão cheias, mas a Rússia Livre exige a libertação de todos os prisioneiros políticos". Seu discurso calou fundo nos deputados. Quase em uníssono, eles se levantaram e, voltando-se para os ministros que tinham ido ao Palácio Tauride assistir à sessão de abertura, gritaram: "Anistia! Anistia!"[7]

Segundo as Leis Fundamentais, a concessão de anistia política continuava a ser prerrogativa exclusiva do tsar. Mas o objetivo dos deputados era forçar a Coroa a entregar seus poderes executivos à Duma e, como aquele parecia ser um início apropriado, incluíram a exigência em sua lista de reivindicações. O documento foi chamado de Carta ao Trono, e solicitava a nomeação de um governo que ficasse sob a vigilância da Duma, o fim do Conselho de Estado, reforma agrária radical e direito de voto para todos os homens. Durante duas semanas fez-se silêncio, enquanto a Coroa considerava a resposta mais conveniente àquelas demandas *ultra vires*. Houve várias tentativas de neutralizar os liberais, cooptando seus líderes para o governo. Mas, acreditando estar à beira de uma segunda e decisiva revolução, eles permaneceram firmes. Então, em 14 de março, o governo finalmente enviou à Duma, para apreciação, duas propostas do executivo: uma para uma nova lavanderia, outra para uma estufa de plantas na Universidade de Dorpat. Era uma óbvia declaração de guerra legislativa. O governo, sem dúvida, não queria cooperar com a Duma. E nem sequer reconhecia suas reivindicações de reformas.

A partir de então, era apenas uma questão de tempo até que a Duma fosse dissolvida. Seguiu-se uma guerra de nervos, enquanto os parlamentares continuavam a mostrar-se ousados numa série de discursos radicais feitos da tribuna do Palácio Tauride. A tensão era tamanha que muitos delegados da Duma mais tarde alegaram ter perdido peso naquelas semanas, embora o calor de junho provavelmente tenha ajudado no emagrecimento. Do ponto de vista do governo, o espírito revolucionário no campo ainda era uma ameaça — a guerra camponesa contra as casas senhoriais tinha sido retomada na primavera, com ferocidade igual à do outono anterior, enquanto a campanha terrorista dos SRs ainda não havia sido suprimida — e o exemplo temerário da Duma só tendia a encorajar tais iniciativas.

O problema fundamental era a determinação da Duma em apaziguar os camponeses com uma reforma agrária radical. Kadets e trudoviques defendiam, em alto e bom som, a expropriação compulsória de toda a terra excedente da nobreza (os primeiros com indenização, os segundos, a troco de nada). Houve um período, durante o "Grande Medo" de 1905, em que muitos donos de terra poderiam ter sido preparados para aceitar algum tipo de expropriação de modo a salvar suas peles. "Se não fizermos algumas concessões", um fidalgo acuado argumentou diante do conselho de nobres de sua localidade, "a revolução virá de baixo e as fogueiras arderão de um extremo a outro do país." Mesmo Trepov dissera uma vez a Witte: "Sou proprietário de terras e ficaria feliz em ceder metade de minha propriedade se estivesse convencido de que, sob tais condições, conseguiria manter o que restasse." Mas como a maré revolucionária recuava, os senhores fundiários tornaram-se menos propensos a transigir. O tsar falava por eles quando disse: "O que é do dono de terras, a ele pertence." Os *zemtvos* de província, ex-bastiões da oposição liberal, agora tornavam-se baluartes da lei e da ordem. A Nobreza Unida, que fora formada para defender direitos de propriedade, tinha poderosos aliados na corte, no Conselho de Estado e entre os funcionários civis. A entidade liderou uma campanha contra as propostas de reformas da Duma, sob o pretexto de que conceder mais terra aos camponeses não ajudaria a resolver seus problemas, pois estes eram causados por deficiências do sistema comunal e não por escassez de terra. O argumento, na verdade, ia ao encontro de inquietações provocadas pela experiência recente: tendo sempre considerado a comuna cidadela da velha ordem rural, esses conservadores aprenderam, em 1905, que a comuna poderia facilmente tornar-se um mecanismo organizador da revolução camponesa. "Em outros países há muito menos terra *per capita* do que na Rússia", declarou o príncipe A. P. Urusov, num encontro de senhores fundiários, em maio de 1906, "e ainda assim não se fala em falta de terra, pois o conceito de propriedade é claro para todo o povo. Mas nós temos a comuna — o que equivale dizer que o princípio do socialismo acabou com esse conceito. O resultado é que em lugar nenhum vemos tamanha destruição sem cerimônia da propriedade como vemos na Rússia."[8] O fim da comuna e a criação de uma classe de camponeses donos de terra agora eram alternativas apresentadas pela nobreza para servir de antídoto à reforma agrária radical desejada pela Duma.

Em 8 de julho, a Duma foi finalmente dissolvida, 72 dias após sua primeira sessão. Em fevereiro, foram convocadas novas eleições para uma segunda Duma. O primeiro-ministro Goremykin foi substituído por Stolypin, conhecido defensor do fim da comuna e executor de medidas repressivas destinadas a restaurar a ordem no campo. Os liberais sentiram-se ultrajados com a dissolução do legislativo. O príncipe Lvov, que fora tão confiante de que isso jamais aconteceria, agora escrevia sobre sua "fúria diante desse ataque flagrante ao princípio parlamentar", embora, como dono de terra, ele tivesse se oposto à reforma agrária sugerida por seus colegas. A dissolução fez Lvov passar de liberal moderado a radical. Ele estava entre aqueles kadets que, em protesto pelo fechamento da Duma, fugiram para a cidade de Vyborg, balneário finlandês, onde assinaram um manifesto conclamando o "povo" a se levantar contra o governo, fosse recusando-se a pagar quaisquer impostos ou negando-se a fornecer quaisquer recrutas para o exército.* O Manifesto de Vyborg foi um exemplo típico da posição dos militantes constitucionalistas desde a abertura da Duma. Quanto ao "povo", este claramente não estava dando ouvidos a tais liberais. E assim o governo podia tomar, tranquilo, medidas repressivas para silenciar seus bravos mas também crédulos críticos liberais. Mais de 100 kadets de destaque foram levados a julgamento e suspensos da Duma por terem assinado o Manifesto de Vyborg. Os kadets que assumiram cadeiras na segunda e na terceira Duma eram, no todo, muito menos radicais — e menos talentosos — do que aqueles que haviam ocupado a primeira versão do legislativo. Vivendo à sombra do "complexo de Vyborg" do Partido Constitucional Democrático, esses novos deputados adotaram uma linha mais conservadora, restringindo-se aos limites das leis tsaristas como opção para garantir a defesa da Duma.[9] Nunca mais os kadets depositariam confiança no apoio do "povo". Nem reclamariam representá-lo. A partir de então, conscientemente tornar-se-iam o que, de fato, sempre foram: o partido natural da burguesia. O liberalismo e o povo seguiram caminhos distintos.

---

* Lvov adoeceu a caminho de Vyborg e teve que regressar a São Petersburgo. Por isso, embora fosse claramente simpático à ideia, jamais assinou o manifesto.

2. O estadista

Poucas figuras da história russa despertaram tanta controvérsia quanto Petr Arkadevich Stolypin (1862-1911), primeiro-ministro da Rússia de 1906 até seu assassinato, cinco anos depois. Os socialistas acusavam-no de ser um dos últimos defensores sanguinários da ordem tsarista. Ele emprestou seu nome ao laço do carrasco ("gravata de Stolypin") usado pelos tribunais militares rurais para reprimir a revolução camponesa. Os carros ferroviários usados para levar "presos políticos" para a Sibéria eram apelidados de "vagões de Stolypin" (e assim continuaram a ser chamados quando seguiam para os *gulags*). Depois de 1917, os seguidores mais empedernidos do tsar passariam a denunciar Stolypin como um burocrata arrivista cujas perigosas políticas de reforma apenas tinham servido para minar os princípios sagrados da autocracia. Mas para seus admiradores — e havia muitos deles na Rússia pós-soviética — Stolypin fora o maior estadista que o país já conhecera, o único homem que poderia ter salvado a pátria da revolução e da guerra civil. Segundo seus defensores, se Stolypin tivesse tido tempo bastante para fazer reformas, a Rússia ter-se-ia transformado numa sociedade capitalista liberal. Mas tais iniciativas foram interrompidas pela morte do homem e pela guerra. Uma história popular conta que o tsar, ao assinar sua ordem de abdicação, teria dito que se Stolypin ainda estivesse vivo, aquilo jamais aconteceria. Mas, evidentemente, trata-se de uma hipótese. Haveria algum homem capaz de salvar o tsar? A verdade é que o próprio Nicolau fora simpático aos oponentes direitistas de Stolypin; e, frustradas por essa reação imperial, suas reformas foram fadadas ao fracasso muito antes de seu autor ser morto.

O destino de Stolypin teve muito de trágico. Mas seu fracasso teve muito a ver com a fraqueza de sua personalidade e também com a oposição que encontrou, vinda da esquerda e da direita russas. Sua biografia, sob vários aspectos, é similar à de Mikhail Gorbatchov. Ambos podem ser considerados estadistas corajosos, inteligentes e resolutos, comprometidos com a reforma liberal de um sistema autoritário, antiquado e decadente do qual eles mesmos eram produtos. Ambos caminharam por uma via estreita que separava os poderosos direitos garantidos por lei a uma velha elite governante e a oposição radical dos democratas. E ambos falharam, cada um a seu modo, pois não conseguiram enxergar que os dois lados adversários estavam em rota de colisão e que servir de mediador apenas criaria inimigos lá e cá, embora também pudesse valer a conquista de novos aliados. Educados no mundo monolítico da política burocrática, os dois homens não consideraram que suas reformas apenas teriam sucesso se ganhassem apoio de um partido baseado nas massas ou de alguma outra comunidade de interesses amplos. Eles tentaram impor suas reformas de cima para baixo, burocraticamente, sem tentar construir uma base popular, o que, mais do qualquer outra coisa, foi a chave para suas ruínas políticas.

Em aparência e origem, Stolypin era um exemplo característico daquele círculo fascinante de aristocratas que dominava a burocracia imperial. Alto, de barba e distinto, tinha considerável encanto pessoal. O inglês Bernard Pares o comparou a "um grande, simples e amistoso urso".[10] Stolypin vinha de uma antiga família nobre que servira aos tsares desde o século XVI e que, como recompensa pelos préstimos, acumulara imensas propriedades em várias províncias. A tia-avó de Stolypin era aparentada de Lermontov e os pais de Stolypin foram amigos de Gogol e Tolstói. Durante a infância do futuro estadista, a família viajou exaustivamente pela Europa. Em 1881, quando entrou para a Faculdade de Física Matemática da Universidade de São Petersburgo, Stolypin era fluente em francês, alemão e inglês.

No entanto, em um aspecto importante ele era diferente do restante da elite dominante: não fizera carreira ascendendo os postos da burocracia de São Petersburgo, e sim fora nomeado chefe do governo sem ter passado por cargos na capital, vindo diretamente das províncias. Isso tornar-se-ia uma fonte perigosa de atrito com seus rivais. Sua visão política formara-se a partir da experiência na província. Mesmo como primeiro-ministro ele continuou, na essência, um nobre rural, cujo interesse primário era a agricultura e a administração local. Seus primeiros treze anos no serviço público (1889-1902) foram consumidos como Mestre de Cerimônias da Nobreza de Kovno, uma província polonesa-lituana onde sua mulher, O. B. Neidgardt, tinha uma propriedade. Foi lá que ele passou a preocupar-se com os problemas do cultivo camponês russo. A região de Kovno, como a maior parte do oeste do império russo, nunca vivenciara o sistema comunal. Os camponeses possuíam seus lotes de terra como bens privados. As técnicas de lavoura ali empregadas, como na vizinha Prússia, eram muito mais eficientes do que as usadas pelos camponeses da Rússia central, onde o sistema comunal prevalecia. O contraste lhe pareceu mais acentuado em 1903, quando tornou-se governador-geral de Saratov, uma província de muitas terras administradas em regime comunal. Os camponeses dessa área estavam entre os mais pobres e os mais rebeldes de todo o país. Em 1905-1906, foram destruídas mais propriedades da nobreza de Saratov do que em qualquer outra província do império. A filha de Stolypin recordou a vista da "estepe iluminada à noite pelas casas senhoriais que queimavam" e longas filas de carroças alinhadas no horizonte vermelho como "um exército camponês voltando de suas guerras".[11] Tudo isso confirmou a convicção de Stolypin — que ele levou consigo para São Petersburgo, transformando-a em pedra fundamental de sua reforma agrária —, segundo a qual a questão fundiária não seria resolvida nem a ameaça de revolução abortada até que o sistema comunal fosse abolido e uma classe estável de camponeses donos de terra fosse criada. A ideia final era fazer com que essa nova classe de agricultores tivesse tanto apego ao *status quo* quanto a nobreza.

Sua nomeação como ministro do Interior, em abril de 1906, deveu-se, em larga escala, a medidas postas em prática por ele para restaurar a ordem em Saratov.

Três meses depois, tornou-se primeiro-ministro, ou presidente do Conselho de Ministros. O tsar queria um "homem forte" para lidar com o campo em crise e os relatos sobre a bravura pessoal de Stolypin circulavam livremente pela capital. Ao contrário de outros governadores de província, que haviam se aboletado em residências oficiais ou abandonado seus postos para fugir do terror instalado pelos recentes levantes, Stolypin visitou as aldeias mais insurrectas de Saratov e, ao confrontar-se com agitadores radicais, colocou em prática o que sua filha chamou de "seu conhecimento de cavalheiro do campo de como dominar camponeses". Em um povoado, persuadiu um pretenso assassino a depor a arma simplesmente abrindo seu casaco diante do homem e desafiando-o diante da multidão a atirar a sangue frio. Em outra oportunidade, ao discursar numa assembleia de aldeia, percebeu que um agitador que estava a seu lado tinha intenções malévolas. Interrompeu, então, a fala e, voltando-se para o homem, pediu-lhe que lhe entregasse o capote. O camponês obedeceu.[12] Com esse gesto arrogante, Stolypin conseguiu afirmar sua primazia de fidalgo sobre o oponente camponês. Essa passagem nos conta muito sobre a natureza do poder na Rússia.

Esses não foram exemplos isolados da coragem de Stolypin. Durante o tempo em que foi primeiro-ministro, houve vários atentados contra sua vida, inclusive uma bomba jogada contra sua casa e que resultou na morte de vários criados e em ferimentos numa de suas filhas. Mas ele não se deteve. Passou a usar um colete à prova de balas e se cercou de seguranças — embora parecesse esperar que acabaria morrendo de modo violento. Na primeira linha de seu testamento, escrito logo depois de ter se tornado primeiro-ministro, lê-se: "Enterrem-me onde eu for assassinado."[13]

"Estou lutando em duas frentes", ele disse a Bernard Pares, em 1906. "Luto contra a revolução e a favor da reforma. Você pode dizer que tal posição está além de qualquer força humana e é possível que esteja certo." Nessa, assim como em todas as suas declarações públicas, havia uma certa dose de dramatização. Stolypin era, antes de tudo, vaidoso. Gostava de se retratar como um homem predestinado, guerreando em nome de um progresso contra todas as adversidades. Suas aparições na Duma continham sempre elementos teatrais. Gostava de se exibir para a plateia, exagerando na falta de fôlego e nos espasmos naturais de seu discurso (resultados de uma cirurgia malsucedida) para ganhar a simpatia dos deputados. E encorajava a lenda de que fora ferido em duelo.[14]

Ainda assim, a tarefa que se impusera exigiria, de fato, um esforço quase hercúleo. Sua primeira meta era restaurar a ordem. E isso ele conseguiu por meio de medidas que lhe valeram o opróbrio dos liberais. Ao longo dos três primeiros anos em que Stolypin foi primeiro-ministro, centenas de jornais e sindicatos liberais foram fechados e quase 60 mil presos políticos foram executados, condenados a trabalhos forçados ou exilados, sem julgamento. Milhares de camponeses passaram por cortes militares rurais. Mas a coibição pura e simples não era o bastante para estabelecer a ordem. E assim, ao mesmo tempo que lançava mão de medidas repressivas, Stolypin dedicava-se a um extenso programa de reformas capazes de conciliar a oposição e garantir as rédeas do Estado. Ele introduziu iniciativas que visavam a desmantelar a comuna e dar aos camponeses direitos de propriedade e igualdade civil plena. Pretendia ainda modernizar o governo local, que seria baseado nos direitos de cidadania e propriedade, e não mais no fato de seus membros serem de uma família nobre. Alguns dos demais objetivos eram aperfeiçoar os tribunais locais e regulamentar a atividade da polícia; proteger as liberdades civis e acabar com a discriminação contra os judeus; garantir ensino básico universal e compulsório; e melhorar as condições de vida dos trabalhadores de fábrica. Em cada uma dessas propostas havia um claro motivo político: fortalecer o governo. Talvez nesse sentido, assim como seu herói Bismarck, Stolypin devesse ser considerado, como certa feita sugeriu Leontovitsch, um "liberal conservador".[15] Pois todo o propósito de suas reformas não era o de criar uma ordem democrática "estrito senso" e sim o de reforçar o sistema tsarista.

O mesmo instrumentalismo estatista determinou a atitude de Stolypin em relação à Duma. Ele via o parlamento como um apêndice do Estado, um corpo público para endossar as políticas do governo, um órgão que deveria se abster de averiguar o que fazia o executivo e de dirigir o país. O modelo constitucional do primeiro-ministro era mais prussiano do que inglês. A soberania deveria permanecer com o monarca e seus asseclas e jamais ser concedida ao parlamento. A Segunda Duma, aberta em fevereiro de 1907, mereceu a tolerância de Stolypin somente enquanto agiu como ele queria. O primeiro-ministro fizera o possível para influenciar a eleição e assegurou o retorno de seus aliados, os outubristas, às cadeiras do Palácio Tauride. Afinal, esses outubristas haviam se declarado um "partido da ordem do Estado". Mas os 54 outubristas eleitos, mesmo se apoiados pelos 98 kadets e pelos 60 deputados de direita e de centro, não poderiam formar uma maioria governista contra o imenso bloco de 222 socialistas (65 SDs, 37 SRs, 16 socialistas populares e 104 trudoviques), já que agora todos os partidos de esquerda não mais boicotavam a Duma. O menchevique georgiano Irakli Tsereteli, de 25 anos, que lideraria o soviete em 1917, logo se tornara herói da chamada "Duma da Ira Nacional", graças a seus discursos ferozes e radicais condenando as políticas do governo. Nem Stolypin podia se fiar que os camponeses comportar-se-iam com a humildade de praxe. Um deputado camponês, originário da província de Saratov (a mesma que Stolypin governara), causou grande sensação durante o debate sobre reforma agrária ao dizer a um deputado da nobreza: "Sabemos o que você entende por propriedade, pois no passado já fomos sua propriedade. Meu tio foi trocado por um galgo."[16]

Com pouca perspectiva de encontrar apoio para suas reformas, Stolypin não teve remorso em dissolver a Duma e mudar a lei eleitoral de modo que, quando a próxima assembleia se reunisse, fosse dominada por elementos conservadores. O peso eleitoral dos camponeses, dos trabalhadores e das minorias nacionais foi drasticamente reduzido, enquanto a representatividade da nobreza foi ainda mais exagerada. Quando a Terceira Duma se instalou, em novembro de 1907, os partidos pró-governo (outubristas, direitistas e nacionalistas) controlavam 287 das 443 cadeiras. Os kadets e socialistas passaram a ser minorias fragmentadas. Mesmo o príncipe Lvov, o mais ameno dos liberais, não conseguiu se eleger. Aquela, finalmente, era a Duma com que Stolypin podia lidar. Era, conforme ele acreditava, um parlamento dominado por pessoas "responsáveis" e "conhecedoras dos assuntos de Estado", que seriam capazes de apreciar a necessidade de uma parceria nova e construtiva entre governo e nação, cujo propósito seria a reforma gradual. Os radicais a chamavam de "Duma de Lordes e Lacaios".

Mas mesmo esse "parlamento do rei" mostrou-se arisco demais para ser manobrado por Stolypin, pois o primeiro-ministro se via sob crescente pressão, tanto da esquerda quanto da direita. O decreto eleitoral de 3 de junho era tecnicamente uma infração das Leis Fundamentais e os liberais foram rápidos em denunciá-lo como um *coup d'état*. Até os outubristas, principais beneficiários da nova regra, sentiam-se incomodados com a burla e pretendiam ocultar o que haviam conquistado "ilegalmente" tentando defender e expandir os poderes da Duma.

Alexander Guchkov, líder dos outubristas, alimentava ambições específicas para a Duma, na área bélica. Industrial que havia servido como funcionário da Cruz Vermelha na guerra contra o Japão, ele via tanto necessidade militar quanto vantagem econômica em um grande programa de rearmamento. Os outubristas estavam cada vez mais comprometidos com a política de expansão imperial, mas, segundo eles, isso só seria levado a cabo se a responsabilidade pelo combate fosse transferida da corte para as instituições do Estado. Não havia por que gastar mais dinheiro com o exército sem, ao mesmo tempo, reformar seu comando, que estava nas mãos da aristocracia e de doutrinas militares do século XVIII. A Rússia precisava de artilharia pesada, e não de uma cavalaria mais elegante. Essa convicção de Guchkov foi apoiada por "militares profissionais", como o general Brusilov e o assistente do ministro da Guerra de Stolypin, A. A. Polivanov. Guchkov era presidente do Comitê de Defesa Imperial da Duma, que tinha poder de veto sobre o orçamento militar, e usou dessa posição para desferir um ataque contra o comando supremo da corte. Em 1909, a Duma ameaçou negar créditos para a marinha, a menos que sua agência de planejamento estratégico, o Estado-Maior Naval, passasse ao controle do ministério, abandonando a ingerência da corte. Nicolau enfureceu-se. Ele viu no ultimato uma tentativa indecente da Duma de usurpar o comando militar da Coroa. E assim, o tsar usou de seu poder de veto para bloquear o projeto do legislativo sobre a matéria. O fato de Stolypin e seu Conselho de Ministros terem apoiado a ideia tornou a situação ainda pior, já que agora havia um conflito de interesses fundamental: de um lado, o governo afirmava que o controle das forças armadas lhe cabia; de outro, a corte e seus aliados insistiam que esse era um direito exclusivo do tsar. Stolypin quis exonerar-se e Nicolau foi pressionado por seus sequazes mais reacionários a aceitar o pedido de renúncia apresentado pelo primeiro-ministro. Mas, naquele momento, por ter devolvido algum tipo de ordem ao país, Stolypin era indispensável e os monarquistas tiveram que se satisfazer com o menor dos triunfos, forçando-o a reiterar as prerrogativas exclusivas do monarca na esfera militar.[17]

Sob os aspectos técnicos da crise no comando naval jazia um problema fundamental que minaria os esforços do primeiro-ministro em salvar o sistema tsarista por meio de reformas. No que dizia respeito a Nicolau, o programa político de Stolypin ameaçava transferir o equilíbrio do poder da corte para as instituições do Estado. O projeto de lei sobre o Estado-Maior Naval era um sinal óbvio dessa intenção. Stolypin aferrava-se à tradição petrina de modernização burocrática tão detestada pelo último dos tsares. Tudo na conduta de seu primeiro-ministro tencionava romper com o velho sistema patrimonial. Enquanto os ministros-chefes anteriores haviam sido tratados por Nicolau como pouco mais do que criados domésticos, Stolypin propositadamente evitava a corte e preferia passar os finais de semana em casa, com a família (da mesma forma que agiria um primeiro-ministro do Ocidente), e não em grupos de caçada com o tsar e seus lacaios. Stolypin considerava o Estado um agente neutro e universal de reformas e modernização, um agente que protegeria os interesses da Rússia imperial. A seu ver, o Estado estava acima dos interesses da aristocracia — e mesmo acima da dinastia —, o que renegava a noção de uma ordem social baseada nos velhos escalões do Estado. Todos, do camponês ao príncipe, eram cidadãos (na medida em que possuíssem propriedades). Essa visão de Estado essencialmente ocidental era uma afronta direta à ideologia moscovita tão cara ao tsar e seus cortesãos, que imaginavam a autocracia como uma pirâmide de poder patrimonial, íngreme e misticamente talhada, baseada na hierarquia social estrita e encabeçada pela nobreza. Se as reformas de Stolypin fossem bem-sucedidas, então o poder pessoal do tsar seria obscurecido pelas instituições do Estado, ao passo que a ordem social tradicional seria solapada.

Tais temores eram fomentados pelos velhos grupos de elite que tinham suas próprias razões para se opor às reformas de Stolypin e que agora cerravam fileiras em defesa das prerrogativas autocráticas do tsar. Esse bloco legalista foi formado por força da crise no comando naval, que se apresentou como uma ameaça clara aos direitos tradicionais da Coroa. E contava com poderoso respaldo institucional nos círculos da corte, no Conselho de Estado, na Nobreza Unida, na Igreja Ortodoxa, na União do Povo Russo, na polícia e em determinadas seções da burocracia. No entanto, embora operasse por meio de canais informais, era um bloco vigoroso o bastante para derrotar virtualmente todas as inovações políticas de Stolypin.

A proposta do primeiro-ministro de expandir o sistema de ensino básico foi derrubada por reacionários da Igreja, que tinham interesses próprios no ensino. O mesmo destino foi dado à legislação que abrandaria a discriminação contra minorias religiosas, os Velhos Crentes e os judeus, em especial. Os esforços de Stolypin em cercear o comportamento ilegal da burocracia e da polícia estavam condenados ao fracasso, já que ele nunca obteve controle sobre qualquer uma dessas duas instâncias. Os governadores de província, que tinham estreitos laços de família com a corte, com frequência sabotavam suas reformas, enquanto burocratas de São Petersburgo fomentavam intrigas contra o primeiro-ministro. Quanto ao controle de fato sobre a polícia, Stolypin praticamente não tinha como agir. O candidato da imperatriz, general P. G. Kurlov, foi nomeado chefe da polícia secreta, apesar dos protestos de Stolypin. Kurlov usou de sua posição para desviar grandes quantias do Tesouro para grupos e jornais de extrema direita, colocou Stolypin sob vigilância, interceptou sua correspondência e manteve a imperatriz a par das intenções do primeiro-ministro, em especial com relação ao favorito de Alexandra, Rasputin. Quando Stolypin foi finalmente assassinado, em agosto de 1911, começaram a circular rumores de que Kurlov havia encomendado o crime. Até hoje, os boatos não foram provados mas, ainda assim, nos fornecem uma boa dose de informação sobre como as pessoas na época viam as relações entre Stolypin e seus inimigos de direita.

A Nobreza Unida — formada no rastro da Revolução de 1905 para defender os direitos de propriedade da fidalguia e sua ascendência na política rural — era, de longe, o mais vociferante desses grupos. As reformas no governo local pretendidas por Stolypin ameaçavam os nobres na medida em que davam os camponeses, como proprietários de terras, a mesma representatividade nos *zemstvos* desfrutada pelos antigos senhores fundiários. E também propunham abolir os tribunais específicos para julgamento de camponeses, assim integrando-os inteiramente ao sistema de lei civil. Stolypin via essas medidas como essenciais para o sucesso de seu programa de reforma agrária (ver páginas 271-281). A nova classe de camponeses donos de terra (e, portanto, também conservadora) que ele pretendia criar não apoiaria a ordem existente, a menos que se tornasse cidadã, com direitos políticos e legais equivalentes aos desfrutados por outros estratos sociais. "Antes de tudo", disse Stolypin, "temos que criar um cidadão, um pequeno senhor fundiário e, então, o problema camponês estará resolvido."

A nobreza provincial, porém, interpretou essa medida inclusiva como uma ameaça à sua posição de privilégios na ordem social e política do campo. O primeiro-ministro queria estabelecer uma nova camada de representantes nos *zemstvos,* em nível de *volost,* e o voto passaria a basear-se na propriedade e não na linhagem. Ele também estava planejando aumentar os poderes dos *zemtvos* e acabar com os capitães da terra, que anteriormente haviam dominado o meio agrícola. O efeito de tudo isso, conforme assinalavam os fidalgos ultrajados, seria dar fim à antiga prevalência do sistema de governo rural. Os *zemstvos* locais seriam transformados de órgãos nobres em órgãos camponeses, já que, em nível de *volost*, para cada fidalgo haveria várias centenas de pequenos proprietários com direito a voto. Os nobres acusavam o primeiro-ministro de tentar minar a "sociedade provincial" (i.e., eles mesmos) por meio da centralização burocrática e, com base nesse pretexto, somaram forças contra Stolypin, na Duma, no Conselho de Estado, na Nobreza Unida e junto a seus aliados na corte. Vaidoso demais para sofrer uma derrota tão certa, Stolypin desistiu da batalha. O sistema de administração rural, de longe o elo mais frágil do Estado tsarista, permaneceu nas mãos de 20 mil nobres, um grupo social ínfimo e antiquado que, graças a seus partidários em posições de comando, fora capaz de obstruir todas as reformas em nome da defesa de seus estreitos interesses pessoais. Tivesse Stolypin conseguido ampliar a base social do governo local no campo, talvez o ano de 1917 não terminasse de modo tão desastroso e o poder do soviete jamais pudesse preencher com tanto sucesso o vácuo político existente na época em que os bolcheviques tomaram o poder

O mesmo atrito de interesses estava por trás da famosa crise dos *zemstvos* ocidentais, em 1911, que marcou a derrocada final de Stolypin. Com o declínio dos outubristas, resultante do confronto por conta do controle sobre o comando naval e da guinada à direita dos nobres agrários, o primeiro-ministro foi obrigado a adaptar suas políticas a um outro importante partido governista representado na Duma, os nacionalistas, que haviam se firmado em 1909 com forte apoio de proprietários de terra russos de nove províncias polonesas. O partido, nas palavras de seu historiador Robert Edelman, era "não exatamente um partido pelo nacionalismo, mas um partido da nacionalidade russa dominante num império multinacional".[18] Os *zemstvos* nunca haviam existido nessas províncias a oeste, já que a maioria dos donos de terra eram poloneses e a Rebelião Polonesa de 1863 ainda estava recente na memória de Alexandre II. Mas o Partido Nacionalista dera entrada num projeto de lei em favor de *zemstvos* no oeste, argumentando que os interesses imperiais da Rússia naquelas fronteiras cruciais podiam ser garantidos por um complexo procedimento de votação baseado na nacionalidade e também na propriedade. Stolypin conhecia aquela região dos dias em que vivera em Kovno. Os pequenos proprietários camponeses, que eram principalmente russos, ucranianos e bielo-russos, estavam entre os mais avançados do império, e ele esperava que, uma vez implantada a reforma agrária, se desenvolvessem logo, passando a ser agricultores ainda mais bem estabelecidos. Se a eles coubesse a maior cota de voto nos *zemstvos* (segundo planejado pelo projeto de lei dos *zemstvos* ocidentais, que previa franquia para os pequenos donos de terra), poderiam tornar-se o modelo de cidadãos — pequenos proprietários do Estado imperial russo. Uma área outrora dominada pelos senhores fundiários poloneses seria governada por russos,* ainda que de origem camponesa.

A proposta sobre os *zemstvos* do oeste foi aprovada pela Duma, mas acabou sendo derrotada no Conselho de Estado, onde os nobres fundamentalistas não pretendiam sacrificar os privilégios da propriedade fidalga (i.e., mesmo se tratando de poloneses) pela garantia de dominação dos interesses russos; segundo o Conselho de Estado, o fato de poloneses serem aristocratas devia prevalecer sobre o fato de camponeses serem russos. A oposição ao projeto de lei foi estimulada por Trepov e Durnovo, favoritos na corte, que procuraram tirar vantagem dessa oportunidade para derrubar seus rivais. Eles garantiram a derrota da ideia persuadindo o tsar a passar por cima da autoridade de Stolypin e a mandar uma mensagem que encorajasse os deputados a votar segundo a "consciência" pessoal de cada um (i.e., insinuando que deviam se colocar contra o governo). Foi uma clara declaração de falta de confiança em Stolypin, engendrada pela corte e por seus seguidores de direita. Mas ainda havia um lampejo de esperança. Nicolau alimentava segundas intenções sobre seu papel na conspiração e prometeu ao primeiro-ministro que, se o projeto fosse reapresentado, empenhar-se-ia em sua aprovação na câmara alta. Stolypin, no entanto, não era homem de concessões. Estava desacostumado a ser contrariado e era pouco versado nas artes da política moderna, artes que poderiam tê-lo capacitado a negociar uma saída. Em vez de esperar por uma segunda apreciação de sua proposta, preferiu fincar pé, insistindo para que o texto inicial fosse votado. Afinal, percebera que, provavelmente, sua carreira estava encerrada. E, assim, ameaçou se exonerar, a menos que o tsar fechasse a Duma e o Conselho de Estado e colocasse a proposta em vigor por meio de decreto de emergência, com base no artigo 87 das Leis Fundamentais. Ele exigiu também que Durnovo e Trepov fossem expulsos da capital. Após quatro dias de reflexão, o tsar finalmente concordou com as reivindicações de Stolypin. Em 14 de março, com as duas câmaras suspensas, promulgou o projeto de lei dos *zemstvos* do oeste e ordenou que Durnovo e Trepov ficassem afastados de São Petersburgo pelo menos até o fim do ano. Foram necessárias várias horas de conversa com a sensibilíssima imperatriz viúva para que Nicolau se posicionasse contra as advertências da esposa (figura central na trama contra Stolypin). Ao receber o primeiro-ministro no Palácio Gatchina, o rosto do tsar estava "vermelho de choro".[19]

Stolypin tinha vencido a batalha graças à grande força de seu caráter. Mas sua tática presunçosa na crise dos *zemstvos* do oeste o alienara ainda mais de possíveis aliados e sua sorte política declinou com rapidez. O tsar fora profundamente humilhado por seu próprio primeiro-ministro e, espicaçado por seus colaboradores mais próximos, queria se vingar. Os liberais sentiam-se insultados pelo tratamento

* Como todos os nacionalistas grandes russos, Stolypin tinha os ucranianos e os bielorrussos na conta de partidários do ideal nacional russo.

desdenhoso que Stolypin conferira à Duma. Guchkov abdicou da presidência do parlamento e os outubristas passaram à oposição; os nacionalistas foram, assim, a única facção legislativa a garantir apoio a Stolypin contra uma moção de censura. Isolado e cheio de mágoas, o primeiro-ministro perdeu toda a autoconfiança que ostentava, tornando-se insone e melancólico.[20] Agora, tinha certeza de que seus dias estavam contados.

No fim de agosto de 1911, Stolypin chegou em Kiev para as comemorações que marcariam a inauguração da estátua de Alexandre II. Havia muito que ele se preparava para uma morte violenta e, antes de deixar São Petersburgo, tinha confiado a um de seus mais fiéis auxiliares uma caixa de documentos sigilosos que deveriam ser destruídos caso a viagem não tivesse volta. E, ignorando os conselhos da polícia de que havia um plano para assassiná-lo, partiu, sem solicitar a companhia de guarda-costas. O primeiro-ministro recusara-se até mesmo a vestir o colete à prova de balas. Em 1º de setembro, a Ópera de Kiev encenava o espetáculo *Lenda do Tsar Sultão,* de Rimsky-Korsakov. Nicolau e suas quatro filhas ocuparam o camarote real perto da orquestra; Stolypin sentou-se na primeira fila da seção de poltronas. Durante o segundo intervalo, enquanto conversava, de pé, com o conde Fredericks, em frente do poço dos músicos, um rapaz, vestido em trajes de noite, aproximou-se e, sacando um revólver oculto pelo programa da peça, atirou duas vezes. Uma bala atingiu o primeiro-ministro no braço direito, a outra, no peito, onde uma medalha fez com que ricocheteasse e fosse se alojar no fígado. Lentamente, como se ignorante do que havia acontecido, ele tirou as luvas, colocou-as, com cuidado, sobre a mureta e desabotoou o paletó. Foi só então que viu o colete coberto de sangue e afundou numa cadeira. Numa voz audível para todos os que o cercavam, ele disse, "Alegro-me em morrer pelo tsar", e, ao ver Nicolau no camarote imperial, logo acima, ergueu as mãos e gesticulou para que o monarca recuasse, de modo a se proteger. Nicolau continuou onde estava, de pé, e Stolypin, num último gesto teatral, o abençoou com o sinal da cruz. Ao longo de quatro dias, o estado de saúde do primeiro-ministro manteve-se estável. O tsar deu prosseguimento à agenda de festividades mas não deixou de ir ao hospital, para visitar o ferido. Contudo, em 5 de setembro, Stolypin começou a sucumbir e morreu, à noite. Na manhã seguinte, Nicolau rezou, à cabeceira do cadáver. Várias e várias vezes repetiu as palavras: "Perdoe-me."[21]

O homem que matou o primeiro-ministro era D. G. Bogrov, um estudante revolucionário que a polícia subornara, transformando-o em informante. Ninguém jamais conseguiu descobrir para que lado o rapaz trabalhava — direita ou esquerda —, e, em certo sentido, era isso o que valia a pena ter sido revelado. Afinal, Stolypin tinha muitos inimigos em toda a parte. Muito antes de ser vítima da bala disparada por Bogrov, já estava morto, politicamente.

A morte política de Stolypin deve ser explicada por seu fracasso como negociador. Fosse ele diplomado na "arte do possível", talvez poderia ter ganho tempo, para si mesmo e para suas reformas. Stolypin havia dito que precisaria de vinte anos para transformar a Rússia. Mas, em parte devido a defeitos pessoais seus, dispôs de apenas cinco. Ele se agarrara com tanta determinação a suas próprias metas e princípios que perdeu de vista a necessidade de barganhar e transigir com seus oponentes. Antagonizou-se com as velhas elites políticas ao desconsiderar os privilégios tradicionais de que desfrutavam e perdeu apoio dos liberais ao determinar o fechamento da Duma sempre que esta se interpunha como obstáculo. Tamanha inflexibilidade política provinha de sua visão burocrática limitada. Ele agia como se tudo tivesse que se subordinar aos interesses do Estado, interesses esses que eram definidos segundo as reformas que ele mesmo idealizara. E acreditava que, por isso, estava acima da necessidade de se envolver nos negócios sujos da manobra partidária. Stolypin imaginava poder colocar suas ideias em prática única e exclusivamente por meio de ordens administrativas e nunca rompeu as barreiras da burocracia nem tentou mobilizar uma base mais ampla de sustentação. Embora reconhecesse que a chave de seu programa era a criação de uma classe de camponeses pequenos proprietários de terra, jamais avaliou a possibilidade de fomentar a fundação de um partido que atendesse a minifundiários. Havia Stolypin, mas faltavam stolypinistas. E, com sua morte, suas reformas morreram com ele.

De acordo com alguns historiadores, a última esperança do regime tsarista foi desperdiçada com as balas do assassino. As reformas do primeiro-ministro, argumentam esses estudiosos, constituíam a derradeira chance de a monarquia russa se remodelar pelos parâmetros ocidentais. Se tivesse havido mais tempo para fazer as reformas e se não tivesse eclodido a Primeira Guerra Mundial, talvez a Revolução de 1917 não irrompesse. Tal visão otimista ampara-se em duas hipóteses: a de que as iniciativas de Stolypin seriam bem-sucedidas e a de que seriam capazes de estabilizar o sistema social russo depois da crise de 1905. Ambas as suposições são flagrantemente falsas.

Primeiro, as reformas não abriram espaço bastante para guiar a Rússia rumo a uma ordem parlamentar constitucional. Na verdade, alguns dos métodos de Stolypin — como o *coup d'état* de junho de 1907 e sua tática com relação à polêmica proposta de criação de *zemstvos* nas fronteiras do oeste — eram uma ofensa óbvia aos ideais daquele sistema. Na verdade, houve algumas conquistas nas liberdades civis, na liberdade de imprensa e no fato de a Duma ter continuado a existir, entre 1906 e 1914, ainda que apenas como símbolo e escola para uma nova cultura de constitucionalismo.* Mas isso não significava que a Rússia imperial estava, neces-

* Este último aspecto cultural foi crucial — e mostrava as dimensões da montanha a ser escalada — para a introdução de uma ordem constitucional num país como a Rússia que então (assim como hoje) não tinha tradições de constitucionalismo. Enquanto nos países ocidentais a Constituição tinha que garantir direitos de uma sociedade civil e de uma cultura preexistentes, na Rússia tinha também que *criá-los*. Uma Constituição teria que educar a sociedade — e o próprio Estado — segundo os valores e as ideias do constitucionalismo liberal.

sariamente, seguindo em direção a algum tipo de normalidade liberal ocidental. A natureza do regime tsarista era a maior garantia de que nenhuma reforma política profunda poderia vingar enquanto perdurasse a monarquia russa. A ideologia moscovita de autocracia patrimonial, defendida cada vez mais ferrenhamente por Nicolau e pela direita, era de todo hostil à visão constitucional ocidental prevista no programa de Stolypin. E as forças entrincheiradas na corte, somadas aos interesses da Igreja e dos nobres de província, eram fortes demais para evitar que as reformas sequer fossem postas em ação. Uma vez finda a crise revolucionária de 1905-1907, a monarquia não precisava mais da proteção de Stolypin e, assim, afastou-se de seu governo, paralisou seus projetos e pôs-se a formular uma agenda própria que, a partir de 1912, se centrava, com cada vez mais afinco, no uso do nacionalismo russo como instrumento para reunir "súditos leais" sob a égide do trono.

Segundo, em 1912, se não antes, já ficara claro que nenhum pacote de reformas políticas poderia resolver a aguda crise social que, cinco anos antes, causara uma grande fissura no sistema. Por um certo período, e em grande parte devido às repressões impostas pelo governo, o movimento operário aquietou e mostrou sinais de maior moderação. Tal comportamento bastou para fazer os mencheviques pensarem ser possível que a situação poderia desdobrar-se segundo as linhas europeias. Mas nos dois anos seguintes, houve um drástico aumento no número de protestos à indústria e no nível de militância, culminando, em julho de 1914, com uma greve geral em São Petersburgo. Durante essa grande paralisação, que coincidiu com uma visita oficial do presidente francês à capital russa, houve confrontos nas ruas e barricadas montadas em vias públicas. Segundo aponta Leo Haimson em sua obra seminal publicada há trinta anos, os proletários das principais cidades do país estavam rapidamente se afastando de todos os partidos democráticos — até mesmo dos mencheviques — defensores de métodos constitucionais ou graduais. Em contrapartida, corriam para os braços dos bolcheviques, que incitavam ação direta dos trabalhadores e uma luta violenta contra o regime.[22] A despeito de todos os esforços pela reforma política, a Rússia urbana, às vésperas da Primeira Guerra Mundial, se viu à beira de uma nova revolução, potencialmente mais violenta do que o "ensaio geral" de 1905.

3. A aposta nos fortes

O camponês exilado voltou a sua aldeia numa manhã fria de abril de 1908. Ele consumira quase três dias em viagens de trem, a cavalo e de carroça para cruzar os 160 quilômetros que separavam o lugarejo de Moscou. Quanto mais se aproximava de sua terra natal, maiores eram as esperanças de encontrá-la atualizada e bonita, modificada por melhorias realizadas nos dois anos de ausência. Mas o povoado de Andreevskoe nunca fora um lugar que pudesse ser considerado dinâmico. As correntes da civilização moderna de algum modo tinham evitado aquela área e, ao chegar a seu destino, depois de ter passado pela Inglaterra e pela França, Sergei Semenov só viu os sinais de atraso e decadência que já lhe eram tão familiares. As faixas negras de terra arada pareciam ainda mais estreitas e mais lanhadas, as touceiras nas campinas tinham crescido até alcançar o porte de pequenos arbustos, os bosques haviam sido cortados, o gado pastava à vontade sobre os jardins e as ervas daninhas grassavam na rua principal da vila. O vizinho de Semenov, antes um camponês labutador, tornara-se um bêbado, enquanto seus oito filhos continuavam sem sapatos. Apesar de tudo, o que mais deprimiu o viajante foi saber que os respeitáveis da aldeia eram os mesmos patriarcas vetustos que mandavam no local quando ele fora embora. E, agora, esses homens teriam ainda mais motivos para considerar com hostilidade e desconfiança os planos de reforma de Semenov.[23]

Grigorii Maliutin predominava entre os anciões de Andreevskoe. Septuagenário de compleição robusta, amante do álcool, rosto grande e tomado por vesículas vermelhas, barbas brancas e longas, ocupava a posição de chefe dos patriarcas havia tanto tempo quanto alguém seria capaz de lembrar-se. Maliutin era o camponês mais rico do lugar, e parte de sua renda provinha dos lucros da fábrica de sabão que um de seus filhos mantinha em Moscou. Para sua idade, era um homem surpreendentemente forte. Vaidoso e ciumento do próprio poder, era um disciplinarista rígido, um déspota de aldeia da velha escola, que ainda espancava sua mulher, também provecta. Como figura mais proeminente do povoado, também lhe cabia a tarefa de açoitar qualquer lavrador considerado culpado de crimes e delitos menores. A maioria da população local o temia. O principal aliado de Maliutin era uma outra relíquia dos dias de servidão, Yefim Stepanov, que ao longo dos anos fizera fortuna amealhando e economizando como um migalheiro: sempre usava uma única roupa, velha e suja, alimentava seus animais com apenas o bastante para mantê-los vivos e nunca dava esmolas aos pedintes que ocupavam a saída da igreja. Os dois homens tinham muito em comum: eram analfabetos, Velhos Crentes e inteiramente avessos a mudanças. O poder que exerciam em Andreevskoe dependia de mantê-la afastada do mundo moderno. Maliutin adotara o hábito de denunciar qualquer invenção, do samovar à máquina de costura, como prodígios do desperdício e da ruína. Doía-lhe só em pensar em tais inovações.[24]

Para a dupla retrógrada, nada poderia ser pior do que ver o retorno do arquirrival Sergei Semenov. O rapaz nascera em 1868, numa família de camponeses pobres. Como Semen Kanatchikov, cuja aldeia de Gusevo ficava no mesmo distrito de Volokolamsk, Semenov, ainda garoto, fora mandado para Moscou, a fim de ganhar o próprio sustento. Seu pai, como o de Kanatchikov, era alcoólatra e sua mãe cuidava da maior parte do trabalho da lavoura, que não produzia o suficiente para manter a casa. Entre os 10 e os 18 anos de idade, Semenov vagou de fábrica em fábrica, primeiro em Moscou, depois em Petersburgo, Poltava e Ekaterinoslav, enviando dinheiro para a família e voltando ao povoado na época de colheita. Aprendeu a ler sozinho e aos 18 anos começou a escrever sobre a vida no campo. Um dia, assomou na soleira da casa de Tolstói, em Yasnaya Polyana. O conde gostou das histórias de Semenov — ali estava o seu ideal de "escritor camponês" — e os dois tornaram-se amigos perpétuos. Semenov era um homem calado e modesto. "Pequeno e magro, cavanhaque ruivo, rosto inteligente e triste, timidez e sensibilidade quase infantis, sempre trajado como um camponês, de túnica, parecia mais um notário de aldeia do que um literato", registrou um de seus amigos de Moscou. Ao contrário de Kanatchikov, nunca ansiou pelas luzes cintilantes da cidade. Aos 20 anos, tornou a Andreevskoe, casou-se com uma moça da vizinhança e assumiu a gleba do pai. A infância difícil o havia transformado em vigoroso defensor da reforma. "Sempre fui guiado por um desejo ardente de melhorar a vida de minha aldeia, de dar fim a suas características tenebrosas e retrógradas", ele escreveria mais tarde. Essa fé no progresso foi o motivo de sua adesão ao movimento revolucionário e de seu autoaperfeiçoamento. Tornou-se abstêmio e fez economias para comprar manuais de agricultura. O distrito de Volokolamsk estava rapidamente virando um destacado centro de produção de linho — talvez a mais importante forma de cultivo intensivo da Rússia camponesa — e havia como tirar bons lucros dessa circunstância. Semenov ocupou a vanguarda da iniciativa: alugou terra extra de um nobre das redondezas e plantou não apenas linho, mas também uma variedade de outras culturas. Em todas, lançou mão dos mais modernos métodos agrícolas disponíveis. Além disso, deu início a uma campanha pela reforma agrária em seu povoado, entrando em conflito direto com Maliutin.[25]

A primeira divergência entre eles surgira por causa de um esqueleto. Uma filha solteira do patriarca-mor, Vera, engravidara e dera à luz. Coberta de vergonha, matou o recém-nascido e enterrou o corpo no bosque. De algum modo, as autoridades souberam do fato e a polícia deslocou-se até a aldeia para investigar. Maliutin conseguiu subornar os agentes e o assunto foi abafado, mas durante muito tempo o respeitável acusou o jovem progressista de ter sido o responsável pela delação e, auxiliado por seus asseclas, fez de tudo para que Semenov fosse expulso da comunidade. Queimaram seu silo, mataram seus animais, roubaram suas ferramentas e o apontaram como feiticeiro. A igreja local também deu sua contribuição, afinal o rapaz era ateu, recusava-se a receber a visita de padres e, aos domingos e em outros feriados santos, era o único camponês a trabalhar na lavoura. E, ainda mais grave, era um seguidor de Tolstói, que havia sido excomungado. Em 1902, sob a imputação de bruxaria, Semenov foi finalmente condenado pelas cortes eclesiásticas e cumpriu pena de seis meses.[26]

Ao ser libertado, voltou à sua aldeia natal, dessa vez para juntar-se à luta revolucionária camponesa. Ele estava entre aquele grupo admirável de lavradores, agrônomos e professores responsável pela criação de clubes de leitura, cooperativas e ligas camponesas no distrito de Volokolamsk, empreendimento que culminou na República de Markovo em 1905-1906 (ver páginas 220-221). Isso deu a Maliutin um segundo pretexto para atacar seu adversário. O chefe dos patriarcas informou à polícia que o povoado abrigava um perigoso insurreto. Semenov foi preso de novo em julho de 1906, junto com os demais líderes camponeses de Markovo. Antes de ser despachado para o exílio no exterior, ficou preso durante dois meses. Com a ajuda financeira de Tolstói, passou os dezoito meses seguintes excursionando pelas regiões rurais da Inglaterra e da França. Conhecer as técnicas de cultivo empregadas no Ocidente apenas fortaleceu sua convicção sobre a necessidade de uma revisão completa do sistema comunal russo, que sobrecarregava os lavradores com práticas ineficientes de uso do solo e sufocava a possibilidade de se dedicarem a suas glebas particulares. Sob as normas da comuna, a terra de cada família era dividida em dúzias de faixas aráveis, dispersas por toda a vila. Os 10 *desyatiny* (11 hectares) de Semenov consistiam em mais de 50 porções diferentes de lavoura espalhadas por uma dúzia de pontos. Os sulcos eram estreitos demais — alguns com não mais que um metro de largura — para comportarem a utilização de arados e rastelos modernos; e tempo demais era desperdiçado no deslocamento entre uma roça e outra. A redistribuição periódica de faixas de terra entre as famílias do povoado não estimulava investimentos em cuidados com o terreno, já que quaisquer benefícios poderiam ser inúteis dadas as subsequentes realocações das faixas. Havia pouca perspectiva de virem a ser introduzidas rotações de cultura pois, no sistema de campos abertos, todos eram obrigados a seguir o mesmo padrão de plantio de modo a permitir que os animais pastassem ao mesmo tempo no restolho. Resultado: o que prevalecia era a inércia. "Eu sonhava em ter minha própria lavoura, protegida por sebes e com sete campos que seriam usados em rodízio e, assim, não precisar mais me preocupar com sulcos mesquinhos", escreveu Semenov.[27]

Depois de ter deixado a aldeia na condição de revolucionário, ele voltou na qualidade de pioneiro da política do governo. Seu sonho era o mesmo alimentado por Stolypin: desmantelar a comuna. Mas ao contrário de Semenov, que considerava o problema apenas em termos agrícolas, o primeiro-ministro associava a questão ao nascimento de uma nova classe de minifundiários camponeses, os quais, tendo posse da terra e enriquecendo, aprenderiam a respeitar os direitos da nobreza e desistiriam de aspirações sublevadoras. "O governo apostou não nos necessitados e nos ébrios, mas nos indômitos e fortes", afirmou Stolypin à Duma, em 1908.[28] Agricultores que contratavam serviços de terceiros agora eram estimulados a romper com a comuna e a estabelecer lavouras privadas e cercadas. Uma lei de 9 de novembro de 1906 lhes garantia o direito de converter suas faixas comunais em propriedade privada, áreas que poderiam ser inteiramente isoladas por estacas, fosse fora da aldeia (*khutora*) ou dentro dela (*otruba*). Todo o povoado podia optar pela mudança através do voto de dois terços dos chefes de família. Uma outra legislação, baixada em seguida, visava a acelerar esse processo de reorganização e ajudar os que queriam desvincular-se da comuna e adquirir maiores extensões (compradas dos fidalgos e do Estado). Para tal, o Banco Agrícola concedeu empréstimos, a juros baixos. Havia pouca dúvida sobre a enorme prioridade que o governo atribuía a esse projeto. Era a primeira vez que as autoridades efetivamente tentavam promover uma grande mudança no cotidiano dos lavradores. Todos os homens mais argutos do serviço público sabiam que, salvo uma melhoria drástica das condições de vida no campo, aquela poderia ser a última cartada. Conscientes de sua impotência histórica em assuntos do meio rural, o governo eliminou todas as dificuldades burocráticas que pudessem entravar o processo de cercamento das lavouras. Quatro ministros, centenas de comitês agrários provinciais e distritais, milhares de agrimensores, agrônomos, estatísticos e engenheiros foram convocados a participar da empreitada. Os capitães da terra e outros funcionários locais foram bombardeados por diretivas, mandadas da capital: a ordem era animar os que pretendiam se divorciar da propriedade comunal. Dezenas de milhões de rublos foram reservados para ajudar nessa missão de catequese. Era como se o regime percebesse que sua sobrevivência política dependia dessa "aposta nos fortes".

Stolypin não poderia ter desejado um pioneiro melhor do que Sergei Semenov. O rapaz personificava o espírito do autoaperfeiçoamento e da iniciativa camponeses, pilares sobre os quais se apoiavam as reformas do primeiro-ministro. Semenov tinha opinião sombria sobre o modo de agir de seus vizinhos — o desrespeito que nutriam pela propriedade, a aversão que tinham aos livros e à ciência, as bebedeiras e as brigas constantes. Stolypin não pensava diferente. E ambos atribuíam essas características aos "hábitos herdados do tempo da servidão e perpetuados pela comuna e pelos Maliutins da vida".[29]

Para Maliutin de Andreevskoe, que não via motivo para mudanças nos costumes comunais, Semenov não passava de um encrenqueiro e merecia ser "xingado" de ateu e revolucionário, pois atacava tanto a Igreja quanto o tsar. O patriarca-mor e seus sequazes tentaram evitar que o rapaz frequentasse a assembleia da aldeia. A desculpa: o velho Semenov, alcoólatra e sustentado por Sergei, ainda era, legalmente, o cabeça da família. Maliutin considerava a aposta em reformas pura perda de tempo e dinheiro. "Nossos avós assim fizeram — e assim faremos nós."

Os argumentos do chefe do povoado continham elementos suficientes para fazer eco junto ao campesinato, que, por natureza, era avesso a reformas. Havia profundas razões culturais para que os lavradores se opusessem ao fim da comuna, epicentro de suas vidas durante séculos. A preocupação básica era simples: se alguns agricultores tivessem o direito de propriedade sobre parte das terras comunais ou se pudessem manter as glebas para si e deixá-las como herança, outros seriam privados do acesso à lavoura, sinônimo de subsistência para a maioria. Esse temor era mais forte entre os membros mais jovens, em especial as mulheres, pois se a terra passasse a ser considerada um bem privado, não mais existiria propriedade familiar e os quinhões tornavam-se posse legal do primogênito da casa. Ele poderia legar seus pertences a um ou mais de seus filhos ou simplesmente vendê-los, privando os demais parentes da herança. "Os camponeses", declarou um funcionário, "são tão hostis à lei de 9 de novembro" porque "receiam que os mais velhos disponham da terra e que, assim, seus filhos fiquem miseráveis. Eles dizem que ninguém deveria poder vender a lavoura — negociem o que quiserem, menos a terra."[30] Muitos agricultores tinham medo de que a transformação de área comunal em propriedade privada permitisse aos membros mais ricos da comunidade arrebanhar todos os terrenos existentes. Havia ainda um temor generalizado de que os agrimensores do governo, instruídos a encorajar o processo de cercamento das glebas, recompensassem os separatistas com mais do que a fatia justa de bom solo que lhes seria de direito.

E, de fato, os camponeses tinham bons motivos para inquietações sobre a forma como a colcha de retalhos de faixas aráveis seria desfeita, principalmente porque essas áreas quase sempre se confundiam com os torrões mantidos pela comuna. Em que termos um bom naco de terra, localizado em determinado lugar, seria trocado por um outro, mais pobre e situado além? Como dividiriam os prados, os bosques e os rios, que sempre foram considerados bens comuns? E se os novos sítios cercados iriam construir estradas próprias, estas não cruzariam limites e outros atalhos particulares já existentes? Os camponeses tinham apego a suas terras de um modo muito particular. A maioria havia cultivado as mesmas faixas durante anos a fio, conheciam suas peculiaridades e não se separariam facilmente delas. Ninguém jamais os ensinara a calcular a área de uma roça, multiplicando a largura pelo comprimento, portanto eles não dispunham de meios seguros para se certificarem de que dois nacos iguais tinham, na verdade, o mesmo tamanho. Seus campos eram divididos ("a olho" ou pela contagem do número de passadas necessárias para cobrir a anchura dos sulcos; para ajustar diferenças na extensão dos lotes ou quando o terreno era acidentado, bastavam alguns ajustes grosseiros. Os lavradores não tinham dúvidas de que esse método primitivo, usado por seus antepassados, era muito mais preciso do que os complexos cálculos científicos usados pelos agrimensores do governo, com seus ternos, réguas e tripés. Além do que, os técnicos não podiam levar em conta as variações na qualidade do solo de cada faixa, como os próprios camponeses faziam em discussões intermináveis durante o processo de divisão das glebas. Nem podiam considerar os inúmeros fatores sociais que inevitavelmente influenciavam a distribuição de lotes entre os membros da comunidade, pois dar a melhor parcela de lavoura para as famílias mais poderosas tornara-se um mecanismo importante na preservação da tradicional hierarquia do povoado. Os lavradores maiores eram os que mais tinham a perder com o fim da comuna; e, quase sempre, foram eles que lideraram a campanha contra a reforma agrária de Stolypin. Sem dificuldade, esses homens podiam incutir, entre os camponeses, um horror generalizado às mudanças propostas pelo primeiro-ministro, uma vez que o sistema de distribuição de faixas de terra tornara-se parte da vida cotidiana local, da história familiar de cada um dos aldeões e da estrutura social da vila.[31]

Todos esses fatores entraram em cena na batalha travada por Semenov contra a comuna. Ele e seus seguidores, quase todos camponeses mais jovens e mais instruídos, tentaram persuadir o restante do povoado a juntar todas as faixas de terra disponíveis ou, pelo menos, a realizar uma redivisão do solo comunal, de modo a reduzir o número de faixas. Mas Maliutin e seu séquito levantaram todo tipo de objeção e, assim, os demais lavradores perfilaram-se com o patriarca-mor, pois temiam a ele e às mudanças. Com isso, Semenov não conseguiu a maioria de dois terços necessária para fundir as glebas. O grupo progressista, então, meteu-se a alardear o direito de unir seus próprios lotes, que passariam a constituir uma *otruba*. Mas novamente a oposição de Maliutin e de outros anciões foi vigorosa. A aldeia cindiu-se em duas frentes minoritárias e adversárias — uma tentando acabar com a comuna, outra tentando resguardá-la —, enquanto a maioria dos camponeses não sabia o que pensar mas, como carneiros, procurava seguir o grupo mais numeroso. Os patriarcas expulsaram os filhos de Semenov da escola do povoado e privaram-no do acesso aos pastos e bosques comunais. Sequazes de Maliutin espancaram a mulher do rapaz, mataram seus animais e queimaram as casas daqueles que insistiam em aceitar o enfraquecimento da comuna. E, para completar, ameaçaram de morte os agrimensores que passavam pela vila. Durante dezoito meses nenhum outro medidor de terras ousou reaparecer no local.

Tamanha intimidação não era incomum (em muitas aldeias foi necessário convocar tropas e baixar lei marcial para dar fim à violência). Certamente isso funcionou para acabar com muitos camponeses que poderiam vir a se transformar em pioneiros. Dos 6 milhões de pedidos individuais de fusão de terras recebidos antes de 1915, mais de um terço foi retirado pelos próprios impetrantes, com frequência por causa da pressão de vizinhos. Dentre as fusões concluídas (ao todo cerca de um milhão de unidades finais), dois terços tiveram que ser impostos pelas autoridades, contra a vontade da comuna.[32] E ainda assim, Semenov aprenderia que, mesmo com o Estado a seu lado, era necessária uma enorme dose de determinação para os separatistas conseguirem concretizar seus objetivos.

Burocraticamente, o destino das reformas de Stolypin estava nas mãos dos capitães de terra locais. Cabia a esses explicar aos agricultores as vantagens do novo tipo de cultivo e aprovar as petições encaminhadas ao comitê da terra, ao Banco Agrícola e a outras fontes de apoio financeiro. O capitão de terra de Semenov, Makarov, era um nobre liberal e instruído, que assumiu aquele posto relativamente humilde premido pela falência e por um caso de amor trágico. Do mesmo modo que o governador de província, Makarov tinha grande simpatia pelo movimento de cercamento das áreas de cultivo. Mas isso era raro. A maioria de seus colegas da burocracia provincial opunha-se às novidades apresentadas por Stolypin e viam as sebes como parte de uma campanha mais ampla — que seria articulada pelo primeiro-ministro — para minar o domínio dos nobres do campo. Assim, faziam da inação e do postergamento armas contra a implementação das medidas. A necessidade de envolver os capitães da terra nesse processo de reforma agrária acabou sendo um importante obstáculo para aqueles que poderiam ser considerados separatistas em potencial. Em muitas áreas o capitão desempenhara papel-chave na repressão a distúrbios no campo no período 1905-1907 e a desconfiança camponesa com relação a todos os que ocupavam tal cargo, assim como aos demais funcionários do governo, aprofundou-se ainda mais.[33]

E Makarov, mesmo sendo uma exceção entre seus pares, podia fazer muito pouco para ajudar Semenov. O Mestre de Cerimônias da Nobreza e outros capitães da terra de Volokolamsk eram ferrenhos adversários das reformas e Makarov não estava disposto a sair da linha e correr o risco de perder o emprego. Nem era corajoso o bastante para usar seus poderes coercitivos, impor os direitos de Semenov e fazer frente à oposição hostil dos demais aldeões. Tudo isso funcionava a favor dos defensores da comuna de Andreevskoe, que se tornaram ainda mais intransigentes. Liderados por Maliutin, eles bombardearam as autoridades locais com queixas mesquinhas contra Semenov. Tais lamúrias tinham sido manhosamente arquitetadas, de modo a criar intermináveis adiamentos burocráticos no processo de reforma agrária. Eles também denunciaram Semenov ao distrito policial, alegando que o rapaz havia profanado um retrato do tsar. Assim, teve início uma investigação detalhada para decidir se o pioneiro era digno de possuir um sítio particular. Os patriarcas foram além: levantaram dúvida sobre quem tinha direito de participar da assembleia da aldeia, se Semenov ou o pai, e levaram a questão ao tribunal do *volost*, que não chegou a conclusão nenhuma. Não satisfeitos, empurraram o caso para os tribunais do distrito. Tudo isso demorou quase dois anos. Maliutin também recorreu à justiça camponesa para tentar colocar em xeque o direito do rapaz sobre as terras que pretendia cercar. O patriarca-mor alegava que, na verdade, os lotes lhe pertenciam. E enquanto o caso estivesse *sub judice*, o rapaz não poderia cercar suas glebas, pois pairavam dúvidas sobre o direito legal que teria sobre elas.

A determinação de Semenov de superar todos esses obstáculos foi extraordinária. A maioria dos separatistas se deteve diante de dificuldades muito menores e, com isso, o movimento de cercamento perdeu muito de seu ímpeto. O número de lotes unificados, depois de um forte arranco inicial, caiu drasticamente depois de 1909-1910 e, às vésperas da revolução, apenas cerca de 15% de todas as famílias camponesas da Rússia europeia tinham consolidado suas terras como áreas privadas, em grupos ou individualmente. Desse modo, o total de sítios passíveis de serem passados por herança subiu de 27 para 33% do total.[34] Mas para cada família que cercou suas lavouras havia uma outra que tentara e falhara, fosse por causa da resistência da comuna, fosse por conta de estorvos burocráticos que acabavam por disseminar a falta de interesse entre os interessados. A maior parte dos cercamentos aconteceu no oeste, no sul e sudeste do país, onde o mercado era mais desenvolvido. Os camponeses que optaram pela proposta de Stolypin foram quase sempre aqueles que antes já produziam para comercialização ou, no extremo oposto, os lavradores mais pobres, que em pouco tempo vendiam suas glebas privadas e mudavam-se para a cidade. A massa de agricultores da região central da Rússia — mais precisamente aqueles que liderariam a revolução agrária de 1917 — não foi afetada. A reforma do primeiro-ministro não conseguiu alterar o modo de vida comunal dessa área.

Ao fim e ao cabo, depois de mais de dois anos de peleja, os agrimensores chegaram a Andreevskoe (escoltados por guarda-costas armados) e providenciaram os últimos detalhes necessários à reforma agrária local. Das 45 famílias que haviam se candidatado a reunir suas terras à de Semenov, só oito não mudaram de ideia. Para apaziguar os oponentes, esse pequeno grupo foi forçado a se contentar com um mísero pedaço de terra nos confins da aldeia. E como não tinha pastos apropriados, continuou a depender da permissão da comuna do povoado para levar o gado para comer. Tantas concessões eram inevitáveis. A maior parte dos camponeses separatistas optava por manter um pé na vila, o que era possível se montassem uma *otrub* (que lhes dava direitos de acesso aos pastos e aos bosques comunais), a ter que correr o risco de se estabelecer numa *khutor*, cercada mas perigosamente isolada. A imensa maioria das terras cercadas de Stolypin era *otruba*; e o governo, a despeito de sua preferência pelas *khutora*, não tinha como interferir na escolha dos aldeões e só lhe restava abençoá-los.

Semenov e seus partidários aos poucos transformaram a *khutor* pobre em um modelo de sítio particular, a despeito da oposição inquebrantável dos camponeses da comuna, que vez por outra destruíam a propriedade. Introduziram grandes canteiros quadrados com rotações de lavoura, sementes selecionadas, fertilizantes químicos e ferramentas modernas. As safras de cereal e linho foram quase 50% maiores do que o resultado obtido nas condições de outrora. Construíram abrigos de inverno para as vacas, importaram da Europa matrizes de animais de melhor qualidade, exportaram leite para Moscou e criaram uma associação de produtores de laticínios. Plantavam também frutas e vegetais, que levavam, de trem, para serem vendidos em Moscou, todos os sábados. "Minha experiência ao longo dos últimos três anos", escreveu Semenov em 1913, "convenceu-me de que um futuro novo e brilhante espera os camponeses."[35] E essas lavouras recém-cercadas foram as primeiras de uma breve revolução agrícola russa, antes da Primeira Guerra Mundial. Em larga medida, foram elas as responsáveis pela acentuada melhoria do padrão de vida rural constatada por historiadores recentes. Os sitiantes de *khutora*, que em geral eram os mais fortes dentre os fortes, tinham três ou quatro cavalos e talvez uma dúzia de vacas, ao passo que a maioria da gente da comuna dispunha de apenas um animal de cada tipo. Essa nova linhagem de camponeses contratou serviços de outros agricultores, comprou mais terra dos nobres e começou a negociar. Ali estavam os ganhadores da "aposta nos fortes".

Mas houve outros, em especial entre os *otrubniki*, que fracassaram. Na verdade, não raro suas *otruba* eram menores do que os lotes vizinhos mantidos pela comuna, sugerindo que pertenciam aos camponeses mais fracos. Sem dúvida, muitos deles haviam se estabelecido por conta própria com o objetivo de vender a terra e se transferir para a cidade: mais de um milhão de lavradores fez essa opção, entre 1908 e 1915. Mas outros tentaram cultivar suas áreas cercadas, acreditando que, uma vez livres da comuna, poderiam tornar-se sitiantes bem-sucedidos. A verdade óbvia era que a lavoura num lote cercado acarretava mais custos e riscos do que os agricultores haviam enfrentado no sistema comunal, e tentar plantar e colher com meios inadequados era uma condenação ao malogro. Os separatistas tinham que pagar os juros dos empréstimos contraídos junto ao banco e precisavam investir em estradas, cercas e água. Também tinham que garantir transporte, ferramentas, lenha, pastagens e estoques de sementes e grãos, alguns dos quais antes eram partilhados com os vizinhos da comuna. A gama de serviços comunais que sempre fizera da aldeia o centro da vida camponesa — a igreja, a escola, o pequeno comércio e até as relações pessoais entre os moradores da área — agora estava fora do alcance desses lavradores da iniciativa privada, pelo menos em parte. Em 1917, muitos dos sitiantes apartados da comuna tinham afundado numa miséria desesperadora e estavam dispostos a liquidar suas terras, retornar ao antigo estilo de vida e partilhar o espólio decorrente da guerra contra as propriedades dos nobres, que recrudescera.

A maioria dos historiadores ocidentais tendeu a deduzir — não raro apoiada mais em seus próprios preconceitos ideológicos do que em evidências empíricas — que a reforma agrária de Stolypin "deveria ter sido" um sucesso. Segundo os argumentos de algumas correntes, não fosse a Primeira Guerra Mundial, que interrompeu o processo de cercamentos, a reforma poderia ter abortado a revolução agrária, convertendo os camponeses numa classe de minifundiários. Tal pretexto encaixa-se na visão de um punhado de historiadores para os quais a Rússia tsarista, depois de 1905, se estabilizou e se fortaleceu, pois escolhera o caminho que a transformaria numa sociedade moderna e, tivesse a guerra sido evitada, a revolução jamais teria acontecido. Os dias ruins da autocracia estavam ficando para trás, uma ordem parlamentar estava tomando forma e a Rússia, ainda de acordo com esses estudiosos, estava rapidamente se transformando numa potência industrial, na qual o campesinato não se dedicava apenas à agricultura de subsistência, mas também, graças à reforma de Stolypin, era capaz de exportar alimento.

Na verdade, muito antes de 1914, a reforma agrária do primeiro-ministro já fora interrompida. Stolypin havia afirmado que precisaria de pelo menos vinte anos para modificar o país, mas mesmo se tivesse continuado a agir, mantendo o mesmo ritmo registrado antes do conflito mundial, seria necessário quase um século para que o regime criasse a burguesia agrária forte sobre a qual, evidentemente, esperava se apoiar no futuro. O processo de cercamento da terra, como todas as demais reformas do regime tsarista, veio tarde demais.

Parte do problema era a falta de uma estrutura burocrática adequada à implementação das novidades. Tanto isso era verdade que um dos maiores entraves à reforma foram os postergamentos infindáveis. O governo tentava mudar o modo de vida camponês sem fazer uso de qualquer instrumento político efetivo no meio rural. A maioria dos nobres, dos governadores de província até os capitães de terra locais, eram contrários às iniciativas e fizeram o que podiam para detê-las. Enquanto isso, não havia nenhuma ingerência do governo na administração da aldeia, embora Stolypin tenha se esforçado para criar um *zemstvo* de *volost* dominado pela nova classe minifundiária. Mas também essa proposta foi fadada ao esquecimento por força da oposição dos fidalgos, que defenderam sua tradicional hegemonia sobre o governo local. Portanto, os pioneiros separatistas, como Semenov, não contavam com nenhuma autoridade política a que pudessem recorrer, no ponto mais renhido da luta, com o objetivo de romper com a comuna. E a menos que demonstrassem convicção tão grande quanto a de Semenov, as chances de sucesso eram mínimas. Sem a democratização do governo local as reformas do primeiro-ministro estavam condenadas ao insucesso.

Talvez o principal carrasco das reformas tenha sido o excesso de ambição com que foram planejadas. Ao longo de todo o processo, ficou claro que era muito mais árduo impor regras capitalistas estrangeiras à Rússia rural e atrasada do que supunham burocratas vetustos encastelados em seus gabinetes de São Petersburgo. A comuna da aldeia era uma instituição antiga, sob muitos aspectos moribunda, mas sob outros ainda tinha utilidade para atender às necessidades básicas de camponeses que viviam às margens da pobreza, temerosos de assumir riscos, avessos a mudanças e hostis a forasteiros. Stolypin presumiu que a gente do povoado era pobre porque estava atrelada à comuna; libertando-a, seria possível melhorar suas vidas. Mas o inverso estava mais próximo da verdade: a comuna existia *porque* os camponeses eram pobres, e sua função era distribuir o fardo da miséria. Enquanto os lavradores lutassem apenas pela subsistência, nada os faria abandonar a comuna. De um modo ou de outro, os costumes igualitários da aldeia forjaram as noções de justiça social dos camponeses, pelas quais eles iriam lutar em 1917 e ainda por muito tempo.

4. Por Deus, pelo Tsar e pela Pátria

Nas colinas existentes nos arredores de Kiev, há algumas grutas onde, antes da revolução, as crianças brincavam e as famílias faziam piqueniques. Certo dia da primavera de 1911, numa dessas furnas, as crianças encontraram o cadáver de um estudante. Ele levara 47 punhaladas, distribuídas pela cabeça, pescoço e dorso. Suas roupas estavam empapadas de sangue. O boné do uniforme escolar e alguns cadernos permitiram que fosse identificado: era Andrei Yustshinsky, um menino de 13 anos, aluno da Escola Eclesiástica de Sófia.

O crime chocou a população da cidade e ocupou grande espaço na imprensa local. A quantidade de ferimentos, segundo a associação local dos Cem Negros, denunciava um assassinato ritual, praticado por judeus. No funeral, esses mesmos homens distribuíram panfletos, afirmando que "todos os anos, antes da páscoa dos hebreus, os judeus torturam até a morte dezenas de crianças cristãs, cujo sangue misturam aos *matzos*".* Conclamava-se os "cristãos a eliminarem os semitas, até que não restasse um só deles na Rússia".[36]

A teoria de assassinato ritual tinha a retaguarda espúria dos chamados *Protocolos dos sábios de Sião,* texto forjado pela polícia tsarista, publicado pela primeira vez em São Petersburgo, no ano de 1902. Muito antes do enorme sucesso alcançado na Europa dominada por Hitler, a obra obteve repercussão popular, na Rússia, difundindo o mito de que os judeus arquitetavam uma conspiração mundial com vistas a corromper e subjugar as nações cristãs. No entanto, só depois de 1917, quando muitos russos atribuíram as calamidades da guerra e da revolução aos semitas, é que o texto conquistou grande número de leitores. Um exemplar foi encontrado entre os últimos bens de Nicolau II, após seu assassinato, em julho de 1918. Os *Protocolos* mereceram várias edições, entre 1905 e a morte de Andrei; portanto, a acusação feita pelos Cem Negros de que o garoto fora vítima de um ritual judaico teria soado familiar, quase convincente, para muitas dezenas de milhares de cidadãos. Além do mais, naquele período, proliferava uma extensa literatura "científica" sobre assassinatos rituais praticados por semitas, vampirismo e escravização de mulheres brancas, o que conferia às denúncias dos grupos um certo aval. Em suma, como colocou Witte, o antissemitismo estava "em voga" nos círculos da elite.[37]

Nas semanas seguintes ao enterro do menino, Kiev foi tomada por rumores de que a população judaica local organizara uma campanha para a realização de crimes rituais. A imprensa de direita fazia eco a tais acusações e usava-as para posicionar-se contra a concessão de direitos civis e religiosos aos semitas. "O judaísmo", alegava o Estandarte Russo (*Russkoe znamid*), "transformara o povo semita numa espécie

---

* Pão que os judeus costumam comer na Páscoa. [*N. da T.*]

criminosa constituída por assassinos, torturadores rituais e bebedores de sangue cristão." Trinta e sete deputados direitistas da Duma, inclusive onze padres ortodoxos, assinaram uma petição solicitando que o governo levasse aos tribunais "a seita criminosa de judeus". Os ministros da Justiça, I. G. Shcheglovitov, e do Interior, N. A. Maklakov, estavam convencidos da teoria de crime litúrgico, assim como a maioria dos membros do governo e da corte. Foi com a bênção pessoal do tsar que esses burocratas saíram em busca de um bode expiatório judeu.[38]

O escolhido para ser acusado da morte de Andrei foi Mendel Beiliss, um homem de meia-idade, funcionário burocrático de uma fábrica de propriedade de judeus, que por acaso estava perto das grutas quando o corpo do menino foi encontrado. Nada havia de extraordinário sobre Beiliss, chefe de família, altura mediana, óculos, barba curta e negra. Ele sequer era muito religioso e raramente ia à sinagoga. Mas durante dois anos, tempo em que foi mantido preso, à espera de julgamento, a polícia fez chegar à opinião pública o retrato mais terrível do suspeito. Em troca de subornos, falsas testemunhas afirmaram tê-lo visto usando de violência para raptar Andrei, ou tê-lo ouvido confessar o crime e sua participação em cultos semitas secretos. Os dois médicos encarregados da autópsia foram forçados a alterar os laudos, de modo a confirmar a tese de assassinato ritual. Um psiquiatra famoso, o professor Sikorsky, foi instado a confirmar que, tendo em vista as mais claras "evidências antropológicas", o assassinato do menino fora "típico" de crimes rituais regularmente praticados por judeus. A imprensa regozijou-se com histórias fantásticas sobre "Mendel Beiliss, o Bebedor de Sangue Cristão" e com artigos de vários "especialistas" contendo antecedentes históricos e científicos do caso.[39]

Enquanto isso, a verdadeira causa da morte de Andrei já havia sido desvendada por dois policiais de somenos importância. O garoto era colega de Yevgeny Cheberiak, cuja mãe, Vera, integrava uma gangue que, havia pouco tempo, realizara uma série de roubos em Kiev. Os produtos do roubo foram guardados na casa da mulher para depois serem transportados para outras cidades, onde seriam revendidos. Em certa ocasião, Andrei descobrira o esconderijo secreto das mercadorias. Numa discussão com o amigo, ameaçara contar tudo o que sabia à polícia, a essa altura já desconfiada de Vera e seus comparsas. Quando Vévgeny informou a mãe sobre as intimidações de Andrei, o grupo de ladrões, amedrontado, matou o garoto e jogou o cadáver nas grutas. Todas esses dados foram encobertos pelo procurador distrital, incumbido das investigações, um fanático antissemita chamado Chaplinsky, ávido em conseguir uma promoção em troca da entrega da cabeça de Beiliss ao ministro Shcheglovitov. Os dois policiais foram demitidos e outros, que tinham dúvidas com relação à culpabilidade do suspeito, foram obrigados a silenciar. Chaplinsky escondeu até mesmo o fato de Vera, que no tribunal afirmaria ter visto Beiliss sequestrar Andrei, haver envenenado o próprio filho por medo de que revelasse a responsabilidade que ela tivera no desdobramento de todo o caso. Afinal, Yevgeny era a única testemunha capaz de derrubar a tese da acusação.

Em 1917, quando todos os detalhes sobre o que realmente ocorrera com Andrei vieram à tona, soube-se também que o ministro da Justiça e o tsar haviam tomado conhecimento da inocência de Beiliss muito antes do início do julgamento. Ambos tinham levado a história adiante na crença de que a condenação do homem serviria para "provar" que o culto judaico de assassinatos rituais era incontestável. Na abertura do julgamento, em setembro de 1913, a identidade dos assassinos já fora descoberta pela imprensa liberal, que se baseou em dados fornecidos pelos dois policiais exonerados por Chaplinsky. Houve grandes manifestações públicas contra o processo. Dezenas de advogados, incluindo o jovem Kerenski, realizaram um protesto no tribunal de Petersburgo, e por isso foram suspensos. Gorki, então vivendo em Capri, escreveu um apelo ardente contra a "caça às bruxas judias", documento também assinado por Thomas Mann, Anatole France, H. G. Wells, Thomas Hardy, professores de Oxford e inúmeros políticos importantes de toda a Europa. Nos Estados Unidos, o *lobby* judeu clamou pela suspensão de todos os empréstimos internacionais concedidos à Rússia. Mas o governo tsarista manteve-se impassível diante do escândalo e redobrou seus esforços para que Beiliss fosse condenado. Às vésperas do julgamento, várias testemunhas de defesa foram presas e mandadas para exílio em lugar desconhecido. O juiz foi recebido pelo tsar, ganhou um relógio de ouro e promessa de promoção se houvesse uma "vitória do governo". Durante o julgamento, ele interrompeu várias vezes os trabalhos a fim de dizer ao júri, formado por camponeses de uma área notória por *pogroms*, que a promotoria acabara de lhes falar sobre um "fato estabelecido". Mas mesmo isso não foi o bastante para assegurar a condenação. As testemunhas de acusação — vagabundos, criminosos já condenados e prostitutas — confessaram, durante as sessões, que haviam sido pagos pela polícia para mentir. Nas cinco semanas de audiências, o nome do réu mal foi mencionado, tamanha era a ênfase que a acusação atribuía a difamar a religião judaica. "Como podemos condenar Beiliss", perguntou um dos jurados, certamente percebendo que era isso o que esperavam do júri, "se nada foi dito sobre ele?"[40]

Ao fim, em meio ao júbilo que tomou conta da Rússia e do exterior, Beiliss foi absolvido. Seis meses depois, emigrou para a Palestina e de lá seguiu para os Estados Unidos, onde morreu em 1934. Os verdadeiros assassinos jamais foram responsabilizados pelo crime. Vera Cheberiak foi convidada a participar de uma pantomima sobre o caso Beiliss — e toda a situação não passara mesmo de um embuste. Ela continuou a viver em Kiev até 1918, quando foi presa e fuzilada pelos bolcheviques durante o Terror Vermelho (poder-se-ia quase afirmar que foi uma das poucas vítimas merecidas). Quanto ao governo tsarista, continuou a agir como se nada houvesse acontecido, concedendo títulos, promoções e presentes valiosos em espécie para aqueles que, no julgamento, se empenharam em ficar do lado da acusação. Chaplinsky foi promovido à posição de destaque no Senado e o juiz do caso foi nomeado presidente do Tribunal de Apelações. Aos olhos do Ocidente, porém, o caso Beiliss passou a simbolizar a luta entre a Rússia déspota e medieval e a nova Rússia do século XX, defensora de uma sociedade ao estilo europeu, cujas bases eram as liberdades civis da era da Duma. Na opinião do mundo civilizado, o regime tsarista, ao alinhar-se com a primeira corrente, cometera suicídio moral.

Por que a monarquia dispusera-se a ir tão longe no julgamento de Beiliss? Com certeza, a resposta está na situação política geral. Em 1911, a Duma havia entrado em colapso. Os dois principais partidos desejosos em trabalhar com o governo, os outubristas e os nacionalistas, estavam profundamente divididos e, nas eleições para a Quarta Duma, em 1912, seu desempenho nas urnas foi muito aquém do registrado antes. A velha maioria de centro-direita havia se desintegrado e a Duma, diante da impossibilidade de consenso, enfraqueceu-se por fazer uma série de alianças frágeis.* O governo de Kokovtsov (1911-1914) ignorou o parlamento, encaminhando somente projetos sem o menor valor político. O Palácio Tauride esvaziou-se aos poucos, na medida em que o parlamento perdia prestígio. Nesse ínterim, o movimento operário, que estivera entorpecido até 1906, revivera com força em abril de 1912, após o massacre de 500 manifestantes mineiros no rio Lena, deserto norte da Sibéria. Durante os dois anos seguintes, 3 milhões de proletários envolveram-se em 9 mil greves. Número cada vez maior desses protestos era organizado sob *slogans* bolcheviques, em detrimento da liderança mais cautelosa de seus rivais mencheviques. Nas eleições de 1912 para a Duma, os bolcheviques ganharam seis das nove cúrias ocupadas por operários. Dois anos depois, controlavam os maiores sindicatos de Moscou e São Petersburgo. O *Pravda*, jornal criado por eles, em 1912, com a ajuda financeira de Gorki, entre outros, tinha a circulação mais vultosa dentre todas as publicações socialistas, com cerca de 400 mil exemplares vendidos diariamente (e, na verdade, a quantidade de leitores era ainda mais expressiva).[41]

Para o tsar e seus sequazes da corte, da Igreja e dos círculos de direita, sem dúvida aquele parecia um momento oportuno (com a Duma fragilizada) e premente (com a ascensão da esquerda militante) para cassar os ganhos da era constitucional e mobilizar as massas urbanas em defesa de uma autocracia popular. Maklakov e Shcheglovitov, os dois principais patronos do governo no caso Beiliss, havia muito pressionavam Nicolau para que a Duma fosse inteiramente fechada, ou pelo menos, para reduzi-la à condição de órgão consultivo. Apenas a pressão ocidental e o medo da reação das ruas continham o tsar. Mas, em especial para esses dois ministros — e

* Os partidos de direita (os nacionalistas e os direitistas) tinham 154 deputados na Quarta Duma; o centro (outubristas e grupo do centro), 126; e os de esquerda (constitucionalistas, progressistas e socialistas), 152.

também para o tsar, é claro, crédulo e facilmente ludibriado —, a morte do menino Andrei deve ter surgido como a primeira (e talvez a última) chance de explorar a xenofobia com fins monárquicos. Eles devem ter imaginado poder conclamar o "leal povo russo" em favor do tsar e da velha ordem social contra os males da modernidade — a depravação da vida urbana, a influência insidiosa da intelectualidade e a atuação da esquerda — que muitos russos ingênuos prontamente associavam aos judeus. Como os *pogroms* de 1905-1906 já haviam demonstrado, o antissemitismo que grassava entre a população fora uma arma vital no arsenal da contrarrevolução. A União do Povo Russo (UPR), principal expoente da reação, formara entre os primeiros grupos de Cem Negros a proclamar a acusação de assassinato ritual; e garantiu uma claque de antijudeus durante todo o tempo em que transcorreu o julgamento de Beiliss. Nicolau em pessoa apoiava essa organização (e o governo a financiava em segredo), na esperança de que um dia viesse a se constituir num partido monarquista popular capaz de arrebatar o apoio então conferido aos socialistas. O manifesto da UPR deixava claro uma desconfiança plebeia em relação a todas as entidades partidárias existentes, à intelectualidade e à burocracia, vistas como obstáculos à "comunhão direta entre o tsar e seu povo". Isso era música para os ouvidos de Nicolau, que partilhava da fantasia sobre a restauração do poder pessoal do monarca, segundo o modelo vigente no século XVII. O vínculo místico entre o tsar e seu povo fora o *leitmotif* do tricentenário dos Romanov. Até mesmo o sucesso de Rasputin baseava-se, em grande parte, na ilusão obstinada de que o "Homem Sagrado" não passava de "um simples camponês". Em suma, para ter acesso aos círculos mais influentes do regime tornava-se necessário atiçar a ânsia de popularidade do tsar, assim como dar apoio à UPR consistia no caminho mais curto para alcançar tal objetivo. Daí por que membros importantes da Igreja, da corte e do governo, incluindo o ministro do Interior, Maklakov, avalizavam a UPR,[42] nada mais era do que um movimento nacionalista em prol da Grande Rússia, cuja meta principal resumia-se no slogan "Grande Rússia, Una e Indivisível". Mas apostar nas fichas nacionalistas era arriscado para o regime tsarista; e as consequências difíceis de prever. O conceito de "nação" desempenhou papel-chave na política, entre 1905-1917, e era cada vez mais usado na retórica de monarquistas e partidos representados na Duma, ambos empenhados na disputa pelo beneplácito popular. A ideia de "Rússia" funcionou como ponto de referência vital durante essa era de transição em que as velhas certezas políticas pareciam estar fenecendo e as novas ainda estavam por se formar. Tal noção serviu de norte para a bússola usada pelos russos para abrir caminho rumo a uma nova política — da mesma forma que ocorreu após a queda do comunismo. Cada corrente de pensamento político agarrava-se a um tipo específico de nacionalismo. No caso da União do Povo Russo, baseava-se no racismo e na xenofobia. A supremacia dos filhos da Grande Rússia teria que ser defendida pelo império. Para os líderes de direita da Igreja, o nacionalismo escorava-se na superioridade da Ortodoxia. Mas tamanho chauvinismo não se limitava às hostes mais à direita. Todos os partidos de centro-direita que se sentavam na Duma partilhavam da convicção, comum após 1907, de que, diante da rivalidade crescente entre o império e as grandes potências do Ocidente, os interesses da Rússia dependiam de estímulos ao sentimento nacionalista popular (não fosse por isso, como conseguiriam ter um exército forte?) e na manutenção do domínio sobre as fronteiras não russas. O governo de Stolypin fora forçado a ajustar seu programa para fazer frente às demandas desse nacionalismo, em especial depois de 1909, quando o apoio dos outubristas declinou e o primeiro-ministro viu-se obrigado a recorrer ao Partido Nacionalista para conseguir maioria na Duma. A separação de Kholm, que antes pertencera à Polônia (1909), a reimposição do poder russo sobre a Finlândia, na maior parte das questões (1910), e as medidas garantidoras do domínio da minoria russa sobre a maioria polonesa no projeto de lei dos *zemstvos* nos territórios situados a oeste (1911) sinalizavam a linha oficial do nacionalismo grão-russo. Nesse período, foram tornadas nulas muitas das concessões conquistadas pelos não russos após a Revolução de 1905. Stolypin justificava sua política sob o pretexto de que era preciso defender o império. Afinal, segundo ele explicou a Bernard Pares, a fronteira finlandesa ficava apenas a 32 km de São Petersburgo; e, a título de comparação, acrescentou que a Inglaterra não toleraria um Estado autônomo cuja distância em relação a Londres fosse equivalente à que existe entre a capital e o porto de Gravesend, no Tâmisa.[43]

Crescia a ameaça de uma guerra na Europa. Os dois grandes impérios balcãs, o otomano e o austro-húngaro, estavam se separando sob a pressão de movimentos nacionalistas. A Alemanha e a Rússia preparavam-se para disputar os espólios, pois pretendiam aumentar suas influências na região. A ocupação de Constantinopla e o controle de Dardanelos, por onde passava metade do comércio internacional, era a principal ambição russa desde o tempo de Pedro, o Grande. Mas o império também alimentava grandes esperanças de ter seu próprio império eslávico nos Bálcãs, esperanças essas fomentadas por movimentos nacionalistas na Sérvia, Bulgária e Bósnia-Herzegovina.

Durante muito tempo, tais sonhos pan-eslávicos foram vistos como fonte de inspiração para poetas, não como objetivos possíveis. A fraqueza militar e econômica do país exigia uma política externa cautelosa. Como afirmara Plolovtsov em 1885, "a Rússia precisa de estradas e escolas, não de vitórias ou honra, ou então tornar-se-á uma outra Lapônia".[44] Cabia aos diplomatas defender os interesses da Rússia na Europa; e isso, quase sempre, significa conciliar seus dois vizinhos poderosos, Berlim e Viena. A corte Romanov havia muito estava nas boas graças dos alemães, em parte devido aos fortes laços dinásticos entre as famílias governantes e em parte devido à oposição que os dois países faziam ao liberalismo europeu. Havia até mesmo o desejo de reviver a velha Liga dos Três Imperadores.

Depois de 1905, porém, não podia mais haver política externa que desconsiderasse a opinião pública. A Duma e a imprensa tinham grande interesse nos assuntos do império e cada vez mais exigiam ações agressivas em defesa dos interesses russos nos Bálcãs. Os outubristas lideravam tais iniciativas, tentando deter o declínio de seu prestígio político por meio de uma cruzada nacionalista. Seu líder, Guchkov, condenou o fato de os diplomatas não terem querido a guerra em 1908, quando a Áustria anexou a Bósnia-Herzegovina. Para ele, fora uma traição da missão histórica russa segundo a qual lhe cabia defender os eslavos dos Bálcãs. O povo russo, declarou Guchkov, "ao contrário da frouxa indolência da Rússia oficial", estava pronto para a "guerra inevitável com as raças germânicas" e os sentimentos patrióticos da população reclamavam que "diplomatas estrangeiros e russos tivessem tamanha determinação como líquida e certa". Sem querer cair no ostracismo por conta das investidas dos outubristas, os kadets de direita elaboraram sua própria versão de nacionalismo eslavo. Struve alegava que o caso bósnio era "uma desgraça nacional". O destino da Rússia, ele afirmou num célebre ensaio escrito naquele ano, era estender sua civilização "a toda a bacia do mar Negro". E, por mais contraditório que pareça, isso seria obtido por uma combinação de poder imperial e livre associação de todas as nações eslavas — que, na opinião de Struve, diante da opressão teutônica, recorreriam à Rússia como refúgio constitucional. Igualmente ansiosa por brandir a bandeira patriótica estava a elite liberal de Moscou, liderada por Alexander Konovalov e pelos Riabushinsky — que, em 1912, haviam criado seu próprio Partido Progressista por achar que era hora de a burguesia assumir a liderança da nação. O controle da Rússia sobre o mar Negro e as rotas de navegação que cruzavam o estreito de Dardanelos eram o alvo principal de suas ambições comerciais.[45]

Muito desse patriotismo burguês era formado pela ideia de que a Europa rumava inevitavelmente para um conflito titânico entre teutônicos e eslavos. O pan-eslavismo e o pangermanismo eram dois credos que se justificavam de modo recíproco: um não podia existir sem o outro. O temor à Rússia unia todos os patriotas alemães; o temor à Alemanha fazia o mesmo entre os russos. A germanofobia calava fundo na sociedade russa. A revolução deveu-se também a isso — foi uma reação à guerra e uma rejeição à corte Romanov dominada por alemães. Esse medo à Alemanha originava-se, em parte, da insegurança cultural dos russos, do sentimento de que viviam numa sociedade retrógrada, semiasiática, onde tudo o que era moderno e progressista havia sido importado do Ocidente. Havia, como Dominic Lieven observou, "uma percepção instintiva de que a arrogância germânica em relação aos eslavos comportava uma negação implícita da dignidade e das condições de igualdade do povo russo diante de outras raças importantes da Europa". A riqueza que os alemães ostentavam na Rússia, sua proeminência entre a burocracia e o crescente aumento das exportações de produtos alemães para mercados tradicionais da Rússia apenas serviam para sublinhar essa sensação de ameaça racial. "Nos últimos vinte anos", declarou, em 1914, um editorial do *Novoe vremia*, "nosso vizinho a oeste fincou com voracidade os dentes nas fontes vitais de nosso bem-estar e, como um vampiro, sugou o sangue do camponês russo." Muita gente receava que o *Drang nach Osten* [interiorização no rumo leste] fosse parte de uma plano alemão mais amplo para aniquilar a civilização eslava. Bastava isso para levar à conclusão de que a Rússia sofreria um longo período de declínio imperial e subjugação à Alemanha caso não se manifestasse firmemente a favor de seus aliados nos Bálcãs. Esse sentimento de pan-eslavismo crescia na medida em que a população frustrava-se com a abordagem conciliatória do governo frente aos "agressores alemães". O *Novoe vremia* foi o precursor de acusações contra o governo que, premido por Berlim, decidira reconhecer a anexação da Bósnia como uma "Tsushima diplomática".* O jornal conclamava o governo a contra-atacar a influência cada vez maior da Alemanha nos Bálcãs por meio de uma campanha eslava. A partir de 1908, foram criadas numerosas sociedades eslavas. Um Congresso Eslavo chegou a ser realizado em Praga, onde os russos tentaram persuadir seus céticos "irmãos" das terras tchecas de que estariam melhor sob as asas do tsar. Nas guerras dos Bálcãs em 1912-1913, esse sentimento pró-eslavista reunira muitos elementos da sociedade russa. Centenas de organizações afirmaram apoio aos eslavos, as principais cidades testemunharam imensas manifestações e, numa série de banquetes políticos, figuras públicas clamaram por uma afirmação mais vigorosa do poder imperial russo. "O estreito deve ser nosso", disse Mikhail Rodzianko, presidente da Duma, ao tsar, em março de 1913. "Uma guerra será recebida com satisfação e levantará o prestígio do governo."[46]

Não há dúvida de que a pressão da opinião pública foi essencial no complexo conjunto de eventos que levaram ao envolvimento da Rússia na Primeira Guerra Mundial. No início de 1914, o espírito de beligerância pró-eslavo espalhara-se à corte, ao corpo de oficiais e a grande parte do Estado. O príncipe G. N. Trubetskoi, encarregado, no verão de 1912, das seções dos Bálcãs e otomana do Ministério das Relações Exteriores, era um conhecido pan-eslavista determinado a ganhar controle sobre Constantinopla e suas hinterlândias balcânicas. Opinião similar tinha o grão-duque Nikolai Nikolaevich, um militar com poderosa influência sobre o tsar e que, em agosto de 1914, foi nomeado comandante em chefe. Seu pai lutara nas campanhas balcânicas de 1877-1878 e sua mulher, uma fervorosa patriota eslava, era filha do rei de Montenegro. Muitos generais nutriam as mesmas simpatias eslavas do grão-duque. Brusilov era um deles. Preocupado com a falta de preparação moral da Rússia diante da guerra iminente, via o nacionalismo pan-eslavo como a

* Tsushima fora o local onde ocorrera a maior derrota russa na guerra contra o Japão.

saída para unir o povo na defesa do exército. "Se o tsar tivesse apelado a todos os seus súditos", ele escreveria mais tarde, "que salvassem o país do presente perigo e livrassem todos os seus irmãos eslavos do jugo germânico, o entusiasmo público teria sido ilimitado e sua popularidade pessoal teria se tornado invulnerável."[47]

Nicolau lentamente estava sendo atraído para o pan-eslavismo. No início de 1914, ele considerou ter chegado o momento de assumir posição firme contra a Áustria e, quem sabe, também contra seu aliado mais poderoso, Berlim. "Não nos deixaremos pisar", disse o tsar a Delcassé, em janeiro. Embaixadores estrangeiros atribuíam tanta determinação à pressão da opinião pública. Mas, por ora Nicolau aceitava a tese prudente de seu ministro das Relações Exteriores, S. D. Sazonov. Reconhecendo que a guerra com as Potências Centrais era praticamente inevitável, eles tentavam adiá-la por meio de expedientes diplomáticos. O exército russo, segundo especialistas militares, só estaria pronto para a guerra a partir de 1917. Nem o terreno diplomático estava maduro para isso: embora o apoio da França estivesse garantido, faltava que a Grã-Bretanha se pronunciasse. Mas, de longe, a inquietação mais forte era com relação à ameaça de uma revolução caso o país naufragasse numa campanha longa e exaustiva. As lembranças de 1904-1905 ainda estavam nítidas e nada seria mais bem-vindo pelos líderes revolucionários do que uma guerra. "Uma guerra entre a Rússia e a Áustria seria muito útil à revolução", disse Lênin a Trótski, em 1913, "mas são poucas as chances de que Francisco José e o Nick nos proporcionem esse prazer."[48]

Todos esses aspectos fortaleciam os argumentos da facção pró-alemã existente na corte contra a entrada da Rússia na guerra. Num memorando profético escrito em fevereiro de 1914, Durnovo advertiu o tsar de que a Rússia era frágil demais para suportar o conflito longo que a rivalidade anglo-germânica provavelmente produziria. Uma violenta revolução social tendia a ser o resultado, pois a *intelligentsia* liberal não confiava nas massas e, portanto, seria incapaz de manter por muito tempo uma revolução apenas política. Durnovo enfatizou o curso que tal sublevação tomaria em termos extraordinariamente prescientes:

> O problema começará quando for atribuída ao governo a culpa por todos os desastres. Nas instituições legislativas terá início uma campanha amarga, seguida por agitações revolucionárias em todo o país, capazes de despertar e reunir as massas com slogans socialistas, primeiro pela divisão da terra, depois pela divisão de todos os bens e propriedades. O exército derrotado, tendo perdido seus homens mais confiáveis e carregado pela maré do primitivo desejo que o camponês tem pela terra, ver-se-á desmoralizado para servir de baluarte da lei e da ordem. As instituições legislativas e os intelectuais dos partidos de oposição, carecendo de verdadeira autoridade aos olhos do povo, ficarão impotentes para conter a torrente popular, levantada

> por eles mesmos, e a Rússia será lançada numa anarquia irremediável, cujos resultados não podem ser previstos.[49]

Cautela era a palavra-chave da facção pró-alemã na corte. Mas do ponto de vista da Alemanha, se tinha que haver guerra com a Rússia, então que fosse logo. "A Rússia cresce e cresce e pesa sobre nós como um pesadelo", afirmou o chanceler alemão Bethmann Hollweg. Quando o arquiduque Ferdinando foi assassinado por nacionalistas sérvios, não interessou à Alemanha impedir que sua aliada, a Áustria, ameaçasse entrar em conflito com o último país dos Bálcãs que, de fato, ainda cerrava fileiras com a Rússia. Isso desequilibrou a já frágil balança da política externa russa. A imprensa bradava por guerra em defesa da Sérvia e houve grandes manifestações públicas na frente da embaixada austríaca, em São Petersburgo. Em 24 de julho de 1914, o Conselho de Ministros ordenou preparativos militares. De outro modo, afirmou A. V. Krivoshein, o influente ministro da Agricultura, a "opinião pública não compreenderia por que, num momento crítico envolvendo os interesses da Rússia, o Governo Imperial relutava em agir com firmeza". Era mais importante "acreditar no povo russo e no seu amor ancestral pela terra natal que em qualquer eventual prontidão ou despreparo para a guerra".[50]

Isso colocou Nicolau em um dilema. Se ele partisse para a guerra, aumentaria o risco de derrota e de uma revolução social; mas se não o fizesse, poderia igualmente haver um surto de sentimentos patrióticos dirigidos contra ele, o que poderia levar à perda de controle político. Havia pouco tempo para tomar uma decisão, porque se a Rússia decidisse mobilizar suas forças, precisaria de uma dianteira em relação a seus inimigos, que poderiam mobilizar as próprias forças em tempo muito menor. No dia 28 de julho a Áustria finalmente declarou guerra à Sérvia. Nicolau determinou a mobilização parcial de suas tropas e fez um último apelo ao kaiser para que suspendesse o ataque austríaco a Belgrado. "Eu temo que em breve sucumbirei à pressão e serei forçado a tomar medidas extremas que levarão à guerra." Dois dias depois o kaiser respondeu renunciando à neutralidade alemã na questão sérvia. Sazonov recomendou a mobilização geral, percebendo que era iminente uma declaração de guerra da Alemanha à Rússia, o que aconteceu em 1º de agosto. Ele alertou o tsar para o fato de que, "a não ser que ele atendesse ao clamor popular por uma guerra e desembainhasse a espada a favor da Sérvia, estaria correndo o risco de uma revolução e da perda do trono". Nicolau ficou pálido. "Pense na responsabilidade que você está pedindo que eu assuma!", disse ele a Sazonov. Mas o argumento de seu ministro era incontestável e, relutantemente, o tsar ordenou mobilização geral em 31 de julho.[51]

Mais tarde Brusilov argumentou que o tsar foi levado à guerra pela força de seu próprio fervor patriótico: "Se ele não tivesse agido assim, o ressentimento público voltar-se-ia contra ele com tamanha ferocidade que seria derrubado do trono e a revolução, com o apoio de toda a *intelligentsia*, aconteceria em 1914 em vez de 1917." Trata-se de um exagero. Os patriotas de classe média — escriturários, burocratas, estudantes secundaristas e donas de casa — que, em 2 de agosto, um domingo, se reuniram em frente ao Palácio de Inverno para saudar a declaração de guerra feita pelo tsar, não eram aqueles que dariam o pontapé inicial na revolução. Muitos deles, segundo observadores estrangeiros, tinham ido à manifestação por ordens de seus patrões e professores. Naquela tarde ensolarada, Nicolau postou-se no balcão do palácio, examinou a praça que se descortinava logo abaixo e viu as multidões, exultantes e de bandeira na mão, ajoelharem-se diante dele, em uníssono, e cantarem o hino nacional. Nesse momento, deve ter passado pela cabeça do tsar que a guerra, finalmente, o unira a seus súditos e que talvez houvesse razões para esperança. "Veja", ele disse ao tutor de seus filhos, logo depois, tomado por grande emoção, "haverá um movimento nacional como aquele ocorrido na grande guerra de 1812."[52]

E, de fato, durante aquelas primeiras semanas inebriantes de agosto, houve sinais externos de um *ralliement* nacional. As greves operárias foram interrompidas. Os socialistas uniram-se em defesa da pátria, enquanto pacifistas, derrotistas e internacionalistas foram forçados ao exílio. Manifestações ufanistas atacavam lojas e escritórios alemães. A embaixada da Alemanha na Praça Marinskaya foi invadida, as janelas quebradas. A mobília, as belas pinturas e até a coleção pessoal de esculturas renascentistas do embaixador foram jogadas na rua e incendiadas. Então, para júbilo das massas, dois imensos cavalos de bronze foram lançados do telhado do prédio. Nessa onda de sentimento antigermânico, muita gente mudou de nome, na tentativa de fazê-los soar mais russos: assim, o orientalista Wilhelm Wilhelmovich Struve passou a chamar-se Vasilii Vasilievich Struve. Curvando-se à força da xenofobia, o governo também trocou o nome de São Petersburgo, que tinha sotaque alemão, para Petrogrado, tido como mais eslavo. Nicolau apreciou a alteração. Ele nunca gostara da capital, ou de suas tradições ocidentais, e havia muito tentava russificar a aparência da cidade, acrescentando motivos moscovitas às construções de estilo clássico.

"Todos perderam a razão", lamentava Zinaida Gippius, poeta, filósofa e anfitriã dos salões de São Petersburgo. "Por que, em geral, a guerra é algo ruim e essa guerra, em especial, tem algo de bom?" A maior parte dos escritores mais importantes do país deu apoio ao conflito, e muitos apresentaram-se ao exército como voluntários. A *intelligentsia*, sempre em busca de algo que lhe garantisse a sensação de estar integrada à sociedade como um todo, supunha que a guerra levaria ao renascimento espiritual da Rússia, pois obrigaria os indivíduos a se sacrificar pelo bem da nação. O significado da guerra, ensinou um professor de filosofia de Moscou, está "na renovação da vida, através da aceitação da morte em nome de um país". O conflito com a Alemanha devia ser visto como uma espécie de "Juízo Final".

Poucos intelectuais teriam concordado com o veredicto melancólico de Gorki, que acabara de chegar do exílio no exterior. "Uma coisa é clara: estamos entrando no primeiro ato de uma tragédia mundial."[53]

A imprensa dava cores líricas a essa recém-descoberta unidade do povo russo. *Utro Rossii*, o jornal progressista, alardeou que "agora não mais existe direita nem esquerda, nem governo ou sociedade, mas somente uma Nação Russa Unida". Afinal, como se para consumar essa *union sacrée*, a Duma se dissolveu em 8 de agosto, numa sessão de pompa patriótica. Conforme a declaração parlamentar feita na ocasião, o objetivo era o de não sobrecarregar o governo com "política desnecessária" durante o esforço de guerra. "Devemos colaborar e, portanto, é melhor nos dispersarmos inteiramente até o fim das hostilidades".[54]

No entanto, tais proclamações de lealdade eram enganadoras. A massa do povo ainda não se convencera da necessidade da guerra; os milhões de camponeses e operários de partida para o *front* não alimentavam o mesmo ufanismo da classe média que tanto contribuíra para despertar esperanças em Nicolau. Não havia bandeiras e bandas militares quando embarcavam nas estações ferroviárias e, segundo observadores estrangeiros, a expressão da maioria dos soldados era sombria e resignada. A experiência terrível da guerra, a ser vivida por esses homens, serviria para detonar a revolução. A aposta desesperada do tsar estava destinada a causar a destruição de seu regime.

VII.

Uma guerra em três frentes

1. Metal contra homens

General A. A. Brusilov, 10 de agosto de 1914:

Minha querida, pequena esposa inestimável, Nadyushenka

Foi por demais difícil para mim me afastar de você, minha cara Bela. Mas o dever para com meu país e meu tsar, a grande responsabilidade que recai sobre mim e meu amor pelas artes militares, que estudei ao longo de toda a vida, compelem-me a não ceder a qualquer enlanguescer da vontade e a me preparar com energia triplicada para o teste sangrento que nos aguarda.

Ainda assim, graças a Deus, tudo corre bem. Hoje de manhã seguiremos de automóvel para inspecionar a brava 4ª Brigada de Rifles, que parece estar ótima, com oficiais, comandantes de regimento e chefes de brigadas excelentes. Tropas muito confiáveis.

O ânimo dos soldados está muito bom. Todos estão animados pela crença firme na retidão e na honra da causa e, portanto, felizmente não há terreno para nervosismo e mal-estar. Isso *é* muito confortante.

Peço sempre a nosso Senhor Jesus Cristo que conceda a nós, cristãos ortodoxos, vitória sobre o inimigo. Estou em *grande* disposição. Não se preocupe, minha amada, seja corajosa, tenha fé e reze por mim...

Beijos apaixonados

Alexis[1]

Para os homens que levaram a Rússia à guerra, havia bons motivos para otimismo em agosto de 1914. A lembrança da derrota vergonhosa frente ao Japão havia sucumbido aos gastos militares feitos nos últimos anos. Em 1914, os gastos russos com as forças armadas — um terço de todas as despesas do governo — eram maiores do que os da Alemanha.[2] Não é verdade, como historiadores alegaram mais tarde, que o exército tsarista estivesse despreparado para o conflito. Em homens e armamentos, a Rússia estava pelo menos em pé de igualdade com o exército alemão. E, graças a melhorias recentes introduzidas nas ferrovias do oeste russo, o país só precisou de três dias a mais do que o inimigo para concluir os esforços de mobilização. O Plano Schlieffen previa que as forças do tsar demorariam três semanas para se reunir e, portanto, tomava por certo que as tropas alemãs já teriam derrotado a França antes de a Rússia estar pronta para atacar. Frustradas as elucubrações do kaiser, a Alemanha viu-se obrigada a lutar em duas frentes. E mais: acabou com a expectativa generalizada, segundo a qual aquele seria um conflito breve — "não passa do Natal", era o que se dizia na época. Foi então que a verdadeira fragilidade da Rússia foi exposta pois, embora o país estivesse pronto para uma campanha de até seis meses de duração, não tinha planos arquitetados para enfrentar uma longa guerra de desgaste. Pouca gente contara com tal provação mas, enquanto as potências europeias conseguiam adaptar-se à nova situação e improvisar, o sistema tsarista mostrava-se autoritário e ineficiente demais para se adaptar a circunstâncias não antevistas. A Primeira Guerra Mundial foi um teste titânico para os Estados da Europa e, nele, o tsarismo fracassou de modo único e catastrófico. Nos primeiros dias de conflito quase ninguém conjeturava que isso pudesse acontecer. Só no outono, quando as campanhas iniciais desaguaram num impasse sangrento e os dois exércitos inimigos se entrincheiraram, foi que a fragilidade russa veio à tona.

Brusilov assumira o comando do VIII Exército na frente sudoeste. Feições de raposa, bigode característico da cavalaria, maneiras gentis e fala rápida, que engolia sílabas inteiras, faziam dele a imagem perfeita do general aristocrata. Mas ele era também um profissional e estava muito bem versado na nova tecnologia de guerra. Seu nome era pouco conhecido entre as tropas, pois passara a maior parte da sua carreira na Escola para Oficiais da Cavalaria, uma instituição de elite. Logo, porém, conquistaria a confiança dos soldados com sua liderança brilhante e esforços incansáveis em favor de seus subalternos; e, no outono de 1916, tornar-se-ia famoso não só na Rússia, mas em todo o mundo aliado. Como comandante, Brusilov era um disciplinarista inflexível. Acreditava que a única garantia do sucesso militar era a coesão interna do exército e, para tal, exigia o máximo de seus homens. Beber, por exemplo, era estritamente proibido, mesmo entre os oficiais. Em contrapartida, Brusilov trabalhava noite e dia para se certificar de que os soldados estavam bem alimentados e vestidos e armados conforme convinha. E jamais hesitava em punir qualquer oficial corrupto ou negligente na distribuição de provisões. Mostrava-se à vontade nas conversas com seus inferiores, talento comum a muito poucos generais, e sabia como levantar o moral às vésperas de uma batalha. Alguns observadores imaginam que a profunda convicção religiosa de Brusilov, segundo a qual a Rússia estava fadada a ganhar a guerra, também impregnava os soldados.[3]

O plano original do alto comando russo era deslanchar uma ofensiva no *front* do lado sudoeste contra as forças austríacas, mais fracas, e ao mesmo tempo defender o lado noroeste dos alemães, adversários mais fortes. Sob pressão da França, que queria ver-se livre da agressão germânica, essa estratégia foi alterada para um ataque nas duas linhas, de modo a forçar o kaiser a retirar as tropas do oeste. Os comandantes tsaristas ficaram satisfeitos em concordar com a solicitação de Paris. Imbuídos das doutrinas militares do século XIX, eles acreditavam que uma investida arrojada, sob responsabilidade de descargas da cavalaria e com o uso pródigo de baionetas, seria mais apropriada à bravura do temperamento eslavo. E só não consideraram a enorme quantidade de vidas humanas perdidas no confronto com artilharia moderna e metralhadoras.

Na frente sudoeste, tudo parecia caminhar sem problemas. Em meados de agosto, os russos entraram na Galícia, forçando a retirada austríaca. Foi nesse assalto que se estabeleceu a reputação de Brusilov como insigne comandante. Seu VIII Exército avançou pouco mais de 200 km no curso da noite seguinte, capturando Lvov após luta árdua (210 mil russos e 300 mil austríacos foram mortos ou feridos). Brusilov escreveu a sua mulher, no *front* de Grodek:

> O campo de batalha inteiro, numa distância de quase cem *verstas*, foi atulhado de corpos, e não havia gente e padiolas suficientes para retirá-los... E era impossível até mesmo dar de beber e comer a todos os que sofriam. Esse é o lado doloroso e sórdido da guerra... Mas temos que prosseguir em nossa difícil e terrível missão pelo bem da pátria e só rezo a Deus que me dê forças mentais e espirituais para cumprir meu dever. Sentado aqui, escrevendo para você, posso ouvir ao longe o estrondo de canhões e carabinas disparados contra o inimigo. O sangue flui em correntes sem fim, mas não há outro modo de lutar. Quanto mais sangue correr, melhores serão os resultados e mais cedo terminará a guerra. Como você pode ver, é uma tarefa árdua e amargurosa, mas necessária para nossa vitória. Mas pesa terrivelmente em meu coração.[4]

O avanço russo a noroeste, ao contrário, logo terminaria em desastre. Um plano ambicioso mas elaborado às pressas determinara que o general von Rennenkampf, à frente do I Exército, invadiria o centro Junker da Prússia Oriental. O reforço seria garantido pelo general Samsonov, do II Exército, que avançaria a partir do sudeste. As duas tropas encontrar-se-iam perto dos lagos Masurianos, onde se fundiriam, e sairiam em marcha rumo a Berlim. Um estratagema assim exigia ousadia, precisão tática e informação detalhada sobre os movimentos do inimigo. Nenhuma dessas qualidades foi posta em ação pelos russos. No décimo quinto dia de mobilização, 408 batalhões de infantaria e 235 esquadrões de cavalaria puseram-se velozmente em direção a oeste, fazendo com que o VIII Exército alemão, que estava em desvantagem numérica, com um homem para cada dois russos, retrocedesse. O general Prittwitz, comandante germânico, entrou em pânico e ordenou uma retirada para as margens ocidentais do Vístula, abandonando o leste da Prússia às tropas tsaristas. Se os russos tivessem repetido, até o fim, os sucessos iniciais da campanha, poderiam ter forçado os alemães a recuar. No entanto, os comandantes do exército de Nicolau postergaram o avanço e transferiram tropas e artilharia vitais para guarnecerem a defesa dos flancos e da retaguarda, numa manobra que se mostrou claramente equivocada.

Enquanto isso, o desmoralizado Prittwitz foi substituído por Hindenburg e Ludendorff, cuja vasta superioridade sobre os russos em termos táticos e em informações capacitou-os a emboscar e desancar as grandes tropas inimigas. Graças à interceptação de mensagens telegráficas, que os russos não haviam se dado ao trabalho de cifrar, os alemães tomaram ciência de que os homens de Rennenkampf haviam parado para se abastecer e, assim, apostaram na hipótese de que tal destacamento não se movimentaria tão cedo. Deixando apenas uma pequena força na retaguarda a fim de iludir Rennenkampf, os alemães mandaram o restante de seus homens para o sul, de trem, ao encontro do exército de Samsonov, que avançava. Se Rennenkampf tivesse percebido o que acontecia e tivesse atacado, teria ganho uma vitória decisiva contra os alemães que estavam no flanco esquerdo e, possivelmente, feito com que a guerra acabasse. Mas os russos só contavam com um sistema primitivo de informações militares e não tinham noção dos movimentos das tropas alemãs. Despreparado para enfrentar as forças numerosas que estavam de emboscada nas florestas perto de Tannenberg, o exército de Samsonov foi cercado e destruído em quatro dos dias de carnificina mais sangrentos que o mundo conhecera. Ao final da batalha, em 31 de agosto, os alemães tinham matado ou ferido 70 mil russos e feito 100 mil prisioneiros, ao custo da perda de 15 mil homens. Eles batizaram o confronto de Batalha de Tannenberg para simbolizar a vingança pela derrota dos cavaleiros teutônicos frente aos eslavos quinhentos anos antes. Incapaz de suportar a humilhação, Samsonov se matou.

Deslocando as tropas para o norte por trem e com reforços descansados da frente ocidental, Hindenburg e Ludendorff mais uma vez encurralaram os russos na Batalha dos Lagos Masurianos. Temendo um segundo Tannenberg, Rennenkampf ordenou uma retirada imediata. Os alemães debocharam dizendo que em vez de von Rennenkampf ele deveria passar a se chamar "*Rennen von Kampf* (fuga da luta). O preço de sua incompetência e de sua covardia foi a vida de 60 mil russos.[5]

Um dos aspectos mais chocantes do desastre foi a fria reação dos comandantes russos aos enormes custos humanos. É como se qualquer demonstração de arrependimento pela perda inútil de 250 mil homens fosse visto como um sinal de fraqueza nos círculos aristocráticos do Supremo Comando. Quando o representante francês apresentou suas condolências ao grão-duque Nikolai pelas baixas, o comandante em chefe respondeu despreocupadamente: *"Nous somme heureux de faire de tels sacrifices pour nos alliées."*[6] Ao forçar os alemães a utilizar tropas da frente ocidental, o avanço russo de fato ajudou a inviabilizar o Plano Schlieffen, e permitiu que a França lançasse sua contraofensiva em Marne. Mas a que preço!

A partir do outono, a frente oriental entrou em compasso de espera na medida em que a guerra de deslocamento dava lugar a uma guerra de posições. Nenhum dos lados era forte o bastante para fazer o inimigo perder terreno e o impasse prevaleceu. Os exércitos descobriram os proveitos da luta defensiva e se entrincheiraram, dando fim à série de ataques arrasadores registrados no primeiro mês de embate. Bastava um soldado sozinho, operando uma metralhadora da trincheira, para repelir uma centena de homens da infantaria. Além do mais, a chegada de reforços, despachados por trem, acontecia em tempo menor do que o necessário para cobrir os buracos deixados na linha de frente por tropas que tivessem optado por avançar.

Foi então que a debilidade russa começou a se fazer sentir. O país não estava pronto para uma guerra de desgaste. O maior recurso do exército tsarista era o fornecimento aparentemente inexaurível de soldados camponeses, um trunfo não tão grande quanto supunham seus aliados, os quais comentavam sobre o "rolo compressor russo" que investia inexorável rumo a Berlim. Era verdade que, dentre todos os países beligerantes, a Rússia contava com o maior número de habitantes, mas ainda assim foi o primeiro a sofrer com escassez de homens. Mas, por causa da alta taxa de natalidade, grande proporção da população russa não tinha idade mínima para ser recrutada. Ao todo, o tsar dispunha de apenas 27 milhões de súditos passíveis de convocação, e 48% deles estavam isentos de participação na guerra por serem filhos únicos, ou por serem os únicos trabalhadores adultos do sexo masculino na família ou ainda por conta de origens étnicas (muçulmanos estavam isentos, por exemplo). Na Alemanha, 12% da população foram convocados a lutar; na França, 16% foram mobilizados para o serviço militar; e, na Rússia, somente 5% de toda a sociedade foram à guerra.

Mais séria ainda foi a fragilidade do sistema de reservas russo, adotado segundo os moldes alemães. Após três anos de serviço ativo, prestado a partir do momento em que o rapaz completava 21 anos de idade, os recrutas passavam sete anos na Primeira Leva de reservistas, seguidos por mais oito na Segunda Leva e cinco na Milícia Nacional. Para economizar dinheiro, o exército fornecia pouco treinamento formal depois que o jovem cumprira os dez primeiros anos de serviço, ou seja, quase não havia exercícios para os que já haviam deixado a Primeira Leva. Apesar dessa falha de treinamento dos reservistas e diante do fato de as baixas de 1914 serem muito maiores do que se poderia esperar (cerca de 1,8 milhão), o exército logo se viu obrigado a convocar os homens destreinados da Segunda Leva. A Batalha de Przemysl, em outubro, foi a última que Brusilov pôde lutar com "um exército adequadamente instruído e treinado antes da guerra":

> Depois de penosos meses de combate, a maior parte de nossos oficiais profissionais e homens treinados regularmente haviam desaparecido, deixando somente forças esqueléticas que precisavam ser preenchidas às pressas com homens miseramente instruídos, os quais me eram mandados dos arsenais... A partir desse período, o caráter profissional de nossas forças desapareceu e o exército tornou-se mais e mais parecido com uma espécie de milícia mal treinada... Os homens que chegavam para substituir baixas quase sempre nada sabiam, a não ser marchar... muitos sequer conseguiam carregar seus rifles com balas e, quanto à pontaria, quanto menos se falar a respeito, melhor... Aqueles homens não podiam ser considerados soldados, de maneira nenhuma.[7]

O soldado das hostes de Nicolau era, salvo exceções, alheio ao sentimento de patriotismo. Talvez, em certa medida, pudesse identificar a guerra como defesa do tsar e da religião. Defesa da nação, especialmente se ele mesmo tinha outra origem étnica, significava muito pouco, pois era um camponês com quase conhecimento nenhum do mundo que ficava para além da aldeia e mal se considerava russo. Quase sempre, via a si mesmo como nativo de sua região e, enquanto o inimigo não ameaçasse invadir seu povoado, não tinha motivos para lutar. "Somos homens de Tambov", proclamariam os recrutas relutantes. "Os alemães não irão tão longe." Um homem de Smolensk, que servia nas guarnições de retaguarda, registrou as seguintes frases ditas por soldados camponeses ao longo das primeiras semanas de guerra:

> "Que diabos nos levou a essa guerra? Estamos nos metendo em negócios dos outros."
>
> "Já conversamos muito sobre isso na minha terra; se os alemães querem dinheiro, seria melhor pagar dez rublos por cabeça do que matar pessoas."
>
> "Não é a mesma coisa do que viver sob o tsar? Não pode ser pior sob os alemães."
>
> "Que vão embora e lutem uns com os outros. Deixe estar, ajustaremos contas com vocês."

Esse tipo de atitude tornou-se mais comum nas fileiras à medida que a guerra prosseguia, como Brusilov teve oportunidade de queixar-se:

> Os recrutas que chegam do interior da Rússia não têm a mínima noção do que a guerra tem a ver com eles. Várias e várias vezes perguntei a meus homens nas trincheiras por que lutavam; a resposta, inevitável e absurda, é de que um certo arquiduque e sua mulher foram assassinados e, em consequência, os austríacos tentaram humilhar os sérvios. Praticamente ninguém sabia quem eram esses sérvios; todos também tinham dúvidas sobre o que era ser eslavo. Nenhum deles é capaz de dizer por que os servos levaram a Alemanha a querer nos combater... Eles nunca ouviram falar das ambições alemãs; nem mesmo sabiam que tal país existia.[8]

Esses não poderiam ser bons presságios para um exército cujos comandantes tencionavam marchar contra Berlim e, muito menos, se a meta final era capturar Constantinopla. O camponês russo não se orgulhava das conquistas imperiais de seu país, pois era pacifista por natureza.

A falta de uma estrutura de comando clara era uma das maiores falhas do exército de Nicolau. A autoridade militar dividia-se entre o Ministério da Guerra, o Supremo Quartel-General (*Stavka*) e os comandos do *front*. Cada um perseguia objetivos específicos e, assim, não havia um plano de guerra articulado. "Desde o início", reclamou Brusilov, "jamais fui capaz de descobrir nada sobre um plano geral de campanha." Como ironizou o general Bezobrazov, tudo resumia-se a "ordem, contraordem e desordem".[9] Os penosos conflitos entre os comandos principais das duas frentes, a noroeste e a sudoeste, foram especialmente danosos. A recusa obstinada do primeiro em mandar reforços ao segundo foi causa principal do colapso da ofensiva nos Cárpatos, durante o inverno de 1914-1915.

A divisão entre a elite aristocrata dos Guardas da Cavalaria e os novos militares profissionais — Brusilov tinha um pé em cada campo — constituía fator fundamental nesses conflitos. Os comandantes mais importantes eram originários de um estreito círculo de nobres e cortesãos da cavalaria com muito pouca habilidade militar. O comandante supremo, o grão-duque Nikolai, nunca tomara parte em qualquer luta séria e era pouco mais do que um fantoche no *Stavka*. Ele entretinha visitantes vindos do exterior, assinava documentos postos à sua frente e se cercava de ajudantes de ordens, entre os quais seus irmãos, aos quais chamava de "pílulas soporíferas". Mas em questões estratégicas era incapaz de agir. Numa conferência do alto comando, em setembro, Nikolai não fez companhia aos generais, preferindo ocupar outra sala, "a fim de não se intrometer". O general Yanushkevich, chefe do Estado-Maior, nada tinha que o recomendasse, a não ser o favor pessoal do tsar, que o havia descoberto como guarda destacado para servir no palácio. Nunca Yanushkevich comandara um batalhão. Ao coronel Knox, adido militar britânico junto ao *Stavka*, o chefe do Estado-Maior causou "a impressão de um cortesão, e não de um soldado". Situado numa pequena cidade bielo-russa, chamada Baranovichi, à beira da ferrovia, o *Stavka* não poderia parecer menos belicoso. "Estávamos no meio de um bosque de pinheiros encantador e tudo era calmo e pacífico", recordou Knox. Oficiais graduados tinham tempo de sobra para conversas ociosas, charutos e caminhadas em meio às árvores, após o almoço. Muitos deles escreveram diários volumosos ou, como Brusilov, extensas cartas cotidianas para suas esposas.[10]

As mesmas maneiras áulicas eram partilhadas pela maioria dos comandantes mais destacados. Desde 1909, quando o general Sukhomlinov (um exemplo perfeito de cortesão militar) tornou-se ministro da Guerra, havia uma política deliberada para promoção de oficiais mais antigos com base na pura e simples lealdade pessoal para com o tsar. Homens da cavalaria da velha escola de Suvorov, aristocráticos mas incompetentes, foram privilegiados em detrimento de militares profissionais, que compreendiam muito melhor as necessidades da guerra moderna. As constantes intervenções do tsar na nomeação de oficiais, às vezes por insistência da imperatriz, garantiam que conexões palacianas e obediência ao soberano continuassem a ter precedência sobre a capacidade militar. Mesmo na guerra Nicolau lutava para afirmar sua autocracia patrimonial.

Na primavera de 1915, o tsar foi conhecer o exército de Brusilov, na Galícia, e o nomeou como um de seus generais-assessores. Ele creditou a honra a seus serviços em campo, mas acabou sendo informado pelo próprio soberano de que havia sido premiado simplesmente por "haver visitado meu quartel-general e ter almoçado comigo". Notícias sobre a promoção de Brusilov foram abafadas, pois a corte não estava segura quanto à lealdade do general (ele havia criticado a liderança do exército). Polivanov, vice-ministro da Guerra, mais tarde admitiu para a senhora Brusilov que, ao longo de toda a guerra, existiram "acordos secretos" para "ofuscar" o nome de seu marido, pois grassava o temor de que seus sucessos militares o transformassem em herói do grupo contrário à permanência do comando militar nas mãos da corte. Essa passagem patética resume a maneira como a guerra foi conduzida pela elite dominante russa.[11]

Enquanto os comandantes fossem escolhidos pela lealdade demonstrada às rodas palacianas e não por suas habilidades, havia pouca perspectiva de haver alguma liderança militar eficaz. Os generais aristocratas cometeram erros crassos (um chegou a ordenar que a artilharia disparasse contra trincheiras ocupadas pela infantaria russa) e conduziram a guerra segundo o padrão da campanha do século XIX, mandando as tropas atacar posições inimigas sem considerar as possibilidades de baixas; desperdiçando recursos com uma cavalaria cara e ineficiente; defendendo posições de retaguarda inúteis; e negligenciando as demandas tecnológicas de um combate no qual os adversários faziam uso de artilharia moderna. Eles zombavam da arte de construir trincheiras, já que consideravam a guerra de posições absolutamente desprezível. O primitivismo das trincheiras russas, pouco mais do que covas, provocou grande perda de vidas quando a disputa assumiu características que tornavam essencial a neutralização do bombardeio de artefatos pesados lançados pelos opositores. Brusilov, um dos poucos comandantes a reconhecer a importância vital da guerra de trincheiras, ficou pasmo com o desmazelo de seus oficiais:

> Ordenei a meu exército que se entrincheirasse inteiramente e construísse um sistema de pelo menos três linhas, com muitas passagens de comunicação entre elas. Recebi inúmeros relatos quanto à impossibilidade de cumprimento de tais providências, mas repeti minha determinação de modo explícito e fui informado de que estava sendo obedecido... Mas quando... fui até os vários corpos do exército para inspecionar o trabalho, ficou claro que praticamente nada havia sido feito e o pouco realizado estava tão coberto de neve que era difícil saber onde as trincheiras haviam sido cavadas.
>
> "Como vão entrar nas linhas, supondo que o inimigo nos ataque?", perguntei.
>
> "Oh", eles responderam, "limparemos o local quando isso acontecer"...
>
> Houve um caso em que nem o comandante da unidade nem o comandante da divisão, tampouco o brigadeiro ou o coronel do regimento, nem mesmo o oficial encarregado do corpo de engenheiros, podiam me dizer onde as trincheiras haviam sido abertas.[12]

Uma das razões óbvias para o desastre no leste da Prússia foi a falta de mobilidade do exército de Nicolau. Knox comparou a movimentação das tropas tsaristas à de um "pugilista peso-pesado de músculos entorpecidos que, por causa de seu enorme tamanho, carece de agilidade e rapidez e, portanto, estaria à mercê de um oponente mais leve, embora também mais resistente e inteligente". A precariedade do sistema ferroviário russo descartava a possibilidade de seguirem o exemplo alemão, que deslocava com rapidez homens de uma parte à outra do *front*, conforme as necessidades impostas pelos combates. Os trens militares da Rússia não podiam viajar mais de 300 quilômetros por dia e a maioria deles estava abarrotada de cavalos e feno, tamanha a preocupação dos comandantes com a cavalaria. Uma vez tendo entrado em território alemão, os russos passaram a depender da captura de vagões, já que os trens do tsar corriam numa bitola diferente e, assim, não tinham como ir além das fronteiras. O transporte de tropas russas feito por veículos motorizados era ainda mais primário. Em 1914, não existiam mais do que 679 automóveis (e duas ambulâncias a motor!) para servir a todo o exército. Equipamento militar, oficiais de muitas estrelas e feridos eram retirados da cabeceira dos trilhos por carroças de camponeses, as únicas em condições de atravessar as enlameadas estradas rurais. Mas foi o estado deplorável das comunicações russas realmente o responsável pela derrota das tropas tsaristas. O II Exército de Samsonov dispunha de 25 telefones, algumas máquinas de código morse, uma espécie de telégrafo primitivo chamado mecanismo Hughes e um teletipo capaz de imprimir 1.200 palavras por hora mas que quase sempre estava quebrado. Por isso, era preciso que o comandante se deslocasse em lombo de cavalo para descobrir o que estava acontecendo. Não raro, interrompiam-se as transmissões telegráficas entre o *Stavka*, o comando nas frentes de batalha e os exércitos, de modo que as ordens seguiam de trem, ou motoneta, viajando dias antes de chegar ao destino. Às vésperas da Batalha de Tannenberg, o comandante da frente noroeste se comunicava com Samsonov enviando telegramas para a agência central de Correios de Varsóvia, onde um ajudante os recolhia uma vez por dia e os levava de carro num trajeto de quase cem quilômetros até o quartel-general do II Exército. Muitas das falhas de comunicação foram provocadas pelos erros de soldados mal preparados. Muitos telefonistas eram incapazes de consertar uma linha rompida, muitos motoristas eram incapazes de ler um mapa. Os telégrafos paravam de funcionar, e uma investigação revelava um grupo de soldados preparando chá em uma fogueira feita com postes telegráficos derrubados.[13]

À medida que a guerra avançava pelo inverno, o exército começou a enfrentar terríveis racionamentos de material. O colapso das linhas de suprimento na retaguarda era um dos culpados. A rede de transporte não conseguia dar conta das entregas maciças de munição, alimentos, roupas e medicamentos. Mas o colapso também podia ser atribuído à falta de qualquer planejamento realista antes da guerra. Apostando em uma campanha de curta duração, o Ministério da Guerra não planejou a produção para a guerra, supondo que os estoques existentes seriam suficientes. Porém, os estoques não duraram mais do que as primeiras semanas de guerra.

O problema era particularmente grave no que dizia respeito à munição. O estoque de 7 milhões de cartuchos que se esperava que durasse toda a guerra só era suficiente para 10 dias de luta nos níveis de 1916. A indústria russa de armamentos, que poderia ter mantido o exército bem suprido, foi deliberadamente desmontada pelo Ministério da Guerra (nos primeiros sete meses de 1914 foram encomendados apenas 41 rifles), e, quando a escassez ficou evidente, foi necessário fazer encomendas externas, e a demora era inevitável. Ao final da guerra, o exército russo estava utilizando dez diferentes modelos de rifles importados, cada um necessitando de um cartucho diferente. Parte do problema era o desperdício dos soldados: eles utilizavam os rifles para improvisar tetos sobre as trincheiras, partiam-nos para utilizar a madeira em fogueiras e muitas vezes simplesmente os jogavam fora, junto com muita munição, quando eram feridos ou subitamente forçados a uma retirada. Mas a crise seguramente teria sido menos severa se o Ministério da Guerra tivesse respondido com mais presteza ao alarme dado pelos generais, em vez de fingir que não os escutava. Em meados de outubro, quando o general Karavaev, chefe do Departamento de Artilharia, advertiu o ministro daquela pasta, Sukhomlinov, de que logo a Rússia teria que pedir a paz por falta de balas, a resposta foi seca: "Vá para o inferno e cale a boca." Na primavera seguinte, a carência era tanta que batalhões inteiros precisaram ser instruídos sem rifles, enquanto as tropas de segunda linha da frente valiam-se de armas até então usadas pelos homens que tombavam mortos na dianteira. Os soldados receberam ordens para que se limitassem a dez tiros por dia e, em muitos casos, quando a pesada artilharia alemã bombardeava as trincheiras tsaristas, os atiradores russos foram proibidos de reagir. "Nossa posição é ruim", escreveu um recruta ao pai, "e tudo porque não temos munição. Eis o ponto a que chegamos, graças a nossos ministros da Guerra: fazer pessoas desarmadas enfrentar o fogo inimigo porque nada temos para usar contra eles. Foi isso o que esses ministros conseguiram!"[14]

O exército de Brusilov, tendo aberto caminho até os montes Cárpatos, viu-se preso na área durante boa parte do inverno, carente da munição necessária para chegar até a planície húngara. "Fiquei aflito ao saber", ele escreveria mais tarde, "que o quartel-general da frente de combate não tinha como prometer qualquer melhoria, antes do outono de 1915, e mesmo tais promessas não mereciam minha confiança. Portanto, não se visava a novos sucessos, apenas manter terreno com o mínimo de perdas possível." Passar o inverno nas montanhas era uma recompensa cruel para os homens de Brusilov, que os viu congelar nas geadas, sem roupas e botas quentes nem comida bastante. O general passou o mês de dezembro bombardeando o Ministério da Guerra com requisições de suprimentos de inverno, mas seus apelos eram somente uma voz no coro cada vez maior que se levantava em todas as unidades do exército. A triste verdade era que, tendo esperado o fim dos conflitos para antes do Natal, o ministério não tomara providências pertinentes e agora não tinha como responder à demanda imensa recebida dos campos de batalha. Sequer existiam planos para a produção em massa de botinas. Quando, afinal, os burocratas decidiram agir, descobriram que, em todo o império russo, havia somente uma fábrica em condições de processar extrato para curtume. E mais: até 1914, virtualmente todo o tanino consumido no país fora importado da Alemanha. Os calçados para os soldados tiveram que ser encomendados aos Estados Unidos. Nesse meio-tempo, milhares de tropas lutaram de pés nus. "Não há sobretudos", escreveu um soldado enregelado para a mãe. "Fazemos rondas em capotes finos... Não há muito o que comer e o que temos é repugnante. Talvez estaríamos melhor mortos!" Um outro soldado mandou uma carta para casa depois de Nicolau ter visitado sua unidade: "Para a inspeção do tsar, prepararam uma companhia vestida com os uniformes mais apresentáveis reunidos dentre todos os regimentos. O restante dos homens ficou nas trincheiras, sem botas, mochilas, cartucheiras, calças, fardas, quepes ou qualquer outro apetrecho."[15]

Não demorou muito para o flanco russo ser acometido por doenças. Epidemias de cólera, tifo, escorbuto e disenteria dizimaram as tropas. A alta e inesperada taxa de mortes colocou os serviços médicos sob terrível pressão. Brusilov escreveu para a esposa, após visitar um hospital de campanha na retaguarda de seu exército:

> Em vez de 200 pacientes, para os quais o hospital foi construído, havia mais de 3 mil homens doentes e feridos. O que quatro médicos poderiam fazer por eles? O quarteto trabalhava noite e dia, comia aos pés dos leitos, mas ainda assim não conseguia fazer curativos em todos... Circulei por várias alas, quartos em casas desocupadas, onde doentes e feridos jaziam no chão, sobre a palha, ainda de farda, sujos e cobertos de sangue. Agradeci-lhes em nome do tsar e da pátria, distribuí dinheiro e cruzes de São Jorge, mas isso era tudo o que eu podia proporcionar. Só me cabia tentar acelerar a retirada desses homens para a retaguarda.

No entanto, a transferência não funcionava como garantia de melhor tratamento. Na estação ferroviária de Varsóvia, Rodzianko encontrou 17 mil soldados feridos e desassistidos, "na chuva e na lama frias, sem mais do que uma maca de palha". O presidente da Duma queixou-se com fúria ao departamento médico local, e o único resultado foi a constatação de que "a indiferença brutal para com o destino daqueles homens sofridos" tinha por base uma chusma de regulamentos burocráticos.[16]

O moral e a disciplina das tropas começaram a se esfrangalhar à medida que as condições de vida no *front* pioravam e o alcance do massacre tornava-se mais extenso e profundo. Nesse sentido, a guerra foi o principal arquiteto social de 1917, pois, aos poucos, o exército transformou-se numa vasta malta revolucionária. Parte do problema devia-se ao controle frouxo dos oficiais sobre seus subalternos. As unidades inchavam rápido demais, não permitindo aos superiores manter o domínio total da situação (9 milhões de homens foram convocados nos primeiros doze meses de combate). As baixas de oficiais (cerca de 60 mil, entre mortos e feridos) mostravam-se muito numerosas, sem dúvida por causa de práticas antiquadas de ataque, que os levava a liderar investidas frontais, e das cores vivas de suas fardas, que só contribuíam para se tornarem alvos fáceis. O velho corpo de oficiais abaixo da patente de capitão praticamente se extinguira, enquanto uma nova geração de militares de postos de menor prestígio (o que no Ocidente chamar-se-ia de suboficiais) foi treinada às pressas para substituí-los. A quantidade de interinos nunca foi suficiente — em geral, poucos russos podiam se prestar a estepe numa situação como aquela. Decorrido um ano de guerra, era raro encontrar um regimento de vanguarda cujos 3 mil soldados contassem com mais de uma dúzia de superiores. Além disso, 60% dos suboficiais tinham origens camponesas, muito poucos haviam passado mais de quatro anos nos bancos escolares e quase nenhum já havia ultrapassado a fronteira dos 25 anos de idade.[17] Desse modo arrevesado, o conflito com a Alemanha funcionou como uma poderosa alavanca democrática, abrindo canais de ascensão social para milhões de filhos de camponeses. As simpatias desses emergentes estavam claramente a favor dos soldados. Frustrar-se-iam quaisquer esperanças de que esses homens pudessem vir a formar um elo entre oficiais bem-nascidos e tropas bastardas. Seria aquela coorte militar radical — alfabetizada, com perspectivas de ascensão, desorientada socialmente e brutalizada pela guerra — a liderar o motim de fevereiro, os comitês de soldados revolucionários e, por fim, o poder soviético de 1917. Muitos dos melhores comandantes do Exército Vermelho (i.e., Chapaev, Zhukov e Rokossovsky) haviam sido suboficiais do exército tsarista, assim como muitos dos marechais de Napoleão tinham começado carreira como subalternos das tropas reais. Os sargentos da Primeira Guerra Mundial tornar-se-iam os marechais da Segunda.

Dmitry Os'kin (1892-1934), cuja história será inteiramente contada neste livro, foi um exemplo típico dessa classe de superior militar criado pelas necessidades do combate. Para um camponês como ele — sabendo ler e escrever, brilhante, apesar de sua rudeza rural — o exército oferecia um refúgio da pobreza da aldeia. No verão de 1913, ele apresentou-se como voluntário no regimento de infantaria de sua cidade local, em Tula, e logo já participava de um curso de treinamento para substitutos de chefes militares feridos ou mortos. Quando o conflito começou, tornou-se comandante de pelotão. Os'kin era um soldado bravo e consciente, fazendo por merecer as quatro Cruzes de São Jorge que conquistaria no curso do conflito.[18] Algo em seu caráter, autodisciplina ou ambição, o levava a cumprir as determinações de seus superiores, não obstante uma certa animosidade "camponesa" em relação a todas as figuras de autoridade. Talvez percebesse que se não estabelecesse alguma ordem entre seus homens, estes provavelmente seriam massacrados no campo de batalha. Quando a carnificina se estendeu aos comandantes de patente mais alta, o fardo carregado por suboficiais como ele, encarregados de manter os soldados sob controle, pesou ainda mais.

Os superiores de Os'kin eram um bando de ignóbeis. Em várias ocasiões, ordens irresponsáveis conduziram os homens de seu pelotão à beira do desastre e apenas por força de iniciativas improvisadas por ele próprio foi que conseguiram sair vivos. O capitão Tsitseron, jogador compulsivo, sifilítico e covarde desavergonhado, estava sempre perplexo quanto a que atitude tomar no calor da batalha. Uma vez, ao enfrentar armas austríacas muito bem entrincheiradas numa colina, mandou que os soldados de Os'kin abrissem caminho em meio ao arame farpado, em plena vista da artilharia inimiga. Rastejando, os homens não demoraram em cair sob fogo pesado e o comandante do pelotão identificou incontáveis cadáveres pendurados na teia de fios de metal. Entre imprecações contra Tsitseron, Os'kin fez com que os soldados chegassem a local seguro. Outro capitão, Samfarov, também comandante de Os'kin, viciado em sorvetes, gordo demais para caber no uniforme, metia-se em seu esconderijo particular toda vez que havia canhoneio. Ele gostava de "manter seus homens alertas", dando ordens de ataques noturnos a despeito da óbvia falta de preparativos estratégicos para luta nas trevas. Certa feita, quando uma dessas investidas quase dizimou um batalhão inteiro, os comandados de Os'kin voltando no dia seguinte em estado lastimável, Samfarov fez com que se perfilassem e gritou durante meia hora, destratando-os por não terem polido as botinas.[19]

Nem todos os comandantes eram tão incompetentes ou cruéis. Mas, entre os soldados, crescia a certeza de que tanto sangue não seria derramado em vão se os oficiais pensassem menos em si mesmos e mais na segurança de seus homens. O fato de a massa de soldados ser camponesa e de tantos superiores serem nobres donos de terra (não raro da mesma região de seus comandados) acrescentava uma dimensão de conflito social ao problema; e isso era exacerbado pelos costumes "feudais" entre as fileiras (i.e., a obrigação de os soldados dirigirem-se aos comandantes com títulos honoríficos, de limparem seus calçados, de executar tarefas especiais para eles etc.). "Olhem para o modo como vivem os oficiais, os senhores agrários a quem sempre servimos", escreveu um soldado camponês numa carta endereçada ao jornal local de sua aldeia. "Têm boa comida, suas famílias recebem tudo o que precisam e, embora vivam no *front* não ocupam trincheiras, posicionando-se a cerca de 5 km de distância." Para lavradores alfabetizados e argutos como Os'kin, essa era uma vigorosa fonte de radicalização política, a percepção de que a guerra estava sendo travada de modos muito diferentes por dois tipos de Rússia muito desiguais: a Rússia dos ricos e dos oficiais de alta patente e a Rússia dos camponeses, cujas vidas estavam sendo despedaçadas. Diário de Os'kin, abril de 1915:

> O que fazemos nessa guerra? Várias centenas de homens já passaram por meu pelotão e pelo menos metade deles terminou morta ou ferida no campo de batalha. Qual será o resultado dessa guerra?... Meu ano e meio de serviço militar, com quase doze meses no *front*, não deu tempo a que pensasse sobre isso, pois a tarefa de comandante de pelotão exige disciplina rigorosa, o que significa, sobretudo, impedir que o soldado raciocine livremente, por si mesmo. E, no entanto, essas são coisas sobre as quais devemos pensar.[20]

Outros menos hábeis em tirar lições políticas simplesmente davam asas aos pés. A disciplina dissipou-se quando as tropas recusaram-se a assumir posições, amputaram dedos e mãos para serem mandados para casa, entregaram-se ao inimigo ou desertaram para a retaguarda. Houve surtos de bebedeiras, seguidos de saques e motins nas estações de recrutamento onde os reservistas mais velhos, muitos com famílias para sustentar, eram mobilizados. O embarque desses homens para a frente de batalha só fez fermentar ainda mais a revolução, pois os novos recrutas levavam más notícias sobre o que acontecia no país e, às vezes, também propaganda agitadora. Quase sempre, a reação dos oficiais era violenta. Soldados vacilantes eram chicoteados ou mandados à batalha em posições nas quais ficavam de costas para a artilharia russa. A guerra interna entre superiores e soldados começou a suplantar o conflito com a Alemanha. "Os oficiais estão tentando nos dobrar pelo terror", escreveu um soldado para a esposa, na primavera de 1915. "Querem nos transformar em bonecos sem vida." Um outro registrou que um grupo de comandantes havia "açoitado cinco homens diante de 28 mil tropas simplesmente por não terem solicitado licença para sair do acampamento e ir comprar pão".[21]

A essa altura, após um longo inverno de desmoralização, o exército enfrentou a maior de todas as ofensivas alemãs naquela guerra. Com a frente ocidental mergulhada na inércia, os germânicos depositaram suas esperanças num ataque decisivo pelo leste, iniciado na noite de 2 de maio de 1915 com um bombardeio incessante de quatro horas. O alvo era o frágil III Exército, perto de Gorlice. Mil tiros por minuto reduziram as trincheiras russas a escombros. Na manhã seguinte, quando a infantaria alemã investiu contra o inimigo, havia apenas um punhado de sobreviventes em estado de choque. Todos os demais haviam fugido. Os russos "pularam e corriam, desarmados", recordou um soldado alemão. "Com seus quepes cinza de pele e largos casacos verdes desabotoados [pareciam] um rebanho de ovelhas inteiramente confuso." Sem uma estratégia defensiva (Dmitriev, comandante do III Exército, abandonara o quartel-general para comparecer à celebração anual da Ordem dos Cavaleiros de São Jorge), os homens do tsar foram forçados a uma retirada súbita. O general Denikin descreveu a fuga desordenada como "uma grande tragédia para o exército russo". Em dez dias, os remanescentes dispersos do III Exército — apenas 40 mil de um total de 220 mil tropas — tinham retornado ao rio San, última barreira natural entre os alemães e Przemysl. Eles começaram a se preparar para montar acampamento no local, mas descobriram que oficiais corruptos haviam vendido todas as pás, o arame farpado e a madeira de que eles precisavam para fazer as trincheiras. Sem artilharia nem munição, eles resistiram o quanto puderam, sofrendo pesadas baixas. Muitos homens lutaram tendo apenas baionetas em seus rifles sem balas. Mas no final de maio eles foram finalmente obrigados a abandonar Przemysl. Lvov (Lemberg) seria a próxima a cair, à medida que os alemães se aproximavam da fronteira da Rússia. Tinha sido, na definição de Knox, uma barreira de "metal contra homens".[22]

O avanço alemão expôs o flanco norte do exército de Brusilov nos Cárpatos. Para evitar ser isolado e cercado, foi forçado a se retirar, abandonando os montes que sofrera para conquistar e que passara o inverno defendendo desesperadamente. "Minha querida Nadiushenka", escreveu Brusilov em 11 de junho:

> Tivemos que desistir de Przemysl e Lvov. Você não pode imaginar como é doloroso (...) Eu tento dar a impressão de que as coisas não estão tão mal, mas dói por dentro, meu coração sofre e estou deprimido. Vamos supor, e

> disso estou convencido, que podemos recuperar a terra que acabamos de perder, e que podemos vencer a guerra, é só uma questão de tempo, mas ainda assim é terrivelmente doloroso. É preciso demonstrar força de vontade em momentos como esses, não apenas quando tudo vai bem, pois isso é fácil, mas nos maus momentos, para encorajar os que estão de moral baixa, ou que estão a ponto de desistir, e que são muitos.[23]

Enquanto isso, em meado de julho, os alemães lançaram uma ofensiva na Prússia. Eles seguiram para o norte em direção a Riga, para o leste em direção a Vilna, e para o sul para se juntar às outras forças alemãs que avançavam através da Polônia. As "inexpugnáveis" fortalezas de Kovno, Grodno, Osowiec, Novogeorgievsk e Ivangorod, que os russos consideravam a base de sua estratégia de defesa e tinham sido abarrotadas de munição, foram abandonadas uma após a outra à medida que os alemães avançavam com artilharia pesada. Esse foi outro exemplo da elite militar russa tentando travar um conflito do século XX com táticas mais apropriadas à guerra da Crimeia. Os imensos bastiões de pedra transformaram-se em museus inúteis, armadilhas de concreto para homens e provisões e, assim, Hindenburg e Ludendorff, que fizeram fama na frente ocidental por tomarem as muralhas de Liège, tiveram pouca dificuldade em repetir o sucesso no leste. As fortificações em Kovno (Kaunas) eram tão precárias que o grão-duque Nikolai disse que deveria ser rebatizada como "Govno" (palavra russa para "merda"). O comandante local, já idoso, tornou a situação ainda mais crítica ao fugir às escondidas às vésperas da chegada do inimigo. Acabou flagrado no bar do Hotel Bristol em Vilna, capital da Lituânia, e foi sentenciado a quinze anos de trabalhos forçados.[24]

Com todos os seus exércitos recuando por força da espada alemã, o comando russo não tinha escolha, a não ser ordenar uma retirada geral. Não houve planos para tal. Havia vagas noções românticas que o ideal seria repetir a tática de terra arrasada do general Kutuzov que, pelo menos na versão de Tolstói, funcionara como uma brilhante armadilha para as tropas de Napoleão nos desertos da Rússia. "A retirada continuará até onde — e por quanto tempo — for necessário", disse o tsar a Maurice Paléologue, no final de julho. "O desejo de conquista do povo russo é tão unânime quanto era em 1812." Mas sob todos os demais aspectos — a sequência de abandono de território, a seleção do que destruir e o planejamento de novas posições estratégicas a serem defendidas — só havia confusão e pânico. Os soldados arruinaram prédios, pontes, animais e safras de maneira totalmente aleatória, o que, não raro, derivou em pilhagens, em especial quando se tratava de propriedades judaicas. Centenas de milhares de refugiados, cujas casas e lavouras haviam sido aniquiladas, arrastaram-se em direção ao leste, ao longo dos trilhos das ferrovias, carregando apenas alguns pertences empilhados sobre carroças. Pelo mesmo trajeto, de trem, cruzavam oficiais de alta patente com suas amantes e, nas palavras de um militar em posto de comando, "todos os tipos de traste inútil, inclusive gaiolas com canários". Não houve previsão de assistência aos refugiados, a maioria dos quais passou a viver nos chãos das estações ferroviárias e nas ruas das cidades russas. "Doença, miséria e pobreza espalham-se por toda a Rússia", Krivoshein, ministro da Agricultura, advertiu ao Conselho de Ministros, em agosto. "Massas famintas e maltrapilhas estão semeando pânico em toda parte. Seguramente, país nenhum já conseguiu se salvar recorrendo à própria destruição."[25]

Os meses de verão e de retirada infinda trouxeram um outro golpe fatal ao moral das tropas. Para aqueles homens, foi difícil ver que o território pelo qual lutaram e morreram por tanto tempo havia sido facilmente sacrificado ao inimigo. A destruição de arsenais militares, cheios das roupas e alimentos de que eram tão carentes, foi a dor mais difícil de suportar. "Todos os dias", escreveu Os'kin, "encontraríamos depósitos de comida e munição em uma aldeia ou outra. Todos haviam sido desocupados e destruídos." Aqui está a derradeira prova acusatória da incompetência dos líderes militares. "Eles borraram tudo", Brusilov entreouviu um de seus soldados resmungar, "e nós fomos encarregados de limpar a sujeira." O desalento na retaguarda era ainda mais agudo. Nadezhda Brusilova escreveu ao marido:

> Você é ingênuo demais se ainda acredita na vitória. Nós, na retaguarda, temos uma ideia muito mais clara do que está acontecendo e já estamos convencidos de que os alemães ganharão a guerra. E estarão em Moscou em 1916. É a catástrofe e o colapso da Rússia.

Entre os civis, circulavam fortes rumores sobre a traição dos mais altos escalões. A ascendência alemã da tsarina e de outras figuras do governo, somada à execução, em março de 1915, do coronel Miasoyedov, um dos protegidos de Sukhomlinov, acusado de trabalhar como espião para o inimigo, pareciam confirmar tais teorias conspiratórias. Um soldado bolchevique recorda os esforços de um suboficial em explicar a seus homens o porquê da retirada: "Havia muitos traidores e espiões no alto comando de nosso exército, como o ministro da Guerra Sukhomlinov, responsável por não termos balas, e Miasoyedov, que entregou as fortalezas aos alemães." Ao fim da frase, um cozinheiro da tropa concluiu: "Um peixe começa a feder pela cabeça. Que tipo de tsar se cercaria de ladrões e impostores? É claro como o dia que vamos perder a guerra."[26]

Esse foi o momento psicológico vital em que muitos soldados despertaram para sentimentos revolucionários — o momento em que sua lealdade à monarquia afinal partiu-se. Um governo que os impelira a uma guerra da qual não tinham esperanças de sair vitoriosos, que não lhes fornecera armas e suprimentos apropriados e que agora estava de conluio com o inimigo certamente não era digno de mais sacrifícios. Um milhão de homens renderam-se às forças alemãs e austríacas durante a Grande Retirada. A maioria das tropas russas preferira passar o restante da guerra em campos de prisioneiros do que tentar lutar em vão contra adversários sabidamente mais fortes. Um número incerto de soldados — algo na casa de dezenas de milhares — desertou, voltando à Rússia, onde uma grande parcela passou a usar suas armas para os mais diferentes fins, vivendo no banditismo. Até o sargento Os'kin, ferido no joelho e encaminhado para um hospital de Moscou (após marchar com a perna machucada), sentiu-se tão humilhado pela Grande Retirada que, submetido à cirurgia para amputação, desertou de seu regimento e foi abrigar-se na lavoura de um amigo, na Sibéria. Mas o sítio havia sido queimado pelos cossacos, o gado, confiscado para o governo e a mulher e a filha do anfitrião violentadas. Foi a gota d'água para Os'kin, que se juntou ao Partido SR, mergulhou na clandestinidade e, ainda na Sibéria, observou com interesse voraz a crise política decorrente da Grande Retirada. Num último e desesperado esforço em levantar o moral das tropas, o chefe do Estado-Maior, o general Yanushkevich, fez Nicolau prometer que, em caso de vitória, daria 16 *desyatiny* (17 hectares) de terra a todos os soldados leais. Mas era tarde demais para tais medidas e mesmo Yanushkevich apelidou a iniciativa de "recurso da agonia". O exército estava se despedaçando. Em setembro, quando o avanço inimigo chegou às fronteiras russas, as forças de vanguarda estavam reduzidas a um terço do contingente registrado no início da guerra.[27]

"Isso não pode continuar", anotou o tsar em seu diário ao ser informado sobre a queda de Varsóvia. Três semanas depois, ele tomou, sozinho, a decisão considerada por muitos a mais sinistra de todo seu reinado. Em 22 de agosto, exonerou o grão--duque Nikolai e assumiu, em pessoa, o comando supremo do exército. O *Stavka* fora transferido para um local a pouco mais de 300 km a leste de Mogilev, uma cidade de província suja e tediosa, cujo nome deriva de "túmulo", em russo. Ali o regime de Nicolau se sepultou.

Parece ter havido duas razões (ambas igualmente falhas) para o tsar pretender dirigir as tropas. Primeira, o fato de que, naquela circunstância crítica, caberia ao governante pôr-se à frente das forças armadas. Havia uma certa lógica nesse argumento. Desde o começo da guerra, existira, na prática, um sistema de poder dual — um conduzido pelo grão-duque e outro pelo tsar — sem qualquer coordenação efetiva entre os dois. No entanto, ao seguir para a frente de batalha, Nicolau apenas enfraquecia sua autoridade na retaguarda, onde, na sua ausência, instalou-se uma espécie de anarquia burocrática, tamanha era a disputa entre a imperatriz, ministros, representantes da Duma, dos *zemstvos* e da indústria bélica. Segunda, colocando-se à frente do exército, o tsar supunha ajudar a restaurar o moral das tropas: se os soldados não lutassem pela "Rússia", talvez lutassem por ele. O efeito de sua ida ao *front* foi exatamente o oposto. Nicolau não tinha experiência de comando militar e tal incapacidade só fez aumentar o desânimo entre os homens, embora as determinações fundamentais fossem de responsabilidade do novo chefe do Estado-Maior, o general N. V. Alexeev, um estrategista talentoso. No entender de Brusilov, "Todos sabiam que Nicolau não conhecia quase nada de questões militares e, conquanto a palavra 'tsar' ainda tivesse poder mágico sobre as tropas, ele carecia inteiramente do carisma capaz de fazer esse encanto ganhar vida. Frente a um grupo de soldados, ficava nervoso e não sabia o que dizer".[28]

O Conselho de Ministros, numa atitude ímpar de crítica leal, rogou a Nicolau que voltasse atrás. "A decisão que tomastes ameaça a Rússia, a vós e a vossa dinastia com as mais graves consequências", foi a advertência. Mas Nicolau não se deixaria dissuadir. Sem dúvida, a influência de Alexandra, que estimulara esse *coup de main*, ajudou a fortalecer sua teimosia. Ele pode ter julgado a transferência para o *front* como a única oportunidade para silenciar as críticas públicas à campanha de guerra, cada vez maiores. E a percepção premente de que o trono corria perigo o levou a assumir um risco enorme. A decisão de ir pessoalmente à guerra coincidira com outra não menos importante, o fechamento da Duma, instalada em julho, e assinalava que Nicolau estava disposto a reafirmar seu governo supremo sobre o país. Talvez ele ainda alimentasse a fantasia de que sua "ligação mística" com o "povo" salvaria a Rússia da catástrofe. Krivoshein entendeu a escolha do tsar como algo "em perfeita sintonia com suas inclinações de espírito e sua compreensão mística de seu ofício imperial".[29] Com certeza Nicolau animou-se também com o apoio hipotecado pela imperatriz e por Rasputin. A dupla fomentava os sonhos de governo pessoal tão caros ao tsar, embora pelo menos parte da solidariedade de ambos se devesse à vontade de vê-lo longe da capital. Enquanto o tsar estivesse no *front*, o poder na capital ficaria nas mãos da imperatriz e de seu mago.

2. O motorista maluco

A guerra encontrou o príncipe Lvov à frente da União dos *Zemstvos*. Como no embate contra o Japão, as necessidades do *front* haviam desencadeado um azáfama de entidades civis patrióticas. Nas horas vagas, antes ou depois do trabalho, membros de comitês cívicos e de clubes de voluntários ajudavam a empacotar roupas de baixo, comida e remédios, enquanto centenas de jovens alistavam-se como enfermeiras e faziam o possível para prestar assistência às legiões de feridos e moribundos. A imperatriz transformou parte do Palácio de Inverno em fábrica de ataduras cirúrgicas e as melhores damas da sociedade apareciam aos magotes, arregaçavam as mangas e ofereciam seus préstimos à causa. A esposa de Brusilov, Nadezhda, apresentou-se espontaneamente para a Cruz Vermelha russa, na Ucrânia. "Labuto dia e noite", ela escreveu ao marido em agosto de 1914, "e graças a

Deus por isso, pois o serviço me impede de pensar e me faz sentir útil." A mulher de Kerenski, Olga, servindo num hospital belga, recordou aqueles dias como um dos períodos mais felizes de sua vida.

> Quando me curvo para lavar os pés imundos dos soldados, ou para limpar e cobrir seus ferimentos malcheirosos e pútridos, experimento um êxtase quase religioso. Dobro-me diante de todos aqueles homens, que deram a vida pela Rússia. Nunca senti tamanho arroubo.[30]

Para as senhoras burguesas e ociosas aquela era uma oportunidade de "servir ao povo" e, assim, de redimir a própria culpa.

A União dos *Zemstvos* — criada nas primeiras semanas de enfrentamento com a Alemanha, junto com sua organização-irmã, a União das Cidades — avocou a liderança de parcela considerável dessas atividades. Na falta de um controle logístico eficaz por parte do governo, a entidade praticamente dirigiu a campanha de suprimento militar. Não fosse o empenho de Lvov, o esforço de guerra russo teria ruído por inteiro e em pouco tempo. A organização sustentava-se com dinheiro e bens doados pela população. Um senhor agrário entregou todas as suas terras, uma extensão fértil de quase 5 mil hectares. Aos depósitos da retaguarda chegavam carroças entulhadas de repolhos, batatas e linho tecido em casa, donativos dos camponeses. Mas logo ficou claro que o governo precisaria garantir uma cota maior de recursos a serem mandados para as frentes de combate, pois as falhas da burocracia eram transparentes e quase todo o trabalho estava nas costas da União dos *Zemstvos.* Nas linhas de batalha, era cada vez maior o número de voluntários a tomar a frente na montagem de cantinas e unidades médicas de campanha, providenciando a remoção de feridos e garantindo cuidados hospitalares, comprando provimentos militares, combatendo doenças, ajudando refugiados e assegurando apoio às famílias dos soldados assoladas pela miséria. Em 1916, a entidade dirigida por Lvov consistia em uma imensa infraestrutura nacional, um Estado dentro do Estado, com 8 mil instituições filiadas, centenas de milhares de funcionários (os chamados *zemgussars*) e orçamento de dois bilhões de rublos. À testa de seu governo oficioso, o príncipe trabalhava, incansável, de oito da manhã às duas, três horas da madrugada. A fila do lado de fora de seu gabinete serpenteava pelas ruas de Moscou. Vacilante, um ministro reconheceu, no outono de 1915, que Lvov estava "virtualmente convertido em presidente de um governo especial. No *front,* só se fala nele, e diz-se que salvou o país. É ele quem abastece o exército, alimenta os famintos, cura os doentes, cria barbearias para os soldados — em suma, como uma espécie de 'Miur e Mereliz'* ubíquo. Ou se põe fim a isso ou entrega-se o poder a ele".[31]

* A maior loja de departamentos de Moscou.

Observação profética pois, em março de 1917, Lvov tornar-se-ia primeiro-ministro da Rússia democrática. A experiência na União dos *Zemstvos*, que exigia arrojo administrativo e capacidade de improviso, era sua maior credencial para o cargo. O espírito cívico da Revolução de Fevereiro tivera raízes nas atividades exercidas durante a guerra pelas organizações voluntárias. Dessas entidades saíram a maioria dos líderes da conflagração democrática, inclusive todos os ministros do Primeiro Governo Provisório, à exceção de três. E ainda assim Lvov sempre fora um revoltoso titubeante. Tivesse o tsar afrouxado o regime e nomeado um governo que gozasse da confiança da população, Lvov não teria se bandeado para a oposição. O príncipe interessava-se mais por ações capazes de interferir diretamente na vida do "povo" do que por política. Fora o desejo de tomar medidas práticas que o levara ao movimento dos *zemstvos*, na década de 1890, e mesmo então, tendo se associado aos kadets, nunca esteve à vontade com o partido. Em resumo, era talhado para o trabalho público em tempos de conflito externo.

A liderança de Lvov na União dos *Zemstvos* firmara-se nos mesmos objetivos utilitários (o bem da "nação") adotados no *zemstvo* de Tula (o bem do "povo"). No cerne da concepção política do príncipe havia o que um conhecido descreveu como "patriotismo orgânico com os pés na terra". Era uma concepção centrada em seu amor aos camponeses e em sua fé nas forças criativas como motriz básico da Rússia. Ufanismo similar também determinou seu comprometimento com a União dos *Zemstvos*. Em 1914, o príncipe entendia que era dever da entidade reconciliar o povo com o governo, unindo ambos no esforço de guerra. As reuniões da executiva encerravam-se quando sua voz de tenor cantava os primeiros acordes do hino nacional.[32]

No outono seguinte, porém, nem mesmo Lvov podia manter-se alheio à crescente oposição política ao governo e ao comando das tropas, a cujas trapalhadas crassas a população atribuía as esmagadoras e recentes derrotas militares. Durante algum tempo a União dos *Zemstvos* lutara contra estorvos constantes impostos pela burocracia. Agora, a paciência dos integrantes da entidade estava prestes a se esgotar. Maklakov, o reacionário ministro do Interior que manipulara os cordéis no julgamento do Caso Beiliss, via a União como uma espécie de cavalo de Troia usurpador das funções do governo. Havia muito o ministro fazia o possível para limitar a independência da organização, chegando a ponto de colocar-se contra as brigadas de trabalho, formada por cerca de 80 mil pessoas encarregadas de cavar trincheiras e túmulos na retaguarda. Seu argumento: uma entidade civil não deveria dispor de "exército" próprio. E embora tenha sido esclarecido que as únicas armas daquela brigada restringir-se-iam a enxadas e pás, Maklakov não cedeu, ordenando a Lvov a desmobilização do contingente. Em setembro, com a Duma fechada, o príncipe de maneiras gentis estava pronto para entrar na briga. "Não estamos mais dispostos a permanecer na posição passiva de governados", falou ao

Terceiro Congresso da União dos *Zemstvos*. O povo russo, ele prosseguiu, estava se transformando numa "força equivalente ao Estado" e, pelos serviços prestados à nação, conquistaria o direito de, ao fim da guerra, exigir do governo um sistema constitucional. Portanto, a obra das organizações públicas não era mais uma ponte capaz de unir o povo ao tsar, como entendera Lvov até então. Era um meio de transição para a autogestão.[33]

A radicalização política do futuro primeiro-ministro, nascida durante a guerra, foi comum entre as classes proprietárias liberais. Não perdurou até o inverno a *union sacré* de agosto de 1914, quando a Duma se dissolvera, num gesto simbólico de solidariedade patriótica para com o governo. A crise de falta de projéteis e o escândalo Miasoyedov contribuíram muito para tal. Na verdade, nenhum dos dois fatos fora tão ruim quanto a população pensava terem sido — os serviços de espionagem de Miasoyedov e a falta de balas foram bodes expiatórios dos reveses militares do país — ainda que, em certo sentido, fossem argumentos justificáveis. Pois tanto a carência de cartuchos quanto a reputação maculada do coronel tornaram-se símbolos emocionais do modo aleivoso e incompetente com que o regime tratara a guerra. A "Rússia Respeitável" passara a cerrar fileiras com a crescente demanda pela reconvocação da Duma e pela instalação de um ministério merecedor do crédito popular. Os kadets de Miliukov estavam dispostos a se saciar com uma sessão parlamentar de apenas três dias que, ao final de janeiro, aprovasse o orçamento militar. Mas os radicais, liderados por Kerenski, continuaram a campanha de críticas públicas. Em 11 de junho, o patrono de Miasoyedov, Sukhomlinov, afinal foi forçado a se exonerar. O desonrado ministro da Guerra foi sumariamente preso e levado diante de uma Comissão Superior de Inquérito, que o sentenciou a cumprir pena na Fortaleza de Pedro e Paulo, por traição. Seguiram-se as demissões de Maklakov (Interior), Shcheglovitov (Justiça) e Sabler (Santo Sínodo), pois Nicolau tentara apaziguar a opinião pública desfazendo-se de seus ministros mais reacionários.

Para o tsar, esse era apenas o começo de um verão de recuos políticos. Aos gritos por reforma bramidos pela Duma e pelas organizações civis logo se juntou o clamor da comunidade empresarial liberal. A crise dos projéteis e as derrotas militares da primavera obrigaram o governo a criar, em junho, um Conselho Especial para Aperfeiçoamento dos Suprimentos de Artilharia, integrado por três parlamentares outubristas, donos das maiores fábricas da indústria bélica de Petrogrado e funcionários do Ministério da Guerra. Os líderes da iniciativa privada de Moscou sentiram a medida como um tapa na cara. Desde 1908 eles brigavam renhidamente para aumentar sua participação na economia e na vida política do país ("Os mercadores em ação", como Riabushinsky os classificava). Haviam financiado seu próprio jornal (*Utro Rossii*), fundado um partido político (Partido Progressista) e gasto pródigas quantias patrocinando as artes (a Galeria

Tretyakov e o magnífico *style moderne* dos prédios de Shektel, por exemplo, haviam sido encomendados por esses industriais) — tudo isso com vistas a divulgar uma versão moscovita do estilo liberal característico de Manchester, na Inglaterra. Aos olhos daqueles homens, o Conselho Especial era um pequeno escol dos barões da indústria de Petrogrado e de seus protetores no governo (o que mais tarde passaria a ser chamado de "complexo militar-industrial") destinado a excluir dos contratos lucrativos da produção bélica todos os empresários menores das províncias. Havia razões de sobra para justificar o ressentimento da livre iniciativa armamentista de Moscou. O número de pedidos endereçados às grandes metalúrgicas da capital — e amigas do governo — era enorme, ao passo que suas concorrentes estavam quase ociosas. O parque industrial de Putilov recebera 113 milhões de rublos para produzir balísticos, valor seis vezes superior ao preço de mercado. E, apesar de imensa, na época a fábrica sequer tinha condições de anuir ao pedido. Putilov usou o dinheiro para subsidiar investimentos deficitários, inclusive seu fabuloso estilo de vida. A empresa faliu e teve que ser confiscada pelo Estado, em 1916. Em contrapartida, os produtores de médio porte eram compelidos a abandonar o setor porque, sem encomendas oficiais, não podiam bancar a compra de combustível e de matérias-primas. A burocracia de Petrogrado mostrava-se indiferente ao destino daqueles empreendimentos, como constatou um empresário ao escrever para o Ministério da Guerra oferecendo os serviços de sua fábrica familiar. Algumas semanas depois, recebeu a carta de volta, acompanhada por um bilhete seco afirmando que faltara o selo governamental, imprescindível.

Para romper o monopólio dos grandes produtores de munição, líderes empresariais de Moscou instituíram os Comitês das Indústrias de Guerra. Através de um escritório central, criado em 1915, conseguiram ganhar uma cota modesta, mas providencial, das encomendas militares tsaristas. Mas a verdadeira importância desses comitês foi menos econômica do que política. Os homens que se colocaram à testa dessas organizações eram críticos liberais da autocracia. Metade dos ministros do Primeiro Governo Provisório de 1917 participaram dessa iniciativa, cujo objetivo não se reduzia à maior ingerência nas questões bélico-industriais — a contenda também visava a garantir que seus aliados na Duma e em outras entidades civis tivessem mais oportunidades na estrutura do governo. Havia conexões estreitas entre as diferentes organizações. Lvov, por exemplo, dirigia a União dos *Zemstvos*, era ex-representante parlamentar e membro do Comitê Central das Indústrias de Guerra. Por meio de ações combinadas, esses organismos civis foram capazes de formar uma força política eficaz. Desfrutavam do apoio de vários ministros de inclinações mais liberais, apercebidos da necessidade de mudança política, e também de vários generais, Brusilov entre eles, que haviam experimentado na carne a importância do trabalho daquele setor produtivo.[34] Juntos, embarcaram na luta pelo poder.

Sob grande pressão, o tsar finalmente concordou em reabrir a Duma em 19 de julho de 1915. A oposição liberal agora tinha uma plataforma sobre a qual renovar suas reivindicações por um ministério de consenso nacional. Dois terços dos integrantes da Duma, da direita moderada à esquerda circunspecta, somados aos simpatizantes de que dispunham no Conselho de Estado, compuseram um Bloco Progressista para consolidar essa campanha. Foi uma associação "tricolor", como observou um de seus membros, urdida para embrulhar as reformas políticas nas dobras da bandeira imperial. A meta do bloco era evitar que o país descambasse para a revolução (que seus integrantes prósperos temiam tanto quanto qualquer um), persuadindo Nicolau a nomear um novo governo capaz de conquistar aprovação popular. O bloco garantia que somente assim o país poderia pensar em sair vitorioso da guerra. Depois de quatro meses de melancolia infinita, com relatos diários sobre derrotas no *front*, greves industriais e caos social cada vez mais agudo, os líderes do bloco consideravam, com alguma razão, que seu programa constituía a derradeira chance de solução política para a crise de autoridade do regime. E fizeram o máximo para tornar tais propostas digeríveis ao tsar. Mesmo sob risco de dividir seu partido em dois, o líder dos kadets e principal arquiteto do bloco, Miliukov, opôs-se francamente aos clamores de elementos mais radicais — kadets de esquerda, trudoviques de Kerenski e socialistas —, que queriam um governo parlamentar a reboque da Duma. O próprio Lvov rogou que, uma vez instalado um ministério de confiança e até o fim da guerra, o grupo não fosse além "da via da luta parlamentar".[35]

No Conselho de Ministros, uma maioria crescente punha-se a favor de um acordo com o Bloco Progressista. Krivoshein e Polivanov (substituto de Sukhomlinov) foram os primeiros a se manifestar. A eles juntaram-se outros oito, em especial depois que o tsar anunciou a decisão de assumir o comando militar, deixando o governo à mercê da imperatriz e de Rasputin. Em 28 de agosto, a "revolta dos ministros" chegou ao ápice: o conselho apelou diretamente a Nicolau para que nomeasse um novo gabinete digno de crédito junto à Duma. Apenas o premiê Goremykin, já desmoralizado, recusou-se a fazer coro pelas reformas, até o fim cegamente convencido de seu dever absoluto de obedecer ao tsar. No dia seguinte, ele correu até Mogilev e urgiu Nicolau a fechar o parlamento, exonerar todos os colaboradores infiéis e reiterar seu poder autocrático. Alexandra, sempre segura de que a missão de seu marido era reinar "como Ivan, o Terrível", defendia essas mesmas medidas, pois considerava os ministros rebeldes "demônios piores do que a Duma" e, assim, "precisavam ser esmagados".

Dadas as circunstâncias, não foi difícil persuadir o tsar de que devia reafirmar sua autoridade autocrática. Este provavelmente havia sido seu principal objetivo ao assumir o comando supremo. No entender de Nicolau, nenhuma das concessões políticas feitas à oposição liberal tinha encerrado as críticas públicas a seu governo

— na verdade, seus adversários haviam se tornado mais estridentes —, e, portanto, era hora de impedir que seu poder sofresse novos estragos. Ele julgava intolerável que num momento tão crítico para o império, quando, mais do que nunca, era necessária a mão firme da autocracia, os ministros imaginassem conveniente pedir que renunciasse a seu mando pessoal. Em 2 de setembro, ordenou a dissolução do legislativo e renovou sua fé na gestão do velho e fiel criado, Goremykin. A este, coube voltar a Petrogrado e anunciar tal decisão ao conselho insurgente. A reação foi dramática. *"Il est fou, ce vieillard"*, exclamou Sazonov, ministro das Relações Exteriores.[36]

O fechamento da Duma foi acompanhado por dois dias de greve geral em Petrogrado. Mas, tirante essas quarenta e oito horas de protesto, poder-se-ia dizer que a oposição manteve-se calada. Lvov elegeu-se como chefe de uma delegação de entidades civis incumbida de solicitar ao tsar que "depositasse o pesado fardo do poder sobre os ombros dos homens fortalecidos pela confiança da nação". Mas Nicolau não quis receber a comitiva. Chamado ao Ministério do Interior, o grupo foi devidamente informado de que sua "intromissão na política do Estado" nao passava de petulância. O tsar havia decidido governar como um autocrata e nenhum conselho, por mais sábio ou leal, poderia dissuadi-lo. Em 16 de setembro, atendendo a uma convocação, os ministros deslocaram-se até Mogilev para uma última descompostura. "Mostre pulso", recomendara a imperatriz ao marido de vontade fraca. "Você é o *Autocrata* e isso eles não se atrevem a esquecer." Alexandra implorou a Nicolau que usasse o pente de Rasputin para revigorar sua coragem.[37] A mágica deve ter funcionado pois os homens do conselho, até então determinados a se debater pelas reformas, deixaram-se desanimar na presença do soberano. A "revolta dos ministros" acabara e, com ela, a derradeira oportunidade de salvação da monarquia por meios políticos.

O fim da Duma deixou clara a impotência dos liberais. O poder fora firmemente mantido pela corte Romanov e, mesmo com dez dos mais ilustres funcionários do governo a seu lado, os liberais não podiam fazer nada para evitar que o tsar tomasse as rédeas absolutas da situação. Nada, exceto a revolução. V. A. Maklakov resumiu o dilema num artigo amplamente lido ao longo de setembro. No texto, o kadet comparava a Rússia a um automóvel que, a velocidade incontrolável, dirigido por um motorista maluco (Nicolau), desce uma colina íngreme e perigosa. Entre os passageiros está uma mãe (a Rússia) e outras pessoas capazes de conduzir o veículo, todas cientes do perigo. Mas ninguém ousa agarrar o volante, com medo de causar um acidente fatal. O motorista sabe disso e zomba dos desamparados e inquietos viajantes: "Vocês não terão a audácia de me tocar", diz. E, de fato, concluiu Maklakov, naquelas terríveis condições:

> ninguém ousará encostar nele, mesmo sob risco da própria vida, pois está-se viajando com a mãe e ninguém pretenderá agir, por temer que ela também seja morta. Assim, deixa-se o volante nas mãos do motorista. Além do mais, não se tentará detê-lo — os passageiros procurarão orientá-lo com conselhos, advertências e algum auxílio. E essa é a atitude correta, pois é só o que há a fazer.[38]

A paralisia que tolheu os liberais era determinada, sobretudo, pelo temor de acender a primeira centelha da violência nas ruas, pois todos eles sentiam-se acuados entre os males da autocracia e o mar cor de sangue de uma revolução social que inevitavelmente também os afogaria. Miliukov receava uma "orgia da malta"[39] — defendida por parte da esquerda constitucionalista — caso a Duma entrasse em conflito aberto com o regime e estimulasse uma insurreição popular. "A revolta russa, inclemente e sem misericórdia", pesadelo de Puchkin, finalmente se concretizaria. Em vez de arriscar, os liberais preferiram aguardar: se pudessem resistir até a vitória dos aliados, novos canais se abririam para a realização da reforma. Não era a mais digna das posições (uma "revolta de joelhos" foi como Stálin a descreveu), mas, salvo as barricadas, não existia alternativa. Na essência, tal posicionamento marcou a volta a 1906, quando o fracasso do Manifesto de Vyborg em reunir as massas na defesa da Duma deixara os liberais à deriva, com nada mais para se agarrar do que a esperança de convencer o regime a se liberalizar. Dez anos depois, de posse das lições aprendidas com o exílio na Finlândia, aqueles homens tinham ainda mais medo da gente do povo, que agora, no auge da guerra e de todas as privações decorrentes, dificilmente se contentaria com a acanhada revolução política vislumbrada pelos liberais.

Encorajado pelo sucesso de sua própria demonstração de força, Nicolau baixou um conjunto de medidas para neutralizar as imposições que haviam minado seu poder autocrático. A tão esperada reconvocação da Duma, em novembro, concedida apenas para pacificar os críticos da dissolução ocorrida dois meses antes, foi adiada *ad infinitum*. O status dos Comitês das Indústrias de Guerra esmaecia aos poucos, enquanto o governo retomava a velha aliança com os poderosos interesses empresariais de Petrogrado. E, um a um, os principais ministros rebeldes acabaram exonerados. Samarin, o novo procurador do Santo Sínodo e conhecido adversário de Rasputin, foi o primeiro a perder o cargo, para fúria da Igreja e da opinião conservadora. Krivoshein, ministro da Agricultura, foi o próximo. Depois Shcherbatov, do Interior, viu-se substituído por Khvostov, homem de pança enorme, aliado do melhor amigo da imperatriz e pressuroso em prometer silenciar todas as críticas públicas erguidas contra o governo. O novo titular da Agricultura determinou vigilância política sobre parlamentares, proibiu reuniões de entidades civis, redobrou a censura e entregou recursos do Tesouro aos grupos dos Cem

Negros, que insistiam em acusar os judeus pelas derrotas do exército e por todos os infortúnios da guerra.

Todas essas mudanças no ministério tinham o toque pessoal de Alexandra. Com o tsar no *front,* a imperatriz assumira o papel do verdadeiro autocrata (se é que houvesse um) de Petrogrado. "Benzinho", dizia uma carta que mandou a Nicolau, "sou sua muralha na retaguarda. Estou aqui, não ria de sua tola e velha esposinha, mas ela tem 'calças' invisíveis." O principal telefone do Palácio de Inverno ficava nos aposentos de Alexandra, onde gostava de sentar-se à escrivaninha, diante de um retrato de Maria Antonieta. A tsarina adorava jactar-se como a primeira mulher da Rússia, desde Catarina, a Grande, a receber ministros. Tais quimeras eram estimuladas por Rasputin, que efetivamente a usava como leva e traz de suas próprias pretensões ao poder. A correspondência que o tsar recebia da consorte era cheia de conselhos de "Nosso Amigo", como ela gostava de chamar o camponês "sagrado". "Não se trata de sabedoria de minha parte", ela redigia, "mas de um certo instinto dado por Deus para que eu pudesse lhe auxiliar." Ou: "Tendo aprendido a tudo enxergar por um ângulo diferente, vemos o que realmente é essa luta e o que significa — você ostentando seu domínio, mostrando-se o autocrata sem o qual a Rússia não existiria." Ao que parece, quase não havia questão de Estado além da ingerência de Rasputin. Alexandra enviaria missivas ao tsar com recomendações do mago sobre suprimentos de comida, transporte, finanças e reforma agrária, embora ela mesma admitisse que tais assuntos lhe causavam vertigens. Certa feita, a imperatriz tentou persuadir o marido a basear sua estratégia militar numa "visão noturna" sofrida por Rasputin. Nesse caso específico, Nicolau mostrou-se inflexível.[40]

Grande parte do tinteiro da imperatriz foi gasto em indicações para agraciados. Ela dividia o mundo entre amigos e inimigos da "causa oculta" defendida por Rasputin e ela mesma. Ministros, comandantes das forças armadas e membros da corte subiam ou desciam em seu conceito segundo a posição assumida em relação à "causa". O patronato do mago era o caminho mais rápido para se escalar o pau de sebo imperial — e críticas a ele eram o atalho mais curto para a derrocada. Durante os dezessete meses de "governo da tsarina", de setembro de 1915 a fevereiro de 1917, a Rússia teve quatro primeiros-ministros, cinco ministros do Interior, três ministros das Relações Exteriores, três ocupantes da pasta da Guerra, três no Ministério dos Transportes e quatro da Agricultura. Esse "pula-carniça ministerial", como passou a ser conhecido, não só afastou homens competentes como ainda desorganizou o trabalho do governo, visto que nenhum titular permanecia no posto tempo bastante para se desembaraçar de suas responsabilidades. A anarquia burocrática fez surgir blocos rivais no interior do governo: alguns ministros formariam com Alexandra e Rasputin, outros continuavam leais ao tsar ou, pelo menos, ao que pensavam ser o tsar, pois, no frigir dos ovos, ele mesmo parecia não saber o que representava e, em todo caso, rarissimamente afoitava-se a desdizer a cônjuge. Boris Stürmer, o primeiro-ministro mais duradouro do "governo da tsarina", substituto do senil Goremykin a partir de janeiro de 1916, era duas vezes célebre: como ex-governador de província acusado de venalidade e como ex-assistente do Ministério do Interior tachado de incompetente. Segundo uma tirada memorável de Sazonov, era "um homem que só deixava más lembranças não importa os cargos administrativos pelos quais passasse". Os assuntos de Estado estavam inteiramente além de sua capacidade. Ele recorria à imperatriz ou a Rasputin com tanta frequência que mesmo o monarquista empedernido V. M. Purishkevich comparou sua figura ridícula a Chichikov, personagem de *Almas mortas*, de Gogol. No romance, após visitar todos os dignitários da cidade provincial, o rapaz indeciso mantém-se longo tempo sentado num assento de carruagem, entretido em reflexões profundas sobre a próxima casa a ser procurada.[41]

Talvez a mudança mais nociva da dança das cadeiras orquestrada por Alexandra tenha sido a exoneração de Polivanov, em março de 1916. Mais do que qualquer outro homem, fora ele o responsável pela reconstrução do exército russo depois das terríveis perdas da Grande Retirada. O general de divisão Knox, adido militar britânico na Rússia, considerava-o "indubitavelmente o organizador militar mais hábil do país" e classificou sua demissão como um "desastre". Aos olhos da tsarina, o crime do ministro da Guerra fora sua presteza em cooperar com as entidades civis na remessa de suprimentos para os soldados nas trincheiras. "Oh, como gostaria que você pudesse se livrar de Polivanov", ela escreveu a Nicolau, em janeiro. "Ele não passa de um reformista." A amizade entre o ministro e Guchkov, cabeça dos Comitês das Indústrias de Guerra, era vista pela corte com especial alarme, já que em novembro o líder outubrista convidara representantes eleitos pelos trabalhadores a participarem da coordenação geral daquelas entidades. "Desejaria que você fechasse aquele infecto Comitê das Indústrias de Guerra", implorou a imperatriz a Nicolau, em março, "pois as reuniões desse grupo vão discutir moções antidinásticas." Quanto a Guchkov, Alexandra simplesmente perguntou, "Não seria possível enforcá-lo?"[42]

A nomeação do general Shuvaev, sucessor de Polivanov, não deixou dúvidas de que, entre os atributos de um ministro da Guerra, a obediência inconteste era tida como muito mais importante do que perícia militar. O próprio Shuvaev certa feita disse a Knox que ficaria satisfeito em pular da janela caso essa fosse a vontade do tsar. E quando sua malfadada administração levou a acusações públicas de "traição nos altos escalões", tudo o que ele conseguiu murmurar em sua defesa foi "posso ser um tolo, mas não sou pérfido".[43]

Com a ajuda de entidades civis, Polivanov melhoraria em muito o abastecimento e o moral das tropas. Em nenhum outro lugar isso era tão óbvio quanto na frente sudoeste, para a qual Brusilov fora nomeado comandante, em março. O general imprimiu um novo estilo de profissionalismo militar, promovendo oficiais talentosos como Klembovsky e Velichko (que, junto com Brusilov e Polivanov, mais tarde ajudariam a profissionalizar o Exército Vermelho). Rapidamente, o novo comandante das tropas do sudoeste estabeleceu uma boa relação de trabalho com as entidades civis. Os efeitos de tal iniciativa logo foram sentidos entre seus homens. "Aos poucos", ele recordou:

> nosso equipamento melhorou; recebemos rifles, de vários tipos, talvez, mas ainda assim com cartucheiras suficientes; a munição para artilharia, especialmente canhões leves, chegou em abundância... Temos todos os motivos para crer que seremos capazes de derrotar o inimigo e levá-lo para o outro lado de nossas fronteiras.[44]

O otimismo de Brusilov prevaleceu no Conselho de Guerra que, sob a batuta de Nicolau, no *Stavka*, planejou as operações de verão, decididas aos 15 de abril. Os generais Kuropatkin e Evert, comandantes das frentes noroeste e oeste, respectivamente, mostraram-se pessimistas quanto às perspectivas de uma ofensiva. Mas Brusilov prometera tornar os ataques mais fáceis para os dois colegas, propondo-se a desferir uma investida contra os austríacos no sudoeste, que ele mesmo dirigia. E manteve tal disposição mesmo após ter sido informado de que não ganharia homens ou provisões extras. Os outros comandantes ficaram chocados e aborrecidos com tamanha intrepidez. "Você foi recém-designado comandante", disse um deles à mesa do jantar, "e tem muita sorte em não ser um dos escolhidos para estar à frente da ofensiva, portanto, não há motivo para arriscar sua reputação militar. Imagine se submeter a perigos tão colossais!" Mas essa atitude complacente, tão característica dos generais favoritos do tsar, estava muito aquém da determinação de Brusilov e, talvez, de seu crédulo otimismo. Ele estava certo de que Deus conduzia a Rússia à vitória, uma fé refletida, ao longo de todo o conflito, nas cartas enviadas à sua esposa. "Continuo persuadido", escreveu a ela no paroxismo da Grande Retirada, "de que, seja como for, tudo acabará bem e ganharemos a guerra."[45]

O desdém de seus camaradas de armas não chegou a levar em conta a ingenuidade absoluta da tática escolhida por ele. De acordo com Norman Stone, principal historiador do *front* oriental, o ataque de Brusilov foi "a vitória mais brilhante da guerra", apesar da singeleza do raciocínio militar que a norteou.[46] O que distinguia seu gênio guerreiro era a vontade de aprender com as lições de 1914-1915. Desde então, as frentes de combate haviam se tornado fixas e a guerra móvel cedera terreno à guerra de posições. Os generais europeus tinham tentado romper as linhas inimigas concentrando tropas e munição num único ponto do *front*. A invasão alemã em Gorlice fora um exemplo clássico desse método "falange", que os oficiais russos passaram a adotar indiscriminadamente. Brusilov constituía a única exceção e argumentava que os russos, com suas ferrovias primitivas, não poderiam concentrar forças em um só lugar, sob o risco de alertar o inimigo. Cientes da grande movimentação rumo a um local específico da linha de batalha, os adversários teriam tempo de sobra para organizar reservas defensivas. Enquanto as tropas tsaristas privilegiassem a força em detrimento do elemento surpresa, a Rússia não podia ter esperanças de ganhar uma investida decisiva. Em vez do sistema convencional, Brusilov propunha ataques simultâneos em vários pontos ao longo da frente, fazendo com que o inimigo, mesmo dispondo de dados sobre posições ofensivas, tivesse dificuldades em adivinhar onde seria necessário colocar mais baterias de defesa.

Seguiram-se preparativos para o combate. Nunca se vira nada parecido com aquilo. O trunfo do plano de Brusilov era o inesperado e, assim, tudo foi feito dentro do mais absoluto sigilo (nem a imperatriz conseguiu descobrir quando ou onde o ataque começaria). Cavaram-se trincheiras mais fundas do que o usual, camufladas com tinta aspergida no solo, e túneis que penetravam quase 200 metros por baixo do arame farpado das fileiras austríacas; assim, uma vez iniciada a investida, a primeira leva de atacantes alcançaria os baluartes inimigos num piscar de olhos. As posições adversárias foram zelosamente estudadas com a ajuda de fotografias aéreas. Isso permitiu ao comandante criar trincheiras em tamanho natural iguais às que seriam tomadas e usá-las para treinamento das tropas de arremetida; significava também que quando o ataque começou, os russos conheciam, em detalhes, a localização das baterias do campo rival e, em alguns locais, até o posicionamento de metralhadoras isoladas. A despeito da inferioridade numérica, a artilharia tsarista tinha a seu favor a identificação prévia dos alvos, o que garantiria o sucesso inicial da ofensiva.[47]

O assalto começou em 4 de junho e, segundo Brusilov, "com uma estrondosa barreira de artilharia na extensão de toda a frente sudoeste". "Toda a zona de batalha foi coberta por uma nuvem imensa e espessa de pó e fumaça", registrou um oficial austríaco, o que "permitiu aos russos ultrapassar, em grupos cerrados, os obstáculos de arame, já destruídos, e assim entrar em nossas trincheiras." Em 48 horas, as tropas de Nicolau tomaram as defesas inimigas numa frente de 90 km, fazendo mais de 40 mil prisioneiros. Cinco dias depois, a quantidade de soldados austríacos em poder dos russos chegaria a 200 mil, mais da metade pertencentes às forças de Habsburgo, no *front* oriental. Conrado, chefe do Estado-Maior austríaco, já falava na necessidade de solicitar acordo de paz.[48]

Se Evert e Kuropatkin tivessem atacado logo após a arremetida de Brusilov, conforme o combinado, o inimigo poderia ter sido levado a recuar e o curso da guerra teria mudado, inteiramente. Hindenburg mais tarde confessou que, diante de uma segunda ofensiva, os alemães teriam "enfrentado a ameaça de um colapso completo". Conforme o plano de guerra traçado pelo *Stavka*, o *front* sudoeste era considerado secundário, em relação aos de Evert e Kuropatkin. Mas nenhum dos dois comandantes estavam dispostos a agir. Com certeza a missão de ambos seria mais árdua do que a de Brusilov, pois precisariam lutar com tropas alemãs, mais renhidas que as forças austro-húngaras. Mas a vaidade de ambos os generais foi um fator relevante: o fantasma da derrota fez com que temessem perder suas preciosas reputações. Talvez se possa, mesmo, atribuir a culpa ao *Stavka*. Na guerra contra o Japão, Alexeev servira sob as ordens da dupla e, anos depois, ainda a temia o bastante para não ousar se valer de sua autoridade de chefe do Estado-Maior. O tsar, por sua vez, fez vista grossa à falha dos comandantes, favoritos da corte, e ignorou os pedidos diários de Brusilov, que o instava a ordenar um ataque. E a imperatriz não havia se mantido fora de cena. Ela bombardeara Nicolau com opiniões "abalizadas" de Rasputin contrárias a uma ofensiva nas posições ocupadas pelos dois generais irresolutos. "Se nossos sucessos no sul continuarem, [os alemães] se retirarão para o norte", teria dito o mago.[49]

Tamanha estupidez militar seria responsável pelo avanço moroso das tropas de Brusilov. Em vez de dar início a uma segunda arremetida, o *Stavka* transferiu soldados do norte para o sudoeste. O reforço, porém, não foi suficiente para manter o ímpeto do ataque, já que os alemães, cujas posições foram facilitadas pela inércia de Evert e Kuropatkin, também puderam mandar mais tropas para o sul. Ciente de que sua vantagem declinava, Brusilov mudou de tática e adotou medidas ortodoxas, tomando o rumo de Kovel e, ainda assim lutando, conforme suas próprias palavras, "com menos furor... para poupar meus homens o máximo possível". Lenta e gradualmente, o avanço russo paralisou-se. Em oito semanas de batalha, o exército de Brusilov tinha aprisionado 425 mil austríacos e ocupado grande parte da Galícia; o inimigo fora forçado a retirar tropas da frente oeste, amenizando a pressão sobre a Itália e a França, em Verdun; a duras penas, a Romênia foi convencida a entrar na guerra no lado russo. Ludendorff considerou haver "uma crise no leste". Em 1918, ele prestaria uma última homenagem à tática de Brusilov, aplicando-a no oeste.[50]

Vinda após um longo ano de derrotas no leste e de impasse cruento no oeste, a ofensiva de Brusilov transformou-o em celebridade, da noite para o dia, não apenas da Rússia, mas em todos os países aliados. Giliarovsky escreveu uma coletânea de poemas panegíricos, *A Brusilov*, que foi vendida às dezenas de milhares em forma de panfleto. Compositores italianos e franceses dedicaram cantatas, marchas e canções ao herói de guerra. E na Europa inteira, a população correu para assistir ao filme *Brusilov*. O próprio general, posteriormente, registrou:

> De todas as camadas da sociedade russa recebi centenas de telegramas com congratulações e bênçãos. Todos tinham uma mensagem: camponeses, mecânicos, aristocratas, clérigos, intelectuais e crianças que frequentam a

escola. Todos queriam me dizer que o grande coração do país estava batendo em sintonia com os mui amados soldados de meu exército vitorioso.

Brusilov havia demonstrado que, sob as ordens de comandantes competentes, as hostes imperiais ainda seriam capazes de sucessos militares. Se não tivesse sido boicotada pelo *Stavka,* a investida a sudoeste poderia ter funcionado como trampolim para a recuperação do moral das tropas — e talvez, um dia, o exército tsarista pudesse ter chegado à vitória. Mas é duvidoso se a derrota alemã bastaria para salvar o regime de Nicolau, tamanha a dimensão da crise política que assolava o país. Em todo caso, ficara mais claro do que nunca: "A Rússia não poderia vencer a guerra com o presente sistema de governo",[51] frase dita pelo próprio Brusilov, um monarquista. A vitória não deteria a revolução; mas só uma revolução ajudaria a levar à vitória.

Para Brusilov, a prova cabal da incompetência do velho regime chegara em julho, quando, numa tentativa desesperada de salvar a batalha, Alexeev transferira a elitista Guarda Imperial para o sudoeste. Aqueles jovens de sangue azul foram descritos por Knox como "fisicamente, os animais humanos mais belos da Europa". Em uniforme de parada enfeitado com tranças douradas, cada guarda exibia, orgulhoso, um garbo de dois metros de altura. Mas uma tropa tão distinta era comandada por um general estúpido, Bezobrazov, um outro queridinho da corte, que desobedeceu às ordens de Brusilov e mandou seus homens atacarem através de um pântano aberto à visão inimiga. Enquanto os guerreiros caminhavam com lama na altura do peito, os aeroplanos alemães flanavam por sobre suas cabeças, abatendo-os a tiros de metralhadora. Knox assistiu, horrorizado, como os aviões germânicos arremetiam para baixo, mirando os alvos, e como "os feridos afundavam, lentamente, no charco".[52] Numa ação néscia, perderam-se os melhores varões da força de combate mais refinada do país e, com eles, a derradeira chance de a vitória na guerra ser obtida sob a batuta do velho regime.

Em 1916, quando o terceiro ano de guerra se arrastava, a impaciência de Brusilov para com o império era, cada vez mais, partilhada pelo restante da Rússia. Nobres patriotas como Brusilov e Lvov haviam alimentado esperanças vãs, contando que uma campanha bélica bem-sucedida pudesse unir governo e sociedade, assim neutralizando a necessidade de reformas radicais. Mas eles já haviam percebido que a verdade estava no raciocínio inverso: reformas radicais eram precondição imprescindível para o sucesso militar. Crescentes privações de comida, combustível e artigos de consumo básico, inflação alta, dificuldades no sistema de transporte, corrupção generalizada do governo e de seus fornecedores de armas e aumento acentuado do crime e da desordem social — todos esses fatores somaram-se à interminável carnificina da frente de batalha para criar um sentimento público de pânico e histeria. "Cada vez mais", escreveu Gorki a um amigo, em novembro de 1915, "as pessoas comportam-se como animais e loucos. Espalham boatos imbecis e isso cria uma atmosfera de medo universal que envenena até os inteligentes." Entre as classes proprietárias, havia a sensação de que a Rússia estava à beira de uma terrível catástrofe, de uma violenta explosão social, contra a qual o governo seria inteiramente incapaz de defendê-las. O povo falava do tsar e de seus colaboradores com desprezo absoluto. A palavra "revolução" estava na boca de todos. "Um dilúvio se aproxima", escreveu Guchkov a Aleexev, em agosto de 1916, "e um governo deplorável, aflito e frouxo prepara-se para enfrentar o cataclismo com medidas que só funcionariam como proteção contra um pé d'água. O governo está calçando galochas e abrindo o guarda-chuva!"[53]

Sentindo o desastre que estava a caminho, os ricos e bem-nascidos se entregaram a uma última e desesperada farra de prazeres. Esgotaram seus estoques de champanhe, dissiparam quantias enormes na compra de caviar, esturjão e outras delicadezas de tempos de paz (agora só encontradas no mercado paralelo), patrocinaram festas dispendiosas, escornaram esposas e maridos e perderam fortunas nos cassinos. Os estrangeiros reagiam com perplexidade a um estilo de vida tão luxuoso e o que mais os chocava era a indiscrição com que a elite russa ostentava tamanho desfrute. "A opulência e a prodigalidade com que se exibem me assombra, principalmente se pondero as condições austeras da vida inglesa durante a guerra", registrou *Sir* Samuel Hoare, oficial da inteligência britânica lotado em Petrogrado. Esse hedonismo mórbido foi muito bem resumido em alguns versos satíricos anônimos do início de 1916:

> Não levamos a derrota a mal,
> E tampouco a vitória nos propicia prazer.
> A fonte de todos os nossos zelos resume-se
> À vodca que obtemos cada noite.
>
> As vitórias não nos fazem falta.
> Não! Paz e silêncio é tudo que queremos,
> Intrigas e escândalo, noites afora,
> Enfeitadas com mulheres e vinho.
>
> Só queremos saber, no dia seguinte,
> Que ministros ainda estarão no poder,
> Ou quem leva quem, para assistir a uma peça,
> Ou quem, no Cuba's, sentou ao lado de quem...
>
> E se Rasputin ainda está em evidência,
> Ou se precisamos de outro santo,

E se Kshesinskaya está bem,
E como foi o festim de Shubin:

Se o grão-duque levou Dina para casa,
Que tipo de sorte teve MacDiddie,
Oh, se um Zepelim viesse
E aniquilasse Petrogrado.[54]

A corte era um dos principais alvos da histeria pública, que elegera como mosca um grupo pró-germânico que borboleteava em torno da imperatriz. A esse pedaço da Alemanha na capital tsarista muitos atribuíam uma conspiração cujo objetivo final seria a derrota do exército russo. A ideia de traição em altos escalões, que tivera início com Miasoyedov e com a Grande Retirada, ganhou força em 1916, quando espalharam-se rumores sobre a existência de um "Bloco Negro" na corte, o qual estaria tentando a paz com Berlim. O crescente domínio de Alexandra ("a alemã"), os sentimentos antibelicistas de Rasputin, o grande número de palacianos com nomes teutônicos e a promoção de Stürmer ao status de "ditador" virtual (em junho, por iniciativa do tsar, ele assumira poderes de primeiro-ministro, ministro do Interior, ministro das Relações Exteriores e ministro supremo da Defesa do Estado) ajudavam a fomentar especulações. Alegava-se que a tsarina e Rasputin estavam trabalhando para os alemães; que tinham linha direta com Berlim; e que Nicolau constantemente advertia o tio, o kaiser Guilherme, sobre os movimentos das tropas russas. Tais bulícios chegavam ainda mais distorcidos ao *front*. Diante das notícias transmitidas pelas cartas de parentes, os soldados desalentados prontificavam-se a acreditar que Stürmer havia sido comprado pelos germânicos para matar os camponeses de fome; e mais, o conde Fredericks, ministro da corte imperial, concordara em vender a metade ocidental da Rússia ao inimigo.

Burburinhos sobre vários escândalos sexuais, nos quais a protagonista era sempre Alexandra, mereciam crédito similar. A "depravação" da imperatriz tornou-se uma espécie de metáfora para a condição combalida do regime tsarista. A mulher do soberano era uma vagabunda, amante de Rasputin e de Anna Vyrubova, sua dama de companhia, a qual, por sua vez, dividiria a cama com o mago e Nicolau. Nenhum desses rumores tinha embasamento. Vyrubova era uma solteirona inocente e simplória, apaixonada pelos poderes místicos do ex-camponês e embevecida com o estilo de vida doméstico e acolhedor da família imperial. Em 1917, foi cientificamente comprovado que era virgem. O laudo médico foi entregue à comissão especial nomeada pelo Governo Provisório para investigar acusações levantadas contra a aia. Quanto a Alexandra, era muito puritana para se permitir qualquer relação sexual que não tivesse como fim exclusivo a reprodução da dinastia Romanov. Nem havia fundamentos nas incriminações de traição que pesavam sobre seus ombros, embora seja possível que agentes alemães recolhessem informações entreouvindo o falatório ruidoso e jactante de Rasputin. O mago costumava jantar na casa de um banqueiro de Petrogrado considerado, pelo embaixador francês, como o principal espião do kaiser em solo russo.

Não importava se tais boatos estavam ou não respaldados na realidade, e sim o poder que tinham em mobilizar a população furiosa contra a dinastia; numa crise revolucionária, percepções e crenças contam mais do que fatos. O aviltamento da corte Romanov permitia a seus oponentes dispor de acusados ilustres aos quais atribuir as provações do povo durante a guerra. Conferir aos habitantes do Palácio de Inverno a pecha de "alemães" era um modo de definir e legitimar o frenesi revolucionário, transformado em espírito ufanista da "nação". Culpá-los significava afirmar que os problemas do país decorriam apenas da influência malévola de uns poucos estrangeiros insignes e, portanto, podiam ser solucionados com o simples descarte dos delitosos. A Revolução de Fevereiro de 1917 ganhou ares de rebelião patriótica. Posições antigermânicas e antimonarquistas embaralhavam-se na nova consciência democrática que os líderes de então procuravam incutir como base para uma renovação nacional russa. Nesse sentido, as revoltas antiteutônicas de junho de 1915, no auge da Grande Retirada, foram os primeiros sinais da existência de um ânimo revolucionário popular. Em Moscou, multidões iradas queimaram e saquearam lojas e escritórios alemães. O comércio especializado na venda de pianos foi atacado e Bechsteins e Blüthners jogados das janelas. Qualquer pessoa suspeita de ser germânica (e para isso bastava estar bem-vestida) era abordada e roubada. Na Praça Vermelha, grupos insultavam Alexandra e defendiam que fosse trancafiada num convento. Havia também clamores pela abdicação de Nicolau em favor do primo, grão-duque Nikolai. A massa descontrolada detectava sabotagem alemã em todos os eventos, da escassez de projéteis à corrupção de burocratas menores. Escorados no lema "traição em altos escalões", os novos candidatos ao poder tornavam-se heróis nacionais.[55]

Apesar do medo que nutriam pelo povo, os liberais não conseguiram resistir à tentação de aproveitar a oportunidade para obter ganhos políticos. Martelar na tecla da "nação" contra a dinastia poderia, novamente, colocá-los à frente do movimento oposicionista. E, naquele momento, era importante reconquistar a primazia sobre as demais correntes progressistas, visto que os protestos contra a guerra assumiam contornos mais radicais, com greves e manifestações numerosas, muitas lideradas pelos socialistas. "Temo que a política do governo desaguará na impotência da Duma em atuar para a pacificação das massas", disse um líder constitucionalista a seus colegas, no outono de 1916. Os relatórios da polícia secreta deixam claro que "a ampla maioria do povo" mostrava-se hostil ao parlamento e o acusava "de recusar-se, deliberadamente, a sair em ajuda do país; as incriminações mais ferrenhas a esse respeito não são levantadas apenas contra os outubristas, mas atingem também os kadets". Se a Duma não queria tornar-se obsoleta e ineficaz, a saída era aproximar-se do ânimo das ruas e acrescentar sua voz ao movimento revolucionário. Assim pensavam os kadets de esquerda, os trudoviques de Kerenski e um número cada vez maior de figuras públicas. Entre elas, destacava-se o príncipe Lvov, que, numa reunião do Bloco Progressista, garantiu ser a revolução a única esperança capaz de salvar a Rússia. "Abandonemos todas as tentativas de colaboração construtiva com o presente governo, pois estão fadadas ao fracasso e se resumem a um obstáculo a nosso objetivo. Não nos permitamos a ilusão; afastemo-nos dos fantasmas. Não existe mais um governo que mereça nosso reconhecimento", ele escreveu em dezembro.[56]

Tais argumentos ganhavam força com a intransigência do regime. A nomeação, em setembro, de A. D. Protopopov como ministro do Interior interino fez crescer os anseios de liberais moderados, homens como Miliukov, que ainda imaginavam obter reformas pela via conciliatória. Protopopov era outubrista, latifundiário, industrial do setor têxtil, membro do Bloco Progressista e vice-presidente do legislativo. A escolha de seu nome para o ministério foi vista por muitos como uma capitulação do governo diante da oposição liberal. Esse grupo alimentava a expectativa de que a posse do novo ministro seria acompanhada, em breve, pela formação de um gabinete saído dos quadros da Duma. Mas, na verdade, tudo não passara de uma manobra astuta da corte. O parlamento iria se reunir em 1º de novembro e um "homem da Duma" seria o mais indicado para controlar os deputados. "Por favor, faça de Protopopov ministro do Interior", pediu a imperatriz ao marido. "Ele é da Duma, o que causará grande impacto e calará os adversários." O interino da pasta do Interior era um místico fanático (certa vez disse a Kerenski que governava com a ajuda de Jesus Cristo) e, sem o conhecimento dos liberais, protegido de Rasputin (uma ocasião, Protopopov falou a Brusilov que o mago estava "salvando a Rússia da revolução"). Ambicioso e de uma pretensão ridícula, parecia claramente enlevado pela honra que o tsar havia se dignado a conceder, nomeando-o. Portanto, era improvável que se juntasse à oposição, colocando em risco tamanha dádiva. Quando a verdadeira natureza de seu papel ficou óbvia, um velho colega da Duma solicitou que se exonerasse. Protopopov, já engalanado com o uniforme da Gendarmerie Imperial, símbolo arquétipo da opressão tsarista, respondeu: "Como você pode me pedir uma coisa dessas? Durante toda a vida sonhei ser vice-governador e cá estou, um ministro."[57]

A desilusão com o "homem da Duma" veio a galope. Nos círculos legislativos, a esperança deu lugar ao ódio. A obsequiosidade de Protopopov para com o casal de soberanos era nauseante. Em vez de lançar uma ponte entre a oposição liberal e o governo, ele transformara-se em lacaio da corte e não escapou da acusação de traidor da causa parlamentar. Por intercessão de Rasputin, ordenou a soltura de Sukhomlinov — até então preso, embora o grosso da população preferisse que tivesse sido mandado à forca — e determinou que reuniões de entidades civis só poderiam acontecer na presença da polícia.

Quando a Duma voltou a funcionar, em 1º de novembro, mesmo o moderado Miliukov foi obrigado a admitir: esgotava-se o tempo para cooperações com o regime tsarista. Os kadets mais radicais queriam uma revolta às claras e então, como líder do partido, ele decidiu tomar a iniciativa, voltando-se contra o governo no discurso de reabertura da casa legislativa. Enumerou abusos de poder, pontuando cada denúncia com a pergunta: "É loucura ou traição?" O efeito de suas palavras, como ele próprio mais tarde recordou, foi o de "uma fístula cheia de pus que tivesse se rompido, e o mal básico, desconhecido de todos mas à espera de se mostrar, surgido". Miliukov conseguira, mais uma vez, converter o Palácio Tauride em Tribuna da Revolução. Naquele mesmo dia, a Duma assistiu a outros pronunciamentos ferozes — o de Kerenski, por exemplo. Mas o fato de um político cauteloso como Miliukov, ligado a diplomatas aliados, ter usado abertamente a expressão "traição" já bastara para levar o país a concluir que, sim, houvera traição. Não era essa a pretensão do líder dos kadets. "Loucura" teria sido sua resposta à questão retórica que ele mesmo colocara. Mas a população estava tão tomada de emoção que, ao ler seu discurso, era quase impelida a replicar: "traição". A imprensa foi impedida de publicar o texto, que passou a ser consultado em cópias datilografadas, gastas de tanto circularem de mão em mão. Desnecessário dizer que a censura só fez aumentar a curiosidade pública, outorgando ao arrazoado um tom muito mais radical do que o pretendido pelo autor. Em alguns exemplares, uma ou outra reivindicação social era inserida (por exemplo, acrescentando às denúncias de Miliukov queixas sobre o modo perverso como o governo tratava os professores). "Meu discurso ganhou fama de chamado à revolução, o que eu não tencionava. Mas o espírito reinante no país serviu de megafone às minhas palavras",[58] recordou o líder constitucionalista. Essa seria uma lição salutar para todos os futuros liberais — especialmente os de 1917 — que tentassem deter a revolução social com a força da oratória. Tendo acendido o braseiro para ajudar a Duma a fazer fumaça, Miliukov acabou dando partida nos motores do protesto radical espalhados por todo o país.

O líder constitucionalista desprezara um fator fundamental: dada a dimensão já atingida pela revolução, o desfecho parecia inevitável, talvez até desejável, tanto para radicais quanto para conservadores. Não havia mais espaço para a estratégia de conciliação e luta parlamentar que visassem a um acordo com o governo. Como observou um general do *Stavka*, havia uma "convicção generalizada de que algo precisa[va] ser quebrado e aniquilado, o que atormenta[va] o povo e não lhe dá[va] sossego".[59] Mesmo os acólitos mais próximos do tsar estavam se alinhando com a oposição liberal. Em 7 de novembro, o grão-duque Nikolai tentou convencer o primo a deixar a Duma nomear um novo governo. As seções de Moscou e Petrogrado da Nobreza Unida, desde 1905 pilar mais firme da autocracia, apresentaram igual proposta. Em suma, praticamente ninguém de fora do estreito núcleo da corte tsarista deixava de enxergar a necessidade de mudanças fundamentais na estrutura do governo.

Nicolau tentou se esquivar do dilema fazendo, a contragosto, algumas concessões. Em 8 de novembro, Stürmer foi exonerado, para júbilo da Duma. A. F. Trepov foi alçado ao posto de primeiro-ministro, proporcionando aos liberais um último ensejo de reconciliar-se com o governo. Trepov considerava-se uma reedição de Stolypin e estava determinado a barganhar o apoio de elementos moderados do parlamento. Miliukov pretendia aceitar a oferta de paz (sem dúvida acompanhada por uma cadeira no gabinete), mas os deputados socialistas e radicais, excitados pelos discursos inflamados do trabalhista Kerenski e do menchevique Nikolai Chkheidze, queriam derrubar o regime e clamavam por uma aliança com "as massas", preâmbulo para uma insurreição popular.

Assim, uma série de complexas manobras políticas manteve a Duma dividida em duas facções, de novembro à Revolução de Fevereiro. Os kadets de Miliukov vislumbravam a perspectiva de revolução "com sentimentos de horror e pânico" e "se o governo oferecesse uma concessão ínfima, aceitariam satisfeitos", conforme as palavras da polícia secreta. Mas minguavam as esperanças de acordo. A imperatriz era francamente avessa a Trepov (queria vê-lo enforcado, como Guchkov) e a ameaça da esquerda obstinada só fazia crescer. Foi então que Kerenski e outros radicais da Duma resolveram abrir as portas do Palácio Tauride, não à massa como um todo, mas a seus representantes mais polidos. A linguagem dos discursos tornou-se virulenta, pois os radicais pretendiam expressar — e apropriar — o humor das ruas. Convocavam o povo a derrubar o regime e ridicularizavam os moderados, cujos chamados à calma eram, segundo Kerenski, pretexto para não terem que levantar de suas "poltronas confortáveis". Mas esses incitadores também tinham motivos de preocupação, pois a agitação popular passara a desconsiderar as iniciativas da ala mais afoita do parlamento, tornara-se desdenhosa da Duma e estava em busca de novos líderes. "Ninguém mais acredita em palavras", constatou o líder nacionalista Vasilii Shulgin.[60]

A partir de então, a dúvida era se a revolução viria de cima ou de baixo. A ideia de um "golpe palaciano" circulava já há algum tempo. Guchkov estava no centro de uma dessas conspirações, cuja meta seria interceptar o trem imperial no caminho entre o *Stavka* e Tsarskoie Seló, forçando Nicolau a abdicar em favor do príncipe herdeiro, tendo o grão-duque Mikhail, irmão do tsar, como regente. Desse modo, os conjuradores esperavam deter a revolução social, nomeando um novo governo, digno de confiança popular. No entanto, apenas uma pequena parte dos militares, dos liberais e da família imperial apoiava o plano, adiado para março de 1917 — e aí seria tarde demais. Concomitantemente, uma segunda trama era arquitetada pelo príncipe Lvov e pelo general Alexeev, chefe do Estado-Maior, que pretendiam raptar Alexandra e obrigar Nicolau a entregar o país ao grão-duque Nikolai. Lvov seria nomeado primeiro-ministro. Vários políticos e generais inclinados ao liberalismo hipotecaram solidariedade ao conluio, inclusive Brusilov, que disse a Nikolai: "Se devo escolher entre o imperador e a Rússia, então marcho pela segunda." Mas essa intriga também não frutificou, graças à relutância do grão-duque em usurpar o trono. Houve várias outras conspirações, algumas urdidas por parentes distantes do tsar, que queriam ver a coroa na cabeça de outros Romanov capazes de apaziguar a Duma. Os historiadores divergem muito quanto a tais iniciativas, alguns considerando-as prévias da Revolução de Fevereiro, outros como somente mexericos ociosos. É provável que nenhuma delas tenha ocorrido de fato. Mesmo supondo que os maquinadores levavam tais intenções a sério e que conseguissem pô-las em prática, não poderiam esperar manter o poder por muito tempo antes de serem postos de lado pela revolução das massas.[61]

A única trama bem-sucedida foi o assassinato de Rasputin, que sobrevivera a inúmeras tentativas de adversários para afastá-lo da corte. Após ser exonerado do Ministério do Interior, em janeiro de 1916, Khvostov fizera o possível para matar o ex-patrono. Trepov lhe oferecera 200 mil rublos, em espécie, para que voltasse à Sibéria e se mantivesse longe da política. Mas a imperatriz malograra ambos os planos, contribuindo ainda mais para incensar o prestígio do mago. Foi então que um grupo de conspiradores periférico à corte, mas ainda assim poderoso, decidiu dar fim à vida do ex-camponês. A figura central da trama foi o príncipe Felix Yusupov, 29 anos, formado em Oxford, filho da mulher mais rica da Rússia e, apesar de homossexual, recém-casado com a grã-duquesa Irina Alexandrovna, filha da irmã mais querida do tsar. Dois outros homossexuais que transitavam nas rodas palacianas também estavam envolvidos no plano, grão-duques Dmitry Pavlovich, sobrinho favorito de Nicolau, e Nikolai Mikhailovich. Rasputin frequentava os círculos homossexuais da alta aristocracia. Costumava dividir a cama com homens e mulheres. Após ter se casado, Yusupov aproximara-se do mago na esperança de ser "curado" de suas inclinações sexuais. Rasputin tentou seduzi-lo e ganhou um inimigo declarado. Com a ajuda dos dois grão-duques, o príncipe tramou o assassinato e tentou somar motivos políticos a sua vendeta particular, talvez para turvar as verdadeiras razões que o moviam. Acompanhado dos comparsas, procurou V. M. Purishkevich, líder de direita da Duma e crítico aberto de Rasputin, que aderiu à conspiração. O trio se dizia ultrajado com a influência do mago sobre o tsar e com os rumores de que, por sua causa, a Rússia assinaria a paz, em separado, com a Alemanha. Além disso, prometeram "eliminar" o mago e confinar Alexandra num hospício, sempre na crédula expectativa de que, livres da influência de ambos, Nicolau se regeneraria, transformando-se num bom rei constitucional.

Os três rapazes pretendiam atrair Rasputin para o palácio de Yusupov, à beira do rio, sob pretexto de que lá encontraria a linda mulher deste, grã-duquesa Irina.

Depois de envenená-lo, jogariam o corpo no Neva, a fim de que o conselheiro da imperatriz fosse dado como desaparecido. Mas o trio era tudo, menos discreto: ao que parece, metade dos jornalistas de Petrogrado conhecia todos os detalhes do plano muito antes da execução do crime. É um milagre que ninguém tenha se disposto a conter os assassinos, embora não se devesse esperar que a polícia investigasse o caso.

Na data marcada, 16 de dezembro, Rasputin foi explicitamente advertido a não ir ao palácio de Yusupov. Ele parece ter antevisto o destino, pois passou a maior parte do dia destruindo cartas, depositando dinheiro na conta da filha e rezando. Mas as atrações mundanas da grã-duquesa Irina estavam além da sua capacidade de resistência. Logo depois da meia-noite, chegou ao local do crime, no carro do príncipe. Cheirava a sabonete barato, o cabelo gomalinado e vestia suas roupas mais sedutoras: calças de veludo negro, botas de couro e camisa de seda branca com um cinto de cetim dourado, prenda de Alexandra. O anfitrião fez o mago entrar num salão do térreo, informando que sua esposa ainda entretinha alguns convidados na ala principal do prédio e mais tarde se juntaria ao grupo. Rasputin bebeu vários copos de vinho (Madeira, seu predileto) misturados a veneno e serviu-se de um ou dois bolinhos de cianureto. Passada mais de hora e meia, continuava de pé e Yusupov, sem paciência, recorreu a medidas desesperadas. Depois de ir ao andar de cima buscar uma pistola Browning guardada na escrivaninha, voltou e convidou o mago a examinar um crucifixo de cristal pousado sobre uma cômoda. Ao se curvar para recolher o objeto, o "homem sagrado" foi alvejado na ilharga e, aos berros, tombou no chão. Os conspiradores pensaram que o tinham matado e saíram para sumir com o casaco da vítima. Mas o homem recobrou a consciência e alcançou uma porta lateral que conduzia a um pátio, o qual desembocava na beira do rio. Purishkevich o interceptou no meio do caminho, cambaleando por sobre a neve rumo ao portão externo, aos gritos de "Felix, Felix, vou contar tudo à tsarina!" O parlamentar disparou duas vezes, mas errou o alvo. Dois outros tiros fizeram Rasputin cair e, para se certificar de que o crime havia sido consumado, Purishkevich chutou-o nas têmporas. Envolto em correntes de ferro, o corpo foi levado até um ponto afastado da cidade e lançado no Neva, de onde só seria retirado em 18 de dezembro. Desde então, durante vários dias multidões de mulheres empurraram-se no local para coletar "água santa" do rio sacralizado pela carne do ex-camponês.[62]

A notícia do assassinato de Rasputin foi recebida com regozijo pelos círculos aristocráticos. Dmitry foi aplaudido de pé ao aparecer no Teatro Mikhailovsky, na noite seguinte ao crime. A irmã da imperatriz, grã-duquesa Elisaveta, escreveu à mãe de Yusupov com bênçãos de agradecimento pelo "ato patriótico de seu dileto filho". Ela e quinze outros membros da família imperial rogaram a Nicolau que não punisse Dmitry. Mas o tsar não atendeu ao apelo, alegando que "ninguém tem o direito de ser assassino".[63]

O rapaz foi mandado para o exílio, na Pérsia. Sob ordens especiais do soberano, ninguém poderia ir à estação para despedir-se do criminoso. A grã-duquesa Maria Pavlovna foi posta sob prisão domiciliar por tentar descumprir a determinação imperial.

Ao contrário das intenções dos conspiradores, a morte do mago aproximou Nicolau da esposa chorosa. Agora ele estava mais decidido do que nunca a resistir a todos os defensores da reforma. E chegou a banir de Petrogrado quatro grão-duques dissidentes. Enquanto a revolução se abeirava, o tsar se retirava cada vez mais para a tranquila vida em família nas dependências de Tsarskoie Seló, rompendo todos os laços com o mundo externo e até com o restante da corte. No último Natal dos Romanov, em 1916, sequer houve a costumeira troca de presentes entre o casal de soberanos e o restante da dinastia.

O corpo embalsamado de Rasputin foi enterrado do lado de fora do palácio de Tsarskoie Seló, num dia gélido de janeiro de 1917. Após a Revolução de Fevereiro, um grupo de soldados escavou o túmulo, embrulhou o cadáver num estojo de piano e o levou para uma clareira na Floresta Pargolovo. Lá, com a ajuda de querosene, colocaram os restos do mago numa pira. As cinzas foram espalhadas pelo vento.

3. Das trincheiras às barricadas

O navio de Trótski ancorou no porto de Nova York numa noite fria e chuvosa de um domingo de janeiro de 1917. A travessia havia sido terrível, dezessete dias tempestuosos numa pequena embarcação a vapor, *Montserrat,* saída da Espanha, e, ao desembarcar no cais, diante de uma multidão de camaradas e jornalistas, o líder revolucionário parecia debilitado e exausto. Seu ânimo estava abatido. Expulso da França como ativista antiguerra, sua pátria adotada havia três anos, sentia que "as portas da Europa" finalmente haviam "se fechado às suas costas". Como seus colegas de viagem, um punhado de desertores, aventureiros e indesejáveis forçados ao exílio, nunca retornaria. "Essa é a última vez", ele escreveu em 31 de dezembro de 1916, "que deito o olhar sobre a velha *canaille* Europa."[64]

Para grande frustração do partido, às vésperas da Revolução de 1917 três dos principais social-democratas — Trótski, Bukharin e Kollontai — estavam em Nova York, a 8.000 km do centro dos acontecimentos. Nikolai Bukharin chegara de Oslo no outono anterior e assumira a edição do *Novyi mir* (*Novo Mundo*), o mais importante diário socialista da comunidade *émigré* russa. Aos 29 anos, já se firmara como notável teórico bolchevique e discutira com Lênin vários pontos delicados da ideologia partidária, mas seguira para o Velho Mundo com a certeza de que o antigo companheiro "não tolera qualquer outra pessoa com cérebro". Pequeno e delgado como um garoto, rosto simpático e barba ruiva e rala, estava à espera de Trótski no cais. Ao contrário do enigmático Lênin, que despejara insultos sobre o menchevique de esquerda, Bukharin fez questão de incluir Trótski numa ampla campanha socialista contra a guerra. Ele conhecera a família Trótski de passagem, em Viena, e, na ocasião, dividiu com seus membros o amor pela cultura europeia. O editor recebeu o grupo com um grande abraço e imediatamente falou "de uma biblioteca que ficava aberta à noite, a qual queria nos mostrar logo", recordou a mulher do menchevique. Embora fosse tarde e os viajantes estivessem cansados, Bukharin os arrastou pela cidade "para que admirássemos sua grande descoberta".[65] Assim começava a amizade próxima e trágica entre os dois homens.

Trótski via pouco Alexandra Kollontai. Ela passava grande parte do tempo em Paterson, Nova Jersey, onde seu filho fora viver, fugindo do recrutamento militar. Aquela era sua segunda viagem à América. Um ano antes, havia excursionado pelo país divulgando as opiniões de Lênin sobre o conflito internacional. Mulher entusiasta e passional, tendia a se apaixonar por jovens e ideias utópicas. Lançara-se na causa bolchevique com todo o fanatismo de uma recém-convertida. "Nada era revolucionário o bastante para ela", recordou Trótski, ainda amargo quatorze anos depois de, numa carta a Lênin, Kollontai tê-lo acusado de vacilante em relação à guerra.[66] A revolucionária não apreciava a intimidade de Trótski com os bolcheviques, embora os motivos que o levavam a esse distanciamento dos mencheviques e à subsequente guinada à esquerda fossem similares ao que a haviam movido.

Como muitos dos exilados revolucionários, ambos eram guiados pelo comprometimento com o socialismo internacional. Fluentes em vários idiomas europeus e versados em cultura clássica, consideravam-se menos russos — Kollontai era meio finlandesa, meio ucraniana e Trótski era judeu — do que camaradas da causa sem pátria. Sentiam-se tão à vontade no Museu Britânico, na Bibliothèque Nationale de Paris ou nos cafés de Viena, Zurique e Berlim quanto nas células clandestinas do movimento revolucionário de São Petersburgo. Para eles, a Revolução Russa nada mais era além de uma parte da luta internacional contra o capitalismo. A Alemanha, terra de Marx e Engels, era o centro intelectual do mundo. "Víamos a social-democracia alemã como mãe, professora e exemplo vivo. Idealizávamo-la à distância. Os nomes de Bebel e Kautsky eram pronunciados com reverência", registrou Trótski.[67]

Mas o fascínio teutônico rompera-se abruptamente em agosto de 1914. Os social-democratas reuniram-se ao kaiser, garantindo apoio à campanha de guerra. Os líderes da Revolução Russa, que se consideravam discípulos da tradição marxista europeia, ficaram abalados diante "da traição alemã", para Bukharin "a maior desgraça de nossas vidas". Lênin, então na Suíça, estava tão seguro do empenho dos camaradas germânicos para com a causa internacional que, de início, se negou a crer nas notícias dos jornais. Sua primeira impressão foi de que os anúncios de ida à guerra faziam parte de um complô para enganar os socialistas estabelecidos no exterior. Trótski tomara ciência das novidades no meio do caminho para Zurique e ficou mais perplexo do que quando foi informado da declaração de guerra. Quanto a Kollontai, estivera presente no Reichstag para testemunhar seus heróis aprovando o orçamento militar alemão. E observara, descrente, enquanto um a um, alguns já de uniforme, afirmavam obediência à pátria. "Não pude acreditar", ela anotou em seu diário, naquela mesma noite. "Estava convicta de que haviam enlouquecido ou então fora eu quem perdera o juízo." Após a votação fatal, correra aflita para o vestíbulo — apenas para ser abordada por um dos deputados socialistas, furioso, querendo saber o que ela estava fazendo dentro do edifício do Reichstag. De repente lhe ocorreu que a antiga solidariedade da Internacional havia sido sepultada, que a causa socialista perdera para o chauvinismo e "tudo me pareceu estar perdido", ela concluiu no diário.[68]

Não foram somente os camaradas europeus que abandonaram a causa internacionalista. A maioria dos socialistas russos já havia se posicionado a favor da guerra. O Partido Menchevique, berço e escola de Trótski e Kollontai, rachara entre uma grande maioria inclinada à defesa da nação e uma minguada minoria defensora do "derrotismo revolucionário". O primeiro grupo, liderado pelo provecto Plekhanov, apoiava a decisão do tsar, considerando um direito da Rússia lutar contra o agressor estrangeiro. O segundo, sob Martov, propunha uma campanha democrática em nome da paz. O Partido SR também estava cindido, parte colocando a vitória dos aliados à frente da revolução, parte defendendo a revolução como a única saída para dar fim ao que chamavam de guerra imperialista, na qual todos os beligerantes mereciam condenação igual. Tais dissensões prejudicariam os dois partidos durante as disputas cruciais pelo poder em 1917. No cerne da questão, transpareciam duas visões de mundo fundamentalmente diferentes. De um lado, os que reconheciam a legitimidade dos Estados-nações e a inevitabilidade de conflitos ocasionais. De outro, os que colocavam as divisões de classe acima dos interesses nacionais. Tais sentimentos podem ser esmagadores. Gorki, por exemplo, tinha-se na conta de um ardente internacionalista e rompera relações com o filho adotivo, Zinovy Peshkov, quando este se apresentou como voluntário à Legião Francesa. Quando, em sua batalha de estreia, liderando um ataque a posições alemãs,* o rapaz foi alvejado

* Zinovy Peshkov (1844-1966) era irmão de Yakov Sverdlov, líder bolchevique e primeiro presidente soviético. Recuperado do ferimento, alistou-se na inteligência francesa. Apoiou o movimento de Kornilov contra o Governo Provisório e, em 1918, juntou-se ao exército antibolchevique de Semenov no Extremo Oriente. Depois participou do governo Branco de Kolchak, em Omsk. Em 1920, foi mandado à Crimeia como agente militar da França no governo de Wrangel e deixou a Rússia acompanhando o exército deste. Mais tarde, tornou-se colaborador próximo de Charles de Gaulle e um proeminente político francês. É estranho que até 1933 Peshkov tenha mantido boas relações com Gorki, embora o escritor, ainda vivendo na Rússia, soubesse das atividades exercidas pelo filho no serviço secreto. Ver Delmas, "Légionnaire et diplomate".

com um tiro na mão, o escritor nem mesmo lhe mandou uma carta. Aos olhos dos patriotas, a oposição dos internacionalistas à guerra parecia algo muito próximo *e tão perigoso quanto* ajudar o inimigo. No entender dos defensores da luta sem bandeira, o chamado ufanista às armas equivalia a adotar o lema "trabalhadores de todo o mundo, esganem-se!"[69]

Os bolcheviques eram o único partido socialista a continuar unido em relação ao conflito com a Alemanha. Todos os seus filiados eram visceralmente avessos à guerra, não obstante houvesse alguns dissidentes antes de Lênin ter imposto sua opinião. Para o líder todo-poderoso, tratava-se de uma posição inflexível. Ao contrário dos mencheviques e dos SR internacionalistas, que pretendiam encerrar a luta por meio da negociação e de manifestações pacíficas, Lênin conclamava os trabalhadores do mundo a pegar em armas contra seus próprios governos. Acabaria a guerra entre países, mas as rivalidades se fragmentariam numa série de choques civis, ou revoluções, espalhadas por toda a Europa. Seria uma "guerra contra a guerra".

Trótski e Kollontai entendiam a revolta russa como parte de uma luta europeia contra o imperialismo. E, portanto, enxergavam uma lógica férrea nas atitudes de Lênin, que cada vez mais faziam eco à posição menchevique de esquerda adotada pela dupla. No primeiro ano do conflito entre a Rússia e a Alemanha, ambos nutriam as mesmas dúvidas sobre o líder bolchevique. Eles opunham-se ao conceito de vencedores e perdedores militares, enquanto Lênin argumentava que a derrota das tropas tsaristas seria um "mal menor" diante da possibilidade de triunfo do inimigo, um país mais avançado. A disputa, conquanto de somenos importância, encaixava-se num contexto mais amplo de diferenças de opinião. Não havia muito, Lênin enfatizara o potencial revolucionário de movimentos nacionalistas surgidos em sistemas coloniais e afirmara que a derrota russa ajudaria na derrubada do império Romanov. Mas Trótski e Kollontai (e também Bukharin, no tocante a essa questão específica) acreditavam que o Estado-nação logo seria uma relíquia do passado e, portanto, negavam-no como força revolucionária. E, por isso, não podiam abraçar a tese de Lênin de uma "guerra contra a guerra". Ambos preferiam os slogans apaziguadores de seus velhos amigos e aliados entre os mencheviques internacionalistas. Além do que, não estavam dispostos a desgarrar do segmento socialista mais moderado, cujas dúvidas sobre o dogma de Lênin a respeito da organização partidária ainda partilhavam. E embora fosse verdade que os dois aproximavam-se dos bolcheviques, também o é que acalentavam esperanças de reunir as duas facções do Partido SD através de uma campanha abrangente em prol da paz.

Trótski juntara-se a Martov em Paris, novembro de 1914, e o ajudara no *Nashe slovo* (Nossa Palavra), com certeza o mais brilhante órgão pacifista da Europa. Em setembro do ano seguinte, representara as posições da publicação na Conferência de

Zimmerwald, encontro secreto de 38 internacionalistas de vários países realizado numa pequenina aldeia montês nas cercanias de Berna. O resultado do debate, um manifesto vibrante contra o conflito armado, foi aprovado apesar da disposição belicista de Lênin. E coube a Trótski redigi-lo:

> Trabalhadores e Trabalhadoras! Mães e pais! Viúvas e órfãos! Feridos e inválidos! A todos os que sofrem com a guerra ou em consequência da guerra, bradamos, por sobre as fronteiras, por sobre os campos de batalha tomados de fumaça, por sobre as cidades e vilas devastadas: "Trabalhadores de todo o mundo, uni-vos!"[70]

A essa altura, Kollontai já jogara seu destino nas mãos de Lênin. Indubitavelmente, seu romance com Alexander Shliapnikov, um belo operário bolchevique doze anos mais moço, pesou na decisão. O casal havia se formado em Estocolmo, no outono de 1914, e passou o resto dos anos de guerra fazendo incursões à Rússia, a mando do líder do partido. Mas talvez o comprometimento de Kollontai com a causa internacional e a vontade de encerrar o conflito mundial a qualquer custo tenham sido os verdadeiros responsáveis em fazê-la cair sob o encanto de Lênin. A influência opressiva da guerra em que a Rússia e a Alemanha haviam se envolvido era onipresente e parecia estar conduzindo a civilização para a beira de um abismo. "Tanto sangue é derramado, tantos crimes cometidos todos os dias, todas as horas", ela registrou em seu diário no Natal de 1915:

> E a guerra — tudo governa. Invisível, decide a sorte de cada um de nós. Diante dela, o desejo individual é impotente. É precisamente esse sentimento de desamparo em face da guerra, essa percepção do conflito como uma força incontrolável que me tem esmagado desde os primeiros dias, quando ainda estava em Berlim.

Para Kollontai, apenas o chamamento de Lênin a um levante armado parecia capaz de acabar com a carnificina, só uma sublevação popular oferecia a perspectiva de recuperação do poder da vontade e da conduta humanas, as quais, então, derrotariam as forças objetivas. "Isso não se resume à 'análise'. Isso é *ação*. É um programa político... Que as barricadas reajam à guerra!",[71] foi o comentário anotado no diário de Kollontai sobre as Teses, de Lênin.

A ênfase que Lênin atribuía ao poder do arbítrio e da ação do proletariado aos poucos também aproximou Trótski dos bolcheviques. Cada vez mais lhe parecia que seu velho amigo e mestre Martov, assim como os demais mencheviques, haviam sido pegos na armadilha da análise das condições objetivas. Em outras palavras, considerava que, à época, todos trabalhavam *contra* a revolução, pois estariam ignorando a possibilidade de fomentar o ímpeto sublevador (o lado "subjetivo" da revolução) como fórmula capaz de superar os aspectos objetivos. Graças a estudos excessivos, os mencheviques haviam se tornado prisioneiros de uma de suas principais premissas, o determinismo social. Seus lemas insurrectos corriam o risco de cair no vazio. Era preciso ação, uma "revolução proletária" em toda a Europa, com força suficiente para acabar com a guerra. De início, Martov havia concordado com esse raciocínio, aumentando as esperanças de Trótski a respeito de uma vasta campanha antibélica reunindo os mencheviques mais à esquerda e o Partido Bolchevique. Todavia, no outono de 1915, quando parte dos mencheviques garantiu apoio ao conflito mundial, Martov já havia recuado e adotara posições mais passivas e pacifistas, alinhado com o restante da organização. Trótski não tinha alternativa, a não ser mergulhar de cabeça no esquerdismo. Não foi uma transição fácil, ao contrário do que ele afirmaria mais tarde. Afinal, ainda ruminava típicas dúvidas mencheviques com relação ao centralismo e ao extremismo implacáveis de Lênin. Só em julho de 1917 foi que, afinal, filiou-se ao novo partido e, ainda assim, como ele mesmo esclareceu, porque os bolcheviques estavam "tornando-se menos bolcheviques". Fora um namoro lento, durante o qual estreitou convivência com mencheviques também inclinados a transferirem-se para as hostes leninistas, onde se destacariam. Todos os principais colaboradores do *Nashe slovo,* à exceção de Martov, formariam com Lênin em 1917. Alguns acabaram comissários do primeiro governo soviético, como Kollontai (Bem-Estar Social), Anatoli Lunacharsky (Educação), Vladimir Antonov-Ovseenko (Forças Armadas) e o próprio Trótski (Relações Exteriores).[72]

Portanto, a viagem a Nova York e a cooperação com Bukharin e Kollontai foi um estágio importante na radicalização das atitudes de Trótski. Ele alugou um apartamento de três quartos no Bronx que, embora barato pelos padrões locais, lhe proporcionava luxos extraordinários: luz elétrica, calha para despejo de lixo e telefone. Posteriormente, surgiram lendas de que teria ganho a vida nos Estados Unidos como lavador de pratos, alfaiate e até ator. Mas, na verdade, sustentava-se como jornalista em publicações destinadas a exilados. Nas horas vagas, ministrava palestras sobre a necessidade de uma revolução mundial, comunicando-se com as turmas, parcas, em inglês e alemão. As refeições, fazia em estabelecimentos judeus, ganhando a antipatia dos garçons por recusar-se a dar gorjetas, o que via como um acinte à dignidade dos trabalhadores. A pouca mobília de que dispunha foi comprada a crédito. Na primavera, quando a família toda partiu para a Rússia, o comerciante ainda não havia recebido 200 dólares da dívida. A financeira só conseguiu entrar em contato com Trótski muito depois, e então ele já era titular do Ministério das Relações Exteriores no maior país do mundo.[73]

Os historiadores têm desprezado esse detalhe, mas havia uma divisão fundamental na liderança bolchevique entre os que passaram o período da guerra no exterior e os que atravessaram esses quatro anos em solo russo. Os exilados (Trótski, Lunacharsky, Bukharin e Kollontai) tendiam a ter posições mais internacionais e cosmopolitas. Conhecedores da cultura europeia, adquiriram perfeita consciência do quanto a Rússia era atrasada. Muitos haviam pertencido às fileiras mencheviques e assim sabiam das dificuldades em tentar introduzir o socialismo no país sem que houvesse uma revolução simultânea em outros países do Ocidente. Em contraste, os bolcheviques fixados na Rússia entre 1914-1918 inclinavam-se a adotar uma visão mais estreita. Grande parte não pertencia aos círculos da *intelligentsia* e poucos tinham alguma noção sobre a civilização e os idiomas da Europa. Tendo consumido o quadriênio em organizações clandestinas, nas prisões ou no degredo siberiano, ao fim do período eram homens e mulheres fortalezas, de mentalidade rígida em relação aos cânones partidários, ao país e ao convívio deste com o mundo além-fronteiras. Não faltavam os que alimentavam sentimentos xenofóbicos — inclusive pelos intelectuais judeus da organização, Trótski em especial. Após fevereiro de 1917, boa parcela dos bolcheviques não viajados insinuaram em seus discursos que os companheiros exilados, *salvo Lênin, evidentemente*, haviam tido comportamento desonroso. No atrito entre "nativistas" e "cosmopolitas" encontram-se os germes das lutas ideológicas internas da década de 1920, quando havia os defensores do "socialismo em um só país" e os partidários da "revolução mundial". Não por acaso, depois de ascender ao poder, Stálin teve como melhores aliados apenas homens que viveram a guerra em terras russas: Molotov, Voroshilov, Kaganovich, Kalinin, Kirov, Kuibyshev e Ordzhonikidze. E também não foi à toa que a maioria de suas vítimas no partido fizessem parte do grupo exilado durante a Primeira Guerra Mundial: Trótski, Bukharin, Zinoviev, Antonov-Ovseenko.

Enquanto os revolucionários exilados discutiam ideologia, seus camaradas sitiados em casa preocupavam-se com problemas mais prosaicos. Encarceramentos, deportações e exílio solapavam o Partido Bolchevique (bem como as organizações clandestinas dos mencheviques e SRs) em Petrogrado e outras cidades. Órfãs de líderes e com seu principal meio de propaganda, o *Pravda*, banido, as células domésticas do partido de Lênin não tinham quem as guiasse. Shliapnikov ainda mantinha contato tênue com o líder no exterior, contrabandeando textos para a Rússia escondidos em solas de sapato. Era como retornar às práticas conspiratórias do período anterior a 1905. As prisões em massa realizadas no outono de 1914 haviam reduzido os bolcheviques da capital a menos de 500. A estrutura partidária nas províncias resumia-se a uma mancheia de filiados por local. A maior falha da organização era a indisponibilidade de habilidade intelectual: segundo Shliapnikov, não havia ninguém em Petrogrado em condições de redigir sequer um panfleto. E existia ainda uma outra inquietação, o declínio do apoio operário, fosse em termos morais ou financeiros, resultado da vigilância e de batidas policiais. Sindicatos e entidades de ensino haviam sido proscritos, e trabalhadores militantes, mandados ao exército. Em novembro de 1914, cinco representantes bolcheviques junto à Duma foram presos e, três meses depois, levados a julgamento, sob acusações de incitação à desordem, mas o fato não despertou grande alarde entre os trabalhadores. Alguns certamente haviam sucumbido ao fervor patriótico, mas a maioria temia perder o emprego ou, pior, ir para a cadeia, caso participasse do protesto promovido por apenas 2 mil grevistas solidários com os parlamentares. Aquele, afinal, era um tempo em que a polícia estimulava os grupos dos Cem Negros a cercar os distritos operários, cantando "Deus Salve o Tsar" e espancando os que hesitavam em tirar o chapéu aos primeiros acordes do hino.[74]

A guerra tramitava lenta, a crise econômica recrudescia e os trabalhadores afastavam-se da esquerda aguerrida. Os protestos nas fábricas esmoreceram, voltando aos padrões observados nos dois anos anteriores ao conflito com a Alemanha. A penúria devia-se menos à decadência e à estagnação produtivas do que a uma inflação galopante. A guerra testemunhara um significativo crescimento industrial, principalmente por conta das necessidades das tropas. O número de ferroviários aumentou em meio milhão de homens e a construção civil expandiu-se em torno de 30%. Em troca de salários aviltados e jornadas mais longas, um milhão de mulheres e jovens camponeses, integrantes das famílias mais pobres do país, foram absorvidos pelas linhas de montagem mecanizadas, em detrimento de operários mais velhos e qualificados. Para fazer frente às demandas do conflito, o governo determinou a impressão de mais rublos: o dinheiro circulante octuplicou entre 1914 e 1917. Como decorrência, houve explosão da demanda, embora os escassos estoques de artigos fossem insuficientes, visto que as manufaturas adaptaram-se à produção bélica. Os trabalhadores tinham dinheiro de sobra no bolso, mas não onde gastá-lo. Os preços foram às alturas. A restrição à venda de vodca — monopólio do Estado e causa da dilapidação de cerca de 10% do orçamento operário antes da guerra — só contribuiu para piorar esse sobejo monetário que chamamos inflação. O hábito de beber russo era tamanho que tal proibição, combinada com uma pequena abastança, causou todo tipo de excessos. A população consumia água-de-colônia, álcool metílico, bálsamos, vernizes, quaisquer aguardentes falsificadas (*samogon*) disponíveis no mercado paralelo e até a notória bebida conhecida por *khanja*, feita e vendida por operários chineses e que matava aos milhares.[75] Os trabalhadores viram na lei seca da vodca uma grande fonte de queixas contra o governo e de mágoa contra os privilegiados, já que o comércio de vinhos caros e outras delícias da embriaguez não estava sujeito a normas. No cômputo geral, contrapondo os ganhos menores da sobriedade às perdas de maior monta — queda da receita tributária, falta de controle sobre a inflação, gastos com saúde pública e descaso pela autoridade política —, a proibição da vodca foi nada menos do que um desastre, e sua colaboração não foi pequena para a queda do velho regime.

Mas o problema básico era a crescente incapacidade proletária de transformar dinheiro em comida. Paradoxo chocante, a Rússia antes da guerra exportava grãos e ainda conseguia matar a fome das cidades; a partir de 1914, suspensas as exportações, nem sempre era possível. Não se tratava de uma questão de safra, mas sim de distribuição e comercialização. Em parte, a culpa era do sistema de transportes, interrompido de forma crônica, pois era preciso usar as ferrovias para mandar homens ao *front*. O *rush* dos trens seguia de leste para oeste, ao passo que os gêneros alimentícios destinados aos grandes centros industriais viajavam no sentido sul-norte. Como o exército tinha prioridade, não raro os produtos apodreciam à beira dos trilhos, à espera de uma locomotiva que os levasse a Moscou ou Petrogrado. A outra causa da escassez era a troca de fornecedores, antes comerciantes, agora camponeses. As grandes propriedades e sítios comerciais foram muito afetados pela guerra. O recrutamento fez diminuir a mão de obra assalariada no campo e as indústrias, transfiguradas em fábricas de armas, não tinham como assegurar o abastecimento de ferramentas e máquinas para a lavoura. Sobretudo, não era uma questão de ocaso da produção de mantimentos, mas sim de falta de terreno para plantio em larga escala, pois enormes faixas haviam sido arrendadas a camponeses prósperos, os quais, por sua vez, careciam de número menor de trabalhadores (o exército alistara somente o excedente da população rural) e, salvo exceção, confeccionavam seus próprios instrumentos. Por conseguinte, as propriedades privadas da zona agrícola central reduziram a área de plantio de 21 para 7 milhões de *desyatini* entre 1913 e 1916, enquanto as terras camponesas cresceram de 47 para 64 milhões de *desyatini*. Vários anos antes da revolução agrária de 1917-1918, já havia tido início a ruína das glebas dos senhores fundiários e a substituição destas por sítios mais acanhados.

A prevalência do setor de pequenos proprietários levou a um declínio na taxa global de grãos comercializados, já que a maioria dos camponeses produzia para alimentar a família e, em geral, vendia só uma parte mínima da colheita. A escassez de bens de consumo — e seus preços inflacionados — no campo estimulou essa tendência de autonomia em relação ao mercado. De 1913 a 1915, a quantidade de grão produzido por minifúndios com destino ao consumo de terceiros caiu de 16% para 9%. Com cada vez menos opções de artigos para comprar, os camponeses abandonavam o plantio de gêneros vendáveis (trigo, cevada e açúcar de beterraba) e optavam pelo cultivo de subsistência (centeio, aveia e batata). Assim, comiam mais fartamente, alimentavam melhor os animais, abarrotavam os silos e preferiam transformar grão em vodca a ter que oferecê-lo a lucros baixos. Alguns camponeses também voltaram a produzir para o artesanato doméstico (lã, couro e algodão), tornando-se quase autossuficientes. Para muitas dessas famílias, a vida nunca fora tão boa como no auge da guerra. Mesmo as vacas eram mais bem-nutridas do que muitos dos operários urbanos.[76]

Em agosto de 1915, preocupado com o abastecimento das cidades, o governo criou um conselho especial com largos poderes para comprar, por intermédio de comissários locais, grãos a valores estáveis. Mas a tentativa de controle apenas desencorajou ainda mais os camponeses a venderem a produção: os preços livres dos manufaturados agora subiam muito mais rápido do que os dos alimentos, prefixados. Nos mercados de Moscou, o custo do centeio aumentou 47% nos primeiros dois anos da guerra, enquanto um par de botas ficou 334% mais caro e uma caixa de fósforos teve aumento de 500%.[77] Irrompeu um conflito econômico quando os camponeses decidiram não vender nem uma só fatia da safra e o governo recorreu a medidas cada vez mais coercitivas, num esforço para obrigá-los a fornecer para os habitantes dos grandes centros. Em novembro de 1916, o suprimento de víveres do exército e das cidades atingira níveis críticos e o império tsarista optou por introduzir um sistema de confisco similar ao que seria adotado pelo Governo Provisório. Embora a iniciativa não tenha chegado perto do terror em massa, como fizeram os bolcheviques com a "Ditadura dos Alimentos", ficou claro ser impossível arrancar os grãos dos lavradores. Apenas os comerciantes do mercado paralelo (que tinham acesso a mercadorias raras) e os soldados (que podiam negociar botas e casacos do exército) convenciam os agricultores a destrancar os armazéns.

A partir do outono de 1915, as cidades do norte começaram a vivenciar privações extremas. Longas filas tomaram conta de padarias e açougues. Após um turno de dez horas, as operárias manter-se-iam sentadas em bancos e tamboretes, postos nas ruas, à espera de obter quantidades dolorosamente ínfimas de pão, açúcar ou outro item de primeira necessidade. Um ano depois, montavam camas na porta dos estabelecimentos. Havia muitas lojas fechadas por falta de estoque e aquelas mulheres não tinham tempo, em uma só noite, para cruzar a cidade em busca de alimento e depois voltar para casa. Às vésperas de 1917, a proletária de Petrogrado provavelmente desperdiçava 40 horas semanais numa sucessão de filas.[78] A do pão, em particular, tornou-se uma espécie de fórum ou clube político, local para troca de mexericos, informações e opiniões. Foi no aguardo por um pedaço de alimento feito de cereal e água que as ruas se organizaram para a revolta vindoura. A Revolução de Fevereiro nasceu na fila do pão, quando um grupo de mulheres do setor têxtil do distrito de Vyborg, em Petrogrado, impacientou-se com a demora e saiu em busca da ajuda de metalúrgicos de uma fábrica próxima para, juntos, realizarem uma marcha de protesto ao centro da capital.

A crise econômica foi mais cruel com os trabalhadores de menor poder aquisitivo. Até 1916, metalúrgicos especializados, cuja demanda era grande nas fábricas de munição, usufruíram de 30% de aumento médio sobre o salário real. Mas operários não qualificados e pequenos funcionários, como professores, escriturários e policiais, viram suas remunerações serem tragadas pelos custos ascendentes de alimentação e moradia. Nos dois primeiros anos de guerra, a ingestão calórica de operários não qualificados caiu em um quarto; a mortalidade infantil dobrou; as estatísticas criminais triplicaram; e o número de prostitutas aumentou quatro ou cinco vezes. Da capital, onde morava desde a eclosão da guerra, Gorki escreveu a Ekaterina, em novembro de 1915:

> Logo haverá fome. Aconselho-te a comprar dez libras de pão e esconder. Nos subúrbios de Petrogrado veem-se mulheres bem-vestidas esmolando nas ruas. A temperatura está muito baixa e o povo não tem nada para acender nas fornalhas. Aqui e ali, à noite, cercas de madeira são postas abaixo. O que aconteceu ao século XX! Em que a civilização se transformou! A quantidade de crianças se prostituindo é chocante. A caminho de algum lugar, nas trevas, é possível identificá-las, evadindo-se ao longo das calçadas, como baratas, famintas e azuis de frio. Na última terça-feira, conversei com uma delas. Coloquei algum dinheiro na mão da menina e me afastei, aos prantos, numa tristeza tamanha que tive a sensação de estar batendo com a cabeça contra a parede. Para o inferno com tudo, quão difícil tornou-se a vida![79]

No verão de 1915, após um ano de paz nas indústrias, a guerra entre trabalho e capital foi retomada com uma série de greves. Nos primeiros dias quase todos os protestos não passavam de pequenas paralisações por aumento salarial e questões similares. Aos poucos, ganharam contornos políticos mais vastos: os operários haviam concluído que só o fim do conflito com a Alemanha e a mudança de governo dariam fim a suas aflições econômicas. As principais datas do calendário revolucionário — Domingo Sangrento, 9 de janeiro; Dia Internacional da Mulher, 23 de fevereiro; e Dia do Trabalho, 18 de abril (1º de maio) — passaram a funcionar como agenda para interrupção da produção e comícios em todo o país. Em geral, começavam com gritos por pão e estendiam-se a exigências de jornada de oito horas, término da guerra e derrubada do tsar.

Os partidos revolucionários tiveram papel secundário nessas manifestações. De fato, apenas as greves maiores e mais combativas de 1916 — como na fábrica New Lessner, ocorrida na primavera, por exemplo — podiam ser atribuídas à liderança do Partido Bolchevique, cuja organização gradualmente ganhava força. Shliapnikov, que retornara à Rússia no outono daquele mesmo ano, alguns meses depois estimou em 10 mil o quantitativo do partido, dos quais 3 mil na capital. O apartamento de Gorki na Kronversky Prospekt era ponto de encontro dos revolucionários clandestinos e Shliapnikov o visitava todos os dias para saber as últimas notícias do grupo. Mas os verdadeiros líderes da greve eram os operários especializados e alfabetizados, com idades variáveis entre 20 e 40 anos, homens destemidos como Kanatchikov, não obstante o fato de, ao contrário deste, a maioria não pertencer a partido político nenhum. Apesar de muitos terem recebido aumento real de salário durante a guerra, existia um grande ressentimento pelos lucros abusivos que os patrões acumulavam à custa da perduração do combate nas frentes.* Tal constatação definia o sentimento de solidariedade de classe que essa camada fabril tinha para com os operários não especializados (muitos chegados há pouco do campo), que aderiam à batalha industrial.[80] Ali estavam os heróis anônimos dos fatos marcantes da Revolução de Fevereiro em Petrogrado.

Houve um tempo em que tais guerreiros da classe trabalhadora teriam acorrido ao chamado menchevique para juntarem-se ao Grupo Trabalhista, um apêndice dos Comitês das Indústrias de Guerra, fundado no outono de 1915. A meta do órgão era encerrar as greves com um expediente singelo: possibilitar a representantes dos trabalhadores a oportunidade de sentarem à mesa de negociações com os patrões e enunciar suas reivindicações. Tal proposta era o produto perfeito e acabado da esperança liberal-democrata, ainda tão viçosa em 1915, segundo a qual uma frente ampla de todas as classes poderia guiar o país à vitória e conduzir o governo à reforma. É certo que havia um número expressivo de empregados ainda dispostos a tentar a via do congraçamento, especialmente nas grandes fábricas de munição, onde a influência menchevique continuava vigorosa. Tirante essas ressalvas, nem metade do proletariado se incomodava em votar para delegados de fábrica junto ao Grupo Trabalhista, conquanto isso decorresse mais da apatia geral do que de qualquer adesão consciente aos clamores bolcheviques e SRs pelo boicote às eleições. De qualquer forma, a falta de entusiasmo provou-se justificada. O Grupo Trabalhista não conseguiu arrancar nenhum de seus pleitos — a fundação de um Congresso Nacional dos Trabalhadores e a criação de um sistema de mesas de conciliação para arbitrar litígios entre patrões e operários — de um bloco cerrado de empregadores e burocratas cada vez mais refratários a concessões. Com sua política de transigência, a iniciativa desmoralizou-se diante dos operários, interessados em greves enérgicas. O Grupo Trabalhista havia caído no abismo que separava os dois lados da guerra industrial e, incapaz de conter as paralisações, decidiu juntar-se a elas no outono de 1916, bradando por um "governo revolucionário provisório".[81]

Em 17 de outubro, os operários da New Lessner e da Renault russa, na margem Vyborg de Petrogrado, cruzaram os braços e foram às ruas entoando canções insurrectas. Ao se aproximarem do quartel do 181° Regimento de Infantaria, foram rechaçados pela polícia a golpes de sabres e chicotadas. Os soldados, até então entretidos em observar e saudar os manifestantes por entre os muros, puseram-se a defender a massa, jogando pedras e tijolos nos policiais. A ordem só foi restaurada com a chegada de um destacamento de cossacos a cavalo. As autoridades militares determinaram a prisão de 130 tropas e removeram o regimento amotinado para fora da capital. Mas, no dia seguinte, aproximadamente 75 mil trabalhadores de 63 fábricas de todas as partes da cidade somaram-se à greve política.[82]

* As grandes metalúrgicas de Petrogrado, para citar apenas o exemplo mais extremo, quintuplicaram os lucros durante a guerra.

Para o regime tsarista, o fato foi um presságio agourento da relutância iminente do exército em controlar a rebelião que tomava conta das ruas. A guarnição de Petrogrado, mais próxima às fontes de propaganda revolucionária, era mais hesitante do que muitas de suas congêneres. A disposição do império de confiar sua defesa quase exclusivamente a esse grupo mostrou-se ainda mais errônea se considerado um detalhe vital: o quartel da capital era atulhado de reservistas nem tão jovens, a maioria chefes de família, e de feridos de guerra, talvez os dois segmentos mais pacifistas no meio militar. As autoridades da caserna não tinham noção das inclinações de seus subordinados. A polícia secreta dispunha de agentes investigando tendências rebeldes em quase todas as entidades civis mas, inacreditavelmente, não tinha um único informante nas tropas, supervisionadas pelo minúsculo departamento de inteligência do exército. Após a Revolução de Fevereiro, ao ser questionado sobre a confiabilidade de sua tropa, o general de divisão Khabalov, chefe do distrito militar de Petrogrado, garantira a Protopopov que os homens obedeceriam a quaisquer ordens. Khabalov nem mesmo atendeu às recomendações do ministro do Interior, que queria algumas unidades mais ariscas transferidas para fora da cidade. No entanto, o coronel Engelhardt, deputado outubrista e futuro comissário militar do Governo Provisório, descreveria os reservistas de Petrogrado como "turbas armadas", as quais se assemelhavam mais a "material inflamável do que a um esteio do governo". O assassinato de Rasputin afinal rompera o vínculo de lealdade dos soldados para com o tsar, segundo observou Viktor Shklovsky, instrutor de uma das divisões blindadas da guarnição da capital. Eles desprezavam os policiais — a quem chamavam de "homens de dois copeques" (*semishniki*), pois dizia-se que esse era o valor pago por cada pessoa presa — e vislumbravam a revolução como um "fato consumado".[83]

A guarnição de Petrogrado não era a única a manifestar acirramento de ânimo. Em muitas unidades, nas frentes norte e oeste, e mesmo nos destacamentos da retaguarda, a disciplina das tropas estava desmoronando. Os soldados recusavam-se a assumir posições de ataque, confraternizavam com o inimigo e rejeitavam a autoridade dos oficiais. Como camponeses ávidos por voltar para casa, mais do que nunca passaram a enxergar, por sob os galões de seus comandantes, os velhos inimigos de classe — os nobres agrários. Somente na frente sudoeste, a cerca de 1.600 km da capital revolucionária, havia unidades nas quais o regime tsarista poderia depositar inteira confiança. Mas mesmo lá, o general Brusilov costumava receber bilhetes anônimos, advertindo-o de que "os homens não queriam mais lutar". Alguns traziam ameaças de morte contra o comandante, "caso a paz não fosse concluída logo".[84]

Ao entrarem no terceiro e mais gélido inverno da guerra, os soldados, exaustos, deram sinais maiores de sofreguidão. A questão não se resumia mais à crise de suprimentos: o fornecimento de agasalhos e munição melhorara desde o ano anterior, graças ao aumento da produção doméstica e a encomendas feitas ao exterior. Ainda havia grande falta de alimentos, mas nem isso importava mais. Agora instalara--se uma crise de autoridade, de desespero e abatimento máximos: as tropas não anteviam o fim da carnificina enquanto o presente regime mantivesse as rédeas russas. Eis a carta de um soldado enviada à esposa em novembro de 1916:

> Todos fingem que a guerra terminará breve, que a paz tão ansiada chegará, mas isso é apenas para manter o alento. O povo está tão esgotado e destruído, já sofreu tanto, que só lhe resta impedir que o coração se estraçalhe e evitar o desatino... Talvez eu esteja errado, talvez não compreenda o espírito dos homens e minha impressão se deixe influenciar por meu próprio cansaço e pelo fato de ter percebido, nos últimos dias, que posso perder a razão em meio a todo esse caos... Liulya, escrevi tudo isso para lhe fazer entender o tipo de homem que você ama.[85]

PARTE TRÊS

A RÚSSIA REVOLUCIONÁRIA (FEVEREIRO DE 1917 — MARÇO DE 1918)

VIII.

Glorioso fevereiro

1. O poder das ruas

No início, era o pão. Durante várias semanas as prateleiras das padarias de Petrogrado estavam nuas, principalmente nos distritos operários. Fizeram-se longas filas, mas o problema não se resumia à escassez absoluta de víveres. Segundo Balk, governador da cidade, quando começou a série de revoltas que se multiplicaria em revolução, ainda havia farinha bastante nos armazéns para alimentar os habitantes de Petrogrado por pelo menos uma semana. Inegável que o comércio sofria com falta de suprimentos. Chegava ao fim o terceiro inverno da guerra e havia muito grassava um sentimento geral de austeridade. Doces, tortas, bolos e biscoitos haviam sido excluídos do cardápio russo. "Os comerciantes não estão mais oferecendo toda uma gama de artigos e provisões", escreveu um inglês à família, em 13 de fevereiro. "E nem restaurantes dispõem de finas massas folhadas, pois falta açúcar." Há anos o país não experimentava dias tão glaciais. Na capital, a temperatura média de fevereiro era de 25 graus abaixo de zero. "Aqui está tão frio quanto na Lapônia", escreveu Gorki a Ekaterina no dia 4. Geadas e nevascas árticas haviam paralisado as ferrovias. As fábricas fecharam. Milhares de trabalhadores demitidos vagavam pelas ruas.[1]

E foi exatamente o colapso dos transportes que transformou a carência de mantimentos em crise. Petrogrado necessitava de remessas de farinha e combustível. Por falta de um ou outro, não raro as panificações eram obrigadas a cerrar as portas. As mulheres amontoavam-se durante a noite inteira à espera de um pedaço de pão e, nas primeiras horas da manhã, eram dispensadas com as mãos vazias. Não tardou para que a intermitência no fornecimento fizesse surgir rumores nas filas. O povo dizia que "especuladores" e "capitalistas" — expressões que, na atmosfera xenofóbica de tempos de guerra, quase sempre equivaliam a negociantes alemães ou judeus — retinham estoques para forçar a alta dos preços. Muita gente responsabilizava o governo (afinal, a corte não era assolada de germânicos?). Mesmo os liberais instruídos tendiam a considerar as privações desleixo de uma administração nacional pérfida. Em 19 de fevereiro, as autoridades locais anunciaram que dali a dez dias haveria racionamento. Em pouco tempo espalharam-se boatos sobre a extinção total dos estoques de pão. Falava-se que os desempregados morreriam de fome. No furor de compras que se seguiu, as lojas foram inteiramente esvaziadas, houve disputas ferozes entre consumidores e várias padarias tiveram as vitrinas quebradas.[2]

Em 23 de fevereiro, uma quinta-feira, os termômetros registraram 15 graus negativos, temperatura primaveril mínima. As pessoas abandonaram a hibernação invernal para desfrutar do sol e sair à caça de comida. A Nevsky Prospekt ficou transbordante de pedestres. O clima ameno continuaria até 3 de março, quando o regime imperial já teria caído. Não era a primeira vez na história russa que condições meteorológicas exerceriam papel decisivo no desenrolar dos fatos.

Aquela quinta-feira agitada era Dia Internacional da Mulher, importante data do calendário socialista. Por volta de 12 horas, massas imensas de moças e senhoras principiaram a marchar rumo ao centro da cidade, numa manifestação por igualdade entre os sexos. "Damas da sociedade, grande quantidade de camponesas, estudantes e, se comparado com manifestações anteriores, não muitas operárias", assim Balk descreveu a aglomeração feminina que, a julgar pelas fotografias, transpirava bom humor ao cruzar a principal avenida de Petrogrado.

Mas à tarde os ânimos mudaram. Trabalhadoras têxteis de Vyborg tinham entrado em greve havia poucas horas, em protesto contra a falta de pão. Engrossado pelos metalúrgicos de fábricas vizinhas, o grupo também tomara a direção do centro da capital. Ao longo do trajeto, o renque atraía operários de outras fábricas, embora espantasse alguns com gritos de "Pão!" e "Abaixo o tsar!" Antes do poente, cerca de 100 mil trabalhadores estavam em greve. Houve embates com a polícia quando a massa tentou atravessar a ponte Liteiny, acesso do lado Vyborg à parte mais movimentada da capital. Compelida a recuar, a maioria se dispersou e voltou para casa, às vezes promovendo saques no meio do caminho. Sempre aos brados de "Pão!", outros milhares seguiram pelo gelo e arremeteram para a Nevsky Prospekt, onde finalmente juntaram-se às celebrantes do Dia Internacional da Mulher. As massas mais compactas situavam-se em torno da Duma municipal e os cossacos do governador não tinham como debandar o ajuntamento e até pareciam desgostosos em fazê-lo: cavalgavam até bem perto das manifestantes e paravam, para então retroceder. Mais tarde soube-se que a maior parte do contingente cossaco era constituída de reservistas sem experiência em lidar com multidões e muito menos com montarias desacostumadas à agitação urbana; por algum descuido, os soldados também não estavam munidos de relhos. A negligência provar-se-ia um erro fatal para o governo. A demonstração de fraqueza cossaca encorajaria os trabalhadores nos dias por vir.[3]

A manhã seguinte foi ensolarada. Os operários realizaram encontros em toda a cidade e, incitados por socialistas, resolveram seguir rumo ao centro. Muitos lançaram mão de facas, chaves de parafuso, martelos e barras de ferro, em parte para abrir caminho em meio aos esquadrões de cossacos e policiais que surgiram da noite para o dia, em parte para ajudar nos saques ao comércio de alimentos bem fornido das áreas mais ricas do centro da capital. A expedição tinha ares de uma tropa de proletários famintos indo à guerra. "Camaradas", urgiu um agitador de massas, "se não conseguimos um naco de pão da maneira justa, então façamos tudo para seguir em frente e resolver nosso problema à força... Camaradas, armem-se com o que for possível — cavilhas, parafusos e pedras — e saiam da fábrica, e comecem a quebrar as primeiras lojas que encontrarem."

Antes do meio-dia, 150 mil trabalhadores tinham tomado as ruas e chegado às pontes que conectavam os subúrbios industriais ao centro administrativo de Petrogrado. Alguns quebraram vitrinas, pilharam estabelecimentos e derrubaram bondes e carruagens. Na ponte Liteiny uma multidão de 40 mil trabalhadores do distrito de Vyborg atacou uma pequena brigada cossaca claramente despreparada para a batalha. "Mas ninguém me disse que haveria uma revolução!", entreouviu-se um policial exclamar diante do avanço do vasto exército popular. Na ponte Troitsky, os operários passaram pela polícia montada despejando saraivadas de pedras e gelo. As chusmas imensas convergiram para a Nevsky Prospekt, mas os cossacos a cavalo foram incapazes de dispersá-las: atravessavam o meio da rua e subiam nas calçadas, forçando os manifestantes a correrem em todas as direções mas, tão logo o galope era interrompido, o povo voltava a se reunir e marcharia contra os cavaleiros, oferecendo pão e chamando-os a trocar de lado. A essa altura, a massa de trabalhadores já havia crescido com a adesão de estudantes, comerciários, funcionários de bancos, taxistas, crianças, damas e cavalheiros bem-vestidos, simpatizantes ou apenas espectadores. O governador da capital deixaria registrado que a Nevsky Prospekt fora tomada por "pessoas comuns". Havia um clima de feriado nas ruas, sem dúvida também porque o tempo agradável atraíra muita gente ao ar livre. Uma testemunha comparou a movimentação a "um enorme circo" e Arthur Ransome, correspondente do *Daily News*, descreveu aquele dia como se fora "a excitação tênue de um feriado bancário com trovões cruzando o céu". Houve um grande comício na Praça Znamenskaya. A estátua equestre de Alexandre III, assombroso monumento aos princípios da autocracia, foi conquistada pelos oradores revolucionários. Poucos integrantes da multidão conseguiam ouvir os discursos, mas isso não importava. O povo sabia o que desejava ouvir e a mera visão de alguém envolvido em fazer uma oratória destemida — ainda por cima encarapitado no alto de tal monumento e nas barbas da polícia — confirmava a suspeita: uma revolução estava em curso. Mais tarde, naquela mesma sexta-feira, a massa finalmente se desfez, não sem antes pintar em letras garrafais a palavra "Hipopótamo", apelido popular da estátua, no seu pedestal.[4]

Revigoradas pela ausência de medidas repressivas de pulso, enxames ainda maiores saíram às ruas no dia seguinte, sábado, 25 de fevereiro, no qual virtualmente houve uma greve geral na cidade. Nenhuma das fábricas mais importantes funcionaram e 200 mil operários juntaram-se às manifestações. Os jornais não circularam. Bondes e táxis sumiram. Lojas e restaurantes fecharam. Pessoas de todos os tipos cerraram fileiras com os operários em marcha que, mais uma vez, seguiam para o centro da cidade. Balk considerou que o movimento "tinha o aspecto de um levante popular". Em comparação com a véspera e a antevéspera, os novos distúrbios tinham um caráter mais político. Começaram a aparecer bandeiras e estandartes vermelhos e os gritos de guerra não eram mais por "Pão!" e sim pela derrubada da autocracia. "Abaixo o tsar!" e "Abaixo a guerra!" passaram a ser as principais exigências.

Novamente houve atritos quando os manifestantes tentaram cruzar as pontes entre os subúrbios e o centro de Petrogrado. Na ponte Liteiny o chefe da polícia, Shalfeev, fez um esforço desesperado para conter os manifestantes, atirando. Homens e mulheres recuaram para as laterais e, nessa formação, cercaram-no. Ele ainda tentou abrir caminho a golpes de chicote, mas a massa o atirou para fora da sela do cavalo. Já no chão, Shalfeev foi espancado pela ripa de madeira de um operário e morto por outro trabalhador com um tiro certeiro no coração. O disparo foi feito com o revólver do próprio chefe da polícia. Nenhum dos cossacos encarregados de guardar a ponte se mexeu.

Quando as massas tomaram o centro da cidade, tal comportamento tornou-se padrão — confrontos violentos com a polícia combinados com tentativas de ganhar apoio dos soldados. Os policiais eram "deles" — odiosos agentes do regime. O povo os apelidava de "faraós" e não tinha dúvidas de que, até o fim, seria preciso lutar contra a polícia.* Os soldados eram vistos como "nossos" — camponeses e trabalhadores de farda — e esperava-se que, comandados a usar a força contra as massas, tendessem a mudar de campo, juntando-se a elas. Uma vez claro que essa tendência existia de fato — dadas a hesitação dos soldados em dispersar os manifestantes, as expressões de seus rostos e a curiosa piscadela de um deles para

* Dizia-se que Protopopov prometera 500 rublos a cada policial ferido no enfrentamento com a multidão. A quantia a ser paga a cada agente seria multiplicada pelo número de lesões que apresentasse.

a multidão —, a iniciativa passou às mãos do povo. Aquele foi um momento psicológico crucial para a revolução.

Na tarde do dia 25, a primeira batalha simbólica dessa guerra de nervos foi travada na Nevsky Prospekt e ganha decisivamente pelo povo. Parte da massa foi contida por um esquadrão cossaco, que bloqueava os acessos nas proximidades da Catedral de Kazan. O local não era longe do ponto onde, doze anos antes, no Domingo Sangrento de 1905, os guardas montados haviam disparado contra uma multidão similar. Foi então que uma jovem destacou-se das alas de manifestantes e caminhou lentamente rumo aos cavalos. Todos observavam-na em silêncio tenso, na expectativa de que a moça fosse recebida a tiros. De sob a capa, ela sacou um buquê de rosas vermelhas, símbolo da paz e da revolução, e ofereceu ao oficial encarregado do comando. Houve um momento de vacilação até que, curvando-se sobre a montaria, o homem sorriu e aceitou o presente. Com tanto júbilo quanto alívio, a massa irrompeu num "Viva!" estrondoso.[5] A partir dali, o povo começou a falar em "camaradas cossacos", uma expressão que de início soava bastante estranha.

Os oficiais enfrentavam dificuldades cada vez maiores em fazer com que os praças lhes obedecessem. O coronel Khodnev, comandante do Regimento Finlandês, queixava-se com amargura dos cossacos. Os soldados eram "extremamente lassos e indecisos" e tal "inação era mais óbvia quando formavam uma patrulha ou pelotão individual sob o comando de um sargento jovem ou de um tenente mais moço. Mais de uma vez, ouvi-os dizendo: 'Não estamos em 1905. Não carregaremos chicotes. Não nos colocaremos contra os nossos, contra o povo'". É verdade que ainda havia alguns soldados dispostos a tomar medidas violentas contra a massa, em geral se provocados ou assustados. E esses ataques partiam da iniciativa pessoal dos homens ou de ordens de superiores de patente baixa. Um pelotão de dragões abriu fogo perto de uma sucessão de lojas na Gostiny Dvor, matando três pessoas e ferindo dez. Próximo da Duma municipal, os soldados mataram outros nove manifestantes. Mas uma proporção cada vez mais numerosa de militares recusava-se a atender a ordens para que usassem suas armas contra a multidão ou atiravam por sobre as cabeças da massa. Alguns chegaram a ajudar os trabalhadores contra a polícia. Em um incidente na Praça Znamenskaya, os cossacos intervieram em socorro do povo quando policiais a cavalo, frustrados na tentativa de confiscar uma bandeira vermelha, ameaçavam avançar contra a massa. Os cossacos, sabres em punho, acorreram para junto dos manifestantes e puseram-se a investir contra a polícia, que fugiu em meio a uma chuva de pedras lançada pelo povo. Nesse ínterim, o comandante da polícia caiu morto na rua, o corpo coberto de ferimentos causados por sabres e revólveres cossacos.[6]

Naquela noite de sábado, a despeito da autoconfiança reinante nas ruas, as autoridades ainda tinham chance de conter a balbúrdia. O Conselho de Ministros, reunido à zero hora do dia seguinte, considerou fundamental evitar o conflito aberto com a massa, o que só serviria para jogar lenha na fogueira e aumentar o risco de um motim entre os soldados da guarnição. Havia motivos para continuar a crer — ou pelo menos para agir com base nessa hipótese — que a fúria dos manifestantes devia-se principalmente à falta de pão e, uma vez resolvido o problema, todos cansar-se-iam de protestar e retornariam ao trabalho. Esse fora o desfecho de inúmeras revoltas por falta de pão registradas no passado recente e, embora essa se mostrasse mais agourenta, não havia motivo para acreditar que teria um fim diferente. Pelo menos assim pensavam os líderes socialistas de Petrogrado. Nikolai Sukhanov, talvez o mais famoso memorialista dos eventos de 1917, ponderou que enquanto houve apenas "'distúrbios' ainda não existia revolução". Shliapnikov, bolchevique mais importante ora na capital, zombava da ideia de que aquele seria o começo revolucionário. "Que revolução?", ele perguntou num encontro local de líderes partidários naquele mesmo dia 25. "Deem aos trabalhadores um pouco de pão e o movimento evaporará."[7]

Mas quaisquer possíveis chances de abafar os tumultos foram destruídas pelo tsar, ainda na noite de sábado. Tendo sido informado da situação em seu quartel-general, em Mogilev, Nicolau mandou um telegrama ao general Khabalov, chefe do distrito militar de Petrogrado, ordenando que usasse da força para "exterminar as desordens até amanhã".[8] Não poderia haver exemplo melhor do quanto o tsar estava distante da realidade. Nem poderia existir garantia mais firme de uma insurreição ainda mais vigorosa. Para fazer justiça, é preciso ressalvar que Nicolau fora mal instruído a respeito dos fatos. Ele deixara a capital e seguira para Mogilev havia três dias, depois de Protopopov ter lhe assegurado que não havia motivos para inquietação. Desde então, a polícia e Khabalov tinham subestimado a gravidade dos acontecimentos nos relatos passados ao soberano; para eles, era embaraçoso admitir estarem perdendo o controle da situação. Portanto, ao mandar a Khablov a ordem fatal, o tsar não tinha noção exata do que se passava ou dos perigos decorrentes do uso de energia contra os rebeldes. Não obstante, o dever de Nicolau era estar a par das ocorrências e a obrigação de seus conselheiros era informá-lo convenientemente sobre o que se sucedia na capital. Somente o tsar tinha poderes para baixar a determinação de uso da força contra as massas e, uma vez isso feito, nenhum de seus asseclas poderia intervir. Em outras palavras, se o regime caiu por falta de comunicação, então pode-se dizer que foi merecido.

Ao amanhecer de domingo, 26 de fevereiro, o centro de Petrogrado transformou-se num campo militar. Piquetes de soldados e policiais armados colocaram-se nos maiores cruzamentos e nos prédios estratégicos; patrulhas montadas transitavam pelas ruas; oficiais falavam-se por telefones iguais aos usados na guerra; metralhadoras, postas na praça do Palácio de Inverno, apontavam para a Nevsky Prospekt; e nas ruas laterais havia ambulâncias de plantão. Nas primeiras horas do dia tudo restou calmo: era dia de descanso e as pessoas dormiram até tarde. No entanto, por volta de meio-dia massas imensas de operários voltaram a se ajuntar nos subúrbios e marcharam rumo ao destino de praxe, o centro da cidade. Ao aproximarem-se da Nevsky Prospekt, foram repudiadas a tiros disparados de diferentes pontos por policiais e militares. Na esquina da Nevsky e da Vladimir Prospekts, o Regimento Semenovsky — que acabara com o levante de Moscou em 1905 — matou vários manifestantes. Na Nevsky, perto de Gostiny Dvor, um grupo de cossacos em treinamento pertencente ao Regimento Pavlovsky deu tiros de pólvora e depois abriu fogo na direção da massa. O povo se dispersou por trás de edifícios e pelo interior de estabelecimentos comerciais, ressurgindo minutos depois para jogar tijolos e pedaços de gelo nas tropas. Dúzias de pessoas foram mortas ou feridas. O episódio mais sangrento aconteceu na praça Znamenskaya, onde mais de 50 manifestantes morreram atingidos por disparos de um destacamento do Regimento Volynsky, também ainda em fase de instrução. Foi uma atrocidade. Um oficial, incapaz de fazer com que seus soldados jovens e obviamente nervosos atirassem contra os manifestantes, agarrou o rifle de um deles e começou a dar tiros na direção da massa, furioso. Ao final do surto, entre os cadáveres empilhados em torno do "Hipopótamo", estavam dois homens do regimento que haviam passado para o lado do povo.[9]

Tal derramamento de sangue — o segundo Domingo Sangrento russo — foi um momento crítico para o desenrolar dos fatos. A partir de então, os manifestantes sabiam que estavam numa luta de vida ou morte contra o regime. Paradoxalmente, agora que o pior já acontecera e alguns de seus camaradas haviam sido assassinados, eles temiam menos por suas próprias vidas.* Quanto aos soldados, agora viam-se diante da escolha entre o dever moral para com o povo e o juramento de obediência ao tsar. Se optassem pelo primeiro, ocorreria uma revolução avassaladora. Se ficassem com a segunda alternativa, o regime ainda poderia conseguir sobreviver, como acontecera em 1905-1906.

Após o tiroteio na Nevsky Prospekt, uma multidão irada irrompeu nos alojamentos do Regimento Pavlovsky, perto do Campo de Marte, e bradou para os soldados que alguns de seus recrutas haviam atirado contra o povo. Abalada pela notícia, a 1ª Companhia resolveu marchar imediatamente até a Nevsky para deter o massacre. "Estão atirando em nossas mães e irmãs!", foi o grito de convocação ao motim. Cerca de cem homens invadiram o arsenal do quartel e, de posse de trinta rifles, puseram-se a caminho da avenida. Quase em seguida, encontraram uma patrulha de policiais a cavalo nas margens do canal Griboyedov. Os praças

---

* As pessoas diziam o mesmo em 1989, depois que as autoridades da Alemanha Oriental haviam atirado contra manifestantes, em Leipzig. As massas temem o derramamento de sangue mas tomam fôlego novo depois que isso ocorre.

dispararam contra o grupo até que não tivessem mais balas, matando um agente, e resolveram voltar ao regimento para tentar o apoio do restante dos militares. No quartel, as tropas de Khabalov esperavam os rebeldes, que foram desarmados e confinados em unidades do exército. Dezenove líderes foram transferidos para a Fortaleza de Pedro e Paulo: esses seriam os últimos prisioneiros do regime tsarista a cruzar os portões do cárcere mais célebre da Rússia.[10]

Era tarde demais para qualquer tentativa bem-sucedida de repressão. Todas as prisões da Rússia não teriam contido os revolucionários. O destacamento em exercício do Regimento Volynsky, envolvido nos disparos da Praça Znamenskaya, havia voltado ao quartel durante a noite, assolado de dúvidas e remorsos por ter investido contra o povo. Um dos soldados garantiu ter reconhecido sua própria mãe em meio aos corpos. Todos aqueles recrutas adolescentes estavam profundamente perturbados pela carnificina e não demorou até que um sargento jovem de origem camponesa chamado Sergei Kirpichnikov aventasse a possibilidade de um protesto na caserna. "Disse a eles", recordou o sargento:

> que seria melhor morrer com honra a obedecer a novas ordens de disparar contra as multidões: "Nossos pais, mães, irmãs, irmãos e noivas estão esmolando por pão", falei. "E nós vamos matá-los? Digo que amanhã não devemos assumir posições. Eu me recusarei a ir." E, como se fossem um só, os soldados gritaram: "Ficaremos contigo!"

Tendo jurado lealdade a Kirpichnikov, os homens estavam determinados a desafiar o comando quando, na manhã seguinte, mais uma vez, receberam ordens de marchar contra os manifestantes. A intenção não era de um motim de largo alcance, apenas um protesto vocal e insultuoso contra o superior que os havia mandado atirar no povo e uma recusa em obedecê-lo. Mas sentindo-se injuriado por seus subalternos, o oficial cometeu o erro fatal de se afastar — e depois, ainda pior, de começar a percorrer o pátio do quartel. Percebendo o poder que tinham sobre ele, os homens apontaram rifles para o superior. Um dos praças disparou um tiro contra ele, pelas costas. De repente, os soldados estavam amotinados. Espalharam-se pelos alojamentos, numa mistura de pânico e fervor revolucionário, chamando outros militares a juntarem-se à revolta. Relativamente poucos do Regimento Volynsky integraram-se ao corre-corre, mas no Regimento Preobrazhensky, no Regimento Lituano e no 6º Batalhão de Engenharia, todos na vizinhança, havia muitos desejosos de um motim. Irromperam lutas entre soldados rebeldes e leais. Os amotinados, vitoriosos, invadiram os arsenais dos quartéis, mataram vários oficiais e debandaram aos milhares pelas ruas, tomando todas as direções possíveis, alguns rumo ao centro da cidade, outros atravessando para o lado de Vyborg para sublevar o Regimento de Moscou e unir-se aos trabalhadores.[11]

Em todos esses levantes o papel decisivo coube aos que ocupavam posição hierárquica entre os praças e os oficiais, a maioria de origem social humilde ou de simpatias democráticas. Fedor Linde (1881-1917), sargento do Regimento Finlandês, era um exemplo característico desse perfil militar. Ainda que não aclamada pela história, sua participação na Revolução de Fevereiro foi crucial. Alto, louro e belo, Linde era filho de um químico alemão e de uma camponesa polonesa. Crescera numa pequena propriedade rural no Golfo da Finlândia, perto de São Petersburgo, onde sua mãe possuía uma pequena hospedaria, popular entre os revolucionários da capital sempre que pretendiam escapar da vigilância policial. Foi através do contato com os hóspedes da pousada que o adolescente Linde, romântico político por natureza, fez sua estreia no mundo revolucionário clandestino. Em 1899, matriculou-se na Faculdade de Matemática da Universidade de São Petersburgo e logo tornou-se um expoente do movimento estudantil. Na Revolução de 1905, militou ao lado dos SDs na capital e organizou os alunos numa "legião acadêmica" cuja missão era disseminar propaganda entre a classe trabalhadora. Preso e levado para a cadeia de Kresty, foi mandado para o exílio na Europa, do qual só voltou à Rússia com a anistia proclamada em 1913 em comemoração ao tricentenário Romanov. No ano seguinte, foi recrutado pelo Regimento da Finlândia, no qual sua liderança corajosa logo o alçou à condição de sargento. E foi precisamente essa mesma qualidade que distinguiu Linde no motim dos Dias de Fevereiro. Numa carta a Boris Sokolov, socialista revolucionário, escrita na primavera de 1917, Linde recordou como havia persuadido 5 mil soldados do Regimento Preobrazhensky a se juntarem ao motim. Nessa época, ele alojava-se nesse quartel, próximo ao Palácio Tauride:

> Não sei o que aconteceu comigo. Estava deitado na caserna e lia um livro de Haldane. Encontrava-me tão absorto com a leitura que não ouvi gritos e urros vindos da rua. Uma bala perdida quebrou a janela perto de minha cama... Os cossacos atiravam em multidões desarmadas e indefesas, atingindo as pessoas com chicotes, esmagando as que caíam sob as patas dos cavalos. Então vi uma garota tentando fugir da montaria a galope de um oficial cossaco. Ela não conseguiu correr o bastante. Um golpe forte na cabeça fê-la tombar sob os cascos do animal. Ela gritou. Foi aquele grito penetrante e inumano que despertou algo dentro de mim. Pulei para a mesa e urrei com fúria: "Amigos! Amigos! Vida Longa à revolução! Às armas! Às armas! Estão matando gente inocente, nossos irmãos e irmãs!"
>
> Mais tarde disseram haver alguma coisa em minha voz que tornara impossível resistir a meu apelo... Eles seguiram-me sem saber para onde ou em nome de que causa avançavam... Todos juntaram-se a mim no ataque contra os cossacos e a polícia, alguns dos quais foram mortos por nós. O restante recuou. À noite, a luta findara e a revolução tornara-se uma realidade... E eu, bem, eu voltei naquela mesma noite a meu livro de Haldane.[12]

O motim da guarnição de Petrogrado transformou os distúrbios dos quatro dias anteriores numa revolução total. As autoridades tsaristas estavam praticamente privadas de poder militar na capital. "Agora me parece claro", escreveu Balk no dia 27, "que perdemos toda a autoridade." Além do mais, o despejar de soldados pelas ruas deu força e organização militar às massas revolucionárias. Em vez de contentar-se com um protesto vago e sem objetivo, os desertores dedicaram-se à conquista de alvos estratégicos e à luta armada contra o regime. Soldados e trabalhadores brigaram juntos pela captura do depósito de armas do exército, onde obtiveram 40 mil rifles e 30 mil revólveres. Ataques às grandes fábricas de armamentos garantiram pelo menos mais 100 mil armas de fogo aos revolucionários, que ocuparam o Departamento de Artilharia, a sede do sistema telefônico e algumas estações ferroviárias. O motim espalhou-se aos demais quartéis (Linde liderou uma guarda de soldados dos Regimentos de Preobrazhensky e Lituano para sublevar o regimento em que era lotado, o finlandês). Graças a praças e oficiais como ele, os primeiros indícios de organização real — piquetes armados nas pontes e cruzamentos mais importantes, barricadas, comunicação telefônica nos moldes usados na guerra e estruturas de comando — começaram a tomar conta das ruas. Muitos dos soldados também tinham como tarefa efetuar a prisão de seus antigos comandantes, não sem alguns excessos, que degeneravam em espancamentos e até assassinatos. Tratava-se de uma revolução de subordinados.[13]

Mas a principal preocupação dos insurgentes centrava-se na guerra sanguinária travada nas ruas contra a polícia. Havia centenas de agentes franco-atiradores escondidos nos telhados planos das construções, parte armada com metralhadoras. Os disparos miravam as multidões que passavam pelas vias públicas e qualquer um que aparecesse nas janelas de prédios na calçada oposta. Outros policiais haviam se posicionado nas torres das igrejas, contando que o respeito russo pela religião evitasse a devolução dos disparos. Deliberadamente, esses homens usavam munição cuja descarga não provocava fumaça, e assim o povo tinha dificuldade em identificar de onde partiam os tiros. De súbito, havia um espocar e a população corria em busca de abrigo, deixando pilhas de feridos e mortos nas ruas. Operários e soldados "começavam a atirar enfurecidos" na direção do prédio de onde imaginavam ter surgido os pipocos. Viktor Shklovsky liderou um grupo de revolucionários contra a polícia, mas tais ações em geral eram infrutíferas. "A poeira que subia dos pontos atingidos por nossas balas levava-nos a pensar que eram novos disparos feitos contra nós", ele registrou. Tamanha confusão só acarretava mais descargas e mal-entendidos. Muita gente perdeu a vida varada pelos projéteis de sequazes, que ricocheteavam nos muros. Houve os que tombaram vítimas de paredes desabadas sob a força dos projéteis.[14]

Ainda menos eficazes mostraram-se os carros a motor que cruzavam as ruas a grande velocidade, cheios de soldados brandindo bandeiras vermelhas e disparando a esmo. Raros eram os carros e caminhões não tomados pela massa, que fazia o confisco sem averiguar a quem pertenciam. Linde e seus homens assumiram um desses transportes de carga, sobre o qual penduraram uma faixa com as palavras: "Primeiro Pelotão Volante Revolucionário." O grão-duque Gravil Konstantinovich teve seu Rolls-Royce requisitado, mais tarde visto descendo a Nevsky Prospekt com dois praças deitados no capô dianteiro e vários outros aboletados nas laterais. Uma dupla deles guardava uma metralhadora instalada sobre o teto, embora tal expediente parecesse pouco prático, pois o carro balançava muito, impossibilitando que a arma fosse mantida firme e posta para funcionar apropriadamente. Veículos menores, com baionetas para fora das janelas, eram uma imagem ainda mais bizarra. Gorki os comparou a "ouriços enormes em correria frenética". Grande parte da luta ficou a cargo desses porcos-espinhos: a Revolução de Fevereiro foi a primeira a acontecer sobre rodas. Os veículos transpunham as ruas como flechas, aproximavam-se dos prédios onde se pensava haver policiais escondidos, e os soldados motorizados disparavam para o alto. Mas como os franco-atiradores podiam ver e ouvir a chegada dos atacantes, que soavam buzinas e drapejavam emblemas vermelhos ao vento, havia tempo de sobra para se protegerem. Ao fim, o único modo de derrotar a polícia era subir nos edifícios e travar luta nos telhados. Muitos agentes foram jogados prédio abaixo, em meio a vivas das massas. Quanto aos veículos motorizados, a maioria ficou arruinada em colisões, pois seus motoristas não tinham ideia do que era controlar um volante e quase sempre estavam bêbados. As ruas "estrondavam" com o barulho das batidas, recordou Shklovsky. "Não sei quantos acidentes vi durante aqueles dias. Mais tarde, a cidade ficou engarrafada de automóveis esquecidos nos acostamentos."[15]

Grande parte da violência destrutiva das multidões dirigiu-se contra as instituições do regime policial. O povo armado invadiu delegacias, incendiando os prédios e destruindo arquivos. Às vezes o conteúdo dos edifícios era queimado em fogueiras nas ruas. Encarregado da invasão e ocupação do quartel-general da polícia, na Kronversky Prospekt, Gorki não teve tempo de cumprir a tarefa. Ao chegar ao local, a sede já havia sido devastada e a maior parte dos registros levados ou destruídos. Os tribunais foram igualmente aniquilados pela população. O escritor testemunhou um grupo de pessoas assistindo à queima do Palácio da Justiça:

> O telhado já havia ruído, o fogo lambia as paredes e colunas de chamas vermelhas e amarelas saíam das janelas, como lanugens, lançando paveias de cinzas de papel no céu negro da noite. Ninguém tentou extinguir as labaredas... Um homem muito alto usando um gorro de pele de carneiro andava de um lado para o outro, fazendo de sentinela. Ele parou e perguntou numa voz embotada: "Bem — isso significa que toda a justiça será abolida, não é? As punições acabaram-se de vez, não é isso?" Não houve resposta.

Por fim a multidão voltou seu furor destrutivo para as cadeias, derrubando os portões, abrindo celas e, junto com os prisioneiros já libertados, exterminando e, por vezes, queimando as edificações. A destruição dos cárceres teve uma poderosa importância simbólica para a massa revolucionária: era um sinal de que o velho regime estava morto, que os tão esperados dias de liberdade — "sem prisões e sem crimes" — estavam a caminho.[16]

Nenhum calabouço continha mais simbolismo do que a Fortaleza de Pedro e Paulo. O povo estava convencido de que o lugar ainda estava cheio de presos políticos, heróis da luta revolucionária enlanguescendo em compartimentos funestos e lôbregos, não fosse aquele o mito propalado e arraigado pela propaganda agitadora. Havia também rumores de que a fortaleza estava sendo usada como base militar para forças tsaristas (a sugestão partira de Balk). No dia 28, uma chusma colérica ameaçou invadir a "Bastilha russa". Caminhões guarnecidos com canhões de grosso calibre estavam prontos para disparar contra as sólidas muralhas de pedra. O comandante da fortaleza telefonou à Duma pedindo ajuda e Shulgin (pela Duma) e Skobelev (pelo Soviete) foram mandados negociar com o solicitante. A dupla saiu da fortaleza para relatar que as celas estavam praticamente vazias — a não ser por 19 soldados amotinados do Regimento Pavlovsky, encarcerados quarenta e oito horas antes. Os dois mediadores pretendiam acalmar o povo permitindo que este enviasse representantes para inspecionar as dependências da fortaleza. Mas isso não bastou para assegurar à massa de que as masmorras estariam a serviço "da revolução". Um grupo de soldados insurrectos acusou Shulgin de trabalhar para a reação. Houve luta entre esses militares rebeldes e os guardas da fortaleza. Ao final, a bandeira vermelha foi hasteada por sobre o bastião do velho regime.[17]

Os habitantes de Petrogrado demonstraram níveis extraordinários de organização e solidariedade durante todas essas ações. "Toda a população civil pôs-se contra o inimigo — a polícia e o aparato militar", escreveu Sukhanov. "Passantes que nunca se viram conversam uns com os outros, fazendo perguntas e trocando informações sobre confrontos e movimentos que visam a distrair a atenção do campo adversário." O *Times*, de Londres, também parecia impressionado. "Os estranhos e, para o estrangeiro desabituado ao caráter russo, quase aterradores método e boa disposição das massas são talvez os traços mais espantosos dessa grande revolução", registrou um repórter. O povo usava braçadeiras vermelhas ou fitas carmins amarradas nas casas dos botões para ostentar apoio ao movimento. Não fazê-lo era um convite à perseguição na qualidade de "reacionário". Fogueiras ardiam por toda a cidade para que as pessoas se aquecessem durante as longas horas de lutas a céu aberto. Os moradores das áreas em torno garantiam refeições aos revoltosos e permitiam que dormissem — quando dormiam — em suas casas, no chão. Donos de cafés e restaurantes também alimentavam soldados e trabalhadores, de graça, ou colocavam caixas do lado de fora de seus estabelecimentos para recolher doações de pedestres, destinadas à compra de comida para os revolucionários. Uma cafeteria pregou à porta a seguinte tabuleta:

> CONCIDADÃOS! Em honra aos gloriosos dias de liberdade, sejam bem-vindos. Entrem, comam e bebam, até saciar seus corações.

Comerciantes transformaram suas lojas em bases para os soldados e refúgios populares contra os tiros disparados pela polícia. Taxistas declararam que transportariam "somente os líderes da revolução". Estudantes e crianças fizeram-se de pombos-correios e militares veteranos obedeciam prontamente às mensagens recebidas. Todos os tipos de indivíduos apresentaram-se como voluntários para auxiliar os médicos a cuidar dos feridos. Era como se o povo nas ruas subitamente estivesse unido por uma vasta rede de fios invisíveis; e foi essa teia que garantiu a vitória.[18]

As autoridades tsaristas supunham que a massa seria organizada pelos partidos de esquerda; mas, apesar da presença de inúmeros filiados em meio à multidão, os líderes socialistas não estavam prontos a assumir a frente do movimento e limitavam-se a seguir o povo. A rua gerou suas próprias lideranças: estudantes, proletários e suboficiais, como Linde e Kirpichnikov, cujos nomes raramente são mencionados nos livros de história. Ao longo das semanas seguintes aos acontecimentos de fevereiro, os retratos dos dois homens apareceram nas vitrinas — com frequência acompanhados da legenda "Heróis da Revolução". Havia uma fotografia de Kirpichnikov na vidraça do armazém Avantso.[19] Mas os guias do povo desapareceram de cena e caíram no olvido.

A geografia da capital russa fornece uma explicação parcial para a formidável coesão das massas. Desde as marchas estudantis de 1899, existia um código espacial e cultural norteando as manifestações públicas na cidade, com vários pontos de orientação para os que participavam de protestos (i.e., a Catedral de Kazan e o Palácio Tauride). Some-se a isso o fato de os subúrbios industriais de Petrogrado estarem separados do centro da cidade (influente área de concentração de prédios do governo) por uma série de rios e canais. Portanto, rumar para o âmago da capital tornou-se fator capaz de exprimir a solidariedade e a autoafirmação da classe trabalhadora, uma maneira de os operários reivindicarem as vias públicas como "suas". Isso pode ajudar a esclarecer alguns dos aspectos carnavalizados do magote revolucionário: destruição comemorativa e o extermínio de símbolos do poder, da autoridade, da riqueza e do privilégio do Estado; atos de zombaria e humilhação, de insultos verbais e comportamento ameaçador, quase sempre descambando em exageros violentos que as multidões praticavam como se fosse um esporte, atacando pessoas bem-vestidas e prósperas; autoafirmação por meio da linguagem corporal e dos trajes dos soldados (que usavam os quepes com a aba para trás ou para o lado ou ainda vestiam os capotes e túnicas desabotoados, num claro acinte aos regulamentos da caserna); mulheres cobertas por roupas masculinas (bonés, botas e calças militares), como se reverter os tabus de vestimenta significasse também derrubar a ordem social vigente; e atitudes sexualizadas, de beijos e afagos a coitos, que as pessoas realizavam nas ruas na euforia dos Dias de Fevereiro.[20]

Ao contrário do que pregava o mito soviético, as massas não eram essencialmente proletárias, conquanto fosse verdade que os trabalhadores exercessem liderança e tendessem a ser os mais ativos em embates com os inimigos. Balk viu os Dias de Fevereiro como um levante geral do povo da capital. Harold Williams, do periódico *Daily Chronicle*, observou que a multidão do dia 24 era formada "principalmente por mulheres e garotos" acrescida de um "punhado de operários". Robert Wilton do *Times* relatou que no dia 26 o tempo agradável "levara todos a sair de casa" e assim "massas de todas as idades e condições sociais haviam seguido para a Nevsky Prospekt".[21]

Parcela considerável dos que haviam tomado as ruas não eram "revolucionários" e sim simples espectadores ou gente que oscilava entre agir e apenas testemunhar. Eram pessoas que ovacionavam os soldados rebeldes quando estes passavam velozes em carros confiscados; homens e mulheres que se regozijavam quando um franco-atirador da polícia era jogado telhado abaixo; pequenos grupos que se reuniam ao redor de cadáveres de homens e cavalos, o que no início do tumulto ainda apresentava alguma novidade mas logo se tornaria algo tão comum a ponto de os pedestres depararem-se com cenas similares demonstrando a mais absoluta indiferença. Eram habitantes de Petrogrado que se engalanariam com fitas escarlates, meneariam bandeiras da mesma cor e declarariam agrado pela "revolução". Mas esses mesmos curiosos e simpatizantes raramente participavam dos confrontos e dispersavam-se aos primeiros tiros. "Eis a psicologia das massas", escreveu uma testemunha:

> tudo que veem é fascinante e terrífico. Olham e olham e então, a súbitas, correm. Veja, ali está um cavalheiro bem trajado, gordo, pernas curtas, de pé na esquina. De repente, a multidão esconde-se atrás do prédio — e ele a segue, tão rápido quanto suas pernas permitem, o ventre bojudo às sacudidelas, claramente sem fôlego. Desloca-se uns poucos metros, olha para trás e continua a carreira.

Muitos dos observadores eram crianças ainda em idade tenra, meninos deliciados em brincar com armas abandonadas nos pavimentos. Um dos folguedos prediletos desses infantes era jogar cartuchos nas fogueiras e vê-los explodir. Dúzias de pessoas morreram por causa dessa diversão inocente. O jornalista inglês Stinton Jones presenciou a seguinte cena:

> Um garoto de cerca de doze anos havia pego uma pistola automática e, na companhia de grande número de soldados, aquecia-se junto a um fogaréu. Sem que ninguém esperasse, puxou o gatilho e um dos homens caiu morto. Ignorante do mecanismo do instrumento mortal, o menino, sobressaltado, manteve o gatilho preso e a pistola automática disparou até não haver mais projéteis. A arma tinha sete balas e só quando a munição acabou a criança soltou o disparador. O resultado foram três soldados mortos e quatro feridos com gravidade.[22]

A partir de 27 de fevereiro, a composição das massas tornou-se mais funesta. Por causa do motim, os soldados cresceram, e muito, em número, e com eles a violência. A abertura das cadeias fez aumentar a quantidade de criminosos circulando pelas ruas e, em decorrência, a fração de delitos sérios. Segundo Stinton Jones, ambos os fatores resultaram:

> no recolhimento de cidadãos circunspectos e nervosos, que não mais transitavam em vias públicas. As maltas tinham uma aparência estranha, quase grotesca. Soldados, trabalhadores, estudantes, vândalos e criminosos libertos perambulavam sem destino em destacamentos desgarrados, todos munidos com uma esquisita variedade de armas. Ali um vândalo com uma espada de oficial cingida por sobre o capote, rifle numa das mãos e revólver na outra; acolá um garoto com um facão de açougueiro no ombro. Ao lado, um operário, carregando desajeitado, numa das mãos, também uma espada do oficialato; na outra, uma baioneta. Um homem tinha dois revólveres; adiante, mais um, com rifle e limpa-trilhos. Um estudante portava duas espingardas de repetição, em volta do cós da calça um cinturão de balas de metralhadora. Seu companheiro de passeio tinha uma baioneta amarrada a um pedaço de pau. Um praça embriagado contava apenas com o cano de uma arma de fogo, a coronha quebrada na tentativa de saque a alguma loja. Um comerciante aprumado e tranquilo fez-se dono de um grande rifle e de um admirável boldrié.

Cerca de 8 mil prisioneiros haviam sido libertados na segunda-feira, 27, a grande maioria criminosos comuns com interesse claro na destruição de distritos policiais, do Palácio da Justiça, prédios do judiciário e prisões — e, em especial, no sumiço dos arquivos. Esse magote tomou a dianteira dos ataques a tais locais e foi responsável por parcela notável dos delitos que varreram as ruas desde então. "A noite de hoje reverbera com os ruídos mais atemorizantes: vidro quebrado, gritos e tiros", registrou o diretor do Hermitage, nas primeiras horas do dia seguinte. Turbas de gente armada saquearam o comércio e depósitos de bebidas, invadiram casas de famílias prósperas, roubaram e violaram os moradores. Passantes enfatiotados sofriam abordagens malévolas. Usar óculos ou colarinho branco com goma era o bastante para ser considerado *burzhooi*. Um professor aposentado, populista durante quase 15 anos, saiu à rua naquele dia para celebrar a "vitória da revolução" e logo teve as lentes quebradas e o relógio de ouro carregado por aquele mesmo "povo" que procurara libertar. Com certeza não se tratava do triunfo exangue da liberdade, igualdade e fraternidade que a *intelligentsia* democrática tanto esperara e mais tarde mitificaria como a "Gloriosa Revolução de Fevereiro". O desenrolar dos eventos se assemelhava mais a uma revolta camponesa, "inclemente e sem misericórdia", como previra Puchkin, uma tentativa de dar cabo de todos os sinais de privilégio. A ideia de que os Dias de Fevereiro resumiram-se a uma "revolução sem sangue" foi lenda criada pelos liberais, bem como o embuste de que a violência popular só deslanchou em outubro. Afinal, os líderes democráticos de 1917 precisavam legitimar a fragilidade de seu poder. Na verdade, em fevereiro muito mais pessoas morreram nas mãos da multidão do que no golpe bolchevique, em outubro. Em Helsingfors e Kronstadt, a Revolução de Fevereiro foi particularmente violenta, com centenas de oficiais assassinados de modo medonho pelos marujos. Dados do Governo Provisório apontam 1.443 pessoas mortas ou feridas, apenas em Petrogrado. No entanto, um amigo do príncipe Lvov disse ao jornalista francês Claude Anet que os números verdadeiros ultrapassavam a marca de 1.500 mortos e 6.000 feridos.[23]

Gorki teve um leve vislumbre de toda essa violência e devastação. No dia 28, Sukhanov o encontrou melancólico:

> Durante uma hora contada no relógio ele resmungou e lamentou o caos, a desordem, os excessos, as mostras de ignorância política, as meninas vagando pela cidade, sabe Deus onde, sabe Deus nos carros de quem — e conjeturou ser provável que o movimento terminasse numa ruína digna de nossa selvageria asiática.

Ao escritor, parecia haver apenas "mixórdia" e não uma "revolução". No dia seguinte, ele escreveu a Ekaterina:

> Gente demais está de acordo com o falso caráter revolucionário, que, na verdade, não passa de falta de disciplina e organização das massas... Há muito mais absurdos do que heroísmos. A pilhagem já começou. O que acontecerá? Não sei... Muito sangue será derramado, muito mais do que já possa ter sido vertido antes.[24]

Conforme observou Sukhanov, tratava-se de "impressões de um homem de letras", de alguém avesso à violência sob quaisquer formas. Hoje muitas pessoas poderiam igualmente tender a condenar "matanças desnecessárias" promovidas pela massa. Essa tem sido a propensão mais recente entre historiadores conservadores que se debruçam sobre as Revoluções Francesa e Russa.[25] Mas pode-se optar pelo ponto de vista de Sukhanov:

> Os excessos, a estupidez dos homens nas ruas, vulgaridade e covardia, tumultos, carros a motor, meninas — isso a revolução não poderia impedir em circunstância nenhuma e sem esses aspectos *jamais* aconteceu algo parecido a uma revolução em lugar nenhum do mundo.[26]

Tal avaliação não implica consentir com a violência, mas compreendê-la como uma reação quase inevitável de um povo enfurecido e com motivos bastantes para querer vingança. É reconhecer que todas as revoluções tendem ao derramamento de sangue; condená-las por isso é afirmar como moralmente errada qualquer forma de protesto social capaz de degenerar em uso da força. Evidente que existem distinções a serem feitas: o sangue deitado pelo povo é diferente do sangue desperdiçado pelos partidos, movimentos ou exércitos que se dizem prepostos da população; os dois casos merecem ser analisados e julgados sob óticas diversas.

A violência popular dos Dias de Fevereiro não foi orquestrada por um partido ou movimento revolucionário e sim uma reação espontânea às repressões ferozes sofridas no dia 26 e uma expressão do antigo ódio das massas pelo velho regime. Símbolos do poder do Estado decadente foram aniquilados; estátuas tsaristas destruídas ou decapitadas. Uma câmera cinematográfica filmou um grupo de trabalhadores risonhos jogando a cabeça de pedra de Alexandre II para o ar, como se fora uma bola de futebol. Petrogrado pôs em ação uma vendeta cruenta contra os burocratas do império; policiais viram-se perseguidos, linchados e assassinados com requintes. Sorokin assistiu a um grupo de soldados espancar um agente com as coronhas de revólveres e chutá-lo no crânio com os tacões das botas. Um outro, arremessado de um quarto andar, espatifou-se, já sem vida, no meio da rua, para ser pisoteado e sovado com bastões.

Cientes de que qualquer resistência estava fadada ao fracasso e preferindo ser presos pelo novo governo a morrer vítima do "império das turbas", muitos policiais tentaram asilo no Palácio Tauride, onde a Duma e o Soviete discutiam uma alternativa passível de restaurar a ordem. Alguns procuraram fugir da capital, pois sabiam que as chances de sobrevivência seriam maiores nas províncias. Dois "faraós" corpulentos e vestidos de mulher tiveram o desprazer de serem desmascarados a caminho da Estação Finlândia, traídos pelo físico avantajado, pelo andar desengonçado e pelos coturnos aparecendo por sob as saias.[27]

2. Revolucionários relutantes

"A revolução encontrou a nós, membros do partido, como as Virgens do Evangelho", recordou Sergei Mstislavsky, um dos líderes do SR, em 1922. O mesmo poderia se dizer das demais organizações revolucionárias da capital. "Não havia líderes de plantão em nenhum dos partidos", afirmou Sukhanov. "Todos estavam no exílio, na prisão ou no exterior." Lênin e Martov viviam em Zurique, Trótski, em Nova York, Chernov, em Paris. Tsereteli, Dan e Gots na Sibéria. Apartadas dos acontecimentos de Petrogrado, as lideranças não perceberam o que Mstislavsky chamou de "tempestade à vista sobre as ondas incomensuráveis dos distúrbios de fevereiro". Tendo passado a vida inteira à espera do vendaval, não conseguiram reconhecer a borrasca. Um mês antes, Lênin previra: "Nós, os homens mais velhos, talvez não sobrevivamos para ver a revolução que se avizinha." E em 26 de fevereiro, Shliapnikov, o bolchevique mais importante ora morando na cidade, declarara num encontro de socialistas realizado no apartamento de Kerenski: "Não há nem haverá revolução. Precisamos nos preparar para um longo período de reação."[28]

Na ausência de lideranças partidárias de maior expressão, a tarefa de conduzir o movimento caiu sobre os ombros de dirigentes do segundo escalão, os quais estavam muito aquém das capacidades dos titulares. Sindicalista experiente e militante combativo em iniciativas clandestinas, Shliapnikov era um político "inapto em avaliar a essência" da situação em curso, conforme frase de Sukhanov. Suas ideias eram "clichês de antigas resoluções partidárias". O conceito aplicava-se também aos mencheviques de Petrogrado. Chkheidze, o "papa" da revolução, era um georgiano afável e competente, porém maçante. Ainda do ponto de vista de Sukhanov, não podia ser menos "adequado à função de líder partidário ou bússola da classe trabalhadora, pois nunca levava ninguém a lugar nenhum". Skobelev, deputado da Duma eleito por Baku, no Azerbaijão, tinha o perfil de um intelectual de província, talhado para uma cidade pequena e não para atividades de âmbito nacional. E o próprio Sukhanov circulava na periferia de todas as facções organizadas, indeciso demais para firmar posição. Como muitos líderes socialistas, estava sempre inclinado a enxergar a política sob um prisma intelectual e pouco prático. Trótski o tinha por "observador consciencioso mas longe de constituir um estadista, jornalista mais do que revolucionário, racional antes de ser jornalista, capaz de defender uma concepção revolucionária somente até quando fosse necessário passar à ação". N. D. Sokolov constituía mais uma figura à deriva, com certezas vagas demais para enquadrar-se num partido. Advogado, de barba e *pince-nez*, sentia-se mais à vontade numa biblioteca ou numa sala de aula do que na massa buliçosa. Por último, os SRs não pareciam melhores para a tarefa de liderar a insurreição na capital. Mstislavsky e Filipovsky resumiam-se ao que o Soviete tinha de mais parecido a "militares" (o primeiro, um simples bibliotecário da Academia

Militar, o outro, engenheiro naval), investidos de posições de liderança para as quais nenhum dos dois tinha pendor, fosse por inadequação de temperamento ou por falta de habilidade. Zenzinov não ia além de tarefeiro do partido[29] e Kerenski conheceremos logo adiante.

Esses líderes de segunda linha viram-se a reboque dos fatos dos Dias de Fevereiro, trocando impressões por telefone na tentativa de descobrir o que estava acontecendo nas ruas. O apartamento de Gorki na Kronversky funcionava como sede de informações. Lá, reuniam-se para discutir e procurar saídas para a crise. O anfitrião tinha conexões várias por toda a capital, mas só no dia 27, quando a revolução já era fato consumado, os líderes partidários puseram-se em atividade e assumiram a vanguarda do levante das ruas. Exemplo clássico do "Somos os líderes, portanto devemos segui-los".

Um grande frenesi agitava o Palácio Tauride, sede da Duma e cidadela da democracia. No início da tarde daquela segunda-feira, uma massa de 25 mil pessoas — formada também por muitos soldados dos quartéis Preobrazhensky e Volynsky, próximos — aglomerou-se na frente do parlamento, em busca de mentores políticos. Os primeiros candidatos a se apresentar foram os mencheviques Khrustalev-Nosar (presidente do Soviete de Petrogrado, em 1905), Gvozdev e Bogdanov (chefes do Grupo dos Trabalhadores), escoltados pela massa que acabara de libertá-los da cadeia de Kresty. No palácio, o trio confabulou com Chkheidze, Skobelev e Kerenski para, em seguida, anunciar ao povo reunido do lado de fora do legislativo a criação do "Comitê Executivo Provisório do Soviete dos Delegados dos Trabalhadores". Os três pediram aos operários que elegessem e encaminhassem seus representantes à primeira assembleia, marcada para aquela noite. O apelo, impresso em edital publicado pelo único jornal a circular na data, o *Izvestiia*, circulou pela cidade.

Apesar do nome pomposo, havia poucos proletários entre os 50 delegados com direito a voto e os 200 observadores que se acotovelaram em meio à fumaça da sala 12 do Palácio Tauride para a sessão inaugural — e caótica — do Soviete. A maior parte dos trabalhadores ainda estava nas ruas, bêbada ou inteiramente alheia à existência do órgão. Larga fatia das cadeiras de delegados votantes destinadas ao povo foi ocupada pela *intelligentsia* socialista. Sokolov assumiu a presidência para a abertura dos debates. Ato contínuo, a reunião dedicou-se à escolha de um comitê executivo formado por seis mencheviques, dois bolcheviques, dois SRs e cinco intelectuais apartidários; não se tratava exatamente de um corpo democrático, pois tratava-se de uma estrutura que se autonomeou, composta por várias facções de esquerda impostas à base. No dia seguinte, quando trabalhadores e soldados da cidade indicaram 600 nomes para integrar o Soviete, somaram-se ao comitê dirigente mais dois representantes de cada um dos principais partidos socialistas — trudoviques, socialistas populares, SRs, Bund, mencheviques, o pessoal da Interdistrital* e os bolcheviques. A consequência foi o recrudescimento da ala direita do comitê, avessa à tomada do poder. A voz dos trabalhadores, em condições de exigir as rédeas do Soviete, não era ouvida. Sequer existia um único operário na executiva, apesar desta pretender espelhar os anseios da classe trabalhadora.

Chkheidze foi nomeado presidente, e Skobelev e Kerenski, vices, mas todo o encontro transcorreu de modo confuso. A todo minuto membros da executiva saíam da sala para se reunir com delegações. Não raro, os trabalhos eram interrompidos por "anúncios urgentes" ou "relatos de emergência". Todos os tipos de grupos preteridos na eleição — funcionários dos correios e telégrafos, funcionários dos *zemstvos*, representantes dos médicos e professores — reivindicavam admissão e por vezes entravam para declarar obediência ao Soviete. Havia também as delegações de soldados, cujas demandas pelo uso da tribuna para dar informes eram calorosamente recebidas pelos presentes. De pé nos assentos, rifles em punho, eles contavam, em linguagem simples, o que havia acontecido em suas guarnições e hipotecavam o apoio de seus regimentos ao Soviete. A reunião estava tão arrebatada pelos aplausos conferidos a cada discurso, que aprovou, por unanimidade, sem nem mesmo um pleito formal, a instalação de um Soviete uno, a partir de então conhecido como Soviete dos Delegados dos Trabalhadores e Soldados de Petrogrado.

A iniciativa foi o golpe de misericórdia para aqueles que haviam desejado um genuíno organismo de operários. Formados em pelotões e companhias, os soldados estavam em condições melhores do que os trabalhadores de eleger delegados para o Soviete. Além do mais, uma só unidade de militares, com cerca de uma dúzia de homens, tinha direito ao mesmo número de representantes de uma fábrica com milhares de empregados. Havia pouco controle sobre os mecanismos de votação. Na noite do dia 28, no Salão Catarina, data e local da primeira sessão conjunta do Soviete, o azul das túnicas dos trabalhadores perdia-se no mar de fardas cinzentas. Dos 3 mil comissários, mais de dois terços eram saídos da caserna, disparidade ainda maior se considerado que Petrogrado tinha três ou quatro trabalhadores para cada combatente. A origem camponesa da maioria dos soldados acrescida da confusão geral reinante na cidade podem ajudar a explicar a natureza desordenada dessas primeiras reuniões. "Um encontro de massa! Qualquer um levanta-se e fala o que quiser" foi a descrição de um delegado sobre essa sessão de estreia. No Soviete não havia pauta de discussão, minutas ou procedimentos para tomada de decisões. Todas as resoluções decorriam de debates intensos, com oradores espalhados por diferentes partes do salão, muitos falando ao mesmo tempo. As medidas eram aprovadas por aclamação geral, como numa assembleia aldeã. Por ser incapaz de

* O grupo Interdistrital, ou Mezhraionka, era uma facção de esquerda dos social-democratas de Petrogrado, favoráveis à reunificação de mencheviques e bolcheviques. Trótski e Lunacharsky pertenceram a essa corrente, até o verão de 1917; depois, juntaram-se a Lênin.

agir de maneira construtiva, o Soviete logo passou a ter papel apenas simbólico. As deliberações foram transferidas à executiva e à cúpula dos partidos socialistas aos quais pertencia a maior parte desta. Os proletários e soldados que haviam feito a revolução perderam poder político para a *intelligentsia* de esquerda, que alegava lhes servir de representante.[30]

Enquanto isso, na ala direita do Palácio Tauride, membros da Duma vinculados ao Bloco Progressista analisavam se deviam obedecer à ordem do tsar, recebida na noite anterior, determinando o fechamento do parlamento, ou se a desafiariam, colocando-se à testa do movimento revolucionário. Os radicais e socialistas, liderados por Kerenski, defendiam a última opção. Mas deputados mais moderados e o próprio Miliukov, que agia como "chefe" do grupo, estavam muito temerosos das massas. Do interior do prédio, o barulho das "maltas" — era assim que tendiam a classificar o povo — tornava-se mais alto e ameaçador. Os moderados haviam tentado ganhar tempo escondendo-se por trás dos compêndios maciços de lei constitucional. Seria ilegítimo — pontificavam — usurpar os poderes do tsar formando um gabinete próprio; mas seria possível telegrafar a Nicolau com um pedido de autorização para tal. No sentido estritamente jurídico, existia alguma lógica nesses argumentos: as multidões na rua não tinham autoridade para entregar o poder à Duma e qualquer governo formado assim careceria de embasamento lícito. Mas esse tipo de sutilezas não importava naquele momento. Afinal, havia uma revolução; e todas as revoluções, por natureza, são ilegais. O único poder verdadeiro — o poder da violência — estava nas ruas. A recusa dos parlamentares não radicais em reconhecer esse fato foi uma prova de covardia e estreiteza de visão. Sem dúvida que demonstravam apreensão em assumir o poder, pois as massas tentariam impor-lhes um programa socialista, com propostas de reforma e paz na frente de batalha. Em outras palavras, estavam relutantes em pôr-se à frente de um governo revolucionário, muito embora acabasse de acontecer uma revolução. O presidente do legislativo, Rodzianko — que se autodenominava "o homem mais gordo da Rússia" —, ainda falava em um "governo de confiança pública" (o que poderia equivaler a um gabinete nomeado pelo tsar) e não em governo popular ou da Duma.

Todavia, durante a tarde, quando o Soviete de Petrogrado começou a surgir como rival na disputa pelo poder, doze parlamentares do Bloco Progressista, junto com Kerenski e Chkheidze, deram um passo à frente, ainda que cauteloso, formando um "Comitê Provisório de Membros da Duma para Restauração da Ordem na Capital e o Estabelecimento de Relações com Indivíduos e Instituições". A extensão do título traía a timidez de intenções. Não era um corpo "privado" de integrantes da Duma constituído para auxiliar na "restauração da ordem", nem um órgão do parlamento para a ascensão ao poder. Só mais tarde, naquela mesma noite, quando o Soviete encontrava-se em plenária nas dependências à esquerda do Palácio Tauride e chegaram informações de que a capital estava submergindo na anarquia, foi que esses revolucionários relutantes afinal tomaram a iniciativa e investiram-se de autoridade. Inexistia outra alternativa — exceto o poder ao Soviete.[31] Antes de ceder à premência da situação, os insurgentes de última hora ainda tentaram, em vão, persuadir o grão-duque Mikhail a tornar-se ditador.

Portanto, em 28 de fevereiro emergiram duas esferas de poder rivais: à direita do Palácio Tauride havia um Comitê Provisório da Duma, o que existia de mais parecido com a autoridade formal, embora sem nenhuma ingerência junto às massas; à esquerda, situava-se o Soviete, detentor de algo semelhante à influência sobre os acontecimentos da rua, mas sem autoridade constituída.

Nesse ínterim, ainda havia algumas batalhas a serem travadas. Apesar de a população ter capturado a maior parte da cidade, perdurava o risco de o general de divisão Khabalov esmagar o levante com a ajuda de tropas retiradas do *front*, como ordenara o tsar no dia 27. "Em termos militares convencionais", recordou Mstislavsky, "nossa situação era catastrófica. Não tínhamos artilharia nem metralhadoras; não dispúnhamos de oficiais para assumir o comando nem de meios para estabelecer comunicações entre os soldados." Se Khabalov atacasse com homens disciplinados, os revolucionários "contavam com tanta chance quanto uma bola de neve no inferno". Tudo dependia do espírito de luta dos militares amotinados e da vontade de cumprirem as determinações do Soviete. Muitos dos praças e suboficiais pareciam menos interessados na briga e mais desejosos de "juntarem-se ao povo" e se embebedar. Shklovsky, encarregado da segurança das plataformas ferroviárias, considerou quase impossível convencer os militares sobre a necessidade de desincumbirem-se das tarefas básicas de uma guarda. Toda a escolta da Estação Nikolaevsky, onde desembarcavam os trens vindos de Moscou, consistia em "um estudante armado e um antigo oficial naval trajado em algo alusivo a uniforme de guarda-marinha". No Palácio Tauride a situação era menos crítica. A graciosa residência de Catarina, a Grande, transformara-se em quartel-general da Petrogrado vermelha. O Soviete criou uma Comissão Militar, que baixava ordens para brigadas *ad hoc* colocadas em pontos estratégicos da cidade. Centenas de soldados acamparam nos corredores do paço, à espera de ordens para saírem em defesa daquele bastião revolucionário. Linde, esquecido de seu livro de Haldane, assumiu o comando da guarda dos portões. Eleito pelo Regimento Finlandês para representá-lo junto ao Soviete, ele tinha um motivo a mais para proteger o palácio com unhas e dentes. Ali estava um novo tipo de político, armado. Suprimentos de gêneros alimentícios e armamentos foram postos em pilhas altas nos cômodos e passagens do Tauride. No centro do Salão Circular havia uma máquina de costura: ninguém sabia como aparecera ali ou para que serviria naquelas circunstâncias. Talvez alguém estivesse planejando uma guerra longa e pensara em usá-la para remendar uniformes. Nabokov descreveu a cena no interior do palácio:

> Soldados, soldados e mais soldados, rostos cansados e embotados; em cada canto havia sinais de acampamento improvisado, lixo, palha; o ar era espesso como densa neblina, havia cheiro de coturnos, de roupas usadas e de suor; de algum lugar vinham gritos histéricos dos oradores discursando numa reunião no Salão Catarina — em toda parte, aglomeração e azáfama.[32]

Ainda existiam bolsões de resistência na capital, instalados no Palácio de Inverno, na sede do Estado Maior, no Almirantado e no Hotel Astoria, onde, no dia 28, aconteceram alguns dos embates mais sangrentos de toda a revolução. Lotado de oficiais de alta patente e de suas famílias, o local tornara-se alvo dos insurrectos quando franco-atiradores da polícia aboletaram-se no telhado e abriram fogo contra as massas. Em resposta, os revolucionários montaram três metralhadoras em carros blindados e começaram a disparar nas janelas. Nesse meio-tempo, a multidão armada invadiu o prédio, arrasando os ambientes forrados de pelúcia, saqueando as adegas e inspecionando os quartos em busca de "reacionários". Dezenas de oficiais morreram a tiros ou golpes de baioneta. Houve uma batalha longa e circunscrita entre os candelabros e os espelhos quebrados do vestíbulo. Ao fim, segundo uma testemunha ocular, "a porta giratória movimentava-se sobre uma poça de sangue".[33]

A principal meta dos líderes do Palácio Tauride — tanto da ala esquerda quanto da direita — era devolver a ordem às ruas. Existia o risco concreto de a revolução corromper-se em anarquia. Milhares de trabalhadores e soldados ébrios perambulavam pela cidade, pilhando armazéns, arrombando casas, espancando e roubando transeuntes. A luta revolucionária contra a polícia e os oficiais do exército transformava-se em violência e revide descontrolados. "A menos que haja uma trégua, a revolução terminará em derrota e vergonha", advertiu um integrante do Soviete.

Uma das causas para inquietação foi a detenção segura e ordeira dos burocratas tsaristas. Na noite de 27, o Conselho de Ministros realizara seu derradeiro encontro no Palácio Marinsky e formalmente submeteu a exoneração de todos à vontade do tsar. Em certo momento da reunião, as luzes apagaram-se e supôs-se que os revolucionários estavam prestes a invadir o edifício. Na verdade, tratara-se de um corte de energia. Minutos depois, quando a iluminação restabeleceu-se, vários ministros foram flagrados escondidos sob a mesa. O pânico não era sem motivo. Cerca de 4 mil funcionários do império haviam sido engolfados pela massa nos Dias de Fevereiro e a sorte de muitos estava longe de ser invejável. O Comitê Provisório da Duma determinou a prisão de todos os ex-ministros e oficiais graduados, que deviam ser enviados à Duma para que se fizesse "justiça", providência que pretendia salvaguardá-los do "domínio da plebe". Era apropriado e simbólico que Shcheglovitov, ex-titular da Justiça, fosse o primeiro a ser levado pelas multidões até o Palácio Tauride. Lá encontrou-se com Kerenski, futuro ocupante da pasta, que, dono da situação, anunciou: "Ivan Grigorievich Shcheglovitov, você está preso! Sua vida não corre perigo!" E então, com uma pitada de sarcasmo: "Saiba que a Duma não derrama sangue." Diversos ex-ministros preferiram procurar o parlamento por conta própria a arriscar serem pegos pelas multidões. Protopopov foi um deles: tentara salvar-se despejando acusações contra Nicolau, mas ao ver que essa era uma tática vã, irrompeu em lágrimas e lamuriou-se de maneira patética. Sukhomlinov, até então responsável pelo Ministério da Guerra, chegou em 1º de março com uma escolta pessoal e armada, causando celeuma entre os soldados, que pretendiam fuzilá-lo no ato, mas contentaram-se em arrancar as dragonas do general como demonstração de rejeição pela antiga ordem militar.[34]

Todos esses burocratas decaídos foram trancafiados no Pavilhão Ministerial do Palácio Tauride e depois encaminhados à Fortaleza de Pedro e Paulo, para interrogatório e encarceramento. Mais uma vez fazia-se presente uma daquelas ironias simbólicas da revolução: o homem incumbido de acompanhar os ministros às celas era Viktor Zenzinov, um ex-prisioneiro da masmorra. Ele recordou como, agora na qualidade de funcionário do governo, alcançou os portões da fortaleza tendo ao lado Shcheglovitov, que passara de ministro da Justiça a "prisioneiro político":

> Cruzamos os portões, demos uma ou duas voltas, fomos para sob a colunata e paramos em frente à entrada do prédio. Somente os guardas estavam no local e lembrei-me do que acontecera há sete anos. Do lado de fora, alguém veio em nossa direção — e mal pude crer em meus olhos —, era o capitão Ivanishin, o mesmo capitão Ivanishin que sete anos antes administrara o Bastião Trubetskoi, onde os prisioneiros eram mantidos em solitárias e onde eu mesmo, durante metade de todo o ano de 1910, vivi encarcerado numa cela úmida de pedra... Dessa vez, ele comportava-se de modo polido em minha presença. Embora não tenha esboçado reação, não tive dúvidas de que Ivanishin me reconhecera de pronto, assim como eu o havia identificado à distância.

A pedido de Zenzinov, Kerenski ordenou a remoção de Ivanishin, mas a determinação foi descumprida. Só semanas depois, ao ser considerado culpado de aceitar subornos de ministros presos na fortaleza, é que o capitão foi exonerado.[35]

Além da prisão dos ex-ministros, uma segunda razão para cuidados no Palácio Tauride era como fazer as tropas voltarem à caserna, expediente essencial à restauração da ordem. No dia 28, a Comissão Militar — já sob o controle do Comitê Provisório — fez saber aos soldados amotinados que deviam retornar a suas guarnições e submeterem-se à autoridade dos oficiais. Mas os homens receavam punições por terem participado das revoltas e, antes de tomar o rumo dos quartéis, exigiram garantias de imunidade. A maioria desconfiava do Comitê Provisório —

alguns tinham o órgão como "contrarrevolucionário" pelo simples fato de apoiar os militares graduados — e recorreu ao Soviete em busca de proteção. O resultado foi a Ordem Nº 1, talvez o documento mais importante escrito no rastro da Revolução de Fevereiro. O texto era uma lista de reivindicações e condições impostas pelos amotinados para voltarem aos alojamentos, entre elas a criação de comitês de soldados para servirem de contrapeso democrático à autoridade de seus superiores. Os rebeldes dispunham-se a admitir apenas o poder do Soviete de Petrogrado; as ordens da Comissão Militar da Duma seriam obedecidas apenas na medida em que não conflitassem com as determinações do Soviete. E mais: quando estivessem de folga, os soldados queriam usufruir de direitos iguais aos assegurados aos demais cidadãos, ficando, inclusive, desobrigados de saudar oficiais. A rudeza com que os superiores hierárquicos dirigiam-se às tropas, fazendo uso do pronome "tu" (*tyi*), desrespeitoso e associado a crianças e servos, daí em diante seria proibida e tida como insulto à dignidade. Os títulos honoríficos conferidos aos detentores de patentes, como "Vossa Excelência" e "Vossa Senhoria" seriam extintos, pois incomodavam em particular os praças oriundos de famílias camponesas para os quais tais denominações significavam resquícios da servidão. Os oficiais passariam a ser chamados por terminologia nova e democrática, como "Senhor General" ou "Senhor Coronel".

A Ordem Nº 1 foi uma obra conjunta, no estrito senso da expressão. Sukhanov estava presente, no instante em que Sokolov acomodou-se à mesa:

> Cercado de soldados por todos os lados, de pé, sentados ou curvados por sobre a prancha, metade ditava, enquanto a outra metade sugeria o que ele deveria escrever... Não houve rascunho nem discussão de qualquer tipo, todos falavam e todos estavam inteiramente absortos no trabalho, formulando uma opinião coletiva, sem necessidade de votação... Quando a redação ficou pronta, puseram um cabeçalho na folha de papel: "Ordem Nº 1."

Logo em seguida, o documento foi lido no Salão Catarina, diante do Soviete, e aprovado por unanimidade em meio a aplausos estrondosos dos soldados. Esse manuscrito crucial fez mais do que qualquer outra iniciativa para destruir a disciplina das forças armadas. Em certo sentido, foram aquelas palavras, apreciadas e julgadas em questão de minutos, que alçaram os bolcheviques ao poder.[36]

Conquanto os líderes do Soviete quisessem restabelecer a tranquilidade nas ruas, a maioria dos seus membros não tencionava assumir o poder. Toda a estratégia do organismo baseava-se em pressionar os expoentes da Duma a formarem um "governo burguês". Assim surgiu o que Trótski classificou de "paradoxo" de fevereiro: uma revolução feita em via pública resultara num governo composto nos salões. Esse foi um padrão político recorrente ao longo de 1917 inteiro: houve vários momentos (fevereiro, abril, julho e setembro) em que a cúpula do Soviete poderia ter pego a brida da situação e ocasiões em que as massas manifestaram-se expressamente a favor dessa alternativa. Mas em ambos os casos o Soviete fugiu à responsabilidade de governar. Assim, desperdiçou a oportunidade de equacionar a revolução de forma democrática e socialista. Os bolcheviques colheram os benefícios.

Como explicar essa falha política? No contexto de fevereiro, o qual determinaria muito da política futura, havia três principais linhas de argumentação.

Primeira, havia o problema do dogma partidário. Mencheviques e SRs aderiam com rigidez à crença de que um país retrógrado como a Rússia precisaria de uma "revolução burguesa" (ou seja, um longo período de capitalismo e democracia) antes de a sociedade, e a classe trabalhadora em especial, ser suficientemente avançada para a transição à ordem socialista. Como certa feita afirmou Plekhanov, não existia fermento proletário bastante na farinha camponesa para ser possível fazer um bolo socialista. No caso específico dos mencheviques, a concepção de revolução em duas etapas derivava da teoria marxista; quanto aos SRs, tinham como fonte básica os primeiros. A convicção apoiava-se em duas suposições, ambas coerentes se analisadas no abstrato mas insustentáveis se aplicadas ao mundo real, pois tentavam impor dogmas ocidentais do século XIX à conjuntura russa do século XX. A lógica resumia-se ao seguinte: os camponeses (e as províncias, em geral) não apoiariam um governo socialista urbano pois eram muito aferrados ao que os mencheviques denominavam noções "pequeno-burguesas" quanto a propriedades de pouca monta. Em consequência, a revolução socialista desapareceria, nos perímetros urbanos, como a Comuna de Paris, ou pior, seria esmagada pela contrarrevolução rural, como a Vendée* ou os exércitos monárquicos europeus de 1849. Não obstante, os aldeões russos mostravam-se mais impacientes do que os operários para se sublevarem, e com razão. Tudo o que eles queriam era terra, e se "socialismo" significava distribuir lavoura entre os camponeses, então os povoados eram "socialistas". Os mencheviques devem ter percebido que tal raciocínio equivalia à certeza de que a gente do campo não se juntaria a uma contrarrevolução tendente — como sempre fora provável em solo russo — a devolver terras à nobreza. Dizia-se também que as massas eram analfabetas demais e muito inexperientes em política para tomar a si as tarefas do governo. Até que tais entraves fossem superados, continuaria a ser essencial o apoio e a liderança de segmentos instruídos da sociedade. Os sovietes, enquanto órgãos de classe, poderiam funcionar em instância governamental local, mas careciam dos meios para gerir um Estado. Por ora, era preciso preparar a transição para o socialismo, fazer as massas cursarem a escola da democracia — o que, para

---

* Revolta monarquista ocorrida na França, entre 1793 e 1795. [*N. da T.*]

os operários, mais especificamente, significava seguir o exemplo dos movimentos trabalhistas da Europa — e isso só poderia ser alcançado numa estrutura liberal de liberdades políticas. De novo, era a imposição de um modelo democrático do Ocidente a um país que carecia de base para tal. A "democracia direta" dos Sovietes estava muito mais próxima da vivência das massas russas — na verdade, era reminiscência da comuna camponesa — e poderia ter servido de ponto de partida para um tipo novo e diferente de ordem popular, menos centralizada do que a vigente no liberalismo ocidental, contanto que os Sovietes de algum modo se conjugassem com entidades representativas mais amplas (i.e., Dumas municipais, *zemstvos* e Assembleia Constituinte) numa articulação política nacional.

Sem dúvida, o apego implacável do Soviete de Petrogrado a esse dogma devia-se em parte à sua inexperiência em questões de governo. Os expoentes burgueses conheciam as práticas legislativas, mas os socialistas, por sua vez, não haviam sido submetidos à prova, tendo atravessado anos infrutíferos de política oposicionista semilegal e clandestina. Além do mais, os líderes partidários ainda permaneciam no exílio, e caso assumissem o controle do país, isso daria a impressão de uma "revolta de coronéis". Nada disso, entretanto, constituiu obstáculo. Apesar de toda a ladainha sobre "princípios" e "ideologia", foram os instintos e a têmpera das lideranças do Soviete que prevaleceram, mantendo-os afastados do poder. Eles haviam atravessado tanto tempo no antagonismo hostil às autoridades governamentais que muitos não poderiam, de repente, converter-se em homens de Estado, ou sequer cogitar da hipótese. Presos aos hábitos e à cultura revolucionários, preferiam a oposição ao governo.

Segunda, as lideranças do Soviete receavam uma contrarrevolução, talvez até mesmo uma guerra civil, como resultado de sua assunção ao controle da Rússia. A situação era muito fluida, ainda não ficara evidente se Alexeev e os comandantes das frentes de combate cumpririam as ordens de Nicolau para dar fim à insurreição, nem se a rebeldia do povo de Petrogrado tomaria conta das províncias e ganharia a adesão das tropas empenhadas na luta contra os alemães. O desdobramento dos fatos mostraria que houve uma superestimação absurda dos perigos de uma reação. Quase imediatamente, Alexeev cancelou a expedição planejada para dar fim à revolução, em parte porque o chefe do Estado-Maior apaziguou-se com o fato de que seriam os líderes da Duma, e não os socialistas, a tomar conta do país, em parte porque percebeu que usar os soldados em tal empreitada poderia degenerar em motim generalizado, com tentáculos longos o suficiente para atingir a frente de batalha. Entretanto, não demorou para que a revolta até então limitada à capital se espraiasse à Base Naval de Kronstadt, a várias guarnições do norte e a Moscou. Em poucos dias o império tsarista sucumbiria e com ele todo o aparato nas províncias; a Igreja e as forças armadas apregoariam simpatia pela novidade. Óbvio que nada disso já era transparente em 1º de março. A velocidade dos acontecimentos pegou todos de surpresa. Um dos homens de destaque do Soviete, Iurii Steklov, explicou em abril de 1917:

> na ocasião em que esse acordo [formar um Governo Provisório] foi contemplado, não estava completamente claro se a revolução sairia vitoriosa, fosse na forma democrático-revolucionária, ou mesmo sob a forma burguesa, mais moderada. Aqueles dentre vocês, camaradas, que não estavam aqui, em Petrogrado, e não vivenciaram essa febre revolucionária, não podem imaginar como vivemos... Esperávamos de minuto a minuto que eles [exércitos leais ao tsar] chegassem.[37]

Ainda assim, provavelmente é justo afirmar: mais uma vez os líderes do Soviete permitiram-se a ascendência de modelos do século passado. Socialistas de diferentes matizes estavam impregnados da história das revoluções europeias e interpretaram os eventos de 1905 e 1917 conforme os parâmetros de 1789, 1848 e 1871, o que os levou a crer que, inevitavelmente, haveria uma forte reação.

Terceira e última, os líderes do Soviete estavam seguros da autoridade que exerciam sobre as massas. Chocados com a violência, o ódio, os saques anárquicos e o vandalismo dos Dias de Fevereiro, temiam que, tornando-se "o governo", passassem de pedra a vidraça, atraindo a fúria das ruas para si. Mstislavsky ponderou que "desde as primeiras horas da revolução, uma só característica" unia as lideranças do conselho de soldados e trabalhadores ao Comitê Provisório e determinava tudo o mais, "o medo às multidões":

> Oh, como temem as massas! Vi nossos "socialistas" falando ao povo... Pude sentir o temor nauseabundo... Senti o tremor interno e a força de vontade necessários para que não baixassem o rosto diante do olhar confiante e bem aberto dos operários e soldados amontoados em torno deles. Ainda ontem fora relativamente fácil ser "representante e líder" dessa gente; parlamentares socialistas serenos ainda podiam proferir as mais horripilantes expressões "em nome do proletariado", sem nem mesmo pestanejar. Porém, a história passou a ser diferente quando esse proletário teórico de repente apareceu em pleno vigor da carne exausta e do sangue amotinado. E quando a natureza elementar dessa força, capaz de criar e destruir, mostrou-se tangível até ao observador mais apático — então, quase involuntariamente, os lábios descorados dos "líderes" começaram a murmurar palavras de paz e transigência no lugar das arengas da véspera. Eles estavam apavorados — e quem poderia culpá-los?[38]

Tamanho susto era sintomático de uma covardia geral frente às responsabilidades do poder, uma abdicação ao posto de estadista. Anos depois, Tsereteli disse que os líderes do Soviete de fevereiro haviam sido infantis e omissos. Muitos haviam apreciado a ideia de um sistema de poder dual — fonte da fraqueza política crônica do país em 1917 — porque isso os colocava em posição confortável: tinham poder sem ônus, enquanto o Governo Provisório tinha responsabilidade sem poder.

Para a maior parcela dos líderes do Soviete, a negociação de um governo da Duma era assunto de prioridade máxima por conta de um fator especial. Em 1º de março, a minoria esquerdista da Executiva (três bolcheviques, dois SRs de esquerda e um membro do grupo Interdistrital) requereu a formação de um "governo revolucionário provisório" no distrito de Vyborg, o mais proletário de Petrogrado. Portanto, havia a ameaça concreta de as ruas imporem uma administração própria, a menos que a maioria do Soviete, menos afoita, fizesse prevalecer os líderes parlamentares.

Assim, no mesmo dia, uma delegação de homens do Soviete (Sukhanov, Chkheidze, Sokolov e Steklov) cruzou da seção esquerda para a direita do Palácio Tauride, de modo a dar início aos entendimentos com o Comitê Provisório que visavam a constituir um novo executivo. "Não havia o caos e a confusão que reinavam entre nós", recordou Sukhanov, "mas a sala dava a impressão de desordem: cheia de fumaça e sujeira, com guimbas, garrafas e copos usados espalhados. Havia também vários pratos, alguns vazios, outro ainda com comidas de todos os tipos, o que fez nossos olhos faiscarem e nossas bocas aguarem." Sukhanov e Miliukov, "o chefe da ala direita" foi quem mais falou. O obeso Rodzianko, presidente da Duma, manteve-se quieto num canto, bebendo refrigerante. Nem Lvov nem Kerenski, respectivamente primeiro e último chefes do Governo Provisório, se pronunciaram.

Tanto a Duma quanto o Soviete sentiram-se agradavelmente surpresos com a convergência de opiniões entre si. Cada um dos lados havia se preparado para uma grande batalha mas, na verdade, só houve um ponto de atrito. Miliukov queria manter o império, ainda que com Alexis como tsar e o grão-duque Mikhail na função de regente. Chkheidze considerava a ideia "não apenas inaceitável, mas também utópica, visto o ódio geral da monarquia contra as massas do povo". Dado o parco apoio angariado entre o restante dos líderes da Duma, Miliukov não insistiu no assunto e, ao fim, ficou acertado que a forma de governo seria discutida só depois da convocação de uma Assembleia Constituinte. Resolvido isso, restava pouco a discutir e todos concordaram sobre a necessidade de restaurar a ordem e de formar um governo da Duma.

As negociações foram concluídas nas primeiras horas da manhã. Os "grupos burgueses", como Sukhanov colocava, poderiam constituir um gabinete "por tratar-se de decorrência da situação geral e adequar-se aos interesses da revolução". No entanto, o Soviete, "como o único órgão exercendo poder de fato", imporia as seguintes condições para garantir apoio a esse novo governo:

1 anistia imediata para todos os prisioneiros políticos;
2 concessão imediata de liberdades de expressão, de imprensa e de reunião;
3 abolição imediata de todas as restrições baseadas em classe, religião e nacionalidade;

4 preparativos imediatos para a convocação de uma Assembleia Constituinte, eleita por sufrágio universal, direto, secreto e igual, com a finalidade de determinar a forma de governo e a Constituição do país;
5 abolição de todos os órgãos policiais, substituídos por milícias populares com oficiais eleitos e subordinados à estrutura de autogoverno local;
6 eleições para a estrutura de autogoverno local pelo voto universal, direto, secreto e igual;
7 garantia de que as unidades militares participantes da revolução não seriam desarmadas nem mandadas ao *front*;
8 reconhecimento de direitos civis plenos para os soldados de licença.[39]

Não houve menção a duas questões básicas (a guerra e a terra), sobre as quais os objetivos das lideranças do Soviete colidiam diretamente com os da Duma. Talvez esse tenha sido um erro crucial, considerando os conflitos que surgiram mais tarde sobre esses temas (levando à queda dos três primeiros gabinetes).

Segundo o esqueleto do sistema de poder dual, o Soviete apoiaria o Governo Provisório somente "na medida em que" — *postol'ku poskol'ku* — este seguisse os princípios predeterminados; e o Soviete funcionaria como "fiscal" do governo, para assegurar que não haveria desvios de curso. A consequência foi a paralisação do Governo Provisório, impossibilitado de agir sem o respaldo do Soviete. Ao mesmo tempo, as premissas do Soviete criavam um clima de tamanha liberdade sem controle que se fazia premente a existência de um governo mais forte. Como afirmou Lênin, a Rússia tornara-se o "país mais livre do mundo". E ele próprio seria o primeiro a explorar essa circunstância.

Em 2 de março, Miliukov escolheu o novo gabinete. No dia seguinte, a relação dos novos dirigentes russos foi publicada nos jornais, junto a um apelo do Soviete endereçado "Aos camaradas e cidadãos!" e que clamava pela ordem e pelo aval popular ao governo. Para a multidão reunida do lado de fora do Palácio Tauride, os nomes dos governantes recém-empossados eram praticamente desconhecidos. Todos provinham da elite proprietária e a maioria havia sido citada nos vários "ministérios de confiança" propostos pela oposição liberal desde 1915. Oito dos doze titulares foram deputados da Quarta Duma e outros dois haviam sido eleitos para mandatos legislativos anteriores; sete eram membros do Zemgor ou Comitê das Indústrias de Guerra; seis pertenciam aos mesmos círculos maçônicos,* cujo papel exato na Revolução de Fevereiro há muito é objeto de especulação histórica, embora sem conclusões objetivas.

* Lvov, Kerenski, Nekrasov, Tereshchenko, Konovalov e Guchkov.

O príncipe Lvov, primeiro-ministro e ministro do Interior, era o que mais se destacava no grupo. Seu trabalho no *zemstvo* durante a guerra lhe valera respeito entre as classes liberais instruídas e transformara-o em figura nacional, garantindo ao governo pelo menos a pretensão de estar baseado em algo mais amplo do que a Duma. Além do mais, Lvov sabia trabalhar em equipe, era um homem de aptidões práticas e sem ligações partidárias muito fortes, personificando o espírito de coalizão que o novo gabinete alegava representar. Não se tratava de um governo de partidos — a aliança continha elementos que iam dos outubristas aos SRs —, mas de um governo de salvação nacional. Esse aspecto apartidário, combinado com a maleabilidade do caráter do príncipe, também tornava-o a figura ideal para conciliar Miliukov e Kerenski — que, de outro modo, teriam se desentendido e rachado a frente logo nas primeiras horas. Ambos estavam dispostos a aceitar Lvov, ainda que pelo simples fato de evitar o acesso um do outro ao posto de primeiro-ministro. Quando o nome do novo homem mais forte do país foi anunciado às massas, alguns gritaram: "A classe privilegiada!" Um soldado bradou: "Quer dizer que tudo o que fizemos foi trocar um tsar por um príncipe?"

As multidões reagiram com gargalhadas à indicação de Tereshchenko para o Ministério das Finanças. "Quem é Tereshchenko?", perguntavam as pessoas. A dúvida era pertinente. Mesmo os jornais sabiam quase nada sobre ele. Tudo o que podiam informar era que vinha da Ucrânia, tinha 29 anos e era multimilionário. Shingarev, ministro da Agricultura, não era menos obscuro. Médico provinciano e representante kadet na Duma, era tido até mesmo pelos amigos mais íntimos como pouco mais do que uma mediocridade decente. Não se conhecia muito mais sobre Konava (Comércio e Indústria), Nekrasov (Transportes) ou Manuilov (Educação), embora Guchkov (Guerra e Marinha) e Miliukov (Relações Exteriores) certamente fossem nomes familiares e parecessem, de início, merecer aprovação geral.[40]

Apenas Kerenski, o único socialista do gabinete, agora titular do Ministério da Justiça, recebeu o beneplácito popular. "A massa de soldados", recordou Stankevich, "sentia que Kerenski era 'seu' ministro." Como vice-presidente da executiva do Soviete, ele não deveria ter aceitado — e muito menos ter pedido — a pasta. A política oficial do Soviete era de não participação no governo e Chkheidze recusara convite para ser ministro do Trabalho. Mas Kerenski estava determinado a ser titular de um ministério. Jovem e ambicioso (tinha somente 35 anos), convencera-se a estar fadado à grandeza e não podia tolerar a ideia de desperdiçar tal oportunidade. Ao longo dos dias anteriores à sua nomeação, fora personagem-chave nos bastidores; só ele pertencia à executiva do Soviete e ao Comitê Provisório da Duma. Passara de uma ala à outra do Palácio Tauride, tornando-se indispensável a ambas. Mas era evidente para que lado inclinavam-se suas simpatias: na maior parte do tempo, dedicara-se à ala direita, e só às vezes ia ao Soviete proferir algum discurso tonitruante sobre a "revolução do povo". Nem uma só vez aventurou-se nas ruas.

Apesar de considerar-se socialista, não passava de um burguês radical, de um parlamentar da Duma e de um advogado democrático, travestido de "homem da plebe". Formalmente, pertencia ao Partido Trudovique. Mais tarde, quando lhe foi conveniente, juntou-se aos SRs. No Legislativo, sempre usou fraque com camisa de peito duro e colarinho engomados mas, ao falar no Soviete, tirava a gola e a casaca para ganhar aparência mais "proletária". Estava longe de ser um revolucionário. Era alguém que simplesmente "bordejava a revolução", nas palavras de Trótski.

Logo depois de 2 horas da tarde de 2 de março, Kerenski entrou no Soviete para fazer aquele que foi, talvez, o discurso mais importante de sua vida. Ele precisava que a assembleia endossasse sua decisão pessoal em assumir o Ministério da Justiça, tomada de manhã, sem consulta prévia ao conselho de soldados e operários. "Camaradas! Vocês confiam em mim?", indagou, numa voz teatral. "Confiamos, confiamos!", os delegados gritaram. "Falo, camaradas, com toda minh'alma, do fundo de meu coração, e se é preciso provar isso, se vocês não confiam em mim, então estou pronto para morrer." Uma onda de emoção atravessou o salão. Os delegados irromperam em aplausos prolongados, transformados em ovação de pé. Aproveitando a chance, Kerenski alegou ter sido obrigado a aceitar a pasta, já que os ministros tsaristas estavam em suas mãos e "não podia deixar escapá-los". E disse aos presentes que seu "primeiro ato" como integrante do gabinete havia sido ordenar a soltura imediata de todos os prisioneiros políticos e a tomada de providências para que todos os recém-libertos fossem recebidos como heróis, na volta para a capital. O Soviete foi tomado pela comoção e saudou a notícia com vivas estrondosos. Kerenski, então, pôs-se a perguntar se os presentes aprovavam a ideia de que participasse do governo, propondo exonerar-se do Soviete se a resposta fosse negativa. Mas houve gritos furiosos de "Confiamos! Confiamos!" e, sem a necessidade de votação oficial, suas atitudes foram ratificadas. Foi um *coup de théâtre* magistral. O que poderia ter sido o momento de sua ruína na verdade tornara-se a ocasião de seu triunfo. Kerenski agora era o único político com posição tanto no governo como no Soviete. Era o líder indiscutível do povo.[41]

Esse seria o começo do "culto a Kerenski". Sua popularidade era de fato enorme. "Só existe um nome que une a todos", escreveu Gippius, em 1º de março, "e esse nome é o de Kerenski." Durante aquelas primeiras semanas da revolução, os trabalhadores nas fábricas, os marinheiros nos navios e os soldados nos quartéis fariam a pergunta: "O que Alexander Fedorovich tem a dizer?", e invariavelmente a resposta tornar-se-ia a palavra final sobre qualquer assunto. O ministro da Justiça era o favorito da *intelligentsia* democrática. "Amamos Kerenski", recordou Gippius. "Há algo de vivo, algo de pássaro e infantil nele." Com seu rosto pálido e de aparência jovial, olhos brilhantes e intensos e maneiras nervosas, era a imagem perfeita do estudante radical.

Essa adulação quase universal não pode ser explicada pelos parâmetros das virtudes convencionais de um político, as quais Kerenski tinha poucas. Sua carreira na Duma não havia sido especialmente notável: ele carecia da estatura de Miliukov e do estilo de Maklakov ou Fedor Rodichev. Havia outros advogados mais bem qualificados para o cargo de ministro da Justiça, mas Kerenski era o homem ideal para fevereiro. Como colocou Gippius, "É o homem certo no lugar certo". Tratava-se de um grande orador, menos no contexto parlamentar, no qual era preciso eloquência e equilíbrio intelectual, do que no contexto de apelo às massas. Seus discursos eram ferozes e emocionais, despretensiosos quanto a detalhes da política, apesar de imbuídos de princípios morais e valores espirituais. Com frequência, assemelhavam-se mais a sermões religiosos do que a preceitos políticos. Na juventude, Kerenski sonhara ser ator, desejo frustrado que lhe deixou de herança uma oratória fervorosa, gestos teatrais e até surtos de desmaio (tais ataques não eram fingidos, embora ele conseguisse fazer com que coincidissem com o clímax de seu discurso). Tudo isso cativava seus ouvintes. Kerenski expressava e passou a representar o sentimento de unidade nacional, a ressurreição do povo pretendida pela Revolução de Fevereiro. Era chamado de "poeta da liberdade", "coração da nação", "espírito do povo", "salvador da pátria" e "primeiro amor da revolução".[42]

Talvez não fosse surpreendente que tal culto da personalidade surgisse nos primeiros dias eufóricos da insurreição. O povo apaixonara-se pela "revolução" e tamanho enlevo era extensivo ao "líder" do episódio. As instituições, a psicologia, mesmo a linguagem da democracia ainda precisariam ser enraizadas no solo político virgem da Rússia. A maior parte da população ainda concebia a política segundo padrões monárquicos. Afinal, aquela era a terra dos tsares. Antes da abdicação de Nicolau, o povo russo já tinha um novo "tsar".

3. Nicolau, o último

Diário do tsar, 26 de fevereiro de 1917:

> Às dez horas, fui à missa. Os relatórios chegaram pontualmente. Havia muitas pessoas no desjejum, inclusive todos os estrangeiros. Escrevi a Alexis e fui caminhar perto da capela, pela estrada de Bobrisky. O tempo estava bom e frio. Depois do chá, li e conversei com o senador Tregubov até o jantar. Joguei dominó à noite.

Enquanto Petrogrado afundava no caos e a monarquia cambaleava à beira do abismo, Nicolau cumpria a rotina tranquila de sua vida no *Stavka*, onde, conforme considerações de alguém de sua comitiva, "dia após dia passavam como duas gotas de água". A julgar pelas cartas do monarca, ele estava muito mais preocupado com o fato de duas de suas filhas terem adoecido com sarampo do que com os informes sobre o levante na capital. Na verdade, Khabalov não o notificara da gravidade da situação. Mas a verdade faria diferença? É duvidoso. Na manhã do dia 27, um telegrama do presidente da Duma comunicava ao tsar o que realmente se passava em Petrogrado e pedia que "tomasse providências imediatas" porque "amanhã será tarde demais". Nicolau olhou para a mensagem e, virando-se para o conde Fredericks, exclamou: "Aquele gordo do Rodzianko escreveu de novo para mim com todos os tipos de absurdos, os quais eu sequer vou me dar ao trabalho de responder."[43]

Desde a morte de Rasputin, Nicolau voltara as costas à capital, retirando-se para o cotidiano plácido do *Stavka*, e da vida familiar, em Tsarskoie Seló. Agora, mais do que nunca, vivia num mundo de delírios próprios, cercado de lacaios da corte que adulavam suas fantasias de poder patrimonial. Durante as últimas semanas de seu reinado, numerosos conselheiros rogaram para que nomeasse um novo governo de confiança que ficasse sob a tutela da Duma. Mas ninguém foi capaz de penetrar a muralha invisível de indiferença que o tsar ergueu em torno de si. E ainda assim, sob essa aparência externa de calma, era óbvio que estava em meio a uma profunda crise interior. Kokovtsov, que não via o tsar havia um ano, considerou-o "irreconhecível" no início de fevereiro. E convenceu-se de que Nicolau estava "à beira de um colapso mental". Paléologue, por sua vez, ficou chocado com os "traços graves e tensos e o olhar furtivo e distante, a impenetrabilidade de seus pensamentos e a condição inteiramente vaga e enigmática de sua personalidade". E isso confirmava antigas opiniões do embaixador francês de que "Nicolau II sente-se sobrepujado e dominado pelos fatos, perdeu toda a fé em sua missão ou seu trabalho e, por assim dizer, abdicou internamente e agora está resignado ao desastre".[44] Era como se sua crise mental consistisse na realização de que a via autocrática por ele seguida nos últimos 22 anos houvesse chegado ao fim, levando a dinastia Romanov para a margem da ruína. Parecia também que o conselho recebido de todos, o de que salvasse o trono entregando o poder executivo à Duma, fosse algo que ele simplesmente não podia colocar em prática. Toda sua existência havia sido dedicada à preservação da autocracia e, agora, ao perceber que isso era algo impossível de ser mantido, desistia por completo da vida. Eis a raiz do notório fatalismo de Nicolau durante os dias anteriores a sua abdicação.

Na noite do dia 27, finalmente chegaram ao tsar notícias sobre o motim na capital. Ele ordenou ao general Ivanov, recém-empossado como substituto de Khabalov como chefe do distrito militar de Petrogrado, que liderasse uma força de tropas punitivas até a capital e estabelecesse uma ditadura. O próprio tsar partiu naquela mesma noite, de trem, para Tsarskoie Seló, ignorando as objeções de Alexeev de que tal atitude apenas serviria para dificultar a contrarrevolução, além de colocar a vida do soberano em perigo. Ao que parece, a única preocupação de Nicolau era se reunir à mulher e aos filhos. O trem imperial não pôde ir diretamente para o norte porque o exército de Ivanov movia-se pela rota férrea nessa mesma direção. Para chegar a Tsarskoie Seló o tsar teve que fazer um grande desvio para leste, chegando em Malaya Vishera, cerca de 200 quilômetros a sudoeste da capital, na manhã de 1º de março. De lá não havia mais como seguir adiante, pois os trilhos tinham sido ocupados por revolucionários. Foi preciso, então, prosseguir para oeste, rumo a Pskov, onde Nicolau chegou às 19h de 1º de março. Por causa das modificações de rota feitas às pressas, não houve cerimônia formal de boas-vindas ao tsar em Pskov, cidade onde renunciaria ao trono. O general Ruszky, comandante do norte, atrasou-se para o encontrar na estação, usando um par de botas engraxadas.[45]

A essa altura, porém, vários episódios já haviam ocorrido para minar os planos de uma contrarrevolução, pois as últimas forças leais da capital tinham fracassado em organizar a resistência. O general Khabalov carecia de têmpera para uma luta séria e praticamente não agiu, embora naquela noite ainda houvesse muitas providências passíveis de serem adotadas. A partir do Almirantado, onde ele e seus auxiliares haviam se refugiado, existia um caminho estreito até três importantes estações ferroviárias (Báltica, Varsóvia e Nikolaevsky): tropas leais, trazidas do *front*, poderiam ter conseguido abrir caminho até Khabalov. Mas o general sequer pensou nessa possibilidade. Bebendo conhaque para evitar que as mãos tremessem, ele limitou-se a redigir uma proclamação na qual afirmava o óbvio — a cidade estava em estado de sítio. Mas não havia ninguém com coragem, a não ser os escovões e a cola, para afixar a versão impressa do documento nas ruas. Os panfletos foram então jogados das janelas do Almirantado, e a maioria aterrissou no jardim logo abaixo. Os esforços dos homens de Khabalov para unirem-se a forças leais de outras partes do centro da cidade terminaram em farsa similar. Um destacamento abriu caminho pelo Palácio de Inverno — apenas para receber ordens de recuar, dadas pelo comandante da residência oficial dos Romanov, que se sentiu ultrajado em ver as botas sujas dos soldados sobre os assoalhos recém-polidos do paço. Mais tarde ficou claro que o grão-duque Mikhail, na ocasião presente no palácio, havia ordenado a retirada dos soldados por temer que danificassem os objetos de porcelana dos Romanov. E, por causa disso, perdeu-se um império! Desmoralizados e famintos durante vários dias, a maior parte dos homens preferiu desertar para o lado do povo a voltar para o Almirantado.

Houve um segundo fator a frustrar os planos de uma contrarrevolução no dia 1º de março. As tropas de Ivanov chegaram em Tsarskoie Seló para descobrir que o motim já havia se espalhado à Guarda Imperial, ali aquartelada. Alguns dos soldados de Ivanov já haviam começado a dar sinais de insatisfação, respondendo de “maneira rude” quando interpelados pela imperatriz durante uma revista. Enquanto isso, em Petrogrado, o Comitê Provisório resolvera que Nicolau teria que abdicar. No início da manhã de 2 de março, Guchkov e Shulgin partiram para

Pskov com instruções a fim de imporem a abdicação e garantirem a Lei de Sucessão, com Alexis como tsar e o grão-duque Mikhail como regente. Rodzianko, que ainda alimentava esperanças de persuadir Nicolau a fazer concessões, foi impedido de seguir viagem por conta de um bloqueio ferroviário determinado pelo Soviete.[46]

Mas o fator mais importante foi a determinação do comandante em chefe, general Alexeev, de promover uma pausa da expedição contrarrevolucionária. Uma das razões para essa decisão crucial foi a garantia recebida de Rodzianko, em 1º de março, segundo o qual os líderes da Duma, e não as lideranças do Soviete, formariam um novo governo em Petrogrado. Alexeev havia muito participava de conspirações para golpes palacianos do Bloco Progressista e, instintivamente, confiou no presidente da Duma e pareceu acreditar que os liberais ainda podiam estar preparados para negociar um acordo político que mantivesse a base monárquica da Rússia. Mas havia também um outro motivo para Alexeev ter impedido que as tropas avançassem rumo a Petrogrado: ele temia que, usado para atacar a capital revolucionária, o exército leal fosse engolfado num motim geral, levando à derrota do país na guerra. Em 1º de março já houvera motins em várias guarnições do norte e existia o perigo real de que logo pudessem espalhar-se às unidades do *front*. O general preferiu evitar o contato de seus soldados da frente de batalha com a Petrogrado Vermelha, em vez de mandá-los para a capital e correr o risco de vê-los cair sob a influência revolucionária. Em 1º de março, Alexeev determinou ao general Ivanov que detivesse a expedição contra a capital. E então mandou um telegrama ao tsar pedindo que deixasse a Duma formar um governo de restauração da ordem. "Uma revolução em toda a Rússia", ele advertiu profeticamente, "significaria um fim desastroso da guerra. Não se pode pedir ao exército que lute enquanto há uma revolução na retaguarda."[47]

As forças armadas sempre tinham ocupado um lugar especial no coração de Nicolau e agora o conselho de seus chefes militares o haviam convencido a abdicar. Se na manhã de 1º de março Alexeev tinha considerado a nomeação de um governo da Duma, providência suficiente para apaziguar a capital, 24 horas depois persuadira-se de que nada menos do que a abdicação do tsar seria necessária. Durante as primeiras horas da manhã, enquanto Nicolau revirava-se na cama, incapaz de dormir, em Pskov o general Ruszky conversava pelo teletipo com Rodzianko, que estava em Petrogrado. Este lhe informava que a capital estava num estado de caos tamanho que somente um ato de abdicação satisfaria as massas. Alexeev ficou perplexo pelo que leu nos transcritos da conversação entre os dois. Às 9 horas da manhã, ele telegrafou para Pskov dando ordens para que o tsar fosse acordado de imediato — "ignorando toda a etiqueta" — e informado do conteúdo das fitas do diálogo trocado entre Ruszky e Rodzianko. Agora parecia claro a ele e a outros generais do *Stavka* que Nicolau não tinha escolha a não ser aceitar o conselho de Rodzianko. Mas ele conhecia o tsar bem o bastante para saber que não concordaria em abdicar, a menos que premido a fazê-lo por seus principais generais. Mandando um telegrama aos comandantes do *front* com um resumo da situação, Alexeev pedia a todos que respondessem a Pskov com palavras de apoio à tese de que Nicolau deveria deixar o trono em favor de seu filho e assim salvar o exército, a campanha de guerra, a nação e a dinastia.[48]

Às 10 horas da manhã, Ruszky foi até o vagão do tsar e lhe entregou os transcritos da conversação que mantivera com Rodzianko. Nicolau leu, ficou de pé e olhou pela janela. Houve um silêncio sepulcral. Finalmente, voltou à escrivaninha e, com calma, discorreu sobre sua convicção de "ter nascido para o infortúnio". Na noite anterior, enquanto ainda estava na cama, ele percebera que era tarde demais para concessões. "Se é necessário que eu abdique para o bem da Rússia, então estou pronto a fazê-lo", ele disse. "Mas receio que o povo não compreenda isso." Uns poucos minutos depois, chegou o telegrama de Alexeev. Ruszky leu o texto em voz alta para o tsar e sugeriu o adiamento de qualquer decisão até que se soubesse o que os demais comandantes tinham a dizer. Nicolau decidiu ganhar tempo até o almoço. O que mais poderia fazer? Era um homem de hábitos.

Às 14h30, já haviam chegado os telegramas dos comandantes e Ruszky foi chamado de volta ao vagão do imperador. Nicolau fumava incessantemente enquanto lia os telegramas. Todos concordavam com Alexeev sobre a necessidade de abdicação. Brusilov, que havia muito se convencera do dano que o tsar causava ao exército, declarou francamente que esse agora era o único modo de restaurar a ordem na retaguarda e dar prosseguimento à guerra. O grão-duque Nikolai implorou ao sobrinho, "de joelhos", que desistisse da coroa. Quando terminou de ler os textos, o tsar pediu a opinião dos três generais que o acompanhavam no vagão imperial. A resposta foi a mesma. Houve um momento de silêncio antes de Nicolau falar. "Tomei minha decisão. Resolvi abdicar do trono em favor de meu filho Alexei." Benzeu-se, os generais também fizeram o sinal da cruz e, em seguida, ele retirou-se para sua cabina.[49]

Muitos daqueles que estavam com ele no vagão imperial ficaram pasmos com a estranha falta de emoção demonstrada pelo tsar durante esse episódio. Até o fim, ele manteve suas maneiras formais eduardianas e um impecável senso de decoro. Tendo tomado a decisão crucial de abdicar, ele saiu para sua caminhada vespertina e apareceu no vagão refeitório para o chá da tarde, como de praxe. Os cortesãos distraíram-se com o mesmo falatório sobre meteorologia, enquanto criados de libré circulavam em torno da mesa servindo chá como se nada tivesse acontecido. "O tsar sentou-se sereno e calmo", recordou um dos ajudantes de ordens. "Ele manteve a conversa e somente seus olhos, que estavam tristes, pensativos, fitos à distância e seus movimentos nervosos ao pegar um cigarro traíam sua inquietação interior."[50]

A verdade era que sua abdicação provavelmente lhe veio como um alívio. Naquela noite, Nicolau dormiria muito melhor do que conseguira havia tempos.

Quando moço, ele nunca quisera de fato ser tsar. A vida folgazã de um jovem oficial da guarda, seguida pelas pacíficas rotinas domésticas de um nobre fundiário eram muito mais afinadas com seu temperamento. Mas quando a desventura o colocara no trono, jurara manter e passar ao filho os poderes autocráticos herdados de seu querido e muito temido pai. Ele aderira ao juramento de coroação com uma tacanhice obstinada, como se estivesse aterrorizado com a hipótese de que Deus (ou sua esposa) o punisse caso falhasse em governar como Ivan, o Terrível. Enquanto permaneceu tsar, nada pôde desviá-lo de seu caminho. Durante 22 anos ele ignorou as lições da história, assim como as súplicas de incontáveis conselheiros, os quais sempre apontavam para o fato de que a única maneira de salvar o trono era conceder num governo que levasse o povo em consideração. O motivo alegado por Nicolau fora sempre o mesmo: sua "consciência" o proibia de fazê-lo. Mesmo em janeiro de 1917, quando o grão-duque Pavel, num último e desesperado empenho de evitar a catástrofe, urgiu para que formasse um ministério da Duma, Nicolau replicou: "Fiz um juramento pela Autocracia no dia de minha coroação e devo legar esse juramento a meu filho, na íntegra."[51] De certo modo, ele provavelmente considerou mais fácil abdicar do que transformar-se num rei constitucional. Essa foi a tragédia de Nicolau.

Ao longo de todo o imbróglio, a principal preocupação do tsar era reunir-se à família. Foi isso que levou a uma curiosa reviravolta na história de sua abdicação. Na noite de 2 de março, enquanto esperava que Guchkov e Shulgin chegassem da capital, Nicolau chamou o professor Fedorov, médico da corte, e perguntou-lhe sobre as perspectivas de recuperação da saúde de seu filho. O tsar lembrou ao médico a previsão feita por Rasputin de que Alexei seria curado aos 13 anos, idade que, por uma ironia do destino, deveria completar em 1917. Fedorov desfez tais esperanças: a medicina não dispunha de cura para a hemofilia e Alexei poderia não viver por muito mais tempo. Fedorov também expressou dúvidas quanto ao fato de o tsar, uma vez tendo renunciado ao trono, conseguir permissão para ficar ao lado do filho, pois seguramente esperava-se que seguisse para o exílio. Ao ouvir isso, Nicolau decidiu abdicar não só por si mesmo, mas também por seu filho, em favor de seu irmão mais novo, o grão-duque Mikhail. "Não posso ser separado dele", ele disse a Guchkov e Shulgin quando esses chegaram. "Espero que compreendam os sentimentos de um pai."[52]

Em termos legais, isso não tinha qualquer validade. A Lei de Sucessão deixava claro que o trono russo não era "propriedade privada do imperador nem seu patrimônio a ser disposto conforme sua vontade", e sim transferia-se automaticamente para seu filho mais velho. Para tornar os fatos ainda piores, Mikhail estava legalmente impedido de subir ao trono por ter-se casado com uma plebeia que já fora divorciada. Mas Guchkov e Shulgin estavam mais interessados na abdicação do tsar do que em legalidades estritas; e para alcançarem seu objetivo, estavam prontos a fazer essa concessão final à vontade patrimonial. O Manifesto de Abdicação, que Nicolau redigiu em seu vagão particular naquela noite, era tecnicamente ilegal. Mais tarde, alegou-se que poderia ter servido de pretexto para sua volta ao trono. Mas, à época, pareceu não mais do que uma condescendência menor a seus direitos paternos.[53]

As notícias da abdicação do tsar chegaram a Tsarskoie Seló no dia seguinte. Coube ao grão-duque Pavel informar à imperatriz, já que ninguém mais podia reunir coragem para tal. Ele a encontrou com os filhos, em uniforme de enfermeira. Quando lhe contou as novidades, "a imperatriz tremeu e baixou a cabeça, como se murmurando uma prece". Numa voz calma, Alexandra explicou a ele que seu marido evidentemente havia "preferido abdicar da coroa a ter que quebrar o juramento que fizera ao subir ao trono". Então, irrompeu em lágrimas.[54]

A multidão do lado de fora do Palácio Tauride recebeu o anúncio de que Nicolau abdicaria em favor do grão-duque Mikhail com um rompante de indignação furiosa. O Salão Catarina ecoou os gritos vindos da rua de "Vida Longa à República!" e "Abaixo a Dinastia!" Ao voltar de Pskov, Guchkov seguiu triunfante para um encontro de ferroviários, a fim de contar-lhes o que ocorrera. Terminando o discurso com o grito de convocação "Vida Longa ao Imperador Mikhail!", foi imediatamente preso e ameaçado de execução pelos trabalhadores. Em toda a capital, multidões atacaram partidários e símbolos da ordem tsarista. Uma imensa manifestação de soldados marchou para o Palácio Tauride exigindo a derrubada da dinastia. Do ponto de vista político, ao que parecia, a monarquia estava condenada. Mas, ainda assim, do lado de dentro do palácio, Miliukov continuava a defender sua existência em termos legais. Era essencial, argumentava o professor, preservar a monarquia como símbolo do Estado. Pois só ela podia dar legitimidade e continuidade histórica à transferência de poder. Tratava-se do triunfo da esperança sobre a realidade. O espírito das massas claramente tornava impossível a sobrevivência da monarquia. O povo não toleraria um novo tsar e, se um lhes fosse imposto, novos tumultos seguir-se-iam, talvez ainda mais tendentes a uma guerra civil. Os ministros republicanos, liderados por Kerenski e Nekrasov, finalmente conseguiram o que desejavam. O Governo Provisório decidiu persuadir o grão-duque a recusar a coroa, assim encerrando a dinastia.[55]

Não foi preciso muito. Mikhail era tímido e modesto, pouco interessado em política e ainda menos inteligente do que seu irmão mais velho. Em circunstâncias diferentes, ele poderia ser um bom monarca constitucional, ainda que obscuro, no estilo de seu primo inglês, Jorge V. Mas o levante na capital, que ele, pessoalmente, testemunhara, não lhe dera muito apetite pelo poder monárquico. Ele não demonstrava a menor vontade de colocar sua cabeça a prêmio — metafórica ou literalmente — e, compreensivelmente, estava surpreso e aborrecido com a decisão súbita e inesperada de Nicolau de sobrecarregá-lo com a coroa sem sequer lhe fazer uma consulta a respeito.

Em 3 de março, ele reuniu-se com os líderes do Governo Provisório na residência da princesa Putiatina, não muito longe do Palácio de Inverno, onde havia se refugiado da revolução. Lvov e Kerenski apresentaram a opinião majoritária no governo de que se Mikhail aceitasse o trono, haveria um levante violento, levando à guerra civil. Miliukov discordou, alegando que apenas a monarquia era reconhecida pelo povo como símbolo de autoridade e que agora era preciso que a Coroa salvasse o país do caos. "O Governo Provisório sozinho, sem a monarquia", ele argumentou, "é um barco inavegável fadado a naufragar no oceano da agitação popular." Tudo isso confundiu ainda mais o grão-duque. Ele pediu uma hora para conversar em particular com Rodzianko. Sua maior preocupação, segundo Rodzianko, era se a Duma podia garantir sua segurança pessoal caso se tornasse tsar. Quando Rodzianko disse que tal salvaguarda seria inviável, Mikhail, com lágrimas nos olhos, decidiu-se a declinar da coroa. Kerenski, cujas emoções não raro eram incontroláveis, correu até o grão-duque, apertou sua mão e o congratulou com as seguintes palavras de vanglória espantosa: "Vossa Alteza Imperial agistes de modo nobre e como um patriota. A partir de agora, assumirei a obrigação de fazer com que todos saibam disto e de vos defender."[56]

Dois juristas, Nabokov e Nolde, foram chamados mais tarde à residência de Putiatina para rascunhar o manifesto de abdicação do grão-duque. Este documento histórico, que deu fim a 300 anos de governo Romanov, foi escrito por eles numa carteira escolar na sala de estudos da filha de Putiatina e depois copiado em um dos cadernos da menina. Às 18 horas, o texto estava pronto. Mikhail assinou o manifesto na presença dos ministros e de Rodzianko. Depois, voltou-se para abraçar o príncipe Lvov e desejou-lhe boa sorte como primeiro-ministro da nova Rússia.[57]

O fim da monarquia foi marcado por cenas de júbilo em todo o império russo. Massas em êxtase reuniram-se nas ruas de Petrogrado e Moscou. Bandeiras vermelhas foram hasteadas nos telhados e penduradas nas janelas de quase todos os prédios. Em Helsingfors, Kiev, Tiflis e outras capitais não russas, onde a queda do tsar era associada à independência nacional, bandeiras locais enfileiravam-se ao lado de pedaços de pano carmim. Não houve cidade, por pequena que fosse, que se abstivesse de celebrar a revolução com procissões prazenteiras, discursos patrióticos e cantos da *Marseillaise*. Konstantin Paustovsky recorda a noite em que sua pequena comunidade letárgica, Yefremov, na província de Tula, ouviu falar da revolução:

> Era uma hora da madrugada, ocasião em que Yefremov geralmente estava dormindo. De repente, a essa hora incomum, soou um tilintar curto e profundo do sino da catedral. Depois um outro e um terceiro. O dobre tornou-se

mais feérico, o barulho espalhou-se pela cidade e logo os carrilhões de todas as igrejas da vizinhança começaram a tocar.

As luzes acenderam-se em todas as residências. As ruas encheram-se de gente. As portas de muitas casas foram abertas. Estranhos, chorando desbragadamente, abraçavam-se. O apito solene e exultante de locomotivas podia ser ouvido na direção da estação. Em algum lugar, na rua, surdamente, mas logo alto e bom som, ouviram-se os versos da *Marseillaise*:

Tremblez tyrans et vous perfides, opprobles de tous les partis,
*Tremblez, vos projets parricides, vont enfin recevoir leur pris.**

Os sons metálicos de uma banda juntaram-se às vozes humanas no coro.

Os soldados nas trincheiras estavam igualmente enlevados, a despeito da confusão inicial causada pelos esforços dos oficiais em evitar que as notícias chegassem da capital. Bandeiras vermelhas foram levantadas nas trincheiras, e fitas da mesma cor, amarradas aos caminhões militares, a peças de artilharia e nos cavalos. Houve desfiles a fim de comemorar a revolução, bandas tocaram o hino francês e muitos homens atiraram seus quepes para o ar, entusiasticamente. A bordo dos navios, ocorreram rompantes similares de emoção. Emblemática, a bandeira vermelha foi hasteada nos couraçados, segundo os marujos de Helsingfors, "simbolizando nossa liberdade e nossa unidade".[58]

No campo, as notícias da abdicação chegaram de modo mais lento. Algumas das aldeias mais remotas só souberam dos fatos ocorridos na capital no fim de março. Em determinados lugares, como nas províncias de Kazan e Mogilev, onde as forças tsaristas continuavam dominantes, as novidades só foram conhecidas em abril. Muitos dos camponeses de início pareceram perplexos com a queda do tsar. "A igreja estava cheia de camponeses chorosos", registrou uma testemunha. "O que será de nós?", repetiam sem parar. "Eles nos tiraram o tsar?" Parte dos camponeses mais velhos, que tinham veneração especial pelo tsar, considerando-o um deus na terra, entenderam a abdicação como um ataque contra a religião, fato explorado pela agitação contrarrevolucionária feita por muitos padres. Mesmo entre os operários que ainda mantinham vínculos fortes com o campo, a derrubada do tsar foi compreendida como um pecado. O americano Frank Golder anotou em seu diário, em 15 de março:

* Tremei, tiranos e pérfidos, vergonha de todos os partidos, Tremei, pois vossos projetos parricidas, afinal, vão receber sua paga.

> Conversei com um dos trabalhadores (um velho mujique) dos arquivos da Marinha. Ele disse que a derrubada do imperador era um pecado, já que Deus o havia posto no poder. Pode ser que o novo regime ajude o povo nessa terra, mas as pessoas seguramente pagarão por isso no próximo mundo.

Nos povoados, falava-se entre dentes sobre os "grandes fatos" acontecidos em Petrogrado. Até que os capitães da terra e a polícia houvessem perdido o poder, o que ocorreu gradualmente durante março e abril, os camponeses temiam ser presos por fazerem comentários a respeito do fim da monarquia. Mas com o passar das semanas, ganharam confiança e começaram a expressar oposição ao tsar. Um relatório da Duma baseado em informações de agentes de província recolhidas nos três primeiros meses de revolução resumia bem tal processo:

> o mito arraigado de que o camponês russo é devotado ao tsar e que "não pode viver" sem ele foi destruído pela alegria e pelo alívio universais dos lavradores ao descobrirem que, na realidade, podem viver sem o tsar, sem o qual — segundo lhes era dito — "não poderiam viver"... Agora os camponeses dizem: "O tsar se destruiu e nos trouxe a ruína."[59]

Uma vez extinto o temor inicial, os camponeses receberam a revolução de braços abertos. As notícias vindas da capital foram saudadas em assembleias imensas nos campos. "Nossa vila", recorda um lavrador, "fervilhou de celebrações. Todos sentiram alívio enorme, como se uma pedra gigantesca de repente fosse retirada de nossos ombros." Um outro relembrou o regozijo em sua aldeia quando a população soube da abdicação de Nicolau: "As pessoas beijavam-se e diziam que a vida, a partir de então, seria boa. Todos vestiram suas melhores roupas, como fazem em feriados importantes. As festividades duraram três dias." Muitos povoados realizaram procissões religiosas para agradecer a Deus a liberdade recém-conquistada e fizeram orações em favor do novo governo. Para muitos aldeões, a revolução parecia algo sagrado, enquanto aqueles que haviam dado a vida pela causa do povo eram vistos no campo como santos contemporâneos. Assim, a gente do *volost* de Bol'she-Dvorskaya, no distrito de Tikhvinsk, província de Petrogrado, organizou um "serviço de ação de graças pela bênção divina da vitória do povo e em memória eterna daqueles homens veneráveis que tombaram na luta por liberdade". Os paroquianos da aldeia de Osvyshi, província de Tver, fizeram o mesmo. Segundo os que participaram das celebrações, houve "preces fervorosas para agradecer ao Senhor a mercê divina da vitória do povo... e como essa grande vitória foi alcançada pelo sacrifício, fizemos um réquiem para todos os nossos irmãos imolados". O propósito expresso de louvar tal sacrifício levou diversas aldeias a mandar às autoridades de

Petrogrado donativos — muitos de várias centenas de rublos — destinados aos que haviam sofrido com os Dias de Fevereiro.[60]

A Revolução de Fevereiro foi, na essência, uma revolução contra a monarquia. A nova democracia definia-se pela negação de tudo o que fosse tsarista. Na retórica das lideranças, o tsar representava a sombria opressão da velha Rússia, ao passo que sua queda associava-se ao esclarecimento e ao progresso. Os símbolos e emblemas da revolução — alardeados na imprensa e nos panfletos — eram as imagens de um grilhão rompido, de um sol radiante aparecendo por trás das nuvens e de um trono e uma coroa derrubados.[61]

A revolução foi acompanhada pela destruição absoluta de todos os indícios e insígnias do poder imperial. Durante os Dias de Fevereiro, as massas de Petrogrado destruíram as águias de duas cabeças que adornavam inúmeras construções (às vezes fazendo uso de explosivos);* retiraram símbolos do império de fachadas das lojas e das ruas; aniquilaram estátuas tsaristas; removeram retratos dos tsares instalados em prédios governamentais (o famoso retrato de Nicolau II feito por Repin foi retirado da tribuna do Palácio Tauride) e queimaram o que podiam em fogueiras. O brasão imperial da grade de ferro que cercava o Palácio de Inverno foi coberto de vermelho, assim como todas as estátuas grandes demais para serem destruídas. Durante os meses de março e abril, muitas cidades realizaram encenações simbólicas dos fatos acontecidos em fevereiro, geralmente conhecidas como "Festivais da Liberdade", nas quais emblemas e signos tsaristas, alguns especialmente montados para a ocasião, eram mais uma vez destroçados. Em Moscou, a estátua elefantina de Alexandre III foi desmantelada por um grupo de operários, que fez uso de cordas e dinamite. Nas cidades de província, monumentos de homenagem aos tsares também foram assolados, embora algumas vezes tenham havido conflitos, visto que algumas das construções haviam sido pagas com recursos da população local e, portanto, eram alvo de um certo orgulho cívico de parte dos habitantes. Em Vladimir, por exemplo, houve briga entre socialistas e comerciantes por conta da estátua de Alexandre II erguida na cidade. "Após uma série de extensos debates públicos", recordou um residente da comunidade, "foi firmado um acordo: a obra não seria destruída mas, para não ofender a moral revolucionária do povo, a figura do tsar seria coberta por um grande saco marrom." Muito dessa iconoclastia era carnavalesca. Assim, nos Dias de Fevereiro, uma multidão desfilou pelas ruas de Petrogrado com uma efígie de palha representando Nicolau II em uniforme de polícia, a qual foi queimada numa cerimônia cômica. Mas tal destruição podia facilmente transformar-se em violência. Um eunuco viu-se linchado pela mesma massa devido ao simples fato de que tipos afeminados eram tidos como lacaios da corte.[62]

---

* Algumas águias norte-americanas também acabaram sendo destruídas por engano.

A revolução simbólica também aconteceu no âmago de cada pessoa envolvida naqueles acontecimentos, que fizeram um esforço enorme para se distanciarem do velho regime e para se identificarem com a nova democracia. Os soldados renunciaram a medalhas tsaristas duramente conquistadas e, não raro, mandaram-nas ao Soviete de Petrogrado para que fossem derretidas, e a prata, destinada à causa do povo. Centenas de russos com sobrenomes como Romanov, Nemets (alemão) ou Rasputin solicitaram à chancelaria o direito de trocar de patronímico. Fedor Andreevich Romanov, camponês da aldeia de Koltovskii, na província de Penza, alegou que seu sobrenome tornara-se "motivo de vergonha" e queria passar a chamar-se Lvov — sobrenome do primeiro-ministro.[63]

Tudo isso foi acompanhado por um crescimento enorme na quantidade de panfletos, cartões, peças e filmes antitsaristas, já que as velhas leis da censura haviam ruído. Os panfletos, em especial, eram imensamente populares, alguns deles vendidos aos milhões. Todos ecoavam os rumores dos anos de guerra: a imperatriz trabalhara para os alemães; Alexandra fora amante de Rasputin; o tsar havia entregado o trono a este "demônio santo" e assim por diante. A maior parte dos títulos continha alusões sexuais — *Os segredos dos Romanov*, *Os dias alegres de Rasputin*, *Orgias noturnas de Rasputin* — assim como grande quantidade dos diálogos neles contidos. Em *Orgias noturnas*, Protopopov pergunta a madame Vyrubova se Rasputin tem um "talento enorme". "Oh, sim", ela responde, "um enorme talento, enorme."[64] Muitos dos panfletos eram semipornográficos, ilustrados com desenhos da corte imperial espojando-se na cama com o conselheiro da imperatriz. Ao fazer o elo entre a depravação sexual dos frequentadores do palácio e a condição alquebrada da Rússia, essa propaganda desempenhou um papel vital (a ser investigado por historiadores) na derrocada do mito e da mística do tsar como um monarca divino. Ao longo de 1917, tais publicações forjaram a imagem popular da monarquia como uma força estrangeira de trevas e corrupção, uma imagem que impossibilitava a possibilidade de restauração e, portanto, minou a hipótese de contrarrevolução nos anos por vir.

Dessa forma, politicamente, a monarquia estava morta. Todas as suas instituições mais importantes — a burocracia, a polícia, o Exército e a Igreja — desmoronaram praticamente da noite para o dia. Era a prova do quanto haviam se enfraquecido e do quanto haviam se afastado do tsar no período anterior a 1917. O tsar era o eixo da monarquia — era, ao mesmo tempo, oficial, padre, governador de província e miliciano — e, uma vez derrubado Nicolau, todo o sistema ruiu. Os comandantes do exército logo declararam obediência ao Governo Provisório. Muitos deles haviam se ligado aos novos líderes por meio do movimento de oposição à guerra; aqueles que eram contrários à revolução sabiam que as tropas esmoreceriam se usadas para combatê-la. A Igreja estava debilitada por uma revolução própria, interna. No campo, havia um forte movimento anticlerical: comunidades aldeãs tomavam as terras da Igreja, removiam sacerdotes das paróquias e recusavam-se a pagar por serviços religiosos. Grande parcela dos párocos locais conseguiu evitar tais problemas colocando-se ao lado da revolução e o restante da hierarquia eclesiástica ficou na defensiva. O Santo Sínodo, purgado de suas "rasputinices", apelou aos clérigos que apoiassem o novo governo. Liberdades religiosas foram introduzidas. Escolas de paróquia foram transferidas ao controle do Estado e preparativos para separar a Igreja deste tiveram início. Na maioria dos lugares, o aparato da província desabou como um castelo de cartas, e só muito ocasionalmente foi necessária a força das armas para desmontá-lo. O povo tomava as ruas; os governadores, sem recursos militares para combater a desordem, viam-se forçados a abandonar os cargos; e comitês especiais declaravam-se no poder. Em Moscou, o regime caiu em decorrência de não mais do que dois dias de manifestações públicas. "Não houve tiros nas ruas nem barricadas", relembrou um jubilante empresário. "O velho regime caiu por si só e ninguém o defendeu ou sequer tentou fazê-lo." O estado policial também veio abaixo e, em questão de horas, a polícia foi substituída por milícias de cidadãos. Até mesmo a Okhrana foi dissolvida, embora mais tarde circulassem boatos dando conta de que muitos de seus agentes conseguiram emprego no novo governo.[65]

Não houve quem procurasse reviver a monarquia. É revelador que nenhum dos líderes Brancos da guerra civil abraçasse o monarquismo como causa, a despeito dos esforços de muitos dos partidários de tal ideia presentes nas fileiras do exército da reação. Todas as lideranças Brancas perceberam que isso significaria o suicídio político. Como Trótski observou com sua usual rudeza, "o país tinha vomitado a monarquia de modo tão radical que esta jamais poderia voltar a ser deglutida pela garganta do povo".[66] Tal prognóstico provavelmente ainda é válido, apesar do romance pós-soviético com o passado tsarista.*

Mas se a monarquia estava politicamente morta, ainda sobrevivia em um sentido mais amplo. A massa camponesa pensava a política em termos imperiais, concebia o Estado como personificado pelo soberano e projetava seus ideais de revolução em um "rei camponês" ou alguma outra autoridade emancipadora encarregada de distribuir a terra e a liberdade que lhes eram tão caras. Eis as raízes dos cultos a Kerenski, a Kornilov e a Lênin, todos tentativas de preencher o espaço vazio deixado pelo tsar deposto ou talvez o vácuo que restou após a derrocada do mito do Tsar Salvador. George Buchanan, embaixador britânico, notou essa mentalidade monárquica durante os primeiros dias da revolução, quando um soldado lhe disse: "Sim, precisamos de uma república, mas à sua testa deve existir um bom tsar." Da mesma forma, em 7 de março, Frank Golder apontou em seu diário a constatação de tais mal-entendidos: "Comenta-se sobre soldados que

* Segundo uma pesquisa de opinião realizada em 1995, apenas 7% do povo russo eram favoráveis à volta da monarquia.

dizem desejar uma república como a Inglaterra, ou uma república com um tsar. Um soldado afirmou querer eleger um presidente e, quando perguntado, 'Quem tu elegerias?', ele respondeu, 'O Tsar.'." As cartas dos praças deixavam óbvia a confusão. "Queremos uma república democrática, durante três anos, chefiada por um Paizinho Tsar." "Seria bom se tivéssemos uma república e um tsar sensível." Parece que os camponeses mal distinguiam entre a pessoa do monarca (*gosudar*) e as instituições abstratas do Estado (*gosudarstvo*). O conceito que tinham de ordem democrática era similarmente embasado em personalismos. Em março, um deputado menchevique do soviete de Moscou foi fazer agitação num encontro de regimentos perto de Vladimir. Ele falou da necessidade de paz, da necessidade de toda a terra ser entregue aos camponeses e das vantagens de uma república sobre a monarquia. Os soldados receberam o discurso com saudações calorosas e um deles bradou "Queremos te eleger como tsar", ao que os demais aplaudiram. "Recusei a coroa Romanov", afirmou o menchevique, "e fui embora com a sensação pesada de como seria fácil a qualquer aventureiro ou demagogo tornar-se o mestre dessa gente simples e crédula."[67]

"Um milagre aconteceu", Blok escreveu à mãe em 23 de março, "e podemos esperar mais prodígios." O povo partilhou de grande entusiasmo e euforia durante os primeiros tempos da revolução, em parte devido à sensação de liberdade — "o sentimento extraordinário", descrito por Blok na carta, "de que nada é proibido", de que "quase tudo pode acontecer". Mas havia também o fato de que tudo acontecera às carreiras: uma dinastia poderosa, de três séculos, havia ruído em poucos dias. "O mais espantoso", registrou o poeta em seu diário, em 25 de maio, "era o absoluto imprevisto daquilo, como se fora uma colisão ferroviária no meio da noite, uma ponte desmoronando sob os pés, um cavalo caindo." Havia uma estranha impressão de irrealidade. As pessoas comparavam a experiência a "um sonho ou a um conto de fadas". Tudo ocorrera rápido demais, impedindo que se interrompesse a vida cotidiana e turvando a assimilação das novidades. "Foi realmente estranho", escreveu o artista Yulia Obolenskaya a um amigo, "comprar um pacote de frutas secas e café no primeiro dia da revolução, enquanto do lado de fora, na rua, havia uma alegria feroz e transitavam carruagens com armas e bandeiras vermelhas... Existia um furacão... Então, de repente — um anel e um embrulho contendo groselhas negras."[68]

Era a "lua de mel" da revolução. As pessoas apaixonavam-se por "fevereiro". Quase instantaneamente, a história revolucionária foi reinventada para se adequar aos ideais democráticos e às expectativas míticas. Dizia-se que a "Gloriosa Revolução de Fevereiro", como tornou-se conhecida, fora um episódio sem sangue. "Imagine", escreveu à época um contemporâneo, "que houve uma grande revolução na Rússia e nem uma só gota de sangue foi derramada." Dizia-se também ter sido um ato de amplitude nacional contra o qual não se levantou qualquer oposição. "Nossa revolução", um agitador da Duma informou aos marujos de Helsingfors, "é a única da história do mundo a expressar o espírito de todo o povo." A revolução era retratada como uma renovação espiritual, uma ressurreição moral do povo. Merezhkovsky considerou-a "talvez o ato mais cristão da história mundial". A revolução fora transformada numa espécie de culto. Massas gigantescas reuniam-se nas ruas para erguer preces e realizar cerimônias em nome do Glorioso Fevereiro. O enterro dos mártires do segundo domingo da nova ordem (12 de março) teve aspecto, ainda que não os rituais, de uma missa. Muita gente comparou a revolução a um feriado de Páscoa. As pessoas nas ruas se cumprimentariam pela revolução com a bênção pascal: "Cristo ressuscitou!" (Às vezes tal frase era adaptada para "A Rússia ressuscitou!") O tsarismo era atribuído ao mal e ao pecado (um padre classificou-o de "instituição do diabo"); os Romanov haviam dividido a população em ricos e pobres mas, com sua queda, a sociedade reorganizar-se-ia com base em posições mais cristãs. Alguns idealistas chegaram a pensar que mentir e roubar, jogar a dinheiro e blasfemar seriam atitudes extintas a partir de então. "Na Rússia, sob o velho regime, o alcoolismo era causa de vergonha nacional", declarou um congresso camponês na província de Tomsk. "Mas agora, na Rússia Livre e Democrática, não pode haver lugar para a bebedeira. E, portanto, o congresso considera a produção de qualquer bebida alcoólica traição à revolução e traição à república democrática russa." Uma mulher escreveu ao Soviete afirmando que a "missão cristã" da Revolução Russa devia ser acabar com todas as prisões do país, já que não havia criminoso incapaz de se recuperar. Muitos intelectuais passaram a defender que o povo aprenderia a viver num novo *sobornost'* — uma comunidade espiritual universal —, ignorando diferenças de classe ou partidárias. Nas palavras de Tatyana Gippius: "A atmosfera foi purificada... Graças a Deus o *sobornost'* triunfa sobre o *partiinost*."[69]

Foi nos moldes dessa mesma crença cristã populista que a revolução também viu-se retratada como um processo de despertar nacional e patriótico. As pessoas endossavam a opinião de Herzen, segundo o qual o tsarismo era "alheio" ao povo simples, pois tratava-se da "dinastia Gottorp-Holstein". Os alemães haviam dominado a corte. A imperatriz ("a alemã") havia traído a Rússia. Mas o povo tinha se levantado e dessa revolução verdadeiramente nacional a Rússia recebera um governo genuinamente nacional, atrás do qual todo o país poderia se reunir para derrotar o inimigo externo. Aquela seria uma "revolução patriótica". Ou, como alguém observou: "Agora que vencemos o inimigo em casa, os destroçaremos no campo de batalha."[70]

Muitos desses ideais foram explicitados pelo príncipe Lvov em sua primeira entrevista concedida à imprensa livre. "Creio", ele disse, "na vitalidade e na sabedoria de nosso grande povo, conforme expresso no esforço universal para estabelecer a liberdade e defendê-la contra inimigos internos e externos. Creio no enorme coração do povo russo, cheio como este é de amor pelo próximo, e estou convencido de que esse é o fundamento de nossa liberdade, nossa justiça e nossa verdade."[71] Esperanças tão sublimes logo se esvaneceriam.

IX.

O país mais livre do mundo

1. Um Estado liberal distante

Lvov jamais tivera experiência semelhante às tarefas que o aguardavam como primeiro-ministro do Governo Provisório. Não que fosse desacostumado a longas horas de trabalho que cargo tão alto exigia. Durante a guerra, suas funções na União dos *Zemstvos* tinham-no provido para o esforço árduo e agora, apesar de permanentemente cansado, conseguia lidar com o azáfama extra. Do início da manhã até, pelo menos, meia-noite, Lvov poderia ser encontrado no Palácio Marinsky, recebendo delegações de toda a Rússia, conversando com diplomatas estrangeiros, presidindo reuniões do gabinete, passando ordens a servidores públicos e dando entrevistas à imprensa. Nabokov esteve com ele nos primeiros dias de março e ficou "surpreso com sua aparência taciturna, desanimada e com a expressão fatigada de seus olhos".[1]

Não se poderia dizer que o príncipe era inapto para o fardo novo e pesado da administração russa. Fora precisamente seu talento gestor, ao longo da guerra, que lhe havia garantido respeito geral de toda a oposição e que o tinha colocado no alto de virtualmente todas as listas de possíveis lideranças do país. Seu bom senso nas questões práticas e suas maneiras afáveis faziam-no apropriado ao trabalho em equipe. O príncipe Sergei Urusov, ex-governador da Bessarábia que conhecemos no Capítulo 2 e que, como titular do Ministério do Interior, se tornara o braço direito de Lvov, considerava-o um administrador público inspirado, encorajando o povo a tomar iniciativas e habilidosamente arbitrando divergências. Embora os historiadores tenham se apressado em menosprezar Lvov como estadista (em 1930,

Samuel Hoare o descreveu como "um homem mais qualificado para ser presidente do Conselho do Condado de Londres do que chefe de um governo instável em meio a uma grande revolução"), ele era, na época, amplamente estimado como um dos líderes mais capazes da Rússia. Tsereteli o tinha na conta de "organizador talentoso com muito mais experiência nos assuntos de Estado do que qualquer socialista". Gorki o via como um dos "três políticos verdadeiramente engenhosos no governo", ao lado de Kerenski e Nekrasov.[2]

Ainda assim, o príncipe estava deslocado naquele mundo novo de partidos políticos. Todo o trabalho que efetuara até então havia sido de ordem prática, como no *zemstvo*, onde todos agiam em conjunto, sem levar em conta interesses de classe ou de agremiação, visando ao "bem da nação". De início, esperava-se que o Governo Provisório fosse guiado por esse mesmo espírito. Seria um governo de confiança e salvação do país atuando em tempos de guerra, não um governo de um partido ou de uma determinada classe social e, por esse motivo, Lvov, tido como uma figura genuinamente nacional, fora escolhido para primeiro-ministro. No entanto, a revolução abrira espaço para a política partidária, para a esquerda, em especial, e era quase inevitável que tal circunstância permeasse o funcionamento do governo. Era exatamente para isso que Lvov estava despreparado. Seu conhecimento sobre a atuação dos partidos era quase nenhum. Mesmo depois de vários meses no cargo, o príncipe era incapaz de distinguir a diferença entre SRs e bolcheviques. Além do mais, a afabilidade geral de seu caráter fazia-o praticamente incapaz de lidar com o jogo de esgrima travado pelas agremiações partidárias. Saído do velho mundo da atividade cavalheiresca do *zemstvo*, tendia sempre a querer acordos, desfecho difícil levando-se em conta a disposição dos líderes de partido da capital e os conflitos irreconciliáveis do país. Quando seus ministros entravam em atrito por questões políticas (o que acontecia com frequência), a reação instintiva de Lvov era buscar meios de harmonizá-los através da implementação de saídas "práticas e construtivas". Isso lhe garantiu uma imagem de homem indeciso e é verdade que se inclinava a ser influenciado por outros políticos de maior determinação. Nabokov, secretário do governo, recordou as "sessões angustiantes" e intermináveis do Conselho de Ministros, nas quais a "dissensão e a dissimulação, ou a hostilidade aberta de uns em relação a outros" impediam quaisquer avanços na discussão. "Não me lembro de uma só ocasião em que o primeiro-ministro tenha imposto sua autoridade ou pronunciado uma frase sequer num tom firme e definitivo... Ele era a mais perfeita personificação da passividade." Bublikov, deputado da Duma, ridicularizava Lvov, com seu "permanente olhar de aflição" e seus "esforços constantes para ser agradável com todos", como "um símbolo ambulante da inoperância do Governo Provisório".[3]

Durante seu mandato de quatro meses, o otimismo inabalável de Lvov foi o único fator que o manteve de pé diante de todos esses problemas políticos. (Poderia alguém descrente de milagres ter tentado governar a Rússia em 1917?) O primeiro-

-ministro estava convencido, e fazia questão de dizê-lo, que tudo acabaria bem. Tamanha confiança baseava-se na crença eslavófila e populista na "sabedoria e bondade do povo russo". "A alma do povo russo", ele declarou num discurso proferido em março, "mostrou ser, por natureza, uma alma democrática universal. E está preparada não apenas para fundir-se à democracia, mas para colocar-se à frente de todos os regimes existentes do mundo, liderando-os através do progresso humano, segundo os princípios da liberdade, igualdade e fraternidade." A partir de seu breve contato com a gente das aldeias, sobretudo com seus vizinhos camponeses em Popovka, ele, ingenuamente, concluíra que toda a população rural era formada por pessoas tão boas quanto as que ele tivera oportunidade de conhecer. Uma vez libertado da opressão, o povo aprenderia a se governar no espírito democrático liberal do Ocidente, explicou Lvov certa vez a seu secretário. Pelo menos naquelas primeiras semanas cheias de esperança, não lhe ocorreu que o ódio do povo à elite proprietária e a ânsia pela revolução social poderiam mergulhar o país em sangue.[4]

Kerenski recordou uma das primeiras reuniões do Conselho de Ministros. O príncipe Lvov chegou tarde, com um maço de telegramas recebidos das províncias. Todos diziam mais ou menos o mesmo: que a administração local havia entrado em colapso e que o poder agora pertencia a vários comitês públicos *ad hoc*. Os ministros mantiveram-se sentados por um longo tempo, pensando no que fazer. "Ali estávamos em meio a uma guerra, e grandes áreas do país haviam passado às mãos de pessoas inteiramente desconhecidas!" Falando "com segurança extraordinária", Lvov então resumiu a discussão:

> Devemos esquecer tudo sobre a velha administração — qualquer retorno é psicologicamente impossível. Mas a Rússia não sucumbirá. A administração não mais existe, mas o povo permanece. Cavalheiros, devemos ser pacientes. Devemos ter fé no bom senso, no estadismo e na lealdade da gente da Rússia.

"E de fato", recordou Kerenski, "nada tínhamos exceto essa fé no povo."[5]

A crença de Lvov no "povo" era uma postura típica da *intelligentsia* e caracterizou a filosofia política do primeiro Governo Provisório (2 de março a 5 de maio). Mas nem todos os ministros alimentavam esperanças tão sublimes. Desde o início, Miliukov e Guchkov defenderam um Estado forte capaz de conter os instintos anárquicos da malta e salvar o país do caos. Mas o racionalismo frio de ambos sempre foi ofuscado pelos sentimentos mais calorosos de Kerenski, Nekrasov e Lvov. A perspectiva dominante do governo foi desenhada pelos valores liberais da *intelligentsia*, que, por sua vez, haviam surgido da luta popular por liberdade, contra a autocracia. Duas certezas principais estavam no cerne dessa cultura política democrática: desconfiança instintiva quanto ao Estado como poder coercitivo e fé no autogoverno local. Considerados esses dois aspectos, decorria que um Estado liberal distante era tudo de que se precisava para conduzir a Rússia para o mundo civilizado das nações livres. Os líderes liberais da Rússia falavam de governar "com" e não em governar o povo. Eles não se viam como representantes de uma classe — queriam governar no interesse de "todo o povo" — e com base nessa premissa universal esperavam construir um senso de legitimidade. Apresentavam-se como guardiões temporários de um "Estado neutro", acima de interesses de partidos ou de classes, até que houvesse a eleição de um novo poder soberano, a Assembleia Constituinte, a única capaz de garantir sanção legal às reformas sociais e políticas. Isso, na verdade, equivalia a confiar na paciência dos russos que esperariam pela solução legal de seus problemas; significava colocar a "defesa do Estado" acima dos interesses de classe e partido postos em efervescência pela revolução. No entanto, quando o Estado esteve ameaçado pelos distúrbios, como aconteceu em abril, julho e outubro, eles titubearam em usar a força para defendê-lo. O fato de alimentarem claras intenções liberais e ojeriza profunda ao uso da força coercitiva do Estado não permitiu que tomassem as medidas necessárias para defenderem suas prezadas liberdades constitucionais contra a ameaça do extremismo. Eles estavam determinados a desmantelar o regime policial, os tribunais e o sistema penal que caracterizavam o passado. E isto somente servia para atar suas mãos na luta contra a onda crescente de crime e violência. Mesmo quando tal violência tinha origens bolcheviques, eles foram relutantes em reprimi-la. Os Homens de Fevereiro — que pensavam ter chegado ao poder por meio de uma "revolução sem sangue" — não queriam se macular com o sangue do "povo". Tal fraqueza os derrotaria.

Os líderes do Governo Provisório supunham estar reencenando a Revolução Francesa em solo russo. Eles se comparavam aos heróis de 1789. Kerenski gostava de se imaginar como Mirabeau (e mais tarde como Napoleão). A linha de frente da "Grande Revolução Russa" recorria à história revolucionária francesa em busca de precedentes para sua política e à cata de modelos para suas instituições. A população chamava os bolcheviques de jacobinos (e era assim que eles se viam). Os bolcheviques, por sua vez, chamavam os liberais de girondinos. E todos os democratas alertavam para os perigos da "contrarrevolução" e do "bonapartismo".* Os comissariados de província, os comitês de soldados e os comissariados do exército, os comitês provincianos de segurança pública e a própria Assembleia Constituinte — todos inspiravam-se em seus equivalentes franceses. Os antigos termos de tratamento deferente foram substituídos por *grazhdanin* e *grazhdanka* ("cidadão" e "cidadã"). A Marselhesa tornou-se o hino nacional da revolução, embora, erroneamente, os russos pronunciassem Marsiliuza e a ela acrescentassem modificações. (Havia a Marselhesa dos Trabalhadores, a Marselhesa dos Soldados

* Para os social-democratas, impregnados dos escritos de Marx de 1848-52, o bonapartismo significava Napoleão III e não Napoleão I.

e a Marselhesa dos Camponeses.) A canção era tocada em todas as assembleias públicas, manifestações de rua, concertos e peças.

Renunciamos ao velho mundo,
Sacudimos o pó de nossos pés.
Não precisamos de um Ídolo de Ouro,
E desprezamos o Demônio Tsarista.

As livrarias vendiam aos montes histórias populares da Revolução Francesa. Havia um surto de francofilia. Afinal, a França era o aliado ocidental mais próximo da Rússia contra a Alemanha — o último bastião da autocracia — e membro fundador do clube europeu de nações democráticas no qual a Rússia estava entrando. O cartão de visitas de Lvov, impresso em francês — *Prince Georges Lwoff, Ministre-Président du Governement Provisoire* — simbolizava o acesso ao mundo ocidental civilizado.[6]

Mas a Rússia não podia ser uma réplica da França. A fase constitucional da Revolução Russa — segundo a tradição clássica europeia de 1789 e 1848 — já se esgotara durante o período 1905-14. A reforma política não tinha mais nada a oferecer. Apenas uma profunda revoluçao social — de um tipo sem precedentes na história da Europa — seria capaz de resolver as questões levantadas pela queda do velho regime. Este foi o erro básico dos Homens de Fevereiro: apaixonados pela autoimagem que alimentavam de herdeiros de 1789, foram levados a crer que podiam resolver os problemas de 1917 recorrendo à importação de práticas e políticas constitucionais ocidentais para as quais não havia, na Rússia, nem precedentes nem a base cultural necessária.

Como se para provar que era o sucessor de Lafayette, durante as primeiras semanas do Governo Provisório o príncipe Lvov manteve-se à frente da aprovação de uma série espantosa de reformas políticas. Da noite para o dia, a Rússia foi efetivamente transformada no "país mais livre do mundo". Foram asseguradas liberdades de reunião, de imprensa e de expressão. Aboliram-se restrições legais baseadas em religião, classe e raça. Houve anistia geral. Passou a vigorar o sufrágio universal. A polícia foi subordinada ao governo local. Os tribunais e o sistema penal viram-se reformados. A pena de morte deixou de viger. Criaram-se organismos democráticos de autogoverno local. Realizaram-se preparativos para a eleição de uma Assembleia Constituinte. As leis sucediam-se em ritmo tão frenético que era difícil de serem acompanhadas pelos novos cidadãos russos. Certo dia da segunda quinzena de março, uma delegação de mulheres foi ao gabinete de Lvov reivindicar direito de voto em eleições para o governo local. Obviamente, elas esperavam que a batalha fosse penosa. Algumas haviam se munido de discursos longos e passionais, pois parecia-lhes que o destino de metade da Rússia dependia do sucesso daquela missão. Mas tão logo entraram na sala, souberam que não haveria obstáculos. "Por que as mulheres não votariam?", perguntou Lvov, com cândida surpresa. "Não vejo qual seja o problema. Seguramente, com o sufrágio universal não pode haver razão para excluir o sexo feminino."[7]

As reformas ajudaram a criar uma nova cultura democrática. Tornou-se politicamente correto autodenominar-se "democrata" — às vezes, literalmente: um camponês chamado Durakov ("Idiota") mudou o sobrenome para Demokratov. A palavra "democracia", em russo, deixou de ser um simples rótulo político, tornando-se um rótulo social. A esquerda, em particular, costumava falar em "gente do povo" para contrapor o conceito à "burguesia". Uma vez tendo tomado conta da Rússia de 1917, as expressões inerentes a 1789 logo se viram traduzidas para a linguagem de classe. E não se tratava de uma pura questão semântica, pois servia para mostrar à ampla massa da população que os ideais da "democracia" eram expressos pela nomenclatura de uma revolução social e não pelos termos referentes à reforma política. Os camponeses e os trabalhadores estavam habituados a ver o poder baseado na dominação social e na coerção, e não no exercício da lei. Sobretudo, eles não consideravam a revolução a oportunidade de reconstruir um sistema de poder agora ancorado em princípios legais universais. Para eles, a revolução significava conquistar autonomia e mudar as regras de um jogo no qual, até então, quem mandava eram os patrões. Retribuição no lugar de Constituição: esta era a primeira prioridade do povo.

A revolução de 1917 deve ser concebida como uma crise geral de autoridade. Havia uma rejeição ao Estado e a todas as figuras de autoridade: juízes, policiais, servidores públicos, oficiais do exército e da marinha, padres, professores, patrões, capatazes, donos de terra, sábios de aldeia, patriarcas e maridos. Na época, era frequente dizer-se — e os historiadores têm enfatizado este aspecto — que somente o Soviete tinha algum prestígio. Guchkov escreveu a Alexeev em 9 de março:

> O Governo Provisório não exerce nenhuma autoridade e suas ordens são cumpridas apenas à medida que tenham o aval do Soviete dos Delegados dos Trabalhadores e Soldados. Este último controla os níveis mais essenciais de poder, visto que as tropas, as ferrovias e os serviços postais e telegráficos estão em suas mãos. Pode-se afirmar cegamente que o Governo Provisório só existe porque tem permissão do Soviete para tal.[8]

Certamente, o Soviete tinha muito mais poder do que qualquer outro órgão, pois detinha o monopólio virtual dos meios capazes de promover a violência organizada, visto que a massa de trabalhadores e soldados o tinha na conta de única autoridade legítima em todo o país. Não foram poucos os momentos, entre fevereiro e outubro, nos quais as rédeas do poder poderiam ter mudado de mãos, e embora isso sinalizasse a guerra civil, o apoio de que dispunham as organizações operárias teria sido suficiente para lhes garantir a vitória. E apesar desta circunstância, o Soviete de Petrogrado tinha um controle muito limitado sobre a revolução nas províncias. Houve um colapso de todo o poder central: cidades e regiões declaravam a própria "independência", libertando-se da capital; aldeias afirmavam-se "repúblicas autônomas"; nacionalidades e grupos étnicos assumiam o controle de territórios e se diziam "Estados independentes". Era preciso identificar a revolução social entranhada nessa descentralização do poder: comunidades locais defendiam seus interesses e afirmavam sua autonomia através da eleição de comitês específicos (comitês executivos, comitês revolucionários, comitês de entidades civis, comitês municipais, comitês de aldeias e sovietes), os quais nutriam desdém quase total pelas ordens de Petrogrado e aprovavam suas próprias "leis" para legitimar a reconstrução local das relações sociais.

A política de 1917, portanto, não deve ser entendida como um conflito de "poder dual" (*dvoevlastie*) — a divisão de todo o controle entre o governo e o Soviete, que tanto preocupou historiadores. É necessário enxergar tal política como um problema mais profundo, constituído pela proliferação de uma "pletora de poderes locais" (*mnogovlastie*). Nas cidades de província não existia nenhum "poder dual". A *intelligentsia* liberal e a *intelligentsia* socialista, que na capital ter-se-iam dividido entre o governo e o Soviete, trabalharam lado a lado, nos comitês cívicos e democráticos, durante o período de fevereiro a outubro (e em muitos lugares mesmo depois disto). Em suma, a Rússia estava sendo balcanizada. Sempre que o poder do Estado se desvanecia, o país mergulhava na anarquia e no caos. Tal padrão é recorrente, registrado tanto após a queda do regime tsarista quanto depois da derrocada do comunismo. Se 1917 provou algo, foi que a sociedade russa não era nem forte nem coesa o bastante para sustentar uma revolução democrática. A não ser pelo Estado propriamente dito, nada havia a unir o país.

"Quem elegeu vocês?", foi a pergunta atravessada gritada por alguém da massa quando Miliukov anunciou a criação do Governo Provisório. A resposta, óbvia, foi de que ninguém os havia elegido. O Governo Provisório não era um governo democrático, considerando-se que não havia sido escolhido pelo povo. Era um governo de "confiança nacional" e nunca gozou da legitimidade que só pode ser assegurada pelas urnas. Os líderes liberais estavam preocupados demais com a ausência de um mandato e imaginaram poder ganhar algum respeito intitulando--se "provisórios". Guardiões provisórios do Estado, eles representaram o governo até a eleição da Assembleia Constituinte, sempre enfatizando sua dependência da sanção legal que lhes seria dada pela futura Assembleia Constituinte. Por esta mesma razão, o povo questionava por que deveria obedecer ao governo: a palavra "provisório" não inspirava nenhuma reverência.

Avaliando os fatos com a visão privilegiada de quem está distante no tempo, é difícil não criticar os homens do Governo Provisório pela falta de celeridade em convocar a Assembleia Constituinte, única alternativa capaz de outorgar-lhes o mandato democrático a que tanto ansiavam. Todos admitiam a urgência desta convocação. Mas os líderes liberais permitiram que o bom senso fosse toldado por seus elevados ideais. Eles deixaram-se intimidar pela importância solene da missão que abraçavam — construir um parlamento nacional que expressasse a "vontade do povo" — e insistiram em medidas legais detalhistas intencionadas para garantir um pleito o mais justo possível. No fim de março, criou-se um conselho de representantes de vários grupos políticos. Consumiram-se dois meses para chegar a um consenso sobre a composição de um segundo Conselho Especial formado por mais de 60 membros cuja tarefa era redigir a legislação eleitoral a qual, por sua vez, se perdeu em extensas deliberações sobre as várias opções de representatividade proporcional, os métodos mais equânimes para redesenhar os limites eleitorais e as melhores fórmulas de organizar votações no exército e nas regiões habitadas por outras etnias.

No início do verão, quando o caos tomou conta do país e não havia mais dúvidas quanto à premência de uma autoridade legal mais vigorosa, cresceu a inquietação pública em relação ao lento progresso do Conselho Especial. Havia quem argumentasse que seria mais rápido nomear uma comissão menor para elaborar a legislação eleitoral. Mas o advogado kadet, F. F. Kokoshkin, presidente do Conselho Especial, defendia a análise criteriosa da matéria, afirmando que o resultado daquele trabalho teria que contemplar os "desejos e interesses de toda a população". Seguramente existiram dificuldades práticas que desaconselhavam votações feitas às pressas: milhões de pessoas estavam em trânsito pelo país e não se sabia como alçá-las à categoria de eleitor. Mas, em certa medida, essas reservas apenas foram usadas como pretexto para a postergação. Os kadets, em especial, eram favoráveis ao adiamento do pleito, sem dúvida por saberem que poderiam sair perdedores. O príncipe Lvov apoiava a delonga de Kokoshkin. Afinal, o primeiro-ministro estava rendido à quimera do parlamento perfeito. "A Assembleia Constituinte deve coroar a grande revolução russa. Deve lançar todas as fundações vitais para a futura ordem do Estado livre e democrático. Deve arcar com a responsabilidade pelo futuro da Rússia. Deve ser a essência de todas as forças espirituais e mentais do povo",[9] falou Lvov ao Conselho Especial.

Existiam expectativas irreais a respeito de algo que, no contexto, não deveria pretender-se nada além de um parlamento provisório de salvação nacional. Embora imperfeita, tal assembleia poderia pelo menos ter funcionado como ponto de convergência e criado uma base de legitimidade para a nova e frágil democracia russa. A história fornece muito poucos exemplos de parlamentos revolucionários de vida longa e, embriagados como estavam de história europeia, os líderes do Governo Provisório deveriam ter atentado para a necessidade de manterem suas esperanças nos limites do possível. Mas eles permitiram que ideais elevados nublassem a percepção da realidade. Talvez houvesse advogados demais e estadistas de menos. O fracasso do governo em realizar eleições possibilitou aos bolcheviques despertar na imaginação popular sérias dúvidas sobre as verdadeiras pretensões dos liberais. E o atraso na convocação do pleito só fez fortalecer a propaganda bolchevique, segundo a qual o governo havia caído nas garras da "contrarrevolução"; tal alegação foi usada como justificativa para que os radicais tomassem as rédeas da situação. Em meados de junho, sob pressão pública cada vez maior, os líderes do Governo Provisório anunciaram que as eleições finalmente aconteceriam em 17 de setembro, embora todos soubessem que naquele ritmo a data jamais poderia ser respeitada. O registro de eleitores ainda não fora feito e os órgãos locais, aos quais caberia tal tarefa, sequer haviam sido criados. Em agosto, as medidas continuavam incipientes e a data da eleição foi remarcada para 12 de novembro. Mas então os bolcheviques já teriam chegado ao poder.

2. Expectativas

"Atravessamos tempos difíceis", escreveu Sergei Semenov a um velho amigo, na primavera de 1917. "Para os de nossa geração, é penosa a adaptação às novas circunstâncias. Mas graças a esta revolução nossas vidas serão purificadas e tudo melhorará para a juventude."[10] O camponês reformista depositava todas as suas esperanças na missão civilizadora da revolução. Por fim, pensava ele, chegara a hora de a atrasada aldeia russa desfrutar dos benefícios do mundo moderno. Ele saudou a queda do velho regime com um misto de expectativa otimista e boa vontade para com seus desconfiados vizinhos camponeses da comuna do povoado de Andreevskoe. A luta longa e amarga travada por Semenov para afastar-se dos demais camponeses e estabelecer sua lavoura privada e cercada nas imediações da aldeia já terminara havia seis anos.

Durante aquela primeira primavera cheia de bons augúrios, Semenov retomou as reformas que havia iniciado em 1905. Expandiu seu trabalho em cooperativas agrícolas; reviveu a Liga Camponesa; abriu um "clube popular", no mercado da cidade de Bukholovo; e organizou aulas para os camponeses, abrangendo uma ampla gama de temas progressistas, desde as filosofias republicanas, até os métodos mais avançados de cuidar de vacas, na invernada. Chegou ao ponto de elaborar um projeto destinado a garantir o fornecimento de energia elétrica a todo o distrito de Volokolamsk, apresentando-o à Duma municipal de Moscou. A filha de Semenov, Tatiana, recorda as esperanças e energias renovadas do pai, na primavera de 1917:

> Estávamos surpresos com a força de nosso pai — que praticamente dobrara de um dia para o outro — e com a maneira com que vislumbrava o futuro,

> tomado de grandes expectativas. Ele não só trabalhava nos campos, como ainda fazia serviços na aldeia, imiscuindo-se em todos os aspectos dos assuntos camponeses. Ele lia sobre tudo e escrevia com constância. Às vezes, quando já tínhamos adormecido, ele ainda estava ocupado, trabalhando no quarto. Na manhã seguinte, era o primeiro a se pôr de pé.[11]

A revolução fez crescer a notoriedade de Semenov entre a gente de Andreevskoe. E também reduziu a influência de Grigorii Maliutin, o patriarca da comuna do povoado e arqui-inimigo das reformas de Semenov. A vetusta estrutura de poder da qual Maliutin dependia — o chefe do *volost*, a polícia local e o capitão da terra — ruiu quase que em 24 horas. Na aldeia, a voz dos agricultores mais jovens e mais progressistas estava tornando-se dominante, ao passo que minguava a ingerência dos anciões, como Maliutin, que nada viam de bom na revolução. As mudanças sociais dos últimos anos haviam lançado as raízes para a democratização da comuna aldeã. Um número cada vez maior de famílias era encabeçado por rapazes, resultado direto das divisões de propriedades entre parentes. Ao longo dos anos de guerra, na ausência dos homens, muitas casas passaram a ser dirigidas por mulheres: havia regiões onde um terço dos chefes de família era do sexo feminino. Em Andreevskoe, a proporção era de um quarto. Esses camponeses mais jovens viam Semenov como um paladino da reforma. Ele costumava discursar na assembleia da aldeia, colocando-se contra a Igreja e a ordem patriarcal e, como acontecia com os agricultores mais esclarecidos, era chamado a colocar por escrito as resoluções aprovadas, sempre que o escriba da aldeia, um lacaio de Maliutin, recusava-se a "trabalhar para a revolução". Mas o que realmente contribuiu para o prestígio de Semenov foi o sucesso de sua árdua campanha para conseguir que seis aldeões dentre os mais pobres do local fossem liberados do exército, visto que suas famílias não contavam com mais ninguém para lhes garantir o sustento. No outono de 1916, Semenov fora condenado a seis semanas de prisão, por obra de Maliutin, que o denunciara às autoridades como "fomentador de deserções". Mas a população recusara-se a deixá-lo partir e o escondera em Andreevskoe, onde tornou-se refém e herói da revolução camponesa, até a queda do velho regime. Duas semanas depois, os seis homens pivôs da pendência voltaram para casa, já livres da farda. Maliutin caiu no descrédito e Semenov foi alçado à condição de líder do povoado.[12]

Na primavera de 1917, ele abandonou sua lavoura particular, voltando a dedicar-se à terra comunal. Na época, a maioria dos pioneiros camponeses de Stolypin fez o mesmo. Se às vésperas da revolução mais de um terço das famílias rurais russas lavravam áreas privadas, quatro anos depois menos de 2% continuavam na mesma situação. Somente a pequenina fração de donos de *khutora* inteiramente cercada resistiu à ideia e foi demovida à força. As *otruba* semifechadas tendiam a ser muito mais fracas economicamente e, como a gleba de Semenov, em geral eram menores do que os terrenos comunais vizinhos. Para encorajar a maioria destes agricultores de menos posses a voltar voluntariamente para as terras comunais, bastou a perspectiva de partilhar os despojos da "guerra nos domínios feudais", que então se reiniciara.[13]

Esse retorno dos separatistas refletia um grande esforço da gente do campo na busca por solidariedade nos limites da comuna aldeã. "Hoje, na Rússia livre, todos devem ser iguais e manterem-se unidos", declararam os camponeses de Dubovo-Pobedimov, em Bugul'ma. "Os membros das comunas devem aceitar de volta, com equidade, no seio de suas famílias, todos os separatistas. Contra eles, devem cessar todas as medidas opressoras, porque estas só favorecem os inimigos do povo." A revolução robusteceu, e muito, a comuna de aldeia, que ressuscitou do estado de torpor e decadência de antes e tornou-se a principal força organizadora da conflagração camponesa. Todos os órgãos políticos mais importantes da revolução no campo — os comitês de aldeia, as ligas de camponeses e os sovietes — não passavam de uma comuna rural em estado revolucionário puro. Numa época de grande intranquilidade, a comuna representava os ideais de terra e liberdade que sempre inspiraram os lavradores à revolta; definia um círculo de "partícipes" e defendia seus interesses contra "forasteiros" — senhores agrários, gente da cidade, comerciantes, funcionários do Estado e mesmo camponeses de comunas das redondezas.

Desde os dias de servidão, a terra comunal funcionara como elo entre os membros das famílias camponesas (em geral confinados a um só povoado) e uma propriedade específica de um dono de terras. Em 1917, os aldeões conquistaram o direito histórico e moral a esse torrão, com base no princípio camponês frequentemente citado: "Nosso era o dono da terra, nossa é a terra." Durante a invasão das leivas dos nobres, os integrantes da comuna manifestaram enorme solidariedade e organização. Era praxe que a assembleia aprovasse resolução obrigando todos os integrantes da comuna a participar da marcha contra o território do dono da terra ou de quaisquer outras formas de resistência camponesa, como greves no pagamento das rendas ou boicotes. A desobediência poderia significar expulsão da comuna. Tratava-se de uma questão de segurança. Ao contrário do que pregava o velho mito soviético, havia muito poucos conflitos na aldeia entre os camponeses mais ricos e os mais pobres. Mas havia muitos embates entre comunas vizinhas, vez por outra descambando em pelejas pontuais por conta do controle de glebas.[14]

Eis como se deu a revolução na terra. Na hora marcada, os sinos da igreja ribombavam e os camponeses e suas carroças reuniam-se no meio do povoado. O grupo, então, arremetia contra a terra cobiçada, como se fora um exército rural munido de armas de fogo, forcados, machados, foices e pás. Se ainda não houvessem fugido, os fidalgos e seus encarregados acabavam presos ou, no mínimo, forçados a assinar um documento concordando com todas as reivindicações da turba. Durante a primavera, as exigências eram moderadas: redução dos aluguéis, redistribuição das tarefas atribuídas aos prisioneiros de guerra, venda compulsória de grãos, preços justos das ferramentas e animais destinados à comuna etc. O confisco em massa da propriedade nobre só começou no verão. Da mesma forma que haviam esperado o tsar assinar um "Manifesto Dourado", a maioria dos camponeses ainda estava disposta a aguardar que o Governo Provisório baixasse uma nova legislação agrária capaz de lhe garantir o direito às áreas de cultivo. Antes de tomar posse das terras, eles queriam ter certeza de que a monarquia não seria restaurada, como acontecera em 1906-1907, quando grande número de camponeses acabou punido com a morte. Tal garantia só chegou no início de março, com a nomeação do SR Chernov para o Ministério da Agricultura. A partir de então, o confisco das terras fidalgas tornou-se um fenômeno de âmbito nacional. Maio trazia também o começo do verão agrícola. Se já no próximo outono os camponeses quisessem para si a safra das propriedades dos nobres, era preciso ará-las e plantá-las logo.* Portanto, existia uma razão óbvia para que os agricultores tomassem a terra exatamente naquele período. As freiras do Convento Panovka, em Serdobsk, contaram-se entre algumas das vítimas mais inusitadas desta agressão camponesa cada vez mais virulenta:

> Em 10 de abril, uma decisão do comitê executivo do *volost* de Davydovka determinou que nosso convento arrendasse aos camponeses 15 *desyatiny* de nossas áreas mais férteis. Em 19 de maio, recebemos um comunicado do mesmo comitê, segundo o qual, para nossas necessidades, poderíamos manter 15 *desyatiny* de terra alqueivada, mas outros 30 *desyatiny* de terra deveriam ser entregues aos camponeses da aldeia de Pleshcheevka. Agora [meados de junho], eles exigem o grão de nosso mosteiro: 600 *pud* foram levados pelos aldeões locais, a 1 rublo e 52 copeques, mas este mesmo grão é requisitado dos camponeses a 2 rublos e 50 copeques.[15]

A folga de Páscoa concedida aos soldados e o retorno de desertores também contribuíram bastante para esta acirrada refrega camponesa. Os homens recém-chegados do *front* costumavam tomar a frente das investidas contra os territórios fidalgos, e, às vezes, incitavam o campesinato a atos de vandalismo gratuitos. Queimavam as casas senhoriais para expulsar os nobres; quebravam as máquinas agrícolas (que nos últimos anos haviam sido responsáveis pela redução na demanda de mão de obra no campo); saqueavam e carregavam em carroças o que encontravam nos silos; e destruíam tudo — pinturas, livros ou esculturas — que aludisse à ostentação. Não raro os soldados atiçavam os agricultores contra os nobres. Na aldeia de Bor-Polianshchina, na província de Saratov, um grupo de camponeses, liderados

* Sintomaticamente, os senhores de terra não haviam se dado ao trabalho de providenciar o cultivo de seus torrões.

por alguns recrutas, invadiram a casa do príncipe V. V. Saburov e golpearam-no até a morte com machados e facões. Nas 72 horas seguintes ao crime, os aldeões divertiram-se na propriedade. O solar, abrigo de uma das mais belas bibliotecas particulares da Rússia, ardeu até virar cinzas. O episódio teve gosto de revanche sangrenta. Em 1906, naquela mesma localidade, uma dúzia de rebeldes camponeses morrera na forca, em meio aos gritos de esposas e filhos; o castigo fora promovido pelo capitão de terra, ninguém menos que o filho de Saburov.[16]

Aterrorizada, a nobreza bombardeou o príncipe Lvov com rogos pela restauração da lei e da ordem. Isolados em seus palacetes, com nada a protegê-los do mar revolto de camponeses hostis, os fidalgos foram céleres em acusar o governo de lavar as mãos diante da maré crescente de anarquia que cada vez mais se aproximava dos portões dos solares. "O campo está afundando no caos, com roubos e pilhagens diários, enquanto continuas sentado, alheio, em teu confortável gabinete de Petersburgo", escreveu um nobre a Lvov, em abril. "Teus comitês locais são ineficazes e açulam o roubo de propriedades. A polícia dorme enquanto os camponeses subtraem e incendiam. O velho governo sabia lidar melhor com essa escória que chamas de 'povo'."[17]

Com cartas como essas, não se poderia culpar Lvov por considerar as aflições dos nobres donos de terra castigo pelo "comportamento cruel e brutal durante os séculos de servidão". A revolução era a "vingança dos bastardos", ele explicou certo dia de junho, em almoço com alguns de seus ministros. Era "resultado de nosso — e estou falando como proprietário de terras — pecado original. Se pelo menos a Rússia tivesse sido abençoada com uma verdadeira aristocracia agrária, como a da Inglaterra, a qual cultivasse a decência em tratar os camponeses como gente e não como cães, talvez tudo pudesse acontecer de maneira diferente".[18] Tal observação era formidável, vinda de alguém da origem e posição social de Lvov — uma constatação melancólica de que a fidalguia inteira, da qual ele mesmo fazia parte, nunca tivera nada mais além de uma tênue camada de verniz salpicada por sobre a exploração brutal dos camponeses, de cujo seio brotava a revolução.

Mas não importa o que o primeiro-ministro dissesse em rodas de amigos. A política de seu governo consistia em defender os direitos dos senhores de terra. A questão agrária tinha que ser equacionada por meios legais e, até que uma nova lei fosse votada pela Assembleia Constituinte, isto significava preservar o *status quo* nas relações de propriedade. Contudo, o governo não dispunha de meios para evitar que os camponeses resolvessem fazer justiça com as próprias mãos, à moda que julgassem conveniente. A antiga força policial fora desbaratada e as unidades do exército no campo — mesmo conjeturando-se que os recrutas saídos das aldeias concordassem em ser usados para fins repressivos — não seriam suficientes para proteger mais do que uma minúscula fração das propriedades rurais. Os comitês provisórios de *volost*, criados pelo governo em 20 de março com o objetivo de zelar pela salvaguarda da ordem existente, logo se transformaram em órgãos revolucionários que aprovavam suas próprias "leis" para legitimar os ataques camponeses às terras fidalgas. O mesmo acontecia com os comitês agrários do *volost*. O Governo Provisório os havia formado para que escudassem os direitos legais dos nobres, funcionando como mediadores da questão agrária até o nascimento da Assembleia Constituinte. Mas esses também foram tomados pelos camponeses e em pouco tempo travestiram-se em entidades revoltosas, ajudando a impor taxas de aluguéis a serem cobradas dos antigos proprietários, a centralizar a terra e a propriedade destes e a distribuí-las entre os aldeões. Numa tentativa de coibir a subversão vigente nos comitês agrários, o governou cortou as verbas de subvenção. As comunas camponesas simplesmente trataram de sanar o rombo, financiando os comitês por meio de contribuições compulsórias de todos os seus membros. Assim, os comitês continuaram a crescer.

Naquela primavera, a revolução agrária ganhou um endosso pseudolegal garantido pelas assembleias rurais que se reuniram na maior parte das províncias centrais — as mais férteis, dotadas de terras pretas — bem como o da Primeira Assembleia dos Camponeses de Todas as Rússias, realizada entre 4 e 25 de maio. Nada colaborou tanto para minar a autoridade do governo no campo. Os ativistas SRs, dominando as executivas dos conclaves, apelaram para a paciência dos presentes e rogaram que aguardassem a nova lei agrária. O espírito radical dos discursos dos delegados, porém, obrigou-os a sancionar as ações das comunas locais, e até mesmo as invasões das propriedades dos nobres. Em 13 de maio, a assembleia da província de Kazan resolveu transferir toda a terra para o controle dos comitês camponeses. Doze dias depois, a assembleia de Samara fez o mesmo, desobedecendo abertamente a uma ordem de Lvov, segundo a qual o comissariado de província deveria evitar novas ocupações de lavoura. Os camponeses acreditavam que tais decisões tiradas em assembleia tinham poder de "lei" e, nos meses seguintes, usaram-nas para autorizar novas investidas. Eles não compreendiam a diferença entre uma declaração de princípios elaborada por estas reuniões rurais, que não passavam de uma entidade civil, e a promulgação de uma legislação criada pelo governo. Os aldeões pareciam crer que, para "socializar" a terra ou transferi-la às mãos da comuna, bastava uma deliberação local. As expectativas camponesas fizeram desses foros populares órgãos de pseudogoverno, que baixavam "leis" simplesmente porque assim haviam desejado. E essas "leis" ganhavam precedência sobre os estatutos governistas. "O campesinato local convenceu-se de que todas as leis civis deixaram de existir e que todas as relações legais agora devem ser reguladas por organizações próprias", queixou-se o comissário de Nizhnyi-Novgorod.[19] A frase resume o significado da revolução no campo.

Os operários agiam como os camponeses: na primavera de 1917, as expectativas foram à estratosfera. Mais de meio milhão de trabalhadores entraram em greve entre meados de abril e o início de julho; e, dessa vez, a gama de atividades atingida pela paralisação foi mais ampla do que em qualquer outra onda de protestos registrada anteriormente na história russa. Artesãos e artífices, lavadeiras, tintureiros, barbeiros, cozinheiros e auxiliares de cozinha, garçons, porteiros, motoristas e criados domésticos — não só das duas principais cidades do país, mas também das províncias de todo o império — cerraram fileiras com os paredistas veteranos, como metalúrgicos e empregados do setor têxtil.[20] Até as prostitutas participaram do movimento.

A maioria das reivindicações eram econômicas. Eles queriam aumento salarial para fazer frente à inflação, melhores condições de trabalho e abastecimento de alimentos mais folgado. A exigência de jornada diária de oito horas era um item quase sagrado; os operários consideravam-na um símbolo de todos os seus direitos e um ícone da vitória da revolução. Em muitas fábricas, os turnos de oito horas já vigoravam. Ao cabo deste período, homens e mulheres simplesmente abandonavam as ferramentas e voltavam para casa. Temendo prejuízos à produção ou intimidados pelos funcionários, a maior parte dos patrões não demorou em anuir, garantindo, inclusive, o mesmo salário pago por uma jornada mais extensa, embora, logo em seguida, as fábricas de munição determinassem a realização de horas extras compulsórias, para não baixar os rendimentos. Em 10 de março, após negociações com o Soviete, 300 industriais de Petrogrado anunciaram que aceitavam a jornada de oito horas por dia, e o acordo serviu de base para a implantação da norma em várias outras cidades.[21]

Mas no contexto de 1917, quando toda a estrutura do Estado e do capitalismo estava sendo redefinida, essas reivindicações econômicas inexoravelmente ganhavam matizes políticos. O círculo vicioso de greves e inflação, de aumento salarial para acompanhar alta de preços, levou muitos operários a exigir que o Estado desse rédea curta ao mercado. A luta pelo controle das relações de trabalho, sobretudo para evitar que os patrões reduzissem a produção visando a lucros maiores, levou-os a reclamar, cada vez mais, que o Estado assumisse a gestão das fábricas.

Tratava-se também de uma nova ênfase no senso de dignidade dos empregados. Eles agora entendiam-se "cidadãos" e como agentes que haviam "feito a revolução" (ou, pelo menos, desempenhado um papel importante nesta trama); eles não tolerariam mais ser desrespeitados por capatazes e donos de fábricas. Quase sempre atritos entre as duas partes eram a senha para atos de violência: chefes grosseiros viam-se em maus lençóis, às vezes jogados em carrinhos de mão, surrados e despejados em canais ou na sarjeta. Muitos grevistas faziam questão absoluta de acolhimento honrado. Garçons e garçonetes de Petrogrado saíram em passeata com faixas contendo as seguintes inscrições:

QUEREMOS QUE OS GARÇONS SEJAM RESPEITADOS COMO SERES HUMANOS!
ABAIXO AS GORJETAS: GARÇONS SÃO CIDADÃOS!

Criados foram às ruas exigir que passassem a lhes tratar por "vós", e não mais pelo "tu", antes usado em referência aos servos. Aqueles que cuidavam das dependências dos imóveis desejavam abandonar a expressão "zelador" e queriam ser chamados de "administradores domiciliares". As operárias reivindicavam salários iguais aos dos homens, bradavam pelo fim das "revistas degradantes", pela licença-maternidade remunerada e pelo fim do trabalho infantil. Aos olhos do proletariado, estas eram questões morais básicas. As aspirações revolucionárias estavam intrinsecamente ligadas à batalha pessoal por dignidade humana e valor pessoal, como nos mostrou a história de Kanatchikov. Muitos trabalhadores falavam em criar uma "nova vida moral", baseada na lei e nos direitos individuais, na qual não haveria mais bebedeiras, blasfêmias, jogatina e esposas espancadas.[22]

Parte da dignidade recém-descoberta do operariado foi expressa numa espécie de novo dogmatismo. Os trabalhadores reclamavam as ruas do centro para si, promovendo manifestações e reuniões. A cidade tornou-se um teatro político, onde diferentes grupos encontravam-se para discutir suas vindícias. Tais reuniões eram um aspecto vital do espetáculo revolucionário, "festivais de liberação", para usar o termo cunhado por Michelle Perrot. Com eles, os operários cresciam em autoconfiança e solidariedade. Toda a Rússia urbana parecia ter sido arrebatada por este surto de debates políticos — *mitingovanie*, como era chamado. O país inteiro transpirava política. "Não se pode comprar um chapéu ou um maço de cigarros ou ainda tomar um táxi sem ser enredado numa discussão", queixou-se Harold Williams, do *Daily Chronicle*:

> Os criados e porteiros pedem conselhos sobre em que partido devem votar. Todo muro da cidade está infestado de notícias sobre reuniões, palestras, congressos, propaganda eleitoral e proclames, não só em russo, mas em polonês, lituano, iídiche e hebraico... Dois homens deblateram numa esquina e imediatamente são cercados por uma multidão exaltada. Mesmo nos concertos a música dilui-se em meio a discursos políticos de oradores já notórios. A Nevsky Prospekt tornou-se uma espécie de Quartier Latin. Vendedores ambulantes de livros perfilam-se nas calçadas e anunciam panfletos sensacionais sobre Rasputin, Nicolau, Lênin e sobre quanta terra o camponês granjeará.

Comparado a isto, observou John Reed, a "'torrente de oratória francesa' de Carlyle é chorumela... Durante meses, em Petrogrado e em toda a Rússia, cada cruzamento foi uma tribuna pública". Era como se a população inteira, silenciosa por séculos, precisasse externar tudo o que sentia e pensava no período de tempo mais breve possível. "Em cada canto do país, dia e noite, de fevereiro ao outono de 1917, houve uma só reunião, contínua e arruaceira."[23]

A progressiva consciência política e autoconfiança dos trabalhadores refletiu-se no crescimento acelerado das organizações trabalhistas. Os sindicatos e os sovietes retomaram as reivindicações abandonadas em 1905-1906, mas logo se viram ultrapassados pelos comitês de fábricas, uma inovação de 1917 que, surgida em meio às máquinas, tendia a ganhar maior importância e responder às demandas operárias com rapidez maior que a de seus predecessores. Afinal, os sindicatos e os sovietes organizavam-se nos níveis industrial e municipal, respectivamente, e tendiam a ser mais burocráticos. O principal objetivo dos comitês de fábrica era garantir a continuação da produção. O fechamento de fábricas virara rotina, milhares de trabalhadores eram demitidos diariamente e muitos suspeitavam que os patrões estavam encerrando as atividades econômicas para "enfraquecer a revolução" (ou, como afirmou o capitalista Riabushinsky, numa frase que parecia confirmar tais temores, seria preciso "a mão descarnada da fome" para fazer os operários "voltarem a si"). Os comitês puseram-se a lutar contra a "sabotagem", espionando o trabalho das chefias; encarregando-se do suprimento de matérias-primas; regulando demissões e admissões; assegurando a disciplina; combatendo o absenteísmo e as carraspanas; e formando milícias para defender a fábrica, à noite. A meta era o "controle dos trabalhadores", embora isto não equivalesse a ingerência direta dos empregados na produção nem a participação em conselhos administrativos. Como Steve Smith demonstrou, os comitês não eram as organizações anarcossindicalistas que alguns historiadores imaginavam. Tais comissões jamais sonharam transformar as fábricas em comunas operárias e, na prática, nada sugeria que rejeitassem o poder do Estado ou a economia de planejamento centralizado. Ao contrário, voltados sobretudo para a defesa do emprego num tempo de crise econômica, tais órgãos inclinavam-se à estatização das fábricas. E, somado ao domínio menchevique nos sindicatos, foi isto que fez o proletariado pender em favor dos bolcheviques.[24]

Nenhuma entidade espelhou melhor a combatividade da classe trabalhadora do que os Guardas Vermelhos, outra novidade surgida em 1917, na verdade um desdobramento das inúmeras brigadas armadas proletárias nascidas durante a Revolução de Fevereiro para proteger as instalações industriais. Quando o governo organizou milícias urbanas, esses grupos recusaram-se a dispersar. Em consequência, implantou-se um sistema dual de vigilância que refletia com requintes a dupla estrutura de poder que pervagava Petrogrado — os homens do governo zelando pelas regiões de classe média e as brigadas operárias cuidando dos subúrbios fabris. Aos poucos, embora frouxamente, as tropas de trabalhadores unificaram-se sob o comando dos sovietes distritais. Desde sempre, os bolcheviques tiveram a brida destes soldados amadores. E foi um bolchevique, Vladimir Bonch-Bruevich, o primeiro a usar a expressão "guarda vermelho". A liderança soviética encarava essas unidades como precedentes perigosos, uma porta aberta à subversão. Mas com a volta de Lênin à Rússia, os bolcheviques não hesitaram em garantir apoio franco e direto a esses trabalhadores armados e ajudaram a forjar a autoimagem dos Guardas Vermelhos como a de um exército de trabalhadores, permanentemente em alerta, a postos na defesa da "revolução" contra qualquer ameaça. Em julho de 1917, já havia cerca de 20 mil operários na Guarda Vermelha de Petrogrado; o acesso às armas constituía um aspecto essencial da psicologia proletária da Rússia de então. Ao afirmar que os trabalhadores estavam "à esquerda" dos bolcheviques, era exatamente aqueles homens aos quais Lênin se referia. Jovens (mais da metade ainda nem completara 25 anos), solteiros, alfabetizados, operários especializados, a maioria participara da guerra industrial travada nas greves de 1912-1914, quando os bolcheviques comemoraram sua primeira vitória pelo controle da classe trabalhadora de Petrogrado e Moscou. Quase todos pertenciam ou, pelo menos, simpatizavam com um dos partidos maximalistas — em geral, bolcheviques ou anarquistas — e viam-se como a "vanguarda do proletariado".[25]

Emaranhado na ética liberal industrial dos Comitês das Indústrias de Guerra, nos quais os ministros do Comércio e Indústria, Konovalov, e das Finanças, Tereshchenko, tinham assento, o Governo Provisório foi incapaz de conter a arrancada da militância trabalhadora. A espinha dorsal desta ética era a noção (inteiramente falsa) de que o governo funcionava como guardião de um "Estado neutro", acima de interesses partidários e de classe, e cujo papel na indústria resumia-se a mediar e conciliar trabalho e capital. O importante era manter as máquinas funcionando, para o bem da campanha militar. A luta de classes deveria interromper-se para que o país ganhasse a guerra contra a Alemanha.

Ao longo das primeiras semanas de atividade do ministro Konovalov, houve alguns sinais deste novo espírito de parceria industrial. Como parte do acordo sobre a jornada de oito horas negociado por ele, criaram-se, em muitas fábricas, juntas de conciliação compostas meio a meio por patrões e empregados, com a finalidade única de arreglar pendências e abortar greves. A administração das ferrovias foi entregue a comitês de funcionários, cujas opiniões passaram a merecer cotejo com a de técnicos e burocratas do setor. Konovalov arbitrou pessoalmente muitas disputas trabalhistas e esforçava-se por extrair concessões dos empregadores — apesar de sempre encontrar fórmulas para compensá-los —, em nome do conflito com o inimigo alemão. O menchevique V. G. Groman chegou a debruçar-se sobre os rascunhos de um projeto capaz de permitir a trabalhadores, técnicos e patrões regularem todas as atividades vinculadas à produção, sob a tutela do Soviete e do Estado.[26]

No entanto, a luta de classes não se interrompeu por muito tempo — nem poderia interromper-se. A pretensa neutralidade do governo foi motivo bastante para a retomada das hostilidades. Cada uma das partes supunha estar sendo ludibriada. E os trabalhadores sentiam-se estimulados por ganhos fartos — havia relatos de alguns cujos aumentos quadruplicavam ou quintuplicavam salários — engendrando esperanças quiméricas sobre o quanto era possível conseguir com o embate. As expectativas dos trabalhadores cresceram ainda mais a partir de 5 de maio, quando os mencheviques passaram a integrar o governo, encarnados na figura de Skobelev, agora ministro do Trabalho. A circunstância serviu de sinal verde para mais paralisações e como garantia de talvez contarem com defensores no governo. Os operários promoveram novas greves, com reivindicações não raro exageradas; e desapontaram-se ao amargar o fracasso, acusando o Estado de favorecer o capital. Foi um desastre para os mencheviques.

Por sua vez, frente às exigências dos operários e à inoperância do governo em contê-las, os patrões davam mostras cada vez mais claras de impaciência. Atribuíam a crise na indústria aos aumentos de salários (considerados inflacionários), à jornada de oito horas e às constantes interrupções da produção por causa de greves e reuniões de fábrica; e alarmavam-se com a participação menchevique no gabinete de Lvov — o que parecia apontar para controle ainda maior das atividades industriais e uma guinada a favor dos empregados. A partir do começo de maio, os empregadores resolveram abandonar a via da transigência asfaltada por Konovalov e cerraram fileiras para resistir às reivindicações dos grevistas, ainda que fossem obrigados a passar a chave no portão das fábricas, promovendo *lockouts* ou, se preciso, fechando definitivamente uma unidade produtiva. Se antes os acordos malogravam as greves, agora ambos os lados estavam prontos para a briga, o que resultou em paralisações violentas e prolongadas, nas quais nenhum dos adversários se deixava dobrar ou pensava em recuar. O primeiro indício inequívoco dessa nova fase foi a greve na fábrica Sormovo, em Nizhnyi-Novgorod, que levou o caos à maior fabricante de armas do país, em meio aos preparativos para a ofensiva de junho.[27] Foi a pá de cal nas promessas liberais da primavera e o prenúncio de um verão de guerra industrial.

Considerando-se guardiões do país, os líderes do Governo Provisório concordavam em um ponto: a necessidade de, por ora, manter intactas as fronteiras imperiais. Eles sentiam-se obrigados a resguardar a "unidade do Estado russo" até a conclusão da guerra e a palavra final sobre o fim do império, a ser dada pela Assembleia Constituinte, o que não eliminava a possibilidade de conceder, em medida interina, direitos de autogoverno local e liberdades culturais aos territórios não russos. De fato, os liberais viam estas concessões como primordiais, pois presumiam que as agruras dos povos não russos eram essencialmente fruto da discriminação e da opressão tsaristas e que, para satisfazê-los, bastaria a igualdade civil e religiosa. Diluindo a questão dos direitos nacionais na pauta dos direitos individuais, eles acreditavam ser possível manter a integridade territorial herdada da monarquia. Mas defender essa unidade não implicava ceder às pressões nacionalistas que levariam "à divisão do país em unidades independentes e soberanas", como afirmavam os kadets. Mesmo os SRs e os mencheviques partidários do defensivismo, que enquanto revolucionários haviam declarado seu apoio ao princípio da autodeterminação nacional, aderiram à posição dos kadets, ao se juntarem ao governo, em 1917. Na qualidade de socialistas, SRs e mencheviques ainda eram favoráveis ao federalismo; mas, como patriotas, relutavam em promover a ruptura do Estado em meio a uma guerra internacional. Em discurso no Terceiro Congresso SR, realizado em maio, o líder Mark Vishniak comparou a Rússia a uma imensa Suíça: uma federação descentralizada, na qual os cantões, ou repúblicas, desfrutariam de direitos nacionais máximos (inclusive do direito à moeda própria), mas integrando um só Estado unificado.[28]

Esta atitude, assim como a de Gorbatchov durante a *perestroika*, era inadequada como resposta às crescentes pressões do nacionalismo surgidas a partir de fevereiro de 1917. Na verdade, nem todos os territórios não russos esforçavam-se em se libertar do império. Alguns dos povos de predominância camponesa mal se viam como "nações", conceito que confundiam com etnia (neste caso incluíam-se os bielo-russos, os lituanos, os azeris e, possivelmente, os ucranianos). Havia os que estavam muito satisfeitos com seus direitos civis e religiosos (como os judeus). Outros ainda combinavam reivindicações étnicas e sociais numa única revolução nacional-socialista que levasse à primazia do Estado russo (caso dos letões e georgianos). Por considerações puramente nacionalistas, a Armênia voltava-se para a Rússia em busca de proteção contra os turcos. Mas em outros territórios — e em determinadas camadas desses povos — o colapso do sistema tsarista resultara na ascensão de movimentos nacionalistas populares que primeiro exigiam autonomia e depois, quando não eram atendidos, passavam a empunhar a bandeira da independência.

Em parte, o surgimento dos movimentos de libertação foi resultado das circunstâncias. O poder coercitivo do velho Estado ruíra; a força de persuasão do Governo Provisório era, para dizer o mínimo, extremamente limitada. E alemães e austríacos, cujos exércitos ocupavam as fronteiras ocidentais, mostravam-se dispostos a ajudar os nacionalistas a criarem miniestados passíveis de serem controlados e de serem postos a serviço do enfraquecimento do inimigo russo. Mas os habitantes das áreas que clamavam por autonomia foram mais do que "agentes alemães", mesmo nos locais (como a Ucrânia e a Lituânia) onde alcançaram a independência graças a tratados de paz assinados em separado e ao preço de um Estado títere germânico. Muitos dos partidos nacionalistas contavam com apoio eleitoral maciço. Na Ucrânia, os SRs e a Liga Camponesa obtiveram 71% dos votos rurais no pleito para a Assembleia Constituinte, em novembro de 1917. Os partidos socialistas de plataforma nacionalista também ganharam a maioria dos votos na Estônia, Geórgia, Finlândia e Armênia nas eleições daquele ano.[29]

Não é de todo claro — e ainda hoje esta é uma das grandes questões sem resposta colocadas pela Revolução Russa — o que este apoio popular nas urnas nos explica sobre a consciência nacional do campesinato, vasta maioria da população em todas estas sociedades. Como era de esperar, os nacionalistas mais atuantes e mais conscientes faziam parte da pequena burguesia, da intelectualidade pequeno-burguesa e do extrato de camponeses mais prósperos e instruídos, em particular os soldados de origem rural.* Afinal, o crescimento de uma consciência nacional camponesa foi subproduto da disseminação de instituições rurais, como escolas, clubes de leitura, ligas camponesas e cooperativas, que expuseram os agricultores à cultura nacional do mundo urbano; e tais entidades desenvolveram-se com maior vigor entre estes camponeses instruídos. Na cultura política tradicional dos campos da Ucrânia ou da Geórgia, poder-se-ia esperar que a massa de camponeses — com destaque especial para as mulheres, que pela primeira vez exerceriam o direito de voto — seguisse a liderança dessas elites rurais e declarasse preferência pelos nacionalistas. Esta foi uma das principais razões do sucesso dos SRs nas eleições para a Assembleia Constituinte; no passado, muitos dos homens mais proeminentes das aldeias tinham firmado relações com os SRs, assim recomendando ao povoado que os elegessem. E tal sugestão foi amplamente acatada. Além disto, todos os partidos nacionalistas mais bem-sucedidos apresentavam programas de cunho também socialista. Não se pode afirmar se os camponeses conseguiam discernir — ou não — o que era plataforma nacionalista e o que eram propostas socialistas. É provável, como propôs Ronald Suny no tocante à Ucrânia, que o campesinato tivesse uma "consciência cultural ou étnica" e preferisse "líderes de sua própria etnia, pessoas que falassem a mesma língua e prometessem defender os interesses locais", embora não se concebesse como "uma nacionalidade à parte" e "ainda não fosse movido pela paixão do sentimento nacional".[30] Em outras palavras, os camponeses interpretavam os *slogans* patrióticos no contexto de suas inquietações paroquiais — a defesa da aldeia, sua cultura e suas terras contra as demais localidades e as elites agrárias — e não pelos parâmetros de um Estado nacional.

---

* A liderança nacionalista também provinha destes grupos. Na Ucrânia, os principais chefes do movimento de libertação foram Vinnichenko (filho de camponês), Hrushevsky (filho de um burocrata de pouca importância), Doroshenko (filho de um veterinário militar), Konovalov e Naumenko (ambos filhos de professores), Sadovsky, Efremov, Mikhnovsky, Chekhovsky e Boldochan (todos filhos de padres).

Certamente os nacionalistas obtiveram êxito maior porque conseguiram convencer a população rural de que a autonomia nacional era a melhor garantia da revolução nas aldeias. Em muitas regiões, a luta pela terra foi também a luta de um campesinato nativo contra uma elite fundiária. Deste modo, quando os defensores da independência falavam na necessidade de "nacionalizar a terra", a expressão ganhava um sentido real e literal. Nas províncias do norte da Ucrânia, onde as aldeias confundiam-se com os povoados russos, os nacionalistas puderam mobilizar os camponeses na defesa das tradições de posse hereditária da terra contra a ameaça da reforma agrária russa baseada nos princípios da propriedade comunal. Mykola Kovalevsky, líder dos SRs ucranianos, explicou como tal propaganda funcionava:

> Eu disse aos camponeses, "Os russos querem impor a socialização da terra, isto é, transferir a propriedade para as comunas de aldeia e, assim, acabar com as lavouras privadas; vocês não serão mais os donos da terra e passarão a trabalhar nas glebas comunais".

A campanha nacionalista pelo direito de uso da língua nativa também serviu de amálgama rural: as expectativas que os agricultores alimentavam em relação à ascensão social estavam intrinsecamente associadas à capacidade de ler e escrever no idioma local e de usá-lo na vida pública. Na Ucrânia e na Geórgia, outro tema capaz de aglutinar os habitantes do campo foi o movimento pela autonomia (autocefalia) da hierarquia eclesiástica. Os serviços religiosos realizados no idioma nativo permitiam aos padres aproximarem-se dos camponeses. Em consequência, maior quantidade de habitantes rurais adotariam o sacerdócio. Da mesma forma, a criação de unidades militares nacionais — demanda de congressos militares organizados por quase todos os soldados não russos — asseguraria a esses supostos Estados-nações uma tropa própria, abrindo ainda as portas para que número maior de homens de diferentes nacionalidades integrassem o corpo de oficiais.[31]

Qualquer que tenha sido a verdadeira natureza ou extensão do apelo dos nacionalistas, este foi muito mais forte do que os líderes do Governo Provisório estavam dispostos a permitir. As autoridades da capital só cederam ao caso polonês, declarando, em 16 de março, apoio à independência local. E tal só ocorreu porque a Polônia fora ocupada por alemães e austríacos. Nas circunstâncias, o endosso à autonomia do ex-território apostava na possibilidade de disseminar uma revolta contra os inimigos. Mesmo Brusilov, um grande patriota russo, na época lutando em terreno disputado pela Rússia, Ucrânia e Polônia, reconhecia que "não havia outra escolha, a não ser oferecer liberdade aos poloneses".[32] Mas nas duas outras batalhas de grande importância — contra os nacionalistas finlandeses e ucranianos — o Governo Provisório recusou-se a concessões; e, em grande parte como resultado desta intransigência, ambos os movimentos ganharam adesão popular. Nitidamente enfraquecido, o governo viu os clamores por autonomia transformarem-se em reivindicação por independência absoluta.

A questão finlandesa surgira por conta da sustentação duvidosa mantida pelas autoridades russas após a ruína da monarquia. Os habitantes do território argumentavam, com alguma razão, que o tsar havia reinado sobre a região apenas com base em seu prestígio pessoal, na qualidade de grão-duque da Finlândia. Com o fim da soberania de Nicolau, a população desejava a volta do parlamento local (Sejm). Mas no Manifesto de 7 de março, o Governo Provisório afirmou-se herdeiro legal da ingerência do tsar na área e, apesar de restaurar a Constituição local, assim encerrando 13 anos de poder direto sobre a área, insistiu que a administração de Helsingfors permanecesse subordinada ao governador-geral russo, e não ao Sejm, pelo menos até que a situação fosse equacionada pela Assembleia Constituinte.

Este foi o começo de uma disputa constitucional longa e árdua entre os finlandeses (que se opunham a reconhecer a soberania dos homens da capital do antigo império) e os russos (que se recusavam a admitir a autoridade do Sejm). Em Helsingfors, o governo de coalizão de Tokoi, uma frente de socialistas de inclinações federativas e de nacionalistas de tendências liberais, pretendia uma solução negociada com a Rússia, através da qual a Finlândia ganharia autonomia interna total em troca do direito de veto de Petrogrado em assuntos de política externa e militar. Tivesse o bom senso prevalecido, o Governo Provisório aceitaria um acordo temporário. Mas como a proposta incluía também a redução do contingente finlandês a ser convocado para a campanha militar russa, temeu-se que este fosse o primeiro passo rumo ao afastamento deste território da guerra internacional. Resultado: encerraram-se as discussões.

O impasse persistiu por toda a primavera, período no qual o governo de Tokoi passou a ser alvo da pressão popular, ansiosa por uma declaração unilateral de independência, ao passo que a capital russa considerava ser este mais um motivo para se aferrar firmemente contra as exigências finlandesas. Ambas as posições eram determinadas pelo fato de que os bolcheviques, tendo adotado a causa do antigo grão-ducado na esperança de conquistar um aliado contra o Governo Provisório, estavam construindo uma poderosa base de apoio entre os marinheiros de Helsingfors, onde controlavam o Soviete da Esquadra Báltica (TsentroBalt). Tokoi brandia a ameaça bolchevique na tentativa de obrigar Petrogrado a ceder. Mas os homens da capital estavam determinados a resistir. Em maio, até Kerenski, o novo ministro da Guerra, falando como um verdadeiro patriota, advertiu os finlandeses a não desafiarem a paciência do "cordial povo russo", na esperança de "privá-lo de seus direitos ao território nacional" constituído pela extinta monarquia.[33]

Em junho e julho, as relações com a Rússia ganharam matizes de crise. Uma resolução do Congresso do Soviete de todas as Rússias instara o Governo Provisório a negociar um tratado de independência com a Finlândia assim que a guerra terminasse. A novidade foi saudada pelo Sejm como sinal verde para uma afirmação de independência (*valtalaki*), feita em 23 de junho, que deu ensejo a comemorações em todo o território. Erroneamente, a população presumiu haver recebido respaldo do "parlamento russo". Mas o Soviete desejava a independência da Finlândia em outros termos. O *valtalaki* fora uma declaração unilateral de libertação, ao passo que a proposta do congresso previa que a independência nascesse de negociações com Petrogrado. Uma delegação do Soviete tentou persuadir os finlandeses a retroceder, em vão. Ato contínuo, pôs-se ao lado do Governo Provisório para derrotar o movimento separatista pela força militar. Ao longo de todo o mês de julho, os russos organizaram as tropas que mantinham no solo do ex-grão-ducado, sinalizando que as usaria contra o Sejm caso o *valtalaki* continuasse a prevalecer. No dia 21, o parlamento finlandês foi dissolvido. A despeito de reconhecer o direito da Finlândia à autodeterminação, a maioria dos socialistas russos anuiu à medida repressiva, considerando-a fruto da tática teimosa do Sejm. Mas outros, como Gorki, acreditavam que tal iniciativa só serviria para fortalecer a posição finlandesa, levando ao "acirramento do conflito" e à perda do prestígio democrático russo no Ocidente. Na verdade, o fechamento do Sejm teve desdobramentos ainda mais profundos. Ao descartar a possibilidade de um acordo negociado, Petrogrado jogou por terra o governo de Helsingfors e empurrou o território para uma trilha que desembocaria na guerra civil, pois a luta por independência emaranhara-se num conflito social mais amplo entre as classes proprietárias liberais, hesitantes em romper totalmente com a Rússia, e uma massa de trabalhadores, marinheiros e agricultores sem terra cada vez mais bolchevizada e ávida por declarar a liberdade da Finlândia Vermelha.[34]

Na Ucrânia, a Revolução de Fevereiro provocou a irrupção imediata de um movimento nacionalista cujo epicentro era o Rada, ou parlamento, nascido em Kiev no dia 4 de março. Firmemente comprometido com o direito à autodeterminação, o Rada considerava premente negociar, no âmbito do Estado federal russo, liberdades culturais, maior autonomia política e reforma agrária radical. A questão da terra era fundamental pois, embora o parlamento ucraniano pudesse contar com a adesão da *intelligentsia* local, não era possível ter tanta certeza do apoio do campesinato, estrato preponderante da população. Até então, apenas os lavradores transformados em soldados haviam se colocado a favor da causa nacionalista.

Em meados de maio, uma delegação do Rada apresentou uma pauta de reivindicações ao Governo Provisório. As exigências eram moderadas — reconhecimento da autonomia, direito a um representante na assinatura do acordo de paz com a Alemanha, um comissário para assuntos locais, unidades militares próprias na retaguarda e a nomeação de ucranianos para a maioria dos cargos do funcionalismo público. Petrogrado poderia facilmente ter concordado com tudo, sem prejuízo das decisões que viessem a ser tomadas pela Assembleia Constituinte quanto à questão dos territórios do extinto império. No entanto, o governo russo e os líderes do Soviete menosprezaram a influência do Rada — cujas solicitações sequer foram publicadas pelos jornais da capital. Ambos pareciam imaginar que bastava ignorar o problema para que este deixasse de existir. O príncipe Lvov tentou sepultar o assunto criando uma comissão especial, abarrotada de juristas russos, que suscitou complicados aspectos legais sobre a legitimidade de cada uma das demandas do parlamento ucraniano. Ao final, em mais uma demonstração de como os liberais russos escudavam-se em firulas jurídicas para fugir à política, concluiu-se que nada poderia ser resolvido até a Assembleia Constituinte.

Mas o resultado desta reação de avestruz só ajudou a fortalecer a causa nacionalista e a forçá-la à atitude mais radical, a de buscar a independência. Impelido a declarar a autonomia do país, em 10 de junho, o Rada publicou sua Primeira Resolução Universal, uma afirmação de liberdade calcada nas cartas dos cossacos, considerados fundadores da nação pelos nacionalistas, e que no contexto de 1917 assumiram papel simbólico idêntico ao das cores amarela e azul-clara da bandeira. O texto clamava pela convocação de um *Sejm*, ou assembleia soberana, e criava um secretariado-geral, encabeçado por V. K. Vinnichenko, que efetivamente assumiu o poder executivo, substituindo a autoridade do Governo Provisório. Só então a crise, que coincidiu com a afirmação de independência finlandesa, ganhou lugar de destaque na agenda política de Petrogrado. Exatamente quando o exército preparava-se para desferir nova ofensiva no Ocidente, a Rússia via-se ameaçada pela perda de duas regiões vitais. De pronto, o primeiro-ministro Lvov acusou o Rada de tentar "infligir um golpe fatal ao Estado", ao passo que *Volia naroda* expressou a opinião geral do Soviete, referindo-se à Universal como "uma punhalada nas costas da Revolução".[35]

Era transparente que alguma concessão fazia-se necessária e, em 28 de junho, o governo despachou uma delegação de três homens (Tereshchenko, Kerensky e Tsereteli) para negociar com o parlamento da Ucrânia. Quatro dias depois, as partes chegaram a um acordo paliativo: o Governo Provisório reconhecia a autonomia nacional ucraniana, a legitimidade popular do Rada e a autoridade executiva do secretariado-geral. Seria o suficiente para serenar os ânimos pelo restante do verão, não houvessem os nacionalistas russos de Kiev, em especial os chauvinistas que apoiavam Shulgin, partido para a briga na rua, contra o restante da população. Os kadets de direita que integravam o gabinete de Lvov tomaram partido da minoria russa na Ucrânia, recusando-se a avalizar o acordo, sob pretexto de que só a Assembleia Constituinte teria autoridade legal para dar fim à questão. Na verdade, não passava de uma evasiva para defender os interesses imperiais em terras não russas. Em conversa com seu secretário, Lvov condenou os kadets por "comportarem-se como os piores dos bastardos Cem Negros".[36] Em 4 de julho, um trio de kadets exonerou-se do gabinete. Foi o estopim de uma crise política longa que só se encerraria com a queda do Governo Provisório.

Brusilov em carta à esposa, datada de 1º de março:

> É preciso que saibas o que está acontecendo. Certamente estou satisfeito, mas peço a Deus que esta medonha crise, nessa guerra também medonha, termine logo, de modo que nosso inimigo externo não colha os frutos de nossa ruína. A única circunstância feliz é a chegada de uma época do ano na qual é muito difícil, quase impossível, ao inimigo desferir um ataque, pois seria uma catástrofe. O mais importante agora é ganharmos esta guerra, senão será a derrocada da Rússia.

A fé inabalável de Brusilov no destino vitorioso do país era, mais do que nunca, um castelo de vento. Como ele mesmo mais tarde admitiria, tratara-se de uma quimera sustentar uma campanha militar prolongada em meio a uma revolução social. E ainda assim ele acreditava na vontade do país em continuar lutando até o fim. Ao contrário da maioria dos generais do tsar, Brusilov aderira à sublevação popular na esperança de que a defesa da liberdade russa incutisse patriotismo em toda a população. Os monarquistas acusavam-no de oportunista; os historiadores repetiram a imputação. Mas, apesar da simpatia que nutria pelo tsarismo, ele havia muito se deixara convencer de que sem uma mudança completa no governo, a Rússia não ganharia a guerra. "Se tiver que optar entre a Rússia e o tsar, então escolho a primeira", ele afirmara em 1916.[37]

O exército da Rússia Livre estava muito menos estimulado a prosseguir na luta do que supunha o otimista general. A Ordem Nº 1 proporcionou aos praças o orgulho de sentirem-se "cidadãos", emparelhados aos oficiais, o que logo levou à quebra da disciplina. Embora articulados de modo a serem dominados pelo oficialato mais jovem e pela *intelligentsia* de uniforme, os recém-surgidos comitês de soldados tornaram-se prepostos da revolução entre a arraia-miúda dos *fronts*, que organizava discussões sobre estratégia e tirava deliberações sobre quando obedecer ou não às ordens dos superiores. Alguns soldados recusavam-se a lutar por mais de oito horas diárias, tomando a si os mesmos direitos dos trabalhadores. Muitos negavam-se a saudar os oficiais e houve casos em que estes foram substituídos por outros, eleitos. A intimidação dos militares com patente era comum. O próprio Brusilov recebeu várias cartas de seus homens, com ameaças de morte cujo objetivo era evitar ordens determinando o avanço das tropas. Em maio, ao assumir o Supremo Comando e passar em revista as unidades da frente norte, onde o espírito de motim era mais intenso, o general descobriu que centenas de oficiais já haviam desertado e que quantidade considerável cometera suicídio. "Lembro-me do caso em que um grupo de oficiais entreouvira os soldados conversarem, em tom ameaçador, sobre a 'necessidade de matar todos os superiores'. Um dos oficiais de menos idade ficou tão aterrorizado que se matou naquela mesma noite. Ele imaginou ser o suicídio preferível a esperar que os soldados o assassinassem." Os métodos para extermínio dos homens em postos de comando eram tão brutais — às vezes com braços, pernas e genitália arrancados ou arrancando, em vida, a pele das vítimas — que não há como culpar o ato desesperado do militar citado por Brusilov.[38]

Um jovem capitão escreveu ao pai, em 11 de março:

> Entre nós e os soldados há um abismo impossível de ser transposto. Não importa que julgamento façam de nós como indivíduos, aos olhos deles continuamos a ser nada mais do que *barins* (senhores). Quando nos referimos ao "povo", temos em mente a nação como um todo, mas eles vislumbram apenas a gente comum. Sob a ótica destes homens, ocorreu mais do que uma revolução política, houve uma revolução social, na qual fomos os perdedores, e eles, os vitoriosos. Eles pensam que tudo lhes será mais favorável e que a situação se voltará contra nós. Não nos acreditam quando afirmamos nossa devoção aos soldados. Dizem que no passado fomos *barins* e que é chegada a hora de eles assumirem tal posição. É a vingança por longos séculos de servidão.

Os soldados de origem rural não partilhavam do discurso de "cidadania" alardeado pelos superiores. Não enxergavam a revolução no contexto de direitos e deveres cívicos. A revolução que pretendiam imputar às trincheiras era uma versão daquela realizada no campo. Os recrutas saídos da lavoura naturalmente presumiam que bastava vencer os oficiais de origem fidalga para receber a recompensa na forma de paz, pão e terra. Como explicou um praça numa reunião do regimento a que pertencia, empenhado em debater a abdicação do tsar, ainda em março de 1917:

> Não entenderam? O que está acontecendo é um *ryvailooshun*! Não sabem o que é um *ryvailooshun*? É quando o povo assume todo o poder. E o que é o povo sem nós, os soldados, com nossas armas? Bah! É óbvio — significa que o poder nos pertence. E assim, o país também é nosso, toda a terra é nossa e se queremos lutar ou não, cabe a nós decidir. Entenderam agora? Isto é um *ryvailooshun*.[39]

Essa afirmação do "poder do soldado" foi essencial para o "bolchevismo de trincheira" que tomou conta das forças armadas em 1917. Brusilov o descreveu assim:

> Os soldados só tinham um objetivo — paz para poderem retornar para casa, saquear os donos de terra e viver livremente sem pagar tributos ou reconhecer qualquer autoridade. Os soldados inclinavam-se pelo bolchevismo porque criam que este era o programa bolchevique. Eles não tinham a

menor ideia do que fosse comunismo, a Internacional* ou do que a divisão em operários e camponeses realmente significava, mas se imaginavam de volta ao lar, gozando a vida sem leis ou proprietários. Tal liberdade anarquista era o que chamavam de "bolchevismo".

A partir da revolução, houve um aumento gritante de deserções, em especial entre os praças não russos. De março a outubro, talvez um milhão de soldados tenham abandonado seus postos de combate, quase sempre simplesmente fugindo à luta. O desertor padrão era um homem que se cansara da guerra e esmorecia de fome nas trincheiras e nas guarnições. À primeira oportunidade, refugiava-se na cidade mais próxima, onde comia, bebia, frequentava bordéis e amedrontava a população local. "As ruas estão cheias de soldados", queixou-se um funcionário de Perm, em meados de março. "Eles perturbam senhoras respeitáveis, transitam com prostitutas e, em público, comportam-se como vândalos. E sabem que ninguém ousa puni-los."[40]

Na primavera de 1917, os objetivos belicistas da Rússia ocuparam o centro do cenário político. Na verdade, todo aquele ano pode ser entendido como uma batalha entre os que viam a revolução como meio de acabar com a guerra e os que viam a guerra como única alternativa capaz de dar cabo da revolução. Não se tratava de um mero embate político, era também um entrechoque social. A propaganda de esquerda deixava claro que o combate estava sendo travado por interesses de classe distintos. Histórias de industriais, comerciantes, *kulaks* e negociantes do mercado paralelo, que lucravam com a guerra, podiam atiçar grande desconfiança, e até mesmo ódio, pela "burguesia" e pelo sistema "imperialista" ou "capitalista". Quem apoiava a luta contra a Alemanha era imediatamente acusado de desprezar o bem do povo. "Consideramos que o massacre e a destruição absurdos da guerra são fundamentais somente para a burguesia parasita", afirmou uma resolução dos trabalhadores da fábrica Dinamo, em Moscou.[41]

O Governo Provisório afastara-se demais da política de guerra que pretendia colocar em prática. O gabinete abrigava muitas visões conflitantes sobre o assunto. Com o apoio lasso de Guchkov, Miliukov não via motivo para desistir das ambições imperiais russas, contidas nos "tratados secretos" assinados com os aliados, visando ao controle de Constantinopla. Na qualidade de novo ministro das Relações Exteriores, ele deixara tal ideia clara, tanto para a imprensa quanto para as embaixadas russas. Mas as posições de Miliukov estavam em desacordo com a campanha de paz, iniciada em 14 de março, com o Apelo a Todos os Povos do Mundo, no qual o Soviete renunciava aos objetivos belicosos da Rússia tsarista e conclamava todas as nações

* Segundo o general Polovtsov, alguns soldados supunham que a Internacional fosse algum tipo de divindade.

envolvidas no conflito a protestar contra a "guerra imperialista". A reivindicação foi imediatamente endossada por diversos congressos de soldados; a maioria dos soldados declarou obediência aos termos do apelo pacifista. A campanha também ganhou fôlego junto aos ministros mais liberais do Governo Provisório, visto que a ideia esquerdista de um armistício em separado — defendida em alguns círculos do Soviete — fora abandonada e substituída, em 21 de março, pela proposta mais moderada de defensivismo revolucionário, isto é, unidade nacional em defesa da Rússia combinada com uma campanha internacional pela paz visando a um acordo democrático "sem anexações ou indenizações".

Em 27 de março, o Governo Provisório publicou sua própria Declaração de Metas de Guerra, um texto em grande harmonia com a proposta apresentada pelo Soviete. Mas Miliukov afirmou ao *Manchester Guardian* que o documento não modificaria o compromisso que o Império Russo assumira com seus aliados. Foi o início de uma árdua luta política pelo comando nas questões externas. Setores mais democráticos acusaram no de ter se manifestado sem autorização do gabinete. Nas palavras de um jornal liberal, ele não passava de um "Ministro da Opinião Pessoal". Considerando a declaração de 27 de março uma proeza sagrada da revolução, os líderes do Soviete pressionaram o governo a enviá-la aos Aliados sob a forma de comunicado diplomático, o que transformaria aquelas palavras em ditame prático da política externa russa, embora sem o aval do titular da pasta. Ao fim de muito burburinho, Miliukov foi forçado a ceder: a visita à Rússia de uma delegação de socialistas franceses e britânicos, disposta a endossar o programa de paz do Soviete, esvaziou seu principal argumento, o de que a ideia não seria bem-vista pelos Aliados. No entanto, ao despachar a declaração para as embaixadas no exterior, ele fê-la acompanhar de um bilhete, no qual enfatizava que o país ainda mantinha-se firmemente comprometido com a "vitória decisiva", aludindo, nas entrelinhas, aos objetivos da guerra imperial sustentados pelo tsarismo.[42]

O efeito da mensagem escrita pelo ministro foi similar ao de um pano vermelho sacudido diante do touro. Gorki, que ajudara a redigir o Apelo de 14 de março, denunciou a atitude de Miliukov como "um ataque burguês à democracia, objetivando prolongar a guerra". Nos corações e mentes de operários e soldados, o bilhete anexo encaminhado às embaixadas só serviu para reforçar a mensagem já alardeada pelo Soviete — segundo o qual "a burguesia" desejava ganhar a guerra imperialista. Em 20 de abril, milhares de trabalhadores e praças armados foram às ruas de Petrogrado. Muitos carregavam bandeiras cujas palavras de ordem exigiam a exoneração dos "dez ministros burgueses", o fim do conflito internacional e a nomeação de um novo governo revolucionário. Linde, que liderara o motim de fevereiro, sentiu-se apunhalado pela mensagem do ministro das Relações Exteriores. Para ele, tratava-se de uma traição à promessa mais vital da revolução, a de assegurar à guerra um ponto final democrático. Por natureza inclinado ao protesto espontâneo (fevereiro provara isto), Linde encabeçou um batalhão do Regimento Finlandês numa manifestação em armas até o Palácio Marinsky, na expectativa de que o Soviete determinasse a prisão do gabinete e assumisse o poder. Ao chegarem à sede do governo, os revoltosos já haviam recebido reforços de outros soldados, saídos dos regimentos de Moscou e Pavlov. Ao todo, havia 25 mil militares, todos com o mesmo estado de espírito. A demonstração de força de Linde foi completamente improvisada — ele não havia se dado ao trabalho de consultar ninguém. Com certeza, supunha que a Executiva do Soviete (da qual era membro) aprovaria aquela proposta sem rodeios, mas o que se deu foi justamente o contrário: votou-se uma resolução condenando sua atitude. O Soviete não se sentia preparado para avocar o poder, devendo auxiliar o Governo Provisório a recuperar a autoridade. Mais: teria sido a extrema esquerda, os bolcheviques de Vyborg e os anarquistas, que incitaram os manifestantes, incutindo naqueles homens a quimera de que deveriam "libertar-se da burguesia". A imprensa de direita imediatamente taxou Linde de "bolchevique" e referiu-se à passeata como uma tentativa de provocar um golpe sangrento. Não era verdade: o protesto dispersou-se de modo pacífico tão logo assim ordenara o Soviete. O general Kornilov, comandante da guarnição de Petrogrado, quis acabar com a manifestação à força, mas o gabinete hesitou em ir contra o "povo" e negou-lhe permissão. Em 21 de abril, houve novos protestos. O carro de Miliukov foi cercado e transformado em *sparing*. Várias pessoas morreram no embate entre uma massa insatisfeita, de um lado, e patriotas e monarquistas de direita, de outro, ocorrido na Nevsky Prospekt.[43] A pendência sobre que atitude o país deveria assumir no âmbito internacional dividiu a capital em duas, pondo-a à beira da guerra civil.

E foi a ameaça de hostilidades domésticas que finalmente levou a liderança do Soviete a somar-se ao governo e tentar fortalecer a autoridade do gabinete de Lvov. A ideia de coalizão já existia havia algum tempo. Dois fatores importantes favoreceriam tal aliança. O primeiro, Irakli Tsereteli, o menchevique georgiano, alto e garboso, de feições parecidas com as figuras de El Greco, que retornara do exílio em meados de março e, de pronto, fizera valer seu prestígio na liderança do Soviete. Na avaliação do primeiro-ministro, era "o único verdadeiro estadista do Soviete". Em seus discursos, Tsereteli sempre apelava para os interesses do Estado, em detrimento das questões de classe ou partidárias; aos poucos, inculcou nas demais lideranças um crescente sentimento de responsabilidade pelos rumos da nação russa. Estes abandonaram as ideias e as ações de revolucionários, tornando-se "homens de Estado". Os mencheviques forjaram a política de defensivismo revolucionário, unindo líderes soviéticos e liberais no tocante à pendenga com a Alemanha e, assim, preparando o caminho que desembocaria na coalizão. O outro fator foi a influência das bases do partido socialista, especialmente nas províncias, favoráveis ao casamento com os liberais. Desde o início, tais bases nunca haviam nutrido a mesma obsessão ideológica que seus líderes da capital, obstinados quanto à necessidade de formar um "governo burguês". Para os socialistas distantes de Petrogrado, o pragmatismo prevalecia sobre o dogma partidário (e que escolha eles teriam, considerado o tamanho diminuto da *intelligentsia* estabelecida longe dos grandes centros?) e, ainda nos primórdios da revolução, não houve empecilhos para que se juntassem aos liberais nos governos locais. Eles raciocinavam que, seus líderes somando forças com o gabinete de Lvov, o resultado só poderia ser maior influência sobre os destinos russos. Uma vez os mencheviques à frente do Ministério da Indústria, haveria aumentos salariais, imaginavam muitos trabalhadores. Soldados conjeturavam conquistar a paz se os SRs passassem a se incumbir da política de guerra.[44]

O nascimento da coalizão, assim como a formação do governo, em março, decorreram de esforços combinados de liberais e líderes soviéticos — horrorizados ante a violência das manifestações e com a perspectiva de uma guerra civil, e por isso desejosos de restaurar a ordem nas ruas de Petrogrado. Daí que, em 21 de abril, os tumultos começaram a ser coibidos e foi restabelecido o controle sobre a guarnição de Petrogrado, proibindo-se novas passeatas. Na prática, já estavam cumprindo as novas responsabilidades que só mais tarde lhes seriam entregues formalmente. No dia seguinte, lado a lado com os ministros, fizeram divulgar um documento rechaçando o bilhete mandado por Miliukov às embaixadas. Foi o bastante para sanar os aspectos mais imediatos da crise. Mas Lvov decidira que a liderança do Soviete participaria do governo, assegurando-lhe credibilidade. A presença do autor da mensagem belicista era o maior obstáculo à anuência do convite — trabalhar com ele exporia o Soviete às agressões da extrema esquerda, capaz de afirmar que se tratava de apoio à "guerra imperialista" — e levou à rejeição da proposta de aliança apresentada em 28 de abril. Dois dias depois, Guchkov, único aliado de Miliukov no gabinete, exonerou-se do Ministério da Guerra, em protesto contra a confirmação dos direitos do soldado, garantida por uma comissão governamental, e contra os ataques do Soviete ao titular da pasta das Relações Exteriores. Neste ínterim, Lvov tramou a queda de Miliukov, prometendo a Tsereteli que o desafeto seria afastado se os líderes do Soviete concordassem em formar a tão sonhada aliança. Para reforçar, o primeiro-ministro ameaçou abandonar o cargo se o menchevique não aceitasse a oferta. Este convenceu-se ser possível e essencial encerrar a crise de autoridade, caso contrário a porta ficaria aberta a iniciativas da extrema esquerda e da extrema direita. Em 2 de maio, a força deste argumento acabou por persuadir a Executiva do Soviete a votar a favor do acordo, por 44 votos a 19.[45]

Passados três dias, o novo gabinete foi anunciado. Em deferência ao dogma menchevique, acertou-se que os socialistas ocupariam somente uma minoria das cadeiras (assumiram seis das 16 existentes) e, para preservar a concepção liberal de que o governo é uma instituição nacional, acima de partidos e de interesses de classe, deveriam juntar-se à administração do país apenas como indivíduos, esquecendo-se da condição de membros do Soviete. Chernov ocupou o Ministério da Agricultura; Kerenski, o da Guerra; Skobelev, o do Trabalho; Tsereteli, cujo tempo era quase todo dedicado ao Soviete, aceitou o cargo menor de responsável pelos Correios e Telégrafos, o que lhe permitiria manter um pé em cada seara. Chernov o chamava de "ministro de Assuntos Gerais"; Sukhanov o apelidou de "Comissário do Governo no Soviete". É certo que o líder menchevique emergiu como figura central da aliança. Lvov dependia dele para manter os líderes socialistas sob controle e por isso o incluiu no "gabinete interno" (ao lado dos cinco ministros maçons) — Kerenski, Tereshchenko, Nekrasov, Konovalov, além do próprio Lvov —, responsável pela estratégia geral.[46]

A formação da coalizão para fortalecer o centro democrático teve efeito oposto, acelerando a polarização política e social que levou à guerra civil de outubro. Num dos flancos estava a maioria das bases do Partido Constitucional Democrático, que acompanhou o líder do partido, Miliukov, exonerado em 4 de maio, para a oposição de direita, contra a aliança feita pelo governo. A legenda despiu a pele liberal de defensora da nação e passou a jactar-se de paladina dos interesses de classe burgueses, dos direitos de propriedade, da lei e da ordem e do império russo. No flanco do Soviete, registrava-se um avanço claro rumo à esquerda, pois a massa de trabalhadores e camponeses desiludia-se cada vez mais com o fracasso dos socialistas em usar os cargos no gabinete de Lvov para apressar o processo de reforma social ou obter a paz democrática. Os SRs e os mencheviques de esquerda, desde sempre contrários à coalizão, agiram com correção ao advertir seus correligionários de que, uma vez no governo, partilhando o fardo da insatisfação popular, tendiam a perder o apoio da população. Os socialistas estariam alçados à condição de "estadistas", não poderiam mais agir como "revolucionários", obrigando-se a resistir ao que agora classificavam de "anarquia" — expropriações de terras pelos camponeses, greves operárias e quebra da disciplina militar — em prol dos interesses de Estado. Em vez de empregar o mandato popular para avocar o poder, como poderiam ter feito na crise de abril, os líderes do Soviete preferiram emprestar apoio a um governo liberal que já caíra no descrédito. Passaram a ser considerados guardiões de um Estado "burguês", deixando a iniciativa da revolução — sinônimo de pão, terra e paz — nas mãos dos bolcheviques.

3. A fúria de Lênin

Estação Finlândia, lado Vyborg de Petrogrado, 3 de abril de 1917, pouco antes de meia-noite: trabalhadores e soldados, com bandeiras e flâmulas vermelhas, lotam o saguão, onde há também uma retreta. Do lado de fora, a praça é tomada por automóveis e carros blindados, parecidos com tanques de guerra; o ar frio das trevas está azul de fumaça. Um holofote examina os rostos na multidão e cruza as fachadas dos prédios, iluminando momentaneamente os trilhos dos bondes, mais além, na cidade. O bulício e a expectativa crescem: o trem de Lênin está a caminho. Afinal, o comboio alcança a gare; uma retumbante Marselhesa ecoa pelo átrio; e a silhueta pequena e atarracada de Lênin surge no vagão, o casaco de lã suíça e o chapéu Homburg deslocados em meio à recepção de boas-vindas constituída por túnicas cinzentas e boinas proletárias. Em formação militar, uma escolta bolchevique armada o conduz à antiga sala de espera do tsar, na qual, de pé, uma delegação do Soviete aguarda para cumprimentar o último herói a retornar da luta revolucionária, após mais de uma década de exílio estrangeiro.[47]

Para Lênin, era o fim de uma jornada inesperada. A Revolução de Fevereiro o encontrara em Zurique e, como acontecera com a maior parte dos líderes socialistas, de surpresa. "É assombroso!", ele exclamou para Krupskaya ao saber da notícia. "Inacreditavelmente inesperado!" Lênin estava resolvido a voltar à Rússia o quanto antes. Mas como atravessar as linhas alemãs? Primeiro ele pensou em transpor o mar do Norte num vapor, a exemplo do que fizera Plekhanov, mas os ingleses eram hostis aos marxistas russos: Trótski e Bukharin haviam sido detidos na Grã-Bretanha, no caminho de Nova York para casa. Depois, cogitou de viajar através da Alemanha, disfarçado de sueco deficiente — surdo, mudo e cego. Krupskaya vetou o plano ao argumentar que ele se trairia ao proferir impropérios contra os mencheviques durante o sono. Num momento de desespero, Lênin chegou a considerar a hipótese de alugar um avião para atingir o leste da Europa; desistiu ao ponderar os perigos de uma empreitada tão temerária. Quando tratava-se de sofrer alguma ameaça física, ele sempre demonstrava um quê de covardia.*[48]

Trocar os exilados marxistas russos abrigados em solo suíço por cidadãos alemães confinados na Rússia fora ideia de Martov. Com o auxílio de camaradas helvécios, os exilados russos comunicaram-se com as autoridades da Alemanha, que logo perceberam a vantagem de deixar bolcheviques e outros grupos socialistas contrários à guerra atravessarem a fronteira para plantar a discórdia. Os alemães ajudaram, inclusive, a financiar as atividades dos bolcheviques, embora isso não

* Valentinov, que teve contato próximo com Lênin, na Suíça, escreveu: "Ele jamais iria às ruas lutar em barricadas ou se posicionar em linhas de fogo. Não ele, mas outros, pessoas mais humildes eram feitas para estas tarefas... Lênin saía às carreiras até mesmo de reuniões de exilados que parecessem prováveis de terminar em escaramuças. Sua regra era 'ir embora enquanto tal era possível' — para usar suas próprias palavras —, o que valia para qualquer ameaça de perigo. Em 1905-1906, durante sua estada em Petersburgo, ele exagerou tanto os riscos que estaria correndo e chegou a tamanhos extremos de ansiedade por sua autopreservação que ficamos imaginando se não se tratava simplesmente de um homem sem coragem pessoal."

deva ser entendido como prova de que estes trabalharam como agentes do inimigo, como muitos afirmariam posteriormente.[49] O Governo Provisório não gostou da ideia da troca — Miliukov estava decidido a resistir à proposta, considerando as opiniões de Lênin sobre o conflito internacional, e fez o que pôde para impedir as negociações. Martov e a maioria dos mencheviques exilados dispunham-se a aguardar o desenrolar dos acontecimentos, mas Lênin e 31 de seus companheiros mostraram-se aflitos o bastante para prosseguir com o plano alemão sem a sanção do governo russo. Em 27 de março, a bordo de um trem germânico, eles partiram de Gottmadingen, na fronteira suíça; atravessaram Frankfurt, Berlim e Estocolmo, rumo a Petrogrado. O veículo, composto por um só vagão, foi chancelado para evitar que, ao longo do caminho, houvesse inspeções de passaportes e bagagens. Lênin fez o trajeto trancado numa das cabinas, enquanto seus acompanhantes bebiam e cantavam no corredor e nos demais cubículos. Acender cigarros e charutos só era permitido no lavatório e Lênin ordenou que todos os não fumantes recebessem um "passe de primeira classe", garantindo prioridade de acesso ao banheiro. Como brincou Radek, aquele arremedo de planejamento social detalhado parecia sugerir que ele já ensaiava para "assumir a liderança do governo revolucionário".[50] O "trem selado" foi um protótipo do Estado ditatorial que impingiria à Rússia.

De volta ao país, Lênin era um forasteiro. A não ser pela temporada de seis meses no período 1905-1906, ele passara os últimos 17 anos fora. É provável que a maioria dos trabalhadores que compareceram à Estação Finlândia para saudá-lo nunca o tivesse visto antes.* "Sei muito pouco da Rússia", confessou certa feita a Gorki. "Simbirsk, Kazan, Petersburgo, exílio — eis tudo o que conheço." Durante 1917, ele alegaria com frequência que o povo estava muito mais à esquerda do que os bolcheviques. Até então, ele ainda não travara contato com a gente das ruas e só tinha condições de repetir o que seus agentes lhe informavam (quase sempre o que imaginavam ser agradável aos ouvidos do líder). Entre 5 de julho e a tomada do poder, em outubro, Lênin não apareceu em público sequer uma vez. O homem que tornar-se-ia o ditador da Rússia era praticamente ignorante do modo como o povo vivia; seus pés mal chegaram a tocar o solo das províncias. Exceto pelos dois anos em que exerceu a advocacia, ele jamais trabalhara. Era um "revolucionário profissional", vivendo à parte da sociedade e sustentando-se com os fundos do partido e com a renda da propriedade materna (desfrutada até a morte dela, em 1916).

---

* Muitos dos operários que lotaram a festa de boas-vindas a Lênin podem ter se mobilizado na expectativa de cerveja grátis. Desde a revolução, uma das características da vida na capital eram as recepções organizadas em homenagem a líderes de partido de volta à casa. Para grande número de trabalhadores, essas ocasiões transformaram-se em pretexto para festas públicas. A ressalva é particularmente relevante no caso do retorno de Lênin, que coincidiu com o feriado de Páscoa.

Segundo Gorki, por desconhecer as rotinas do trabalho cotidiano, por ignorar o sofrimento humano que este provocava, o líder bolchevique nutria um "desprezo impiedoso, digno de um nobre, pelas vidas da gente comum... A vida, em toda sua complexidade, é uma incógnita para Lênin, que jamais viveu entre o povo".[51]

"Este primeiro estágio da revolução (nascida da guerra) não será o último, nem se limitará à Rússia", escreveu Lênin a Kollontai, em 2 de março. Ele já pensava numa segunda revolução — a sua própria. Nas cinco "Cartas de Afar", redigidas entre 7 e 26 de março, ele esboçou o programa do partido para a transição da "primeira para a segunda fase da revolução": retirar o apoio ao Governo Provisório; ruptura clara com os mencheviques e com a Segunda Internacional; armar os trabalhadores, fundação do poder soviético (a "ditadura democrática do proletariado e dos camponeses mais pobres") e conclusão da paz imediata. Lênin condensou tudo em dez teses achaparradas — as famosas Teses de Abril — na viagem de trem iniciada na Suíça e começou a propagandeá-las já em sua chegada à Estação Finlândia. Alheio às boas-vindas formais dos líderes do Soviete, o ex-exilado proclamou o início de uma "revolução socialista internacional!" e seguiu rumo à praça, onde subiu na capota de um carro e discursou para a massa. Por sobre o barulho que tomava conta do lugar, Sukhanov só discerniu frases soltas: "...vergonhosa carnificina capitalista... mentiras e fraudes... piratas capitalistas..." Ato contínuo, Lênin foi embora num carro blindado, surgido em meio a acordes de uma banda militar, com destino ao quartel-general bolchevique — o palácio de Kshesinskaya, a ex-bailarina e eventual amante do tsar.[52] Nas ruas de Vyborg, operários e soldados sacudiam bandeiras vermelhas.

No dia seguinte, Lênin e sua escolta armada foi ao Palácio Tauride, onde apresentou as Teses de Abril ante uma reunião perplexa de social-democratas. Ele havia virado o programa partidário de ponta-cabeça. Em vez de aceitar um necessário "estágio burguês", como faziam todos os mencheviques e parte considerável dos bolcheviques, conclamava uma nova sublevação, que transferisse o poder "ao proletariado e camponeses pobres". Nas presentes condições, argumentava, comparando-se a força dos sovietes — fonte do autogoverno direto do proletariado —, uma democracia parlamentar seria um "passo retrógrado". Teoricamente, as Teses de Abril deitavam raízes nas lições que Lênin extraíra do fracasso da Revolução de 1905: a burguesia russa era débil demais para fomentar uma revolução democrática — só os trabalhadores poderiam levá-la ao seu término. As teses também se inspiraram na guerra, levando seu autor a concluir que toda a Europa estava às vésperas de um levante socialista e que a Revolução Russa não deveria limitar-se aos objetivos democráticos burgueses.* Mas as implicações práticas do

* Trótski chegara às mesmas conclusões e é possível que sua teoria da "revolução permanente" tenha influenciado, em parte, as Teses de Abril.

documento — os bolcheviques teriam que negar apoio à Revolução de Fevereiro e partir para a implantação da ditadura do proletariado — ultrapassavam qualquer conjectura já entrevista pela extrema esquerda do partido. Ainda não ficara óbvio se Lênin vislumbrava a derrubada violenta do Governo Provisório e, se assim fosse, quando tal deveria ocorrer. Por ora, ele parecia contente em ver o partido dedicado, exclusivamente, à agitação das massas. Até ali, os bolcheviques não eram maioria nos sovietes; e a Rússia, como afirmara Lênin, era "*agora* o mais livre de todos os países beligerantes do mundo". Mas a audácia de seu discurso, pronunciado numa assembleia social-democrata conjunta, cujo objetivo era reunificar o partido, provou enorme algazarra no recinto. Os mencheviques vaiaram e assobiaram. Tsereteli o acusou de passar por cima dos ensinamentos de Marx e citou Engels sobre os riscos de uma tomada prematura do poder. Goldenberg disse que o líder bolchevique abandonara inteiramente o marxismo na tentativa de ocupar o trono anarquista deixado vago por Bakunin. B. O. Bogdanov condenou as Teses de Abril como "delírios de um louco". Até mesmo Semen Kanatchikov, o operário bolchevique que saíra dos Urais para ouvir Lênin falar, ficou atônito com o que entendeu como "a natureza irrealista de suas ideias, as quais nos pareceram, a todos, extrapolar os domínios do possível". Afigurava-se que, tendo passado tantos anos no exterior, ele voltara alienado das realidades da vida política russa. Naquela noite, ao sair do Palácio Tauride, o menchevique Skobelev garantiu ao príncipe Lvov: "Lênin está acabado."[53]

O diagnóstico poderia se confirmar se fosse direcionado a qualquer pessoa, menos Lênin. Todas as probabilidades voltavam-se contra ele na luta para que o partido adotasse as Teses de Abril. Antes que o líder desembarcasse em terras russas, a maioria dos bolcheviques já havia empenhado apoio titubeante ao Governo Provisório — Kollontai foi a única bolchevique de destaque a defender o documento desde as primeiras horas. Apenas o Comitê de Vyborg, bastião do extremismo maximalista na capital, saiu em favor do poder dos sovietes. Stálin e Kamenev, chegados do exílio siberiano em meados de março e que assumiram o controle do *Pravda*, fizeram coro com as vozes cautelosas. A exemplo dos mencheviques, eles presumiam que o estágio revolucionário "burguês" ainda tinha muito chão pela frente, que o sistema de poder dual carecia de condições objetivas e que as tarefas imediatas dos bolcheviques consistiam na realização de trabalho construtivo dentro do movimento social-democrata como um todo. Mais tarde, Trótski os acusaria de agir não como representantes de um partido revolucionário dos trabalhadores, e sim à semelhança de uma oposição bem-comportada. Em fins de março, a Conferência Bolchevique de Todas as Rússias aprovou as moções moderadas de Kamenev e Stálin: apoio condicional ao gabinete de Lvov e aos líderes do Soviete, além de continuação da guerra. Os bolcheviques concordaram inclusive em explorar as possibilidades de fundirem-se com os mencheviques. As duas facções já trabalhavam juntas em vários sovietes de província, dos quais participavam também

SRs e outros socialistas. Distantes das disputas intestinas dos líderes partidários aboletados na capital, a velha camaradagem nascida na clandestinidade permanecia forte em rincões mais remotos, ressentindo-se e resistindo ao facciosismo de Lênin, pois não desejavam ou simplesmente não podiam romper laços com outros grupos de esquerda.[54]

O líder bolchevique adorava uma briga. Era como se sua existência inteira fosse uma prévia da batalha que enfrentaria em 1917. "Esta é minha vida!", ele confessou a Inessa Armand, um ano antes. "Uma campanha de luta após a outra." A contenda contra os populistas e economicistas, a luta pela organização do partido em bases centralistas, a disputa pelo boicote à Duma, o embate contra os "liquidacionistas" mencheviques, contra Bogdanov e Mach, contra a guerra — tudo o que até então havia sido proposto por Lênin e que tanto caracterizava sua personalidade. Na intimidade quase não havia alguém que pudesse atender pelo nome de Lênin: ele se devotava inteiramente à vida pública. Todas as biografias do líder bolchevique transformam-se em discussões inevitáveis sobre suas ideias e influência política. Aquele era um homem de vida pessoal extraordinariamente tediosa. Vestia-se e vivia como um escriturário provinciano de meia-idade, respeitando hora certa para comer, dormir, trabalhar e usufruir de algum lazer. Gostava de tudo nos seus devidos lugares e, judicioso nos gastos, anotava tudo o que consumia em alimentos, bilhetes de trem, material de papelaria etc. A cada manhã, só sentava à frente da escrivaninha após arrumá-la. Os livros eram dispostos em ordem alfabética; mantinha a bicicleta assepticamente limpa e ainda cuidava pessoalmente de seus ternos, pregando botões e retirando manchas de óleo.[55]

Havia uma veia puritana marcante no caráter de Lênin, a qual mais tarde manifestou-se na cultura política do regime russo. O ascetismo foi traço comum aos revolucionários da geração do maior líder bolchevique. Todos bebiam na fonte do abnegado herói Rakhmetev, de *Que fazer?*, de Chernyshevsky. Reprimindo seus sentimentos, negando-se os prazeres da vida, Lênin procurou coadjuvar sua impassibilidade para, como o modelo da ficção, fazer-se insensível aos sofrimentos alheios. Ele acreditava que esta era a "dureza" exigida de todo revolucionário de sucesso: capacidade de derramar sangue para fins políticos. "O mais terrível em Lênin", Struve observou, "era a combinação, numa só pessoa, de autopunição, que é a essência de todo autêntico ascetismo, com o castigo infligido a outrem, expressa no ódio social abstrato e na fria crueldade política." Mesmo como líder do Estado soviético, conservou os mesmos hábitos espartanos da clandestinidade. Até março de 1918, ele e Krupskaya ocuparam um cômodo quase vazio no Instituto Smolny, um ex-internato feminino, dormindo em duas camas de campanha estreitas e lavando-se em água fria despejada numa bacia. O lugar parecia-se mais com uma cela de prisão do que com a suíte de um ditador do maior país do mundo. Quando o governo mudou-se para Moscou, o casal e a irmã de Lênin foram morar num modesto apartamento de três aposentos no Kremlin; as refeições eram servidas na cafeteria da cidadela. Ainda espelhando-se em Rakhmetev, o líder levantava peso a fim de modelar a musculatura, mais um ingrediente da cultura do macho (jaquetas de couro negro, retórica virulenta, fé na ação e culto à violência), cerne do bolchevismo. Ele não fumava, não bebia e, afora a amizade romântica com Inessa Armand, não se interessava por belas mulheres. Krupskaya chamava-o de "Ilitch", nome pelo qual era conhecido também no partido; ele a tratava por "camarada". A esposa tinha ares de secretária pessoal do companheiro e não se pode lamentar que tenha sido um casamento sem filhos. A vida de Lênin excluía quaisquer afeições. "Não posso ouvir música com constância. Dá-me vontade de fazer afagos na cabeça das pessoas e de dizer palavras amáveis e tolas. (...) Mas, no momento, é preciso sovar cabeças, espancá-las sem misericórdia", ele admitiu certa ocasião, após uma apresentação da sonata *Apassionata*, de Beethoven.[56]

Como em tudo, os interesses de Lênin por literatura eram determinados pelo conteúdo social e político das obras. Ele só tinha olhos para livros que considerava úteis. Admirava Puchkin pelo que, simplisticamente, imaginava ser mera oposição à autocracia; apreciava Nekrasov pela descrição realista das massas oprimidas. Quando entretinha-se aprendendo alemão na Sibéria, devorara *Fausto*, de Goethe, e decorara alguns dos discursos de Mefistófeles. Recusara-se a ler Dostoiévski, em especial *Os possessos*, uma tentativa de expor a natureza psicótica do revolucionário. Na opinião de Ilitch, tratava-se de "um exemplo de imundície reacionária". "Não tenho a mínima disposição de perder meu tempo com isto. Folheei o livro e o descartei. Não me dedico a este tipo de literatura — que bem me faria?"[57]

A origem desta visão de vida filisteia estava na ambição ardente pelo poder. Os mencheviques gracejavam ser impossível competir com um homem como Lênin, que pensava na revolução 24 horas por dia. O líder bolchevique era guiado por uma fé absoluta em seu próprio destino histórico. Ele mesmo afirmara que, em momento nenhum, havia duvidado de ser a pessoa escolhida para manejar a "batuta de maestro" do partido. Tal era a mensagem que trouxe consigo ao retornar à Rússia, em abril de 1917. Os que o haviam conhecido antes da guerra notaram uma mudança drástica em sua personalidade. "Como envelheceu", pensara Roman Gul', que tivera um contato breve com Lênin, doze anos antes. "Toda a aparência de Lênin se alterara. E não era só isto. Nada sobrevivera de sua antiga genialidade, afabilidade e humor de camaradagem, antes presentes nas relações com terceiros. Aquele novo homem que acabara de chegar era cínico, reticente e rude, um conspirador 'contra tudo e todos', incapaz de confiar em alguém, suspeitando de cada um e determinado a arremeter até o poder." Chernov também descreveu este arroubo pela autoridade num brilhante retrato satírico do líder bolchevique, publicado em *Delo naroda*:

> Lênin possui uma integridade sobranceira. Parece ser feito de um bloco de granito, redondo e lustroso como uma bola de bilhar. Impossível detê-lo; ele rola com velocidade incontrolável. Ainda assim, poderia repetir para si mesmo: *Je ne sais pas où je vais, mais j'y vais résolument.* A devoção à causa revolucionária trespassa todo seu ser. Ele se considera a personificação da revolução. É dono de uma mente extraordinária, porém seu raciocínio é... *unidimensional* — mais do que isto, é unilinear... Trata-se de um homem de vontade apaixonada e, consequentemente, de alguém com suscetibilidade moral formidável.[58]

As divergências partidárias nunca mereceram a tolerância de Lênin. Bukharin queixava-se de que o líder bolchevique "não ligava a mínima à opinião dos outros". No juízo de Lunacharsky, ele, propositalmente, "cercava-se de parvos" incapazes de ousar questioná-lo. Ao longo da batalha em prol das Teses de Abril, seus modos corriqueiros ganharam proporções às raias da megalomania. A "fúria" de Lênin — assim Krupskaya apelidou o estado frenético que arrebatava o marido quando em atritos com rivais políticos. E era com esta criatura rabiosa que ela conviveria ao longo dos próximos cinco anos. Durante estes acessos, Ilitch agiu como se apossado por ódio e ira. Todo seu corpo era tomado por extrema tensão nervosa, os gestos tornavam-se vulgares e grosseiros; mal conseguia dormir e se alimentar. Difícil crer que aquele homem, empenhado em zombar dos oponentes, dentro e fora do partido, fazendo uso de expressões ásperas e violentas — "cabeças-duras", "bastardos", "ralé imunda", "prostitutas", "cadelas", "merdas", "cretinos", "russos estúpidos", "fanfarrões", "mexeriqueiros", "solteironas imbecis" —, era também culto. Passado o surto, caía exausto, lânguido e deprimido, até novo transe. Alternâncias maníacas de estado de espírito caracterizavam a psicologia de Lênin. Entre 1917 e 1922, a sucessão de ataques foi uma constante e deve ter contribuído para a hemorragia cerebral que o levou à morte.[59]

Sem dúvida, muito do sucesso da Revolução de Outubro pode ser explicado pelo domínio quase absoluto que exercia sobre o partido. Nenhuma outra legenda política jamais estivera tão vinculada à personalidade de um só indivíduo. Lênin foi o primeiro líder partidário moderno a atingir posição divina: neste sentido, Stálin, Mussolini, Hitler e Mao Tsé-tung não passaram de seus sucessores. Formar com os bolcheviques significava obediência irrestrita ao "líder" e "mestre". Era isto, sobretudo, que os distinguia dos mencheviques, os quais não contavam com liderança própria bem delineada. Em comparação a Lênin, todos os demais maximalistas reduziam-se a miniaturas políticas. Vejamos Zinoviev. Orador brilhante mas, a exemplo de seu grande adversário Trótski, resumia-se a isto. Para que seus discursos dessem frutos, "precisava ter a certeza tranquilizadora de estar aliviado do fardo da responsabilidade política pela intercessão de um pulso forte.

Lênin garantia tal serenidade". Ou então Kamenev. Liderou a oposição às Teses de Abril e, mais do que qualquer outro bolchevique, tentou colocar em prática uma alternativa moderada à estratégia revolucionária leninista. No entanto, era suave demais para tornar-se um líder de verdade. Lunacharsky chamava-o de "frouxo"; Stankevich via-o "tão amável que parecia estar envergonhado da posição que ocupava". George Denike o cotejou a um velho mestre-escola e enfatizou o gosto que tinha em usar chinelos. Kamenev era muito débil para se levantar contra os "homens duros" do partido. Podia estorvar alguns dos desígnios dos camaradas, mas sempre terminava adotando-os.[60]

O controle inexorável de Lênin tinha mais a ver com a cultura do partido do que com o carisma do líder. Sua oratória era embotada, carecia de eloquência brilhante, do *pathos*, do humor, de metáforas vívidas, das cores e do drama do discurso de um Trótski ou Zinoviev. Acrescente-se a isto o fato de que não conseguia pronunciar a letra "r".* Mas seus discursos apresentavam uma lógica férrea e eram hábeis na propagação de *slogans* fáceis, incutidos nas mentes dos ouvintes graças à repetição sem trégua. Lênin discorria com os polegares escondidos sob as axilas, balançando-se para a frente e para trás, sobre os calcanhares, dando a impressão de estar prestes a arremeter contra a plateia, como um foguete humano (assim seria representado nos retratos hagiográficos pintados durante a era soviética). Em 1907, Gorki testemunhou, pela primeira vez, um discurso de Lênin. De início, avaliou que ele "falava mal". Porém, "ao fim de um minuto, eu, como todos os presentes, estava absorto. Nunca ouvira complicadas questões sociais serem tratadas de modo tão simples. Não havia concorrentes para frases tão belas. Ele pronunciava cada palavra de modo claro e, com grande facilidade, revelava exatamente o que estava pensando". Potresov conhecia e trabalhava com Lênin desde 1894 e atribuía o apelo de sua retórica a uma curiosa "força hipnótica":

> Somente Lênin era seguido inquestionavelmente, como líder inigualável, alçado à condição de fenômeno raro, uma exclusividade russa — um homem de vontade intransigente e energia indômita, capaz de instilar fé fanática no movimento e na causa, possuído de autoconfiança irrestrita. Outrora, eu também me deixei impressionar por esta determinação, que afigurava fazer dele um "eleito".[61]

Apesar de tudo, a vitória das ideias do partido não decorreu da prevalência da personalidade do líder. Os quadros bolchevistas eram mais do que fantoches — a longa temporada no exílio contribuíra para tal. Vigorosíssimas, as reservas iniciais diante do chamado a uma segunda revolução evitaram que o trator Lênin mudasse

* Gorbatchov sofria do mesmo mal.

o curso da linha de ação bolchevista. Propalado pelo Estado soviético, disseminou-se o mito de que, em 1917, o Partido Bolchevique era uma organização monolítica estreitamente controlada por Lênin. No Ocidente, por diversos motivos, ainda há historiadores conservadores passíveis de emprestar crédito à fábula. Porém, grassava a indisciplina partidária, existiam muitas habilidades, distribuídas geográfica e ideologicamente, e a liderança — também cindida — com frequência mostrava-se incapaz de impor a ordem. Entre abril e outubro — e mesmo depois, nas lutas renhidas por conta de Brest-Litovsk — a legenda esteve rachada de alto a baixo, fruto de conflitos de ideias e posições. Pelo menos no começo, Lênin só tinha a seu lado uma diminuta minoria. E, se no frigir dos ovos, sempre fazia valer sua vontade, isto devia-se não só à influência que exercia sobre o partido, mas também a suas muitas habilidades políticas, como a persuasão, recuo e condescendência táticos, ameaças de afastar-se do grupo, ultimatos, demagogia e apelos aos camaradas.

Três fatores trabalharam a seu favor na luta pelas Teses de Abril — cada um deles oriundo de diferentes campos abrigados no Partido Bolchevique. À direita, o documento impeliu alguns veteranos a correr para os braços mencheviques, onde acreditavam que as ideias do marxismo ortodoxo seriam mais respeitadas. Outros bolchevistas de menos arrojo também encontraram refúgio na seara alternativa, cujo epicentro era o jornal de Gorki, *Novaia zhizn'*. O centro, reunido em torno de Kamenev, aos poucos foi conquistado por Lênin, à medida que ele abrandou os aspectos mais radicais de suas teses. Na conferência do partido, realizada de 24 a 29 de abril, ele aceitou a necessidade de um "longo período de agitação" para preparar as massas rumo ao próximo estágio da revolução e ganhou a maioria, em detrimento de Kamenev. Era o abandono do chamado à derrubada imediata do Governo Provisório, que muitos bolcheviques haviam considerado implícita na proposta leninista e que temiam poder mergulhar o país na guerra civil. Neste ínterim, durante a primavera, a ala esquerda do partido viu-se fortalecida pela filiação de grande número de trabalhadores e soldados. Foram esses membros das camadas pobres que constituíram a maioria dos delegados bolcheviques na conferência do partido, em abril — ao todo, formavam uma tropa de 149 representantes, falando por quase 80 mil companheiros do país inteiro. E tendiam a ser mais radicais do que os líderes partidários; conhecendo pouco de teoria marxista, não conseguiam entender a necessidade de uma "revolução burguesa". Por que as lideranças queriam chegar ao socialismo em duas fases e não numa só? Fevereiro já não havia derramado sangue bastante? E por que permitir o fortalecimento da burguesia no poder? Só para dificultar quando fosse preciso derrubá-la? O clamor pela tomada imediata do poder ao Soviete, suscitado pelas Teses de Abril, lhes parecia mais apropriado. Conscientemente, Lênin empenhou-se em tirar vantagem da contingência, discursando em várias reuniões do partido e nas fábricas da capital. Na tentativa de assumir ares mais "proletários", chegou a trocar o chapéu Homburg por um boné.[62]

A crise de abril enfatizou a mensagem do líder entre os quadros de origem social modesta. O comportamento de Miliukov fazia presumir que Lênin estava certo: a paz não poderia ser alcançada através da guerra "imperialista" travada pelo Governo Provisório. Consolidou-se a mentalidade do "nós contra eles", já comum entre operários e soldados radicais irritados com os "ministros burgueses". Alguns bolcheviques de Petrogrado buscaram usar as passeatas de 20-21 de abril como trampolim para a derrubada do gabinete de Lvov. Um ativista bolchevique da fábrica Putilov, Bogdatiev, conduziu os manifestantes às ruas, carregando bandeiras revolucionárias. O papel da liderança bolchevique no episódio nunca se tornou transparente. A versão soviética afirmava que Bogdatiev e seus colegas haviam agido por iniciativa própria. Todavia, um punhado de historiadores ocidentais apostam na possibilidade de ter havido autorização do Comitê Central. Como o golpe falhou, os caciques teriam resolvido não assumir a responsabilidade. Não existe nada que comprove tal afirmação e a hipótese básica — a de disciplina partidária férrea — é outra balela. O Comitê Central sempre se opusera à tomada do poder e a manifestação, evidentemente, o pegou de surpresa. De fato, Lênin cogitara fazer da marcha uma demonstração de força. No entanto, não tinha certeza do apoio que granjearia junto ao partido e às massas, caso o protesto se transformasse numa batalha pelo poder. Assim, preferiu apenas observar o desenrolar dos acontecimentos. Tão logo a ordem foi restaurada, apressou-se em condenar o "aventureirismo" dos exaltados de Petersburgo. Se o Governo Provisório houvesse caído, sem dúvida teria cantado vitória. Sua principal preocupação era apaziguar os elementos centristas na conferência bolchevique. Foram estas as suas palavras em 24 de abril:

> Só pretendíamos ser pacificamente reconhecidos pelas forças inimigas, não combater. Mas o Comitê de Petersburgo moveu-se "um pouco demais para a esquerda". Foi inépcia mover "um pouco à esquerda" no momento da ação... Isto ocorreu por causa de imperfeições em nossa organização. Só não eram aqueles que não agem. *Mas organizar bem — eis uma tarefa difícil.*[63]

Lênin emaranhara-se num dilema. Se os bolcheviques tentassem tomar o poder antes de o partido e suas bases estarem devidamente organizados, havia o risco de derrota e isolamento, como acontecera com a Comuna de Paris, em 1871, cuja sina atormentou os líderes ao longo de 1917 e 1918. Se não conseguissem se manter a par da vanguarda revolucionária — os marinheiros de Kronstadt, os trabalhadores de Vyborg e a guarnição de Petrogrado — perigavam perder a força mais ardorosa de que dispunham, a qual se dissiparia em rompantes infrutíferos de violência anárquica. Em 1917, a história do Partido Bolchevique e das disputas internas resumiu-se a uma indagação: como fazer a vanguarda revolucionária caminhar no mesmo ritmo imprimido pelo restante das massas.

A Base Naval de Kronstadt, uma ilha de marujos militantes situada no golfo da Finlândia, era o baluarte mais rebelde da linha de frente marxista. Defendida por recrutas que, durante a guerra, haviam tido pouca experiência militar, durante todo o ano anterior consumira-se no ócio; os navios e a tripulação, submetida pelos oficiais a tratamento ainda mais impiedoso do que a brutalidade sádica de praxe, viviam a um passo de uma explosão de ódio e violência. Nos Dias de Fevereiro, os marítimos amotinaram-se com ferocidade colossal. O almirante Viren, comandante da base, foi dilacerado a golpes de baionetas. Dezenas de outros superiores terminaram mortos, linchados ou aprisionados nas masmorras da ilha. A velha hierarquia naval esfrangalhou-se e o poder de fato passou ao Soviete local, numa espécie de preliminar para outubro. A autoridade do Governo Provisório jamais vingara em Kronstadt, onde a ordem militar também não foi restaurada. A despeito dos rumores — publicados na imprensa burguesa — de que os oficiais encarcerados haviam sofrido torturas bárbaras — o ministro da Justiça, Kerenski, mostrou-se inteiramente inábil nos repetidos esforços de ganhar jurisdição sobre a ilha.

Metade dos marinheiros sublevados tinha menos de 23 anos, quase todos alfabetizados, e a maioria fora politizada pela propaganda dos partidos de extrema esquerda. No início de maio, os bolcheviques haviam recrutado mais de 3 mil filiados entre as tropas da ilha e, com anarquistas e SRs, assumiram o controle do Soviete da base. Em 16 de maio, o Soviete declarou seu poder soberano e rejeitou a ingerência do Governo Provisório e do comissário nomeado para a área. Na verdade, tratava-se da declaração unilateral de uma "República Soviética de Kronstadt". O Soviete de Petrogrado acusou os revoltosos de "desertores da democracia revolucionária". A burguesia alarmou-se ao pensar que agora estavam à mercê daquela fortaleza enfurecida, passível de, a qualquer momento, cruzar o mar e partir para o ataque. "Aos olhos dos burgueses, Kronstadt era um símbolo da selvageria, a encarnação do diabo, um espectro aterrorizante de anarquia, a ressurreição, em solo russo, do pesadelo da Comuna de Paris", registrou Raskolnikov, um dos líderes bolcheviques do levante. Os maximalistas haviam ajudado a redigir a declaração de 16 de maio, embora sem apoio da liderança da capital.* Lênin enfureceu-se com os tenentes da base, ineptos na observância da subordinação partidária. Era prematuro imaginar a tomada do poder *contra* a autoridade do Soviete. Assim sendo, ordenou que todos os dias, até o fim da crise, o procurassem em busca de instruções. O Soviete de Petrogrado incumbiu Tsereteli de negociar um acordo com os líderes da insurreição, os quais, em troca do direito de elegerem seu próprio comissário,

---

* Trótski encorajara a declaração. Em 14 de maio, ao discursar no Soviete de Kronstadt, ele afirmou que a experiência poderia servir de exemplo para qualquer outra cidade: "Vocês estão na dianteira e o restante ficou para trás." Trótski, porém, ainda não era membro do Partido Bolchevique.

concordaram em aceitar a ascendência do Governo Provisório. Em 24 de maio, a rebelião terminou. No entanto, os marujos permaneceriam um foco de problemas, como provariam os eventos de junho, julho e outubro.[64]

O outro grande bastião de combatividade era o distrito de Vyborg, em Petrogrado, onde localizavam-se as metalúrgicas — Renault russa, Nobel, New Lessner, Erikson, Puzyrev, Vulcan e Phoenix — cujos empregados sempre se mostravam os mais simpáticos à perspectiva de greves, a maioria sob a batuta bolchevique. Em maio, a organização partidária local reunia mais de 5 mil pessoas. Estas fábricas abrigavam uma mistura inflamável de operários jovens e instruídos, propensos a se deixar influenciar mais facilmente pelos lemas maximalistas, e trabalhadores imigrantes não especializados, que afluíram às cidades durante o crescimento industrial nascido da guerra e, portanto, sofriam a dupla pressão de achatamento salarial e aluguéis caros. Ambos os grupos tendiam a se envolver em atos de violência pública. O lado Vyborg servia também de anfitrião do Primeiro Regimento de Metralhadoras, o quartel mais bem treinado, esclarecido e bolchevizado da capital, com cerca de 10 mil tropas e mil armas. Durante os Dias de Fevereiro, tais atiradores haviam abandonado os alojamentos, em Oranienbaum, e se juntado ao motim. Aguerridos e confiantes, viam-se como heróis da revolução e recusavam-se a voltar para a caserna enquanto a "burguesia" estivesse "no poder". Na verdade, mantinham o Governo Provisório como refém.[65]

Em 10 de junho, a esquerda bolchevique propôs uma manifestação armada para medir forças com o gabinete do príncipe Lvov. A ideia veio à luz na Organização Militar, criada pelo partido na guarnição de Petrogrado, que prometia comparecer com 60 mil homens. Não demorou para haver a adesão dos marujos de Kronstadt, que, em 4 de maio, promoveram um ensaio geral com uma marcha em formação militar destinada a saudar os heróis tombados nos Dias de Fevereiro. O comitê bolchevique da capital também já dava sinais de aprovação, argumentando ser necessário permitir que soldados e trabalhadores expressassem insatisfação com o governo, envolvido nos preparativos para uma nova ofensiva na campanha de guerra; se o partido não liderasse o protesto, haveria dissensões e os homens descarregariam a ira em atos de violência desenfreada. A legenda não podia correr o risco de desperdiçar sua vanguarda revolucionária. Mas o Comitê Central estava dividido, com Lênin, Sverdlov e Stálin (que dera uma guinada de 180 graus desde a volta do primeiro à Rússia) em favor da passeata; Kamenev, Zinoviev e Nogin eram contra, pois consideravam que o partido ainda não contava com apoio popular suficiente. A decisão foi adiada para 9 de junho.

A essa altura dos acontecimentos, a maioria do Comitê Central já aceitava o plano de uma manifestação armada. Na véspera da deliberação sobre o assunto, 28 fábricas de Petrogrado entraram em greve contra a tentativa do governo de despejar os anarquistas da sede que ora ocupavam, a vila do ex-ministro tsarista

Durnovo, no lado Vyborg.* Cinquenta marinheiros de Kronstadt dispuseram-se a defender os anarquistas contra os soldados da situação. A capital estava à beira de um confronto sangrento e a ocasião parecia madura para uma demonstração de força organizada. Mais tarde, os mencheviques alegariam que os maximalistas haviam premeditado fazer da oportunidade alavanca para a tomada do poder. Sukhanov chegou a afirmar que Lênin desenvolvera elaborados planos militares para um golpe, descendo a detalhes sobre o papel exato de cada regimento na ocupação de instalações estratégicas. Porém, inexistem indícios a respeito. É fato que, em 4 de junho, no Primeiro Congresso dos Sovietes de Todas as Rússias, Lênin declarara a disposição do partido em "assumir o poder a qualquer momento"; se estivesse planejando uma sublevação, muito provavelmente não a anunciaria. Alguns dos líderes bolchevistas secundários, como Latsis, do Comitê de Vyborg, porta-voz do Primeiro Regimento de Metralhadoras, com certeza pretendiam transformar a manifestação num levante em larga escala. Entrementes, as lideranças de maior vulto pareciam vislumbrar apenas um experimento e um artifício para pressionar o Congresso dos Sovietes a tomar as rédeas do país. Na noite de 9 de junho, o Soviete vetou a realização do protesto e cinco dos líderes bolcheviques (Lênin, Sverdlov, Zinoviev, Kamenev e Nogin) reuniram-se para efetuar a desmobilização, sob as críticas de camaradas mais intrépidos. Stálin ameaçou desonerar-se (oferta infelizmente recusada) e acusou o Comitê Central de "hesitação inaceitável". Lênin insistia ser prematuro arriscar uma afronta ao Soviete. Em 1917 — inclusive em outubro — todo o seu estratagema resumiu-se em vestir com o manto da legitimidade soviética as ambições bolcheviques. Tivesse a manifestação armada sido aprovada, os marxistas quase certamente terminariam expulsos do Soviete e o principal preceito estratégico de suas Teses de Abril — agitação das massas com vistas ao poder — ruiria por inteiro.[66]

Em 18 de junho, o Soviete patrocinou uma manifestação, visando a angariar apoio popular para a "unidade revolucionária", cognome da batalha por sua permanência na aliança governamental. Do ponto de vista dos que se inclinavam à radicalização, aquele era um pedido de aval ilimitado ao gabinete. Os bolcheviques resolveram engrossar a marcha com faixas exigindo "Todo o Poder aos Sovietes!" E foi em torno desta convocação que a maioria dos 400 mil manifestantes aglutinou-se.[67] Talvez a imprensa tivesse razão ao sugerir que as principais lideranças simplesmente não compareceram. Ou ainda, como parece mais provável, os presentes não teriam compreendido a diferença mais profunda entre bolcheviques e líderes

* Contava a lenda que os anarquistas haviam transformado o lugar num hospício, onde tramavam-se conspirações e promoviam-se sabás e orgias. No entanto, o procurador encarregado do caso encontrou a casa em perfeita ordem, até mesmo com parte do jardim destinada à creche para os filhos dos trabalhadores.

do Soviete, marchando sob os estandartes dos primeiros, segundo uma falsa noção de lealdade. De qualquer forma, foi uma grande vitória da propaganda bolchevista e serviu para, no mês seguinte, incitar os projetos de um confronto armado e mais pretensioso com o Governo Provisório.

4. O desespero de Gorki

Gorki para Ekaterina, 18 de junho de 1917:

> A manifestação de hoje foi uma mostra da impotência das forças democráticas leais. Apenas os "bolcheviques" marcharam. *Desprezo-os e odeio-os cada vez mais*; são uns verdadeiros idiotas russos. A maior parte das palavras de ordem clamava "Abaixo os Dez Ministros Burgueses!" Mas só há oito deles! Registraram-se vários surtos de pânico — foi repugnante! Senhoras pularam no canal, no trecho entre o Campo de Marte e os Jardins de Verão, ainda de botas, chapinhando na água, levantando as saias, com as pernas expostas, algumas delas gordas, outras já curvadas. A loucura continua, mas parece que o povo começa a se cansar. Embora seja um pacifista, saúdo a próxima ofensiva, na esperança de que, pelo menos, force o país a se organizar, pois estamos nos tornando incorrigivelmente ociosos e desarreados.[68]

Para o escritor, o socialismo sempre fora um ideal cultural; significava a construção de uma civilização humanista baseada nos princípios democráticos e no desenvolvimento moral, espiritual e intelectual do povo. "A nova vida política exige de nós uma estrutura d'alma também nova", observou em abril. Mas a revolução, tal como ele a via, tinha desencadeado uma "onda anárquica de violência e vendeta plebeias", que ameaçava aniquilar o país. Na acepção de Gorki, não existira uma "revolução social", somente um rompante "zoológico" de força bruta e destruição. Em vez de forjar um novo mundo, a Revolução Russa levara o país à iminência de uma "era sombria de caos barbaresco", na qual os instintos de vingança e cólera suplantariam tudo o que houvesse de bom. A missão da *intelligentsia* democrática era defender a civilização da energia avassaladora da massa, numa luta da "cultura contra a anarquia".[69]

A rejeição irascível de tudo que lembrasse o passado era parte integrante da Revolução de Fevereiro. Os símbolos do regime imperial haviam sido exterminados, estátuas de heróis tsaristas, postas abaixo, nomes de ruas trocados. Os camponeses saqueavam solares nobres, igrejas e escolas; incendiavam bibliotecas e inutilizavam obras de arte de valor incalculável.

Muitos socialistas românticos consideravam tal violência iconoclasta um impulso revolucionário (i.e., positivo) e "natural", nascido no seio do povo oprimido. Trótski, por exemplo, fez uso de termos idealistas para discorrer sobre a revolução — que faria despertar a personalidade humana — e as agressões que esta provocara:

> Pessoas desacostumadas à revolução e à sua psicologia, ou aquelas que antes só vivenciaram o âmbito das ideias, sentem algum pesar, se não aversão, quando estas desenvolvem-se física e materialmente, sob a forma da sanha e da violência anárquicas que vieram à superfície dos eventos revolucionários. No entanto, tal anarquia revoltosa, mesmo em suas manifestações mais negativas — quando um soldado, ontem escravo, de súbito num vagão de primeira classe, arrancou o estofado de veludo para cobrir os pés —, mesmo em tal ato de vandalismo, expressou o despertar da personalidade. Aquele tiranizado e perseguido camponês russo, antes esbofeteado e sujeito aos insultos mais cruéis, entrara, talvez pela primeira vez na vida, num trem de luxo e, vendo as almofadas suntuosas e os trapos fedidos que calçava, rasgou o tecido, pois ele também tinha direito a um pedaço de boa seda ou bom veludo.

Grande parcela dos intelectuais de esquerda também entendiam a violência desta forma. Alguns, como Blok, idealizavam as chamas que lambiam a velha Rússia como se fora um exorcismo do passado iníquo; para eles, a destruição do velho mundo significava o nascimento de um outro, novo e mais fraternal, talvez até mais cristão. Daí Blok, em seu famoso poema "Os Doze" (escrito em janeiro de 1918), ter retratado Cristo à frente dos Guardas Vermelhos. Os demais, como Voloshin, Mandelstam e Belyi, mostravam-se ambivalentes quanto à violência revolucionária; entendiam-na como uma força justa e primitiva, mas revelavam horror diante de tamanha crueza selvagem.[70]

Gorki era diferente, só distinguia trevas na violência, pasmo com suas consequências inevitáveis, a corrupção moral da revolução e a imersão do povo no barbarismo. Como sempre, foi firme e franco ao condená-la na coluna "Pensamentos Intempestivos", do *Novaia zhizn'*, que assinou em 1917 e 1918. Ele criticava os títulos pornográficos dedicados à família imperial, "imundícies deletérias", cujo único efeito residia em provocar os "instintos obscenos da turba". Mais tarde, durante o Terror Vermelho, assumiria a defesa de vários Romanov, inclusive do grão-duque, "pobres bodes expiatórios da revolução, mártires do fanatismo". Indignado ficava com a "ascensão do antissemitismo, a mentalidade de *pogrom* da classe trabalhadora", na qual, como todos os marxistas, depositava grande fé como força libertadora e moral. Gorki também pôs-se contra o vandalismo da revolta camponesa; a seus olhos, a devastação das residências fidalgas, teto de coleções literárias e pinacotecas, equivalia a um ataque à civilização. Em março de 1917, ao ouvir rumores de que as massas estavam prestes a despedaçar a estátua de Alexandre III, situada na Praça Znamenskaya, ele organizou, em casa, um encontro de 50 figuras importantes da cultura russa; o grupo escolheu uma dúzia de membros — a chamada "Comissão Gorki" — encarregados de promover uma campanha pela preservação de todos os monumentos artísticos e prédios históricos do país.[71]

Sua amada Petersburgo, sede da cultura russa ocidental, estava sendo destruída e profanada pela "revolução asiática". Em 14 de junho, ele escreveu a Ekaterina:

> A capital não mais existe, é uma cloaca. Ninguém trabalha, as ruas estão sujas, pilhas de lixo nauseabundas nos pátios... Dói-me dizer em que tudo se transformou. Há uma indolência e uma covardia cada vez maiores, bem como afloraram instintos selvagens e criminosos contra os quais lutei a vida inteira e, estes, me parece, estão assolando a Rússia.[72]

Era como se o século XX estivesse devolvendo o país aos tempos medievais. Gorki sentia-se especialmente ultrajado pela disseminação urbana da lei do linchamento (*samosudy*). Em dezembro de 1917, ele afirmou ter contado 10 mil casos de justiça sumária, desde a queda do velho regime. Esses tribunais da malta — nos quais as multidões serviam de juiz e carrasco — eram a negação absoluta dos ideais de equidade pretendidos pela revolução. Humilhado séculos a fio, o povo russo passara a desancar seus inimigos com prazer mórbido.

> Eis como a democracia tenta seus pecadores. Um ladrão foi pego perto do Mercado Alexandrovsky. Na hora, a multidão o espancou e votou — qual a morte apropriada, afogamento ou fuzilamento? Decidiram pelo primeiro e jogaram o homem na água gélida. Com grande dificuldade, ele conseguiu nadar e alcançar a margem; alguém se aproximou e o executou, a tiros.
>
> A Idade Média de nossa história era uma época de perversidade abominável, mas mesmo um criminoso condenado à pena capital, se caía do patíbulo, merecia indulto.
>
> Como os tribunais populares afetam a próxima geração?
>
> Um gatuno, quase morto de tanta pancada, é levado pelos soldados até a Moika, onde será afogado; ele está coberto de sangue, o rosto completamente machucado, um olho para fora da órbita. Um bando de crianças acompanha a cena; depois, algumas delas voltam da Moika e, saltitantes, gritam, jubilosas: "Eles o mergulharam, eles o afogaram!"
>
> Assim são nossos filhos, nosso futuro. Para eles, a vida de um homem será barata, mas o homem — não devemos esquecer! — constitui a criação mais bela e preciosa da natureza.[73]

Sem dúvida, tratava-se do pessimismo de um homem de letras enojado de todas as formas de violência; Gorki avaliava a revolução estritamente segundo seus próprios valores culturais e parâmetros morais. E isto ele deixou claro num discurso ousado — jamais publicado antes — feito por ocasião do primeiro aniversário dos Dias de Fevereiro.

> Uma revolução só pode ser considerada como tal quando surge como expressão natural e vívida da força *criativa* do povo. Porém, se é simplesmente o descargo dos instintos da massa, acumulados pela escravidão e opressão, macula o nome que ostenta, é apenas um levante (*bunt*) de malícia e ódio, incapaz de mudar nossas vidas, vocacionado para a amargura e a desgraça. Podemos afirmar que, passado um ano da Revolução Russa, o país libertou-se da violência e da afronta do estado policial, tornou-se melhor, mais cordial, mais inteligente e mais honesto? Não, ninguém poderia. Vivemos como na monarquia, com os mesmos costumes, os mesmos preconceitos, a mesma estupidez e a mesma vulgaridade. A avidez e a astúcia que nos foram inculcadas pelo antigo regime perduram dentro de nós. As pessoas continuam roubando e ofendendo umas as outras, como sempre. A exemplo de seus antecessores, os novos burocratas aceitam subornos e tratam o povo com rudeza e desdém ainda maior... Tendo conquistado a liberdade, os russos não sabem como usá-la para o bem; portanto, utilizam-na para causar o mal, a si próprios e a terceiros, sob pena de perderem tudo pelo que lutaram durante séculos. Está-se destruindo todas as grandes realizações ancestrais; aos poucos, a riqueza nacional, a riqueza da terra, da indústria, do transporte, das comunicações e das cidades misturam-se ao pó.[74]

Havia muito a admirar na postura corajosa de Gorki contra as calamidades da revolução; era uma voz desesperada pregando no deserto — o que só a tornava mais nobre e trágica. Para a esquerda, a violência e a aniquilação justificavam-se pelos objetivos mais amplos da revolução e, portanto, os "pensamentos intempestivos" resumiam-se a heresias — ou afirmações "politicamente incorretas". Os bolcheviques passaram a dedicar-lhe a mesma antipatia que a direita já lhe assegurava. O círculo reunido em torno do *Novaia zhizn'* não consistia em uma facção política, mas sim em um punhado de marxistas insatisfeitos e sem desejo de se juntar a qualquer uma das legendas disponíveis. "Preciso formar meu próprio partido, mas não saberia que nome dar a ele, posto que *só teria um único filiado — eu*", informou a Ekaterina, aos 19 de março.[75]

Ele reconhecia que assumira uma posição escorada em ideias preconcebidas e contradições possíveis de serem suscitadas apenas por um intelectual; fizera julgamentos de ordem moral e cultural sobre a brutalidade da massa revolucionária, sem sequer procurar compreendê-la no contexto histórico ou social. Em seus muitos textos sobre os tribunais populares, nunca aventou o fato de que a justiça realizada em via pública tornara-se a única alternativa de cidadãos comuns defenderem-se e a suas propriedades, estando as cidades pervagadas pelo crime e sem força policial para fazer valer a lei. Gorki não captava o problema; limitava-se a emitir veredictos éticos.

Seus preconceitos culturais desnudavam-se quando tentava explicar as origens da violência. Evidentemente, sentia necessidade de inseri-la entre os legados do tsarismo:

> As condições em que o povo russo vivia não poderiam infundir-lhe respeito por outrem nem consciência dos direitos de cidadania ou sentimentos de justiça, haja vista a absoluta ilegalidade, opressão individual, mentiras insolentes e fereza. É de surpreender que, apesar de tudo, o povo conservasse reações humanas e algum grau de bom senso.

Coube-lhe a primazia de enfatizar que o barbarismo da revolução nascera do miasma da guerra. A carnificina das trincheiras e as privações da retaguarda produziram a brutalidade russa, insensibilizando a população ao sofrimento do próximo — assim ele dissera a Romain Rolland. Os russos haviam desenvolvido o gosto pela violência e poucos se abalaram com os Dias de Fevereiro; no estouro revolucionário, as regras consuetudinárias do comportamento polido mergulharam no esquecimento, o fino verniz da civilização desbotara.[76]

Gorki tendia a localizar as causas desta violência no caráter da população. "A tragédia da Revolução Russa é fruto de um povo selvagem. As cruéis manifestações da revolta devem-se à índole ferina dos eslavos", sustentou, em 1922. Jamais parou para ponderar que todas as revoluções sociais são, por natureza, violentas. Sua visão estava impregnada de suas preferências pelo Ocidente, de onde supunha proceder todo progresso e civilização. Ao leste, restava a barbárie. Social, histórica e geograficamente, a Rússia espremia-se entre dois continentes. A tradição do Estado petrino e a *intelligentsia* haviam sofrido influências europeias, o campesinato era asiático e a classe trabalhadora interpunha-se entre ambos, saída do Oriente mas capaz de se aculturar sob orientação da intelectualidade. Cuspida das profundezas rurais agrestes, a Revolução Russa — tal como a concebia em 1917 — era uma força tosca e condenável. Ao inverso de Lvov, ele não nutria ilusões quanto à bondade ou a sabedoria da gente simples daquele país. "Estou me convertendo ao pessimismo e, talvez, à misantropia. A meu ver, a maioria esmagadora dos habitantes russos são maus e estúpidos como porcos", confidenciou em mais uma carta a Ekaterina, datada de meados de março.[77]

Os "instintos selvagens" dos camponeses, alvo inconteste da ojeriza do escritor, respondiam pela violência da sublevação. O único desejo dos lavradores era vingar-se dos antigos amos e de toda a elite rica e privilegiada, na qual incluíam a intelectualidade ávida por doutriná-los. Gorki e muitos dos mencheviques atribuíam boa fração da desordem revolucionária urbana — os julgamentos populares, saques anárquicos e os ataques aos capatazes das fábricas — ao afluxo de operários não especializados atraídos pelo crescimento da economia bélica. O escritor parecia não acreditar que a classe trabalhadora, vista por todos os marxistas como força do progresso cultural, pudesse se comportar como ignaros ou vândalos. E, ainda assim, com frequência, ele exprimiu um medo profundo diante da possibilidade de os valores proletários "dissolverem-se na massa camponesa", do mundo da escola e da indústria ser derrotado pelos costumes rudes da aldeia.[78]

Na opinião de Gorki, os bolcheviques estavam contribuindo para insuflar esta ameaça. As Teses de Abril propunham uma nova revolução, prematura, a qual, considerando o atraso do Estado russo, tendia a fazer o país refém do campesinato. Em 1924, ele escreveu:

> Eu julgava que as Teses de Abril subordinavam a camada pequena e heroica de trabalhadores politizados e a *intelligentsia* verdadeiramente revolucionária aos camponeses. Como uma pitada de sal, a única força ativa na Rússia seria diluída no atoleiro da aldeia e desapareceria sem deixar vestígios, sem mudar o ânimo, a vida e a história da nação.[79]

Ao escritor, parecia que os ideais culturais da intelectualidade socialista estavam sendo imolados em prol dos fins políticos pretendidos pelos bolcheviques. Estes estariam disseminando o ódio de classe e estimulando as "massas niilistas" a destruírem todas as reminiscências da velha ordem.

Muitos, entre eles Gorki, imputavam aos bolchevistas os atritos brutais ocorridos na Nevsky Prospekt durante as manifestações de 20-21 de abril. Eis seus "pensamentos intempestivos" do dia 23:

> As asas reluzentes de nossa jovem cidadania estão manchadas de sangue inocente. Crime e violência resumem os argumentos do despotismo... Devemos compreender que o inimigo mais terrível da liberdade e da justiça mora dentro de nós; consiste em nossa estupidez, crueldade e em todo o caos de trevas e sentimentos anárquicos... Somos capazes de entender isto? Se não conseguimos nos abster do flagrante uso da força, então não podemos nos arrogar livres... É possível que a memória de nosso passado infame, a lembrança de centenas e milhares dos nossos, assassinados nas ruas, tenha inculcado, a nós também, a plácida atitude dos algozes frente

> à morte triste de um homem? Não disponho de palavras duras o bastante para censurar os que tentam provar algo com balas, baionetas ou socos no rosto de outrem. Não foram esses os meios pelos quais nos mantiveram na escravidão aviltante? E agora, tendo nos libertado da servidão imposta de fora, continuamos a viver dominados por sensações escravizadoras.[80]

O papel dos maximalistas nas manifestações previstas para 10 de junho também haviam-no enfurecido. Ele escreveu a Ekaterina, cinco dias depois de o Soviete vetar a proposta:

> Cheguei ao fim de minhas forças. Meu corpo ainda resiste, mas a ansiedade cresce a cada nova manhã e vejo que a política ensandecida de Lênin logo nos levará à guerra civil. Suas palavras de ordem são muito populares entre a massa de trabalhadores incultos e alguns soldados, muito embora ele esteja inteiramente isolado.[81]

Para Gorki, num país rural como a Rússia, onde o povo era "ignorante e ignóbil", a "ira plebeia" despertada pelos lemas bolcheviques só poderia degenerar numa arremetida destrutiva e no caos. O ódio aos *burzhoois* resultaria num *pogrom* absurdo, numa guerra revanchista entre classes, num "saque aos saqueadores" — expressão usada pelos bolcheviques — os quais também alimentavam a desconfiança nos partidos democráticos, levando à rejeição aos intelectuais e seus valores humanistas.

Em 1917, o desprezo do autor de *A mãe* abrangia todas as legendas. "A política é a fonte da inimizade social, suspeitas malévolas, mentiras impudentes, ambições mórbidas e desrespeito pelo indivíduo. Cite algo ruim no homem e é precisamente no terreno da luta partidária que isto prolifera", registrou em 20 de abril. O desabafo baseava-se na crença de que a *intelligentsia* — incluídos os partidos — deveria defender os bastiões morais e culturais do Iluminismo contra a violência exterminadora das ruas, salvaguardando a revolução como processo criativo e construtivo da civilização nacional. Sob este aspecto, aproximava-se do ponto de vista dos liberais e do Soviete, também inquietos com a maré de anarquia. Na primavera e início do verão, Gorki e eles inclinaram-se a enxergar a nova ofensiva bélica como força capaz de unir e disciplinar o país. "Apesar de pacifista, saúdo o ataque iminente na esperança de que, no mínimo, traga alguma organização ao país", escreveu em 18 de junho.[82] Os fatos provariam o contrário.

X.

A agonia do Governo Provisório

1. A ilusão de uma nação

No primeiro encontro que teve com Brusilov, Kerenski nomeou-o comandante em chefe do exército russo. O novo ministro da Guerra o conhecera no quartel-general do sudoeste e, após inspecionar as tropas, convidara-o a um passeio noturno à cidade de Tarnopol. Chovia forte e o carro, único a percorrer a estrada àquela hora, atravessava com dificuldade os caminhos lamacentos da zona rural. Espremidos no interior do veículo, a água batendo contra os vidros, relâmpagos espocando, os dois homens ganharam intimidade, trocando confidências como velhos parceiros. Ambos concordavam sobre a necessidade de a Rússia desferir um ataque ainda no verão. Como Kerenski recordaria em suas memórias, tal circunstância decidiu "ali e naquele momento, quem deveria assumir o comando de todas as forças russas e liderar o ataque" aos alemães.[1]

A escolha do nome de Brusilov foi um crédito à capacidade guerreira do novo exército revolucionário. Sobretudo, seu otimismo valera-lhe o posto. "Precisava de homens convencidos de que o exército russo não estava arruinado", Kerenski registraria mais tarde. "Prescindia daqueles incapazes de aceitar a revolução como fato consumado ou hesitantes quanto à possibilidade de reerguermos o moral das tropas. Carecia de homens calejados pelos anos da loucura de guerra do velho regime, com total compreensão do que havia ocorrido no país."[2] Talvez o único general a sair honrado do conflito internacional e um dos primeiros a somar forças à revolução, Brusilov preenchia todos os requisitos. Como ministro da Guerra, via no pretexto da defesa de liberdade uma possibilidade para, finalmente, inspirar o patriotismo cívico de que a Rússia precisava para prosseguir com a guerra.

O apoio à democracia — aos comitês de soldados, em particular — lhe garantira a antipatia dos demais militares de igual patente, que o tinham como "oportunista" e "traidor". Em 22 de maio, o Estado-Maior recebeu o novo comandante com franca hostilidade. "De cara, já ao chegar, percebi a atmosfera gélida", ele registrou. Em vez da ovação de praxe, à qual se acostumara, foi recepcionado na estação de Mogilev por uma delegação pequena e formal de generais sorumbáticos. Para piorar, não deu atenção a alguns oficiais que tentavam cumprimentá-lo, preferindo, primeiro, apertar as mãos de soldados rasos. Confusos, ao responder à saudação estes baixaram os rifles ou os mantiveram no braço esquerdo. Pelas normas, mereceriam apenas uma continência lassa dos superiores.[3]

Diferentemente dos antigos comandantes, ele acreditava ser possível trabalhar em conjunto com os organismos democráticos dos praças, pois só assim poderia recuperar o moral do exército e desferir um novo assalto contra o inimigo. Tamanha confiança contrastava com o ceticismo do general Alexeev, seu antecessor no posto, para quem o Estado revolucionário toldava qualquer perspectiva de sucesso no campo de batalha. Mas Brusilov sempre achara ter sido escolhido pela Providência para levar os russos à vitória. "A despeito de todas as dificuldades, nunca desesperei por ter certeza que Deus colocou tal fardo sobre meus ombros. O destino da Pátria está em Suas mãos. Nutro uma crença profunda, tão profunda quanto minha própria fé Nele, que sairemos triunfantes desta luta titânica."[4]

Desde a Conferência Interaliada, em novembro de 1915, a Rússia vinha sendo pressionada pelos países amigos a realizar uma grande ofensiva na frente oriental. Os líderes da Entente pretendiam fazer de 1917 o ano do êxito final, presumindo bastarem ataques simultâneos, a leste e oeste, para derrotar os Impérios Centrais. Em grande parte, a legitimidade do Governo Provisório entre os países do Ocidente — e o apoio financeiro assegurado por estes — baseava-se na promessa do empenho russo para tal. Ao mesmo tempo, a revolução reforçara as dúvidas já consideráveis sobre o poder de fogo do antigo exército tsarista. Em 18 de março, num encontro de comandantes do *front*, Alexeev não aceitou a proposta francesa de um ataque na primavera: as estradas ainda encontravam-se cobertas de gelo; havia escassez de cavalos e rações; as unidades de reservistas estavam destroçadas; a disciplina militar rompia-se; e o Soviete, controlador de todas as estâncias de poder mais importantes, relutava em avalizar qualquer medida para além da estratégia apenas defensiva. A maioria dos presentes fez coro com a recusa, declarando ser necessário aguardar o mês de agosto para investir contra o inimigo. Num telegrama encaminhado à reunião, Brusilov alegou que seus soldados estavam ansiosos por lutar; uma afirmação extraordinariamente alvissareira — e, sem dúvida, também produto de sua disposição vivaz — a ponto de o então comandante em chefe mandar verificar a autenticidade da mensagem. "Quão bom seria se a realidade corroborasse tamanhas esperanças", Alexeev rabiscou no pé do comunicado. Procedente de uma frente de batalha localizada no extremo oposto do ponto imaginado para os embates em questão, o texto de Brusilov só ajudou a fortalecer a posição do comandante em chefe, contrário à ofensiva de maio. As razões foram explicadas a Guchkov, em 30 de março:

> Se falharmos na investida, não teremos como escapar da luta e estaremos condenados a combater em hora e lugar convenientes ao inimigo. E se fracassarmos em cooperar com nossos aliados, não podemos esperar que venham em nosso socorro, quando precisarmos. A desordem nas tropas prejudicará tanto o ataque quanto a defesa. Mesmo se não estivermos de todo confiantes no sucesso, devemos partir para o assalto. Os resultados de uma resistência frustrada são piores do que os de uma ofensiva malfadada... Quanto mais rápido pusermos nossas tropas em ação, mais cedo a paixão por política se abrandará. O general Brusilov usou este argumento em suas considerações... *Pode-se dizer que quanto menos serenos os homens, menos prováveis serão as chances de sucesso na defesa; daí ser mais desejável partirmos para operações enérgicas.*[5]

Tratava-se de uma aposta terrível. Não havia garantias de que a ofensiva apresentava riscos menores em comparação à posição defensiva; e havia menos motivo para, a exemplo de Alexeev e Brusilov, crer na eventualidade de um ataque levantar o espírito de luta das tropas. Uma análise privilegiada pela passagem dos anos deixa claro o quanto os líderes do Governo Provisório estavam iludidos pelo otimismo, subestimando os prováveis custos de uma nova investida. Alexeev previra que as baixas russas ficariam na casa dos 6 mil homens; mas, entre mortos e feridos, houve 400 mil perdas e um número de desertores ainda maior. Politicamente, o preço foi enorme. Sem dúvida, o acometimento — mesmo desconsiderando o fracasso — produziu a crise que culminaria na queda do gabinete e na tomada do poder pelos bolcheviques em outubro. Os comandantes militares imaginavam bastar o ataque para esvaziar qualquer iniciativa alemã, pois o serviço de inteligência russo havia fornecido informações equivocadas sobre um possível ataque inimigo marcado para o verão. No entanto, este estava disposto a manter, por algum tempo, no leste, apenas uma "ofensiva de paz", de modo a ganhar tempo para transferir soldados até a frente ocidental; uma estratégia russa de defesa faria mais sentido, haja vista a fraqueza do exército revolucionário e de sua retaguarda. Porém, em junho, quando o ataque foi desferido, governantes e generais russos estavam deslumbrados pela ideia de partir para a ação e cegos diante da possibilidade de promoverem uma catástrofe. A ofensiva passara a simbolizar o "espírito nacional" da revolução.

Nenhum outro fator contribuiu mais para atrair soldados às fileiras bolcheviques do que o assalto de verão. Afinal, o partido era o único defensor intransigente do fim imediato da guerra. Se o Governo Provisório tivesse sido mais flexível e aberto negociações com os alemães, os maximalistas jamais chegariam ao poder. Mas por que o gabinete agiu diferente? O patriotismo dos líderes democráticos é parte da explicação (para eles, a expressão líderes democráticos funcionava como sinônimo do compromisso firmado com os países aliados tidos como democracias). Ao assumir como primeiro-ministro, após os Dias de Julho, e diante do desastre do assalto das tropas revolucionárias, Kerenski chegou a cogitar de uma paz em separado; mas voltou atrás por temer ser responsabilizado pela humilhação do país em âmbito mundial — ou, pelo menos, foi este o argumento que mais tarde ele apresentaria. Talvez seja justo imputar a ele e a outros políticos a hesitação em sair do conflito internacional já em 1917. Em 20 de outubro, cinco dias antes de os bolcheviques tomarem as rédeas do país, o general Verkhovsky, ministro da Guerra, declarou a incapacidade do exército em continuar lutando e recomendou que se "puxasse o tapete deles — em outras palavras, levantar imediatamente a questão da paz conclusiva", como única alternativa capaz de deter a crescente ameaça maximalista. Mas o agora chefe do Governo Provisório não enxergava o perigo bolchevique e novamente recusara-se a tomar providências. Passados 14 anos, almoçando com Kerenski, em Londres, lorde Beaverbrook perguntou se o gabinete poderia ter contido os adversários internos apenas assinando a paz com os inimigos além-fronteira. "Evidentemente. Estaríamos em Moscou agora", foi a resposta. Perplexo, Beaverbrook indagou por que a história provara o contrário. "Éramos ingênuos demais", replicou Kerenski.[6]

A crítica rigorosa favorecida pelo distanciamento é um luxo dos historiadores. Dadas as pressões e doutrinas da época, não é difícil entender o porquê da ofensiva. Os homens do Governo Provisório levavam a sério o acordo estabelecido com os Aliados. O gabinete gostaria de ter negociado uma paz em separado, sem anexações ou indenizações, mas a debilidade bélica russa tornava o poder de barganha quase nulo. Desde abril, quando os Estados Unidos se engajaram no confronto, os Aliados sabiam que ganhariam a guerra com ou sem Petrogrado; e obstruíram, inclusive, a Conferência de Paz de Estocolmo — organizada pelos líderes do Soviete para reunir todos os partidos socialistas europeus — jogando por terra as propostas russas em prol da revisão das metas de guerra ditadas pela França e pela Inglaterra. Ao esmagar a campanha pela paz mundial, os Aliados auxiliaram os bolcheviques na escalada rumo ao poder, embora não se possa afirmar que a harmonia entre os povos fosse uma hipótese factível.

Embora pareça paradoxal, o Governo Provisório apoiava uma ofensiva na esperança de dar fim ao embate. Os russos foram à guerra em busca de paz. Raciocínio igual sustentavam os líderes do Soviete ao apoiarem a ofensiva contra a

Alemanha. O defensivismo revolucionário de Tsereteli, a soma das forças democráticas em nome dos sentimentos nacionais, fora a principal justificativa para a aliança entre membros do Soviete e o gabinete de Lvov. Poder-se-ia argumentar que a defesa do país não carecia de uma investida às linhas inimigas. Mas, ao fazer eco às necessidades do exército, graças à assinatura da Declaração de Princípios da coalizão, de 5 de maio, os homens do Soviete arriscaram perder de vista o objetivo básico da guerra — a negociação de uma paz geral — abrindo o flanco para que os bolcheviques os tachassem de belicistas. Na esperança de que a defesa da Rússia democrática ajudasse a conquistar a simpatia do povo, eles se comparavam aos franceses, às vésperas da contenda contra a Áustria, em 1792; e pressentiam que a guerra revolucionária seria o germe de um novo civismo, exatamente como a defesa da *patrie* dera à luz os gritos de "*Aux armes, citoyens*". Convencido de ter havido uma "revolução nacional", e não somente uma revolta contra o velho regime, imaginava poder restaurar a ordem e a unidade através de um surto de patriotismo e de reconhecimento à máxima de que os interesses da "nação" estavam acima de questões de classes ou partidos.

Na qualidade de ministro da Guerra no governo de coalizão, Kerenski ganhou ares de herói deste novo patriotismo. Figura popular e suprapartidária, tornou-se a personificação do ideal de unidade nacional pretendido pela aliança governo-soviete. O culto a Kerenski, surgido embrionariamente em fevereiro, chegou ao clímax na ofensiva de junho. Todas as expectativas do país repousavam sobre seus ombros, "o primeiro ministro da guerra do povo". Alunos aspirantes a poeta, como Leonid Kannegiser (que, mais tarde, assassinaria o bolchevique Uritsky), o retratou nos moldes de um Napoleão russo:

E se, contorcendo de dor,
Tombar em nome da Mãe Rússia,
E me vir em algum campo deserto,
Então, nos Portões do Paraíso,
Em meus sonhos moribundos e jubilosos,
Recordarei — Rússia, Liberdade,
Kerenski num cavalo branco.

Recém-saída dos bancos escolares, Marina Tsvetaeva também recorreu à mesma comparação:

E alguém, ao cair do mapa,
Sonha sem dormir:
Lá vem um Napoleão
Para o meu país.[7]

Kerenski deixou-se inebriar pela fama. Ele sempre se considerara o farol da nação, acima de interesses partidários e de classe. Agora, mordido pela mosca azul, estava possuído pela ideia de levar as tropas aos píncaros da glória, cobrindo-se de honra. E passou a achar que era Napoleão. Um busto do imperador francês enfeitava sua mesa no Ministério da Guerra e, apesar de nunca ter estado no exército, ao assumir a pasta presenteou-se com uma linda túnica cáqui, calças de oficial e botas de couro de cano alto, um traje semimilitar que muitos líderes futuros, inclusive Stálin, adotariam. A aparência pessoal transformara-se em prioridade e lhe dava grande orgulho. Mesmo no auge da luta de outubro, quando apareceu diante dos cossacos, na batalha por Gatchina, contra os Guardas Vermelhos, fez questão de usar a "melhor vestimenta, aquela a que o povo e os soldados haviam se acostumado" e de "os saudar, como de hábito, com um leve sorriso". Em suas famosas passagens pelas frentes de batalha, mantinha o braço direito numa tipoia, conquanto não haja registro de alguma vez ter se ferido. Alguns aproveitaram o ensejo para zombar, afirmando que o ferimento era fruto de incontáveis apertos de mão. Sem dúvida, foi um expediente deliberado para sugerir mazelas de guerra ou, quem sabe, imitar a imagem napoleônica, com o braço escondido debaixo da túnica.[8]

Prestes a ser nomeado ministro, ele proferiu um discurso melodramático num Congresso de Delegados realizado no *front*. "Lamento não ter perdido a vida há dois meses", disse, a mão solenemente pousada sobre o peito, "pois teria morrido com o maior dos sonhos: o de que, a partir de então e até a eternidade, uma nova vida nascera para a Rússia, na qual haveria respeito mútuo e governaríamos nosso Estado sem chicotes nem porretes." E apelou para que os militares colocassem o "dever cívico" acima de interesses de classe mais estreitos, aguerrindo o espírito de luta, pois a liberdade russa só seria conquistada num "Estado forte e organizado", ou seja, "cada cidadão" precisava sacrificar-se pela nação. Sob "o velho e odioso regime", a soldadesca soubera cumprir suas obrigações. Então, por que não cumpri-las também em favor do bem geral? "Ou será que a Rússia livre é, na verdade, um país de escravos rebeldes?", inquiriu, cheio de pompa e emoção.[9] O recinto foi tomado pelo burburinho. Antes da Ordem Nº 1, os praças tinham-se na conta de "servos" e Kerenski parecia estar perguntando se eram dignos da liberdade e se, na condição de "cidadãos", estavam preparados para a guerra. Semanas a fio, a expressão "escravos rebeldes" cruzou a Rússia e pôs os soldados contra o autor da infeliz peça oratória. No entanto, para os estratos de patriotas e proprietários, tudo resumira-se ao tão esperado chamamento à disciplina e ao dever. A proposta de investida contra os alemães angariava novos prosélitos, como se estes percebessem que somente a vitória pudesse salvá-los.

A imprensa liberal juntara-se à direita num coro nacional de manchetes bombásticas incitando o exército a "Tomar a Ofensiva!" O Partido Kadet tomou a si a bandeira russa, posando de cívico para tentar reverter seu alarmante declínio eleitoral. Em maio, no pleito para a Duma municipal, os kadets haviam recebido menos de 20% dos votos. Não podendo mais competir com os socialistas pelas simpatias populares, procuravam ganhar terreno nas camadas médias e, para tal, bradavam pela defesa da Pátria e pela restauração da ordem; o patriotismo passou a ser a viga mestra de um programa que se dizia "acima das classes". A maior parte da intelectualidade democrática, sempre a principal base social dos kadets, acompanhou-os à trincheira chauvinista. A Liga Cultural Russa, fundada por um grupo de kadets de direita em meio à onda de nacionalismo exacerbado, convocava as classes a unirem-se sob o pavilhão russo. Até mesmo Blok, que se considerava socialista, sucumbiu à avalanche, enquanto Gorki louvou a ofensiva como algo capaz de "promover um pouco de organização" na retaguarda. Havia um sentimento crescente de que o país deveria ter prioridade sobre tudo. "A Rússia não existe para a revolução, e sim o contrário", escreveu Dmitry Merezhkovsky. O raciocínio era análogo ao apresentado após 1905 por Struve e pelo grupo *Vekhi*, defensores de um nacionalismo burguês. Os patriotas proprietários realizaram doações para o Empréstimo da Liberdade, levantado pelo governo para financiar o ataque contra a Alemanha. N. V. Chaikovsky, presidente da Sociedade de Livre Economia, declarou "ser dever de todos para com a Pátria, seus concidadãos e o futuro da Rússia, entregar suas economias para a grande causa da liberdade".[10]

A maré cívica não ia além das camadas médias urbanas, embora os líderes do Governo Provisório presumissem o oposto. A visita de socialistas dos países aliados — Albert Thomas, da França, Emile Vandervelde, da Bélgica, e Arthur Henderson, da Grã-Bretanha — mostrou até onde espraiava-se o delírio dos homens no comando do país. O trio fora à Rússia "rogar" que o povo não abandonasse a guerra, mas muito pouca gente se deu ao trabalho de ouvi-lo. Konstantin Paustovsky relembrou como o primeiro dos três representantes falou, em vão, da sacada do prédio que, mais tarde, abrigaria o Soviete de Moscou. Pudera: o discurso fora feito em francês e a pequena multidão aglutinada na rua não tinha como compreendê-lo. "Mas tudo poderia ser entendido sem haver necessidade de palavras. Movendo-se de um lado para o outro, ele nos indicava, com gestos, o que aconteceria se nos retirássemos do conflito. Enrolava o bigode, arremedando o kaiser, entrecerrava os olhos à moda de um predador e saltitava, como se apertando a garganta de uma Rússia imaginária." Durante minutos, ele exibiu seu número, jogando o corpo da Rússia no chão e sapateando sobre ela, até que o público começou a vaiar, assobiar e rir. Thomas achou que agradara e agradeceu, erguendo o chapéu-coco. As gargalhadas e os apupos cresceram: "'Tirem este palhaço daí", gritou um trabalhador. Finalmente, alguém surgiu no balcão e, com diplomacia, levou-o para dentro.[11]

Alguns civis da burguesia alistaram-se como voluntários nos batalhões de choque criados para reavivar o moral das tropas. Todavia, na maior parte dos casos, a iniciativa só conseguiu juntar um punhado de oficiais medrosos e ansiosos por fugirem de seus regimentos amotinados. Bernard Pares, presente em vários encontros patrióticos destinados a encorajar estes novos contingentes, comparou a histeria destas ocasiões àquela encontrada em cultos fanáticos. Certa feita, foi apresentado aos soldados como "nosso camarada inglês, o Professor", um grande herói de guerra, merecedor da Cruz de São Jorge por derrotar, sozinho, os alemães. Pura invenção. Contudo, ao pedir comedimento ao mestre de cerimônias, informaram-no que tais fábulas eram essenciais para levantar o ânimo dos combatentes.[12]

Uma das unidades de voluntários mais conhecida não contava com um só homem. O Batalhão Feminino da Morte fora organizado por Maria Bochkavera, uma mulher realmente admirável que, em tempos de paz, ganhara a vida como capataz na construção civil. A partir de 1914, brigara para ser aceita nas tropas e, tendo escrito ao tsar em pessoa, obtivera autorização para guerrear sob as ordens do general Gurko. Em fevereiro de 1917, chegara ao posto de sargento, após dois anos nas trincheiras, muitos ferimentos e várias medalhas. Preocupada com a indisciplina militar, solicitou a Brusilov licença para criar um batalhão de choque de senhoras, na esperança de que isto vexasse os soldados e os fizessem ganhar alma nova. Na verdade, o efeito foi inverso: os praças consideraram as colegas de armas a prova cabal do desespero do governo e aferraram-se à inércia. Muitos deles, em especial os cossacos, recusavam-se a dividir o campo de batalha com damas. Brusilov não calculara tamanha rejeição e não vira motivos para negar a oferta de Bochkareva; a ideia de um novo contingente formado apenas por grupos táticos voluntários, bastante debatida na época, contava com sua aprovação; era um meio de travar a guerra aproveitando-se de todos os arroubos de dever patriótico e de romper os vetustos limites entre oficiais e subalternos. Sua esposa já trabalhava nos serviços médicos do *front* e não havia motivos para isolar as mulheres num momento tão crucial. Em junho, pouco antes de seguir para as linhas inimigas, o batalhão feminino foi aglutinado às pressas e abençoado pelo patriarca Nikon, na Praça Vermelha, em Moscou. Todas tinham a cabeça raspada e vestiam calças de farda, à exceção de uma, gorda demais para caber na farda e à qual foi concedido o privilégio de lutar de saia.[13]

Os comissariados do exército eram outra grande esperança desta onda cívica. Quase sempre constituídos por oficiais mais jovens e de inclinações democráticas ou socialistas, estes organismos desfrutavam da confiança das tropas sem prejuízo da observância aos preceitos hierárquicos. Linde, o suboficial que, em fevereiro, liderara o motim de vários regimentos, representava o exemplo clássico: tornara--se Comissário do Exército Especial durante a ofensiva de verão. Dmitry Os'kin, o camponês citado no Capítulo 7, também foi alçado à mesma posição. Surgidos em 19 de março, por iniciativa do Soviete, e desde 6 de maio subordinados ao Governo Provisório, os comissários tinham por incumbência mediar as relações entre o oficialato e os comitês de soldados e, como tal, eram vistos como o pilar de uma nova parceria patriótica entre a democracia e os homens mandados para a linha de fogo.

Assim esperava a Declaração "Dos Direitos dos Integrantes das Forças Armadas", baixada por Kerenski em 11 de maio. Ele alegara — e nisto estava certo — que o exército e a marinha russos agora eram "os mais livres do mundo" e conclamara os soldados a provarem, já na próxima ofensiva, "existir energia, e não fraqueza, na liberdade". O documento salvaguardava as disposições da Ordem Nº 1 mas também devolvia algumas prerrogativas dos oficiais, inclusive o uso de castigos físicos, uma concessão aos superiores militares tida como vital pelos círculos governantes com vistas aos preparativos do ataque. Brusilov garantira que não lutaria sem tal regalia. Não há dúvida que muitos praças entenderam a medida como uma tentativa do gabinete de restabelecer o velho sistema disciplinar, preferindo bandear-se para o lado bolchevique. O jornal *Pravda* fez troça ao publicar que o texto deveria chamar-se "Declaração da Falta de Direitos dos Integrantes das Forças Armadas".[14]

Para erguer o ânimo das tropas, Kerenski passou o mês de maio em idas ao *front*, onde sua oratória nervosa alcançava picos febris. Vociferante e gesticulando em excesso, suplicava à plateia que não poupasse sacrifícios pelo glorioso futuro da pátria. Ao fim do arrebatamento, tombava exausto, a ponto de precisar ser medicado com calmante de valeriana. Embora estes surtos não fossem fingidos ou, pelo menos, não de início, acrescentavam um efeito teatral extra a suas atuações. Em toda parte, era recebido como herói; os praças carregavam-no nos ombros, jogavam-lhe flores e atiravam-se a seus pés. Uma enfermeira inglesa observou, espantada, como "beijavam-no, a ele, a sua farda, o seu carro e o chão que pisava. Muitos caíam de joelhos, rezando; outros, choravam".[15] Nada assim jamais fora visto no tempo dos tsares.

Tanta adulação só servia para solidificar, em Kerenski, a falsa impressão de que os russos ansiavam pela hora da luta. Cinquenta anos depois, em suas memórias, ele ainda insistiria haver "no *front*, um saudável espírito patriota, transformado em força definitiva".* Nada mais distante da verdade. As visitas feitas aos campos de batalha puseram-no em contato com uma amostra nada representativa do exército. As reuniões nas quais discursava eram, na maioria das vezes, apinhadas somente de oficiais, intelectuais uniformizados e membros dos comitês de soldados. Nestes, sua fala exercia poder hipnótico, conjurando a doce ilusão de uma vitória, a ser con-

---

* Os líderes do Soviete e do Governo Provisório enganavam-se com o fato de os soldados, assim como a gente comum, expressarem extrema hostilidade por tudo o que fosse "alemão". Mas o conceito funcionava como um símbolo abrangente de todos os objetos do ódio popular — a imperatriz, o governo czarista traidor, a guerra e os estrangeiros — e não aos guerreiros do outro lado da trincheira, pelos quais, com frequência, os russos demonstravam alguma simpatia.

quistada com apenas mais um esforço indômito. Um combatente exausto poderia ser tentado a crer em tal extravagância, mesmo sabendo, no fundo d'alma, que se tratava de uma mentira. Era uma questão de querer e precisar acreditar. Mas tais delírios desfaziam-se logo, no retorno às linhas de combate. Longe destas reuniões, em meio à numerosa maioria de paladinos sem patente, só havia desalento. Durante suas viagens, não raro Kerenski viu-se interpelado, embora não parecesse perceber o aviso embutido nas perguntas. Em uma ocasião, perto de Riga, um soldado foi empurrado pelos colegas até a primeira fila, encarregado de inquirir o ministro. "Diz-nos que devemos lutar contra os alemães de modo a garantir terra aos camponeses. Mas para que nós, também lavradores, precisaremos de terra se seremos mortos?" Sem resposta — não haveria nenhuma cabível —, Kerenski ordenou ao oficial no comando da unidade que mandasse o praça de volta à casa. "Deixe estes aldeões saberem que dispensamos covardes no exército russo." O homem mal conseguia acreditar na sorte e desmaiou, no ato. O oficial limitou-se a coçar a cabeça. Quantos mais teriam sido mandados para os braços da família, nestas condições? Obviamente, o titular do Ministério da Guerra considerava aquele homem uma exceção. Ele parecia não perceber a existência de milhões de outros insatisfeitos.[16]

Brusilov, ao contrário, começava a se dar conta do desânimo das tropas. "Os soldados estão esgotados", ele escreveu à esposa, no fim de abril. "E, sob muitos aspectos, não se prestam mais a uma incursão." Ao assumir o comando supremo do exército, ele partira em inspeção às frentes do norte e do oeste. Até então, ele só conhecera seu restrito grupo de subalternos na frente sudoeste, distante da influência urbana revolucionária. Mas, durante a peregrinação, soube o que eram tropas mergulhadas na desmoralização absoluta. Segundo um de seus principais auxiliares, o comandante em chefe evitara palavras como "ofensiva" ou "avanço", precaução necessária para não provocar agressões. Brusilov não era um orador de talento e restringia-se a reunir os homens em volta de si, tirar o quepe e o casaco, pendurando-os — "democraticamente" — no braço esquerdo, a fim de criar uma atmosfera informal. Mas suas frases careciam de força, incapazes de convencer os praças de que ali estava "um deles", como diria Kerenski. Certa vez, perto de Dvinsk, dirigindo-se a um grupo de soldados bolcheviques, o general alegou que os alemães haviam destruído "um dos mais magníficos patrimônios do povo francês, os belos vinhedos produtores de champanhe". Enfurecidos, os homens gritaram: "Que vergonha! Quer verter o nosso sangue para poder beber champanhe!" Temeroso, ele tornou a cobrir a cabeça, como se para reafirmar autoridade, e determinou que seus protetores o cercassem. Quando os brados amainaram, chamou um dos praças mais coléricos para conversar. O rapaz, um camponês de barba ruiva, pôs-se ao lado do superior, baixou o rifle com as mãos, fitando o interlocutor com desconfiança. A alocução foi previsível: todos já estavam "cansados de pelejar", durante "três longos anos o povo russo sangrara em benefício de imperialistas e capitalistas" e "se o general queria prosseguir na luta por champanhe, então que o liberasse e combatesse sozinho". As tropas deram vivas. Mudo, Brusilov afastou-se. O autor da arenga, seguramente um maximalista, leu a declaração do comitê dos soldados, exigindo a paz imediata. O comandante em chefe do exército russo fora posto em retirada por um simples soldado.[17]

Este foi somente um dos incontáveis incidentes a persuadir o general da temeridade de uma ofensiva. Na frente norte, ele encontrou uma divisão inteira apartada dos oficiais, em vias de retornar para casa, em massa:

> Ao chegar no acampamento, exigi falar a uma delegação de soldados; teria sido perigoso aparecer diante da multidão. Quando esta se apresentou, perguntei a que partido pertenciam. Responderam que, antes, haviam sido socialistas revolucionários, mas agora apoiavam os bolcheviques. "O que querem?", indaguei. "Terra e Liberdade", gritaram todos. "O que mais?", voltei a perguntar. "Mais nada!", foi a única resposta. "E nesse momento", insisti. "O fim da luta", retorquiram, pedindo permissão para voltar à retaguarda, de modo viver livres, partilhando as lavouras expropriadas dos nobres pelos demais aldeões. "Mas o que acontecerá à Mãe Rússia, se ninguém quer defendê-la, e todos, como vocês, só pensam em si mesmos?" Replicaram não ser da conta deles pensar no futuro do Estado, e reafirmaram sua firme decisão de voltar para casa.[18]

No entender de Brusilov, os homens estavam tão obcecados pela ideia de paz que seriam capazes de apoiar o tsar, caso este prometesse dar um ponto final no conflito. Para o general, esta circunstância, e não a crença em algum "socialismo" abstrato, explicava o fascínio exercido pelos bolcheviques. A soldadesca era formada por agricultores rudes, ávidos por terra e liberdade, o termo "bolchevismo" passara a ser usado porque o partido prometia a concórdia. O "bolchevismo de trincheira", assim chamado por Allan Wildman em seu estudo magistral sobre o exército russo de 1917, não necessariamente se organizava através dos canais partidários convencionais nem fora estimulado por agentes da legenda. Embora na frente de batalha houvesse sinais da presença destes dois fatores, tais não eram desenvolvidos o suficiente — ao contrário do que supunham os comandantes ao culpar os "bolcheviques" ou os "agentes bolcheviques" por virtualmente todos os problemas militares.* Os soldados, exaustos e furiosos, adotavam as palavras de ordem divulgadas pela imprensa vermelha a fim de legitimar a resistência à guerra.

* Ao acusar os bolcheviques por cada derrota militar, os comandantes atribuíam ao partido uma influência muito maior do que a demonstrada pela realidade, até então. A atitude só fez aumentar o poder de sedução que a legenda exerceria sobre a massa trabalhadora.

Em 1917, poucos praças pertenciam a algum partido político e a parcela de filiados dava preferência aos SRs, não aos maximalistas.[19]

Os comitês de soldados, tidos por muitos comandantes como o principal foco de alarde político, debateram a proposta de ofensiva e decidiram não pegar em armas. "Para que invadir a Galícia?", perguntou um deles. "Com os diabos, para que precisamos tomar outro cume, se podemos fazer a paz no sopé?", acrescentou um outro. Muitos soldados acreditavam que o plano de paz apresentado pelo Soviete tornava inútil uma nova carnificina; não compreendiam a motivação dos oficiais que ordenavam o prosseguimento da luta, posto que suas lideranças já haviam concordado com a necessidade de encerrar o conflito. A questão da concórdia democrática, sem cessão de território ou compensações pecuniárias, parecia complicada demais para o raciocínio da maioria dos praças; para eles, *Anneksiia* e *Kontributsiia* ("anexações" e "indenizações") eram dois países nos Bálcãs.[20]

O número de deserções aumentava com a aproximação da hora prevista para o ataque aos alemães. Knox constatou o quanto os trens saídos dos *fronts* estavam "constantemente abarrotados" de homens, instalados sobre os tetos ou pendurados nos para-choques dos vagões. A quantidade real de trânsfugas foi muito maior do que os 170 mil informados pelas estatísticas oficiais. Unidades inteiras estabeleceram-se em regiões próximas ao campo de batalha e passaram a viver no banditismo. Uma fração dos desertores era formada por chefes de família, com mais de 40 anos, que acreditavam ter direito a uma licença especial para voltar para casa em época de colheita; em inúmeros destacamentos, a resistência à ofensiva começou por estes soldados mais velhos, os quais, provavelmente, já haviam participado dos motins e levantes camponeses de 1905. Milhares fugiram da frente norte e criaram "repúblicas" num acampamento próximo ao hipódromo de Petrogrado, onde desfilavam com cartazes exigindo dispensa do exército e vendiam cigarros nas ruas e estações ferroviárias. De algum modo, os líderes destas "repúblicas" conseguiam obter suprimentos originários dos armazéns militares do governo.[21]

Uma das manifestações mais preocupantes do pacifismo de uniforme foi a confraternização com tropas inimigas, intentada pelos alemães para desbaratar as linhas orientais russas e ganhar tempo na transferência de contingentes para oeste. Vodca, concertos e bordéis improvisados — montados entre os dois campos — serviam de isca aos soldados do Governo Provisório. Inspirados na propaganda bolchevique, os homens do kaiser aproveitavam a oportunidade para propalar o absurdo de um massacre em prol dos interesses imperiais da França e da Grã-Bretanha. Durante a trégua pascal, milhares de russos abandonaram as trincheiras e, protegidos por bandeiras brancas, passaram para o campo adversário. A nado, muitos atravessaram os rios Dniester e Dvina e juntaram-se aos folguedos. Batedores germânicos eram recebidos como heróis em terreno que lhes deveria ser hostil. O tenente Bauermeister, por exemplo, ganhou os louros de grande propagandista do 33º Corpo do Exército, localizado ao sul da Galícia, precisamente o local planejado para o principal ataque russo na ofensiva de junho. Diante de acessos de raiva de oficiais das antigas tropas tsaristas, o tenente espalhava entre os soldados que a Alemanha desejava abandonar a luta, assim atribuindo ao Governo Provisório toda a responsabilidade pelo prosseguimento do conflito. Disseminava-se, assim, a ideia de que os homens de Petrogrado estavam a soldo dos banqueiros dos países aliados. "Se o que dizes é verdade, demoveremos o governo e instalaremos um outro, capaz de garantir, e logo, a paz do povo russo", foi a afirmação do representante das tropas a Bauermeister. Para a perplexidade deste, os combatentes daquela região chegaram a concordar com a possibilidade de assinar um armistício com as forças do kaiser. O tenente fez lembrar aos inimigos que lhes faltava autoridade legal para tanto, mas a resposta veio numa proposição simples: se os soldados optassem por deixar o campo de batalha, ninguém teria força suficiente para fazê-los voltar atrás. Durante semanas, prevaleceu uma trégua informal, só posta de lado às vésperas da investida russa; as armas foram guardadas, e bandeiras brancas, hasteadas. De quepe branco, o vaidoso Bauermeister ganhou ares de herói, a ponto de proferir discursos numa aldeia a cinco quilômetros de distância das linhas russas. Era ali que se concentrava o VII Exército.[22]

Pouco antes do ataque, Brusilov transmitiu a Kerenski dúvidas quanto à possibilidade de sucesso da iniciativa. As tropas recusavam-se a seguir para o *front*; dezenas de motins haviam ocorrido em guarnições do exército na retaguarda e, até mesmo em unidades a caminho das trincheiras, supunha-se que três quartos dos homens estavam prestes a desertar no trajeto. Os soldados na linha de batalha também haviam se amotinado ao descobrirem o que os esperava. Brusilov fora forçado a dispersar várias de suas companhias de maior confiança. Os soldados do V Exército, na frente norte, recusaram-se a cumprir ordens e declararam que Lênin era a única autoridade merecedora de crédito; 23 mil deles tiveram que ser transferidos para outras unidades ou mandados para fora da área de conflito, com destino à corte marcial. Mas Kerenski ignorou todos os avisos do comandante. "Ele não prestou a mínima atenção a minhas palavras", recordou Brusilov, "e, a partir de então, percebi que meu prestígio como comandante em chefe era desprezível."[23] Kerenski e seus colegas de gabinete já haviam se decidido: a ofensiva seria realizada e não havia espaço para vacilações de última hora.

Em 16 de junho, a ofensiva teve início com um pesado bombardeio de artilharia, que durou dois dias. Kerenski correu de regimento em regimento distribuindo ordens e tentando elevar o moral das tropas. Em 18 de junho, os soldados avançaram, encorajados pela visão das trincheiras alemãs abandonadas após o ataque. O principal assalto visou à localidade de Lvov, ao sul, enquanto ofensivas de apoio eram desferidas nas frentes oeste e norte. Durante 48 horas o avanço foi contínuo. As linhas inimigas foram rompidas e um brado glorioso de "Triunfo pela Liberdade!"

grassou na imprensa patriótica. No terceiro dia, a investida arrefeceu. Os alemães partiram para o contra-ataque e os russos fugiram, em pânico. O problema deveu-se, em parte, a falhas de organização: unidades haviam sido mandadas à guerra sem metralhadoras; soldados inexperientes haviam sido incumbidos de complicadas manobras com granadas de mão, as quais foram lançadas sem a retirada dos pinos que travam a detonação. No entanto, a principal razão para o fiasco foi a relutância dos soldados em lutar. Tendo avançado pouco mais de três quilômetros, as tropas russas entenderam que já haviam feito o suficiente e negaram-se a seguir, ao passo que os homens colocados logo atrás recusavam-se a tomar a dianteira. O avanço fracassou quando os soldados puseram-se a debandar. Numa só noite, os batalhões de choque do XI Exército prenderam 12 mil desertores perto da cidade de Volochinsk. Em vez de mirar os inimigos, muitos soldados empunharam armas contra oficiais no comando. A retirada degenerou em caos quando os homens passaram a saquear lojas e armazéns, violar camponesas e assassinar judeus. O avanço crucial rumo a Lvov transformou-se em quimera tão logo os combatentes localizaram um grande depósito de bebida alcoólica na cidade de Koniukhy, a esta altura já abandonada, e fizeram uma pausa para a carraspana. Três dias e uma ressaca depois, os russos reganharam condições de luta, mas então os alemães já haviam recebido reforços. Debilitado por um grande número de baixas, o exército do Governo Provisório foi obrigado a recuar.[24]

Em meio a tamanha confusão, mesmo as unidades de choque tinham poucas chances de sucesso. O Batalhão da Morte de Bochkareva destacou-se naquele panorama desolador. As voluntárias abriram caminho entre a primeira das duas linhas inimigas, acompanhadas por alguns dos reservistas mais dóceis. Foi um assalto vão, recebido por cerrado fogo alemão. As mulheres dispersaram aos tropeções e os homens esconderam-se nas trincheiras adversárias, onde haviam encontrado farto suprimento de bebidas. A despeito dos corpos que tomaram conta do lugar, Bochkavera não esmoreceu. Flagrando uma de suas guerreiras copulando com um soldado no buraco deixado por uma bomba, ela muniu-se de uma baioneta e atingiu a mulher; o rapaz conseguiu escapar. Finalmente, com a maioria de suas voluntárias mortas ou feridas, até a amazona-mor teve que desistir.[25] A ofensiva terminara. Fora a última iniciativa russa naquela guerra.

O malogro do ataque foi um golpe fatal para o Governo Provisório e para a autoridade pessoal de seus líderes. Centenas de milhares de soldados haviam perdido a vida. Milhões de quilômetros quadrados de território tinham sido perdidos. Os cabeças do gabinete haviam jogado todas as fichas na ofensiva, supondo reunir o país sob o estandarte da defesa da democracia. A coalizão baseara-se nesta esperança, mas só durou enquanto houve expectativa de sucesso militar. Quando o desastre do ataque tornou-se óbvio, a aliança ruiu.

A aposta sustentara-se por algum tempo. Só Deus sabe o que Lvov havia passado para manter seu governo unido até, pelo menos, o início da investida. Após a admissão dos socialistas no gabinete, a maioria dos kadets inclinara-se para a direita, abdicando da velha pretensão de permanecerem "acima das classes" e tomando a bandeira dos direitos de propriedade, da disciplina militar, da lei e da ordem e do império russo, sempre contra as demandas dos nacionalistas. Cada vez mais, os kadets colocavam-se em crescente oposição aos socialistas, os quais estavam sob forte pressão de suas bases, ansiosas por verem as políticas do governo darem uma guinada à esquerda. Formalmente, a questão da autonomia ucraniana foi a responsável pela cisão da aliança e pelo mergulho do país na crise. Em 2 de julho, quando a delegação do governo enviada a Kiev concedeu uma série de direitos ao Rada, três ministros kadets exoneraram-se, em protesto. Contrários a qualquer acordo que não significasse somente maior independência cultural para os "pequenos russos", os kadets insistiam que até mesmo tais migalhas passassem pelo crivo da Assembleia Constituinte. Aos olhos deles, as concessões de 2 de julho eram ilegais. Como afirmou Miliukov, equivaliam a "esmigalhar a Rússia sob a égide da autodeterminação".[26] Todavia, a pendenga ucraniana foi apenas a gota d'água. O colapso da coalizão também foi causado por graves conflitos no tocante às reformas sociais, sobretudo no que dizia respeito à política agrária de Chernov, que os kadets acusavam de insuflar a revolução camponesa, ao permitir que os comitês rurais usufruíssem de direitos temporários de controle sobre as terras da nobreza. Havia ainda o problema das greves, tidas pela oposição como decorrência das iniciativas mencheviques à frente do Ministério do Trabalho. As velhas divisões de classe, dissimuladas em favor dos interesses bélicos mais imediatos, estavam, ao que parecia, voltando com força total.

Para Lvov, o soçobrar da "aliança nacional" foi uma decepção amarga. Mais do que ninguém, ele tentara sustentar a esperança liberal de unir o país. Como figura de maior expressão deste ideal, ele simbolizara a intenção do governo de trabalhar em prol dos interesses russos. A política partidária era um terreno estranho a Lvov que, cada vez mais, afastava-se dos conflitos entre facções surgidos nas reuniões do gabinete. "Sentia-me como um pedaço de madeira à deriva, tragado pelas ondas revolucionárias", disse, certa vez, ao velho amigo a quem conhecera na guerra contra o Japão, general Kuropatkin. Lvov culpava kadets e socialistas por privilegiarem os interesses de classe e de partidos em detrimento do que dizia respeito à nação como um todo. A seu secretário particular, Lvov afirmou que, na questão da Ucrânia, os primeiros haviam se comportado como chauvinistas da Grande Rússia, incapazes de transigir para salvar o Estado, e os segundos tentaram fazer o Governo Provisório engolir o programa do Soviete. Como proprietário que era, a política de Chernov com relação aos comitês agrários lhe parecia uma "iniciativa bolchevique de confisco organizado". No seu entender, os assuntos do

Estado estavam sendo sacrificados em nome de questões particulares de partidos e classes e, em decorrência, a Rússia aproximava-se da guerra civil. Em 3 de julho, vendo-se politicamente impotente, preso no fogo cruzado entre a esquerda e a direita, ele decidiu abandonar a função de primeiro-ministro.* "Sabia que tinha chegado ao fim da estrada", confidenciou a seu secretário. "Temo que o mesmo aconteça ao liberalismo." Naquela mesma noite, ele escreveu aos pais, numa carta que transpirava maus agouros:

> Queridos Pai e Mãe
>
> Há uma semana que já estou ciente da inexistência de alternativas. Sem dúvida, o país ruma para a carnificina geral, a fome, o fracasso no *front*, onde metade dos soldados perecerá, e a ruína da população urbana. A herança cultural da nação, seu povo e a civilização serão destruídos. Hordas de migrantes, em pequenos magotes, ou talvez até indivíduos solitários, vagarão pela Rússia lutando uns contra os outros, primeiro com rifles, depois com nada mais que porretes. Não viverei para assistir a tais cenas e, espero, nem vocês.[27]

Por ocasião da crise de julho, quando tais palavras foram postas no papel, os bolcheviques preparavam um confronto decisivo com o Governo Provisório.

2. Um vermelho mais escuro

Às vésperas do levante de julho, o jornalista Claude Anet ciceroneou o novo embaixador da França, Joseph Noulens, num passeio pela capital russa. Da margem do Neva, em frente à embaixada francesa, ele apontou o distrito de Vyborg, do outro lado do rio, com suas chaminés fabris e quartéis, e explicou que lá os bolcheviques reinavam absolutos: "Se Lênin e Trótski quiserem tomar Petrogrado, nada poderá detê-los." O diplomata replicou, atônito: "Como o governo tolera tal situação?" A resposta de Anet veio realista. "É preciso entender que o governo só tem poder moral e mesmo este parece débil demais."[28]

Certamente, os alojamentos do Primeiro Regimento de Metralhadoras eram o bastião mais ameaçador da força antigoverno do lado Vyborg. Com 10 mil homens e mil armas automáticas, constituía a mais numerosa unidade da capital; por insubordinação, a maioria dos soldados havia sido expulsa das unidades mandadas ao *front*.

* Formalmente, a exoneração só foi anunciada em 7 de julho.

Instruídos e aguerridos, os homens eram suscetíveis à propaganda bolchevique e anarquista. O quartel adotado pelo regimento do outro lado do Neva aninhava-se em meio às metalúrgicas mais simpáticas a movimentos grevistas, uma espécie de sede das ações bolchevistas. O local era tão importante para os seguidores de Lênin que a Organização Militar do partido tinha uma célula especial na caserna.

Em 20 de junho, o Primeiro Regimento de Metralhadoras recebeu ordens para mandar 500 homens e armas para o campo de batalha, onde, dizia-se, tal presença não poderia ser considerada primordial. Desde os Dias de Fevereiro, nenhuma unidade da guarnição de Petrogrado fora transferida para junto das linhas inimigas, em respeito a uma das condições impostas pelo Soviete da capital quando da criação do Governo Provisório. Os soldados acreditavam terem "feito a revolução" e assim, viam-se no direito de permanecer aquartelados para defender a cidade de uma "contrarrevolução". O gabinete sabia que vivia à mercê daquelas 250 mil tropas. Até então, ninguém ousara tentar tirá-las de Vyborg mas, em junho, a presença deste contingente tornara se um grande perigo para a sobrevivência do governo e uma das principais metas da ofensiva era deslocar parte dos homens para a área de conflito. Em conversa com o embaixador britânico, o ministro das Relações Exteriores, Tereshchenko, admitiu tal intenção, alegando, em junho, que o ataque aos alemães "permitirá que se tomem providências quanto à guarnição de Petrogrado, de longe a mais problemática e a que serve de pior exemplo para as demais". Repetidamente, Kerenski acentuou que o objetivo do ataque era restaurar a ordem doméstica.[29] As anotações pessoais de Lvov, recém-descobertas nos arquivos russos, confirmam que, durante os meses de maio e junho, o governo analisou, em minúcias, a possibilidade de fazer de Moscou a nova capital do país.[30] Houve rumores constantes dando conta de que Petrogrado estava prestes a ser abandonada aos alemães; e grande parte da classe média "ufanista" rezava para que o fato se concretizasse. (Em reuniões sociais, não faltavam comentários segundo os quais somente o kaiser seria capaz de restabelecer a ordem.) Mas se o intento do governo resumia-se a usar a ofensiva como pretexto para afastar os soldados de Vyborg, é razoável afirmar que o tiro saiu pela culatra. Com facilidade, o gabinete poderia ter determinado a transferência da guarnição para algum lugar recôndito, como a província de Tambov, alegando necessidade de "defesa da revolução". Ao mandá-los para o olho do furacão, renegando o pacto feito com o Soviete, o governo limitou-se a endossar as reivindicações dos militares — alardeada pelos agitadores bolcheviques e anarquistas infiltrados no regimento — de que a ideia era usar o ataque bélico para dispersar a tropa, algo, portanto, "contrarrevolucionário". Desde a crise de abril, os soldados recebiam com suspeita cada vez maior todos os esforços governamentais para dar prosseguimento à guerra. Afinal, pensavam, o conflito internacional não era movido por ambições imperialistas? Neste clima de desconfiança, as teorias conspiratórias pareciam ainda mais plausíveis.

Em 21 de junho, os militares de Vyborg resolveram derrubar o Governo Provisório, a menos que cessassem as ameaças de "desbaratar este e outros regimentos revolucionários" por intermédio de deslocamentos para o *front*. Também destinadas ao fogo da batalha, dezenas de outras unidades aprovaram resoluções similares. A Organização Militar bolchevique estimulou a ideia de um levante armado e, efetivamente, arrogou-se o papel de comando operacional da tomada de Petrogrado, embora o Comitê Central continuasse a recomendar moderação. Tratava-se de atrito político parecido com o ocorrido em 10 de junho, com os guias de ultraesquerda do comitê de Vyborg e a Organização Militar propensos a galgar o poder com a ajuda da vanguarda da capital e os líderes nacionais do partido, mais cautelosos, temerosos da eventualidade de um motim malfadado poder levar a um revés antibolchevique em todo o país. Neste segundo grupo, era voz corrente que as províncias ainda não estavam prontas para uma revolução socialista. Assim sendo, a tomada prematura do poder, restrita à capital, tendia a resultar numa guerra civil, na qual a Petrogrado Vermelha, a exemplo da Comuna de Paris, seria derrotada pelo restante do território nacional. Tal foi o raciocínio apresentado por Lênin numa conferência das Organizações Militares bolcheviques, em 20 de junho. Ele enfatizou a necessidade de postergar o levante em armas, resistindo a todas as provocações "contrarrevolucionárias" até que a ofensiva terminasse e os maximalistas houvessem ganho maioria no Soviete:

> Um passo errado de nossa parte pode estragar tudo... mesmo se estivéssemos em condições de chegar ao poder, é ingênuo pensar que seríamos capazes de mantê-lo... Somos minoria insignificante nos Sovietes da capital, para não mencionar nos das demais cidades... Este é um dado básico e determina o comportamento de nosso partido... Os fatos não devem ser precipitados. O tempo está a nosso favor.[31]

No entanto, Lênin tinha pouco controle sobre seus comandados. Em 29 de junho, ele partiu para a casa de campo de um amigo, na Finlândia, queixando-se de enxaquecas e fadiga. O domínio partidário escapara-lhe das mãos à medida que a Organização Militar preparava a insurreição. Propagandistas bolcheviques e anarquistas incitavam os homens do regimento de metralhadoras a ocuparem as ruas numa manifestação armada marcada para 3 de julho. Na véspera, um concerto na Casa do Povo, previsto para marcar a despedida dos soldados prestes a partir para o campo de batalha, transformou-se num comício antigoverno, com Trótski e Lunacharsky (na época, nenhum dos dois era, formalmente, um bolchevique) clamando que todo o poder fosse passado ao Soviete. As tropas voltaram aos alojamentos excitadas demais para dormir e consumiram a noite e a manhã seguinte discutindo se deveriam ou não participar do protesto. Muitos relutavam em pegar em armas e, assim, desobedecer às orientações da entidade; outros, porém, mostravam-se ávidos em juntar-se ao levante, entendendo a oportunidade como a última resistência possível à convocação para lutar. Ou, talvez, apenas vislumbrando a chance de, como propunha uma das palavras de ordem reinantes nos quartéis, "Sovar os *burzhoois*!" De tais debates surgiu a eleição de um Comitê Revolucionário Provisório, encabeçado pelo bolchevique A. I. Semashko, membro da Organização Militar, o qual assumiu a liderança da revolta e despachou emissários incumbidos de angariar apoio dentre as demais unidades da guarnição, as fábricas de Vyborg e a Base Naval de Kronstadt.[32]

Durante a tarde, uma massa imensa de trabalhadores e soldados saiu dos distritos da periferia rumo ao centro da cidade. As ruas voltaram a ter as cores dos Dias de Fevereiro, embora a atmosfera agora fosse muito mais lúgubre e os rostos na multidão deixassem claro que ali, de fato, estavam os proletários. Os ternos dos cidadãos de classe média, as barbas dos estudantes e os chapéus de senhoras e jovens simpatizantes, tão comuns em fevereiro, não faziam parte daquela turba. Os manifestantes carregavam faixas com slogans bolcheviques e grande fração deles exibia armas. Os soldados apontavam baionetas presas aos rifles e os operários, antecedidos pelos Guardas Vermelhos, tinham cintos de balas cruzando o torso, à moda dos bandoleiros latino-americanos. Lugar de destaque fora reservado aos soldados com mais de 40 anos que, em várias outras vezes, já haviam atravessado a cidade, em marchas armadas. Ao longo do trajeto, a massa virou bondes e montou piquetes em cruzamentos. Num deles, num trecho elegante da Nevsky Prospekt, os Guardas Vermelhos aboletaram uma metralhadora, cujos guardiões, entediados, passaram a se distrair atirando contra *burzhoois* que passavam pelas ruas ou refugiavam-se nas casas. Caminhões e carros blindados tomavam a cidade, lotados de soldados entretidos em disparar a esmo. Grupos de homens armados bloqueavam o tráfego, faziam os passageiros de veículos de passeio descerem e, já de posse de um novo brinquedo, vagavam pelas vias públicas, baionetas reluzindo em todas as direções. Um servidor público tentou evitar que os insurgentes confiscassem seu carro, exibindo um salvo-conduto assinado por Kerenski. A atitude só mereceu as gargalhadas das tropas, as quais alegaram (falsamente) que o dono do jamegão já havia sido preso. "Quem sabe você não poderia nos mostrar uma licença com a assinatura de Nicolau II", debocharam.[33]

A multidão ainda carecia de liderança e orientação, não sabia aonde ir, ou por quê. Tudo o que existia era uma "atmosfera" — insuficiente para fazer uma revolução. Os agitadores bolcheviques e anarquistas, responsáveis pela aglomeração dos insurgentes, não elaboraram objetivos estratégicos. "A rua bastará para nos organizarmos", garantira o anarquista Bleichman. Havia a presunção de que uma demonstração de força em grande escala seria o único fator imprescindível para a derrubada do governo; questões detalhadas quanto à ocupação do poder poderiam esperar um pouco mais. Em fevereiro, fora assim que tudo se dera.[34]

A maior parte da multidão rumou até o Palácio Tauride, ainda de acordo com o roteiro seguido há cinco meses. No caminho, alguns dos soldados e operários envolveram-se em tiroteios com grupos leais ao gabinete e com facções de direita. Havia cheiro de guerra civil no ar. O prédio do Conselho Municipal, na Nevsky Prospekt, foi palco de uma luta especialmente sangrenta. Horrorizado, o líder bolchevique Lunacharsky testemunhou o desenrolar dos fatos. "O movimento irrompeu com espontaneidade", ele escreveu à esposa, no dia seguinte. "Cem Negros, vândalos, provocadores, anarquistas e pessoas desesperadas acrescentaram uma boa dose de caos e absurdez à manifestação." Ao cair da noite, uma massa compacta juntou-se diante do Palácio Tauride. Os líderes do Soviete estavam reunidos, debatendo se a ruptura da coalizão com o governo devia ou não desaguar na formação de um governo socialista. Do lado de fora, a expectativa era pressioná-los a tomar as rédeas do poder. Naquela tarde, os trabalhadores que integravam o Soviete haviam se rendido à influência dos bolcheviques, servindo de porta-vozes às demandas populares. Ainda minoritários no colegiado, os marxistas haviam conseguido dominar a seção proletária, virando-a a favor de suas teses, com vistas a uma reunião convocada às pressas. Desta forma, numa espécie de antecipação do que aconteceria em outubro, mencheviques e SRs foram forçados a ceder, aprovando uma resolução em defesa do poder do Soviete. Elegeu-se uma comissão especial destinada a garantir a organização política das massas aglutinadas do lado de fora do palácio. Não obstante, a medida foi debalde. Mais tarde, Sukhanov, que passou os Dias de Julho no Tauride, não conseguiria lembrar de uma só atividade implementada pela tal comissão. Assim, a rua viu-se privada de qualquer ingerência sobre o Soviete, cujos líderes foram alvo dos brados de manifestantes irados e desejosos de lhes trancafiarem na prisão. No entender daqueles que se acotovelavam às portas do palácio, os líderes haviam "se rendido aos proprietários de terras e à burguesia!" Uma delegação do Primeiro Regimento de Metralhadoras informou a Chkheidze estar "inquieta com rumores de que a Executiva tencionava participar de nova coalizão com capitalistas reacionários", advertindo-o de que "não apoiaria tal política" pois "o sofrimento já fora bastante". Uma parcela dos soldados adentrou o Salão Catarina, para assistir ao debate. No entanto, nenhum deles cogitou de prender os líderes do Soviete, ora indefesos. Nem parece ter ocorrido a qualquer pessoa sugerir aos militares que agissem de outro modo.[35]

Com o adiantado da noite, a multidão começou a debandar. Tudo indicava que o levante estava próximo do fim. Correram boatos de que o Governo Provisório já havia sido encarcerado, mas nada no gênero ocorrera. O gabinete estivera reunido no apartamento do príncipe Lvov e, por volta das 22 horas, um grupo de operários armados ocupara o saguão da entrada, avisando ao porteiro que iria prender os ministros. Tsereteli foi escalado para negociar com os homens mas, antes que conseguisse chegar ao vestíbulo, eles já haviam fugido, levando apenas o carro de sua propriedade.[36]

Precisamente neste momento, o Comitê Central bolchevique deliberava na mansão de Kshesinskaya. Em pauta, a política adotada em relação ao levante. Embora sempre tivesse pregado o comedimento, receoso de arriscar tudo num golpe prematuro, o comitê não desejava mais refrear o movimento. Os trabalhadores e soldados haviam tomado conta da cidade, os marinheiros de Kronstadt estavam a caminho e a ampla maioria das bases maximalistas de Petrogrado aderiram à insurreição, deixando o Comitê Central alijado. Pouco depois da meia-noite, acordou-se a convocação de novos protestos para o dia seguinte. A primeira página do *Pravda*, antes planejada para trazer um artigo de Kamenev e Zinoviev em defesa da moderação, foi alterada à última hora e impressa com considerável espaço em branco. Produzidos e distribuídos às pressas, circularam panfletos conclamando manifestações "organizadas" e um "novo poder" baseado no Soviete. Neste ínterim, um mensageiro do Comitê Central partiu rumo à Finlândia para buscar Lênin e levá-lo de volta à capital.[37]

As intenções exatas das lideranças bolcheviques sempre foram tema de atroz controvérsia. Alguns historiadores argumentam que planejavam derrubar o Governo Provisório pela força armada. Richard Pipes, por exemplo, alega que, desde o início, a crise de julho foi orquestrada pelos cabeças maximalistas, visando à "tomada do poder". Somente quando tornou-se cristalino o fracasso embaraçoso do golpe é que eles teriam tentado ocultar seus verdadeiros propósitos, referindo-se ao levante como uma "manifestação espontânea que procuramos direcionar para canais pacíficos". A última versão dos fatos — a de "manifestação espontânea" — funcionou como algo inconteste na era soviética, apoiada, inclusive, pelo estudioso norte-americano Alexander Rabinowitch, num clássico sobre os Dias de Julho. Segundo este, o Comitê Central só se juntou à insurreição graças às pressões da base e nunca quis extrapolar a mera demonstração de força visando a pressionar o Soviete a tomar o poder.[38]

A única evidência concreta a respaldar a tese de "golpe malogrado" consta das memórias de Sukhanov, escritas em 1920. Nas lembranças relativas a 7 de julho de 1917, ele alega ter ouvido de Lunacharsky que na noite de 3-4 daquele mesmo mês e ano

> Lênin realmente planejava um golpe de Estado. O governo, depositado nas mãos do Comitê Central, seria oficialmente constituído por um gabinete do "Soviete", formado por bolchevistas eminentes e personagens de maior popularidade. Na época, três ministros estavam cotados: Lênin, Trótski e Lunacharsky. O golpe deveria acontecer da seguinte forma: o 176º Regimento

> de Krasnoie Seló* prenderia a Executiva [do Soviete], permitindo que Lênin entrasse em cena, proclamando o novo governo.

O próprio Sukhanov foi o primeiro a reconhecer que "alguns fatos elementares" desmentem esta versão. A saber, o fiasco dos bolcheviques em levar a cabo a tomada do poder em 4 de julho, quando contavam com amplas possibilidades para fazê-lo. Em face dos indícios, tudo faz crer que o Comitê Central não arquitetara um plano. De maneira subestimada por todos os historiadores, os eventos daquela noite foram caracterizados quase que pela confusão total. A insurgência das massas pegara de surpresa as lideranças maximalistas, justo num dia em que Lênin estava espairecendo na Finlândia. Encurraladas num dilema — transformar a manifestação num golpe capaz de derrubar o governo ou tentar limitá-la a um protesto político para pressionar os líderes do Soviete a tomarem o poder — preferiram acompanhar o desenrolar dos acontecimentos. Quando Lênin retornou, ainda de madrugada, os bolcheviques insistiram por uma resposta ao problema. De acordo com Kalinin, a tática leninista foi "aguardar e ver o que sucederia", deixando em aberto a alternativa de "colocar os regimentos em ação se a correlação de forças se provasse favorável". É bem possível que a história tenha acontecido assim, mas o líder bolchevique mostrou-se inteiramente incapaz de resolver o que fazer caso o desfecho fosse diferente. Zinoviev, que passou todo o 4 de julho ao lado de Lênin, registrou que este parecia irremediavelmente paralisado pela indecisão, como que se perguntando, sem trégua, se aquela seria a ocasião certa para "buscar o poder".[39] Durante as horas críticas do levante, os guias maximalistas mantiveram-se em cima do muro, à espera dos desdobramentos. Mesmo a parcela mais organizada da massa, levada às ruas pelas células bolcheviques locais, não tomariam a iniciativa de galgar o poder sem antes receber instruções específicas de seus mentores. Por causa desta confusão foi que os manifestantes deram a impressão de estarem desorientados, em caso de aceitarmos a hipótese de golpe fracassado. Não foi à toa que tudo terminou em ridículo.

Na terça-feira, 4 de julho, um silêncio sinistro baixou sobre a cidade. Nuvens pesadas e relâmpagos tomaram conta do céu de Petrogrado. O Neva fez-se escuro e misterioso. O comércio fechou e as ruas ficaram às moscas — prenúncio seguro de problemas sérios nos subúrbios proletários. No meio da manhã, o centro da capital foi novamente ocupado pelas massas de operários e soldados, enquanto uma flotilha heterogênea de rebocadores, traineiras, chatas e canhoneiras da Base Naval de Kronstadt jogava âncoras perto da Ponte Nikolaevsky, despejando 20 mil marujos armados até os dentes com rifles e revólveres. De quebra, vinham também

---

* Antiga Tsarskoie Seló.

equipes médicas e bandas de música. Se a intenção era tomar o poder, sem dúvida aquela representava a principal tropa bolchevique. Os marinheiros ansiavam por uma disputa com o Governo Provisório e, desde fevereiro, tentavam forjar, em Kronstadt, sua própria versão semianarquista do poder do Soviete. Raskolnikov, o líder bolchevique da base naval, afirmou que os homens estavam prontos para "a qualquer momento, transformar a manifestação numa insurreição armada". Era óbvio, porém, que os marujos não dispunham de um plano estratégico — e, ao desembarcarem, traziam somente uma vaga ideia do que fariam em terra. Bernard Pares, novamente no palco dos acontecimentos, imaginou que a maioria deles parecia ter ido a Petrogrado de licença, desejando somente passear com suas namoradas. "Marinheiros à paisana e damas abastadas eram vistos por toda parte", afirmou ele.[40]

Em busca de guias, os marinheiros de Kronstadt acorreram ao quartel-general vermelho. Acompanhados pelos músicos, que tocavam a Internacional, passaram em marcha pelo campus universitário e pelo Parque Alexandre, até alcançar a casa de Kshesinskaya, onde reuniram-se em frente ao balcão, esperando receber instruções de Lênin. Mas o líder bolchevique não sabia para onde guiá-los. Teria bastado uma só ordem e os marinheiros seguiriam de pronto rumo ao Palácio Tauride, prenderiam os integrantes do Soviete, imobilizariam os ministros e cantariam vitória. No entanto, contrariando sua disposição de praxe, Lênin estava hesitante, não desejava discursar e, finalmente, ao ser persuadido a aparecer na sacada, fez um pronunciamento ambíguo, de apenas alguns segundos, no qual expressou confiança numa era vindoura, deixando os marinheiros em dúvida sobre como agir. Lênin sequer esclareceu se era simpático ou não ao prosseguimento da manifestação e, segundo aqueles que estavam a seu lado na ocasião, nem ele mesmo estava em condições de saber o que queria.[41]

Este seria o último discurso público de Lênin até a ascensão ao poder, em outubro. Foi um momento revelador, um dos poucos de sua longa carreira em que se viu na situação de liderar uma massa revolucionária postada diante de si. Outros mentores bolcheviques saíam-se muito melhor no trato com multidões, mas as aparições públicas de Lênin quase sempre eram confinadas a congressos e conferências. Segundo sua mulher, ele costumava ficar muito nervoso quando forçado a dirigir-se a grupos numerosos.[42] Talvez, naquela ocasião decisiva, frente ao fervor emanado pelas ruas, ele tenha perdido o autocontrole. Na verdade, o que ele teria a dizer? Sem dúvida ele perdeu a língua ao perceber que, mesmo se os bolcheviques conquistassem Petrogrado, ainda assim sofreriam a oposição do restante do país. Tamanha hesitação selou o destino do levante de julho.

Confusos e desapontados pela inexistência de um chamado claro e cristalino à insurreição, os marinheiros de Kronstadt seguiram em direção ao Palácio Tauride, onde milhares de trabalhadores e soldados armados já se reuniam. Na Nevsky Prospekt, os marujos misturaram-se a uma profusão de operários da fábrica Putilov, que chegavam a cerca de 20 mil pessoas. A classe média da cidade, em passeio pela avenida, olhava com horror para a aglomeração de macacões cinzentos que tomava o local. De súbito, quando a coluna entrou em Liteiny, cossacos e kadets instalados nos telhados e nas janelas mais altas dos prédios atiraram, levando os manifestantes a dispersarem-se, em pânico. Parte deles devolveu os disparos, sem direção certa, pois desconhecia de onde partira a agressão. Dezenas de manifestantes morreram ou foram feridos por balas perdidas disparadas por armas dos companheiros. Os demais abandonaram rifles e bandeiras e derrubaram portas e janelas das casas e edifícios, na tentativa de salvar a pele. Ao fim do fogo cruzado, os líderes do protesto tentaram restabelecer a ordem, reorganizando alas e cadenciando os passos de acordo com a batida das bandas militares. Contudo, o equilíbrio perdera-se e, ao cruzar as ruas residenciais mais ricas, próximas ao Palácio Tauride, as fileiras voltaram a ganhar ares de malta revoltosa, desferindo tiros em vidraças, espancando pedestres bem-vestidos e saqueando lojas e moradias. Às 15 horas, o saldo era de centenas de pessoas mortas ou feridas. Cavalos abatidos jaziam aqui e ali; as ruas estavam atulhadas de rifles, chapéus, guarda-chuvas e faixas. Gorki, que testemunhou tais cenas, escreveu, desgostoso, para Ekaterina:

> O pior de tudo deveu-se à multidão, à massa de filisteus, trabalhadores e soldados que, na verdade, não passam de brutos e de covardes descerebrados, sem um pingo de autorrespeito e entendimento de por que estão nas ruas, o que é necessário fazer ou quem está na liderança e seguindo para onde. Companhias inteiras de soldados desembaraçaram-se de armas e bandeiras assim que o tiroteio começou, pondo-se a quebrar vitrines e portas das lojas. É este o exército revolucionário de um povo livre?
>
> É evidente que as massas não têm a mínima ideia do que estão fazendo — um verdadeiro pesadelo. Ninguém conhecia os objetivos do levante ou sabia quem eram seus líderes. Será que havia líderes? Duvido. Trótski, Lunacharsky e *tutti grandi* tagarelaram, mas tudo esvaiu-se ao sabor dos humores das ruas.[43]

Com 50 mil homens armados e furiosos cercando o Palácio Tauride, nada havia a impedir um golpe de estado bolchevique. Encarregado de defender o prédio, V. S. Woytinsky só dispunha de 18 soldados do Regimento Pavlovsky. Sequer havia contingente suficiente para guardar a entrada do local, obrigando Woytinsky a lançar mão de um estratagema ardiloso, colocando todos os guardas nas imensas janelas francesas da fachada do palácio, simulando assim uma proteção conveniente. Aos olhos dos líderes do Soviete, confinados entre quatro paredes e às voltas com debates sobre a tomada do poder, era "inteiramente óbvio" que o local estava prestes a sofrer uma invasão. "A qualquer momento as turbas armadas poderiam ter irrompido, destruindo o Palácio Tauride, nos aprisionando e fuzilando, caso nos recusássemos a assumir a responsabilidade de governar o país", registrou o menchevique Bogdanov.[44] O Governo Provisório, ou o que restara dele, mostrava-se igualmente vulnerável. Durante a manhã, os ministros do gabinete abrigaram-se no prédio do Estado-Maior, próximo ao Palácio de Inverno. A não ser por umas poucas dezenas de cossacos, não havia forças disponíveis para resguardá-los. Kerenski fugira para o *front*, partindo da estação de Varsóvia minutos antes de os perseguidores bolcheviques chegarem ao local. O Palácio Marinsky, sede do governo, estava de portas escancaradas. Os pontos estratégicos da cidade — arsenais, posto telefônico, depósitos de alimentos e gares — permaneciam desguarnecidos. Bastaria uma só ordem de Lênin e os insurgentes poderiam, facilmente, ocupar estes pontos, num primeiro e decisivo passo para a conquista do poder.

Mas tal ordem não veio e a massa diante do palácio, em dúvida sobre como agir, logo perdeu o mínimo de organização de que ainda dispunha. A mão de Deus, na forma de mudanças climáticas, também contribuiu para o colapso da sublevação. Às 17 horas, nuvens escuras descarregaram uma tempestade sobre Petrogrado. A maior parte da multidão correu à procura de abrigo e não retornou ao local. Os mais desordeiros, porém, persistiram. Talvez porque já estivessem ensopados e irritadiços, perderam o autodomínio e passaram a disparar contra o Palácio Tauride. O restante do povo pôs-se a gritar e a debandar em pânico. Dezenas de pessoas morreram pisoteadas. Alguns marinheiros invadiram a construção, escalando as janelas. Ato contínuo, exigiram a presença dos ministros socialistas, os quais seriam obrigados a explicar o motivo de tamanha relutância em assumir o papel de governantes. Chernov foi incumbido de acalmar a massa mas, ao aparecer no topo da escada, viu-se saudado por uma saraivada de berros coléricos disparada pelos marinheiros de Kronstadt. A multidão adiantou-se e o cercou, revistando-o, para saber se estava armado. Um trabalhador ergueu os punhos e bradou, fora de si: "Estão lhe entregando o poder, assuma-o, seu filho da puta!" O líder dos SRs acabou empurrado para um carro aberto, por iniciativa de um grupo de homens armados, que o declarou preso e passível de libertação somente quando o Soviete fizesse o que todos esperavam. Chernov teve mais sorte do que seu velho rival Kerenski, pois fora alçado ao posto de "refém da democracia".

Um grupo de operários entrou no Salão Catarina e interrompeu a sessão: "O camarada Chernov é prisioneiro do povo! E, neste exato minuto, está sendo reduzido a pedaços! Salvemo-lo! Todos à rua, já!" Chkheidze propôs que Kamenev, Martov e Trótski servissem de emissários na operação resgate. Trótski foi o primeiro a cruzar a porta do palácio e, a céu aberto, abriu caminho entre a massa, aos gritos, conseguindo chegar até o carro que funcionava como cárcere e subindo na capota. Sem chapéu, descomposto e aterrorizado, Chernov continuou sentado no banco de trás do veículo. Todos os homens de Kronstadt conheciam a figura de Trótski e aguardavam suas instruções. Tivessem os bolcheviques planejado a tomada do poder, seguramente aquele seria o momento ideal para incitar os marujos a invadir o palácio, prender os líderes do Soviete e proclamar um governo socialista. Ao lado de Trótski, Raskolnikov perguntou aos carcereiros de Chernov para onde pretendiam levar o preso. "Não sabemos", foi a resposta. "Para onde quiseres, camarada Raskolnikov. O refém está à sua disposição." Trótski insistia na libertação do SR. "Camaradas de Kronstadt, orgulho e glória da Revolução Russa!", ele discursou, com sua voz metálica. "Vocês vieram para fazer valer o que querem e mostrar ao Soviete que a classe trabalhadora não mais deseja ver a burguesia no poder. Mas por que macular a causa com atos míseros de violência contra reles indivíduos? Indivíduos não são dignos da atenção de vocês." Os marujos reagiram com uivos raivosos, pois não conseguiam entender a necessidade de liberar Chernov se o objetivo da manifestação era exatamente a derrubada do governo. Não sabendo o que fazer, concordaram em soltar o refém, ainda que com uma ponta de melancolia. "Cidadão Chernov, estás livre", declarou o camarada Trótski, abrindo a porta do carro e gesticulando para que o prisioneiro se levantasse do banco. O líder SR parecia entorpecido, incapaz de compreender o que se passava. Foi preciso que o ajudassem a sair do veículo e o conduzissem, como a um homem debilitado, de volta ao Palácio Tauride.[45] Um momento crítico havia sido superado, um dos mais famosos da história revolucionária e, com ele, extinguira-se também a possibilidade de tomada do poder.

Segundo o relato de Sukhanov sobre o diálogo mantido com Lunacharsky, a espinha do "plano" bolchevique era o 176º Regimento, de Krasnoie Seló, que deveria chegar ao Tauride e prender as lideranças do Soviete. Por volta de 6 horas, os soldados finalmente apareceram, tendo à frente uma banda marcial. Cansados e com os uniformes empapados de água da chuva, mochilas e sobretudos jogados nos ombros, pratos e panelas tilintando no ritmo dos passos, eles instalaram-se à entrada do palácio, ocupados em desvencilhar-se da carga molhada e de preparar os rifles. Eles não tinham a mínima ideia do que deveriam fazer e só sabiam que haviam sido chamados para "defender a revolução". Mas onde estavam os líderes? Um oficial e seis homens subiram as escadas do Tauride e pediram para falar com qualquer representante do Soviete. O menchevique Dan recepcionou o grupo, mas sem nem mesmo desconfiar de que regimento se tratava ou do motivo da ida até o palácio. Apesar da ignorância, Dan não se furtou a encontrar uma utilidade para os militares: colocou-os como sentinelas em vários pontos do prédio, a fim de proteger as lideranças do Soviete contra a insurreição.[46] Tendo se deslocado para pressionar o colegiado, os soldados acabaram salvaguardando-os dos manifestantes. Tais circunstâncias ocorrem numa revolução em que a massa desconhece seus líderes.

A partir de então, o levante estava efetivamente encerrado. Desorientada, a multidão mostrara-se sem condições de promover mudanças políticas. Discutindo se assumiam ou não o governo, as lideranças aferravam-se à ideia de escaparem da fúria popular. "A palavra final sobre a democracia revolucionária não pode ser dada pelas baionetas", declarou Tsereteli.[47] A inércia do Soviete deixou a massa impotente, sem saber como forçar seus membros a mudar de opinião, ou como concluir uma revolução sem a ajuda dos que estavam no Palácio Tauride. Se os líderes titubeavam diante das responsabilidades governamentais, como entregar "Todo Poder ao Soviete"?

Naquele mesmo dia, um último episódio simbolizou a impotência popular. Às 19h, um grupo de operários da fábrica Putilov, armados e furiosos, invadiu o Salão Catarina. Os deputados do Soviete pularam das cadeiras, alguns jogando-se no chão. Um dos trabalhadores, típico *sans-culotte*, vestindo macacão azul, a cabeça coberta por um boné, ocupou a tribuna. Sacudindo o rifle, gritou para os presentes:

> Camaradas! Por quanto ainda teremos que suportar aleivosias? Vocês estão aqui, debatendo e conchavando com a burguesia e os donos de terra... ocupados em trair a classe trabalhadora. Saibam que não toleraremos mais isto. Vamos agir do nosso modo. Todo o poder aos Sovietes! As armas estão bem firmes em nossas mãos! Sujeitos como Kerenski e Tsereteli não nos enganarão mais!

Chkheidze, presidente do Soviete, estava sentado perto do orador improvisado e, com calma, colocou um pedaço de papel na mão do homem. Era um manifesto, impresso na tarde anterior, no qual se afirmava que os manifestantes deveriam voltar para casa, sob pena de serem condenados como traidores da revolução. "Por favor, pegue isto, camarada", disse Chkheidze, em tom imperioso. "Aqui diz que você e os camaradas de Putilov vão embora. Por obséquio, leia com cuidado e não nos atrapalhe mais."[48] Confuso, o operário agarrou o papel e deixou o salão, seguido pelos demais trabalhadores. Humilhado, saiu espumando de raiva e frustração. Mesmo assim, fora incapaz de resistir, não por falta de armas, mas por carecer de energia. Séculos de servidão e subserviência tornaram-no despreparado para enfrentar seus guias políticos — e nisto consistiu a tragédia do povo russo. A cena foi uma das mais belas de toda a revolução —, uma daquelas raras passagens históricas em que as relações ocultas do poder vêm à superfície dos fatos, elucidando o curso tomado pelos acontecimentos.

Quando a noite caiu, as massas dispersaram-se. Ainda molhada e abatida, a maioria dos populares retornou aos distritos operários e à caserna. Os marinheiros de Kronstadt vagaram pela cidade, sem ter para onde ir. Ao longo de toda a madrugada, as áreas residenciais mais valorizadas ecoaram sons de vidros estilhaçados, tiros esporádicos e gritos, informando que os últimos sobreviventes do levante fracassado recorriam a pilhagens e à violência contra os *burzhoois* para desabafar a decepção. A sede militar de Petrogrado recebeu incontáveis telefonemas de comerciantes, banqueiros e donas de casa. Num derradeiro ato de ousadia, 2 mil marinheiros tomaram a Fortaleza de Pedro e Paulo, apenas porque o local era um ícone do velho regime e parecia interessante fazer um refém de pedra para selar o fim da insurreição. Os marujos dormiram nas celas vazias da prisão e, no dia seguinte, concordaram em partir, sob condição de que pudessem voltar à base naval ainda de posse de todas as armas.[49]

A esta altura, tropas leais já deslocavam-se para defender o Palácio Tauride. O Regimento Izmailovsky foi o primeiro a chegar, na tarde de 4 de julho, acompanhado pelo estrondo da Marselhesa, uma espécie de resposta à Internacional dos homens de Kronstadt. Ao ouvirem os acordes, os líderes do Soviete abraçaram-se com lágrimas de alívio: o cerco ao Tauride acabara. De braços dados, só lhes restou cantarolar o coro de "*Aux armes, citoyens*". Como tartamudeou um aborrecido Martov, tratou-se de "uma cena clássica do início de uma contrarrevolução".[50]

Como a maior parte das tropas leais, o Regimento Izmailovsky fora incitado contra os bolcheviques por intermédio de panfletos distribuídos naquela mesma tarde pelo ministro da Justiça, Pereverzev, acusando os vermelhos de serem agentes alemães. Vinte e quatro horas depois, a imprensa de direita não se furtou a propagandear "evidências" sobre as afirmações dos impressos. A principal escora para esta tese fora o testemunho duvidoso de um certo tenente Yermolenko, que, durante temporada como prisioneiro de guerra, teria sido informado em detalhes sobre as relações de Lênin com o inimigo. Não há dúvida de que os alemães financiaram o Partido Bolchevique — o Governo Provisório sabia disto desde abril —, mas não se pode provar a acusação levantada por Pereverzev, ainda hoje repetida por muitos historiadores. Na verdade, a quantia real entregue ao partido não foi considerável, em vista dos grandes problemas financeiros por que o partido passou durante o verão; e, além disto, não existem indícios de que os bolcheviques planejassem políticas propensas a agradar Berlim. Ainda assim, a divulgação de tais acusações teve efeito bombástico, colocando soldados contra os maximalistas. Em 5 de julho, agindo sob as ordens de Pereverzev, um numeroso destacamento de aspirantes ao oficialato invadiu a redação do *Pravda*, mas se desencontrou de Lênin por uma questão de minutos. O mentor bolchevique acabara de partir para o primeiro de seus períodos de hibernação, característicos até outubro, no apartamento do proletário Sergei Alliluyev.*[51]

A retirada não se dera por acaso. Um contato secreto no Ministério da Justiça o avisara das acusações de traição prestes a serem disseminadas. Esperando mitigar

---

* A filha de Alliluyev, Nadezhda, mais tarde se casaria com Stálin.

a reação xenofóbica que se seguiria ao panfleto e as notícias na imprensa, Lênin escreveu um artigo no *Pravda*, determinando o fim das manifestações. Tarde demais. Na manhã do dia 5, a capital rendeu-se à histeria antibolchevique. Os tabloides direitistas clamavam por sangue maximalista, responsabilizando os "agentes alemães" pelos reveses no *front*. Parecia evidente que os bolcheviques haviam planejado o levante de modo a ser simultâneo ao avanço das tropas inimigas. O general Polovtsov, chefe do Distrito Militar de Petrogrado, posteriormente reconheceu que a perseguição aos bolcheviques continha "uma forte tendência antissemita". Da mesma forma que os russos de sua classe social costumavam justificar os *pogroms*, o general atribuía a caça aos maximalistas "aos próprios judeus, os quais não passavam de uma centena entre os líderes bolcheviques. Os soldados, por sua vez, estavam começando a se aborrecer ao constatar que os judeus dominavam tudo e os comentários que ouvi na caserna mostravam, com clareza, qual a opinião dos militares a respeito do assunto".[52]

No início da manhã de 6 de julho, uma força-tarefa de tropas leais, acrescida de oito carros blindados e várias baterias de artilharia pesada, seguiu para a mansão de Kshesinskaya. Em meio ao surto de fanatismo antibolchevique, a imprensa de direita se revoltou ao imaginar trabalhadores e operários maximalistas e sujos circulando por entre veludo e sedas dos aposentos da anfitriã. Nem um só tiro foi disparado na recaptura do antigo solar da bailarina. Os 500 bolcheviques que ainda ocupavam o local renderam-se, dóceis, a despeito da grande quantidade de armas de que dispunham. Os líderes haviam estado ocupados demais com a queima de arquivos do partido e desdenharam a possibilidade de resistência.[53]

Naquele mesmo dia, Pereverzev determinou a prisão de Lênin e a de outros onze líderes bolcheviques, todos acusados de alta traição. A maioria deles preferiu não tomar qualquer precaução, arriscando ser presa de uma hora para outra e, em alguns casos, até se entregando. No entanto, Lênin optou pela clandestinidade — escondendo-se no primeiro de uma série de esconderijos escolhidos na capital. Em 9 de julho, com Zinoviev, ele cruzou o país rumo à Finlândia, já de barba raspada e vestido de macacão e boné operário. Ao longo dos dias seguintes, dezenas de residências de Petrogrado sofreram revistas de tropas incumbidas de localizá-lo. Até mesmo o apartamento de Gorki foi vasculhado. Ao todo, houve a prisão de cerca de 800 bolcheviques, incluindo Kamenev, Lunacharsky, Kollontai e Trótski — sendo que este ainda não era membro do partido, embora seguisse sua doutrina.[54] A Fortaleza de Pedro e Paulo, cujas celas estavam vazias desde a Revolução de Fevereiro, voltou a abrigar "presos políticos".

Enquanto viajava pelas áreas desertas do norte, Lênin deve ter imaginado que a causa estava perdida. Antes de deixar a capital, ele entregara a Kamenev o manuscrito d'*O Estado e a revolução*, ordenando que fosse publicado no caso de ele ser assassinado — como sempre, superestimava os riscos físicos que corria, dando uma impressão de covardia. Não se pode dizer que sua vida tenha estado sob risco durante a fuga que empreendeu naquele verão: em certo momento, chegou a encontrar-se com o chefe de polícia de Helsingfors, na realidade, um simpatizante bolchevique. Após sua morte, propagar-se-iam histórias fantásticas sobre sua bravura pessoal em incontáveis episódios, nos quais teria escapado por um triz de ser capturado. Nenhuma dessas histórias é real. A única passagem verdadeira — e mesmo assim, sem nada provar acerca da intrepidez de Lênin — aconteceu numa aldeia perto de Sestoretsk, no golfo da Finlândia, onde ele e Zinoviev passaram várias semanas dormindo num depósito de feno de propriedade de um operário filiado ao partido. Certo dia, ambos avistaram dois homens armados, tomando-os por policiais. Incontinenti, a dupla de líderes da revolução mundial mergulhou num monte de feno, escondendo-se. "Só nos resta uma morte honrada", sussurrou Lênin a Zinoviev. Os estranhos, porém, meros caçadores de patos, nem se aperceberam dos fugitivos.[55]

Todavia, dada a atmosfera de oposição aos bolcheviques, é fácil considerar por que Lênin preocupava-se tanto com sua segurança pessoal. Na época, vigorava a lei da execução sumária e a imprensa estava infestada de ilustrações mostrando o líder no cadafalso. Parte das lideranças bolcheviques (Kamenev, em especial) queria que Lênin se entregasse e enfrentasse um processo legal, por suporem que o réu poderia se valer do depoimento nos tribunais para contestar as acusações de traição e acusar as autoridades. Ainda segundo esta parcela de maximalistas, ao fugir do país Lênin perigava levantar suspeitas entre os trabalhadores de que a liderança tinha outros motivos para se ocultar. Além do mais, havia uma longa tradição de socialistas que usaram o banco de réus como tribuna de propaganda: Trótski fora brilhante em 1906 e o irmão de Lênin fizera o mesmo em 1887. Mas o bolchevique-mor não era o tipo de homem capaz de vestir a carapuça de mártir revolucionário, pois tinha-se como importante demais para arriscar o pescoço. Para ele, não havia como conseguir um julgamento justo (uma "ilusão constitucional", como dizia), pois o domínio da lei havia deixado de existir e o Estado fora tomado pela "contrarrevolução". "O que está em jogo não são 'os tribunais'. Estamos em meio a uma guerra civil", afirmou. Tal raciocínio veio acompanhado de uma mudança fundamental no pensamento leninista, a qual teria consequências importantes. Desde as Teses de Abril, ele aceitava a necessidade de fundamentar o trabalho partidário em ações pacíficas ou políticas, mas no rastro dos Dias de Julho — quando, a seu ver, o Estado caíra nas garras da "ditadura militar" — passara a postular a ideia de um levante armado para a tomada do poder.[56] Com efeito, sua recusa em apresentar-se à justiça fazia parte de uma declaração de guerra civil.

As lideranças do Soviete mostravam-se igualmente temerosas de um fortalecimento da direita e, embora denunciassem o levante de julho e o papel desempenhado pelos bolcheviques no episódio, também inclinavam-se a defendê-los contra as medidas punitivas do governo. Numa carta a Ekaterina, datada de 10 de julho, Gorki resumiu os pontos de vista ambivalentes que confundiam a *intelligentsia*:

> Pelos jornais você saberá das atrocidades que têm acontecido por aqui. Minha impressão imediata é imensamente difícil de traduzir em palavras. O que ocorreu e ainda está ocorrendo é estúpido, covarde e abjeto. No entanto, é errado considerar que toda a culpa pode ser atribuída aos "bolcheviques", agora chamados de agentes alemães, os quais, sem dúvida, não participaram dos fatos. A responsabilidade pelos problemas é dos kadets, dos filisteus de sempre e de toda Petersburgo. Não estou tentando defender os "bolcheviques" — eles mesmos sabem que não há justificativa para o que fizeram...
>
> O bolchevismo de emoções, que mexeu com os instintos mais sombrios das massas, saiu mortalmente ferido — e isto é bom. Mas a Democracia, a Inglaterra, a França e a Alemanha podem entender a derrocada bolchevique como a derrota da Revolução inteira, o que é péssimo, pois abalará o espírito revolucionário no Ocidente e prolongará a guerra por tempo indefinido... Temo que Lênin chegou a um triste fim. Com certeza, ele não é tão mau assim, mas seus camaradas mais próximos, ao que parece, são verdadeiros canalhas e infames. Todos foram presos. Agora a imprensa burguesa está atrás do *Novaia zhizn'* e, provavelmente, conseguirá com que seja fechado. E a campanha será reiniciada contra você e seus SRs. A contrarrevolução não é mais apenas uma intenção vaga, mas um fato. Os kadets estão à frente disto, sendo usados, envolvidos em intrigas e nada envergonhados de se valerem de tais meios de luta.[57]

A Executiva do Soviete protestou contra a prisão dos líderes bolcheviques, numa tentativa de contestar as acusações de que colaboravam com os alemães, uma incriminação caluniosa atribuída aos Cem Negros, e planejada para rachar a democracia revolucionária. Prevaleceu a velha tradição da solidariedade socialista — segundo a qual "não há inimigos à esquerda". A maior parte das lideranças do Soviete continuava a ver os maximalistas como "camaradas", concordando que a caça às bruxas poderia significar um recrudescimento direitista, desfavorável aos socialistas como um todo. Segundo o *Novaia zhizn'*, "hoje acusam os bolcheviques; amanhã lançarão suspeitas sobre o Soviete; e depois declararão guerra santa contra a Revolução".[58] A esquerda menchevique, em parte apostando ainda na ideia de se fundir com os bolcheviques, mostrou-se especialmente aguerrida na oposição à repressão governamental. Graças também a seus esforços, o julgamento público e a comissão escolhida para examinar as denúncias de traição arrefeceram e se esvaziaram. Isto, mais do que qualquer outro fator, garantiu a sobrevivência dos bolcheviques. Devido à relutância dos líderes do Soviete em romper laços com os maximalistas, a ameaça leninista não se extinguiu de uma vez por todas. Um anos depois, quando muitos destes mesmos membros do Soviete viram-se nas prisões maximalistas, não faltariam arrependimentos.

Ao optar por cerrar fileiras com os bolcheviques, a cúpula do Soviete estava exagerando a possibilidade de uma contrarrevolução. Como em fevereiro, os homens da Executiva enxergaram a realidade por um prisma histórico distorcido: as sombras de 1849 e 1906 haviam obscurecido suas vistas. Em parte, foi o mesmo temor a uma contrarrevolução que, meses antes, os impedira de tomar o poder. O futuro mostraria quão fatal fora tal erro, pois somente um governo encabeçado pelo Soviete poderia ter preenchido o vácuo de poder legado pelo fim da coalizão. Na verdade, tal alternativa não equivaleria necessariamente à paz, pão ou terra; nem teria dado cabo do caos e violência reinantes no campo; mas, pelo menos, negaria aos maximalistas a oportunidade de reunir apoio popular sob a égide de "Todo o Poder aos Sovietes!" Ao longo de julho, as ruas imploraram para que o Soviete assumisse as rédeas do país. Ainda assim, este refutou a proposta, tomando-a, placidamente, como mera demagogia bolchevique. Não ocorreu aos homens da Executiva que tais clamores poderiam ser a expressão dos anseios de toda a democracia. Afinal, como líderes que haviam se autonomeado, não deveriam decidir a questão? "Estive nas províncias e no *front* e afirmo que a autoridade do Governo Provisório no campo é muito grande", garantiu Tsereteli, em 4 de julho.[59] O dogma partidário assegurava a mencheviques e SRs a inviabilidade de um governo socialista, pois o "estágio burguês da revolução" ainda não fora concluído. Essa lógica férrea levou-os a concluir filosoficamente pela necessidade de uma nova aliança a ser costurada a qualquer custo. E, se os kadets ainda se recusassem a tomar parte deste pacto, então alinhavar-se-ia um bloco com outros grupos burgueses. "A coalizão está morta! Vida longa à coalizão!"

A restauração da aliança tornara-se inevitável a partir da nomeação de Kerenski como novo primeiro-ministro. Em 6 de julho, ele retornara à capital, não sem antes insistir para ser recebido por uma suntuosa guarda de honra, com cossacos e a cavalaria perfilados pelas ruas, desde a Estação de Varsóvia. Era a entrada triunfante de um herói nacional, de um homem do qual se dizia ter salvado o país da ameaça vermelha ao reunir as tropas leais no *front*. Menos de 24 horas depois, Lvov exonerou-se e nomeou Kerenski seu sucessor. Para o príncipe, foi um gesto de alívio. Em 3 de julho, ao escrever para os pais, ele já decidira deixar o cargo; cansara-se da política — o fardo tinha feito dele um homem grisalho — e não tinha temperamento para levar à frente a repressão exigida pelos desdobramentos dos Dias de Julho. "A única maneira de preservar o país é fechar o Soviete e lançar as tropas contra o povo. Não posso dar tal ordem, mas Kerenski, sim", disse ele, em 9 de julho, a seu velho amigo T. I. Polner. Até o fim, o amável príncipe se negara a fazer uso da coerção contra "o povo". Ainda que possa nos soar fantasiosa, sua fé perpétua na "bondade e sabedoria" popular não permitiu que se comportasse de outra forma. Quatro dias depois, ele deixou a capital e recolheu-se a um monastério.[60]

Kerenski foi recebido como alguém em condições de amalgamar o país e de ceifar o risco de guerra civil. Ele era o único político de destaque a gozar de respaldo popular, embora também merecesse considerável respeito de líderes militares e da burguesia. Tsereteli mantinha a posição de principal líder do Soviete, mas era exatamente isto que o impedia de ocupar o posto de primeiro-ministro. Se a coalizão precisava ser refeita, havia necessidade de romper com o programa da entidade. Caso contrário, os kadets não se aproximariam. Kerenski era a figura ideal para a retomada da aliança: como deputado do Soviete e graças às suas boas relações com os círculos da Duma que formavam o Governo Provisório, ele poderia funcionar como ponte entre os campos socialista e liberal, colocando-se numa posição ímpar — o destino da Rússia parecia depender daquele jovem. A situação tinha ares trágicos pois, sem dúvida, o fardo era muito pesado para alguém tão moço e de talentos modestos quanto os dele.

O novo primeiro-ministro sempre gostara de se ver como "líder nacional", com trânsito à esquerda e à direita. Sua ascensão ao poder só serviu para torná-lo ainda mais vaidoso. Ele começou a cultivar a imagem de um homem ungido pelo destino, convocado pelo "povo" a "salvar a Rússia". Aquele verão assistiu ao ápice do culto a Kerenski, engendrado com a ajuda de seus amigos da *intelligentsia* literária de Petrogrado — Merezhkovsky, Filosofov, Stanislavski e Nemirovich-Danchenko* —, que viam nele o "cidadão ideal" e a "personificação da liberdade russa".[61] Sucesso e adulação subiram à cabeça do primeiro-ministro, que passou a pavonear-se, em atitudes cômicas, estufando o peito mirrado e fazendo pose de Bonaparte. Seu gabinete foi transferido para o Palácio de Inverno, onde ocupou os suntuosos aposentos de Alexandre III. Ele dormia na cama gigantesca que havia pertencido ao tsar, agora emoldurada por uma foto do novo morador do palácio, garbosamente sentado atrás de uma escrivaninha das proporções de uma piscina. A mesma foto acabou distribuída em cartões usados para fins propagandistas. A mesa de bilhar tão cara a Nicolau II já havia sido embalada para ser mandada a Tobolsk, mas Kerenski quis mantê-la junto a si, para distrair-se nas horas vagas. Não satisfeito, fazia-se servir pelos antigos criados do palácio e, várias vezes ao dia, ordenava rodízio dos sentinelas postados do lado de fora de sua suíte. Ao entrar e sair, a bandeira vermelha do telhado do prédio era erguida e baixada, como se ali ainda vivesse um monarca. Era esse o homem que se dizia "refém da democracia"?

---

* Dmitrii Merezhkovsky (1865-1941), poeta, escritor e filósofo religioso; Zinaida Gippius (1869-1945), escritora e ensaísta, casada com Merezhkovsky; Dmitrii Filosofov (1872-1940), crítico literário que morava com o casal; Konstantin Stanislavsky (1863-1938) e Vladimir Nemirovich-Danchenko (1858-1943), fundadores do Teatro de Artes de Moscou.

O interregno de três semanas entre o colapso da primeira coalizão e a formação da segunda aliança levou Kerenski a se afastar de vez do Soviete. Dono do poder, ele estava disposto a imolar a maioria das demandas básicas em curso — e o declarou publicamente, aos 8 de julho — na tentativa de persuadir os kadets a participar do bloco. Por insistência destes, baixou decretos impondo severas restrições a reuniões públicas, restabeleceu a pena de morte no *front* e concordou em reduzir a influência dos comitês de soldados. O programa da nova coalizão, concluída em 25 de julho, não mais se basearia nos princípios do Soviete, como ficara acertado em fevereiro. Embora constituindo maioria, os nove ministros socialistas, à exceção de Chernov, originavam-se das alas direitas de seus respectivos partidos, inclinando-se a favor dos liberais da Duma. Tsereteli, líder inconteste do Soviete, não podia aceitar tal acinte à sua influência e, sem outra opção, retirou-se de cena. Sofrendo de tuberculose, preferiu refugiar-se na semiobscuridade. Sua exoneração marcou a ruína da entidade. Em 18 de julho, na mesma data em que o novo primeiro-ministro se mudou para o Palácio de Inverno, colocando-se à margem e acima do povo, exatamente como os antigos tsaristas, o Soviete foi expulso do Palácio Tauride, transferindo-se para o Instituto Smolny, um colégio destinado às filhas da nobreza, nas cercanias da capital.

3. O homem do cavalo branco

Não faltou quem afirmasse que o idealismo crédulo de Linde foi o culpado de sua morte. Ao chegar ao *front*, o jovem comissário recebeu avisos sobre o perigo representado pelos desertores. Durante várias semanas, estes homens haviam vivido como bandidos, disseminando o terror pela região de Lutsk e ninguém duvidava de que o melhor seria recorrer aos cossacos para afastá-los dali. O general Krasnov arregimentara 500 reservistas da cavalaria e, embora na época a quantidade de desertores já fosse quase dez vezes superior, ele estava certo de que a presença imponente dos guerreiros bastaria para desarmá-los. Mas Linde continuava a acreditar na força inabalável da transformação político-social, insistindo que os cossacos não passavam de resquícios do passado tsarista e, portanto, não deviam ser usados contra "o exército mais livre do mundo". "Veja, general, tenho que fazê-los ouvir o bom senso. É preciso saber como falar com os soldados. É tudo uma questão de psicologia."[62] Não houve maneira de dissuadir Linde de seu plano tolo — ele estava transportado pela crença no poder da vontade revolucionária — e, assim, foi-lhe concedida permissão para ir até o acampamento tentar convencer os trânsfugas a voltar à batalha.

Não era a primeira vez que a confiança exagerada do comissário lhe causava problemas. Por duas vezes, o fervoroso sargento guiara seus soldados às ruas — em fevereiro, na qualidade de herói da revolução, e nas manifestações de abril contra Miliukov, quando acabou condenado como aventureiro "bolchevique" empenhado na promoção de um golpe sangrento. Como castigo, o Soviete designara-o comissário do Exército Especial, na frente oeste: sua liderança sobre os praças seria posta a serviço do comando das tropas, com vistas à ofensiva iminente. E ele aceitou a tarefa com prazer: a ideia de aconselhar os homens a cumprir suas obrigações para com a pátria estava em perfeita sintonia com seus desígnios românticos de orador revolucionário. Em pouco tempo, tornou-se uma espécie de lenda, graças às ousadas incursões aos bolsões bolchevizados do *front*, que, somente com verbosidade, parecia conseguir devolver à ordem. Linde era uma figura rara em 1917: um arauto da revolução que, ainda assim, preservava o sentido de dever para com a nação e o Estado. Neste sentido, era um comissário exemplar. "Não basta conquistar liberdade. Democracia é algo que precisa ser defendido e pelo qual se tem que lutar", ele explicou a um amigo, no caminho de Lutsk. Eis por que ele mostrava-se tão resoluto em visitar o acampamento de desertores: queria convencê-los a voltar à guerra em nome de uma Rússia que, agora, era livre.

O comboio de carros, caminhões e cossacos a cavalo cruzava áreas ermas, rumo à floresta, onde os rebeldes haviam escolhido uma clareira para montar tendas. Era uma tarde ensolarada de agosto e, se ainda reinasse a paz, os campos estariam tomados de plantações. Contudo, após três anos de negligência provocada pelo conflito, só havia ervas daninhas. Ao chegar na entrada da mata, Linde optou por ir sozinho ao acampamento, enquanto um grupo de oficiais retardava o passo, acompanhando-o à distância, e os cavaleiros cossacos cercavam as imediações. Os soldados de dois regimentos amotinados, o 443º e o 444º, ambos da Terceira Divisão de Infantaria, distraíam-se, sentados ou deitados junto às barracas. Diante da aproximação dos oficiais, os homens se alvoroçaram, levantando-se como se fossem um único animal pré-histórico e gigantesco, já preparando as armas. Linde notou duas turmas distintas — uma dispersa e amorfa, reunindo a maior parte dos rebeldes, e outra, menor e mais compacta, cujo olhar ameaçador informava que tinha a índole ameaçadora das tropas bolchevizadas. De pé sobre uma pilha de lenha, Linden dirigiu-se ao primeiro grupo. Foi um discurso emocionante, cheio de *pathos* democrático. "Eu, que levei os soldados a derrubar o governo tsarista e a lhes conceder liberdade, uma liberdade que não tem equivalente em nenhum outro país do mundo, peço que agora me informem quem está lhes dizendo para desobedecerem às ordens dos comandantes." As palavras do comissário misturavam-se aos sons de bombas alemãs que sobrevoavam a floresta, acrescentando um tom dramático a tamanho ardor retórico. Ele apontou na direção das armas inimigas e conclamou os desertores a defenderem a pátria. Estes, porém, já conheciam de cor toda aquela ladainha; anos de propaganda os haviam transformado em cínicos. Eles já haviam vivido o suficiente da guerra para continuar a crer em frases tonitruantes; a desconfiança era ainda maior em se tratando de discurso feito por alguém tão jovem e amável, metido num casaco bem-cortado de oficial, calças elegantes, botas de couro e sotaque estrangeiro.

Ciente de que sua verbosidade era debalde, Linde pôs-se a xingar os homens, chamando-os de "porcos preguiçosos" e "bastardos" não merecedores da liberdade de que desfrutavam. Os desertores agitaram-se e vários deles, saídos do grupo bolchevique, decidiram questioná-lo, acusando-o de ser espião alemão e dizendo que seus métodos eram dignos do velho regime. Observando a cena à distância, o general Krasnov pôde ver que algo terrível estava prestes a acontecer e mandou um carro resgatar o comissário. Linde, porém, mostrava-se transtornado pelo poder das próprias palavras, inebriado por sua retórica magnânima, e recusou-se a partir. Os soldados chegaram mais perto do comissário — e só então ele tentou escapar. Tarde demais. Um homem corpulento do grupo bolchevista avançou e desferiu uma coronhada nas têmporas do tribuno. Uma nova pancada o derrubou no chão. Toda a massa de trânsfugas hostis jogou-se sobre ele, transpassando seu corpo com golpes de baionetas. Assustados, Krasnov e os oficiais prepararam-se para bater em retirada, mas os desertores, agora mais temerários, lançaram-se à caçada pela floresta, enquanto os cossacos lutavam para restaurar a ordem. Um dos oficiais, o coronel Girshfeldt, foi despido, pendurado de cabeça para baixo num galho de árvore e brutalmente torturado, até receber um tiro de misericórdia. Dois outros oficiais também foram mortos antes que o comboio deixasse a floresta, a salvo.

O corpo de Linde foi levado a Petrogrado e mereceu funeral de herói. A imprensa democrática discorreu sobre "o guerreiro que tombou pela causa do povo", como se constituísse um exemplo lapidar do sentimento revolucionário ufanista de que o exército russo tanto precisava. Linde não fora o primeiro líder do Soviete a ser morto por tropas bolchevizadas. Houve inúmeros crimes similares nas semanas anteriores ao episódio de Lutsk. Até mesmo Sokolov, um dos autores da Ordem Nº 1 — a carta norteadora dos direitos dos soldados —, passou por uma sessão de espancamento e uma temporada como refém durante um motim de praças, os quais ele tentara persuadir a voltar à batalha. Mas o assassinato medonho do jovem comissário, ocorrido no auge da crise de verão, ganhou importância especial, simbolizando o fim das esperanças idealistas presentes desde fevereiro — o ideal de um Estado de cidadãos livres, passíveis de se deixarem dissuadir a cumprir seus deveres cívicos para com a Rússia e a revolução. A execução de Linde finalmente confirmou que acabara o tempo das palavras. O povo russo não estava preparado para o exercício da cidadania e a notória admoestação de Kerenski, de que o Estado russo livre tornar-se-ia "um Estado de escravos revoltosos", parecia ser corroborada pelo caos crescente grassando em todo o país. O exército russo estava em frangalhos e em franco recuo. Em 21 de agosto, os alemães ocuparam Riga e, como anotou Zinaida Gippius em seu diário, "eles poderiam ocupar Petrogrado a qualquer momento". O império despedaçava-se, com governos nacionalistas, na Finlândia e na Ucrânia, declarando-se independentes. A cada dia, os jornais davam conta de greves operárias, de conflitos em estações ferroviárias, de ataques camponeses a propriedades fidalgas e de crime e baderna nas cidades. Aos poucos, concluía-se que a Rússia só poderia ser governada pela força. O próprio Tsereteli viu-se obrigado a admitir que a crise de verão marcou o fim da "mocidade sonhadora e rósea" da revolução, anunciando um "período soturno" no qual medidas coercitivas seriam necessárias para conter a maré anárquica.[63]

As classes proprietárias saíram na frente no brado de convocação à ordem. "A Pátria em Perigo!" tornou-se a palavra de ordem. Histéricas de medo, apostaram quantias absurdas em mesas de jogo, venderam bens a preços vis e passaram a viver no desvario, como se aquele fosse o último verão da civilização russa. A condessa Speransky considerava que "reuniões à beira do rio, passeios de carro e piqueniques em castelos na vizinhança, jantares e ceias com bandas ciganas e orquestras, partidas de bridge e pôquer, noitadas de tango e romances feéricos eram a última moda". A cerimônia de sepultamento de sete cossacos mortos pelos bolcheviques nos Dias de Julho transformou-se em palco para as classes abastadas russas promoverem uma demonstração de sentimentos ufanistas. As pompas fúnebres começaram com um réquiem cantado na Catedral de Santo Isaac, seguido por procissão solene pelas ruas da cidade, na qual cada um dos sete ataúdes ocupou uma carruagem dourada puxada por cavalos brancos e flanqueada por cossacos de libré e sacerdotes aspergindo incenso. Foi menos uma mostra de solidariedade democrática e mais um choramingar saudoso do velho regime. A atmosfera recendia contrarrevolução. A imprensa exigia o enforcamento dos bolcheviques e o fechamento do Soviete. Na ausência de lideranças maximalistas, Chernov viu-se na condição de novo "espião alemão" e de besta-fera eleita pela direita. Não raro, bandos de Cem Negros encurralavam e surravam operários bolcheviques. Respeitáveis cidadãos de classe média aderiram a diversos grupos direitistas, que atribuíam aos judeus toda a responsabilidade pelas mazelas do país e clamavam pela volta do tsar ou de qualquer outro ditador, capaz de salvar a Rússia da catástrofe.[64]

À frente do exército, o verdadeiro culpado pelo fracasso da ofensiva, Brusilov logo sucumbiu vítima desta guinada à direita. No *Stavka*, onde os generais reacionários suspeitavam de suas tendências democráticas, ele jamais merecera grande apreço. O fiasco da investida contra os alemães criara a oportunidade para uma campanha de difamação do comandante em chefe. A pressão com vistas a sua substituição foi arquitetada pelo general Kornilov, sabidamente um defensor da restauração da disciplina militar conforme os moldes tradicionais. Como condição básica para participarem do governo Kerenski, os kadets haviam exigido o retorno da ordem às fileiras de combatentes. Embora respondesse pelas políticas implantadas por Brusilov no *front*, o novo primeiro-ministro estava disposto a livrar-se delas e do comandante para manter o poder. Ao ser incumbido por Kerenski de convocar uma reunião de todos os homens em posição de comando na guerra, a acontecer em 16 de julho, no *Stavka*, Brusilov pressentiu que estava com a cabeça a prêmio. Mesmo assim, cometeu o erro de mandar somente um ajudante de ordens recepcionar o primeiro-ministro na estação de Mogilev: o trem chegaria num horário em que ele ainda estaria envolvido na tomada de decisões estratégicas. O protocolo não determinava que o comandante supremo desse, pessoalmente, as boas-vindas ao ministro da Guerra, mas Kerenski comportava-se como um tsar e esperava que seus subordinados o tratassem como tal. O resultado foi um acesso de fúria, durante o qual um homem foi mandado às pressas até Brusilov, com ordens de levá-lo imediatamente à gare. "Toda a situação mostrava-se ridícula e mesquinha, especialmente diante da situação trágica no *front* que o chefe do Estado-Maior e eu estudávamos", observou Brusilov. Mas Kerenski era vaidoso, obcecado pelas futilidades do poder e a quebra de etiqueta bastou para selar a sorte do comandante em chefe. Em 18 de julho, Brusilov perdeu o posto. Aborrecido por ter sido dispensado por razões políticas, retirou-se para Moscou para descansar ao lado da mulher, ora doente.[65] Só com a chegada dos bolcheviques ao poder é que ele retornaria ao exército, sob circunstâncias extraordinárias.

O homem que o substituiu, general Lavr Kornilov, já atingira posição de salvador da pátria, pelo menos nos círculos de direita. Pequeno e ágil, crânio raspado, bigode mongol e olhos miúdos como os de um rato, Kornilov pertencia a uma família de cossacos siberianos. Seu pai fora pequeno proprietário e soldado, tendo, inclusive, galgado as primeiras patentes do oficialato. Sua mãe teria sido uma descendente dos buriatos, da Sibéria. Tais origens relativamente plebeias o diferenciavam dos demais generais russos, quase todos saídos da aristocracia. Na atmosfera democrática de 1917, não ter ascendência nobre era aspecto muito importante para alguém tornar-se herói nacional. O início de sua carreira militar dera-se na Ásia Central, oferecendo-lhe oportunidade de aprender os idiomas da região e constituir seu próprio corpo de guardas turcomanos trajados de vermelho, que o chamavam de "Grande Boiardo". Sua nomeação não decorrera de méritos pessoais. Em 1914, aos 44 anos, ele não havia passado de comandante de divisão do VIII Exército, do qual Brusilov fora comandante. Este o considerava corajoso, enérgico e querido entre os subalternos, embora tendesse à desobediência. Brusilov alegava, não sem motivo, que Kornilov cultivava um certo "culto à bravata", e tal culto certamente explica parte de sua ascensão meteórica rumo à fama. Em 1915, após recusar-se a cumprir as determinações de Brusilov, que queria retirar os homens da linha de fogo, Kornilov fora ferido e feito prisioneiro por soldados da Áustria. No ano seguinte, fugiu das garras de seus carcereiros, usando uniforme do inimigo, e voltou para a Rússia, a pé. Em vez de conduzido à corte marcial, teve recepção de herói.[66]

Foi nesta época que Kornilov começou a conquistar influentes admiradores políticos, em especial Rodzianko e Guchkov, os quais, em março de 1917, garantiram sua escolha para conduzir o Distrito Militar de Petrogrado. Durante as revoltas de abril, o general ameaçara levar suas tropas às ruas. O Soviete opusera-se à iniciativa e assumira o controle da guarnição, forçando o comandante a abandonar o posto. Diversos grupos de direita escandalizaram-se com tamanha interferência em questões de caserna e passaram a encarar Kornilov como um defensor da autonomia das forças armadas. O que unia esses grupos era a atitude de oposição à crescente ingerência do Soviete no governo, particularmente em assuntos externos e militares, registrada após a crise de abril. Obrigado a exonerar-se do Ministério das Relações Exteriores, Miliukov pôs-se a flertar com ideias contrarrevolucionárias. "É óbvio que os líderes do Soviete estão nos levando deliberadamente à derrota e à ruína econômica", escreveu ele a um amigo, no fim de junho. "No fundo, ambos sabemos que a salvação da Rússia está na restauração da monarquia e que os fatos ocorridos nos últimos dois meses têm mostrado, com clareza, o quanto o povo foi incapaz de usufruir da liberdade."[67] As lideranças empresariais, cada vez mais avessas às políticas do menchevique e ministro do Trabalho Skobelev, assim como a nobreza, também hostil ao SR e ministro da Agricultura Chernov, somavam forças contra o Soviete. A União dos Oficiais e a União dos Cossacos faziam campanha pelo fim dos comitês de soldados e pela volta da disciplina militar. Todos estes grupos juntaram-se através do Centro Republicano, uma organização clandestina de patriotas burgueses, oficiais e veteranos de guerra formada em maio e com sede na Nevsky Prospekt.[68]

O novo comandante em chefe funcionou como criado, e não como mestre, de tais interesses. Seu raciocínio político estava longe de ser muito elaborado. Soldado típico, era homem de poucas palavras e de menos ideias ainda. "Coração de leão, cérebro de cordeiro", sentenciou Alexeev. Na temporada passada na prisão, lera tudo sobre a vida de Napoleão e parecia acreditar que estava destinado a desempenhar papel equivalente na salvação russa, como se, para deter a maré anárquica, bastasse um General num Cavalo Branco.[69]

A maioria dos pronunciamentos políticos de Kornilov eram redigidos por Boris Savinkov, segundo homem no Ministério da Guerra de Kerenski. Quando jovem, o *ghost-writer* fora uma figura lendária do movimento radical SR, reunindo as qualidades de poeta, "guerreiro da liberdade" e viciado em jogo. Na virada do século, esteve envolvido no assassinato de vários homens do governo, inclusive Plehve. A exemplo de muitos terroristas, tinha uma forte veia autoritária. "És um Lênin, mas estás do outro lado da briga", certa vez lhe disse Kerenski. Em 1917, após um período de exílio no exterior, Savinkov retornou à Rússia, adotando a bandeira antissoviética — ele passou a tratar a entidade como "Conselho de Representantes dos Ratos, Cachorros e Galinhas".[70] Foi ele quem articulou duas nomeações de Kornilov. A primeira, em 8 de julho, para o comando da frente sudoeste. A segunda, dez dias depois, como comandante em chefe.

Afora disciplina militar, não se sabe ao certo o que Kerenski esperava do novo senhor do *front*. O próprio primeiro-ministro alimentava ambições bonapartistas e, sem dúvida, contava que Kornilov fosse o homem forte capaz de dar respaldo a tais desvarios. Mas ele percebia que o general e seus aliados pretendiam usá-lo para planos similares? Mais tarde, Brusilov alegaria ter sido inquirido por Kerenski se "o apoiaria caso fosse desejável consumar a revolução tornando-o [Kerenski] ditador?" Brusilov respondera que não, por considerar o premiê "histérico" demais para tal função. Ato contínuo, Kerenski teria indagado se Brusilov estava preparado para ser ditador. Novamente, o general discordara, comparando a ideia a "construir um dique quando o rio está na cheia". Certamente, a recusa pesara na decisão de Kerenski em substituir Brusilov por um comandante de instintos mais primários. Para garantir a escolha do nome de Kornilov, Savinkov aconselhara seu protegido a enfatizar, na Conferência do *Stavka*, marcada para 16 de julho, o papel dos comissários junto aos comitês de soldados, uma posição bem mais moderada do que a defendida por Denikin e outros generais, favoráveis à extinção imediata dos comitês. A proposta comedida permitiria a Kerenski acalmar os ânimos da direita e, ao mesmo tempo, manter a estrutura básica de suas reformas democráticas.[71] Portanto, Kornilov simulara estar preparado para levar à frente os desígnios do primeiro-ministro.

Logo após ser nomeado, o novo comandante em chefe passou a ditar as regras, em detrimento de Kerenski. Durante o breve período em que esteve na cabeça da frente sudoeste, ele fizera o primeiro-ministro restabelecer a pena de morte nos campos de batalha (por conta própria, Kornilov já punha tal medida em prática, ordenando que todos os desertores fossem fuzilados). Para assumir o posto militar máximo do país, o general exigira a extensão do castigo também às tropas na retaguarda, não sem antes ressaltar que prestaria contas apenas a sua "consciência e à nação como um todo". Tratava-se de um desafio à autoridade do Governo Provisório, tido por Kornilov como uma presa nas garras do Soviete. A proposta não vingou, graças à pressão de Kerenski, que o forçou a retirar o ultimato, mas já então as intenções do general ficaram cristalinas. Um ano depois, ele voltou à carga, apresentando ao primeiro-ministro uma série de sugestões de reformas, também redigidas por Savinkov. As primeiras do rol diziam respeito a questões estritamente militares: fim do poder dos comitês de soldados; proibição das reuniões de tropas no *front*; e desmantelamento dos regimentos revolucionários. A partir de 3 de agosto, o escopo das sugestões viu-se ampliado, e muito, incluindo a imposição de lei marcial em todo o país; volta da pena de morte para civis; militarização dos serviços ferroviários e da indústria de defesa, seguidas de adoção da pena capital para greves e assembleias operárias; e criação de cotas de produção compulsórias, com demissão sumária dos que não conseguissem cumprir as metas estabelecidas.[72] Em suma, medidas capazes de viabilizar uma ditadura militar.

Um dos mitos mais perenes da Revolução Russa afirma que Kornilov planejava um golpe de Estado para derrubar o Governo Provisório. Esta foi a versão de Kerenski que, ao cair em desgraça, passou o restante de sua vida — longa e frustrada, no exílio — tentando provar tal tese, desenvolvida em memórias volumosas e inexatas. Historiadores soviéticos também contribuíram para divulgar esta inverdade, pois assim podiam endossar a opinião de Lênin de que, após julho, a "ditadura militar" engajara-se numa luta aberta pelo poder. Porém, as evidências sugerem que Kornilov não desejava o fim do Governo Provisório. Pelo contrário, pretendia salvaguardá-lo. Ao insistir com Kerenski para aprovar as reformas anteriormente citadas, ele pretendia libertar o gabinete da influência do Soviete e, deste modo, "salvar a Rússia" do que imaginava ser uma catástrofe iminente. Em outras palavras, acreditava que a ditadura seria "legítima", pois teria o aval do primeiro-ministro. Só quando Kerenski passou a duvidar de tantos projetos, por considerar que o general poderia minar seu prestígio pessoal, foi que surgiu a tese de "conspiração golpista". Afinal, ele estava decidido a ser um novo Bonaparte e temia a concorrência de Kornilov. Era como se houvesse dois homens e somente um cavalo branco.

Tal raciocínio não equivale a negar que muitos dos que apoiavam o general incitavam-no a livrar-se inteiramente do Governo Provisório. A União dos Oficiais, por exemplo, chegou a elaborar planos para um golpe de Estado, enquanto uma "conferência de homens públicos", realizada em meados de agosto e formada, em sua maioria, por kadets e empresários de direita, estimulava Kornilov a derrubar o gabinete. No epicentro dos círculos direitistas havia Vasilii Zavoiko, figura de reputação duvidosa — especulador de imóveis, financista industrial, jornalista e alcoviteiro político — que, segundo o general Martynov, agia "em todas as questões de Estado como guia, pode-se dizer mentor" do novo comandante em chefe. Os intentos golpistas de Zavoiko eram tão conhecidos que mesmo Whitehall, ministro das Relações Exteriores inglês, já fora informado sobre o assunto. Em 8 de agosto, ele dissera a Buchanan, embaixador da Grã-Bretanha em Petrogrado, que, de acordo com fontes militares, Zavoiko pretendia derrubar o Governo Provisório.

Do mesmo modo, não se pode negar que Kornilov sonhava em brilhar na política — o culto a sua figura, que ele próprio ajudou a fomentar, era uma clara manifestação de seus intentos. É possível que os constantes apelos de seus admiradores, como Zavoiko, tenham-no tentado a explorar sua enorme popularidade para se transformar em ditador. O comandante em chefe desdenhava Kerenski, um "fraco e maricas", considerando seu governo irremediavelmente atrelado aos ditames do Soviete. Stepun fez coro a esta possibilidade, ao descrever o atrito entre Kornilov e Kerenski como um choque entre dois mundos muito distintos

— o mundo do corpo de oficiais e o mundo da *intelligentsia* — incapazes de se compreender mutuamente.[73]

A hesitação do primeiro-ministro em adotar as reformas propostas só fez aumentar a desconfiança do general em relação ao Governo Provisório. Em 10 de agosto, Kornilov apareceu no Palácio de Inverno, de surpresa, acompanhado por sua guarda pessoal e duas metralhadoras. Objetivo: convencer Kerenski a adotar as medidas sugeridas. Apesar do aparato, não conseguiu autorização para conversar com todo o gabinete, tendo sido recebido somente pelo "triunvirato" formado pelo próprio Kerenski, Tereshchenko e Nekrasov. Resultado: ficou sabendo que tão cedo as reformas não seriam postas em prática, o bastante para originar um bate-boca entre ele e o primeiro-ministro, um acusando o outro de estar levando o país à derrocada. Naquela mesma noite, após o jantar, o general disse a Rodzianko que açularia o exército contra Kerenski, caso este continuasse se recusando a atender a suas exigências. No dia seguinte, ele instruiu o 3º Corpo de Cavalaria, inclusive a notória Divisão Selvagem (assim chamada por ser constituída de nativos de tribos caucasianas) a movimentar-se pela região de Velikie Luki, de onde poderia ser despachado para a capital. Não se pode afirmar se as tropas de Krymov deveriam proteger o Governo Provisório de uma possível revolta bolchevique após a aprovação das reformas propostas por Kornilov ou se a intenção consistia em intimidar o gabinete com a perspectiva de um golpe militar, caso as medidas não fossem implementadas. Possivelmente a resposta encontra-se em ambas as hipóteses. Kornilov afirmara ao general Lukomsky que "não pretendia colocar-se contra o Governo Provisório" e esperava "no último momento, chegar a um acordo com o gabinete". No entanto, havia uma ressalva: se não conseguisse, "talvez se fizesse necessário atacar os bolcheviques, sem autorização oficial".[74] A frase não é a prova cabal de seu propósito de derrubar o governo; mas pode-se considerá-la uma ameaça de afastar Kerenski e os ministros da influência esquerdista, mesmo se, para tal, precisasse contrariar a vontade do premiê.

Ainda assim, por ocasião da visita ao *Stavka*, em 22-24 de agosto, Kornilov estava convencido de que não precisaria ser tão ousado. Savinkov lhe garantira que o primeiro-ministro acabaria por adotar as reformas, já "nos próximos dias", com vistas a transformar o Governo Provisório numa ditadura coletiva — ou Conselho de Defesa Nacional, como dizia o general — encabeçada por Kerenski e incluindo Savinkov, Kornilov e vários "homens públicos" de rodas patrióticas. Temendo uma revolta bolchevique — à qual poder-se-iam reunir as forças do Soviete — contra a imposição de lei marcial, o lugar-tenente do Ministério da Guerra pediu ao comandante em chefe que mandasse o 3º Corpo de Cavalaria entrar em Petrogrado. Circulavam rumores de um golpe maximalista planejado para o fim de agosto e a ideia era reagir de maneira "impiedosa". Em 25 de agosto, imaginando agir conforme determinações de Kerenski e visando a proteger o Governo Provisório, o general ordenou que, em caso de levante vermelho, as tropas de Krymov ocupassem a capital, dispersassem o Soviete e desarmassem a guarnição.

Contudo, o primeiro-ministro ainda não tomara uma decisão. Desde fevereiro, sua estratégia política baseara-se na ideia de manter o trânsito à direita e à esquerda. Afinal, era isto que fizera dele a figura principal da coalizão e quase o transformara num ditador. Mas a crise de verão e a crescente polarização tornavam tal posição insustentável: o centro político, no qual pretendia permanecer, estava desaparecendo. O Soviete não confiava mais em sua habilidade pessoal — e mesmo em sua vontade — para defender a revolução contra a reação. A direita, por sua vez, o censurava por não ter sido firme o bastante contra os bolcheviques. Kerenski foi incapaz de optar que caminho seguir e, com medo de perder espaço em ambos os campos, manteve-se em cima do muro.

As propostas de reformas apresentadas por Kornilov forçaram-no a decidir. Foi uma escolha tortuosa. Por um lado, os kadets poderiam abandonar a frágil aliança governamental, caso ele se recusasse a formar com o general. Havia ainda o risco de golpe militar, que os Homens de Fevereiro, como ele próprio, sempre tenderam a superestimar. Por outro, se implementasse as reformas, estaria rompendo com a esquerda e perderia o título de "refém da democracia". O retorno da pena de morte já havia maculado seriamente suas credenciais revolucionárias, pois tratava-se de uma questão discutida com todos os matizes de paixão. O Soviete fazia campanha feroz contra as propostas de Kornilov e, ao contrário do que ocorrera em julho, poderia, em desagravo, avalizar um levante maximalista. Além do mais, Kerenski tinha dúvidas quanto à eficácia da lei marcial. De onde tirar forças para pôr tal medida em vigor? Quantos oficiais teriam coragem de executar soldados? Quem arregaçaria as mangas e dedicar-se-ia à militarização das ferrovias e fábricas, fuzilando trabalhadores que ousassem cruzar os braços? Toda a ideia parecia impraticável.

Num gesto desesperado para aglutinar a nação atrás de si, Kerenski promoveu uma conferência de Estado, a se realizar em Moscou, no Teatro Bolshoi, entre os dias 12 e 14 de agosto. Esperando reconciliar esquerda e direita e numa tentativa de fortalecer as posições de centro, das quais dependia, ele destinou grande número de assentos aos delegados moderados de *zemstvos* e cooperativas. Sergei Semenov esteve presente como emissário da cooperativa de Volokolamsk. Não obstante, o coração do primeiro-ministro deve ter sofrido já antes da abertura dos trabalhos. A polarização da Rússia espelhava-se, com precisão, na maneira como os membros da reunião espalharam-se pelo recinto. Nas poltronas da direita, partidos de classe média, banqueiros, industriais e representantes da Duma, todos de fraque e colarinho duro. À esquerda, de frente para o restante do auditório, como se aguardando uma batalha, estavam os delegados do Soviete, trajados com macacões operários e fardas. A cena lembrava a sessão inaugural da Duma, em 1906; em tantos anos, as duas Rússias não tinham conseguido se aproximar. Os bolcheviques haviam decidido boicotar a conferência e convocaram uma greve na cidade. Os bondes pararam e os restaurantes e cafés fecharam, inclusive os do teatro. Sem garçons, os participantes foram obrigados a se servir do que encontraram na despensa.

O primeiro-ministro pretendia atrair todos os holofotes sobre si, mas, para sua fúria, Kornilov roubou a cena. A reunião já havia se iniciado quando o general fez uma entrada triunfal em Moscou. Damas de classe média lançaram-lhe flores na Estação Alexandrovsky. A condessa Morozova caiu de joelhos diante dele, ao passo que o kadet Rodichev implorou: "Salvai a Rússia e um povo agradecido vos coroará." O Homem do Cavalo Branco chegara e, ainda na gare, viu-se transportado nos ombros de alguns oficiais. Nas ruas, mereceu saudações de uma massa de ufanistas de direita. Em carro aberto, à frente de um comboio de veículos que teria causado inveja a qualquer ditador do século XX, ele seguiu em peregrinação até as relíquias sagradas de Iversky, onde os tsares costumavam rezar ao passarem pela cidade. No dia seguinte, Kornilov apareceu na conferência e foi ovacionado, de pé, por toda a direita; a plateia do outro lado do auditório mantinha-se num silêncio de pedra. O general discursou de maneira reles — as palavras não eram o forte do general —, mas isto parecia insignificante. O que o comandante em chefe representava, e não o que dizia, fazia dele o herói dos patriotas. Toda a eloquência florida de Kerenski não lhe garantiu o papel de protagonista do evento, o qual ele mesmo encerrou, com um pronunciamento longuíssimo, recheado de afirmações desconexas, como se tivesse perdido a linha do raciocínio. O incidente serviria de símbolo do quanto ele já havia perdido o controle sobre o país e até mesmo Stepun, um de seus fiéis seguidores, observou que "nas profundezas de sua oratória, era possível identificar não só a decadência de seu poder, mas também de sua personalidade". Uma cena embaraçosa, pontuada pelos murmúrios da plateia. Em dado momento, Kerenski parou para tomar fôlego e os delegados, como se pressentindo que chegara a hora de acabar com o sofrimento, levantaram-se e aplaudiram-no. A conferência acabara. O orador afundou na cadeira; havia sido interrompido antes de concluir uma frase.[75]

A reunião do Teatro Bolshoi marcou a queda moral do primeiro-ministro: os dois meses entre a conferência e a tomada do poder pelos bolcheviques resumiram-se a uma longa agonia do Governo Provisório, similar à de um paciente terminal. Foi neste ínterim que a intelectualidade democrática, antes tão empenhada em forjar o culto a Kerenski, se desapaixonou. "Ele é um vagão que saiu dos trilhos", escreveu Gippius em seu diário. "Oscila e balança dolorosamente e sem a menor convicção. É um homem no fim da linha; e tudo sugere que seu fim nada terá de honroso." Kerenski sabia que estava acabado. "Sou um homem doente", disse a Savinkov, três dias depois. "Não, mais que isto. Morri, não existo mais. Morri na conferência."[76] Parecia apenas uma questão de tempo até que sucumbisse a Kornilov. Sob pressão cada vez maior, ele prometeu a Savinkov aprovar as reformas, ciente de que isto o reduziria a um fantoche encarregado de legitimar uma ditadura militar.

Mas, de repente, Kerenski encontrou uma saída para a situação. A luz veio sob a forma de uma intervenção feita por V. N. Lvov, um deputado outubrista da Quarta Duma e, mais recentemente, procurador do Santo Sínodo, que assumiu o papel de mediador entre o primeiro-ministro e Kornilov. Lvov é um daqueles numerosos personagens da história russa que parecem saídos da pena de Gogol ou Dostoiévski. Nobre, sem talentos especiais ou profissão determinada, convencera-se de ser um homem predestinado à grandeza, ainda que nos anos 1920 acabasse miserável e louco, vagando pelas ruas de Paris. Em julho, após ser dispensado do Santo Sínodo, ligara-se a grupos de direita e passara a estimular Kornilov a assumir poderes ditatoriais. Foi com tal intenção que, em 22 de agosto, se aproximara de Kerenski e oferecera-se para servir de mediador entre este e o general, na tentativa de abrir uma via rumo à criação de um "governo forte". O primeiro-ministro costumava ser assediado por "salvadores da pátria" de mesma estirpe e, em geral, não lhes dava atenção. Mas Lvov era diferente, pois o advertira de que o Estado-Maior tramava assassiná-lo. Nos últimos tempos, Kerenski mostrava-se muito preocupado com esta possibilidade e chegara a ordenar que os guardas incumbidos da segurança de seus aposentos fossem trocados de hora em hora. Mais tarde, ele alegaria não ter autorizado o outubrista a negociar com Kornilov. Esta, porém, não foi a conclusão do deputado. Os fatos indicam que, de fato, o primeiro-ministro aceitou a interferência do ex-procurador do Santo Sínodo, ainda que, talvez, somente por temer atentados contra sua própria vida. Também é possível que Kerenski já tencionasse usar Lvov de outra forma. Caso isto tenha ocorrido, nem tudo se deu como ele previra.

Lvov desembarcou em Mogilev em 24 de agosto e, no dia seguinte, apresentou-se a Kornilov na qualidade de emissário do premiê. O general não pediu credenciais, o que se mostraria um erro fatal (mais tarde, ele diria ter julgado o visitante apenas pela aparência, concluindo que se tratava de um "homem honrado"). O mensageiro afirmou ter recebido ordens de sondar quais as opiniões do comandante em chefe sobre alternativas para fortalecer o governo. Por conta própria, enumerou três hipóteses: Kerenski assumiria poderes de ditador; um diretório, ou ditadura coletiva, na qual o general teria assento; ou um governo férreo encabeçado por Kornilov, com Kerenski e Savinkov como ministros. Supondo que estavam lhe oferecendo o poder de bandeja, o militar disse preferir a terceira opção, ressalvando que se subordinaria a qualquer uma das demais situações, caso Kerenski assim quisesse. Antes de encerrar a conversa, o general disse a Lvov que convidasse Kerenski a ir até Mogilev, a fim de discutirem o assunto pessoalmente. Findo o encontro, o emissário partiu para a capital, deixando Kornilov convencido de que estava aberto um canal de negociações sobre a transformação do Governo Provisório em ditadura.

No dia seguinte, Lvov reencontrou o primeiro-ministro no Palácio de Inverno. Distorcendo os fatos, disse que o general reclamava para si poderes despóticos e, a pedido do interlocutor, listou os três pontos do "ultimato": imposição de lei marcial em Petrogrado; transferência de toda autoridade civil para o comandante em chefe; e exoneração de todos os ministros, incluindo Kerenski, com vistas à formação de um novo gabinete, a ser constituído pelo futuro tirano. Posteriormente, o premiê faria questão de afirmar que, naquele exato momento, ao ouvir a tríade de absurdos, captara a gravidade da situação: Kornilov planejava um golpe militar. Na verdade, naquela ocasião tudo ainda era cercado de sombras, sendo impossível a Kerenski adivinhar o que estava se passando. Afinal, ele não se perguntou por que motivo o general encaminharia suas exigências por intermédio de uma nulidade como Lvov? Além do mais, por que não procurou o comandante em chefe para checar as informações? Kerenski não estava preocupado com detalhes. Ao contrário, percebera de pronto que, enquanto tudo permanecesse indefinido, havia chance de imputar a Kornilov a pecha de conspirador e traidor do Governo Provisório. Se obtivesse sucesso, reconquistaria a fama, arregimentando o país contra seu rival.

Então, para conseguir provas do "complô", ele concordou em encontrar-se com Lvov no Ministério da Guerra, ainda naquela mesma tarde, a fim de comunicar-se diretamente com o general via teletipo. O ex-procurador do Santo Sínodo não apareceu e Kerenski manteve diálogo telegráfico com o general, fingindo ser o outubrista ausente. Ardilosamente, com perguntas evasivas, o primeiro-ministro induziu Kornilov a responder como se, de fato, na entrevista cara a cara com o verdadeiro Lvov, tivesse exigido se tornar um ditador. Alheio à trama, o general insistiu para que Kerenski fosse a Mogilev o quanto antes. Ele deve ter suposto que tudo não passava de prelúdio de negociações visando à reforma do governo. E não sabia que suas palavras logo seriam usadas por Kerenski para acusá-lo de pérfido. Pouco depois, o comandante em chefe discutiu o assunto com o general Lukomsky e chegou à conclusão de que Kerenski e Savinkov precisavam integrar o futuro gabinete. Kornilov também mandou telegramas a várias figuras públicas, convidando-as a Mogilev, onde tomariam parte das negociações.[77] Atitudes deste tipo estão longe de caracterizar um candidato a ditador.

Armados com as transcrições das fitas tiradas do teletipo e com a lista de "exigências" que lhe fora formulada por Lvov, o primeiro-ministro convocou uma reunião do gabinete para a meia-noite, na qual revelou a "conspiração contrarrevolucionária" e reclamou "autoridade absoluta" para enfrentar a emergência. Com certeza, ele esperava posar de defensor da Rússia livre, propagandear que a revolução estava em perigo e contar com as boas graças do país para combater Kornilov. Anos depois, Nekrasov recordou que Kerenski dissera: "Não entregarei a revolução a eles" — como se coubesse a ele tal iniciativa. Savinkov e outros perceberam que ocorrera um mal-entendido e pressionaram o premiê a se comunicar novamente com o general, pedindo que este confirmasse as três demandas específicas citadas por Lvov. Kerenski recusou-se e os demais ministros concordaram e fizeram coro com a desculpa de que era muito tarde para tentar dar nova chance ao general. Ato contínuo, todo o gabinete exonerou-se, e assim, efetivamente, Kerenski tornou-se ditador — exatamente o que ele vinha afirmando ser a intenção do comandante em chefe. Em seguida, o novo tirano mandou um telegrama a Kornilov, demitindo-o do comando das tropas e, às 4 horas da madrugada do dia 27, retirou-se para seus aposentos no Palácio de Inverno. Todavia, o mais recente "tsar" russo estava agitado a ponto de não conseguir pegar no sono. E, segundo o ex-procurador do Santo Sínodo, agora trancafiado no quarto vizinho ao de Kerenski, até o amanhecer o local esteve tomado pelo barulho de passos e de árias de óperas. O déspota consumira o restante da noite cantando como uma prima-dona.[78]

Ao receber o telegrama informando-o de que não estava mais no comando do exército russo, Kornilov não teve dúvidas: Kerenski fora feito prisioneiro dos bolcheviques. Afinal, apenas todo o gabinete reunido teria autoridade legal para destituí-lo do posto, mas o texto fora assinado somente pelo primeiro ministro. Além do mais, à luz do acordo que imaginava ter fechado no diálogo via teletipo, a destituição não fazia sentido. O general recusou-se a abandonar o cargo e determinou que as tropas de Krymov rumassem para Petrogrado, onde baixariam lei marcial. Embora, mais tarde, tal ordem fosse citada como prova da culpa de Kornilov, é óbvio que ele agiu convicto da necessidade de resgatar o Governo Provisório das garras bolcheviques e sempre conforme a orientação de Savinkov. Neste meio-tempo, teria sido possível fazer contato com Kornilov, na tentativa de elucidar toda a situação. Não faltou quem solicitasse o envio de telegramas ao comandante em chefe — o que teria abortado a crise —, mas Kerenski dispusera-se a condená-lo sumariamente. O primeiro-ministro estava fora de si de tanta exaltação e circulava pelo palácio bradando que a Rússia estava a seu lado. Por determinação do premiê, a imprensa providenciou edições especiais acusando Kornilov de trair a revolução. Este revidou com um apelo a todos os comandantes do *front*, denunciando o incidente com Lvov como uma "grande provocação" de um governo que, manifestamente, havia caído nas mãos dos bolcheviques e do Estado-Maior alemão. O apelo acrescentava que ele, Kornilov, "filho de cossacos, salvaria o país".[79]

O episódio ganhou tintas de motim. Apontado como rebelde, o general optou por agir como tal. Vários oficiais de mesma patente decidiram apoiá-lo. Agora Kerenski conseguira uma verdadeira "contrarrevolução" para combater. Em 29 de agosto, ele se coroou novo comandante em chefe, com Alexeev à frente do Estado-Maior, embora este não o tivesse em alta conta. Para ele, o primeiro-ministro era "imbecil, bufão e charlatão".[80] Alexeev telegrafou a Krymov, determinando o recuo das tropas, algumas das quais já haviam chegado aos subúrbios ao sul da capital. Dividida quanto a apoiar ou não o ditador, ao saber do avanço dos soldados a Executiva do Soviete inclinou-se pela resposta afirmativa, convocando seus seguidores a se armarem para enfrentar a "contrarrevolução". O Instituto Smolny transformou-se no centro de comando das operações de resistência, numa atmosfera parecida à reinante no Palácio Tauride nos Dias de Fevereiro, quando, exaustos, os soldados perambulavam pela sede do Soviete à espera do ataque.

O Soviete formou um Comitê de Combate à Contrarrevolução com três representantes de cada partido — menchevique, SR e bolchevique. O objetivo era mobilizar forças para a defesa de Petrogrado. A iniciativa marcou a reabilitação política dos maximalistas, em baixa desde os Dias de Julho. Vários líderes bolcheviques de destaque, inclusive Trótski, foram libertados da prisão logo em seguida. O recém-criado comitê funcionava como uma frente de todo o Soviete mas, efetivamente, dependia da organização militar dos bolcheviques, sem o que, "só poderia ter consumido tempo com apelos e discursos inúteis de oradores sem autoridade", segundo definição de Sukhanov. Apenas os maximalistas tinham capacidade para mobilizar e armar a massa de trabalhadores e soldados e passaram a trabalhar em parceria com seus rivais no Soviete. Em todas as regiões industriais do lado norte da cidade, grupos revolucionários *ad hoc* juntaram-se ao comitê recém-criado. Inspirados pelos jacobinos, alguns intitulavam-se "Comitês de Segurança Pública". Não havia liderança de fato neste movimento espontâneo. As guarnições puseram-se de prontidão e mandaram destacamentos para a "defesa da revolução". Os marinheiros de Kronstadt, que nos Dias de Julho haviam estado na capital para derrubar o Governo Provisório, voltaram a se agitar. Desta vez, porém, pretendiam salvaguardá-lo. Os Guardas Vermelhos e sindicatos dedicaram-se à proteção das fábricas. Vikzhel, o sindicato ferroviário, montou uma comissão para enfrentar os homens de Krymov e conseguiu atrasar a aproximação do exército da reação de maneira engenhosa, retendo trens e obstruindo trilhos.[81]

Neste ínterim, os militares que seguiam rumo à capital permaneceram na mira dos agitadores do Soviete. Eles não desejavam derrubar o Governo Provisório — Kornilov os havia instruído a defendê-lo contra os bolcheviques — e, devidamente informados de que não havia ameaças à esquerda, logo baixaram as armas. Ao contrário do mito apregoado pela União Soviética, não houve luta na derrota de Kornilov. Por que haveria? Ambos os lados saíram em defesa do Governo Provisório e não demorou para que confraternizassem. Por coincidência reunida num congresso do Soviete realizado em Petrogrado, uma delegação de compatriotas islâmicos caucasianos convenceu a Divisão Selvagem a desistir da batalha. A cavalaria hasteou uma bandeira vermelha com a inscrição "Terra e Liberdade", prendeu os comandantes e mandou uma comissão à capital, incumbida de transmitir promessas de lealdade ao governo. Em Luga, o trem da Primeira Divisão Cossaca, no qual viajavam Krymov e seus oficiais, foi detido por ferroviários, a fim de que propagandistas do Soviete pudessem conversar com os homens, pelas janelas dos vagões. Nada mais estava ao alcance de Krymov — os cossacos já haviam abandonado a causa. Em 30 de agosto, ele concordou em ir à capital acompanhado por um emissário do governo. No dia seguinte, reuniu-se com Kerenski e tentou explicar que mobilizara as tropas na defesa do gabinete. O novo ditador limitou-se a ordenar que fosse levado à corte marcial. Desesperado, Krymov foi para o apartamento de um amigo, onde desabafou: "A última cartada para a salvação da pátria foi em vão. A vida não vale mais a pena." Depois, a sós, escreveu um bilhete para Kornilov e se matou com um tiro no coração.[82]

Finda a revolta de Kornilov, em 1º de setembro Alexeev assumiu o controle do *Stavka* e o antigo comandante em chefe foi posto sob prisão domiciliar, e depois transferido para o monastério de Bykhov, perto de Mogilev, onde já se encontravam outros 30 oficiais suspeitos de envolvimento na "conspiração contrarrevolucionária". Mas, se a meta de Kerenski era reforçar a própria autoridade às custas da derrota do general, o resultado mostrou-se exatamente o inverso. O caso Kornilov, como passou a ser conhecido, transformou-se no prego que faltava para selar a sorte do ex-primeiro-ministro, acirrando a polarização social e política que minava a base do Governo Provisório desde o início do verão. Assim, aproximou a revolução do desfecho de outubro.

Antes de tudo, ele havia prejudicado e muito suas relações com a direita, a qual, como um todo, permanecera fiel a Kornilov. Aos olhos dos mais conservadores, Kerenski era um traidor. E o general ganhou aura de mártir para aqueles que atribuíam ao ditador a responsabilidade pelo caos presente em todo o país. Neste aspecto, o caso Kornilov só teve consequências mais graves a médio prazo. A expressão "Kornivolite" foi integrada ao vocabulário político como antônimo perfeito para *Kerenshchina* (governo de Kerenski). Além disto, a direção do monastério de Bykhov, uma prisão de normas extremamente lassas, estava em poder de simpatizantes do general. "Tínhamos a impressão de que todos mostravam-se embaraçados no papel de 'carcereiros'", registrou Anton Denikin. Kornilov contava com permissão para fazer-se acompanhar por seu corpo de guardas turcos; baixava "ordens militares" a serem cumpridas por toda a cadeia; as famílias dos oficiais os visitavam duas vezes ao dia (pode-se dizer que a noiva de Denikin morava no monastério); e havia até mesmo contatos sigilosos com o Estado-Maior, onde o movimento pró-Kornilov ainda desfrutava de grande prestígio.[83] Com o general e Denikin na liderança, os prisioneiros de Bykhov mais tarde tornar-se-iam o núcleo fundador do Exército Voluntário, a principal força Branca da guerra civil. Ainda nas celas, surgiu o rascunho do futuro programa deste exército, avesso tanto a Kerenski quanto aos bolcheviques. Com efeito, durante a tomada do poder pelos maximalistas, nenhum destes elementos pôs-se em defesa do Governo Provisório.

A posição de Kerenski à esquerda estava igualmente enfraquecida. A massa de soldados e trabalhadores que, na crise, se reunira para resguardar o Governo Provisório, agora desconfiava da participação de Kerenski no episódio. Muitos consideravam o caso Kornilov uma rixa pessoal entre dois aspirantes a Napoleão (e a ideia não estava longe da verdade). Outros acreditavam que os dois pretensos rivais agiam de conluio, ou então imaginavam que o ditador tentara usar o general em nome de projetos "contrarrevolucionários" próprios. Tal convicção fortaleceu-se diante do fato de Kerenski não seguir um curso mais democrático após o fim do incidente. Não houve investigação oficial sobre o ocorrido, o que só serviu para aumentar a suspeita popular de que a verdade ainda não fora revelada de todo. A insistência de Kerenski na coalizão com os Kadets (que haviam participado do movimento a favor de Kornilov) e a nomeação de Alexeev (tido por muitos como simpático ao general) também contribuíram para aumentar o falatório nas ruas. As dúvidas a respeito da tentativa de "contrarrevolução" sugeriam a existência de uma força poderosa e oculta no governo, algo como o fantasma da traição que pairou sobre o regime tsarista em 1916.

Os soldados alimentavam suspeitas quanto à participação de superiores no caso Kornilov, o que só serviu para deteriorar ainda mais a disciplina do exército; acusados de envolvimento na "contrarrevolução", centenas de oficiais acabaram presos por seus comandados — alguns foram executados ou mortos com requintes de crueldade. As assembleias de praças aprovaram resoluções em prol do poder ao Soviete e da paz. Em parte devido à crise fomentada por Kerenski, grassava uma consciência cada vez maior entre as tropas sem patente de que o fim da guerra só poderia ser alcançado em decorrência de mudanças na natureza do Estado. Os homens não estavam mais dispostos a confiar nas promessas dos líderes "democráticos" e começavam a exigir o direito de tomarem decisões por conta própria. Nos congressos do exército, tal ânimo refletia-se na crescente pressão exercida pelas bases, desejosas de discutir as questões relativas ao poder e à paz. Mas grande parcela dos soldados preferia solução mais simples — negar apoio, abandonando o *front*. Nas semanas seguintes ao caso Kornilov, a quantidade de deserções aumentou significativamente, com dezenas de milhares de trânsfugas deixando a batalha a cada dia. A maioria era de camponeses, ávidos em retornar às aldeias a tempo de aproveitar a temporada de colheita. Com frequência, estes homens lideraram os ataques às propriedades nobres e ajudaram a criar o poder soviético local. Portanto, aquelas semanas também testemunharam uma súbita retomada de fôlego do movimento agrário. Os comandantes mais experientes já reconheciam que, com tamanho índice de deserção, era impossível prosseguir na guerra. Visando a salvar o exército, o movimento Kornilov o destruíra completamente.

No rastro da crise, o processo de radicalização também se deu nas grandes cidades. Os bolcheviques foram os principais beneficiários da situação. Em 31 de agosto, conquistaram, pela primeira vez, maioria no Soviete de Petrogrado. Sem o movimento Kornilov, talvez eles nunca tivessem chegado ao poder. Em 4 de setembro, Trótski, Vladimir Antonov-Ovseenko e P. E. Dybenko — dois outros líderes maximalistas destinados a papéis importantes nos acontecimentos vindouros —

finalmente saíram da prisão. Forçada à clandestinidade desde os Dias de Julho, a Organização Militar bolchevique agora ampliava suas atividades subversivas, oculta sob o manto do Comitê de Combate à Contrarrevolução. Na verdade, o Comitê Militar Revolucionário, que esteve à frente da tomada do poder pelos bolcheviques, espelhou-se, em parte, no organismo criado para enfrentar as tropas de Krymov. Os Guardas Vermelhos e os marinheiros de Kronstadt, a chamada infantaria de outubro, também saíram fortalecidos da luta contra Kornilov. Todo o caso funcionou como ensaio geral para a ascensão bolchevique. Os trabalhadores, em especial, haviam recebido treinamento de tiro. Na crise desencadeada na disputa entre Kerenski e o general, cerca de 40 mil operários ganharam armas; findo o episódio, a maioria continuou de posse dos apetrechos. Como disse Trótski, "o exército que se levantou contra Kornilov constituiria as futuras tropas da revolução de outubro".[84]

A vitória de Kerenski sobre o general foi também sua derrocada política. Ele ganhou poderes ditatoriais, mas perdeu toda a autoridade. "O caso Kornilov arruinou inteiramente o prestígio do Governo Provisório e de Kerenski; e este perdeu quase todos aqueles que o apoiavam", escreveria a mulher do primeiro-ministro.[85] Os cinco homens do diretório — uma estrutura frágil, criada em 1º de setembro, para escorar a ditadura de Kerenski até que a questão do poder fosse decidida numa Conferência Democrática, a ser realizada em meados do mesmo mês — compunham-se de mediocridades anônimas.* O único ato deste governo de ópera-bufa foi declarar o país uma "república", muito embora, formalmente, a prerrogativa para tal coubesse à Assembleia Constituinte. A iniciativa foi a marca registrada de um governo que só existia na ficção: ninguém prestava atenção aos homens supostamente responsáveis pelos destinos da Rússia. Fora dos corredores do Palácio de Inverno, todos os decretos de Kerenski eram ignorados. Havia um vácuo de poder; e o problema não se resumia em decidir quem ousaria ocupá-lo.

4. Hamlets do socialismo democrático

"On s'engage et puis on voit." Lênin gostava de citar essa frase de Napoleão, que expressava com perfeição sua própria filosofia: as revoluções não se fazem por si sós, são forjadas por seus líderes. Há muito a história deixou de ser o registro de feitos de homens extraordinários: agora somos todos historiadores sociais. Ainda assim, o curso da história é cheio de reviravoltas inesperadas que só podem ser explicadas pelas ações de grandes lideranças. Isto é particularmente verdade no caso das revoluções, nas quais a maré dos acontecimentos costuma fluir e refluir ao sabor dos desígnios de poucos. A tomada do poder pelos bolcheviques nos fornece

* Além de Kerenski, eram eles: Tereshchenko (Relações Exteriores); general Verkhovsky (Guerra); almirante Verderevsky (Marinha); e A. M. Nikitin (Correios e Telégrafos).

um bom exemplo: raros eventos da era moderna ilustram melhor a influência decisiva de um indivíduo no rumo tomado pela história. Sem a intervenção de Lênin, outubro talvez jamais tivesse ocorrido. E o século XX teria sido muito diferente.

O papel de Kerenski, um homem incapaz de controlar as circunstâncias, pode ser entendido como o contraponto perfeito da ingerência humana na vereda histórica. Nas últimas semanas do Governo Provisório, os que usufruíram de sua intimidade testemunharam o quanto estava isolado, abatido e temeroso da esquerda, sem mencionar sua hesitação fatal em tomar medidas adequadas para combatê-la. A tensão constante e as noites insones de 1917 lhe custaram caro e ele passara a viver com a ajuda de morfina e cocaína. Ekaterina Breshko-Breshkovskaya, veterana SR e "avó da revolução", mudara-se para o Palácio de Inverno. No fim de julho, quando os líderes bolcheviques reuniram-se em Petrogrado para a Sexta Conferência do Partido, ela pediu a Kerenski que os prendesse. Em vão. Ele recusou-se, pretextando que nem mesmo sabia o local da reunião. Segundo David Soskice, secretário particular do premiê, Ekaterina (a quem os mexeriqueiros apelidaram de "babá" de Kerenski)

> fez uma grande reverência e repetiu, várias vezes, em tom de súplica solene: "Eu te imploro, Alexandre Fedorovich, acabe com o congresso, esmague os bolcheviques. Rogo para que ajas assim, ou então eles provocarão a ruína de nosso país e da revolução." Foi uma cena dramática. Ver a avó da Revolução Russa, que passara 38 anos de vida na prisão e na Sibéria por ter lutado pela liberdade, uma mulher muito instruída e nobre, curvando-se até o chão, à maneira antiga, diante do jovem Kerenski... é algo que jamais esquecerei. Olhei para ele. O rosto pálido tornara-se ainda mais macilento. Os olhos refletiam a terrível batalha travada em sua alma. Ele ficou em silêncio por algum tempo, depois disse, em voz baixa: "Como posso fazer isto?" "Faça-o, A. F., eu te imploro" e, novamente, a vovó dobrou-se até tocar o solo. Kerenski não pôde mais suportar. Levantou-se e pegou o telefone. "Primeiro preciso saber onde a conferência está sendo realizada e consultar Avksentiev", e ligou para o ministro do Interior. Mas este não estava no gabinete e a decisão precisou ser adiada. Imagino que para grande alívio de Kerenski.[86]

A conferência prosseguiu e não houve prisões; três meses depois os bolcheviques chegavam ao poder.

Um dos vários aspectos formidáveis da tomada do poder pelos maximalistas consiste no fato de que havia muito esperava-se tal desfecho, sem que ninguém adotasse as providências necessárias para detê-los, tamanha era a paralisia do Governo Provisório. Na noite de 25 de outubro, quando os ministros refugiaram-se no Palácio de Inverno, à espera do fim, muitos deles estavam tentados a acusar Kerenski de ter fracassado em destruir os bolcheviques, ainda nos Dias de Julho. As medidas legais contra os maximalistas não haviam atingido o alvo e eles continuaram influentes. Mas a verdade era que o governo não dispunha de meios nem de autoridade para reprimir um movimento que começava a deitar raízes profundas nas organizações de massa.

A polarização social do verão proporcionou aos bolcheviques a oportunidade de serem um partido de massas, cujo principal apelo residia na rejeição da plebe a qualquer autoridade imposta de cima para baixo. A crise envolvendo Kornilov foi o momento decisivo, pois parecia confirmar a mensagem maximalista de que a paz e a mudança social jamais poderiam ser obtidas através de uma política de concessões à burguesia. Os operários das fábricas de maior porte localizadas nas cidades mais importantes — onde a solidariedade de classe era mais desenvolvida — foram os primeiros a responder ao chamado bolchevique. No fim de maio, cinco meses antes de tomarem o poder, os maximalistas ganharam o controle da comissão central dos comitês de fábrica, assim conseguindo aprovar importantes resoluções nas assembleias sindicais. Nas unidades de produção, os ativistas bolcheviques tendiam a ser mais jovens e muito mais combativos do que seus rivais mencheviques — apesar de tudo, até 1918 estes últimos permaneceriam fortes no meio sindical — e SRs, o que os tornava sedutores aos olhos de trabalhadores especializados ou não, que, cada vez mais, se dispunham a envolver-se em greves violentas, não só reivindicando aumentos salariais e melhores condições de trabalho, mas também as rédeas da fábrica. Ampliando a teia de células partidárias instaladas nos locais de trabalho, os bolcheviques aumentavam também o quadro de filiados e, em consequência, melhoravam as finanças, graças à contribuição de seus novos membros. Na Sexta Conferência, realizada no final de julho, o partido contava com cerca de 200 mil filiados. Na véspera da tomada do poder, o número deve ter atingido a casa dos 350 mil, a grande maioria operários.[87]

Em agosto e setembro, as eleições para as Dumas municipais deram a dimensão da arrancada bolchevista. Em Petrogrado, os 20% de votos obtidos em maio saltaram para 33% no pleito de 20 de agosto. Em Moscou, onde, em junho, tinham apenas 11% da preferência do eleitorado, a vitória foi esmagadora: 51% do total da votação — sendo que os SRs caíram de 56% para 14%, os mencheviques, de 12% para 4%. Os kadets, único partido a representar os interesses da burguesia, também tiveram bom desempenho nas urnas — de 17% para 31%. Essas eleições deixaram evidente a polarização política do país — Dan a classificou de "rendimentos da guerra civil" — pois os eleitores dividiram suas preferências entre dois partidos extremos, ambos com apelos explícitos à inserção de classe. A apatia dos que não queriam se comprometer — em especial, barnabés, pequenos lojistas e comerciários, sem ligação óbvia com qualquer classe ou partido — teve muito a ver com o sucesso bolchevique. Seis meses de política infrutífera e de incessantes crises de gabinete não os estimularam a votar com ardor. Os partidos democráticos realizaram campanhas tímidas e, assim, imensa quantidade de eleitores sequer animaram-se a procurar os locais de votação. Comparando-se os dados relativos a maio e agosto, o índice de comparecimento na capital foi um terço menor na segunda ocasião.

Em Moscou, caiu à metade.[88] Evidentemente, os principais favorecidos foram os bolcheviques, de longe muito mais vorazes e mais bem organizados do que qualquer outro partido. Quantas vitórias comunistas basearam-se na impassibilidade de eleitores de países democráticos?

Uma outra guinada em prol dos bolcheviques aconteceu nos Sovietes, onde o desânimo também privou mencheviques e SRs da antiga primazia. Os dois grupos foram os únicos culpados da própria decadência. Afinal, as entidades eram órgãos abertos e democráticos, palcos de importantes decisões tomadas por representantes eleitos. Os procedimentos ocorriam em meio a um certo caos mas, em contrapartida, estimulavam a criatividade e o excitamento dos participantes. Ao envolverem-se nas questões de Estado, os cabeças dos Sovietes passaram a organizar o trabalho destes foros de modo mais burocratizado, alijando a massa de trabalhadores. As assembleias tornaram-se menos concorridas e frequentes à medida que as deliberações caíam nas mãos das executivas e das comissões quase governamentais, cujos membros eram, cada vez mais, escolhidos pelas cúpulas partidárias. De entidades populares de autogoverno, os Sovietes foram aos poucos se tornando mais complexos e se emperrando, embora tal processo seja mais frequentemente situado no período pós-1917. Na época, a mudança parecia natural: considerava-se que os próprios trabalhadores careciam da experiência política necessária para assumir as responsabilidades de governo. Por sua vez, graças à velha camaradagem entre a esquerda e o movimento revolucionário, supunha-se que os partidos com cadeira nos Sovietes estavam a salvo do abuso de poder proporcionado por tal centralização. Com certeza, tratava-se de uma expectativa ingênua e só contribuiu para robustecer, senhores incontestáveis da política de facções, que cada vez mais empregava táticas capazes de garantir controle das executivas dos Sovietes. Nas executivas de dezenas de Sovietes provinciais, os bolcheviques conquistaram a maioria, conquanto nas assembleias fossem minoritários. Isso tornou-se corriqueiro onde a seção operária, controlada pelos marxistas, fundiu-se à seção de soldados e camponeses; por conta de sua "eminência" no movimento revolucionário, os bolcheviques acabavam agraciados com número maior de cadeiras nas executivas. No Soviete da província de Samara, por exemplo, os bolcheviques formavam 75% da executiva, mas somente 26% da assembleia.[89]

Mas o crescente domínio bolchevique nos Sovietes não se deveu apenas à sua capacidade de articulação. Eles trabalhavam não só para conquistar a cúpula, almejando também as bases. A burocratização os apartara do cotidiano proletário. Os operários davam mostras de menor comprometimento e, aos poucos, perdiam o interesse pela política. De quebra, passavam a delegar mais ingerência a outros organismos, como comitês de fábricas. A circunstância só serviu para aumentar a força dos bolcheviques, os quais canalizaram esforços para estas organizações alternativas, de modo a neutralizar líderes mencheviques e SRs que ainda desfrutavam de algum prestígio no Soviete. Assim, Lênin pretendia tornar-se senhor absoluto da cúpula soviética. No rastro do caso Kornilov, a revitalização desses órgãos coincidiu com a radicalização das bases, quando as fábricas e quartéis se colocaram contra a coalizão de mencheviques e SRs, e a favor dos bolcheviques, anarquistas e SRs de esquerda, exigindo a tomada do poder.

Em agosto, os bolcheviques já controlavam os Sovietes de Ivanovo-Voznesentsk (a "Manchester" russa), Kronstadt, Ekaterinburg, Samara e Tsaritsyn. Após a crise protagonizada por Kornilov, dominaram os de Riga, Saratov e Moscou. Até mesmo o de Petrogrado caiu em suas mãos: em 31 de agosto, uma moção bolchevique condenando a política de alianças exigiu o estabelecimento de um governo do Soviete. Metade dos delegados com direito a voto faltou a esta reunião histórica, embora alguns dos representantes mencheviques e SRs tenham votado contra os líderes de seus respectivos partidos. As lideranças partidárias ameaçaram abandonar seus postos, caso uma segunda reunião, marcada para 9 de setembro, não anulasse a moção. No entanto, mais uma vez a proposta bolchevique prevaleceu. Em sua primeira aparição pública após sair da prisão, Trótski desferiu o golpe retórico decisivo, ao forçar as lideranças do Soviete a admitirem que Kerenski — a esta altura, já considerado um "contrarrevolucionário" por quase todos — ainda fazia parte da Executiva. Em 25 de setembro, a cúpula do Soviete de Petrogrado foi inteiramente renovada, cabendo aos maximalistas quatro das sete cadeiras da Executiva. Na presidência, Trótski substituiu Chkheidze. Tratava-se do começo do fim. Nas palavras de Sukhanov, o Soviete da capital "passara a ser a sentinela do novo presidente, pronta para, a um só gesto deste, romper a coalizão".[90]

A filiação de Trótski acrescentou ímpeto à causa bolchevique. Como orador, não havia na liderança quem se igualasse a ele. Durante grande parte do período revolucionário, sua oratória fê-lo o líder bolchevique mais conhecido de todo o país, suplantando, inclusive, Lênin.* Enquanto este permanecia o estrategista mor, atuando quase sempre nos bastidores, Trótski assumia o papel de principal figura pública do partido. Nas semanas anteriores à tomada do poder, Trótski ocupou suas noites em palestras para uma plateia numerosa, no Cirque Moderne. A serviço de críticas ao Governo Provisório, sua voz sonora, sua lógica cortante e seu raciocínio brilhante fascinavam os ouvintes. Havia uma qualidade literária, quase homérica, em sua retórica (alguns de seus discursos foram gravados), caracterizada pelo habilidoso encadear de frases, pela riqueza de imagens, pelo ritmo e pelo *pathos* enérgico. Talvez o mais impressionante fosse seu estilo simples de narração, que empregava para envolver a audiência no drama moral do qual tirava suas conclusões políticas.

---

* Em 1917, não havia diferenças ideológicas relevantes entre Trótski e Lênin e grande parte da relutância do primeiro em juntar-se ao Partido Bolchevique deveu-se à rivalidade pessoal entre ambos. Trótski não desejava render-se ao "partido de Lênin", uma organização que tanto criticara no passado. Certa vez, ao ser perguntado por que os dois não mantinham um bom relacionamento, Lênin respondeu, "Não sabe? Ambição, ambição, ambição". (Balabanoff, *My life*, pp. 175-6.)

Trótski não abria mão de comparações extraídas da vida cotidiana do auditório, o que conferia a seus discursos uma grande dose de familiaridade. "Ele é um de nós", afirmavam, não raro, os presentes,[91] o que lhe dava condições extraordinárias para dominar a massa, mesmo quando, em princípio, esta se lhe mostrava hostil. Um bom exemplo foi o incidente com Chernov, ocorrido nos Dias de Julho, assim como episódios na guerra civil, nos quais Trótski convenceu perigosos bandos de desertores do Exército Vermelho a voltarem para o *front* e combater os Brancos.

Foi Trótski quem conduziu a Mezhraionka, ou Interdistrital, com bons contatos na guarnição de Petrogrado, para dentro do partido bolchevique. O grupo não era muito numeroso — certamente, não passavam de 4 mil — mas tinha grande importância devido à estatura de seus líderes, uma plêiade de notáveis "generais sem exército". Neles os bolcheviques encontrariam alguns de seus mais talentosos organizadores, teóricos, polemistas e agitadores — Trótski, Lunacharsky, Antonov-Ovseenko, Ryazanov, Uritsky, Manuilsky, Pokrovsky, Yoffe e Volodarsky desempenhariam papéis de destaque na tomada do poder e no futuro regime soviético.

No verão e no outono, a ascensão da estrela bolchevique deveu-se ao fato de o partido ser o principal partido político que defendia intransigentemente a ideia de todo poder aos Sovietes.* Tal ponto merece ênfase, pois um dos principais erros de interpretação dos estudiosos da Revolução Russa consiste na afirmativa de que os bolcheviques chegaram ao poder numa onda de apoio popular ao partido. A insurreição de outubro foi um golpe de Estado, que só contou com a simpatia de uma pequena minoria da população (e, de fato, até com a oposição de muitos líderes bolcheviques). Mas a sublevação aconteceu em meio a uma revolta social, centrada na crença popular de que o poder do Soviete representaria a negação do Estado e o autogoverno direto das massas. O modelo inspirador seria algo parecido com o antigo ideal de *volia* camponês. O vácuo político produzido por esta revolução social permitiu aos bolcheviques tomarem o poder nas cidades e consolidar sua ditadura ao longo do outono-inverno. O lema "Todo o Poder aos Sovietes!" foi uma ferramenta útil, uma bandeira de legitimação popular capaz de encobrir as ambições de Lênin (mais bem traduzidas pela expressão "todo o poder ao partido"). Mais tarde, quando a natureza da tirania bolchevique tornou-se óbvia, o partido viu-se diante do antagonismo cada vez maior daqueles grupos que, em 1917, os haviam conduzido ao governo em nome da autonomia dos Sovietes.

A demanda popular pelo poder dos Sovietes nunca se expressou na preferência por uma ditadura de qualquer partido. Após a crise Kornilov, todas as resoluções, petições e declarações aprovadas em fábricas, unidades do exército e aldeias, em apoio ao governo dos Sovietes, clamavam aos partidos socialistas que participassem do novo governo e, quase sempre, também demonstravam considerável impaciência

---

* Entre mencheviques e SRs, havia apenas facções de esquerda minoritárias favoráveis ao governo dos Sovietes. Serão avaliadas mais adiante, ver página 510.

com as disputas entre as diferentes legendas. No tocante aos aspectos básicos, a linguagem política permanecera inalterada desde 1905: a imagem dominante era a de o "povo", o *narod*, brigando pela liberdade contra um regime opressivo, o *Kerenshchina*. É verdade que este agora era descrito como "burguês", sem dúvida refletindo a crescente influência dos agitadores marxistas e, especial, dos bolcheviques. No entanto, o conceito primário de tais resoluções, que os agitadores apenas articulavam na linguagem de classe, continuava, na essência, uma disputa popular entre sujeitos históricos: "nós" e "eles", ou *nizy* e *verkhi*, o povo comum e a elite privilegiada encastelada no governo. A sensação era de fúria e frustração por, seis meses após a Revolução de Fevereiro, não ter se alcançado nada de concreto, nem paz, nem pão, nem terra. A menos que se rompesse decisivamente a aliança feita com a burguesia, haveria somente um outro inverno de estagnação.[92]

No poder do Soviete, os operários, principalmente, vislumbravam a chance de controlar a fábrica. Eles desejavam gerir as relações de produção, estabelecer o valor dos salários e ter voz sobre as condições de trabalho. A ideia era combater a "sabotagem", a paralisação proposital das máquinas por iniciativa de patrões movidos pelos lucros, a quem os proletários responsabilizavam pela crise industrial. Nesta atmosfera de luta de classes, aumentava a inquietação com a liderança menchevique no movimento sindical: a política de mediação e conciliação de questões trabalhistas falhara em deter a maré de desemprego, que só tendia a subir. Muitos, especialmente aqueles sob influência bolchevique, consideravam que a solução estava na expropriação (ou nacionalização) da fábrica por um Estado Proletário, o chamado "Poder do Soviete", e que criaria um comitê administrativo de operários, técnicos e funcionários, encarregados de manter a engrenagem em funcionamento.* Tudo isto fazia parte de uma consciência política cada vez maior. O proletariado percebia que suas reivindicações só seriam atendidas se a natureza do Estado fosse alterada.

A politização tornou-se manifesta no dramático surto de paralisações que varreu o país a partir de setembro. Graças aos efeitos inflacionários, o movimento disseminou-se mais do que as ondas grevistas anteriores: operários não especializados e grupos de trabalhadores municipais, de hospitais e do clérigo foram forçados a abandonar a timidez de praxe e entrar em greve para fazer frente ao custo de vida galopante. Mesmo mostrando-se ineficaz — e até contraproducente — no combate à inflação, o movimento foi acompanhado por demandas políticas mais amplas, visando à reestruturação de toda a economia. Greves industriais tendiam a desaguar em violência e as disputas pelo domínio das fábricas e da economia também derivaram numa batalha. Sindicatos e comitês de fábrica logo perderam o controle sobre os grupos mais aguerridos que, armados, treinados e

* Assim por alto, foi esse o teor do decreto bolchevique sobre o Controle Operário, aprovado em 14 de novembro.

organizados pelos Guardas Vermelhos, saíam às ruas e, às vezes, metiam-se em conflitos sangrentos com as milícias do governo. Não faltaram ataques a patrões e seus lugar-tenentes. Quando estes recorriam ao *lockout*, os prédios das fábricas eram arrombados e ocupados pelos trabalhadores. Algumas greves espalharam-se até envolverem toda a população de distritos urbanos em saques a padarias e lojas, invasões a domicílios e prisões de *burzhoois*, os quais a massa acusava de esconder comida. Nos meses de setembro e outubro, houve também aumento no número de pilhagens e na taxa de criminalidade, agravaram-se os casos de bebedeiras e vandalismo, exacerbaram-se as agressões étnicas.[93] Para as camadas urbanas proprietárias, as semanas anteriores à chegada dos bolcheviques ao poder assemelharam-se a um mergulho na anarquia.

Setembro foi testemunha de um acirramento súbito da guerra camponesa contra os donos de terras. Com a aproximação do outono, o tempo parecia ideal para uma reavaliação da velha ordem agrária. Os agricultores mostravam-se cansados de esperar que o Governo Provisório cumprisse as velhas promessas e a maioria das aldeias passou a contar com desertores do exército prontos a liderar os ataques às casas senhoriais. Ataques aos nobres e assaltos às terras e mansões tornaram-se comuns nas regiões centrais de solo fértil, nas quais, meses antes, o movimento rural estivera confinado a disputas sobre valores de arrendamento, confisco de animais e ocupação de campos aráveis, organizados pelos comitês da vila. Na província de Tambov, centenas de casas foram queimadas e saqueadas. Segundo os próprios camponeses, o objetivo principal era "expulsar os nobres". A onda de destruição parece ter começado com o assassinato do príncipe Boris Vyazemsky, dono de vários milhares de hectares na região de Usman, em Tambov. Desde a primavera, os agricultores do local exigiam que o príncipe reduzisse a quantia cobrada a título de aluguel da terra e devolvesse centenas de hectares de áreas de pastagem que havia tirado dos aldeões como castigo por terem participado da Revolução de 1905. Mas ambas as reivindicações só haviam merecido o desdém do fidalgo. Em 24 de agosto, cerca de 5 mil camponeses das aldeias vizinhas ocuparam a propriedade. Encorajada pela vodca encontrada na adega do príncipe e armada de forcados e rifles, a multidão rechaçou um destacamento de cossacos, prendeu Vyazemsky e improvisou um tribunal, cuja sentença determinou que o réu seria mandado à frente de batalha, para aprender a lutar, como aconteceu com os camponeses. No entanto, não faltaram gritos de "Matemos o príncipe, estamos fartos dele!" e o homem foi morto pela malta embriagada antes mesmo de conseguir chegar à estação ferroviária mais próxima. O solar principesco foi arrasado, o gado e as ferramentas, divididos e transportados até a vila. A terra arável acabou semeada pelos novos donos.[94]

Em dezenas de outras propriedades registraram-se investidas similares — não só em Tambov, mas também nas províncias de Voronezh, Saratov, Kazan, Orel, Tula, Riazan' e Penza. Nesta última, apenas em setembro e outubro, algo em torno de

250 casas (um quinto do total) acabaram incendiadas ou destruídas. Um agrônomo nos legou uma vívida descrição do destino de diversas residências saqueadas na província de Saratov, durante o outono de 1917:

> No tocante às construções, estas têm sido devastadas sem piedade, e só as paredes restaram de pé. Na maioria das propriedades, não sobrou nem vestígios do que antes foram janelas e portas. Todos os meios de transporte possíveis tiveram o mesmo fim ou acabaram furtados. Retirados do sítio, equipamentos pesados, como debulhadoras e enfardadeiras, apareceram abandonados ao longo das estradas e campos. Ferramentas agrícolas também sumiram. Qualquer objeto que pudesse ser usado pelas famílias camponesas simplesmente evaporou.

Por muito pouco, Yasnaya Polyana, a propriedade de Tolstói em Tula, escapou da fúria dos aldeões que, outrora, o haviam idolatrado. Sonya, a viúva do escritor, então uma dama idosa e cega, telegrafou a Kerenski em busca de socorro, enquanto as filhas usavam caixas de madeiras para armazenar livros e manuscritos, empilhando-as no salão, onde esperaram, no escuro, o saque iminente. De posse de facas e martelos, elas imaginavam lutar pelas próprias vidas, se preciso. Porém, ao verem as luzes apagadas, os camponeses supuseram que o local já havia sido arrasado e rumaram para o terreno vizinho.[95]

Quase sempre, o acerto de contas com os nobres coincidiu com a criação de sovietes de aldeias, ou *volost* locais. Os camponeses consideravam tais entidades como a realização de um sonho antigo — a *volia*, ou autogoverno direto, livre da interferência da nobreza e do Estado. Eles não faziam distinção entre a assembleia do Soviete e a reunião a céu aberto do *skhod* comunal, exceto, talvez, pelo fato de os patriarcas de barbas brancas terem perdido espaço para os lavradores mais jovens e instruídos, como Semenov (o qual, inclusive, ajudou a organizar o Soviete de Andreevskoe). Alheios às ordens do governo central, os Sovietes rurais funcionavam nos moldes de repúblicas de aldeia. Muitas comunidades dispunham de força policial e tribunais próprios. Alguns tinham bandeiras e emblemas locais diferenciados. Quase todos contavam com milícias de voluntários, ou Guardas Vermelhos, compostas por camponeses que haviam abandonado o exército e se dedicado à defesa da vila revolucionária e seus limites.[96]

Inexoravelmente, a massa de trabalhadores e camponeses aferrava-se às concepções localistas do governo dos Sovietes. Desde a Revolução de Fevereiro, apenas um governo assim teria condições de impor sua autoridade ao país. No entanto, e uma vez mais, os líderes do Soviete insistiam em ignorar o fato — a fé dogmática na necessidade de um "estágio burguês da revolução" os mantinha presos à tentativa de manter a coalizão. Todas as vezes em que as ruas bradavam pelo poder do

Soviete, as lideranças não hesitavam em tapar os ouvidos. Apesar de tudo, ainda no rastro do Caso Kornilov, parecia que chegara o momento de os partidos socialistas romperem de modo definitivo com a aliança e formarem um governo à parte. Os Kadets, principais parceiros burgueses da coalizão, haviam caído no descrédito absoluto por terem apoiado o general "contrarrevolucionário". As legendas socialistas viam-se empurradas por suas bases rumo ao poder do Soviete. Na primeira quinzena de setembro, surgiu a ideia de todos os principais partidos socialistas — dos socialistas populares, à direita, aos bolcheviques, à esquerda — juntarem-se na formação de um governo escorado exclusivamente nos Sovietes e em outros organismos democráticos. Aquele foi um momento histórico único, uma chance fugaz para que a revolução seguisse um curso diferente. Se tal oportunidade tivesse sido aproveitada, a Rússia ter-se-ia tornado uma democracia socialista e não uma ditadura comunista; e, como resultado, a sangrenta guerra civil — que, no outono de 1917, talvez fosse inevitável — poderia ter durado alguns meses em vez de anos.

Nas semanas posteriores à crise Kornilov, os três principais partidos representados no Soviete inclinavam-se por um governo socialista ou, pelo menos, um rompimento decisivo com a burguesia. Tendo à frente Martov, a facção menchevique de esquerda — favorável um governo de todos os socialistas — ganhava cada vez mais seguidores entre os componentes da legenda como um todo. Em 1º de setembro, sob pressão deste grupo, o Comitê Central menchevique comprometeu-se com a formação de um "governo democrático homogêneo". Os SRs de esquerda também ganhavam terreno, emergindo como um partido à parte após o fiasco da tentativa de "contrarrevolução". Suas três políticas essenciais — governo socialista fundamentado no Soviete, confisco imediato de propriedades da nobreza e fim da guerra — não poderiam se encaixar melhor nas reivindicações das bases SRs, formada por camponeses e soldados, embora muitos, inteiramente desiludidos com Kerenski e Chernov, tivessem largado o partido e se passado para os bolchevistas. Em setembro, o Soviete da província de Saratov, ninho dos SRs, caiu nas mãos dos maximalistas.[97]

Os bolcheviques também aproximavam-se da ideia de uma coalizão centrada no Soviete. Evidentemente, Kamenev sempre fora favorável a tal posição. Ele lutara para manter a campanha dos bolcheviques no âmbito do movimento pró-Soviete e das instituições democráticas da Revolução de Fevereiro. A seu ver, o país não estava maduro para um levante vermelho e qualquer tentativa neste sentido provocaria a guerra civil e a derrota do partido. Seria a volta da Comuna de Paris. Ainda no entender de Kamenev, os bolcheviques não tinham outra alternativa: era preciso prosseguir com a estratégia de angariar apoio nos Sovietes, nas Dumas municipais e, finalmente, na Assembleia Constituinte, sempre por meio de eleições democráticas. Era necessário ainda convencer mencheviques e SRs a romper a coalizão e a se juntarem aos bolcheviques, num governo socialista.

Até a crise protagonizada por Kornilov, Lênin se opusera abertamente à possibilidade de qualquer acordo com as lideranças do Soviete. Após os Dias de Julho, ele desistira de chegar ao poder por intermédio de tais assembleias. Na avaliação de Lênin, o Governo Provisório ganhara ares de "ditadura militar" empenhada numa "guerra civil" contra os trabalhadores; os sovietes haviam perdido o potencial revolucionário e, "como ovelhas rumo ao abatedouro", estavam sendo conduzidos por um grupo de líderes propensos a contemporizar com a "contrarrevolução". A única saída era abandonar o antigo lema e promover uma sublevação armada para transferir a autoridade aos órgãos proletários rivais, tutelados pelo Partido Bolchevique. Reveladora foi a atitude de Lênin, em cujo nome seu futuro regime seria fundado: sempre que os sovietes deixassem de servir aos interesses do partido, devia-se ignorá-los. Ao contrário do que sugeriu certa vez Isaac Deutscher, é equivocado argumentar que ele pretendia fazer do Congresso dos Sovietes, nos moldes da Câmara dos Comuns britânica, a fonte constitucional de um poder soberano por intermédio do qual os marxistas dirigiriam o país como se fossem uma facção parlamentarista.* Lênin não era um constitucionalista — e todas as suas ações após outubro comprovam isto. A seu ver, os sovietes deveriam estar subordinados ao partido. Mesmo em *O Estado e a revolução* — supostamente sua obra de mais "libertária" sobre teoria política — ele enfatizava a necessidade de um Estado sob a direção de um partido forte e repressivo, uma ditadura do proletariado, predominante no período de transição para a utopia comunista, e capaz de esmagar o "Estado burguês". Nesse texto, ele sequer faz menção aos Sovietes.[98]

Ainda assim, diante da ameaça "contrarrevolucionária", que levara os líderes do Soviete a uma guinada para a esquerda, até mesmo Lênin dispusera-se a considerar a hipótese de transigir. Não que tivesse desistido de uma tirania bolchevique. "Nosso partido luta pelo controle político", ele afirmou no artigo "Dos compromissos", datado de 1º de setembro. No entanto, mais uma vez, a tendência à esquerda — e que beneficiaria os bolcheviques — abriu a perspectiva de conquista do poder por meios pacíficos. Afinal, com base nessas entidades, os marxistas tendiam a ser a força dominante em qualquer governo. E foi isto que levou Lênin a ponderar naquilo que seria uma "volta às demandas de antes de julho, quando se cogitava entregar todo o poder aos Sovietes". Durante a quinzena anterior à Conferência Democrática, aberta em 14 de setembro com o objetivo de equacionar a questão do poder, Lênin apoiou os esforços de Kamenev em persuadir mencheviques e SRs a romper a coalizão e juntar-se aos bolcheviques num governo socialista baseado nos Sovietes. Se suas lideranças concordassem em assumir o poder, os bolcheviques desistiriam da campanha em prol de um levante armado e disputariam influência

* É interessante a quantidade de marxistas dessa geração (E. H. Carr é o nome mais evidente) inclinados a ver o sistema democrático ocidental como inerentemente autoritário, e o regime soviético como inerentemente democrático. Sobre o "constitucionalismo soviético" de Lênin, ver *O profeta armado*, de Isaac Deutcher.

no âmbito das próprias entidades. Todavia, a ameaça de Lênin era clara: caso houvesse a recusa em ocupar o vácuo político, o partido tomaria as rédeas do país.[99]

Portanto, o destino da Rússia dependia da posição dos cabeças do Soviete na Conferência Democrática. A capacidade de ação destes homens seria submetida a um teste crucial — e o resultado foi muito aquém do esperado. A conferência aconteceu no Teatro Alexandrinsky, local muito apropriado, visto que o encontro terminou numa grande farsa. Logo no início, tornou-se clara a existência de três grupos políticos: a direita, favorável à coalizão com os Kadets; o centro, disposto a uma aliança com a burguesia, mas sem a presença dos Kadets; e a esquerda, defensora de um governo socialista baseado nos sovietes, ou mais amplamente escorado nos grupos democráticos presentes à conferência. Na hora da votação, a balbúrdia foi total. Mal iniciados os trabalhos, aprovou-se uma resolução (766 votos contra 688) apoiando o princípio geral de uma coalizão com a burguesia. Em seguida, foram aprovadas duas emendas excluindo os Kadets de tal aliança. Irritada, a direita alinhou-se com a esquerda, num segundo pleito, cujo objeto seria o texto da resolução original, que acabou derrotada por 813 a 183. Ao fim de quatro dias de debates, a conferência dissolveu-se sem chegar a qualquer conclusão sobre o assunto para o qual fora convocada. Não foi a primeira nem a última vez, na breve e acidentada história do movimento democrático russo, que as lideranças se mostraram incapazes de decidir a respeito de questões vitais. Enfim, talvez o pior tenha vindo depois, com as consequências decorrentes de tanto titubeio.

Às pressas, escolheu-se uma delegação extraordinária de membros da conferência, incumbida de resolver a crise no governo. Em tal grupo, predominavam mencheviques e SRs simpáticos à coalizão. Ao contrário do que votara o encontro, a delegação abriu negociações imediatas com os Kadets e, em 24 de setembro, o acordo foi selado. No dia seguinte, Kerenski nomeou um gabinete. Na verdade, tratava-se do mesmo compromisso político já formalizado pela Segunda Coalizão, firmada em julho, com os socialistas moderados tecnicamente mantendo a maioria das pastas e os Kadets no controle de cargos-chave. Mas a Terceira Coalizão — composta por Kadets sem relevância e obscuros trudoviques de província sem qualquer experiência em governar nacionalmente — não tinha ministros tão talentosos quanto sua predecessora, por menores que fossem as aptidões dos integrantes desta. Os socialistas haviam desejado fazer desta Terceira Coalizão uma espécie de Pré-parlamento — um órgão fictício e, na prática, inteiramente impotente nomeado pela Conferência Democrática na vã esperança de, até o início dos trabalhos da Assembleia Constituinte, dar à República alguma forma de legitimidade. No entanto, para integrar a aliança, os Kadets exigiram que a ideia fosse abandonada. Assim, o Governo Provisório permaneceria poder soberano *de jure* até a convocação da Assembleia Constituinte.[100] Mas a nova ópera-bufa do gabinete duraria até lá? Sem poder *de facto*, o governo mostrou-se incapaz de aprovar legislações importantes e só alimentava expectativas de se manter à frente

A família imperial segue em cortejo, do Palácio de Inverno à Catedral de Kazan, para a cerimônia de abertura do tricentenário.

Nicolau II cavalga à vista do público pela primeira vez desde a Revolução de 1905.

O famoso prédio Yeliseev, na Nevsky Prospekt, decorado para o tricentenário.

O baile da corte de 1903 foi um marco no culto do antigo principado de Moscou. Cada convidado vestiu trajes que seriam correspondentes à sua posição no século XVII. O tsar e a tsarina estão na primeira fila, ao centro.

A família imperial: da esquerda para a direita, Anastácia, Alexis, Maria, Alexandra, Nicolau, Tatiana e Olga.

Rasputin, na companhia de admiradores. Anna Vyrubova, amiga íntima dele e da imperatriz, é a quinta, de pé, a partir da esquerda.

Alexis, herdeiro do trono, com seu companheiro de brincadeiras e protetor, o marujo Derevenko. Depois da Revolução de Fevereiro, Derevenko se juntou aos bolcheviques.

VIDA COTIDIANA SOB OS TSARES

Os prefeitos da Rússia, em São Petersburgo, para o tricentenário em 1913.

Os defensores da ordem patriarcal no campo: um grupo de volost, em 1912.

Uma banca de jornais em São Petersburgo, 1910.

Uma mercearia em São Petersburgo, por volta de 1900. Note-se o ícone no canto superior esquerdo, símbolo da onipresença eclesiástica.

Uma sociedade dividida em muito ricos e muito pobres. *Acima*: um jantar, num baile oferecido pela condessa Shuvalov em seu esplêndido palácio, no canal Fontanka, em São Petersburgo, no início de 1914. *Abaixo*: refeitório onde se servia um "sopão" aos desempregados, na São Petersburgo do pré-guerra.

Camponeses de uma aldeia do norte da Rússia, em meados da década de 1890. Note-se a falta de sapatos e a uniformidade das roupas e das moradias.

A servidão ainda estava viva na memória de dois gêmeos, ex-servos, da província de Chernigov, em 1914.

Um encontro dos aldeões mais idosos, em 1910. A maioria das assembleias de aldeia não costumava ser tão ordeira.

Moradia de quatro operários no dormitório da fábrica Sukon-Butikovy, antes de 1917.

Interior de uma fábrica, por volta de 1910.

General Brusilov, em 1917, logo após ser promovido a comandante em chefe do exército russo. Um de seus subordinados o descreveu como "um homem de altura mediana, traços gentis e modos tranquilos, mas com tal ar de dignidade que basta olhá-lo uma vez para amá-lo e temê-lo".

Máximo Gorki, em 1917. "Era impossível discutir com Gorki. Não se podia convencê-lo de nada, dada a sua extraordinária capacidade de não ouvir o que não queria e não responder quando lhe era feita qualquer pergunta que não tinha resposta" (Nina Berberova). Sem dúvida, foi graças a essa habilidade que Gorki pôde viver na Rússia de Lênin.

Príncipe G. E. Lvov, primeiro a ocupar o cargo de primeiro-ministro democrático da Rússia, em março de 1917. Durante os quatro meses em que permaneceu no cargo, seus cabelos ficaram brancos.

O ativista camponês Sergei Semenov, em 1917. Conseguiu este retrato por conta de sua popularidade em seu distrito natal de Volokolamsk.

O comissário militar de Tula, Dmitry Os'kin, em 1919 (*ao centro, sentado*). Ele próprio contou a história de sua ascensão, do campesinato aos postos de destaque no Exército Vermelho, em dois volumes autobiográficos que cobrem o período de 1926 a 1931. O gênero "memorialismo de massas" teve outro exemplo na autobiografia de Kanatchikov.

Alexander Kerenski, em 1917. Retratos do primeiro-ministro, em forma de postal, circulavam amplamente, refletindo o culto à personalidade.

Lênin discursa para a multidão, em 1918. Foto de Petr Otsup, pioneiro do fotojornalismo soviético.

Trótski, na Fortaleza de Pedro e Paulo, em 1906. O líder do Soviete de Petrogrado vestia-se com elegância, mesmo na prisão. Nas palavras de Isaac Deutscher, parece "um próspero intelectual europeu ocidental do fim do século, prestes a comparecer a alguma recepção formal, e não um revolucionário à espera de julgamento. Somente a austeridade da parede nua e do postigo oferece uma visão do cenário verdadeiro".

Alexandra Kollontai, em 1921, quando aderiu à Oposição dos Trabalhadores. Seu rompimento com Lênin foi especialmente significativo, pois ela era a única veterana bolchevique que apoiara, desde o começo, as Teses de Abril.

ENTRE REVOLUÇÕES

Manifestantes enfrentam os cossacos montados, na Nevsky Prospekt, em 1905.

O Palácio Tauride, cidadela da frágil democracia russa, entre 1906 e 1918.

Petr Stolypin, em 1909. Sua origem provinciana e seu brilhante intelecto fizeram dele um estranho à burocracia.

Abertura da Duma do Estado, no Salão da Coroação do Palácio de Inverno, em 27 de abril de 1906. Duas Rússias — a autocrática e a democrática — confrontaram-se, cada uma de um lado do trono. À esquerda, os nomeados pela coroa; à direita, os delegados da Duma.

Grupo elegante de Petrogrado, no Ano-Novo de 1917. Notem-se a anglofilia, o uísque e o champanhe; esse tipo de hedonismo ostentatório tornara-se muito comum nas classes altas, provocando profundos ressentimentos junto aos trabalhadores, devido às enormes privações decorrentes do conflito bélico.

Tropas drenam uma trincheira da frente norte. A precária construção desses abrigos, uma ciência que o Estado-Maior tsarista nunca considerara digna de ser ensinada às tropas, foi a causa principal das enormes perdas que o exército russo sofreu na Primeira Guerra Mundial.

Um "faraó" — gíria para policial — é detido por um grupo de soldados, durante os Dias de Fevereiro, em Petrogrado.

A destruição de símbolos tsaristas. Um grupo de operários de Moscou brinca com uma escultura em pedra da cabeça de Alexandre II diante de uma câmera de cinema.

A multidão, na Nevsky Prospekt, reúne-se em volta de uma fogueira onde queimam emblemas tsaristas, durante os Dias de Fevereiro (também nesse caso, a presença da câmera foi parte importante do evento).

Soldados da frente ocidental recebem a notícia da abdicação de Nicolau II.

IMAGENS DE 1917

O Primeiro Governo Provisório, no Palácio Marinsky. Ao centro, sentado, o príncipe Lvov; Miliukov é o segundo a partir da direita, e Kerenski está de pé atrás dele. Note-se que os retratos de Alexandre II e de Alexandre III não foram retirados.

O Congresso dos Delegados Camponeses, reunido na Casa do Povo, em Petrogrado, no dia 4 de maio. De pé, no salão, uma delegação de soldados saúda os deputados nos balcões; no segundo balcão à esquerda, veem-se os quatro líderes SR: da esquerda para a direita, Viktor Chernov, Vera Figner, Ekaterina Breshko-Breshkovskaya e N. D. Avksentiev.

Reunião do Soviete dos Representantes dos Soldados, no Salão Catarina, do Palácio Tauride.

Fedor Linde lidera o Regimento Finlandês rumo ao Palácio Marinsky, em 20 de abril, em um protesto contra a guerra.

Em um discurso pronunciado em meados de maio e dirigido aos soldados, na frente de batalha, Kerenski assume uma postura napoleônica.

No mês de junho, o metropolita Nikon abençoa o Batalhão da Morte, formado por mulheres, na Praça Vermelha, em Moscou; logo depois, elas partiriam para a frente de batalha. Com uniforme que não condizia com o seu tamanho, uma das mulheres teve que ir à luta usando saia.

Kornilov é saudado como herói pelos membros da União de Oficiais ao chegar a Moscou, em 12 de agosto, para a Conferência de Estado.

As integrantes do Batalhão da Morte aguardam o ataque final ao Palácio de Inverno, em 25 de outubro de 1917. Quando o *Aurora* disparou sua primeira salva, as mulheres se desesperaram e foram confinadas em um cômodo do porão.

A Guarda Vermelha da fábrica Vulkan, em Petrogrado. Note-se que muitos guardas vestem terno e gravata.

A GUERRA CIVIL

General Alexeev, último chefe do Estado-Maior do exército imperial; ele e Kornilov fundaram o movimento Branco, no sul da Rússia.

General Danikin, líder das forças armadas Brancas no sul da Rússia, entre 1918 e 1920.

Almirante Kolchak, principal líder Branco no leste da Rússia e, graças às suas conexões com os Aliados, chefe nominal de todo o movimento Branco.

Barão Wrangel, que liderou a última campanha Branca na Crimeia, durante o ano de 1920.

Os exércitos Brancos eram desproporcionais — muitos generais e poucos soldados. Um grupo de oficiais espera a chegada do almirante Kolchak, durante um desfile militar em Omsk, no mês de dezembro de 1918.

Ao contrário, as forças Vermelhas tinham o corpo maior do que a cabeça — infantaria demais e poucos comandantes. O "espírito de comitê", dominante em 1917, mantinha-se nas fileiras de suas unidades. Aqui, uma tropa sob o comando de Makhno, fotografada em 1920: as táticas eram escolhidas por votação.

Os trens blindados desempenharam um papel vital na guerra civil.

Dois soldados do Exército Vermelho fazem uma pausa, na frente sudoeste, em 1919.

Nestor Makhno, em 1919. Percebendo que seria aniquilado pelos bolcheviques, ele conduziu o que restara de seu exército para fora do território russo, em 1921. Depois de breves períodos de aprisionamento na Romênia e na Polônia, o líder anarquista viveu em Paris até morrer, em 1935.

O terror foi a arma de todos os exércitos na guerra civil. *Acima*: em setembro de 1919, os Brancos enforcam um camponês de Kursk, acusado da posse de um velho rifle de caça. *Abaixo*: uma das vítimas de um *pogrom* promovido por um grupo de nacionalistas ucranianos, na província de Poltava, em 1920.

Os Vermelhos torturam um oficial inimigo, durante a guerra contra a Polônia, em 1920; o homem foi dependurado nu, de cabeça para baixo, espancado, cortado e torturado até a morte.

VIDA COTIDIANA SOB OS BOLCHEVIQUES

A crise de combustível nas cidades. *Acima*: moscovitas desmantelam uma casa para fazer lenha. *Abaixo*: um padre ajuda no transporte de madeira. Muitos cavalos morreram por falta de comida, e a força humana se impôs.

Vendendo para comer. *Acima*: mulheres das antigas classes dominantes vendem suas últimas posses nas ruas de Moscou. *Abaixo*: um funcionário subalterno do partido pechincha uma estola de pele no mercado de Smolensk, em Moscou, no ano de 1920. A mulher à esquerda tem a aparência de uma *burzhooika*.

Colocando as classes nobres para trabalhar. Dois ex-oficiais tsaristas são forçados a limpar as ruas sob a inspeção de um comissário e guardas, no mercado de Apraksin, em Petrogrado, 1918. O trabalho forçado tinha como objetivo humilhar e degradar as classes privilegiadas do velho regime.

Confiscando o grão dos camponeses.

Em 1920, o Estado alimentava — ou melhor, subalimentava — 30 milhões de pessoas em cafeterias improvisadas como essa, na Estação Kiev, em Moscou.

Um típico exemplo da nova burocracia: o Departamento de Agitação e Propaganda de um Comissariado de Abastecimento e Distribuição da Região Norte. Notem-se o retrato de Marx, o comissário vestido de couro e as filhas da burguesia, que trabalhavam em grande número como secretárias.

O povo rejeita os bolcheviques. *Acima*: tropas do Exército Vermelho atacam os amotinados da base naval de Kronstadt, em 16 de março de 1921. *Abaixo*: rebeldes camponeses ("Verdes") atacam um trem de grãos confiscados, em fevereiro de 1921.

A fome de 1921-1922. *Acima*: comissários bolcheviques constatam o fracasso da colheita na região do Volga, em 1921. A crise resultou, em grande parte, do confisco excessivo. *Abaixo*: as vítimas da crise; um cemitério lotado, no distrito de Buzuluk, em 1921.

Canibais com suas vítimas, na província de Samara, em 1921.

Órfãos da revolução. *Acima*: nas ruas em Saratov, órfãos procuram restos de comida no monturo, em 1921. *Página ao lado, acima*: os órfãos foram doutrinados politicamente. Esse menino, discursando no trem de propaganda *Revolução de Outubro*, era secretário do Komsomol de Tula; uma década depois, sua geração esteve na vanguarda do ataque stalinista à velha Rússia. *Página ao lado, abaixo*: os órfãos também se tornavam bons soldados, conforme se vê nessa unidade nacional do Exército Vermelho, no Turquistão, em 1920.

Й ПОЕЗД

یاشاسون

A guerra contra a religião: soldados do Exército Vermelho confiscam peças de valor do mosteiro Simonov, em Moscou, em 1923.

A revolução se expande para o leste. *Acima*: o Exército Vermelho chega a Bukhara e explica o significado do poder soviético aos ex-súditos do emir, em setembro de 1920. *Abaixo*: dois comissários bolcheviques do Extremo Oriente.

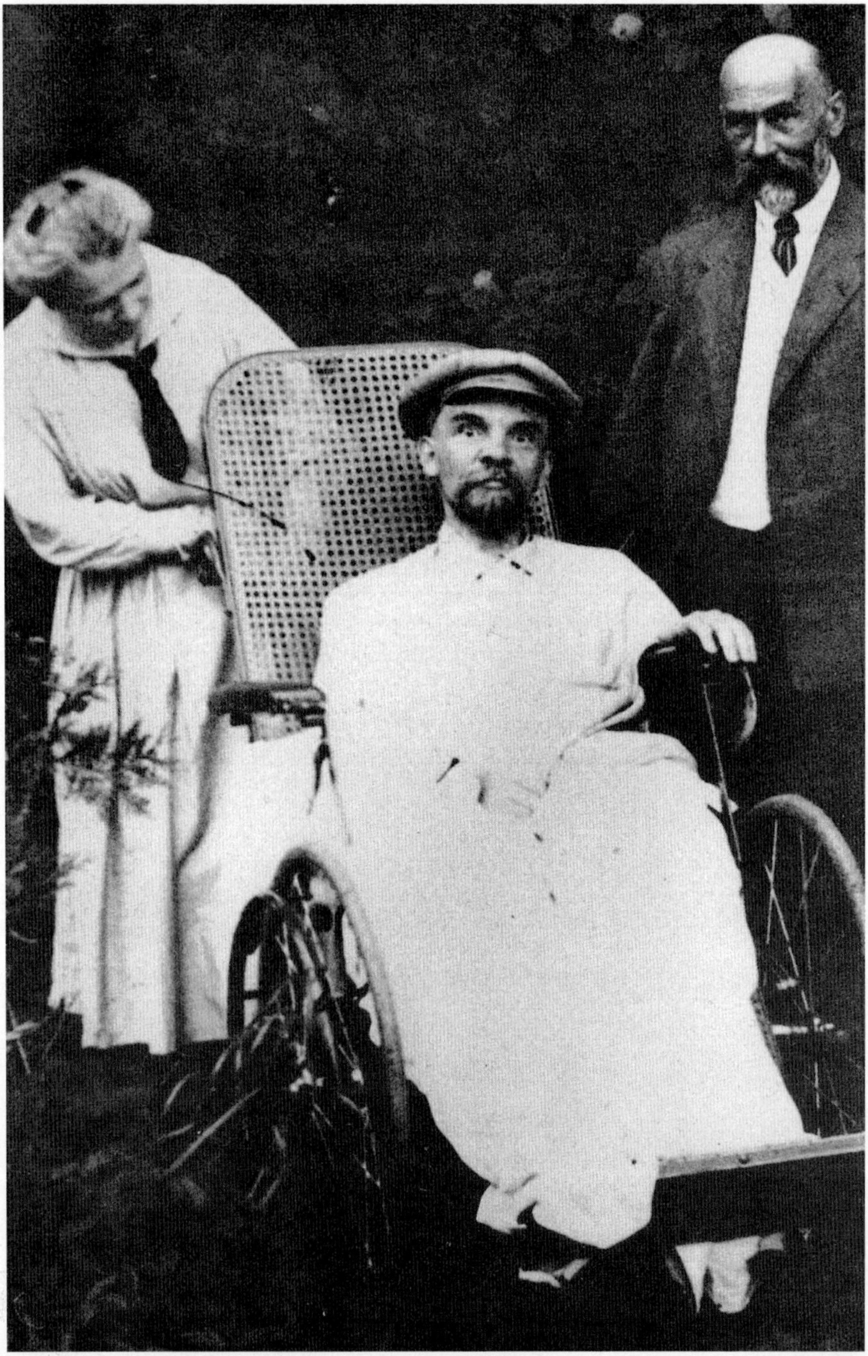

Lênin moribundo, com um de seus médicos e sua irmã mais nova, Maria Ulianova, durante o verão de 1923. Na época em que essa fotografia foi tirada, a ascensão de Stálin ao poder estava praticamente assegurada.

do país até as eleições de novembro. Ou seja, ansiava por uma sobrevida de seis meses — e, na verdade, resistiu somente quatro.

O fracasso da Conferência Democrática foi uma confissão pública da falência política das lideranças do Soviete. Após este reconhecimento cabal de relutância em assumir o poder, mencheviques e SRs entraram em franca decadência. Em Petrogrado, já no fim de setembro, o Partido Menchevique praticamente deixara de existir: o último congresso partidário dos filiados da capital não aconteceu por falta de *quorum*. Não foi apenas o rígido dogma marxista que manteve os líderes mencheviques na aliança e sim uma dificuldade enorme em admitir que forças políticas e sociais estavam em cena no ano de 1917. "Pode-se considerar que, quase desde o começo, os mencheviques se viram lutando bravamente para controlar um caos que, aos poucos, os sobrepujava. Nada lhes parecia familiar ou ocorria conforme esperavam", escreveu Leo Haimson, o mais importante historiador do menchevismo. Os mencheviques não conseguiam enxergar que sua base de apoio — os trabalhadores da indústria — estava se radicalizando e que apenas um governo do Soviete poderia sonhar em ter autoridade sobre tal segmento. Cegos pelo comprometimento com o Estado, que os fazia defender os princípios da coalizão a qualquer preço, eles deixaram de agir ou pensar como revolucionários e rechaçaram o crescente radicalismo dos operários e o apoio que estes proporcionavam aos bolcheviques como manifestações da "ignorância" e "imaturidade" do proletariado. Isto confirmava a crença dogmática de que os Sovietes não estavam maduros para o poder.[101] Os líderes SRs também se iludiram de modo similar, acreditando que a demanda camponesa por uma reforma agrária profunda — sobre a qual o partido se constituíra e crescera — poderia ser adiada até o fim da guerra, ou até a convocação da Assembleia Constituinte. Cada vez mais indiferentes ao conflito com a Alemanha e à forma de governo nacional, os camponeses só queriam paz, terra e liberdade, conforme expressavam seus comitês autônomos, instituídos nas aldeias. Tal erro seria o calcanhar de aquiles da luta travada pelos SRs, em 1918, com vistas a reverter o Tratado de Brest-Litovsk e reunir os agricultores do Volga na defesa da Assembleia Constituinte, já "encerrada" pelos bolcheviques.

O malogro dos SRs e mencheviques deveu-se, sobretudo, a erros das lideranças. Ambos os partidos estavam irremediavelmente rachados no tocante a duas questões fundamentais de 1917: o que fazer com a guerra e como achar um ponto de equilíbrio entre a revolução política e a revolução social. Os líderes de direita eram defensivistas e davam maior ênfase à revolução política; os de esquerda queriam a paz e reformas radicais. Dado o legado histórico da Rússia e o imenso abismo cultural entre a intelectualidade e as massas, talvez não houvesse, pelo menos em 1917, perspectiva real de sustentação para uma revolução política nos moldes da tradição europeia. Mas uma democracia socialista poderia ter sido implantada se, em setembro, os líderes do Soviete tivessem concordado em formar uma aliança com os bolcheviques. E, claro, se Lênin tivesse se comprometido a respeitar tal pacto. Evidentemente, são hipóteses. Em outubro, os SRs de esquerda formaram uma coalizão solitária com os bolcheviques, embora, a esta altura, Lênin já não tencionasse tratá-los como iguais. Quanto aos mencheviques de esquerda, estavam inteiramente à deriva. Seu líder, Martov, não conseguiu concluir nenhum tipo de aliança com o velho rival Lênin, embora o ajuste devesse ser o resultado lógico de sua disputa com os defensivistas, como reconhecia a maioria dos membros do partido. Leal à legenda, Martov continuou a bordo do navio menchevique até este ir a pique.

Trótski descreveu Martov como o "Hamlet do socialismo democrático" — uma definição perfeita. Como tantos outros líderes socialistas veteranos à frente do Soviete em 1917, Martov era um intelectual bom demais para chegar a político bem-sucedido. Ele sempre via-se contido por sua própria integridade e pela abordagem filosófica com que analisava a política. Tendia a escolher seus aliados pela coerência de visão de mundo destes e não pela conveniência ou mesmo pela exequibilidade de propostas. Foi isto que o levou a aferrar-se aos mencheviques, abrindo mão, em setembro, de uma aliança tática com os bolcheviques. Para Martov, os princípios básicos do marxismo seguidos pelos mencheviques valiam mais do que argumentos puramente políticos com vistas ao pacto partidário. Tal análise briosa sempre lhe garantiu os aplausos da *intelligentsia* socialista. Há quem diga que até mesmo Lênin confessou um grande arrependimento: o de Martov não formar com os bolcheviques. "Que camarada formidável é ele, que homem puro!", ele teria dito, em 1921. Mas princípios tão nobres costumam ser um fardo fatal para líderes revolucionários e, no caso de Martov, tornaram-no frouxo e indeciso numa situação que exigia o comportamento oposto.[102]

Em 1917, a mesma vacilação intelectual caracterizou muitos líderes do Soviete — e, neste sentido, todos poderiam ser considerados Hamlets do socialismo democrático. Entre os SRs, Chernov constituía uma figura igualmente trágica. Como Martov, era um intelectual brilhante e um teórico do partido, mas carecia por completo das qualidades necessárias a um líder revolucionário de sucesso. Faltavam-lhe vontade e determinação férreas para levar a cabo suas políticas, que talvez lhe tivessem exigido conduzir o partido ao racha. Chernov não dispunha de instinto básico para avaliar qual o momento certo para arremeter rumo ao poder. Nisto consistia a diferença crucial entre um Chernov e um Lênin — e assim selou-se o destino da Rússia.

Graças ao fiasco da Conferência Democrática, o plano de Kamenev com vistas a uma coalizão socialista foi por água abaixo. A partir daí, Lênin dedicou-se a arengar no partido em prol de um imediato levante armado. Ele já o advogara em duas cartas encaminhadas ao Comitê Central, às vésperas da conferência, quando ainda estava no seu exílio, na Finlândia. Nos textos, ele argumentava que os bolcheviques podiam e *deviam* tomar o poder — o partido já conquistara maioria nos sovietes de Moscou e Petrogrado, o que seria "suficiente para arrebanhar o povo" em qualquer guerra civil, visto que, no poder, os marxistas proporiam a paz imediata, entregando a terra aos camponeses; em contrapartida, se esperassem pela convocação da Assembleia Constituinte, "Kerenski e companhia" ensejariam medidas peremptórias a fim de não entregar o governo, cedendo Petrogrado aos alemães, ou postergando a Assembleia Constituinte. No entender de Lênin, a Conferência Democrática representara "somente os estratos mais altos da burguesia. Não devemos nos enganar com as cifras eleitorais; pleitos não provam nada... A maioria do povo está ao nosso lado". Lembrando a seus camaradas a máxima marxista — "a insurreição é uma arte" — ele concluía que "seria ingênuo esperar por uma maioria bolchevique 'formal'. Nenhuma revolução jamais esperou por isto... A História não nos perdoará se não assumirmos o poder, imediatamente".[103]

Ambas as cartas chegaram ao Comitê Central no dia 15 de setembro. Os demais líderes bolcheviques consideraram-nas, no mínimo, muito inconvenientes, pois a Conferência Democrática apenas se iniciara e todos estavam comprometidos com as táticas conciliatórias de Kamenev. "Sentimo-nos agastados", registrou Bukharin. Resolveram, então, queimar todas as cópias das missivas, à exceção de uma, por temerem que fossem parar nas mãos das bases bolcheviques, desencadeando uma revolta. O Comitê Central continuou a ignorar os conselhos de Lênin. Para contra-atacar, o comitê decidiu publicar artigos mais antigos de Lênin, no qual ele endossava a linha adotada por Kamenev. Foi o quanto bastou para o autor ter um acesso de fúria. Ainda receoso de voltar a Petrogrado (Kerenski tinha dado ordens para que fosse preso na Conferência Democrática), mas querendo aproximar-se dos acontecimentos, ele deixou a Finlândia rumo a Vyborg, a cerca de 130 km da capital. Nas semanas seguintes, atacou o Comitê Central e os organismos partidárias menos importantes com uma chuva de cartas violentas, recheadas de frases insultuosas sublinhadas, nas quais incitava os filiados a desferir, de pronto, uma sublevação armada. Condenando as "táticas parlamentares", saudava a perspectiva de uma guerra civil ("a forma mais acirrada da luta de classes"), que os líderes do partido vinham tentando evitar com base na premissa falsa de que, tal qual os antigos *communards*, seriam derrotados. Ao contrário, insistia ele, as forças antibolcheviques seriam as mesmas que tinham estado envolvidas no caso Kornilov, bastando "rios de sangue" para garantir "vitória certa" ao partido.

Finalmente, em 29 de setembro, no auge de suas frustrações, Lênin rascunhou uma diatribe contra os líderes bolcheviques, denunciando-os como "*traidores miseráveis da causa proletária*". Tais lideranças pretendiam adiar a tomada do poder até 20 de outubro, quando o Congresso dos Sovietes se reuniria. Mas, aos olhos de Lênin, a hora era aquela e qualquer postergação só significaria permitir que Kerenski reagisse, fazendo uso de força militar. Ainda segundo Lênin, os trabalhadores cerrariam fileiras com os marxistas; os camponeses já haviam iniciado sua guerra contra as propriedades dos nobres, exterminando o risco de um 18 Brumário, ou de uma contrarrevolução "pequeno-burguesa", como a ocorrida em 1849. No restante da Europa, as greves e motins eram "sintomas inquestionáveis de que estamos *à beira de uma revolução mundial*". "Deixar passar o momento e esperar pelo Congresso dos Sovietes seria *o máximo da estupidez*, ou *traição absoluta*." Caso os bolcheviques agissem de modo tão tímido, "cobrir-se-iam de vergonha e destruir-se-iam enquanto partido". Num ultimato, ele chegou a ameaçar desligar-se do Comitê Central, a fim de ter liberdade para dirigir-se às bases, defendendo o levante armado — uma conferência partidária fora agendada para 17 de outubro. "Tenho profunda convicção de que, se esperarmos o Congresso dos Sovietes e ignorarmos o presente momento, *arruinaremos* a revolução."[104] A ira infame de Lênin atingira picos febris.

Por que ele perseverava tanto na necessidade de um levante armado *antes* do Congresso dos Sovietes? Tudo indicava que o tempo estava a favor dos bolcheviques: o país despedaçava-se; os Sovietes inclinavam-se à esquerda; e havia chances ponderáveis de o encontro de 20 de outubro avalizar o chamado maximalista de poder aos sovietes. Por que deslanchar uma sublevação prematura e correr o risco de provocar uma guerra civil e acabar derrotado? Muitas lideranças bolcheviques haviam acentuado a conveniência de fazer a tomada de poder e o Congresso dos Sovietes coincidirem. Assim pensavam Trótski e vários outros integrantes do Soviete de Petrogrado, cujas opiniões repercutiam no partido, visto que estavam muito bem informados sobre os ânimos reinantes na capital e que desempenhariam papel de destaque em qualquer levante. Tais lideranças duvidavam da hipótese de o partido desfrutar de apoio suficiente capaz de justificar uma insurreição em benefício próprio, mas consideravam que o levante poderia vingar se promovido em nome dos Sovietes. Como os bolcheviques haviam alardeado uma campanha em prol do poder soviético, seria preciso um congresso para legitimar a sublevação, fazendo crer que se tratara de uma iniciativa de todos os partidos, e não apenas dos bolcheviques. Adotando essa linha de ação, adiando o levante em poucos dias, Lênin poderia ter conquistado o apoio de toda a legenda, que se oporia a Kamenev, Zinoviev e outros, francamente avessos à ideia de uma revolta. Lênin foi inflexível, porém: a tomada do poder teria que ocorrer *antes* do encontro dos sovietes, persistindo no seu intento até a véspera do conclave.

Ele justificava tamanha impaciência afirmando que qualquer adiamento na tomada do poder permitiria a Kerenski organizar ações repressivas contra a investida: Petrogrado acabaria abandonada aos alemães; a sede do governo, transferida para Moscou; e o Congresso dos Sovietes, proibido. Evidentemente, tratava-se de um raciocínio absurdo. Kerenski seria incapaz de atos tão arrojados. Além do mais, como assinalara Kamenev, o governo mostrava-se débil e, portanto, impotente para colocar em prática medidas contrarrevolucionárias. A julgar por alguns de seus escritos da época,* Lênin aludiu à eventualidade de uma reação de Kerenski numa tentativa de fortalecer seus próprios argumentos em favor de uma sublevação temporã. No entanto, também é possível que o líder bolchevique, vivendo na Finlândia desde julho, tenha se alheado tanto da realidade russa a ponto de acreditar em tal conjectura. Na imprensa, havia rumores de que o governo estava planejando deixar a capital, no início de outubro. Sem dúvida, a boataria endossou a convicção de Lênin de que a guerra civil já começara. E mais: corroborava a tese de que a vitória caberia a quem ousasse atacar primeiro. "*On s'engage et puis en voit.*"

Existia ainda um outro motivo para que Lênin desejasse a insurreição antes do Congresso dos Sovietes. E este nada tinha a ver com tática militar. Se a transferência do poder acontecesse por meio de votação no encontro previsto para 20 de outubro, quase certamente o resultado seria um governo de coalizão formado por todos os partidos com assento no Soviete. Caso a divisão de pastas ministeriais fosse feita levando em consideração critérios de proporcionalidade, os bolcheviques poderiam ficar com a cota maior de cargos mas, na melhor das possibilidades, teriam que governar em parceria com SRs e mencheviques de esquerda. Consequência: vitória retumbante para o arquirrival de Lênin no Partido Bolchevique, Kamenev, que emergiria como figura principal de tal coalizão. Sob sua liderança, o centro de poder continuaria sendo o Congresso dos Sovietes, e não o partido. Poderia até mesmo haver esforços renovados para fusão de bolcheviques e mencheviques. E, por insistência destes últimos e dos SRs, ou talvez por falta de vontade em colaborar com ambos, Lênin poderia até mesmo ter seu nome excluído da lista de ministros. Assim sendo, confinar-se-ia a falar para a esquerda do partido. Em contrapartida, se a tomada do poder pelos bolcheviques ocorresse antes de o Congresso se reunir, Lênin surgiria como mestre político. Provavelmente, a maioria dos presentes endossaria o golpe, garantindo ao partido o direito de formar um governo exclusivo de lideranças bolcheviques. Se mencheviques e SRs não aceitassem o fato consumado, bastaria lhes conceder uns poucos cargos de menor destaque no gabinete de Lênin. E, se a oferta lhes desagradasse, só lhes sobraria a alternativa de passar à oposição, deixando o poder aos bolcheviques. As tentativas de coalizão perpetradas por Kamenev teriam sido inúteis e Lênin formaria sua Ditadura do Proletariado. Se o preço do poder era mergulhar o país na guerra civil, Lênin não o considerava alto demais. Tal decorrência era algo que aceitava — e talvez até ansiasse — como parte do processo revolucionário.

---

* Nos dias imediatamente anteriores a 25 de outubro, sustentado apenas por um pequeno e disciplinado grupo de seguidores, e considerando o quanto Kerenski estava isolado, Lênin enfatizou a possibilidade de um golpe militar.

De volta à capital, onde se escondeu no apartamento de Margarita Fofanova, membro do partido, Lênin convocou uma reunião clandestina do Comitê Central bolchevique. Data: 10 de outubro. Objetivo: organizar um levante armado. Local: residência de Nikolai Sukhanov. (Por uma das muitas pequenas ironias que pontuam a história de qualquer revolução, o encontro aconteceu justamente na residência de um menchevique.) A mulher do anfitrião, Galina Flakserman, veterana maximalista — imaginem-se as rusgas domésticas! —, tivera o cuidado de avisar ao cônjuge em que arrumasse o que fazer no Instituto Smolny, em vez de retornar cedo à casa, naquela noite. Lênin foi dos últimos a chegar, usando uma peruca à guisa de disfarce, que só tirou por um momento, ao entrar na casa, e ajeitou várias vezes, durante a reunião. Na pressa, esquecera de passar talco na cabeça e a cabeleira escorregava da calva. Segundo Kollontai, o chinó "conferia-lhe um ar de ministro luterano". Dos 21 integrantes do Comitê Central, apenas 12 compareceram. Assim, a decisão mais importante na história do Partido Bolchevique — desferir a insurreição armada — deveu-se a uma fração quase inexpressiva do Comitê Central. A arremetida rumo ao poder prevaleceu: dez votos a dois — Kamenev e Zinoviev foram contra. Com efeito, tudo se resumiu a um "golpe" leninista, no âmbito do partido.* Mais uma vez, ele conseguiu impor sua vontade aos demais camaradas. Sem sua decisiva influência pessoal, é impossível imaginar a tomada do poder pelos maximalistas.

Na madrugada do dia 11, quando a reunião terminou, ele arrancou uma folha de um caderno escolar e redigiu, sôfrego, a resolução histórica recém-sancionada. Embora não mencionasse datas ou táticas específicas, o texto afirmava "ser inevitável um levante armado e o tempo para tal inteiramente maduro". E instruía as organizações partidárias a se prepararem para a ocasião. Findo o encontro, a mulher de Sukhanov trouxe um samovar e serviu queijo, salame e pão preto. Os bolcheviques fartaram-se.[105] A conspiração os havia deixado famintos.

---

* Marcada para 17 de outubro, a Conferência do Partido Bolchevique foi misteriosamente cancelada após esta reunião — sem dúvida, por persistência de Lênin. O espírito das bases da legenda sugeriam uma férrea oposição à ideia de uma insurreição armada. Nos dias que se seguiram, Kamenev e Zinoviev fizeram saber o quanto eram avessos à proposta exigindo que a Conferência fosse realizada. Eles ainda não tinham provas materiais para revelar as entranhas da luta interna. (Sobre o assunto, ver Rabinowitch, "Bol'sheviki", p. 119-20.)

XI.

A revolução de Lênin

1. A arte da insurreição

Algumas das cenas mais dramáticas da revolução teriam como palco uma escola nos arredores de Petrogrado, outrora destinada às filhas da nobreza. O Instituto Smolny, um palácio em estilo clássico, amplo e pintado de ocre, praticamente esvaziara-se após a queda do tsar. Passados os Dias de Julho, a Executiva do Soviete vira-se forçada a abandonar o prestigioso Palácio Tauride e mudar-se para o colégio. A partir de então, nas palavras de Sukhanov, o local transformou-se na "arena interna da revolução". O II Congresso dos Sovietes de Todas as Rússias, realizado em outubro, no qual o poder do Soviete foi proclamado, teve como testemunha as colunatas brancas do salão de baile, em meio aos quais as alunas haviam aperfeiçoado passos de valsas e polcas.

O Smolny nada tinha da graça e placidez arquitetônica do Palácio Tauride. A exemplo da maior parte das escolas femininas do século XIX, o instituto era austero e funcional, assemelhando-se mais a uma prisão do que a uma academia destinada a ampliar horizontes e elevar o espírito. Tamanha severidade refletia a mudança de humor entre seus ocupantes. A atmosfera reinante no Smolny era de rigor, noites insones e improvisação febril. John Reed certa vez afirmou que o local "zumbia como uma colmeia gigantesca". Os portões externos eram guardados por homens ostensivamente armados, encarregados de vigiar com zelo os passos de todos que ali entravam (numa ocasião, por ter esquecido o cartão de identificação, até mesmo Trótski foi barrado). Os corredores — intermináveis, abobadados, pouco iluminados — ficavam entregues a soldados sonolentos e a pilhas de jornais.

Havia um corre-corre constante, sempre ao som de botas pesadas batendo contra o chão de pedra. O ar era impregnado de fumaça de cigarro; os pisos cobertos de lixo; e, em toda parte, podia-se sentir cheiro de urina. Avisos inúteis pendiam das paredes: "Camaradas, pelo bem da saúde de todos, mantenham o local limpo!" Ninguém prestava atenção às tabuletas. As salas de aula, transformadas em caserna, haviam sido transformadas em sedes de diversas organizações revolucionárias. Nas portas, abertas e fechadas inúmeras vezes ao dia, ainda existiam as velhas placas esmaltadas informando o que funcionava nos cômodos à época em que o Smolny educava jovens fidalgas. Sobre as lâminas metálicas, os novos ocupantes do instituto pregaram pedaços de papel informando aos passantes que órgão tomara conta de cada recinto: Comitê Executivo do Soviete de Petrogrado, Secretariado dos Comitês de Fábricas, ou representações de algum partido político. O coração do Smolny era o salão de bailes ornado de belos candelabros, onde aconteciam as tumultuadas reuniões do Soviete; sobre o estrado, destinado aos assentos da Executiva, havia um espaço vazio na parede, antiga morada de um retrato do tsar. Onde antes funcionava o refeitório das alunas, havia sempre uma quantidade imensa de trabalhadores e soldados famintos. Muitos iam ao instituto apenas em busca de refeições; devoravam o que se pusesse no prato, sorviam chá quente de tigelas e gritavam obscenidades que as jovens alunas do Smolny jamais teriam imaginado.[1]

Com o Comitê Central bolchevique entrincheirado na sala 36, o instituto tornou-se um desafio concreto à existência do Governo Provisório. A reunião crucial de 10 de outubro inserira um levante armado na agenda dos maximalistas, para o qual só faltava marcar a data. Afinal, a maioria das lideranças bolcheviques ainda se opunha ao chamado de Lênin a uma insurreição imediata e muitos pensavam na sublevação como algo a ser deixado para um futuro remoto. "A resolução de 10 de outubro é uma das melhores já aprovadas pelo Comitê Central, mas não se pode afirmar quando ocorrerá o levante previsto — talvez daqui a um ano", declarou Mikhail Kalinin. A principal causa para preocupações consistia na ambivalência do ânimo do povo. Era fato que havia uma fadiga e uma insatisfação em relação ao *Kerenshchina*. A guerra já durava demais, o povo estava exausto de passar noites em filas do pão e nas fábricas e quartéis observava-se que tal situação não perduraria por muito tempo. Mas os trabalhadores e soldados de Petrogrado "apresentar-se--iam" para uma revolta? Não faltava quem ainda relembrasse os Dias de Julho — seguidos de desemprego e repressão — e relutasse em se expor à nova derrota. A Organização Militar bolchevique, influente no estado de espírito da periferia da capital, insistiu, repetidas e várias vezes, que operários e soldados — mesmo descontentes e afinados com os slogans vermelhos — ainda não estavam preparados para atender ao chamado do partido, muito embora pudessem tomar as ruas se considerassem que o Soviete corria perigo.

Sem querer esperar pelo Congresso dos Sovietes, Lênin depositou suas esperanças no Congresso Regional Norte, realizado em Petrogrado, de 11 a 13 de outubro. Como registrou Latsis, "o plano resumia-se a nos declararmos governo, o que seria um bom começo". Lênin estabelecera laços estreitos com os líderes bolcheviques da região do Báltico: foram eles que convocaram o evento e escolheram Petrogrado, e não Helsingfors, como sede. Lênin passara o verão naquela área e a elegera como base vital para deslanchar a revolução na Rússia e no restante da Europa. Ele mostrava-se especialmente impressionado com o zelo revolucionário dos letonianos, que compunham sua guarda pessoal. Durante os primeiros dias do governo soviético, a maior parte dos integrantes da Cheka e da elite do Exército Vermelho (Latsis, Eiduck, Peters, Smilga) também era constituída por letonianos. Desde agosto, os bolcheviques de Riga haviam conquistado hegemonia e, agora, Lênin procurava-os com vistas a disseminar por toda a Rússia a ideia de todo o poder aos sovietes.* Em carta a Smilga, um de seus parceiros mais próximos naquele verão de exílio, Lênin deixara claro que via a insurreição de Petrogrado como uma invasão militar, cujo ponto de partida seria a região do Báltico. "Parece-me que temos à nossa disposição apenas as tropas da Finlândia e a Esquadra Báltica e que somente estas podem assumir função militar de grande seriedade", ele escreveu em 17 de setembro. O Congresso Regional Norte serviria para anunciar a investida. Por determinação de Lênin, Smilga fora o organizador e assumira a função de presidente do encontro, ao qual os delegados bolcheviques compareceram armados, supondo que a ocasião tornar-se-ia o foco de um levante. No entanto, Lênin frustrou-se, mais uma vez: a maioria dos presentes aprovou a proposta cautelosa de Kamenev, segundo a qual a criação de um governo soviético ficaria a cargo do Congresso de Todas as Rússias, marcado para o dia 20. Mesmo no Báltico, a região de vanguarda escolhida por Lênin, não parecia haver apoio em massa para uma insurreição comandada pelo partido.[2]

Conclusão igual é sugerida pelo que aconteceu no encontro do Comitê Central, em 16 de outubro. Presentes a esta reunião, representantes da Organização Militar bolchevique, do Soviete de Petrogrado, dos sindicatos e dos comitês de fábricas mencionaram os riscos de um levante prematuro, realizado antes do Congresso dos Sovietes. Krylenko expressou o ponto de vista da Organização Militar, afirmando que o espírito de luta dos soldados estava em baixa: "para se juntarem a uma sublevação, eles precisariam ser incitados por algo, como o desmembramento da guarnição". Volodarsky, do Soviete de Petrogrado, confirmou a "impressão geral... de que ninguém está pronto para sair às ruas, embora todos estejam dispostos a atender a um chamado do Soviete". No entender de Shmidt, porta-voz dos sindicatos, os altos índices de desemprego e o medo de demissão refreavam os trabalhadores. Shliapnikov acrescentou que mesmo no sindicato dos metalúrgicos, onde o

* A despeito da ideia de que o poder soviético sempre foi exportado pela Rússia.

partido desfrutava de enorme prestígio, "um levante bolchevique não é bem-visto e rumores a respeito chegam a produzir pânico". Kamenev enunciou a dedução lógica: "não há quaisquer indícios de que devamos iniciar a luta antes do dia 20 [quando o Congresso se reuniria]." Porém, Lênin insistia quanto à necessidade de preparativos imediatos e não via razão para deter-se diante dos relatos prudentes sobre o ânimo das massas de Petrogrado: ele concebia a tomada do poder como um golpe militar e, sendo assim, carecia somente de uma pequena força, contanto que muito bem armada e disciplinada. E acabou fazendo valer sua opinião, tamanha era sua ascendência sobre o partido. Por 15 votos a 6, a reunião rejeitou uma outra resolução, desta vez apresentada por Zinoviev, o qual propunha a suspensão do levante até que os delegados bolcheviques no Congresso dos Sovietes fossem consultados. Se comparado com o resultado de 12 votos a 2 — que aprovou a tese de Lênin em favor de uma insurreição no futuro imediato —, o cômputo sugere que vários líderes bolcheviques nutriam sérias apreensões a respeito da prudência de um golpe antes do Congresso dos Sovietes, muito embora tais receios não tivessem bastado para enfrentarem abertamente o grande ditador.[3] Afinal, seria algo a exigir uma boa dose de coragem.

Ao fim do encontro, Kamenev manifestou repúdio à deliberação que, a seu ver, levaria o partido à ruína. Ato contínuo, desligou-se do Comitê Central, decidido a fazer uma campanha pública contra a ideia recém-aprovada. Além disto, reclamou a convocação de uma conferência partidária que, por iniciativa de Lênin, vinha sendo adiada. Pode-se afirmar sem muito receio que esta nova reunião tenderia a esperar o Congresso dos Sovietes para se decidir sobre a questão do levante. Em 18 de outubro, o jornal de Gorki, *Novaia zhizn'*, publicou uma carta de Kamenev, que dizia: "No momento presente, incitar a revolta armada, antes e à revelia do Congresso dos Sovietes, seria um passo inviável e mesmo fatal para o proletariado e a revolução." O texto funcionou como um estopim. Há semanas circulavam rumores de um golpe bolchevique e, agora, a conspiração vinha à baila de maneira clara e ostensiva. Trótski viu-se forçado a dirigir-se ao Soviete de Petrogrado, a fim de negar a notícia, mas não conseguiu ser muito convincente. Num prenúncio dos futuros expurgos, Lênin, furioso, denunciou Kamenev e Zinoviev na imprensa bolchevista. "Boicote", "traição", "retrocesso", "mentiras caluniosas" e "crime" — tais expressões atulharam as cartas iradas que o bolchevique-mor encaminhou aos jornais vermelhos, nos dias 18 e 19 de outubro. "Os senhores Zinoviev e Kamenev" (num insulto máximo, ambos não mereciam mais o tratamento de "camaradas") deviam ser "expulsos do partido".[4] Já transpareciam as atitudes de um tirano.

Ao publicar as cartas, Lênin estava levando a público a propaganda em favor do levante. Ele sempre baseara seus argumentos pela antecipação da tomada do poder (antes do Congresso) no risco de que o Governo Provisório impedisse a realização do evento. Um risco que ele mesmo superestimava ou, mais provável, havia inventado. Todos os relatórios produzidos pelo partido na época deixavam claro que os trabalhadores e soldados da capital não se mobilizariam em função de uma convocação bolchevique, embora muitos pudessem sair às ruas caso considerassem que o Soviete estava sob ameaça. Esta tese era tida como verdadeira desde a crise Kornilov, quando se enraizou a ideia popular de que havia o fantasma de uma "contrarrevolução" habitando nas sombras do regime de Kerenski. Se os bolcheviques pretendiam mais uma vez contar com o apoio das ruas, seria preciso convencer a massa da necessidade de proteger o Soviete. Mas quem usou de tal artifício foram os oponentes dos vermelhos.

Tornada pública a conspiração bolchevique, os líderes do Soviete decidiram adiar o Congresso, remarcando-o para 25 de outubro, na esperança de que mais cinco dias lhes daria a oportunidade de reunir seguidores de províncias distantes. No entanto, a postergação beneficiou os maximalistas, que contaram com mais tempo para articular o levante. Não bastasse isto, ainda emprestou credibilidade à acusação de Lênin e companhia, segundo os quais os cabeças do Soviete planejavam boicotar o Congresso. Certamente é fato que as lideranças não aprovavam este encontro. De início, quando da Conferência Democrática, eles acabaram por anuir porque a influência bolchevista não era tão óbvia. Porém, agora tornara-se evidente que não haveria como fugir à derrota, caso a reunião acontecesse.

Talvez os líderes do Soviete tivessem agido mais prudentemente ao concentrar esforços na exigência de medidas repressivas capazes de conter a ameaça bolchevique. A verdade era que, mesmo respaldadas pela maioria do Congresso, resoluções de papel não seriam suficientes para deter as baionetas vermelhas. Mas mencheviques e SRs descartavam a possibilidade de recorrer à coerção, graças ao sentimento de camaradagem que nutriam pelo partido de Lênin. Eles não conseguiam esquecer que, meses antes, haviam sido companheiros de luta na clandestinidade revolucionária (e também não vislumbravam que, meses depois, se tornariam vítimas do Terror Bolchevique). Limitavam-se apenas às questões mais prementes, marcando posição e reclamando que os bolcheviques revelassem suas intenções diante do Soviete. "Quero um sim ou um não", insistia Dan, como se bastasse um pedido assim para que os bolcheviques o atendessem.[5]

A conduta de Kerenski também mostrava o quanto sua visão era estreita. Durante as últimas semanas do Governo Provisório, seu comportamento assemelhou-se ao de Nicolau II: ambos recusaram-se a reconhecer que tinham sua autoridade ameaçada pelo espectro da revolução. No tsar, tamanha complacência decorria de um desespero completo e de uma resignação fatalista; mas em Kerenski era produto de um otimismo tolo. Seu prestígio nacional dos primeiros tempos da revolução subira-lhe à cabeça. Ele passara a acreditar que recebera um "chamado providencial" para guiar "o povo" à liberdade. E, assim como Nicolau confinara-se no Palácio de Inverno, Kerenski parecia muito distante da realidade, a ponto de ser impossível questionar sua missão divina. Ainda a exemplo do soberano, ele cercara-se de admiradores dedicados que não ousavam contrariá-lo e mantinha seu gabinete enfraquecido por conta de constantes rumores de exonerações. Ele não imaginava — ou simplesmente não queria fazê-lo — a exata dimensão de sua impopularidade.

Sem dúvida, ele tivera ocasião de ouvir a anedota que circulou por todo o país durante as derradeiras semanas de seu regime. "Qual a diferença entre a Rússia de hoje e a Rússia do final do ano passado?" "É que antes tínhamos Alexandra Fedorovna [a imperatriz], e agora temos Alexandre Fedorovich [Kerenski]." O isolamento do primeiro-ministro era quase absoluto. Na primavera, ele fora herói do povo; no outono, transformara-se em chacota. Não faltavam boatos a respeito de sua "corrupção moral", em mais uma coincidência com o destino dos Romanov. Falava-se sobre o quanto vivia bem no Palácio de Inverno, de seu romance com Elena Biriukova (prima de sua mulher e que também morava no paço), de suas bebedeiras frequentes e de seu vício em morfina e cocaína. Amigos e conhecidos procuravam a esposa de Kerenski com demonstrações afetuosas. "Não conseguia entender por que se mostravam tão solícitos", ela afirmaria mais tarde. "Só depois vim a saber que jornais de esquerda haviam noticiado nossa separação e a fuga de meu marido com uma atriz." Informações falsas afirmavam que Kerenski tinha sangue judeu. Na atmosfera de antissemitismo que pervagava a era revolucionária, esta era uma característica passível de danificar ainda mais sua imagem pública. Posteriormente, ele próprio registraria que — ao abandonar o Palácio de Inverno, pouco antes de os bolcheviques assumirem o controle do país — vira um grafite irônico num muro da cidade: "Abaixo o judeu Kerenski! Vida Longa a Trótski!" Também dizia-se que o primeiro-ministro gostava de se vestir de mulher. De fato, seus traços e gestos tinham muito de feminino (Gippius o chamava de "revolucionário adamado"), o que o fazia ainda mais débil aos olhos dos trabalhadores, já habituados a compará-lo com a masculinidade musculosa dos bolcheviques. Tempos depois, haveria afirmações de que Kerenski escapara do palácio trajado de babá.[6]

Sua credibilidade não fora abalada apenas junto à gente simples das ruas. Após a crise Kornilov, os Aliados do Ocidente, que sempre funcionaram como os maiores sustentáculos de seu regime, também voltaram-se contra ele. O Ministério das Relações Exteriores da Grã-Bretanha viu-se tomado por mexericos sobre a vida particular de Kerenski: este estaria prestes a fechar um acordo de paz em separado com a Alemanha e seu secretário, David Soskice, seria um espião do inimigo e, de quebra, bolchevique. Nabokov, representante do Governo Provisório em Londres, supôs que as autoridades inglesas haviam decidido retirar qualquer apoio ao primeiro-ministro russo após a rejeição às propostas de reformas apresentadas por Kornilov.[7]

Até entre a intelectualidade democrática, a mesma que o saudara como herói popular, Kerenski passou a ser desprezado. O mais antigo de seus patronos, a poeta e anfitriã Zinaida Gippius, escreveu no diário, em 24 de outubro: "Ninguém quer os bolcheviques, embora ninguém esteja propenso a lutar em favor de Kerenski." A frase resume a situação. Desde que fora afastado do posto de comandante em chefe, Brusilov advogava a criação de uma milícia civil capaz de enfrentar os bolcheviques, mas não demorou muito para descobrir o quanto era difícil reunir voluntários e o dinheiro necessário para pagar mercenários. Todos praguejavam contra os vermelhos, mas não existia quem se dispusesse a agir. A burguesia e os grupos de direita não tinham mais interesse em perpetuar o Governo Provisório e chegavam a desejar que ruísse. Ninguém pretendia defendê-lo, muito menos os monarquistas, que preferiam ver os bolcheviques tomarem o poder, acreditando que a iniciativa teria vida curta e levaria o país à beira do caos. Tendo os socialistas caído no descrédito, os conservadores imporiam sua própria ditadura.[8]

Kerenski continuava alheio às circunstâncias que o fariam mergulhar na desgraça. E perseverava em confiar nas simpatias do "povo" — afinal, ele não era refém das ruas? —, recusando-se a adotar medidas preventivas contra o fantasma vermelho. Na primeira quinzena de outubro — quando tais providências teriam, ao menos, alguma chance de sucesso —, não houve nenhuma tentativa de controle sobre o Smolny, nem esforços para prender lideranças bolcheviques ou reforçar a defesa da cidade. O primeiro-ministro parecia crer que um levante seria uma reprise do fiasco dos Dias de Julho. E chegou a torcer em favor de uma insurreição, na convicção ingênua de que assim teria oportunidade de eliminar os bolcheviques de uma vez por todas. "Eu seria capaz de rezar para que este levante acontecesse. Conto com mais forças do que as necessárias e eles serão inteiramente esmagados", afirmou Kerenski a Nabokov, em 20 de outubro.*[9]

Confiante na vitória, ele declarou guerra aos bolcheviques, anunciando que transferiria grande parte das guarnição de Petrogrado para a frente norte, de onde os alemães avançavam rumo à cidade. Como na véspera da crise de julho, ele enxergou na ameaça da investida inimiga um excelente pretexto para livrar a capital de soldados indisciplinados. E deve ter suposto que, também como acontecera em julho, o desmembramento das tropas frustraria o levante vermelho. Foi um erro de cálculo fatal, pois permitiu aos maximalistas fazer novas acusações de que havia uma "conspiração contrarrevolucionária" nos círculos do governo. A denúncia era necessária para angariarem apoio à revolta imediata. Para incrementá-la, alegaram que Kerenski tramava abandonar a capital, de modo a fechar o Congresso dos Sovietes e dar fim à ordem vigente. Tais temores tornaram-se febris quando,

* Cinco dias depois, ao fugir da capital, o primeiro-ministro deixou uma pequena fortuna em sua conta bancária: a modesta quantia de sua última retirada sugere que ele jamais imaginou ser derrubado. O extrato dos saldos e saques de Kerenski pode ser consultado em GARF, f. 1807, op. I, d. 452.

num discurso muito alardeado pela imprensa sob o título "Para o Inferno com Petrogrado!", Rodzianko, ex-presidente da Duma, urgiu o primeiro-ministro a tomar exatamente estas medidas.

Foi neste clima político carregado que o Comitê Militar Revolucionário usurpou a autoridade do Governo Provisório no âmbito da guarnição da capital e transformou-se na principal força motriz da insurreição bolchevique. Tudo aconteceu em questão de dias — e o segredo do sucesso do comitê consistiu em posicionar-se como órgão em prol do Soviete. Formado em meados de outubro, o grupo realizou sua primeira reunião no dia 20 daquele mês. A exemplo do Comitê de Combate à Contrarrevolução, nascido durante a crise Kornilov, o Comitê Militar fora concebido como um corpo *ad hoc* em defesa da ordem vigente (e, por conseguinte, de combate aos alemães e à "contrarrevolução"). Sua cúpula, reunida no terceiro andar do Instituto Smolny, compunha-se de três bolcheviques e dois SRs de esquerda; um destes dois, P. E. Lazimir, ocupava a presidência nominal. A escolha servia para simular uma estruturação semelhante à do Soviete, um fator importante porque os soldados só se mobilizariam a um chamado deste. Mas, na verdade, tal comitê não passava de uma organização bolchevique, cujos líderes de fato eram Trótski, Antonov-Ovseenko e Dybenko, o imenso marujo de barbas negras amante de Kollontai (a qual tinha idade o bastante para ser sua mãe). Nas palavras de Trótski, a presença dos SRs de esquerda na entidade reduzia-se a "camuflar" os planos de um golpe vermelho. O fato de estes permitirem-se ser usados assim deixa claro a que ponto chegava sua ingenuidade. As decisões estratégicas dos SRs norteavam-se por um espírito revolucionário amorfo e típico de estudantes, conferindo-lhes o atributo de cordeiros do lobo bolchevique. Na madrugada de 25 de outubro, quando o órgão resolveu partir para a tomada do poder, a dupla de SRs sequer estava presente.

A perspectiva de transferência para o *front* repercutiu como uma bomba na guarnição de Petrogrado, que logo se amotinou. Grande quantidade de homens recusou-se a obedecer às ordens do Estado-Maior e passou a acatar as determinações do Comitê Militar Revolucionário, o qual enviou comissários para substituir os comandantes de unidades. Em assembleias, os soldados demonstraram estar prontos a enfrentar o Governo Provisório, caso o Soviete da cidade assim solicitasse. Mesmo os regimentos cossacos, antes leais, aderiram à rebelião ou, no máximo, optaram pela neutralidade. Em 21 de outubro, o comitê arrogou-se autoridade absoluta sobre a tropa: foi o primeiro passo da sublevação. O Estado-Maior ainda fez um esforço desesperado para resguardar parte de sua influência, selando um acordo com a comissão. Tarde demais. Os comissários desta já dispunham do controle efetivo sobre a caserna. Em 23 de outubro, os tentáculos do comitê alcançaram a Fortaleza de Pedro e Paulo, cujo canhão mirava o Palácio de Inverno. Dois dias antes do início do levante armado, o regime perdera ingerência militar sobre

Petrogrado. Eis o fato essencial da insurreição: sem considerar este pormenor, é impossível explicar a facilidade com que os bolcheviques obtiveram sucesso. Em 25 de outubro, a tarefa mais importante de qualquer revolução exitosa — a adesão dos quartéis da capital — estava concluída. O Governo Provisório fora acuado e aos bolcheviques só restava cruzar os portões do Palácio de Inverno e prender os ministros.

O aspecto mais notável do levante maximalista reside no fato de que, horas antes do início de tudo, praticamente nenhum líder bolchevique desejava a insurreição. Na noite do dia 24, a maioria do Comitê Central e do Comitê Militar Revolucionário ainda pensava em esperar a abertura do Congresso dos Sovietes — previsto para menos de 24 horas depois — para só então derrubar o gabinete. Trótski — que, na ausência de Lênin, assumira a liderança do partido — enfatizara repetidas vezes a necessidade de disciplina e paciência. Na manhã de 24 de outubro, Kerenski ordenara o fechamento de dois jornais bolcheviques e Trótski não pretendia reagir à "provocação". Em consequência, o Comitê Militar Revolucionário deveria entrar em alerta e as instalações estratégicas estar ocupadas, como precaução diante de eventuais e novas ameaças "da reação". À tarde, num encontro de delegados bolcheviques, o presidente interino do partido insistira "ser um erro usar um só dos carros blindados, ora resguardando o Palácio de Inverno, para prender o governo... Isto é defesa, camaradas! Isto é defesa". Ainda naquela mesma data, ele declararia ao Soviete de Petrogrado que os planos excluíam "um conflito armado para hoje ou amanhã, quando o Congresso dos Sovietes é iminente".[10]

Havia razões óbvias para não precipitar os acontecimentos. Os bolcheviques precisavam da sanção do Congresso dos Sovietes para legitimar a tomada do poder. Sem isto, não contariam com o apoio de soldados e trabalhadores e poderiam se ver obrigados a lutar contra eles. No dia 25, com a chegada dos delegados à sessão de abertura do evento, bastava analisar a composição destes representantes para saber o quão era provável obter maioria em favor do poder do Soviete. Quanto ao Governo Provisório, este parecia cada vez mais provisório e, sem dúvida, tombaria ao menor peteleco. Na noite de 24 de outubro, o Pré-parlamento aprovara uma moção declarando desconfiar do gabinete. Até mesmo Dan e Gots, antes uns dos mais obstinados defensores da coalizão, abandonaram Kerenski e passaram a clamar pela criação de um governo democrático, comprometido com a paz e com reformas radicais. Ambos tencionavam dar ao documento ares de proclamação histórica e cogitaram de colar cópias do texto pelos muros da cidade, ainda naquela noite. Deste modo, pensavam apaziguar os candidatos a insurgentes e reforçar a campanha em favor de solução pacífica para a disputa pelo poder, cuja alternativa consistia numa aliança socialista. Talvez já houvesse se passado tempo demais para tanto: era como tentar calar as armas bolcheviques com decretos de celulose. No entanto, mesmo nestes momentos derradeiros, ainda existia a possibilidade de se esperar um acordo. Na véspera da abertura do Congresso, Kamenev continuava a correr contra o relógio, na tentativa de reunir apoio a uma resolução capaz de instar o Congresso a formar um governo socialista constituído por todos os partidos com cadeira no Soviete; e SRs e mencheviques, cujos delegados ao Congresso haviam confabulado até a madrugada, finalmente estavam dispostos a endossar a proposta de conciliação.

Neste ínterim, porém, a insurreição bolchevique já ganhara ímpeto. A despeito do chamado de Trótski à disciplina, era difícil evitar que as medidas defensivas a cargo do Comitê Militar Revolucionário se transformassem em ações ofensivas. Ao cair das sombras, multidões armadas de trabalhadores e soldados bolcheviques afluíram ao centro da cidade. Guardas Vermelhos instalaram-se nas pontes, onde, até então, existiam bloqueios destinados a controlar o acesso dos moradores da periferia ao coração da capital. Em outros locais, houve interdição de estradas. As ruas passaram a ser patrulhadas por veículos blindados e, surpreendidas pelas novidades, muitas pessoas que saíam das sessões de teatro tiveram que voltar para casa às carreiras. No início da manhã, as forças maximalistas já controlavam as gares, os correios e telégrafos, o banco estatal, a central telefônica e a estação de energia elétrica. Os Guardas Vermelhos também reinavam nos distritos policiais da cidade e puseram-se a arrogar o papel de policiais. Em suma, os revoltosos haviam posto as mãos em toda Petrogrado, exceto na zona central em torno do Palácio de Inverno e da Praça São Isaac. Recolhidos ao paço, os ministros de Kerenski não sabiam nem mesmo até quando poderiam contar com os telefones e com o fornecimento de luz. Um dos engenheiros bolcheviques encarregados da ocupação da Estação Nikolaevsky recordou ter feito plantão ao lado da estátua equestre de Alexandre III:

> Era uma noite gélida. Podia-se sentir o vento do norte atravessando os ossos. Nas ruas vizinhas à Estação Nicolaevsky, vagavam grupos de engenheiros que, trêmulos de frio, perscrutavam as trevas. O luar propiciava uma paisagem fantástica. A silhueta das casas assemelhava-se a castelos medievais e sombras gigantescas nos acompanhavam. Diante de tal cenário, o imperador parecia bridar o cavalo, horrorizado.[11]

Os primeiros sucessos só contribuíram para fortalecer a ânsia de Lênin pela tomada imediata do poder. Os líderes maximalistas não queriam repetir os Dias de Julho, quando, ao hesitarem em apoiar a iniciativa das ruas, selaram o fiasco da empreitada. À medida que se propagavam as notícias sobre as conquistas bolcheviques, crescia a pressão em favor do início do levante. A intervenção de Lênin foi decisiva. Refestelado no apartamento de Fofanova, ele mostrava-se cada vez mais frustrado com o desenrolar dos acontecimentos do dia. Às 18 horas, rascunhou um apelo veemente, endereçado às organizações partidárias da capital, urgindo-

-as a deslanchar a sublevação sem mais delongas. Coube a seu anfitrião entregar o bilhete no Instituto Smolny. Na tarde do dia seguinte, teriam início os trabalhos do Congresso dos Sovietes; e, a menos que os bolcheviques já estivessem prontos para assumir as rédeas do país, toda a estratégia política de Lênin iria por água abaixo. Às 22 horas, Lênin não conseguiu se conter. Colocou a peruca e um boné de operário, atou uma bandagem na cabeça e partiu para o Smolny, escoltado pelo camarada finlandês Eino Rakhia. Cruzando o distrito de Vyborg num bonde vazio, ele atormentou a pobre maquinista, querendo saber o que havia de novo pela cidade; e, ao descobrir que sua interlocutora era de esquerda, bombardeou-a com conselhos sobre ação revolucionária. A partir da Estação Finlândia, os dois homens fizeram o restante do trajeto a pé. Perto do Palácio Tauride, uma patrulha os abordou. Segundo Rakhia, ambos foram liberados porque Lênin, muito malvestido, dava a impressão de um bêbado inofensivo.[12] Pode-se imaginar como a história teria sido diferente se Lênin acabasse a noite preso.

Pouco depois da meia-noite, a dupla chegou ao instituto. Com todas as luzes acesas, o prédio resplandecia como um navio no mar escuro. Caminhões e carros blindados movimentavam-se, carregando armas e tropas bolcheviques. Na rua, junto aos portões, havia metralhadoras e uma fogueira, ao redor da qual Guardas Vermelhos aqueciam-se enquanto conferiam as credenciais de todos os que pretendiam acesso ao quartel-general da insurreição. Lênin esquecera seu passe e, disfarçado, não foi reconhecido pelos vigias. Para ter acesso ao prédio, precisou se esgueirar na multidão que se acotovelava na entrada. De pronto, seguiu para a sala 36, onde se reunia a cúpula do partido, e discursou sobre a necessidade de se tomar o poder, logo. Às pressas, convocou-se uma reunião do Comitê Central e, embora não haja registro escrito do teor das discussões, testemunhos de pessoas presentes ao episódio são unânimes em afirmar que Lênin obteve grande sucesso em alterar o estado de espírito do grupo, antes defensivo, agora agressivo. Finalmente, o Comitê Central deu sinal verde para o começo do levante. Alguém apareceu com um mapa da cidade e os líderes bolcheviques estudaram-no, traçando as linhas mestras do ataque e distribuindo tarefas militares.

Durante uma pausa, Lênin sugeriu a elaboração de uma lista de possíveis governantes bolcheviques a ser entregue, no dia seguinte, ao Congresso dos Sovietes. "Como intitular-se-iam o novo regime e seus membros?", perguntaram alguns. A expressão Governo Provisório soava anacrônica, e "ministros" parecia burocrático e respeitável demais. Os bolcheviques gostavam de se ver como uma organização aguerrida: usavam jaquetas de couro negras e botas militares, tudo muito masculino, enquanto a maioria dos integrantes de outros partidos vestiam ternos. Foi Trótski quem propôs a expressão "comissários do povo", numa alusão aos jacobinos. Todos endossaram a ideia. "Sim, muito bom, isto cheira a revolução. E podemos chamar o governo de 'Conselho de Comissários do Povo'", disse Lênin. Ato contínuo, foram escolhidos nomes para cada uma das pastas do gabinete. Estando Kerenski ainda oficialmente à testa do ministério, o rol bolchevique constituía um exercício prematuro, e foi elaborado de forma despretensiosa. Lênin esparramou-se no chão, relaxado e triunfante, contando várias piadas sobre o primeiro-ministro, o qual havia dito que o partido não teria condições de governar o país por mais de duas semanas. "Não se incomode", debochou Lênin, "quando, em dois anos, ainda estivermos no poder, então você estará dizendo que não sobreviveremos a outros 24 meses."[13]

Poucos eventos históricos foram tão profundamente distorcidos pelo mito quanto os registrados em 25 de outubro de 1917. A imagem popular da insurreição bolchevique como uma luta encarniçada travada por dezenas de milhares e resultando numa profusão de heróis tombados é muito mais consequência de *Outubro* — o filme de Eisenstein, brilhante mas bastante ficcional, produzido para comemorar o décimo aniversário do levante — do que uma passagem real. A Grande Revolução Socialista de Outubro, rótulo pomposo criado pela mitologia soviética, não passou de um acontecimento em pequena escala, nada mais que um golpe militar, despercebido pela maior parte dos habitantes de Petrogrado. Teatros, restaurantes e bondes funcionaram normalmente enquanto os bolcheviques galgavam o poder. Toda a sublevação poderia ter sido encerrada em seis horas, não fosse a risível incompetência dos próprios revoltosos, que precisaram de mais 15 horas para concluir a ação. A lendária "conquista" do Palácio de Inverno, onde o gabinete de Kerenski realizava sua última reunião, teve ares de prisão domiciliar rotineira pois, antes mesmo do início do assalto, a maioria das forças encarregadas da defesa do local já voltara para casa, faminta e abatida. Ao longo de toda a ocorrência, o único perigo concreto à residência imperial proveio de uma cornija rachada e de uma vidraça estilhaçada do terceiro andar.

O plano bolchevique primava pela simplicidade: os soldados da guarnição da capital, os Guardas Vermelhos e os marinheiros de Kronstadt capturariam o Palácio Marinsky e dispersariam o Pré-parlamento; exigiriam a rendição do Governo Provisório e, em caso de recusa, controlariam o Palácio de Inverno ao primeiro sinal vindo da Fortaleza de Pedro e Paulo e do cruzador *Aurora*. O Comitê Militar Revolucionário esperava encerrar as operações por volta de meio-dia — a tempo de, ao falar aos delegados do Congresso, Lênin referir-se à tomada do poder como fato consumado. Às 10 horas, antecipando uma vitória célere, o líder bolchevique já dava os toques finais em seu manifesto, "Aos Cidadãos da Rússia!", anunciando a derrubada do Governo Provisório e a transferência do poder ao comitê.[14]

A primeira parte do plano foi executada com perfeição: pouco antes de meio-dia, um grupo de soldados e marinheiros vermelhos irrompeu no Palácio Marinsky e desbaratou os deputados. No entanto, depois que alguns entraves técnicos elementares forçaram o Comitê Militar Revolucionário a adiar as manobras previstas para o Palácio de Inverno — primeiro para as 15 horas, em seguida para as 18 horas —, todos os prazos deixaram de importar. A procrastinação significativa deveu-se ao atraso na chegada dos marujos do Báltico, dos quais o plano não podia prescindir. Em seguida houve outro imprevisto, ainda mais frustrante. O ataque ao Palácio de Inverno devia começar com o canhoneio promovido pela Fortaleza de Pedro e Paulo. Todavia, na hora descobriu-se que as peças de artilharia eram relíquias dignas de museu, inúteis em qualquer procedimento militar, e os soldados tiveram que desencavar armas do mesmo tipo guardadas em outros pontos da cidade. Novos problemas. Os projéteis destinados às velharias da fortaleza não se encaixavam nas bocas de fogo conseguidas de chofre. Ainda mais surreal foi o pânico criado pela tarefa aparentemente trivial de içar uma lanterna vermelha até o mastro da bandeira da construção. A luz colorida sinalizaria o momento exato do ataque ao Palácio de Inverno, mas, chegada a hora, ninguém havia localizado um objeto capaz de emitir claridade. Blagonravov, comissário bolchevique encarregado do local, saiu em busca de uma lamparina, mas perdeu-se no escuro e atolou-se num lamaçal. Quando voltou, trouxe uma lanterna impossível de ser presa à haste. O lampejo que nem era vermelho jamais foi visto por quem tomou parte da investida ao palácio.[15]

A Lênin, tantos atrasos pareciam irritantes. Para ele, era vital que a tomada do poder estivesse concluída antes da abertura do Congresso dos Sovietes. Embora este também tivesse sido adiado, o tempo estava escoando. Por volta de 15 horas, ele havia informado a uma sessão lotada do Soviete de Petrogrado que o Governo Provisório já fora derrubado. Evidentemente, tratara-se de uma mentira — os ministros ainda estavam protegidos no interior da residência oficial de Kerenski —, mas isto reduzia-se a um detalhe insignificante. Ao longo das próximas horas, a tomada do poder teria tanta importância para a estratégia política leninista que ele estava disposto, inclusive, a inventá-lo, caso fosse preciso. Quando a tarde fez-se noite, Lênin gritou para os comandantes do Comitê Militar Revolucionário que tomassem o Palácio de Inverno, imediatamente. Podvoisky relembrou tê-lo visto dando voltas, numa pequena sala do Smolny, "como um leão enjaulado: Ele carecia do Palácio de Inverno a qualquer preço... e estava pronto a nos fuzilar".[16]

Na verdade, as forças bolcheviques ora reunidas no centro da cidade poderiam ter rumado tranquilamente para o objetivo bélico ansiado por Lênin, pois ali a defesa era quase inexistente. Com o motim da guarnição da capital, Kerenski tentara convocar tropas leais ocupadas na frente norte. A ordem fora despachada na noite do dia 24, coroada por assinaturas falsas de lideranças do Soviete, pois o primeiro-ministro temia que, de tão fraca, a autoridade do Governo Provisório acabasse desrespeitada pelos militares. Na manhã seguinte, ainda não se via sinal dos homens e ele decidiu ir buscá-los. Mas as ferrovias estavam em mãos vermelhas e Kerenski teria que seguir por rodovia. Tamanho era o desamparo do Governo Provisório que ele sequer arranjou um táxi. O veículo com que chegaria à linha de batalha — um Renault, até então estacionado em frente à embaixada dos Estados Unidos, os quais mais tarde emitiriam protestos diplomáticos — lhe foi providenciado por oficiais de sua confiança. Um outro carro, encontrado no Ministério da Guerra, tinha o tanque vazio, obrigando um punhado de homens a tomar "emprestado" do hospital inglês um pouco de combustível. Por volta das 11 horas, os dois automóveis arrancaram à toda do Palácio de Inverno, deixando a cidade. Kerenski viajou no Renault de propriedade norte-americana, a bandeira de estrelas e faixas tremulando ao vento, a qual, sem dúvida, ajudou o comboio a cruzar os piquetes que o Comitê Militar Revolucionário já organizava ao redor da praça do palácio.[17]

A partida do primeiro-ministro só serviu para apavorar ainda mais seus colegas de gabinete (por um momento, eles nem sabiam onde o chefe estava). Ao meio-dia, todos reuniram-se no Salão Malaquita e puseram-se a deliberar sobre a defesa do paço. Tarefa inglória. Totalmente inexperientes em operações militares, consumiram boa parte das quatro horas seguintes numa discussão vã e absurda sobre os possíveis candidatos ao posto de "ditador" (ditador do quê?), antes de escolherem o ministro do Bem-Estar Social, o médico e Kadet Nikolai Kishkin. O engenheiro Palchinsky, agora incumbido de preservar o palácio, não conseguiu nem mesmo uma planta do local ou um topógrafo. Assim, uma das portas laterais continuou desprotegida e, por ela, espiões bolcheviques entravam e saíam à vontade. Já existiam forças leais no interior do prédio. Do lado de fora, outro punhado passara a tarde erguendo barricadas com toras de madeira. Ao mudar-se para a antiga residência do tsar, Kerenski mantivera um pequeno número de tropas no andar térreo, às quais, dadas as circunstâncias, juntaram-se duas companhias de cossacos, alguns aspirantes a oficial das escolas militares e 200 mulheres do Batalhão da Morte. Total: 3 mil pessoas. John Reed, um dos vários jornalistas estrangeiros a, naquela tarde, driblar a guarda deste contingente, descreveu a cena:

> No fim do corredor, havia uma sala grande, decorada com cornijas douradas e enormes lustres de cristal... Em ambos os lados do assoalho, fardos de colchões e cobertores, sobre os quais um ou outro soldado escarrapachava-se; em toda parte, guimbas de cigarro, pedaços de pão, trapos e garrafas vazias com belos rótulos franceses. Mais e mais soldados... circulavam numa atmosfera pestilenta de fumaça de tabaco e corpos suados. Um homem carregava uma garrafa de Burgundy, evidentemente furtada da adega do palácio... O lugar era um imenso quartel.[18]

O espírito de luta das tropas responsáveis pela salvaguarda do local era extremamente frouxo e, quanto maior a espera pelo ataque bolchevique, mais assustadas se tornavam. Não raro, a propaganda do inimigo lhes fazia lembrar a desvantagem numérica, o que só ajudava a debilitá-los. Alexander Sinegub, um dos oficiais de plantão, recordou ter visto os soldados fumando, embebedando-se e amaldiçoando a terrível situação em que tinham sido envolvidos. Mesmo assim, os ministros não desistiam de discursar em prol dos benefícios que a disciplina traria a seus guardiões. Os cossacos mostravam-se particularmente descontentes com a ideia de precisarem lutar ao lado de "mulheres armadas". Na verdade, as dependências do palácio não abrigavam munição e o estoque de alimentos não daria para o jantar de todos os soldados. À noite, com fome, um magote de praças famintos rendeu-se ao desânimo e abandonou o palácio: o chamado do estômago fora mais forte do que o do dever. Ao fim, apenas 300 guerreiros guardavam a área. Os demais haviam escapulido para os restaurantes da cidade.[19]

Ao longo deste período de expectativa diante do inevitável, os ministros encaminharam ao povo uma série de apelos frívolos, sempre considerando poder angariar algum socorro. Embora todas as linhas telefônicas do palácio estivessem cortadas, eles ainda contavam com uma, secreta, que servia ao telégrafo militar, instalado no sótão do prédio do Ministério da Guerra. De lá, sem o conhecimento dos bolcheviques, que já haviam ocupado o restante da construção, um jovem oficial mandou mensagens do governo a diversas partes do país (mais tarde, ao ser informado de que o regime caíra, ele vestiu o casaco, colocou o chapéu e, sem se apressar, foi embora do paço). John Reed, que teve a oportunidade de ver a mesa de feltro verde do gabinete logo após a prisão dos ministros, constatou dezenas de rascunhos, a maioria recheada de futilidades. Ao que parece, ninguém estava disposto a sair em defesa do Governo Provisório. A única tentativa neste sentido, empreendida pelos deputados da Duma municipal de Petrogrado, assemelhava-se a uma peça de teatro do absurdo com final farsesco. Respondendo aos clamores dos ministros, os representantes da Duma da capital declararam-se prontos a "postar-se em frente ao canhão bolchevique", marchando em colunas de quatro, rumo ao Palácio de Inverno. Nos lábios, a Marselhesa. A figura de barbas brancas de Schreider, prefeito da cidade, liderava este arremedo de exército da salvação, ladeada por Prokopovich, ministro do Abastecimento, este carregando um guarda-chuva — para não se expor aos pingos que começavam a cair — e uma lanterna para enfrentar as sombras. De fraque, túnicas de oficiais e trajes de gala, cada um dos 300 deputados transportava, solene, um pacote de pão e salame destinados aos famintos defensores do Palácio de Inverno. O grupo era um símbolo volante da velha Rússia, digna mas arruinada, prestes a desaparecer. A comitiva ainda não se afastara um quarteirão da Duma quando, perto da Praça Kazan, foi interceptada por uma patrulha de marujos bolcheviques. Schreider abriu a blusa, exibindo o peito às armas e declarando-se pronto a morrer, caso a passagem do séquito continuasse interditada. Mas os marinheiros, ao verem o aspecto cômico de um protesto fadado ao fracasso, mandaram que todos voltassem para casa, se não quisessem ganhar umas "palmadas". Então, Prokopovich subiu num caixote e, brandindo o guarda-chuva, discursou: "Camaradas e cidadãos! Estão usando a força contra nós! Não deixemos nosso sangue inocente nas mãos de homens ignorantes! Nossa respeitabilidade não permite que nos deixemos fuzilar em via pública... Retornemos à Duma e discutamos os melhores caminhos para salvar o país e a revolução!" Afrontados, os deputados deram meia-volta e refizeram o trajeto pela Nevsky, sem esquecer de manter o silêncio decoroso da derrota.[20]

Entrementes, às 18h50, o Comitê Militar Revolucionário entregou um ultimato ao Palácio de Inverno, exigindo a rendição do Governo Provisório. À mesa para uma ceia à base de sopa de beterraba, peixe cozido no vapor e alcachofras, os ministros sentiram-se na afetada obrigação de demonstrar bravura e resistir o máximo possível. Ainda assim, alguns pareciam inquietos diante da possibilidade de o palácio vir abaixo no caso, segundo a ameaça que fora feita, o cruzador *Aurora*, ancorado no Dique Inglês,* abrisse fogo. Todos ponderaram que os bolcheviques seriam alvo de duras críticas se os expulsassem do paço pela violência. E recusaram o ultimato. Durante um longo período, nada de novo aconteceu. Afinal, os bolcheviques estavam envolvidos na caçada aos canhões e lanternas vermelhas, para a Fortaleza de Pedro e Paulo; mas às 21h40, dado o sinal, o *Aurora* disparou um tiro de festim. O som, muito mais alto do que o de um disparo de verdade, aterrorizou os ministros, que se jogaram no chão. As mulheres do Batalhão da Morte se desesperaram e precisaram ser levadas para uma sala, nos fundos do palácio. A maioria dos jovens candidatos ao oficialato que ainda se mantinham a postos sumiu, simplesmente, pelas dependências do paço. Após uma breve pausa, premeditada para permitir a saída dos que desejassem abandonar a antiga residência do tsar, Blagonravov ordenou tiros reais. O ataque partiu de três pontos: Fortaleza de Pedro e Paulo, *Aurora* e Praça do Palácio de Inverno. Grande parte das balas caíram no Neva, sem causar nenhum dano. O embaixador britânico, George Buchanan, que inspecionou o palácio no dia seguinte, encontrou somente três marcas de tiro na margem do rio vizinha ao prédio, embora "para os lados da cidade, os muros estivessem crivados por milhares de projéteis de metralhadoras".[21]

Às 22h40, ao som do bombardeio, o Congresso dos Sovietes começou. O grande salão do Smolny estava lotado: os delegados aglomeravam-se nos corredores e penduravam-se nos peitoris das janelas. O ar parecia denso, tamanha a quantidade de cigarros e charutos acesos simultaneamente, apesar dos repetidos pedidos feitos

---

* No "local histórico" onde o *Aurora* lançou âncora, perto da Ponte Nikolaevsky, havia uma pequena e simpática capela. Muitos anos depois, os soviéticos consideraram a inconveniência de ter o ponto de partida da Grande Revolução Socialista de Outubro associado a um símbolo cristão, e transformaram o sítio num lavatório público.

pela tribuna para que "os camaradas" não fumassem. A maioria dos delegados era formada por trabalhadores e soldados, quase sempre de túnicas e sobretudos; a aparência suja e descuidada destes contrastava, e muito, com os ternos asseados dos mencheviques e SRs (velhos membros da Executiva). Sukhanov observou que os "traços sombrios das províncias bolcheviques" tinham superioridade numérica no Congresso. O aspecto "taciturno", "moroso" e "primitivo" dos maximalistas chocou Sukhanov, que atribuía tais características ao fato de serem "pessoas rudes e ignaras, cuja devoção à revolução constituía-se de desespero e rancor, enquanto seu "socialismo" consistia em fome e ânsia intolerável por refrigério". Com certeza, tratava-se de uma análise menchevique, mas, mesmo desconsiderando os juízos de valor, não resta dúvida quanto ao fato de a massa de delegados ser menos instruída que os operários especializados urbanos e alfabetizados até então predominantes no Soviete.

Ao contrário do que imaginara Sukhanov, os bolcheviques ainda não contavam com maioria absoluta, embora o apoio de SRs de esquerda pudesse, virtualmente, lhes garantir a aprovação de qualquer moção. Apesar da dificuldade em precisar números, o Comitê de Credenciais registrou a presença de 670 delegados, dos quais 300 bolcheviques, 193 SRs (mais da metade de esquerda) e 82 mencheviques (sendo 14 Internacionalistas). Graças à frouxidão da seleção de representantes, e por serem uma organização partidária mais bem organizada, os maximalistas haviam conseguido aumentar a cota de cadeiras a que teriam direito. Os sovietes das áreas industriais ao norte, onde a influência vermelha preponderava em cidades e aldeias semidesenvolvidas, enviaram mais delegados do que deveriam. Em contrapartida, os sovietes do Volga e das áreas agrícolas ao sul, onde os mencheviques tinham maior influência, compareceram com menos representantes do que o esperado. Em alguns casos, os sovietes sulistas boicotaram o Congresso e sequer tiveram emissários. Houve desequilíbrio similar no tocante aos congressistas das forças armadas, com as regiões bolchevizadas do norte representadas por quantidade muito maior de delegados, em detrimento das áreas do outro extremo do país, menos afeitas à doutrina do partido de Lênin. Mais de 10% dos delegados eram letonianos, de longe os soldados que demonstravam maior fidelidade aos bolcheviques.[22]

Segundo a composição de forças, no Congresso, os antigos líderes do Soviete cederam lugar na tribuna, sendo substituídos por 14 bolcheviques e sete SRs de esquerda; para os mencheviques, restaram apenas quatro cadeiras de honra.

O voto dos delegados mostrou-se francamente a favor de um governo do Soviete. Cabia ao Congresso decidir como o novo regime formar-se-ia. Martov propôs a composição de um governo democrático pluripartidário, baseado em todas as agremiações políticas com assento no Soviete. A seu ver, seria o único modo de evitar uma guerra civil. A sugestão recebeu torrentes de aplausos. Até Lunacharsky foi forçado a reconhecer que os bolcheviques nada tinham a opor à ideia — afinal, não podiam abandonar o slogan do todo poder do Soviete. A proposta teve aprovação imediata, por unanimidade. Mas justamente quando parecia que uma aliança socialista iria se estabelecer, vários mencheviques e SRs denunciaram, com veemência, o violento ataque sofrido pelo Governo Provisório. E declararam que ambos os partidos, ou pelo menos as frações de direita deles, não coadunariam com uma "aventura criminosa", a qual tendia a lançar a Rússia num mar de sangue. Dito isto, o grupo abandonou o salão, em protesto, sob injúrias dos delegados bolcheviques, que batiam com os pés no chão, assobiavam e os xingavam.[23]

A provocação planejada por Lênin — tomar o poder antes do Congresso — funcionara. Ao deixar o recinto, mencheviques e SRs destruíram qualquer esperança de acordo envolvendo todos os partidos do Soviete. O caminho estava aberto para uma ditadura bolchevique, como Lênin sempre tencionara. Na atmosfera ideológica carregada da época, é fácil entender o motivo de mencheviques e SRs terem agido de tal maneira. Tão fácil quanto compreender também que, com isto, cumpriram à risca o papel que Lênin lhes atribuíra, cometendo suicídio político. Em 1921, Sukhanov admitiu:

> Desatamos completamente as mãos dos bolcheviques, fazendo-os senhores da situação e lhes entregando a arena da revolução. Tínhamos chance de êxito se lutássemos no Congresso por uma frente democrática... Porém, ao nos retirarmos, demos aos bolcheviques o monopólio do Soviete, das massas e da revolução. Por conta de nossa decisão irracional, garantimos a vitória de toda a "linha" leninista.[24]

O efeito imediato da retirada foi o racha das forças de oposição, isolando Martov e os demais esquerdistas favoráveis à coalizão. Martov fez um apelo desesperado em nome do governo democrático, mas o ânimo do salão mudara. No entender da massa de delegados, ao desdenhar o Congresso, mencheviques e SRs tinham-se mostrado "contrarrevolucionários". Os que haviam ficado no salão do Smolny pretendiam obedecer à liderança bolchevique em vez de tentar compor com os desgarrados. Trótski tomou a iniciativa e, num dos discursos mais célebres de todo o século XX, colocou-se contra a aliança tão cara a Martov:

> As massas populares seguiram nosso estandarte e nossa insurreição é vitoriosa. E agora nos dizem: Renunciem à vitória, façam concessões, cedam. A quem? Eu pergunto: A estes grupos deploráveis que nos abandonaram, ou a quem apresenta tal proposta... Ninguém, na Rússia, continua ao lado deles. Um acordo só pode ser firmado entre partes iguais... Mas aqui não há acordo possível. Para os que nos deixaram e para aquele que nos aconselha a transigir, respondemos: Vocês são corruptos miseráveis, sua função acabou; vão para onde devem ir — para a lata de lixo da história!

Num rasgo de fúria, pelo qual deve ter sofrido o restante da vida, Martov gritou: "Então partiremos!" Em silêncio, caminhou até a saída, sem olhar para trás. No meio do trajeto, foi abordado por um bolchevique de camisa preta presa à cintura por um cinto de couro, que bradou: "E pensávamos que pelo menos Martov continuaria conosco!" Abalado por tais palavras, o velho camarada de Lênin replicou: "Um dia você compreenderá o crime do qual está sendo cúmplice." E saiu, rumo à solidão política.[25]

Já passava de duas horas da madrugada e só restava a Trótski — claramente assumindo o papel que caberia a Lênin — propor uma resolução condenando as tentativas "traiçoeiras" de mencheviques e SRs interessados em minar o poder do Soviete. Na verdade, o documento funcionaria como chancela à ditadura bolchevique. Os delegados, provavelmente broncos demais para atinar com a importância política do momento, levantaram os braços, concordando (afinal, eles não eram a favor do poder do Soviete?). Esperar-se-ia que as lideranças SRs de esquerda estivessem mais conscientes da situação, mas estas não agiram diferente: ergueram as mãos, sem vacilar. "Nosso posto é ao lado da revolução", explicaria, mais tarde, uma destas lideranças, Boris Kamkov. Ainda segundo Kamkov, alinhando-se com a aventura bolchevique, os mencheviques imaginavam ser possível controlá-la.[26]

Enquanto isto, o assalto final ao Palácio de Inverno estava quase concluído. As forças leais haviam praticamente abandonado a defesa do local e as tropas bolcheviques puderam entrar à vontade. Recostados em sofás ou aninhados em cadeiras, já à espera do fim, os ministros ouviam a correria dos soldados, gritos e tiros, vindos do andar de baixo. Pouco depois das 2 da manhã, os sons ganharam mais volume: os maximalistas subiam as escadas e aproximavam-se da sala. Chegara o momento da rendição. Quando a porta abriu-se e permitiu a visão da figura pequena e simples de Antonov-Ovseenko, os homens do gabinete puseram-se de pé e — por alguma estranha razão — procuraram seus sobretudos. "Vocês estão presos", anunciou o líder bolchevique. Em seguida, fez-se uma chamada dos presentes. A ausência de Kerenski enfureceu os vermelhos. Um deles não se conteve: "Vamos furar todos estes filhos da puta com a baioneta!" Porém, apesar do incidente, prevaleceu a disciplina. A pé (não havia carros disponíveis), os ministros foram conduzidos à Fortaleza de Pedro e Paulo, onde durante semanas permaneceram trancados em condições lastimáveis. No caminho, a escolta de bolcheviques precisou defendê-los de várias tentativas de linchamento. A despeito de tudo, deve ter sido com algum alívio que os antigos membros do Governo Provisório atingiram a segurança da cadeia. Talvez, no íntimo, parte deles também estivesse satisfeita em se desobrigar do fardo quase impossível de tentar governar a Rússia. Tão logo os guardas cerraram a entrada da masmorra, o ex-ministro do Interior, Alexei Nikitin, encontrou no bolso um telegrama encaminhado pelo Rada ucraniano. "Recebi isto ontem, agora é problema seu", disse a Antonov-Ovseenko, entregando-lhe o pedaço de papel amassado.[27]

Ironicamente, coube a Kamenev anunciar a prisão do antigo gabinete ao Congresso dos Sovietes. Os bolcheviques davam vivas à leitura do nome de cada um dos detidos. Porém, um camponês robusto, o rosto crispado de raiva, levantou-se em nome dos SRs para contestar o encarceramento dos ministros socialistas. "Vocês sabiam que quatro camaradas, após arriscarem suas vidas lutando contra a tirania do tsar, foram jogados na Fortaleza de Pedro e Paulo — o túmulo histórico da Liberdade?" Criou-se um pandemônio, em meio ao qual Trótski, gesticulando por silêncio, respondeu acusando o quarteto de falsos "camaradas" e alegando não haver motivo para "tratá-los com luvas" pois, passados os Dias de Julho, os quatro "não haviam sido muito cerimoniosos" com o povo. Kamenev aproveitou o ensejo para anunciar que o Batalhão Ciclista aderira à revolução. Seguiram-se relatos de tropas vitais da frente norte que haviam cerrado fileiras com os bolcheviques. Lunacharsky recitou o manifesto de Lênin, "A Todos os Trabalhadores, Soldados e Camponeses", no qual o "poder do Soviete" era proclamado, com promessas de terra, pão e paz. Embora constantemente interrompida por exclamações e aplausos estrondosos dos delegados, a declamação deste texto histórico teve um papel simbólico enorme, garantindo a quimera de que o levante significara o apogeu de uma revolução feita pelas "massas". Após a aprovação do documento, pouco depois das 5 horas da manhã do dia 26, os delegados exaustos, mas em êxtase, esvaziaram o recinto. "A madrugada ainda estava cerrada e fria", escreveu John Reed. "Havia apenas uma palidez minúscula e algo sobrenatural pairando nas ruas mudas e turvando as fogueiras, a sombra de uma aurora terrível surgindo sobre a Rússia."[28]

Quantas pessoas participaram da insurreição? Os historiadores sempre divergiram a respeito. Os de esquerda preferiram descrever a Revolução de Outubro como uma iniciativa popular, nascida das camadas mais pobres da população. Os de direita optaram por representá-la como um golpe de Estado sem qualquer respaldo das ruas. Na raiz da questão, a natureza — e, portanto, a "legitimidade" — do sistema soviético. E, justamente por isto, esta é uma das contendas fundamentais do século XX.

O número de atores do levante não foi muito grande — embora deva-se ter em mente que, dada a ausência quase total, em Petrogrado, de forças militares dispostas a defender o Governo Provisório, o movimento podia prescindir de grande número de participantes. O próprio Trótski afirmou que, "no máximo" 25 mil a 35 mil pessoas (cerca de 5% de todos os trabalhadores e soldados da capital) estiveram envolvidas na ação direta. A estimativa confere com o total de Guardas Vermelhos, marinheiros e regimentos mobilizados na ocasião. A maioria desempenhou papéis limitados, guardando fábricas e prédios estratégicos, montando piquetes e colocando-se "de prontidão". Na noite do dia 25, algo em torno de 10 mil a 15 mil homens circularam pela Praça do Palácio de Inverno, apesar de nem todos terem "invadido" a antiga residência do tsar. Mais tarde, por vaidade, muitos garantiriam ter cruzado os portões do paço.* Evidente que, uma vez em mãos bolcheviques, o local reuniu multidões imensas, atraídas, não raro (e conforme veremos), pelos estoques de vinho.[29]

As poucas fotografias dos Dias de Outubro disponíveis hoje mostram o quão era diminuta a força insurgente, em geral um punhado de Guardas Vermelhos e marinheiros atravessando áreas semidesertas. Não existem imagens similares àquelas que se convencionou associar a revoluções populares — massas nas ruas, barricadas e troca de tiros. Toda a sublevação desenrolou-se como um golpe de Estado, com "uma série de pequenas operações, estudadas e planejadas com antecedência", nas palavras de Trótski. A única parte da cidade seriamente tumultuada naquele 25 de outubro foi a cercania do Palácio de Inverno. No restante de Petrogrado, a vida prosseguiu, como se nada houvesse. Bondes e táxis rodaram; a Nevsky continuou apinhada de pedestres; lojas, restaurantes, teatros e cinemas funcionaram. O Teatro Marinsky apresentou *Boris Godunov*; diante de uma plateia lotada, o famoso baixo Shaliapin interpretou *Don Carlos*, no Teatro Narodny. Por volta das 21 horas, John Reed jantou no Hotel de France, bem próximo da Praça do Palácio de Inverno; o único inconveniente foi o pedido do garçom, para que fizesse a refeição no salão principal, nos fundos do prédio, pois a qualquer momento o tiroteio poderia começar e, para evitar problemas, os donos pretendiam apagar as luzes do café, localizado na entrada. Mesmo o clímax da insurreição passou despercebido. Por volta das 23 horas, enquanto os bolcheviques se aprontavam para o ataque final ao refúgio dos ministros, Volodya Averbakh atravessou a rua Gogol, a menos de cem metros do largo palaciano. "A via estava inteiramente erma, e a noite, tranquila. A cidade parecia morta. Podia ouvir o eco de meus passos", registrou ele.[30]

A julgar pelos boletins policiais há pouco desencavados de arquivos soviéticos, a serenidade também imperava nos subúrbios operários. Na primeira semana de novembro, ao serem interpelados se houve movimentação de grupos armados durante os dias mais críticos do mês anterior, os comissários dos distritos locais responderam negativamente, sem exceção. "Tudo estava calmo nas ruas", disse o chefe de polícia do distrito de Okhtensk. "As ruas estavam vazias", acrescentou o chefe de polícia do distrito de Spassky. Na área mais bolchevizada de toda a cidade, o distrito de Vyborg, o chefe de polícia responsável apresentou o seguinte relatório sobre os acontecimentos de 25 de outubro: "os Guardas Vermelhos ajudaram a

---

* Na década de 1930, quando o partido arrolou os Guardas Vermelhos veteranos de outubro, 12% responderam ter participado da tomada do palácio. Com base neste levantamento, o total de invasores chegaria a 46 mil (Startsev, *Ocherki*, 275). Seria interessante conhecer os resultados de pesquisa similar feita pela *intelligentsia* moscovita durante a defesa do prédio do parlamento em agosto de 1991. Provavelmente, o número de pessoas que afirmou ter estado ao lado do tanque de Yeltsin atingiu a ordem de centenas de milhares.

polícia na manutenção da ordem e não se constataram ocorrências noturnas dignas de nota, afora a prisão de dois soldados embriagados e arruaceiros, acusados de ferir, a bala, um homem — ao que tudo indica, também este um ébrio".[31] Assim começou a Grande Revolução Socialista de Outubro no bastião bolchevique do distrito de Vyborg.

E como agiu a massa durante o levante? O incidente a seguir esclarece a dúvida. Ao assumir o controle do Palácio de Inverno, os bolcheviques descobriram uma das maiores adegas de vinho já conhecidas. A partir de então, dezenas de milhares de garrafas antiquíssimas sumiram. Proletários e soldados vermelhos serviam-se de Château d'Yquem 1847, a última safra a merecer o endosso do tsar, e desprezavam as garrafas de vodca, distribuídas à multidão que ficara do lado de fora do paço. Tontas de álcool, a massa dedicou-se à pilhagem e destruição do Palácio de Inverno. Marinheiros e praças perambulavam pelas regiões mais abastadas da cidade, roubando apartamentos e matando, por esporte. Qualquer pessoa bem-vestida era um alvo óbvio. O líder maximalista Uritsky escapou por um triz, quase nu, depois de ter tido o trenó interceptado numa noite fria, no meio do trajeto entre o Instituto Smolny e sua casa. O sobretudo pesado, o pincenê e a aparência de intelectual judeu fizeram com que fosse confundido com um *burzhooi*.

Em vão, os bolcheviques tentaram conter a anarquia, interditando o suprimento de bebida e nomeando um comissário encarregado apenas da segurança do Palácio de Inverno — o qual costumava se embebedar durante o expediente. Os novos donos do poder colocaram guardas na porta da adega, mas estes também decidiram promover a venda do tão cobiçado produto. A estratégia comercial demonstrava sofisticação: o líquido era bombeado até a rua. Ávidos, os compradores não tinham paciência para encher vasilhas e bebiam direto na mangueira. Os maximalistas, então, pensaram em transferir o tesouro embriagador para o Instituto Smolny. Outra alternativa seria embarcá-lo rumo à Suécia. Todos os esforços frustraram-se. Centenas de bêbedos acabaram atrás das grades — na noite de 4 de novembro, em um só distrito policial, houve 182 prisões por embriaguez e saque. As detenções encerraram-se quando nao existia mais espaço físico para abrigar tantos infratores. Em mais uma empreitada para conter a rapinagem, os bolcheviques determinaram a instalação de metralhadoras em alguns pontos da cidade. A ordem era atirar para cima, embora, por vezes, as balas tenham atingido passantes. Nem assim o problema foi resolvido. A balbúrdia prosseguiu por semanas — neste período, o novo governo chegou a impor lei marcial —, até que, no fim do ano, o álcool acabou e a capital acordou com a maior ressaca da história.

Os bolcheviques atribuíam a bacanália a "provocações da burguesia". Para eles, era difícil admitir que seus seguidores, a suposta "vanguarda disciplinada do proletariado", pudesse ter adotado comportamento tão buliçoso. No entanto, arquivos recém-abertos do Comitê Militar Revolucionário indicam que muitos dos participantes da tomada do poder também agiram na incitação a desordens ébrias. Sem dúvida, alguns aderiram à insurreição *por conta* da perspectiva de saque: para estes, todo o levante foi uma grande peripécia, um dia a céu aberto, ladeado de pares, com licença para roubar e matar. Isto não equivale a dizer que os bolcheviques eram vândalos e criminosos, como muitos da classe abastada concluíram à época. Equivale, sim, a afirmar que o caos reinante decorria do fato de os bolcheviques disporem de poucos soldados ordeiros. Além disto, a tomada do poder, sendo um ato de violência, encorajava a massa a atitudes arruaceiras. Surtos similares de apropriações indébitas e uso da força foram registrados em dezenas de cidades russas, durante e depois de outubro. Na verdade, tais episódios constituíram ingrediente intrínseco à transferência do poder.[32]

Tudo isto sugere que a insurreição maximalista não coroou uma revolução social, embora tivessem havido várias revoluções sociais — nas vilas e cidades, no campo, nas forças armadas e nas fronteiras — e, em cada uma delas, existissem elementos aguerridos de algum modo ligados aos bolcheviques. Com mais precisão, pode-se entender o levante como resultado da degenerescência da revolução urbana e, em particular, da decadência do movimento operário enquanto força organizada e construtiva. Assim, vandalismo, crime, violência generalizada, pilhagem e bebedeira funcionaram como as principais expressões de tal deterioração. Como de hábito, célere em condenar os excessos da anarquia, Gorki observou: "o que está em curso *não é um processo de revolução social*", mas um "*pogrom* de ganância, ódio e vingança".[33] Os participantes desta onda destrutiva não era a "classe trabalhadora" entendida como um corpo constituído e uno, mas as vítimas do declínio desta mesma classe e da devastação provocada por anos de guerra. Em miúdos: o exército crescente de desempregados nas cidades, os refugiados de regiões ocupadas, tanto soldados quanto marinheiros, recém-chegados aos grandes centros; bandidos e criminosos libertados das cadeias; e operários não qualificados oriundos do meio rural que, quando instalados na urbe, sempre tenderam a rompantes de violência e desordem. Estes últimos compunham os tipos "semicamponeses", segundo Gorki, culpados pela violência que imperara nas cidades, durante a primavera, e responsáveis pela ascensão dos bolcheviques. Ele retomou o tema às vésperas da tomada do poder pelos vermelhos:

> Chamejarão e fumegarão todos os instintos torvos da massa irritada pela desintegração da vida e pelas mentiras e vilanias dos políticos, envenenando-os com repulsa, cólera e "vendeta"; as pessoas matar-se-ão umas às outras, incapazes de abafar o ranço de estupidez animal. Uma multidão informe, inconsciente, serpenteará pelas ruas. Usando-a como escudo, aventureiros, ladrões e assassinos profissionais passarão a "criar a história da Revolução Russa".[34]

Quanto ao proletariado de Petrogrado, o quinhão que lhe coube no levante foi acanhado. Bastaram a crise econômica e o medo do desemprego para impedir que a grande maioria dos trabalhadores saísse às ruas. Daí as fábricas e o sistema de transportes terem funcionado sem problemas. Há de se considerar também que, afinal, os operários deviam obediência ao Soviete, não aos bolcheviques. Muito poucos sabiam — ou queriam saber — as diferenças de doutrina a distinguir os partidos socialistas. Ao votarem, estes homens e mulheres pautavam-se pela questão de classe em vez de analisarem firulas a respeito das agremiações participantes do pleito. E tendiam a escolher a mesma legenda à qual seus colegas de trabalho sempre deram preferência, ou optavam pelo partido cujo candidato se parecesse mais com um peão e usasse expressões típicas dos subúrbios. Em especial, entre os operários sem qualificação grassava a crença de que os bolcheviques eram um grupo de *bolshaki* — "grandões", numa tradução aproximada.

Portanto, não há razão para espanto diante do apoio recebido pelos líderes do sindicato dos ferroviários (Vikzhel), quando, em 29 de outubro, baixaram um ultimato exigindo que os bolcheviques iniciassem negociações com outros partidos socialistas, com vistas à formação de um governo representado por todas as frações do Soviete. Para a massa de trabalhadores, parecia que o cerne da revolução, conforme expresso no Congresso dos Sovietes, era a composição de um governo de todos os da classe, e não de um só partido. Centenas de assembleias de fábricas, guarnições, de soldados e de marujos enviaram petições ao Smolny endossando o plano do Vikzhel. Em Petrogrado, a Fábrica Obukhovsky ameaçou "dar cascudos em todas as lideranças de todos os partidos", caso não houvesse acordo. Os trabalhadores de Moscou e de outras cidades de província, onde o sectarismo partidário era muito menos arraigado do que na capital, também manifestaram-se favoráveis ao manifesto. O sentimento geral era de que, ao brigarem uns com os outros, os líderes das organizações políticas traíam os ideais da revolução e levavam o país na direção da guerra civil. "Entre os soldados, não se encontram bolcheviques, mencheviques ou SRs, apenas democratas", declarava o documento encaminhado pela 35ª Divisão.[35]

Pelo menos de início, existiam fortes motivos para os bolcheviques respeitarem as demandas do Vikzhel. As lideranças deste sindicato anunciaram que interromperiam o tráfego ferroviário se as negociações entre as legendas não iniciassem logo. Caso isto ocorresse, o abastecimento de alimentos e combustível, que já atingira níveis críticos, só tendia a piorar, causando saques e atos de rebeldia. Com a situação fora de controle, surgiriam greves, envolvendo milhares de trabalhadores. Por quanto tempo os bolcheviques se manteriam no poder com tantos problemas? O funcionamento das ferrovias também era essencial para a campanha militar que os maximalistas travavam em duas frentes: contra as tropas de Kerenski, nas imediações da capital, e em Moscou, onde os bolcheviques tinham que enfrentar, em praça pública, soldados leais ao Governo Provisório.

Na manhã de 25 de outubro, após partir às pressas de Petrogrado, Kerenski montara um quartel-general em Gatchina, a antiga residência imperial, vizinha à cidade. A maior parte dos comandantes do exército, aos quais ele apelara por socorro, relutaram em envolver-se numa aventura bélica contra os bolcheviques. Resistir aos vermelhos era uma atitude considerada "contrarrevolucionária" e, a exemplo do ocorrido com a crise Kornilov, podia precipitar o colapso das tropas. O general Cheremisov, comandante da frente norte, chegou a cancelar uma ordem do primeiro ministro, sob o pretexto de que o Governo Provisório não mais existia. Apenas o general Krasnov colocou seu contingente — 18 companhias cossacas — ao dispor de Kerenski. Mas a tarefa de receber o adversário recaiu sobre os ombros de uma pequena força de aspirantes e oficiais, organizada em torno do Comitê de Salvação da Rússia e da Revolução (liderada por SRs). Todavia, os homens de Lênin estavam ainda mais desguarnecidos. A guarnição de Petrogrado esfacelara-se após a tomada do poder, quando a massa de uniforme deliciara-se com o álcool ou fugira para as aldeias, em busca da família. As lideranças bolcheviques da capital não tinham vínculo direto com as tropas revolucionárias do *front* e, mesmo que tivessem, é duvidoso se atenderiam a um chamado de urgência. Segundo Reed, Lênin estava preparado para perder. Sua única chance de sair vitorioso daquela empreitada dependia dos ferroviários. Repetindo o acontecido durante a crise Kornilov, estes poderiam atrasar as tropas de Krasnov, ora situadas perto de Pskov. Daí a necessidade de responder com simpatia ao ultimato do Vikzhel.

Nesse meio-tempo, em Moscou, a balança do poder oscilou durante dez dias. As forças do Comitê Militar Revolucionário meteram-se numa batalha sangrenta pelas ruas — na verdade, aqueles foram os primeiros tiros da guerra civil — desafiando aspirantes ao oficialato e voluntários estudantes ainda fiéis ao governo deposto, organizados pela Duma municipal e pelo Comitê de Segurança Pública. O tiroteio mais feroz deu-se nas imediações do Kremlin e muitas das maiores preciosidades arquitetônicas da cidade saíram danificadas do confronto. Aos olhos da população local, assustada demais para colocar os pés fora de casa, foi um período tenebroso. A certa altura, o apartamento de Brusilov transformou-se em palco do fogo cruzado, com inimigos de ambos os lados utilizando-o, alternadamente, como refúgio e chegando à janela para emitir sinais. O velho militar acabou ferido na perna, atingido por uma granada de mão que atravessou o peitoril. Numa padiola, precisou ser transportado até um hospital próximo, enquanto "bombas e balas continuavam a zunir em todas as direções. Rezei durante todo o trajeto para que nenhuma delas alcançasse minha pobre mulher, caminhando junto a mim".[36] Os bolcheviques de Moscou eram guerreiros vacilantes — inclinavam-se a resolver a pendência pelo entendimento, conforme propusera o Vikzhel. E também não mereciam o título de bons combatentes: no dia 27, o Kremlin já caíra em poder dos rivais. Cerca de 48 horas depois, a situação agravara-se muito — com os bolcheviques acuados nos distritos industriais —, a ponto de estes receberem com alegria o cessar-fogo temporário determinado por interferência do sindicato dos ferroviários. Até Lênin reconheceu que a derrota em Moscou significaria a derrocada de sua ditadura ainda incipiente. Os ajustes interpartidários necessitavam prosseguir.

Em 29 de outubro, o Comitê Central autorizou Kamenev a representar o partido numa rodada de negociações sobre a plataforma do governo do Soviete, conforme aprovado no II Congresso. Considerando que haviam se retirado do salão de baile do Smolny em protesto contra a tomada do poder pelos vermelhos, seria árduo convencer mencheviques e SRs de direita a aceitar a novidade e, mais ainda, a firmar qualquer aliança com os maximalistas. Logo na abertura do debate, confiantes que os rivais estavam à beira da derrocada, os conservadores apresentaram reivindicações passíveis de inviabilizar sua presença em qualquer aliança. A saber: libertação dos ministros que se abrigavam no Palácio de Inverno; armistício com as tropas de Kerenski; fim do Comitê Militar Revolucionário; colocar a guarnição de Petrogrado sob controle da Duma; e participação do antigo primeiro-ministro na formação do novo governo, o qual deveria excluir Lênin. Em suma, exigiam que o tempo recuasse, retornando a 20 de outubro. Não foi à toa o tom melancólico do relatório encaminhado por Kamenev ao Congresso dos Sovietes, naquela noite.

No dia seguinte, o vento parece ter mudado de direção. De repente, a ofensiva de Kerenski fracassara, num episódio idêntico ao do ataque de Krymov a Petrogrado, durante a crise protagonizada por Kornilov. Como de praxe titubeantes em lutar sem auxílio da infantaria, grande parcela dos cossacos do general Krasnov simplesmente esmorecera diante de uma barreira de agitadores bolcheviques. Os restantes acabaram batidos pelas tropas do Báltico, rumo às colinas de Pulkovo, nas cercanias da cidade. Mencheviques e SRs viram-se compelidos a falar menos grosso e concordaram em compor uma coalizão que incluísse os vermelhos, contanto que a liderança do Soviete passasse a ter mais cadeiras, a serem atribuídas aos membros do I Congresso, das Dumas municipais, do Soviete Camponês (que sequer existia, ainda) e dos sindicatos. Kamenev assentiu e até sugeriu, num ímpeto de credulidade parva, que seus correligionários não fariam questão de Lênin ou Trótski no novo gabinete. Já era de esperar que ambos tinham ideias muito diferentes.

Desde o começo, Lênin e Trótski se opunham à proposta do Vikzhel: apenas o vislumbre da derrota militar os levara à mesa de negociações. Com a desgraça de Kerenski e a peleja em Moscou os favorecendo (grande parte do centro da antiga capital voltara ao poder maximalista e o Kremlin estava sob pesado bombardeio), a dupla decidiu minar a tentativa de acordo entre os partidos. Numa reunião do Comitê Central, realizada em 1º de novembro, Trótski condenou Kamenev por ter se precipitado e reclamou pelo menos 75% das pastas ministeriais para os bolcheviques. "Não há por que organizar a insurreição se não obtivemos a maioria", afirmou ele. Lênin mostrava-se mais radical, defendendo o fim das tentativas de aliança;

dispunha-se a insistir nas conversações, mas apenas como "verniz diplomático", tendo em vista disfarçar as operações militares [em Moscou]. Ele chegou a pedir a prisão dos cabeças do Vikzhel, tachados de "contrarrevolucionários" — uma afronta destinada a encerrar as conversações e à qual se somaram a prisão e espancamento (promovidos por marinheiros bolcheviques) dos líderes SRs, Gots e Zenzinov; uma série de ataques a redações de jornais mencheviques e SRs; e o banimento da imprensa kadet. A despeito das objeções de diversos membros moderados do Comitê Central, ficou acertado que a plataforma de governo maximalista deveria ser imposta à mesa-redonda interpartidária. A rejeição por parte desta implicaria a retirada dos bolcheviques de qualquer esforço pela aliança. SRs e mencheviques jamais concordariam com a ausência dos vermelhos, e disto Lênin e Trótski sabiam muito bem. A tomada do poder havia cindido, irremediavelmente, o movimento socialista russo; nenhuma bateria de discussão teria condições de costurar esta fenda. As conversas propostas pelo sindicato dos ferroviários estavam fadadas ao malogro e ganharam um ponto final em 6 de novembro.[37]

As chances de coalizão sempre haviam sido muito limitadas. Tudo indicava que já se esgotara o tempo de resolver a crise do poder pelos meios políticos. Os eventos de 25 de outubro marcaram o início da guerra civil; ainda assim, não se pode deixar de pensar que Lênin nunca pensou em outro desfecho. Afinal, este era o remate que lhe convinha. Ele acreditava que o conflito cruento entre russos iniciara-se em agosto. Deste ponto de vista, a "conversa fiada" dos mediadores viera a calhar, só servindo para acelerar o ritmo dos acontecimentos.

Tendo assegurado a ditadura de seu partido, Lênin debruçou-se sobre a tarefa de garantir sua tirania pessoal — sobre os bolcheviques, inclusive. Em 2 de novembro, o Comitê Central viu-se forçado a aprovar várias resoluções atordoantes: Kamenev foi acusado de atividades "não marxistas" prejudiciais à Revolução de Outubro; os que o seguiam receberam ordens de abandonar o CC; caso não se submetessem à linha partidária — claramente contrária às negociações — arriscavam-se à expulsão. De modo curioso, o documento execrando a tentativa de coalizão chamou-se "Ultimato da maioria à minoria do Comitê Central". Cada integrante do CC foi chamado à sala de Lênin e instado a subscrever o texto, ou deixar o partido. Como advertira Lunacharsky, num encontro dos bolcheviques de Petrogrado realizado em 1º de novembro, a tática intimidatória do futuro opressor da Rússia fez com que "somente restasse um homem no partido — o Ditador". A frase parecia um eco assombroso do notório aviso de Trótski, enunciado 14 anos antes. Na ocasião, ele afirmara que, numa primeira etapa, a organização partidária se faria substituir pelo partido como um todo. Em seguida, prevaleceria o Comitê Central. Por fim, este seria praticamente extinto por um ditador. Em 4 de novembro, uma minoria de cinco (Kamenev, Zinoviev, Rykov, Miliutin e Nogin) desligou-se do CC. Em carta aberta, publicada no *Izvestiia*, o grupo manifestou total desagrado com os caminhos maximalistas. Na mesma edição, o jornal trazia outra missiva de protesto, assinada por um quinteto de Comissários do Povo (um terço do gabinete de Lênin), mais quatro maximalistas afastados e seis líderes bolcheviques de destaque. Este segundo texto afirmava que um governo unipartidário só poderia se manter com base no "terror político". E acrescentava: se tal caminho fosse escolhido, criar-se-ia "um regime irrefreável, [que levaria à] destruição da revolução e do país".[38]

Sem dúvida, o momento foi um dos mais críticos de toda a história do Partido Bolchevique. Embora a revolução de Lênin prevalecesse, ele não pôde evitar a divisão e o isolamento do partido em relação ao restante do movimento revolucionário. Na segunda semana após a tomada do poder, poucos acreditavam que o regime bolchevique sobreviveria.

2. Os autocratas do Smolny

Passados cinco dias da invasão do Palácio de Inverno, Alexandra Kollontai, a nova Comissária do Povo para o Bem-Estar Social, arremeteu rumo à entrada de um grande prédio público na rua Kazan. Durante o Governo Provisório, o endereço sediara os escritórios da repartição que ela acabara de assumir. Um porteiro idoso e de libré abriu a porta e a examinou, da cabeça aos pés. Na Rússia, jamais uma mulher havia sido nomeada para a chefia de um ministério e, ao vê-la pela primeira vez, ele deve ter pensado que se tratava de mais uma viúva pobre em busca de ajuda governamental. Kollontai exigiu ser recebida pelo funcionário de mais alto posto ali presente, mas o velho replicou que o horário de atendimento ao público já se encerrara. Insistindo, ela anunciou quem era. O porteiro resumiu-se a informar que visitantes só tinham acesso ao local entre 13 e 15 horas. E já eram quase 17 horas. A Comissária do Povo tentou entrar à força. O serviçal bloqueou a passagem e fechou o edifício.

Não foi um começo auspicioso para o novo regime. Os funcionários do ministério haviam engrossado uma greve de servidores públicos contra a ascensão dos bolcheviques ao poder. Na manhã seguinte, ao retornar com um pequeno destacamento de soldados, Kollontai constatou que o imóvel estava quase deserto. Virtualmente todo o pessoal aderira à paralisação e somente os porteiros, faxineiros e mensageiros tinham comparecido ao trabalho. Sendo absurdo se instalar num escritório às moscas, a comissária voltou ao Smolny, onde ocupou uma sala. O velho serviçal do ministério ganhou a incumbência de encaminhar ao quartel-general maximalista as viúvas e crianças esfarrapadas, camponeses refugiados e arruinados que procuravam as dependências vazias da rua Kazan.

Greves similares e campanhas de sabotagem nos principais ministérios e serviços públicos (bancos, correios e telégrafos, administração de ferrovias, órgãos municipais, tribunais, escolas, universidades e outras instituições vitais) marcaram as primeiras semanas de governo bolchevique. Embora entre os funcionários houvesse diferentes visões políticas, quase todos pareciam concordar quanto à ilegalidade do regime e a necessidade de contestá-lo. Ao apresentar-se num encontro de servidores do Ministério das Relações Exteriores, para o qual fora escolhido, Trótski mereceu risos irônicos. Homens e mulheres simplesmente abandonaram seus postos quando o novo mandachuva determinou a volta ao trabalho. No Palácio Anichkov, responsável pela gerência dos estoques de alimentos do país, os empregados retiraram a mobília e trancaram os registros contábeis no cofre. Na sede dos correios e telégrafos, sumiram as listas telefônicas e as pilhas de formulários para telegramas (mais tarde, o calhamaço serviria de rascunho para que alguns destes funcionários escrevessem memórias). Os grevistas do Departamento Médico foram mais longe, arrancando o bico de pena de todas as canetas.[39]

A ameaça mais séria veio com a recusa do Banco do Estado e do Tesouro em aceitar as demandas de fundos apresentadas pelo governo recém-instaurado. Sem dinheiro para pagar suas contas, os bolcheviques não tinham como se conservar no poder. O Conselho de Comissários do Povo encaminhou várias solicitações, exigindo a transferência de 10 milhões de rublos, mas todos os pedidos foram negados e devolvidos com o carimbo de "remetente desconhecido". Em 7 de novembro, o novo Comissário de Finanças, V. R. Menzhinsky, apareceu na porta da instituição com um destacamento de marinheiros e reclamou a quantia. Os tesoureiros fincaram pé e, apesar da ameaça armada e de promessas de demissão e ultimatos, persistiram na recusa. Só dez dias depois os maximalistas conseguiram assumir o controle do banco e, à ponta de faca, obrigaram os funcionários a abrir os cofres, carregando, em bolsas de veludo, 5 milhões de rublos. O valor foi depositado sobre a mesa de Lênin, no Instituto Smolny. Toda a operação pareceu um assalto, mas foi assim que os bolcheviques puseram as mãos no erário nacional, embora nenhum deles fizesse a mínima ideia de como funcionava uma grande instituição financeira. "Entre nós, havia gente que conhecia o sistema bancário pela leitura de livros e manuais, mas ninguém que entendesse os procedimentos técnicos operacionais. Penetramos nos enormes corredores deste estabelecimento como se adentrássemos uma floresta virgem", recordou um dos novos diretores.[40]

Para seus oponentes, a maior fraqueza dos novos donos do poder residia nestes primeiros passos trôpegos visando a domar as organizações básicas do Estado. Poucas pessoas apostavam na perpetuação do regime. "Califas por uma hora" foi o veredicto de boa parte da imprensa. O líder SR Gots deu aos maximalistas "não mais que alguns dias"; Gorki apostou duas semanas; Tsereteli, três; Nabokov negava-se a "crer na força do regime bolchevique e esperava que ruísse em breve". Muitos dos vermelhos já não demonstravam otimismo. "A situação revela-se tão instável que, a encerrar cada carta, não sei se será a última. A qualquer momento posso ser jogado na prisão", escreveu, em 29 de outubro, Lunacharsky à esposa.[41]

A oposição dos servidores e a falta de experiência bolchevique em gerir a complexa engrenagem do Estado não consistiam nos únicos sinais de derrocada iminente. O regime revolucionário enfrentava dificuldades para abastecer as cidades de alimentos e para deter o colapso econômico; estava também isolado dos camponeses, que representavam a grande maioria da população e tendiam a votar contra os novos governantes nas eleições para a Assembleia Constituinte. Como a Comuna de Paris de 1871, Petrogrado parecia uma pequenina ilha rubra em meio a um vasto oceano verde. De quebra, os bolcheviques precisavam encarar a crítica das potências ocidentais e do restante da intelectualidade socialista. Durante o outono e o inverno, o jornal de Gorki, *Novaia zhizn'*, foi o porta-voz mais importante e dedicado no combate aos rumos tomados pela Rússia. Graças às habilidades políticas do editor e escritor, o periódico conseguiu escapar das garras dos censores maximalistas, ao contrário do que aconteceu com boa parte da imprensa oposicionista. A coluna assinada por ele, contendo ácidas verberações contra a "nova autocracia", deve ter abalado, de maneira temerária, a simpatia indulgente com que Lênin o agraciava. Frequentemente, Gorki expressava surpresa pelo fato de a publicação ainda não ter sido fechada. "Lênin e Trótski nem imaginam o significado que têm as palavras liberdade e direitos humanos. Ambos estão contaminados pelo veneno malévolo do poder, e isto é patente na atitude vergonhosa que manifestam pela liberdade de expressão individual e por todas as demais liberdades democráticas", registrou ele, em 7 de novembro.[42]

A despeito de um isolamento aparentemente fatal, nos três primeiros meses pós-revolução, os bolcheviques conseguiram consolidar sua ditadura. Em janeiro de 1918, ao ser convocada, a Assembleia Constituinte — esperança da oposição democrática — já constituía um corpo impotente, fruto de um Estado unipartidário e da disseminação do poder dos Sovietes provinciais. Como os bolcheviques alcançaram a proeza? Uma parcela deste sucesso deveu-se à inexistência de uma oposição militar aguerrida durante este período crítico, quando Lênin e seus asseclas ainda mostravam-se claudicantes. Inexistiam os grandes Exércitos Brancos e as principais forças antimaximalistas eram pequenas tropas cossacas envolvidas em conflitos locais na periferia do império. No centro do país, quase não havia quem desafiasse os homens do Smolny. Os candidatos mais prováveis à liderança da oposição — SRs e kadets — estavam tão certos da ruína irrevogável do regime a ponto de absterem-se de arrostá-lo. Naturalmente, todos presumiam que os bolcheviques implodiriam por conta própria, vítimas da própria fraqueza; sendo assim, ninguém moveu uma palha contra eles. Organizado por SRs logo nos primeiros dias do poder vermelho, o Comitê de Salvação da Rússia e da Revolução era quase um organismo de fachada, sem ingerência efetiva. Elaborado por Chernov — ainda instalado no *Stavka*, o velho quartel-general do exército —, o plano com vistas à formação de um governo socialista rival nunca saiu do papel.

Mas o ponto crucial do sucesso bolchevique foi um programa de construção e desestruturação do Estado. Nos patamares administrativos mais altos, eles procuraram centralizar todo o poder nas mãos do partido e, recorrendo ao terror, exterminaram toda e qualquer oposição política. Nos baixos escalões, deram cabo das antigas hierarquias, entregando a ascendência aos Sovietes locais, organizações de fábrica, comitês de soldados e outras entidades pulverizadas ligadas aos interesses classistas. O vácuo surgido desta iniciativa ajudaria a solapar a democracia em pontos-chave, enquanto as massas seriam neutralizadas pelo exercício do poder sobre seus velhos inimigos de classe ou etnia, no âmbito das comunidades onde viviam. Óbvio, não existia um plano mestre a guiar tal mudança. Tudo era feito de improviso, a exemplo do que ocorrera na revolução. Porém, Lênin tinha uma percepção instintiva da direção geral a ser tomada, algo que ele chamava de "dialética revolucionária". Sob muitos aspectos, tal constituía a essência de seu talento para a vida pública. A influência dos Sovietes locais no campo levaria os camponeses a ver a Assembleia Constituinte como um penduricalho dispensável e, portanto, minaria a base política dos SRs. Afinal, para que Assembleia Constituinte se os lavradores tinham autonomia quase irrestrita, podendo se autogovernar e dividir a terra da nobreza como quisessem? O "controle operário" nos comitês de fábrica colaboraria para o desmantelamento da velha infraestrutura industrial — o que os bolcheviques chamavam de "sistema capitalista" —, transferindo aos trabalhadores a responsabilidade por, pelo menos, parte da crise econômica. Dar mais voz aos soldados e estimular iniciativas pacifistas no *front* acabariam com os projetos de antigos comandantes desejosos de mobilizar as tropas contra o novo regime e de retomar a guerra. Por fim, garantir autonomia às fronteiras do falecido império completaria o esfrangalhamento do velho Estado. Segundo Lênin, auxiliaria também no desaparecimento das relações feudais.*

Com certeza, ele considerava todos estes movimentos uma fórmula capaz de extinguir o velho sistema político e abrir caminho para a criação da ditadura do partido. Vale ressalvar que não há provas para tal afirmativa — somente indícios corroborados pelos fatos, acrescentados a tudo o mais que sabemos a respeito dos pensamentos e ações de Lênin. Difícil aceitar a ideia defendida por alguns historiadores, segundo os quais o futuro ditador era um libertário e encorajava as formas localizadas de poder na tentativa de construir um novo tipo de Estado,

* Proclamada em 2 de novembro, a Declaração dos Direitos das Nações Russas assegurava aos povos de todas as etnias prerrogativas plenas de autodeterminação, inclusive liberdade para formar Estados independentes. A Finlândia foi a primeira a tirar partido da novidade, afirmando sua autonomia 21 dias após a assinatura do documento. Seguiram-se a Lituânia (28 de novembro), a Letônia (30 de dezembro), a Ucrânia (9 de janeiro de 1918), a Estônia (24 de fevereiro), a Transcaucásia (22 de abril) e a Polônia (3 de novembro).

descentralizado, exatamente como consta em *O Estado e a revolução*. Conforme esta versão, tratar-se-ia de um plano muito bem-intencionado, desviado de rota por força das necessidades concentradoras da guerra. No entanto, a concepção do Estado revolucionário de Lênin sempre foi visceralmente centralista. Ele se valeu dos movimentos locais para aniquilar o velho regime e a frágil democracia de 1917. Simultaneamente, tencionava destruir estes mesmos movimentos, mantendo-os como forças políticas fragmentadas. Ao apoiar o campesinato contra os senhores de terra, tinha por objetivo substituir o sistema de pequenas propriedades rurais pelas fazendas coletivizadas. Ao ecoar o clamor pelo "controle operário", fazia-o sabendo que o resultado seria o caos, assim reforçando a necessidade de um governo centralizado sob a batuta do partido. Ao endossar o poder da soldadesca, estava abalando a velha estrutura militar imperial e fomentando o surgimento do Exército Vermelho. Ao dar voz a diversas etnias ávidas por emanciparam-se da Rússia, seu sumo propósito era acabar inteiramente com os Estados nacionais. Toda e qualquer ação de Lênin tinha o poder por objetivo. Para ele, o poder não se resumia a um meio — era o fim último. Parafraseando George Orwell, Lênin não articulou uma ditadura do proletariado para salvaguardar a revolução; ele fez a revolução para instituir uma ditadura.

A meta prioritária dos bolcheviques consistia em manter controle absoluto sobre o funcionamento da máquina estatal. Foram necessárias várias semanas para romper a resistência dos servidores públicos. Os líderes da greve e alguns funcionários de maior destaque acabaram presos; comissários políticos passaram a supervisionar o trabalho das repartições; sedentos em servir aos novos donos do poder, burocratas de menor expressão ganharam promoções vistosas. Em 1918, em todos os escalões, mas especialmente nos mais altos, a maioria do funcionalismo era formada por pessoal que já trabalhava para o governo no ano anterior. Todavia, onde os servidores não escondiam receios quanto aos bolcheviques (o exemplo mais notável foi o Ministério das Relações Exteriores), houve um grande expurgo.[43] O padrão repetir-se-ia ao longo de todos os primeiros anos de construção do Estado soviético. O que se viu foi o casamento de conveniências entre a exigência de lealdade apresentada pelos maximalistas e as ambições da base partidária, que cada vez crescia mais. Um dos resultados de tal simbiose foi a ascensão de mercenários de terceira classe, oportunistas corruptos e elementos semialfabetizados, catapultados da sarjeta para posições de suma importância. O baixo nível cultural da burocracia soviética seria um legado eterno de outubro, uma herança que, posteriormente, assombraria as lideranças bolcheviques.

Por conta da greve do funcionalismo, que tornou impossível a formação de um gabinete nos moldes tradicionais, até meados de novembro o Comitê Militar Revolucionário continuou a exercer a função de governo de fato. Só após um mês de governo é que os Comissários do Povo obtiveram controle suficiente sobre suas pastas, podendo, então, transferir autoridade executiva ao Sovnarkom. E este seria um gabinete diferente de tudo já visto antes. Não havia divisão precisa entre os interesses do partido e os do governo. Presididas por Lênin, na sede bolchevique, o Instituto Smolny, as reuniões do Conselho de Comissários do Povo abrangiam questões partidárias e nacionais; as resoluções do Comitê Central travestiam-se de decretos governamentais. Todos os primeiros procedimentos deste gabinete careciam de planejamento. Não havia pauta para os encontros e qualquer firula merecia o rótulo de "assunto urgente", enquanto Lênin rabiscava as deliberações que lhe convinham. No instante oportuno, ele as comunicaria, para que fossem aprovadas sem mais delongas, pois poucos ousavam questioná-lo.

Segundo muitos observadores, tais reuniões ocorriam numa atmosfera conspirativa, como se os bolcheviques fossem psicologicamente imaturos para transitar de uma organização política clandestina para um partido responsável pela vida de um país inteiro. Eles sequer haviam trocado as jaquetas de couro por ternos. Simon Liberman, vez por outra presente às discussões do Sovnarkom, registrou:

> apesar dos esforços de um secretário obsequioso para imprimir a cada sessão o caráter solene de uma reunião de gabinete, não podíamos deixar de sentir que estávamos participando de mais uma rodada de porfias do comitê revolucionário, ainda nas sombras! Durante anos, pertencemos a inúmeras organizações sigilosas. E, nos encontros do Sovnarkom, tudo nos parecia familiar. Muitos comissários sentavam-se à mesa sem ter tirado os paletós e casacos; a maioria insistia em vestir medonhas jaquetas de couro.[44]

Os bolcheviques jamais conseguiram se livrar dos hábitos da clandestinidade. Em 1921, Lênin ainda dava a impressão de ser um conspirador, não um estadista. O fenômeno nada tinha de extraordinário — poder-se-ia considerar uma síndrome jacobina —, o que explica, em parte, a tendência do Estado revolucionário a perpetuar a violência e o terror. Mas os maximalistas foram um passo além dos franceses, constituindo a primeira ditadura do século XX (seguiram-se as de Mussolini, Hitler, Franco e Castro) a usar a propaganda para glorificar seu próprio passado cruento e a adotar símbolos e emblemas militares. Tal culto à violência — entendida como um fim em si mesma, não um meio visando a qualquer alvo — serviu de eixo à autoimagem soviética.

Assim como o partido ofuscou o trabalho do Sovnarkom, este fez sombra à Executiva do Soviete. Embora a tomada do poder tivesse sido empreendida em nome do congresso realizado no Smolny, não agradava a Lênin governar ao lado deste ou de sua cúpula. Ele não acreditava no princípio da soberania parlamentar, nem mesmo quando o parlamento em questão era um Soviete no qual, pelo menos em tese, a maioria exibia matizes vermelhos. Nas primeiras semanas após o golpe de outubro, a Executiva do Soviete refreou o Sovnarkom. SRs de esquerda, anarquistas e o pequenino grupo de mencheviques internacionalistas, agrupados em torno do *Novaia zhizn'*, cumpriram o papel da oposição. Na eventualidade de bolcheviques mais comedidos agregarem-se ao seu coro, a vantagem de Lênin ficaria ameaçada. Em meados de novembro, quando a liderança da ala esquerda do Soviete Camponês* incorporou-se à Executiva do Soviete de Todas as Rússias, esse antagonismo tornou-se ainda mais perigoso. Em 24 de novembro, a moção de censura à Duma municipal, patrocinada pelos bolcheviques oito dias antes, obteve maioria por um único voto. E, na recontagem, foi derrotada.

A junção com o Soviete Camponês foi um fator crucial na derrocada da Executiva, enquanto instituição legislativa (mais uma vez, e sem muita margem de erro, pode-se afirmar que não era outra a intenção de Lênin). Aos 108 delegados camponeses acrescentaram-se uma centena, saída de organizações revolucionárias do exército e da marinha, e outros 50 egressos dos sindicatos (já representados na fórmula anterior). De uma hora para outra, a Executiva mais que triplicara, passando a abrigar 366 membros; gente demais para um órgão de cúpula conseguir operar com eficiência. Em consequência, o fardo da tomada de decisões acabou transferido ao Sovnarkom.

Passado um mês da revolução, a Executiva do Soviete só se reunia de vez em quando (uma ou duas ocasiões semanais), enquanto as discussões do Conselho de Comissários do Povo tornavam-se mais constantes (uma ou duas vezes a cada dia). O volume de atos legislativos submetido à Executiva também diminuiu muito, pois o Sovnarkom começou a governar por decretos. Em 4 de novembro, num desacato ao poder do Soviete, o gabinete de Lênin se arrogou o direito de baixar leis prementes sem, para isto, precisar de consulta a quem quer que fosse. Os bolcheviques moderados alinharam-se com os desafetos de Lênin, colocando-se contra o decreto. Porém, a proposta do Sovnarkom vingou, graças à diferença de dois votos em pleito da Executiva, cujo presidente, Kamenev, afastou-se do cargo e associou-se à oposição, num esforço concentrado em defesa da soberania do Soviete. Mas os leninistas persistiram.

O substituto de Kamenev, Sverdlov, era um defensor ardente da ditadura partidária e cumpriu à risca as determinações do chefe, de modo a concentrar todo o poder nas mãos do Conselho de Comissários do Povo. Em 17 de novembro, ele apresentou à Executiva uma "instrução constitucional". Formalmente, o texto

* Os SRs de direita haviam convocado um II Congresso dos Sovietes Camponeses, de modo a reunir forças contra o novo regime. No entanto, a esquerda (presente através de delegados dos comitês de soldados e de organizações menores dos Sovietes) frustrou a tentativa, forçando-os a bater em retirada. Os líderes esquerdistas, então, aprovaram resolução favorável à fusão deste Congresso "Extraordinário" com a Executiva do Soviete de Todas as Rússias.

reiterava que o Sovnarkom devia obediência ao Soviete e precisava submeter à aprovação deste todos os atos legislativos.

Onde estava a armadilha? No fato de o documento não estipular quando tal sujeição deveria acontecer. Em outras palavras, o Sovnarkom podia publicar um decreto inteiramente legal sem apreciação prévia do Soviete, prática que se tornou cada vez mais corrente. Em 12 de dezembro, a Executiva reuniu-se pela primeira vez, em duas semanas; nesse meio-tempo, o Conselho de Comissários do Povo iniciara conversações de paz com as Potências Centrais, declarara guerra à Ucrânia e instituíra lei marcial, em Petrogrado e Moscou. De acordo com Sukhanov, todas essas medidas haviam sido implementadas sem qualquer discussão com o Soviete. Tão decantadas pelos bolcheviques antes da tomada do poder, suas prerrogativas haviam sido sepultadas; a Executiva reduzira-se a uma "triste paródia de parlamento revolucionário".[45]

Desde os primórdios do novo regime, os donos do poder dedicaram-se a combater todos os partidos que haviam se pronunciado contra os acontecimentos de outubro. Para os bolcheviques, bastava taxar tais partidos de "contrarrevolucionários". Em 27 de outubro, o Sovnarkom baniu os jornais de oposição, provocando grande alarido em vários setores. Em 4 de novembro, quando a matéria foi submetida à Executiva do Soviete, os maximalistas mais moderados votaram contra a ideia. Em parte, a censura aos periódicos provocou os cinco desligamentos de membros do Comitê Central e outros cinco do Sovnarkom, registrados naquele dia. O Sindicato dos Gráficos anunciou uma greve nacional, caso a liberdade de imprensa não voltasse a vigorar. Mas nada evitou que o Comitê Militar Revolucionário mandasse esquadrões vermelhos quebrar impressoras, confiscar papel e prender editores. A maioria das publicações contrárias a Lênin mergulhou na clandestinidade e reapareceu logo depois com o nome levemente modificado. O boletim SR, *Volia naroda*, ressurgiu, no dia seguinte, como *Volia*, sendo posteriormente rebatizado de *Narod*. O noticioso socialista, *Den'* (Dia), voltou como Manhã, Meio-dia, Tarde, Vesperal, Noite, Meia-Noite. O mesmo se passou com todos os informativos do gênero.[46]

Os partidos de oposição mantinham-se em atividade apoiados somente na esperança de salvação política bafejada pela Assembleia Constituinte, vista como a verdadeira voz da democracia. Afinal, ali cada cidadão estaria representado, independente da classe a que pertencesse, enquanto os Sovietes espelhavam apenas a vontade dos trabalhadores, camponeses e soldados. Os adversários de Lênin acreditavam que a Assembleia Constituinte alçaria a posição de poder soberaníssimo: nem mesmo os bolcheviques ousariam desafiá-la. Na verdade, os líderes maximalistas dividiam-se quanto à melhor atitude frente a esta ameaça, embora ainda desconheçamos detalhes importantes dos debates internos ocorridos a este respeito. Lênin sempre mostrara-se desdenhoso para com as urnas e, já por ocasião das Teses de Abril, deixara claro que considerava o poder do Soviete uma fórmula democrática superior à Assembleia Constituinte. Nos Sovietes, não havia espaço para a "burguesia". E, no entender de Lênin, nem na revolução. Mas a tomada das rédeas do país apoiara-se, também, no pretexto de que era necessário garantir a convocação de eleições: muito se falara sobre a maneira como o Governo Provisório planejava convocá-las e sobre o fato de somente um governo do Soviete ter condições de conduzir a Rússia a objetivo tão nobre. Se o negassem antes de alcançar o poder, os bolcheviques deixariam cair a máscara. Além disto, os elementos mais circunspectos do partido estavam, em diferentes gradações, comprometidos com o princípio de um órgão amplo mandatário de toda a Rússia. Kamenev era um defensor ferrenho da ideia de que os maximalistas deviam lutar pelo poder no âmbito da Constituinte. E, como alguns SRs de esquerda, propunha um modelo híbrido: o poder do Soviete atuando em nível local e a Assembleia Constituinte agindo como parlamento nacional soberano.

Em face disto, a única saída de Lênin consistia em permitir as eleições, marcadas para 12 de novembro e, dadas as dimensões do país, com duração prevista de duas semanas. A campanha foi vigorosa, ora violenta, e o número de eleitores, expressivo. A maioria do povo sabia o significado de um referendo nacional em pleno regime vermelho. Os SRs receberam 16 milhões de votos (38% do total), quase sempre de camponeses da zona agrícola central e da Sibéria. No entanto, as cédulas não diferenciavam SRs de esquerda — que haviam apoiado a ascensão bolchevique — e os de direita. A cisão do partido acontecera havia pouco tempo e não houvera tempo para reimprimir os papéis de votação (à exceção de um ou dois lugares). Portanto, impossível saber que parcela dos votos dados aos SRs exprimiu repúdio ao regime bolchevique, embora esta fosse a questão crucial do pleito. O único dado menos incerto é que os SRs de esquerda tinham sua principal base de sustentação entre os soldados jovens e de origem camponesa, enquanto a direita do partido escorava-se nos agricultores mais idosos ainda estabelecidos em aldeias. De acordo com a maior autoridade no assunto, Oliver Radkey, em se tratando de preferência partidária, os lavradores estavam tão divididos quanto as camadas médias. Ainda assim, a direita SR provavelmente desfrutava de maior prestígio eleitoral no campo, considerando sua influência nas organizações partidárias de províncias e, por conseguinte, uma campanha mais combativa. Conforme o costume em vigor desde o surgimento das assembleias aldeãs, cada comunidade rural despejava votos numa só legenda. Esta prática deve ter favorecido a direita SR, pois uma cota notável dos anciões das vilas lhe eram simpáticos. Mas mesmo na hipótese de os SRs conservadores terem conquistado a fatia mais generosa do voto rural, ainda assim lhes faltava maioria na Constituinte, possível somente com o apoio dos mencheviques (os quais tiveram 3% do total de votos), dos kadets (5%) e dos SRs da Ucrânia (12%). Não obstante, no concernente à questão da independência nacional, o abismo entre SRs russos e ucranianos era tão grande que mesmo o naco de 12% parecia improvável.[47]

Contudo, os resultados do pleito representaram um profundo revés ao pretexto do governo, que se pretendia procurador do povo. Os bolcheviques conseguiram 10 milhões de votos (24%), concentrados na região norte industrial, rica em trabalhadores e soldados. Em Petrogrado e Moscou, os vermelhos arrebanharam a maioria; mas no sul agrícola, onde o partido era extremamente débil, quase não houve quem se lembrasse deles. De pronto, Lênin e seus asseclas declararam os resultados injustos: relatos locais a respeito de irregularidades (propensas a ocorrer num território tão grande e atrasado quanto o russo) foram escrupulosamente esmiuçados e citados como prova da necessidade de uma nova votação. Neste ínterim, o partido intensificou a campanha de intimidações e ameaças contra os defensores da Assembleia Constituinte, que, em 20 de novembro — oito dias antes da data prevista —, teve sua sessão de abertura indefinidamente adiada por ordem do Sovnarkom. Menos de 24 horas depois, o Conselho de Comissários do Povo baixou decreto assegurando a possibilidade de cassação de deputados de qualquer órgão representativo, inclusive da Constituinte, contanto que com o aval de metade dos integrantes de um determinado colégio eleitoral. Com efeito, isto equivalia a dar aos ativistas bolcheviques o direito de reverter o resultado de eleições democráticas, bastando para tal granjear a adesão de fábricas e guarnições. A medida tinha alvo certo: os kadets, os quais haviam tido um bom desempenho nas cidades, concentrando os votos de centro-direita. Na Executiva do Soviete, Trótski abonou a proposta, uma alternativa "indolor" ao fechamento da Assembleia, caso esta se opusesse ao princípio do poder do Soviete. Resumindo: uma afirmação flagrante de que os maximalistas não tolerariam um parlamento hostil. "Se os kadets forem maioria, a Assembleia Constituinte não terá poder", ele advertira.[48] Para que a insolência não caísse no vazio, em 23 de novembro, o Comitê Militar Revolucionário invadiu o Palácio Tauride e prendeu três comissários eleitorais da Assembleia; levados ao Smolny, eles enfrentaram seis dias de interrogatórios, até serem liberados e substituídos pelo bolchevique Uritsky.

Parecia que, diante do pífio resultado eleitoral obtido nas urnas, os maximalistas só cogitavam duas possibilidades: postergar a convocação da Assembleia Constituinte para um futuro remotíssimo ou fechá-la. Tanta petulância perturbou os partidos oposicionistas, que logo formaram uma União pela Defesa da Assembleia Constituinte, conclamando filiados e simpatizantes a uma manifestação em frente ao Tauride. Data: 28 de novembro. Objetivo: forçar a abertura do parlamento. Uma multidão saiu à rua no dia marcado, mas nada próximo das 200 mil pessoas citadas pela imprensa avessa a Lênin. Uma estimativa de 50 mil soa mais verossímil, uma massa composta de estudantes e servidores públicos em greve, afora as exceções de praxe. No caso, trabalhadores, com destaque para gráficos e artesãos qualificados. Liderados por Schreider, o incansável prefeito de Petrogrado, 45 deputados eleitos para a Assembleia abriram caminho até o Palácio Tauride. Antes, precisaram ultrapassar piquetes bolcheviques, formados por carabineiros letonianos. Já no interior do prédio, debruçaram-se sobre o primeiro ponto da agenda parlamentar, a eleição de um "presidium". Óbvio, eles sabiam que não contavam com o *quorum* necessário (400 deputados), mas a iniciativa tinha valor simbólico. No dia seguinte, o palácio foi cercado por tropas, encarregadas de manter a população longe do prédio. E, desta vez, os parlamentares entraram, mas não puderam sair.

A manifestação da véspera ganhara o rótulo predileto dos bolcheviques — tratara-se de um ato "contrarrevolucionário" — orquestrado pelo Partido Kadet, que se viu banido e denunciado como "inimigo do povo", na mais perfeita tradição jacobina. Dezenas de lideranças foram presas, inclusive diversos deputados da Assembleia Constituinte: Shingarev, Kokoshkin, Dolgorukov, Panina, Astrov e Rodichev. A justiça revolucionária não reconhecia imunidade parlamentar. A maioria dos detidos passou três meses na Fortaleza de Pedro e Paulo, em condições bastante razoáveis. Dolgorukov pôde dedicar-se à leitura e dar vivas à liberdade em vários telefonemas recebidos na cadeia. No entanto, Kokoshkin e Shingarev adoeceram (o primeiro teve tuberculose) e, transferidos para o hospital-prisão, terminaram brutalmente assassinados por marujos bolcheviques. Os SRs de esquerda opuseram-se às prisões, considerando-as um ato de terror. Gorki tachou-as de "desgraça da democracia". Mas os líderes bolcheviques estavam decididos a destruir os kadets, a "força organizadora da reação burguesa". A medida não se restringia à supressão de um partido; servia, também, de declaração de guerra civil a toda uma classe social. Tentando justificar o encarceramento perante a Executiva do Soviete, Lênin chamou o Comitê Central dos kadets de "Estado-Maior político da burguesia". Trótski chegou a alegar que os burgueses já estavam desaparecendo do cenário histórico e, portanto, a violência bolchevique contra eles funcionaria somente como um lenitivo, um tiro de misericórdia. "Nada há de imoral no fato de o proletariado dar fim a uma classe que está sucumbindo", sentenciou.[49]

As prisões dos pretensos "inimigos do povo" não se limitaram apenas aos kadets. Como no Terror Jacobino, que sempre serviu de modelo e escusa para os maximalistas, os tentáculos espraiaram-se até as fileiras do movimento revolucionário. A Fortaleza de Pedro e Paulo hospedou também grande número de líderes SRs e mencheviques (Avksentiev, Gots, Sorokin, Argunov), assim como alguns nomes importantes do Soviete Camponês. Nem mesmo Tsereteli, Dan e Chernov escaparam. No fim de dezembro, as celas estavam tão abarrotadas que, para abrir espaço, os bolcheviques começaram a libertar criminosos comuns. Alguns dos prisioneiros "políticos" mais ricos, como o empresário Tret'iakov e o ex-ministro do Comércio e da Indústria, Konovalov, pagaram para voltar às ruas.[50]

Lenta mas gradualmente, surgia a forma do futuro Estado policial. Em 5 de dezembro, o Comitê Militar Revolucionário foi extinto e, dois dias depois, suas incumbências passaram à alçada da Cheka,* órgão de segurança que, posteriormente, ganharia o título de KGB. Desde sua concepção, a Cheka operou fora da lei: nenhum decreto publicado marcou seu nascimento, produto de minutas secretas do Sovnarkom, ao qual, em tese, estaria subordinada. A realidade, porém, era que a nova força repressiva funcionava para além de qualquer controle político. Lênin acentuara a necessidade de haver um "jacobino proletário e firme" à frente da nova "Okhrana" e encontrou este homem em Felix Dzerzhinsky, um polonês nascido na cidade lituana de Vilna, que passara metade da vida adulta em diversas prisões tsaristas e, talvez por isto, tivesse motivos especiais para garantir que todos os "inimigos do povo" também sofreriam atrás das grades. Na infância, Dzerzhinsky pretendera ser jesuíta, mas acabou perdendo a fé religiosa; conservou, todavia, o espírito fanático que transpareceu em suas campanhas de perseguição política. Na reunião do Sovnarkom que criou a Cheka, ele afirmou que a sua tarefa seria travar uma guerra sem quartel contra os inimigos internos da revolução:

> Precisamos mandar ao *front* — o mais perigoso e cruel dos *fronts* — camaradas determinados, duros, dedicados e prontos a tudo na defesa da revolução. Não pensem que procuro a justiça revolucionária: não precisamos dela. Estamos falando de guerra — uma guerra corpo a corpo — uma luta que deve ser levada às últimas consequências. Uma questão de vida ou morte![51]

Poder-se-ia perguntar por que os bolcheviques moderados, francamente avessos ao uso do terror político, não detiveram a intolerância dos leninistas. Afinal, a ala mais prudente do partido contava com o apoio das bases. Com certeza, a resposta está na fraqueza psicológica dos moderados e na posição autocrática de Lênin junto aos líderes bolchevistas, após a "vitória" de outubro.** Nenhum dos membros da facção mais branda tinha coragem ou capacidade de liderança para defrontar Lênin. E nenhum deles pretendia correr o risco de dividir o partido. Os cinco homens que, em 4 de novembro, haviam sido ousados o bastante para deixar o Comitê Central, mais cedo ou mais tarde fizeram as pazes com Lênin. Sempre covarde e oportunista, coube a Zinoviev o primeiro recuo. Ele foi readmitido no CC quatro dias depois de ter anunciado seu próprio afastamento. Kamenev, Miliutin, Nogin e Rykov resistiram por um período mais longo, quase quatro semanas. Em maior

* Comissão Extraordinária de Todas as Rússias para Combater a Contrarrevolução e a Sabotagem.

** De acordo com Lozovsky, o sindicalista que deixou o Sovnarkom em 4 de novembro, o "culto à personalidade" de Lênin se transformou em um requisito básico da disciplina partidária. Veja sua carta aberta de protesto contra os métodos ditatoriais da corrente leninista em *Novaia zhizn'*, 4 de novembro de 1917.

ou menor grau, a debilidade fundamental de todos os moderados consistia em seu intelectualismo. Apesar de incomodados pela perspectiva de um Estado terrorista, faltava-lhes ânimo para lutar contra isto com outras armas além de palavras. Lunacharsky era o exemplo perfeito deste perfil. Em 2 de novembro, num encontro do Sovnarkom, ele se debulhou em lágrimas e exonerou-se do cargo de Comissário do Esclarecimento ao ser informado de que o bombardeio bolchevique destruíra a Catedral de São Basílio. "Não suporto mais, já dei minha cota de sacrifício. Não posso suportar tamanho barbarismo", escreveu ele no *Novaia zhizn'*. Quando as notícias foram desmentidas, Lunacharsky voltou atrás, apesar de se sentir frustrado ante o terror bolchevique. Um dos seus aliados políticos mais antigos, Gorki — que mais tarde o sobrecarregaria com pedidos em nome de escritores e artistas perseguidos — resumiu a situação dos moderados numa carta encaminhada a Ekaterina, no Ano-novo:

> É evidente que a Rússia ruma para uma nova autocracia, ainda mais selvagem. Ontem visitei o "Comissário de Justiça", um homem muito decente, porém, como todos os representantes da "autoridade", inteiramente impotente. Solicitei que libertasse Vernadsky, pelo visto, sem sucesso... O comportamento de Lunacharsky é espantosamente absurdo e ridículo — ele é uma figura tragicômica. Todos os bolcheviques de sua laia tornaram-se repulsivamente deploráveis e infames.[52]

A esquerda SR, que se juntara ao Sovnarkom em 12 de dezembro, também estava paralisada. Dentre os principais grupos políticos de maior expressão, esse fora o único a não abandonar o Congresso dos Sovietes após a tomada do poder pelos maximalistas. A atitude levou ao rompimento definitivo com a facção SR de direita. Desde então, os dois renques passaram a agir como partidos distintos em luta pelo controle das organizações SRs nas províncias e do Soviete Camponês. Enquanto a ala mais conservadora mostrava-se disposta a manter os bolcheviques isolados e concentravam todas as suas esperanças na Assembleia Constituinte, a tendência mais à esquerda acreditava que, reunindo-se ao governo bolchevique — e à Cheka —, poderia impedir excessos por parte dos novos donos do poder. A maioria das lideranças SRs de esquerda ainda era muito jovem e, portanto, passível de incorrer em idealismo tão tolo: Steinberg, Karelin e Kalegaev nem haviam chegado aos trinta anos, enquanto Spiridonova e Kamkov tinham apenas 22 anos. A esquerda SR inspirava-se no que considerava ser a espontaneidade revolucionária dos Sovietes, tentando conciliar o extremo liberalismo com o uso do terror exacerbado. A partir de outubro, esta facção praticamente tomou conta dos Sovietes locais, expressando a vontade dos camponeses e soldados radicalizados. Em 26 de outubro, no II Congresso dos Sovietes, o Decreto da Terra proposto por Lênin, na verdade, espelhava, conforme ele próprio admitiria, o programa agrário dos SRs de esquerda. O texto deu carta branca às comunidades rurais para tomarem e dividirem toda a propriedade privada no campo. Foi o bastante para convencer a esquerda SR sobre a viabilidade de um pacto com os maximalistas. Em meados de novembro, após terem levado o Soviete Camponês a fundir-se com a Executiva do Soviete de Todas as Rússias, tiveram início as negociações para a entrada dos SRs de esquerda no Sovnarkom. Kalegaev assumiu o Comissariado da Agricultura; Steinberg, o "inoperante" Comissariado de Justiça, tão visitado por Gorki; cinco outros membros do partido ganharam cargos menores, incluindo a administração da rede nacional de correios e telégrafos, bastante deteriorada. Guardando para si os postos-chave, os bolcheviques usaram os SRs de esquerda como uma folha de parreira, para esconder a nudez da ditadura. Ao contrário de suas ingênuas expectativas, os SRs de esquerda não tiveram como cercear os exageros despóticos da política leninista, e sob quase todos os aspectos, a realidade afigurou-se diametralmente oposta aos ideais revolucionários que os alimentavam. Vislumbrado por eles, o sistema semianarquista de Sovietes descentralizados parecia inviável, dada a estrutura concentrada da Ditadura do Proletariado; o apoio que garantiam à comuna camponesa, à organização das fábricas em bases e à autonomia política das minorias nacionais era incompatível com os objetivos de longo prazo do bolchevismo; e o comprometimento fervoroso com as liberdades civis (certa vez, Spiridonova pregara a destruição da Fortaleza de Pedro e Paulo, símbolo do Estado policial) dificilmente poderia ser assimilado pelo governo bolchevique.

Com os SRs de esquerda devidamente neutralizados, Lênin dedicou-se à campanha de perseguição à Assembleia Constituinte. A despeito de defender as liberdades democráticas, a esquerda SR estava tão determinada quanto os maximalistas a não permitir que o princípio da soberania parlamentar suplantasse o poder do Soviete. Após os eventos de 28 de novembro, muitos bolcheviques e SRs de esquerda sustentavam a tese de que era preciso excluir os kadets da Assembleia Constituinte, a qual, então, poderia ser reorganizada em torno dos dois partidos, transformando-se numa Convenção Revolucionária. Em 29 de novembro, Bukharin fizera tal sugestão ao Comitê Central. Como a Convenção Francesa de 1792, a qual substituíra a Assembleia Legislativa, a versão russa seria um órgão mais maleável, a serviço da tirania do Soviete, embora devesse preservar todos os sinais externos de um parlamento nacional, assim apaziguando o que Bukharin chamou de "ilusões constitucionais ainda vivas nas massas".[53]

Enquanto isto, Lênin inclinava-se à ideia de acabar, por completo, com a Assembleia Constituinte. Em 12 de dezembro, ele publicou suas "Teses" sobre o assunto, nas quais argumentava que o poder do Soviete havia acabado com a necessidade de uma instituição "democrático-burguesa". Em todo caso, a Assembleia não era mais representativa, devido ao racha do Partido SR e à tendência esquerdista das massas, registrada desde outubro. A "luta de classes" e a derrota da "contrarrevolução" exigiam a consolidação do poder do Soviete e, a menos que a Assembleia se prontificasse a reconhecer isto, "todo o povo" concordaria com o fato que a instituição "estava fadada à extinção política". Tratava-se de uma declaração de intenções de dar fim à Assembleia, a não ser que esta mesma tomasse a iniciativa de se dissolver. O ultimato de Lênin tornou-se a política do partido e esta, por sua vez, tornou-se a política do Sovnarkom. Dez dias depois, numa reunião da Executiva do Soviete, os bolcheviques e a esquerda SR exigiram o fechamento da Assembleia Constituinte, salvo se a instituição resolvesse se subordinar aos Sovietes já na sessão de abertura, marcada para 5 de janeiro. Neste meio-tempo, foi convocado, para 8 de janeiro, um III Congresso dos Sovietes, antecipando em duas semanas a data antes prevista. Segundo Zinoviev, o congresso realizar-se-ia para que o "povo oprimido pudesse deliberar sobre a Assembleia Constituinte". Lênin redigiu uma "Declaração dos Direitos do Povo Trabalhador", a ser aprovada pela Assembleia Constituinte logo na sessão inaugural. Esta réplica espúria da Declaração dos Direitos do Homem proclamava a Rússia uma República dos Sovietes e endossava todos os decretos do Sovnarkom, inclusive os que aboliam a propriedade privada da terra, instituindo a nacionalização dos bancos e determinando a convocação universal ao trabalho. Ninguém poderia ficar sem trabalho. Quem não trabalha, não come, era o lema.[54] Foi a sentença de morte da Assembleia Constituinte.

Em 5 de janeiro, dia da abertura da Assembleia, o governo anunciou que Petrogrado estava em estado de sítio. Os bolcheviques haviam colocado a capital sob lei marcial, proibindo reuniões públicas e distribuindo tropas pelas ruas. A parcela maior do contingente concentrou-se nas imediações do Palácio Tauride, onde a Assembleia deveria funcionar. Barricadas e piquetes maximalistas ocuparam as proximidades do palácio. A entrada do prédio, onde, outrora, Chernov fora cercado pela massa, viu-se atulhada de barracas, peças de artilharia, metralhadoras e cozinhas improvisadas. Tudo assemelhava-se a um acampamento em armas. Os bolcheviques haviam criado um comando militar especial e convocado seus defensores mais fiéis — os marinheiros de Kronstadt, os carabineiros letonianos e os Guardas Vermelhos — para combater quaisquer ações "contrarrevolucionárias" tentadas pela União pela Defesa da Assembleia Constituinte.

De início, a entidade planejara um levante, mas não dispondo de tropas, abandonara a ideia e se decidira por uma manifestação sob a chancela de "Todo Poder à Assembleia Constituinte". De manhã, uma multidão considerável reuniu-se no Campo de Marte e, por volta de meio-dia, pôs-se a marchar em várias colunas rumo ao Palácio Tauride. Algumas fontes mencionam 50 mil manifestantes, mas o número real provavelmente é inferior. E, com certeza, os organizadores do ato público esperavam quantidade de trabalhadores e soldados muito além da registrada. A massa era formada, principalmente, por estudantes, servidores públicos e profissionais de classe média, os quais já haviam participado de protesto igual acontecido em 28 de novembro. Quando a massa aproximava-se da Liteiny Prospekt, as tropas bolcheviques, escondidas nos telhados com metralhadoras, abriram fogo. Várias outras colunas de manifestantes, inclusive uma de trabalhadores da fábrica de munição de Obukhovsky, também foram atingidas. Pelo menos dez pessoas morreram e dezenas ficaram feridas.

Desde os Dias de Fevereiro, era a primeira vez que as tropas do governo dispararam contra uma multidão desarmada. Em 9 de janeiro, aniversário do Domingo Sangrento, aconteceu o sepultamento dos que tombaram neste segundo massacre. Os paralelos históricos não passaram despercebidos. Várias delegações dos trabalhadores compareceram ao funeral e uma delas depositou uma coroa de flores com a inscrição: "Às vítimas dos autocratas do Smolny." Gorki, que testemunhara ambas as carnificinas, escreveu no *Novaia zhizn'*, enfatizando as semelhanças entre as duas ocasiões. Aquele foi o clímax emocional de seu amargo desengano com a revolução:

> Em 9 de janeiro de 1905, quando, por ordem do regime tsarista, homens tiranizados e maltratados atiravam contra massas indefesas e pacíficas de trabalhadores, coube a intelectuais e trabalhadores acorrerem aos soldados — os assassinos involuntários — e gritarem francamente: "O que estão fazendo, malditos? A quem querem matar?"...
>
> No entanto, a maioria das tropas do tsar respondeu às censuras e tentativas de persuasão com desdém e demonstrações de servilismo: "Estamos cumprindo ordens." "Não sabemos de nada, estamos cumprindo ordens." E, como máquinas, dispararam. Relutantemente, talvez com o coração pesado, mas ainda assim dispararam.
>
> Em 5 de janeiro de 1918, a democracia de Petersburgo — operários e funcionários de fábricas — se manifestou ordeiramente em favor da Assembleia Constituinte.
>
> Durante quase cem anos, os russos acalentaram a ideia de uma Assembleia Constituinte. Rios de sangue inundaram o altar de imolações erigido em nome deste ideal. Agora, os "Comissários do Povo" ordenaram tiros contra a democracia que se pronunciava favorável a esta meta...
>
> Portanto, em 5 de janeiro, os trabalhadores de Petrogrado acabaram repelidos com violência, embora estivessem desarmados... Repelidos numa emboscada, de modo covarde, como se fossem eles os criminosos.
>
> E exatamente como em 9 de janeiro, as pessoas que ainda não haviam perdido a razão e a consciência perguntaram quem eram os alvos: "O que estão fazendo, idiotas? Não é gente de vocês que está marchando? É possível constatar que há estandartes vermelhos em toda parte..."
>
> E — a exemplo dos soldados tsaristas — esses assassinos responderam: "Cumprimos ordens! Recebemos ordens para atirar."

> Pergunto aos Comissários do Povo, entre os quais devem existir homens dignos e sensíveis: Compreendem que estão, inexoravelmente, asfixiando a democracia russa e arruinando todas as conquistas da revolução?
>
> Compreendem? Ou, ao contrário, pensam que "ou temos o poder ou tudo e todos perecerão"?[55]

Por volta de 16 horas, quando teve início a sessão inaugural da Assembleia Constituinte, a atmosfera no Palácio Tauride era extremamente tensa. Muitos dos deputados SRs haviam participado da manifestação realizada de manhã e mostravam-se enfurecidos com os tiros. Para piorar, ao entrar no prédio, cada um deles havia sido seguido por guardas bolcheviques. Ao contrário do que alegava a imprensa maximalista, nem todos os deputados haviam sido libertados para poderem participar da abertura dos trabalhos da Assembleia. Embora os jornais do governo informassem que Argunov, Avksentiev e Sorokin tenham discursado no Palácio Tauride, fato é que, naquele dia, eles ainda permaneciam na Fortaleza de Pedro e Paulo. No Salão Catarina, onde se realizavam os trabalhos, havia quase tantos soldados quanto parlamentares. As tropas mantinham-se nos fundos do recinto, sentadas nas galerias, bebendo vodca e dirigindo ofensas aos deputados SRs. Do camarote que pertencera ao antigo governo, onde os ministros tsaristas se instalavam durante as sessões da Duma, Lênin supervisionava a cena. Quem o visse, pensaria tratar-se de um general segundos antes do início de uma batalha decisiva — e, com efeito, a imagem correspondia à realidade, pois ali se desenrolaria uma peleja da máxima importância.

Os SRs tentaram abrir os trabalhos, mas os bolcheviques promoveram tamanha balbúrdia a ponto de o primeiro orador, Mikhailov, o membro mais idoso da Assembleia, não conseguir se fazer ouvir. Eleito presidente da Assembleia, Chernov fez um discurso longo e vão, bem a seu estilo; o palavrório nada acrescentou à reputação do até então único parlamento nacional genuinamente democrático da história russa, num momento em que este esperava seu fim iminente. Foi então que surgiu Tsereteli, desconsiderando a ordem de sua prisão baixada pelos maximalistas. A presença deste foi mais proveitosa, denunciando o regime com tamanho fervor que mesmo a esquerda, ávida por interromper qualquer frase com uma saraivada de perguntas, viu-se forçada a calar e escutar. No entanto, os bolcheviques não demoraram a provocar mais confusão. Raskolnikov, líder dos marinheiros de Kronstadt, apresentou a Declaração dos Direitos do Povo Trabalhador. Quando o texto foi rejeitado, por 237 votos a 146, os bolcheviques proclamaram que a Assembleia estava nas mãos de "contrarrevolucionários" e retiraram-se do salão. Ato contínuo, houve um recesso, para que bolcheviques e os SRs de esquerda discutissem o que fazer. Vacilantes como de hábito, estes últimos propuseram adiar a dissolução da Assembleia, mas Lênin manteve-se inflexível. "A situação é clara e estamos em plenas condições de nos livrarmos deste problema." Foi decidido o fim da Assembleia e, em deferência à esquerda SR, Lênin instruiu os Guardas Vermelhos a não usar de violência; quando os parlamentares saíssem, o palácio deveria ser trancado e ninguém teria permissão para se reunir no local até o dia seguinte. No meio da madrugada, satisfeito em saber que tudo estava sob controle, Lênin retornou ao Smolny e foi dormir.[56]

Menos de duas horas depois, a Assembleia Constituinte era fechada. Após a partida dos bolcheviques, vários oradores SRs dedicaram-se aos longos discursos de praxe, enquanto, nas galerias, os Guardas Vermelhos embriagavam-se e gritavam. Alguns divertiam-se em apontar armas na direção dos que ocupavam a tribuna. Os SRs resolveram aproveitar estes instantes finais para apreciar decretos sobre as questões agrária e sobre a paz, de modo a que a Assembleia se extinguisse sob a égide de um recorde simbólico, o de discutir grande quantidade de matérias de interesse popular. Eles já estavam atentos na iminência de uma guerra civil, para a qual precisariam mobilizar o apoio da democracia com vistas à restauração da Assembleia. Às 2h30 da manhã, os SRs de esquerda finalmente deixaram o Salão Catarina, alheios aos apelos desesperados de antigos camaradas do partido, os quais insistiam na viabilidade de se conseguir, em minutos, o que não havia sido alcançado em seis meses de Governo Provisório. Em seguida, o bolchevique Dybenko determinou ao chefe dos Guardas Vermelhos, o marinheiro Zhelezniakov, que encerrasse a sessão. Às 4 horas, este subiu ao palanque e, dando tapinhas no ombro de Chernov, anunciou: "Todos os presentes devem deixar o local porque a guarda está cansada." Chernov replicou que os membros da Assembleia Constituinte também estavam fatigados, mas isto não os impedia de "proclamar uma lei esperada por toda a Rússia". Reunindo-se, ameaçadoramente, armas em punho, no centro do salão, os guardas bradaram irritados: "Abaixo Chernov!" Durante vinte minutos, ele se recusou a interromper os trabalhos, mas sem nunca ter sido famoso por sua bravura pessoal diante da turba (vide 4 de julho), acabou concordando em suspender a discussão até a próxima tarde.[57] A única sessão da Assembleia Constituinte finalmente terminara: eram 4h40 de 6 de janeiro. Obedientes, os deputados saíram em fila e o Palácio Tauride foi trancado, sublinhando o fim prematuro dos doze anos de história desta cidadela da democracia. No dia seguinte, os que voltaram foram comunicados da existência de um decreto dissolvendo a Assembleia Constituinte e proibidos de entrar.

Dois dias mais tarde, em 8 de janeiro, realizou-se o III Congresso dos Sovietes. Os bolcheviques e a esquerda SR garantiram que o evento tivesse a presença maciça de seus seguidores: nove em cada dez delegados pertenciam a esses dois partidos. O Congresso aprovou todas as medidas propostas pelos representantes do governo, inclusive a tal Declaração dos Direitos do Povo Trabalhador que, efetivamente, funcionou como a primeira Constituição do Estado soviético. Este foi o único tipo de "parlamento" com o qual Lênin estava disposto a lidar — um parlamento que referendasse todas as suas vontades.

Logo depois do fechamento da Assembleia Constituinte, Boris Sokolov perguntou a um deputado SR da região do Volga se o partido tentaria defender, pela força, a sobrevivência do parlamento. "Tem noção do que está dizendo?", retorquiu o deputado. "Percebe que somos os representantes do povo, que recebemos a honra máxima de sermos eleitos pelo povo para escrever as leis de uma nova república democrática? Defender a Assembleia Constituinte, defender a nós, seus membros — este é o dever do povo."[58] Grande parte dos SRs mostrava-se igualmente paralisada pela ilusão de serem líderes do "povo", o qual, de algum modo, os socorreria. E, como resultado, não houve campanha militar para reverter a dissolução da Assembleia. Sem dúvida, qualquer iniciativa do gênero estaria condenada antes de ser posta em prática, pois as lideranças democráticas da Rússia não dispunham de tropas suficientes. A União pela Defesa da Assembleia Constituinte era dominada por intelectuais SRs e só podia arrebanhar apoio de uns poucos aspirantes a oficiais. A crença cândida na adesão do "povo" foi outro fator desfavorável, pois revelava uma grande incapacidade de entender as forças revolucionárias em ação e, portanto, já prenunciava um final infeliz para a guerra civil que se aproximava.

Sokolov, SR de direita, considerava que a razão para a passividade de seus colegas de partido consistia no fato de terem passado de grupo revolucionário clandestino a líderes do Governo Provisório. E ele estava certo. A responsabilidade sobre as questões de Estado (e sem dúvida, uma ponta de orgulho pelo novo status ministerial) levou a direita SR a rejeitar os velhos métodos. Foi isto que, em 1917, os ligou aos kadets e os impediu de formar um governo centrado apenas no Soviete. "Devemos fazer uso somente dos meios legais, defendendo a legalidade por caminhos adequados à nossa condição de representantes do povo, ou seja, pela via parlamentar", explicou Sokolov. Não se pode acusá-los de insinceridade. Os SRs mais conservadores alimentavam a firme convicção de que, recusando-se a enfrentar bolcheviques utilizando as mesmas armas destes, estavam poupando a Rússia dos traumas de uma guerra civil. Mark Vishniak, SR de direita e secretário da Assembleia Constituinte, mais tarde admitiu que estava de mãos atadas pela insistência do partido quanto à necessidade de evitar a guerra civil a qualquer custo. Mas havia também uma boa dose de vaidade em tudo isto. Os SRs de direita pareciam hipnotizados pela "santidade" e "dignidade" da Assembleia Constituinte, o primeiro parlamento democrático da história russa, e embriagados pela "honra" de terem sido ungidos para serem seus representantes. Transportados por tais ideais, eles se iludiram ao acreditar que o país poderia trilhar firmemente a mesma via democrática seguida pela Inglaterra ou pelos Estados Unidos. Para eles, bastava a "vontade do povo" para garantir essa possibilidade. Depositando esperanças demais num projeto cambaleante, não conseguiram enxergar que a linha de ação bolchevique poderia sair vencedora, a longo prazo.[59]

A questão não se resumia à diferença de métodos: a confiança da direita SR no "povo" era equivocada. Não houve reação das massas ao fechamento da Assembleia Constituinte. A manifestação de 5 de janeiro foi muito menor e constituída principalmente pelas camadas médias, contrariando as projeções dos organizadores. Sokolov considerava que o espírito reinante na capital era de letargia. Após quase um ano de conflito social, a crise econômica não se revertera e o povo poderia ser desculpado pela indiferença cínica com que encarava a política e os políticos. Inquietações mais prementes, como a luta diária por alimento e combustível, ocupavam a maioria do povo. Mesmo Gorki — um animal político, se é que já existiu um — sucumbiu ao torpor. Em 26 de janeiro, ele escreveu a Ekaterina:

> Subsistimos como cativos dos "bolcheviques". É assim que os franceses chamam os lacaios de Lênin. A vida não está lá muito divertida! E é enfadonha demais. Mas o que o povo pode fazer? Não há como interferir. "Aquele que sobrevive será salvo." Sobrevivemos à autocracia dos Romanov, talvez sobrevivamos à de Ulianov. A vida tornou-se cômica — e trágica. Não ria! *Novaia zhizn'* parece estar perecendo. Meu humor está péssimo, sem contar que tenho me sentido mal fisicamente. Há dias em que acordo e nem mesmo tenho vontade de trabalhar. É como se não quisesse fazer mais nada, estou paralisado pela apatia, à qual não tenho como resistir.[60]

Existia uma indiferença ainda mais profunda entre o campesinato, tradicional base de apoio dos SRs. A intelectualidade do partido sempre se enganara ao crer que os agricultores tinham grande veneração pela Assembleia Constituinte. Para os lavradores alfabetizados, ou para aqueles havia muito expostos à propaganda SR, a Assembleia talvez fosse um símbolo da "revolução". Porém, para a massa rural, cuja visão política limitava-se aos confins longínquos de suas aldeias, o parlamento não passava de uma miragem urbana, dominada pelos "chefes" de vários partidos, os quais eram incompreensíveis e inteiramente diversos das organizações presentes no campo. A Assembleia Constituinte era um parlamento nacional, havia muito sonhado pela *intelligentsia*, mas os camponeses não partilhavam da concepção erudita de "nação política", nem sabiam empregar expressões como "Estado", "democracia" e "direitos e deveres civis". Quando usavam tal retórica intrincada, os aldeões lhe atribuíam um significado próprio, já devidamente adaptado às condições em que viviam.[61] Os Sovietes rurais estavam muito mais próximos dos ideais políticos da massa camponesa, funcionando como uma versão revolucionária das remotas assembleias rurais. Através deles, os camponeses já estavam promovendo sua própria revolução agrária, prescindindo de sanção da Assembleia Constituinte (ou, para ser mais exato, dada a conjuntura, do governo soviético). Os SRs de direita não entendiam este aspecto essencial: aos olhos dos homens do campo, eram os

Sovietes locais que garantiam a autonomia, reduzindo-se muito a importância de qualquer parlamento nacional. Através deles, os aldeões tinham atingido a *volia*, concretizando a antiga aspiração da autogestão agrária. Respeito aos mais velhos ou hábito induziam a massa camponesa a votar nos SRs. Porém, pouquíssimos dispunham-se a algum empenho no sentido do reerguimento do prestígio partidário, como provaria o fracasso do Komuch, no verão de 1918. Virtualmente, em todas as resoluções acerca da questão, as aldeias deixaram claro que não queriam uma Assembleia Constituinte "senhora política da terra russa" e com poderes acima do Soviete local, como disse um lavrador. Em outras palavras, não desejavam mais ser governados por um Estado central. Como Sokolov reconheceria mais tarde, relembrando sua experiência como propagandista SR no exército:

> A Assembleia Constituinte era algo totalmente desconhecido e impreciso para as tropas da linha de batalha, sem dúvida uma *terra incognita*. Sem sombra de dúvida, suas simpatias estavam com os Sovietes, instituições que lhes eram próximas e caras, fazendo-os lembrar das assembleias das aldeias ... Mais de uma vez, tive ocasião de ouvir soldados, inclusive os mais inteligentes dentre eles, criticando a Assembleia Constituinte. Ao ver da maioria destes homens, o parlamento estava associado à Duma do Estado, uma casa que lhes era ainda mais alheia. "Para que precisamos de uma Assembleia Constituinte se já temos nossos Sovietes, onde nossos próprios representantes podem reunir-se e decidir tudo?"[62]

Após serem derrotados na capital, os SRs voltaram-se para suas velhas fortalezas provinciais, a fim de angariar o apoio que julgavam indispensável à restauração da democracia. Aprendendo uma lição dolorosa sobre as novas realidades da vida, fora dos grandes centros, eles descobriram que o campesinato mantinha-se totalmente indiferente ao fechamento da Assembleia Constituinte, e constataram o quanto a organização partidária rural decaíra. Ao fazer dos camponeses a principal escora da legenda, os SRs haviam se instalado em terreno arenoso. Província após província, a direita SR perdera o controle dos Sovietes para a extrema esquerda. No final de outubro, e quase sempre graças ao voto popular, a maior fatia do poder, nas províncias industriais do norte e do centro do país — onde os bolcheviques e os SRs de esquerda podiam contar com o apoio da maioria dos trabalhadores e soldados, bem como de grande parcela dos camponeses empregados em atividades não especializadas da indústria —, pertencia aos bolcheviques ou seguia sua orientação. Apenas em Novgorod, Pskov e Tver houve disputas acirradas. Em algumas destas cidades, especialmente onde existiam quartéis, os maximalistas recorreram à força militar para exterminar a oposição e assegurar a "maioria". Nas províncias agrícolas do sul, a transferência de poder só se concluiu no fim do ano e, em geral, foi sangrenta, com lutas nas ruas das principais cidades (Orel, Kursk, Voronezh, Astracã, Chernigov, Odessa, Kherson, Ekaterinoslav, Sebastopol e outras). Em inúmeros lugares, a extrema esquerda organizou soldados e trabalhadores em Comitês Militares Revolucionários, os quais tomavam a frente das instituições governamentais após derrotarem as tropas de aspirantes ou cossacos leais à Duma municipal. Em seguida, realizavam-se novas eleições — em regra, fraudulentas — para o Soviete local. Não raro, como em Petrogrado, os SRs e os mencheviques caíam na cilada bolchevique, boicotando as instâncias de poder e a "votação". Ainda assim, sem forças militares próprias, ou sem apoio popular amplo e disposto a pegar em armas em defesa da democracia, os SRs estavam praticamente encurralados. Nos centros provinciais, o nível da discussão política não era muito mais avançado do que na retrógrada Rússia camponesa. Além dos limites das cidades mais importantes, não existia nada semelhante à classe média urbana, capaz de sustentar a revolução democrática. Tal foi a tragédia de 1917.

3. Saqueando os saqueadores

Pela primeira vez em muitos anos, o general Denikin se viu em meio a russos comuns. A rara oportunidade veio num vagão de terceira classe, no qual viajava a caminho do Don, disfarçado de nobre polonês:

> Agora eu era um mero *burzhooi*, empurrado e xingado, às vezes com malícia, às vezes por acidente, embora, felizmente, ninguém tenha prestado atenção a minha figura. Pude ver de perto o que era a vida. Fiquei aterrorizado. Percebi que, no povo, borbulhava um ódio infinito a tudo o que lhe fosse social ou intelectualmente superior, a tudo que insinuasse o mais leve traço de abastança. Um ódio que se estendia a quaisquer objetos tidos como sinais de alguma cultura estranha ou inacessível. Aquele era o resultado de um rancor acumulado ao longo de séculos, da amargura de três anos de guerra e da histeria gerada pelos líderes revolucionários.

Naquele terrível inverno de 1917-1918, o futuro comandante do Exército Branco não foi o único refugiado da Rússia bolchevique a experimentar a ira da multidão. As biografias de príncipes, condessas, pintores, escritores e homens de negócio estão cheias de menções similares dos que passaram pela desagradável experiência de cruzar o país, tentando fugir do regime vermelho. Todos esses relatos revelam o mesmo espanto com a rudeza e a hostilidade com que seus autores se depararam, em contato com a gente do povo: não seriam aqueles os irmãos e irmãs de suas babás e criadas, de suas cozinheiras e mordomos, que ainda ontem pareciam tão gentis e respeitosos? Era como se até então os serviçais os tivessem enganado, usando máscaras de boa vontade que, de repente, retiradas pela revolução, revelavam a sua verdadeira face de ódio.

Para a imensa maioria do povo russo, o fim de todo e qualquer privilégio social constituía o princípio básico da revolução. O país tinha uma longa tradição de nivelamento social que remontava à comuna aldeã. Estes ideais de justiça social também haviam se tornado parte daquele ramo peculiar de cristianismo que os camponeses adaptaram ao seu bel-prazer. Na mente de homens e mulheres do campo, havia virtude cristã na pobreza.* "Os humildes herdarão a terra!" Era esta máxima que fazia a consciência popular atribuir à revolução um *status* quase religioso. A guerra contra a riqueza era vista como um purgatório a caminho dos portais do paraíso mundano.

Se os bolcheviques tiveram apoio popular em 1917, este deveu-se à promessa de encerrar todos os privilégios e substituir a ordem social perversa por uma república de iguais. No cerne do idealismo com que o povo tratava a revolução, jazia a visão utópica de um Estado socialista universal. Em maio de 1917, um operário de origem rural escreveu ao Soviete Camponês: "Todas as pessoas, sejam ricas ou pobres, devem ser amparadas; cada um deve receber sua ração justa e igual, de modo a não faltar a ninguém. Não só comida, mas também trabalho e moradia, devem ser distribuídos pelos comitês; tudo deve ser declarado propriedade pública." A principal força motriz da revolução social consistiu na rejeição a qualquer tipo de autoridade superior (juízes, oficiais militares, padres, nobres, patrões etc.). Ao dar forma institucional a esta guerra às regalias, os bolcheviques puderam concentrar as energias revolucionárias de parcela considerável dos pobres, que antecipavam o prazer de ver a destruição dos opulentos e poderosos. Tal deleite não ponderava quais melhorias seriam reservadas aos menos favorecidos. Se o poder do Soviete podia pouco para aliviar a vida dos miseráveis, pelo menos teria condições de tornar a existência dos endinheirados pior do que a da ralé. E bastava isto para provocar grande satisfação entre a gente simples. Após 1918, quando os ideais revolucionários definharam e o povo empobreceu a olhos vistos, o regime bolchevique passou a apelar quase exclusivamente aos prazeres vulgares de vingança. Em um editorial do início de 1919, o *Pravda* proclamou, com orgulho:

* Para os ocidentais pode parecer estranho que os bolcheviques tenham resolvido batizar seu principal jornal camponês de *O camponês pobre* (*Krest'ianskaia Bednota*). Mas isso na realidade é um brilhante exemplo de sua propaganda. Os camponeses russos se viam como pobres e, ao contrário dos camponeses do Ocidente protestante, não consideravam a pobreza uma vergonha.

> Onde estão as damas ricas e elegantes, os restaurantes caros, as mansões, os jornais mentirosos, toda a corrupta "vida dourada"? Nas ruas, não se vê mais um *barin* [cavalheiro] abastado, em casaco de peles, lendo o *Russkie vedomosti* [periódico liberal fechado após outubro de 1917]. Não existe mais *Russkie vedomosti*, nem casacos de pele para o *barin*; ele hoje vive na Ucrânia ou em Kuban, ou está depauperado e sobrevive, magro, graças a uma ração de terceira; sequer mantém a aparência de *barin*.[63]

Em parte, a guerra plebeia contra o privilégio foi uma extensão do furor e da destruição que Gorki condenara ainda no rastro da Revolução de Fevereiro. Havia o mesmo ódio e desconfiança às classes proprietárias, o mesmo desejo cruel de vingança, a mesma ânsia em dar cabo da velha civilização. Para os abastados, tudo parecia integrar uma única tempestade revolucionária, ininterrupta. Eles comparavam a violência de 1917 à *Pugachevshchina*, onda anárquica de aniquilamento promovida pelos camponeses — "inclemente e sem misericórdia", como Puchkin a descrevera — que assombrava a Rússia desde o século XVIII. Os novos-ricos aludiam aos vermelhos da mesma forma que seus predecessores do século XIX haviam tachado os seguidores de Pugachev; falavam de instintos populares "nefastos" e "selvagens", os quais os bolcheviques insuflavam. Provavelmente, tais estereótipos primários e tendenciosos nos informam mais sobre aqueles que os usavam do que sobre aqueles a que se referem. Em outras palavras, resumiam as pretensões sociais dos que se viam como "civilizados" e "respeitáveis", e que consideravam perniciosa a fúria da malta. Se enxergarmos a violência por outra ótica, encontraremos importantes distinções entre a guerra contra as regalias travada a partir de outubro e as formas anteriores de violência registradas no passado contra as classes proprietárias.

O furor posterior a outubro de 1917 foi articulado e legitimado pela linguagem de classe e pelo conflito entre estas classes, novidades surgidas com os partidos socialistas. Extinguiram-se as velhas e deferentes formas de tratamento com que a massa se dirigia aos proprietários (*gospodin* e *barin*), que logo se tornaram insultos ou zombarias sarcásticas para classificar aqueles que haviam perdido riqueza e posição social. De acordo com a nova nomenclatura maximalista, *gospodin* e *barin* eram "gente de outrora" (*byvshchie liudi*). A proliferação de formas de tratamento igualitárias — "camarada" (para membros do partido e trabalhadores) e "cidadão" (para os demais) — parecia exprimir uma nova paridade republicana. Na realidade, nem tudo era tão simples. Adaptando a citação de George Orwell, havia mais iguais do que os demais. Entre os operários urbanos mais conscientizados, o termo "camarada" (*tovarishch*) possuía antigas conotações de fraternidade e solidariedade. A expressão tornou-se uma marca do orgulho proletário, algo capaz de caracterizar e unir o exército víndice de pobres na luta contra os ricos. Este novo vocabulário classista despertava um senso de dignidade e poder nos miseráveis de ontem. E logo isto refletiu-se em maior convicção no trajar e nos gestos das camadas menos favorecidas no antigo regime. Serviçais e trabalhadores enviesaram seus bonés e desabotoaram as túnicas, numa demonstração de atrevimento. Ostensivamente, circulavam com pistolas presas ao cinto e, em geral, comportavam-se de maneira agressiva. Com rudeza, interpelavam aqueles que, em tese, lhes eram superiores na hierarquia social, recusavam-se a ceder lugar nos bondes às mulheres e, no teatro, fumavam e bebiam, pés para o alto, apoiados sobre as cadeiras da fila da frente.

No entender do povo, que nunca lera Marx, as divisões de classe baseavam-se mais na emoção do que em critérios sociais objetivos. O termo *burzhooi*, por exemplo, não tinha conotação classista, a despeito de ter nascido da palavra "burguês"; era usado como uma afronta genérica contra patrões, oficiais, donos de terra, padres, comerciantes, judeus, estudantes e quaisquer outros bem-vestidos, com ares de estrangeiro ou aparentemente em boa situação financeira. Considerando-os sonegadores de alimentos, os operários famintos chamavam os camponeses de *burzhooi*. Os agricultores — que frequentemente confundiam *burzhooi* com *barzhui* (donos de barcos) e *birzhye* (termo derivado de *birzh* — bolsa de valores) — imaginavam que os trabalhadores e a totalidade da população urbana dificultavam o comércio de bens manufaturados. Em suma, sem constituírem propriamente uma classe, os *burzhoois* eram uma gama de bodes expiatórios, ou inimigos internos, passíveis de redefinições várias, de modo a responder pela falência do mercado, privações resultantes da guerra e desigualdades sociais. Os aldeões sempre descreveram os *burzhooi* como adversários "dissimulados" e "ardilosos", culpados de todos os problemas. Este desafeto podia aparecer sob a pele de um citadino, um comerciante ou um burocrata. Nas filas, diante dos armazéns (nas quais proliferavam teorias sobre a sabotagem responsável pela falta de pão), as palavras *burzhooi*, "especulador", "alemão" e "judeu" valiam como sinônimos. Tratava-se de uma sociedade em guerra consigo mesma — e todos pensavam estar lutando contra o *burzhooi*.[64]

A imprensa socialista encorajava tais rivalidades, chamando de "inimigos do povo" todos aqueles que cada grupo denominava *burzhooi*. Um panfleto de grande sucesso, intitulado *Aranhas e moscas*, contribuiu mais do que qualquer outra publicação para dar forma à consciência de classe da gente comum. O texto de Wilhelm Liebknecht (não confundir com Karl Liebknecht) vendeu milhões de exemplares, em mais de vinte edições, pegas pelos principais partidos socialistas. O enredo dividia a Rússia em duas espécies de insetos hostis entre si:

> As aranhas são os patrões, os multiplicadores de dinheiro, os exploradores, a aristocracia, os abastados e os padres, os rufiões e parasitas de todos os tipos! ... As moscas são os infelizes trabalhadores, que devem obedecer a todas as leis promovidas pelo capitalista — tal obediência torna-se obrigatória porque os pobres sequer têm uma migalha de pão!*

* Antes da guerra, panfletos de direita usaram a imagem da aranha para representar o judeu "sugando o sangue das moscas indefesas (o povo russo) presas em sua teia". (Engelstein, *Keys*, 322-3.)

Ao serem classificados como *burzhoois*, os ricos e instruídos ganhavam, automaticamente, o rótulo de antissociais. "É um egoísta. Caso estejam em jogo dinheiro ou comida, está sempre pronto a agarrar qualquer coisa que lhe passe sob os olhos, pois só pensa em si, em seu estômago", escreveu um panfletário socialista. Quando a crise social se aprofundou, os *burzhoois* passaram a ser condenados como "comilões" e "sanguessugas". Nos partidos de esquerda, nas ruas, nas fábricas e nos quartéis, tornaram-se mais intensos e constantes os clamores que exigiam seu extermínio. "Devemos aniquilar todos eles, para que o povo russo, honesto e digno, possa viver com menos percalços", declarou um operário em janeiro de 1918.[65]

Os bolcheviques estimulavam a guerra ao privilégio — e fizeram desta uma bandeira. Lênin sempre advogara o uso do terror popular contra os inimigos da revolução. No texto "Como organizar a concorrência", escrito em dezembro de 1917, ele convocava uma "guerra letal contra os endinheirados, os ociosos e os parasitas". Cada aldeia ou cidade devia desenvolver seus próprios meios para

> ...purificar a terra russa de todos os vermes, das pulgas infames, dos carrapatos ricos e que tais. Em um lugar, será presa uma dúzia de abastados, uma dúzia de velhacos, meia de operários que fogem ao trabalho... Em outro, eles serão postos para limpar latrinas. Num terceiro, após cumprirem pena, receberão cartões amarelos (como os dados às prostitutas), para que todos saibam o quanto são nocivos e, assim, os mantenham sob vigilância. Num quarto local, um em cada dez inúteis acabará fuzilado. Quanto mais tipos de castigos, melhor... pois somente a prática pode produzir os métodos mais adequados de luta.[66]

Em muitas ocasiões, ele enfatizou, o "Estado proletário" incorpora um "sistema de violência organizada" contra os burgueses; a frase resume o que Lênin sempre entendeu por "ditadura do proletariado". O endosso a pilhagens e expropriações fazia parte deste sistema, constituindo um meio de intimidar a burguesia e submetê-la às normas do novo Estado. Eis as origens do Terror Vermelho.

Os historiadores têm se inclinado a negligenciar as conexões entre a guerra plebeia contra as regalias e as raízes do Terror Vermelho. A maioria dos estudiosos veem o terror como um expediente puramente político, supondo tratar-se de uma simples imposição bolchevique. Neste caso, apresentam duas explicações. Na primeira, à direita, os maximalistas queriam construir sua base de poder e fizeram do terror a maior escora do regime. Na outra, menos conservadora, o terror não passou de uma reação pragmática às ameaças e problemas provocados pela guerra civil. Na verdade, nenhuma das duas alternativas é satisfatória. O terror irrompeu de baixo; desde o começo, foi um elemento intrínseco à revolução social. Os bolcheviques incitaram-no, mas não o criaram. Todas as principais instituições do terror surgiram, pelo menos em parte, como resposta às pressões vindas da base. Os saques anárquicos contra os mais favorecidos, a Igreja e a propriedade dos nobres foram legitimados e avalizados pelos decretos bolcheviques de confisco e taxação em nome da revolução, os quais a Cheka fez cumprir graças ao encarceramento de "burgueses" e "contrarrevolucionários". Os Tribunais Populares e o sistema primário de "justiça revolucionária" — parte do terror exercido através da polícia política — chancelavam os julgamentos a que a malta já submetia patrões, oficiais e especuladores, incluídos no rol dos "inimigos".

Só a partir do final do verão de 1918, a Cheka começou a agir como um organismo centralizado e voltado para o terror político. Durante os primeiros meses do regime bolchevique, todo o aparato do Estado era extremamente disperso. Em consequência, as pressões sociais — como o desejo de uma comunidade de despojar ricos e poderosos, ou de vingar-se por qualquer motivo, de um grupo da vizinhança — é que determinavam ordens de prisão ou execução expedidas por chefes da Cheka local. O "terror de massa" será analisado adiante. A meta essencial é tentar esclarecer as raízes sociais das iniciativas deste órgão. Afinal, por mais que possamos condená-lo e por maior que seja a dificuldade em admitirmos, sem dúvida o terror calou fundo na mentalidade russa em plena guerra civil e teve um estranho e veemente apelo popular. O slogan "Morte à Burguesia!", escrito nas paredes das salas de interrogatório da Cheka, repercutiu nas ruas. Houve quem batizasse as filhas de Terrora.

Em janeiro de 1918, num encontro de agitadores do partido incumbidos de agir nas províncias, Lênin explicou que a pilhagem de propriedades burguesas devia ser estimulada como uma forma de justiça social. Tratava-se de "saquear os saqueadores". Sob esta palavra de ordem, da qual os bolcheviques logo se apropriaram, registrou-se, nos meses seguintes, uma orgia de roubos e atos violentos. Gorki descreveu o furor como uma perseguição em massa. Gangues armadas subtraíam os proprietários — e, depois, despojavam-se umas às outras. Quando a ordem finalmente desapareceu, trapaceiros, ladrões e bandidos encheram as burras. "Eles roubam com arte", definiu Gorki num veemente editorial, datado de 16 de março:

> sem dúvida, restará à história analisar, com inspiração, este processo em que a Rússia dilapida a si própria. Eles espoliam e vendem igrejas e museus, vendem canhões e rifles, surrupiam depósitos do exército, furtam palácios que pertenceram a grão-duques; levam tudo o que é passível de ser carregado; tudo o que pode ser vendido é vendido; em Theodossia, os soldados chegam a traficar seres humanos — trazem turcas, armênias e curdas do Cáucaso e comercializam-nas por vinte e cinco rublos a unidade. A ideia é muito "original" e devemos nos orgulhar — nunca houve nada assim, nem mesmo por ocasião da Grande Revolução Francesa.[67]

Nas províncias, a consolidação do poder soviético quase sempre se fez acompanhar de atos de pilhagem e violência, a maioria dos quais cometidos por elementos desordeiros e anônimos, que obedeciam à incitação das lideranças partidárias locais. Em Ekaterinoslav, o líder bolchevique ordenou a seus seguidores que "arrancassem dos burgueses os milhões roubados às massas, e que haviam se convertido em roupas íntimas de seda, peles, tapetes, ouro, mobília, quadros e porcelana". No regime soviético, seria preciso "tomar e entregar tudo ao proletariado, forçando a burguesia a trabalhar para comer". Em Stavropol, os soldados bolcheviques saqueavam lojas e residências, sistematicamente, fazendo reféns; o Soviete local, que dividia o poder com a Duma e os *zemstvos*, era fraco demais para deter o terror e preferiu entender o vandalismo como um primeiro passo rumo à tomada absoluta das rédeas do país. Em breve, a violência disseminou-se pelo campo, com soldados russos de origem rural liberando o velho e curtido ódio classista e étnico que alimentavam pelos calmuques ricos criadores de gado. O desabafo veio sob a forma de incêndios criminosos e chacinas de famílias inteiras, não raro com brutalidade ímpar (fetos eram arrancados a frio dos ventres das mães). Os calmuques retaliaram atacando os sítios russos. Em geral, era assim que funcionava a espiral do terror quando conflitos étnicos e sociais havia muito reprimidos eclodiam, de súbito, e não havia força neutra para contê-los. Na cidade industrial de Taganrog, no Don, os Guardas Vermelhos vingaram-se de modo selvagem dos cadetes militares, a maioria filhos de burgueses a quem haviam derrotado na tomada do poder. Após terem se rendido mediante promessa de anistia, cinquenta destes aspirantes foram conduzidos a uma metalúrgica, mãos e pés atados, e acabaram jogados, um a um, no alto-forno. Em Evpatoria, uma localidade costeira da Crimeia, os marujos bolcheviques obtiveram permissão de líderes do Soviete para promoverem badernas; durante três dias, massacraram 800 oficiais e burgueses, quase todos mortos sob torturas; seus braços e pernas foram amarrados, antes de os corpos serem lançados ao mar. Carnificinas similares aconteceram em Yalta, Theodossia e Sebastopol.[68]

Uma série de decretos bolcheviques sancionando o "saque aos saqueadores" emoldurou a guerra contra a burguesia. Escorados em fundamentos pífios, burocratas realizavam buscas em casas, confiscando máquinas de escrever, móveis, roupas e objetos de valor, destinados "à revolução". Bancos foram estatizados e os correntistas viram-se compelidos a retiradas mensais máximas de 1.000 rublos, quantia que, em pouco tempo, se tornou insignificante frente à hiperinflação. Os titulares de depósitos acautelados nos cofres das instituições financeiras receberam ordens de entregar as chaves, de modo a que os nichos fossem vistoriados, pois moedas estrangeiras, ouro, prata e todos os demais itens de valor estavam sujeitos a confisco. Durante o primeiro semestre de 1918, mais de 35 mil escaninhos sofreram inspeções. A condessa Meshcherskaia nos legou uma vívida descrição do marinheiro incumbido da operação no banco em que ela possuía conta:

> Em volta do pescoço, ele trazia pendurado um cinto de balas de metralhadora; do coldre, via-se a coronha da arma. Jovem e de ombros fortes, olhos bem abertos e consciente de estar desempenhando uma tarefa importante, cerrava as sobrancelhas, tentando fazer com que seu rosto, largo e amistoso, nos parecesse ameaçador. Não tinha a menor ideia do que fossem pedras preciosas, mas sabia que o Estado precisava de ouro.

Do cofre aberto, o rapaz retirou punhados de objetos — joias, monogramas de diamantes, crucifixos de prata e até mesmo um ovo Fabergé —, empilhando-os numa mesa. Várias vezes ele interrompeu o serviço para "fitar, com pasmo, aquele imenso butim".[69]

O novo regime preocupou-se em arbitrar impostos punitivos a serem cobrados da burguesia. A medida funcionava como o pontapé inicial para o deslanchar do terror, pois as repartições locais da Cheka tendiam a fazer cumprir a determinação arrebanhando reféns, pura e simplesmente. Em Nizhnyi-Novgorod, por exemplo, foi imposta uma taxa revolucionária de 22 milhões de rublos, e a polícia prendeu 105 burgueses, só os liberando após o pagamento da quantia estipulada.[70] Muitos destes tributos recaíam sobre pessoas sem a menor condição de atender à exigência: a emigração e a inflação haviam reduzido drasticamente as posses dos privilegiados russos e parte dos acusados de serem "ricos" não passava de pequenos comerciantes, professores e médicos empobrecidos. Convencidos pela própria propaganda de que os burgueses fantasmas deviam estar escondendo seus bens, os agentes do terror promoveram mais prisões e adotaram o fuzilamento como prática intimidativa.

O mesmo aconteceu com o confisco das propriedades eclesiásticas. Tudo começou com a tentativa burlesca de Kollontai, Comissária do Povo para o Bem-Estar Social, de transformar o monastério Alexandre Nevsky num santuário para inválidos de guerra. Em 19 de janeiro, ela determinou que um destacamento de soldados ocupasse esta famosa relíquia sagrada, localizada no centro de Petrogrado. Lá, os homens defrontaram-se com uma multidão irada de devotos e, na balbúrdia que se seguiu, um padre levou um tiro e morreu. Lênin enfureceu-se: se havia algo de que o regime não precisava era, justamente, de um confronto aberto com a Igreja, que fazia tanto tempo se esforçava para manter distância da política. Mas como Kollontai já havia despertado a ira do sacerdócio, ele não viu razão para conter a refrega que, no seu entender, ocorreria mais cedo ou mais tarde. Assim, no dia seguinte, 20 de janeiro, fez publicar o decreto que estipulou a separação da Igreja e do Estado, transferindo todo o patrimônio eclesial para o regime. Animados pela novidade, esquadrões bolcheviques invadiram templos e monastérios de todo o país, apossando-se da prataria, embriagando-se do vinho reservado à consagração e amedrontando os religiosos. Numa carta pastoral excomungando o governo maximalista, o patriarca Tikhon, cabeça da Igreja, convocou o clero a resistir "a estes monstros da raça humana". Nem todos os pregadores escolheram a via da oposição desvelada. Alguns vigários, que enxergavam na revolução a oportunidade de estreitar vínculos com seus paroquianos, procuraram conciliar com os vermelhos. O monastério Preobrazhensky, em Viatka, transformou-se em uma comunidade assistencial, com creche para os filhos dos trabalhadores e oficinas nas quais as freiras costuravam roupas e produziam sapatos para os órfãos. No entanto, grande parcela dos sacerdotes e de suas congregações seguiu o chamado de Tikhon, o que levou os bolcheviques a acusá-los de "contrarrevolucionários" e a intensificar a campanha de pilhagens e terror. Os monges do monastério Alexandre Svirsky, em Olonetsk, tentaram enfrentar os esquadrões bolcheviques, mas acabaram presos — e, posteriormente, executados — pela Cheka.[71]

Nos primeiros meses do regime soviético, uma das humilhações mais traumáticas sofridas pelas classes abastadas foi a obrigatoriedade de dividirem, com terceiros, a casa onde viviam. Os bolcheviques orgulhavam-se — e faziam questão de enfatizar isto em sua propaganda — de estarem forçando os ricos a partilhar suas casas espaçosas com os pobres das cidades. Para muita gente, a providência parecia justa: o fato de algumas pessoas morarem em palácios, enquanto outras afligiam-se em porões úmidos e sujos, tornara-se símbolo da ordem social perversa do velho regime. Famílias de posses tentavam o possível para encontrar um casal asseado e modesto interessado na hospedagem; a intenção era persuadir a dupla a se contentar com apenas um ou dois dos cômodos menores do imóvel. Mas a vigilância dos comitês de habitação dificultava o ardil. Tais comitês costumavam ser constituídos por porteiros e empregados domésticos, entre os quais a ânsia de revanche parecia preponderar. Integrando estes organismos e filiando-se ao partido, estes serviçais obtinham licença para ir à forra. Eles escolhiam os melhores quartos da casa, decorando-os com a mais bela mobília disponível; os antigos patrões mudavam-se para as dependências antes usadas pela criadagem. Na vida doméstica, registrou-se uma sucessão de revoluções ocultas, nas quais amos e subalternos literalmente trocaram de lugar. A morada constituía um microcosmo da transformação social efetuada em todo o país.

"Passei toda minha vida em estábulos, ao passo que eles viviam em belos apartamentos, recostados em sofás macios, brincando com seus *poodles*. Chega! É minha vez de brincar com os cachorros. Quanto a eles, é chegada a hora de labutarem nos estábulos", queixou-se um antigo criado, durante uma reunião política realizada no Cirque Moderne. A iniciativa de colocar as classes ociosas para pegar no batente fazia parte da guerra aos privilégios sociais — e os bolcheviques foram céleres em institucionalizar a medida. Lênin havia prometido que a regra fundamental da ordem soviética seria: "Quem não trabalha, não come." A convocação universal ao trabalho constava da Declaração dos Direitos do Povo Trabalhador (na verdade, uma Declaração das Obrigações do Não Trabalhador), que os maximalistas haviam apresentado à Assembleia Constituinte. Trótski foi o pioneiro na adoção da regra, recrutando trabalho burguês logo nos primeiros dias do Exército Vermelho. Os "eleitos" cumpriam missões civis na retaguarda, cavando trincheiras e faxinando as barracas. Em pouco tempo, todos os Sovietes municipais passaram a utilizar esta nova mão de obra. Aristocratas, ex-diretores de fábricas, corretores de valores, advogados, artistas, padres e ex-funcionários públicos eram laçados e forçados a serviços que jamais haviam pensado em executar. Muito comumente, ganhavam a incumbência de coletar o lixo público e tirar a neve acumulada nas ruas. Neste ínterim, comissários e grupos de operários à toa vagavam, fumando e apreciando, com óbvio prazer, como damas e cavalheiros elegantes, que nunca haviam dedicado um só dia de suas vidas a lidas braçais, pelejavam para lidar com pás e picaretas. Não havia nenhuma vantagem econômica em recrutar trabalho burguês; o único propósito era degradar e destruir fisicamente as camadas antes privilegiadas. Como Trótski colocou num discurso que expressava, com perfeição, a psicologia da turba: "Durante séculos, nossos pais e avós tiraram a sujeira e a imundície das classes dominantes, mas agora nós os faremos limpar nossas porcarias. Tornaremos a vida deles tão desconfortável que perderão a vontade de continuarem burgueses."[72]

Despojados e aviltados, a vida desta "gente de outrora" logo se transformou numa árdua batalha cotidiana. Consumiam horas na fila do pão e do combustível, ao lado da massa de pobres urbanos. Com a inflação estratosférica, os ricos de antes viram-se obrigados a vender o que lhes restava de valioso, caso contrário não teriam como se alimentar. A baronesa Meyendorff desfez-se de um broche de diamantes por 5 mil rublos — o bastante para adquirir um saco de farinha. Filhos da antes poderosa aristocracia foram reduzidos a ambulantes: a princesa Golitsyn vendia tortas feitas em casa, a baronesa Wrangel anunciava roupas de tricô, a condessa Witte comercializava bolos e doces. A mulher de Brusilov vendia fósforos, a exemplo de centenas de veteranos feridos de guerra que seu marido comandara. Um antigo criado de quarto do tsar empregou-se como zelador de um museu, onde estranhas criaturas eram mantidas em vidros cheios de álcool; para sobreviver, ele trocou o líquido por água e negociou o aziago etílico em via pública. Em Petrogrado e Moscou, os mercados das pulgas atulharam-se de velhos pertences de plutocratas caídos: ícones, tapetes, pianos, gramofones, samovares, robes e vestidos de bailes — qualquer coisa que pudesse ser cambiada pelo preço de uma ou duas refeições. Os itens de maior valor eram barganhados pelos *noveaux riches* do regime soviético — comissários e burocratas, soldados e marujos enriquecidos pelos saques, pequenos negociantes e bandidos — que procuravam adquirir símbolos capazes de denotar o *status* da nova classe dominante. Podiam-se distinguir os recém-empossados senhores da Rússia pelo modo como usavam o cabelo longo e ensebado, penteado para trás. Ou pelos seus sorrisos repletos de dentes de ouro e seu cheiro de água-de-colônia. Ou, ainda, pelo modo como entravam nas lojas e hotéis, de braços dados com garotas de vida fácil, cobertas de atavios.

O barão Wrangel nos deixou o registro sobre um desses *arrisvistes rouges*, um soldado bolchevique, que "há pouco deixara o arado", entretido em comprar um colar de pérolas para a amante, numa das melhores joalherias da Nevsky Prospekt. A concubina, ex-ajudante de cozinha, apresentava-se coberta de peles e diamantes. No entanto, seu rosto tinha as marcas das cicatrizes legadas pela varíola. Obviamente, o rapaz mostrava-se orgulhoso em ser visto com "dama tão fina", e exigia que lhe mostrassem "as pérolas mais caras, brilhantes como as de qualquer *baryni*".* O comprador parecia descontente com as peças exibidas pelo ourives. Afinal, por 75 mil rublos não eram dispendiosas o bastante. Naquela noite, o casal compareceria a uma recepção no Palácio de Inverno e precisava fazer boa figura. A mulher anunciou que iriam a Gostiny Dvor, onde poderiam encontrar o que havia de melhor. A tirada provocou um surto de gargalhadas dos demais clientes, um grupo de damas da sociedade do passado, cujo objetivo era vender os diamantes que ainda possuíam. Razão de tantos risos: o comércio da região citada pela ajudante de cozinha era conhecido por oferecer imitações baratas. Percebendo a gafe, a compradora exigente corou e tentou se recobrar, afirmando que ficaria com as "míseras pérolas". Para arrematar, proclamou que retornaria à loja quando o joalheiro tivesse mercadorias mais decentes.[73]

Muitos dos antigos russos ricos e poderosos agora condenados à pobreza desembaraçaram-se de tudo o que tinham e partiram para o exterior, uma escolha difícil de ser posta em prática. Outros optaram por fugir rumo ao sul (Ucrânia ou Kuban) ou para o leste (Sibéria), onde os Guardas Brancos preservavam suas principais bases. Houve ainda quem se abrigasse nas propriedades rurais, à espera de que os camponeses, sempre humildes e respeitosos para com seus superiores, agissem com mais amabilidade do que a demonstrada pelos trabalhadores urbanos bolchevizados. Mas, no campo, a guerra contra os abastados também estava a pleno vapor pois, amparados no Decreto da Terra, os agricultores dedicavam-se a tomar os torrões e os solares da nobreza.

Havia tempos que o ideal básico da revolução camponesa consistia na distribuição igualitária de todos os meios de produção, da terra, dos instrumentos de trabalho e do gado. Os lavradores consideravam que tal distribuição correspondia à vontade divina e acreditavam que o restante da revolução fora organizada com base nos mesmos princípios gerais. Eles concebiam o Soviete de Todas as Rússias como uma espécie de comuna aldeã gigante destinada a repartir toda a propriedade rural. Muitos estavam convencidos de que o socialismo, do qual tinham ouvido falar apenas vagamente, era um sortilégio. Um dos lavradores mais instruídos nos legou a seguinte definição: "O socialismo era algo como um estratagema místico —

* Senhoras da nobreza.

cujo funcionamento não podíamos entender — para dividir as terras e o dinheiro dos ricos; segundo o alfaiate de nossa vila, isto significava que toda família do campo receberia 200 mil rublos. Pelo que sei, não conseguíamos vislumbrar uma quantia maior."[74]

Sozinho, o campesinato não dispunha de expedientes esotéricos para fazer a reforma agrária. Sequer contava com os recursos técnicos básicos, como mapas e réguas. O território era dividido à moda antiga, calculando o tamanho das faixas aráveis em passos ou avaliando os lotes a olho, que passavam às mãos de cada família conforme a norma igualitária local. (Em geral, levava-se em consideração a quantidade de bocas a serem alimentadas ou quantos braços adultos havia para trabalhar.) Sem métodos precisos de mensuração agrária, as partilhas aconteciam em meio a discussões acaloradas, às vezes terminando em luta corporal para decidir quem ficaria com qual gleba. No todo, porém, dada sua importância crucial na comunidade camponesa, a repartição da terra ocorria em ambiente admiravelmente pacífico — um tributo à auto-organização das comunas de aldeia que a promoviam.

Temendo que, na eventualidade de a revolução ruir, as áreas confiscadas aos nobres e à Igreja fossem retomadas, os lavradores distribuíam-nas num quinhão à parte. Muitas comunas estipulavam que todas as famílias deveriam receber uma faixa destas terras, de modo a arcarem igualmente com o risco. À nobreza, inclusive àquela fração que voltara ao campo, era garantida uma fatia generosa de glebas e ferramentas, o bastante para fazerem da propriedade um sítio de tamanho razoável, equivalente aos dos demais moradores da localidade. Embora os camponeses acreditassem que a aristocracia precisava ser destruída por constituir uma classe superior, também criam que tal casta merecia o direito de se transformar em um deles e cultivar o "chão de Deus" com o suor do próprio rosto. O acesso à terra e ao trabalho, alicerces da comuna rural, era tido como direito básico de qualquer ser humano. De fato, a metamorfose de fidalgos em lavradores encaixava-se no ideal camponês de criar uma sociedade constituída de famílias de pequenos proprietários, e parecia alvissareira. Grande número de senhores agrários, especialmente os de menor patrimônio, permaneceu no campo após 1917; e a eles se juntaram aqueles que, tendo vivido na cidade, se mudaram para o meio rural, instalando-se em suas terras, na tentativa de fugir do Terror Vermelho. Até meados da década de 1920, ainda havia 10 mil senhores agrários habitando mansões vizinhas aos camponeses, quantidade correspondente a 10% do total de donos de terra russos existentes antes de 1917.

Segundo Semen Rudnev, os Rudnev, típica família de patrimônio médio da província de Simbirsk, decidiram estabelecer-se no campo por considerar que ali os "distúrbios da revolução seriam menos sentidos do que na cidade, e porque a economia da aldeia, quase fechada em si mesma, ofereceria condições mais propícias". O torvelinho de 1917 passara, praticamente, ao largo das vilas. Os Rudnev consumiram o verão e o outono no ócio a que estavam habituados. "Os homens beberam e caçaram, receberam convidados vindos de Simbirsk, passearam em Nazhim e promoveram piqueniques e coletas de cogumelos", registrou o chefe do clã. No inverno seguinte, ele solicitou à comuna da aldeia vizinha autorização para distribuir seus bens entre os camponeses. Para o consumo dos seus, manteve somente uma pequena área de 20 *desyatiny* (30 hectares), junto à casa principal, onde continuou a viver. O gado e os instrumentos de trabalho foram leiloados, alcançando lances módicos, embora a maioria dos aldeões não tivesse meios de alimentar os animais de raça. Mesmo tendo trocado de mãos, os cavalos frequentavam os pastos dos antigos donos, à procura de feno. Na primavera, os camponeses dedicaram-se aos campos dos Rudnev, recebendo em troca um pouco de vodca e outras bebidas alcoólicas feitas de frutas. A safra foi maior do que a das terras dos agricultores e, então, a comuna ordenou que a família vendesse aos pobres da localidade todo o excedente de grãos, a preço fixo. Porém, muito antes da colheita, a casa da família foi saqueada e os Rudnev viram-se forçados a fugir, ameaçados por um destacamento de Guardas Vermelhos.[75]

A situação funcionou quase como regra em todo o país. Recorrendo à violência, à pilhagem e a incêndios criminosos, jovens soldados fora de serviço assumiram a liderança na instigação de tais atos de barbarismo. O lema "saquear os saqueadores!" passou a vigorar na aldeia, levado pelos que retornavam da frente de batalha e pelas guarnições, dotados de um forte senso de militância, pois haviam ficado expostos à propaganda bolchevique. Com frequência, estes homens formavam uma facção paramilitar dentro das aldeias, nos moldes dos *fascisti* da Itália rural contemporânea. Tinham suas próprias organizações regionais, como a União dos Soldados da Frente de Batalha ou a União dos Veteranos Feridos em Combate, bem como destacamentos específicos de Guardas Vermelhos, subordinados ao Soviete local, exercendo forte influência sobre a aldeia e incitando-a a ações cada vez mais violentas contra a nobreza. Numa aldeia do distrito de Kerenski, na província de Penza, ataques camponeses aos aristocratas aumentaram subitamente, graças à presença de vários soldados recém-chegados da frente de batalha e logo eleitos para encabeçar o Soviete da região. A guerra brutalizara os homens, que em pouco tempo ganharam notoriedade pelas bebedeiras e pela violência sádica. Uma pobre viúva fidalga, que até então vivera em paz com os aldeões, entregando-lhes quase toda sua terra e gado, acabou se suicidando quando um grupo de bêbados fuzilou o cavalo e a vaca que lhe restavam. O cãozinho de estimação da mulher foi deixado morto na soleira da porta, numa demonstração de acinte.[76]

Os russos pareciam particularmente inclinados a vinganças cruéis e selvagens. "Desconfio de um russo quando este conquista o poder. Recém-saído da escravidão, torna-se o déspota mais incontrolável tão logo tem oportunidade de ser o amo de seu vizinho", escreveu Gorki.[77] Julgamentos realizados pela malta e linchamentos eram a expressão mais comum desta vendeta, tanto no campo quanto na cidade. Tais manifestações surgiram como um fenômeno de massa cuja função era reagir ao aumento catastrófico da criminalidade e ao desrespeito à lei e à ordem, registrados em 1917. Neste ano, Gorki alegou ter levantado mais de 10 mil casos de julgamentos populares. Como a polícia e as velhas cortes criminais praticamente haviam desaparecido, grassava a sensação de que o único modo de lidar com a baderna eram os veredictos determinados em plena via pública. Sendo assim, qualquer ladrão miserável era cercado pela turba, sumariamente sentenciado e executado na hora. Gorki testemunhou um destes episódios ocorrido no centro de Petrogrado, onde até crianças ajudaram a castigar um homem acusado de roubo. Quando a crise socioeconômica se aprofundou e cresceu o sentimento geral de que os *burzhoois* eram os culpados por isto, os julgamentos populares passaram a ter uma intensa conotação de classe, funcionando como armas na guerra ao privilégio, voltados menos para os pequenos infratores pobres da cidade e mais para os comerciantes, industriais, oficiais do exército, ex-burocratas tsaristas e outras figuras de autoridade.

Através dos Tribunais Populares, os bolcheviques deram forma institucional a estes julgamentos, nos quais a "justiça revolucionária" era sumariamente ministrada em todos os casos criminais. O velho sistema jurídico, com regras formais, sucumbiu, transformando-se numa relíquia da "ordem burguesa". Os doze juízes escolhidos para formar estas cortes não recebiam nenhuma orientação jurídica, guiando-se somente pela "consciência revolucionária". Quase todos eram operários, camponeses e funcionários modestos antes lotados no antigo judiciário. Metade deles só tinha alguns poucos anos de estudo e um em cada cinco pertencia ao Partido Bolchevique. As sessões dos Tribunais Populares não passavam de uma versão menos rudimentar dos julgamentos realizados pela malta. Não havia procedimentos legais ou normas para apresentação de provas. Na maioria das vezes, estas sequer eram apresentadas. As condenações aconteciam com base em denúncias, não raro nascidas de diferenças pessoais entre as partes, e as sentenças eram arbitradas de modo a atender à vontade da massa que, das galerias, expressava livremente opiniões a respeito de cada caso em questão.

O sistema de justiça revolucionária em vigor nos Tribunais Populares tinha várias semelhanças com a velha lei consuetudinária camponesa, a qual pregava a máxima "olho por olho, dente por dente". Eis o Código Penal introduzido na aldeia de Lubny, na província de Tambov, em maio de 1918:

> Se alguém atinge um igual, este deve atingir o agressor dez vezes mais. Aquele que agride, provocando ferimento ou fraturas, será punido com a morte. Quem rouba ou adquire produtos obtidos ilicitamente merece morrer. Os casos de incêndios criminosos também serão penalizados com pena capital.

Havia muito a consciência legal camponesa entendia que um rico, tendo roubado um pobre, era muito mais culpado do que o despossuído acusado de se apropriar dos bens de um homem de grandes posses. Este mesmo princípio de "justiça de classe" prevalecia nos Tribunais Populares. Os julgamentos realizavam-se segundo a posição social do réu e suas vítimas. Em uma destas cortes, os jurados adotaram o hábito de inspecionar as mãos do denunciado. Se fossem limpas e macias, ele seria condenado. Comerciantes afeitos à especulação recebiam punições severas e, às vezes, acabavam sentenciados à morte. Em contrapartida, ladrões — e até assassinos de pessoas com dinheiro — viam-se penalizados com penas brandas ou acabavam absolvidos, caso alegassem pobreza como causa para o crime.[78] O saque aos saqueadores fora legalizado, e a lei, abolida: grassava a ilegalidade.

Lênin sempre insistira que o sistema jurídico deveria ser usado contra a burguesia, funcionando como arma do terror de massa. As leis impostas pela malta disseminaram-se por todos os Tribunais Populares, os quais passaram a funcionar como arsenal vermelho. O mesmo se aplicava aos chamados Tribunais Revolucionários, inspirados em modelos jacobinos, que se dedicavam a combater os "crimes contra o Estado". Em fevereiro de 1918, quando os alemães invadiram a Rússia, Lênin baixou um decreto — "A Pátria Socialista em Perigo!" — ordenando que os Tribunais Revolucionários fuzilassem "sumariamente" todos os "agentes dos inimigos, aproveitadores, saqueadores, vândalos e agitadores contrarrevolucionários".[79] Para seu desapontamento, tais cortes mostraram-se instrumentos ineficientes a serviço do Terror Bolchevique. Muitos dos juízes eram facilmente subornados, o que não constituía motivo de surpresa dado o fato de terem suas origens nos estratos inferiores da hierarquia fabril. Mas este foi somente o início de uma nova engrenagem do Estado voltada para o terror em massa. Aos poucos, o trabalho dos tribunais passou às repartições locais da Cheka, prenhes de zelo revolucionário. Latsis, um dos líderes da Cheka, expediu o seguinte aviso a seus subalternos:

> Não procurem provas capazes de demonstrar que o acusado agiu ou falou contra os Sovietes. Antes de mais nada, deve-se perguntar a ele a que classe pertence, qual sua origem social, grau de escolaridade e profissão. Algumas questões devem determinar o destino do acusado. Este é o sentido do Terror Vermelho.[80]

Durante os primeiros estágios de desenvolvimento, o sistema implantado pela Cheka funcionou de maneira extremamente descentralizada: cada braço da organização era a lei, autônoma. Assim, o terror por ela imposto era aleatório e vulnerável a pressões vindas de baixo. Quase todos os russos pareciam passíveis de ordem de prisão e qualquer pretexto podia ser taxado de comportamento "contrarrevolucionário". As instruções da Cheka enumeravam alguns tipos de comércio, bebedeiras e até mesmo atrasos na chegada ao trabalho como conduta "reacionária". Neste caso, toda a população poderia acabar atrás das grades. Logo na aurora do Terror Vermelho, muitas das vítimas foram presas somente em virtude de uma simples denúncia feita por desafetos. Em abril, na localidade de Omsk, a Cheka queixou-se de que, dos mil casos de "contrarrevolucionários" apresentados, mais de 200 não mereciam atenção, pois o único indício contra o acusado fora o mexerico de alguém, ou de um grupo, que, conforme ficaria comprovado mais tarde, só desejava prejudicar um rival. Ainda assim, alguns agentes menos escrupulosos não liberavam o inocente e empenhavam-se em condená-lo. No mesmo mês, o Departamento de Justiça de Penza reclamou que suas celas estavam "lotadas de pessoas presas pela Cheka com base em falsas acusações apresentadas por terceiros". Muita gente aproveitou a oportunidade para denunciar credores como "usurários *kulaks*" — "contrarrevolucionários", portanto.[81] Evidentemente, só pretendiam não pagar o valor devido.

Tal foi a fase inicial do Terror Vermelho, até que o sistema se unificasse e se voltasse contra inimigos politicamente definidos: setores da sociedade aproveitavam a onda para vingar-se de desafetos. Aos olhos dos que tentavam pequenas vinganças, os rivais do cotidiano encarnavam os "inimigos da revolução". O sucesso ou não da tentativa dependia da sofisticação da estrutura de poder bolchevique na localidade onde a denúncia fosse apresentada. Porém, é importante frisar que, nem por isto, o Terror foi construído de baixo para cima. Pelo contrário, é de se supor a existência de um vínculo próximo, embora intrincado, entre o terror de massa e o terror político. Como escreveu Dzerzhinsky em 1922, tudo o que a Cheka fazia era "dar uma direção adequada" ao "ódio de séculos que o proletariado nutria pelos opressores", e que de outro modo poderia "dar origem a episódios absurdos e sangrentos".[82]

Muitos anteviram que o terror de massa resultaria num holocausto social, no qual não só a burguesia, mas também outros estratos, acabariam destruídos. Em 17 de janeiro, Gorki citou as palavras do marinheiro anarquista Zhelezniakov "para o bem-estar do povo russo, até um milhão de pessoas podem perecer" — e advertiu os leitores do *Novaia zhizn'*:

> De fato, um milhão de "cidadãos livres" poderiam ser exterminados em nosso país. Ou ainda mais. Por que não? Há muita gente na Rússia. E não faltam assassinos. Quando é chegada a hora de processá-los, o regime dos Comissários do Povo depara-se com misteriosos obstáculos, como aconte-

> ceu na investigação da morte de Shingarev e Kokoshkin.* O aniquilamento total daqueles que têm ideias diferentes é um método antigo e havia muito testado pelos governos russos, de Ivan, o Terrível, a Nicolau II... Então, por que Vladimir Lênin renunciaria a método tão simples?

Steinberg, Comissário de Justiça saído das fileiras dos SRs de esquerda, foi outro crítico de primeira hora do Terror, embora todos os seus esforços para subordinar a Cheka acabassem baldados. Em fevereiro, ao tomar conhecimento do decreto sobre "A Pátria Socialista em Perigo!", e suas ordens de fuzilamento "sumário" de todos os "aproveitadores, vândalos e contrarrevolucionários", ele procurou Lênin e protestou. "Para que nos preocuparmos com um Comissariado de Justiça? Vamos chamá-lo de Comissariado de Extermínio Social e ponto final!" Lênin corou e respondeu: "Muito bem, é exatamente isto que deve ser; mas não podemos nomeá-lo assim."[83]

4. Socialismo num só país

Dentre os documentos bolcheviques produzidos nos primórdios do poder soviético, nenhum teve o mesmo apelo emocional que o Decreto da Paz. A revolução nascera da guerra — ou, pelo menos, do anseio de que terminasse. A Rússia caíra de joelhos após três anos de conflitos. Acima de tudo, o povo desejava a concórdia. Em 26 de outubro, Lênin proferiu um pronunciamento imortal dirigido ao Congresso dos Sovietes e suas primeiras palavras aludiram à paz. "Estamos aqui para construir a nova ordem socialista!", afirmara ele. Tal fora o pretexto usado pelo Partido Bolchevique para tomar as rédeas do país, fazendo eco à reivindicação que a unanimidade de delegados havia colhido nas casernas e nas fábricas para apresentar ao conclave. Quando Lênin leu o decreto — uma bombástica "Proclamação aos Povos de Todas as Nações Beligerantes", propondo uma "paz justa e democrática", segundo a velha fórmula contrária a anexações e indenizações — uma onda esma-

---

* Após as manifestações de 28 de novembro, em defesa da Assembleia Constituinte, Shingarev e Kokoshkin, líderes kadets, foram presos pelos bolcheviques e trancafiados na Fortaleza de Pedro e Paulo. Ambos adoeceram na masmorra e, em 6 de janeiro, acabaram transferidos para o Hospital Marinskaya, onde acabaram brutalmente assassinados, na noite seguinte, por um grupo de marujos do Báltico, que invadira o local. Mais tarde, o Ministério da Justiça revelou que os crimes ocorreram graças à conivência da Guarda Vermelha bolchevique e do comandante do nosocômio, Stefan Basov. A explicação apresentada por este parecera simples: os assassinatos fariam com que houvesse "duas bocas burguesas a menos para alimentar". Basov foi julgado e condenado, mas nenhum dos homens que mataram os kadets chegou a ser preso. Os líderes bolcheviques, que de início fizeram pronunciamentos contra o duplo homicídio, posteriormente tentaram justificar os crimes classificando-os como um ato de terror político.

gadora de emoção tomou conta do Smolny. "De repente, num impulso, nos vimos de pé, cantando em coro a *Internacional*. Um soldado grisalho soluçava como se fosse criança. Contendo as lágrimas, Alexandra Kollontai logo se recompôs. O som imenso percorreu o salão, atravessou portas e janelas, alastrando-se pelo céu sereno. Ao meu lado, com a face reluzente, um jovem operário disse: A guerra terminou! A guerra terminou!"[84]

Evidentemente, o conflito internacional continuava em curso. O Decreto da Paz era somente uma centelha de esperança, e não o fruto de um fato consumado. Não basta mencionar a palavra "paz" para mudar a realidade. As outras potências envolvidas nos conflitos não pretendiam assinar um tratado encerrando os combates: ambos os lados estavam mais determinados que nunca a levar o massacre às últimas consequências. Os Aliados haviam sido atiçados pela intervenção dos Estados Unidos. As Potências Centrais pareciam estimuladas ante a perspectiva de transferirem tropas para o oeste tão logo a guerra a leste esmorecesse. Não havia razão concreta para que ouvissem os apelos pacíficos enunciados pela Rússia, especialmente num momento no qual a posição militar deste arauto mostrava-se tão enfraquecida. A Rússia perdera influência junto às grandes nações. Seus chamados em prol do entendimento entre povos e governos — descartando, inclusive, a possibilidade de anexações territoriais e indenizações monetárias — soavam como queixumes de perdedor.

No entender dos bolcheviques, a campanha pela paz estava inexoravelmente associada à disseminação da revolução pelo Ocidente. O espraiamento da revolução daria fim ao conflito internacional — ou, conforme previra Lênin, transformaria a peleja numa sucessão de guerras civis, nas quais os trabalhadores de todo o mundo se uniriam para derrubar governantes imperialistas. No outono de 1917, a crença na iminência de um levante universal constituía o cerne do pensamento bolchevique. Na qualidade de marxistas, as lideranças maximalistas consideravam inconcebível que uma revolução socialista pudesse sobreviver muito tempo num país retrógrado e rural como a Rússia, a menos que se pudesse contar com o apoio do proletariado das nações ocidentais mais avançadas. Sozinhos, sem base industrial capaz de propiciar a defesa da revolução, um campesinato hostil à sua volta, os bolcheviques temiam estar fadados ao fracasso. Por mais ingênua que tal afirmação possa soar, a tomada do poder, em outubro, surgira da premissa de que um levante socialista mundial aconteceria em breve. Cada notícia sobre uma nova greve ou motim registrada no Ocidente era recebida como um sinal inequívoco de que a revolta "despontava".

Enquanto a expectativa manteve-se viva, os bolcheviques não precisavam de uma política externa no sentido mais convencional da expressão. Tudo o que necessitavam era insuflar as chamas da revolução mundial. "Que tipo de trabalho diplomático poderíamos fazer?", indagou Trótski a um amigo, ao ser nomeado

Comissário das Relações Exteriores. "Divulgarei algumas proclamações incendiárias dirigidas aos povos e nada mais." O objetivo principal da campanha soviética pela paz era propagandear a revolução. E, sendo assim, nada havia de pacífico na iniciativa. O Decreto da Paz não passava de uma conclamação à revolta popular, chamando os povos das nações beligerantes a se voltarem contra a guerra, forçando seus governantes a conversações que pusessem fim ao conflito. "Não nos enganemos — esta proposta de paz enfrentará a resistência dos governos imperialistas", afirmou Lênin ao Congresso dos Sovietes. "Mas esperamos que a revolução irrompa em todos os países envolvidos nos conflitos; eis por que nos dirigimos aos trabalhadores da França, Inglaterra e Alemanha." Como observou certa vez George Kennan, tal foi o primeiro passo do que mais tarde tornar-se-ia conhecido na política exterior soviética como "diplomacia demonstrativa" — aquela cuja intenção não é promover acordos entre governos nacionais que se reconhecem mutuamente, segundo os cânones da lei internacional, e sim "colocar obstáculos a outros governos e estimular a oposição no seio das nações".* [85]

Mas e no caso de a revolução mundial falhar? Nesta hipótese, os bolcheviques ver-se-iam sem exército (destruído pelo chamamento à revolução) e indefesos frente à ameaça de uma invasão alemã. A revolução seria derrotada, e a Rússia, subjugada ao governo imperial do kaiser. Com o tempo, tal hipótese tornou-se mais provável e os bolcheviques racharam. Aqueles à esquerda do partido, como Bukharin, consideravam que assinar a paz em separado com a Alemanha significaria trair a causa internacional, aniquilando todas as esperanças de uma revolução ocidental. E mostravam-se favoráveis a prosseguir na luta contra os invasores alemães, sob o pretexto de que a iniciativa uniria operários e camponeses russos na defesa da revolução, assim criando um Exército Vermelho ao longo da luta. O exemplo russo, por sua vez, inspiraria as massas revoltosas além-fronteiras.

Lênin, ao contrário, cada vez mais duvidava da possibilidade de enfrentar os alemães e da tese de que tal empreitada disseminaria a revolução ocidental. Embora suas Teses de Abril propusessem uma guerra revolucionária, ele não mais acreditava que proletários e lavradores, sempre tão relutantes em defender a Rússia, fossem capazes de demonstrar vontade em resguardar a Pátria Socialista. Sem tropas, os bolcheviques estavam encurralados. A única saída era a paz em separado. Se tentassem prosseguir no confronto, os resquícios do "exército camponês, exausto da guerra, derrubará o governo socialista dos trabalhadores". O tratado de concórdia com a Alemanha daria aos maximalistas o "fôlego" necessário para consolidar a base de poder, recuperar a economia e constituir forças armadas revolucionárias.

* A propaganda soviética contra as armas nucleares, registrada nas décadas de 1970 e 1980, mereceu aplausos dos movimentos pacifistas ocidentais. Porém, sob vários aspectos, não passou do exemplo mais bem-sucedido desta "diplomacia demonstrativa".

Evidentemente, isto significava priorizar a política de fortalecimento da revolução dentro das fronteiras russas, deixando em segundo plano o projeto de incitar a revolta em outros países. "Nossa tática deve se apoiar no princípio de que a revolução socialista pode se consolidar e sobreviver em um só país até que chegue a hora de outros a ele se juntarem", escreveu Lênin. Além do mais, no entender maximalista, à medida que a paz em separado no leste capacitaria as Potências Centrais a incrementar a guerra no Ocidente, prolongando-a, *aumentariam* as chances de uma revolução europeia. A continuação do conflito internacional, e não a perspectiva de paz, intensificaria a crise revolucionária. E, embora Lênin nunca tenha enunciado tal afirmação, seu partido tinha interesse em estender o massacre nos campos de batalha franceses e belgas, mesmo sob risco de contribuir para a vitória dos alemães sobre as democracias ocidentais.

A avaliação de Lênin era muito mais acurada do que o ingênuo internacionalismo da esquerda bolchevique. O exército russo estava se desfazendo, pois os soldados camponeses, encorajados pelos maximalistas, desertavam e fugiam para as aldeias na tentativa de abocanhar uma porção das terras da nobreza. Mesmo o ministro da Guerra do governo Kerenski, general Verkhovsky, chegou à conclusão de que era impossível continuar o enfrentamento internacional e de que à Rússia só restava pedir a paz. Não havia razão para supor que a consciência nacional dos camponeses havia se tornado mais forte agora que a Rússia fora tingida de vermelho. Afinal, aqueles eram os mesmos homens que, em 1914, haviam se mostrado incapazes de entender o recrutamento de 1914, estranhando o fato de terem que lutar contra um povo, o alemão, com o qual suas aldeias não tinha nenhuma quizila e do qual não emanava nenhuma ameaça de invasão a suas lavouras. Tais análises rasteiras viram-se reforçadas pelas incertezas de 1917. O camponês e toda a revolução social pareciam tomados pelo localismo. Os Guardas Vermelhos, base do novo Exército Vermelho, nada mais eram do que unidades rurais mal organizadas para a defesa da revolução, dispersos em aldeias e fábricas distantes geograficamente. Relutantes em deixar seus torrões natais, pouco conheciam para além das táticas de guerrilha em territórios de pequenas proporções. Não passava de uma fantasia romântica dos radicais — partilhada pela esquerda SR e comunista — imaginar que esses guardas poderiam bancar, e ganhar, uma guerra revolucionária contra a máquina de guerra alemã.

Ainda assim, a maioria dos líderes bolcheviques continuava a resistir à lógica férrea de Lênin. Para eles, era difícil desistir do ideal de um levante global, especialmente porque muitos haviam se passado para o bolchevismo como se tivessem optado por uma cruzada messiânica internacional capaz de libertar o mundo. Para alguns, como Bukharin — e, em alguma medida, para Trótski também —, que haviam passado bons anos de suas vidas no exílio ocidental, a revolução na Rússia era apenas parte (e uma parte menor) da luta mundial entre o imperialismo e o socialismo. Limitar a vitória do socialismo a um só país, ainda mais em se tratando de um país atrasado como a Rússia, parecia-lhes a admissão da derrota. À medida que a perspectiva de uma concórdia geral mostrava-se longínqua, os bolcheviques aparentavam estar cada vez mais divididos entre duas políticas opostas: a guerra revolucionária e a paz em separado com a Alemanha. Sem dúvida, este foi um dos momentos mais críticos da história do partido.

Em 13 de novembro, Trotski seguiu para o Alto Comando alemão pretendendo propor um armistício que permitisse a abertura de negociações para uma paz democrática. Três dias depois, uma delegação soviética partiu de Petrogrado para Brest-Litovsk, uma cidade arruinada pela guerra e que servia de quartel-general germânico. Lá, seria negociado o armistício. A delegação pretendia mais a propaganda do que a trégua. Com os negociadores bolcheviques, liderados pelo trio Yoffe, Kamenev e Karakhan, havia representantes dos soldados, marinheiros, operários, mulheres e camponeses da Rússia proletária. As ideias disparatadas apresentadas pela comitiva pretendiam, propositalmente, dar a impressão de que o governo maximalista era imbuído de democracia revolucionária.

Na verdade, por muito pouco o campesinato não foi esquecido por completo, o que informa muito sobre o lugar que este segmento ocupava na revolução bolchevique. A caminho da Estação Varsóvia, Yoffe e Kamenev subitamente perceberam que a delegação não incluía um representante do meio rural. Enquanto o carro em que viajavam cruzava as ruas escuras e desertas de Petrogrado, o grupo parecia consternado com o esquecimento. De repente, o veículo virou uma esquina e seus ocupantes viram um homem já de idade enfiado num típico capote aldeão e ocupado em tentar atravessar a neve carregando uma mochila. Com sua longa barba grisalha e o rosto curtido, ele era o arquétipo do camponês russo. Kamenev deu ordens para que o carro parasse. "Aonde vai, *tovarishch*?" "Para a estação, *barin*, perdão, *tovarishch*", foi a resposta. "Entre, vamos lhe dar uma carona." O velho pareceu satisfeito ante o favor inesperado, mas percebeu que havia algo errado enquanto o veículo se aproximava da Estação Varsóvia. Seu destino era outra estação, de onde partiam os trens em direção a Moscou e à Rússia central. Não vai dar certo, pensaram Yoffe e Kamenev, já dando início à saraivada de perguntas sobre política com que atormentariam o pobre. "A que partido pertence?", inquiriram. "Sou um socialista revolucionário, camaradas. Em nossa aldeia, somos todos SRs." "De direita ou de esquerda?", prosseguiram. "De esquerda, evidentemente, camaradas, o mais à esquerda possível." Bastou isto para contentar a delegação de paz russa acerca das credenciais diplomáticas de seu mais novo integrante. "Não há necessidade de você seguir para sua aldeia", disseram. "Você vai conosco a Brest-Litovsk, fazer a paz com os alemães." De início hesitante, o homem acabou concordando ao saber que seria bem remunerado pela tarefa. Assim, Roman Stashkov, um simples aldeão, passou aos anais da história diplomática como "representante plenipotenciário do campesinato russo". Suas maneiras rudes à mesa, bem ao estilo Rasputin, fizeram-no o centro das atenções nos banquetes sofisticados promovidos em homenagem à delegação. Em pouquíssimo tempo, ele superou o embaraço de não saber como manejar o garfo e divertiu-se a valer. O que não teria para contar quando voltasse à aldeia! Gostara, em especial, dos vinhos finos e, logo na primeira noite, chegou a arrancar um sorriso do rosto carrancudo do garçom alemão. Ao ser indagado se preferia vinho branco ou clarete, para acompanhar o prato principal, Stashkov voltou-se para seu vizinho de mesa, o príncipe Ernst von Hohenlohe, e disparou: "Qual deles é o mais forte?"[86]

O primeiro passo das negociações — concluir um armistício entre a Rússia e a Alemanha — foi fácil. As três principais partes envolvidas no debate tinham motivos para desejar a trégua. Os alemães queriam liberar tropas para poderem atacar o Ocidente, onde Ludendorff pressionava por um ataque capaz de decidir a guerra; os austríacos pretendiam acabar com o sofrimento de seus soldados e civis, que já davam mostras de insatisfação com o fardo do conflito internacional; e os russos necessitavam de uma pausa capaz de permitir que sua campanha pela paz deflagrasse uma revolução no Ocidente. Num primeiro momento, a delegação russa fincou pé em favor de um armistício geral: Lênin esperava que tal posição levasse os países da Entente, devidamente pressionados por suas populações, à mesa de negociações. A política bolchevique de encorajar seus próprios soldados a confraternizarem e barganharem armistícios parciais em diversos pontos da linha de frente tivera o mesmo propósito propagandista. Servia para minar a autoridade dos antigos (e potencialmente contrarrevolucionários) comandantes russos e como fórmula capaz de disseminar sentimentos pacifistas entre as tropas inimigas. Uma quantidade enorme de propaganda antibélica foi traduzida para o alemão, húngaro, tcheco e romeno, e distribuída entre os exércitos rivais. O general Dukhonin, comandante em chefe interino e simpatizante de Kornilov, fez o que pôde para se opor a tais iniciativas de paz, chegando a recusar-se a cumprir ordens do Comissário de Guerra, N. V. Krylenko, que queria envolver toda a linha de frente nas conversações em prol de um armistício geral. A exemplo do que acontecia com todos os que representavam a velha estrutura de comando, Dukhonin estava sem nenhum poder efetivo. Krylenko o destituiu e seguiu para *Stavka* a fim de substituí-lo. Porém, antes que chegasse a Mogilev, o antigo comandante em chefe já havia sido preso pelas tropas e espancado até a morte. Fora a vingança dos soldados pelo fato de Kornilov ter sido libertado do monastério de Bykhov e fugido rumo ao Don. No entender da soldadesca, a liberdade de Kornilov havia sido possível graças à interferência de Dukhonin. Quando Krylenko assumiu o controle do Estado-Maior, os homens puderam dedicar-se à vontade às negociações de tréguas locais ao longo da linha de fogo. No entanto, a iniciativa não serviu de modelo às tropas da Europa e, em 2 de dezembro, com os países da Entente mais decididos do que nunca a dar continuidade à guerra, a delegação russa finalmente viu-se forçada a aceitar um armistício separado, com duração de apenas um mês.

Os russos teriam preferido uma trégua de seis meses, conforme haviam sugerido. A estratégia bolchevique baseava-se em ganhar tempo na esperança de que a campanha pela paz acendesse a chama revolucionária ocidental. Eis por que insistiam em negociar a concórdia geral — menos por considerarem que os Aliados pudessem vir a concordar com tal ideia (o que é muito duvidoso) e mais devido à consciência de que tais esforços prolongariam as conversas, dando-lhes o pretexto necessário para alardear a propaganda revolucionária na arena internacional. Em meados de dezembro, ao colocar Trótski no lugar de Yoffe, na chefia da delegação, Lênin estava reconhecendo que, sem a perspectiva imediata de uma revolução no Ocidente, era fundamental estender ao máximo as negociações de paz. "Para prolongar as negociações é preciso haver alguém que faça por onde." Trótski era o homem ideal para isso. Com seu notável talento retórico, tanto na Rússia quanto na Alemanha ele hipnotizou diplomatas e generais estrangeiros ao, sutilmente, distrair a atenção de todos, antes concentrada em pontos específicos sobre limites territoriais (matéria na qual a posição russa não contava com grande apoio) para questões mais gerais, sobre as quais a delegação tinha mais domínio do que os alemães. O chefe da comitiva enviada pelo kaiser, barão Kuhlmann, demonstrava um fraco tipicamente alemão pela filosofia hegeliana e não precisou muito para se enredar na armadilha oratória de Trótski. Consumiram-se vários dias enquanto os dois homens esgrimavam princípios abstratos da diplomacia. A certa altura, Trótski interrompeu as conversações para proporcionar ao barão o que chamou de "uma aula de marxismo para iniciantes". Enquanto o preâmbulo do tratado era rascunhado, ele discorreu sobre a conveniência ou não de uma frase banal, afirmando que as partes contratantes desejavam viver em paz e amizade. "Eu tomaria a liberdade de propor que a segunda sentença [sobre amizade] fosse desconsiderada... Tal expressão nunca caracterizou a relação entre Estados", questionou.[87]

No final de dezembro, o Alto Comando alemão, que nunca fora muito propenso à política de uma paz geral negociada proposta por Kuhlmann, finalmente perdeu a paciência com os diplomatas. No Natal, os debates pacifistas chegaram a um impasse, pois os germânicos recusavam-se a devolver à Rússia os territórios da Curlândia, Lituânia e Polônia, onde mantinham importantes bases militares. Além disto, não havia indício de que os países da Entente aceitariam uma paz em separado. Ludendorff e Hindenburg estavam convencidos de que os bolcheviques tentavam prolongar as negociações enquanto fosse possível, na esperança de incitar uma revolução na Alemanha (havia sinais de já ter despontado a intranquilidade que tomaria conta do país em 1918). Ambos persuadiram o kaiser da necessidade de enfrentar os russos com mais energia, forçando uma trégua que só prevaleccesse para o leste. A vantagem, segundo os dois, seria poder transferir tropas para oeste, onde Ludendorff esperava ganhar a guerra ainda na primavera, contanto que contasse com os reforços. Assim, abrir-se-ia a possibilidade de transformar a Rússia em colônia alemã.

A expansão para o Oriente — *Der Drang nach Osten* — havia muito constituía meta da *Weltpolitik* do kaiser. Sem um império colonial para fazer frente à Grã--Bretanha ou à França, a Alemanha via-se obrigada a recorrer à Rússia em busca dos recursos de que precisava para tornar-se uma potência digna do nome. Para os banqueiros e industriais do país, as vastas dimensões eurasianas eram uma espécie de segunda África. A realização das ambições alemãs no Oriente dependiam da fraqueza russa e do esfacelamento do império russo. A maioria dos líderes germânicos recebera com alegria a ascensão ao poder dos bolcheviques, a despeito dos laços dinásticos entre o kaiser e os Romanov. Estas lideranças acreditavam que os maximalistas levariam a Rússia à ruína, permitindo que o império se desmembrasse. Assim sendo, os bolcheviques não teriam outra alternativa a não ser assinar a paz em separado com a Alemanha. Mas a política do soberano alemão apoiava-se ainda mais nos nacionalistas ucranianos. O movimento de independência da Ucrânia abria as portas para uma paz em separado com Kiev e poderia viabilizar o redirecionamento dos ricos recursos locais (sobretudo alimentos, ferro e carvão) para os exércitos das Potências Centrais. Desde 1915 os alemães conversavam com os pretensos líderes da Ucrânia. Durante o recesso natalino das negociações de paz, uma delegação de Rada foi a Brest-Litovsk. Nacionalistas ucranianos entendiam que subjugar a economia do país a Berlim era menos ruim do que subjugar a política local a Petrogrado. Desde finais de novembro, quando o Rada declarara a independência do país, forças bolcheviques reuniam-se em Kharkov — cidade industrial a leste do novo território autônomo, onde os russos étnicos eram maioria — preparando-se para invadir Kiev. Ou, pelo menos era isto que pensavam os nacionalistas ucranianos. As Potências Centrais constituíam a única força desejosa de apoiar o parlamento, reconhecendo-o como o governo legítimo da Ucrânia. Em 9 de fevereiro, quando as tropas bolcheviques tomaram Kiev — em parte reagindo à aliança entre a Ucrânia e a Alemanha e seus aliados —, as Potências Centrais assinaram a paz em separado com os líderes do Rada. Na prática, o tratado transformava o território em protetorado germânico, abrindo caminho para a ocupação alemã e austríaca; três semanas depois, os maximalistas viram-se obrigados a abandonar Kiev, e fugir no rumo oeste, de volta a Kharkhiv.

Com os ucranianos apartados da Rússia, os alemães fortaleceram e muito sua posição nas negociações de Brest-Litovsk. A perspectiva da ocupação da Ucrânia foi usada pela Alemanha como uma poderosa ameaça militar capaz de impor a paz aos russos. Assim, em fins de dezembro, quando as negociações com a Rússia recomeçaram, os alemães apresentaram inúmeras exigências de anexações territoriais, pretendendo, inclusive, separar a Polônia da Rússia e ganhar, para si, a Lituânia e boa parte da Letônia. Trótski então pediu a suspensão temporária dos trabalhos e voltou à capital russa para discutir com as demais lideranças vermelhas. Na reunião decisiva do Comitê Central realizada em 11 de janeiro, surgiram três facções distintas. Destas, a facção Bukharin era a maior, pois conseguira 32 dos 63 votos em um encontro extraordinário dos líderes partidários acontecido três dias antes e contava com o aval dos comitês de Petrogrado e Moscou. Posição: travar a luta revolucionária contra a Alemanha, por entender ser este o melhor modo de atingir o que realmente importava, ou seja, um levante no Ocidente. "'Temos que ver a república socialista do ponto de vista internacional", argumentou Bakhurin, em reunião do Comitê Central. "Que os alemães entrem em greve, que avancem mais cem quilômetros. A nós interessa como isto afeta a conjuntura internacional." A facção de Trótski era a segunda mais numerosa, contabilizando 16 votos no encontro de 8 de janeiro, e estava igualmente preocupada em promover a revolução ocidental (já havia indícios de ondas grevistas na Alemanha e em Viena). No entanto, eles duvidavam que as guerrilhas camponesas, convocadas por Bukharin, pudessem enfrentar uma invasão do inimigo. Trótski então apresentou um lema meio absurdo, "Nem paz nem guerra", especialmente forjado para dar tempo ao tempo. A delegação soviética declararia encerrada a luta e abandonaria as negociações de Brest-Litovsk. Porém, para confundir, recusar-se-ia a assinar um tratado de paz que incluísse cláusulas prevendo anexações territoriais. Caso os alemães invadissem o país, eventualidade que os bolcheviques não teriam como evitar, o mundo interpretaria tal fato como uma inequívoca agressão.

Para Lênin, cabeça da terceira e menor facção, o chamamento de Trótski resumia-se a "uma encenação política internacional", incapaz de deter o avanço inimigo. Sem um exército ávido por lutar, a Rússia não estava em condições de tentar ganhar tempo. O país não tinha escolha, só lhe restava assinar uma paz em separado e, de preferência, o quanto antes. "A questão é como defender a pátria", afirmou Lênin, num tom que deve ter lhe parecido simultaneamente patriótico e revolucionário. "Não há dúvida de que será uma paz vergonhosa, mas, se embarcarmos numa guerra, nosso governo será aniquilado." Não havia por que arriscar toda a revolução em nome da longínqua possibilidade de um levante popular na Alemanha. "A Alemanha está apenas grávida da revolução, mas nós já parimos uma criança muito saudável", acrescentou. A reconstrução da Rússia e a premência da guerra civil clamavam pela paz imediata. Ou, como disse Lênin com a rudeza de sempre: "A burguesia tem que ser estrangulada e, para isto, precisamos de ambas as mãos livres."[88]

Contando somente com o apoio de Stálin, Zinoviev e de três outros nomes do Comitê Central e tendo reunido meros 15 votos na reunião partidária de 8 de janeiro, Lênin viu-se obrigado a aliar-se a Trótski contra a facção de Bukharin. O risco de perder a Estônia socialista para os alemães ou de ser forçado a ceder às exigências do inimigo após uma derrota nos campos de batalha (que entendia como o resultado mais provável do espetáculo internacional de Trótski) parecia-lhe um preço razoável para evitar o que enxergava como o suicídio político de uma guerra revolucionária. O lema ardiloso de Trótski foi endossado pelo Comitê Central e seu autor voltou a Brest-Litovsk com ordens de continuar postergando as negociações.

Durante mais três semanas, Trótski apostou nesta tática, enquanto o Alto Comando alemão só fazia impacientar-se. Em 9 de fevereiro, veio o desfecho. Um telegrama enviado de Berlim pelo kaiser ordenava que Kuhlmann desse às demandas alemãs o tratamento correto, ou seja, o de exigências. Se o tratado não fosse assinado até o dia seguinte, os exércitos alemão e austríaco avançariam sobre a Rússia. Finalmente o kaiser deixara-se convencer pelo Alto Comando: as negociações de paz eram perda de tempo, os russos estavam valendo-se da iniciativa para semear revolta entre as tropas germânicas e o tratado com o Rada — assinado no mesmo dia em que o telegrama fora enviado — permitia impor a paz separada aos russos, bastando para tal ocupar a Ucrânia. Não havia mais motivos para adiamentos — e Trótski viu-se forçado a mudar de atitude. No dia seguinte, ele informou à atônita conferência que a Rússia estava "deixando a guerra", mas recusava-se a assinar o tratado de paz com a Alemanha. Nada parecido jamais acontecera na história diplomática — um país reconhecer a derrota e declarar-se disposto a interromper a luta, ao mesmo tempo que afirmava não aceitar as condições impostas pelos vencedores. Quando Trótski terminou de falar, os diplomatas permaneceram sentados, em silêncio, embasbacados diante de tamanha encenação, claramente teatral. O grito escandalizado do general Max von Hoffman quebrou o torpor: "*Unerhört!*" [Inacreditável!][89]

Passado o choque inicial, o Alto Comando alemão deu-se conta de que era preciso desmascarar o blefe. Se não havia assinatura de tratado de paz, a Alemanha ainda estava em guerra com a Rússia, o armistício não mais prevalecia e a invasão do território inimigo podia acontecer a qualquer momento. Em 16 de fevereiro, a despeito de seus temores crescentes quanto à possibilidade de uma revolução em Berlim, Kuhlmann viu-se pressionado por Ludendorff a anunciar que, dois dias depois, a Alemanha retomaria os ataques à Rússia. Na véspera da data marcada para o reinício dos combates, o Comitê Central reuniu-se no Smolny. Em meio ao pânico generalizado, Lênin propôs que o tratado de paz fosse assinado imediatamente, mas acabou derrotado por seis votos a cinco. A tese vitoriosa, de Trótski, resumia-se a só assinar a paz após o assalto inimigo. Na verdade, tratava-se de uma aposta desesperada na eventualidade de a classe trabalhadora alemã se levantar diante da agressão ao indefeso povo russo.[90]

No dia previsto, as tropas germânicas avançaram. Dvinsk e Lutsk foram imediatamente capturadas, sem resistência. O que restava do exército russo terminou por ruir, alheio ao chamado a uma guerra revolucionária. Ao fim de cinco dias, os homens de Hoffman já haviam entrado cerca de 240 km em território rival, o equivalente a toda a área tomada pelos alemães durante os três últimos anos de conflitos. "Esta é a guerra mais cômica que já vi", escreveu Hoffman em seu diário. "Travada a bordo de trens e automóveis. Num comboio ferroviário, colocamos um punhado de homens da infantaria, armados com metralhadoras e um canhão, e os levamos até a próxima estação. Eles a ocupam, fazem prisioneiros, juntam-se a mais alguns soldados e seguem viagem. Este estratagema tem o charme da novidade."[91]

Ao receber notícias sobre o avanço alemão, o Comitê Central convocou duas reuniões de emergência, ambas em 18 de fevereiro. Lênin estava furioso. Ao recusarem-se a assinar o tratado de paz, seus oponentes do CC haviam promovido a investida bem-sucedida do inimigo. Ele temia que o inimigo chegasse a Petrogrado e desalojasse os bolcheviques do poder. Portanto, era hora de mandar um telegrama aceitando a concórdia imediata. Diante da proposta de um novo adiamento, feita por Trótski e Bukharin, Lênin descontrolou-se, pois ainda precisava de votos para fazer prevalecer seu ponto de vista, vencido novamente na sessão daquela manhã do CC, desta vez por sete votos a seis. A liderança maximalista parecia estar à beira de um racha fatal, justamente quando a derrota batia à porta. À tarde, porém, enquanto se espalhavam os rumores de que os alemães estavam prestes a invadir na Ucrânia, Trótski passou-se para o lado de Lênin. Na reunião noturna, o representante russo em Brest-Litovsk propôs solicitar ao inimigo uma reformulação nos termos do tratado. Aos olhos de Lênin, aquela seria uma atitude patética. Era tarde demais para mesuras diplomáticas e, de um jeito ou de outro, o kaiser não concordaria, sabendo tratar-se de mais uma tentativa destinada a ganhar tempo. Apenas a aceitação do tratado de paz deteria as tropas alemãs. Ao cabo de mais três horas de debates acalorados, o Comitê Central votou a proposta de Lênin, aprovada por uma diferença de apenas dois votos — sete a cinco —, já que Trótski mudara de opinião à última hora.[92] É provável que nunca saibamos o que aconteceu nos bastidores, mas parece que Trótski deixou-se influenciar pela ameaça de um racha partidário de sérias consequências. Tivesse insistido em fazer coro a Bukharin, opondo-se ao fim da guerra, possivelmente Lênin abandonaria o CC, buscando apoio junto às bases bolcheviques. Assim, o partido estaria dividido, e Trótski, na qualidade de líder da facção contrária à paz, sairia enfraquecido. Sem a retaguarda de Lênin, seu lugar no topo da hierarquia bolchevique tornar-se-ia precário, conforme eventos futuros acabariam por comprovar.

À meia-noite, após a crucial votação do CC, Lênin em pessoa assumiu a incumbência de enviar um telegrama a Berlim concordando com os termos de paz apresentados em Brest-Litovsk. Durante vários dias, no entanto, as tropas inimigas continuaram a avançar pela Rússia e Ucrânia, sem tomar conhecimento da mensagem enviada por Lênin. Parecia claro que os alemães haviam decidido tomar

Petrogrado e derrubar o regime vermelho. Diante de tamanha ameaça, Lênin recuou inteiramente de sua posição anterior e resolveu resistir, convocando inclusive novos voluntários. Ato contínuo, fez contato com os Aliados em busca de ajuda militar. De sua parte, as grandes potências estavam muito mais interessadas em manter a Rússia na guerra do que na sobrevivência do bolchevismo, e o socorro foi rápido.* Sob as ordens de Lênin, os bolcheviques prepararam a transferência da capital para Moscou, disseminando o pânico em Petrogrado. As estações ferroviárias ficaram congestionadas de pessoas tentando fugir, enquanto, diariamente, outros milhares deixavam a cidade a pé. A lei e a ordem sucumbiram por completo quando bandos armados passaram a saquear lojas e residências vazias. Ao verem as fábricas ermas, operários enfurecidos pilharam os estoques na tentativa de se indenizarem por semanas de trabalho não pago. Foi então, com a capital mergulhada na anarquia, que Lênin baixou o decreto "A Pátria Socialista em Perigo!", que tanto contribuiu para justificar o Terror Vermelho.

Em 22 de fevereiro, o CC tornou a se reunir para debater se aceitava ou não ajuda militar dos Aliados. Com o apoio de Trótski e Lênin (*in absentia*), a moção em favor da colaboração bélica foi aprovada. Bukharin e outros defensores da chamada guerra revolucionária mantiveram-se violentamente contrários ao auxílio vindo de países imperialistas. Durante a votação, Bukharin ameaçou desligar-se do Comitê Central, em protesto. "Estamos transformando o partido num monte de esterco", queixou-se ele a Trótski, chorando.[93]

Ao fim e ao cabo, a possibilidade de ajuda dos Aliados seria irrelevante. Em 23 de fevereiro, os alemães finalmente encaminharam à Rússia os termos de paz. Berlim exigia todo o território que já havia ocupado ao curso da guerra, inclusive aqueles tomados nos últimos cinco dias. Isto significava a anexação da Ucrânia e de grande parte do Báltico. Mais uma vez, o CC reuniu-se. Lênin ameaçou afastar-se caso as imposições do inimigo não fossem aceitas. Embora draconianas, tais exigências pelo menos não impediriam que os bolcheviques permanecessem no poder. "Assinamos a paz agora, ou a sentença de morte do governo soviético daqui a três semanas", advertiu Lênin. Trótski não estava convencido de que fosse preciso chegar a tanto, mas sabia que um partido dividido — resultado do afastamento de Lênin — não poderia travar a guerra revolucionária. Portanto, absteve-se de votar a favor da proposta do líder, que foi aprovada por sete votos a quatro. A abstenção

* O fato de os Aliados considerarem unicamente a importância de manter a Rússia na guerra colaborou para que os bolcheviques pudessem continuar no poder num momento tão crítico. A decisão do governo francês de dar ajuda militar aos bolcheviques coincidiu com o cancelamento de auxílio ao Exército Voluntário, formado para derrubar o regime vermelho. Os governos Aliados estavam mal informados sobre a verdadeira situação da Rússia e apostaram alto para fazer o país retornar à guerra.

de Trótski engrossou outras três. Apenas a facção de Bukharin que, nas palavras de Lomov, estava disposta a "agir sem o respaldo de Ilitch [Lênin] e ir para a frente de batalha lutar", continuou opondo-se ao tratado, e desligou-se do CC, a fim de engajar-se numa campanha de oposição à paz, voltada para as bases partidárias e para todo o país. Naquela mesma noite, Lênin apresentou as propostas de paz que a Executiva do Soviete aprovou por 116 votos a 85. Seu discurso foi interrompido aos gritos de "Traidor!" e "Judas!", vindos da esquerda SR e da ala mais radical de seu próprio partido. Nas primeiras horas do dia seguinte, ele mandou a Berlim um documento aceitando incondicionalmente os termos alemães.[94]

O Tratado de Brest-Litovsk foi assinado aos 3 de março. Nenhuma das lideranças bolcheviques quis estar presente a esta ocasião histórica e muito menos colocar seu nome num texto que, em toda a Rússia, era tido como uma "paz vergonhosa". Yoffe recusara-se abertamente; Trótski esquivou-se, pedindo exoneração do cargo de Comissário das Relações Exteriores; Sokolnikov passou a incumbência para Zinoviev, que devolveu a batata quente. A delegação russa acabou formada por gente do segundo escalão, entre eles G. V. Chicherin, neto de um nobre e importante diplomata tsarista, e sucessor de Trótski no Comissariado das Relações Exteriores.

Pelos termos do tratado, a Rússia seria forçada a desistir da maioria de seus territórios europeus. Polônia, Curlândia, Finlândia, Estônia e Lituânia ganhariam independência formal sob a tutela alemã. As tropas russas teriam que deixar a Ucrânia. Calcula-se que a República Soviética tenha perdido 34% de sua população (55 milhões de habitantes), 32% de suas terras agrícolas, 54% de suas instalações industriais e 89% de suas minas de carvão.[95] Considerando tão somente os aspectos econômicos e geográficos, a Rússia fora reduzida à Moscova, do século XVII.

O tratado permitiu à Alemanha avançar, e muito, rumo à realização de suas ambições imperiais no leste. Um exército de meio milhão de soldados germânicos e austríacos ocupou a Ucrânia, sendo recebido com aplausos das classes proprietárias urbanas, integradas por boa parcela de russos e imbuídas dos sentimentos nacionalistas e socialistas disseminados pelo governo do Rada. Este segmento da sociedade ucraniana aspirava na ver as cidades administradas pelos "ordeiros alemães". No campo, entretanto, onde as tropas faziam confiscos de alimentos para saciar a fome dos civis austríacos, os camponeses ucranianos mostravam-se avessos à presença dos ocupantes. De início, a responsabilidade pelo recolhimento dos grãos coube ao Rada, que deveria despachar diariamente 300 caminhões de cereais — uma espécie de tributo a Berlim, previsto no tratado de paz assinado em 9 de fevereiro. Em troca, rezava o documento, soldados germânicos protegeriam a independência da Ucrânia contra a avidez da Rússia. Durante o ano de 1917, os camponeses apoiaram os partidos que integravam o Rada, mas o nacionalismo rural não chegava ao ponto de concordar com o envio de grãos a um país estrangeiro. Aos poucos, os lavradores reduziram suas plantações e passaram a colocar a safra em lugar longe dos olhos dos agentes do Rada. Para garantir o pagamento do que lhes era devido, as tropas alemãs assumiram a tarefa, indo às aldeias recolher o tributo. O confisco, então, ganhou ares de absurdez, atingindo indiscriminadamente — e sem permissão do parlamento — até mesmo sementes para plantio e cotas de alimentos destinadas ao consumo familiar dos camponeses. Os que se negavam a entregar tudo o que tinham eram submetidos à corte militar. Milhões de hectares de terra não cultivada voltaram às mãos de seus antigos proprietários, punição comum para os agricultores sabotadores. O resultado foi uma onda de revoltas camponesas e guerrilhas cujo intento maior era dar fim aos confiscos alemães; pontes e linhas férreas acabaram destruídas e, não raro, unidades germânicas sofriam ataques de grupos que se escondiam nos bosques. A área rural do antigo território tsarista chafurdava no caos. A maioria das atividades camponesas eram organizadas pela esquerda SR russa e ucraniana (esta última logo romperia com os SRs locais, constituindo o Borotbist, ou Partido dos Lutadores SRs). No entanto, os alemães acusavam o Rada de não ser enérgico o bastante para controlar a situação. No fim de abril, num golpe que contou com o apoio dos donos de terras, os quais, evidentemente, também se opunham à guerrilha camponesa, os ocupantes prenderam o governo do Rada e substituíram-no por um regime títere encabeçado pelo general Hetman Skoropadsky, um dos latifundiários mais ricos do país e outrora ajudante de ordens de Nicolau II. Ao general coube o papel de capacho de Berlim, ocupando a vaga deixada pelo Rada.

Na Rússia, o tratado assegurou um status privilegiado para os interesses econômicos alemães. A propriedade germânica estava a salvo da nacionalização — até mesmo a terra e as empresas confiscadas após 1914 podiam ser reclamadas por seus antigos donos. O tratado também permitia aos alemães comprar bens russos e, assim, livrá-los do alcance dos decretos de estatização. Centenas de empresas locais acabaram vendidas aos alemães, garantindo-lhes o domínio de boa parte do setor privado. As palavras *nemets* (alemão) e "negociante", que no entender do povo russo sempre se associaram uma à outra, além de se confundirem com "traidor", agora, referiam-se à mesma realidade.

Para os patriotas russos, havia muito obcecados pela ideia de os eslavos estarem sujeitos ao domínio econômico dos teutônicos, o Tratado de Brest-Litovsk constituía uma catástrofe nacional. O príncipe Lvov, então vivendo em Tiumen, passou a ter impulsos suicidas e, segundo uma tia, não saiu da casa durante dias. O general Brusilov, bastião da causa pan-eslava, caiu em profunda depressão tão logo foi informado acerca do ocorrido. Aliás, este parecia um comportamento estranho para uma figura tão otimista, que sempre conseguira manter o moral elevado mesmo nos momentos mais sombrios da guerra. Com a perna engessada, ainda recuperando-se do ferimento sofrido durante a luta em Moscou, ele jazeu no leito dias a fio, lamentando a ruína russa. Mais tarde, sua esposa comentaria que ele encontrou alívio na religião: Deus assumiu o lugar deixado vago pela pátria. Isto também fê-lo resignar-se com o que considerava o "trágico destino da Rússia". Com certeza, Brusilov não pretendia juntar-se à guerra civil contra o tratado. Contudo, no futuro, incapaz de entender por que um aristocrata como ele não somava forças ao Exército Branco, a Cheka o manteria prisioneiro, pressupondo sua adesão aos rivais dos bolcheviques. A recusa do general em pegar em armas contra o regime soviético baseava-se na convicção de que "o povo decidira a sorte russa", como ele mesmo explicara em carta ao irmão. Embora o coração de Brusilov estivesse com os Brancos, ele sabia que se tratava de uma causa perdida pelo simples fato de esta ter em vista a retomada da guerra. Se ele aprendera algo com a experiência de 1917, fora que o povo russo queria a paz a qualquer custo. A lenga-lenga dos partidos patrióticos em defesa da Mãe Rússia e suas fronteiras era inteiramente alheia ao homem da rua.[96]

A oposição ao tratado não se limitava aos círculos antissoviéticos. A facção de Bukharin e a esquerda SR somaram forças por conta da rejeição à "paz vergonhosa", e combinaram formar um bloco forte o bastante para fazer frente à Executiva do Soviete. Com o objetivo de engrossar o protesto contra o acordo, os SRs de esquerda desligaram-se do Sovnarkom, e, mais tarde, dedicaram-se a atos terroristas, inclusive o assassinato do embaixador alemão, na vã esperança de prejudicar Berlim e retomar a guerra revolucionária. A emergência da facção de Bukharin, que se aglutinava em torno do jornal *Kommunist*, rachou ao meio o Partido Bolchevique. Muitos desses jovens idealistas (não era o caso de Bukharin) acreditavam que a guerra revolucionária combateria a reabilitação da burguesia, convocada por Lênin na primavera sob um programa intitulado "capitalismo de Estado". Estes jovens eram contrários à ideia de qualquer concessão aos burgueses — fosse na forma de paz com as potências imperialistas, fosse transigindo com os capitalistas domésticos. Eles entendiam a revolução como uma cruzada internacional contra o capitalismo e, diferentemente de Lênin, acreditavam que o ímpeto revoltoso dos camponeses e trabalhadores poderia manter de pé um sistema de poder soviético de fato democrático e descentralizado.

A paz firmada em Brest-Litovsk marcou o arremate da revolução leninista: foi a consagração de Outubro. Na luta a favor do tratado, assim com na luta pelo poder, Lênin sempre fora impiedoso. Não havia sacrifício impossível para a consolidação da revolução segundo seus parâmetros pessoais. Por conta desta inflexibilidade do líder, os bolcheviques se isolaram dos demais partidos revolucionários e se dividiram em discussões sobre vários assuntos importantes. A tomada do poder, o fechamento da Assembleia Constituinte e a assinatura do tratado, três iniciativas de Lênin, haviam mergulhado o país na guerra civil. A Rússia deixara de ter relevância mundial e fora forçada a se retirar do continente europeu, voltando-se cada vez mais para o próprio umbigo e tendo, no horizonte, apenas o leste. Após Brest-Litovsk, não havia mais perspectiva de a revolução espalhar-se para o Ocidente. Todo o falatório de Lênin a respeito da "inevitável revolução alemã", capaz de anular as perdas provocadas pela assinatura do tratado, nada mais era do que um blefe em nome do moral e da propaganda partidária.[97] Na verdade, durante 1919 e 1920, ele flertaria com a ideia de exportar o comunismo através do Comintern; mas isto seria de pouca valia. Para todos os efeitos, a "revolução permanente" chegara ao fim e, a partir de então, o objetivo do regime limitar-se-ia a consolidar o Socialismo em Um Só País, expressão cunhada pelo próprio Lênin.

A transferência da capital simbolizou o afastamento cada vez maior do Ocidente. Petersburgo sempre fora uma cidade europeia, "a janela russa para o Ocidente", enquanto Moscou simbolizava as tradições asiáticas. Caso tivesse direito à voz, o tsar prisioneiro, com certeza, consideraria irônica a mudança da capital russa: ele próprio sempre preferira a velha cidade a Petersburgo. A retirada dos bolcheviques na direção leste, rumo ao coração da Rússia moscovita, em grande medida lhes fora imposta pelo avanço alemão após a ratificação do tratado. Em 2 de março, a aviação inimiga bombardeou Petrogrado. Lênin estava convencido de que os germânicos planejavam ocupar a cidade e desalojá-lo do poder. Mais uma vez, os russos solicitaram a ajuda dos Aliados — Kamenev foi mandado a Londres e tropas britânicas chegaram a desembarcar em Murmansk. Neste ínterim, o governo fugiu para Moscou.

Lênin e Trótski alojaram-se no Kremlin, ocupando acomodações antes pertencentes a Nicolau II. O relógio musical da Torre Spassky, através da qual os carros de ambos entraram no palácio, foi reformado, de modo a permitir que os sinos badalassem ao som da *Internacional*, e não mais de "Deus Salve o Tsar". De início, a maior parte dos antigos criados dos Romanov permaneceram a postos. Um deles, o idoso Stupishin, servira a vários monarcas e logo apegou-se muito a Lênin e Trótski, cada um a sua época. Segundo palavras do último, o homem deve ter percebido que ambos "apreciavam a ordem e valorizavam seus cuidados". Durante as refeições, Stupishin movia-se "como uma sombra por trás das cadeiras", acomodando os pratos de maneira a que a águia de duas cabeças gravada na borda sempre ficasse de frente para os comensais. O Kremlin, segundo Trótski, "com sua muralha medieval e suas incontáveis cúpulas douradas, era o paradoxo máximo como fortaleza de uma ditadura revolucionária".[98] Na verdade, porém, tratava-se de um prédio bastante adequado, simbólico até, e não só pelo fato de os bolcheviques comportarem-se como novos "tsares" da Rússia; afinal, sob vários aspectos, a guerra civil devolveria o país aos antigos costumes moscovitas.

PARTE QUATRO

A GUERRA CIVIL E A CONSTRUÇÃO DO SISTEMA SOVIÉTICO (1918-1924)

XII.

Últimos sonhos do Velho Mundo

1. São Petersburgo na estepe

A vida surreal de Kiev, durante a primavera de 1918, quando a cidade foi invadida por gente que, às carreiras, havia abandonado o norte bolchevique, é magistralmente descrita por Mikhail Bulgakov, no romance *O Guarda Branco*:

> Entre os refugiados havia banqueiros grisalhos e suas mulheres, homens de negócios hábeis que deixaram atrás de si, em Moscou, lugar-tenentes fiéis com ordens de não perder contato com o novo mundo que estava nascendo nos domínios moscovitas; senhores agrários que, secretamente, haviam deixado suas propriedades nas mãos de administradores de confiança; industriais, negociantes, advogados, políticos. Vieram jornalistas de Moscou e Petersburgo, corruptos, gananciosos e covardes. Prostitutas. Senhoras respeitáveis de famílias aristocráticas e suas filhas delicadas; mulheres pálidas e depravadas, com os lábios pintados de carmim; auxiliares dos chefes de repartições da burocracia; jovens homossexuais. Príncipes e traficantes de drogas, poetas e agiotas, policiais e atrizes dos teatros imperiais.[1]

Kiev não foi a única localidade a ser invadida por esta horda. A narrativa de Bulgakov poder-se-ia aplicar a quase qualquer cidade do sul. Mas a presença dos alemães e de seu governo fantoche ucraniano, encabeçado por Hetman Paulo Skoropadsky, certamente fez da cidade o lugar mais concorrido. Não sem razão, pois ali o poder assegurava proteção aos bens dos recém-chegados e emprego. As casas acomodavam mais moradores do que seria suportável. Nobres russos dormiam no chão ou, quando muito, em sofás. Reinava uma excitação frenética; todos viviam como se não houvesse amanhã. As pessoas jantavam em grupos numerosos, ocupando mesas e mesas de restaurantes caros. Desperdiçavam-se fortunas em clubes e cassinos. Romances desvairados também ajudavam a passar o tempo. Os cafés lucravam, vendendo coquetéis e companhias femininas. A cada noite, cabarés e teatros funcionavam com lotação esgotada; o público queria rir para espantar o medo. As vitrines exibiam perfumes e sedas franceses, ostentavam grandes nacos de esturjão e caviar e ainda garrafas nas quais se escondiam safras especiais de champanha Abrau, emolduradas com rótulos em que sobressaía a águia bicéfala.

Esses refugiados abominavam os bolcheviques. Porém, muito poucos cogitavam de combatê-los. "Não era o tipo de ódio agressivo que leva aquele que o sente a lutar e morrer, mas um ódio passivo e covarde", escreveu Bulgakov.[2] Eles ruminavam palavras insultuosas quando aboletavam-se nos restaurantes para mais um festim e liam sobre os últimos horrores ocorridos no norte; mas jamais tiveram a intenção de desistir de tantos confortos e partir para o confronto. Era a burguesia em disparada.

Apenas os oficiais — filhos de senhores de terra e estudantes cujas lições haviam sido interrompidas pela guerra — nutriam pelos vermelhos um ódio que os fazia querer lutar. Esses jovens haviam desertado de regimentos esfrangalhados e arriscado a pele cruzando o país até alcançar as cidades do sul. De dia, vagavam pelas ruas, bolsos vazios, barbas por fazer; à noite, dormiam em cadeiras ou no chão duro, usando capotes como cobertores. Aquela era uma geração despossuída que nada tinha a perder na guerra civil. Muitos dos rapazes tinham perdido o patrimônio da família, que os camponeses desapropriaram, ou as esperanças de uma carreira, projetos de vida, tudo arruinado pela revolução. Bebiam muito, ferviam de fúria e só pensavam em vingança.

No inverno de 1917, a caminho do Don, onde se juntaria aos Brancos, passou por Kiev um destes jovens, o oficial Roman Gul. Em outubro, ele recebera um telegrama do pai nos seguintes termos: "O Estado acabou, peça baixa." Desde então, o rapaz fugia dos bolcheviques. Atravessando a Rússia num vagão de terceira classe, viu, desgostoso, a malícia e a desconfiança estampada nos rostos das tropas camponesas. "Eis aqueles que destruíram antigas cadeiras de mogno, aqueles que rasgaram meus livros favoritos, os livros que comprei em Sukharevka* nos meus tempos de estudante; os que derrubaram nosso pomar e arrancaram as rosas plantadas por mamãe; e também os que incendiaram nossa casa", ele desabafou com um amigo, numa carta escrita durante a viagem de trem. Foi em parte para vingar essas perdas que Gul, como tantos outros rapazes de sua condição social, resolvera aderir aos

* Um grande mercado de pulgas situado em Moscou.

Brancos. "Compreendi que, sob o chapéu vermelho do que pensávamos ser uma linda mulher da revolução, havia, de fato, o focinho medonho de um porco. Meu coração estava cheio de dúvidas e hesitações, mas me convenci de que, no fim, para colocar tudo em ordem, é preciso assumir responsabilidades, é preciso estar preparado para cometer o pecado do assassinato."[3]

O destino de Gul era o quartel-general do inexperiente Exército Voluntário, em Novocherkassk, comandado por Alexeev e Kornilov. Depois que os bolcheviques tomaram o poder e Kornilov deixou o monastério de Bykhov, ambos se refugiaram naquela modorrenta cidade da estepe, onde recentemente os cossacos do Don, tidos pelos Brancos como os principais defensores do antigo regime, tinham se reunido na sua tradicional assembleia — o Krug — e eleito um novo líder, o general Kaledin. Taciturno e melancólico, Kaledin era um típico general cossaco da velha escola. Durante 1917, alinhara-se com Kornilov contra o Soviete e, na Conferência de Moscou, realizada em agosto, defendera abertamente a abolição de todas as organizações democráticas do exército.

Em 20 de novembro, o Krug declarara a independência da região do Don. Os líderes cossacos estavam basicamente preocupados em defender esta conquista, mas foram convencidos pelos Voluntários de que isto dependia do enfrentamento com os bolcheviques. Os Voluntários tinham obtido apoio de grande parte da população não cossaca do Don — camponeses russos (*inogorodnye*), operários industriais e marujos da esquadra do mar Negro — para uma ofensiva contra Rostov, principal cidade da região. De início, considerando a rápida desintegração de suas forças, Kaledin saudou a chegada dos Voluntários — 40 oficiais, que se autodenominavam Organização de Alexeev — ocorrida em 17 de novembro. Os cossacos mais jovens e radicais demonstravam pouca vontade de lutar contra os Vermelhos, e ao retornar da frente de batalha faziam campanha contra a liderança do general. Temiam que a presença dos Voluntários transformasse Novocherkassk, capital do Don, num alvo para os bolcheviques. Devido à desconfiança dos cossacos em relação aos Brancos, os oficiais de Alexeev foram obrigados a se esconder num hospital. No entanto, à medida que os Vermelhos se aproximavam, ficava claro que o Don não podia ser defendido sem o apoio deles. Assim, Kaledin pôde avançar sem sérias objeções dos cossacos. No começo de dezembro, os Guardas Vermelhos capturaram Rostov. Kaledin impôs lei marcial e convocou os Voluntários, a fim de retomar a cidade (seus próprios cossacos recusaram-se a lutar). O exército de Alexeev, a esta altura contando com cerca de 500 oficiais, parecia suficientemente capaz de derrotar os numerosos, mas irremediavelmente indisciplinados Guardas Vermelhos. A batalha de seis dias começou em 9 de dezembro — dia de São Jorge, patrono da Rússia. Foi o primeiro grande confronto da guerra civil.[4]

Tal qual se tornaria característico dos fatos que se sucederam nos primeiros meses da guerra civil, entre outubro de 1917 e setembro de 1918, não havia frentes de batalha "fixas", e nenhum dos lados dispunha de homens ou meios eficientes para o armazenamento de provisões. Cidades inteiras podiam cair em poder de exércitos diminutos. Em geral, as tropas deslocavam-se de trem e, por isto, os primeiros combates passaram à história como a "guerra dos trilhos". Muitas vezes, a logística se resumia a embarcar um punhado homens munidos de metralhadoras num comboio e fazê-los desembarcar na estação seguinte. As lutas costumavam ser farsescas, já que boa parte da soldadesca, em especial os Vermelhos, relutava em encarar o inimigo (muitos só haviam entrado na guerra pensando em ganhar um casaco militar e uma ração diária). Não raro, as tropas rivais cruzavam-se numa aldeia, ou cidade de menor porte, preferindo recuar a se enfrentarem. O pânico era algo comum entre os soldados, em especial os Vermelhos, que fugiam assustados logo aos primeiros tiros. E embora os Brancos, como "voluntários", sofressem menos descontrole, em várias ocasiões os oficiais viram-se obrigados a usar o terror para fazê-los avançar. Em todas as trincheiras, os relatórios desculpavam os erros cometidos, exagerando os "sucessos". Certa vez, Trótski queixou-se de que toda cidade era tomada — ou assim diziam os informes oficiais — "após batalha encarniçada", assim como toda retirada se fazia diante "do ataque de forças invencíveis". Tais aspectos absurdos da guerra civil foram muito bem captados por Jaroslav Hasek, em seu romance *O comissário vermelho*, cujo herói, Schweikian, ordena às suas tropas que retrocedam para a esquerda quando as linhas forem rompidas à direita. Findo o episódio, ele envia um telegrama ao quartel-general, anunciando uma "grande vitória", e o cerco aos Brancos.[5]

O crescimento do Exército Voluntário deveu-se, e muito, à presença carismática do general Kornilov. Ele e seus seguidores haviam fugido da prisão no monastério de Bykhov depois que Dukhonin perdera o controle de *Stavka* para os bolcheviques em novembro. Dada a impossibilidade de derrubar Lênin e companhia mediante uma revolta doméstica, o que implicaria o risco de execução, os generais de Bykhov decidiram refugiar-se no Don. Sob variados disfarces, a maioria cruzou a fronteira viajando de trem. Lukomsky raspou a barba e passou a falar com sotaque alemão; Romanovsky travestiu-se de guarda-marinha; Markov, de soldado comum. Denikin fingiu ser um fidalgo polonês, mesmo ocupando um vagão de terceira classe, onde testemunhou, pela primeira vez, o "ódio sem limites" da gente do povo contra "tudo que parecesse social ou intelectualmente superior à massa". Orgulhoso como sempre, Kornilov negou-se a esconder sua identidade e conduziu o fiel Regimento Tekinsky em marcha forçada pelo hostil terreno bolchevique. No meio do caminho, as tropas debandaram ao se defrontar com soldados Vermelhos a bordo de um trem blindado. O cavalo branco de Kornilov morreu sob as balas, com o cavaleiro ainda na sela. O general escapou ileso e conseguiu reunir a maior parte dos seus subordinados. No entanto, ao perceber que estavam com o moral baixo, e que teria mais chance de sucesso deixando para trás um contingente tão pouco enérgico, o comandante abandonou-os, preferindo concluir a jornada sozinho, em trajes de camponês. Ironicamente, chegou ao Don num comboio ferroviário de Guardas Vermelhos.[6]

Novocherkassk, que Gul alcançou na véspera do Ano-novo, era um verdadeiro microcosmo da velha Rússia exilada, uma São Petersburgo na estepe. Os ricos e poderosos decaídos atulhavam as ruas lamacentas. "Por ali transitavam generais, com suas divisas e galardões, vistosos oficiais de cavalaria vestindo túnicas coloridas, ao lado das mantilhas das religiosas e dos imensos e felpudos chapéus dos guerreiros turcos", registrou o rapaz. Inúmeros políticos da Duma haviam se mudado para a cidade pensando em tomar as rédeas do movimento Branco: Miliukov, Rodzianko, Struve, Zavoiko, G. N. Trubetskoi, N. N. Lvov e, até mesmo, o SR Boris Savinkov. Intelectuais importantes também fizeram de Novocherkassk sua morada. Do seu sótão, em Moscou, Marina Tsvetaeva, cujo marido, Sergei Efron, fora um dos primeiros a juntar-se aos Voluntários, escreveu uma série de poemas, publicando-os num livro intitulado *Acampamento dos cisnes*, idealização dos rebeldes do Don, que a seus olhos apareciam como a "juventude e glória" da Rússia.

> Guardas Brancos: nós górdios
> Do valor russo.
> Guardas Brancos: cogumelos brancos
> Das canções folclóricas russas.
> Guardas Brancos: estrelas brancas
> Inapagáveis do céu.
> Guardas Brancos: unhas negras
> Nas costelas do Anticristo.
>
> ["Guardas Brancos", 27 de julho de 1918][7]

Para Tsvetaeva, tal qual para muitos de sua classe e origem social, o Don representava a última esperança de salvação da civilização russa. Nas palavras da poeta, era "o derradeiro sonho do velho mundo".

Em Novocherkassk, embora os relógios devessem estar atrasados sessenta minutos em relação a São Petersburgo, a hora oficial mantinha-se inalterada, como se todos se aprestassem a retomar a vida na antiga capital tsarista. Literalmente, a nova população da cidade parecia querer voltar no tempo. Tudo ao redor daqueles homens e mulheres (dos uniformes usados à época dos Romanov aos vestidos de baile) indicava a ânsia pela restauração do velho regime. Nos anos que ainda viriam, ao fazerem uma retrospectiva da guerra civil, os mais inteligentes dentre os simpáticos aos Brancos reconheceriam que a identificação com o passado fora a principal causa da derrota. Afinal, embora as lideranças dos Brancos jurassem princípios democráticos, ainda maior era o saudosismo: eles tendiam a considerar a monarquia uma alternativa real aos bolcheviques. E tal visão era ainda mais enraizada entre os oficiais Brancos e os burocratas. Em 1920, Astrov, o kadet que aderiu aos Voluntários, escreveu: "Nós, com nossos vetustos estratagemas, nossa mentalidade ultrapassada e os vícios caducos de nossa burocracia, coroados pelo esquema de promoções posto em prática desde Pedro, o Grande, não podemos fazer frente aos Vermelhos." Em 1919, o nacionalista Shulgin registrou: "A contrarrevolução não produziu nenhum grande nome... Eis a principal razão de nossa tragédia." Em 1921, Struve enfatizou como a "psicologia do antigo regime" impedira que os Brancos adotassem métodos revolucionários, essenciais à vitória na guerra civil, expressando-se nos seguintes termos:

> Subjetivamente, os Brancos agiam como se nada houvesse acontecido, enquanto, na realidade, o mundo inteiro ao redor deles havia ruído. Para conquistar o inimigo eles teriam que passar por algo parecido a um renascimento... Nada prejudicou tanto o movimento "Branco" quanto o fator psicológico que fez com que se apoiasse em circunstâncias que não mais existiam... Os homens imbuídos da psicologia do "antigo regime" estavam imersos no mar revolto da anarquia revolucionária, sem saber como atravessá-lo... Na tormenta revoltosa de 1917, mesmo os empedernidos partidários da monarquia precisariam transformar-se em revolucionários, no sentido psicológico: pois, numa revolução, somente estes são capazes de encontrar o caminho.[8]

A aversão à volta da monarquia — e o ferimento na perna — não permitiram que Brusilov se mudasse para o Don, a despeito de diversos apelos apresentados pelo amigo de longa data, Alexeev. Brusilov não ocultava suas simpatias pelos Brancos, mas sabia que a causa "estava fadada ao fracasso, pois o povo russo, não importa se bem ou mal, escolhera os Vermelhos". Não havia como tentar voltar no tempo, explicou o general a um conhecido, no início de abril. "O velho regime está morto e enterrado", sentenciou. No entender de Brusilov, a guerra contra os bolcheviques era "brava e nobre", mas também "estúpida", por "desperdiçar vidas jovens". Sem dúvida, tal comentário trazia uma pitada da aversão que sentia pelo comandante dos Voluntários; mas também embutia uma boa dose de resignação religiosa, como se, a seu ver, o confronto fosse um desígnio da Providência e fizesse parte da comédia divina cujo epílogo ninguém poderia conhecer de antemão. Na qualidade de patriota, Brusilov considerava seu "dever permanecer ao lado do povo" — o que significava não tomar partido na guerra civil, mesmo que isto implicasse trair sua própria classe social e sua ideologia. A máxima de Meinecke, em 1919 — "Recordando o passado, afirmo que ainda sou monarquista de coração, mas me adiantando no futuro, tenho os pensamentos de um republicano" — bem poderia valer para Brusilov.[9]

O Exército Voluntário era um contingente de oficiais. Eis o problema maior: Kornilov nunca conseguiu atrair o apoio da população civil, nem mesmo o de soldados rasos. Ao ler a lista com os nomes dos que haviam se alistado do lado Branco, Brusilov reagiu com fúria: "Só existem oficiais, onde estão os subalternos?" Dos primeiros 3 mil voluntários, somente uma dúzia não tinha patente. Na história das guerras, jamais houve uma tropa com tantos superiores. Capitães e coronéis viram-se forçados a fazer o serviço pesado. Generais de divisão tiveram que assumir a frente de esquadrões. Disputas constantes pelos postos de comando eram uma terrível dor de cabeça para o Estado-Maior. Generais mais velhos repeliam qualquer entendimento com oficiais mais jovens, promovidos estritamente por mérito; monarquistas negavam-se a obedecer aos comandantes avessos ao tsar. Alguns opunham-se a exercer função indigna da patente que ostentavam no exército imperial. Oficiais ociosos lotavam os cafés; e não perdiam oportunidade de chamar os voluntários de "soldados de brinquedo". A vaidade proporcionada pelo antigo posto militar era maior do que a vontade de lutar.[10]

Mesmo os homens à cabeça do movimento se envolviam em mesquinharias. Kornilov recebera o comando do Exército Voluntário e Alexeev foi incumbido das questões políticas e financeiras. Mas tal divisão nunca funcionou e um se intrometia nas atribuições do outro. O relacionamento entre ambos tornou-se tão ruim que as comunicações rotineiras eram feitas por intermédio de mensageiros, muito embora suas salas fossem vizinhas. Ali reinava a animosidade, descobriu Gul ao tentar se inscrever na sede do exército em Novocherkassk. Ignorando que o local de alistamento era controlado pelas tropas de Alexeev, o rapaz apresentou-se como enviado de um parente de Kornilov. "Em troca, fui saudado com uma careta. O homem deu de ombros e murmurou, entre dentes: 'Ele não é um dos nossos.'" Só mais tarde Gul se deu conta da "luta dissimulada e a guerra secreta entre os dois líderes". O racha tinha menos a ver com ideologia do que com tática, estilo e rivalidade pessoal. Ambos haviam sido favoráveis à Revolução de Fevereiro e sonhado com a Assembleia Constituinte. Mas Kornilov era hostil aos políticos kadets — na verdade, a todos os políticos — cortejados por Alexeev. Ademais, apreciava métodos mais ousados — incluindo o terrorismo contra a Rússia Soviética — do que os defendidos por seu rival conservador. "Se tivermos que queimar metade da Rússia e derramar o sangue de três quartos da população, sem dúvida o faremos, se este for o preço para salvar a pátria", afirmou certa vez. Alexeev e os generais mais idosos viam o comandante dos Brancos como um arrivista e demagogo, alguém que chegara à patente máxima graças aos eventos de fevereiro. Ainda assim, a imagem de *self-made man* — algo que Kornilov cultivava com afinco — fizera dele o ídolo do oficialato mais jovem. Gostava de posar como exemplo da discrepância entre os princípios tsaristas, alimentados ao longo das gerações mais velhas, e os ideais dos que atingiram a maioridade por volta de 1917.[11]

Sendo um exército de oficiais, os Voluntários sempre tenderam a ter problemas com as hostes cossacas. Os líderes Brancos haviam montado seu bivaque na região do Don imaginando que os cossacos da área fossem ferrenhos guardiões da velha ordem. Isso era muito mais um mito do século XIX do que a realidade do século XX. Os cossacos estavam divididos, regionalmente e por diferenças etárias. Nos distritos ao norte, ficavam os pequenos proprietários rurais que, em geral, apoiavam ideias disseminadas pelos oficiais cossacos mais jovens e democráticos em prol de uma república socialista capaz de integrá-los ao campesinato. O povo nortista desprezava os habitantes do sul, que eram mais ricos e cujos patriarcas gostavam de falar em nome de todo o território. Exaustos da guerra e influenciados pelo fato de muitos dos seus terem ascendido ao oficialiato, os mais moços inclinavam-se mais a defender a Rússia bolchevique do que a combatê-la. Portanto, somente no sul do Don — onde viviam os mais abastados e dispostos à luta em favor dos históricos privilégios agrários, ameaçados pelas demandas de reforma agrária — havia condições de enfrentar os Vermelhos. Em contraste, a maioria dos que habitavam o norte juntou-se ao Comitê Militar Revolucionário, de Kamenskaia, sob a liderança de Philip Mironov, oficial que organizara a revolta cossaca de 1905-1906. Sua meta resumia-se numa república socialista independente, unindo cossacos e camponeses russos. Quando invadiram a região, a partir da fronteira ucraniana, a leste, os bolcheviques valeram-se desse conselho como uma quinta-coluna. Nas cidades industriais do Don, os operários — quase todos russos e pró-bolcheviques — realizavam greves de protesto contra a presença dos Voluntários. Qualquer um suspeito de apoiar os Brancos — o que equivaleria dizer, qualquer *burzhooi* — corria o risco de ser massacrado. Em contrapartida, os Voluntários promoviam revanches igualmente sangrentas, arrancando olhos e narizes de centenas de grevistas. Em suma, ao mergulhar na guerra civil, os centros urbanos do Don vivenciaram uma espiral de terror aparentemente infinita.

Para um número cada vez maior de cossacos, porém, o conflito parecia algo distante, como se tivesse sido importado da Rússia. Tendo passado os últimos três anos nos campos de batalha, os mais jovens mostravam-se especialmente hostis à ideia de lutarem ao lado dos Brancos. Aumentava o abismo entre pais e filhos cossacos, como hão de recordar os leitores do romance *O dom silencioso*, de Sholokhov. As forças de Kaledin esfacelaram-se quando os cossacos de menos idade voltaram as costas à guerra. A defesa coube apenas ao Exército Voluntário e a uma quantidade insignificante de cossacos mais velhos leais a Kaledin. Sem dinheiro e suprimentos suficientes — as camadas médias de Rostov relutavam em financiá-lo — os Brancos tinham poucas chances de derrotar os Vermelhos.[12]

Em 8 de fevereiro, seis dias após um levante operário na cidade, os bolcheviques capturaram Taganrog, a pouco mais de 80 km de Rostov. O governo de Kaledin estava com os dias contados. Considerando inútil sacrificar as tropas na defesa de Rostov, os Voluntários abandonaram-na e marcharam rumo ao sul, na direção de Kuban, onde, preocupados com o avanço rubro, os cossacos poderiam ser persuadidos a combater os comunistas. No dia 13, Kaledin abriu mão do posto de líder e, ato contínuo, suicidou-se. Passados mais dez dias, o Exército Vermelho ocupou Rostov, pela segunda vez em três meses. Novocherkassk, capital do Don, caiu 48 horas mais tarde. Conquistada a região, o controle soviético sobre a Rússia estava virtualmente consumado. Restava Kuban, último bolsão de resistência. Lênin declarou finda a guerra civil. Entretanto, o conflito mal começara.

A Marcha no Gelo, como se tornou conhecida a retirada do Don, foi o episódio mais épico da guerra civil russa.* O drama ganhou tons de lenda entre os Brancos e, posteriormente, mereceu menção em incontáveis livros de memórias escritos por *émigrés*. Afinal, a travessia definiu o momento exato em que os Voluntários transformaram-se num exército de verdade. Para sobreviver — e também pelo fato de terem sobrevivido, a despeito de todos os percalços — o grupo fez-se coeso e ganhou energia muito superior à que seria de esperar de um contingente relativamente minguado.

Em 23 de fevereiro, quando os Vermelhos entraram em Rostov, Kornilov comandou a retirada dos 4 mil oficiais e soldados Brancos, muito bem treinados, mas conduzindo apenas alguns canhões e um rifle por cabeça, levando-os pelas estepes geladas do Don. Em fila única, formavam uma tênue risca negra contra a vastidão coberta de neve. Na cauda da procissão iam os civis — banqueiros, políticos, professores universitários, jornalistas, enfermeiras, esposas e filhos de oficiais — arrastando-se lentamente, naquele ambiente inóspito. A burguesia de Rostov preferira a fuga, uma jornada cruel, ao risco de sucumbir nas mãos dos bolcheviques. Os integrantes da Marcha no Gelo avançavam dia e noite, evitando o traçado das ferrovias e as povoações, onde poderiam ser recebidos com hostilidade. Feridos e doentes acabavam abandonados no meio do trajeto. Muitos optaram pelo suicídio diante da possibilidade de virem a ser pegos pelos Vermelhos.

O general Lukomsky, cujo grupo separara-se da coluna principal, foi capturado por aldeões russos de Guliai-Borisov e julgado por um Tribunal Revolucionário. Ainda tentou fazer-se passar por um caixeiro-viajante, mas dificilmente tal alegação lhe garantiria a simpatia da população local, que exigiu o fuzilamento do *burzhooi*.

* No lado Vermelho, não houve nada que se comparasse a isto — exceto, talvez, a longa caminhada do Exército de Taman que, na península do mesmo nome, em agosto e setembro de 1918, viu-se encurralado pelas forças Brancas. A passagem constitui o ponto de partida do romance *A torrente de ferro*, de Serafimovich. Os soldados de Taman foram recebidos como heróis pelo regime soviético. Ironicamente, Yeltsin recorreu a este mesmo exército para bombardear o prédio do parlamento em outubro de 1993.

Aproveitando a confusão — dois Voluntários haviam sido espancados até a morte e a malta brigava pelas botas das vítimas — o general conseguiu escapar. Prevendo o fim trágico que o aguardava, ele ingerira pílulas de cianeto, mas felizmente o veneno — engolido enquanto alguns dos executores ocupavam-se em abrir a cova onde seria enterrado — não surtiu efeito.[13]

Quanto mais os Brancos embrenhavam-se na estepe, mais recorriam ao terror para evitar a aproximação de bandos inimigos. A Marcha do Gelo deixou um rastro de sangue. Talvez tal consequência fosse inevitável, dada a desesperada carência de alimentos, que a população local não tinha a menor boa vontade em fornecer. Os Voluntários vagavam em território de camponeses com inclinações bolchevistas, é verdade, mas algumas barbaridades perpetradas pelos caminhantes nasceram do seu ódio de classes e ânsia de vingança, um contraponto exato do ressentimento e do desprezo que os Vermelhos lhes votavam. Durante toda a guerra civil, os dois lados cometeram absurdos atos de selvageria. A violência alimentava a ambos. Os Brancos vingavam os que haviam sofrido nas garras da revolução. Como escreveria Wrangel, anos mais tarde, "conosco, não estavam o perdão nem a paz, apenas a impiedosa espada da vingança". A maioria dos oficiais pertencia a famílias agrárias e, como Gul, haviam visto suas heranças usurpadas pelo campesinato. Eles tinham motivos para odiar não só os camponeses, mas também os judeus e intelectuais bolcheviques que haviam inspirado a pilhagem. A aldeia de Lezhanka, habitada por agricultores russos sabidamente simpáticos aos Vermelhos, foi palco das piores atrocidades praticadas pelos Brancos durante a Marcha no Gelo. Horrorizado, Roman Gul viu os demais oficiais massacrarem com extrema brutalidade nada menos que 60 camponeses, muitos dos quais velhos e mulheres, em resposta ao terror bolchevista imposto a Rostov. Centenas de aldeões foram despidos e açoitados, enquanto os Voluntários, sentados em círculo, riam. Gul conheceu uma mulher — ela lhe oferecera desjejum na cabana humilde onde vivia — cujo marido e três filhos, acusados de "bolcheviques", foram fuzilados pelos sádicos Brancos. Tendo se juntado àquele exército na ilusão de que lutava por ideais democráticos traídos pelos maximalistas, Gul sofreu um forte abalo. Ele questionou se "os Brancos eram, de fato, melhores do que os Vermelhos".[14]

Após várias semanas perambulando pela estepe e lutando contra o inimigo com o que ainda restava de munição, Kornilov ordenou aos Voluntários que atacassem Ekaterinodar, capital da recém-criada República Soviética do Norte Cáucaso. O exército de Kuban — cerca de 3 mil cossacos liderados pelo general Pokrovsky — abandonara a cidade e, próximo das montanhas circassianas, deparara-se por acaso com os peregrinos. Em 23 de março, a aldeia de Shendzhii, pendurada na encosta, assistiu a uma reunião de cúpula surreal. Em meio a todas as mesuras protocolares típicas do velho regime, Kornilov e Pokrovsky juntaram as tropas, no propósito de retomar Kuban. Passados 15 dias, Kornilov, no posto de comandante supremo, ordenou que ambos os contingentes — cerca de 7 mil homens — assaltassem a capital. Os Vermelhos, cerca de 18 mil — resistiram ferozmente. Logo ficou claro que não seria possível manter o cerco por muito tempo: os Brancos não aguentariam. Ainda assim, numa atitude típica, o general negava-se a retroceder. "Se não ocuparmos Ekaterinodar, só me restará meter uma bala na cabeça", disse ele a Denikin, no dia 12.[15]

De fato, a aventura suicida custou-lhe a vida. No início da manhã seguinte, uma bomba caiu sobre a casa que servia de quartel-general e o comandante morreu soterrado.* Assumindo a liderança das tropas, Denikin tentou impedir que a notícia se espalhasse, chegando aos ouvidos dos subalternos. Mais do que um superior, Kornilov era para eles o símbolo da causa Branca; sua morte poderia abater o moral dos soldados num momento crítico da batalha. O grande herói Branco foi enterrado no adro da modesta igreja de Elisavetinskaya. Mais tarde, os Vermelhos localizaram o túmulo e desenterraram o cadáver putrefato; transportados a Ekaterinodar, os restos do general foram expostos na praça principal e afinal incinerados.

Ironicamente, o desaparecimento de Kornilov parece ter sido a salvação dos Brancos. Vivo, o general insistiria em ordenar um ataque decisivo a Ekaterinodar, com certeza fadado ao fracasso absoluto. Na noite anterior a sua morte, ele se recusara a ouvir seus generais, que o aconselhavam a deixar a improvisada sede militar. Há vários dias o sítio vinha sendo bombardeado. "Não vale a pena; amanhã daremos início ao assalto final", argumentara o comandante.[16] Denikin nunca se mostrara muito simpático à ideia do cerco e, à frente do exército, não demorou a ordenar uma retirada rumo ao norte. Cerca de 200 feridos ficaram para trás. Levá-los significaria atrasar o prosseguimento da marcha. Os Vermelhos poderiam ter ganho a guerra naquele momento se, em vez de dançar em volta da cova de Kornilov, tivessem se lançado na perseguição do inimigo. Assim, os Voluntários conseguiram retornar ao Don, ponto de partida da marcha funesta. Ao dar o primeiro passo na estepe gelada, o Exército Branco somava aproximadamente 4 mil membros. Ao retornar, apesar das baixas, tinha o mesmo número de integrantes. E, mais importante, todos com o espírito de luta fortalecido.

O Don que encontraram na volta, ao cabo de dez semanas de ausência, fora aterrorizado pelos bolcheviques. A República Soviética local conseguira o que Kaledin sempre tentara, em vão — colocar os cossacos contra os comunistas. Depois que estes capturaram Rostov, chegara a vez de os governantes do Exército Vermelho instituírem o reinado da violência. Os povoados cossacos passaram a ser governados pelos Sovietes, e não faltavam confiscos de alimentos impostos à ponta da faca.

* Tempos depois, os Vermelhos alegaram que ficaram sabendo da localização do quartel-general de Kornilov por intermédio de um dissidente dos Voluntários.

Burzhoois passaram a pagar taxas punitivas e centenas de reféns acabaram mortos sem motivo. Os Guardas Vermelhos, que haviam deixado Taganrog, fugindo ao avanço alemão, gozavam de autorização para "saquear os saqueadores". Assim, vadiavam pelas *stanitsas* (colônias cossacas), promovendo estragos e carnificinas. Igrejas foram atacadas, padres, executados. Diante dos fiéis, em pleno serviço da Páscoa, um deles teve olhos arrancados, e nariz e orelhas, cortados.

O resultado foi uma onda de levantes cossacos — causada tanto por medo do que os Vermelhos ainda *poderiam* fazer quanto pela aversão ao que já haviam feito. Tudo começou nas aldeias vizinhas a Novocherkassk, antes as mais ricas do Don e, portanto, as mais expostas aos confiscos e ao terror. Os cossacos viam nos bolcheviques a encarnação de todos os seus piores temores e preconceitos contra outras etnias. Havia também uma grande aversão ao Estado russo. Cada *stanitsa* tinha seu próprio exército insurgente, em geral organizado por oficiais e equipado por proprietários rurais cossacos. Em abril, a agitação maior ficou por conta das colônias situadas em Zaplavskakya, perto de Novocherkassk, onde havia oficiais e subalternos dispostos a libertar a capital. No fim daquele mês, já existiam 10 mil pessoas engajadas no movimento. Distraídos pelos alemães que, já no início de maio, avançavam de Taganrog em direção a Rostov, os Vermelhos, exaustos, não ofereceram resistência e perderam Novocherkassk para os cossacos. Os vencedores elegeram um Krug para a Salvação do Don, cuja liderança coube ao general Krasnov. Tratava-se do mesmo homem que, em outubro, guiara uma expedição a Petrogrado visando a restaurar o governo de Kerenski.[17]

Krasnov sabia a fundo o que significava ser um líder cossaco e fez questão de valer-se de todas as prerrogativas do posto. Filho de uma família local muito conhecida, agia como promotor da "causa cossaca" e, não raro, valia-se de sua linhagem para angariar prestígio. Antes da guerra, ele trabalhou como jornalista e, mais tarde, no exílio, viveria de escrever ficção. Ambas as experiências foram úteis para o político. Sua imaginação não tinha limites; os discursos eram recheados de expressões arcaicas, forjadas para criar a ilusão de que ali estava um representante da velha nação cossaca da Idade Média. Ao centrar-se nas glórias do passado, ele pretendia levar seu povo a concluir que a luta contra os bolcheviques era uma guerra de libertação nacional. Na verdade, aquele era um nacionalismo quimérico, baseado mais no mito do que na história, e ainda assim tinha apelo. O título de "Senhor Todo-Poderoso do Don", esquecido pelos documentos oficiais desde o século XVII, voltou a ser usado por Krasnov. As Leis Básicas do Krug do Don ratificaram o governo pessoal do líder, bem como os direitos e privilégios cossacos sobre a população de outras etnias (todas rotuladas de "bolcheviques"); uma tentativa meio ridícula de retornar à Era Dourada Cossaca constante dos contos de fadas russos. Os prédios públicos encimavam a bandeira local; nas escolas, as crianças cantavam hinos ufanistas; havia, inclusive, uma prece especial que só os cossacos podiam recitar ao se dirigirem a Deus.[18]

De posse do Don, apoiados a oeste pelos alemães e ao sul pelos Voluntários, os cossacos estavam escorados o suficiente para enfrentar os Vermelhos e consolidar o poder na região inteira, o que aconteceu entre maio e agosto.

Em meados de junho, o exército de Krasnov contava 40 mil soldados. As armas haviam sido cedidas pela Alemanha, em troca de trigo. Como os bolcheviques estavam concentrados no Volga, as tropas cossacas concluíram, com sucesso, a reconquista do Don, criando, ao norte, perto de Voronezh e Tsaritsyn, zonas que impediriam o avanço inimigo. Enquanto isto, o Exército Branco ganhava reforço com a chegada de 2 mil homens vindos do *front* romeno. A liderança deste grupo pertencia ao general Drozdovsky. Era hora de uma nova ofensiva, mas em qual direção? Por motivos diferentes, Alexeev e Krasnov queriam que Denikin atacasse ao norte, rumo a Tsaritsyn, no Volga. O primeiro desejava que as tropas se somassem aos tchecos e às forças do Komuch para além do Volga, em Samara. O segundo pretendia encerrar a ameaça que pairava sobre o Don, vinda das hostes Vermelhas baseadas em Tsaritsyn. Tivesse sido esta a escolha, os Voluntários, os cossacos de Krasnov, os tchecos e o Komuch poderiam ter ganho a guerra, avançando sobre Moscou a partir da cabeça de ponte vital que era o Volga. Porém, teimosamente, Denikin opôs-se a fazer seus homens marcharem rumo ao sul, enfrentando a vastidão da estepe do Kuban. A ideia de Denikin era guarnecer a retaguarda Branca através da criação de um exército de cossacos. Assim, ele perdeu a oportunidade única de juntar-se a outros contingentes antibolcheviques. Mais tarde, já no outono e sozinhos, os cossacos de Krasnov atacaram Tsaritsyn, mas não conseguiram ocupá-la. No verão seguinte, quando finalmente Denikin chegou ao Volga, os aliados do leste encontravam-se em retirada. Jamais haveria outra ocasião para reunir as duas forças.

Mais: os Voluntários nunca teriam a mínima chance de vitória nesta Segunda Campanha do Kuban. Em junho, quando esta segunda fase se iniciou, havia somente 9 mil Brancos para enfrentar 80 mil Vermelhos. Estes, no entanto, estavam isolados dos arsenais ao norte, cercados por populações muito hostis e, portanto, com o moral baixo. Os inimigos, ao contrário, eram muito disciplinados e ainda traziam na memória as lembranças dolorosas mas animadoras da Marcha no Gelo. No começo da campanha, um terço das tropas contrárias aos maximalistas compunha-se de cossacos exilados e que lutavam pela libertação da pátria. Tal proporção crescia à medida que os Voluntários avançavam e ganhavam a adesão dos cossacos locais, que haviam sofrido nas mãos dos comunistas. A simpatia dos habitantes manifestava-se de duas formas: alguns juntavam-se aos Brancos, outros formavam seus próprios destacamentos para lutar ao lado deles. Em 18 de agosto, após várias semanas de confronto, os Voluntários tomaram Ekaterinodar, estendendo seus domínios por todo o norte e oeste da região. Os Vermelhos retiraram-se para Piatigorsk, nas montanhas caucasianas, ao sul. Em novembro, os

Brancos já tinham controle também sobre Stavropol. De força diminuta composta, nos tempos da Marcha no Gelo, quase que só por oficiais, os Voluntários haviam se transformado num exército de 40 mil, ocupando uma base territorial do tamanho da Bélgica, de onde partiria a cruzada contra o regime de Lênin.[19]

O general Denikin não poderia supor que se tornaria absoluto naquela área gigantesca. Afinal, ele só assumira o comando graças à morte repentina de Kornilov; e o comando do movimento ainda permanecia nas mãos de Alexeev. Os opositores dos Vermelhos ainda eram conhecidos como o "Exército de Alexeev", mas este estava doente e faleceu em outubro, fazendo de Denikin o líder militar e político da contrarrevolução ao sul. A formação do Exército Voluntário, ocorrida após a tomada de Ekaterinodar, deu-lhe poderes ditatoriais: finalmente realizava-se o sonho de Kornilov. Mas Denikin não era como seu antecessor: faltava-lhe a energia necessária para exercer o papel de generalíssimo. Isto, em parte, explica a derrota Branca.

Denikin era um militar. Oriundo de uma família de soldados, passara a vida no exército. A política lhe era estranha, e ele aproximou-se desta nova atividade tendo como arma somente a tacanha visão de mundo aprendida na caserna. A Academia do Estado-Maior não o havia estimulado a pensar para além da Autocracia, da Ortodoxia e do Nacionalismo, princípios básicos da formação daqueles que se preparavam para envergar a farda russa. "Para os oficiais, a estrutura do Estado era inquestionável e imutável, algo sobre o qual ninguém deveria ter dúvidas ou divergências de opinião", registrou o general. Com a experiência de 1917, ele aprendera que o exército se esfacela quando se intromete em política. Tal lição só serviu para reforçar a aversão de Denikin pelo que se passava fora do quartel e das linhas de batalha. Como tantos outros militares de patente, desprezava os homens públicos e queria manter-se longe de "disputas políticas", criando um "programa capaz de unir o país e tendo por base os símbolos nacionais", segundo suas próprias palavras.[20]

A Constituição russa encaixava-se muito bem nos designios de Denikin. A verborragia do texto era a expressão mais perfeita do triunfo da forma sobre o conteúdo, prenhe de ideias jurídicas quase impossíveis de funcionar na prática durante a guerra civil. Em resumo, exatamente o que se poderia esperar de uma Carta Magna escrita pelos kadets. Cada frase prometia tudo a todos; no fim, ninguém tinha nada. Todos os cidadãos desfrutavam dos mesmos direitos, ainda que aos cossacos estivessem reservados alguns privilégios. O Estado era regido pela lei, mas não havia limites legais à ditadura de Denikin, chamado de "tsar Anton". Nenhuma das questões políticas fundamentais merecera tratamento sério ao longo do calhamaço. Que tipo de governo existiria? Os direitos dos nobres proprietários de terra seriam restaurados? Todas estas interrogações sucumbiram sob o peso dos interesses da campanha militar.

Talvez isto fosse compreensível, dada a particularidade da situação em Ekaterinodar. Uma infinidade de grupos e facções — dos Cem Negros, à direita, aos democratas radicais, no extremo oposto — rivalizava na tentativa de obter influência política sobre o movimento Branco. Nenhum deles tinha apoio popular amplo; ainda assim, lutavam por um "papel histórico", confrontando-se por cada ninharia. O Conselho para Unidade do Estado e o Centro Nacional constituíam-se nos únicos capazes de alguma ingerência, ocupando cargos no governo Denikin. O primeiro, monarquista, negava a legitimidade da Revolução de Fevereiro; o segundo, kadet, pretendia reabrir a Assembleia Constituinte. Fácil imaginar por que Denikin evitava a política. Cercado por homens ardilosos que tentavam puxá-lo para o lado que lhes parecia mais conveniente, o general sentia-se desorientado. Como alternativa, ele procurava manter-se equidistante, com pronunciamentos vagos cujo intento era não ofender nenhuma das partes. Assim, voltava-se cada vez mais para o estreito círculo de generais de direita — Romanovsky, Dragomirov e Lukomsky eram os mais importantes —, aos quais cabiam as decisões de relevância. O Conselho Especial era uma triste sombra do governo. Suas deliberações limitavam-se a endossar o que os generais já haviam determinado. Resultado: não passava de um mar de decretos de papel, os quais versavam sobre questões tão vitais quanto o serviço postal ou minúcias sobre finanças e provisões. Parte considerável do seu tempo e empenho consumiu-se no estudo meticuloso da conveniência ou não de as escolas adotarem a nova ortografia — e, claro, a opção final recaiu sobre a escrita antiga. Políticos experientes, como Shulgin e Astrov, não se rebaixavam a discutir tais bobagens, e suas ausências tornaram a instituição ainda mais pobre.[21]

Durante os primeiros dias, a negligência para com a política não parecia ser problema; bastava dar prioridade à campanha militar e, para neutralizar a propaganda bolchevique, concentrar esforços na promoção de símbolos nacionais vagos. Mais tarde, quando os Brancos tiveram diante de si a perspectiva de conquistar a Rússia e governá-la, tal desleixo mostrou-se uma fraqueza desastrosa. No lado Branco, a falta de habilidade política seria tão responsável pela derrota na guerra civil quanto os reveses sofridos nos campos de batalha.

Os líderes Brancos — e isto se aplica à Sibéria e ao sul — ainda viviam na velha Rússia e não conseguiam adaptar-se ao novo mundo revolucionário no qual travava a guerra contra os Vermelhos. Assim, falharam em desenvolver atrativos capazes de seduzir os camponeses e as minorias nacionais, cujo apoio seria fundamental. Era-lhes indiferente a importância da propaganda e das estruturas políticas locais: dominados pela mentalidade de caserna, não compreendiam a necessidade da mobilização das massas numa guerra civil. Só a partir de 1919, e mesmo assim por insistência dos Aliados, os Brancos começaram a dedicar recursos à disseminação ideológica. A iniciativa primava pela discrição e pelo amadorismo, se comparada com a agressiva e eficaz contrapartida bolchevique. Inicialmente, a agência para propaganda criada por Denikin (OSVAG) funcionava no bojo do Departamento de Relações Exteriores e tinha como objetivo principal convencer os Aliados — e não o povo russo — dos méritos da causa Branca. Uma fração ínfima de material chegava às fábricas e aldeias. Os líderes de direita subestimavam o papel que panfletos poderiam exercer nas batalhas e não gostavam de gastar dinheiro com algo considerado dispensável. Os generais costumavam alegar que a produção e distribuição desses textos eram dignas apenas de "escribas", "socialistas" e "judeus".[22]

Em suma, os Brancos não entendiam a natureza da guerra em que estavam envolvidos. Presumiram que podiam agir como se estivessem em meio a um conflito do século XIX: colocando as armas convencionais acima da política. Isto significava ignorar o fato primário de que, em qualquer guerra, doméstica ou não, a habilidade dos exércitos em mobilizar a população do território ocupado tende a determinar o resultado da luta. Afinal, é dos civis que vem boa parcela dos artigos básicos úteis às tropas, como alimentos. E a capacidade de conquistar os habitantes locais faz parte da política; sozinho, o terror não basta. É preciso contar com apoio popular ou, pelo menos, levar a massa a desprezar o inimigo. Em 1919, quando, de pequenas forças de guerrilha, Brancos e Vermelhos transformaram-se em verdadeiros exércitos, passando a depender das simpatias do campesinato e do que este lhes podia oferecer, tal raciocínio deveria ter sido tomado como verdade absoluta. Até então, nenhum dos lados podia contar com o apoio dos pequenos agricultores e viam-se enfraquecidos pelas deserções e revoltas rurais ocorridas na retaguarda, resultantes tanto da falta de política, nas frentes de batalha, quanto de confiscos promovidos pelos militares.

Os Brancos esqueceram de criar uma política viável com vistas a uma mobilização democrática. Questões importantes como a agrária e a das nacionalidades mereciam somente projetos burocráticos volumosos mas evasivos, destinados a debates futuros. Tudo fora adiado até a reconvocação da Assembleia Constituinte: e, sob pressão da direita, a AC acabaria novamente postergada. Os Brancos não conseguiam livrar-se dos hábitos bolorentos da monarquia; e optaram por uma abordagem rígida e legalista em meio a uma situação que exigia reformas populares ousadas. Viam-se como exilados da velha Rússia e só pretendiam pensar em política quando a vitória militar os devolvesse à antiga capital; nunca perceberam que os louros da batalha só viriam se forjassem um novo tipo de Estado.

Um dos maiores problemas dos Voluntários consistia na dificuldade de relacionamento com os cossacos. Os generais Brancos eram centralistas russos e os cossacos do Don e de Kuban queriam tornar-se livres, chegando a mandar representantes informais à Conferência de Paz de Versalhes, no esforço vão de ganhar o respaldo dos países ocidentais. Como dependiam militarmente dos cossacos, é possível que os Brancos tenham tentado apaziguá-los, embora jamais tenham obtido algo próximo do sucesso. Afinal, não diferenciavam os cossacos, tidos por eles como russos iguais a todos os outros; e desconsideravam o movimento nacionalista como obra de meia dúzia de extremistas. O governo do Kuban, no qual abundavam chauvinistas e demagogos, fazia o possível para aparentar soberania. Proibiu a imigração de russos, fechou as fronteiras à exportação e assumiu o controle das ferrovias. Para manter o exército alimentado e equipado, os Brancos ocuparam os órgãos locais de autogestão a fim de confiscar comida dos povoados cossacos e mandá-la direto para o moinho dos líderes nacionais.

Talvez a intransigência Branca não fosse tão negativa: o nacionalismo cossaco mostrara-se impiedoso, obrigando milhares de representantes de outras etnias (em especial, russos e ucranianos) a abandonar lavouras e aldeias; crianças não cossacas eram expulsas das escolas e centenas de pessoas assassinadas sob a acusação de "bolcheviques". O Krug chegou a pensar em proibir a presença, no Kuban, de qualquer homem ou mulher de origem não cossaca;* nesses termos, não se poderia esperar que agisse contra as perseguições tão comuns no território. Tratava-se de uma espécie de "assepsia étnica", baseada na ideia de que aquela era uma raça superior ao campesinato, formado por gente de sangue menos nobre. Com frequência, os líderes cossacos afirmavam que seu povo reunia os únicos russos valorosos, e que todo o restante era "titica". Numa aldeia, soldados nacionalistas capturaram a professora, uma imigrante russa que ensinara filhos dos cossacos durante mais de duas décadas; a pobre mulher morreu espancada, sem que nenhum de seus vizinhos movesse um dedo para salvá-la. Obviamente, os Brancos tinham interesse em proteger outras etnias, que representavam 52% da população do Kuban. Se os Voluntários permitissem a independência cossaca, os demais habitantes, revoltados, cairiam nos braços Vermelhos. Mas a inflexibilidade Branca também ajudava a fomentar o ódio racial cossaco e dificultava o relacionamento com o governo local. Caso tivessem feito alguma concessão à autonomia cossaca — talvez subordinando-a à derrota dos bolcheviques —, os Brancos teriam evitado males maiores. Em vez disto, aferraram-se à intransigência. Presos às tradições do século XIX, eram insensíveis às aspirações nacionais dos cossacos e a quaisquer outras reclamadas pelos demais povos que haviam constituído o império russo.[23]

Os cossacos do Kuban não lograram êxito na campanha com vistas à formação de um exército independente. Do ponto de vista militar, o sucesso da iniciativa teria sido desastroso para os Brancos, cujas tropas integravam numerosos cossacos da região e toda a sua cavalaria de combate. Além disso, o exército cossaco do Don (este, sim, independente) não era um exemplo encorajador. Seus destacamentos dispersos, cada um organizado por colônias distintas, não subjugavam-se ao

* Um delegado cossaco pensava ser esta uma medida muito generosa, e disse ser melhor simplesmente matar todos os não cossacos.

controle de um comando central. E lutavam apenas para defender seus povoados, dos quais relutavam em se afastar. Este tornou-se um problema crítico quando os Brancos avançaram pela Rússia Central, em 1919. Os cossacos não se importavam com quem governava Moscou, contanto que ninguém se metesse em suas vidas. "A Rússia não é assunto nosso" — a frase, segundo Denikin, resumia a atitude cossaca. O fato de o exército do Don não ter conseguido tomar Tsaritsyn, a despeito de dois meses de cerco em fins de 1918, já mostrara as limitações da moral cossaca ao lutar fora de casa. Em solo camponês russo, eles sempre tendiam à pilhagem; em áreas judias, não raro promoviam *pogroms*. Esta seria a principal causa da derrota Branca: em 1919, os saques e a violência da cavalaria cossaca contribuíram mais do que qualquer outro fator para que a população da Rússia Central se somasse aos Vermelhos. Eis também por que Denikin resistia às demandas cossacas por um exército independente. Sabedor das barbaridades que poderiam ser perpetradas, ele sequer cogitava de unidades autônomas.[24]

Os Brancos manifestavam a mesma inflexibilidade com relação aos pleitos de outras minorias nacionais. "Uma Rússia Unida, Grande e Indivisível" era o cerne da ideologia Branca que, sem se apoiar claramente num determinado estrato social, se escorava na ideia de nação e de império para reunir elementos disparatados. Sua política imperial misturava valores do velho regime a conceitos emprestados por kadets e outubristas. Miliukov e Struve passaram a defender a Grande Rússia tão veementemente quanto os mais reacionários monarquistas. Esse comprometimento com o passado foi uma fraqueza fundamental do movimento Branco, pois suas tropas quase sempre estavam situadas em territórios (Ucrânia, Cáucaso e Báltico) onde a população não russa ansiava, no mínimo, por mais autonomia e, em alguns casos, até por independência absoluta. Os Brancos não enxergavam que tais aspirações nacionais precisariam ser levadas em conta caso desejassem construir uma ampla base de apoio entre os povos não russos. Em vez de fazer dos nacionalistas aliados, fizeram deles inimigos.

Na qualidade de um exército formado principalmente pela nobreza, os Voluntários tinham desavenças ainda maiores com o campesinato. Embora fosse filho de um ex-servo, Denikin nunca entendera a necessidade vital de aceitar a revolução agrária para permitir que seu exército conquistasse a Rússia rural. Os Brancos supuseram que podiam ganhar a guerra civil sem o respaldo dos lavradores; ou pareciam pensar que a questão da reforma agrária podia ser postergada para depois da vitória. Eles imaginavam que venceriam contando somente com a força militar, prescindindo de políticas populares para garantir o crescimento da campanha bélica. Não que as políticas agrárias adotadas pelos Brancos pudessem ter sido populares: o domínio da classe proprietária entre os seguidores de Denikin tornava impossível aos Brancos do sul da Rússia apresentar um programa agrário capaz de ganhar o apoio da massa camponesa. As duas comissões criadas por Denikin para reunir propostas de reforma agrária enfatizavam a venda da terra excedente dos fidalgos (e mesmo assim prevista para três anos após o fim da guerra civil), mas excluíam a expropriação compulsória. Esta era, na verdade, a tese dos kadets sobre a terra surgida em 1917, que não reconhecia a revolução rural e defendia (provavelmente tanto por preocupação com a santidade da lei quanto com os interesses fidalgos) os direitos formais de propriedade. Estatísticas indicavam que, se fosse introduzido um programa baseado nas propostas das comissões, os camponeses teriam que devolver três quartos da terra que haviam tomado desde 1917. Portanto, a vasta massa do campesinato tinha razão de sobra para se opor aos Brancos.[25]

Não bastasse isso, os exércitos de Denikin e seus oficiais ajudavam abertamente os antigos donos a reclamarem propriedades em territórios recém-conquistados. Para restaurar a velha ordem rural, quase sempre recorriam ao pretexto de que as lavouras administradas pelos nobres produziam mais. Em todo caso, a maior parte da terra devolvida aos fidalgos acabou arrendada aos lavradores (geralmente ao custo fixo de um terço da colheita). O sistema de governo local, se é que se pode dizer que havia um, contrapondo-se ao reinado militar e ao terror, voltou ao controle da nobreza e de antigos policiais e burocratas tsaristas, que agiam em nome de capitães distritais. A conclusão inevitável era de que os Brancos procuravam restaurar o desacreditado aparato local do antigo regime. Os capitães distritais, por exemplo, eram parecidíssimos com os capitães de terra imperiais, que antes haviam governado as aldeias como "reizinhos". Houve vários casos em que capitães de terra assumiram o posto de capitães distritais nos mesmos torrões onde outrora haviam sido poderosos, vingando-se com crueldade dos aldeões, muitos dos quais foram assassinados, ou assistiram ao açoitamento de seus líderes. Os esforços dos liberais para restabelecer os *zemstvos* de *volosts* encontraram a resistência de elementos direitistas da nobreza local. Como na época de Stolypin os nobres já haviam se colocado contra os *zemstvos* de *volost*, Denikin imaginava que agora os detentores do poder no campo poderiam, ao menos, fazer uso da experiência:

> Porém, considerando aspectos psicológicos e a forma como encaravam o mundo, seus costumes e hábitos incluídos, eles pareciam distantes e alienados quanto às mudanças ocorridas no país e sequer tinham ideia de como agir na nova era revolucionária. Para eles, tratava-se apenas de voltar ao passado — e tentavam restaurá-lo tanto na forma quanto no espírito.[26]

O fracasso dos Brancos em admitir a revolução camponesa foi a causa da derrota para os Vermelhos. O próprio Denikin mais tarde reconheceria isto. Só em 1920, depois de malograr entrar no coração rural da Rússia Central, foi que os Voluntários, finalmente, aceitaram a necessidade de ganhar a simpatia camponesa. Tarde demais. A reforma agrária, primeira providência adotada pelos bolcheviques, teria sido a última dos Brancos. Isto, num país rural, definiu quem ganharia a peleja.

Em novembro de 1918, encerrada a luta na Europa, a guerra civil entrou numa nova fase. A ruptura do Tratado de Brest-Litovsk (após a derrota dos alemães e sua retirada do Báltico, da Ucrânia e da Crimeia) permitiu aos exércitos Branco e Vermelho ocupar o vácuo deixado pelos soldados do kaiser.

Os Voluntários tinham razões para estar otimistas. Com a derrocada alemã, esperavam que os Aliados aumentassem o apoio à causa Branca no sul. Até então, as potências ocidentais acompanhavam de longe a rivalidade doméstica russa. A elas interessava muito mais o norte e a Sibéria, onde contavam com um levante do exército russo para dar prosseguimento à guerra contra a Alemanha. Umas poucas centenas de marinheiros britânicos haviam ocupado os portos de Murmansk e Arkhangelsk, no Ártico, incumbidos de defender provisões militares importantes para os Aliados. Depois do Tratado de Brest-Litovsk, as nações do Ocidente passaram a se envolver em escaramuças menores contra os Vermelhos. Até então, a presença alemã na Ucrânia e o controle do kaiser sobre o mar Negro não haviam permitido aos Aliados garantir ajuda militar aos Voluntários. Mas agora a situação mudara por completo. Os Aliados reconheciam Denikin como a principal liderança Branca no sul e prometiam apoio material, inclusive uma dúzia de divisões, para ajudar a ocupação da Ucrânia. Prometiam também suprimentos militares abandonados pelo exército russo na frente romena — se conseguissem chegar até lá. Em 23 de novembro, quando uma frota anglo-francesa entrou em Novorossiisk, foi possível sentir no ar a euforia proporcionada por estas promessas. Ao desembarcarem, o general Poole e o tenente Erlich foram recebidos por multidões em júbilo. Ambos garantiram que a Grã-Bretanha e a França apoiariam os Voluntários. Assim, auxiliados pelos países do Ocidente, os Brancos marchariam triunfantes até Moscou. Afinal, se os poderosos alemães tinham sido derrotados, esmagar os bolcheviques parecia bem mais simples. Tanto otimismo foi reforçado pela ascensão do almirante Kolchak, na frente oriental.

No entanto, os acenos de auxílio dos Aliados não vingaram. As potências ocidentais nunca chegaram a assegurar ajuda material significativa e jamais se comprometeram realmente com a causa Branca. A opinião pública ocidental dividia-se entre Vermelhos e Brancos e parcela considerável dos habitantes dos países aliados, exausta da guerra, mostrava-se contrária ao envio de novas tropas a território estrangeiro. A maior parte dos políticos aliados não achava prudente a participação num conflito localizado do outro lado do mundo, ainda mais depois de encerrada a guerra mundial. Muitos sabiam quase nada a respeito da Rússia — Lloyd George, por exemplo, pensava que Kharkov fosse o nome de um general e não de uma cidade — e, como sempre acontece em questões internacionais, a ignorância levou à indiferença. Alguns homens públicos, como Churchill, defendiam uma cruzada do Ocidente contra o comunismo, mas outros temiam que a vitória Branca só servisse para fortalecer a Rússia, que poderia retomar suas ambições imperiais.

A isto, preferiam uma Rússia rubra, mas débil. As lideranças ocidentais oscilavam de forma esquizofrênica entre os dois extremos. E não decidiam se declaravam a guerra ou sacramentavam a concórdia com os governantes soviéticos. Com uma das mãos, davam ajuda militar aos Brancos; com a outra, tentavam forçá-los a negociações com os comunistas.*

Como costuma acontecer em situações assim, a política ocidental parecia sem rumo. Quando a Grã-Bretanha ajudava os Brancos, a França e outras potências rapidamente seguiam o exemplo. Funcionava como um jogo de pôquer de cacife baixo: nenhum dos participantes queria estar fora da rodada, pois o prêmio (a influência sobre a Rússia) era tentador, ainda que nenhum se dispusesse a arriscar muitas fichas no lance. Em consequência, todas as grandes nações (Grã-Bretanha, França, Itália, Canadá, Japão e Estados Unidos) decidiram enviar à Rússia apenas uma parcela pequenina de suas forças, como se para não perder a chance de levar uma fatia do bolo. A intervenção jamais alcançou os níveis ameaçadores posteriormente alegados pelos historiadores soviéticos. A ajuda ocidental foi bastante para retardar a derrota Branca, mas insuficiente para garantir a vitória. Nos primeiros meses de auxílio, por exemplo, as tropas de Denikin ganharam algumas centenas de uniformes cáquis e algumas rações de presunto. Soldados e tanques ingleses chegaram na primavera. Em seguida, ancoraram em Odessa navios franceses, cujos marinheiros, sem estômago para enfrentar os Vermelhos — que então avançavam sobre a área —, amotinaram-se.

Devido à pouca ajuda fornecida aos Brancos, os nacionalistas ucranianos de Simon Petliura foram os primeiros a sentir o vácuo deixado pelo recuo das tropas alemãs do território. Em pouco tempo os Vermelhos (que adentravam pelo norte) os obrigaram a sair de Kiev e a entrar nas províncias a oeste. Mas os bolcheviques também não conseguiram manter o controle absoluto da Ucrânia, cada vez mais mergulhada no caos. A política bolchevista no campo encontrava forte resistência

* Em janeiro de 1919, o presidente Wilson e Lloyd George entraram em acordo com os bolcheviques para a realização de uma conferência de paz na ilha de Prinkipo, na costa de Constantinopla. Os bolcheviques comprometer-se-iam a honrar a dívida externa, a promover pequenos ajustes territoriais e a suspender a propaganda hostil contra o Ocidente — embora, mais tarde, o Soviete tenha afirmado que tais compromissos resumiam-se a manobras diplomáticas. Os Brancos sentiram-se traídos pela proposta dos Aliados, que queriam vê-los em bons termos com os Vermelhos. Churchill e os franceses colocaram-se ao lado dos Voluntários. A conferência nunca aconteceu, mas Wilson continuou a manter contatos com o governo de Lênin. William Bullitt, seu principal conselheiro para política externa, esteve em Moscou numa missão secreta e mostrou-se muito bem impressionado com a experiência soviética, chegando a recomendar uma paz em separado com a Rússia. Porém, a proposta não mereceu o respaldo de britânicos e franceses.

do campesinato, que mais facilmente aderia aos nacionalistas locais, aos vários exércitos escondidos nos bosques e aos anarquistas de Makhno. Enquanto isto, os Brancos tentavam reunir forças. Com a retirada dos alemães, o exército de Krasnov perdera seu principal protetor e estava com o flanco esquerdo exposto aos Vermelhos que avançavam Ucrânia adentro. As tropas do Don já haviam sido dispersadas pela campanha de inverno contra Tsaritsyn. E, agora, acabavam de se esfacelar, com os cossacos desertando aos magotes à medida que o inimigo ganhava terreno. Krasnov viu-se obrigado a pedir a ajuda de Denikin, sabendo que o líder Branco exigira a subordinação dos homens do Don ao comando Voluntário. Tendo em vista o apoio dos países ocidentais a Denikin, Krasnov não dispunha de outra alternativa. Em 8 de janeiro, o exército do Don finalmente fundiu-se com os Voluntários. O resultado desta soma passou a chamar-se Forças Aliadas do Sul da Rússia, embora, na realidade, fosse tão somente uma tropa unificada.

O contingente contrarrevolucionário do sul passara ao comando de homens comprometidos com a campanha nacional. Durante a primavera seguinte, a tropa abandonou a terra cossaca e ocupou o sul do país e grande parte da Ucrânia, chegando a ameaçar Moscou. Ao longo do processo, o exército cresceu e transformou-se numa massa de recrutas, passando a depender, e muito, da adesão de camponeses. Eis a raiz da derrocada Branca: negligenciando a política, os Voluntários não se prepararam para a tarefa de governar estes territórios recém-conquistados.

2. O fantasma da Assembleia Constituinte

Em comparação com as cidades famintas do norte bolchevique, Samara, no Volga, parecia um deleite digno de *gourmands*. Todos os dias, carroças abarrotadas de sacos de farinha, carne, leite e vegetais eram descarregadas no mercado local. Não faltava comida e isto constatava-se facilmente nas bochechas rosadas da população. Os comerciantes da área só conheciam a prosperidade e costumavam trajar o que havia de melhor, além de joias antes pertencentes aos bem-nascidos de Petrogrado e Moscou. Até os cavalos não passavam privações.

Milhares daqueles então chamados de "gente de outrora" afluíam a Samara. Entre os refugiados estavam os remanescentes da destroçada direita SR que, após ser derrotada nas duas principais cidades russas, partira em busca de uma nova base territorial política. A região do Volga constituía uma cidadela do partido, que merecera a preferência esmagadora dos agricultores na eleição para a Assembleia Constituinte. Os líderes SRs presumiam que o povo do Volga juntar-se-ia à luta contra a ditadura leninista. Se a ascensão dos bolcheviques ao poder havia sido promovida pela fome das massas urbanas, a volta da democracia dependia do campesinato de barriga cheia. Pelo menos assim pensavam os SRs. Pão e liberdade andavam de mãos dadas.

Mas a direita SR logo se desiludiu em sua peregrinação às províncias. As organizações partidárias locais estavam cambaleantes. Muitos soldados camponeses haviam voltado da frente cheios de ideias radicais, influenciando os Sovietes do Volga a guinarem para a extrema esquerda. O poder soviético enraizara-se nas aldeias como um sistema de autogoverno local e a Assembleia Constituinte passara a ser vista como um parlamento distante no tempo e no espaço. Os lavradores haviam recebido a notícia do fechamento da AC com indiferença, nada próximo aos rompantes de indignação esperados pelos SRs. "A menos que em futuro próximo haja algum estímulo externo, devemos deixar de lado qualquer esperança quanto a um *coup d'état*", declarou, no início de maio, Klimushkin, uma das lideranças SRs em Samara.[27]

Por um desses curiosos acidentes da história, o estímulo veio no fim do mês, quando uma legião de soldados tchecos envolveu-se num episódio conturbado na Ferrovia Transiberiana. O que era esta legião? Inicialmente formada por nacionalistas estabelecidos na Rússia desde a eclosão da Primeira Guerra Mundial, ela crescera durante os quatro anos de conflito internacional graças à absorção de prisioneiros de guerra e eslovacos desertores das tropas austríacas. Em 1917, já somava cerca de 35 mil, a maioria estudantes e oficiais. Todo este contingente lutara ao lado dos russos contra as Potências Centrais, visto que desejava libertar-se do Império Austro-Húngaro. Thomas Masaryk e Eduard Benes, líderes nacionalistas, haviam estabelecido que esse contingente operaria na frente sudoeste, na condição de corpo independente do exército russo. Após o Tratado de Brest-Litovsk, ficou decidido que ele prosseguiria na luta, integrando-se ao exército tcheco, na França. Para chegar ao futuro campo de batalha sem correr o risco de atravessar as linhas inimigas, a tropa optou por seguir no rumo leste, quase dando a volta ao mundo antes de alcançar a Europa, via Vladivostok e Estados Unidos. Em 26 de março, um acordo firmado com as autoridades soviéticas, em Penza, garantiu a permissão de trânsito pela Ferrovia Transiberiana: os soldados seriam considerados "cidadãos livres", portando "um número específico de armas destinadas à defesa própria".

Se tal acordo tivesse sido respeitado pelos signatários, a guerra civil poderia ter tomado outro curso. Mas a jornada do comboio foi marcada pela desconfiança e tensão. Os Sovietes locais causaram vários problemas, detendo o trem, incomodando os passageiros com propaganda bolchevista e tentando em várias ocasiões confiscar as armas. Os tchecos, por sua vez, suspeitaram que os Vermelhos tencionavam entregá-los aos alemães — suspeita reforçada pelo fato de Moscou ter determinado, em abril, que metade da legião retomasse o caminho de volta, através de Arkhangelsk. Por ironia, a decisão havia sido tomada a pedido dos Aliados, mas isto os passageiros do trem ignoravam. Assim, eles decidiram abrir caminho à força, se necessário, através da Sibéria, até a costa do Pacífico. Os acontecimentos chegaram ao ápice em 14 de maio, quando o Soviete de Cheliabinsk, nos Urais, prendeu alguns homens envolvidos numa pendenga com um grupo de prisioneiros de guerra húngaros. Resultado: os soldados da legião ocuparam a cidade, libertaram os companheiros e desarmaram a diminuta unidade de Guardas Vermelhos. Foi então que veio a ordem de Moscou — um telegrama de Trótski, datado do dia 25: "Todo tcheco que estiver de posse de arma deve ser morto na hora."[28] Tais palavras equivaliam a uma declaração de guerra, servindo no mínimo para aumentar a disposição dos tchecos em abrir caminho para o leste. De certa forma, a atitude de Trótski foi incompreensível, visto que não havia motivo para molestá-los. Interessava a todos que a legião deixasse o país o quanto antes. A reação exagerada ao incidente de Cheliabinsk criou um exército hostil no coração da Rússia Soviética.

A Legião Tcheca, dividida em seis grupos ao longo da Ferrovia Transiberiana, capturou uma cidade após a outra; Novo-Nikolaevsk, em 26 de maio; Penza e Syzran, nos dias 28 e 29; Tomsk, no dia 31; Omsk, aos 6 de junho; e Vladivostok, no dia 29. O Exército Vermelho ainda não estava devidamente organizado, e os Guardas Vermelhos, mal-treinados e indisciplinados, um contingente de operários locais (que corriam ao primeiro sinal de perigo), não estavam em condições de encarar uma tropa experiente.

Isto se viu na tomada de Samara, capital do Volga, no dia 8 de junho. As lideranças SRs, na clandestinidade, procuraram os tchecos, acampados na cidade vizinha de Penza, pedindo-lhes que derrubassem o poder soviético. A solicitação ia contra a política da direita SR (aprovada na VIII Assembleia do partido, em maio), segundo a qual tropas estrangeiras não deviam envolver-se na "luta do povo" contra o bolchevismo. Mas os líderes SRs de Samara estavam convencidos de que a intervenção se justificava, pelo menos naquele caso. Os tchecos, que até então não estavam interessados em se imiscuir na guerra civil, também mudaram de posição, considerando que o prosseguimento da guerra contra a Alemanha dependia do fim do poder bolchevique. Os Aliados, diante da fácil vitória da Legião, na Sibéria, apoiaram a ideia de usá-la contra Lênin. Mais tarde, naquele mesmo verão, as potências ocidentais enviariam ajuda. Neste ínterim, as supostas relações dos SRs com o governo francês — posteriormente, verificar-se-ia que tais relações não eram tão promissoras assim — acabaram por persuadir os tchecos a agir em Samara, já à beira do caos, devido a um levante de guarnições revoltosas em meados de maio. Para demonstrar como era efêmero o poder bolchevique nas cidades de província, numa área cuja população chegava a 200 mil pessoas, o Soviete só dispunha de 2 mil Guardas Vermelhos, a maioria trabalhadores da Letônia, que bem pouca chance teriam contra os bem armados 8 mil soldados da Legião. Pior: muitos simplesmente fugiram diante da aproximação do inimigo. Afinal, na "batalha de Samara", pereceriam seis soldados tchecos e 30 Guardas Vermelhos.[29]

O novo governo tentou ganhar legitimidade usando o respaldo da Assembleia Constituinte. O Comitê de Membros da Assembleia Constituinte — ou Komuch —

via-se como um Parlamento de Todas as Rússias exilado na província. E convocou todos os integrantes da AC desfeita a juntar-se ao novo organismo. O convite só não foi estendido aos bolcheviques, claro. Os cinco fundadores da nova instituição eram SRs que haviam tido cadeira na AC, três dos quais oriundos de Samara. Ao fim de quatro meses de gestão, as fileiras do Komuch haviam conquistado uma centena de participantes do parlamento dissolvido, inclusive Viktor Chernov, presidente da única sessão, realizada em 5 e 6 de janeiro de 1918. Este "líder da democracia" mereceu tratamento VIP, com direito a uma guarda armada do lado de fora da suíte que ocupava no Hotel Nacional e a uma série de banquetes agendados em sua homenagem. Esperava-se que ele se tornasse a figura-chave de uma cruzada capaz de atingir a Rússia de ponta a ponta.

O Komuch era, basicamente, um governo SR acrescido de alguns representantes das minorias nacionais (em especial tártaros e bachkires, ambos muito numerosos na região do Volga), além de mencheviques e kadets que se somaram ao organismo apesar da determinação contrária de seus respectivos Comitês Centrais. A maior parte dos cabeças da direita SR vinha da Cidadela da Liberdade, inclusive Zenzinov, Avksentiev e Breshko-Breshkovskaya, a "Avó da Revolução". Sob vários aspectos, tratava-se da ressurreição do governo de Kerenski — com a ressalva de que, na época, este amargava o exílio em Paris. O Komuch era um laboratório fictício testando a hipótese sob a qual o Governo Provisório havia se firmado e caído: a de que as províncias não estavam prontas para o socialismo e que, portanto, a revolução não poderia ir além do estágio democrático. Esta fora a obsessão teórica que levara SRs e mencheviques a, em 1917, não querer a criação do poder dos Sovietes. Agora, a mesma premissa servia de base a um novo esforço, igualmente vão, de reunir as províncias contra Lênin.

"Não se trata de nenhuma experiência socialista", alardeou a imprensa de Samara. A intenção do Komuch era restaurar a democracia, o que significava adiar a revolução até que a Assembleia Constituinte fosse reconvocada, único foro capaz de arbitrar questões sociais. A exemplo do Governo Provisório, o Komuch via-se como uma administração temporária à espera do reinício de uma gestão parlamentar. Todos os seus pronunciamentos começavam com frases como "Até a reabilitação das autoridades legais" ou "Até o retorno das relações ordinárias". Seu programa aferrava-se à pretensão liberal da neutralidade política. Embora as garantias de liberdade de expressão, de imprensa e de reunião tivessem sido devolvidas à população, as condições impostas pela guerra civil não permitiam que fossem exercidas amplamente. As prisões de Samara logo lotaram de bolcheviques. O menchevique Ivan Maisky, ministro do Trabalho, calculou a existência de 4 mil prisioneiros políticos. As Dumas municipais e os *zemstvos* voltaram a agir e os Sovietes, como órgãos classistas, acabaram impedidos de se imiscuir na política. O Komuch também declarou apoio a uma "federação democrática", o que lhe valeu aplausos das comunidades de tártaros e bachkires, da região do Volga.[30]

No setor industrial, o Komuch (ainda espelhando-se no Governo Provisório), tentou encontrar um meio-termo entre trabalho e capital e conseguiu desagradar a ambos. As divisões de classe estavam acirradas demais. Os operários tachavam o Komuch de "burguês" e, desafiadoramente, continuavam a se reunir no Soviete para aprovar resoluções bolcheviques. Os comitês de fábrica perderam poder e o controle das unidades de produção passou aos antigos proprietários ou, na falta deles, a administradores indicados pelo governo. Os bancos retornaram às mãos da iniciativa privada. O livre comércio voltou a prevalecer e um Conselho do Comércio e da Indústria, dominado por empresários, foi criado para ajudar na formulação de uma nova política econômica. Mas mesmo isto parecia insuficiente para convencer as camadas médias de que a situação não era perigosamente "socialista"; afinal, ainda persistia a jornada de trabalho de oito horas diárias; os sindicatos e o Soviete ainda funcionavam e a bandeira vermelha continuava a tremular nos prédios do Komuch. Que vantagem há em trocar os bolcheviques por um regime "semibolchevique" como o do Komuch? Para que substituir os Vermelhos por estes "Rosas", se podemos ter os Brancos no lugar de ambos? As perguntas ocupavam a mente da classe média local.

Durante os primeiros dias do Komuch, a classe média de Samara, grata pela derrubada do Soviete, havia aprovado a novidade. Mas não demorou para que mudasse de ideia, passando a apoiar a contrarrevolução Branca. O Komuch fora forçado a elevar impostos sobre a venda de vodca — algo sempre impopular entre os operários. E também a imprimir moeda, o que alimentava a inflação. Com a desvalorização do dinheiro, os camponeses reduziram a venda de gêneros alimentícios à cidade, levando o governo a optar pelo racionamento de pão. Foi o quanto bastou para que ruíssem as simpatias da massa urbana pelo Komuch. Somente a diminuta intelectualidade da província permaneceu fiel aos homens do poder. Nas eleições para a Duma, ocorridas em agosto, os partidos da situação conseguiram apenas 15% dos votos; dois terços do eleitorado sequer se deram ao trabalho de comparecer às urnas.[31]

A despeito das expectativas dos SRs, o campesinato do Volga não apoiava o novo governo. Tudo teria acontecido de maneira diferente se o partido tivesse feito coro à revolução no campo. Mas endossar a revolta rural equivaleria a reconhecer os Sovietes camponeses — e os líderes do Komuch não estavam dispostos a ir tão longe. Estavam, sim, determinados a substituir os Sovietes pelos *zemstvos* dos *volosts*, nos quais todos os representantes da agricultura, inclusive a nobreza, fossem igualmente representados. Mas, como ocorrera em 1917, as eleições para os *zemstvos* acabaram boicotadas pela massa de lavradores, já comprometida com os Sovietes, vistos como órgãos de autogestão das aldeias. Mesmo nos locais onde houve *quorum*, o funcionamento dos *zemstvos* foi dificultado pelo fato de a *intelligentsia* rural e os burocratas terem abandonado as aldeias após a revolução; o campesinato, por sua vez, também causava problemas ao recusar-se a pagar os impostos. Em algumas vilas, o Soviete continuou a exercer o poder, embora autodenominando-se *zemstvo*, na correspondência oficial trocada com o Komuch.* A charada permaneceu indecifrável. Os camponeses não estavam dispostos a abrir mão das instâncias que a seus olhos avalizavam a revolução rural.

O Komuch mostrava-se também relutante em endossar os confiscos de terra promovidos pelos agricultores. Na verdade, inicialmente o órgão aprovou a reforma agrária na primeira e única sessão da Assembleia Constituinte, que havia reconhecido o fim de toda a propriedade privada. Mas um decreto subsequente, datado de 22 de julho, garantiu aos antigos donos reclamarem quaisquer campos que houvessem semeado. Na prática, isto equivalia a reverter um terço das expropriações de terra arável. Não raro, houve necessidade de envio de tropas às aldeias para fazer cumprir o decreto, cuja finalidade era "reforçar o governo da lei" após os despojamentos "anárquicos" registrados durante o inverno e a primavera anteriores. No entanto, e em especial entre os agricultores mais pobres, que haviam ficado com a maior fatia das terras antes pertencentes à nobreza, grassava a impressão de que o Komuch pretendia a volta do velho regime agrário. Esta interpretação equivocada deve ser perdoada aos camponeses, visto que alguns dos fidalgos consideravam o decreto uma espécie de carta branca para a retomada de todas as glebas. Com a ajuda de uma brigada do exército ou de milícias privadas, os aristocratas recuperavam os torrões perdidos; em algumas situações, lideranças rurais foram chicoteadas em público, para que todos vissem e "aprendessem a lição".[32]

De todas as políticas aplicadas, nenhuma foi mais impopular do que a convocação para o Exército do Povo. Em qualquer guerra civil, o sucesso dos contendores depende da capacidade em mobilizar a população. E, nisto, o Komuch fracassou flagrantemente.

Durante o verão, aliado às forças tchecas, o Komuch conquistou quase todo o território desejado. Os Vermelhos estavam fracos, sem suprimentos de comida e sem condições para sustentar os combates. Em 6 de julho, a cidade de Ufa caiu em poder dos tchecos; Simbirsk, terra natal de Lênin, rendeu-se no dia 22; e Kazan, com sua imensa reserva de ouro tsarista, em 6 de agosto. Dois dias depois, os trabalhadores das fábricas de munição de Izhevsk, a pouco mais de 240 km ao norte de Kazan, levantaram-se contra o Soviete e declararam apoio ao Komuch. Foi o maior levante operário já registrado contra os bolcheviques — e um grande problema para o regime. A revolta logo se espraiou pelas cercanias, onde muitas famílias proletárias ainda viviam. Formaram-se destacamentos de voluntários

* Em 1918, a maioria dos Sovietes ainda utilizava os papéis timbrados dos velhos *zemstvos*, o que tornava a fraude mais fácil.

para combater os Vermelhos. Este foi o auge da maré favorável ao Komuch, que controlava uma área do tamanho da Itália, com cerca de 14 milhões de habitantes.

Mas seu potencial militar sempre fora muito débil. A Legião recusava-se a lutar em solo russo por tempo indeterminado. Os soldados estavam cansados e queriam retornar à sua terra natal. O moral declinava, ao passo que os bolcheviques se organizavam melhor. Em meados de agosto, as unidades tchecas esfacelavam-se. Alguns homens, partidários do socialismo, passaram para o outro lado, que os atochava de propaganda; outros simplesmente entregaram os pontos e venderam as armas e tudo o que tinham à população, partindo de volta ao lar. Uns poucos que restaram reuniram-se em bandos de salteadores, ávidos de lucros ignóbeis.

Mais do que nunca, o Komuch teria que recorrer aos civis do Volga na tentativa de formar novas tropas. Um dos primeiros atos com tal finalidade foi um apelo a voluntários. Nas cidades, em torno de 8 mil homens — a maior parte estudantes e aspirantes ao oficialato, bem como refugiados e desempregados sem outros meios de vida — atenderam ao chamado. Mas no campo o número de voluntários foi mínimo: a maioria do campesinato não queria se envolver numa guerra civil "fratricida". Embora desejosos de defender a revolução em suas aldeias — e, por isto, organizavam unidades próprias — quase todos os lavradores viam o conflito entre Brancos e Vermelhos como uma pendenga remota entre partidos urbanos. "Os agricultores mostram-se indiferentes", declarou um oficial encarregado do recrutamento do Exército do Povo. "Eles só querem ser deixados em paz. Os bolcheviques estão aqui — bom, dizem eles; os bolcheviques foram embora — bom do mesmo jeito, eles dizem. Enquanto houver pão, agradeçamos a Deus. Quem precisa do exército? Que lute sozinho, continuaremos alheios. É bem sabido que a neutralidade é a melhor posição." Na assembleia camponesa de Samara, patrocinada pelo Komuch em setembro, os delegados afirmaram que "não combateriam irmãos, apenas se ergueriam contra inimigos". E "recusavam-se a apoiar uma guerra entre partidos políticos", pressionando o Komuch a "chegar a um entendimento com os bolcheviques". Um delegado propôs: "A continuação da guerra civil deve ser decidida por um plebiscito e, até que saibamos a opinião de toda a população, não temos o direito moral de votar esta resolução" [favorável ao prosseguimento da rivalidade com os bolcheviques].[33]

Para a massa camponesa, cujos horizontes políticos limitavam-se aos estreitos confins das aldeias, os objetivos nacionais do Komuch pareciam muito estranhos. A reabertura da Assembleia Constituinte significa pouco para eles, pois já haviam conquistado o que tanto sonhavam: terra e liberdade. O chamado do Komuch pela retomada da guerra contra a Alemanha — interrompida há seis meses — ia contra o pacifismo paroquial das aldeias. "A guerra com a Alemanha e todas as demais guerras são ruins", sentenciaram os moradores de uma aldeia. "Se não lutarmos, os soldados alemães não entrarão em nosso território", ponderaram os habitantes de outra. O chefe policial de Samara concluiu que "a população é pouco esclarecida a respeito dos fins do Exército do Povo... Prevalece a ideia de que os burgueses começaram um novo conflito porque a paz assinada pelos bolcheviques lhes é desfavorável; e prepondera o raciocínio de que o campesinato ainda não sofreu nenhuma perda e, portanto, nada fará. Que a burguesia lute por conta própria, se quiser".[34]

Os antagonismos de classe foram acirrados a partir de algumas atitudes dos oficiais do Exército do Povo. Tivesse encontrado oficiais leais ao espírito da democracia, o destino do Komuch teria sido diferente. Os comissários do exército que estiveram em ação em 1917 poderiam ter sido a alternativa ideal. Mas restavam muito poucos destes. Alguns, como Linde, foram engolfados pela revolução; outros, como Os'kin, haviam se juntado aos Vermelhos. Não havia mais patriotas-cidadãos como aqueles que tinham se juntado a Kerenski. A ideia de "oficial democrata" passara a ser um paradoxismo.* O Komuch não tinha escolha. A única alternativa era se contentar com os oficiais que se apresentavam como voluntários. O coronel Galkin, um típico militar burocratizado da era tsarista, foi incumbido de dirigir o Exército do Povo. Seu quartel-general transformou-se num baluarte de oficiais direitistas e monarquistas, um cavalo de Troia da contrarrevolução Branca para além das muralhas democráticas. Os líderes do Komuch estavam cientes do mal, mas, nas palavras de Klimushkin, "havia tanta segurança quanto à força da democracia que não temíamos os planos daqueles oficiais". Sob o comando de Galkin, voltou a vigorar a disciplina militar dos tempos do tsar. Os superiores vestiam uma versão mais modesta das dragonas tão comuns na época dos Romanov. Muitos eram filhos de nobres locais e, às vezes, promoviam vinganças absurdas contra os aldeões que haviam tomado a propriedade de suas famílias.[35] Não é à toa que os lavradores antipatizavam com o Exército do Povo.

No fim de junho, a débil reação ao apelo por voluntários forçou o Komuch a recorrer ao recrutamento obrigatório. O receio de que os camponeses mais velhos fossem contaminados pelo bolchevismo que havia grassado no exército em 1917 determinou que a convocação fosse dirigida aos rapazes com menos de 21 anos de idade. Mesmo entre estes, já eram claros os sinais de insubordinação. Apenas um em cada três recrutas atendia à convocação; os demais não se incomodavam com a pecha de "desertores". O índice de comparecimento foi ainda mais baixo nos distritos a oeste, próximos de onde se travava a luta entre Vermelhos e Brancos. Mais um motivo para não haver espanto pela vitória bolchevique. Ao contrário de seus oponentes, os partidários de Lênin quase sempre (e, em especial, em momentos críticos da guerra civil) foram hábeis em mobilizar o campesinato para a linha de fogo. Ainda que não gostassem dos Vermelhos, os camponeses temiam a

* Debalde, o Komuch empenhou-se em conseguir os serviços de Brusilov.

volta do antigo regime agrário e não vacilavam em segui-los. Nem o Komuch, nem os Brancos foram capazes de penetrar a zona central do poder soviético, onde a revolução rural estava fortemente enraizada.

Ambos os exércitos envolvidos na guerra civil tiveram dificuldades por conta da alta incidência de deserção, um problema crônico. O Exército do Povo, porém, sofreu mais do que seu antagonista, principalmente porque se viu obrigado a improvisar uma tropa. Quando os combates se acirraram, os bolcheviques já estavam no poder havia dez meses. O Komuch não teve tempo bastante para montar uma infraestrutura militar adequada. Com frequência, suas tropas guerrearam sem uniformes e com armamento insuficiente. Os soldados apresentavam-se à batalha sem terem passado por um treinamento satisfatório. Ao primeiro perigo, esses recrutas deixavam-se dominar pelo pânico. Em agosto e setembro, ápice da sessão de colheita, milhares de tropas fugiram de volta a suas lavouras, exatamente no momento em que os Vermelhos deslanchavam uma ofensiva. O Komuch tentou conter a debandada enviando destacamentos cossacos às aldeias. Cortes marciais, similares aos notórios tribunais criados por Stolypin em 1905-1906, passaram a ter poderes absolutos para punir desertores e suas famílias. Lideranças rurais eram publicamente açoitadas e enforcadas. Outra prática intimidatória de tais cortes era fazer reféns para obrigar os desertores a se reapresentarem. Localidades inteiras arderam em incêndios criminosos apenas porque um punhado de soldados recusava-se a voltar à batalha. Aos olhos camponeses, parecia que o velho regime havia ressurgido, ávido por vingança.

A repressão só serviu para fortalecer a resistência no campo, arrastando vários aldeões para os braços bolcheviques. Formaram-se brigadas, quase sempre organizadas pelos Sovietes, com a finalidade de resistir ao Exército do Povo e a seus destacamentos punitivos. Estas tropas camponias iam à guerra rudimentarmente armadas com arados e machados. O que havia de artilharia era transportado em carroças. Algumas lutavam lado a lado com o Exército Vermelho, do qual, mais tarde, se tornaram parte integrante. A brigada aldeã de Domashki foi um exemplo clássico: combateu os cossacos nas estepes do sul de Samara antes de transformar-se no núcleo da 219ª Divisão de Rifles de Domashki, um destacamento regular do IV Exército Vermelho. Os Regimentos de Pugachev, Novouzensk, Krasnokutsk e Kurilovo tiveram origem similar. Os soldados que integravam estes quatro corpos de tropas eram parentes entre si ou vizinhos. No Regimento Kurilovo havia um pai e seis filhos. Tal coesão não encontrava nada parecido em qualquer outra força envolvida na guerra civil, com exceção para os destacamentos cossacos, que também tinham suas particularidades.[36] Eis o germe da lenda de Chapaev, o principal comandante bolchevique de um destes regimentos cuja história serviu de ensinamento a três gerações de crianças soviéticas.

Sem um bom exército, em pouco tempo o Komuch perderia as rédeas do Volga. Pouco a pouco ao longo do verão, os bolcheviques juntaram forças para uma campanha na região; foi lá que o Exército Vermelho tomou forma como tropa regular de alistados. Em Moscou e outras cidades da zona soviética central, surgiram destacamentos de operários, logo despachados para a margem direita do Volga. Sob as ordens de Lênin, 30 mil homens, antes ocupados em manter barreiras antialemãs no Ocidente, foram mandados para leste. Ele apostava (e com razão, como seria constatado mais tarde) que os contingentes das Potências Centrais estavam dispersos demais pela Europa e, portanto, teriam problemas para explorar a desmobilização deste cordão humano. No início de setembro de 1918, os Vermelhos já tinham reunido 70 mil soldados na frente oriental — uma vantagem de dois a um sobre as forças do Komuch. Foi o começo da luta aguerrida na guerra civil. Até então, apenas unidades menores, nenhuma com mais de 10 mil integrantes, haviam travado combate. Kazan foi tomada pelos bolcheviques em 10 de setembro. O coronel Vatsetis, que liderou o ataque, acabou recompensado com o posto de comandante em chefe de todo o Exército Vermelho. A derrota teria sido bem mais amarga — Lênin ordenara que o oficial se suicidasse caso a cidade não fosse ocupada. Dois dias depois, o I Exército Vermelho, sob o comando de Mikhail Tukhachevsky, entrou em Simbirsk. A partir desse momento, o Exército do Povo não conseguiu mais opor resistência. As forças tchecas se desfizeram. Samara caiu em 7 de outubro.

Os SRs dissolveram o Komuch e fugiram para Ufa. Lá, viram-se à mercê da contrarrevolução Branca, que avançava a partir do leste. Graças à tutela tcheca, vários centros de poder rivais haviam emergido na Sibéria: a Eurásia era uma colcha de retalhos de regimes regionais. Um governo dos Urais estava baseado em Ekaterinburg e alegava jurisdição sobre Perm. Os diversos *voiskos* cossacos, sendo Orenburg e Ural'sk os mais a oeste, reconheciam formalmente o Komuch, mas comportavam-se como organismos independentes. Os bachkires e quirguizes também tinham seus próprios "Estados", ao passo que dentro do território do Komuch havia ainda um governo nacional das tribos turco-tártaras. De todos estes centros de poder rivais, o mais importante era o governo siberiano, formado, antes da ascensão soviética, por políticos kadets e SRs que tinham assento na Duma de Tomsk e agora restaurado em Omsk, no rastro da revolta tcheca. Em 23 de junho, P. V. Vologodsky, defensor da autonomia da Sibéria, tornou-se o chefe do governo local. Breshko-Breshkovskaya, que no início de julho passou pela nova sede do governo siberiano, não teve boa impressão dos líderes do governo local:

> Omsk é poeirenta e suja. Os líderes do governo não têm intelecto nem consciência. Nada há de positivo ou promissor na composição do chamado "governo siberiano". Os ditos "ministros" são pontos de interrogação. Ao conversar com eles, fica claro que não acreditam em si mesmos nem no sucesso de sua empreitada.[37]

O governo de Omsk, que não contava com o apoio dos tchecos, logo foi dominado pela influência dos oficiais direitistas e monarquistas do exército da Sibéria. Em setembro, as tropas somavam 38 mil, quase todos camponeses recrutados à força. Sob a bandeira local — verde por causa das florestas e branca em alusão à neve —, o exército tinha as boas graças dos velhos colonos favoráveis a uma Sibéria livre do jugo russo. O oficialato de direita estabelecido no Volga aderia a este contingente na tentativa de construir uma alternativa ao "socialismo" do Komuch. A ascendência destes elementos direitistas em Omsk bastou para evitar que o governo local reabrisse a Duma. Os conservadores queriam nada menos do que uma ditadura.

A rivalidade entre Samara e Omsk sempre fora intensa e caracterizava-se por disputas comerciais e territoriais. Mas havia também uma pressão cada vez maior com vistas a um acordo: a posição militar do Komuch mostrava-se enfraquecida e os Aliados estavam preocupados com a eventualidade de escaramuças locais impossibilitarem um esforço conjunto para conter o avanço Vermelho. Tal acordo finalmente se materializou numa conferência sediada em Ufa, entre 8 e 23 de setembro, na qual os líderes do Komuch viram-se atacados por direitistas de suas próprias fileiras, ansiosos pelo mesmo tipo de tirania defendida pelos siberianos. Um industrial de Kazan chamado Kropotkin reivindicou "um poder militar forte e unido, para salvar a Rússia daqueles políticos [i.e., os socialistas] que a arruinaram". Segundo V. N. Lvov, que estivera envolvido no caso Kornilov, uma "ditadura militar" era imprescindível.[38]

Tentando apaziguar as lideranças do Komuch, a conferência transigiu em parte, propondo uma Assembleia Constituinte soberana, apoiada pelos 250 votos dos que estavam presentes em Ufa. Em contrapartida, o governo legal seria substituído por um Diretório de cinco membros, braço executivo do Governo Provisório de Todas as Rússias, baseado em Omsk. Tratava-se, na verdade, de uma aliança entre dois SRs (Avksentiev e Zenzinov), dois liberais siberianos (Vologodsky e Vinogradov) e o general Boldyrev, comandante em chefe, simpático aos SRs. Embora os socialistas revolucionários tivessem maioria nominal, na condução da política fragmentada, fruto da guerra civil, seria uma tarefa de Sísifo conseguir o *quorum* necessário ao restabelecimento da Constituinte. Para todos os efeitos, a cidadela da liberdade ruíra.

O Diretório era um tênue reflexo do governo revolucionário francês que lhe emprestara o nome. No fundo, não passava de um governo só no papel, sem a mínima estrutura própria ou meios financeiros com que se manter. Prestes a completar oito semanas de poder, o falso governo ainda funcionava num vagão estacionado a alguns quilômetros de Omsk, uma sede nada digna para um quinteto que se dizia o único governo legal da Rússia. Avksentiev, que ostentava o pomposo título de presidente, era um diletante que brincava de fazer política. Ele "se cercou de auxiliares, reinstituiu formas de tratamento antigas e criou uma pompa fanfarrona por trás da qual nada havia de concreto", escreveu um contemporâneo. Era um recuo aos últimos dias de Kerenski. Esse Diretório tinha ainda menos autoridade do que o Governo Provisório. Nem merecia a confiança das facções que supunha representar. Desde sempre, SRs e círculos direitistas conspiraram contra o quinteto. Era uma guerra surda: SRs consideravam que o pretenso governo garantia poderes demais à direita e vice-versa. O ar de Omsk cheirava a intrigas e rumores de golpe. "Um México em meio à neve e ao gelo" — assim Boldyrev a descreveu.[39]

Os oficiais de direita agiram primeiro. Em 17 de novembro, um destacamento cossaco interrompeu uma reunião dos SRs e deteve vários líderes, inclusive Avksentiev e Zenzinov. Os agressores foram acusados de tramar a derrubada do governo, mas a verdade é que o grupo de Chernov ansiava por isto desde o início. Os direitistas, idem, tanto que se aproveitaram de uma conspiração SR como pretexto para promover seu próprio *coup d'état*. Na manhã seguinte, o Conselho de Ministros avalizou o golpe e convidou o almirante Kolchak a assumir o poder, na condição de Governante Supremo. Ninguém estava em condições de reagir. Desde a declaração de independência tcheca, ocorrida em 28 de outubro, a Legião, que eventualmente poderia vir em socorro do quinteto de ex-mandatários, perdera a vontade de lutar e só pensava em voltar para casa. Como acontecera com o Exército do Povo, sua tropa estava em franca decadência.

Durante os catorze meses seguintes, Alexander Kolchak dividiu as rédeas da contrarrevolução com Denikin. Parecia adequado que um almirante sem esquadra fosse o chefe de um governo sediado numa cidade a quase 6.500 km do porto mais próximo. Pequeno, mas imponente, dotado de penetrantes olhos negros, Kolchak possuía inúmeras peculiaridades, tendo exercido as funções de engenheiro de minas e explorador do Ártico no comando naval tsarista, dominado pela nobreza agrária. Em 1916, ao ser alçado ao comando da esquadra do mar Negro, contando 41 anos de idade, era jovem o bastante para ser filho da maioria dos demais comandantes. Em 1917, opusera-se aos comitês formados na frota e, numa renúncia dramática que tornaria seu nome politicamente importante, desembainhou a espada e lançou-a na água. O general Budberg descreveu Kolchak como "uma criança grande e irrequieta".

> Indubitavelmente, trata-se de um neurótico, sempre prestes a perder a calma e a provocar tempestades... idealista, mais do que devotado, submisso a seu sentimento de dever e à ideia de servir à Rússia, de salvá-la da opressão vermelha... Esta obsessão pode levá-lo a agir de maneira inteiramente inesperada. Não tem interesses pessoais, não cultiva o amor-próprio e, neste aspecto, é puro cristal... Não tem a mínima noção da dura realidade da vida e se orienta num mundo de ilusões criado pelas ideias que lhe transmitem. Não tem planos nem vontade própria: é como uma massa amorfa, que conselheiros e pessoas próximas podem moldar como bem entenderem.[40]

Tais características refletiram-se no comportamento do almirante, por ocasião da derrubada do Diretório. Ele foi uma figura passiva — quase que acessória — no golpe. Parecia que se tratava apenas de alguém que estava no lugar certo, na hora certa, fingindo assumir o papel de protagonista num palco tomado pelos conspiradores. Quando os bolcheviques tomaram o poder, Kolchak estava nos Estados Unidos, em missão militar. Após um ano na Manchúria, voltou à Rússia pela Ferrovia Transiberiana, alcançando Omsk em meados de outubro. Foi então que Boldyrev o persuadiu a tornar-se ministro da Guerra. Não há provas de que o almirante tenha desempenhado papel importante na destituição do Diretório, embora, até hoje, os historiadores refiram-se ao episódio como "o golpe de Kolchak". Com base no que sabemos a respeito desta obscura passagem, parece que os direitistas de Omsk tramaram o golpe sem a participação direta do almirante, que só entraria em cena após o fato consumado. Mesmo não tendo arquitetado a tomada do poder, o almirante já estava cotado para se transformar num títere a serviço dos conservadores. Naquele mesmo dia, vários oficiais de direita haviam pedido a ele que se fizesse ditador, uma ideia que não lhe era desagradável. Afinal, em suas viagens ao *front*, convencera-se da "completa falta de apoio ao Diretório". E ele tinha consciência da possibilidade de haver um golpe: nos salões e quartéis de Omsk circulavam falatórios sobre a necessidade de um punho de ferro; os rumores eram comuns até mesmo na sede ocupada pelo malfadado quinteto governante. O general Knox, próximo do almirante e chefe da missão militar britânica na Sibéria, também apoiava a ideia de ditadura.* Naquele 17 de novembro, Kolchak recusara-se a aceitar o poder, sugerindo que caberia a Boldyrev, chefe do exército, assumir a responsabilidade. Kolchak também não estava certo de contar com o apoio dos siberianos e dos Aliados. No entanto, uma vez os oficiais tendo usurpado o poder, o almirante mudou de ideia. Na manhã do dia 18, lhe parecia óbvio que algum ditador precisava ocupar o vácuo político, a fim de evitar que a violência tomasse as ruas. No Conselho de Ministros, ele tornou a sugerir o nome de Boldyrev, mas este estava ausente. Em todo caso, os ministros davam preferência ao almirante, em detrimento do "socialista Boldyrev". Pressionado por Knox a cumprir com seu dever, Kolchak assentiu e aceitou o título de Governante Supremo.[41]

Foi o fim da direita SR e de sua "contrarrevolução democrática", expressão usada por Ivan Maisky. O almirante decretou o encarceramento dos líderes SRs e, posteriormente, ordenou que fossem levados até a fronteira com a China, onde

* Não é possível afirmar que Knox tenha se envolvido nos planos que visavam ao golpe, embora, na época, os franceses fizessem questão de divulgar a injúria de que Kolchak ganhara o poder graças aos britânicos, que necessitavam de um homem capaz de servir de ponta de lança para os interesses de Londres na Sibéria.

acabaram deportados. Alguns deles voltaram à Europa Ocidental, passando a viver num exílio confortável, ainda que choroso. Outros retornaram à Rússia, adotando uma posição hostil tanto em relação aos Vermelhos quanto aos Brancos. Durante semanas após o golpe, a polícia de Kolchak colocou em prática uma série de retaliações sangrentas contra os ativistas SRs, presos às centenas. Destes, muitos foram executados mais tarde, em represália à onda de terror desferida pelos SRs contra a ditadura. Entre os "reféns" mantidos em Omsk havia vinte homens com cadeira na extinta Assembleia Constituinte, dez dos quais perderam a vida em dezembro, diante de um pelotão de fuzilamento, logo após um levante operário ocorrido na cidade.

Enquanto isto, Kolchak definia os propósitos de seu regime em termos estritamente militares. Como Denikin, ele era um soldado e nada mais: a política estava além do seu entendimento. À parte a derrocada do bolchevismo e a "salvação da Rússia", ele não tinha noção do motivo pelo qual lutava. O almirante fez pronunciamentos vagos a favor da lei, da ordem e da Assembleia Constituinte. No entanto, considerando as premissas do orador, é de se supor que esta última não deveria ser reaberta sob a égide democrática que prevalecera em 1917.* Afora o teor de tais discursos, todas as questões políticas eram sacrificadas em favor da campanha militar. Denikin cometeria o mesmo erro. Ambos não enxergavam que a política é elemento crucial num conflito bélico. Sem fazer uso da política para mobilizar ou, pelo menos, neutralizar a população, os Brancos estavam fadados ao fracasso. Some-se a isto o fato de que, ao não deixar claro quais eram seus objetivos políticos, Kolchak franqueava a terceiros a oportunidade para ganhar corações e mentes. Fosse ouvindo os Vermelhos, que não abandonavam suas atividades de propaganda, fosse escutando os oficiais de direita que apoiavam o Governante Supremo, os habitantes do leste russo tinham a impressão indelével de que o movimento liderado pelo almirante visava a restaurar a monarquia.

Não tendo surgido uma proposta que se apresentasse como alternativa à polarização entre Brancos e Vermelhos, o país inteiro mergulhou na guerra civil. Não existia espaço para a frágil democracia cujas raízes haviam sido lançadas em 1917. A Rússia estava dividida demais e o povo, ignaro, mostrou-se incapaz de defender as instituições democráticas do ataque de inimigos de ambos os extremos.

---

* Como o próprio Kolchak reconheceria em 1920, ao ser interrogado, "a opinião geral era de que somente um governo autorizado pela Assembleia Constituinte teria chances de funcionar; mas a Assembleia Constituinte de que dispúnhamos e que, desde o início, cantava a *Internacional* sob a batuta de Chernov, provocava reações inamistosas, sendo considerada artificial e tendenciosa. Assim pensava eu. E acreditava que, muito embora pouco tivessem de digno, ao fechar a Assembleia Constituinte os bolcheviques realizaram um bom serviço, pelo qual merecem crédito".

O movimento antibolchevique só reassumiria contornos democráticos no outono de 1920, quando já seria muito tarde para desbancar a nova autocracia. A tragédia da Revolução Russa consistiu no fato de o povo ser politicamente muito débil e, portanto, inepto para determinar o desfecho dos acontecimentos.

XIII.

A revolução vai à guerra

1. Armando a revolução

Já haviam se passado cinco anos desde a última vez que Dmitry Os'kin estivera em Tula. Então, corria o ano de 1913, e ele era um simples rapaz camponês que deixava a aldeia para alistar-se como soldado do tsar. Desta vez, porém, em plena primavera de 1918, de volta ao mesmo local, ele tinha o privilégio de ostentar o título de comissário militar a serviço de Trótski. Incumbência: alardear a revolução.

Os anos de guerra haviam sido bons para Os'kin. Ele ascendera nas fileiras do exército e ganhara quatro Cruzes de São Jorge, enquanto assistia à ruína da antiga casta de oficiais. Ao longo de 1917, à medida que a política adernava à esquerda, Os'kin seguiu a maré revolucionária da soldadesca e, em troca, foi contemplado pela sorte. Suas credenciais de SR garantiram-lhe a liderança de um regimento, e a eleição para o Comitê Central do Soviete dos Soldados da Frente Sudoeste. Em outubro, como delegado SR, esteve no II Congresso dos Sovietes — fez parte da "massa cinzenta" de tropas sórdidas que ocuparam o Smolny, responsáveis, segundo Sukhanov, pelo triunfo bolchevique. No início de 1918, quando começou a estruturar o corpo de comando do novo Exército Vermelho, Trótski dedicou-se em primeiro lugar aos suboficiais, como Os'kin, que haviam aprendido o ofício nas hostes tsaristas. Tratava-se do casamento de conveniência entre as ambições de filhos de camponeses e as necessidades militares do regime. Como disse Napoleão, certa vez, todo soldado carrega em sua mochila o bastão de marechal de campo; eis a fórmula para a construção de um exército revolucionário.

A cidade de Tula, a 160 km ao sul de Moscou, era o arsenal da revolução. Após o esvaziamento de Petrogrado, a cidade transformara-se no coração da indústria de munições da República Soviética. No ápice da Primeira Guerra Mundial, suas fábricas empregavam cerca de 60 mil operários, embora por ocasião do retorno de Os'kin restassem apenas 15 mil; os demais haviam voltado para as aldeias. O novo comissário militar ocupou o prédio do Soviete, onde antes existira o extinto Banco Camponês. Agora, como que simbolizando a nova ordem social, diversas metalúrgicas erguiam-se nos arredores.[1]

A Guarda Vermelha local, cuja reorganização estaria a cargo de Os'kin, fora criada em 1917; constituíam-na operários temerosos de atentados da "contrarrevolução" que pudessem afetar a produção fabril. Após a tomada do poder pelos bolcheviques, houve muita discussão sobre a possibilidade de tal grupo vir a formar um novo tipo de "exército proletário", que substituiria o que ainda havia do velho exército (constituído, principalmente, por camponeses). Os bolcheviques não gostavam da ideia de um exército permanente, pois viam o aparato militar como um instrumento de opressão usado pelo regime imperial contra os revolucionários. Uma milícia de trabalhadores seria mais conveniente e os Guardas Vermelhos seriam como a espinha dorsal de tal força, compondo unidades do novo Exército Vermelho, criado pelo decreto de 15 de janeiro. À parte objeções ideológicas à existência de tropas profissionais, nesta fase do regime os bolcheviques também tinham razões práticas para preferir um contingente de voluntários. Afinal, o exército imperial se desintegrara e não havia aparato capaz de convocar a população masculina russa num alistamento compulsório. As únicas tropas confiáveis eram as três brigadas de carabineiros da Letônia, cerca de 35 mil homens, que salvaram o governo do desastre, nos cinco primeiros meses.

Na época, os trabalhadores migravam das cidades e os novos recrutas Vermelhos eram basicamente soldados recém-desligados da vida militar, além dos "vagabundos e elementos instáveis tão numerosos antanho", nas palavras de Trótski. Alguns deles optavam por voltar à vida de caserna por não ter outro meio de subsistência ou, pelo menos, preferiam envergar a farda a enfrentar as privações do pós-guerra impostas aos civis. Porém, a grande maioria simplesmente não tinha para onde ir — o conflito internacional os deixara sem lar nem família. Assim, dispersaram-se pelos caminhos, entre Tula e a frente de batalha, muitas vezes abrigando-se em aldeias havia muito abandonadas. Muitos destes nômades juntavam-se aos Guardas Vermelhos apenas no intuito de receber agasalho ou um par de botas, rapidamente passados adiante em troca de algumas moedas, com as quais seguiam adiante, dispondo-se a novo alistamento, novas botas e assim por diante. Para os miseráveis, ingressar na nova Milícia Proletária significava apenas isso: algo possível de comercializar.[2]

Naturalmente, tal exército seria de pouca valia no campo de batalha. A imagem dos Guardas Vermelhos como tropas experientes e ordeiras faz parte da mitologia soviética. Na verdade, compunham-se de destacamentos indisciplinados, maltrapilhos e mal-armados, nos quais as bebedeiras serviam de distração. Nas fileiras, prevalecia o "espírito de comitê" surgido em 1917. Os oficiais tinham seus nomes submetidos à soldadesca, que aprovava ou desaprova planos operacionais levantando os braços, numa votação. As consequências militares foram desastrosas. Antes dos ataques, fazia-se uma avaliação criteriosa do território inimigo, em geral baseada num atlas escolar. Os homens lutavam de maneira primária e atabalhoada, com muita frequência fugindo apavorados ao primeiro indício da presença do adversário. Derrotas esmagadoras perante os alemães, em fevereiro e março, seguidas por outras para os tchecos, em maio e junho, fizeram Trótski perceber a necessidade de reformular as tropas bolcheviques. Com o regime soviético à beira do fracasso militar, o Exército Vermelho teria que ser reformulado segundo os parâmetros que haviam norteado as tropas imperiais, com unidades regulares substituindo os destacamentos temporários, disciplina adequada, oficiais profissionais e hierarquia de comando centralizada. Tal reforma seria a tarefa de Os'kin em Tula.

Uma das primeiras providências de Trótski foi solicitar os serviços de ex-oficiais tsaristas, que passaram a receber a denominação de "especialistas militares", para evitar alusões ao regime monárquico. (Pela mesma razão, os soldados eram tratados de "membros do Exército Vermelho".) Após a tomada de poder bolchevique, cerca de 8 mil oficiais que haviam vestido o uniforme imperial apresentaram-se como voluntários para engrossar as fileiras das tropas comunistas. Os soldados e seus comitês, para os quais a revolução significava sobretudo o fim da autoridade dos superiores de farda, receberam a novidade com desagrado. Mas a escassez de suboficiais e dos chamados Comandantes Vermelhos (cujo treinamento mal se iniciara) fez com que as necessidades da caserna se impusessem ao zelo revolucionário. Numa segunda etapa, Trótski tentou ampliar o contingente de oficiais, recorrendo à convocação compulsória daqueles que haviam trabalhado para Nicolau II. Num esforço destinado a calar os protestos da soldadesca, ele tomou uma atitude drástica: determinou o fechamento de seus comitês. E, em 29 de julho, baixou sua famosa Ordem Nº 228, chamando todos os oficiais às fileiras soviéticas. No fim daquele ano, já haviam sido recrutados 22 mil ex-oficiais tsaristas. O número não incluiu médicos, veterinários e outros da intendência. No cômputo geral, três quartos dos principais comandantes do Exército Vermelho eram ex-integrantes do corpo de oficiais do império.[3]

O que os motivava? Alguns, como Brusilov, que se juntaria ao Exército Vermelho em 1920, agiam por ufanismo: bem ou mal, o país escolhera o regime soviético — ou, pelo menos, assim lhes parecia. Portanto, sua obrigação era servir aos homens ora no poder. Muitos moviam-se com base em um senso inato de dever para com a caserna: afinal, na qualidade de "homens do exército", tinham que se colocar à disposição da instituição militar, não importa que política a conduzisse. Talvez alguns oficiais mais jovens também estivessem atraídos pela perspectiva de uma patente ou posto mais importante do que jamais conseguiriam nas tropas do tsar. No entanto, a motivação mais comum residia no simples fato de precisarem de emprego: era a sobrevivência, e não o patriotismo ou o carreirismo, que levava os oficiais do passado a se engajarem na causa soviética. A maioria havia perdido a pensão a que antes tinha direito e que, não raro, constituía sua única fonte de renda. Não há dúvida de que aqueles militares passavam privações ainda maiores do que as demais classes decaídas da velha Rússia. E, em meio ao terror de 1918, todos sabiam muito bem que o melhor a fazer era se colocar a serviço do regime. Como Trótski explicara num memorando encaminhado a Lênin, ao empregar os ex-oficiais tsaristas "reduz-se a sobrecarga das prisões".* Os oficiais que voltavam à ativa eram supervisionados de perto pelos comissários — homens iguais a Os'kin — e advertidos de que qualquer traição ao Exército Vermelho implicaria a prisão de suas famílias. "Que os vira-casacas percebam que, simultaneamente, estarão atraiçoando os seus — pais, mães, irmãs, irmãos, mulheres e filhos", avisou Trótski numa ordem especial datada de 30 de setembro.[4]

Os praças insistiam em reagir com alarido ao recrutamento destes oficiais. Muitos deles viam a medida como a ressurreição da antiga ordem militar e um ultraje à Ordem Nº 1. O ressentimento maior ficava por conta da reintrodução de soldos diferenciados segundo a patente, das continências obrigatórias e das insígnias e uniformes especiais, que caracterizariam a posição hierárquica de cada integrante da tropa. Outro problema eram o rancho (melhor para os oficiais, claro), sem contar uma gama de outros privilégios. Os trabalhadores do partido a serviço do Exército Vermelho entendiam que todas essas mudanças constituíam ameaça ao poder que haviam conquistado. Os suboficiais e os Comandantes Vermelhos mostravam-se ciumentos dos "homens com dragonas douradas" e temiam que os recém-chegados lhes obstruíssem o caminho rumo a promoções. O próprio Os'kin, que se filiara ao partido em julho de 1918, parecia dividido em relação à presença dos ex-oficiais de Nicolau. Como homem afeiçoado à caserna, compreendia o quanto aqueles reforços eram necessários às tropas bolcheviques. A eficiência militar precisava prevalecer sobre a igualdade revolucionária. Os bufões da esquerda SR e os anarquistas de Tula — adolescentes fanáticos defensores das milícias — já haviam causado problemas suficientes para convencê-lo da premência de ordem e organização nas fileiras bolcheviques. Ainda assim, como suboficial de origem camponesa provido de alguma ambição, não aprovava as regalias dadas ao oficialato dos Romanov. Enquanto ele conquistara o posto enfrentando o fogo cruzado, os oficiais tinham a seu favor berços de ouro (ou quase) e a boa educação que isto lhes propiciara. Os'kin sentia que seus novos companheiros de luta jamais

* Na época (outubro de 1918), as cadeias da Cheka abrigavam 8 mil oficiais, mantidos na condição de "reféns" (*Revvoensovet Respubliki*, 36).

deixariam de ser esnobes — "seus músculos faciais crispavam toda vez que um soldado a eles se dirigia como 'camarada comandante'". Talvez aqueles homens tão esperados pelo Exército Vermelho um dia fossem motivo de dor de cabeça para os bolcheviques, envolvendo-se em revoltas.[5]

Em pouco tempo, os recuos militares do verão passaram a ser entendidos como consequência da inclusão destes oficiais nas tropas soviéticas. De fato, a perda de Simbirsk, ocupada pelo Komuch, em julho, decorrera em parte do motim encabeçado por M. A. Murav'ev, tenente coronel das hostes tsaristas e comandante da esquerda SR, a serviço na frente leste. Durante os meses que se seguiram, o Partido Bolchevique assistiu a uma forte campanha contra a política de Trótski. Dois artigos no *Pravda* catalisaram o conflito. No primeiro, Sorin, membro do comitê partidário de Moscou, acusava-o de dar "poder demais" aos ex-oficiais do império, ao passo que os comissários "pagavam com a vida" qualquer insubordinação dos soldados. De fato, ele ordenara o fuzilamento de um comissário chamado Panteleev, alegando que o destacamento sob sua responsabilidade debandara durante a ofensiva contra Kazan. O caso tornou-se uma *cause célèbre* para os que estavam determinados a defender a independência do partido e de seus comissários. No segundo artigo, Kamensky, comissário do exército sob o comando de Voroshilov, na frente sul, alegava que os comandantes de formação imperial agiam como "autocratas"; aos comissários cabia apenas "sapecar um jamegão decorativo", endossando o que seus superiores já haviam resolvido.[6]

Kliment Voroshilov, bolchevique de primeira hora e comandante da Guarda Vermelha, era a principal figura da Oposição Militar, como em breve o movimento tornar-se-ia conhecido. Baseado em Tsaritsyn, ele se recusava a acatar as ordens baixadas do Conselho Militar Revolucionário da República — órgão de comando central subordinado a Trótski — e do comandante da frente sul, o ex-tsarista promovido a general, Sytin, cujo acampamento situava-se em Kozlov. Stálin apoiava Voroshilov, embora sempre tenha negado pertencer à Oposição Militar. Vindo de um velho camarada de partido, este desafio direto à autoridade de Trótski foi o germe da animosidade pessoal futura entre ele e o homem que sucederia Lênin.

Trótski atribuiu importância exagerada às críticas contra a sua política, entendendo que os correligionários estavam colocando em xeque seus méritos como Comissário de Guerra. E partiu para o contra-ataque, exigindo que os editores do *Pravda* fossem censurados por terem publicado os artigos de Sorin e Kamensky. Ato contínuo, requereu a saída de Stálin da frente sul, onde o georgiano determinara o fuzilamento de dezenas de oficiais e, na função de comissário especial de abastecimento alimentício, criava uma série de confusões. A aposta de Trótski era alta. Afinal, as ideias da Oposição Militar — assim como os comunistas mais à esquerda, da qual nascera — contavam com a simpatia de boa parte dos soldados filiados aos bolcheviques a partir de 1917. Na opinião destes, o propósito da revolução consistia em substituir os velhos "especialistas burgueses" por proletários leais aos ideais partidários. Em suma, tratava-se de um comunismo arrivista, que combinava a rejeição à autoridade anterior e o desejo de galgar posição de poder e privilégio, sob o novo regime. A seus olhos, a camaradagem e a classe eram as únicas qualificações necessárias à ascensão na hierarquia militar. As batalhas seriam ganhas pelo "espírito revolucionário" dos camaradas, e não pela ciência ultrapassada da Academia Militar tsarista.

Subjacente a tamanha desconfiança em relação aos oficiais vindos das hostes imperiais, havia, entre as classes menos favorecidas, um ressentimento instintivo diante de qualquer privilégio, somado a um profundo anti-intelectualismo. Os chamados "especialistas burgueses", empregados pelo regime soviético na burocracia e na indústria (i.e. servidores públicos, administradores e técnicos que mantiveram seus cargos após 1917) estavam na alça de mira desta mentalidade demagógica. Outro alvo eram vários intelectuais da liderança partidária. Trótski, Kamenev e Zinoviev, os três grandes rivais de Stálin na década de 1920,* sofreram muito por conta disto. A maioria dos membros da Oposição Militar vinha de famílias pobres e tinha muito pouco estudo. O pai de Voroshilov prestava serviços ocasionais nas ferrovias e só o mantivera na escola por nada mais que dois anos. Estes "filhos do proletariado" tinham horror à ideia de ceder o passo a oficiais que haviam desfrutado de todas as benesses garantidas pelo sobrenome tradicional e pelo acesso à Academia Militar. Boa parcela de tanta mágoa entre os comandantes mais novos e sem instrução podia ser atribuída ao fato de considerarem Trótski arrogante, o que lhe fazia conduzir o Exército Vermelho à maneira bonapartista. Ele costumava aproximar-se da frente de batalha num trem ricamente mobiliado (seu lado *gourmet* era bastante conhecido, e o vagão dispunha de um restaurante de primeira classe). Os ajudantes à sua disposição vestiam uniformes imaculados, dos quais constavam botas de couro e botões dourados reluzentes. Com um pouco mais de sensibilidade Trótski teria conseguido neutralizar a Oposição Militar. Mas ele nunca atentara para esta alternativa — certa feita, chegou a admitir que seus modos "aristocratas" motivaram a aversão de muita gente, no partido —, só demonstrando orgulho ferido pela afronta à sua posição e autoridade. Sendo assim, decidiu-se pela ofensiva, ridicularizando os críticos, aos quais se referia como "ignaros do partido". Segundo ele, a convivência com "especialistas militares" não era tão nociva quanto a perda de "regimentos inteiros" devido à inépcia de comandantes comunistas "semialfabetizados", que "sequer sabiam ler um mapa".[7]

* A ascensão de Stálin ao poder dependia da mobilização deste anti-intelectualismo das bases comunistas contra os velhos bolcheviques — aqueles filiados ao partido antes de 1917. Na década de 1920, muitos de seus aliados mais importantes foram ex-membros da Oposição Militar. Voroshilov, por exemplo, ingressou no Politburo em 1925.

O conflito atravessou o inverno até que, em março de 1919, quando Kolchak tomou conta do Volga, Lênin apelou à unidade partidária. O VIII Congresso do Partido Bolchevique, então, selou um acordo para este fim. A convocação de ex-oficiais tsaristas seria engolida dadas as necessidades militares, mas aumentariam os poderes de supervisão dos comissários e a influência do partido no exército. Além disto, os Comandantes Vermelhos submeter-se-iam a treinamento com vistas a assumirem a liderança das tropas. Porém, todas estas medidas só serviram para adiar o desfecho inevitável. E, de quebra, fizeram com que a cadeia de comando militar se tornasse ainda mais confusa, pois comandantes, comissários e até células partidárias locais disputavam autoridades sobre os soldados.[8] A rixa entre Trótski e a Oposição Militar ressurgiria com virulência no verão seguinte, quando Stálin decidiu-se a usar todas as suas armas contra a cúpula que dirigia o Exército Vermelho.

No verão de 1918, as tropas bolcheviques viam-se cercadas de todos os lados; a República Soviética resumia-se a um "acampamento militar" sitiado. A lei marcial passou a vigorar no país todo. O Conselho Militar Revolucionário da República, ainda sob a batuta de Trótski, ganhou status de órgão supremo do Estado; toda a economia foi posta à disposição das demandas da campanha bélica; a Rússia acabou dividida em três frentes principais (leste, sul e norte), cinco Grupos de Exército e uma Área Fortificada, a oeste. Punho em riste, os líderes bolcheviques proferiam discursos coléricos e a imprensa abria grandes manchetes, conclamando o povo a cumprir com seu dever, saindo em defesa da Pátria.

Diante de uma situação tão desesperadora como esta, a única saída de Trótski foi ordenar o recrutamento em massa. Até então, o Exército Vermelho só contava com poucos homens, incapacitados demais para enfrentar os alemães, na Ucrânia; os britânicos, ao norte; os tchecos, no Volga; os japoneses, no Extremo Oriente; e os Brancos, que, ajudados pelos Aliados, lutavam no Don. O alistamento em larga escala constituiu-se na segunda grande reforma de Trótski, precedida pela convocação dos ex-oficiais tsaristas. Ambas mostraram-se igualmente polêmicas.

Enquanto os Guardas Vermelhos eram tidos como um reduto da classe trabalhadora, o recrutamento em massa tendia a formar um contingente de homens do campo. A maioria dos bolcheviques considerava os camponeses uma força social estranha e hostil e, portanto, o alistamento irrestrito "ruralizaria" o Exército Vermelho, significando o fim do reinado proletário nas tropas russas. Em suma, um desrespeito aos princípios partidários. Mas a revolução estava à beira de uma retirada forçada; em breve, os soldados de Lênin não teriam mais como resistir a seus vários inimigos. Se o regime pretendia sobreviver, não havia como prescindir da mobilização do campesinato.

Nas primeiras convocações, a maior parte dos novos recrutas ainda era habitante das cidades. Das 15 mobilizações compulsórias realizadas entre junho e agosto, onze visavam somente a trabalhadores urbanos. Centenas de fábricas fechavam todos os meses, garantindo braços livres para engrossar as tropas. Apenas Moscou e Petrogrado contribuíram com 200 mil alistados. Os órgãos partidários locais colaboraram cedendo 40 mil de seus integrantes. Semen Kanatchikov, operário bolchevique promovido a comissário itinerante, chegou a Tula para inspecionar o envio de comunistas para a frente leste. Os'kin tinha-o na conta de "capataz inflexível", cujo empenho poderia trazer dificuldades a Tula: se todos os melhores camaradas fossem recrutados, não sobraria ninguém de valor para defender a revolução na localidade. E foi isto o que aconteceu nas organizações partidárias das províncias, que, após a partida de seus melhores quadros rumo às batalhas, passaram às mãos de aproveitadores e corruptos.[9]

Ao iniciar-se o alistamento, lutar na frente de batalha era prova de máxima devoção ao partido. Os bolcheviques sempre se consideraram valentões belicosos, portando armas e usando jaquetas de couro — em moda nos anos da Primeira Guerra Mundial.* Meio milhão de filiados se somaram ao Exército Vermelho para travar a guerra civil. Trótski comparava estes comunistas guerreiros aos samurais e fazia questão que houvesse um punhado deles em todas as unidades militares. A expectativa era de que cada bolchevique não investido do cargo de comissário seguisse para as trincheiras. Muitos lutavam com uma coragem temerária, ainda que apenas por medo de serem capturados pelos Brancos, e torturados. A bravura dos soldados comunistas tornou-se parte da mitologia sobre a participação dos bolcheviques na guerra civil. Aquele teria sido o "período heroico" da revolução, segundo o historiador L. N. Kritsman. Esta imagem romântica — a imagem do partido como um círculo de camaradas de armas, sempre dispostos à ofensiva ou à conquista de qualquer fortaleza — serviu de base a muitas das atitudes dos governantes soviéticos.

O alistamento em massa era um destes bastiões a ser conquistado. Em 1918, o regime soviético ainda não tinha uma aparato militar no campo. Poucos Sovietes de *volost* contavam com um comitê militar *(voenkom)*, principal órgão responsável pelo recrutamento de soldados nas aldeias. E, mesmo onde existia um comitê militar, o trabalho quase sempre era obstruído pela comuna aldeã, única a dispor de um registro dos homens passíveis de convocação para as tropas. O primeiro censo militar relativamente abrangente foi realizado em 1919. Portanto, até então qualquer tentativa de impor a apresentação de novas tropas estava fadada ao fracasso; na prática, tratar-se-ia de um alistamento voluntário. Não é de surpreender que dos 275 mil recrutas camponeses esperados para a primeira chamada, em junho, somente 40 mil tenham engrossado as fileiras do Exército Vermelho.[10]

Várias eram as razões que levavam os camponeses a resistir à mobilização. A primeira colheita da revolução coincidira com o recrutamento compulsório e,

* Todos os membros do partido tinham direito a usar armas, de modo a atestar a igualdade entre os camaradas. A prerrogativa deixou de valer a partir de 1935, após o assassinato de Kirov.

evidentemente, os agricultores preferiam colher o fruto de seu trabalho a arriscar a vida em batalhas. Em todas as unidades, o número de alistados e desertores oscilava conforme as estações do ano. Os camponeses se apresentavam para lutar no inverno, mas fugiam das trincheiras no verão seguinte. Nas regiões agrícolas centrais, a taxa semanal de deserção nos meses mais quentes era dez vezes mais alta do que a registrada nos meses mais frios. À medida que o Exército Vermelho crescia em escala nacional, mais e mais homens abandonavam a farda no meio da luta, pois receavam serem mandados para batalhões muito distantes de suas lavouras. Só em 1919, cerca de 2 milhões de recrutas desertaram.[11]

No outono de 1918, muitas comunas aldeãs tentaram dar fim à guerra civil por meio de um acordo entre Brancos e Vermelhos. Várias delas se declararam "repúblicas neutras" e formaram brigadas para manter os exércitos de ambos os lados longe de seus "territórios independentes". A população rural considerava que a guerra já durara tempo demais. Afinal, em 1917 haviam lhe prometido a paz e, meses depois, o novo regime tentava fazê-los voltar à luta. Províncias inteiras — Tambov, Riazan', Tula, Kaluga, Smolensk, Vitebsk, Pskov, Novgorod, Mogilev e até regiões de Moscou — acabaram engolfadas por revoltas camponesas contra o recrutamento do Exército Vermelho e os frequentes e coercivos confiscos de comida e animais de tração. Em Tula, Os'kin teve que enfrentar um dos maiores levantes rurais ocorridos em novembro. Bandos de agricultores armados de ancinhos, pás e machados marcharam rumo às cidades, onde saquearam e queimaram instalações militares dos Sovietes. Muitos dentre aqueles insurrectos haviam sido convocados. Outros haviam visto o único cavalo de que dispunham ser levado pelas tropas. Para um lavrador, a perda era catastrófica. Não raro, os recrutas camponeses que viviam em acampamentos nas proximidades acabavam se juntando à sublevação, motivados pelas duras condições de sobrevivência impostas às tropas. Tula foi cercada por um grupo de 500 aldeões. Os'kin e Kanatchikov apelaram ao partido, obtendo a ajuda de 2 mil operários dispostos a fuzilar os revoltosos. Uma brigada do Exército Vermelho, vinda de Moscou, finalmente fez os camponeses recuarem para os povoados. Seguiu-se, então, uma repressão brutal. Sem perder a fleuma, Os'kin registrou que "várias centenas de camponeses foram mortos". A ele, em pessoa, coube o papel de juiz e jurado dos líderes da insurreição. Seus veredictos levaram dezenas de aldeões ao enforcamento em praça pública, tamanhos eram os poderes e as responsabilidades de um comissário bolchevique.[12]

Nos primeiros meses de 1919, a quantidade de recrutas arrebanhados graças ao serviço militar obrigatório aumentou significativamente. Primeiro, por ser um período de pouco trabalho na lavoura; segundo, porque os habitantes do campo temiam que o avanço das tropas Brancas (vindas do Volga e do Don, elas pareciam estar prestes a ocupar boa parte do território russo) acabasse lhes tomando a terra ganha com a revolução. A estes dois fatores somava-se um terceiro: o poder dos

Sovietes se fortalecera. Assim, o Exército Vermelho, que contava 800 mil soldados, em janeiro, conseguiu dobrar de tamanho, até o final de abril, auge da ofensiva de Kolchak, a leste. A maioria dos novos recrutas originava-se da região do Volga, a fronteira bolchevique contra Kolchak. Era nesta área que os lavradores tinham mais razões para tremer diante da possibilidade de uma vitória Branca.[13]

"Havíamos decidido que na primavera nosso exército disporia de um milhão de homens", declarou Lênin em outubro de 1918. "Pois agora precisamos de 3 milhões. E podemos tê-los. Nós os teremos!" De fato. Em 1919, o Exército Vermelho chegou a 3 milhões de homens. No fim do ano seguinte, já eram 5 milhões. Ironicamente, um contingente tão grande constituía sério problema para o potencial militar do regime. As tropas inchavam muito mais rápido do que a devastada economia soviética teria condições de aguentar. Era impossível ao governo bolchevique dar conta da infraestrutura necessária — armas, fardas, transporte, combustível, rações e remédios — para manter tantos homens em combate. O moral e a disciplina dos soldados declinavam na mesma razão da falta de suprimentos. Eles desertavam aos milhares, levando consigo armamentos e uniformes. Os recrutas chamados às pressas para substituí-los seguiam para a batalha sem qualquer treinamento adequado, tornando-se mais propensos, portanto, a abandonar a luta pelo meio. O Exército Vermelho viu-se num círculo vicioso de alistamentos em massa, escassez de víveres e material, e deserções aos magotes. Ao fundo, um sistema econômico manietado pelo draconiano comunismo de guerra, cujo principal objetivo era canalizar toda a produção para as demandas das tropas (ver páginas 661-664, 777-789).

Em vez de criar um fardo para a economia, os bolcheviques deveriam ter optado por um exército não tão grande, mais obediente, bem treinado e abastecido. Dirigindo-se a Lênin, em novembro de 1918, um comandante escreveu: "É mil vezes melhor ter apenas um milhão de homens a serviço do Exército Vermelho, todos bem alimentados, vestidos e calçados, a contar com 3 milhões de semifamélicos, seminus e semidescalços." Na linha de batalha, um exército nos moldes que ele preconizava, formado principalmente por operários, teria sido muito mais útil do que os recrutas camponeses que mal sabiam manejar armas e corriam de volta à casa no início da colheita. Na prática, não havia chance de vitória dos Vermelhos contra os Brancos, cujas tropas eram muito mais bem preparadas e ordenadas — a não ser, é claro, que os bolcheviques fossem infinitamente mais numerosos, às vezes numa proporção de quatro para um, eventualmente de dez para um. A cada soldado soviético em combate correspondiam outros oito que, por falta de adestramento, farda, saúde ou munição, não podiam partir para a linha de fogo.[14] Um exército menor teria pressionado menos a combalida economia russa, sem provocar os excessos — confiscos violentos, mobilização compulsória, militarização das fábricas — que tanto fomentaram as críticas dos trabalhadores e camponeses contra os bolcheviques. No entanto, só os historiadores podem se dar ao luxo de tais conjeturas: quando Lênin apelou para o recrutamento em massa, o regime soviético parecia prestes a uma derrota fragorosa. É fácil compreender o motivo que o levou a buscar vantagem quantitativa.

Ao assistir, na Praça Vermelha, ao desfile comemorativo do primeiro aniversário da Revolução de Outubro, Lênin mostrou-se chocado com a aparência maltrapilha das tropas. "Olhem para eles! Marcham como sacos de areia", deixou escapar. Na maioria das unidades, não havia uniformes padronizados e os soldados cobriam o corpo com o que estivesse à mão. Muitos usavam fardas tiradas de Brancos feitos prisioneiros (os quais, por sua vez, se vestiam com calças e capotes cedidos pela Grã-Bretanha). Só os comandantes, comissários e soldados de cavalaria usavam botas de couro. A infantaria camponesa se valia de *lapti*, calçados rudimentares confeccionados nas aldeias e feitos de casca de árvore. E mesmo estes eram escassos. Houve ocasiões em que, por falta de proteção para os pés, regimentos inteiros ficaram confinados às barracas. Com o suprimento de armas era diferente. O maior problema referia-se às granadas: enquanto o exército disparava algo entre setenta e noventa milhões de bombas por mês, o principal arsenal de Tula produzia somente vinte milhões. "Por vezes, todo o estoque de cartuchos dos soldados estava esgotado e a chegada do trem com mais munição atrasava. Assim, divisões inteiras viam se obrigadas a bater em retirada", registrou Trótski.[15]

"Camaradas!", ele bradou mal-humorado, certa vez, numa conferência militar realizada em 1919. "Embora não tenhamos sido derrotados pelos soldados de Denikin e Kolchak, poderemos sucumbir à falta de capotes e botas." Na verdade, o Exército Vermelho estava, quase literalmente, sendo vencido pelas doenças que grassavam nas trincheiras. Na guerra civil, mais soldados bolcheviques pereceram por problemas de saúde do que em combate. Tifo, gripes, varíola, cólera, febre tifoide e males venéreos eram as causas mais frequentes. Muitos outros sofriam de vermes, problemas gástricos, disenteria e dores de dente. Num dia comum numa unidade também comum, de 10 a 15% dos homens caíam prostrados demais para entrar em combate e tinham que ser abandonados na retaguarda, à própria sorte. Algumas tropas chegavam a ficar fora de ação, com até de 80% de seus integrantes enfermos. Tal situação aconteceu, sobretudo, em 1920, quando 30% do Exército Vermelho — isto é, mais de um milhão de soldados — contraíram tifo. As condições insalubres da vida militar, na qual se passavam semanas sem que ninguém visse sabão e banho, eram a causa primeira das moléstias. A falta crônica de médicos e enfermeiros, de material cirúrgico, ataduras e remédios só contribuía para agravar as dificuldades. O frenético movimento de ida e volta das linhas de frente, tão característico da guerra civil, também impossibilitava a criação de hospitais de campanha adequados, bem como a organização de transporte de feridos para longe da frente de batalha. Os doentes e os que haviam sido atingidos por balas inimigas não recebiam tratamento adequado nem eram facilmente deslocados para local seguro. A agonia que devem ter passado é quase inimaginável. Trótski, percorrendo a frente sul, em junho de 1919, ficou perplexo em constatar a negligência para com os feridos:

> O transporte chegava por trilhos à estação de Lisky, levando homens em estado lastimável. Os vagões não tinham roupa de cama. Muitos dos soldados, feridos ou doentes, jaziam quase nus, de ceroulas, há dias sem serem trocadas e, não raro, já infectadas. Não havia médicos nem enfermeiros e ninguém que se responsabilizasse pelos trens. Um deles, com mais de 400 baixas do Exército Vermelho, permaneceu na plataforma do início da manhã até a noite, sem que os enfermos e machucados recebessem nenhum tipo de alimentação. É duro imaginar algo mais criminoso e indigno![16]

Em meio a tamanho inferno, não se poderia esperar que os soldados se comportassem como santos. Carraspanas, brigas e pilhagens eram os mais comuns — e menos sérios — problemas de indisciplina. Mas havia ainda relatos diários de homens que se recusavam a cumprir ordens; ou que não aceitavam a vinda de novos recrutas porque isto implicava mais consumo de rações. Não faltavam os que exigiam licença e melhores condições para combater. E os que ameaçavam linchar os comandantes — alguns colocavam a promessa em prática. Sucediam-se os motins generalizados, em geral culminando na ocupação dos quartéis-generais, prisão ou assassinato dos oficiais e eleição de novos comandantes. O caos que imperava era idêntico ao de 1917. Grande parte da violência recaía sobre o oficialato e os comissários bem-vestidos, em especial os suspeitos de corrupção na distribuição de provimentos, revestindo-se de tons revolucionários (os oficiais eram frequentemente vistos como *burzhoois*) e étnicos (muitos dos comissários eram judeus). Embora o antissemitismo fosse mais arraigado entre os Brancos e nacionalistas ucranianos, ainda assim o preconceito dava origem a problemas dignos de nota. Pode-se especular o que Trótski sentiu ao ler os relatórios sobre *pogroms* realizados por suas tropas contra as colônias judaicas da Ucrânia, onde ele crescera e onde ainda viviam alguns de seus parentes.[17]

A deserção era a solução mais simples para as aflições da soldadesca. Em 1918, mais de um milhão de homens abandonaram o Exército Vermelho. Em 1921, 4 milhões optaram pela debandada. Segundo Trótski, as derrotas de 1919 — na frente leste, durante a primavera, e ao sul, no verão — haviam decorrido de uma "crise de reforços". A expressão é correta. O Exército Vermelho estava perdendo contingente numa proporção bem maior do que poderia providenciar substituições adequadas. Os recrutas incumbidos de ocupar o lugar dos desertores eram inexperientes e mal equipados. E à medida que caía a qualidade do contingente, aumentava o êxodo para a retaguarda.

Os comissários tentaram desesperadamente conter a maré das deserções camponesas. Enviaram destacamentos às aldeias e puniram famílias inteiras suspeitas de esconderem soldados fujões. Impuseram multas aos infratores, confiscaram gado e propriedades. Fizeram reféns, fuzilaram lideranças locais, incendiaram aldeias. Os'kin, que não queria ser tido como displicente, formou uma brigada especial de comunistas chineses com a tarefa de coadjuvá-lo na repressão aos desertores de Tula. Supôs que ao enfrentarem os agricultores os chineses seriam "mais impiedosos" do que "os russos de coração mole". Tais medidas costumavam ser inócuas, só servindo para acirrar a resistência de desertores e de toda a comunidade aldeã, já incomodada pelos confiscos e pelo alistamento obrigatório. Alguns dos que haviam abandonado a linha de fogo formavam grupos de guerrilha, autodenominando-se Verdes. São duas as explicações para o apelido: eles se acoitavam nos bosques, recebendo víveres e o que fosse necessário dos lavradores da região, e faziam questão de distinguir-se dos Brancos e dos Vermelhos. Chegaram a montar uma estrutura de propaganda ideológica, cujo cerne era a defesa da revolução camponesa. Na primavera de 1919, quase toda a retaguarda do Exército Vermelho, fosse no leste quanto no sul, foi contaminada pelas ideias Verdes. Nas províncias de Tambov, Voronezh, Saratov, Penza, Tula, Orel, Nizhnyi-Novgorod, Kaluga, Tver e Riazan' bandos rurais, às vezes compostos por vários milhares de pessoas, arrasaram ferrovias, redes de telégrafo e pontes, saquearam arsenais militares soviéticos e emboscaram unidades bolcheviques. A destruição e o caos provocados pelos Verdes foram um fator crucial no enfraquecimento do Exército Vermelho, num momento crucial da guerra civil, e que acabou facilitando a arremetida Branca.[18]

Parece estranho que um rapaz camponês como Os'kin tenha sido tão cruel com os habitantes de sua província natal. Mas, na verdade, ele não foi o único. O Exército Vermelho estava cheio de suboficiais de origem rural. Na "escola do comunismo" — na qual lavradores eram transformados em camaradas —, experiências assim pareciam vitais para que aprendessem a usar a violência contra "os seus". Nada havia de novo nisto. O serviço militar sempre fora uma forma de promover a mobilidade social e a metamorfose psicológica da população do campo. A caserna ampliava os horizontes dos agricultores, colocava-os em contato com novas tecnologias e métodos de organização e, com frequência, ensinava-o a ler e escrever. Neste aspecto, a participação russa na Primeira Guerra Mundial foi revolucionária. Como Os'kin, a maioria dos camponeses convocada para lutar tinha sido educada na época em que as escolas rurais estavam em franca expansão (entre 1900 e 1914). No primeiro ano do conflito, três em quatro recrutas eram registrados como alfabetizados, formando um bolsão do qual sairia uma nova classe de oficiais e técnicos militares. A eles caberia substituir a velha elite, pouco a pouco dizimada pela guerra com as Potências Centrais. Entre 1914 e 1917, seis em cada dez alunos das escolas de oficiais vinham de famílias rurais.[19] Ali estavam os aspirantes radicais, os "Os'kins" de 1917, que lideraram a revolução no exército e foram eleitos pelos comitês de soldados. Educando-os, a monarquia semeara a sua própria ruína.

Ali nascia, também, a infantaria do novo regime. Tendo ascendido nas fileiras, aqueles filhos de camponeses não gostavam da perspectiva de, encerrada a guerra, retornarem ao cotidiano embotado das aldeias. As aptidões e o prestígio conquistado (e a autoestima, evidentemente) incutiam-lhes ambição. Para Os'kin, assim como para tantos outros de sua geração, a saída era servir aos bolcheviques. Juntar-se ao partido era a melhor forma de escapar ao mundo aldeão tacanho de seus pais e avós, uma maneira de se livrar da Rússia dos ícones e baratas; significava entrar no universo moderno e urbano da classe dominante. A maior parte da burocracia soviética, os comissários de província e os camaradas da década de 1920, era composta por estes filhos do campo. E, para muitos deles, a exemplo de Os'kin, o Exército Vermelho era o caminho rumo à glória.

Os bolcheviques logo perceberam o potencial do Exército Vermelho como centro de formação de futuros burocratas. Em abril de 1918, todos os alistados, independentemente de posição hierárquica, frequentaram aulas obrigatórias de alfabetização e aritmética. Nos cinco primeiros anos do regime soviético, mais homens aprenderam a ler e contar nos quartéis e acampamentos do que em todo o restante do país. No final de 1920, havia 3 mil escolas do Exército Vermelho, com número de alunos superior a 2 milhões. O primeiro emblema das tropas bolcheviques exibia um martelo e uma foice ao lado de um rifle e um livro.[20]

Evidentemente, boa parcela do currículo destas escolas era dedicada à doutrinação política. Tratava-se de um casamento entre os ideais da antiga intelectualidade socialista (que sempre quisera educar a massa) e as demandas doutrinárias do regime leninista. Nas cartilhas e compêndios abundavam cenas do cotidiano familiares aos camponeses, usadas para induzir lições morais e políticas. Funcionava como uma espécie de ABC do comunismo. Dora Elkina deixou registrado seu método de elaboração da primeira cartilha soviética. Em 1919, ela fora mandada à frente sul para alfabetizar os soldados. Na bagagem, levou alguns velhos livros escolares, dos quais tirou uma frase, logo passada ao quadro-negro: "Masha comeu a kasha."* Os soldados reagiram às gargalhadas, fazendo perguntas impertinentes. Quase chorando, a professora teve a ideia de transformar a aula numa discussão política, explicando aos alunos a razão de não poderem retornar aos braços de suas "Mashas", e em virtude do que o país sofria com a escassez de kasha. Em seguida, aproximou-se da lousa e escreveu: "Não somos escravos, escravos nós não somos!" A frase fez sucesso na turma, para a qual o combate à servidão sempre constituíra

* Espécie de massa feita de grão descascado e triturado, em geral de trigo.

um aspecto vital da revolução. Esta singela declaração em favor da dignidade humana transformar-se-ia na famosa abertura da cartilha de Dora Elkina, amplamente utilizada nas escolas primárias, durante os anos 1920 e 1930. Para milhões de russos, foi a primeira frase que aprenderam a soletrar.[21]

Maiakovski também criou e ilustrou uma das várias cartilhas de alfabetização patrocinadas pelo Comissariado de Educação ao longo da guerra civil. Claramente inspirado na tradição de Lubok — histórias simples entremeadas de desenhos, vendidas aos milhões no século XIX —, o trabalho do poeta era uma brilhante peça de sátira popular, com estrofes de dois versos, bem ao estilo da *chatushka* camponesa, e de um humor iconoclasta, capaz de emocionar os soldados nas trincheiras.

B
Os bolcheviques caçam os *burzhoois*
Os *burzhoois* correm uma milha

K
É difícil para as vacas (*korovy*) correr mais depressa
Do que o primeiro-ministro Kerenski

M
Os mencheviques são pessoas
Que correm para o colo da mamãe

T
Flores (*tsvety*) exalam um doce aroma à noite
O tsar Nicolau as amava muito[22]

Durante a guerra civil, o Exército Vermelho foi a principal arena da propaganda leninista, que visava a introduzir os princípios bolcheviques nas mentes dos soldados, transformando-os de lavradores em proletários. "O maior objetivo de nossa propaganda no Exército Vermelho é lutar contra os pequeno-burgueses e a psicologia rural aferrada à propriedade, fazendo do camponês um guerreiro revolucionário consciente", declarou um dos pioneiros na atividade.[23] Onde houvesse tropas, havia também clubes de leitura e grupos de discussão, nos quais artigos de imprensa eram debatidos. Organizavam-se ainda concertos noturnos e palestras, com a presença de vários dignitários maximalistas. Trens de propaganda cruzavam os trilhos carregando bibliotecas, gráficas e até cinemas. Destino: as trincheiras. Grupos de teatro do Exército Vermelho entretinham as tropas com textos teatrais, cuja função última era disseminar a importância do poder soviético e enfatizar os defeitos dos inimigos.

Meio milhão de soldados do Exército Vermelho filiou-se ao Partido Bolchevique ao longo da guerra civil. Eram os missionários da revolução que, ao regressarem às aldeias, no início da década de 1920, ocupando instituições soviéticas locais, levaram consigo a doutrina, ideias e métodos do regime. Estava criado, portanto, um aparato burocrático militarizado. Veteranos da guerra civil formaram a base de algumas facções partidárias. O Exército Vermelho, com seu comando centralizado, era visto como modelo de engrenagem administrativa. Trótski costumava comparar a necessidade de disciplina na indústria e na sociedade à ordem precisa das tropas. O sucesso do Exército Vermelho aumentava graças à implementação de métodos militares no sistema soviético como um todo. Nada contribuiu mais para dar forma ao modo de governar bolchevique do que a experiência de combater os Brancos. A identidade do regime baseava-se na mitologia de uma nova ordem nascida da luta armada contra o que era antiquado. E tal como aconteceria mais tarde na Espanha franquista, este culto à pendenga intestina tornou-se uma ferramenta de propaganda mitológica vital do regime stalinista, com suas constantes chamadas ao povo para que demonstrasse o mesmo espírito heroico, a mesma abnegação e autossacrifício exibidos pelas tropas Vermelhas. Até a linguagem do regime bolchevique, com o falatório sobre "campanhas", "batalhas", "linhas de frente", "vanguarda" e "guerreiros" do socialismo, imbuía-se deste militarismo. O bolchevismo que emergiu da vitória sobre os homens de Denikin considerava-se uma cruzada fraterna de companheiros de armas, que conquistariam a Rússia e o mundo tendo, numa das mãos, um lápis vermelho e, na outra, um rifle.

2. *Kulaks*, mercadores clandestinos e isqueiros

Em janeiro de 1920, Emma Goldman voltou a Petrogrado que conhecera adolescente. Durante os mais de trinta anos ao longo dos quais ela vivera nos Estados Unidos, a "alegria, vivacidade e brilho" da cidade permaneceram vívidas em sua memória. Mas o que ela encontrou ao retornar era um lugar muito diferente:

> Quase em ruínas, como se varrida por um furacão. As casas pareciam velhos túmulos devastados em cemitérios abandonados e esquecidos. As ruas sujas e desertas indicavam que ali não havia mais vida. Antes da guerra civil, a população de Petrogrado era de quase 2 milhões; em 1920 minguara para 500 mil. O povo parecia cadavérico; a escassez de comida e lenha aos poucos vencia a cidade; a morte abrigara-se em seu coração. Homens, mulheres e crianças, caquéticos e enregelados, sofriam na busca de um pedaço de pão ou de uma acha de lenha. Uma visão horrenda de dia, uma cena opressiva à noite. A calmaria absoluta era paralisante. E me assustava aquele silêncio tirano, rompido apenas por tiros ocasionais.[24]

As grandes cidades do norte foram as maiores vítimas da guerra civil, que as aniquilou fisicamente, transformando-as quase em sítios fantasmas. Petrogrado não fugiu à regra e pôde ostentar o triste título de uma das grandes baixas do conflito entre Vermelhos e Brancos. A transferência da capital para Moscou a enfraquecera. Gorki, um *Peterburzhets* até o fim de seus dias, considerava a decadência da antiga sede do país um sinal explícito da derrocada civilizatória, uma descida da Europa à Ásia. "Petrogrado perece", escreveu a Ekaterina, em 1918, "todos a estão deixando — a pé, a cavalo, de trem. Animais mortos tomam as ruas. Os cães se alimentam deles. A cidade está inacreditavelmente imunda. O Moika e o Fontanka, cheios de lixo. É o óbito da Rússia."[25] Em *A caverna* (1922), Zamiatin descreveu a Petrogrado da guerra civil como um povoado da era glacial, habitado por trogloditas que cultuavam a "divindade das furnas" — o fogareiro — e queimavam livros para se manterem aquecidos e vivos. O herói da história, Martin Martinych, amante do Opus 74, de Scriabin, vê-se forçado a roubar toras de madeira na vizinhança.

Para os que sobreviviam à situação tão absurda, deve ter parecido que a vida urbana russa havia regredido à pré-história. Nos centros metropolitanos, antes movimentados, só existia um sossego fúnebre. Lojas e restaurantes cerraram as portas. Fábricas fecharam. Havia tão pouco tráfego nas vias públicas que ervas daninhas tomaram o pavimento. "Petrogrado está se tornando uma necrópole", anotou em seu diário, na primavera de 1919, Vasilii Vodovozov, professor e ativista liberal. "Mas o ar é tão limpo quanto numa localidade assombrada." Quando seus donos não tinham mais como alimentá-los, os cavalos sumiam das ruas e só reapareciam como carne fétida em sopas e *goulashes*. "Salsicha da guerra civil" era um eufemismo para carne equina — ou, ainda pior, pois também extinguira-se a população urbana de cachorros, gatos e aves, além dos animais do zoológico. Uma das cenas comuns nas cidades naquela época eram crianças magras puxando carroças e táxis, como burros de carga humanos. Mesmo o Kremlin não dispunha de comida para seus animais — vinte deles morreram de fome — e os burocratas ficaram impossibilitados de circular em coches.[26]

Ratos e baratas eram as únicas espécies a prosperar. A ruína das residências e do sistema sanitário garantia condições ideais para a propagação de pragas. Cercas desapareciam nas mãos de pessoas que as arrancavam para fazer fogo. Bastavam duas noites para que uma casa de três andares fosse desmantelada, até só restar a carcaça de tijolos. Em Petrogrado, apenas entre 1919 e 1920, 3 mil construções de madeira foram depenadas, perdendo os caixilhos das janelas, assoalhos, portas e vigas. Todas as árvores da antiga capital viraram lenha. Em 48 horas de janeiro de 1920 — exatamente no período compreendido entre a partida dos Brancos e a chegada dos Vermelhos — as principais avenidas da cidade ucraniana de Nikolaev ficaram peladas, sem um único arbusto. Nos invernos gélidos da guerra civil, o presente mais valioso com que agraciar um amigo era um pedaço de madeira.

As pessoas estavam literalmente preparadas para matar por um toco que pudesse aquecê-las durante algum tempo. E chegavam a fazer fogueiras com a própria mobília, livros e cartas. Tudo que produzisse um pouco de calor.[27]

As condições higiênicas das cidades eram quase indescritíveis. Os dutos de água romperam durante as geadas árticas. A população tinha que se abastecer em bombas montadas no meio das ruas. Os quintais passaram a ser usados como banheiros. As escadas dos prédios residenciais cheiravam a urina. A energia elétrica só era ligada à noite, em períodos de duas ou três horas, no máximo, obrigando os moradores a improvisar lamparinas feitas de garrafas e cheias de banha, as chamadas *nedyshalka* ("não respire"), que enchiam o cômodo de uma fumaça fedorenta, irritando a garganta e os pulmões, além de enegrecer as paredes. Segundo um contemporâneo, esta lamparina primitiva "aliviava a escuridão, mas não garantia luz suficiente para se ler e escrever nem mesmo para se andar com grande desenvoltura pois apagava ao menor sopro". A escassez de cavalos inviabilizara a coleta de lixo. A população jogava detritos nas ruas e praças — que logo atraíam bichos asquerosos. As doenças atingiram índices epidêmicos: cólera, tifo, disenteria e gripe mataram milhares a cada ano. Estima-se que na Petrogrado de 1919 a taxa de mortalidade tenha alcançado a proporção de 80 por mil. Não havia necrotérios e cemitérios para tantos cadáveres, que jaziam insepultos durante meses.[28]

Mas a falta de comida ainda era o pior da crise urbana. "Começou a fome em Petrogrado", registrou Gorki em junho de 1918. "Quase todos os dias, são recolhidos os corpos de pessoas que tombam em plena via pública, mortas de inanição." As remessas de alimentos para as cidades decresceram. Padarias fecharam. Até na cidade de Saratov, no Volga, bem no meio da região do país mais rica em grãos, as filas de pão se formavam às 5 horas da manhã, duas antes de o mercado abrir. A média dos trabalhadores estava consumindo menos de 2 mil calorias diárias, menos da metade da quantidade recomendada. O operário russo estava ingerindo metade do pão e um terço da carne que tinha à sua disposição nos anos anteriores à guerra, os quais não podem ser considerados uma era de abundância. Os preços dos víveres subiram à estratosfera e os salários não os acompanhavam. Em 1918, o valor real do salário médio dos trabalhadores correspondia a 24% do que fora em 1913. No fim de 1919, esta correspondência seria de 2%. Estudos demonstraram que o trabalhador médio gastava em comida três quartos de sua renda, ao passo que, em 1913, bastava menos da metade do salário para garantir uma alimentação razoável. Na verdade, a remuneração empregatícia não era a única fonte de recursos dos operários. A massa de trabalhadores via-se forçada a operar no comércio clandestino. Em 1920, numa excursão a uma fábrica de Moscou, Ethel Snowden, membro da delegação do Partido Trabalhista inglês, perguntou ao guia quanto ganhava um assalariado médio. Ao ser informada do valor, e ao saber que a quantia era insuficiente para alimentar uma família por mais de três dias, a visitante exclamou, ingenuamente: "Oh! Com tamanha frugalidade e engenhosidade, como os trabalhadores conseguem viver sem se alimentar durante os outros vinte e sete dias dos mês?" Evidentemente, a resposta foi que buscavam recursos na economia informal, vendendo o que possuíam no mercado de pulgas, ou barganhando com os camponeses em rápidas viagens ao interior, ou ainda lançando os filhos à mendicância e as esposas e filhas à prostituição. Em 1918, havia pelo menos 30 mil meretrizes nas ruas de Petrogrado, a maioria adolescentes. Muitas vinham de "famílias respeitáveis". Levantamento realizado no início de 1920 informa que 42% das prostitutas de Moscou pertenciam à nobreza ou à burguesia arruinadas pela revolução. Emma Goldman viu a Nevsky Prospekt repleta de lindas jovens "que se vendiam por um naco de pão ou um pedaço de sabão, ou chocolate".[29]

Para a chamada "gente de outrora", sem emprego ou qualquer meio de sobrevivência, a caça cotidiana aos víveres era desoladora. Antes poderosos descendentes da aristocracia, agora eram obrigados a se desfazer, nas ruas, do pouco patrimônio que lhes restara. A classe opulenta emagrecia. Se alguém indagava a um de seus representantes como ia passando, a réplica podia vir sob a forma de gracejo: "Não de todo mal. Pelo menos, estou conseguindo perder peso!" Mesmo os Brusilov enfrentaram a fome, a despeito dos mimos regulares de manteiga, leite, coalhada e mel mandados por veteranos de guerra camponeses leais ao velho comandante. Em 1919, Brusilov concordou em aceitar um emprego nos arquivos do Estado-Maior do Exército Vermelho, onde se incumbiu de compilar documentos sobre a participação russa na Primeira Guerra. O serviço lhe valia parcos 3.500 rublos mensais, com os quais mantinha a casa com dificuldade. "Doloroso ver como eles viviam. A principal refeição constituía de um só prato, geralmente de batatas e mais nada."[30]

Gorki abraçou a causa da intelectualidade famélica e, para isto, usou os editoriais do *Novaia zhizn'*. O professor e famoso físico Gezekhus, então com 72 anos, estava hospitalizado, "vítima de desnutrição profunda", como se fora uma vítima da miséria africana. Vera Petrova, médico de *zemstvo*, estava morrendo "de fome, à míngua, sujo, num quarto incrivelmente poeirento". O célebre compositor Glazunov tornara-se "magro e pálido" e vivia com a mãe idosa em dois quartos sem calefação. Quando H. G. Wells foi visitá-lo, Glazunov implorou para que lhe arranjasse papel no qual pudesse registrar suas músicas. Mesmo Pavlov, o único cientista russo laureado com um Nobel, teve que plantar cenouras e batatas. Gorki apelou aos líderes bolcheviques, exigindo rações especiais, melhores acomodações e outros confortos que mitigassem as privações a que os gênios estavam submetidos. Lênin atendeu à maioria das solicitações; sempre gostara do editor do *Novaia zhizn'* e, talvez mais importante, sabia da influência de que o escritor desfrutava no exterior. Gorki aproveitou-se disto para tentar salvar tantos representantes da cultura russa. E tornou-se uma espécie de curador da nata erudita russa (às vezes, usando sua posição para adquirir, a preço vil, obras de arte para sua coleção particular). A ameaça ao meio cultural imposta pela revolução foi um dos assuntos constantes da prosa de Gorki. Na manhã em que os bolcheviques tomaram o poder, ele publicou em seu jornal uma coluna intitulada "A Cultura em Perigo!" Num apartamento situado na esquina da Nevsky Prospekt com Bolshaia Morskaya, propriedade de um abastado negociante chamado Yeliseev, instalou um refúgio para literatos. À noite, semelhante a um barco, o prédio tornou-se conhecido como a "nau dos insensatos". Mais tarde, Gorki também criou uma Casa dos Artistas e uma editora, a Literatura Mundial, para publicar clássicos em edições numerosas e baratas, que garantiam emprego a centenas de homens de letras, músicos e artistas de outros ramos. Quase todos ocupavam-se de traduzir e revisar textos. Não fosse a iniciativa do tutor, teriam tido que se virar por conta própria. Gorki via o empreendimento mais como caridade do que como meio de fazer dinheiro. E, de fato, muitos dos grandes nomes da literatura do século XX — Zamiatin, Gumilev, Babel, Chukovsky, Khodasevich, Mandelstam, Shklovsky, Piast, Blok e Zoshchenko — atravessaram aqueles anos famintos graças ao patronato do colega de ofício. Embora nos anos posteriores vários deles o condenassem pelos vínculos que manteve com os bolcheviques, sabe-se que não teriam sobrevivido à guerra civil sem os contatos do protetor.[31]

Gorki transformou seu apartamento enorme da Kronversky Prospekt num abrigo para miseráveis e perseguidos da guerra civil. Comparado com as agruras e frio em que a maioria da população vivia, o lugar era um paraíso. Viktor Serge o considerava "quente como uma estufa". Gorki conquistou diversas "esposas", "filhas", "irmãs" e "irmãos", todos, de alguma forma, acuados pelo terror, aos quais permitia que se alojassem em sua casa. Tantas pessoas se instalaram ali — de início, com o pretexto de tomar chá e conversar, mas acabaram ficando anos a fio — que a parede contígua ao apartamento vazio foi derrubada, surgindo uma grande área de refugiados. A amante de Gorki, Moura Budberg (então ainda baronesa de Benckendorff) ocupava um quarto e preparava quase todas as refeições com a ajuda de uma outra moradora, a namorada do pintor Tatlin. No almoço e no jantar, sempre havia uma punhado de pessoas interessantes e heterogêneas. Escritores e artistas plásticos famosos costumavam dar de ombros para os trabalhadores e marinheiros que o anfitrião recolhia ao relento. H. G. Wells hospedou-se lá quando voltou à Rússia, em 1920. Shaliapin era presença assídua e sempre amaldiçoava os bolcheviques, embora houvesse muitos deles nas reuniões da casa, como Lunacharsky e Krasin, além do segundo homem mais importante da Cheka de Petrogrado, Gleb Bokii, que deve ter estado frente a frente com muitas de suas vítimas em potencial. Havia até mesmo uma ex-grã-duquesa, Gavril Konstantinovich Romanov, acompanhada do marido e um cachorro. Gorki apiedara-se do casal e os resgatara da prisão Cheka depois que a mulher adoecera. O grão-duque e senhora aboletaram-se no andar de cima, num cômodo com móveis antigos e estátuas budistas. Raramente saíam à rua, com medo de voltarem a ser presos. Nas refeições, sentavam-se e comiam em silêncio. Pois, como o grão-duque registraria mais tarde, à mesa estavam pessoas que "rejubilavam-se com nosso infortúnio" e "nos era desagradável nos misturarmos com tal sociedade".[32]

Não demorou para circularem rumores de que Gorki podia ajudar qualquer um. Choveram cartas cheias de súplicas. Um professor queria que o benemerente lhe arrumasse óculos. Uma poeta desejava leite para o filho. Um médico de província precisava de um terreno, pois o que possuía havia sido requisitado pelo Soviete. Uma viúva ansiava por um bilhete de trem, a fim de rever a família que morava no campo. Um ancião pedia dentaduras. Muitas pessoas queriam que Gorki libertasse parentes encarcerados pela Cheka — e, de fato, ele tentou intervir em vários casos (ver páginas 698-700). Outras sonhavam com o impossível. Um indivíduo, por exemplo, carecia de conselhos para saber o que fazer, visto que fora roubado. E um prisioneiro escreveu para perguntar se haveria uma anistia em comemoração ao aniversário de 50 anos do filantropo Gorki. Se assim fosse, o homem seria contemplado com a liberdade.[33] Como Rasputin, o escritor tornara-se uma espécie de *maître de requêtes* para todos aqueles sem condições de penetrar nos gabinetes do Estado.

A crise de abastecimento urbano foi, em essência, mais um problema de distribuição e comercialização do que de produção. O sistema ferroviário ruíra, em grande parte por conta das dificuldades econômicas e da falta crônica de combustível. Portanto, não havia como transportar os gêneros até as cidades. Os pátios de manobra da rede eram cemitérios de locomotivas quebradas. Mais da metade do material rodante carecia de reparos, mas as oficinas estavam totalmente destruídas; a principal dificuldade consistia na inexistência de peças para reposição. Numa delas, os operários desmontavam uma máquina de modo a retirar mecanismos necessários à outra. Assim, para cada uma consertada, várias eram "canibalizadas". As ferrovias ficaram ainda mais danificadas devido à quantidade de moradores das cidades, soldados e refugiados das zonas de guerra, que lotavam todos os trens com destino ao campo. Os funcionários instituíram o suborno, garantindo lugar nos trens a quem pudesse pagar. Muitos vagões acabaram furtados ou desviados. Comboios de comida, que partiam das aldeias abarrotados, chegavam a Petrogrado ou Moscou semivazios.[34]

Mas a verdadeira raiz da crise urbana estava na relutância dos camponeses em vender a safra em troca de papel-moeda. Graças a uma taxa de inflação absurda, os lavradores cada vez compravam menos e menos com os rublos oferecidos pelo que plantavam. Desde 1916, o governo tentou adquirir alimentos a preços fixos, mas a medida só serviu para aumentar o desinteresse do homem do campo pelo comércio, levando-o a reduzir as lavouras ou optar por produtos não sujeitos ao controle estatal, a fim de deixar os excedentes a salvo dos agentes do regime. Muitos usavam grãos para engordar o gado ou vendiam-nos aos operadores do mercado clandestino, que funcionavam como intermediários entre as aldeias e as cidades. Não poucos beberam a safra, sob a forma de vodca.

A indústria algodoeira prosperava (dado que passou despercebido pelos estatísticos) à medida que os camponeses procuravam manufaturar todos os utensílios domésticos antes adquiridos nos centros urbanos e que, agora, não mais existiam ou eram caros demais. Artífices rurais faziam arados e foices com velhas lascas de ferro. Linho e cânhamo transformavam-se em roupas e cordas. Lenha virava rodas de carroça e mobília. Juncos trançados ganhavam aspecto de cestos. Barro servia para a produção de cerâmica. E sementes untuosas serviam de combustível. Ressurgiram para a fama os velhos artesãos caídos no ostracismo na era inaugurada por James Watt. A Rússia rural lentamente regressava à Idade Média, quando, como descreveu um servidor público:

> Não havia nada movido a vapor — nem ferrovias, nem barcos, moinhos, fábricas ou qualquer outra "invenção europeia"... os artesãos alimentavam, vestiam e aqueciam todo o país e forneciam calçados... tudo era feito pela mão de obra local, numa escala mínima e de maneira muito rudimentar — com um cinzel, em vez de um torno mecânico, com um machado, e não com um serrote.[35]

Em suma, o campo tornara-se mais arcaico e independente. A população estava aprendendo a viver sem recorrer às cidades e, no conjunto, com resultados muito bons. Na verdade, na primavera de 1918, houve localidades que sofreram de fome, em especial na região norte, que sempre precisara importar grãos. Parecia absurdo que os bolcheviques atribuíssem aos *kulaks*, ou capitalistas, todos os saques registrados nas aldeias, já que a maior parte dos roubos não passava de uma tentativa de combater as privações de inverno. A colheita de 1917 fora pequena e, com a terra extra da nobreza ainda por semear, muitos lavradores não tinham sementes extras. Em Tver, houve quem se alimentasse de "bolos feitos de óleo de linhaça e palha". Como milhares de outros aldeões, Semenov e seus vizinhos de Andreevskoe viram-se obrigados a organizar uma expedição para comprar e importar grão das terras férteis do sul.[36]

E era exatamente isto que os habitantes da cidade também faziam. Milhões deixavam os centros urbanos famintos e tentavam se estabelecer no campo, de modo a ficarem mais próximos das fontes de víveres. Quando o país voltou ao passado rural, os grandes bolsões industriais do norte perderam metade de sua população. "A cidade corre perigo!", declarou Viktor Serge. Entre 1918 e 1920, Petrogrado perdeu três quartos de seus moradores. Em Moscou, o número de habitantes caiu a menos da metade. Estações de trens vivenciaram o caos quando multidões se engalfinharam para embarcar rumo às aldeias. As pessoas viajavam no teto dos vagões, penduravam-se nas janelas e cabos de freio, arriscando braços, pernas e a vida. Um comboio partiu de Petrogrado tão superlotado que, ao cruzar uma ponte, virou e caiu no rio Neva, matando afogadas centenas de passageiros.[37]

A nobreza fugiu para o que restara de suas terras. Tanya Kuzminsky, cunhada de Tolstói, deslocou-se da antiga capital para Yasnaya Polyana. Sua sobrinha a ajudou durante a viagem de trem, rogando aos encarregados que encontrassem um assento para a senhora. "Ela era como Natasha Rostova, de *Guerra e paz*", afirmou Viktor Serge. Mas, para os guardas ferroviários, isto e nada eram a mesma coisa. Foi graças a um grupo de comissários que a frágil e idosa viajante, coberta de peles, conseguiu se instalar no vagão de carga, sentada numa caixa de madeira. Mesmo sem propriedades, outros fidalgos também tentaram a sorte no campo. Os Brusilov foram para uma aldeia ao norte de Moscou, a convite de lavradores. A poeta Marina Tsvetaeva foi viver nos cafundós da província de Tambov, onde vendeu tudo o que ainda possuía para comprar banha, abóboras e batatas. A condessa Meshcherskaia acompanhou a filha ao sonolento povoado de Rublev, onde ambas passaram a trabalhar na cozinha de um moinho d'água e a dormir em dormitório para proletárias. Tudo o que sobrara da herança da condessa — que, outrora, incluíra três imóveis de dimensões incalculáveis, dois palácios e um Botticelli — resumia-se a um bule de porcelana em estilo rococó, que ela doou ao salão de chá operário.[38]

Mas eram os trabalhadores que formavam o grosso da massa a escapar das cidades famélicas. Muitos haviam perdido o emprego em função da crise industrial de 1917-1918. Embora ninguém saiba o número exato, algo em torno de um milhão de homens e mulheres ganharam as ruas na primavera de 1918. As indústrias de guerra foram as mais atingidas, em especial aquelas voltadas para a produção de munição e de químicos, com cerca de 500 mil demissões. As metalúrgicas de Petrogrado acabaram devastadas pela escassez de combustível, pela perda de status da antiga capital e pelo êxodo da população. Durante os seis primeiros meses de 1918, a força de trabalho destas fábricas declinou de 250 mil para menos de 50 mil. Foi uma catástrofe para os bolcheviques. Seus antigos bastiões — as unidades da New Lessner e da Erickson —, que, no outono de 1917, tinham, somados, cerca de 14 mil empregados, na primavera seguinte não contavam mais de 200. No primeiro semestre do regime vermelho, o número de bolcheviques em Petrogrado caiu de 50 mil para meros 13 mil. O partido estava se transformando na "vanguarda de uma classe inexistente", segundo Shliapnikov.[39]

De acordo com os bolcheviques e seus historiadores, o êxodo urbano englobou, principalmente, os trabalhadores especializados e dotados de "consciência de classe". Assim, o esvaziamento demográfico das cidades implicou uma perda de referência ideológica e no desmantelamento do proletariado. Para o *establishment* soviético, esse detalhe era importantíssimo, pois permitia considerar a crescente onda de greves e protestos (surgidos a partir da primavera de 1918) de "retrógrados" e "pequeno-

-burgueses", acusando os mencheviques e SRs de insuflá-los. Seria embaraçoso demais admitir que, tendo-os conduzido ao poder em outubro, os trabalhadores estavam loucos para vê-los bem longe do comando do país apenas seis meses depois! Mas foi mais ou menos isto que aconteceu. As últimas levas de operários que ainda mantinham vínculos relativamente estreitos com as aldeias — elementos semirrurais e não especializados, invariavelmente os primeiros a serem demitidos, e as mulheres, que haviam sido atraídas pelo crescimento industrial durante a Primeira Guerra Mundial — eram, justamente, as mais propensas a se escafederem das cidades; permaneciam, em geral, os de origem proletária e mais especializados (i.e., aqueles nascidos nas cidades e sem laços com as aldeias). Em 1918, eles lideraram as greves e manifestações contra os bolcheviques (ver páginas 673-676).

A perspectiva de um gleba na terra comunal ou a possibilidade de abrir um pequeno comércio costumavam bastar para seduzir os trabalhadores a voltarem para os povoados. Conforme um relatório feito pela metalúrgica Briansk em 1920, "todos os operários aferrados à aldeia querem deixar a fábrica e se estabelecer lá". Em geral, os camponeses recebiam de braços abertos os trabalhadores que tinham parentes na vila ou que dominavam algum ofício útil à comunidade (i.e., carpinteiros e ferreiros). Em contrapartida, raramente desejavam ceder lotes ou comida aos que não preenchiam um dos dois requisitos. Estes precisavam recorrer a serviços ocasionais e enfrentavam situação desesperadora. Um memorialista da província de Tambov registrou que tais trabalhadores e suas famílias "caminhavam pelos campos, sempre acompanhando o curso da colheita do centeio, em busca de espigas caídas".[40]

Não seria só o desespero dos trabalhadores que os bolcheviques enfrentariam. Os transportes sofriam com o fluxo interminável de habitantes das cidades que iam e vinham do campo, numa busca incessante de comida. Milhões de citadinos, de todas as classes, valiam-se do pequeno comércio para garantir barriga cheia. Partiam com bolsas de roupas e produtos de uso doméstico que vendiam ou trocavam nos mercados rurais; voltavam com sacolas de alimentos. Exércitos de mercadores clandestinos entupiam as estradas. Pela estação de Orel, entroncamento das linhas férreas que se dirigiam para o sul, passavam, diariamente, cerca de 3 mil desses negociantes improvisados, muitos deles viajando em bandos armados, sequestrando os comboios, ante a impotência das autoridades locais, rumo às províncias de Tambov, Kursk, Kazan, Simbirsk e Saratov — cerca de 100 mil por mês.[41]

Nas cidades famélicas do norte, seu comércio primitivo funcionou como uma fórmula mágica, garantindo a sobrevivência de comunidades inteiras. Todos foram virtualmente obrigados a dedicar as horas vagas ao comércio — trabalhadores e funcionários, inclusive os comunistas — numa reação espontânea e natural à crise econômica e ao colapso do mercado entre a cidade e o campo. Claro que, em decorrência, a indústria sofreu um grande baque. De uma forma ou de outra, quase todos os operários estavam envolvidos na nova atividade. Muitos corriam às aldeias com ferramentas, combustível e barras de ferro roubadas das fábricas. Outros usavam a maquinaria fabril para confeccionar artigos rudimentares destinados ao escambo com os lavradores. Fogareiros, canivetes e isqueiros respondiam pela maior parte do movimento. Mas havia ainda sapatos feitos de correias de borracha; castiçais de fragmentos de canos; machados e arados de vigas de metal. O fenômeno tornou-se conhecido como "isqueirismo" (*zazhigolochnichestvo*), uma das palavras russas mais longas e difíceis de pronunciar. Não raro, comitês de fábrica autorizavam ou faziam vista grossa a estes empreendimentos. Muitos deles interpretaram como lhes convinha o Decreto sobre o Controle Operário, afirmando o direito dos operários de dividir entre si o fruto do que produziam — ou, na falta deste, o patrimônio do patrão —, exatamente como os camponeses partilhavam a terra. O setor industrial parou, visto que a mão de obra ocupava a maior parte de seu tempo arquitetando produtos para o mercado paralelo e se deslocando até o campo para trocá-los por comida. Num dia médio numa fábrica média, 30% dos operários faltavam ao serviço. Em algumas metalúrgicas, a taxa de ausência às vezes chegava a 80%.[42]

Nos primeiros e precários meses de poder, os bolcheviques pouco puderam fazer para deter os mercadores clandestinos. Quaisquer restrições que tentassem estariam fadadas ao desrespeito. A reivindicação por licença de viagem ao campo constituía a principal reivindicação das greves e protestos operários da primavera de 1918. Muitas fábricas e até mesmo alguns dos Sovietes de cidades e distritos organizavam o comércio itinerante como um negócio coletivo. Caso não se adaptasse, ingressando no sistema de trocas, a indústria teria sucumbido. As fábricas e as autoridades urbanas passaram então a estabelecer acordos com as aldeias e as autoridades provincianas, visando à troca de certo tipo de produtos por alimentos. Um destacamento de trabalhadores, então, se incumbiria de fechar o negócio. Os bolcheviques tentaram, mas não conseguiram impedir a novidade. Um comissário de Samara alegou ser impossível impedir a passagem dos mercadores clandestinos, pois "todos viajam com passaportes expedidos pelos Sovietes". Surgiram tabelas de equivalência entre os produtos. O dinheiro não era mais usado. Em Kaluga, um metro de tecido valia meio quilo de manteiga ou um quilo de ervilhas; meio quilo de sabão era igual a um painço (espécie de milho miúdo); um par de botas equiparava-se a meio quilo de batatas. A farinha era o "padrão-ouro" deste sistema medieval: meio quilo dessa preciosidade podia ser cambiado por 15 kg de querosene, ou 1,5 kg de fumo, ou um casaco de inverno.[43]

As cooperativas tiveram papel importante neste comércio, quase sempre determinando os parâmetros para o escambo. Tais instituições haviam se alastrado durante a guerra para viabilizar o comércio entre os centros de produção e de consumo e, em 1918, alegavam servir às necessidades de um milhão de consumidores (70% da população).[44] Fábricas, sindicatos, grupos profissionais e associações de moradores transformaram-se em cooperativas urbanas para obter alimentos. Os camponeses também criaram similares com o objetivo de escoar a produção e conseguir os bens manufaturados de que necessitavam. As cooperativas rurais serviam ainda como escola de aperfeiçoamento dos agricultores, oferecendo-lhes ferramentas mais modernas, fertilizantes, crédito e aconselhamento sobre técnicas mais modernas de cultivo. Para Semenov, um pioneiro do movimento cooperativista em Volokolamsk, esta foi uma das maiores realizações da revolução.

Se não tivessem se mostrado tão hostis ao mercado, os bolcheviques poderiam ter usado este sistema de troca coletivo para ajudar a alimentar as cidades e suprir a indústria. Apesar de primitivo e caótico, tal sistema ainda poderia ser razoavelmente mais eficiente do que o monopólio estatal do abastecimento que o regime começou a introduzir a partir de maio de 1918, como pilar da economia planificada. Sob vários aspectos, o comunismo de guerra, como tal engrenagem seria conhecida, serviu de protótipo da economia stalinista, cujas metas foram abolir todo o comércio privado, maximizar o controle do Estado sobre a distribuição e o mercado de trabalho, nacionalizar a indústria de larga escala, coletivizar a agricultura e, no seu ápice, em 1920, substituir o dinheiro por um mecanismo universal de racionamento.

As origens do comunismo de guerra havia muito têm sido objeto de intenso debate entre os historiadores. Para os da esquerda, consistiu, essencialmente, numa resposta pragmática às exigências militares do conflito com os Brancos; aos olhos dos da direita, era um subproduto da ideologia leninista. A questão descamba para implicações mais amplas sobre a natureza e o desenvolvimento do regime soviético. Segundo a visão esquerdista, o comunismo de guerra nada mais foi do que um desvio temporário da economia mista que Lênin havia esboçado durante a primavera de 1918 e à qual voltaria na Nova Política Econômica de 1921. Ou seja: o socialismo mais "brando", ou pró-mercado, implementado pelos bolcheviques ao longo desses dois períodos, era a verdadeira face do leninismo, em oposição ao ferrenho socialismo antimercado característico do comunismo de guerra, que predominou na época stalinista. Daí o proclamado "leninismo" das reformas de Gorbatchov. Do ponto de vista da direita, porém, o socialismo radical da guerra civil inspirara-se nos padrões estatizantes, cerne da ideologia revolucionária de Lênin. Assim sendo, os bolcheviques teriam adotado o comunismo de guerra como instrumento destinado a impor o socialismo por decreto, e só fizeram concessões ao mercado quando foram obrigados a tal. Haveria, portanto, uma progressão lógica, uma continuidade histórica, entre o programa apresentado por Lênin, em 1902, o comunismo de guerra e a economia planificada de Stálin.

São fatores relevantes, sem dúvida, o pragmatismo e a ideologia, mas não bastam para explicar a organização da primeira economia planificada do mundo.

Argumentar com base no pragmatismo deixa a descoberto graves falhas. Como reação puramente prática ao caos da primavera, o Monopólio dos Grãos, determinado em maio de 1918 — primeira medida importante do comunismo de guerra —, mostrou-se desastroso. Os esforços vãos e absurdos tendentes a dar fim ao mercado intensificaram o caos, desviando das tarefas da guerra milhares de comissários e grande parte dos recursos do Estado. Do ponto de vista funcional teria sido melhor preservar o mercado, como o próprio Lênin reconheceria em 1921. De fato, em determinados momentos da crise, ao longo da guerra civil, os bolcheviques viram-se forçados a suspender a repressão contra o comércio privado, reconhecendo a incapacidade do sistema de distribuição estatal de abastecer os centros urbanos. A despeito da sua retórica contrária ao mercado, os homens do regime admitiam a impossibilidade de sobreviver sem ele.

E quanto ao argumento segundo o qual o comunismo de guerra respondia às exigências do conflito com os Brancos? Na época, como todos os governos europeus envolvidos em batalhas, os bolcheviques estavam tentando controlar a economia em nome dos interesses militares do Estado (boa parte do programa econômico soviético baseava-se no modelo alemão contemporâneo). Todavia, longe de ser apenas uma *resposta* à situação determinada pelo conflito armado, o comunismo de guerra constituía-se *numa forma de levar a guerra civil* além das trincheiras. Aspecto fundamental da estratégia revolucionária bolchevique, ele abrangeu a "frente interna": a sociedade e a economia. A menos que se leve em conta este fator crucial — o comunismo de guerra como instrumento de luta dos bolcheviques contra seus inimigos sociais ou "internos" —, torna-se impossível descortinar o nexo daquele corpo de providências que vigorou durante mais de um ano após a derrota dos Brancos.

A tese de que o comunismo de guerra bebeu na fonte da ideologia também é falha. É fato que os bolcheviques acreditavam na possibilidade de usar a coerção estatal para efetuar a transição socialista numa Rússia camponesa atrasada. Eis o cerne ideológico do regime. Eles nutriam ainda profunda desconfiança pelo mercado, uma desconfiança que poderia ser considerada ideológica. Socialistas de outros países mostraram-se chocados pela virulência do ódio soviético ao livre comércio. Os bolcheviques não queriam apenas regular o mercado — medida defendida pelos socialistas e pela maioria dos governos europeus durante a Primeira Guerra —, queriam extingui-lo. "Quanto mais mercado, menos socialismo, quanto mais socialismo, menos mercado" — esta era a máxima. Sem dúvida, tal economia política primária era resultado da experiência de vida dos homens no poder. A maioria das bases partidárias incluía os filhos do campesinato e os trabalhadores, rapazes como Kanatchikov, que sofrera na pobreza rural e na miséria urbana. Marx lhes ensinara que o "capitalismo" era a origem de todos os males. Eles viam o funcionamento do mercado como uma simples expressão da exploração capitalista. Na opinião dos bolcheviques, mesmo o comércio elementar dos mercadores clandestinos, se não refreado, poderia levar à ressurreição do sistema dominado pelo capital. Embora a maioria esmagadora destes comerciantes improvisados só visasse ao consumo próprio e não ao lucro, Lênin e companhia os tinham na conta de "especuladores", "aproveitadores" e "parasitas". Todos os problemas sociais do pós-guerra, do desemprego à prostituição, eram atribuídos à existência do mercado.

Porém, não se pode afirmar que, antes da introdução do comunismo de guerra, esta ideologia antimercado dirigista e militante se traduzia numa estratégia econômica clara. Em 1918, os bolcheviques estavam divididos quanto à melhor política econômica para a Rússia. Enquanto os comunistas de esquerda desejavam o fim imediato do sistema capitalista, Lênin falava em empregar métodos capitalistas em prol da reconstrução econômica revolucionária. Tais cisões vieram à tona repetidas vezes ao longo da guerra civil — em especial no tocante à política fiscal e ao uso de administradores "burgueses". Assim, as políticas do comunismo de guerra foram gradualmente adaptadas e modificadas em nome da unidade partidária. Portanto, embora os historiadores de direita entendam o comunismo de guerra como um programa monolítico inerente à ideologia bolchevique, grande parte de suas diretrizes surgiram do improviso.

A introdução do comunismo de guerra foi, na essência, uma resposta política à crise urbana de 1918. Durante aquela primavera, os soviéticos estavam obcecados pelo exemplo da Comuna de Paris. Com frequência, comparavam-se aos rebeldes parisienses de 1871 e debatiam suas políticas à luz da analogia histórica, tentando imaginar se poderiam ter salvado seus pares franceses da derrota. Os bolcheviques também sabiam que a base de seu poder, assim como a dos *communards*, limitava-se às cidades de maior porte. E não desconheciam que o fracasso militar iminente decorria do fato de estarem cercados pelo campesinato hostil, que se recusava a trocar comida por manufaturas, dada a absoluta falta destas últimas. Os governantes russos pareciam convictos de que a revolução urbana — ainda a exemplo da Comuna — seria destruída pela fome, a menos que estendesse seus poderes ao campo e desferissem uma cruzada contra os agricultores "ladrões de grãos". A aflição dos trabalhadores urbanos, suas greves e manifestações contra o desabastecimento, eram entendidas como os primeiros sinais do colapso. Segundo os homens do partido, para evitar uma derrota que parecia líquida e certa, fazia-se essencial tomar à força o grão camponês, conter o caos do comércio clandestino surgido da necessidade e controlar firmemente a indústria.

Numa assembleia do Soviete, realizada em 4 de junho, ao defender a implementação do monopólio dos grãos, Trótski enfrentou sérias críticas. Os SRs de esquerda acusaram-no de "encetar uma guerra civil contra o campesinato". Em 9 de maio, os bolcheviques já haviam declarado que todo o excedente agrícola tornar-se-ia propriedade do Estado. Um mês depois, despachavam brigadas armadas para confiscos violentos; e a propaganda do regime não permitia dúvida de que tal providência devia ser encarada como "uma batalha por grão". Na reunião de junho, Trótski deixara claro: "Nosso partido é pela guerra civil! É preciso travá-la para obtermos os grãos. O Soviete deve partir para a luta!" Foi quando um delegado bradou: "Viva a guerra civil!" Tratava-se de um gracejo, mas Trótski voltou-se para o homem e replicou, numa seriedade mortal: "Sim, vida longa à guerra civil! Guerra civil em nome das crianças, dos idosos, dos trabalhadores e do Exército Vermelho, guerra civil em nome da luta implacável à contrarrevolução."[45]

Para Lênin e a maioria de seus seguidores, a guerra civil consistia numa fase vital de qualquer revolução social. "É o mesmo que a luta de classes", afirmou um dos líderes bolcheviques em Baku. "Queremos a guerra civil não porque temos sede de sangue, mas porque, sem luta, os opressores não cederão seus privilégios ao povo."[46] Sob a ótica bolchevique, a guerra civil nada mais era do que uma forma violenta de luta de classes. Não havia distinção entre conflito militar e conflito social.

Assim, na opinião de Lênin, a guerra civil devia ser aceita como uma fase imprescindível da revolução. Ele sempre afirmara que o enfrentamento fora iniciado no verão de 1917, pelas forças da direita. E mais: que a ascensão bolchevique devia ser interpretada como uma luta armada a favor do proletariado. Os conflitos de classe presentes na revolução não podiam ser equacionados por meios políticos. A Rússia encontrava-se fendida em dois campos rivais — a "ditadura militar" e a "ditadura do proletariado"—; tratava-se apenas de saber quem venceria. Da tomada do poder em outubro ao fechamento da Assembleia Constituinte e ao Tratado de Brest-Litovsk, toda a política leninista devia ser analisada (e assim era, aos olhos da oposição) como um incitamento deliberado à guerra civil. Lênin mostrava-se convicto de que as maiores chances do partido em firmar sua tênue base de apoio estava em *travar a guerra civil*. Não poucas vezes ele acentuou que a Comuna de Paris fora derrotada em virtude de não ter posto em prática esta alternativa. Os efeitos de tal conflito eram previsíveis — polarização do país em forças "revolucionárias" e "contrarrevolucionárias", extensão do poder político e militar do Estado, uso do terror para acabar com dissidências. Todas estas consequências consideradas por Lênin necessárias à consolidação da ditadura do proletariado. Evidentemente, ele não tinha como antever como a guerra civil desdobrar-se-ia no outono seguinte — em abril de 1918, chegara a declarar que o conflito estava ganho. E, se assim fosse, poderia ter reexaminado a ideia de se valer do confronto para fortalecer o regime. Fato é que os bolcheviques ansiavam pela guerra civil de maneira jamais cogitada por seus adversários. Aqui cabe uma comparação com a guerra civil espanhola: os franquistas estavam dispostos — e sôfregos — por uma peleja; os republicanos, não.

A "batalha pelo grão", a campanha bolchevique contra os camponeses, originava-se de uma desconfiança básica, às raias do ódio, em relação à população rural.

Na qualidade de marxistas, os soviéticos sempre consideraram os agricultores com desprezo. Para eles, "anárquico", "retrógrado", "contrarrevolucionário" serviam de sinônimos de lavrador, tido como analfabeto e supersticioso, apegado demais aos costumes da velha Rússia para ter direito a participar da construção da nova sociedade. O aldeão era muito "pequeno-burguês" (esta classificação é o mais infame dos pecados de Marx!), imbuído em excesso dos princípios e hábitos da propriedade privada e do livre comércio, portanto incapaz de tornar-se um camarada. Tanto desdém costumava ser mais marcado entre os trabalhadores bolcheviques de origem rural — os Kanatchikovs do partido — que, quando jovens, haviam fugido da pobreza extrema e da monotonia rural, do domínio dos padres e da violência dos pais alcoólatras e tomado a estrada rumo às cidades, à cata de emprego. Para eles, os grandes centros eram um mundo de progresso e oportunidade, simbolizado pela escola e pela indústria. O avesso deste universo era a aldeia, representando tudo o que desejavam destruir — atraso, miséria e crenças estúpidas. "Não sou aldeão", era a primeira frase que definia a identidade da classe trabalhadora. E, por meio da cultura proletária urbana, que os levara aos braços do bolchevismo, eles procuravam banir o passado camponês.

Um sinal claro desta atitude inamistosa em relação aos camponeses — primordial para o crescimento do regime — pode ser detectado nas minibiografias que todos os bolcheviques tinham que escrever ao assumirem cargos nos Sovietes. Um quarto deles vinha de famílias rurais. Ainda assim, poucos mencionavam isto como algo positivo. "Numa época remota, a educação foi minha única chance de escapar à vida idiota e empobrecida do povoado. Queria fugir para o mais longe possível de lá", recordou um homem do partido em Vologda.[47]

O marxismo conferiu uma respeitabilidade pseudocientífica a este ódio. Suas "leis" de desenvolvimento histórico "provavam" que o campesinato estava fadado à extinção. A penetração do mercado e das relações capitalistas no campo haviam mostrado que a aldeia estava se dividindo em duas classes distintas — os agricultores pobres, tidos como aliados do proletariado, e os *kulaks*, ou "sitiantes capitalistas", tidos como inimigos. Esta simplificação passou a funcionar como linha mestra da política bolchevique no campo. Na verdade, tal análise constituía fantasia: o número de lavradores capitalistas era mínimo, insuficiente para formar uma "classe". Antes da revolução, nem 2% dos camponeses russos empregavam trabalho assalariado regular. Em 1917, eram ainda menos. Na grande maioria das aldeias, tudo o que distinguia os mais ricos dos mais pobres era a posse de um cavalo ou vaca extras. Ou uma casa de alvenaria, e não de madeira, com piso de melhor acabamento.

Em geral, os agricultores classificados pelos bolcheviques como *kulaks* não passavam de lideranças patriarcais aldeãs. Eram os Maliutins da Rússia, anciões de barbas brancas como aquele de Andreevskoe que se pusera contra as reformas de Semenov. Estes eram os mais abastados dos lugarejos, aos quais o restante dos habitantes deviam algo, fosse o empréstimo de um animal ou de dinheiro. Mas isto não os tornava camponeses ricos aos olhos da população local — e mesmo Semenov, que tinha bons motivos para detestar Maliutin, nunca o chamou assim. Muitos camponeses tratavam os patriarcas com uma mistura de temor e reverência. Como os mais bem-sucedidos da área, eram tidos na conta de líderes naturais da comunidade, assumindo a função de guardiões ferrenhos das tradições e incumbindo-se de fazer contatos com os poderes externos à aldeia. Naturalmente, a vizinhança os procurava em busca de conselhos em questões agrícolas. Os primeiros Sovietes camponeses foram encabeçados quase sempre por eles.

Nos primeiros meses do regime, os bolcheviques garantiram um apoio informal aos Sovietes rurais. Isto lhes permitiu neutralizar o campesinato durante a luta pelo poder travada nas cidades. Mas, em consequência, o poder soviético no campo fora descentralizado — o que tornara a tarefa de obter comida e soldados ainda mais difícil. Como não é de se estranhar, as organizações nas aldeias defendiam os interesses econômicos da população local. E tentavam bloquear as remessas de grãos para os centros urbanos ou, pelo menos, exigir preços altos o bastante para lhes assegurar a compra dos produtos manufaturados de que precisavam. Quando a crise de abastecimento agravou-se, os bolcheviques passaram a acusá-los de "aproveitadores *kulaks*". A propaganda vermelha retratava esse típico camponês rico como um capitalista gordo e insaciável, que especulava às custas da fome dos trabalhadores. O *kulak* foi fazer companhia ao *burzhooi*, merecendo o epíteto de "inimigo interno da revolução". Para o regime, tornou-se mais um bode expiatório, um meio de canalizar a fúria proletária contra a aldeia "reacionária". Isentando-se de qualquer responsabilidade, os homens no poder alegavam que os sovietes rurais estavam infestados de *kulaks*, e que, em conluio com SRs, eles pretendiam exterminar a revolução. Uma afirmação falsa, como Lênin bem sabia. Os sovietes das aldeias, como ele próprio havia reconhecido, eram órgãos camponeses voltados para questões específicas da comunidade, pecando apenas por colocar seus interesses à frente dos interesses da população urbana. No entanto, o mito do "boicote de grãos promovido pelos *kulaks*" deu ao partido o pretexto de que precisava para iniciar uma guerra civil contra o campesinato.[48]

No verão de 1918, Lênin soltou o grito de ataque num discurso de violência atordoante:

> Os *kulaks* são inimigos hidrófobos do governo soviético... Esses sanguessugas enriqueceram com a fome do povo... Essas aranhas* engordaram às custas dos camponeses arruinados pela guerra, às custas dos operários. Esses parasitas sorveram a seiva da classe trabalhadora e fizeram dinheiro

* Sem dúvida, uma referência a *Aranhas e moscas*, o panfleto de grande sucesso publicado em 1917 que muito contribuiu para dar forma ao mito popular dos *burzhoois*.

> enquanto os proletários das cidades e fábricas sofriam de fome... Guerra implacável aos *kulaks*! Morte a todos eles.[49]

O "exército em defesa da comida" liderou o ataque aos "aproveitadores *kulaks*". As brigadas de confisco *(prodotriady)* tinham poderes para ocupar aldeias e conseguir o excedente agrícola à força. Antes de deixarem as cidades, estes destacamentos posavam para uma fotografia, como uma tropa prestes a embarcar rumo à batalha. Em tese, deveriam consistir na nata da classe trabalhadora. Na prática, como acontecera com as primeiras unidades do Exército Vermelho, seus 76 mil componentes eram quase todos desempregados, elementos *lumpen* nômades e ex-soldados sem destino. As autoridades soviéticas das províncias costumavam reclamar que tais contingentes, "indisciplinados e de má qualidade", "desincumbiam-se da missão sem o mínimo planejamento", "usavam a coerção contra o campesinato" e tiravam da população rural não apenas o excedente agrícola, mas também estoques vitais de sementes, utensílios, armas e vodca. Nas palavras de um comissário de província, a presença destes homens podia ser comparada a "um assalto organizado aos camponeses".[50]

Tsiurupa, Comissário do Povo para Abastecimento, registrou que, "por vezes, as brigadas imitavam os métodos da polícia tsarista", invadindo povoados e torturando moradores até que a quantidade exigida de grãos e outros bens fosse entregue. "As medidas empregadas para o confisco lembram a inquisição medieval. Eles fazem os lavradores se despirem e ajoelharem no chão, os açoitam e espancam. Em alguns casos, os assassinam", relatou um funcionário de Yelets. A aproximação desta horda bastava para fazer a população rural fugir apavorada. Chocado, um comissário da província de Ufa queixou-se do seguinte incidente. À frente de um pequeno pelotão, ele entrara na cabana de uma agricultora que, pelo visto, não havia conseguido escapar a tempo da aldeia. Fora de si, a mulher imaginava que aquele grupo de homens compunha uma brigada de confisco e pôs-se a gritar, agarrada a uma criança. "Retalhem-me e acabem comigo, mas não levem meu filho." O comissário tentou acalmá-la, informando que não havia perigo, ao que a pobre respondeu: "Pensei que iam me matar. Desconhecia existir bolcheviques que não assassinam camponeses. Todos os que temos visto são *oprichniki* [os abomináveis lacaios de Ivan, o Terrível]." No distrito de Borisoglebsk, província de Tambov — futura fortaleza da revolta de Antonov (ver páginas 611-614) —, houve um sanguinário líder de brigada chamado Margolin, que promovia roubos desmedidos, violentava mulheres e apropriava-se de cavalos quando os camponeses não tinham como pagar o que lhes era cobrado pelo regime. Para satisfazer ao tirano, boa parte da população viu-se forçada a comprar grãos da província vizinha de Voronezh ou a partilhar com ele cotas já mínimas de alimentos e sementes. Um outro déspota local, também chefe de brigada, de nome Cheremukhin, transformou as aldeias ao sul de Balashov (próxima ao *front* Vermelho contra Denikin) num feudo privado no qual grassava a corrupção. A força bruta servia para o confisco de comida e propriedades, quase sempre deixando os habitantes sem nada para ingerir ou plantar. As mulheres eram constantemente estupradas. O líder de uma brigada similar, em atividade nas imediações, nos legou uma vívida impressão sobre o estado de espírito dos camponeses de uma das "aldeias de Cheremukhin":

> Eles nos tomavam por assistentes de Cheremukhin e todos caíam de joelhos e se curvavam à nossa passagem. Podia-se sentir que, entre o povo dali, o ânimo da revolução fora inteiramente prostrado. A escravidão do tsarismo voltara a ser visível nos rostos daquela gente. Isto nos levou ao mais completo abatimento.[51]

A maioria dos camponeses tentava esconder seus preciosos estoques de grãos — sacos de farinha sob as tábuas do soalho, nos palheiros dos silos, nos bosques e debaixo da terra. As brigadas presumiam que todos os povoados agiam assim e que o cereal sonegado era excedente. Um erro — não passava de quinhão de sementes e alimentos necessário à sobrevivência. Começou, então, a "batalha pelo grão", com tropas fazendo uso do terror. Ao confisco violento, os aldeões resistiam pacificamente ou revoltavam-se de maneira mais acintosa. Em julho e agosto de 1918, houve mais de 200 levantes contra os arrestantes soviéticos. Os bolcheviques procuravam tachar tais insubordinações de "revoltas de *kulaks* SRs". Na verdade, eram simples rebeliões rurais, nas quais os mais pobres (que sofriam mais com o confisco) assumiam a frente. Tais sublevações eram violentas e espontâneas, em geral apenas para reagir a alguma atrocidade cometida pelas brigadas. Numa aldeia da província de Samara, onde os representantes de Moscou haviam roubado e assassinado vários moradores, a vingança foi cruenta. Certa noite de novembro, uma dúzia de enviados soviéticos foi decapitada enquanto dormia na sede do partido. Em varapaus, as cabeças mereceram exibição na entrada da comunidade, uma advertência medonha a outras brigadas. Três semanas depois, o Exército Vermelho bombardeou o lugarejo e, como toda a população havia se embrenhado nos bosques, ateou fogo às casas e lavouras.[52]

Ao chegarem à aldeia, as brigadas deveriam ser assistidas pelos novos Comitês dos Camponeses Pobres (*kombedy*), criados por Lênin em 11 de junho, quando o campo embarcara na nau da Revolução Socialista. No entender bolchevique, a data deveria marcar o Outubro camponês, o começo da participação do "proletário rural" na "luta de classes" contra os *kulaks*, contra a "burguesia agrária". Ajudando as brigadas no confisco, os *kombedy* implementariam a "transformação socialista" da aldeia, substituindo os "sovietes dos *kulaks*" e ocupando-se da expropriação de suas propriedades, terra e gado excedentes. Como observou Sverdlov, a meta era "rachar a aldeia em duas classes antagônicas" e "inflamar a mesma guerra civil que já consumia as cidades". Disto dependia a sobrevivência do regime soviético no campo.[53]

Os *kombedy* fracassaram na tarefa de acender a chama da "luta de classes" nos povoados. O dogma marxista sucumbiu ao peso da realidade. Na sua maioria, as aldeias se consideravam comunidades agrícolas de membros iguais entre si, unidos por vínculos de parentesco. Não raro, autointitulavam-se "família camponesa". Esta era a ideia básica que orientava a comuna. Assim sendo, a população era contrária a um órgão que se encarregasse, especificamente, dos mais pobres. Já não havia o soviete? A maioria das comunas preferiu não eleger um *kombed*, deixando a tarefa para agitadores vindos de outras plagas. Ou, então, adotou a novidade, à qual se juntaram todos os habitantes locais, sob a alegação de serem igualmente pobres. Resultado: os *kombedy* em nada diferiam dos sovietes. Os lavradores de Kiselevo-Chemizovka, no distrito de Atkarsk, por exemplo, resolveram prescindir de um *kombed*, "pois todos os que vivem aqui são iguais, e os pobres já estão representados no soviete. A organização de um comitê à parte desencadearia tensões desnecessárias entre gente da mesma comuna". Os propagandistas bolcheviques foram incapazes de dividir os camponeses em duas classes. Os aldeões em maiores dificuldades de sobrevivência simplesmente não se entendiam como "proletários"; nem consideravam "burgueses" os vizinhos mais abastados. Todos estavam equiparados e recebiam com suspeita e animosidade aqueles que se esforçavam em semear a discórdia.[54]

Assim, em diversos lugares, os *kombedy* nasceram sob a égide de pessoas estranhas à aldeia. Em vez de agricultores menos favorecidos, os comitês abrigavam migrantes vindos das cidades, soldados, artífices que não possuíam terra e gente excluída da comuna. Na província de Tambov, estudo realizado em 800 *kombedy* provou que menos da metade de seus integrantes havia, alguma vez na vida, trabalhado na lavoura; 30% eram soldados. Nos povoados semi-industriais do norte, é possível que tais números se referissem a moradores da localidade. Porém, não resta dúvida de que no sul agrícola os dados informam sobre a presença de forasteiros. Desvinculados da comuna, da qual dependia toda administração rural, os Comitês dos Camponeses Pobres só conseguiram funcionar recorrendo à violência, o que significava se apropriar de objetos e bens de valor, ordenar prisões ilegais, depredar igrejas e aterrorizar a população. Assemelhavam-se mais a uma máfia local do que a um organismo governamental. Em um *volost* de Saratov, o *kombed* era dirigido pelos irmãos Druzhaev, aliados do chefe de polícia da região, camarada Varlamov. A gangue percorria o território extorquindo dinheiro, armas e vodca. O gado era confiscado e entregue a "aldeões empobrecidos" que lhes serviam de sabujos. Punição de um camponês que não pôde pagar o tributo: ver a mulher ser estuprada. Este estado de terror durou seis meses. Os habitantes encaminharam uma petição ao "camarada Lênin" na esperança de encerrar o tormento. Como desabafou um deles: "O povo já está dizendo que a vida era melhor no tempo do tsar."[55]

A exemplo do que acontecia à aproximação das brigadas de cata ao cereal, a ingerência dos *kombedy* também levantou uma onda de revoltas rurais, que culminaram em novembro graças à soma de dois fatores: confiscos e a primeira grande mobilização de recrutas para o Exército Vermelho. Distritos inteiros de Tambov, Tula e Riazan' foram tragados por grupos camponeses, forcados e armas em riste. Em outros locais, os rompantes aconteceram de maneira mais esporádica, ainda que virulenta. Os insurretos lincharam e mataram membros dos *kombedy*, bolcheviques da região e lideranças dos sovietes. Smidovich, do Comitê Central, foi mandado a Tula com a tarefa de produzir um relatório sobre as revoltas que assolavam a área. Em novembro, ele concluiu que "os camponeses estão começando a se sentir como se fossem governados por estranhos senhores; não acreditam mais nas promessas do poder soviético, dele só esperando o mal".[56]

No VI Congresso dos Sovietes, também realizado em novembro, Lênin clamou pela extinção dos *komedy*. Era o início de uma nova política, endossada pelo VIII Congresso do Partido Bolchevique em março seguinte, e que tinha por objetivo melhorar as relações do regime com o meio rural. Isto equivalia a reconhecer que os Comitês dos Camponeses Pobres havia travado "uma guerra estouvada contra os interesses dos agricultores". Palavras de Lênin. A tentativa de cindir a aldeia em duas classes inimigas soara equivocada e acabaria sendo inteiramente abandonada.[57] No entanto, tarde demais para os bolcheviques conseguirem chegar a bons termos com os aldeões.

Poucas semanas após a abolição dos *kombedy*, em janeiro de 1919, os soviéticos também mudaram de tática na "batalha pelo grão". O confisco da safra de 1918, o primeiro levado a cabo pelo regime, só merecera uma classificação: desastroso. Até o fim do ano, fora recolhido apenas um quinto da quantidade de cereal prevista. Evidentemente, a culpa recaiu sobre os *kulaks*. No entanto, a responsabilidade pelo fiasco cabia à ineficiência da infraestrutura utilizada. As brigadas não dispuseram de meios eficazes para calcular a colheita. Os *kombedy* centraram-se em interesses locais, esquecendo-se de cumprir suas obrigações para com as cidades. Não raro, os grãos jamais atingiam os centros urbanos. Devido à falta de combustível, que atrasava as remessas, os comboios que transportariam os cereais destinados ao "proletariado" não davam conta do volume da carga acumulada. Por diversas vezes, o caos ferroviário impediu o abastecimento urbano. A reforma de janeiro, que criou o Imposto do Alimento, ou *prodrazverstka*, tencionava aparar arestas deste sistema, diferindo, em aspectos, do monopólio dos grãos baixado em maio de 1918. Primeiro: o monopólio dos grãos limitava-se aos cereais, ao passo que o novo tributo incidia sobre todos os gêneros passíveis de serem postos à mesa, carne e vegetais, inclusive.* Segundo: enquanto as cotas determinadas pelo monopólio

* Exceção para as cebolas — sem dúvida, resultado de alguma escorregadela burocrática. Seguiu-se uma explosão no plantio do produto, o único em condições de ser comercializado livremente.

dos grãos eram fixadas pelos órgãos de abastecimento locais, conforme estimativas de safra, caberia à cúpula governamental estabelecer as alíquotas do novo tributo, segundo as necessidades gerais, do que seriam apenas informadas as autoridades das províncias. Assim, embora fosse aplicado de maneira frouxa, sua incidência relegou o princípio de que as cotas deveriam ter como parâmetro o excedente agrícola real. Em escala crescente, os confiscos deixavam de ter relação com a capacidade de os camponeses suportarem o fardo. As brigadas passaram a receber instruções de obter à força as quantidades necessárias, mesmo que isto significasse apoderar-se dos derradeiros e já minguados estoques de comida e sementes. Numa avaliação assustadoramente ignorante, todo silo vazio era interpretado como sinônimo de que ali vivia um *kulak* sonegador.[58]

Na primavera de 1919, a guerra civil aproximava-se do clímax. Ao mesmo tempo, a "batalha pelo grão" — outra pendenga, travada na retaguarda — alcançava píncaros insanos, assumindo os contornos de uma luta de vida ou morte entre bolcheviques e camponeses.

Extinguir os mercadores clandestinos fazia parte da "batalha pelo grão" que os bolcheviques vinham travando. Brigadas volantes (*zagraditel'nye otriady*) passaram a patrulhar estradas e ferrovias, a fim de confiscar os gêneros alimentícios encontrados em poder de todos os que se dirigiam às cidades. Cada viajante só poderia conservar a cota legal de um *pud* e meio. Os vagões eram detidos nos entroncamentos e submetidos à revista. Os passageiros tinham que desembarcar e abrir toda a bagagem. As brigadas comportavam-se à maneira de bandidos, e não como funcionários a serviço do governo, tomando para si o dinheiro, as roupas e a bebida dos viandantes. A Cheka promoveu inspeções semelhantes nos centros comerciais urbanos, caçando mercadores improvisados vindos do campo.

Evidentemente, tratava-se de um exercício vão. Era impossível acabar com o mercado. Durante todo o período em que prevaleceu o comunismo de guerra, os comboios ferroviários continuaram a circular abarrotados de negociantes informais (não era difícil subornar os empregados soviéticos). O próprio Lênin reconheceu que pelo menos metade dos gêneros alimentícios que chegavam às cidades vinham pelas mãos destes "intermediários". Às vezes, esta proporção era ainda maior. Os bolcheviques viram-se obrigados a tolerar o comércio privado, sem o qual os trabalhadores morreriam de fome. A política do regime contra o mercado paralelo oscilava: em momentos críticos da guerra civil, quando era preciso manter as ferrovias livres para os militares, o controle de tráfego recrudescia e todo o transporte de passageiros era impedido; em outros períodos, o vaivém de civis não sofria maiores impedimentos. A política bolchevista nos mercados urbanos era igualmente pendular. A Cheka dava batidas, apoderando-se de produtos e prendendo vendedores; nos dias seguintes, o comércio esmorecia, para voltar com força pouco depois. O empório Sukharevka, em Moscou, prosperou durante a guerra civil, a despeito das constantes investidas da Cheka. Era lá que a maioria das fábricas têxteis estatais da capital adquiriam matéria-prima. O local passou a simbolizar o velho mundo do livre comércio, que os Vermelhos não conseguiam dobrar. Certa feita, Lênin lamentou que na alma de cada russo havia "um pequeno Sukharevka".[59]

Embora inútil, a tentativa de repressão aos mercadores clandestinos era essencial à indústria soviética. Impossível manter a produção manufatureira se os operários continuavam a faltar ao serviço para viajar até o campo em busca de comida e outros produtos. O controle sobre o abastecimento alimentício precisava andar *pari passu* com o controle sobre o trabalho. Eis o cerne da proposta do comunismo de guerra — "o direito da ditadura de enviar todo operário para o posto em que ele se faz necessário, conforme o plano do Estado", segundo Trótski. Defender a liberdade do trabalho, como faziam os mencheviques, significava "tomar uma via tímida para o socialismo", ainda de acordo com Trótski. Sem o monopólio sobre a comida ou o fim do mercado de trabalho, a economia seria arruinada, e a classe trabalhadora, destruída pelo "movimento caótico dos operários, que vagariam de uma fábrica para outra". A estrada rumo ao socialismo serviria para exterminar todo o trabalho livre e impor o domínio do Estado às indústrias que funcionavam em larga escala. Aquela deveria ser uma economia inteiramente planificada.[60]

Durante a primavera de 1918, os bolcheviques procuraram avançar na nacionalização da indústria. Impor administradores às unidades de produção parecia o único caminho capaz de deter o caos produzido pelo Decreto sobre o Controle Operário (baixado em 14 de novembro), o qual representara uma concessão política muito importante aos comitês de fábrica e sindicatos. Na luta do regime pelas rédeas do setor industrial, atribuir o controle das fábricas a comissões administrativas colegiadas ajudara os bolcheviques a ganhar o apoio de muitos dos trabalhadores e desferira um golpe certeiro contra os donos de fábricas. Porém, as consequências econômicas haviam sido catastróficas. Os órgãos controlados pelos trabalhadores simplesmente votaram e colocaram em vigor aumentos salariais, atiçando ainda mais a inflação. Também implementaram uma campanha destrutiva de terror e violência, não raro motivada por vingança, contra os antigos gerentes e técnicos, o que só serviu para criar confusão na linha de montagem e prejudicar a produção. Os órgãos operários pouco contribuíam para impedir atos indisciplinados da mão de obra e os roubos contumazes de ferramentas e matérias-primas, ambas usadas na confecção de isqueiros e outros bens ilegais destinados ao mercado clandestino.

E ainda mais relevante: os comitês de fábrica haviam se integrado a um movimento de protesto cada vez maior, cujo alvo era a ditadura bolchevique. A classe trabalhadora ainda era tão combativa quanto em 1917 — mas, agora, a ira operária voltava-se para o partido que governava em seu nome. Na primavera de 1918, greves e manifestações tomaram conta de todos os principais distritos industriais do país, inclusive dos antigos bastiões bolcheviques, Moscou e Petrogrado. Muitos dos descontentes exerciam funções essenciais à economia. Eles queixavam-se de falta de pão e medo do desemprego; acusavam o chamado Estado Proletário de nada ter feito para lhes propiciar melhores condições de vida. O movimento trouxe à tona uma desilusão generalizada em relação à política, quase sempre combinada com uma vaga hostilidade para com os bolcheviques (afinal, estes eram o partido no poder). Segundo Gorki, "os trabalhadores cuspiam à menção do nome de qualquer bolchevique". Esse cinismo era bem resumido pelo lema que começou a aparecer gravado nos muros das cidades: "Abaixo Lênin e a carne de cavalo! Queremos o tsar e carne de porco!"[61] Para uma parcela do proletariado, no entanto, a política ainda fazia sentido; e isto aplicava-se em especial àqueles com passado de militância menchevique ou SR, que tinham uma visão alternativa para contrapor à dos bolcheviques. A reação deste grupo à crise transformar-se-ia nas Assembleias Extraordinárias de Representantes de Fábricas, a mais forte ameaça feita pela classe trabalhadora ao poder bolchevique.

As Assembleias Extraordinárias eram formadas pela base do movimento operário. Criadas em março, três meses depois, no auge de sua influência, já contavam com a participação de centenas de milhares de trabalhadores. Mencheviques e SRs desempenharam papel proeminente na liderança nacional destes organismos; seus ativistas encabeçaram as reuniões realizadas nas fábricas. A primavera marcou a volta do prestígio dos dois partidos nos centros industriais. Firmando um pacto eleitoral, eles conseguiram derrotar os bolcheviques em várias votações nos Sovietes regionais. Contudo, apesar do antagonismo cada vez mais claro, isso não lhes trouxe grande benefício, posto que continuavam a participar das instâncias governamentais.[62] É bem verdade que as resoluções aprovadas nas fábricas afinavam-se com suas teses, condenando o fechamento da Assembleia Constituinte, o Tratado de Brest-Litovsk e a repressão aos opositores do regime. Talvez porque eles próprios redigissem as propostas a serem votadas, ou acrescentassem tais reivindicações às dos trabalhadores. Numa terceira hipótese: ao passá-las para o papel, adaptavam-nas conforme suas conveniências. De qualquer modo, a julgar pelas minutas das reuniões fabris, os operários sentiam que a promessa de uma "revolução dos trabalhadores" — que no outono de 1917 levara muitos deles a apoiar os bolcheviques — não fora cumprida. Ou, como declararam os grevistas de Sormovo, em junho: "O regime soviético, criado em nosso nome, tornou-se completamente alheio a nós. Prometeu conduzir os trabalhadores ao socialismo, mas só os guiou a fábricas vazias e à destituição." Até onde é possível saber, esta era uma certeza partilhada por todos os operários politizados — incluída uma grande fatia das bases bolcheviques, muitas das quais juntaram-se ao movimento das Assembleias Extraordinárias. Mesmo o comitê partidário do distrito de Vyborg, em Petrogrado, baluarte da militância bolchevique em 1917, distribuía propaganda destas assembleias a seus membros.[63]

Em abril de 1918, Lênin chegara à conclusão de que a indústria tinha que passar ao controle estatal, acabando com o domínio dos trabalhadores e suas comissões colegiadas. A ideia era impor uma estrutura gerencial nos moldes tradicionais, capaz de instaurar a disciplina na produção. Em "As Tarefas Imediatas do Poder Soviético", escrito naquele mesmo mês, Lênin propunha o fim da ofensiva da classe operária contra o sistema industrial capitalista, em prol dos interesses mais amplos da reconstrução econômica. A habilidade técnica dos administradores "burgueses" precisava ser posta a serviço dos interesses do Estado; isto, ainda segundo ele próprio admitia, significaria usar métodos capitalistas para erguer a ordem socialista. Embora indo contra os princípios igualitários da esquerda, seria necessário atribuir salários polpudos aos executivos burgueses e lhes devolver a autoridade perdida nas linhas de montagem, de modo a garantir que cooperassem com o regime soviético. Lênin considerava que aceitar tais medidas funcionaria como uma espécie de "tributo" a ser pago pela classe trabalhadora, já que esta ainda não havia se preparado para assumir as tarefas de gerenciamento fabril. Os ideais de igualdade tinham se ser sacrificados pelo bem da eficiência.[64]

A partir de então, os bolcheviques começaram a encorajar o processo de nacionalização, a segunda proposta mais importante do comunismo de guerra, só precedida pela extinção do mercado. Até aquele momento, a nacionalização fora uma medida praticamente implementada pelas bases, uma iniciativa dos sovietes locais e das organizações operárias. A iniciativa ganhara caráter revolucionário à medida que os trabalhadores usaram o processo para se imporem aos administradores das unidades de produção, tomando a frente das decisões gerenciais. Agora, com o respaldo de Lênin, o encargo passara ao Estado central e seu Conselho de Todas as Rússias para a Economia (VSNKh), que substituiu o sistema administrativo fabril operário por executivos capitalistas nomeados pelo regime. Objetivo: disciplinar a produção. Na prática, significava transferir o centro de decisões do poder industrial, em mãos dos comitês de fábrica e sindicatos, para o aparato administrativo do partido-Estado.[65]

Esta mudança política foi motivada pela crescente ameaça em que se transformara a classe trabalhadora. O caminho mais fácil para impedir que as organizações fabris agissem como canal do movimento de oposição operário era forçá-las a ordens centralizadas. O decreto do Sovnarkom determinando a nacionalização da maioria das grandes empresas russas foi baixado em 28 de junho, três dias antes de uma greve geral em Petrogrado, convocada pelas Assembleias Extraordinárias em protesto contra o regime bolchevista. Embora o decreto estivesse em estudo havia semanas, sem dúvida sua publicação foi ditada pela necessidade de esvaziar a paralisação prevista para as próximas 72 horas.* Desde 9 de maio, quando, em Kolpino, subúrbio de

* O decreto afetou muitas empresas de sociedade anônima de propriedade alemã, embora o Tratado de Brest-Litovsk previsse que, a partir de 1º de julho, em caso de nacionalização, os donos teriam direito à indenização integral (Malle, *Economic*, 59-61.).

Petrogrado, a Cheka abrira fogo contra uma multidão de manifestantes, havia uma espiral de greves e protestos fabris, levando à paralisação virtual da produção. Nas cidades onde havia eleições livres, mencheviques e SRs saíram vencedores. Em suma, parecia que qualquer greve não coibida na capital poderia se transformar em algo de alcance nacional, talvez provocando a queda do regime. Aquele também era um momento crítico da guerra civil, pois tchecos e SRs construíam uma base de poder no Volga e disseminavam-se revoltas na retaguarda Vermelha. Em 20 de junho, um bolchevique — o Comissário de Imprensa, Volodarsky — foi assassinado por um SR. A liderança soviética temia ser o começo de um *coup d'état* deslanchado pelos mencheviques e SRs. Era, portanto, indispensável impor o controle estatal às fábricas e dar fim à ameaça de greve geral na última fortaleza de poder ainda existente: Petrogrado.

O Decreto de Nacionalização transferiu a administração das fábricas das organizações operárias para a engrenagem partidária. O partido-patrão recorreu a ameaças de demissões para evitar que os trabalhadores colocassem em prática a greve já agendada. Os organizadores do movimento acabaram presos — em especial aqueles conhecidos por suas ligações com SRs e mencheviques; dezenas deles foram fuzilados, sob a acusação de "contrarrevolucionários". Dada tamanha intimidação, não é de surpreender que poucos operários saíssem às ruas em favor da greve geral. Os bolcheviques venceram; as Assembleias Extraordinárias foram banidas, seus líderes encarcerados e os sindicatos dissidentes submetidos a expurgos. Mencheviques e SRs acabaram expulsos dos sovietes e, tachados de "contrarrevolucionários", caíram na clandestinidade. Os últimos jornais de oposição foram fechados. Até mesmo o *Novaia zhizn'*, de Gorki, que ajudara a organizar a greve da capital e costumava dar apoio às Assembleias Extraordinárias, deixou de existir em 16 de julho. "Rumamos para a guerra civil total", escreveu ele a Ekaterina, mergulhado na melancolia. "Parece que será um conflito sangrento... Oh, como é duro viver na Rússia! Somos todos muito estúpidos — fantasticamente estúpidos."[66]

3. A cor do sangue

Embora soe estranho, Lênin só tornou-se um nome e uma imagem nacionais em setembro de 1918 — e, então, só porque estivera às raias da morte. Durante os primeiros dez meses de governo bolchevique, ele mal foi visto em público. Na véspera de Ano-novo, os tiros disparados contra o carro do líder da revolução mundial fizeram-no temeroso de novos atentados; depois deste episódio, ele raramente se aventurava a deixar seus aposentos, no Smolny ou no Kremlin, sempre muito bem vigiados. "Naquelas primeiras semanas, ninguém sequer conhecia o rosto de Lênin", registrou Krupskaya. "À noite, ele vagava pelos corredores... sem ser reconhecido, pois na época ainda não havia nenhum retrato seu."[67]*

* A primeira fotografia oficial de Lênin data de janeiro de 1918.

No entanto, tudo mudara em 30 de agosto. Lênin fora à fábrica Mikhelson, num subúrbio ao sul de Moscou, disposto a mais uma arenga oficial sobre a necessidade de a classe trabalhadora defender a revolução. Para as lideranças bolcheviques, discursos assim já faziam parte da programação das tardes de sextas-feiras. Naquele dia, porém, já se sabia que Leonid Kannegiser, um SR, matara Uritsky, chefe da Cheka de Petrogrado. A família do líder máximo bolchevique solicitara o cancelamento da visita à fábrica, mas ele preferira honrar o compromisso. Assim, ao deixar as instalações da Mikhelson, foi alvo de três tiros, disparados por uma mulher chamada Fanny Kaplan, que saíra da massa e se aproximara sem ser notada. Enquanto permanecia caído no chão, seus seguranças particulares perseguiam a quase homicida. No caminho de volta para o Kremlin, Lênin parecia estar morrendo. Uma das balas se alojara no pescoço, que sangrava copiosamente, e a hemorragia atingira um dos pulmões. Mesmo em tal circunstância, o ferido fez questão de se certificar de que os médicos chamados eram bolcheviques. Ao longo dos dias seguintes, Lênin ficou entre a vida e a morte. A melhora aconteceu aos poucos até que, em 25 de setembro, os especialistas o consideraram recuperado o bastante para viajar com Krupskaya rumo a Gorki, uma aldeia nas cercanias de Moscou, onde completaria a sua convalescença. A propriedade fora requisitada do proprietário exclusivamente para o desfrute de Lênin.

Seu pronto restabelecimento foi entendido como um milagre pela imprensa bolchevista. Lênin foi comparado a Jesus Cristo, como se fora alguém abençoado com poderes sobrenaturais, capaz de sacrificar a própria vida pelo bem do povo. Bukharin, editor do *Pravda*, alegou que, ao ser baleado, Lênin recusara qualquer ajuda e, "com os pulmões perfurados ainda sangrando", retornara ao trabalho imediatamente, de modo a se assegurar de que a "locomotiva" da revolução continuava avançando. Num panfleto especial para distribuição em massa, Zinoviev saudou Lênin como a um filho de camponês que "fizera a revolução". "Ele é o escolhido de milhões. É líder pela graça de Deus. Uma liderança assim só nasce a cada 500 anos." Pencas de outros elogios apareceram na imprensa nas semanas após o atentado. Segundo o noticiário, os trabalhadores só tinham uma preocupação: a saúde de seu guia. Foi então que começaram a surgir, nas ruas, cartazes de Lênin. E ele deixou-se filmar para um documentário, *Vladimir Ilitch de volta ao Kremlin*, exibido, naquele outono, em toda Moscou, para acabar com o rumor crescente de que o homem forte da Rússia havia sido assassinado. Era o começo do culto a Lênin — um culto planejado pelos bolcheviques, ao que tudo indica contra a vontade do ídolo.* A ideia era alçá-lo à categoria de "tsar do povo".[68]

* Segundo Bonch-Bruevich, Lênin desaprovava o culto à sua imagem (a ideologia marxista negava a importância do indivíduo na história) e após recuperar-se tentou contê-lo (Bonch-Bruevich, *Vospominaniia o Lenine*, 337-40).

Sob alguns aspectos, a adoração a Lênin lembrava as homenagens prestadas à figura divina do tsar, remontando à prática medieval que canonizava príncipes que tombaram, ainda na flor da idade, a serviço do país. Mas o culto a Lênin também tinha inovações, pois se inspirava nos mitos folclóricos de líderes populares que haviam combatido os Romanov, como Stenka Razin ou Emelian Pugachev, ungidos com poderes mágicos e redentores. Eis a mistura de cristianismo camponês e mito pagão que, na consciência da gente comum, havia muito associara a revolução à busca da verdade e da justiça *(pravda)*. No lançamento do culto à sua personalidade insistiu-se propositalmente nesta fórmula — "Lênin não pode morrer" — declarou um dos hagiógrafos, em 1º de setembro, "pois ele é extensão dos oprimidos. Enquanto o proletariado viver, Lênin vive." Ele era o Cristo dos operários. Outros suscitaram a "vontade do proletariado", que interviera miraculosamente e, como um crucifixo, ou um botão do paletó do líder, evitara que as balas de Kaplan causassem ferimentos letais. Publicaram-se poemas, descrevendo Lênin como um mártir enviado por Deus para sofrer pelos pobres.

> Você veio para amenizar
> Nosso tormento cruciante,
> Você veio como nosso líder, para destruir
> Os inimigos do proletariado.
> Não esqueceremos o sofrimento.
> Que você, nosso guia, suportou por nós.
> Você fez-se mártir...

Logo após os tiros, surgiu uma biografia de Ilitch destinada à leitura operária. Com um título que nos remete de pronto aos cultos a Stálin e Mao — *O grande líder da revolução dos trabalhadores* —, o texto trata Lênin como alguém extremamente sábio, um super-homem, quase um semideus, amado por todos os seus protegidos. Um panfleto similar para consumo rural — *O líder dos pobres rurais, V. I. Ulianov Lênin* — mereceu uma edição de 100 mil exemplares e apresentava algumas semelhanças com *As vidas dos santos*, leitura favorita nas aldeias. Entre os camponeses, passaram a circular todos os tipos de mitologias a respeito de Lênin, o guerreiro na luta pela verdade e justiça. Pela primeira vez, fotografias do "padroeiro" surgiram em povoados remotos; e não raro, ganharam posição de destaque nas cabanas, ocupando o "canto vermelho", o "local sagrado" onde ícones e retratos do tsar eram tradicionalmente guardados.[69]

Fanny Kaplan, a autora do atentado frustrado, era uma jovem judia, ex-anarquista metamorfoseada em SR. Fizera questão de dizer à Cheka que responderia sozinha pela tentativa de homicídio daquele que "traíra a revolução" e que, "vivendo mais, só faria adiar por décadas o ideal do socialismo". Kaplan permaneceu presa na mesma cela do Lubianka onde o diplomata britânico Bruce Lockhart se encontrava preso, suspeito de ter participado no episódio. Ele a descreveu, entrando na cadeia, assim:

> Vestida de preto, cabelo da mesma cor e olhos fitos em algum ponto distante, olheiras. Seu rosto estava lívido. Os traços, marcadamente judeus, não pareciam atraentes. Aparentava entre vinte e trinta e cinco anos. Imaginamos que se tratasse de Kaplan. Sem dúvida, os bolcheviques esperavam que ela demonstrasse nos reconhecer.

Mas isto não aconteceu. Em 3 de setembro, Kaplan foi levada ao Kremlin e, presumivelmente, teria sido torturada antes de ser fuzilada (e seus restos mortais, destruídos, sem que sobrasse qualquer vestígio). Segundo Angelica Balabanoff, que se tornaria secretária do Comintern, Krupskaya chorou ao imaginá-la como a primeira revolucionária morta pelo governo também revolucionário.[70] Deve ter chorado muitíssimo mais pelos milhares de outros revolucionários que, não muito tempo depois, seriam assassinados em absurda vingança contra os ferimentos sofridos por seu marido.

Embora tenha negado, Kaplan foi acusada de trabalhar para os SRs e os países do Ocidente.* Eis mais uma "prova" da teoria paranoica, segundo a qual o regime estava cercado de inimigos, obrigado a travar uma guerra constante contra seus desafetos para sobreviver. A imprensa bolchevista exigiu retaliações em massa; após incensar o líder bolchevique, os periódicos lançaram uma campanha cheia de ódio contra os inimigos do "ídolo". Em 1º de setembro, o *Krasnaia gazeta*, um órgão de circulação em massa, deu o tom da virulência que se seguiria.

> Sem piedade, mataremos nossos antagonistas, às centenas. Que sejam milhares, que se afoguem no próprio sangue. Para o sangue de Lênin e Uritsky devem haver torrentes de sangue burguês — muito sangue, tanto quanto possível.

Peters, o segundo homem mais importante da Cheka, denunciou o atentado contra Lênin como um ataque a toda a classe trabalhadora e convocou os operários a

* A acusação ressurgiu por ocasião do julgamento dos SRs, em 1922, quando se disse que Kaplan fora recrutada pela Organização de Combate SR, uma célula terrorista clandestina, não oficialmente ligada ao Comitê Central SR (cuja maioria se mudara para Samara, em agosto de 1918), mas ainda assim respaldada por alguns de seus membros. (i.e., Gots), que ainda viviam em Moscou. Em 20 de junho, esta Organização de Combate assassinara o comissário bolchevique Volodarsky e tentara matar Trótski, a caminho da frente leste. O atentado frustrou-se porque, à última hora, ele decidiu embarcar em outro trem.

"esmagar a hidra da contrarrevolução", valendo-se da coação em grande escala. O Comissário para Assuntos Internos ordenou aos Sovietes "que prendessem todos os SRs, imediatamente", fazendo o máximo de reféns "burgueses e oficiais" e fuzilando-os à "menor resistência".[71] Fora dado o sinal para o início do Terror Vermelho.

O Terror Vermelho não surgiu do nada; desde o início, era implícito ao regime. Como Kamenev e seus seguidores haviam advertido o partido, em outubro, o fato de Lênin ter tomado o poder pela força — e sua aversão à democracia — só poderia desaguar num governo movido pelos mais absurdos constrangimentos. Cada vez mais, os bolcheviques viam-se obrigados a recorrer ao terror para silenciar rivais políticos e subjugar uma sociedade que não podiam controlar por outros meios.

Lênin sempre aceitara sem ressalvas a necessidade de usar o terror em "defesa da revolução". Afinal, tratava-se de uma arma útil à "guerra civil". Evidentemente, ele tomara a precaução de se manter publicamente afastado das instituições encarregadas de disseminar a repressão. Cabia a terceiros assinar as sentenças de morte. Isto ajudava a fomentar o mito de que Lênin era um "tsar" bom e amável, que nada tinha a ver com os malfeitos de seus *oprichniki*. Mas, nos bastidores, ele era o maior dos paladinos do Terror Vermelho. Em 26 de outubro de 1917, o II Congresso dos Sovietes aprovara uma resolução proposta por Kamenev, que abolia a pena capital. Lênin faltou à votação e, ao tomar conhecimento do que acontecera, explodiu em fúria:

> Absurdo, como se pode fazer uma revolução sem pelotões de fuzilamento? Vocês esperam vencer os inimigos se desarmando? Que outros instrumentos de repressão existem? Prisões? Quem dá importância a isto durante a guerra civil?

Lênin entendia o terror como uma ferramenta da luta de classes contra a "burguesia". Desde a primeira hora, através do lema "saquear os saqueadores!", ele encorajara o ataque dos menos privilegiados aos ricos e favorecidos. "Devemos estimular a energia e a natureza do povo para a violência", escreveu ele, em junho.[72] Como observamos no capítulo 11, o terror em massa dera aos bolcheviques uma forte base de apoio emocional entre os elementos mais pobres, que se rejubilavam ao ver a derrocada dos abastados e poderosos, conquanto isto não significasse alguma melhoria de vida. Assim, nos primórdios, o funcionamento da Cheka caracterizou-se por uma opressão generalizada.

Desde que fora criada, em novembro de 1917, a Cheka crescera a olhos vistos. Ao ocupar sua primeira sede, em Petrogrado, o órgão dispunha de um quadro de pessoal mínimo. Seu dirigente máximo, Dzerzhinsky, carregava todos os arquivos em sua pasta pessoal. No fim de março, quando o governo transferiu-se para

Moscou, a polícia política instalou-se no infame edifício Lubianka (antes ocupado pela Seguradora Lloyd), o número de funcionários já ultrapassava a casa dos 600, chegando a mil três meses depois, dados que não incluem as tropas de segurança. Longe da capital, o crescimento da Cheka foi mais lento; em setembro, porém, ao se desencadear o Terror Vermelho, quase todas as províncias e distritos já dispunham de um braço repressivo.[73]

Verdadeiro Estado dentro do Estado, a Cheka abarcava praticamente todos os aspectos da vida soviética — da luta contra os reacionários ao licenciamento de cães —, nada escapava à vigilância de seus homens. Desde o começo, a organização operou fora da lei. Sem sucesso, o Comissariado de Justiça tentou subordiná-la à sua alçada. Portas esmurradas, no meio da noite, interrogatórios e prisões não respaldadas por acusações formais, tortura e execuções sumárias — tais eram os seus métodos usuais. Nas palavras de um de seus fundadores:

> A Cheka não é uma comissão de investigações, uma corte ou um tribunal. É um órgão de combate na frente interna da guerra civil... Não julga, fuzila. Não perdoa, destrói todos aqueles apanhados do outro lado da barricada.[74]

Nos primeiros meses do poder bolchevique, a Cheka não se mostrou tão voraz. Entre dezembro e julho, a imprensa contabilizou 884 execuções. A presença dos SRs de esquerda — que se juntaram ao organismo de repressão, em janeiro, nele permanecendo mesmo após terem se exonerado do Sovnarkom, em março — restringira a sua influência. Para isto também contribuíram os protestos públicos, em especial os promovidos por trabalhadores em greve, cujas resoluções quase sempre criticavam o Terror. O tempo em que o país viveria sob as garras da Cheka ainda não chegara. Tomemos, por exemplo, o famoso incidente no Circo de Moscou. Numa sessão, os nada pândegos membros da Cheka ofenderam-se com as anedotas antissoviéticas do palhaço Bim-Bom e invadiram o picadeiro, a fim de prendê-lo. Num primeiro momento, a plateia pensou tratar-se de mais uma atração; mas o artista fugiu e seus perseguidores atiraram nele, pelas costas. Houve uma gritaria e o pânico tomou conta do lugar. Logo, a cidade estava cheia de comentários a respeito do caso, e veementes censuras públicas à atitude da polícia. Centenas de pessoas compareceram ao enterro de Bim-Bom transformando a cerimônia em manifestação de desagravo.[75]

Nos primeiros estágios do Terror, as prisões costumavam ser aleatórias. E isto devia-se à natureza caótica do estado policial recém-nascido: virtualmente qualquer um podia ser enjaulado, acusado por um desafeto qualquer ou ao bel-prazer do chefe da Cheka. Nos primeiros meses, todos os tipos de pessoas enchiam as prisões do órgão. Em fevereiro, o príncipe Lvov, encarcerado em Ekaterinburg, descreveu seus companheiros de cela como “muito heterogêneos”, de nobres e padres a camponeses. Mesmo o primo de Lênin, Viktor Ardashev, foi preso e fuzilado pela Cheka, em Ekaterinburg, no mês de janeiro de 1918. O líder bolchevique só veio a descobrir o fato meses depois, quando, graças aos bons serviços de um burocrata, quis mandar lembranças ao parente e soube que ele estava morto. Parece que Lênin gostava muito do pobre coitado, embora a afeição não fosse recíproca. Ardashev fora um kadet proeminente em Ekaterinburg, tendo organizado uma greve de funcionários públicos contra o governo bolchevique.[76]

Dois fatos marcaram o acirramento do Terror Vermelho: o levante da esquerda SR e o assassinato da família imperial.

O levante da esquerda SR foi um dos episódios mais farsescos da história da revolução e mostra bem a quanto chegava a ingenuidade desta facção. Ainda mais admirável é que tanta singeleza tenha se feito sentir numa oportunidade crucial em que o grupo poderia ter derrubado os bolcheviques. Ao que parece, o sucesso não estava nos planos dos SRs esquerdistas. Eles não pretendiam um *coup d'état*, e sim um ato suicida de protesto público com vistas a galvanizar "as massas" contra o regime. Na verdade, uma situação algo parecida àquela promovida pelos bolcheviques em julho de 1917. Em hora alguma a esquerda SR pensou em tomar o poder; a proposta era apenas "brincar" de revolução.

Os ideais que, em dezembro, haviam levado a esquerda SR ao Sovnarkom, em junho já lhes pareciam estar condenados. A ação dos Sovietes havia sido sufocada pela ditadura. Os interesses do campesinato haviam sucumbido ao peso do monopólio dos grãos e dos *kombedy*. As liberdades civis haviam deixado de existir e, com elas, a tola presunção da esquerda SR de que, somando-se ao governo bolchevique, conteria os abusos de poder. No entanto, o maior dos desapontamentos foi o Tratado de Brest-Litovsk. Como os comunistas de esquerda, aquela facção SR acreditava que o tratado transformara a Rússia em vassala dos germânicos, desistindo, assim, da única esperança de plantar o socialismo no Ocidente por meio de uma guerra revolucionária contra os imperialistas. Os SRs de esquerda reprovaram os bolcheviques pela assinatura da paz, classificando-os de traidores da revolução. Ato contínuo, afastaram-se do Sovnarkom, embora permanecessem representados na Executiva do Soviete e, ironicamente, na Cheka. O embaixador alemão, conde Mirbach, que chegara à Rússia na segunda quinzena de abril, marcando a retomada de relações diplomáticas entre os dois países,* tornou-se um alvo fácil das ameaças terroristas dos SRs de esquerda, que planejavam dar fim à temporada de concórdia com o kaiser.

A campanha de oposição barulhenta chegou ao cume no V Congresso dos Sovietes, realizado no Teatro Bolshoi, em 4 de julho. Dado o alheamento dos bolche-

* Foi nesta época, e em Berlim, que a Rússia soviética criou sua primeira representação diplomática no exterior.

viques, naquela primavera a esquerda SR conseguira eleger uma ampla delegação, embora não tão grande quanto esperava. Mesmo assim, suspeita-se que os homens no poder lotaram o congresso com gente de suas fileiras. A esquerda SR alegava ser mandatária das "massas", que haviam apoiado a "revolução soviética", mas que se sentiam atraiçoadas por Lênin e companhia. Kamkov e Spiridonova, os dois principais líderes da facção SR, falaram contra as políticas bolchevistas. No topo da lista de críticas estava a "paz desonrosa", que teria vendido os trabalhadores e os camponeses da Ucrânia aos imperialistas alemães. Era hora de retomar a guerra revolucionária, afirmou a dupla, erguendo os punhos para o camarote imperial, como se para afrontar o conde Mirbach que, caso o teatro estivesse aberto para um balé ou ópera, se sentaria naquele lugar.

Dois dias depois, o diplomata foi assassinado. No entender dos SR de esquerda, este ato de terror romperia a paz entre russos e alemães, provocando uma ofensiva. Como as bombas dos terroristas do século XIX, seria capaz de levar a um levante popular contra o regime. A sentença de morte de Mirbach fora decidida na noite do dia 4, após a primeira sessão do congresso, quando ficara claro que a esquerda SR não conseguiria maioria necessária à mudança no rumo das políticas pró-germânicas e anticamponesas. A moção da ala de descontentes — propondo um voto de desconfiança aos bolcheviques — tentou conquistar o apoio dos comunistas de esquerda, mas não foi aprovada. Cabisbaixos, seus autores abandonaram o recinto. Spiridonova, cuja aparência polida nunca escondeu a verve terrorista, foi a mentora intelectual e encarregada dos preparativos destinados a dar um fim em Mirbach. Ela atribuiu a tarefa a Yakov Bliumkin, seu correligionário e membro da Cheka, já convenientemente incumbido de manter vigilância sobre cidadãos alemães, e o fotógrafo que trabalhava com ele, Nikolai Andreev. Na tarde do dia 6, ambos agendaram um encontro com o embaixador, sob o pretexto de discutirem o caso de um certo conde Robert Mirbach, alegado parente do diplomata e preso sob suspeita de espionagem. Ao fim de uma conversa breve, sacaram os revólveres e abriram fogo. Escapando dos tiros, Mirbach tentou fugir e Bliumkin lançou contra ele uma granada, ferindo-o mortalmente. A dupla fugiu pela janela e, num carro que já os aguardava na rua, tomou o rumo do quartel Pokrovsky, sede do Destacamento de Combate da Cheka, sob o comando de Dmitrii Popov, outro importante SR de esquerda. Dali, segundo os planos, partiria o levante contra o regime. Ao tomar conhecimento do ocorrido, Lênin entrou em contato com a embaixada alemã, desculpando-se. Em toda a história russa, jamais um chefe de Estado sofrera tamanha humilhação.

Horas depois, Dzerzhinsky foi ao Pokrovsky e exigiu que Bliumkin e Andreev se entregassem, concordando em serem presos. Mas o Destacamento de Combate da Cheka foi mais rápido e prendeu o chefe do órgão, declarando obediência à revolta. Os insurgentes, então, ocuparam as acomodações da Cheka no Lubianka, capturando Latsis, que ocupara interinamente o posto de Dzerzhinsky. Aquele não era um levante popular, mas uma tentativa de golpe palaciano, urdida nos domínios da Cheka: todo o episódio devia-se à negligência nada peculiar do regime soviético. A esquerda SR conseguira obter sete dos vinte postos de direção da Cheka. Dzerzhinsky nomeara o SR de esquerda Alexandrovich como seu auxiliar direto e permitira que ele montasse o Destacamento de Combate, recrutando apenas correligionários seus. Na noite do dia 6, Alexandrovich — segundo Spiridonova, ele nada sabia da trama para assassinar Mirbach e só se juntou à sublevação após a consumação dos fatos — assumiu o comando das tropas rebeldes.

A esta altura, nada se fizera, ainda, para evitar que a esquerda SR tomasse o poder. O grosso das brigadas letonianas de carabineiros — único contingente bem treinado e confiável, aquartelado na capital — celebrava o Dia de São João, em Khodynka, palco do desastre ocorrido durante a coroação de Nicolau II, em 1896. Devido à forte neblina e à chuva torrencial, os letonianos ficaram impedidos de voltar à cidade a tempo de socorrer o governo. Lênin ficou em pânico total: como Kerenski, em outubro, não dispunha de tropas em condições de defender seu regime. Já passava de meia-noite quando Vatsetis, comandante letão responsável pela defesa dos soviéticos, foi chamado ao Kremlin. Segundo seu testemunho, "a atmosfera recendia a uma frente de batalha". Antes de mais nada, Lênin perguntou: "Camarada, podemos aguentar até de manhã?"[77]

Todavia, a esquerda SR não soube aproveitar essa vantagem militar inicial. O partido mostrou-se muito pouco interessado na tomada do poder, objetivando tão somente provocar um levante popular que obrigasse os bolcheviques a mudar suas políticas. Os revoltosos não faziam a mínima ideia do alcance da empreitada, satisfazendo-se em deixar seu desfecho por conta da "criatividade revolucionária das massas". "Poetas da revolução" eram anarquistas de coração. Em cada estágio de seu relacionamento com os bolcheviques, os SRs de esquerda haviam sido logrados; e, mesmo agora, quando os tinham nas mãos, não sabiam como agir. Em vez de marcharem rumo ao Kremlin, as lideranças seguiram para o Teatro Bolshoi, onde o Congresso dos Sovietes continuava reunido. Spirodonova fez um discurso longo e caracteristicamente histérico contra o regime bolchevique. Enquanto falava, os guardas que cuidavam da segurança do congresso cercaram o prédio e bloquearam todas as saídas. Os delegados bolcheviques foram autorizados a sair. Todos os demais acabaram presos. A esquerda SR fora pega numa armadilha.

Naquela mesma noite, o governo recuperou o Lubianka. Quando o dia estava prestes a nascer, as forças de Vatseti derrotaram o Destacamento de Combate, em Pokrovsky. Ele recebeu 10 mil rublos dos agradecidos bolcheviques e, de quebra, o comando da frente leste. Em setembro, assumiria autoridade sobre todo o Exército Vermelho, muito embora os SRs tenham sido derrotados mais por si mesmos. Steinberg afirmou que o levante fracassara "não pelo fato de seus líderes serem covardes, mas porque a meta não consistia em derrubar o governo".

Várias centenas de rebeldes foram presos. Para Alexandrovich e uma dúzia de outras lideranças do Destacamento de Combate, o castigo veio na forma de execução sumária, cumprida no dia seguinte à sublevação. A maioria dos demais cabeças da facção foi julgada em novembro e, por conta das condições políticas da época, teve a sorte de penas extraordinariamente benevolentes e, mais tarde, acabou anistiada. Alguns dos bolcheviques sequer queriam que houvesse condenação. Spiridonova foi sentenciada a um ano de prisão e, após o indulto, encarcerada de novo em fevereiro de 1919. Estigmatizada como lunática, desta vez ocupou a cadeia do Kremlin, da qual escapou, juntando-se aos bolcheviques. Como partido, a esquerda SR morrera. Expulsos dos Sovietes, seus ativistas mergulharam na clandestinidade. Centenas pereceram atrás das grades ou diante de pelotões de fuzilamento.[78] Outros — que haviam sido contrários ao movimento de julho — racharam na tentativa de formar um novo partido, chamado Comunistas Revolucionários. Com a ruína dos SRs esquerdistas, único freio às atrocidades da Cheka, uma nova onda de terror apoderou-se do país. Ironicamente, e justo por seu envolvimento com a Cheka, a esquerda SR foi sua primeira vítima.

Após abdicar em março de 1917, Nicolau Romanov (como passara a ser chamado) gozava de prisão domiciliar (ou palaciana), ao lado da família e de seus serviçais, em Tsarskoie Seló. À parte as limitações de movimento, as privações quase inexistiam: os gastos com alimentação da comitiva imperial eram mantidos longe dos ouvidos da imprensa, para evitar que causassem ultraje público.[79] A rotina nos meses de privação de liberdade não diferia muito de uma grande festa "eduardiana" — a não ser pelo fato de os "convidados" estarem confinados a determinados cômodos e, em vez das caçadas de praxe, se exercitarem com breves caminhadas pelo jardim, observados de perto pelos guardas.

Nicolau não demonstrara tristeza por ter perdido o poder. Seu diário prova que vivia, a partir de então, os dias mais felizes que lhe fora dado viver. Livre do fardo dos despachos, que sempre suportara com desagrado, podia adotar um estilo burguês com que sempre sonhara. Segundo Kerenski, que o visitara várias vezes, em Tsarskoie Seló (a ex-imperatriz insistia em referir-se a ele como Kedrinski), "todos os que o viam em seu cativeiro eram unânimes em afirmar que Nicolau II parecia de muito bom humor, desfrutando de novos hábitos. Era como se um fardo muito pesado tivesse saído de seus ombros, e ele fizesse questão de revelar o quanto se sentia aliviado". O ex-soberano preenchia os dias de calmaria jogando dominó com a família, lendo em voz alta *O conde de Monte Cristo*, dedicando-se a serviços de jardinagem, remando e rezando. E nunca dormira tão bem.[80]

Esta primeira fase de sua prisão chegou ao fim em meados de agosto, quando ele, a mulher e os filhos foram mandados para a cidade siberiana de Tobolsk. Kerenski estava preocupado com a segurança pessoal do grupo. Sempre havia o risco de uma multidão irada invadir o palácio e desferir uma vendeta contra o velho tsar; um bando de soldados de Petrogrado já tentara algo assim, em março. Após as jornadas de julho, o perigo tornara-se iminente. Inicialmente, o ex-chefe do Governo Provisório cogitou de enviar os Romanov para a Inglaterra. Em março, Jorge V, primo de Nicolau, convidara todos a uma mudança de ares. No entanto, o Soviete da capital opôs-se terminantemente à sugestão, insistindo que o ex-tsar deveria ser encarcerado na Fortaleza de Pedro e Paulo. O monarca britânico acabou retirando o convite, a fim de evitar problemas com o Partido Trabalhista, muito embora os acanhados Windsor houvessem dado cobertura à agremiação durante muito tempo.* Assim, ficou resolvido que todos seguiriam para Tobolsk, um remanso provinciano longe da influência da revolução, onde a família passou a viver relativamente confortável na casa do ex-governador. Além dos numerosos damas e cavalheiros da comitiva, os Romanov se fizeram acompanhar por dois valetes, seis camareiras, dez lacaios, três cozinheiros, quatro ajudantes de cozinha, um mordomo, um despenseiro de vinhos, uma babá, um amanuense, um barbeiro e dois cães.[81]

Nos primeiros meses de 1918, a sorte dos Romanov piorou. Eles notaram isto pela crescente rudeza dos guardas, e maiores restrições aos seus passeios, e o fim de pequenos luxos, como manteiga e café, que até então lhes haviam sido assegurados sem qualquer restrição. As mudanças estavam associadas aos acontecimentos ocorridos em fevereiro, na cidade industrial de Ekaterinburg (próxima a Tobolsk), palco de um Congresso dos Sovietes dos Urais. O encontro elegera um *presidium* liderado por Fillip Goloshchekin, veterano membro do Partido Bolchevique e amigo de Sverdlov. Os Vermelhos de Ekaterinburg eram conhecidos por sua combatividade e não escondiam a aversão que sentiam em virtude das comodidades desfrutadas pelo tsar. Pretendendo colocar as garras sobre Nicolau, decidiram passar à ação — alguns para mantê-lo preso, simplesmente, outros no intuito de executá-lo.

Goloshchekin rogou a Sverdlov que o deixasse assumir a responsabilidade sobre a família imperial, alegando que em Tobolsk o ex-imperador tinha mais chances de fugir. Circulavam rumores sobre várias conspirações monarquistas — algumas reais, algumas apenas supostas e outras inventadas —, cujo objetivo seria libertar os Romanov. Sverdlov não negou o pedido — os bolcheviques dos Urais não eram do tipo que se deve provocar — mas, na verdade, havia um plano secreto, ordenado pelo Comitê de Central, que queria o tsar de volta a Moscou. Lá, Trótski pretendia montar um grande espetáculo para julgá-lo, à maneira de Luís XVI. E já havia reservado um dos papéis principais, o de promotor, para si próprio. Segundo ele:

* A determinação da família real, recusando-se a visitar a Rússia durante os 75 anos que se seguiram ao assassinato dos Romanov, poderá parecer a muitos leitores uma boa dose de típica hipocrisia britânica.

> Um julgamento aberto que traçaria um retrato fiel de todo o reino (com relação aos camponeses, ao trabalho, às nacionalidades, às duas guerras etc.). Os procedimentos seriam transmitidos em rede nacional, pelo rádio; nas aldeias, informes seriam lidos e comentados diariamente.[82]

Com este objetivo em mente, no início de abril Sverdlov ordenou ao comissário Vasilii Yakovlev que conduzisse Nicolau e, se possível, toda a família Romanov, vivos, até Moscou.* Na viagem, Yakovlev e seus acompanhantes deveriam passar por Ekaterinburg, de modo a não despertar suspeitas entre os bolcheviques locais que, se descobrissem o verdadeiro motivo da missão, poderiam sequestrar o grupo e executar o ex-tsar. De fato, em abril o Soviete da Região dos Urais aprovara uma resolução com esta finalidade; e Zaslavsky, um dos comissários de Ekaterinburg, chegara a preparar uma emboscada para raptar Nicolau. "Não devemos perder nosso tempo com os Romanov", disse Zaslavsky a Yakovlev quando este alcançara Tobolsk. "Devemos dar cabo deles."[83]

A jornada entre as duas cidades era cheia de perigos. Já começara o degelo da primavera e as estradas estavam inundadas; o único filho homem de Nicolau, novamente acometido de crise de hemofilia, parecia doente demais para poder viajar. Yakovlev recebeu instruções de Moscou para abandonar o restante dos Romanov em Tobolsk e carregar apenas o ex-tsar. Mas Alexandra não se separaria do marido** e ambos resolveram partir juntos, levando consigo apenas uma das crianças e deixando as quatro outras (que seguiriam depois). O casal e um dos rebentos saíram de casa numa carroça aberta, rumo a Tiumen, o ramal ferroviário mais próximo, a cerca de 270 km de distância. No caminho, atravessaram Pokrovskoe, aldeia natal de Rasputin. A imperatriz decaída anotou em seu diário: "Passamos em frente à casa de nosso amigo e vislumbramos a família e conhecidos, que foram à janela para nos ver."[84]

Tendo embarcado com o casal em Tiumen, Yakovlev fez-se mais alerta, por temer ataques dos bolcheviques da área. Ele ouvira que um destacamento de cavalaria

* Até bem pouco tempo, o papel histórico de Yakovlev ainda era um mistério. Sempre existiram duas teses a seu respeito: na primeira, ele estaria a serviço dos bolcheviques; na segunda, seria um agente secreto Branco planejando resgatar Nicolau e a família imperial. Documentos recentemente descobertos indicam não haver dúvida de que ele trabalhava para o regime soviético, embora seja inconteste que, em julho, enquanto no comando do II Exército Vermelho, na frente leste, tenha desertado para as tropas de Denikin (ver Radzinsky, *Last Tsar*, cap. II).

** Ambos acreditavam piamente que os bolcheviques precisavam ou queriam a assinatura de Nicolau para firmar o Tratado de Brest-Litovsk e temiam que, em Moscou, o ex-tsar fosse obrigado a fazê-lo. Eis um sinal claro do quanto estavam apartados da realidade política (ver Wilton, *Last Days of the Romanovs*, 206).

intentava interromper o curso do trem no trajeto para Ekaterinburg e se apossar das cobiçadas presas — ou "carga", como costumava se referir ao trio nas mensagens codificadas enviadas a Moscou. A presença dos cavalarianos aumentou as suspeitas de que os bolcheviques de Ekaterinburg pretendiam pôr as mãos em Nicolau para, talvez, transportá-lo até o Japão. Seguiu-se uma chuva de telegramas, com a qual Yakovlev e Goloshchekin pressionavam Sverdlov, em Moscou, a lhes passar o controle absoluto da sorte do ex-tsar. Desta vez, Sverdlov cedeu a Goloshchekin, ordenando a Yakovlev que desse meia-volta e retornasse a Ekaterinburg. Parece que o vencedor na disputa assegurara que o casal imperial seria mantido ileso, o bastante para convencer Sverdlov a autorizar que o influente líder partidário finalmente obtivesse o que tanto desejava. "Chegamos a um entendimento com os Urais", telegrafou Sverdlov a Yakovlev. "Eles já tomaram todas as providências e nos deram garantias." Yakovlev concordou, mas, profeticamente, advertiu o interlocutor que, se Nicolau fosse levado a Ekaterinburg, poucas seriam as chances de sobreviver. Sverdlov não respondeu a esta última mensagem telegráfica de Yakovlev.[85]

Nicolau e parte da família chegou a Ekaterinburg em 30 de abril; os demais Romanov juntar-se-iam a eles em 23 de maio. Ao desembarcar na estação, recebido por uma malta furiosa, o trio foi aprisionado numa grande casa branca, requisitada arbitrariamente, na véspera, a um negociante aposentado, Nikolai Ipatev. Os bolcheviques apelidaram-na de "casa sem nome". Extinguir-se-ia neste local a dinastia que governara a Rússia durante mais de 300 anos. O cotidiano resumia-se a enfado e humilhações. Uma grande cerca foi construída em torno da residência para evitar comunicação com o mundo exterior. Mais tarde, os vidros das janelas receberam uma demão de tinta. Os guardas tratavam a todos com maus modos, acompanhando Alexandra e as filhas ao lavatório, rabiscando obscenidades nas paredes e furtando pertences dos prisioneiros, armazenados num barracão erguido no jardim. Exceto durante as refeições, os Romanov eram obrigados a consumir dias e noites trancados nos quartos. Para esquecer as horas, Nicolau leu, pela primeira vez na vida, *Guerra e paz*.

Tão logo julho chegou, o destino da família foi selado. Até sua derrocada final, o regime soviético jurou de pés juntos que o crime fora perpetrado por iniciativa exclusiva dos camaradas de Ekaterinburg. Mas há nos arquivos dados conclusivos contra tal alegação, mostrando que a ordem partiu da liderança partidária, em Moscou. O fato já era conhecido no Ocidente, graças a uma observação feita por Trótski, em seu diário de 1935, referindo-se a uma conversa com Sverdlov, logo após o fim dos Romanov.

> Falando com Sverdlov, perguntei de passagem, "Ah, sim, e onde está o tsar?" "Morto", ele respondeu. "Fuzilado." "E a família?" "Também." "Todos?", inquiri, fingindo surpresa. "Todos", replicou. "Por quê?" Ele esperou minha

reação. Fiquei mudo. "E quem decidiu a questão?", disse eu, rompendo o silêncio. "Nós decidimos. Ilitch [Lênin] achava que não deveríamos deixar aos Brancos uma bandeira viva, especialmente tendo em vista as condições atuais tão adversas..." Não fiz mais perguntas e considerei o assunto encerrado.[86]

As provas encontradas nos arquivos servem apenas para preencher lacunas sobre o ocorrido. No fim de junho, Goloshchekin desembarcou em Moscou para participar do V Congresso dos Sovietes. Sua posição favorável ao extermínio dos Romanov era bastante conhecida. Houve consultas a Lênin, e a ideia acabou sendo aceita; faltava marcar a data. Em 16 de julho, já de volta a Ekaterinburg, Goloshchekin remeteu, por intermédio de Zinoviev, um telegrama cifrado a Sverdlov e Lênin, informando-os acerca da execução, ocorrida sem mais delongas, "dadas as circunstâncias militares".[87] A Legião Tcheca havia cercado a cidade e, contando apenas com o auxílio de algumas centenas de Guardas Vermelhos, os bolcheviques viam pouca chance de transferir a família imperial a um outro lugar mais seguro. Naquele mesmo dia, através de Perm, Moscou autorizou o fuzilamento, a ser realizado o quanto antes. É provável que a ordem tenha partido do próprio Lênin.[88]

Por que os bolcheviques mudaram de opinião, decidindo matar os Romanov, e deixando de lado a posição anterior de submeter Nicolau a julgamento? Basicamente devido a razões militares, embora a maioria dos historiadores, até hoje, desconsidere esta tese. Os tchecos capturaram Ekaterinburg apenas oito dias após o fim da família imperial, aos 25 de junho. Poderiam tê-lo feito vários dias antes, pois a cidade já se encontrava sitiada e os Vermelhos dispunham de muito menos tropas que seus oponentes. É duvidoso que tchecos ou Brancos quisessem fazer de uma figura triste e desacreditada, como o ex-tsar, uma "bandeira viva". Martirizado, o monarca lhes seria mais útil do que um homem que, embora respirando, estava politicamente morto. Conquanto existissem monarquistas entre seus conselheiros, Denikin e Kolchak eram inteligentes o bastante para perceber que a volta do império não passava de um sonho quimérico, definitivamente sepultado em 1917. Talvez os bolcheviques não compreendessem isto; talvez fossem vítimas da própria propaganda, acreditando que os Brancos pretendiam presentear o país com uma cabeça coroada.

Ainda assim, não há dúvida de que o fuzilamento dos Romanov deveu-se também a outros fatores. Àquela altura dos acontecimentos, os líderes partidários já não consideravam prudente colocar Nicolau no banco dos réus. Caso o fizessem, a sentença estaria dada muito antes do fim do processo — isso era evidente. Trótski — mestre dos tribunais políticos, como demonstrara em 1906, ao ser julgado — usaria toda a sua lógica brilhante para apresentar à plateia um autocrata que pretextava o direito de governar sozinho. A afirmativa poderia levar à condenação do ex-tsar, responsabilizado por todos os crimes cometidos durante seu reinado. Não havia a menor chance de o último dos Romanov contar com advogados hábeis: na época, todos os que poderiam equiparar-se a Malesherbes e a Sèze — defensores de Luís XVI — estavam presos ou no exílio. O problema é que julgar o ex-soberano significava pressupor a *possibilidade* de sua inocência, hipótese já levantada por Saint-Just quando do processo contra o rei francês. Neste caso, a legitimidade moral da revolução passaria a ser uma questão em aberto. Levar Nicolau a julgamento também significaria carregar, de roldão, os bolcheviques. Ao se darem conta disto, os donos do poder passaram da lei ao terror. A culpa de Nicolau estava mais do que provada — como dissera Saint-Just, "ninguém reina inocentemente"; tratava-se, pois, de eliminá-lo como fonte rival de legitimidade. O tsar precisava morrer para que o regime soviético vivesse.

Desde 4 de julho, a Cheka assumira a responsabilidade de vigiar os Romanov, prisioneiros na casa de Ipatev. Yakov Yurovsky, chefe local e futuro líder do pelotão de fuzilamento, era um dos homens de maior confiança de Lênin — impiedoso, honesto, perspicaz e firme. Seu irmão dizia que ele "gostava de oprimir as pessoas".[89] O assassino do tsar também era judeu — fato pelo qual toda a etnia haveria de pagar. Na madrugada de 17 de julho, data do crime, cerca de 1h30, Yurovsky acordou o médico de Nicolau, ordenando que ele despertasse os demais prisioneiros. Meia hora depois, todos desceram as escadas que davam no porão. Nicolau carregava o filho, seguido pela tsarina Alexandra, as quatro filhas, o médico e o restante da comitiva. A mais nova dentre as meninas Romanov levava o cãozinho de estimação. A pedido dos condenados, duas cadeiras foram postas à disposição da ex-imperatriz e de Alexis, mal-recuperado de uma hemorragia recente. Informados de que havia tiroteios na cidade, sendo mais seguro que se escondessem no subsolo, nenhum deles parecia ciente do que estava prestes a acontecer. Após alguns minutos, Yurovsky entrou no recinto, juntamente com o pelotão de fuzilamento — seis húngaros, em geral descritos como letonianos, e cinco russos. Cada um deles recebera a incumbência de matar um determinado prisioneiro. Porém, o cômodo era pequeno e os algozes não tinham como distinguir suas vítimas. Uns e outros se esbarravam. A falta de espaço explica a confusão que se seguiu. Em voz alta, Yurovsky leu a sentença de morte da família imperial. Perplexo, Nicolau pediu que repetisse, suas últimas palavras foram "O quê? Como?". Seguiram-se os disparos. Yurovsky usou um Colt para dar fim ao último tsar russo, que tombou na hora. A ex-imperatriz também sucumbiu sem agonia. As balas ricocheteavam nas paredes, enchendo o ambiente de fumaça. Passados alguns minutos de zoeira infernal, o serviço parecia encerrado, mas Alexis jazia ainda com vida, numa poça de sangue. Yurovsky deu dois tiros de misericórdia na cabeça do garoto. Anastasia, dando sinais de vida, foi furada a baioneta.[90]

Dadas as evidências, é inconcebível que qualquer um dos Romanov pudesse sobreviver ao massacre,* após o qual os corpos foram postos num caminhão e lan-

* O único que restou com vida foi o cãozinho.

çados no fundo de uma mina. Todavia, o local escolhido para a desova parecia raso demais e, no dia seguinte, os cadáveres foram removidos. Em busca de um sepulcro mais seguro, o caminhão atolou na lama e os improvisados coveiros resolveram abrir túmulos ali mesmo, desfazendo-se da carga desagradável, sobre cujos rostos foi despejado ácido sulfúrico — artifício destinado a evitar a identificação das vítimas, caso os restos mortais acabassem descobertos. Tanto cuidado mostrou-se desnecessário e ineficaz. As covas só foram achadas após o fim do regime soviético. Em 1992, as ossadas viajaram até a Grã-Bretanha, sendo submetidas a análises de DNA. Não há mais o que discutir: aqueles eram os corpos da família imperial.[91]

Lênin soube da execução no dia 18, durante uma sessão do Sovnarkom. Quando Sverdlov chegou com a notícia, os comissários do povo discutiam detalhes da redação de um decreto sobre questões sanitárias. O breve comunicado acerca da morte do ex-tsar foi ouvido em absoluto silêncio, rompido por Lênin, ao dizer: "Vamos tratar de ler o rascunho do decreto, artigo por artigo."[92]

O anúncio oficial foi publicado no *Izvestiia*, de 19 de julho. O jornal mencionava apenas a morte do ex-monarca, acrescentando que "a esposa e o filho de Nicolau Romanov haviam sido mandados para local seguro". Ao que tudo indica, os bolcheviques temiam as repercussões do assassinato dos filhos do soberano e dos criados. Afinal, todos eram inocentes e isto poderia lhes valer a antipatia pública. Surpreendentemente, porém, a reação foi débil. "A população de Moscou recebeu a notícia com espantosa indiferença", observou Lockhart. Pouca emoção causavam os boatos de que a família inteira perecera sob o jugo dos Vermelhos. Somente os monarquistas deixaram-se comover. Brusilov, que tinha a família real no coração e a república na mente, recusou-se a crer na veracidade dos rumores e passou a noite rezando pelos "Romanov desaparecidos". A mentira prevaleceu até 1926, quando Sokolov publicou, em Paris, *O assassinato da família imperial*, baseado nas conclusões de uma comissão criada por Kolchak. O livro impediu que a farsa se mantivesse. Contudo, nesse ínterim, nascera a lenda segundo a qual nem todos os Romanov haviam perecido. Há quem acredite nisto até hoje, a despeito da enorme quantidade de provas em contrário, o que só demonstra como, às vezes, dá-se mais crédito — e obtém-se mais lucro — com a ficção.[93]

Por que o assassinato dos Romanov tem tamanha importância para o estudo da história das revoluções? Afinal, poder-se-ia afirmar que se tratavam de uns poucos indivíduos, ao passo que as revoluções envolvem milhões de pessoas. Este é o argumento dos estudiosos marxistas, que tendem a ver o episódio como um acessório aos fatos ocorridos a partir de 1917. Nos três volumes que escreveu sobre o regime soviético, E. H. Carr só lhe reservou uma única frase, desprezando o fato de o fuzilamento de Nicolau e sua família ter sido uma declaração explícita de terror. Daí em diante, e ao longo de toda a guerra civil, seres humanos nada significaram. Certa feita, Trótski declarou: "Vamos parar com essa conversa típica de quacres papistas, a respeito da santidade da vida humana." Foi o que a Cheka fez. Logo após o fuzilamento da família imperial, Dzerzhinsky falou à imprensa, dizendo:

> A Cheka é a defesa da revolução, tanto quanto o Exército Vermelho. Assim como as tropas não podem parar para perguntar se vão ferir este ou aquele indivíduo, devendo levar em conta apenas a vitória da revolução sobre a burguesia, a Cheka também deve subjugar o inimigo, mesmo quando, ocasionalmente, sua espada atinge cabeças inocentes.[94]

Não satisfeitos com o sumiço de Nicolau, Alexandra e seus filhos, mais tarde os bolcheviques mataram outros Romanov.* Seis membros da dinastia tombaram na noite seguinte, em Alapaevsk, norte dos Urais. Tais baixas representaram uma parcela infinitesimal do Terror Vermelho.

Um dos aspectos mais horripilantes do terror era a sua natureza aleatória. Uma batida forte na porta, durante a madrugada, podia significar o fim de qualquer habitante do solo russo. Os bolcheviques justificavam tamanho absurdo como uma guerra à contrarrevolução. No entanto, eles jamais deixaram claro quem eram os "contrarrevolucionários". Na verdade, como o terror era fruto da paranoia do regime — que se considerava cercado por inimigos virulentos que, somados, pretendiam derrubá-lo —, nada mais natural que o caso Kaplan acabasse atribuído a uma pletora de adversários. A lista era imensa: a oposição menchevique e SR, a reação do Exército Branco, a intervenção Aliada, o levante de Savinkov em Yaroslavl',** as revoltas camponesas e as greves operárias. Virtualmente, tudo e todos podiam ser tachados de reacionários. Neste sentido, o Terror Vermelho representava a luta do regime contra a sociedade inteira — um meio de intimidá-la e submetê-la. "O terror é composto de crueldades desnecessárias, perpetradas por homens assustados", escrevera Engels.

---

* O grão-duque Mikhail, irmão de Nicolau, fora morto em junho.

** Vice-ministro da Guerra no governo Kerenski na época do "caso Kornilov", em 6 de julho, Boris Savinkov liderara um levante de oficiais do exército, na cidade de Yaroslavl', ao norte de Moscou. O movimento ganhou a simpatia dos trabalhadores e camponeses locais e não demorou a se espalhar pelas cidades vizinhas, Murom e Rybinsk. Tropas soviéticas reocuparam Yaroslavl' 15 dias depois e, em represália, mataram 350 oficiais e civis. As autoridades atribuíram a revolta a uma orquestração de SRs, Guardas Brancos, tchecos e Aliados. A organização clandestina de Savinkov, União em Defesa da Pátria e da Liberdade, era ligada ao Centro Nacional de Moscou, que apoiava o Exército Voluntário, recebendo auxílio financeiro dos tchecos e dos Aliados — ambos iludidos, achando que o propósito de Savinkov limitava-se a formar um novo contingente russo em condições de retomar a guerra contra as Potências Centrais. Não há prova associando os Aliados à conspiração de Savinkov, que tencionava derrubar os bolcheviques.

Uma visita às cadeias da Cheka revelaria uma gama variegada de "hóspedes". Um ex-prisioneiro da cadeia de Butyrka, em Moscou, recorda ter visto políticos, ex-juízes, comerciantes, industriais, oficiais, prostitutas, crianças,* padres, professores, estudantes, poetas, operários e lavradores dissidentes — em suma, uma bela amostra da sociedade. Gippius, a poeta de Petrogrado, observou que, durante o Terror Vermelho, "não havia, literalmente, uma única família em que alguém não tivesse sido preso, levado ou então desaparecido sem deixar rastro". Nos círculos em que ela se movia, tal afirmativa era uma verdade inquestionável.[95]

Muitas das vítimas da Cheka eram "reféns burgueses", capturados sem qualquer acusação formal e mantidos de plantão para execução sumária, caso o regime quisesse se vingar de algum suposto ato contrarrevolucionário. Evidentemente, a maioria deles não tinha nada que se assemelhasse à origem "burguesa". As batidas eram primárias demais para realizar triagens, às vezes consistindo em não mais que prisões ao léu de passantes que cometiam a infelicidade de estar numa determinada rua bloqueada pelos agentes da repressão. Muitas pessoas caíam prisioneiras em virtude de, num momento de infortúnio, estarem próximas do palco de uma "provocação burguesa" (i.e., uma troca de tiros, ou um crime). Ou devido ao parentesco, ou mera relação de amizade que as ligavam a pretensos "burgueses". Um velho acabou atrás das grades após ser flagrado pela Cheka carregando no bolso a fotografia de um homem envergando uniforme das tropas imperiais; na verdade, um parente falecido, num retrato tirado por volta de 1870. Muita gente aproveitou a arbitrariedade para se desforrar de desafetos, denunciando-os como "contrarrevolucionários burgueses". Quase sempre, tais acusações baseavam-se em pequenas desavenças e rivalidades. Yakov Khoelson, inspetor militar, acusado de discutir com duas pessoas que lhe passaram à frente na fila da Ópera de Moscou, foi preso em novembro. A dupla gritou "provocação" e informou ao porteiro do teatro que o homem e dois outros indivíduos é que haviam furado a fila. No mesmo mês, um burocrata de nome Nikolai Kochargin foi detido depois de bater boca com um colega de trabalho, que lhe pagara um empréstimo mediante cupons falsos. Kochargin procurou a Cheka e fez uma reclamação, mas o tiro saiu pela culatra; antecipando-se, o credor fizera contato com o malfadado órgão, acusando-o de negociar tíquetes forjados, e em vinte e quatro horas ele foi parar atrás das grades.[96]

Prisões arbitrárias tornaram-se muito comuns nas províncias, onde os chefes locais da Cheka desfrutavam de ainda mais liberdade de ação, escolhendo vítimas segundo suas conveniências. O princípio alardeado por Lênin — melhor prender uma centena de inocentes a correr o risco de deixar um só inimigo solto — fez com

* Em março de 1920, uma inspeção do governo nas prisões de Moscou constatou que crianças com menos de 17 anos representavam 5% da população carcerária (*Izvestiia gosudarstvennogo kontrolia*, 4, 1920, 7-10).

que os indiscriminados encarceramentos em massa se tornassem parte integrante do regime. Peshekhonov, ministro do Abastecimento de Kerenski, passou uma temporada nas celas de Lubianka, legando-nos o registro de um diálogo travado com um companheiro de desgraça, um sindicalista da cidade de Vladimir, incapaz de atinar o motivo pelo qual estava ali. Tudo o que o homem fizera fora viajar a Moscou e se hospedar num hotel. "Como se chama?", perguntou o outro prisioneiro. "Smirnov", respondeu o atônito rapaz, batizado com um dos nomes masculinos russos mais corriqueiros:

> "O nome foi a causa de sua prisão", disse um homem que vinha em nossa direção. "Deixem-me apresentar. Chamo-me Smirnov, sou de Kaluga. Em Taganka havia sete Smirnov e dizem que há muitos mais em Butyrka... Em Taganka, descobriram — não sei como — que um certo Smirnov, bolchevique de Kazan, sumira com uma boa quantia em dinheiro. Notificadas, as autoridades ordenaram que a milícia prendesse todos os Smirnov que chegassem a Moscou, enviando-os à Cheka. Estão tentando pegar o Smirnov de Kazan."

"Mas eu nunca estive lá", protestou o Smirnov de Vladimir. "Nem eu", replicou o xará de Kaluga. "Sequer sou bolchevique, nem pretendo me tornar um. Mas cá estou."[97]

Lendo as cartas que as famílias das vítimas encaminhavam a Dzerzhinsky, tem-se noção mais precisa da tragédia humana que se escondia atrás de cada encarceramento. Elena Moshkina escreveu em 5 de novembro: seu marido, Volodya, fora preso e se transformara num "refém burguês" de Butyrka, apenas porque o supunham membro do Sindicato dos Proprietários de Imóveis; o homem filiara-se à entidade a fim de defender os interesses de sua mãe, mas a casa que pertencia à velha senhora acabara sendo vendida, em 1911 e, desde então, ele não mantivera contato com a tal entidade. Elena solicitava licença para dormir na cadeia, substituindo o marido, pois a alimentação dos dois filhos pequenos do casal dependia do salário de Volodya, única renda da família. Eles não podiam pagar os 5 mil rublos da fiança imposta pelo chefe local da Cheka, que admitira não haver provas contra o infeliz. A missiva de Elena não adiantou nada: no papel, vê-se em tinta vermelha a anotação determinando seu "arquivamento".[98]

A carta de Liubov Kuropatkina, endereçada a Dzerzhinsky, aos 18 de novembro, relata que seu marido, Pavel, estava preso, na condição de "refém burguês", no Regimento de Pskov, cujos soldados o haviam eleito oficial em duas ocasiões, em fevereiro e depois de outubro, a despeito de ele não ter ultrapassado o posto de cabo, no exército tsarista, e apesar de sua idade avançada — já contava 68 anos. Após a tomada do poder pelos bolcheviques, Pavel guiara o regimento no assalto às colinas de Pulkovo, então em poder das forças de Kerenski. Por isto, os praças autorizaram-no a manter o soldo de 50 mil rublos, que ele todavia doara ao soviete de Krasnoie Seló. Em abril de 1918, tendo contraído malária, ele retirou-se para uma aldeia perto de Pskov, na companhia da esposa, a fim de cultivar um pequeno lote. Fora preso antes da primeira colheita, deixando-a sozinha com o encargo de alimentar sete filhos pequenos e o avô das crianças, muito velho. Dois outros filhos, já crescidos, estavam a serviço do Exército Vermelho — um terceiro desaparecera, depois de ser aprisionado pelos húngaros. "Nunca tive boa saúde, nem tenho forças para o trabalho braçal, e a preocupação constante com meu marido acabou me abatendo, totalmente. Não posso atravessar as 60 *versty* que separam a casa onde moro da cadeia, em Kholm, de sorte que meu marido fica sem visitas", dizia a carta. "Arquive-se", ordenou Dzerzhinsky.[99]

Nadezhda Brusilova, autora de outra missiva encaminhada ao todo-poderoso da Cheka, narrou que o esposo caíra preso em 13 de agosto, sendo mandado para a cadeia de Lubianka. Muito provavelmente, seu apartamento estivera sob vigilância, pois horas antes, naquela mesma tarde, dois agentes do Komuch o haviam abordado, oferecendo uma polpuda quantia para que os acompanhasse a Samara, aderindo ao Exército Popular; ele recusara o suborno, mas acabou no cárcere — os homens do Komuch foram fuzilados. Durante a batida domiciliar, a Cheka confiscou todas as medalhas que Brusilov ganhara na guerra, derradeiros fragmentos de um passado distante e perdido. Nunca o acusaram, formalmente; Nadezhda foi informada de que o haviam "feito prisioneiro" dada a sua popularidade, e a ele, pessoalmente, Dzerzhinsky explicou existirem "indícios" de que Lockhart planejava um golpe, em Moscou, cujo objetivo seria fazê-lo "ditador". De nada adiantou ao general alegar que não conhecia o inglês: o senhor da Cheka reconheceu, candidamente, que "de qualquer modo, não podemos nos arriscar... as pessoas receberiam satisfeitas a sugestão do seu nome".* Quando o militar perguntou o que fazer para acelerar sua soltura, a resposta foi franca: "Escreva suas memórias sobre o exército de outrora e ataque o antigo regime." Brusilov só recuperou parte da liberdade em outubro, quando lhe foi concedida prisão domiciliar. Com certeza, suportou sofrimentos indizíveis. Sem os remédios necessários ao tratamento da perna ferida, o grande patriota precisou implorar aos carcereiros que o permitissem deixar a Rússia e se estabelecer em "algum país neutro".[100]

No conjunto, as condições das cadeias da Cheka eram bem piores do que qualquer cativeiro tsarista. Em outubro de 1918, por exemplo, o governo de Moscou fez

* Na época, o irmão de Brusilov, Boris, e outros três membros da família também foram presos, tornando-se "reféns", passíveis de execução, caso o general se juntasse aos antibolcheviques. Boris estava muito gripado ao ser arrancado da cama e conduzido à cadeia, onde morreu dias depois. No pouco tempo em que esteve preso, não recebeu nenhuma atenção médica.

uma vistoria nas celas de Taganka, constatando a existência de superpopulação carcerária, falta de água, alimentação inadequada e acúmulo de fezes no pátio. Quase metade dos 1.500 prisioneiros sofria doenças crônicas e 10% deles estavam acometidos de tifo. Havia cadáveres nas celas. A Fortaleza de Pedro e Paulo, símbolo máximo da repressão, à época dos Romanov, tornara-se um lugar ainda mais nefasto. O menchevique Dan, que lá estivera preso em 1896, voltou a ocupar uma das masmorras vinte e cinco anos depois. Nos cubículos onde o Estado tsarista colocava um único homem, havia dois, três ou quatro; sob o jugo bolchevique, a penitenciária passara a alojar mulheres também. Em sua segunda temporada na fortaleza, Dan dividiu o porão, que antes abrigava a despensa, com centenas de outros desafortunados. As paredes "porejavam umidade", não havia iluminação, a comida consistia numa ração diária e os presos não saíam ao ar livre para fazer exercício.[101] Em face das normas impostas pelos soviéticos, a Fortaleza de Pedro e Paulo do reinado de Nicolau II teria parecido uma colônia de férias. Até 1917, os presos recebiam dos parentes refeições, cigarros, roupas, livros e cartas.

Muitas das técnicas infames utilizadas pela Cheka haviam sido herdadas da polícia tsarista. O uso de provocadores, informantes e de tortura para extrair confissões e delações já constava da cartilha da Okhrana.* Isso não é nada surpreendente, pois como já dissera Flaubert, "cada revolucionário esconde um gendarme". Durante anos, os bolcheviques frequentaram as cadeias monarquistas. E tinham, literalmente, aprendido o sistema pelo lado de dentro — uma ótica, de certa maneira, privilegiada. No poder, decidiram se valer das mesmas práticas, vingando-se. Dzerzhinsky passara metade de sua vida adulta em prisões e campos de trabalho forçado tsaristas. Tendo se tornado o chefe da Cheka, pôs-se a infligir a suas vítimas tormentos equivalentes aos que suportara. O ódio e a indiferença pelo sofrimento humano estavam entranhados nos corações e mentes de todos os líderes bolcheviques — sem dúvida, herança dos anos de encarceramento.

Na sua engenhosidade, os métodos de tortura da Cheka só se equiparam aos da Inquisição espanhola. Cada repartição local da polícia política detinha uma especialidade. Em Kharkov, ficou famoso o "truque da luva", que consistia em mergulhar as mãos da vítima em água fervente, até que estivessem em carne viva e sangrando; então, os algozes arrancavam a pele, de preferência inteira, guardando-a como um troféu. Em Tsaritsyn, durante os interrogatórios, costumava-se serrar os ossos dos prisioneiros, e em Voronezh, eles eram encerrados em barricas crivadas de pregos, roladas de um lado para o outro. Em Armavir, apertavam-se os crânios com tiras de couro, causando dores insuportáveis nas têmporas e na nuca. Em Kiev, aquecia-se uma gaiola cheia de ratos presa ao tronco da vítima; querendo fugir, os

* Na década de 1980, a KGB ainda treinava seus recrutas pelos manuais da Okhrana (ver Kalugin, *Vid s Lubianki*, 35).

bichos abriam caminho pelas entranhas do infeliz. Em Odessa, acorrentavam-se as pessoas a pranchas e, lentamente, empurravam-nas em direção a uma fornalha, ou um tanque de água escaldante. No inverno, bastava jogar água sobre os corpos indefesos e nus, até que se tornassem estátuas de gelo. Muitos agentes preferiam a tortura psicológica, colocando os detentos diante de pelotões de fuzilamento e ordenando salvas de festim; ou os enterrando vivos; ou, ainda, obrigando-os a se deitar em caixões, dividindo o espaço com cadáveres. Em alguns casos, eles assistiam a seus entes queridos serem torturados, violentados e mortos.

Desnecessário dizer que não faltavam os sádicos, para os quais a tortura era um esporte, e que se esforçavam em superar a si próprios e aos demais, tal qual num torneio que definiria a violência mais absurda. Algumas vítimas trazem na lembrança a imagem dos homens da repressão deleitando-se com o tormento alheio, rindo dos esgares de dor dos que lhes caíam às mãos. A maior parte dos algozes mal chegara aos vinte anos de idade, adolescentes brutalizados pela guerra e pela revolução. Muitos estavam dispostos a tudo, a fim de provar sua implacabilidade. Pode-se supor que boa parte dos agentes mais cruéis não era russa, visto que os quadros da cheka abrigavam grande proporção de poloneses, letonianos, armênios e judeus. Lênin facilitara o acesso de outras nacionalidades por entender que os russos pareciam "molengas demais", incapazes de dar conta das "medidas duras" do terror. Ainda assim, certos métodos empregados pela Cheka lembravam as atrozes formas de extermínio comuns entre o campesinato russo. Interessante notar que havia, inclusive, agentes femininas, espantosamente cruéis. Vera Grebennikova era uma delas. Presume-se que em apenas dois meses de serviço, em Odessa, ela tenha matado 700 pessoas, muitas sem a menor condição de defesa. Em Arkhangelsk, Rebecca Platinina-Maisel deu cabo da vida de mais de cem, entre as quais toda a família de seu ex-marido, a quem crucificou, numa vingança abjeta.

Tamanho foi o efeito brutalizador desta violência sem trégua que numerosos agentes terminaram seus dias mergulhados na insanidade. Bukharin costumava dizer que os distúrbios psicopáticos eram ossos do ofício a serem suportados pelos homens e mulheres da Cheka. Muitos embriagavam-se ou se drogavam antes do "expediente". Saenko, mestre no "truque da luva", viciou-se em cocaína. Tentando sublimar a selvageria cotidiana, os funcionários da Cheka criaram um jargão, substituindo o verbo matar por "caçar perdizes", ou "fechar" as vítimas, ou em dar-lhes *natsokal* — onomatopeia do ruído do gatilho, quando acionado.[102]

As execuções eram o produto final desta engrenagem do terror. Durante a guerra civil, houve dezenas de milhares de execuções sumárias nos pátios, porões e campos desertos vizinhos às cidades. Quando uma localidade precisava ser abandonada ao avanço Branco, a Cheka entrava em ação promovendo o "esvaziamento" de prisões inteiras. À noite, as cidades tentavam dormir ao som de tiros. Os bolcheviques, porém, nunca se mostraram insones. Em 1919, numa sessão do Sovnarkom, Lênin escreveu um bilhete e o passou a Dzerzhinsky: "Quantos contrarrevolucionários perigosos temos presos?" O destinatário garatujou: "Cerca de 1.500" e devolveu o papel. Lênin leu, colocou uma cruz ao lado do número e tornou a passar o bilhete ao homem forte da Cheka. Horas depois, 1.500 presos de Moscou foram fuzilados por ordem expressa de Dzerzhinsky, que supunha estar fazendo a vontade de Lênin. Mal sabia ele que o líder bolchevique sempre colocava uma cruz em tudo o que lia para saber que já tomara conhecimento e providenciado o que ali constava. Por um erro de avaliação do chefe da Cheka, 1.500 pessoas morreram.[103]

O Terror Vermelho suscitou protestos de todos as camadas sociais. Citando a profecia de São Mateus — "Quem com ferro fere, com ferro será ferido" —, o patriarca Tikhon condenou a violência e o clima de intimidação desencadeado pelos bolcheviques. Os partidos de oposição usavam jornais clandestinos para denunciar as práticas do regime soviético. Em 17 de setembro, o famoso filósofo anarquista, príncipe Kropotkin, cuja filha fora presa um mês antes,* desabafou numa carta longa e amarga endereçada a Lênin, que então ainda convalescia dos ferimentos provocados por Kaplan. "Lançar o país no Terror Vermelho e fazer reféns para proteger as vidas dos líderes do regime não são atitudes dignas de um partido que se diz socialista, nem honrosas para aqueles tidos como seus expoentes." Os trabalhadores também se colocaram contra a carnificina praticada em seu nome. "Basta de sangue! Abaixo o Terror!", proclamou, em setembro, o Conselho Sindical da Ucrânia. "Vermelho é a cor da verdade e da justiça. Porém, depois dos bolcheviques, tornou-se a cor do sangue", sentenciaram os ferroviários de Kozlov.[104]

Enquanto "consciência da revolução", Gorki foi o crítico mais ferrenho do terror. Centenas de pessoas, de poetas a camponeses, escreviam pedindo que ajudasse seus parentes e amigos. O escritor sentia-se na obrigação moral de fazer o que pudesse pelos aflitos. "Sou a única esperança que têm", contou a Ekaterina. Era nestes momentos que o lado humanista prevalecia sobre o revolucionário e Gorki dedicava suas preocupações a indivíduos e não a causas abstratas. Ele bombardeou os líderes bolcheviques com um sem-número de missivas, exigindo que a Cheka libertasse os inocentes. O tom da correspondência tornava-se cada vez mais irado. "A meu ver, tais prisões não podem ser legitimadas por quaisquer alegações políticas", escreveu a Zinoviev, em março de 1919, protestando contra o encarceramento de um acadêmico. "Os crimes que praticaste, em Petersburgo, ao longo das últimas semanas, cobriram o regime de vergonha, despertando, diante de tanta covardia, fúria e desprezo universais", dizia um dos textos. Em outubro,

---

* Ela foi presa em Yamburg quando viajava para a Inglaterra, onde tinha bons contatos no movimento sindical, numa campanha de arrecadação de alimentos para as crianças famintas da Rússia. (GARF, f. 4390, op. 14, d. 57, l. 7)

escreveu a Dzerzhinsky, reivindicando a soltura do professor Tonkov, presidente da Academia Médica Militar. "Essas prisões constituem puro barbarismo, destruição deliberada dos melhores cérebros do país. Afirmo que tais ações fazem de mim um inimigo do regime soviético."[105]

Eventualmente, ele visava a Lênin em pessoa. O líder bolchevique demonstrava indulgência diante dos esforços de seu escritor preferido, que tentava salvar algumas almas da fornalha da revolução, e chegou a intervir em favor de alguns de seus protegidos. O literato Ivan Volnyi deixou a prisão da Cheka, em Orel, graças ao empenho de Gorki junto a Lênin.[106] Mais tarde, porém, respondendo a uma pergunta de Gorki sobre a detenção de Tonkov, Lênin escreveu que "houve equívocos" e pôs-se a justificar a necessidade profilática de prender suspeitos, "simpatizantes dos kadets" (tal fora a alegação no caso Tonkov). Na mesma carta, esclareceu a diferença entre ele e Gorki. Tratava-se de uma distinção básica — referente a meios e fins — entre bolcheviques e socialistas democratas:

> Lendo sua franca opinião sobre a matéria, lembrei uma observação que já me havia feito: "Nós, artistas, somos pessoas irresponsáveis." Exatamente! Você me dirigiu palavras inacreditavelmente raivosas — sobre o quê? Sobre umas poucas dezenas (ou talvez umas poucas centenas) de fidalgos kadets e seus simpatizantes, que passam uma temporada na cadeia, a fim de prevenir conspirações capazes de ameaçar as vidas de dezenas de milhares de trabalhadores e camponeses. Uma calamidade? Que injustiça. Intelectuais presos por alguns dias, ou mesmo algumas semanas, com o objetivo de evitar o massacre de dezenas de milhares de trabalhadores e camponeses! "Artistas são pessoas irresponsáveis."[107]

Dentro do partido também havia críticos — não tanto do Terror Vermelho, mas de seus excessos. Kamenev, Bukharin e Olminsky lideravam o ataque ao abuso de poder da polícia política. Na verdade, ao tentar subordinar a Cheka ao Estado, o grupo pretendia desempenhar o papel que em julho fora abandonado pela esquerda SR — na época, a proposta era subordinar os órgãos de repressão ao Comissariado de Justiça. Em novembro, a campanha acirrou-se. A ideia parecia simples: substituir o organismo de repressão existente por algo novo, subordinado à Executiva do Soviete. Porém, a "linha dura" do partido — Lênin, Stálin e Trótski — opôs-se a isso com unhas e dentes. Houve esforços posteriores, tendentes à moderação — um exemplo foi o estatuto baixado em fevereiro de 1919. Debalde. Embora atrelada ao Comissariado de Justiça, a Cheka continuou a funcionar como antes, permanecendo um Estado dentro do Estado, driblando qualquer ingerência externa. O Comitê Central bolchevique e, partir de 1919, o Politburo eram os únicos em condições de conter os impulsos homicidas dos agentes de Dzerzhinsky. Lênin acompanhava com interesse as atividades da repressão, defendendo a Cheka contra todas as críticas e reformas.

No período em que Lênin comandou a Rússia — na época de Stálin seria diferente — a Cheka estendeu seus longos tentáculos, alcançando dimensões absurdas, que incluíam campos de concentração e nada menos do que 250 mil pessoas empregadas — uma nova versão dos *oprichniki*, os odiosos policiais de Ivan, o Terrível. Enquanto a guerra civil durou, foram eles que garantiram a sobrevivência do regime, na chamada "frente interna", integrando o terror ao Estado soviético. Ninguém jamais saberá o número exato de pessoas presas, torturadas e mortas pela Cheka durante os anos da guerra civil. Certamente, algo na casa das centenas de milhares, caso consideremos todos os que conheceram campos de concentração e os cárceres, bem como as vítimas de execuções sumárias e os assassinados em enfrentamentos com os agentes, no curso de todas as greves e revoltas. Embora não se possa precisar o número exato, é possível que mais pessoas tenham perecido nas mãos da Cheka do que nas batalhas contra o exército de Denikin.

XIV.

O novo regime triunfante

1. Três batalhas decisivas

Em 12 de outubro de 1918, o príncipe Lvov escreveu ao empresário americano Charles Crane:

> O bolchevismo encontrou solo fértil nos instintos primários e anárquicos do povo. De certo modo, é uma doença russa e, portanto, só curável mediante intervenção externa. A volta da ordem e de espíritos saudáveis só será alcançada sob a proteção de um exército organizado.

Havia muito que o príncipe depositava nos Estados Unidos as esperanças de libertação da Rússia. Ao contrário de outros contrarrevolucionários, não tinha ilusões de um levante popular contra os bolcheviques. Os quatro meses caóticos à frente do Governo Provisório tornaram-no cético quanto ao potencial do povo russo enquanto força democrática construtiva. "Georgii sente-se muito deprimido", registrou em seu diário a tia de Lvov, após visitá-lo na prisão da Cheka, em Ekaterinburg, no dia 13 de março. "Ele está convencido de que a Rússia carece de energia para promover a própria redenção, visto o grau de depauperamento a que chegou, e que a ajuda só poderá vir de fora." Lvov não acreditava numa "Vendeia"* cossaca ao sul e fitava o horizonte da Sibéria, onde, naquela primavera, eram maiores as perspectivas de uma ação Aliada.[1]

* Região da Bretanha, que se insurgiu contra a Revolução Francesa. [*N. da T.*]

O príncipe passou três meses na cadeia. E, logo ao chegar, caiu nas graças do carcereiro bolchevique, um homem que antes se ocupava do nobre ofício de montador de pianos, em Petrogrado. Esta simpatia inesperada permitiu a Lvov usar seus conhecimentos agrícolas em prol dos outros presos, reorganizando a granja da penitenciária para que pudessem ter carne e vegetais frescos. Mesmo atrás das grades, ele implementou reformas similares às que havia posto em prática nos *zemstvos*. Goloshchekin, líder bolchevique de Ekaterinburg, queria que o nobre fosse fuzilado por seu suposto envolvimento num complô contrarrevolucionário. No entanto, Poliakov, comissário de Justiça da esquerda SR na localidade, tinha dúvidas sobre tal acusação e, sem provas, os juízes viram-se forçados a libertar Lvov. Alguns historiadores já alegaram que Lênin teria determinado aos cabeças de Ekaterinburg que soltassem o ex-primeiro-ministro. Mas não existem documentos que apoiem esta informação. Após ganhar a rua, o príncipe seguiu para Omsk, passando a trabalhar para o governo siberiano, o qual representou numa missão especial aos Estados Unidos, em setembro. A jornada, via Vladivostok, tinha por objetivo obter intervenção Aliada na campanha Branca contra os Vermelhos.[2]

De certo modo, a intromissão Aliada não passou de uma farsa. Nenhuma das potências ocidentais sabia exatamente o que desejava na Sibéria; mas também não queria ficar de fora caso algo de importante acontecesse. Sob o pretexto de guardar suprimentos armazenados em território siberiano e de manter a Ferrovia Transiberiana em funcionamento, as tropas do Ocidente haviam desembarcado em Vladivostok. Comandado pelo coronel Ward, parlamentar trabalhista por Stoke-on-Trent, o Batalhão de Middlesex, da Grã-Bretanha, fora o primeiro a chegar, no início de julho. Aquela era uma tropa atípica, com soldados inteiramente despreparados para a batalha, em seus elegantes e lustrosos uniformes cáqui nada próprios para o clima rigoroso da Sibéria. Em pouco tempo, o batalhão virou objeto de escárnio e transformou-se não em alvo de forças inimigas, mas de cartunistas. Logo depois, chegaram os franceses e norte-americanos, seguidos pelos japoneses. As metas de cada um destes exércitos continuavam obscuras. Os países do Ocidente queriam um governo estável na Sibéria, de modo a ressuscitar as tropas russas e reconstruir a frente oriental para combater as Potências Centrais. Porém, os japoneses, que ambicionavam anexar os territórios russos mais ao Oriente, apostavam na instabilidade. Na condição de fiel da balança, entre o equilíbrio ou o desequilíbrio siberiano, estava Grigorii Semenov, senhor da guerra cossaco, que dominava, de Chita, todo o território montanhoso a leste do lago Baikal. Japoneses e nações ocidentais financiavam suas iniciativas belicosas, obviamente com razões distintas. Na verdade, o cossaco não se colocava a serviço dos interesses de ninguém que não ele próprio. Semenov, bem como os outros senhores da guerra do Extremo Oriente, Kalmykov e Ungern-Sternberg, era mais bandido do que político. Suas tropas mercenárias roubavam e matavam a população local, praticando barbarismos indescritíveis. Os impostos das democracias ocidentais jamais foram tão criminosamente desperdiçados.[3]

Com a chegada de Kolchak ao poder, os Aliados finalmente dispunham de um herói nacional a quem apoiar contra os bolcheviques. Graças ao respaldo do general Knox, chefe da missão militar britânica, o almirante recebera mais ajuda de Londres do que qualquer outro líder Branco. Um segundo batalhão inglês chegou a Omsk, em janeiro de 1919, acompanhado pelo pequeno destacamento naval que combatera os Vermelhos no rio Kama. Enquanto isto, em Vladivostok, Knox assumia o treinamento dos oficiais de Kolchak. No entanto, era o auxílio dos Estados Unidos que realmente importava, pois os demais países ocidentais não deixariam de segui-los. "Tudo depende da América", escreveu Lvov a Crane, numa carta enviada de Tóquio.[4]

Em 15 de novembro, o príncipe finalmente pisou em Washington. Todas as suas esperanças concentravam-se num encontro com o presidente norte-americano. Como líder do mundo livre, com certeza Woodrow Wilson não fugiria à obrigação moral de defender a liberdade na Rússia. Assim supunha Lvov, ingenuamente: na verdade, finda a Primeira Guerra, os norte-americanos não pretendiam mandar mais tropas à Sibéria. Contudo, a exemplo de muitos liberais russos, o fidalgo idealizava os Estados Unidos. "Estou certo de que a guerra mundial fez nascer um novo mundo, guiado pelos Estados Unidos", registrou ele em mais uma missiva a Crane. Lvov também imaginava que o presidente Wilson partilhasse de seus ideais liberais: aquele seria um encontro de corações e mentes. Em 21 de novembro, a reunião finalmente aconteceu. E durou apenas 15 minutos. Wilson foi amistoso, mas não se mostrou disposto a discutir o desembarque de soldados na Sibéria. Segundo um de seus assessores, após a partida de Lvov o presidente se permitiu uma só frase: "Repararam que barba bonita tem o príncipe?"[5]

Se o príncipe fosse uma pessoa comum, o desapontamento bastaria para destruir tanto otimismo. Após três meses correndo mundo, ainda não obtivera nenhum sucesso. Mas ele nada tinha de ordinário. Era tão perseverante quanto Pangloss, e viajou a Paris, para se colocar à frente de uma delegação cuja meta consistia em, na Conferência de Paz de Versalhes, realizada em janeiro, rogar socorro Aliado e reconhecimento diplomático à causa russa. A incumbência lhe fora dada por Kolchak e Denikin, quando da escolha da comitiva, também constituída de personalidades que faziam parte da Conferência Política Russa.* Em vão. Hipocritamente, os Aliados

---

* Os outros delegados eram V. A. Maklakov (embaixador de Kerenski em Paris), Sazonov (ministro das Relações Exteriores de Nicolau II e de Kolchak) e o veterano populista N. V. Chaikovsky (chefe do governo da região norte, baseado em Arkhangelsk). A Conferência Política Russa funcionava como base, no exílio, integrada por ex-diplomatas e outros homens públicos, todos estabelecidos na capital francesa; Savinkov, Nabokov, Struve e Konovalov estavam entre eles.

insistiam na tese da neutralidade, afirmando que não se imiscuiriam na guerra civil russa. Mas graças aos esforços do príncipe e de sua delegação, os países do Ocidente concordaram em abrir os cofres para o almirante. No primeiro semestre de 1919, o Exército Branco recebeu um milhão de rifles; 15 mil metralhadoras; 700 canhões; 800 milhões de balas; e fardas e outros apetrechos suficientes para 500 mil homens. Grosso modo, isto equivalia à produção de munição soviética de todo aquele ano e certamente bastaria para uma grande ofensiva contra os Vermelhos. Afinal, 30 mil soldados — tchecos, norte-americanos, britânicos, alemães e franceses — foram dispostos na retaguarda das tropas de Kolchak, ao longo dos 6.500 km da Ferrovia Transiberiana, desde Vladivostok até Omsk.[6]

Sob esta proteção, Kolchak preparou suas forças com vistas a um ataque previsto — e ocorrido — no início da primavera. Dado o resultado funesto, mais tarde não faltou quem sugerisse que o assalto fora precipitado, com tropas ainda não inteiramente prontas para combater os Vermelhos. De acordo com essas críticas, o almirante deveria ter esperado até o verão, quando poderia juntar seu contingente ao de Denikin, numa investida conjunta contra a região do Volga. Mas, na época, houve razões decisivas em favor de uma ofensiva antecipada. Afinal, era preciso mostrar serviço aos Aliados, de modo a garantir mais ajuda financeira do Ocidente e reconhecimento à causa Branca. Então, os bolcheviques pareciam fracos, às portas da derrota. Na véspera do Natal, as tropas de Kolchak haviam tomado a cidade industrial de Perm; no caminho, puseram em debandada o III Exército Vermelho. Este sucesso abrira a possibilidade de avanço rumo a Arkhangelsk, onde os Aliados haviam instalado um governo Branco encabeçado pelo general russo K. E. Miller. A "catástrofe de Perm" certamente fora resultado de problemas crônicos na retaguarda bolchevique. Os soldados haviam sido mandados às pressas para a batalha, sem treinamento adequado nem ração e agasalhos próprios para enfrentar o clima ártico. Resultado: renderam-se aos Brancos. Os prisioneiros não hesitaram em contar ao inimigo as dificuldades por que passava o exército de Lênin. Os alistamentos compulsórios e os confiscos tinham dado ensejo a uma onda de levantes camponeses. Nas cidades dos Urais, o Terror Vermelho assassinara milhares de civis inocentes, colocando toda a população, inclusive os trabalhadores, contra os bolcheviques. O regime soviético mostrava-se particularmente frágil junto aos tártaros e bachkires, da região Volga-Urais. Nas palavras de um dos comissários, os soldados de Moscou eram vistos como "um exército hostil, invasor, que usurpava a autonomia dos muçulmanos e esmagava seus costumes".[7]

O assalto de Kolchak visava a um avanço ao longo de três frentes, na direção oeste. A principal força de ataque seria liderada pelo general Khanzhin, que no início de março obtivera algum êxito em Ufa. Este Exército Ocidental, como era conhecido, formado pelo que restava do Exército do Povo, do Komuch, e recrutas camponeses, contava ainda com cerca de 10 mil trabalhadores voluntários, oriundos das fábricas de munição de Izhevsk e Votkinsk, e que haviam se colocado à disposição de Kolchak depois do levante de novembro, duramente reprimido pelos bolcheviques. À sua direita, formava o Exército Siberiano, de Gadja, também constituído por camponeses, que devia atacar Viatka; e, à esquerda, os cossacos de Orenburg e da Sibéria, que combatiam junto às unidades bachkires, sob as ordens do general Dutov. A meta deste último contingente consistia em capturar Orenburg e alcançar os Brancos acampados nas estepes do sudoeste. Assim, os Vermelhos da Ásia Central seriam neutralizados. Ao todo, as forças de Kolchak somavam em torno de 100 mil homens.

Em meados de abril, eles já haviam avançado mais de 320 km, conquistando um território maior do que a Grã-Bretanha. O objetivo final, o rio Volga, estava a apenas a alguns dias de marcha. Atrás das linhas, os bolcheviques travavam uma luta feroz contra a maior sublevação rural registrada até então — a "Guerra de *Chapany*" — "túnica", no dialeto camponês — que envolvera os distritos inteiros de Simbirsky e Samara, atendendo ao apelo de "Vida longa aos Sovietes! Abaixo os comunistas!"[8] Confiantes, os Brancos referiam-se aos inimigos como "a raça de Moscou". Em Paris, Lvov constatava que o prestígio de Kolchak entre os Aliados subia às alturas, o que garantia novas e polpudas remessas de recursos a Omsk. Parecia que o reconhecimento diplomático ocidental ao governo siberiano era uma questão de tempo.

Porém, em 28 de abril os Vermelhos partiram para o contra-ataque, liderados por Mikhail Frunze, na época um bolchevique relativamente desconhecido e que mais tarde tornar-se-ia um herói do regime. Ainda na casa dos 30 anos, ex-operário, Frunze só tivera uma única experiência bélica, encabeçando uma brigada vermelha durante a luta pelo poder em Moscou. Sob a sua batuta, estaria toda a engrenagem que Moscou montara para impedir o sucesso dos Brancos. O Kremlin havia mobilizado milhares de filiados ao partido, logo despachados para a frente de batalha. A recém-criada Liga da Juventude Comunista, Komsomol, havia mobilizado 3 mil de seus integrantes. Os Sovietes também receberam ordens de recrutar de dez a vinte homens de cada *volost*, mas as vilas ainda resistiam, de tal sorte que somente 13 mil recrutas se apresentaram — cerca de dois voluntários por *volost*. Ainda assim, a providência contribuiu para assegurar aos bolcheviques vantagem sobre os adversários. Os Vermelhos receberam ainda o reforço da maioria das unidades bachkires que, em maio, abandonaram as hostes de Kolchak. Em meados de junho, as forças de Frunze já haviam feito os exércitos rivais recuarem para o ponto de onde haviam partido, a leste de Ufa. Depois disto, as cidades dos Urais caíram sob o domínio bolchevique, como peças de um dominó, enquanto os Brancos se dispersavam e fugiam em pânico. Passados dois meses, Kolchak já não tinha mais nenhum controle sobre Orenburg, Ekaterinburg e Cheliabinsk, importante terminal ferroviário. Nada havia a impedir que os Vermelhos seguissem para Omsk. Afinal,

Kolchak dispunha de menos de 15 mil homens, nem um oitavo do contingente com que contava quando o avanço parecia de vento em popa.[9]

Várias razões militares contribuíram para a derrota do almirante, mas a principal delas foi política: não existia nenhum regime digno desse nome na retaguarda dos soldados que avançavam.

Na questão de comando, poucos homens estavam em condições de tomar decisões. Apenas 5% dos 17 mil oficiais haviam sido convenientemente treinados; na sua maioria jovens, não tinham experiência de combate. O general Lebedev, chefe *de facto* do exército, contava somente 36 anos. Coronel do antigo Estado-Maior do exército tsarista, como boa parte dos comandantes de Kolchak, conhecia mais as intrigas palacianas do que a ciência da guerra. Segundo o barão Budberg, os comandantes "consideravam-se não só militares, mas também um corpo político". Aquela, afinal, era uma ditadura militar. Logo surgiram facções políticas, que dividiram o oficialato e as tropas, transformando o contingente num punhado disforme de destacamentos isolados, cada um travando uma batalha singular. Quanto mais o exército se politizava, mais a burocracia tomava conta da sua engrenagem. No auge da ofensiva, em Omsk, havia 2 mil oficiais incumbidos de administrar 100 mil soldados. Mesmo em Semipalatinsk, a quase 2.500 km dos campos de batalha, existia um comando formado por mil oficiais. Em vez de atuar junto às trincheiras, muitos deles passavam os dias nos gabinetes e cafés da retaguarda.[10]

E havia a questão dos suprimentos. O exército de Kolchak sofria privações ainda maiores do que as enfrentadas pelas tropas de Lênin. Para se alimentar, os Brancos precisavam recorrer às aldeias vizinhas à linha de combate, o que não raro significava confiscos violentos, levando à insatisfação da população que, pretensamente, aqueles soldados libertariam do jugo bolchevique. Parte do problema devia-se à política econômica tacanha de Kolchak, que não usou as reservas auríferas tsaristas para conter a inflação galopante. À medida que a moeda perdia valor, os camponeses se afastavam mais e mais do mercado, guardando a safra para si. Nada foi feito para melhorar o estado crônico das indústrias siberianas, simplesmente rotuladas de bastiões bolcheviques e, portanto, esquecidas. Os bens de consumo e as provisões militares vinham de trem, desde o Pacífico, a 6.500 km de distância. Muitos acabavam em poder das aldeias ou de bandidos, que habitavam as terras a leste do lago Baikal. Cargas inteiras foram desviadas pelos ferroviários, muito mal pagos e simpáticos aos Vermelhos. Em Omsk, as remessas mais valiosas sumiam, graças às artimanhas de funcionários corruptos. A venalidade do regime de Kolchak era notória. O comando do exército de Gadja encomendou rações para 275 mil homens, embora as unidades de combate não somassem sequer 30 mil. Na capital da Sibéria, cigarros Embassy, importados da Inglaterra, eram consumidos por civis. Os uniformes militares e os aventais destinados aos enfermeiros, também provenientes de Londres, serviam para vestir qualquer cidadão, enquanto as tropas lutavam maltrapilhas. Até mesmo a munição enviada pelos Aliados foi parar no mercado paralelo. Knox acabou apelidado de almoxarife do Exército Vermelho: Trótski chegou a lhe mandar uma carta jocosa, agradecendo a ajuda fornecida aos bolcheviques.[11]

A atmosfera do regime de Omsk, impregnada de decadência moral, corrupção e ganância, tresandava a cocaína e vodca. Os cafés, cassinos e bordéis funcionavam 24 horas, sem parar. Em companhia da amante, o próprio Kolchak vivia no luxo; a esposa e o filho viviam em Paris. O almirante não possuía talento algum para escolher subordinados e permitiu que os ministérios fossem ocupados por parasitas herdados da monarquia. "O ambiente é espantoso. Estou cercado de podridão, covardia, avidez e perfídia", queixou-se à esposa, incapaz de perceber a grande parcela da culpa que lhe cabia. Tivesse mantido o apoio dos *zemstvos*, única força local com capacidade administrativa, a situação não seria tão ruim. Budberg mostrou-se admirado com o que viu no Ministério da Guerra, testemunhando que predominava

> nas tropas, desmoralização; no Estado-Maior, ignorância e incompetência; no governo, amoralidade, rachas e intrigas de gente egoísta e ambiciosa; no campo, levantes e anarquia; na vida pública, temor, falta de altruísmo, subornos e canalhices de toda a espécie.

Num clima assim, pouco podia se fazer. Infestadas de burocratas venais e indolentes, as repartições levavam meses para produzir simples dados estatísticos, projetos legislativos e relatórios que, depois de prontos, acabavam guardados em alguma gaveta. "O regime é apenas formal, sem nenhum conteúdo; os ministros parecem moinhos de vento, enormes e imponentes, girando suas pás, freneticamente, sem mover nenhum moinho, pois a maior parte da engrenagem quebrou ou está sucateada", concluiu Budberg.[12]

A maior fraqueza do exército de Kolchak foi não mobilizar a população. A ofensiva falhou principalmente devido à falta de reforços, que deveriam substituir os desertores. Na verdade, os camponeses derrotaram os Brancos antes de os Vermelhos entrarem em ação. A ofensiva desmoronou ante a debandada dos bachkires e cossacos, que abandonaram o flanco sul, permitindo que Frunze rompesse as linhas. No entanto, a vasta maioria da população da Sibéria Ocidental e da região do Volga-Kama, onde se daria o ataque, era constituída de camponeses, russos e ucranianos, sem nenhuma hostilidade aos Brancos. Pelo menos, aparentemente. A leste, nos Urais, não se encontraria um único aristocrata proprietário de terras, não estando em jogo, portanto, nada semelhante ao que motivara os povos da Rússia central à revolução. Havia, inclusive, uma certa abastança na região, produtora de laticínios. Poder-se-ia supor que seus habitantes apreciassem o *post bellum status quo* dos Brancos, baseado na iniciativa privada. No entanto, eles se mostraram tão relutantes quanto os do oeste em aderir ao exército do almirante.

Talvez fosse uma questão de imagem. O regime de Kolchak estava associado à volta do tsarismo, fosse ou não esta a verdadeira intenção do governo siberiano. As dragonas dos oficiais e os métodos feudais empregados pelos funcionários de Omsk, açoitando os camponeses que cometiam atos de insubmissão, ajudavam a alimentar tais ideias. Seria impossível evitar os conflitos entre os homens do regime e os aldeões, cujos ancestrais haviam conhecido a servidão e dela tentado libertar-se, com todas as suas forças. O *ethos* do regime de Kolchak parecia estranho aos camponeses — sentimento traduzido pela seguinte *chastushka*:

Túnicas inglesas, dragonas russas;
Tabaco japonês, déspotas de Omsk.

Quanto mais os Brancos avançavam rumo à Rússia central, mais dificuldades enfrentavam para mobilizar o campesinato. Na região do Volga, ponto mais distante a que chegaram as tropas do almirante, os lavradores haviam conseguido uma fatia de terra fidalga maior do que a obtida em qualquer outro ponto do solo russo; portanto, tinham ainda mais razões para temer uma contrarrevolução. Foi lá que o almirante cavou o próprio túmulo, ao não avalizar a revolução agrária promovida pelos camponeses. Seu governo mostrou-se incapaz de ir além de uma resposta burocrática à questão vital da guerra civil. Tal inabilidade em afinar-se com os anseios das aldeias constitui exemplo clássico dos métodos antiquados dos Brancos. Em 8 de abril, uma comissão por ele encarregada de estudar o assunto declarou que, "no futuro, qualquer lei agrária terá de basear-se na propriedade privada". Somente "a terra não produtiva da nobreza" seria "transferida ao campesinato que labuta". Até que isto fosse posto em prática, as famílias que não dispusessem de um torrão teriam que arrendá-lo do governo. Como observou um crítico, tal declaração constituiu "uma peça de propaganda maravilhosa nas mãos dos bolcheviques. Eles só precisaram imprimi-la e distribuí-la nos povoados".[13]

Na tentativa de conseguir que os camponeses lutassem a seu lado, Kolchak recorreu ao terror. De um jeito ou de outro, mesmo que pretendesse agir de modo diferente, ele não contava com administração efetiva local capaz de realizar o recrutamento obrigatório. Além disso, a visão de mundo dos Brancos excluía a necessidade de persuadir os camponeses. Aos olhos de Kolchak e seus pares, o homem do campo tinha o dever de engrossar as fileiras antibolcheviques, da mesma maneira que haviam servido às tropas do tsar. Em caso de recusa, ainda segundo o raciocínio Branco, o exército tinha o direito de puni-los, inclusive executando-os, a fim de dar exemplo aos demais. Na caça aos recrutas, houve espancamentos e torturas, muita gente se tornou refém e muitos pereceram diante de pelotões de fuzilamento. Lugarejos inteiros arderam, reduzindo-se a cinza. A cavalaria de Kolchak invadia as cidades em dias de feira, arrebanhando os jovens à força, enviando-os às trincheiras.

Grande parte deste terror permaneceu longe dos ouvidos Aliados, por medo de que a fonte financeira secasse. Todavia, o general Graves, comandante das tropas norte-americanas, tomou conhecimento do fato e ficou pasmo. No seu entender, o recrutamento maciço "significava um grande passo rumo ao fim do regime de Kolchak". Absurdo, o método destruía a disciplina e o moral do exército. De cada cinco camponeses transformados em soldados desta forma, quatro desertariam; muitos corriam para os braços bolcheviques, levando consigo todos os apetrechos que pudessem. Knox empalideceu ao ver, pela primeira vez, soldados Vermelhos que, na frente oriental, usavam fardamento britânico.[14]

Desde o começo da campanha, o exército de Kolchak viu-se forçado a enfrentar numerosas revoltas rurais, que explodiam na retaguarda, em especial em Slavgorod, a sudeste de Omsk, e em Minusinsk, no Yenisei. Os confiscos e o alistamento compulsório causavam tais sublevações. Sem estrutura local de governo, o regime nada podia fazer, senão mandar cossacos com seus chicotes, numa tentativa de impedir que os camponeses convertessem os Sovietes, transformando os em baluartes da revolução aldeã. Na Sibéria, quando a ofensiva militar parecia correr às mil maravilhas, todas as áreas da retaguarda foram engolfadas por sublevações. Embora os historiadores soviéticos sustentem o contrário, o movimento camponês não podia ser classificado como pró-bolchevique. É verdade que ativistas bolcheviques estavam à frente de todas as revoltas, conduzindo iniciativas contra os Brancos, trazendo atrás de si anarquistas e SRs de esquerda. No entanto, seria mais correto considerar que se tratava de uma luta dos camponeses contra o regime de Omsk, embora as lideranças comunitárias não soubessem qual o motivo exato pelo qual lutavam. Shchetinkin, por exemplo, um dos líderes de Minusinsk, divulgou um panfleto cômico, nos seguintes termos:

> É hora de dar cabo de Kolchak e Denikin, destruidores da Rússia e continuadores da obra do traidor Kerenski... O grão-duque Nikolai Nikolaevich chegou a Vladivostok e assumiu as rédeas da Rússia. Ele me incumbiu de levantar o povo contra Kolchak. Em Moscou, Lênin e Trótski subordinaram-se ao nosso novo governante e foram nomeados ministros. Convoco os que seguem a fé ortodoxa a pegar em armas pelo tsar e pelo regime soviético.

Todavia, no geral, o movimento expressava os ideais revolucionários da massa camponesa, numa oposição hostil a tudo aquilo que tivesse feição urbana. Um bom exemplo de tal ideologia pode ser encontrado no I Congresso Camponês de Insurgentes, realizado em abril de 1919, e no qual tiveram assento representantes dos distritos de Kansk, Krasnoyarsk e Achinsk. A assembleia propôs a "criação de um poder camponês", baseado num "governo camponês", uma nova política fiscal e a "distribuição da terra dos ricos entre os agricultores desvalidos".

Aprovou-se um "código camponês", estabelecendo penas de serviço comunitário a serem cumpridas pelos réus de bebedeiras, brigas, jogatina, estupro e pesca na época de desova. Do ponto de vista dos integrantes do congresso, todos esses delitos se equivaliam.[15]

O movimento rural tinha mais força nas regiões onde a imigração russa era mais recente — províncias de Tomsk e Yenisei, na Sibéria central, ao sul de Altai e Semipalatinsk, e a leste, no vale do Amur. Portanto, os lavradores desta faixa eram os mais pobres, por vezes suplementando a renda com serviços temporários prestados às ferrovias e minas. Quando a repressão promovida pelo regime de Kolchak aumentou, a revolta rural espalhou-se também às áreas mais abastadas. Os desertores camponeses do exército do almirante desempenharam papel primordial na sublevação. Eles tinham pouco conhecimento sobre o que se passava fora dos limites das aldeias, mas já haviam adquirido vivência suficiente para serem catapultados à condição de líderes locais. Os bandos rurais lutavam usando métodos de guerrilha, apropriados aos territórios bravios e remotos das taigas. Em alguns casos, juntaram-se a unidades do Exército Vermelho escondidas na floresta. (Os bolcheviques haviam sido expulsos da Sibéria no verão de 1918.) Os camponeses destruíam quilômetros de trilhos e realizavam emboscadas ao longo da Transiberiana, interrompendo o transporte de suprimentos vitais para as tropas de Kolchak. Durante grande parte da ofensiva, os Brancos sofreram privações. Para combater a guerrilha, o almirante viu-se obrigado a deslocar milhares de soldados que, até então, lutavam contra os Vermelhos. A partir daí, travou-se uma guerra implacável, na qual prevaleceu o terror, com o assassinato de centenas de reféns e dezenas de incêndios criminosos, queimando os povoados de Kansk e Achinsk, onde se concentravam os revoltosos. Esses dois sítios haviam sido escolhidos pelos guerrilheiros em virtude da sua vegetação fechada e topografia montanhosa, condições excelentes para quem pretendia interceptar vagões de víveres. O envio de tropas contra os lavradores insurrectos permitiu que o tráfego ferroviário voltasse ao normal. No entanto, como a repressão atingiu indiscriminadamente aldeias que nada tinham a ver com a revolta, cresceu o descontentamento da população rural com o exército de Kolchak. Recuando na direção leste, os Brancos foram sendo cada vez mais cercados pelos bandos de camponeses hostis. Pior: em meio ao fogo cruzado, disseminaram-se motins nas hostes do almirante. Os próprios cossacos rebelavam-se contra ordens superiores. Unidades inteiras de recrutas de origem camponesa desertavam à medida que, em retirada, o contingente passava próximo às suas aldeias. Em novembro de 1919, nada mais restava das tropas de Kolchak. De novo, sem saber contornar o abismo que os separava do campesinato, os Brancos haviam sido derrotados.[16]

Em 14 de novembro, as forças do almirante abandonaram Omsk aos Vermelhos, seguindo a marcha em direção a leste. Para cada dois homens de Lênin, havia somente um de Kolchak. Para enfatizar a incompetência Branca, basta citar que os generais que lideravam o recuo dividiam-se entre defender a capital ou partir de pronto — e a alternativa escolhida foi posta em prática atabalhoadamente, às carreiras. Os bolcheviques ocuparam a cidade sem disparar um único tiro, apossando-se de grande quantidade de munição e fazendo 30 mil prisioneiros. Milhares de oficiais e seus familiares, servidores públicos, negociantes, donos de cafés, banqueiros e prostitutas abandonaram a capital Branca, tomando o caminho do leste. Os mais afortunados viajaram de trem, enquanto os demais enfrentaram a estrada a cavalo ou a pé. A burguesia pôs-se em marcha. Feridos e doentes — numerosíssimos, dada a epidemia de tifo — acabavam largados no meio da jornada, morrendo à míngua. Ao fracasso militar somava-se a derrota moral. Mesmo na fuga, os cossacos não se esqueceram de carregar um estoque considerável de vodca; descontrolados, já que não havia quem pudesse exercer autoridade numa situação tão confusa, passaram a deleitar-se com estupros e saques às aldeias que encontravam pelo caminho. Um dos personagens de *Doutor Jivago* — romance baseado nas experiências vividas pelo autor, Pasternak — resumiu o episódio: "Antes havia todo o tipo de obrigações — deveres sagrados para com a pátria, o exército, a sociedade. Mas a guerra fora perdida, tudo parecia fora do lugar, nada mais era inviolável."[17]

Kolchak seguiu para Irkutsk, 2.400 km a leste de Omsk, pretendendo instalar ali uma nova capital. O mais extenso dos seis comboios ferroviários, com nada menos que 29 vagões, ia abarrotado do ouro que havia pertencido ao império e que fora tomado dos Vermelhos, em Kazan. A cerca de 500 km do destino, o trem caiu em poder dos tchecos, passando boa parte de dezembro estacionado no meio do nada. Neste ínterim, em Irkutsk, o Centro Político — uma coalizão de sindicatos, *zemstvos* e partidos de esquerda — tomou conta da cidade e assumiu o governo da Sibéria. Kolchak foi agraciado com o título de "inimigo do povo", passível de ser levado às barras do tribunal. Em 4 de janeiro de 1920, ele transferiu o comando das tropas a Semenov e, na companhia dos tchecos, dirigiu-se a Irkutsk, onde esperava entregar-se aos Aliados. Ao chegar, todavia, acabou sendo preso pelos bolcheviques. O Centro Político e as missões estrangeiras não moveram um dedo para salvá-lo. É provável que os tchecos o tenham trocado, mais a sua carga aurífera, por uma espécie de salvo-conduto até Vladivostok, de onde poderiam alcançar os Estados Unidos, via marítima, numa volta ao mundo que os levaria de regresso ao lar. Em 21 de janeiro, uma comissão de cinco homens — dois bolcheviques, dois SRs e um menchevique — o interrogou. Havia planos de mandá-lo a Moscou, a fim de submetê-lo a um julgamento público. Mas, tal como ocorrera com Nicolau II, a ideia foi abortada. Em 6 de fevereiro, decidiu-se que Kolchak devia morrer. Talvez os Vermelhos temessem que o almirante fosse resgatado pelo que restara dos Brancos, reunidos nas cercanias da nova capital. Ou simplesmente preferiram que sumisse do mapa.* Naquela manhã, o ex-todo-poderoso da Sibéria foi fuzilado, e seu corpo, enterrado sob o gelo do rio Ushakovka.

Se a derrota final de Kolchak demorou tanto, isto deve-se, em grande parte, ao fato de, no verão de 1919, os Vermelhos terem sido forçados a desviar muitos soldados da Sibéria para a frente sul, onde Denikin ameaçava avançar.**

Durante os meses de março e abril, no auge da ofensiva de Kolchak, as forças de Denikin deixaram Rostov, ocupando a região mineira do baixo Don e o sudeste da Ucrânia. Alguns historiadores consideram que se tratou de um equívoco estratégico fatal para os Brancos. O plano original de Denikin era rumar para Tsaritsyn, juntando-se às tropas de Kolchak. A ideia acabou sendo abandonada no final de março, quando os Vermelhos, carentes de carvão, invadiram a região mais baixa do vale e o norte do Don. Entre salvar a bacia ou somar-se aos homens do almirante, no Volga, Denikin preferiu a primeira opção. Ele sempre atribuíra prioridade à defesa de seus baluartes cossacos. Por isto é que, no verão anterior, já se decidira pela Segunda Campanha do Kuban, em vez de atacar Tsaritsyn; neste segundo ensejo, a cidade novamente foi preterida — uma escolha severamente criticada por vários generais, em especial pelo barão Wrangel, imponente líder do exército cossaco, sempre em oposição ao comandante Branco. Wrangel entendia que não avançar na direção de Tsaritsyn equivalia a uma traição, permitindo aos Vermelhos derrotar os Brancos "um a um". Em março, as forças do almirante situavam-se a cerca de 320 km de Tsaritsyn; nessas condições, talvez Denikin estivesse errado em não correr o risco de perder o Don; quem sabe, devesse ter se juntado ao exército do almirante. Contra

---

* Existe nos arquivos uma ordem de Lênin a Smirnov, presidente do Comitê Militar Revolucionário na Sibéria, instruindo-o a explicar a morte de Kolchak como uma resposta à ameaça Branca (RTsKhIDNI, f. 2, op. I, d. 24362). Contudo, a data é ilegível. Richard Pipes acredita que Lênin tenha redigido a ordem antes de 7 de fevereiro, o que sugere a possibilidade de um complô destinado a camuflar as razões da execução (*Russia Under the Bolshevik Regime*, 117-18). Não há provas disponíveis capazes de corroborar esta tese.

** Eis a principal causa de uma das maiores controvérsias travadas na cúpula bolchevique. Trótski e Vatsetis, seu comandante em chefe, opuseram-se à perseguição de Kolchak além dos Urais, pois isso significaria retirar tropas da frente sul. Mas Kamenev, comandante da frente oriental, com apoio de Lênin e Stálin, insistiu na necessidade da caçada implacável ao almirante. O conflito atravessou o verão, enfraquecendo a liderança do Exército Vermelho num momento crítico da guerra civil. A divergência mostrava, sobretudo, que a autoridade de Trótski declinava. Seu estratagema, em ambas as frentes — leste e sul —, foi rejeitado, prevalecendo a proposta de Kamenev, que substitui Vatsetis, em 3 de julho. Furioso com a troca, e suspeitando que Stálin e a Oposição Militar tentavam alijá-lo da sua posição, Trótski chegou a escrever uma carta de renúncia, recusada pelo Comitê Central, em 5 de julho. O prestígio de Trótski ficou ainda mais abalado com a reformulação do Conselho Militar Revolucionário da República, que ganhou quatro novos membros — Kamenev, Gusev, Smilga e Rykov —, todos com opiniões diferentes da dele.

ambos os exércitos, os Vermelhos seriam derrotados, com certeza. Em defesa de Denikin, vale ressaltar que ele agia na tentativa de conter o genocídio dos cossacos. A meta dos bolcheviques, ao norte do Don, era desencadear "o terror maciço contra os cossacos ricos, eliminando-os até não sobrar um só dentre eles", e transferir suas propriedades para os camponeses russos. Durante a campanha de extermínio ocorrida nos primeiros meses de 1919, os tribunais do Exército Vermelho, que invadira a área, ordenaram a execução de 12 mil cossacos, muitos deles idosos. O pretexto usado resumira-se ao de sempre: tratava-se de "contrarrevolucionários".[18]

Foi a rebelião espontânea dos cossacos contra o terror que permitiu a Denikin avançar. Milhares de cossacos aderiram às tropas Brancas à medida que estas seguiam norte adentro, durante a primavera. A principal força Branca no baixo Don era liderada pelo general Mai-Maevsky, homem de bochechas protuberantes e olhinhos suínos que usava pincenê, uma imagem oposta a que se poderia esperar de um herói militar. "Se não usasse farda, talvez o confundissem com um comediante de teatrinho de província", escreveu o barão Wrangel. Personagem de orgias etílicas, Mai-Maevsky já estivera em quase todos os bordéis existentes no sul da Rússia. Apesar de tudo, era um dos mais hábeis generais Brancos: tático brilhante, corajoso e idolatrado pelos seus 12 mil "soldados coloridos" — assim chamados devido aos quepes de vários matizes que usavam. Sob seu comando, o Exército Voluntário deixou a região do baixo Don e penetrou a Ucrânia, derrotando com facilidade, ao longo do caminho, os seguidores de Makhno. Kharkhiv foi capturada aos 13 de junho, Ekaterinoslav, no dia 22, quando os recrutas camponeses a serviço dos bolcheviques debandaram ao primeiro indício da presença inimiga. Enquanto isso, num dos episódios mais espantosos da guerra civil, o Exército Caucasiano, de Wrangel, levou 40 dias marchando ao longo das estepes do sudeste, banhadas de sol, e aos 19 de junho conquistou Tsaritsyn, mesmo lutando contra forças mais numerosas. Os bolcheviques incumbidos de defender a cidade fugiram apavorados tão logo viram os tanques britânicos que davam cobertura às tropas inimigas. Ao todo, 40 mil Vermelhos caíram prisioneiros dos Brancos, que, de quebra, ainda se apoderaram de grande quantidade de munição.[19]

Vários fatores contribuíram para o avanço de Denikin. Graças aos Aliados, os Brancos tinham a seu favor a superioridade da cavalaria e de provisões. A despeito das dificuldades que enfrentava para movimentar o rotundo corpanzil, May-Maevsky demonstrava grande criatividade na movimentação estratégica. Foi ele quem determinou o reconhecimento aéreo do território inimigo, missão cumprida pelos aeroplanos ingleses postos à sua disposição; a ideia consistia em mapear os pontos mais vulneráveis dos Vermelhos, com vistas a um ataque certeiro. E, não raro, fez com que uma unidade lutasse em três lugares diferentes ao longo de um único dia. Os Vermelhos, em contrapartida, estavam claramente esgotados por terem que combater na frentes sul e leste, além de padecerem com a falta de suprimentos. Segundo Trótski, a escassez de víveres foi a causa da derrota, no sul. "Em nenhum outro lugar os soldados passam tanta fome quanto na Ucrânia", informou ele ao Comitê Central, no dia 11 de agosto. "De um terço à metade dos homens estão sem botas ou roupas de baixo, combatendo andrajosos. Na Ucrânia, todos têm rifle e munição, exceto os nossos." A crise de provisões levou à indisciplina e à deserção em massa. Durante os setes meses em que Denikin avançou — de março a outubro de 1919 —, os Vermelhos registraram, apenas na linha de batalha ao sul, mais de um milhão de deserções. Na retaguarda, explodiam os levantes camponeses, decorrentes dos confiscos de animais e alimentos, do recrutamento obrigatório e das repressões às aldeias suspeitas de abrigarem desertores.[20]

O território a sudeste da Ucrânia, domínio dos homens de Makhno, transformou-se no foco principal da revolta camponesa, justo no momento em que a ofensiva de Denikin se acentuou. Nestor Makhno foi o Pancho Villa da Revolução Russa. Nascido no ano de 1889, em Hulyai Pole, ponto de partida da sublevação que mais tarde comandaria, possuía uma extensa ficha policial. Em 1905, juntou-se aos anarquistas e, em 1917, após sete anos preso, em Butyrka, voltou ao seu povoado com planos de organizar um sindicato camponês — posteriormente metamorfoseado em Soviete. No mesmo período, montou uma brigada encarregada de ocupar as propriedades da nobreza. Enquanto durou a guerra civil, Makhno lutou contra quase todos — as forças do Rada; os cossacos de Kaledin; os alemães; os nacionalistas ucranianos, de Petliura; grupos rivais, encabeçados por Grigoriev, e incontáveis senhores de guerra; os Brancos; os Vermelhos — tendo a seu favor a competência e a rapidez da sua cavalaria, o profundo conhecimento do território, a lealdade absoluta de seus guerreiros e o apoio do campesinato. Muitos feitos lhe foram atribuídos, inclusive bebedeiras homéricas, capazes de matar qualquer outra pessoa. A mística em torno do seu nome serviu para aumentar a curiosidade dos homens do campo, que o chamavam de "Batko" — "pai". Na verdade, sua lenda era similar à de Stenka Razin, paladino camponês da verdade e da justiça, dotado de poderes sobrenaturais. Sob a bandeira negra dos anarquistas, Makhno defendia a revolução rural, que acabaria com o Estado e colocaria em seu lugar os sovietes livres e autônomos, surgidos em 1917. Quando os Brancos avançaram pela Ucrânia, ele colocou 15 mil homens à disposição dos Vermelhos. Em troca das armas cedidas por Moscou, e mantendo a organização anterior, suas tropas passaram a integrar a 3ª Divisão, sob o comando de Dybenko. Segundo Trótski, as derrotas Vermelhas deveram-se à indisciplina dos homens de Makhno.* Em junho, ele

* É verdade que nem sempre os seguidores de Makhno mostraram-se competentes no combate aos Brancos. No entanto, isto não é de surpreender, considerando que estavam mal providos pelos Vermelhos. Ainda assim, a afirmação de Trótski é desmerecida. Na verdade, ele procurava atingir Stálin. Ao atribuir as derrotas bolcheviques aos métodos de guerrilha empregados por Makhno, Trótski atacava, indiretamente, a Oposição Militar, reforçando o argumento em prol da disciplina e da centralização do comando das tropas.

ordenou a prisão do líder guerrilheiro, acusado de "contrarrevolucionário", em virtude da sua concepção anarquista de revolução camponesa, avessa à Ditadura do Proletariado. Inúmeros de seus seguidores acabaram fuzilados. Os demais fugiram e embrenharam-se nas florestas, e voltaram as armas contra os Vermelhos, respaldados pela maioria dos agricultores do sudeste da Ucrânia.

Em 3 de julho, já em Tsaritsyn, Denikin baixou sua "Diretiva de Moscou". As três principais forças Brancas convergiriam para a capital formando uma pinça gigante que acompanharia o traçado ferroviário, assim interceptando as rotas de abastecimento. O Exército Caucasiano de Wrangel marcharia até o Volga, partindo de Tsaritsyn a Saratov, e de lá para Penza e Nizhnyi-Novgorod, de onde seguiria até Moscou. O general Sidorin e o Exército do Don avançariam pelo norte, via Voronezh. Por fim, o Exército Voluntário de Mai-Maevsky sairia de Kharkov, via Kursk, Orel e Tula. Seria um jogo de tudo ou nada, uma aposta na rapidez da cavalaria Branca e sua capacidade de explorar a fraqueza temporária dos Vermelhos. Wrangel havia sido contra a "Diretiva", a seu ver uma "sentença de morte" contra as tropas Brancas, que corriam o risco de avançar demais sem dispor de reservas bem treinados, à retaguarda, nem logística adequada ou linhas de suprimento capazes de manter a ofensiva. Ele preferia concentrar os soldados num único ponto e marchar a passo mais lento, através do Volga (não por acaso, o seu setor). Ao explicar sua posição a Denikin, ouviu deste a exclamação: "Vejo que você quer ser o primeiro a colocar os pés em Moscou!"[21]

A "Diretiva" não passou de um erro crasso, custando aos Brancos a derrota na guerra civil. Mais tarde, Denikin admitiria que as linhas de batalha ampliaram-se demais, em especial devido ao ímpeto dos incontroláveis comandantes de cavalaria, que se encarregaram de expandir o território sob sua responsabilidade. Havia generais em excesso e autoridade de menos. À medida que a frente se estendia, aumentava também a necessidade de soldados e provisões. A esta altura, as unidades estavam a vários quilômetros de suas bases, na retaguarda, tornando-se dependentes dos confiscos e do recrutamento compulsório, que alijavam a população supostamente libertada. Deninkin sempre afirmara que o avanço sobre Moscou dependeria de "um levante popular nacional contra o regime soviético". Na prática, porém, as ações de suas tropas só contribuíram para jogar o povo nos braços dos bolcheviques.[22]

A ofensiva começara muito bem. Em 31 de julho, as forças de Denikin ocuparam Poltava. Em agosto, quando o poder soviético na Ucrânia ruiu, foi a vez de Odessa e Kiev. Neste ínterim, ainda em agosto, os cossacos de Mamontov, num total de 8 mil homens, romperam a retaguarda dos Vermelhos, conseguindo avançar rumo a Tambov, dispersando recrutas bolcheviques recém-alistados e destruindo trilhos e depósitos de munições. Conforme os planos de Mamontov, cujo objetivo era dar cabo da retaguarda Vermelha, Tambov e Voronezh foram ocupadas e saqueadas sem mais demora. Em setembro, a investida de Mai-Maevsky prosseguiu, através da Rússia central. Kursk caiu, no dia 20, e Voronezh, dez dias depois. Em 14 de outubro, os Brancos haviam fincado a bandeira em Orel. A apenas 400 km de Moscou, Orel foi o ponto mais próximo da vitória a que chegaram as tropas de Denikin. Os bolcheviques entraram em pânico. Precisamente no momento em que o inimigo, vindo do sul, ameaçava invadir a capital, outro contingente Branco, conduzido pelo general Yudenich, reunia-se nas cercanias de Petrogrado. Os Brancos haviam conseguido coordenar os ataques de seus dois principais exércitos e, durante alguns dias, nos idos de outubro, pareceu que a derrota Vermelha era líquida e certa.

Trancado no Kremlin, Lênin recebia relatos telefônicos de seus comandantes sobre o que se passava a cada hora, nas duas frentes. A defesa de Moscou exigia medidas desesperadas: 120 mil trabalhadores e camponeses foram convocados e organizados em grupos, incumbidos de cavarem trincheiras nas estradas que davam acesso à cidade, ao sul; ao mesmo tempo, os bolcheviques preparavam-se para o pior. Muitos desligaram-se do partido e tentaram conquistar as boas graças da burguesia, na esperança de salvar a pele quando os Brancos chegassem. Outros dispuseram-se a cair na clandestinidade. Surgiram planos secretos com o objetivo de transferir o governo para os Urais. Alguns líderes partidários aceitaram a missão de cruzar a fronteira e seguir para outro país qualquer. Elena Stasova, secretária do partido, recebeu a tarefa de obter passaportes falsos e um maço de promissórias tsaristas para cada um dos membros do Comitê Central.[23]

No entanto, logo se percebeu que os Brancos haviam dado um passo maior do que as próprias pernas. Desde a primavera, suas tropas tinham dobrado de tamanho e ainda assim o número não era suficiente para sustentar o avanço até Moscou. Os 150 mil soldados de Denikin estavam dispersos pelos milhares de quilômetros da frente sul, bastante vulneráveis, portanto, a uma contraofensiva. Na retaguarda, inexistiam contingentes necessários à defesa das bases contra os guerrilheiros de Makhno, os nacionalistas ucranianos e os chechenos. Quando o assalto à capital estava prestes a ser desencadeado, Denikin foi obrigado a deslocar unidades contra todos esses inimigos. Também houve problemas causados pela falta de reforços. Os cossacos do Kuban recusaram-se a deixar o território, arruinando os intentos de Wrangel, que contava com eles no ataque a Saratov. Mais uma vez, manifestava-se a velha questão do localismo: sem garantias de autonomia, os cossacos do Kuban não participariam da luta. A maior das dificuldades dos Brancos — e motivo primeiro do fracasso da ofensiva — foi sua falta de habilidade em mobilizar a população masculina das regiões ocupadas, na Ucrânia e na Rússia. Pode-se dizer, sem exagero, que os Brancos acabaram vencidos por sua inépcia política.

Na Ucrânia, desde o começo da ocupação, o chauvinismo da "Grande Rússia" falou mais alto, granjeando a oposição dos camponeses abastados, de boa parte da intelectualidade rural e da pequena burguesia, simpáticos à causa nacionalista. Dentre todas as forças que disputavam o poder na Ucrânia — Vermelhos, Negros, Verdes e Brancos — os últimos foram os únicos a não fazer concessões aos nacionalistas. A necessidade de defender o Grande Império Russo estava na raiz da crença que impulsionava os Brancos, levando-os a cometer um erro de cálculo que inviabilizou o apoio dos ucranianos. Mesmo sabendo que tal transigência poderia significar a vitória sobre os bolcheviques, Denikin não teria cedido. Ao sul, os três homens fortes — Dragomirov, Lukomsky e Shulgin, todos de Kiev — consideravam-se mais russos do que qualquer pessoa nascida em solo russo. Assim sendo, Denikin lhes servia como uma luva. Quando se tratava dos postos mais importantes, o comandante supremo dos Brancos só nomeava russos, em detrimento de qualquer outra nacionalidade. As cooperativas agrárias, baluartes do ufanismo ucraniano, acabaram extintas, e a língua local, proibida em toda parte, inclusive nas escolas. Nos seus pronunciamentos, Denikin chegava a negar a existência da Ucrânia — que preferia chamar de "Pequena Rússia". Sua indelicada "Proclamação ao Povo da Pequena Rússia", na qual pregava a unificação da Rússia a seu "pequeno ramo russo", só fez os camponeses aproximarem-se ainda mais do exército nacionalista de Petliura, enfraquecendo a já débil retaguarda Branca. Durante as batalhas decisivas travadas no outono, os Brancos viram-se forçados a deslocar 10 mil homens que lutavam contra os Vermelhos, mandando-os combater os vários grupos separatistas que pipocavam em vários pontos do território ocupado.

Uma debilidade ainda mais crucial dos Brancos foi não terem montado um sistema eficaz de administração local nas áreas conquistadas. Desta forma, Denikin carecia de meios para recrutar o campesinato e obter alimentos e animais para as tropas. Resultado: teve que recorrer ao terror. O problema tornou-se crítico à medida que os Brancos avançavam pela Rússia soviética, distanciando-se das bases de abastecimento. No auge da ofensiva, era quase impossível arrumar comida e equipamentos para os soldados. Na retaguarda, Makhno havia tomado as principais fontes distribuidoras de suprimentos — Mariupol, Melitopol e Berdiansk — e, assim como os nacionalistas de Petliura, interceptava os trens vindos do sul. Também não faltaram empecilhos causados pelos ferroviários, a maioria contrária aos Brancos e que só costumavam trabalhar a favor de Denikin se coagidos na ponta da faca. Nas bases industriais Brancas havia tensões similares, provocadas por operários. Afinal, Denikin acabara com as prerrogativas sindicais e devolvera as fábricas à iniciativa privada. A produção de carvão do baixo Don caiu drasticamente, quase acarretando o fechamento de fábricas e ferrovias. Como de hábito, os Brancos recorreram ao terror, fuzilando operários sob acusação de participarem de complôs bolcheviques destinados a arruinar as usinas inimigas. Em Yuzovka, abatia-se a tiros um de cada dez trabalhadores toda vez que minas e fábricas não cumpriam as cotas previstas de carvão e ferro. Atrás das linhas de batalha, os Brancos faziam prevalecer o lema "Morte aos Mãos Calejadas!", numa espécie de contrapartida do Terror Vermelho, cujo slogan era "Morte aos *Burzhoois*!" No entanto, mesmo tanta repressão não conseguiu reverter a queda da produção. A economia Branca mergulhou no caos quando as usinas tornaram-se inoperantes. Não havia como manufaturar suprimentos vitais para as tropas. E, quando isto era possível, não havia como transportá-los até as trincheiras.[24]

Em agosto, as remessas enviadas pelos Aliados por via marítima escassearam. O recuo de Kolchak tornara céticas as potências ocidentais. Grande parte da ajuda desaparecera, em virtude da corrupção: armas, fardas, lençóis, cobertores e equipamento hospitalar; quase tudo fora parar no mercado paralelo. Durante a luta, em Kharkov, muitos soldados da divisão de tanques de Denikin foram flagrados no Hotel Metrópole, vendendo vodca falsificada (na verdade, material destinado a evitar o congelamento dos aquecedoras). A partir de então, os Aliados resolveram que o auxílio ficaria restrito a bens "não comercializáveis", a serem pagos por Denikin em espécie ou mediante produtos de exportação: foi um golpe mortal na campanha Branca. Nas linhas de combate, as tropas defrontaram-se com problemas ainda maiores, carecendo especialmente de agasalhos, ante o inverno que se aproximava. Sem nenhum sistema administrativo eficiente, em condições de organizar a distribuição local do que ainda restava de suprimentos, os homens recorreram aos saques. Como o próprio Denikin reconheceria, as investidas violentas contra as aldeias só serviram para tornar o Exército Branco ainda mais antipático aos olhos da população, acelerando a sua derrota.[25]

Nutrindo profundo desprezo pelos camponeses russos e considerando-se no direito de tomar o que desejasse, exatamente como um invasor em território estrangeiro, a cavalaria Branca parecia um corpo especializado em saques. Seus comandantes arrogavam-se o papel de donos da lei e, em geral, permitiam os roubos, a fim de garantir a lealdade das tropas. Assim haviam se produzido os atrozes *pogroms* contra os judeus (ver páginas 728-732). Mamontov e Shkuro foram apenas exemplos mais notórios, incitando os soldados com a promessa de pilhagens. Porém, dezenas de outros comandantes transformaram-se em "heróis cossacos" pelo simples fato de deixarem os soldados assaltar as aldeias. Um deles chegou a merecer o título nada honroso de Príncipe dos Ladrões. Denikin desaprovava as ações desses aventureiros, mas não conseguia contê-los. Mais tarde, o chefe supremo dos Brancos se arrependeria amargamente. Algumas das unidades cossacas deixavam os povoados tão pesadas que mal dispunham da mobilidade necessária ao combate. A cavalaria comboiava filas de carroças — algumas caravanas cobriam quase 50 km — atulhadas de bens subtraídos aos camponeses. Os trens, que deviam levar apetrechos militares às trincheiras, transportavam o fruto de pilhagens para a retaguarda. Dos 8 mil cossacos de Mamontov que haviam se juntado aos Brancos, após o ataque a Tambov, em agosto, somente 1.500 permaneceram engajados: carregando o butim, os demais retornaram ao Don. No outono, Wrangel reclamou que a frente só dispunha de 3 a 4 mil homens comprometidos com a luta. "Todo o resto não passa de um colossal cortejo de larápios e especuladores. Para eles, a guerra é um meio de enriquecimento." Com um exército assim, seria "impossível conquistar a Rússia. A população nos odeia", deduziu ele.[26]

Depois que Denikin tomou Orel, as fábricas de munição de Tula, a 160 km de distância, pareciam correr perigo iminente. Perder a cidade, segundo Trótski, "seria pior do que perder Moscou".[27] Sem a capital, os bolcheviques ficariam sem uma sede de prestígio; sem Tula, lhes faltaria um exército. O destino do regime soviético dependia da defesa do chamado "arsenal da revolução" — isto é, de Dmitry Os'kin. Na qualidade de comissário militar da região, Os'kin chefiava dois importantes órgãos: o Conselho Militar e o Comitê Revolucionário (Revkom), controlando assim a chamada "Região Fortificada de Tula", sob lei marcial.

Os'kin não tinha dúvidas a respeito. Abandonara havia muito os princípios da esquerda SR, aderindo à ideia de que a guerra civil exigia uma disciplina férrea. Além do mais, os operários da região ameaçavam cruzar os braços em protesto contra a escassez de alimentos. Na primavera, Tula assistira a uma greve geral. Em todas as assembleias, os trabalhadores famintos criticaram Os'kin e seus camaradas: "Abaixo os comissários!" fora a palavra de ordem dos manifestantes. Em 3 de abril, com a missão de dar fim ao movimento, Lênin enviou Dzerzhinsky a Tula. Destacamentos especiais ocuparam as unidades de produção e mais de mil operários acabaram atrás das grades. Desde então, as relações entre os bolcheviques e os trabalhadores tornaram-se frias. Os'kin providenciara novas remessas de alimentos, mas estas terminaram, fazendo ressurgir a perspectiva de paralisação. Dada a necessidade imperiosa de manter as usinas funcionando a pleno vapor, a única alternativa era "militarizar as fábricas e reprimir os trabalhadores, caso houvesse greve". Nenhum bolchevique alimentava ilusões sobre a chance de um acordo negociado: o tempo escasso não o permitiria. Na reunião do Politburo, realizada aos 15 de outubro, Lênin admitiu que as massas de Tula já se mostravam hostis a Moscou. Na verdade, a população inclinava-se a favor dos mencheviques, que na primavera anterior haviam liderado a greve geral e, antes disto, alcançaram maioria nos Sovietes locais. Alguns deles haviam optado por fazer propaganda em favor dos Vermelhos, na tentativa de angariar apoio e impedir que Denikin tomasse conta da região. O estratagema demonstra o desespero dos soviéticos e o desdém que os trabalhadores lhes devotavam; os homens no poder precisavam do respaldo de seus adversários políticos para tentar repelir os Brancos. Os'kin e seus camaradas relutaram em aceitar tal ajuda; desde a greve geral, eles temiam a influência de qualquer outro partido. Lênin interveio e abriu as portas das fábricas aos mencheviques, e foi Dan quem garantiu aos operários que a vitória dos Brancos significaria a derrota da revolução. Esfaimados, eles pareciam entediados com a lenga-lenga, levando os mencheviques a concluir que estavam "extremamente avessos aos comunistas, e nenhum apelo em defesa da revolução, ou contra Denikin, bastaria para serenar os ânimos".[28]

A urgência da situação pautou as providências extraordinárias tomadas em prol da salvaguarda militar de Tula. Milhares de camponeses e "burgueses" foram convocados a formar equipes de trabalho, que labutavam dia e noite cortando lenha para abastecer os fornos das fábricas e cavando trincheiras ao redor da cidade. Para fazê-los mais expeditos, centenas de parentes dos integrantes destas turmas seriam mantidos "reféns" — um deslize na execução da tarefa seria punido com a morte de um filho. Os'kin jamais demonstraria qualquer remorso por ter de implementar tal medida: tratava-se de "defender a revolução". Milhares de reforços foram enviados a Tula, inclusive a famosa Divisão de Carabineiros letoniana, sempre fiel ao regime bolchevique. Os'kin organizou ainda o recrutamento de 20 mil homens, reconhecendo que "Tula inteira se transformou num imenso acampamento". Os soldados aquartelavam-se em todos os prédios disponíveis. As praças e parques viraram estacionamento de tanques e centros de manobras militares. Nas construções mais altas, junto às vias principais, montaram-se ninhos de metralhadoras e, na entrada da cidade, barricadas. Em todos os distritos ao sul da província postaram-se sentinelas, responsáveis de avisar por telefone a aproximação das tropas de Denikin. Os casarões senhoriais, abandonados pela fidalguia, converteram-se em casernas. Um regimento ocupou a propriedade que pertencera a Tolstói, em Yasnaya Polyana; outro montou tendas próximo à casa do príncipe Lvov, em Popovka.[29]

Foi então que centenas de desertores camponeses decidiram retornar ao Exército Vermelho, desequilibrando a balança em detrimento dos Brancos. O fator foi fundamental para a vitória bolchevique. Análises de direita sobre a guerra civil tendem a apresentar o triunfo dos soviéticos como algo alcançado a despeito do apoio popular. De acordo com esta corrente, os bolcheviques contavam somente com uma base territorial mais ampla e eram mais sistemáticos que o inimigo no uso do terror e da coerção (assim conseguindo, junto à população civil, hostil a ambos os exércitos e quase indiferente ao desfecho da peleja, os recursos militares necessários). A explicação é parcialmente correta. No entanto, o fato de os bolcheviques poderem clamar pela "defesa da revolução" — e terem, em mãos, seus símbolos mais apelativos, como a bandeira vermelha — também os capacitou a mobilizar respaldo popular. É verdade que se tratou de um respaldo hesitante, da escolha pelo lado que parecia menos ruim ao campesinato e a parte do operariado, os quais temiam que o sucesso Branco revertesse as conquistas obtidas a partir de 1917. Ainda assim, foi uma opção do povo russo.

Isto é claramente perceptível na volta dos desertores ao Exército Vermelho. A campanha Vermelha contra a debandada nas trincheiras escorava-se em medidas repressivas violentas, visando às aldeias suspeitas de abrigar desertores. A iniciativa mostrara-se inócua, resultando numa onda de rebeliões rurais que facilitara o avanço Branco. Em junho, porém, os homens de Moscou passaram a adotar uma tática mais conciliatória, oferecendo "semanas de anistia". Durante estas semanas, muito alardeadas e não raro estendidas indefinidamente, os desertores eram convidados a retornar às fileiras sob a promessa de que não haveria nenhum castigo por fugas anteriores. Em certo sentido, era um indício da fé bolchevique na necessidade de mudar a natureza dos camponeses e torná-los conscientes de seus deveres revolucionários. Os Vermelhos tentariam punir os desertores "maliciosos" e, ao mesmo tempo, alterar a índole dos "fracos", diferenciando-se dos Brancos, que executavam todos os soldados fujões, sem exceção. Entre julho e setembro, quando a vitória de Denikin pareceu mais iminente, quase 250 mil homens regressaram às hostes Vermelhas, saindo de Orel e Moscou, a fim de vestir a farda de novo. Muitos consideravam-se "voluntários" e diziam estar prontos para combater o inimigo, que associavam à possibilidade de a aristocracia retomar as terras perdidas. Não foi à toa que as populações de Orel e Moscou contribuíram com tão grande número de "arrependidos". Em nenhuma outra região, em 1917, os agricultores tomaram maior volume de terras. Na primeira, a extensão em poder dos camponeses aumentara 28%. No distrito militar da capital, o incremento alcançara 35%. Uma eventual vitória Branca levou os camponeses a temerem pela terra adquirida havia tão pouco tempo — um temor que a propaganda Vermelha estimulou ao máximo. A maré virara e os homens do campo estavam dispostos a mandar novamente seus filhos à guerra, a fim de preservar as conquistas agrárias. Embora não aprovassem o regime soviético, seus arrogantes comissários e confiscos arbitrários, eles defenderiam o governo de Lênin enquanto — e apenas enquanto — este funcionasse como escudo entre a reforma agrária e os Brancos.[30]

Em outubro, os Vermelhos tinham quase 200 mil homens a postos para a luta na frente sul, o equivalente ao dobro das forças Brancas. Em 11 de outubro, durante os preparativos da contraofensiva, Alexander Egorov ganhou o comando de todo este enorme contingente bolchevique. Sua carreira fora similar à de Os'kin, típica da nova elite do Exército Vermelho. Ele ascendera à patente de coronel ainda na Primeira Guerra Mundial, juntara-se à esquerda SR em 1917 e filiara-se ao partido de Lênin no verão de 1918. Egorov foi o principal responsável pelo sucesso soviético na frente sul, muito embora a investida tenha carecido de planejamento adequado e a estratégia tenha sido alterada à última hora, cedendo espaço ao improviso.* Em Tula, centro do palco onde se travaria a batalha vital, Os'kin viu-se envolvido pelo caos e o pânico. Ninguém sabia ao certo sequer "onde as tropas estavam localizadas".[31]

* Inicialmente, a estratégia Vermelha, montada em julho, seria atacar o Don a partir do Volga. Em 15 de outubro, no entanto, dia seguinte à queda de Orel, o Politburo decidiu concentrar todas as forças bolcheviques em torno de Tula. Kamenev, comandante em chefe, sequer foi consultado a respeito da alteração.

Apesar da confusão, característica da guerra civil russa como um todo, os grandes confrontos de outubro foram muito diferentes dos combates iniciais entre Brancos e Vermelhos. Os enfrentamentos de 1918 não passaram de escaramuças e duelos de artilharia. As forças diminutas e heterogêneas trataram de se preservar; não havia posições fixas nem frentes de batalha, e as cidades e territórios mudavam de donos com frequência absurda. Nestes primeiros estágios, tratara-se de uma batalha à moda do século XIX. Porém, em outubro, o quadro mudaria. O embate tornou-se mais encarniçado, assemelhando-se ao que ocorrera na Primeira Guerra, envolvendo centenas de milhares de soldados, milhões de disparos diários, tanques, aeroplanos, carros blindados e fuzilaria noturna. Ambos os exércitos contavam agora com estruturas de comando mais bem montadas. Seus oficiais tinham ordens incontestáveis contra retiradas. Milhares de tropas pereciam em nome de um quinhão desprezível de terreno. Nenhum dos lados se ocupava em fazer prisioneiros.

A contraofensiva Vermelha na frente sul contou com dois elementos estratégicos fundamentais. O primeiro foi o ataque de surpresa desfechado pelo destacamento de carabineiros letoniano, cerca de 12 mil homens experientes, acantonados a oeste de Orel, no flanco esquerdo do exército inimigo que avançava ao norte, rumo a Tula. Após uma batalha feroz, em que quase metade dos letonianos pereceu, os Brancos foram obrigados a recuar. O segundo elemento essencial da contraofensiva entrou em ação aos 19 de outubro: a Cavalaria Vermelha atacou os cossacos que protegiam o flanco esquerdo dos Brancos, fazendo-os voltar a Voronezh. Isso deve tê-los deixado atônitos, pois se consideravam imbatíveis. Trótski sempre subestimara os avanços da cavalaria, negando que tivessem significado estratégico numa guerra de movimentos. Foi preciso a investida de Mamontov para que aceitasse o lema "Proletários a Cavalo!"[32]

Para organizar um corpo de cavaleiros competente, em 1918, os Vermelhos haviam recorrido a Semen Budenny. Oficial de elevada estatura, imponente, bigodes longos e retos, filho de camponês, nascido na região do Don, ele se alistara, em 1903, nas tropas tsaristas e, depois da guerra contra o Japão, tendo demonstrado sua habilidade a cavalo, matriculou-se na Escola de Equitação da Cavalaria Imperial, em São Petersburgo. Em 1914, atingira o posto de primeiro-sargento dos Dragões Imperiais, uma tropa de elite. Em 1917, foi um dos inúmeros suboficiais que aderiram aos bolcheviques e, mais tarde, se uniram a Stálin e à Oposição Militar. Em 1918, Voroshilov o colocou à testa de uma pequena força de cavalaria incumbida de combater os cossacos de Krasnov, perto de Tsaritsyn. Este 1º Corpo de Cavalaria Vermelha era formado principalmente por cossacos pobres e camponeses do norte do Don. Na contraofensiva, o perfil do célebre Exército de Cavalaria de Budenny mantinha-se inalterado. Babel os imortalizou em suas histórias, acerca da guerra contra a Polônia, travada em 1920. Muitos dos comandantes mais respeitados de Stálin, os mais talentosos, talvez, ganharam suas esporas na *Konarmiia*. À parte o marechal Budenny, sepultado na Praça Vermelha, em 1970, vale mencionar Timoshenko (que liderou o Exército Vermelho na Segunda Guerra Mundial) e Zhukov (que levou as tropas soviéticas à vitória, em 1945).

Perseguidos pela Cavalaria Vermelha, os cossacos Brancos fugiram para o sul, abandonando Voronezh aos bolcheviques, em 24 de outubro. Ocupando esta posição estratégica, os homens de Budenny avançaram em direção a Kastornoe, um entroncamento ferroviário vital entre Moscou e o Don. Afinal, em 15 de novembro, após vários dias de luta ferrenha contra os cossacos de Shkuro, os soldados do futuro marechal capturaram Kastornoe, encerrando a ofensiva de Denikin. Na iminência de serem totalmente cercados pelo inimigo, os Brancos bateram em retirada, sempre na direção sul, deixando de ameaçar a Rússia central.

Ainda naquele mês, eles perderiam uma segunda oportunidade. No ápice da luta em Orel, havia uma outra grande força Branca, o Exército Noroeste, que avançava rumo a Petrogrado.

Dadas as dificuldades, é espantoso que essas tropas, formadas com a ajuda dos alemães, em Pskov, tenham conseguido chegar tão longe. Após serem derrotados pelo exército do kaiser, e ante o avanço dos Vermelhos a oeste, eles recuaram para a Estônia, recentemente pacificada. Lá, o Exército Noroeste se constituiu, protegido pela barreira natural do lago Peipus. Em maio de 1919, ao reentrar na Rússia e atacar Petrogrado, seus efetivos compunham-se de mais ou menos 16 mil homens, a maioria prisioneiros de guerra russos libertados pelos alemães e desertores bolcheviques.

Este contingente era liderado pelo general Yudenich, herói de fama passageira durante a Primeira Guerra Mundial, nomeado por Kolchak comandante no Báltico. Aos 57 anos, pesadão, Nikolai Yudenich parecia velho e gordo demais para o papel de líder militar. Suas bochechas adiposas, a calva e o bigode enrolado o tornavam semelhante a um antigo aristocrata russo. Muito apropriadamente, ele nunca se conformara com a ruína do império tsarista, opinião que acabaria por levá-lo à derrocada final.

Como todos os generais Brancos, seu instinto tendia a sacrificar a política em favor dos interesses da campanha militar. "Contra os bolcheviques, mas sem política", assim rezava seu lema. O Governo do Noroeste era uma ilha de falsa democracia, cujo objetivo resumia-se a iludir os Aliados. Yudenich não considerava a hipótese de implementar um programa de reformas e jamais contou com a possibilidade de promover um levante popular capaz de asfaltar o caminho de suas tropas até Petrogrado. Ele queria uma vitória bélica, não a conquista de corações e mentes. E assim, tão logo seus homens pisaram em solo soviético, depararam-se com a oposição obstinada da população. Os recrutas russos desertaram, como já era esperado. A falta de apoio em território russo fez com que Yudenich se visse obrigado a convocar tropas estrangeiras. Os Aliados mostravam-se reticentes quanto ao comandante obeso e só lhe mandavam suprimentos mínimos. A esta altura, a intenção das potências ocidentais resumia-se a retirar-se da guerra civil. É verdade que belonaves britânicas haviam bloqueado o acesso a Petrogrado e atacado Kronstadt; mas Yudenich jamais receberia reforços terrestres dos Aliados. Estes, mesmo que quisessem socorrer os Brancos numa ofensiva contra a ex-capital, certamente teriam recuado por conta das ligações entre o corpulento general e Berlim.

Sem o apoio do Ocidente, o sucesso do ataque de Yudenich a Petrogrado dependeria da boa vontade da Finlândia em agir como ponto de reunião e partida das tropas, além de base de abastecimento. A fronteira finlandesa ficava a tão somente 32 km da antiga capital russa — quase dez vezes menos do que a marcha através do país, via Pskov. Ainda assim, estando Petrogrado tão perto, os generais Brancos permitiram que o comprometimento com o que imaginavam ser o império russo impossibilitasse um pacto com os responsáveis pela única rota viável de acesso.

O Corpo de Defesa Finlandês, sob as ordens do general Mannerheim, transformara-se num exército de dimensões nacionais desde que fora derrotado pelos Vermelhos em Helsingfors, na primavera de 1918. E, na verdade, os bolcheviques tinham mais a temer com a presença finlandesa em Petrogrado do que com uma eventual invasão Branca. Em junho de 1919, calculava-se haver cerca de 100 mil tropas finlandesas em torno do lago Lagoda. Um quarto delas tinha a ex-capital quase ao alcance das vistas. O preço do apoio da Finlândia a Yudenich mostrava-se reles: garantia de independência. Tratava-se de uma formalidade: para todos os efeitos, aquele já era um Estado livre, reconhecido como tal pela maior parte dos países ocidentais. Mas os Brancos entendiam que o valor pedido era alto demais. A nostalgia simplista pelo império russo, que pretendiam reerguer, não deixou que chegassem a um acordo com os nacionalistas. "A história jamais me perdoará se entregar o que Pedro, o Grande, ganhou", declarara Kolchak pomposamente ao, na qualidade de líder supremo dos Brancos, ver-se pressionado a transigir com os finlandeses. O príncipe Lvov e a Conferência Política de Paris opunham-se obstinadamente à ideia de reconhecer a independência finlandesa, pelo menos até que a questão fosse votada pela Assembleia Constituinte russa. Eis um exemplo perfeito da fixação dos Brancos pela estrutura legal do passado — uma obsessão que os impediu de enxergar as realidades políticas do presente. Mannerheim bem que gostaria de ver a queda bolchevique. Mas nem mesmo ele conseguiu convencer os finlandeses a apoiar os Brancos, abrindo mão da garantia de independência. Os Vermelhos, por sua vez, haviam assegurado a supremacia finlandesa fazia apenas 18 meses. E, agora, ofereciam um contrato de paz para que o ex-território russo continuasse neutro na guerra contra os homens de Denikin e Kolchak. Se a oferta não fosse aceita e a Finlândia se passasse para os Brancos, os bolcheviques revidariam com o "extermínio implacável". Os Aliados instaram Yudenich a reconhecer a soberania finlandesa, pois sabiam que, de outro modo, a ofensiva contra o governo de Moscou estava fadada ao fracasso. Porém, o comandante manteve-se inflexível. Diante da perspectiva de eleições locais próximas, marcadas para junho, Mannerheim preferiu não mais se imiscuir na guerra civil russa, recusando-se a ceder tropas a Yudenich e a deixar que o Exército Noroeste entrasse na Finlândia. Foi um revés tremendo para os Brancos, obrigados a avançar até Petrogrado pela rota mais longa e adversa, cruzando Yamburg e Gatchina.

Yudenich ainda fez um esforço desesperado para ganhar o apoio da Estônia; mas aquela era uma nação diminuta, jovem, frágil e, portanto, não desejosa de ceder soldados aos Brancos, em especial porque estes, a exemplo do que emperrara as negociações com a Finlândia, também não estavam dispostos a reconhecer a independência do território. Os Vermelhos mostraram-se rápidos em explorar a situação, oferecendo aos estonianos um acordo de paz para que permanecessem neutros na guerra civil. A inclinação natural da Estônia pela imparcialidade coincidiu com os interesses de um Estado que, por razões geográficas, sabia o quão vulnerável estava seu vizinho soviético, minando mais uma tentativa de Yudenich.

Isolado, em 10 de outubro o general do Exército Noroeste ordenou uma investida contra Petrogrado, apostando na possibilidade de os Vermelhos estarem tão envolvidos com os combates na frente sul a ponto de esquecerem a antiga capital. De fato, os bolcheviques haviam transferido unidades para o sul e as 25 mil tropas do VII Exército Vermelho, que permaneceram a postos para a defesa de Petrogrado, estavam inteiramente desmoralizadas e já começavam a desertar. Graças à presteza do coronel Liundkvist, chefe do Estado-Maior do VII Exército que aderira aos Brancos, fornecendo-lhes detalhes sobre as posições bolcheviques, os 18 mil soldados de Yudenich avançaram sem problemas. No dia 20, já haviam chegado às colinas de Pulkovo, avistando os subúrbios de Petrogrado. "Dava para enxergar o domo da catedral de Santo Isaac, o pináculo dourado do Almirantado e os trens saindo da Estação Nikolai", recordou um dos oficiais Brancos. Os homens de Yudenich pareciam tão confiantes na vitória que um dos generais se recusara a usar binóculos para esquadrinhar a cidade. Afinal, dissera ele, no dia 21 já estaria caminhando pela Nevsky Prospekt.[33]

As notícias sobre o avanço Branco disseminaram o pânico entre os Vermelhos. Lênin quis abandonar Petrogrado e concentrar todas as forças na frente sul. Trótski, entretanto, negava-se a entregar o berço da revolução, que, a seu ver, merecia ser defendido a todo custo, mesmo que isto significasse combater de casa em casa. Em 16 de outubro, ele seguiu para a velha capital, a fim de organizar a resistência. Zinoviev, chefe do partido, inteiramente descontrolado, passava as horas recostado num sofá do Smolny. Foi esta uma das poucas ocasiões da guerra civil — muito menos frequentes do que alegam seus acólitos — em que a presença de Trótski na frente de batalha ajudou a decidir o desfecho da luta. Em certo momento, ele chegou a montar a cavalo, incitando soldados vacilantes a retomarem a iniciativa.

Sua primeira tarefa foi reerguer o moral das tropas — e isto ele conseguiu, graças à oratória. Atiçou os homens a não desistir e, embora o Exército Vermelho já tivesse sido posto a correr pelos tanques britânicos usados pelo inimigo, zombou dessas máquinas — caixas "de madeira pintada" — e ordenou que a fábrica Putilov produzisse alguns veículos semelhantes, fazendo os soldados imaginarem estar sob a mesma proteção dos Brancos. A segunda missão de Trótski seria transformar Petrogrado numa fortaleza, preparando a população para a resistência. A lei marcial entrou em vigor, acompanhada de toque de recolher noturno. Milhares de trabalhadores e burgueses da cidade foram mobilizados para construir barricadas no coração da antiga capital. Lênin determinara a Trótski que arregimentasse 30 mil pessoas, das quais "várias centenas deveriam ser mortas a tiros, de modo a garantir um ataque em massa contra Yudenich", sobre quem recairia a culpa pelas baixas. Os canos do sistema de esgoto da cidade foram desenterrados e empregados na construção de barricadas. Trincheiras foram cavadas nos subúrbios ao sul, e metralhadoras, instaladas no topo de todos os prédios situados ao longo das principais vias de acesso ao centro. Caminhões e motocicletas militares circulavam pela antiga capital, dia e noite. De jaquetas de couro, os bolcheviques vigiavam as estradas, armas nos ombros. Os edifícios principais de Petrogrado passaram a ser guardados por grupos de operários voluntários.[34]

Embora a cidade, como qualquer outra, sempre tivesse sido cenário de greves, a ameaça de um ataque Branco parecia ter levado muitos trabalhadores a defender o regime soviético. Como observou um dos espiões Brancos que transitava em Petrogrado:

> Os trabalhadores, pelo menos uma grande parcela deles, ainda inclinam-se pelos bolcheviques. Como alguns outros elementos democráticos, veem o regime como sendo seu, apesar de o considerarem ruim. A propaganda sobre a crueldade dos Brancos surte um forte efeito sobre eles. Psicologicamente, supõem desfrutar de igualdade e ainda apreciam o poder soviético, confundindo os Brancos com o velho regime e o desprezo que este votava às massas.

Centenas de operários muniram-se de rifles e apresentaram-se para defender o Smolny. Neste ínterim, no pátio do quartel-general soviético, uma dúzia de veículos a motor mantinha-se pronta para transportar os líderes partidários, caso Petrogrado caísse sob o jugo do inimigo. Viktor Serge e a esposa, grávida, abandonaram o quarto que ocupavam no Hotel Astória e passaram a noite numa ambulância estacionada no subúrbio. Com uma pequena valise e passaportes falsos, o casal estava preparado para fugir tão logo soubesse da derrocada da cidade.[35]

Na pressa de tomar a antiga capital russa, os Brancos esqueceram de interromper a linha férrea que conduzia a Moscou. Este erro primário permitiu aos Vermelhos obter reforços a tempo de partir para uma contraofensiva, iniciada no dia 21. O fato de os bolcheviques transferirem tropas de Tula para Petrogrado, justamente no clímax da batalha contra Denikin, mostra o quanto estavam aflitos com a perspectiva de perder o berço da revolução. A decisão fora de Lênin, que telefonara em pessoa a Os'kin. "Fiquei literalmente sem fôlego quando uma voz ao aparelho disse 'Lênin falando'", registrou mais tarde o comissário. Ele prometeu ao interlocutor que mandaria a Petrogrado uma brigada inteira de reservas comunistas cujo comportamento era tido como exemplar. A este contingente caberia papel fundamental na resistência a Yudenich. Kamenev, comandante em chefe Vermelho, chamava-os de "nossas Rainhas de Espadas", último trunfo que faltava para levar o Kremlin à vitória em Petrogrado. Contra os homens de Yudenich, ao todo 15 mil, os Vermelhos passaram a contar com quase 100 mil, número mais do que suficiente para derrotar o inimigo, mesmo pelos exagerados padrões bolcheviques. Após três dias de luta aguerrida e sangrenta pela conquista das colinas de Pulkovo, os Brancos foram empurrados na direção da Estônia. Os Vermelhos havia impedido o avanço dos tanques inimigos recorrendo somente a rifles. Sem reforços, o recuo de Yudenich foi tão rápido quanto fora seu avanço. Em meados de novembro, os estonianos permitiram que o Exército Noroeste entrasse no país, desde que todos os seus integrantes depusessem armas. Trótski queria perseguir o inimigo Estônia adentro — "o canil dos cães de guarda da contrarrevolução". Desnecessário. Yudenich desistira da luta e suas tropas debandaram. Na véspera de Ano-novo, a Estônia assinou um armistício com a Rússia soviética, e aos 2 de fevereiro de 1920, um tratado de paz — o primeiro entre Moscou e um Estado fronteiriço.[36]

O desembaraço de Trótski na organização da defesa de Petrogrado lhe valeu a Ordem da Bandeira Vermelha, primeira a ser concedida em toda a história do regime. Ele passou à posição de herói da Revolução.* Gatchina, onde grande parte da luta se travara, foi rebatizada com seu nome. Outra inovação: até então, nenhuma cidade fora renomeada em homenagem a um comunista vivo.

À medida que escapavam cada vez mais para o sul, as forças de Denikin perdiam todo e qualquer traço de disciplina e dispersavam-se aos trambolhões. Certa vez, Napoleão observara, referindo-se a quando fora obrigado a se retirar de Moscou: "Do sublime ao ridículo, é só um passo." O mesmo poderia se dizer das tropas Brancas.

Não foram somente os Vermelhos que levaram os Brancos ao pânico. Os guerrilheiros de Makhno, os nacionalistas ucranianos de Petliura e vários outros grupos prepararam emboscadas para Denikin, cercando suas tropas, que rumavam para o mar Negro. As unidades Brancas atravessavam um terreno cuja população,

* Data desta época a advertência lançada por seus adversários no partido, especialmente Stálin, contra os perigos do bonapartismo.

segundo Wrangel, "aprendera a odiá-las". Então, no final de novembro, chegaram notícias chocantes, dando conta de que a Grã-Bretanha retirara o respaldo que vinha garantindo. Somada à derrota de Kolchak, a novidade teve efeito devastador sobre o moral de Denikin e seus comandados. "Em poucos dias, toda a atmosfera do sul da Rússia mudou", enfatizou uma testemunha ocular. "Qualquer que fosse a firmeza de propósito anterior, sobreveio uma debilidade capaz de fazer o pior tornar-se possível. A opinião de [Lloyd] George, para quem a causa Voluntária não tinha futuro, ajudou a transformar o fracasso numa quase certeza." O otimismo que alimentara o movimento Branco — Sokolov comparava-o à fé desesperada do jogador à espera de uma carta providencial — extinguiu-se completamente. Soldados e oficiais desertaram em massa. Os cossacos desiludiram-se com os Brancos, recusando-se a continuar lutando, a menos que Denikin atendesse às reivindicações de um Estado autônomo.[37]

Desencantamento similar grassava entre os civis partidários dos Brancos. Ninguém mais acreditava na vitória e só pensava em fugir para fora do país. Nos territórios ocupados pelas tropas de Denikin, lojas e cafés cerraram as portas. Houve uma corrida ensandecida para cambiar os rublos do Don, impressos por ordem do comandante Branco, em troca de moedas estrangeiras. Num repeteco das cenas de histeria registradas anteriormente em Omsk, milhares de oficiais e civis engalfinhavam-se para embarcar nos trens rumo aos portos do mar Negro. Os feridos e doentes, muitos vítimas de uma assoladora epidemia de tifo, eram esquecidos no meio do caminho. Já não era mais uma "burguesia em disparada". A maioria dos refugiados transformara-se em gente miserável, não importa quão rica havia sido outrora. Aquele era um tropel de pessoas maltrapilhas que ainda tentavam salvar a própria pele. Uma testemunha perscrutou a fuga dos habitantes de Kharkov:

> Certa noite, quando o derradeiro trem-hospital preparava-se para partir, surgiram algumas figuras, rastejando pela plataforma, à luz difusa das lamparinas da estação. Eram cinzentas e amorfas, como grandes lobos. Ao se aproximarem, foi possível distinguir com horror oito oficiais russos, ainda envergando as camisolas dos doentes de tifo. Querendo embarcar a qualquer custo, a fim de evitar o risco mais do que provável de tortura e morte nas mãos dos bolcheviques, eles se arrastaram de quatro, na neve, do hospital até a gare, na esperança de encontrar lugar num dos vagões.[38]

Em meio ao mais absoluto colapso moral, o Terror Branco atingiu o clímax ao se desencadear contra judeus. Foi o último ato de selvageria em represália a uma etnia que, no entender de muitos, parira a revolução.

O antissemitismo fez parte da vida russa durante todo o período revolucionário. Os judeus foram alvos constantes da fúria das massas. A palavra *pogrom* poderia significar tanto ataques aos judeus quanto assaltos a propriedades. O regime tsarista estimulara a primeira interpretação do termo, sempre cuidando para que não resvalasse para a segunda. Fazer dos judeus bodes expiatórios tornou-se prática generalizada a partir de 1914. Os espaços especialmente reservados aos judeus haviam sido destruídos, durante o conflito mundial, e seus habitantes espalharam--se por todo o país. Fato inédito: a população dos grandes centros urbanos, ao norte, incluía numerosos judeus. Com a revolução, eles vieram a ocupar postos no governo e na burocracia, o que também era inusitado. Poucos aderiram ao bolchevismo, embora muitas lideranças do partido fossem judeus. Para número considerável de russos, cujo mundo virara de ponta-cabeça, parecia que a ruína de todo o povo estava ligada ao seu súbito aparecimento em lugares e posições de autoridade antes reservadas a outras etnias. Daí a concluir que tramavam arruinar a Rússia, a distância era mínima, acirrando um racismo de grandes proporções e alcance. "Ódio aos judeus é um dos traços mais proeminentes da vida russa hoje; talvez mesmo os judeus de destaque sejam odiados em toda parte — no norte, no sul, no leste e oeste. São detestados, independente da classe a que pertencem ou da educação recebida, não importando as inclinações políticas que tenham ou a idade que aparentam", escreveu um importante sociólogo, em 1921.[39]

Nos primeiros estágios do movimento Branco no sul, o antissemitismo teve um papel pouco relevante. Havia, inclusive, judeus no Exército Voluntário; alguns deles chegaram à condição de heróis na Marcha no Gelo. O órgão de propaganda a serviço de Denikin (OSVAG), empregava muitos judeus. Mas, à medida que os Brancos avançavam pela Ucrânia, onde os semitas eram mais concentrados do que no Don, as fileiras foram tomadas por uma aversão figadal pela etnia. A iniciativa partiu dos cossacos e de seus oficiais de regimento, embora Denikin — um antissemita enrustido — pouco fizesse para se opor ao preconceito. Vários de seus generais, inclusive, eram menos velados e chegavam a estimular a violência contra os judeus. Estes acabaram expulsos das tropas e da administração Brancas, cuja propaganda retratava o regime bolchevista como uma conspiração semita, espalhando o mito de que todos os principais líderes Vermelhos eram judeus, à exceção de Lênin.* Como cabeça do Exército Vermelho, Trótski (ou Bronstein, como era tratado entre parênteses pela imprensa Branca) sobressaía-se na qualidade de monstro e "assassino judeu", cujas vítimas seriam o povo russo. Os semitas também eram acusados do assassinato do tsar, da perseguição à Igreja Ortodoxa e do Terror Vermelho. De concreto, pode-se afirmar apenas que havia muitos deles ocupando funções importantes nas Chekas de Kiev e de outras cidades.

* O mito ecoou nos círculos ocidentais. O general Holman, por exemplo, chefe da missão militar britânica junto a Denikin, informou a uma delegação de judeus que dos 36 comissários do governo de Moscou, apenas Lênin não era semita (Shekhtman, *Progromy*, 298).

Na verdade, a população procurava somente um pretexto para promover uma vendeta sanguinária contra os judeus como um todo. Como afirmou certa feita o rabino-chefe de Moscou, os Trótskis haviam feito a revolução, mas os Bronsteins pagavam a conta. A maioria dos líderes Brancos, entre eles o próprio Denikin, considerava que os semitas haviam atraído os *pogroms* pelo simples fato de garantirem "apoio" ao regime bolchevista. O movimento Branco estava contagiado pela ideia de que a caça aos judeus justificava-se como um meio popular de contrarrevolução. Mais tarde, o direitista russo Shulgin, importante porta-voz da culpa coletiva dos judeus, reconheceria que os *pogroms* haviam funcionado como uma resposta dos Brancos ao Terror Vermelho. "Reagimos aos judeus da mesma forma que os bolcheviques reagiram aos *burzhoois*. Eles gritavam 'Morte aos *burzhoois*!', nós replicávamos 'Morte aos semitas!'"[40]

Os primeiros grandes *pogroms* foram perpetrados pelos grupos nacionalistas ucranianos de Petliura, no inverno de 1918-1919. Os guerrilheiros de Makhno e de Grigoriev também dedicaram-se a caçadas étnicas, bem como os poloneses o fizeram, em 1920. Algumas unidades do Exército Vermelho deixaram-se contaminar pelo preconceito e não fugiram à prática comum entre as hostes inimigas. Em todas estas campanhas de perseguição (a não ser a polonesa, cujos motivos eram, de fato, raciais), a violência contra os judeus estava intimamente associada a saques e destruição de propriedades. Os soldados camponeses da Ucrânia tinham horror aos judeus porque estes exerciam atividades comerciais, fosse como negociantes, estalajadeiros ou agiotas. Em suma, constituíam a "burguesia" das cidades "estrangeiras" que sempre explorara os "aldeões simples", fazendo-os viver na pobreza. Os líderes dos *pogroms* costumavam impor um alto tributo revolucionário aos judeus, por acreditarem que todos eram, invariavelmente, muito abastados. Os que não pagavam a taxa cobrada corriam o risco de ver seus parentes, tomados como reféns, morrerem à bala. Durante o Terror Vermelho, os bolcheviques empregaram os mesmos métodos. Outra prática corriqueira consistia em liberar soldados para pilharem à vontade lojas e residências semitas, assassinando e violentando mulheres; ou autorizar a população a assaltar os judeus, sob o argumento de que estes haviam enriquecido ilicitamente em meio à crise econômica e que, portanto, seus bens deviam ser devolvidos ao povo. Os bolcheviques chamavam isto de saquear os saqueadores.

Em grande proporção, os *pogroms* realizados pelas tropas de Denikin nasciam do mero anseio de se apossar do que é alheio, de estuprar e matar semitas tidos como ricos, estranhos e fracos. Porém, de uma maneira mais aparente do que era possível detectar anteriormente, estes *pogroms* mais recentes tinham também motivação racial. Os semitas passaram a ser odiados pelo fato de serem uma etnia à parte e também, nas palavras de um oficial Branco, pela condição de "povo escolhido pelos bolcheviques". Cidades inteiras habitadas por famílias judias foram incendiadas e destruídas apenas porque os agressores supunham serem reduto de apoio aos bolcheviques. Estrelas vermelhas apareciam pintadas nas sinagogas. Judeus eram levados como reféns e fuzilados, numa vingança absurda contra o Terror Vermelho. Cadáveres de semitas eram exibidos nas ruas com uma tabuleta onde lia-se a inscrição "Traidores". Em alguns casos, os corpos traziam uma estrela desenhada na carne, à faca.[41]

Ao tomar uma cidade dos Vermelhos, os oficiais Brancos tinham por hábito conceder às tropas dois ou três dias de licença para pilharem e matarem quantos judeus quisessem. A medida era vista como prêmio dado aos praças e uma justa retribuição aos semitas pelo suposto apoio assegurado aos bolcheviques. Não há registro de um só oficial Branco ter impedido um *pogrom*, mas não faltam exemplos em que até mesmo generais, como Mamontov e Mai-Maevsky, incitavam a caçada. Uma das piores perseguições aconteceu em Kiev, bem debaixo das barbas das autoridades Brancas. De 1º a 5 de outubro, os soldados cossacos percorreram as residências judaicas da cidade, exigindo dinheiro, violando as mulheres e exterminando famílias inteiras. Os oficiais e sacerdotes locais estimulavam a violência com frases como "Os judeus mataram nosso povo e apoiam os bolcheviques". Mesmo Shulgin, um antissemita radical, mostrou-se perturbado pelo clima de "terror medieval" que tomou conta das ruas e pelo "uivo pavoroso" das vítimas que, à noite, "corta o coração". O general Dragomirov, que governava a cidade, esperou até o dia 6 para ordenar o fim dos ataques. Só 24 horas depois a carniçaria terminou.[42]

Muitos *pogroms* eram seguidos de atos medonhos de tortura, só equivalentes aos praticados pelo Terror Vermelho. Em Fastov, os cossacos penduravam as vítimas ao teto e só as libertavam quando estavam prestes a morrer estranguladas. Se os parentes dos atormentados, que eram obrigados a presenciar a cena, não pagassem a quantia exigida, os cossacos repetiam a operação, indefinidamente. Os cossacos usavam sabres para amputar braços, pernas e narizes; as mesmas armas serviam para arrancar fetos dos ventres maternos. Também ateavam fogo às casas de judeus e os que tentavam fugir eram obrigados a voltar para dentro, abrindo caminho em meio às chamas. Em alguns lugares, como Chernobyl, os semitas foram trancados em sinagogas, as quais, em seguida, viravam uma grande labareda. Em outros, como Cherkass, bandos estupraram centenas de meninas impúberes. Muitas das vítimas mais tarde foram localizadas com a vagina ferida a golpes de sabre e faca. Um dos *pogroms* mais hediondos teve lugar no lugarejo de Krivoe Ozero, em Podole, durante a última fase da retirada Branca, no final de dezembro, quando os soldados já não se importavam mais com a opinião dos países ocidentais e, na iminência da derrota, desprezavam toda e qualquer cautela. Os cossacos de Terek torturaram e mutilaram centenas de judeus, muitos dos quais mulheres e crianças de pouca idade. Centenas de cadáveres acabaram abandonados na neve, para deleite de cães e porcos. Em meio a um cenário tão macabro, os oficiais cossacos promoveram um baile surreal na sede dos correios, com direito a traje de gala e orquestras. Entre os convidados, o magistrado local e um grupo de prostitutas trazidas de Kherson. Enquanto os soldados exterminavam judeus por esporte, os oficiais e seus convivas bebiam champanhe e dançavam, varando a madrugada.[43]

Graças aos arquivos recém-abertos, é possível ter ideia de quantos judeus perderam a vida em *pogroms* promovidos durante a guerra civil, embora a quantidade exata jamais será conhecida, evidentemente. Mesmo os tão propalados *pogroms* dos Brancos despertam todo o tipo de dúvidas estatísticas; sem mencionar que houve muitas outras caçadas a semitas, perpetradas pelos nacionalistas ucranianos, pelos homens de Makhno, pelas forças polonesas invasoras e pelos Vermelhos, cujas vítimas nunca foram contadas. No entanto, pode-se afirmar sem muita margem de erro que o número total de semitas assassinados foi deveras superior aos 31.071 sepultamentos oficialmente registrados; ou maior do que as 50 mil a 60 mil mortes levantadas por estudiosos. O documento mais importante a deixar os arquivos russos nos últimos anos — um relatório produzido em 1920, resultado de pesquisa realizada por organizações judaicas na Rússia soviética — cita "mais de 150 mil óbitos" e mais de 300 mil semitas de alguma forma vítimas de *pogroms* durante a guerra civil. Este último dado incluiria mortos e feridos.[44]

Os milhares de civis que haviam vivido sob as asas de Denikin seguiam, sem exceção, para Novorossiisk, o principal porto Aliado no mar Negro, onde esperavam embarcar rumo a qualquer lugar do Ocidente. Em março de 1920, a cidade parecia um enxame de refugiados em desespero. Dignitários do império dividiam um cômodo com dezenas de iguais. O tifo tinha uma colheita profícua e tétrica em meio às hordas de adultos e crianças aglomerados na imundície. Os príncipes E. N. Trubetskoi e Purishkevich morreram devido às condições insalubres de Novorossiisk. Ninguém mais pensava em lutar contra os Vermelhos, cuja cavalaria sitiava a cidade. Sete anos de guerra e revolução incutiram naquela multidão o espírito da derrota — agora, todos só queriam escapar. Canhões ingleses foram lançados ao mar. Os cossacos aniquilaram suas montarias. Todos desejavam abandonar a Rússia, mas a quantidade de navios Aliados era insuficiente. As tropas tinham prioridade. Em 27 de março, 50 mil soldados puseram-se em viagem marítima para a Crimeia. Os demais 60 mil militares — resíduo do Exército Branco — estavam à mercê dos bolcheviques. Na angústia pela busca de um lugar a bordo, pipocavam passagens dantescas: princesas batiam boca como se fossem lavadeiras; homens e mulheres ajoelhavam-se no molhe e rogavam aos oficiais Aliados que lhes salvassem a vida; algumas pessoas se jogavam na água.[45]

Para os críticos de Denikin, a retirada dos civis de maneira tão desordenada fora o tiro de misericórdia no peito dos Brancos. Desde os primeiros reveses de outubro, tomava vulto uma revolta de generais. Afinal, a Diretiva de Moscou fora um erro estratégico retumbante. Chegando à Crimeia, os militares exigiram que Denikin saísse de cena. Consultados os comandantes mais importantes, o nome que surgiu para sucedê-lo foi o do general Wrangel. Dada a repugnância dos Brancos à ideia de "eleger" um novo líder — isso teria o cheiro da democracia que destruíra o exército, em 1917 — optou-se por afastar Denikin e "nomear" Wrangel em seu lugar. O velho general recebeu na face este último insulto: depois de ter recentemente dispensado os préstimos do rival, viu-se forçado a chamá-lo de volta. O mesmo navio britânico que trouxe Wrangel do exílio, em Constantinopla, levou Denikin para a capital turca. Ele jamais regressaria à pátria.

Sob as ordens do general Wrangel, os Brancos fizeram um derradeiro esforço contra os bolcheviques. Porém, desde o início era óbvio que a iniciativa estava fadada ao fracasso. A guerra do regime soviético à Polônia desviara tropas Vermelhas da frente sul, permitindo que os Brancos ganhassem uma pequenina faixa da Crimeia. Mas não demorou para que os Vermelhos se decidissem a esmagá-los, de uma vez por todas. Afinal, os "contrarrevolucionários" foram derrotados em abril de 1920.

Quais as razões fundamentais para o fiasco Branco? As comunidades de Brancos que passaram a viver fora da Rússia consumiriam anos discutindo a questão. Os historiadores, cujas análises são amplamente simpáticas aos homens de Denikin e Wrangel, com frequência enfatizam os "fatores objetivos" que teriam colocado todas as possibilidades a favor do inimigo bolchevique.[46] Afinal, estes contavam com uma vantagem numérica esmagadora, controlavam o vasto território da Rússia central e suas prestigiosas capitais, tinham em mãos a maior parte das indústrias do país e o coração da malha ferroviária, o que os capacitava a transferir tropas de uma frente de batalha a outra. Os Brancos, ao contrário, estavam divididos em várias linhas de batalha dispersas, o que dificultava operações militares coordenadas; e ainda dependiam dos reticentes Aliados para abastecer seus soldados. Há uma parcela de historiadores que prefere acentuar os erros estratégicos dos Brancos, em especial a Diretiva de Moscou, e a capacidade de liderança, a combatividade e a disciplina dos bolcheviques.

Não há dúvida de que todos esses fatores foram relevantes — e, numa guerra convencional, poderiam bastar para explicar o desfecho. Mas a guerra civil russa foi atípica, travada entre dois exércitos que não tinham como contar com a lealdade da maioria dos recrutas alistados à força nem com o apoio da população civil dos territórios sobre os quais alegavam domínio. A maior parte do povo não estava interessada no conflito: se possível, fazia-se de surda e tentava se manter neutra. Como desabafou um judeu a Babel, todas as tropas diziam estar lutando por justiça, mas promoviam pilhagens igualmente absurdas.[47] Em 1920, quando a Rússia estava prestes a morrer de fome, muita gente não titubearia em receber, de braços abertos, qualquer "tsar" em condições de garantir o pão. Vermelhos e Brancos sofreram com deserções em massa, com falta de víveres e suprimentos; na retaguarda, ambos enfrentaram greves e revoltas camponesas. A despeito de todos estes problemas, sustentar a campanha nas trincheiras era mais uma questão política do que militar; tratava-se, em suma, de alcançar o mínimo de organização política e o máximo de mobilização popular. É evidente que o terror também tinha a sua função, mas sozinho não funcionaria — diante da enorme população, os regimes seriam incapazes de estender seus tentáculos a todos os territórios ocupados. Não raro, a violência mostrou-se contraproducente.

Ao se aproximar a hora decisiva da guerra, os Vermelhos dispuseram de uma vantagem (política) crucial que os habilitou a conseguir mais homens para o campo de batalha: o pretexto da defesa da "revolução" — um símbolo convenientemente polivalente no qual o povo poderia projetar seus próprios ideais. A égide da Bandeira Vermelha deu aos bolcheviques uma primazia indiscutível. O poder alegórico do estandarte rubro explica e muito o fato de os camponeses, inclusive as centenas de milhares de desertores, terem decidido combater ao lado dos Vermelhos durante o avanço Branco sobre Moscou, no outono de 1919. Os lavradores acreditavam que uma vitória Branca reverteria a revolução agrária. Só após a derrota de Denikin é que as revoltas rurais contra os bolcheviques assumiram grandes proporções. A "defesa da revolução" também ajuda a esclarecer por que, apesar das queixas que tinham dos homens do Kremlin, tantos trabalhadores somaram forças ao regime soviético para conter a investida de Yudenich contra Petrogrado.

Na raiz da derrota Branca estava o fracasso político. Os Brancos mostraram que não tinham condições nem desejavam estruturar uma política que lhes garantisse o apoio da população. Segundo Wrangel, o movimento baseava-se "na espada cruel da vingança"; só interessava fazer o tempo retroceder aos "dias felizes" anteriores a 1917. Os Brancos não enxergavam a necessidade de se adaptarem às realidades da revolução. Não reconheciam a reforma agrária implementada pelos aldeões nem a independência nacional de vários territórios que haviam constituído o império. Isto os levou à ruína. Denikin foi o primeiro a admitir que a vitória dependeria de uma revolta popular contra os Vermelhos, deflagrada a partir da Rússia central. Mas tal rebelião nunca aconteceu. Ainda nas palavras de Wrangel, em vez de chamar o povo a si, os Brancos "transformaram-no em inimigo".[48]

Na verdade, tratava-se de uma questão de imagem distorcida. Embora Kolchak e Denikin negassem ser monarquistas, muitos de seus seguidores queriam a volta do tsarismo, criando a impressão de que todos os Brancos pretendiam ressuscitar o velho regime. A propaganda bolchevique encarregava-se de disseminar ao máximo a tese de que os Brancos ansiavam pelo retorno dos Romanov ao trono russo. Do outro lado da trincheira, faltou empenho para diluir este equívoco. A propaganda Branca era primária e há dúvidas se haveria panfletos suficientes em condições de desfazer a noção já tão arraigada no imaginário popular. Portanto, a derrocada Branca deveu-se, em grande parte, ao fato de Denikin e companhia não terem conseguido romper com o passado e apresentar uma proposta viável nos parâmetros colocados por 1917. O problema da contrarrevolução russa foi exatamente o de pretender-se contrarrevolucionária em excesso.

Com a ruína Branca, a velha Rússia de Lvov foi sepultada de vez. "Meu coração sangra por minha terra natal, distante e infeliz. Dói-me pensar nos tormentos impostos a amigos e parentes — e a todos os demais habitantes", escreveu o príncipe a Rodichev, em novembro de 1920. Dois anos antes, ele insistira na urgência de combater os Vermelhos através de meios exclusivamente militares, pois não acreditava na possibilidade de um movimento democrático russo. Em 1920, porém, reconheceria que sua avaliação fora errada. "Estávamos enganados ao imaginar que os bolcheviques poderiam ser abatidos pela força física. Eles só podem ser derrotados pelo povo russo. E, para tal, os Brancos precisariam de um programa democrático", avaliou o príncipe numa carta endereçada a Bakhmetev, também em novembro.[49]

2. Camaradas e comissários

Em setembro de 1919, um relato chocante aterrissou na mesa de Lênin. O documento mostrava que o Smolny, cidadela da Revolução de Outubro, estava tomado pela corrupção. "O dinheiro flui à vontade dos cofres do Soviete de Petrogrado para os bolsos dos líderes do partido", escrevera o chefe da seção dos trabalhadores. Durante meses, o Departamento de Provisões não conseguira enviar comida aos distritos operários. Enquanto isto, por baixo dos panos, o que havia na despensa do Smolny era contrabandeado para o mercado paralelo. Segundo um trecho do relatório, "os proletários famintos assistem às elegantes mulheres dos tsares soviéticos saírem com pacotes de alimentos e embarcarem em seus carros. Uma cena idêntica às de outrora, quando ainda existiam os Romanov e sua *Fräulein*, madame Vyrubova. Temem queixar-se a Zinoviev [liderança local do partido], permanentemente cercado de sabujos armados, que ameaçam os trabalhadores que lhe dirigem perguntas". Pasmo, Lênin ordenou a Stálin, Comissário do Povo para o Controle Estatal, que fizesse uma "inspeção rigorosíssima nas dependências do Smolny". O líder máximo bolchevique desejava que o levantamento fosse concluído sem que Zinoviev e seus ajudantes soubessem. No entanto, Stálin recusou-se a "espionar camaradas", alegando que isto minaria o trabalho do partido num momento crucial da guerra civil. Atitude típica do georgiano: os vínculos correligionários e a sobrevivência da legenda eram mais importantes do qualquer indício de abuso de poder.[50]

O incidente ilustra bem a quanto ia a corrupção no partido, um problema já generalizado. O poder fizera surgir a viciosidade. A corrupção soviética estava muito mais enraizada do que a venalidade encontrada em todos os governos.

Os bolcheviques não eram como qualquer outro partido ocidental. Eram uma elite dominante, similar, sob vários aspectos, à aristocracia, com a qual Lênin costumava comparar a nata vermelha. "Se 10 mil nobres podiam governar toda a Rússia — então, por que nós também não podemos?", filosofou certa feita. De fato, os camaradas estavam tomando conta da situação. Após 1917, filiar-se ao partido equivalia a integrar-se a uma casta de privilegiados análoga ao que fora a fidalguia antes da revolução; significava preferência na nomeação para cargos burocráticos, status e regalias. Enfim, garantia acesso a um quinhão pessoal do Estado que se confundia com o partido e vice-versa. Na Rússia soviética, o *ethos* partidário dominava cada firula da vida pública, exatamente como o *ethos* da nobreza prevalecera, na época dos Romanov. Talvez a corrupção fosse inerente a uma agremiação política como a bolchevique, que, ao longo da guerra civil, construíra um Estado ainda mais escorado nas classes menos favorecidas. Numa revolução social como aquela, um dos principais motivos para filiar-se ao partido tendia a ser a perspectiva de ascensão pessoal. O problema tornava-se maior pelo fato de os bolcheviques em posições de comando agirem sem rédeas. Com efeito, nascia um sistema clientelista com poderosas "panelinhas" e redes locais de patronato e poder à margem do controle de qualquer órgão partidário da capital. Eventualmente, os bolcheviques assemelhavam-se mais a uma máfia do que a um partido governando o maior país do mundo.

Durante a guerra civil, as lideranças bolcheviques fizeram vista grossa a tamanha corrupção, pois tratava-se de um período em que os camaradas estavam sendo chamados a enfrentar grandes sacrifícios em nome da revolução. Muitos, inclusive, trabalhavam noite e dia contra os Brancos e demonstravam devoção fanática ao partido. A indulgência parecia um preço baixo em troca de tanta dedicação. No início de 1918, Lênin endossara o projeto para abertura, em Petrogrado, de um restaurante exclusivo para os membros do partido, argumentando que os bolcheviques não poderiam lutar de estômago vazio. "O proletariado compreenderá a necessidade de tal medida", dissera ele.[51] Desde então, o princípio estendera-se de maneira anômala até que, no fim do embate com as tropas de Denikin, surgiu a proposta de assegurar apenas aos bolcheviques salários mais polpudos, melhor alimentação, moradia subsidiada em apartamentos e hotéis, acesso a lojas, hospitais e dachas, vagões com calefação, viagens ferroviárias de primeira classe, férias no exterior e outras incontáveis prerrogativas antes reservadas apenas à elite imperial.

Cinco mil bolcheviques e suas famílias viviam no Kremlin e nos hotéis especiais do partido, como o Nacional e o Metrópole, no centro de Moscou. As acomodações domésticas do Kremlin, sob os cuidados de mais de 2 mil empregados, incluíam uma espécie de centro comercial no qual havia salão de beleza, sauna, hospital, berçário e três grandes restaurantes, onde pontificavam cozinheiros instruídos na França. Em 1920, quando todos estes serviços passaram a ser gratuitos, o orçamento do

Kremlin era mais pródigo do que o destinado ao bem-estar social de toda a capital soviética. Em Petrogrado, a cúpula partidária fixou residência no Hotel Astória, transformado em Sede dos Sovietes. Para receber tão ilustres ocupantes, o prédio fora reformado de modo a readquirir o esplendor ostentado antes das devastações provocadas pela revolução. De suas suítes, os hóspedes podiam pedir refeições que lhes eram trazidas na cama, graças aos bons serviços de "camaradas garçons", devidamente treinados a bater os calcanhares na presença do "camarada amo". Pelos corredores e quartos, viam-se luxos havia muito esquecidos em solo russo, como champanhe, caviar, perfumes e escovas de dente. A entrada no hotel era proibida ao público. Para evitar que alguém tentasse burlar a regra, uma vigília de guardas parrudos usando jaquetas de couro pretas estava a postos. À noite, carros oficiais faziam fila no portão, à espera de levar a elite a óperas ou a um banquete no Smolny. "Grishka" Zinoviev, o "dono de Petrogrado", entrava e saía do Astória, sempre acompanhado de seus seguranças da Cheka e de um punhado de prostitutas, que variavam de um dia para outro.[52]

Os principais líderes partidários tinham propriedades à sua disposição, todas confiscadas da nata tsarista. Lênin tivera direito ao solar que pertencera ao general Morozov, em Gorki, nas imediações de Moscou. Trótski desfrutava de uma das residências de campo mais magníficas de todo o país: a que fora tomada dos Yusupov. Stálin estabelecera sua casa de veraneio onde antes morava a família de um magnata do petróleo. Nos arredores da capital, existiam dezenas de prédios que a Executiva do Soviete distribuiu aos bolcheviques ilustres, para seu uso exclusivo. Cada agraciado possuía um séquito de criados, como nos velhos tempos.[53]

Nas bases, as recompensas não eram tão generosas, embora também prevalecesse a venalidade. Óbvio que havia camaradas idealistas, vivendo modestamente, praticando o igualitarismo pregado, mas não seguido pelas lideranças. O próprio Lênin habitava um pequeno apartamento no Kremlin, com apenas três quartos, e jamais se deixara seduzir por ganhos financeiros. Outros, porém, faziam do sonho revolucionário um trampolim retórico para realizar ambições menos sublimes. Subornos, roubos e venda de bens públicos constituíam males endêmicos do partido. Quase tudo estava ao alcance dos corruptos burocratas: gêneros alimentícios, tabaco, álcool, combustível, moradias, armas e licenças especiais de todos os tipos. As esposas e amantes dos chefes bolcheviques circulavam "com uma vitrine de joalheria pendurada no pescoço", segundo registro de Zinoviev. Suas casas eram decoradas com objetos valiosos recebidos em troca de favores. Um funcionário do Ministério das Relações Exteriores tinha dois vasos Sèvres e um mosquete de prata que pertencera a Pedro, o Grande. Nada surpreendente que os camaradas mais venais fossem encontrados na Cheka. Afinal, o trabalho do órgão era "espremer a burguesia". O Rabkrin (Inspetoria dos Trabalhadores e Camponeses) relatou centenas de casos em que os homens da Cheka cometeram abuso de poder para extrair dinheiro e valores de suas vítimas. Em geral, os prisioneiros compravam liberdade a preços altos. Até mesmo no Lubianka, sede da Cheka em Moscou, a corrupção pululava. De suas dependências desapareciam, sem deixar rastros, garrafas de conhaque e outros itens preciosos. Simultaneamente, prostitutas bem-vestidas eram vistas saindo do prédio, onde havia um compartimento secreto para guardar "raridades".[54]

Lênin gostava de dizer que a corrupção era fruto da presença de elementos impuros da pequena burguesia, os quais teriam aberto caminho no aparato soviético à medida que este inchara por conta da guerra civil. É verdade que os escalões menos nobres do regime tinham muitos não proletários cujo comprometimento com os soviéticos não passava de oportunismo. Mas a corrupção não se limitava aos interesseiros; engolia o partido todo, inclusive os filiados de primeira hora, tendentes a ocupar posições-chave. Em suma, a corrupção resultava do exercício do poder sem limites.

Não se tratava apenas do fato de os bolcheviques deterem o monopólio das decisões. A supremacia bolchevique existia na maioria das cidades desde o verão de 1918 — muito antes de os subornos e outras calamidades parecidas tornarem-se lugar-comum. Na verdade, é preciso considerar que os Sovietes dominados pelos bolcheviques haviam sofrido uma metamorfose: de órgãos revolucionários, nos quais a assembleia era soberana, controlando até mesmo as executivas, passaram à condição de aparelhos burocráticos em que todo o poder cabia aos bolcheviques (que dominavam as executivas). Nesta segunda versão, as assembleias de nada valiam. A corrupção nascera da burocratização tanto quanto da monopolização do poder.

Num partido que se confundia com o Estado (ou vice-versa), este processo dual trazia a reboque uma série de desdobramentos. Não havia planejamento de ordem nenhuma. Ao assumirem as rédeas da Rússia, os bolcheviques não tinham ideia de como estruturar as relações institucionais entre o partido e os Sovietes. A única diretriz existente determinava que era preciso controlar e centralizar tais relações, mas de que forma? Os vínculos acabaram surgindo espontaneamente das condições gerais da revolução. Ainda nos primeiros meses de 1918, os Sovietes e órgãos partidários locais eram muito descentralizados e viviam do improviso. Muitos declaravam-se "repúblicas" e "ditaduras", ignorando as diretivas de Moscou. No campo, muitos decretos baixados pelo governo central foram rasgados, servindo o papel para enrolar cigarros. Quando Lênin ordenou que o Decreto da Terra fosse distribuído aos camponeses, os homens incumbidos da tarefa também receberam um maço de calendários. Se os aldeões precisavam de algo para embrulhar o fumo, que usassem o brinde.[55] Em 1918, a província de Kaluga tornou-se célebre pela resistência que oferecia à autoridade centralizada. Lá havia uma República Soviética Soberana de *Volosts* Autônomos. Esta iniciativa foi o que a Rússia conheceu de mais próximo à estrutura de poder anarquista — o Soviete de cada *volost* autorizado a mandar e a desmandar em seu território. Antes de atravessar as aldeias, portanto, os agentes do Estado sediados em Moscou tinham que se encaminhar aos seus respectivos órgãos dirigentes, a fim de obter passaporte. Apenas durante a guerra civil, quando tornou-se premente haver um controle centralizado estrito com vistas a mobilizar os recursos do país, os bolcheviques planejaram a estrutura geral do Estado-partido, sempre visto como algo quase monolítico.

Assumir o controle dos Sovietes e de outros órgãos vitais, como sindicatos, era prioritário. Os mencheviques e SRs ainda tinham presença nestes organismos, embora na qualidade de delegados avulsos e "não partidários", pois suas legendas haviam sido banidas no verão de 1918.* Todas as táticas eleitorais comunistas empregadas no século XX para subverter corpos democráticos derivam da guerra civil russa. Nos pleitos, os bolcheviques já recorriam à fraude e à intimidação para prejudicar a oposição. Em geral, nos congressos de Sovietes ou assembleias sindicais o voto equivalia a um simples erguer de mão. Votar contra os bolcheviques poderia acarretar problemas com a Cheka, presença assídua em todos os locais de prováveis votações. Caso houvesse urnas e o voto fosse secreto, os bolcheviques não teriam ganho tantos pleitos. "Sovietes sem Comunistas!" — tal lema tornou-se popular entre trabalhadores e camponeses. Mas os donos do poder davam de ombros ante as "convenções da democracia burguesa", alegando que o sigilo do voto fazia-se desnecessário no "estágio superior da liberdade" que, em tese, o povo soviético desfrutava. O sistema de votação aberta — tradição na comuna aldeã russa — lhes garantia levar a melhor em quase todos os debates. Até os artistas do Ópera Marinsky, que nada tinha de bastião vermelho, foram unânimes em dizer sim aos bolcheviques nas eleições para o Soviete realizadas em 1919.

Os bolcheviques também tiravam vantagem do fato de os votantes terem que escolher chapas de candidatos e não nomes isolados. Na condição de único partido legal representado nos Sovietes, só eles podiam realizar convenções para traçar estratégias eleitorais e formar listas de concorrentes. Pulverizadas, as demais legendas e facções pouco podiam fazer. Na prática, portanto, mesmo constituindo pequena minoria, mas por se apresentarem como o único partido capaz de responder pelas ações do governo central, eles detinham uma vantagem decisiva. Frequentemente, suas chapas eram alçadas às executivas dos Sovietes, impedindo que as cadeiras fossem distribuídas de acordo com a força de cada uma das diferentes facções. O ganhador abiscoitava todos os prêmios, nada sobrando para os demais.

Uma vez no comando das executivas, os bolcheviques centralizavam o poder sob seu controle. Raramente convocavam congressos, tomando decisões a partir

* De 1918 a 1922, o banimento das legendas menchevique e SR foi várias vezes suspenso e posto em vigor. Porém, mesmo durante os períodos de legalidade, seus ativistas não escaparam à perseguição bolchevique.

das instâncias superiores e dos quadros departamentais permanentes, nomeados em cada área política. A oposição socialista chamava a isso de *ispolkomshchina*, ou Ditadura da Executiva. Durante o período revolucionário, as executivas dos Sovietes haviam sido compostas, em grande parte, por voluntários operários e camponeses. Agora, quase sempre preponderavam burocratas profissionais em tempo integral cujos proventos eram pagos pelo Estado-partido; em geral, esta casta exercia um único mandato. Empurradores de arado estavam cedendo lugar aos manejadores de caneta.

Pouco a pouco, o trabalho dos Sovietes passava a ser guiado pela engrenagem partidária. O partido expandia seus tentáculos à administração e à política do Estado. Até 1919, a legenda se fortaleceu ainda mais, a ponto de o Comitê Central praticamente deixar de existir — juntos, Lênin e Sverdlov cuidavam de tudo — mantendo pouquíssimos contatos com as células partidárias locais. Alguns bolcheviques chegaram a sugerir que o partido já teria cumprido sua missão, podendo ser extinto, visto que detinha o controle dos Sovietes. Segundo Nikolai Krestinky, as células partidárias não passavam de "departamentos de agitação dos Sovietes regionais", opinião partilhada por muita gente. Tudo mudou, entretanto, na primavera de 1919. A súbita morte de Sverdlov, que ficara à testa da burocracia do partido e do Soviete, trouxe à tona a necessidade de separar as duas estruturas. Além disso, os bolcheviques se deixaram seduzir pela perspectiva de usar os mecanismos partidários para introduzir formas cada vez mais centralizadas de controle sobre os Sovietes que em plena guerra civil continuavam mergulhados no caos, dificultando o combate aos Brancos.

Logo após o VIII Congresso do Partido, realizado em março, somaram-se à engrenagem central os mecanismos indispensáveis ao controle dos Sovietes. Criou-se um Politburo de cinco membros (Lênin, Trótski, Stálin, Kamenev e Krestinky), encarregado de decidir as políticas a serem adotadas. No ano seguinte, o Estado-Maior do Comitê Central já incluía nove departamentos e várias seções anexas, responsáveis pela formulação política em várias esferas, mais um secretariado e uma Secretaria de Organização (Orgburo), encarregada de alocar as forças partidárias em todo o país. O centralismo tornou-se implacável: os membros das células deviam cumprir à risca as ordens e determinações dos órgãos superiores, mesmo em detrimento de decisões baixadas pelos Sovietes. Como os presidentes dos Sovietes locais eram, invariavelmente, membros do partido — frequentemente, presidentes da célula partidária local —, a medida subordinava todo o aparato dos Sovietes ao partido. Os bolcheviques passaram a se referir aos Sovietes e a outros órgãos públicos — os sindicatos, por exemplo — como "correias de transmissão" do partido no poder. A expressão tornar-se-ia famosa na boca de Stálin.

Os órgãos partidários superiores tendiam, cada vez mais, a nomear seus próprios comissários especiais para os Sovietes. Até então, estes comissários eram eleitos pelas bases. Em 1920, o Comitê Central preencheu cerca de mil destes cargos. Os órgãos do partido nas províncias faziam nomeações similares em nível distrital e de *volost*. Em Tula, Os'kin era um dos mais notórios praticantes deste "apadrinhamento". Seu objetivo consistia em aumentar o controle de Moscou sobre a engrenagem partidária local, indicando camaradas mais leais e confiáveis para o comando, bem ao estilo militar. Às vezes, o tiro saía pela culatra. Os comissários itinerantes tendiam a alijar os ativistas locais, passando por cima dos interesses da região e levantando protestos das bases bolcheviques, que bradavam contra a "militarização" do partido. Resultado: atrofia das organizações partidárias locais e distanciamento destas em relação às lideranças. Mais: as nomeações constantes também significavam que muitos Sovietes estavam subordinados a chefes inteiramente alienados das questões locais e, quiçá, mais propensos ao abuso de poder. Semen Kanatchikov pode ser considerado um típico representante desta categoria de comissários nômades. Embora nativo da província de Moscou, ao longo da guerra civil fora nomeado pelo Comitê Central e ocupara postos de destaque em Tomsk, Perm, Sverdlovsk, Omsk, República Tártara e Petrogrado. Por quase dois anos, não viu a esposa nem os dois filhos pequenos, que deixara ao entrar na clandestinidade em Barnaul. O "clientelismo" só servia para disseminar, entre o povo e as bases do partido, a noção de que o poder soviético era algo estranho e opressivo.[56]

Não é de causar espanto que a burocracia tenha inchado tão espetacularmente durante os primeiros anos de regime soviético. Afinal, aquele era um Estado-partido cuja meta consistia em controlar toda a sociedade. No império, muitas das atribuições econômicas e sociais cabiam a instituições públicas e privadas, como *zemstvos* e entidades filantrópicas. Ao assumir o poder, os bolcheviques trataram de abolir todas elas, assumindo responsabilidade direta pelas atividades antes diluídas entre uma pletora de organismos. O resultado foi a burocratização de cada esfera da vida russa. Não escaparam os bancos, a indústria, nem a educação. De 1917 a 1921, o número de funcionários do governo mais que quadruplicou (de 576 mil para 2,4 milhões). Em 1921, a Rússia tinha duas vezes mais burocratas que trabalhadores. Os "carimbadores" passaram a ser a base social do regime. Aquela não era uma Ditadura do Proletariado, mas uma Ditadura da Burocracia. Segundo Lênin, Moscou estava "sobrecarregada de servidores públicos": no final de 1920, a capital abrigava quase 250 mil deles, um terço da força de trabalho da cidade. O centro de Moscou tornara-se um mar de repartições públicas, com comitês, conselhos, departamentos e comissões, uns sobre os outros, andar após andar, prédio após prédio.[57]

Talvez um terço da burocracia se dedicasse a organizar a chamada economia planificada. A situação beirava o absurdo: enquanto a economia parecia prestes a definhar, o funcionalismo prosperava. A Rússia sofria com a falta de combustível, mas existia um exército de servidores para estudar como este seria entregue e para onde. Não havia papel nas lojas, mas nos escritórios dos Sovietes podia-se encontrar uma montanha de fazer inveja a qualquer um; durante os quatro primeiros anos de regime soviético, 90% do papel produzido no país eram consumidos pela administração. Uma das poucas unidades de produção que operavam a pleno vapor era a Fábrica de Telefones de Moscou; tamanha era a demanda dos burocratas, que a lista de espera tinha 12 mil encomendas.[58]

Esta correlação entre fábricas vazias e repartições lotadas não era acidental. Quanto mais escassos os bens, mais difícil tornava-se controlar sua distribuição; o mercado paralelo progredia, exigindo que o Estado se tornasse ainda mais vigilante. Em consequência, proliferavam escritórios cujas incumbências coincidiam com as de outros já existentes. À parte os comissariados centrais (de alimentação, trabalho, transporte) e seus organismos locais nos Sovietes, havia uma rede de repartições subordinadas ao VSNKh, o Conselho de Todas as Rússias para a Economia, que dispunha de instâncias regionais e departamentos especiais responsáveis pela regulamentação e circulação de artigos específicos (Glavki). Havia ainda agências *ad hoc* criadas pelo regime para abastecimento das tropas, como o Conselho do Trabalho e da Defesa, e monstros anacrônicos como a Chusosnabarm (Agência Extraordinária de Provisionamento do Exército), que, em princípio, supervisionaria os demais órgãos econômicos. Evidentemente, na prática grassava a confusão e a rivalidade entre tantas siglas diferentes. Quanto mais o Estado tentava centralizar o controle, menos domínio tinha sobre a burocracia. No sopé da escala, quando se tratava das fábricas, a profusão de "carimbadores" atrapalhava sobremaneira. Em 1920, para cada 100 operários havia 16 funcionários administrativos debruçados sobre a papelada referente à produção. Em algumas unidades, a proporção era ainda mais alta: dos 7 mil empregados da famosa metalúrgica Putilov, somente 2 mil pegavam no pesado; o resto devotava-se à administração e tarefas afins. Tamanhas eram as vantagens de um emprego na burocracia — acesso facilitado a víveres e outros produtos escassos constituíam apenas as regalias mais evidentes — que o número de parasitas crescia conforme a crise econômica se aprofundava. Na época, todas as resoluções tiradas em movimentos grevistas condenavam os funcionários administrativos das fábricas que "viviam nas costas dos trabalhadores".[59]

Lênin gostava de alegar que os burocratas eram um legado da era tsarista. É fato que a burocracia soviética herdara parte dos servidores imperiais e ainda havia alguns deles entre os bolcheviques, em especial nos órgãos centrais do Estado. Em agosto de 1918, mais da metade dos burocratas lotados nos escritórios dos comissariados, em Moscou, havia trabalhado em alguma outra seção antes de outubro de 1917. Muitos dos escritórios centrais também empregavam enxames de jovens burguesas que, em sua maioria, jamais haviam saído de casa para ganhar o próprio sustento. Suas incumbências limitavam-se a trivialidades, como passar papéis de um lado para outro. Uma testemunha ocular recorda vê-las caminhando todas as manhãs, às centenas, atravessando a neve dos subúrbios da capital rumo ao centro. Essas mulheres costumavam trabalhar em salas não aquecidas, passavam o dia com os sapatos e roupas úmidos e, ao fim do expediente, faziam o caminho de volta a pé. O salário ajudava a colocar comida na mesa de parentes famintos. Nos estratos menos favorecidos da burocracia, era grande a quantidade de pessoas que jamais havia ocupado um cargo no Estado. A maioria destes novatos, sobretudo nas cidades de província, era proveniente de camadas médias decadentes — o que os marxistas chamavam de "pequena burguesia": guarda-livros, comerciários, amanuenses, comerciantes de pouca monta, artesãos, ativistas de cooperativas, engenheiros, capatazes de fábrica e todos aqueles que poderiam trabalhar como técnicos ou profissionais nos *zemstvos* e órgãos municipais. Os operários, em cujo nome o regime fora fundado, representavam uma parcela ínfima dos que tinham acesso aos postos burocráticos: certamente não mais de 10% (o percentual foi calculado tendo por base o número de trabalhadores empregados nas fábricas no período anterior a 1917). Mesmo na gestão das indústrias, menos de um terço dos funcionários era proletário. É razoável concluir que a maioria das camadas médias menos privilegiadas aprovava o regime soviético, não tanto em virtude de seus ideais revolucionários, mas de olho nos salários relativamente generosos e nas poucas horas de trabalho garantidos aos funcionários. A burocracia parecia uma perspectiva muito mais atraente do que o frio e a fome que açoitavam os burgueses de outrora que haviam preferido dar as costas aos bolcheviques. O dia típico de um funcionário soviético era passado em meio a mexericos nos corredores, baforadas de cigarros e rodadas de cafezinho. Ou, ainda, na fila de distribuição de rações exclusivas para a elite do país.[60]

No campo, a influência do regime soviético mostrava-se ainda maior do que fora a do império. Durante a guerra civil, a maioria das executivas dos Sovietes em nível de *volost* deixaram de ser órgãos democráticos da revolução camponesa, transformando-se em burocracias encarregadas da tributação imposta pelo Estado. No outono de 1919, na região do Volga, 71% delas tinham, pelo menos, um membro bolchevique; na primavera anterior, o percentual chegava a apenas 39%. Dois terços de todos os seus membros eram filiados ao partido de Lênin, o que garantia ao regime meios de manter vigilância sobre as municipalidades, impondo confiscos de alimentos e o alistamento de recrutas. Afinal, obedecendo ao exemplo de cima, os órgãos de poder local concentravam o mesmo poder que deveria caber aos congressos dos sovietes. Já sem voz, os agricultores retiraram-se para suas aldeias e reuniram-se de novo nas comunas, passando a ignorar o soviete do *volost*. Portanto, o crescente conflito campesinato *versus* Estado-partido dava-se nas mesmas frentes de batalha — equidistantes entre as aldeias e o *volost* local — onde os lavradores haviam enfrentado os senhores da terra.[61]

A chave deste processo de construção do Estado bolchevique no meio rural foi o apoio dos camponeses jovens e instruídos, que haviam deixado os povoados durante a guerra. Os'kin constituía o exemplo clássico. Na região do Volga, 60% dos integrantes das executivas dos sovietes de *volost* tinham de 18 a 35 anos de idade — apenas 31% do eleitorado encontravam-se nesta faixa etária — e 66% eram alfabetizados — só 41% dos votantes da área sabiam ler e escrever. Aquela era uma geração que se beneficiara da expansão da escolaridade rural registrada no início do século e que havia sido mobilizada para a guerra. Em 1918, os rapazes voltaram às aldeias conhecendo as técnicas militares mais modernas e íntimos das duas grandes ideologias do mundo urbano, o socialismo e o ateísmo. Durante a revolução na terra, os lavradores tenderam a ver nestes jovens lideranças naturais. Os velhos patriarcas das aldeias, como Maliutin, de Andreevskoe, em geral não dispunham de estudo suficiente para se desincumbir das complexas tarefas da administração. Os fidalgos e a intelectualidade local não mais circulavam pelas aldeias; assim não havia quem assumisse o encargo, salvo os ex-recrutas. Para muitos agricultores que foram à guerra, a perspectiva de atuar no Soviete parecia uma oportunidade única de ascensão social. A temporada passada fora das lavouras alargara seus horizontes e inflamara suas ambições. Após a vida excitante nas tropas, retornar à tediosa rotina da semeadura e colheita e ao universo "obscuro" da aldeia parecia desoladora. Em contrapartida, trabalhando para o Soviete e filiando-se ao partido, era possível ganhar prestígio e poder; significaria emprego num escritório asseado, como todo o garbo e os privilégios já conhecidos de todos; corresponderia a um passaporte para uma nova civilização, de caráter urbano, pretendida pelos bolcheviques. Para fincar bandeira no campo, até hoje todos os regimes comunistas escoraram-se nas aspirações de filhos de famílias lavradoras ansiosos por serem promovidos à condição de funcionários públicos.

Os camponeses formavam a maior parcela dos que corriam para se agregar ao partido. De 1917 a 1920, nada menos que 1,4 milhão de pessoas assinaram fichas de filiação. Dois terços delas tinham origens rurais. Engrossar as fileiras bolcheviques era o caminho mais seguro para fazer carreira na burocracia soviética; em fins de 1919, menos de um em cada cinco filiados suava nas fábricas ou nas lavouras. Os cargos burocráticos mais importantes sempre cabiam a homens do partido, independente de quão capacitados ou não se mostravam. Exemplo: a Administração Madeireira Ucraniana estava sob as ordens de um calouro de medicina; enquanto isto, nas províncias, carpinteiros, metalúrgicos e até um afinador de órgão ocupavam-se de funções que só exigiam o manuseio de papelada.[62]

Os líderes bolcheviques encorajavam a convocação em massa de novos coligados. Dadas as constantes baixas da guerra civil, sempre havia necessidade de atrair novas hostes partidárias. A intervalos regulares, realizavam-se as Semanas

Especiais do Partido, durante as quais os candidatos a correligionário não precisavam ter a ficha abonada por um veterano quadro do partido. A campanha contava com a participação intensa de agitadores, que percorriam as fábricas e aldeias na tentativa de obter o maior número possível de filiações. No outubro de 1919, auge do avanço Branco, o número de bolcheviques mais do que dobrou, graças a 270 mil novos membros.[63]

Evidentemente, havia quem se preocupasse com a possibilidade de tais recrutamentos apressados comprometerem a qualidade dos quadros. Embora sempre fosse uma ficção — visto que a maioria das lideranças advinham da intelectualidade —, a hegemonia da classe trabalhadora no partido agora parecia ameaçada pela grande quantidade de filiados de origem rural. O afluxo em massa de lavradores significava que a quantidade de filiados instruídos decrescera; em suma, uma desvantagem crucial para um partido cuja meta era dominar a administração estatal. Em 1920, menos de 8% dos correligionários tinham educação secundária; 62% só haviam cursado o primário; 30% jamais haviam sentado num banco escolar. O desembaraço dos funcionários locais era tão pouco que qualquer pedaço de papel lhes parecia um documento oficial, contanto que trouxesse um timbre e uma marca de carimbo bem vistosa. Tamanha ignorância provocou alguns episódios hilários. Um inglês conseguiu cruzar a Rússia usando, à guisa de passaporte, a conta de seu alfaiate na Jermyn Street, que ele esfregava no rosto dos burocratas encarregados do controle alfandegário. Graças à bela caligrafia constante da fatura, e ao grande carimbo vermelho, e à assinatura do fazedor de ternos, nenhum funcionário ousava questionar o viajante e seu pretenso salvo-conduto.[64]

O conhecimento político das bases era igualmente rudimentar. Um levantamento sobre as operárias de Petrogrado que se filiaram ao partido durante a guerra civil mostrou que, até 1917, a maior parte delas nunca ouvira ou pensara a respeito de palavras como "socialismo" ou "política". Em 1920, o partido de Moscou descobriu que muitos de seus membros sequer sabiam quem era Kamenev (presidente do Soviete da capital). Tanto desconhecimento não se restringia aos bolcheviques oriundos de estratos sociais mais pobres. Numa escola de treinamento para jornalistas vermelhos, nenhum dos alunos de uma determinada turma conseguiu responder quem eram Lloyd George ou Clemenceau. Alguns deles imaginavam que o imperialismo não passava de uma república localizada em algum lugar da Inglaterra.[65]

Por contraditório que pareça, a completa falta de sofisticação dos quadros partidários constituía uma de suas principais forças. Quaisquer que fossem as falhas dos servidores públicos saídos das bases bolcheviques, aos olhos do povo todos tinham uma grande virtude: falavam de maneira simples e inteligível, vestiam-se e comportavam-se sem afetação. Em suma, eram gente comum com a qual o grosso da população podia se identificar. Isto dava aos bolcheviques a oportunidade de se proclamarem "governo do povo". Mesmo que, desde os primórdios, a frase só pudesse ser considerada um logro, funcionava como um apelo simbólico devidamente explorado pela máquina de propaganda. Para muitos russos não esclarecidos, a familiaridade com a fala, as roupas e os modos dos funcionários públicos despertavam simpatias pelo regime soviético. E embora considerando que os bolcheviques deixavam muito a desejar, garantiam-lhes apoio contra os Brancos (que não eram "um dos nossos"), quando estes ameaçavam avançar Rússia adentro.

Sem dúvida, muitos dos bolcheviques aboletados na burocracia das províncias estavam genuinamente comprometidos com os ideais da revolução. Nada de assombroso: refinamento político e sinceridade não costumam andar de braços dados — em qualquer democracia avançada isso é evidente. Onde há um, inexiste a outra. E a recíproca é verdadeira. Todavia, não faltavam os que assinassem fichas partidárias levando em conta apenas as vantagens que isto lhes traria. Com frequência, os líderes bolcheviques enfatizavam os perigos de "carreiristas e interesseiros da pequena burguesia corromperem as bases". Os donos do poder deram mostras de particular aflição ao constatar que um quarto dos que lutaram na guerra civil, em posições de comando, havia pertencido a outra agremiação política antes de aderir às hostes revolucionárias. Quase todos eram ex-mencheviques e SRs; a contrarrevolução invadia o partido. Trótski os apelidara de vira-casacas — Vermelhos por fora, Brancos por dentro.

Na verdade, as lideranças bolcheviques não sabiam exatamente o que estava acontecendo com o partido. Para eles, importava atrair a classe trabalhadora, e só ela, mas a situação mostrava-se muito mais complexa. As bases não eram nem camponesas nem operárias, mas fruto da profunda crise social que rompera com divisões tão claras. O bolchevique típico da época era ao mesmo tempo ex-camponês e ex-operário. Provavelmente, deixara a aldeia ainda garoto, durante o crescimento industrial da última década do século XIX, e vagando de fábrica em fábrica, em busca de serviço, envolvera-se no movimento sindical, fora preso inúmeras vezes, lutara na guerra e voltara às cidades do norte, nelas permanecendo por pouco tempo, até retomar as estradas, cruzando o país sem rumo. Neste meio-tempo, a Rússia deixara de ser imperial para se tornar comunista. Sem raízes, incapaz de inserir-se nesta ou naquela classe social, ele se converteu num fruto de tempos conturbados, tal qual a própria revolução.

Sob vários aspectos e pelo fato de terem tido menos acesso à escola, os novos bolcheviques eram muito mais submissos do que seus antecessores. Embora pudessem declamar mecanicamente algumas frases marxistas, não dispunham de educação suficiente para pensar pela própria cabeça ou questionar os líderes do partido sobre questões políticas abstratas. Muitos dos trabalhadores haviam estudado em escolas técnicas para adultos ou, como Kanatchikov, em turmas noturnas. Em resumo, eram homens de formação prática desejosos de autoaperfeiçoamento.

De uma maneira ou de outra, todos preocupavam-se com os problemas da modernização. Tentavam sepultar a Rússia rural e retrógrada do passado e promover uma sociedade mais racional e igualitária. Nada havia de teórico ou impalpável no "marxismo" daqueles homens: tratava-se, sim, de um dogma funcional, manifesto, que lhes fornecia uma explicação "científica" sobre a injustiça social que eles próprios haviam vivenciado. E, de quebra, ainda propunha uma solução também "científica". Os guias do partido desfrutavam da posição de mestres da ciência; se diziam que os camponeses estavam sonegando grãos ou se acusavam os mencheviques de contrarrevolucionários, assim era. Somente isto explica a presteza das bases em curvar-se diante da liderança, mesmo quando podiam antever que o resultado seria desastroso para suas comunidades. No outono de 1920, a insistência dos bolcheviques da região do Volga em confiscar cereais é um exemplo óbvio e deprimente de como tal obediência abjeta e incondicional embotava a consciência dos indivíduos, não os fazendo considerar sequer os primeiros indícios de fome iminente. A isto os líderes do partido chamavam de "disciplina" e "temperança". O bom camarada fazia o que lhe ordenavam; e satisfazia-se em deixar todo o pensamento crítico a cargo do Comitê Central.

Ainda assim, dóceis no que tange a política, as bases do Partido Bolchevique não eram fáceis de controlar, em parte devido às "panelinhas" de corrupção que tomavam conta das células locais. Em Nizhnyi-Novgorod, tudo era resolvido pela máfia de funcionários bolcheviques, que operavam em conluio com os homens do mercado paralelo, desafiando as determinações de Moscou. Por meses a fio, esta gangue conseguiu sabotar os esforços de um agente do governo central, o jovem Anastas Mikoyan, enviado pelo Orgburo para tomar as rédeas da situação na localidade. Em certa medida, porém, o aparato partidário inteiro também havia desenvolvido um sistema clientelista manipulado por muitos líderes bolcheviques nacionais. Cada um deles tinha sua rede de influência particular nas províncias ou em fatias específicas do Estado. Lunacharsky lotara o Comissariado da Educação de amigos e apaniguados. Até Lênin distribuiu vários postos do Sovnarkom a afilhados e companheiros de longa data. Bonch-Bruevich e Fotieva, ambos colaboradores próximos dos tempos de Genebra, foram feitos secretários. Krupskaya foi nomeada vice-comissária de Educação. Anna Ulianova, irmã de Lênin, passou a cuidar da assistência aos menores carentes; seu marido, Mark Elizarov, ganhou o Comissariado do Povo para Ferrovias. Não obstante, nenhum patrono bolchevique jamais demonstrou tanto poder quanto Stálin, que reinava no Orgburo, indicando nomes para muitos dos principais cargos existentes nas províncias. Em consequência de todos esses apadrinhamentos, o partido transformou-se num amontoado de pequenas dinastias, cada uma delas com linhagem própria. Portanto, tendia à proliferação de facções.[66]

Lênin não entendia a natureza do problema causado pela burocratização do partido, não enxergava que o funcionalismo público estava se metamorfoseando numa casta social distinta, com interesses alheios aos da massa trabalhadora que pretendia representar. E reagia aos abusos de poder com simples medidas administrativas, como se pequenos ajustes técnicos bastassem para erradicar o mal. Na verdade, seria necessária, pelo menos, uma reforma radical de todo o sistema político. Na falta desta, a maioria das providências administrativas caíam no vazio.

Primeiro ele tentou impedir a construção de novos feudos corruptos locais, ordenando ao Orgburo que, de tempos em tempos, transferisse os quadros mais importantes do partido para cargos e cidades diferentes. A iniciativa ajudou a aumentar a distância entre as bases e os líderes. Estes, mais que nunca, passaram a se sentir desobrigados de cuidar dos interesses daquelas. O troca-troca também ampliou o patronato particular de Stálin, o todo-poderoso do Orgburo.

Em seguida, Lênin determinou expurgos periódicos de elementos indesejáveis que inchavam o partido. O primeiro aconteceu no verão de 1918, reduzindo o número de filiados à metade (só restaram 150 mil correligionários). Na primavera de 1919, houve o segundo, com corte de 46% sobre o total de associados à legenda. No verão de 1920, um terceiro: mais 30% dos bolcheviques foram obrigados a se desligar do partido. A maioria desses expurgos visavam a camponeses e não russos, considerados os elos mais frágeis da cadeia social. Além disto, por iniciativa própria, muitos bolcheviques já haviam rasgado suas fichas de filiação, pois não pretendiam atender ao partido quando da convocação de todos os seus militantes à luta contra os Brancos. O efeito de todas essas peneiradas foi a desestabilização das bases partidárias (em 1922, restavam apenas 30% dos que haviam se tornado bolcheviques entre 1917 e 1920). A situação mudara e já não havia como encorajar a lealdade dos remanescentes.[67]

Finalmente, Lênin ordenou inspeções regulares, que deveriam vasculhar as atividades funcionais de toda a engrenagem do regime soviético. A prática lembrava o regime tsarista, com suas constantes vistorias tão bem satirizadas por Gogol em *O inspetor geral*. Para tal, criou-se um Comissariado do Povo especial, conhecido como Rabkrin. Fundado em 1921 e entregue a Stálin, este mastodonte acumulava duas funções: supervisionar o Estado e exercer, em nome dos trabalhadores, controles antes dispersos em órgãos isolados. A ideia de Lênin era frear a burocracia e aumentar a eficiência do serviço público por meio de auditorias rotineiras — a cargo das inspetorias de operários e camponeses — em todas as instituições estatais. Desse modo, imaginava transformar o governo em algo próximo a democrático. No entanto, o resultado foi inverso ao desejado. Em finais de 1920, o Rabkrin já consistia num amontoado de repartições emperradas, com 100 mil funcionários, a maior parte "carimbadores".[68] Mais uma vez, Stálin lucrara, apossando-se de mais um porto para a distribuição de favores e benesses. Em vez de azeitar a máquina burocrática, o novo Comissariado do Povo só serviu para atravancá-la ainda mais.

"Como vivo? — esta não é uma história agradável", escreveu Gorki a Ekaterina, em fevereiro de 1919. "Hoje em dia, somente os comissários têm uma existência palatável. Roubam a gente comum tanto quanto podem e assim pagam suas cortesãs e seus luxos nada socialistas." O literato não era o único a amargar ressentimentos contra os privilégios da elite comunista. Anedotas populares e grafites ridicularizavam os bolcheviques, tachando-os de burgueses. Tratava-se de uma paródia à propaganda vermelha, que adorava mencionar a nefasta pequena burguesia. "Para onde vão todas as galinhas?", "Por que não há salsichas?" — as ironias variavam muito, mas a resposta era sempre a mesma: "Os comunistas comeram tudo." A palavra "camarada", antes motivo de orgulho coletivo, transformara-se em insulto. Certa feita, num bonde de Petrogrado, alguém se dirigiu a uma mulher tratando-a desta forma. A réplica foi rápida: "Camarada? Vá para o inferno com o seu camarada!" Servidores públicos em posição de destaque viam-se bombardeados por reclamações a respeito de comunistas que "montavam no lombo do povo". Sem subterfúgios, os operários criticavam a nova nata vermelha. Uma moção aprovada numa fábrica de Perm exigia que "todas as jaquetas e os quepes de couro dos comissários fossem usados para fazer sapatos para os que labutam".[69]

Os Brusilov tinham motivos especiais para tanta mágoa. Afinal, eram forçados a dividir o pequeno apartamento de Moscou com um comissário — um ex-soldado a quem o general havia poupado de morrer diante de um pelotao de fuzilamento, nos tempos de guerra —, a namorada deste e a mãe dela. Brusilov nos legou um relato vívido do cotidiano destes três "hóspedes":

> Grosseiro, insolente e sempre bêbado, o corpo coberto de nódoas, ele agora era uma pessoa importante, próxima a Lênin. E eu imaginava por que havia salvado sua vida! Nosso apartamento, asseado e habitável até que ele chegasse, transformara-se num antro de embriaguez, brigas, ladroagens e termos de baixo calão. Às vezes, ficava dias sem aparecer e voltava com sacolas de comida, vinhos e frutas. Estávamos, literalmente, morrendo de fome, mas nossos "convidados" tinham farinha branca, manteiga e o que mais quisessem. O pior era o fato de esconderem lenha. Aquele era o inverno gelado de 1920, e cristais de neve pendiam das paredes da sala de estar. O fogareiro não funcionava mais e batíamos queixo. Mas eles contavam com um grande fogão de ferro e combustível farto.[70]

As queixas dirigidas à elite bolchevique também ecoavam no partido. Nas bases, alastrava-se uma onda de insatisfação pelo fato de as lideranças terem se encastelado, esquecendo-as. Muitas das críticas seriam expressas pelos Centralistas Democráticos e pela Oposição Operária, as duas grandes facções que ameaçaram a liderança partidária em 1920-1921 (ver páginas 788-789). Um velho bolchevique de Tula escreveu a Lênin, em julho de 1919: "Afastamo-nos das massas e dificultamos que cheguem até nós. O antigo espírito de camaradagem deixou de existir, substituído pelo poder monolítico, cabendo aos chefes todas as decisões. Os subornos tornaram-se praxe: sem eles, nossos camaradas comunistas simplesmente não sobreviveriam." Em carta a Trótski, datada de maio, Yoffe manifestou temor similar, ao discorrer acerca da degeneração bolchevique:

> Existe uma enorme iniquidade e a posição material de cada um depende do posto que ocupa no partido. Você há de concordar que é uma situação perigosa. Já fui informado, por exemplo, que, antes do último expurgo, velhos camaradas mostravam-se apavorados com a perspectiva de expulsão, em especial porque perderiam o direito a morar no Hotel Nacional e privilégios afins. Desapareceram o velho espírito partidário, o espírito revolucionário abnegado e a devoção aos nossos! A juventude de hoje cresce em meio a tais condições: é isto que nos faz temer pelo partido e pela revolução![71]

3. Uma pátria socialista

Aos 66 anos de idade, quando a maioria dos homens só almeja brincar com os netos, Brusilov optou pela guinada mais drástica de toda a sua carreira militar, apresentando-se como voluntário do Exército Vermelho. Não é justo considerar tal fato como a defecção de mais um velho general tsarista, pura e simplesmente. Brusilov era o soldado mais famoso da Rússia, o único a ter se destacado como herói nacional na Primeira Guerra Mundial, o derradeiro símbolo vivo de um passado aristocrático e glorioso. Em maio de 1920, a notícia de que ele fora nomeado para o Conselho Militar Revolucionário, sob a direção de Trótski, chocou a todos que suspiravam com nostalgia pelos dias anteriores a 1917. "Brusilov traiu o país", escreveu um ex-coronel. "Como pode preferir a defesa dos bolcheviques e judeus à da pátria?", acrescentou a esposa de um ex-oficial da guarda do império. Circularam boatos de que Brusilov recebera propinas generosas (2 milhões de rublos, um apartamento no Kremlin etc.) para prestar serviço aos Vermelhos. Os generais de outrora atulharam as gavetas com pilhas e pilhas de cartas insultuosas ao antigo colega de armas. Como pudera, um nobre da sua condição, aceitar trabalho dos comunistas, numa época em que "as prisões da Cheka estavam cheias de oficiais russos?" A resposta vinha logo a seguir: "Só por um ato vil de traição." Tantas acusações pesavam na consciência de Brusilov.* "Foi o momento mais difícil da

* Brusilov tentou intervir em favor desses oficiais, subordinando seu ingresso nas tropas Vermelhas à liberdade dos militares. Trótski afirmou que se empenharia, mas admitiu não estar "em boas relações com a Cheka", chegando a dizer que corria o risco de ter a prisão decretada por Dzerzhinsky. Mais tarde, o general montou um escritório especial cujo objetivo era apelar pela soltura dos oficiais. A medida frutificou e vários deles acabaram liberados (RGVIA, f. 162, op. 2, d. 18).

minha vida", desabafaria ele, cinco anos depois. "Um silêncio mortal pairava dentro de casa. Minha família caminhava na ponta dos pés e falava aos sussurros. Minha esposa e minha irmã traziam os olhos marejados."[72] Era como se estivessem de luto pelos tempos idos.

A conversão de Brusilov aos Vermelhos resumiu-se à vontade de colocar o país à frente dos interesses de classe. O general tinha motivos de sobra para detestar os bolcheviques e costumava chamá-los de anticristos. Afinal, o Terror Vermelho não só havia aprisionado seu irmão doente (e, virtualmente, o assassinado), como ainda tinha posto na cadeia vários de seus amigos mais queridos. Ainda assim, recusava-se a somar forças com os Brancos. Dois ferimentos — um, visível, na perna; outro no peito, provocado pelo fato de os Brancos adularem Kolchak, um velho rival — impediam-no de seguir para o Don. Ele continuava convicto de que sua obrigação era permanecer na Rússia, ao lado do povo, a despeito de este ter escolhido os comunistas. Na opinião de Brusilov, o bolchevismo não passava de um "mal passageiro", pois "sua filosofia de internacionalismo era fundamentalmente alheia à população do país". Lutando com os bolcheviques, patriotas como ele poderiam ajudar a corrigir o rumo da revolução, com vistas a fins nacionais. Aos olhos do general, tratava-se de diluir o Vermelho no Branco — "transformando a estrela rubra numa cruz". Isto bastaria para colocar a revolução no curso correto a ser seguido pela história russa. "O dever para com a nação não raro me obrigou a desobedecer a minhas inclinações sociais naturais", disse ele em 1918. Embora, na qualidade de aristocrata, não escondesse simpatia pelos Brancos e comemorasse quando suas tropas avançaram sobre Moscou, Brusilov sempre considerara que a causa de Denikin estava fadada ao fracasso e impregnada de falhas, pois dependia demais da intervenção dos Aliados. Bem ou mal, a sina da Rússia teria que ser decidida por seu próprio povo.[73]

Durante o último ano, dois episódios haviam fortalecido as convicções de Brusilov. Um fora o assassinato de seu único filho, membro do Exército Vermelho. Em setembro de 1919, na batalha de Orel, o regimento de cavalaria que Alexei comandava foi capturado pelos Brancos e ninguém sabia ao certo como o rapaz perecera. Brusilov estava certo de que Denikin, ao tomar conhecimento do sobrenome do cavalariano, ordenara sua execução. Certa vez, o comandante Branco havia afirmado que, em 1917, Brusilov havia promovido a "destruição do exército"; entre militares, uma censura assim era razão para ódio figadal. Alexei havia se juntado aos Vermelhos apenas na esperança de persuadir a Cheka a poupar a vida do pai, o que só causava mais sofrimento e remorsos ao general. Brusilov se culpava pelo desaparecimento do filho e jurara vingança.[74] O sangue, não sua posição social, fizera-o Vermelho.

Havia também a questão do nacionalismo russo. A invasão polonesa à Ucrânia foi outro fator vital na conversão de Brusilov aos bolcheviques. Desde que se tornara independente, ainda no século XVIII, a Polônia vivia à sombra dos três grandes impérios do leste europeu. De súbito, porém, o Tratado de Versalhes tirou-lhe a garantia de soberania e boa parcela do novo território ganho das potências ocidentais vitoriosas, que pretendiam fazer da Polônia um escudo entre a Alemanha e a Rússia. Em geral, não precisa muito para que um nação-vítima de ontem se transforme em agressora. Tão logo conquistou autonomia, a Polônia passou a nutrir ambições imperialistas. O marechal Pilsudski, cabeça do governo e do exército local, falava em restaurar a "Polônia histórica" que outrora se estendera do Báltico ao mar Negro. E prometia reclamar suas fronteiras orientais — a "Lituânia" tão cara a Mickiewicz e outros patriotas poloneses do século XIX —, perdidas para a Rússia. Aquelas eram áreas etnicamente heterogêneas — cidades polonesas e judaicas, compostas por ex-senhores agrários poloneses e ucranianos ou camponeses bielo-russos —, disputadas por russos e poloneses. Quando os alemães se retiraram do leste, as tropas polonesas avançaram. Pilsudski liderou a conquista de Wilno, em abril de 1919. No verão, as tropas do marechal continuaram em marcha, entrando na Bielo-Rússia e no oeste da Ucrânia e ocupando Minsk e Lvov. Houve uma trégua no inverno, quando poloneses e russos procuraram barganhar os territórios em litígio. Todavia, as negociações encerraram-se na primavera de 1920 e Pilsudski partiu para mais uma ofensiva. Bem abastecido pelos Aliados e salvaguardado por um pacto feito com Petliura, o marechal guiou uma força conjunta de poloneses e nacionalistas ucranianos numa investida ousada a Kiev, então em poder bolchevique. Foi uma tentativa desesperada de transformar a Ucrânia em estado-satélite da Polônia. As razões para esta aventura remontavam ao inverno anterior, quando Petliura, expulso da Ucrânia pelos Vermelhos, estabelecera-se em Varsóvia e fechara questão com Pilsudski. Pelo acordo, os nacionalistas ucranianos ajudariam os poloneses a retomar a Ucrânia. Uma vez instalados em Kiev e já detentores do poder, os homens do marechal anexariam à Polônia a Ucrânia ocidental. Na verdade, seria algo equivalente a um Brest-Litovsk polonês. Os soldados do marechal avançaram com rapidez na direção de Kiev, enquanto os Vermelhos, que também enfrentavam os Brancos ao sul, debandavam em meio à balbúrdia. Em 6 de maio, os poloneses invadiram a cidade; a ocupação foi tão fácil que mais pareceu um desfile militar. Indiferente, a população limitou-se a observar a chegada dos novos governantes. Afinal, desde 1917, aquela era a décima primeira vez que Kiev trocava de mãos — e não seria a última.*

* As doze mudanças de governo impostas a Kiev foram, pela ordem: (1) de 03/03 a 09/11/1917: Governo Provisório; (2) de 09/11/1917 a 09/02/1918: República Nacional Ucraniana; (3) de 09/02 a 29/02/1918: Primeira República Soviética Ucraniana; (4) em 1º/03/1918: ocupação pelas tropas da República Nacional Ucraniana; (5) de 02/03 a 12/12/1918: ocupação alemã; (6) de 14/12/1918 a 04/02/1919: Diretório da República Nacional Ucraniana; (7) de 05/02 a 29/08/1919: Segunda República Soviética Ucraniana; (8) aos 30/08/1919: ocupação pelas forças do Diretório da República Nacional Ucraniana; (9) de 31/08 a 15/12/1919: ocupação por tropas Brancas; (10) de 15/12/1919 a 05/05/1920: Terceira República Soviética Ucraniana; (11) de 06/05 a 11/06/1920: ocupação polonesa; e (12) aos 12/06/1920: República Soviética da Ucrânia.

Para patriotas russos como Brusilov, a tomada da cidade pelos poloneses consistia em nada menos do que uma tragédia nacional. Kiev não era uma cidade qualquer, mas o berço da civilização russa. Seria inconcebível que a Ucrânia — "a Pequena Rússia"— deixasse de ser o bastião da fé ortodoxa. No século XVIII, os ancestrais do general haviam perdido a vida defendendo a Ucrânia contra os poloneses, o que garantira à família glebas e glebas de terra de recompensa. Depois de atravessar uma guerra e ver milhões de russos morrerem para preservar a Ucrânia ocidental dos ataques austríacos, Brusilov estava disposto a lutar para impedir que o território continuasse em poder dos poloneses. Ele considerava "indesculpável que Wrangel atacasse a Rússia num momento tão crítico", mesmo porque os Brancos haviam planejado o assalto de modo a coincidir com a ofensiva de Pilsudski. Os Brancos colocavam seus interesses de classe acima do império russo — algo que o herói ufanista recusava-se a fazer. Em 1º de maio, ele escreveu a N. I. Rattel, general de divisão do exército tsarista e agora chefe do Estado-Maior de Trótski, oferecendo-se para ajudar os Vermelhos a combater os poloneses. "A mim parece que a tarefa mais importante é incutir o patriotismo nas massas", afirmava a carta. A seu ver, a guerra contra a Polônia só seria ganha "sob a bandeira nacional russa", única capaz de unir toda a população do país.

> O comunismo é completamente ininteligível para milhões de camponeses semialfabetizados e é duvidoso que lutem por algo que não compreendem. Em 2 mil anos, o cristianismo não conseguiu unificar o povo, como o comunismo pode esperar realizar uma empreitada de tamanho vulto se, há três anos, a maior parte dos russos sequer conhecia tal palavra? Apenas o conceito de nação pode lograr êxito.[75]

De imediato, Trótski percebeu que a propaganda bolchevique só tinha a ganhar com a adesão de Brusilov. E, no dia seguinte, anunciou a nomeação do general para a presidência da conferência especial do comando da frente ocidental.* Publicada no *Pravda*, edição de 7 de maio, a notícia dava o tom xenofóbico típico da retórica bolchevista, convocando todos a juntarem-se às tropas e "defender a pátria" dos "invasores poloneses", que tentavam "se apropriar das terras que sempre pertenceram aos russos". Trótski argumentava que os poloneses estavam sendo movidos "pelo ódio à Rússia e aos russos". O boletim do Exército Vermelho, *Voennoe delo*, editou um artigo chauvinista (que, mais tarde, seria motivo para a suspensão da publicação) contrastando o "jesuitismo inato dos polacos" com o "espírito honrado e franco da

---

* Participaram da conferência dois amigos de Brusilov dos tempos do exército czarista: os generais Klembovsky e Zaionchkovsky, bem como um velho aliado seu, Polivanov, ex-ministro da Guerra.

raça de grandes russos". Radek caracterizou a guerra civil como "uma luta nacional contra a opressão do invasor estrangeiro". Os Vermelhos, dizia ele, estavam "resguardando a Mãe Rússia" dos esforços dos Brancos e Aliados, que queriam "transformá-la em colônia" do Ocidente. A "Rússia soviética", concluía, numa advertência aos Estados recém-libertados, "reunirá todas suas possessões e defenderá o território da exploração colonial".[76] O velho imperialismo estava de volta.

Os bolcheviques maravilharam-se com o sucesso de sua propaganda ufanista e, só então, se deram conta do potencial do nacionalismo russo como meio de mobilização popular. Caberia a Stálin, mais tarde, aproveitar, ao máximo, todo este potencial. Poucas semanas após a nomeação de Brusilov, 14 mil oficiais já haviam se juntado ao Exército Vermelho para lutar contra os poloneses; milhares de civis haviam se apresentado para trabalhar como voluntários na retaguarda e mais de 100 mil desertores haviam voltado às linhas de batalha na frente ocidental. Houve manifestações patrióticas, nas quais o povo queimava as efígies de Pilsudski e Curzon. "Nunca pensamos que a Rússia tivesse tantos patriotas", confessou Zinoviev.[77]

Os impulsos cívicos que haviam levado Brusilov às tropas bolcheviques eram, de fato, partilhados por numerosos remanescentes da antiga Rússia. Após a vitória Vermelha na guerra civil, a intelectualidade ufanista decidira dar um crédito de confiança ao Estado soviético. Surgia o bolchevismo nacional — mais tarde, assim seria chamado o novo credo — que tentaria ressuscitar a Grande Rússia. De certo modo, o movimento lembrava o *Vekhi*, grupo de filósofos contrários à *intelligentsia* radical e ao papel que ela desempenhara na Revolução de 1905, e autor de uma coletânea de ensaios publicada em 1909. Na época, eles defenderam o fim da oposição ao tsar. Agora, chegara a vez de baixar a guarda diante dos comunistas e, para tanto, fundou-se um jornal, *Smena vekh*, cujo primeiro número, impresso em novembro de 1921, prestava homenagem a Brusilov. Expoente do bolchevismo nacional, Nikolai Ustrialov era um kadet de direita que trabalhara como propagandista do regime de Kolchak, antes de aderir aos Vermelhos, em 1920, sob o pretexto de que haviam vencido a guerra civil com o apoio do povo russo. Ele acreditava que a revolução poderia ser redirecionada, tornando-se capaz de atender aos interesses nacionalistas. "Inevitavelmente, os interesses do sistema soviético coincidirão com os da Rússia nacional", escreveu em 1920. "Pela lógica dos fatos, os bolcheviques progredirão do jacobinismo para o napoleonismo." A tese parecia simples: se número suficiente de patriotas se somassem aos Vermelhos, o regime de Lênin seria russificado, "embranquecendo" aos poucos. Ustrialov, Blok e os citas glorificavam o regime, antes de tudo, porque consideravam os bolcheviques eslavófilos asiáticos, capazes de unificar as forças do leste num combate à influência ocidental. Além disso, eles acreditavam que os homens do Kremlin ansiavam pela restauração de um Estado russo forte. O ex-kadet via a ditadura bolchevique como um remédio amargo, mas necessário, à neutralização da anarquia que tomara conta do país desde 1917. Assim, ele não poupou esforços para animá-los a recriar o império russo, esmagando todos os "estados pigmeus", e reconquistar o poder internacional apanágio do tsarismo. A intelectualidade fazia eco a essas teses. Em certo sentido, o bolchevismo nacional foi o grande vencedor da guerra civil. "Perdemos, mas ganhamos", escreveu Shulgin, na sua obra intitulada *1920*. Reconhecendo a derrota, ele afirmava que os vitoriosos haviam erguido "a bandeira de uma Rússia unificada". Embora velhos imperialistas tenham sido os primeiros a empunhar a bandeira vermelha em favor da Grande Rússia, o movimento não se limitava à direita. Também a esquerda, com seu culto ao "povo" e seu talento para a destruição, logo aderiu à ideia de que o regime bolchevique provinha de uma "revolução nacional"; assim, Lênin e companhia surgiam como a única alternativa em condições de promover a ressurreição da Rússia. Finda a guerra contra os Brancos, este raciocínio levou muitos socialistas a abraçar os Vermelhos. Até mesmo Gorki foi tragado pela maré patriótica. Em maio de 1920, numa carta a H. G. Wells, ele criticou um repórter do *Times* londrino, que publicara artigo afirmando ter encontrado um dedo humano no prato de sopa servido num restaurante de Petrogrado. "Acredite-me, não desconheço os aspectos negativos criados pela guerra e pela revolução, mas também vejo que, entre as massas russas, desperta uma grande aspiração à inventividade", reclamou ele, irado.[78]

Sem dúvida, a maré de civismo fora, em parte, influenciada pela decisão bolchevique de transformar a guerra contra a Polônia de defensiva em ofensiva. Tendo expulso os poloneses de Kiev, em meados de julho os Vermelhos cruzaram a Linha de Curzon — onde os Aliados traçaram a fronteira russo-polonesa — e continuaram a avançar rumo a Varsóvia. Como aquela não seria a última vez que o Exército Vermelho atravessaria os limites russos Europa adentro — o que aconteceria novamente em 1945 —, é importante conhecermos os motivos da investida contra a Polônia. Tal entendimento, inclusive, torna-se fundamental para a análise da Guerra Fria. Alguns historiadores, como Norman Daves e Richard Pipes, ganharam reputação com o argumento de que, se Varsóvia tivesse caído em mãos do Exército Vermelho, Lênin teria ordenado uma arremetida em direção a Berlim, preparando um assalto geral à Europa Ocidental.[79]

É verdade, conforme afirmam Daves e Pipes, que os bolcheviques cogitaram invadir a Polônia. A iniciativa serviria para espraiar os tentáculos da revolução, visando, num estágio posterior, a todo o continente europeu. Na jornada rumo a Varsóvia, as tropas bolcheviques incluíam um Comitê Provisório Revolucionário Polonês, liderado por Dzerzhinsky, encarregado de entregar o poder aos comunistas, tão logo se chegasse à capital. Este foi o mais audacioso plano do Kremlin para a exportação do comunismo. As expectativas russas haviam crescido, graças à revolta espartaquista, em Berlim, e às repúblicas soviéticas criadas na Hungria e na Bavária, em 1919. Naquela primavera, quando se fundou o Comintern, Zinoviev previra que "em um ano, toda a Europa será comunista". Mais tarde, ele admitiria que, durante algum tempo, o regime soviético "pensara que, em questão de dias ou horas, dar-se-ia um levante revolucionário irrefreável". No verão de 1920, o Comintern estendera seus domínios às capitais europeias. Delegações socialistas do Ocidente visitavam Moscou com frequência para conhecer de perto a realidade comunista e produzir relatórios sobre o "grande experimento". Raro era o mês em que não havia pelo menos uma comitiva de curiosos, passeando pelas ruas da capital russa. Moscou transformara-se num imenso *Potemkin*, cheia de operários satisfeitos, e palco de banquetes requintados, oferecidos aos dignitários estrangeiros. Todos regressavam a seus lares encantados, não poupando elogios ao regime de Lênin. No II Congresso do Comintern, realizado no auge do avanço contra Varsóvia, pretendeu-se fundar um Partido Comunista Europeu, cujas rédeas ficariam com os soviéticos. O ar estava repleto de expectativas. Durante todo o dia, os delegados seguiram os movimentos do Exército Vermelho, acompanhando-os num mapa pendurado na parede do auditório. A despeito dos conselhos de Trótski e Stálin, Lênin insistira na invasão à Polônia, convicto de que a revolução europeia era líquida e certa. Segundo sua ótica marxista dogmática, seria inevitável que todos os países do mundo, mais cedo ou mais tarde, tivessem um Outubro a comemorar. O golpe de Kapp, em março de 1920, fora "um caso Kornilov alemão"; a Estônia vivia "seu momento Kerenski"; na Grã-Bretanha, os Conselhos de Ação constituíam um experimento de "duplo poder".[80]

A convicção de Lênin de que todos os países deveriam seguir a rota percorrida pela Rússia prenunciava o desejo bolchevique de, um dia, ver todo o planeta tingido de vermelho. Posteriormente, a mistura de nacionalismo russo e internacionalismo comunista caracterizaria o tom arrogante da política externa soviética. Os bolcheviques não se furtavam a alardear que a Rússia ainda faria o mundo parir revoluções e presumiam que todos os comunistas de qualquer canto do globo deviam se alinhar às diretrizes de Moscou. A tese permeou o Congresso do Comintern e suas "21 Condições" de ingresso na nova Internacional — um verdadeiro império bolchevique.

No entanto, seria leviano afirmar que Lênin pretendia impor sua revolução ao Ocidente na ponta da baioneta. Não se tratava de uma escolha — se o Exército Vermelho tivesse possibilidades de tomar Berlim ou mesmo Budapeste, Lênin assim ordenaria. Tratava-se de uma questão prática. Os bolcheviques sabiam que suas tropas camponesas e, ainda mais grave, sua combalida economia, não sustentariam uma ofensiva invernal, especialmente em território estrangeiro. Eis por que, no outono de 1920, o regime mostrara-se tão célere em fazer a paz com a Polônia, tendo perdido, inclusive, o acesso à Galícia que, nas palavras de Lênin, "teria aberto uma estrada sem atalhos para a revolução na Tchecoslováquia e Hungria". Qual a razão de se atribuir tanta importância à conquista da Polônia? Um discurso de Lênin, proferido em 1920, quando da Nona Conferência do Partido, é a chave da explicação. O documento recém-publicado sugere que a ofensiva contra Varsóvia não deveria ser o começo de uma invasão ao Ocidente — como erroneamente propunha Pipes —, mas, ao contrário, um escudo russo à investida das potências do Ocidente. Lênin acreditava que a Polônia de Pilsudski fora uma invenção dos Aliados para, no futuro, ser usada como plataforma de ataque contra a Rússia. Na opinião do líder máximo bolchevique, uma Polônia bem armada se enquadrava nos planos Aliados de cercar o regime soviético de estados hostis: Varsóvia, Washington e Wrangel estariam de conluio. Ao invadir a Polônia, pilar central do Tratado de Versalhes, Lênin pretendia "abalar" o esquema arquitetado pelos países ocidentais. Uma Polônia sovietizada poderia funcionar como ponto de partida para o avanço da revolução pelo oeste. Pelo menos esta era a lógica de Lênin. Tratava-se de uma espécie de autoafirmação, um modo de advertir as potências capitalistas de que a Rússia não se deixaria mais ameaçar por elas, lutando toda vez que fosse agredida. Uma política ofensiva nas capitais do Ocidente, uma declaração de "guerra civil internacional", mas não o início de uma arremetida rumo à Europa. Naturalmente, é preciso considerar que o discurso de Lênin foi feito logo após a derrota do Exército Vermelho em Varsóvia. Portanto, existia um forte motivo para que ele se mostrasse incisivo, tentando levantar o moral do partido ao alegar que as metas políticas da invasão frustrada haviam sido alcançadas. Porém, até prova em contrário, a explicação acima apresentada ainda é a mais convincente para o interesse dos bolcheviques pela Polônia.[81]

As lições da derrota Vermelha na Polônia foram extremamente dolorosas para os bolcheviques. De fato, erros militares contribuíram para o desfecho. O Exército do Oeste, comandado por Tukhachevsky, precipitara-se sobre a capital polonesa, subestimando a determinação das tropas inimigas em defender-se e afastando demais seus soldados das bases de provisões. O Exército do Sudoeste não conseguira garantir o apoio necessário aos homens de Tukhachevsky, continuando a avançar rumo a Lvov, que Stálin pretendia ocupar a qualquer custo. Resultado: o flanco sul, de Tukhachevsky, ficou exposto, permitindo a Pilsudski armar uma contraofensiva e empurrar os Vermelhos de volta à Rússia, onde, com as primeiras nevascas de outubro, a frente atravessava momentos de calmaria. No entanto, o fator principal da derrota russa foi político: os trabalhadores poloneses não haviam se levantado para respaldar a invasão do Exército Vermelho; muito pelo contrário, haviam se colocado ao lado de Pilsudski. O nacionalismo mostrava-se mais forte do que o comunismo internacional. Em breve, Lênin constataria o equívoco. "A Polônia não estava pronta para a revolução social", disse ele na conferência do partido, em setembro. "Deparamo-nos com a reação nacionalista de elementos pequeno-burgueses,* pois nosso avanço em direção a Varsóvia fê-los temer pela sua sobre-

* Ou seja, trabalhadores e camponeses não haviam evoluído a ponto de alcançar o bolchevismo.

vivência enquanto nação." Lênin percebera que o mesmo aconteceria no restante da Europa. Tentar impor o comunismo de fora para dentro apenas transformaria em nacionalistas todos os seus seguidores em potencial.[82]

Batidos na Polônia, os bolcheviques acabaram desistindo da quimera de uma revolução europeia. O Tratado de Riga, assinado com o governo de Varsóvia, em março de 1921, marcou o início de uma nova era de coexistência pacífica entre a Rússia e as nações ocidentais. Moscou reconheceu a ampliação das fronteiras polonesas — e, por tabela, o Tratado de Versalhes — cedendo grande parte da Bielo-Rússia. No mesmo mês, o regime soviético restabeleceu relações comerciais com a Grã-Bretanha. Ninguém mais levava a sério a ameaça de uma invasão comunista. O desastre polonês demonstrara que tropas camponesas não possuíam vigor bastante para manter sequer uma ofensiva contra os países mais débeis, a oeste. Entre os bolcheviques, todas as dúvidas se dissiparam: suas maiores chances de exportar a revolução situavam-se no Oriente.

A estratégia asiática foi proposta pela primeira vez por Trótski num memorando secreto redigido em agosto de 1919:

> É indiscutível que nosso Exército Vermelho constitui uma força muito mais poderosa em terreno asiático do que em território europeu. Diante de nós, há a possibilidade de esperarmos para ver como os fatos se desenrolam na Europa e, ao mesmo tempo, agir na Ásia. A estrada para a Índia pode se mostrar mais transitável e curta do que a via para a Hungria soviética. O acesso a Paris e Londres se dará pelas cidades do Afeganistão, através do Punjab e via Bengala.

No verão de 1920, ganhou forma uma política dual: agitação revolucionária no leste combinada com apoio aos movimentos de libertação nacional, *mesmo os de natureza "burguesa"* contra o imperialismo das potências ocidentais. De um lado, os bolcheviques faziam as pazes com a Grã-Bretanha; de outro, travavam uma guerra surda contra os interesses ingleses, a leste, apoiando os rebeldes afegãos e subvertendo o protetorado britânico, no norte da Pérsia. Há indícios de que Lênin chegou a cogitar de um exército constituído por tribos da Ásia Central, destinado a invadir a Índia pelo Afeganistão.[83]

O Congresso dos Povos do Oriente, em Baku, no mês de setembro de 1920, foi a primeira e única tentativa de levar o comunismo à Ásia — resultou num caos. Com 1.900 delegados, provenientes de dezenas de países tão distantes como a Turquia ou o Japão, consumiu-se muito tempo e uma boa dose de papo-furado para traduzir os discursos em todos os idiomas. As credenciais de alguns participantes eram dúbias: durante os debates, vários deles dedicaram-se à venda de tapetes nos mercados locais. Provavelmente, não passavam de comerciantes, e nada tinham de estadistas. Sem representação, inúmeras cidades e aldeias asiáticas encaminharam centenas de mensagens de apoio. Numa delas, os signatários anunciavam o abate ritual de cem ovelhas e outros animais em prol da libertação dos povos e, de quebra, solicitavam ajuda do congresso para transportar as carcaças até Kabu. Em suma, tudo não passou de uma feira animada. Segundo H. G. Wells, testemunha ocular daquela azáfama, a situação parecia "absurda, conquanto pretendia-se um encontro de proletários". Vestindo trajes típicos, os delegados cruzavam as ruas em grupos. Queimaram-se retratos de Lloyd George, Millerand e Wilson, todos em roupas de gala. Os oradores juravam ódio infindo ao imperialismo britânico. Zinoviev, ignorando os fatos ocorridos na Polônia, afirmou que "a verdadeira revolução só brotará quando os bolcheviques se somarem aos 800 milhões de pessoas que vivem na Ásia".[84] A repercussão do evento no restante do continente foi quase nenhuma.

O aval bolchevique aos movimentos de libertação nacional em colônias do império britânico contrastava enormemente com o modo como o regime tratava os ex-territórios tsaristas. Lênin sempre quisera recuperar os contornos geográficos do império russo. Suas concessões à soberania, constantes do programa de 1911, eram apenas táticas. Ele argumentava que o nacionalismo podia ser usado para destruir o Estado monárquico e que após um intervalo razoável, durante o qual haveria um governo nacional "burguês", os não russos seriam, de novo, anexados à Grande Rússia, então uma federação socialista. Não se sabe bem o que ele queria dizer com isto. Seria sincero o seu apoio, publicamente anunciado, a uma federação livre de repúblicas autônomas, dado que isso implicaria o direito à secessão? Ou tramava reunificar, à força, um Estado russo único? Em sua correspondência particular, a ideia de uma confederação constituída por Estados autônomos merecia tratamento cínico. Em 1913, ele escreveu a Gorki que "a abominação austríaca" não se repetiria na Rússia. "Não permitiremos que tal aconteça. Temos mais russos do que não russos. Com os trabalhadores do nosso lado, não seremos dominados pelo espírito austríaco."[85]

Durante a guerra civil, o assunto perdera-se em meio às exigências do conflito bélico. Os Vermelhos conquistavam as fronteiras à medida que repeliam os Brancos; e, por intermédio do partido e da presença do Exército Vermelho, impunham as mesmas formas de controle centralizado prevalecentes no restante do país. Tal prática pode ser entendida como uma estratégia consciente para a restauração do império, sob o tacão comunista. Na burocracia e nas tropas, certamente havia chauvinistas russos o suficiente para colocar tal projeto em funcionamento. Porém, sob vários aspectos, a conquista das fronteiras dependia muito mais de condições locais do que poderia parecer. Em 1920, sob pressão dos comunistas nativos, Lênin se deu conta de que a ocupação não bastaria para controlar os territórios não russos — mesmo que não houvesse a mínima resistência por parte da população subjugada. Para o efetivo exercício do poder, seria necessário recrutar líderes que falassem o idioma nacional e dessem ao regime aparência de defensor dos interesses locais. Visto que nas ex-colônias a serem recuperadas a maioria dos habitantes vivia em aldeias, em contraposição à mentalidade urbana do regime, cumpria-se abordar os camponeses de maneira mais amena. Neste sentido, a Nova Política Econômica vinculou-se intimamente ao processo de construção do Estado nas áreas não russas. Em março de 1921, o X Congresso do Partido aprovou a NEP e uma resolução convocando as hostes partidárias a promoverem culturas nacionais. O indigenismo (*korenizatsiia*) constituiu-se na força motriz da política bolchevique da década de 1920. O prestígio agora atribuído à linguagem local estendeu-se à educação, à imprensa e à administração. Às pressas, criaram-se escolas de nível primário e secundário para o ensino das elites regionais. Nas ex-colônias, jovens lavradores viram-se promovidos a funcionários públicos urbanos. Até então, a maioria esmagadora da população das cidades era russa; após esta leva de não russos, houve uma mescla muito grande. No âmbito cultural, o regime soviético dava prosseguimento ao esforço dos nacionalistas anteriores a 1917, que haviam tentado construir e modernizar cada recanto do extinto império russo. Garantir liberdade de hábitos, costumes e crença, bem como econômica, ajudava, e muito, a apaziguar os ânimos do campesinato nativo; com isto, a intelectualidade nacionalista perdia sua base popular.

Na Ucrânia, o movimento nacionalista já havia ruído quando, no outono de 1919, os bolcheviques realizaram uma terceira e última invasão. As vicissitudes militares de 1917-1920, período em que a Ucrânia teve dez regimes diferentes, dificultavam a unidade nacional. Dois breves ensaios de governo nacionalista em Kiev — o Rada, de março de 1917 a fevereiro de 1918, e o Diretório, de dezembro de 1918 a fevereiro de 1919 — não bastaram para incutir uma consciência nacional nos camponeses ucranianos, em geral distanciados e hostis às cidades. Até o fim do século XIX, a ideia de um Estado independente existira quase somente na poesia de Shevchenko e no mito cossaco. Com exceção da Ucrânia ocidental, onde os senhores agrários eram principalmente poloneses, a massa aldeã permanecia alheia ao nacionalismo da *intelligentsia*. O apego dos lavradores à noção de povoado autônomo fazia-os avessos ao conceito de Estado nacional. Durante 1917, porém, os partidos socialistas do Rada associaram as propostas de independência nacional e aldeã, encadeando estas a uma terceira, a de reforma agrária. Assim, deram consistência a uma linha de raciocínio até então estranha à gente do campo. Resultado: conseguiram respaldo maciço do eleitorado rural, pois haviam traduzido o conceito abstrato de nação em termos sociais palpáveis para os camponeses. No entanto, a reforma agrária prometida jamais se concretizou. O Rada e o Diretório estavam politicamente paralisados pela crescente divisão interna entre nacionalistas, como Petliura, que subordinavam as reformas sociais à luta nacional, e os partidários de Vinnichenko, que colocavam as mudanças sociais à frente do nacionalismo.

Sem reforma agrária, os lavradores sentiam-se pouco incentivados a brigar pela Ucrânia independente. Assim, nenhuma força verdadeiramente nacional pôde ser mobilizada contra os exércitos invasores, Vermelhos ou Brancos. Mesmo Petliura viu-se forçado a formar suas tropas — ficticiamente chamadas de Exército Nacional — em solo polonês.

Portanto, a cabeça urbana do movimento nacional ucraniano estava apartada de seu corpo rural. Restara um nacionalismo local, centrado na ideia de aldeia autônoma. Este continuara a dominar a Ucrânia, tornando, até 1920, virtualmente impossível haver um governo urbano capaz de se imiscuir nas questões rurais. O nacionalismo dos pequenos proprietários de terra era perceptível nos *atamanshchina*, nos bandos camponeses de Makhno, Grigoriev e outros incontáveis senhores de guerra, pretensos defensores da aldeia ucraniana contra todas as ameaças à sua natureza peculiar. Isso incluía os ataques Brancos e Vermelhos; a influência dos centros urbanos, tidos pelos lavradores como "estrangeiros" e hostis, e regras econômicas absurdas, e os *pogroms* contra judeus. O nacionalismo aldeão também se refletia no apelo de massa do Partido Borotbist, formado a partir da esquerda SR ucraniana, que enfatizava os aspectos culturais locais como veículos capazes de garantir a autonomia dos povoados, unindo e fortalecendo os camponeses na luta revolucionária contra a burguesia urbana russificada.

Este nacionalismo rural dificultou muito as duas primeiras tentativas bolcheviques de conquistar a Ucrânia (uma de janeiro a março de 1918, a outra no primeiro semestre de 1919). Contando apenas com os operários e os soldados, os bolcheviques só puderam recorrer ao terror. O segundo dos regimes comunistas impostos à Ucrânia foi especialmente violento. Bulgakov escreveu a respeito, usando imagens fortes como a de um imenso trem Vermelho blindado chegando às florestas vizinhas a Kiev. A cena consta do epílogo d'*O Guarda Branco*. Às vezes, só mesmo uma obra de ficção consegue captar a essência da guerra civil.

> A locomotiva surgiu como uma massa de metal negra, multifacetada, hulha incandescente caindo de suas entranhas e morrendo nos trilhos. Vista de lado, era como se seu ventre estivesse cheio de carvão em brasa. À medida que assobiava calma e malevolamente, algo transpirava de uma fissura, em seus flancos blindados, enquanto o focinho chato fitava em silêncio a floresta que o separava do Dnieper. No último vagão, a boca negra azulada de um canhão de grosso calibre, amordaçada mas ainda assim apontando para a cidade a pouco mais de 10 km de distância.

A segunda invasão da Ucrânia, quase com certeza, se deu graças à autorização direta de Stálin, mas sem conhecimento ou aprovação pessoal de Lênin. A iniciativa coube a um grupo de bolcheviques determinados a devolver a área ao controle de Moscou; muitos deles eram russos da Ucrânia que haviam se tornado bolcheviques em parte por se identificarem com a Rússia. Georgii Piatakov, que instigou a invasão e tornou-se cabeça do regime Vermelho em Kiev, representava exemplarmente esta elite conquistadora. Seu pai fora um industrial russo estabelecido em terras ucranianas, o que nos permite supor que demonstrava uma certa arrogância russo/urbana com relação aos camponeses nativos. Como muitos bolcheviques de destaque na frente sul — Voroshilov, Kaganovich e Ordzhonikidze —, Piatakov mantinha vínculos estreitos com Stálin. O centralismo extremo que impôs à Ucrânia mal disfarçava seu chauvinismo grão-russo. Centenas de integrantes da intelectualidade nacionalista local foram presos durante o Terror Vermelho de 1919; a "propriedade burguesa" embarcou em trens rumo a Moscou. Quase todos os cargos bolcheviques na Ucrânia acabaram preenchidos pelos russos, que governavam o país como senhores coloniais. Os camponeses ucranianos foram subjugados aos piores excessos das campanhas de confisco. Os *kombedy* e as fazendas coletivas, experiências que já haviam falhado na Rússia, foram infligidos aos agricultores ucranianos — a despeito do fato de as tradições de propriedade privada e legado estarem muito mais profundamente enraizadas entre ucranianos do que entre os russos.[86]

O resultado foi uma onda de revoltas camponesas contra o regime bolchevique. O levante comandado por Makhno constituía somente o maior deles. Lênin enfureceu-se: a insensibilidade do governo de Piatakov havia minado o controle dos Vermelhos sobre a Ucrânia e aberto a porta para a entrada dos Brancos. No outono de 1919, quando os soviéticos novamente atravessaram o sul rumo à Ucrânia, Lênin insistiu para que, desta vez, seus camaradas fossem mais hábeis ao lidar com o nacionalismo. Durante algum tempo, os "federalistas" existentes entre os bolcheviques ucranianos haviam exigido isto e suas opiniões eram respeitadas por comunistas importantes como Ordzhonikidze. "Devemos encontrar uma linguagem que nos permita comunicação com o campesinato", escreveu ele a Lênin em 19 de novembro. No mês seguinte, o assunto foi submetido à avaliação de Lênin. Na Oitava Conferência do Partido, ele discursou pela primeira vez contra o "chauvinismo russo primitivo" de alguns bolcheviques. A resolução sobre a questão ucraniana reconhecia a força do sentimento nacional, embora apenas entre as massas "atrasadas", e recomendava o uso da língua ucraniana em todas as instituições soviéticas. Além disto, mencionava a necessidade de estas manterem boas relações com as aldeias locais.[87]

Em março de 1920, como primeiro passo nesta direção, os borotbists foram finalmente admitidos no Partido Bolchevique da Ucrânia. A exemplo da aliança anterior, firmada com a esquerda SR, esta foi mais uma grande vitória política dos bolcheviques, pois rachou o partido rival e garantiu a influência Vermelha junto às vilas. Os borotbists eram a única legenda da Ucrânia com seguidores rurais. Durante as campanhas contra os cossacos, Petliura e Denikin, os Vermelhos apoiaram neles, a fim de organizar milícias camponesas. Verdadeiros herdeiros da tradição em defesa da autonomia dos povoados, fulcro da revolução na Ucrânia, em 1917 e 1918, eles fundiam nacionalismo cultural e socialismo camponês numa estrutura soviética federal e descentralizada. Quando o Diretório ucraniano deixou de lado seus compromissos com o programa socialista, a maioria dos borotbists — cerca de 4 mil dos 5 mil filiados — juntou-se aos bolcheviques. Tinham a expectativa de abrandar o comunismo de Moscou, tornando o mais afinado à cultura nacional dos camponeses ucranianos.[88] Mais uma vez, o nacionalismo transformara oponentes em adeptos do bolchevismo.

Embora tenham naufragado, a longo prazo, os borotbists atravessaram com sucesso a década de 1920, durante a qual a Ucrânia desfrutou de uma relativa autonomia cultural. Os sentimentos nacionais, derrotados pelo desaparecimento do movimento patriótico, ressurgiram no Partido Bolchevique local e no aparelho de Estado. Os cargos passaram a ser ocupados por nativos, decididos a defender os direitos soberanos da república. Nascia um outro tipo de "nacionalismo bolchevista", precursor do movimento nacionalista de Tito, na Iugoslávia, à época do supercentralismo stalinista. Como na Rússia, a maior parte da nova elite ucraniana era recrutada entre filhos instruídos de camponeses, que haviam ido à guerra, conhecido a revolução e mostravam-se ávidos de progresso e ascensão social. Resultado: rápida "ucranização" das cidades anteriormente dominadas pelos russos. Entre 1923 e 1926, a participação de ucranianos na população de Kiev aumentou de 27% para 42%. No mesmo período, floresceu a cultura regional, especialmente após 1924, quando Alexander Shumsky, ex-líder borotbist, assumiu a repartição encarregada de assuntos culturais. A língua local, que os governantes tsaristas consideravam somente um dialeto rural, passou a ser reconhecida como ferramenta essencial para propaganda no campo, além de essencial para formar uma elite nativa. Nos anos 1920, o idioma passou a ser empregado nas escolas e repartições públicas da Ucrânia, em nomes de ruas, letreiros comerciais, documentos oficiais, congressos partidários, jornais e outras publicações. Nessa década, mais do que em todo o século XIX, mais crianças aprenderam a ler na sua língua nativa.[89] O ideal de uma Ucrânia independente pode ter sido esmagado pelo novo império, agora soviético, mas a nação ucraniana conquistara uma base cultural.

Nas áreas muçulmanas, este mesmo padrão — de conquista militar pelos Vermelhos seguida de promoção de culturas nacionais — foi ainda mais marcante. Na verdade, os bolcheviques não só incentivaram as tradições de nações já existentes como ainda criaram novas nações onde, até 1917, só havia entidades tribais.

A passagem do Exército Vermelho, nas pegadas de Kolchak, pelas terras dos bachkires e dos tártaros, fez surgir novas repúblicas na região do Volga-Urais. Moscou era contra a intelectualidade islâmica, cujo projeto previa um Estado que unificasse ambas as etnias. Nesse sentido, os bolcheviques exploraram, implacavelmente, as rivalidades existentes naquela área. Em março de 1919, o Exército Vermelho apoiou Validov na criação de uma República Autônoma Bachkir. No auge da luta que se travara na frente oriental, o líder militar dos pastores locais havia desertado dos Brancos. Ele acreditava que os Vermelhos, ao contrário de Kolchak, dariam independência aos bachkires, assegurando-lhes o direito de expulsar os colonos russos. Porém, uma vez conquistados os Urais, os Vermelhos entregaram o poder ao Soviete de Ufa, controlado por operários russos. Moscou não estava preparada para deixar as indústrias locais caírem em mãos de nacionalistas, e assim, em maio de 1920, baixou um decreto abolindo a autonomia política prometida apenas 14 meses antes. A partir de então, as instituições mais importantes da república estariam subordinadas à autoridade central do Kremlin. Os comunistas locais exoneraram--se do governo e fugiram em direção às montanhas, onde se juntaram a outros rebeldes. O novo governo era formado exclusivamente de tártaros e russos. Nesse ínterim, mais precisamente, em maio de 1920, nasceu uma República Autônoma Tártara — apenas nominalmente autônoma e nem propriamente tártara: três quartos dos tártaros da região estavam além das suas fronteiras, e somente metade da população pertencia à etnia que emprestava o nome à jovem nação; outros 40% eram russos.[90] *Divide et impera.*

A estratégia do regime soviético para as terras tártaras contava com o apoio de um grupo influente de intelectuais muçulmanos, que viam no bolchevismo uma chance para colocar em prática um nacionalismo islâmico secular. Tratava-se dos *jadids* radicais, modernizadores burgueses que, no século XIX, haviam se oposto às elites feudais e clericais, aos juízes de comunidade islâmica e doutores da lei sagrada. Eles dominavam não só as profissões como também o corpo de oficiais das unidades nacionais. Mirsaid Galiev foi o teórico e líder mais importante da República Tártara. Ele se juntou aos bolcheviques, em 1917, e ascendeu rapidamente ao Comissariado das Nacionalidades, sob a direção de Stálin. Durante a guerra civil, na frente oriental, quando os Vermelhos dependeram demais dos soldados muçulmanos, Galiev obteve permissão para proclamar uma linha de ação bastante independente. Ele criou um Partido Comunista local e mobilizou destacamentos que usavam um distintivo especial, dourado e verde, com a estrela e o crescente islâmicos. Derrotado Kolchak, e na sua eterna tentativa de centralizar o poder, Moscou não demorou muito a conter a ingerência de Galiev, levando-o a rever o marxismo à luz do colonialismo. Numa série de artigos publicados em 1919 e 1920, ele já argumentava que os asiáticos não seriam libertados pela revolução socialista ocidental, visto que os novos governantes proletários teriam interesse em perpetuar os impérios herdados. A solução seria unir todos os povos coloniais — "proletários" porque oprimidos — numa revolução mundial. Evidentemente, a tese não divergia do estratagema previsto por Moscou para a Ásia, conforme discutido no Congresso de Baku. No entanto, Galiev foi além, defendendo que a unidade nacional e a independência eram mais importantes do que a revolução social; ele afirmou ainda que, apesar dos antagonismos de classe, os muçulmanos submetidos ao império russo mostravam-se mais coesos, graças aos costumes islâmicos — não necessariamente hábitos religiosos — e que suas tradições deveriam ocupar um espaço importante na base do regime soviético. Caberia aos bolcheviques promover a secularização dessas tradições, modernizando a sociedade. Galiev propunha o casamento de Marx com os *jadids*.

Em 1923, ele foi expulso do partido, passando um breve período na cadeia em virtude da sua ousadia herética. Ainda assim, durante grande parte da década de 1920 suas ideias continuaram a influenciar as políticas bolchevistas voltadas para os tártaros. A língua local foi modernizada e tornou-se menos escolástica, exatamente como pretendiam os *jadids*. Isto enfraqueceu o poder dos mulás e facilitou aos nativos camponeses o acesso à alfabetização. Eliminaram-se palavras que haviam sido incluídas no vocabulário local por conta da política tsarista de russificação. A língua tártara alargou seus domínios, entrando nas escolas e na administração pública. A população nativa tornou-se mais instruída e passou a ocupar quantidade muito maior de cargos burocráticos do que à época do tsar. Em pouco tempo, a cultura local floresceu. Em suma, este foi o começo de uma revolução cultural nacional, que mais tarde Stálin abortaria.

A derrota de Kolchak permitiu que os Vermelhos levassem a cabo a conquista da Ásia Central. No início de 1918, os ferroviários e soldados russos de Tachkent (capital do Uzbequistão) criaram a República Soviética do Turquestão. Entretanto, a área estava separada do restante da Rússia pelos cossacos de Orenburg, aliados de Kolchak, e a influência da nova república limitava-se às cidades; as regiões de plantio de algodão, no vale do Ferghana, continuavam sob o domínio dos nativos rebeldes, conhecidos como basmachis, cujos bandos haviam unido as tribos turcas dos uzbeques, quirguizes e tadjiques contra o regime soviético russo, proclamando o lema "Turquestão para os nativos". Em 1918, os confiscos haviam disseminado uma grande fome, que dizimou pelo menos um quarto da população islâmica local, garantindo aos basmachis apoio quase universal entre os camponeses. Se acrescentarmos a isso os fatores políticos e étnicos que separavam o campo e a cidade, podemos compreender a causa do regime soviético ser visto como um novo tipo de exploração colonial; sob vários aspectos, ele o era, de fato. Em fim de 1919, ao chegar em Tachkent, o Exército Vermelho criou uma comissão especial para avaliar as atividades do governo local e concluiu que predominavam "elementos aproveitadores nacionalistas e colonialistas" e "velhos lacaios do regime tsarista". Estes usavam "a camuflagem da luta de classes para perseguir a população nativa da maneira mais brutal". Os bolcheviques haviam intensificado a antiga política colonial, banindo os pastores quirguizes das regiões férteis, destinadas aos colonos russos. Na zona de Semirechie, o Soviete introduzira uma economia escrava, forçando os nativos a trabalhar de graça nas lavouras russas. A alternativa era a morte. Mesmo diante de tamanho absurdo, as lideranças bolcheviques de Tachkent mantiveram-se indiferentes, considerando que os quirguizes constituíam "uma raça mais fraca, sob a ótica marxista, destinada a perecer de um jeito ou de outro".[91]

Após 1920, pressionado por Lênin, o governo de Tachkent mudou de atitude. A terra tomada dos nativos foi devolvida; os confiscos reduziram-se, paulatinamente, até cessarem, em 1921; com a introdução da NEP, deu-se autorização para que os bazares voltassem a funcionar, e o Soviete deixou de controlar as mesquitas, de tal sorte que os fiéis puderam retomar a prática da lei maometana, banida em 1918. Todas essas iniciativas ajudaram a abafar a revolta basmachi. Em 1923, o movimento fora praticamente liquidado, persistindo alguns focos isolados de resistência, nas montanhas a leste do Uzbequistão e do Tadjiquistão. Sob a forma de guerrilhas, eles se mantiveram ao longo de vários anos. Neste meio-tempo, Moscou deu prosseguimento à política de recrutar elites nativas. Mais da metade dos delegados presentes ao Congresso do Partido no Turquestão, em 1921, eram islâmicos, muitos deles pertencentes à intelectualidade secular, ou *jadid*, que viam no regime uma força modernizadora. E, de fato, em larga medida o era. Durante a década de 1920, as novas repúblicas da Ásia Central — Uzbequistão, Turcomenistão, Cazaquistão, Quirguistão e Tadjiquistão — foram, pelo menos no sentido cultural, construídas como nações modernas. Injetaram-se abundantes recursos em todos os níveis da educação, o que muito contribuiu para diminuir os índices de analfabetismo. Concentraram-se esforços especiais no treinamento de uma elite nativa política e técnica. O número de publicações impressas na língua nacional cresceu muito, posto que a demanda tornara-se substancial. Porém, a maior parte dos jornalistas ainda precisava ser recrutada entre os tártaros do Volga, culturalmente mais avançados do que os habitantes da Ásia Central, conquanto nem sempre a par das nuances do idioma nacional. Certa vez, um diário do Uzbequistão, *Kyzyl bairak*, publicou manchete dizendo: "Vagabundos de todo o mundo, uni-vos!"[92] São erros que tendem a ocorrer quando uma cultura nacional se ergue a partir do nada.

As relações internacionais complicaram a conquista soviética do Cáucaso. A partir de 1918, Turquia e Grã-Bretanha disputavam com a Rússia o domínio desta região vital. Dado seu parentesco étnico e o idioma semelhante, os turcos ambicionavam o Azerbaijão. Também pretendiam uma Armênia fraca, o que lhes possibilitaria manter o controle sobre o leste de Anatólia, de onde os armênios já haviam sido eliminados, por intermédio de um verdadeiro genocídio, em 1915. Do ponto de vista dos britânicos, o Cáucaso era um escudo capaz de salvaguardar a Pérsia e a Índia do avanço russo. A região possuía manganês e petróleo em abundância, que os ingleses exportavam aos borbotões dos campos de Baku, seguindo suas tradições de rapinagem colonial e aproveitando-se do fato de existirem tropas incumbidas de assegurar a "força protetora". A breve soberania das três nações caucasianas — Armênia, Azerbaijão e Geórgia — só duraria o tempo necessário à recuperação das potências regionais, Rússia e Turquia, sacrificadas pela guerra. No caso da Geórgia, a duração da ingerência da Grã-Bretanha também estava em jogo. Se Rússia e Turquia decidissem retomar seus domínios, ambas as nações, sozinhas, seriam pequenas demais, e permeadas de divisões étnicas demais, para garantir autonomia. O Azerbaijão, primeiro do trio a cair sob o tacão soviético, constitui exemplo típico de nação pós-colonial, precocemente independente: entre maio de 1918 e abril de 1920, teve nada menos do que cinco governos. A reforma agrária e as rixas étnicas fomentavam a instabilidade. O fracasso dos socialistas, que não conseguiram implementar a partilha da terra, esbarrando na resistência da burguesia armênia, permitiu aos bolcheviques posar como paladinos dos pobres camponeses muçulmanos. A crise econômica de Baku, provocada pelo colapso de seu principal mercado consumidor na Rússia, forneceu aos Vermelhos uma base adicional de apoio entre os desempregados islâmicos e russos. Em fevereiro de 1920, o Partido Bolchevique contava 4 mil membros, em Baku e Tiflis, responsáveis pelas agitações que exigiam o envio de tropas de Moscou. Os militares azerbaijanos não puderam enfrentar os 70 mil homens do XI Exército Vermelho, que se deslocou do sul, atravessando as regiões de Terek e do Daguestão, sob o comando de oficiais turcos, georgianos e uns poucos bolcheviques. Mas foi a aquiescência da Turquia que selou a conquista do Azerbaijão. Em março de 1920, quando as forças britânicas ocuparam Constantinopla, nacionalistas seguidores do general Kemal Atatürk — presidente do país de 1923 a 1938 — mostraram-se dispostos a concordar com a tomada do Cáucaso pelos soviéticos. Em troca, queriam a ajuda de Moscou contra os ingleses, que se opunham à independência turca. Assim, o armamento soviético destinado à Turquia poderia contar com um canal, através do Cáucaso. Kemal admitiu dar início a operações bélicas contra a Armênia, de modo a facilitar o plano. A aliança com a Turquia possibilitou aos Vermelhos dispor de uma considerável quinta-coluna, composta por turcos e muçulmanos, favoráveis à invasão do Azerbaijão. Os oficiais otomanos do exército azerbaijano receberam de braços abertos os usurpadores vindos do norte, ingenuamente acreditando que não tinham intenção de acabar com a independência local, tendo o único objetivo de ajudar o movimento turco. Em 28 de abril, o Exército Vermelho entrou em Baku sem problemas. Não houve resistência armada. Ninguém estava preparado para defender a soberania nacional. Ordzhonikidze e Kirov, líderes do birô caucasiano criado pelo Comitê Central de Moscou para sovietizar o Cáucaso, chegaram no dia seguinte e deram início ao reinado do terror. Vários líderes do governo nacional acabaram executados. Levantes registrados no campo mereceram o tratamento mais brutal possível.[93]

O envolvimento da Turquia mostrou-se igualmente vital na conquista soviética da Armênia. Toda a identidade da diminuta nação, repleta de conflitos, baseava-se no medo e no ódio aos turcos. Os líderes dashnakes escoravam-se nisto para conservar o país unido ante as dificuldades esmagadoras que toda a população arrostava, desde a declaração de independência, em maio de 1918. O país fora invadido por refugiados provenientes de Anatólia, e que haviam escapado da carnificina turca, sobrecarregando a economia. Havia ainda disputas territoriais virulentas com a Geórgia, ao norte, e com o Azerbaijão — contestava-se o domínio sobre os territórios de Nakhitchevan, da Zanzeguria e da montanhosa Nagorno-Karabakh.* Ao contrário de seus dois vizinhos, a Armênia não dispunha de aliados estrangeiros. Pelo contrário: na discórdia que mantinha com o Azerbaijão, tinha contra si a Grã-Bretanha. A Armênia sempre preferira lidar com "cavalheiros turcos" e não com "cristãos morenos", como colocou Arnold Toynbee numa crítica amarga às políticas de Whitehall.[94] Afinal, a Grã-Bretanha era a maior potência colonial do mundo islâmico. Isolada no cenário internacional e cercada por países hostis, talvez fosse natural que os dashnakes apelassem para o nacionalismo. Eles prometiam construir um novo império armênio, que se estenderia do mar Negro ao mar Cáspio. O primeiro passo para isto foi a ocupação do leste de Anatólia, seguida de uma série de vendetas sangrentas visando aos turcos locais. Provocação tola — os nacionalistas de Kemal tendiam a revidar. Só se pode concluir que os dashnakes subestimavam muito a força otomana. Ou então que, envenenados pela xenofobia, estavam temporariamente privados de seus sentidos. Talvez ambos.

Uma guerra entre a Turquia e a Armênia era tudo de que os bolcheviques precisavam. A estrutura Vermelha na Armênia era minúscula — na Primeira Conferência do Partido, em Erivan, só havia uma dúzia de pessoas presentes. Portanto, uma invasão comunista parecia improvável. Em maio de 1920, logo após o XI Exército ter ocupado Baku, os bolcheviques de Kars promoveram um golpe, na esperança de incentivar uma invasão Vermelha que ajudaria a incentivar as "massas revolucionárias" locais. A tentativa não vingou, e Lênin, mais preocupado com a Polônia, disse a Ordzhonikidze que não se precipitasse. No entanto, seis meses depois, em novembro de 1920, com os armênios à beira de uma derrota humilhante diante dos turcos, ele determinou que os Vermelhos marchassem sobre Erivan. Ato contínuo, a missão diplomática soviética na capital da Armênia apresentou um ultimato ao governo dashnak, exigindo a entrega do poder a um comitê revolucionário, que

* Nagorno-Karabakh, ainda hoje objeto de disputas, era um pasto de verão usado pelas tribos nômades do Azerbaijão. Em 1918, a Armênia reclamou a área, de onde originavam-se vários de seus principais intelectuais. O país tinha o território como símbolo nacional, em pé de igualdade com o monte Ararat. O governo da Armênia montou postos de vigilância na fronteira, na tentativa de impedir que azerbaijanos tivessem acesso ao local, o que provocou uma encarniçada pendenga entre os dois países. Tanto os soviéticos quanto os britânicos defendiam a entrega de Karabakh ao Azerbaijão.

entraria no país junto com as tropas comunistas provenientes do Azerbaijão. Não houve como objetar a isso, dado que uma rendição aos soviéticos seria menos vergonhosa do que ceder a vitória aos turcos. Na verdade, a Armênia não teria como enfrentar nenhum dos dois. Em 29 de novembro, foi declarada a República Soviética da Armênia. "Mais uma república soviética", telegrafou Ordzhonikidze a Moscou. Os dashnakes estabeleceram uma coalizão com os bolcheviques, mas logo passaram a ser perseguidos pelos "aliados" russos, e forçados ao exílio, que desfrutaram ao lado de outros nacionalistas e intelectuais armênios. Neste ínterim, os Vermelhos empreenderam uma campanha implacável de confiscos, carregando comboios e comboios ferroviários com comida e variado butim, destinados à Rússia. O zelo do novo regime era tamanho que mesmo colmeias e instrumentos de barbeiros foram expropriados, em nome da amizade entre os povos.[95]

A queda da Armênia deixou a Geórgia sob cerco dos Vermelhos. Das três nações caucasianas, esta era a que detinha as melhores condições para se manter independente. Os georgianos possuíam uma noção muito clara de sua história e cultura nacionais, contavam com uma expressiva *intelligentsia*, e através dos mencheviques, uma genuína liderança local. Nos seis primeiros meses de soberania, entre maio e novembro de 1918, o país sobreviveu graças à proteção dos alemães e, depois, dos ingleses. O governo menchevique, sob a liderança de Noi Zhordaniia, adotara o modelo social-democrata germânico, colocando os interesses do Estado à frente da revolução social — o inverso daquilo que pregavam os dogmáticos bolcheviques. Tendo alcançado 75% dos votos nas eleições para a Assembleia Nacional, simplesmente não havia outro partido nacional.

A reforma agrária — espinha dorsal da política governamental — separara as lavouras e propriedades rurais maiores, em mãos armênias, assegurando aos mencheviques o respaldo dos camponeses georgianos, que adquiriram a maior parte das terras a preços razoáveis. O pequeno proprietário camponês encarnou a nação. Forjou-se uma síntese de solidariedade nacional e de classe — os lavradores da Geórgia e os nobres empobrecidos contra a burguesia armênia — garantindo dois anos de relativa estabilidade.

Apenas as minorias étnicas, a ossetiana e abkhaz, anda causavam problemas, reivindicando autogoverno. O tratamento arbitrário que lhes era conferido pelo governo de Tiflis, onde predominava uma boa dose de chauvinismo, conferiu aos Vermelhos uma boa base de apoio. Foi entre as tribos pobres do norte do Cáucaso que os comunistas construíram uma organização militar destinada a subverter a Geórgia independente. Os rebeldes ossetianos, treinados pelos bolcheviques, em Vladikavkaz, na fronteira russa, retornavam através dos desfiladeiros montanhosos. Dentro do país, porém, os bolcheviques quase não tinham aval. A diminuta força policial georgiana reprimia-os com a maior facilidade. Em maio de 1920, quando eles tentaram promover um golpe que tornasse inevitável a intervenção do XI

Exército Vermelho, sediado em Baku, a iniciativa foi tranquilamente abortada. Lênin determinou então que seus correligionários abandonassem o território: havia necessidade de soldados na frente polonesa, e a Geórgia ainda não estava madura para a sovietização. Pelo menos, foi o que ele alegou, mais tarde. Em 7 de maio, o governo soviético assinou um tratado com a Geórgia, reconhecendo sua soberania e prometendo não se imiscuir em seus assuntos internos.[96]

Contudo, os mencheviques georgianos cometeram um erro fatal. Numa cláusula secreta, aceitaram legalizar o Partido Bolchevique local. Centenas de ativistas foram libertados das prisões. Sem dúvida, os mencheviques abriram as cadeias por entender que se tratava do preço a pagar pela autonomia nacional. Assim como os mais antigos inimigos dos bolcheviques já sabiam, a Geórgia também aprenderia que não se devia confiar em Moscou. Os comunistas locais transformaram-se num posto avançado do Exército Vermelho, baseados em Baku. Greves e revoltas contra o governo eram tramadas nas dependências da embaixada soviética, em Tiflis, com o objetivo de promover a invasão russa. Lênin continuava avesso à opção militar, preferindo um processo mais gradual de subversão revolucionária. A exemplo de Trótski, ele estava inquieto com a possível reação dos britânicos e alemães, com os quais os bolcheviques esperavam fazer negócio. Sem contar, claro, a reação da Turquia. Os líderes socialistas ocidentais haviam tratado a Geórgia como o único país do mundo em que, verdadeiramente, os bons ideais haviam se transformado em realidade. Em 1920, Karl Kautsky e Ramsay MacDonald haviam feito uma peregrinação a Tiflis e retornado à Europa com milhões de elogios. Também existia um problema de ordem prática. Kamenev, cabeça das tropas Vermelhas, advertira que os homens do XI Exército mostravam-se exaustos demais para uma nova ofensiva. No entanto, Ordzhonikidze estava impaciente para "libertar" sua Geórgia natal e, sem o conhecimento de Moscou, começou a mobilizar destacamentos nas fronteiras da Armênia e do Azerbaijão. Ele implorou a Kirov, embaixador soviético em Tiflis, uma intervenção imediata. "Não se pode aguardar uma explosão interna. Sem nossa ajuda, a Geórgia jamais será sovietizada", escreveu à dupla, em 2 de janeiro. Stálin apoiou-os em outra carta, redigida dois dias depois. Lênin acabou aquiescendo. "Não postergar", determinou ele, num texto endereçado a Stálin.[97]

Em 14 de fevereiro de 1921, o Politburo ordenou o início da invasão. Nem Kamenev nem Trótski estavam a par. Contra os cem mil invasores, o reduzido exército georgiano, muito mais um símbolo do que um escudo, nada podia. Ainda assim, lutou bravamente por mais de uma semana, até render-se e entregar Tiflis, no dia 25. Tirando vantagem desse fato, a Turquia investiu contra o ex-Estado autônomo, avançando pelo sudoeste, em direção ao porto de Batum. Isto não permitiu que os líderes mencheviques fizessem uma derradeira tentativa de resistência, instalando-se na fortaleza rural de Guria, conforme pretendiam. Em 18 de março, eles capitularam e embarcaram num navio italiano rumo à Europa. O restante do partido caiu na clandestinidade, permanecendo uma presença dominante no país, onde liderou o levante que abalou a República Soviética da Geórgia, em 1924.

Lênin estava ciente do quanto os mencheviques eram populares na Geórgia e preocupava-se com a possibilidade de o "chauvinismo grão-russo" de alguns bolcheviques transformar o ex-Estado soberano numa cama de pregos. Em 2 de março, ele escrevera a Ordzhonikidze, instando para que implementasse "uma política especial de concessões à intelectualidade e pequenos comerciantes georgianos". Daí em diante, a NEP foi posta em prática. Lênin via as transigências previstas pela nova ordem econômica — relativas à agricultura, ao livre mercado e ao comércio exterior — como essenciais para a sobrevivência vermelha na Geórgia. Mas perturbava-se com o fato de os bolcheviques do birô caucasiano de Ordzhonikidze serem presas de mentalidades vetustas como o comunismo de guerra e o centralismo russo. Em carta datada de 14 de março, ele explicou aos bolcheviques locais que o Cáucaso era "ainda mais camponês do que a Rússia", exigindo "brandura, cautela e conciliação redobradas", na fase de transição para o socialismo. Liderada por Makharadze, uma ala do partido Vermelho georgiano defendia o bolchevismo nacional e, graças em parte a este segmento, no início dos anos 1920 a política de *korenizatsiia* obteve alguns ganhos. Mais georgianos assumiram cargos no governo, muitos deles ex-mencheviques. Houve um grande aumento no número de publicações na língua nativa, que começou a substituir o russo na esfera pública. Tudo isto mostrava que o controle da Geórgia não significaria derrota cultural. Nas palavras do poeta georgiano Leo Kiacheli, "a alma nativa deve governar o país".[98]

Ainda havia alguns bolcheviques que não estavam dispostos a concessões. Ironicamente, os mais refratários à ideia eram nascidos na Geórgia, Ordzhonikidze e Stálin, cujo bolchevismo havia se mesclado ao chauvinismo grão-russo, numa combinação esdrúxula. Tal conflito manteve-se oculto até 1922, quando, de repente, emergiu no cenário moscovita. Mas esta é a história da última batalha de Lênin.

Brusilov mostrou-se satisfeito com a reconstituição do império russo, muito embora o processo tenha se dado sob a égide da estrela vermelha, e não da cruz. A novidade reafirmou sua decisão em juntar-se aos comunistas e garantiu seu apoio a eles após a guerra com a Polônia, quando o regime soviético voltou sua atenção para os Brancos, na Crimeia. Brusilov estava furioso com Wrangel, posto que este atacara a Rússia durante a peleja polonesa. A seu ver, a atitude de seu desafeto demonstrava que os Brancos dispunham-se a trair o país em função de fins políticos tacanhos. O patriotismo consistiu na principal razão de Brusilov ter se aliado aos bolcheviques contra os últimos guardiões da velha Rússia. Isto deve ter despertado no general emoções curiosas; afinal, estava ajudando a destruir sua própria classe.

Parecia apropriado que os Brancos fizessem uma última tentativa justamente na pitoresca península da Crimeia. Esta Riviera russa, com suas palmeiras e ciprestes, vinhedos e montanhas, havia sido um dos locais preferidos para a diversão da fidalguia, que mantinha palácios de verão ao longo da costa sul. No entender dos nobres, a Crimeia era um lugar cheio de boas lembranças, onde, quando crianças, passavam os dias mais quentes do ano; um símbolo da boa vida imperial, onde supunha-se que o sol jamais pôr-se-ia. Agora, no verão de 1920, era o último quinhão de solo russo ainda não tomado pelos Vermelhos. Era o último refúgio de duques e generais caídos, de governadores e bispos derrocados, de senhores agrários despojados, de industriais sem fábricas, de burocratas sem cargos, de advogados sem causas e de atrizes sem palco. A burguesia não tinha mais para onde ir.

À testa desse grupo de arruinados estava o barão Peter Wrangel, representante da velha aristocracia militar e cuja ascensão se dera através da elite dos guardas imperiais. Ao contrário de Denikin, um "homem da caserna", Wrangel sabia da necessidade de travar a guerra civil por meios tanto militares quanto políticos. "Não será graças a uma marcha triunfal, da Crimeia até Moscou, que a Rússia se libertará", disse em sua primeira entrevista coletiva, no mês de abril. "Isto só se dará com a criação de um governo — sediado numa nesga de solo, não importa — capaz de oferecer condições de vida irresistíveis ao povo russo, que chora sob o jugo Vermelho." Na sua opinião, os Brancos nunca chegariam ao poder enquanto dessem a impressão de lutarem pela restauração do velho regime; seria preciso garantir apoio a reformas radicais que granjeassem o aval do campesinato, dos trabalhadores e das minorias nacionais, ou seja, "aplicar uma política de esquerda, usando a mão direita".[99]

A declaração não se tratava somente de uma resposta oportunista para velar a fraca posição militar que Wrangel havia herdado. Originava-se também da percepção concreta de que a derrota do regime de Denikin havia sido fruto tanto de métodos burocráticos antiquados quanto de dificuldades militares. Mas a meta era contraditória: a mão direita do barão nunca promoveria a política esquerdista genuína. Fingir consistiria numa "tentativa mal-ajambrada de ludibriar o mundo com palavras de ordem liberais", resumiu Miliukov. No governo e nos círculos militares de Sebastopol abundavam figuras provenientes do velho regime. Krivoshein, o último ministro da Agricultura da era tsarista, ficou incumbido da pasta do Interior. Suas medidas incluíam uma grande caça às bruxas suspeitas de serem "bolcheviques", o que significava qualquer um que se opusesse aos Brancos. Centenas de jornalistas e políticos partidários do liberalismo acabaram atrás das grades; os órgãos do *zemstvo* sofreram perseguições, sob a acusação de "antros de atividade bolchevista". Um funcionário queixou-se a Krivoshein, que reagiu: "Todos os esquerdistas são iguais", Vermelhos ou liberais. A força policial de Krivoshein era reduto de funcionários da Rússia imperial, que usavam de seus cargos para instituir uma vingança sedenta contra o campesinato (ainda por conta de 1917) ou enriquecer graças a subornos e confiscos. A proximidade da frente de batalha fazia com que parcela considerável da população da Crimeia permanecesse sob jurisdição das cortes militares — mais um pretexto para o Terror Branco. Milhares de lavradores e operários foram presos, centenas, fuzilados, simplesmente por alguém ter suposto que funcionavam como "espiões". O terror dos saques e *pogroms* imposto pelos soldados constituía um grande problema, azedando as relações com a população local. A situação agravava-se porque todos sabiam da conivência dos oficiais, que incentivavam as pilhagens para assegurar a lealdade dos subalternos. Após três anos de luta na linha inimiga, o Exército Branco, ou Russo, como passara a ser chamado, desenvolvera um estranho *esprit de corp*. Muitos dos oficiais se viam como chefes de uma tropa invasora em terra estrangeira e comportavam-se com crueldade diante dos habitantes. Em vez de agir como governo-modelo para propagandear a causa Branca no restante da Rússia, a "mão direita" de Wrangel só ajudava a difundir a bandeira Vermelha na Crimeia.[100]

Como ocorrera com Denikin, a questão da terra mostrava-se fundamental. Wrangel reconhecia a premência em aprovar uma reforma agrária capaz de conquistar o apoio rural. Em suas memórias, o barão registrou que "o assunto precisava ser equacionado devido a uma importante razão psicológica: tínhamos que exterminar a principal arma de propaganda do inimigo... Tínhamos que arrefecer o ânimo dos camponeses, desconfiados de que nosso único objetivo era restaurar os direitos dos grandes proprietários latifundiários e fomentar represálias contra os que haviam infringido seus direitos". Todavia, o comitê que Wrangel nomeara para implantar a reforma agrária estava dominado, justamente, por aqueles que haviam sido expropriados. Resultado: a legislação de 25 de maio favoreceu os antigos senhores rurais, ficando muito aquém das reivindicações populares. O objetivo básico do texto consistia em criar uma classe de proprietários camponeses, dando-lhes um pequeno quinhão de terra. A exemplo das medidas de Stolypin, a reforma agrária de Wrangel baseava-se nos *zemstvos*, em nível de *volost*, onde os agricultores teriam maioria. Infestado de artigos complexos que, para entrarem em prática, careceriam de anos e anos, o documento tinha inúmeras brechas burocráticas que permitiam à nobreza manter a posse da terra. Nos *zemstvos* distritais, responsáveis pela demarcação das terras a serem transferidas aos camponeses, os aristocratas também predominariam. E ainda havia a questão das indenizações: os lavradores pagariam pela terra dos nobres com um quinto da colheita (no sistema de três campos, isso equivaleria a 30% da safra). Após a destruição causada pela revolução e a guerra civil, o fardo parecia excessivo, mantendo no mínimo uma geração de camponeses na dependência econômica dos fidalgos. Talvez fosse este o real propósito da lei.[101]

Solução paternalista, e não revolucionária, para a questão rural, a reforma agrária de Wrangel teria sido considerada progressista, no século XIX, mas depois 1917 não passava de reacionária, prova de que o regime do barão mantinha-se prisioneiro das armadilhas burocráticas que enredaram Denikin. Nada simbolizava melhor tal afirmação do que o intuito de vender o texto da lei por 100 rublos (presumia-se que se os camponeses tivessem que arcar com o ônus, valorizariam mais a novidade). Comparada ao decreto simples, baixado pelos bolcheviques, publicado aos milhões e distribuído gratuitamente, a legislação Branca — e sua comercialização — demonstrava cabalmente o quanto Wrangel ignorava os artifícios da propaganda. Seu regime, como o de Denikin, não compreendia que para ganhar a guerra civil seria indispensável adotar métodos revolucionários.[102]

O preço, afinal, foi pago pelos Brancos — a indiferença generalizada do campesinato. Nos distritos mais próximos da frente de batalha, onde os custos de alimentos e transportes eram mais altos, os habitantes reagiram com franca hostilidade. Isto significava que jamais os Brancos conseguiam recrutar soldados suficientes para além da base da Crimeia. Mesmo aos olhos dos sitiantes mais ricos da região que teriam que cruzar ao entrar no continente, os Brancos pareciam "um contingente de velhos generais cheios de títulos, e seus asseclas, inebriados de orgulho e arrogância", conforme registrou um oficial. O problema devia-se mais ao fato de os cossacos, principal esteio da tropa, demonstrarem sinais crescentes de insatisfação, saqueando aldeias e exigindo o retorno ao lar. De acordo com outro oficial, o Exército do Don reduzira-se a uma "malta, que só pensava em salvar a própria pele e no bem-estar material, mantendo-se alheia à luta contra os Vermelhos". A ala esquerda do Krug do Don, dominada pelos cossacos mais jovens das unidades de combate, fazia campanha ativa a favor do rompimento com Wrangel, um "reacionário", ao mesmo tempo que defendia a abertura de negociações de paz com os bolcheviques, na esperança ingênua de garantir a promessa de autonomia para a região.[103]

De início, Wrangel rejeitara a ideia de uma ofensiva. Os britânicos recusavam-se a apoiar um ataque e o próprio barão preferia construir sua base na península. Em vista do assalto polonês à Rússia, porém, Wrangel considerou que a sorte lhe sorria. Aos 6 de junho, desembarcou tropas na costa do mar de Azov. Durante os dias seguintes, mais soldados dirigiram-se ao norte, rumo à Taurida, estabelecendo uma cabeça de ponte no continente e dobrando o tamanho do território sob o domínio do barão. Para a numerosa população local, Taurida tornara-se uma importante fonte de gêneros alimentícios. Em agosto e setembro, Wrangel tentou arremeter ainda mais ao norte, na direção do Don e do Kuban. Todavia, recrutadas às pressas entre os camponeses, suas forças logo se dispersaram — era época de colheita —, obrigando os cossacos a gastar energias na caça aos desertores. Em outubro, concluída a guerra com a Polônia, os Vermelhos estavam prontos para dedicar atenção a Wrangel. No dia 20, eles desferiram uma contraofensiva, e em apenas seis dias, 130 mil bolcheviques forçaram 35 mil Brancos a retornarem à Crimeia. Os seguidores de Makhno tomaram a dianteira de boa parte do confronto, arcando com o maior número de baixas. Trótski os recompensaria ordenando que fossem capturados e executados.[104]

Os Brancos conseguiram impedir que o inimigo adentrasse a Crimeia, construindo fortificações no istmo de Perekop, ao mesmo tempo que se preparavam para abandonar a região. Ninguém tinha ilusões de que, em breve, os Brancos não tolerariam mais a pressão bolchevique. Virtualmente todos que tinham alguma conexão com o regime de Wrangel queriam um lugar em navios Aliados. Houve uma corrida tresloucada para comprar moeda estrangeira: em 28 de outubro, em Sebastopol, 1 libra valia 600 mil rublos; em 1º de novembro, um milhão; dez dias depois, quando o embarque começou, 4 ou 5 milhões. Dado o número imenso de pessoas envolvidas, o abandono da cidade pode ser considerado exemplar. Não houve pânico nem desordem, nada que lembrasse a retirada das forças de Denikin do Kuban, em março. Em ordem, os soldados contiveram os Vermelhos tempo bastante para que cerca de 150 mil refugiados se acomodassem nos 156 barcos britânicos, franceses e russos que os levariam a Constantinopla. Wrangel foi um dos últimos a embarcar, no dia 14 de novembro, num navio chamado (apropriadamente) *General Kornilov* — aquele que desencadeara o movimento Branco conduziria seu derradeiro líder ao exílio.[105]

Para Brusilov, a derrota foi uma tragédia. Logo após o abandono de Sebastopol, ele recebeu a visita de Skliansky, vice-comissário de Trótski, segundo o qual vários oficiais preferiam permanecer na Rússia, podendo ser convencidos a se juntarem aos Vermelhos, caso o general lhes desse a palavra de que seriam anistiados. Ele teria o comando de um exército novo, formado pelos remanescentes das forças do barão. Brusilov mostrou-se interessado na ideia de uma tropa exclusivamente russa, sob a direção de um corpo de oficiais ufanistas. Assim, poderia realizar seu sonho de "russificar" a nata do Exército Vermelho, além de salvar a vida de muitos deles. Aceitou a proposta e prontificou-se a tomar o rumo da Crimeia, mesmo com a perna ferida. Três dias mais tarde, soube que os planos haviam sido cancelados: os oficiais de Wrangel não quiseram aderir aos bolcheviques, dissera-lhe Skliansky. Posteriormente, o general descobriria que seu interlocutor mentira. Durante a evacuação de Sebastopol, os Vermelhos haviam usado aviões para despejar sobre a cidade milhares de panfletos falsos, anunciando que Brusilov lhes assegurava anistia. Centenas de oficiais, acreditando na mensagem, renderam-se: foram todos fuzilados.

Cinco anos depois, a consciência de Brusilov ainda o perturbava. Em 1925, ele escreveu em suas memórias:

> Deus e a Rússia hão de me julgar. Desconheço a verdade — posso ser culpado de tamanha atrocidade, se é que ela ocorreu, mesmo? Nunca descobri se realmente aconteceu conforme me foi relatado: a história é verdadeira? Só sei que foi a primeira vez em minha vida que me deparei com artifício e dano tão fanático, e que me senti tão insuportavelmente deprimido que, sinceramente, qualquer um que se visse assim acharia melhor morrer de um tiro.

> Não fosse eu uma pessoa profundamente religiosa, poderia ter me matado. Mas minha crença de que cada indivíduo é responsável pelas consequências de seus pecados, voluntários ou involuntários, vedou-me este caminho. Em meio à loucura e sob a tempestade revolucionária, nem sempre pude agir de maneira lógica, antevendo todos os furacões que o destino colocou diante de mim: é possível que tenha cometido erros, e não fugirei deles. Mas posso dizer que tenho a consciência limpa e, diante de Deus, jamais levei em conta meus interesses, ou a minha segurança, somente a pátria.[106]

Passados nove meses, o velho general faleceu.

XV.

Derrota na vitória

1. Atalhos para o comunismo

Terminadas as aventuras que vivera durante a guerra civil, em fevereiro de 1920, Dmitry Os'kin assumiu o comando do II Exército de Trabalhadores; composto de tropas remanescentes do II Exército Vermelho, que derrotara Denikin, o contingente recebeu a incumbência de restabelecer o tráfego nas devastadas ferrovias da frente sul. Em lugar de rifles, os soldados empunharam pás. "Na ausência de luta, o baixo astral se generalizara", escreveria Os'kin, mais tarde. "Levava-se uma existência monótona, nos ramais." A única compensação para o comissário consistia em saber que o trabalho era essencial para recuperar a economia assolada pela revolução e pelo confronto com os Brancos. As ferrovias do sul transportavam suprimentos essenciais de grão e óleo para as cidades industriais do norte. Durante a guerra civil, cerca de 5 mil quilômetros de trilhos haviam sido destruídos. Havia imensos cemitérios de locomotivas quebradas. Viajando de Balashov a Voronezh, Os'kin observou a quanto chegara a ruína. "As estações estão mortas, os trens raramente passam, à noite não há luz, apenas uma vela na sala de telégrafo. Os prédios estão quase em escombros, janelas estilhaçadas, em toda parte sujeira e lixo formam pilhas." A cena simbolizava a miséria russa. Os soldados de Os'kin limparam o local e reassentaram dormentes e pontes. Engenheiros militares repararam os vagões e máquinas. No verão, as vias voltaram a funcionar e a operação foi declarada um grande sucesso. Falou-se em usar as tropas para supervisionar e fazer correções em outros setores da economia.[1]

Trótski defendia esta possibilidade. Em janeiro de 1920, sob suas ordens, o I Exército de Trabalhadores organizara-se com base nos remanescentes do III Exército Vermelho. Vencido Kolchak, os soldados haviam permanecido em suas unidades, sendo empregados na "frente produtiva" — procurando comida, rachando lenha e confeccionando artigos simples, além de consertar a malha ferroviária. Em parte, o plano era pragmático. Os bolcheviques temiam desmobilizar os homens em tempos de profunda crise econômica. Se milhões de praças desempregados tivessem autorização para seguir rumo às cidades ou juntar-se às fileiras de camponeses desiludidos, poderia haver uma revolta de âmbito nacional (como a de 1921). Além do mais, faziam-se necessárias medidas drásticas para consertar os trilhos e o material rodante. Trótski tinha as ferrovias como essenciais para o restabelecimento do país após os transtornos provocados pelo embate entre Brancos e Vermelhos. Em janeiro de 1920, ele tornou-se Comissário de Transportes, o primeiro posto que realmente ambicionou. À parte o estado crônico lastimável em que se encontravam, as estradas de ferro eram antros de funcionários corruptos, espécies de diques rompidos na enxurrada de mercadores que, por si sós, já colocavam o sistema viário em polvorosa. O localismo também paralisava as ferrovias. Cada ramal tinha seu próprio comitê e dezenas de autoridades distritais que disputavam peças de reposição. A perder "suas" locomotivas para a autoridade vizinha, preferiam fingir defeitos inexistentes, antes de o comboio partir, rumo à jurisdição mais próxima. Assim, os trens ficavam parados horas, às vezes dias, enquanto novas máquinas eram trazidas de uma oficina qualquer. A despeito dos melhores esforços da cúpula ferroviária, foi preciso uma semana para que um dos principais auxiliares de Trótski cruzasse os quase 500 km de Odessa a Kromenchug.[2]

O projeto de Trótski encerrava a perspectiva mais ampla de que, no futuro, toda a sociedade seria administrada segundo diretrizes militares. Como muitos bolcheviques contemporâneos, ele antevia o Estado comandando toda a engrenagem social — mobilizando seus recursos de acordo com um plano-mestre — exatamente como os generais estruturam os exércitos. Queria que a economia obedecesse a idênticas disciplina e precisão. Toda a população seria organizada em regimentos e brigadas de trabalho, atacando a "frente econômica", assumindo tarefas vinculadas à produção, usando o vocabulário típico da caserna, referindo-se a "batalhas", "campanhas" etc. Eis o protótipo da economia stalinista. Sob Trótski ou sob Stálin, prevalecia a noção de que um país atrasado e de população majoritariamente camponesa, como a Rússia, não podia dispensar a coerção do Estado, que abria um atalho rumo ao comunismo, eliminando o longo estágio da NEP, no qual se daria a acumulação de capital, via mercado. Ambos se baseavam na fantasia burocrática do comunismo por decreto. Como os mencheviques já haviam advertido, era impossível concluir a transição para uma economia socialista valendo-se de métodos que haviam sido empregados na edificação de pirâmides.

Após os triunfos na guerra civil, os bolcheviques sentiram-se tentados a considerar o Exército Vermelho um modelo de organização capaz de abranger a sociedade inteira. No seu léxico, *po voennomy* — "à moda das tropas" — tornou-se sinônimo de "eficiência". Se métodos militares haviam derrotado os Brancos, que razão os impediria de utilizá-los para construir o socialismo? A única coisa a fazer era ordenar meia-volta, de modo a que todos marchassem na direção da frente econômica; assim, cada trabalhador transformar-se-ia num soldado da economia planificada. Trótski sempre dissera que as fábricas deviam funcionar como quartéis.* Na primavera de 1920, ele passou a dar ênfase total ao admirável mundo novo do trabalho comunista, no qual os "quartéis-generais" da economia planificada "expediriam ordens para a frente de trabalho" e "todas as noites, milhares de telefones tocariam no Estado-Maior para relatar conquistas" deste novo tipo de tropa. Na visão de Trótski, a principal vantagem do socialismo sobre o capitalismo consistia em sua capacidade de recrutar braços para o trabalho forçado. O que faltava à Rússia soviética em desenvolvimento econômico podia ser resolvido através do poder coercitivo do Estado. Era mais eficaz compelir os operários do que estimulá-los a competir no mercado. Onde o trabalho livre levava a greves e caos, o controle estatal do mercado de trabalho criaria disciplina e ordem. Tal argumento — partilhado por Trótski e Lênin — baseava-se na visão de que os russos eram inábeis e preguiçosos para desempenhar tarefas produtivas e só poriam a mão na massa se ameaçados com o chicote. O mesmo raciocínio havia prevalecido entre a nobreza, nos tempos da servidão, um sistema com o qual o regime soviético tinha muito em comum. Trótski louvava as realizações do trabalho servil e usava-as para justificar seus projetos econômicos. E rechaçava todas as advertências e críticas, unânimes em afirmar que o uso do trabalho forçado seria improdutivo. "Se assim for, o socialismo está morto", disse ele ao Congresso de Sindicatos, em abril de 1920.[3]

O "comunismo de caserna" também era fruto do temor bolchevique de que a classe operária se tornasse independente e cada vez mais rebelde. Não à toa, foi nesta época que o regime começou a empregar o termo "força de trabalho" (*rabochaia sila* ou, numa versão mais concisa, *rabsila*) em vez de "classe trabalhadora" *(rabochii klass)*. A mudança vocabular significava que, de sujeitos ativos da revolução, os operários passavam a objetos passivos do Estado-partido. *Rabsila* não era uma classe, sequer um grupo de indivíduos, mas tão somente a "massa". A palavra correspondente a "trabalhador" *(rabochii)* recuperara suas origens: "escravo" *(rab)*. Na raiz do Gulag residia a mentalidade que pressupunha longas filas de aldeões famintos e maltrapilhos, labutando na construção civil e nas fábricas. Trótski resumiu a ideia ao dizer que os exércitos de trabalhadores eram formados por "matéria-prima camponesa" *(muzhitskoe syr'ie)*. Entre os bolcheviques, vigorava a noção de trabalho humano, nada mais do que uma mercadoria em estado bruto

* A mesma ideia foi expressa na época por Gastev e outros pioneiros do movimento taylorista na Rússia soviética (ver páginas 801-802).

que o Estado podia usar para "erguer o socialismo". E tal noção estava inteiramente apartada da força criativa que Marx tanto louvara. Desde o início, esta perversão era implícita ao sistema. Já em 1917, Gorki havia antevisto o problema, ao escrever que "para Lênin, a classe trabalhadora é o mesmo que um minério para o metalúrgico".[4]

A experiência da guerra civil nada havia feito para aumentar a confiança das lideranças bolcheviques em seu relacionamento com a classe trabalhadora. A escassez de alimentos transformara os operários em pequenos negociantes e em camponeses; eles alternavam-se entre a linha de montagem e a lavoura. A classe trabalhadora virara nômade. A indústria reduzira-se ao caos graças às ausências constantes de metade dos operários, sempre em viagens ao campo para comprar comida. Os que compareciam ao serviço passavam a maior parte do tempo fabricando objetos simples que pudessem ser trocados com os camponeses. Técnicos especializados, pelos quais a demanda era alta, trocavam de emprego com frequência. A produtividade caiu muito, tornando-se uma pequenina fração dos níveis mantidos antes da revolução. Mesmo as fábricas de munição quase paralisaram-se. Com a queda do padrão de vida dos operários, vieram greves e "operações tartaruga". Na primavera de 1919, houve um surto nacional de paralisações, atingindo praticamente todas as cidades. Em todas elas, a pauta de reivindicações era encabeçada por melhor abastecimento de víveres. Os bolcheviques respondiam com repressão, prendendo e matando manifestantes aos milhares, muitos apenas suspeitos de apoiarem os mencheviques.[5]

Sem o incentivo do mercado, que ainda rejeitavam pretextando razões ideológicas,* os bolcheviques não tinham como controlar os trabalhadores, a não ser pela força bruta. O regime ainda tentou aumentar o rendimento fabril oferecendo bonificações salariais a operários em funções mais importantes (o prêmio seria calculado segundo cotas de produção previamente estipuladas). Deste modo, encerrava-se a promessa igualitária da revolução, segundo a qual acabariam todas as diferenças de remuneração. No entanto, o papel-moeda já não valia quase nada e o estímulo foi por água abaixo. Para manter os homens nas fábricas, os bolcheviques passaram a recorrer ao pagamento em mercadorias — fossem alimentos ou um lote da produção, a ser usado no escambo com os agricultores. Sovietes, sindicatos e comitês de fábrica bombardeavam Moscou com pedidos de autorização para implantar o novo sistema de pagamento. Muitos o fizeram sem a devida permissão oficial. Em 1920, a maioria dos operários era remunerada com uma parte do que produziam. Em lugar de dinheiro, levavam para casa uma sacola de pregos ou um corte de tecido, que trocavam

* Em fevereiro de 1920, no contexto da NEP, Trótski apresentou propostas que permitiriam o funcionamento do mercado, mas não obteve o respaldo do Comitê Central. Assim, abraçou a política de militarização, definitivamente, advogando reformas radicais para restaurar a economia através do livre mercado ou pela coerção.

por pão ou algo comestível. O mercado primitivo ressurgia no coração da economia planificada. Se este movimento espontâneo continuasse sem freios, a administração central perderia o controle sobre os recursos do país e, portanto, não mais teria como se intrometer na produção. Assim, em 1920, em vez de deter a maré de permutas, o que já havia tentado em vão em 1918-1919, os bolcheviques procuraram organizar os pagamentos em mercadorias, ainda que somente para se certificar de que mantinham a ingerência sobre os trabalhadores de setores vitais. A militarização se deu primeiro na indústria pesada: fábricas estratégicas foram postas sob lei marcial, com disciplina militar nos pátios de produção. Faltosos contumazes seriam fuzilados, posto serem "desertores da frente industrial". Em troca, os operários receberiam uma ração igual à distribuída ao Exército Vermelho. No fim do ano, 3 mil unidades, principalmente as de munições e de mineração, já haviam sido militarizadas. Enquanto os soldados faziam-se de proletários, estes agiam como soldados.

Também estava presente a ideia de que o poder fabril deveria sair da alçada dos colegiados administrativos, em parte eleitos pelos operários. Substituindo estes órgãos, voltaria o gerenciamento de um só homem em cada fábrica. Seus nomes seriam indicados pela hierarquia partidária. Trótski justificou a novidade comparando-a à transição imposta também aos comandos de caserna. Segundo ele, durante a guerra civil, a chave do sucesso Vermelho teria sido abandonar a prática de votação para a escolha de oficiais, que passaram a ser nomeados por Moscou. Os novos administradores viam-se como generais de um exército industrial e consideravam os direitos sindicais mais um aborrecimento a contornar, obstáculos desnecessários que dificultavam a disciplina e a eficiência da caserna produtiva — exatamente como os comitês de soldados haviam sido na linha de batalha. Trótski foi além, ao defender a subordinação absoluta dos sindicatos ao aparato do Estado-partido: já que se tratava de um "Estado proletário", não havia motivo para os operários terem organizações independentes.[6]

Ao longo de 1920, o princípio do trabalho forçado foi aplicado também em outros campos. Milhões de camponeses viram-se obrigados a formar equipes incumbidas de derrubar e transportar madeira destinada à construção de estradas e ferrovias. Trótski sonhava com toda a população russa mobilizada em regimentos de trabalho, os quais funcionariam como integrantes de milícias ou tropas permanentes. O esquema assemelhava-se ao "feudalismo militar" do conde Arakcheyev, ministro da Guerra na década de 1820, que criara nas fronteiras ocidentais da Rússia uma rede de colônias, nas quais se combinava o trabalho servil e o militarizado. O plano de Trótski era herdeiro direto da mais longa linhagem de "utopias administrativas", remontando a Pedro, o Grande. Toda esta sucessão de práticas antigas havia importado métodos de caserna na tentativa de racionalizar a lida de russos tidos como indolentes, arrebanhando camponeses anárquicos e impondo-lhes regras de quartel, vestindo-os, treinando-os e colocando-os para dar conta de serviços necessários ao Estado absolutista. Os'kin, como Trótski, ansiava pelo dia em que "nenhuma potência estrangeira ousaria invadir a Rússia, pois todos os seus habitantes estariam prontos a defender a Pátria, alguns nas trincheiras, rifles em punho, outros nas usinas e na agricultura. O país seria um grande acampamento armado". Tudo não passava de uma quimera burocrática. As equipes de trabalho camponesas, bem como os exércitos de trabalhadores, mostraram-se ineficientes por demais. Em média, eram necessários 50 homens e um dia inteiro de labor para cortar e fazer em toros uma única árvore. As estradas construídas com o suor desses homens eram tão ruins que, segundo um observador, "pareciam ondas oceânicas congeladas", tornando a viagem "pior do que cavalgar sem conhecer equitação". A taxa de deserção dos operários apanhados a laço cresceu tanto que, em muitos distritos, havia mais pessoas ocupadas na captura dos fujões do que dedicadas ao trabalho. Os capatazes invadiam aldeias, impunham multas e fuzilavam parentes dos desertores. Nem os líderes dos Sovietes locais escapavam se sobre eles pairasse a suspeita de abrigar fugitivos. Milhares de lavradores foram mandados para "instituições corretivas" reservadas àqueles considerados culpados de violar a disciplina funcional. Montados em cada província, estes campos de concentração impunham fardos ainda mais pesados aos internos.[7]

Igualmente inócuas eram as *subbotniki*, as campanhas de recrutamento realizadas pelos Sovietes, nas quais operários e estudantes eram recolhidos como "voluntários" para nobres tarefas socialistas, tais como limpar ruas e praças. Na semana do 1º de Maio de 1920, mais de um milhão de moradores de Moscou viram-se em meio a este "festival do trabalho". A partir de então, estas jornadas passaram a integrar o estilo de vida soviético: não apenas dias, mas semanas inteiras, em que a população era chamada a trabalhar de graça. Os bolcheviques alardeavam que as *subbotniki* consistiam no coroamento do coletivismo soviético. Do ponto de vista político, com certeza o sistema ajudava a impingir obediência, conformismo e respeito aos habitantes dos centros urbanos. Afinal, não se apresentar às *subbotniki* seria um convite à desconfiança dos bolcheviques e, talvez, à perseguição; era querer ser tachado de "contrarrevolucionário". Do ponto de vista econômico, porém, o resultado era quase nulo. O professor Vodovozov registrou suas impressões acerca da grande campanha de recrutamento voluntário realizada em 1º de Maio, em Petrogrado, nos seguintes termos:

> Na praça, entre o Almirantado e o Palácio de Inverno, havia tanta agitação quanto numa colmeia. De fato, existia uma quantidade espantosa de trabalhadores, muito maior do que a requerida para a tarefa em questão — recolher os fragmentos do gradil e os tijolos que, durante dezoito meses, desde que a cerca do palácio fora destruída, acumulavam-se no local. Finalmente, a Rosta [Agência Telegráfica Russa] declarou que o muro viera abaixo e os

> tijolos já haviam sido retirados. Contudo, as barras de ferro tinham sido apenas empilhadas do outro lado da via pública. E lá continuaram. Todo o sítio ainda é um monte de lixo. Sem dúvida, custou dez vezes mais desmantelar a sebe, mesmo que pela metade, do que custa erguer um prédio no mesmo lugar.[8]

Um dos efeitos da guerra civil foi depreciar o valor do dinheiro. Em 1918-1919, os bolcheviques pensaram em duas alternativas monetárias. Deviam tentar manter o poder de compra do rublo ou aboli-lo? Reconheciam a necessidade de continuar imprimindo cédulas de modo a pagar os bens e serviços, e não ignoravam que a massa da população julgaria o regime soviético com base no valor da moeda circulante. No entanto, muitos bolcheviques de extrema esquerda consideravam uma boa medida estimular a inflação, a fim de extinguir o dinheiro, que seria substituído por um sistema universal em que todas as compras se fariam mediante cupons fornecidos pelo Estado. Erroneamente, presumia-se que a eliminação das moedas e cédulas acabaria com o mercado e com o capitalismo, dando origem ao socialismo. Preobrazhensky dedicou uma de suas obras "às máquinas de impressão do Comissariado de Finanças — metralhadora que deu um tiro no rabo do regime burguês, o sistema monetário". Em 1920, os esquerdistas alcançaram seu objetivo: o regime soviético imprimia tanto dinheiro, numa velocidade tão alucinante, que a defesa do rublo tornou-se absolutamente inviável. O Comissariado do Interior empregava 13 mil pessoas e, ainda mais absurdo, usava grande parte das reservas de ouro do país para importar a tinta e o papel necessários. Produzir o rublo consumia mais do que ele valia. Serviços públicos, como correios, telégrafos, eletricidade e transporte tornaram-se gratuitos, posto que o Estado perdia dinheiro ao estampar e enviar cédulas às repartições.[9] Uma situação surreal — mas aquela era a Rússia.

Os bolcheviques mais radicais viam os cupons como pilar fundamental da ordem comunista. O tipo de ração que caberia a cada um definiria seu lugar na nova hierarquia social. As pessoas seriam classificadas segundo a importância que tivessem para o Estado. Assim, soldados do Exército Vermelho, burocratas e alguns operários de indústrias consideradas vitais recebiam cotas de primeira classe, parcas, mas razoáveis; aos demais trabalhadores reservavam-se as de segunda classe, bem menos que razoáveis; para os *burzhoois*, no pé da pirâmide, restariam as de terceira — conforme uma expressão memorável, cunhada por Zinoviev, "pão o bastante, apenas para não esquecerem o cheiro que tem". De fato, no final de 1920, havia tão pouca comida nos armazéns estatais — e tanta gente dependente do sistema de cupons — que mesmo as rações de primeira minguaram, mal amenizando a fome. Trinta milhões de russos estavam sendo alimentados, ou subalimentados, pelo sistema do Estado. A maior parte da população urbana dependia das cantinas montadas em locais de trabalho, onde servia-se, invariavelmente, dia após dia, sopa de aveia e aparas de carne. Conseguir um prato assim exigia sacrifícios. Primeiro era preciso encontrar uma cantina que estivesse funcionando, depois enfrentar filas enormes. Gastava-se mais energia na busca pelo alimento do que havia em calorias numa refeição tão miserável. Os absurdos iam além. Em quase todos os lugares onde se introduziu o racionamento, o tempo e o esforço consumidos na distribuição valiam mais do que o próprio produto posto à venda, fosse comida, fumo, vestuário, combustível ou livros. As fábricas e escritórios ficavam às moscas, enquanto os empregados formavam filas a fim de receber suas rações. Na média, um russo passava sete horas diárias peregrinando entre as repartições, na vã tentativa de entregar seus rotos cupons em troca de artigos sequer existentes nos estoques. Sem dúvida, eles não deixavam de notar a aparência bem-nutrida e garbosa dos burocratas que fingiam atendê-los.

Vasilii Vodovozov, professor e destacado liberal de Petrogrado, durante a primeira década do século, amigo do jovem Lênin, descreveu em seu diário um dia típico na cidade. O texto é muito parecido a tantos outros que chegaram ao nosso conhecimento, a respeito da Rússia.

3 de dezembro de 1920

Narrarei minha jornada — não pelo interesse de detalhes menores, mas porque eles caracterizam a vida de quase todos, exceto alguns poucos privilegiados.

Levantei, hoje, às 9h. Não há motivo para acordar antes, visto que ainda está escuro e as luzes da casa não acendem. Falta de energia. Não tenho criados (o motivo será explicitado em outra ocasião) e sozinho tive que preparar o samovar, cuidar de minha esposa acamada, com febre espanhola, e separar lenha para o fogão. Tomei um pouco de café misturado com aveia, e comi um pedaço de pão, parte da côdea adquirida há duas semanas, em troca de 1.500 rublos. Ainda restava uma pequena porção de manteiga; em vista disso, minha situação é melhor do que a de muitos. Às 11h, estava pronto para sair. No entanto, depois de um desjejum assim, ainda sentia fome, e decidi me alimentar numa cantina vegetariana. Os preços são caríssimos, mas é o único lugar de Petrogrado onde se pode comer com relativo conforto e sem permissão prévia de algum comissário. Porém, até mesmo a cantina fora fechada e só abriria uma hora mais tarde. De lá, tomei o rumo da Terceira Universidade de Petrogrado, onde as aulas foram suspensas, mas onde funciona uma lanchonete de que sou cliente. Esperava obter algo para mim, minha mulher e nossos amigos, os Vvedensky, também inscritos no estabelecimento. Não tive sorte, mais uma vez: a fila de comensais era comprida, e no rosto de cada um pude notar o tédio e o vexame; ninguém conseguia avançar um passo na direção do balcão. Qual o problema? O boiler quebrou, atrasando o serviço pelo menos uma hora.

Num futuro distante, qualquer um que leia este meu desabafo poderá supor que aqueles cidadãos aguardavam um banquete. Saibam, porém, que a refeição resumia-se a um prato — em geral, uma sopa rala, na qual boiava uma batata ou uma vagem. Carne, nem pensar. Somente uns poucos eleitos conseguem obtê-la — pessoas que trabalham na cozinha.

Decidi ir embora e adiar o repasto até depois do expediente. Por volta das 13h, o bonde ainda não passara, de forma que voltei à cantina: a comida continuava em falta e não havia a menor perspectiva de que fosse servida antes de 90 minutos. Sem escolha, fui para o trabalho faminto.

Na Ponte Nikolaev, finalmente, embarquei no bonde nº 4. Mas faltava combustível para colocá-lo em movimento. Todos os bondes haviam parado. Por que começaram a circular se não dispunham do bastante para concluir o trajeto? As pessoas permaneceram sentadas — algumas acabaram desistindo e seguiram a pé, mas outras mantiveram-se firmes, inarredáveis. Duas horas depois, constatei que o transporte voltara a operar, mas, às 17h, o tráfego seria novamente interrompido.

Às 14h, a pé, cheguei ao arquivo. Fiquei lá durante uma hora e meia e retornei à universidade, onde imaginava que a ração de vagem seria distribuída por volta do meio da tarde. Não sei para quem. Talvez para os professores — valeria a pena arriscar. Nova dose de falta de sorte: a sopa ainda não saíra, e só seria servida no dia seguinte. Não para os mestres; apenas os estudantes seriam contemplados.

Descobri que a ração de pão estava suspensa: uma semana. Algumas pessoas disseram que todo o cereal fora entregue aos comunistas que dirigem os comitês.

Da universidade, rumei para casa, cuidei de minha esposa, fiz o que era necessário e retornei à cantina vegetariana, sempre na esperança de colocar algo no estômago. Falta de sorte: toda a comida acabara e só haveria mais dali a uma hora. Resolvi não esperar e fui procurar os Vvedensky, para pedir-lhes que entrassem na fila da cantina, mais tarde. Providenciado isto, regressei à casa, por volta de 17h. Então, a fortuna me sorriu: as luzes de nosso setor estavam ligadas [Devido ao racionamento, Petrogrado era dividida em setores, para efeito de fornecimento de energia elétrica]. Ganhei uma preciosa hora de leitura — livre de romarias em busca de comida, lenha ou qualquer outro gênero. Às 18h, fui à residência dos Vvedensky, para comer (afinal!), e voltei para escrever estas linhas. Felizmente, um amigo chegara à nossa casa, disposto a cuidar de minha esposa durante algumas horas. Deste modo, tive a meu dispor outros momentos preciosos. Após as 21h,

> luzes desligadas, sob as trevas mais absolutas, acendi uma vela, preparei o samovar, bebi chá na companhia de minha esposa e, às 23h, fui dormir.[10]

A chave da utopia comunista era o controle do suprimento de comida: sem isto, o governo não teria meios de dominar a economia e a sociedade. Os bolcheviques tinham ciência do fato de que o regime soviético estava à mercê de um campesinato bastante hostil, cujas lavouras de pequeno porte sempre produziram pouco para o mercado. Nas circunstâncias reinantes, em que inexistiam bens de consumo para comprar nem havia víveres excedentes, a situação piorou. Os agricultores haviam preferido partir de vez para a cultura de subsistência, isolando-se nas aldeias, que passaram a fornecer tudo o que precisavam de mais premente. Na falta de mercadorias para trocar com os aldeões, os bolcheviques recorriam à força bruta da "batalha pelo grão", mandando esquadrões armados para tomar a safra e disseminando revoltas camponesas por todo o país. Tratava-se de uma outra guerra civil, semioculta. Os Vermelhos sempre tiveram o cuidado de elogiar o sistema de pequenas propriedades rurais consagrado pelo Decreto da Terra — afinal, eles próprios haviam-no baixado e era aquele documento que lhes garantira o respaldo dos povoados na luta contra os Brancos. No entanto, acreditavam que o futuro da agricultura soviética estava em fazendas coletivas gigantescas, *kolkhozy* e *sovkhozy*, que produziriam diretamente para o Estado. O camponês problemático — com seus instintos de pequeno proprietário, suas superstições e seu apego à tradição — sumiria do mapa quando surgissem estas lavouras socialistas. Todos os que trabalhassem nelas transformar-se-iam em "operários" *kolkhoz* ou *sovkhoz*. Miliutin sonhava com "fábricas agrícolas gerando cereais, carne, leite e forragem, livrando a ordem socialista da dependência econômica dos sítios de pouca monta".

Mais uma vez, os bolcheviques deixaram-se levar pela utopia, acreditando que poderiam decretar o socialismo. O camponês russo era naturalmente cauteloso; seria preciso décadas de educação, escorada em provas visíveis, para persuadi-lo de que o plantio em larga escala, com tecnologia moderna e equipes de trabalho coletivo, apresentava mais vantagem do que os costumes de seus pais e avós, a lavoura familiar, a comuna e a aldeia. Ainda assim, em fevereiro de 1921, os bolcheviques aprovaram um Estatuto da Organização Socialista da Terra que, de uma só penada, declarava todo sítio "obsoleto". Toda gleba que pertencera à nobreza, e continuava sem cultivo, transformar-se-ia em lavra coletiva, para grande aborrecimento da população rural, que considerava o acesso às posses dos aristocratas um direito sacrossanto conquistado pela revolução. Em dezembro de 1920, já havia mais de 16 mil fazendas coletivas e estatais, somando quase 5 milhões de hectares e ocupando um milhão de trabalhadores — muitos deles oriundos das cidades. As maiores, estatais, chamadas *sovkhozy*, estendiam-se por mais de 50 mil hectacres; as menores, de grupos de lavradores, as *kolkhozy*, não poderiam ter sequer 25 mil.

Muitas *sovkhozy* eram consideradas microcosmos do estilo de vida comunista, operando como uma espécie de projeto-piloto daquilo que se pretendia para todo o país. As famílias abriam mão de seus bens, que passavam a pertencer a todos, e habitavam dormitórios, comendo e trabalhando em grupo. As mulheres dividiam os encargos mais pesados com os homens e, às vezes, havia berçários para as crianças. Prática religiosa não existia. Este modo de vida essencialmente urbano, baseado na cooperativa fabril, enlouqueceu muitos camponeses, fazendo-os crer na partilha não só da terra, mas das ferramentas e das esposas e filhas, todas dormindo juntas debaixo de um imenso cobertor comunitário.

Aos olhos dos mais velhos, mais escandaloso ainda era o fato de a maioria das fazendas coletivas estar sob a responsabilidade de pessoas que nada sabiam de agricultura. As *sovkhozy* costumavam ser constituídas por operários desempregados, egressos das cidades, e as *kolkhozy* por gente sem-terra, artesãos rurais e lavradores pobres, vítimas de algum infortúnio, alcoolismo ou simples desleixo, que jamais haviam obtido sucesso semeando a própria terra. Nos congressos camponeses erguia-se um mar de queixas contra a incompetência na administração de tais fazendas. "Eles conseguiram a terra, mas não sabem tratá-la", reclamou um dos presentes a uma assembleia, na província de Tambov. Os próprios bolcheviques viam-se obrigados a admitir que as lavouras coletivas haviam se convertido num "valhacouto de ociosos", incapazes de "fazer frente às críticas daqueles que aravam a terra em sítios isolados". A despeito de estarem isentas do imposto sobre grãos e de receber do Estado generosas remessas de ferramentas e animais, poucas fazendas chegaram a ser rentáveis; inúmeras tornaram-se muito deficitárias. Menos de um terço da sua renda total provinha da produção: os subsídios estatais representavam os outros dois terços. De tão mal administradas, algumas precisavam arrebanhar agricultores das vizinhanças, obrigando-os a serviços forçados. Os aldeões se consideravam submetidos a um novo tipo de servidão, e pegaram em armas contra as fazendas coletivas. Metade delas acabaram destruídas nas guerras rurais de 1921.[11]

Não foi só o campesinato que se rebelou contra as experiências comunistas. Na indústria, a política de militarização deu ensejo a greves, protestos, paralisações e operações tartaruga. As medidas intentadas para reforçar a disciplina só fez espalhar a desordem. No primeiro semestre de 1920, três quartos das fábricas russas sofreram com movimentos grevistas. Apesar da ameaça de prisão e execução, os operários urbanos de todo o país marchavam e gritavam, desafiadores: "Abaixo os Comissários!" No ar, fúria. Afinal, havia muito encerrada a guerra civil, os homens de Moscou continuavam a impor à classe trabalhadora políticas que lembravam o tempo de confronto com os Brancos. Era como se todo o sistema industrial estivesse em estado de emergência permanente, a ponto de, mesmo em época de paz, prevalecerem normas militares. O regime soviético valia-se da máquina do Estado para explorar e oprimir os operários.[12]

Também no interior do partido as políticas trotskistas eram criticadas. As lideranças sindicais estavam iradas com Trótski, que fazia esforços hercúleos para acabar com a entidade representativa dos ferroviários, responsabilizando seus dirigentes pelo caos na malha viária; sua proposta resumia-se à criação de um órgão controlador dos transportes, o *Tsektran,* subordinado ao aparelho partidário. Do ponto de vista dos discordantes, tratava-se de uma campanha mais ampla, destinada a dar fim a todos os direitos dos trabalhadores. A controvérsia acerca do papel dos sindicatos nascera no início de 1919. O programa do partido para esse ano afirmava que as entidades operárias deveriam responsabilizar-se diretamente pela economia industrial. Porém, só quando estivessem preparadas para tal. Até lá, os sindicatos limitar-se-iam à educação de seus quadros e a manter a disciplina nas fábricas. Como ainda era forte a tendência pela implantação de gerências não colegiadas, um número crescente de líderes sindicais preocupava-se com a possibilidade de a promessa contida no programa ser postergada indefinidamente. E, no III Congresso Sindical, realizado em janeiro de 1920, votou-se contra o fim dos colegiados que ainda administravam algumas unidades de produção. No IX Congresso do Partido, em abril, os sindicalistas forçaram a liderança bolchevique a ceder e lhes garantir uma fatia das nomeações para as fábricas. Em troca, as linhas de montagem não mais ficariam a cargo dos colegiados para os quais os operários elegiam seus representantes.

Este frágil equilíbrio entre sindicatos e o Estado-partido foi rompido pelos planos de Trótski, apresentados no verão de 1920 com o intuito de transformar os sindicados do setor de transportes num braço da burocracia oficial. Todo o princípio da autonomia sindical corria perigo. Os sindicalistas não eram os únicos a se opor à ideia. Parte da cúpula partidária apoiava-os. Zinoviev, desafeto pessoal de Trótski, criticou os "métodos policiais para subjugar os proletários", conforme previsto no projeto. Shliapnikov — a quem Kollontai passou a fazer eco — criou a chamada Oposição Operária, com o objetivo de defender os direitos dos sindicatos e, de forma mais geral, resistir à onda de "burocratismo" que sufocava a "criatividade espontânea" da classe trabalhadora. A Oposição Operária desfrutava de prestígio no meio sindical, especialmente junto aos metalúrgicos, cuja solidariedade de classe mostrava-se muito forte, tanto em virtude das reivindicações em prol do controle operário, quanto pelo ódio aos "especialistas burgueses". O movimento expressava um furor generalizado contra administradores e servidores públicos ligados ao setor industrial, a quem os trabalhadores tachavam de "nova classe dominante", ou "nova burguesia". Muito desse arrebatamento aproveitava outra grande facção do partido, que também criticava Trótski, a dos centralistas democráticos, grupo quase inteiramente constituído por intelectuais Comunistas contrários ao centralismo burocrático do partido e que não aceitavam o fato de os Sovietes terem deixado de funcionar como representantes diretos do proletariado. Em Moscou, onde viviam alguns de seus membros mais radicais e o reduto da facção era forte, as portas das executivas partidárias distritais foram escancaradas às bases, num esforço de permitir uma *glasnost*, ou abertura, no governo local. Os centralistas democráticos foram os primeiros a usar tal expressão que, mais tarde, correria mundo.

No outono de 1921, estas duas controvérsias — com relação aos sindicatos e a respeito do Estado-partido — fundiram-se e fizeram surgir uma crise de grande alcance. Numa conferência especial do partido, ocorrida em setembro, as duas facções de oposição juntaram forças para aprovar resoluções que visavam a promover a democracia e a *glasnost* nas fileiras bolcheviques: todas as reuniões partidárias seriam abertas à arraia-miúda; os órgãos menos importantes teriam mais voz nas nomeações para cargos relevantes; as instâncias superiores teriam que se interessar mais pelo que desejavam as bases. Fortalecidas pela vitória, as facções oposicionistas preparavam-se para lutar em nome dos sindicatos. No V Congresso Sindical, em novembro, Trótski provocou o grupo ao propor que todos os funcionários de sindicatos fossem indicados pelo governo. Bastou isto para desencadear um conflito: ele, defendendo a absorção imediata e, se necessária, obrigatória, dos sindicatos pela engrenagem estatal, e seus adversários, clamando pela independência sindical. Lênin apoiava os objetivos de Trótski, mas defendia uma abordagem menos incisiva, de modo que as medidas fossem implementadas sem produzir rachas no partido e, consequentemente, no regime. "Se o partido se indispuser com os sindicatos, será o fim do poder soviético", ponderou Lênin. O Comitê Central já estava dividido quanto à questão e, ao longo dos três meses seguintes, o conflito ocupou a imprensa bolchevista, cada facção tentando ganhar respaldo para a batalha decisiva que certamente se daria no X Congresso do Partido, marcado para março.[13] Com o governo mergulhando numa crise profunda e todo o território engolfado por revoltas e greves, a Rússia estava à beira de uma nova revolução.

2. Engenheiros da alma

Reza a lenda que, em outubro de 1919, Lênin fez uma visita secreta ao laboratório do grande fisiologista I. P. Pavlov, querendo saber se as experiências sobre reflexos condicionados do cérebro ajudariam os bolcheviques a controlar o comportamento humano. "Meu desejo é que as massas russas sigam o padrão comunista de pensamento e ação", explicou ele. "Há individualismo demais, na Rússia, resquício do passado. O comunismo não tolera essas tendências perniciosas, que interferem em nossos planos. Precisamos aboli-las." Pavlov mostrou-se chocado. Aparentemente, Lênin pedia que ele agisse com homens da mesma forma que agira com cães. "O senhor gostaria que eu nivelasse a população da Rússia? Que fizesse todos se comportarem do mesmo modo?", perguntou. "Exatamente", respondeu Lênin. "O homem pode ser corrigido, fazendo-se dele o que se quiser."[14]

Verídico ou não, o diálogo ilustra uma verdade: a meta final do sistema comunista era a transformação da natureza humana. Tal intuito foi partilhado por outros regimes totalitários contemporâneos, entre 1918 e meados da década de 1930. Afinal, no rastro da devastação deixada pela Primeira Guerra Mundial, grassou um otimismo quimérico no potencial da ciência em mudar a vida humana e, paradoxalmente, em meio a tanta esperança, não faltavam incertezas sobre o valor da existência terrena. Como afirmou, ainda em 1920, um dos pioneiros dos movimentos eugênicos da Alemanha nazista: "Podia quase parecer que testemunhávamos uma alteração no conceito de humanidade. As terríveis exigências da guerra haviam nos obrigado a atribuir à vida valor diferente ao que lhe dávamos outrora."[15] Contudo, é preciso ressalvar uma diferença fundamental entre o programa comunista de construção do homem e a engenharia humana do III Reich. O projeto bolchevista baseava-se nos ideais do Iluminismo — bebia na fonte de Kant e na de Marx — levando muitos liberais ocidentais a simpatizarem ainda hoje com suas propostas. Ou, pelo menos, induzindo-os a tentar compreender suas intenções, mesmo não compartilhando de seus objetivos políticos. Em contrapartida, os nazistas desejavam "aperfeiçoar a humanidade", fosse por meio da eugenia ou do genocídio, dando as costas ao Iluminismo e nos enchendo de repugnância. A aspiração de criar um novo tipo de homem através do esclarecimento das massas sempre fora a missão messiânica da intelectualidade russa do século XIX, da qual os bolcheviques surgiram. Da mesma forma, a filosofia marxista pregava que a natureza humana era produto do desenvolvimento histórico e, portanto, passível de ser transmutada por uma revolução. O materialismo científico de Darwin e Huxley, que possuía status de religião entre a *intelligentsia* russa contemporânea do jovem Lênin, prestava-se muito bem à interpretação de que o homem estava determinado pelo mundo em que vivia. Assim sendo, os bolcheviques viam-se impelidos a concluir que sua revolução, com a ajuda da ciência, poderia gerar um novo tipo de ser humano.

Lênin e Pavlov teciam loas a Ivan Sechenov (1829-1905), fisiologista, segundo o qual o cérebro era um mecanismo eletromecânico, reagindo a estímulos externos. Seu livro, *Os reflexos do cérebro* (1863), exercera grande influência sobre Chernyshevsky, servindo como ponto de partida da teoria pavloviana sobre reflexos condicionados. Embora criticando abertamente a revolução e, não raro, ameaçando deixar o país, Pavlov granjeara o apoio dos bolcheviques.* Após dois anos de penúria, recebera uma bela cota de cupons de racionamento e um apartamento

---

* É tentador concluir que Pavlov era o alvo da sátira de Bulgakov intitulada *O coração de um cachorro* (1925), na qual um cientista de fama internacional, crítico dos bolcheviques, aceita o custeio de suas pesquisas e transplanta o cérebro e o órgão sexual de um cão para um ser humano.

espaçoso em Moscou. Mesmo ante a escassez crônica de papel, seus artigos mereceram publicação, em 1921. Lênin dizia que a obra do cientista era "imensamente significativa", do ponto de vista revolucionário. Bukharin chamava-o de "arma do férreo arsenal materialista". Até mesmo Trótski, que em geral não se intrometia em questões culturais, demonstrou interesse pela psiquiatria, tomado de vontade de reconstruir o homem.

> O que é o homem? Definitivamente, nenhum ente acabado e harmonioso. Não, continua uma criatura muito malfeita. Enquanto animal, não se desenvolveu de maneira planejada, mas espontânea, e acumulou diversas contradições. Como educá-lo e regulá-lo, como melhorá-lo e completar a sua construção física e espiritual, eis um problema colossal que só pode ser concebido a partir do socialismo. Podemos construir uma ferrovia através do Saara, e a Torre Eiffel, ou falar diretamente com Nova York, mas certamente não temos condições de aperfeiçoar o homem. Não, não temos! Produzir uma "versão revista" do ser humano — eis a futura tarefa do comunismo. E, para tanto, antes de mais nada, precisamos descobrir tudo sobre ele, sua anatomia, a fisiologia e esta parte chamada psicologia. O homem deve sentir-se como matéria-prima ou, na melhor das hipóteses, como um produto semimanufaturado, e dizer: "Finalmente, meu caro *homo sapiens*, operarei em você."[16]

O novo homem soviético, conforme descrito nos romances futuristas e nos textos utópicos que surgiram aos borbotões na época da revolução, era um Prometeu da idade da máquina. Consistia num ser racional, disciplinado e coletivo que existia somente pelos interesses da comunidade, como uma célula num organismo vivo. Para ele, não havia "eu" individual, só o "nós" gregário. Em seus dois livros de ficção científica, *Estrela vermelha*, de 1908, e *Engenheiro Menni*, de 1913, o filósofo bolchevique Alexander Bogdanov descreve um mundo situado no planeta Marte, em algum momento do século XXIII. Cada vestígio de individualidade fora eliminado desta "sociedade alienígena-marxista". Todo o trabalho é automatizado e feito com ajuda de algo semelhante a computadores; todos usam as mesmas roupas unissex e habitam moradias rigorosamente idênticas; as crianças são educadas em colônias especiais; não há nações e todos falam uma espécie de esperanto. Em certo trecho de *Engenheiro Menni*, o herói, um físico marciano, compara a missão da burguesia, na Terra — "criar o indivíduo humano" — à tarefa do proletariado extraterrestre — "reunir estes átomos" sociais e "fundi-los num organismo único e inteligente".[17]

A intelectualidade revolucionária russa prezava muito o sonho de libertação individual por meio do coletivo. "Não eu, mas nós — eis a base da emancipação do homem", escrevera Gorki, em 1908. "Então, finalmente, o homem sentir-se-á a encarnação de toda a riqueza e beleza do mundo, de toda a experiência da humanidade e, espiritualmente, um igual a todos os seus irmãos." Para Gorki, o despertar deste espírito coletivo era uma tarefa basicamente humanista: não raro ele comparava-o ao espírito cívico do Iluminismo, uma revolução cultural não vivenciada pela Rússia. A seu ver, séculos de servidão e governo tsarista haviam produzido "um povo subserviente e torpe", passivo e avesso à influência do progresso, inclinado a rompantes de violência e, assim, incapaz de uma obra nacional construtiva, a menos que coagido pelo Estado. Em resumo, os russos eram *nekulturnyi*, ou incivilizados. Careciam da cultura que poderia torná-los cidadãos ativos. Caberia à revolução iluminista, da qual derivaram as revoluções política e social, cultivar o civismo. Nas palavras de Gorki, isto significaria "colocar o povo russo alinhado com o Ocidente" e libertá-lo de "uma longa história de barbarismo e mandriice asiática".[18]

Em 1909, Gorki, Bogdanov e Lunacharsky haviam criado um curso especial para operários russos, com sede na casa de veraneio do escritor, na ilha de Capri. Treze trabalhadores (um deles espião da polícia) saíram da Rússia às escondidas, em meio a mil peripécias, e passaram a se submeter a áridas jornadas eruditas sobre a história do socialismo e literatura ocidental. A única atividade extracurricular foi uma visita guiada por Lunacharsky aos museus de arte de Nápoles. No ano seguinte, houve uma experiência similar, realizada em Bolonha. O objetivo era formar um grupo de proletários socialistas e conscientes — uma espécie de "intelectualidade operária" — que disseminasse o saber adquirido entre outros trabalhadores, assim fazendo surgir, no seio do movimento revolucionário, uma outra revolução, cultural. Os fundadores da escola constituíram o grupo Vpered (Avante) e, de pronto, entraram em atrito com Lênin. A concepção revolucionária do grupo era essencialmente menchevique, pois considerava que o sucesso da revolução estava atrelado ao desenvolvimento orgânico da cultura da classe trabalhadora. Lênin, ao contrário, não admitia o potencial operário como uma força cultural independente e enfatizava o papel dos proletários como quadros partidários disciplinados. O Vpered alegava ainda que o saber e, em especial, a tecnologia eram forças motrizes da história, jamais vislumbradas por Marx. E mais: para Gorki e companhia, as classes sociais diferenciavam-se menos pela propriedade do que pela posse do conhecimento. Portanto, a classe trabalhadora poderia libertar-se não somente controlando os meio de produção, distribuição e troca, mas através de uma revolução cultural que lhe daria o poder do discernimento. Daí tanto interesse pela educação dos trabalhadores. Finalmente — e grande heresia! — o Vpered afirmava que o marxismo deveria ser visto como uma forma de religião. A humanidade seria o Ser Divino, e o coletivismo, o Espírito Santo. Gorki debruçou-se sobre este tema humanista em seu romance *Confissão*, de 1908, no qual o herói, Matvei, encontra seu deus através da camaradagem com os amigos.

Após 1917, quando a cúpula bolchevique passou a se inquietar com questões mais prementes, a política cultural partidária foi legada aos ex-integrantes do

Vpered. Lunacharsky assumiu o Comissariado da Educação — também chamado de Comissariado de Esclarecimento, título que refletia as aspirações da revolução cultural que deveriam guiar o trabalho da pasta, sob cuja alçada estavam também as artes. Bogdanov chefiava o Proletkult, criado em 1917 para desenvolver a cultura proletária. Através de clubes e ateliês, que em 1919 já contavam 80 mil frequentadores, esta organização oferecia várias atividades: teatro amador, coral, bandas, cursos de arte, oficinas literárias e eventos esportivos. Em Moscou, havia uma Universidade Proletária. E publicou-se uma *Enciclopédia Socialista*, tida por Bogdanov como uma preparação para a futura civilização operária, exatamente como a *Enciclopédia*, de Diderot, fora uma tentativa de incentivar a burguesia do século XVIII a fazer sua própria revolução cultural.[19]

Tal como acontecera às escolas de Capri e de Bolonha, a intelectualidade do Proletkult tratava seus pupilos trabalhadores de modo paternalista. A premissa básica da organização era que os operários deveriam desenvolver, espontaneamente, uma cultura que lhes fosse inerente. No entanto, a *intelligentsia* lhes dizia o que aprender e fazer. Além do mais, a "cultura proletária" que tentavam promover tinha muito pouco a ver com o lazer preferido dos operários — vodca e *vaudeville* era o que quase todos adoravam. Classificados de vulgares, os gostos operários só mereciam o escárnio da intelectualidade, posto que não se afinavam com a visão idealizada que esta tinha sobre os proletários, homens supostamente invulneráveis ao individualismo burguês; coletivistas, em pensamentos e ações; sóbrios, sérios e ávidos pelo autoaperfeiçoamento; amantes da ciência e do esporte. Em suma, pioneiros da cultura socialista que os intelectuais queriam lhes atribuir.

A revolução de 1917 aconteceu em plena Idade da Prata russa, ao longo das três primeiras décadas do século, quando o movimento artístico pululava de novidades. Durante e após a guerra civil, muitos dos melhores escritores e artistas plásticos do país participaram do Proletkult e de outros empreendimentos culturais soviéticos: Belyi, Gumilev, Maiakovski e Khodasevich deram aulas de poesia; Stanislavski, Meyerhold e Eisenstein montaram uma peça chamada *Revolução de Outubro*; Tatlin, Rodchenko, El Lissitsky e Malevich desbravavam a pintura; Chagall chegou a tornar-se Comissário das Artes, em sua cidade natal, Vitebsk, e mais tarde ensinou pintura numa colônia de órfãos vizinha à capital russa. Em parte, esta aliança entre comissários e artistas baseava-se em princípios comuns: a ideia de que a arte deveria ter comprometimento social e a missão de comunicar-se com as massas; e uma rejeição modernista à velha arte burguesa. Havia ainda um casamento de conveniência. A despeito de suas reservas iniciais, quase sempre por receio de perderem a autonomia, os artistas de vanguarda logo perceberam as vantagens do apoio bolchevique, sem falar nos cupons extras e no material de trabalho de que tanto precisavam e tão difícil de encontrar, num período de racionamento. No centro de tudo, estava Gorki — agindo como patrono e liderança dos artistas. Em setembro de 1918, ele concordou em colaborar com Lunacharsky, que também fazia tudo o que podia em defesa das várias iniciativas de Gorki, no sentido de "salvar a cultura russa", desconsiderando a má vontade de Lênin com "trivialidades". Dentre vários projetos, vale mencionar a editora Literatura Mundial, lugar de trabalho de muitos intelectuais em dificuldades, e a Comissão de Preservação de Prédios e Monumentos Históricos.

A ala niilista da vanguarda mostrava-se especialmente atraída pelo bolchevismo, comemorando a destruição do velho mundo. Os poetas futuristas, como Maiakovski, jogaram-se aos pés dos bolcheviques, considerando-os aliados na luta contra a "arte burguesa". Seus congêneres italianos apoiaram os fascistas pela mesma razão. No movimento promovido pelo Proletkult, eles perseguiam uma iconoclastia extrema, o que irritava Lênin, conservador em assuntos culturais, e embaraçava Bogdanov e Lunacharsky. "É tempo de tiros vararem os museus", escreveu Maiakovski. Ele desdenhava os clássicos como "refugo da velha estética", e troçava de Rastrelli, merecedor do paredão (*rasstreliat*, em russo, significa executar). O poeta Kirillov compôs os seguintes versos:

> Em nome de nosso amanhã, queimemos Rafael,
> Destruamos os museus, esmaguemos as flores da arte.[20]

A pose vândala de escritores, cuja disposição em chocar ultrapassava em muito seus próprios talentos, quase sempre não passava de pura bazófia intelectual.

Certa vez, Stálin disse que o escritor era o "engenheiro das almas humanas". Nos primeiros anos de regime bolchevique, supunha-se que os artistas de vanguarda devessem operar como os grandes transformadores da natureza do homem. Muitos deles partilhavam do ideal socialista de tornar o espírito humano mais coletivo. E rejeitavam as preocupações individualistas da arte "burguesa" do século XIX, acreditando poderem treinar a mente humana para ver o mundo de um modo diferente. Para isto, usariam formas modernas de expressão artística, como a montagem — imagens fragmentadas mas interligadas —, a qual teria o dom de influenciar, didática e subliminarmente, aqueles que observavam obras feitas a partir desta técnica. Eisenstein, que a empregou em seus três grandes filmes de propaganda realizados na década de 1920 — *Greve*, *O encouraçado Potemkin* e *Outubro* —, tinha toda uma teoria cinematográfica a respeito do impacto causado por tal artifício. Falava-se muito sobre a "revolução psíquica", a ser promovida pelo cinema, uma arte moderna por excelência. Esta nova forma de revolução, bem como a psicologia do homem moderno, escorava-se em "linhas retas e ângulos agudos" e também no "poder da máquina".[21]

Como pioneiros da "revolução psíquica", os artistas de vanguarda mergulhavam na busca de formas experimentais. Na época, a arte não era censurada — os bolcheviques possuíam problemas maiores a solucionar — e esta era uma área de relativa liberdade. Daí o paradoxo de uma explosão artística num estado policial. Grande parte da arte feita nos primórdios do regime soviético era de qualidade. Os construtivistas, em particular Rodchenko, Malevich e Tatlin, causaram grande impacto e influenciaram o estilo moderno. O mesmo não se pode dizer da arte nazista ou do que se chamou de arte na época de Stálin, monumentos *kitsch* do Realismo socialista. Apesar de sua grande contribuição, dada a exuberância jovial com que a vanguarda russa da Idade da Prata abraçou o espírito experimental, muitas de suas obras hoje podem nos parecer cômicas.

Na música, havia orquestras sem maestros (tanto nos ensaios quanto nas exibições), as quais imaginavam estar abrindo sendas para o modo de vida socialista, ancorado na igualdade e na realização humana através do trabalho coletivo e livre. Havia "concertos fabris", nos quais os instrumentos consistiam em sirenes, turbinas e buzinas, criando sons insólitos por meios eletrônicos. Ao que tudo indica, algumas pessoas presumiam que a iniciativa levaria a uma nova estética musical, mais próxima da psique operária. Shostakovich, sempre dando tratos à bola, divertiu-se acrescentando o som de apitos de fábrica ao clímax de sua Segunda Sinfonia, *Outubro*. Igualmente excêntricos eram os novos nomes dados a óperas conhecidas, e a revisão dos libretos, ditos "socialistas". *Tosca* foi rebatizada de *A Batalha pela Comuna* — o cenário passara a ser a Paris, de 1871; *Les huguenots* transformou-se em *Os dezembristas*, tendo a Rússia como palco da ação; e *Vida pelo tsar*, de Glinka, virou *O martelo e a foice*.

Iniciativas similares tentaram aproximar o teatro das massas. Em lugar dos palcos "burgueses", as encenações aconteciam nas ruas, fábricas e quartéis. O teatro assumia a função de agitação de propaganda. Sua meta era romper as barreiras entre atores e espectadores, acabar com o proscênio, que apartava o espetáculo da realidade. A fonte inspiradora desta inovação eram as técnicas do teatro experimental alemão de Max Reinhardt, posteriormente aperfeiçoadas por Brecht. Meyerhold e outros diretores soviéticos encorajavam as reações mais vivas da plateia, procurando insuflar sua emotividade com alegorias dialéticas da revolução. Os textos enfatizavam a luta revolucionária, tanto em escala nacional quanto no cotidiano dos russos. Os personagens eram símbolos primários e óbvios — capitalistas gananciosos de chapéu-coco, padres maliciosos de barbas à Rasputin e trabalhadores simples e honestos. O objetivo principal consistia em atiçar o ódio das massas contra os "inimigos" da revolução, alardeando as maravilhas do comunismo. Um destes textos, *Está ouvindo, Moscou?*, montado por Eisenstein, em 1924, despertou tamanha comoção que no último ato, quando os operários alemães invadiam a fortaleza dos fascistas, o público tentou entrar em cena. A morte de cada antagonista era saudada com uma saraivada de vivas. Um espectador chegou a sacar a arma para atirar numa atriz que desempenhava o papel de cocote fascista; pessoas que assistiam ao espetáculo a seu lado impediram-no de cometer uma loucura.

O exemplo mais formidável do teatro revolucionário em praça pública foi *A tomada do Palácio de Inverno*, montada em 1920, para celebrar o terceiro aniversário da insurreição de outubro. Nesse caso, a distinção entre fantasia e realidade — sempre difusa — desapareceu completamente. As ruas de Petrogrado, onde o drama acontecera de fato, reviveram a revolução. As cenas mais importantes foram encenadas em três palcos imensos erguidos na Praça do Palácio. A construção que servira de residência dos Romanov fazia parte do cenário; inclusive, várias cenas passavam-se no interior do prédio, junto às janelas, de modo a permitir que a plateia relembrasse cada detalhe daqueles dias. O *Aurora* tinha papel de estrela, ancorado no Neva e disparando tiros de canhão cuja função era anunciar o início do assalto ao palácio, exatamente como se dera na noite que entrara para a história. O elenco contava com 10 mil atores, provavelmente mais numerosos do que as pessoas que haviam tomado parte da cena na vida real. Como num coro de teatro grego, um elenco tão pródigo parecia ter a finalidade de incorporar a ideia colossal da revolução, dando a impressão de que fora algo feito pelo povo. Cerca de 100 mil russos assistiram à peça, rindo da figura burlesca de Kerenski e aplaudindo com fervor a tomada do palácio. Iniciava-se, assim, a mitologia em torno do Grande Outubro — algo que Eisenstein transformaria em pseudofato no seu documentário *Outubro*, de 1927. Ainda hoje, na Rússia e no Ocidente, fotos feitas durante as filmagens são reproduzidas em livros como se fossem instantâneos autênticos de 1917.[22]

A arte também invadiu as ruas. Os construtivistas falavam em tirá-la dos museus e levá-la para a vida cotidiana. Muitos dentre eles, como Rodchenko e Malevich, concentravam esforços desenhando roupas, mobília, escritórios e fábricas, de modo a salientar o que chamavam de "estilo industrial" — projetos simples, cores primárias, formas geométricas e linhas retas, que imaginavam poder libertar o povo e torná-lo mais racional. Eles afirmavam ter por meta "reconstruir não apenas objetos, mas todo o estilo de vida doméstico". Vários pintores e escultores de vanguarda, como Chagall e Tatlin, envolveram-se na "arte de agitação", decorando prédios e bondes ou produzindo pôsteres para inúmeras datas comemorativas e festivais caros ao regime soviético, como o 1º de Maio e o Dia da Revolução. Nestes dias, supunha-se que o povo unir-se-ia numa demonstração franca de júbilo e emoção coletiva. A cidade era, literalmente, pintada de vermelho (às vezes, nem mesmo as árvores escapavam). Valendo-se de estátuas e monumentos, estes artistas buscavam transformar as cidades num Museu da Revolução, ícones vivos do poder e da grandeza do novo regime, capazes de arrebatar até mesmo os analfabetos. Nada havia de novo em tais atos de louvor ao Estado: o regime tsarista fizera o mesmo. De fato, era irônico que o obelisco próximo ao Kremlin, erguido pelos Romanov para celebrar o tricentenário da dinastia, em 1913, ainda se mantivesse de pé por ordem de Lênin. A inscrição imperial fora substituída pelos nomes de uma linhagem "socialista" que remontava ao século XVI, incluindo Thomas Moore, Campanella e Winstanley.[23]

Até onde é possível saber, nenhum dos experimentos artísticos vanguardistas chegou a transformar corações e mentes. Artistas de esquerda podem ter acreditado que estavam criando uma nova estética para a classe trabalhadora, mas, na verdade, criavam uma estética para si mesmos, na qual o "povo" era reificado como símbolo dos ideais que os norteavam. Os gostos artísticos de operários e camponeses mostravam-se essencialmente conservadores. É difícil avaliar o quanto os aldeões eram conservadores em suas inclinações artísticas. Em 1920, quando o Balé Bolshoi excursionou pelas províncias, os camponeses teriam ficado "profundamente chocados ante a exibição dos braços e pernas desnudos das bailarinas, abandonando o espetáculo pelo meio, desgostosos". As imagens irreais da arte moderna eram alheias a um povo cujo conhecimento restrito de arte limitava-se aos ícones.* Ao decorar as ruas de Vitebsk para o primeiro aniversário da insurreição de outubro, Chagall viu-se interpelado por alguns funcionários comunistas. "A vaca é verde? A casa está voando? Pode nos explicar a razão dessas coisas? O que isto tem a ver com Marx e Engels?" Na década de 1920, pesquisas sobre os hábitos de leitura do povo russo indicaram que trabalhadores e camponeses continuavam a preferir histórias românticas e de detetives, largamente consumidas antes da revolução, à literatura de vanguarda. Com a música não era diferente. Num "concerto fabril", a cacofonia produzida pela mixórdia de sirenas e buzinas impediu os operários de reconhecerem os acordes da *Internacional.* As salas de concerto e os teatros transformaram-se em pontos de encontro dos *noveaux riches* proletários, paridos pelo regime bolchevique. Noite após noite, o Teatro Bolshoi, em Moscou, ganhava um tapete de cascas de sementes de girassol, que seus novos frequentadores mascavam e cuspiam, ao som de Glinka e Tchaikovsky.[24] Quando se tratava de paladar artístico, o operário semi-instruído sonhava em imitar o burguês.

Os "devaneadores" da revolução não queriam somente novas formas de arte; intentavam ainda experimentar novas formas de vida social. Presumiam que estas também poderiam ser usadas para transformar a natureza humana. Ou, mais precisamente, a natureza feminina.

A liberação da mulher era um aspecto importante da nova vida coletiva, conforme vislumbravam as principais feministas do partido — Kollontai, Armand e Balabanoff. Refeitórios e lavanderias comunitários, creches e berçários romperiam os grilhões que prendiam as mulheres ao lesco-lesco doméstico, permitindo que desempenhassem papel ativo na revolução. "Mulheres da Rússia, Joguem Fora Panelas e Frigideiras!", pregava um cartaz soviético. A dissolução gradual da família "burguesa", através de uma reforma liberal das leis sobre casamento, divórcio e

* O realismo socialista dos anos 1930, com suas características icônicas óbvias, era muito mais eficiente enquanto propaganda.

aborto iria desembaraçar as mulheres da tirania marital. Criado em 1919, o departamento feminino da Secretaria do Comitê Central (Zhenotdel) impunha-se a tarefa de "remodelar as mulheres", mobilizando-as para o trabalho político local e para a propaganda educativa. Kollontai, nomeada para chefiá-lo após a morte de Armand, em 1920, advogava uma revolução sexual que emancipasse todo o gênero feminino, preconizando o "amor livre" e a "amizade erótica" entre homens e mulheres, parceiros em condições de igualdade. Desta forma, as mulheres livrar-se-iam da "servidão matrimonial" e ambos os sexos ficariam desobrigados do fardo da monogamia. Ela praticou esta filosofia ardorosamente, numa longa sucessão de maridos e amantes, inclusive Dybenko, o marujo bolchevique 17 anos mais jovem, com quem passou a viver, em 1917, e o rei da Suécia, que conheceu na condição de primeira mulher a assumir a embaixada russa, em Estocolmo, na década de 1930.

Comissária para o Bem-Estar Social, Alexandra Kollontai tentou implementar medidas que viabilizassem a nova harmonia sexual de seus sonhos. Combateu a prostituição e incrementou a ingerência estatal no atendimento infantil, muito embora, nos anos da guerra civil, poucos progressos foram alcançados, em ambas as áreas; ademais, infelizmente, alguns comissários locais não reconheciam a importância do seu trabalho. Em Saratov, o departamento provincial de bem-estar social baixou um decreto sobre a Nacionalização da Mulher, extinguindo o casamento e dando aos homens o direito de se saciarem à vontade, em bordéis licenciados. Em Vladimir, os subordinados da comissária montaram um "Comitê do Amor Livre" e passaram a exigir que todas as solteiras, entre 18 e 50 anos, se registrassem com vistas a futuros encontros sexuais; segundo a determinação, as mulheres com mais de 18 tornavam-se "propriedade do Estado", e os homens poderiam escolher qualquer uma constante do cadastro, a fim de procriar "no interesse do regime". O texto ressalvava que pouco importava se a mulher queria ou não ter filhos com quem a selecionasse.[25]

Somente uma ínfima parcela do empenho de Kollontai era compreendida, de fato. Conquanto, sob vários aspectos, sua visão de revolução sexual fosse altamente nobre, quase todos a viam como fomentadora da promiscuidade e da anarquia moral que varria o país, desde 1917. Algo pudico, Lênin não fazia questão de endossar aquela política, condenando como "inteiramente antimarxistas" a "teoria do copo d'água", atribuída à comissária: dizia-se que, para ela, numa sociedade comunista, a satisfação dos desejos da carne devia ser tão banal quanto matar a sede. "Com certeza, a sede precisa ser saciada. Mas uma pessoa normal beberia água da sarjeta?", escreveu ele. Nas províncias, os bolcheviques zombavam das iniciativas de Kollontai, afirmando que não passavam de "coisa de mulher", e apelidaram o Zhenotdel de *babotdel* (corruptela de *baba*, ou camponesa). As próprias mulheres suspeitavam da ideia de liberação sexual, principalmente nas aldeias, onde perduravam costumes patriarcais. Muitas temiam que as creches comunitárias sumissem com seus filhos, ou os transferissem à tutela do Estado; queixavam-se da lei do divórcio, de 1918, argumentando que isso permitia aos homens fugirem de suas responsabilidades junto às esposas e à prole. As estatísticas lhes davam razão. No início dos anos 1920, a taxa de divórcio na Rússia tornara-se a mais alta de toda a Europa — 26 vezes superior à do Velho Continente burguês. As operárias desaprovavam a sexualidade liberal que Kollontai apregoava, considerando-a (não sem motivo) uma licença para que os homens se comportassem mal com as mulheres. Elas ainda conferiam mais valor à antiquada noção de casamento, muito arraigada entre as famílias camponesas, cujos integrantes tinham funções distintas e papéis sexuais definidos.[26]

Não eram apenas as questões sexuais que mereciam a desaprovação de Lênin. Em se tratando de arte, ele também mostrava-se tão conservador quanto qualquer burguês do século XIX. Sem tempo para preocupar-se com a vanguarda artística, considerava as estátuas revolucionárias meras "zombarias e distorções" da tradição socialista — uma delas, representando Marx de pé sobre quatro elefantes, fizera-o espumar — e classificava *150.000.000*, célebre poema de Maiakovski, de uma "estupidez e pretensão absurdas e flagrantes". (Muitos leitores haveriam de concordar.) Finda a guerra civil, ele se pôs a acompanhar o trabalho do Proletkult — e decidiu fechá-lo. No outono de 1920, os subsídios dados ao organismo foram drasticamente reduzidos, e Bodganov, afastado da direção, ao mesmo tempo que se desencadeou uma campanha visando a desmoralizar os princípios básicos da iniciativa. Dando preferência à construção de uma arte soviética, amparada nas realizações culturais do passado, o líder bolchevique aborrecia-se ante as tendências iconoclastas e via a autonomia do Proletkult como uma ameaça política crescente. A seus olhos, tratava-se da "facção de Bogdanov" que, tal e qual a Oposição Operária, destacava a necessidade de derrubar a hegemonia cultural da burguesia, ainda manifesta na importância conferida aos "especialistas burgueses". (Pouco mais tarde, tal hegemonia se faria presente na própria NEP.) De fato, existia um vínculo estreito entre os sentimentos antiburgueses do Proletkult e a "revolução cultural" stalinista. Do ponto de vista leninista, encerrar as atividades do Proletkult fazia parte da transição para a NEP. Se, no campo econômico, a Nova Política Econômica funcionava como um Thermidor, no campo cultural a trégua na guerra contra a "arte burguesa" tinha idêntico significado, pois ambas advinham do reconhecimento de que num país atrasado como a Rússia as realizações da antiga civilização precisavam ser mantidas, servindo de base à construção da nova ordem socialista. O comunismo não podia contar com atalhos.

Foi nessa época que Lênin escreveu um bocado sobre a urgência de uma "revolução cultural". Segundo ele, não bastava criar um Estado proletário; também era preciso assegurar condições culturais indispensáveis à longa transição rumo ao socialismo. Referindo-se à revolução cultural, Lênin não tinha em mente a arte e a literatura proletárias, mas sim a ciência e a tecnologia proletárias. Enquanto o Proletkult pensava na arte como veículo de promoção da liberdade humana, Lênin entendia a ciência como ferramenta da transformação do homem — fazendo das pessoas "engrenagens" do Estado.* Ele desejava que os trabalhadores russos, "ineptos" e "analfabetos", fossem "educados na cultura do capitalismo", capacitados, disciplinados e em condições de mandar os filhos para a faculdade de engenharia. Assim, na passagem ao socialismo, o país poderia superar o atraso em que vivia.[27] O bolchevismo nada mais era do que uma estratégia de modernização.

A ênfase de Lênin na necessidade de um treinamento científico detalhista refletiu-se nas mudanças de política educacional registradas ao longo de 1920 e 1921. Os bolcheviques consideravam a educação um dos principais instrumentos da transformação humana: por meio das escolas e das ligas comunistas para a infância e para a juventude (Pioneiros e Komsomol), eles doutrinariam a próxima geração segundo os cânones do modo de vida coletivo. Como Lilina Zinoviev, uma das precursoras do ensino soviético, declarou em um Congresso do Ensino Público, em 1918:

> Devemos fazer da geração jovem uma geração de comunistas. As crianças, como cera, são muito maleáveis e devem ser moldadas como bons comunistas. Devemos resgatar os infantes da influência nociva da vida familiar. Devemos racionalizá-los. Desde os primeiros dias de sua existência, os pequenos devem ser postos sob a ascendência de escolas comunistas para aprenderem o ABC do comunismo... Obrigar as mães a entregar seus filhos ao Estado soviético — eis nossa tarefa.

O modelo básico do ensino bolchevista era a Escola de Trabalho Unificado. Fundada em 1918, fora projetada com o objetivo de proporcionar a todas as crianças uma educação livre e genérica até os 14 anos. As dificuldades práticas da guerra civil, porém, fizeram com que poucas destas unidades fossem, de fato, criadas. Em 1920, vários membros do partido, inclusive alguns ligados aos sindicatos, começaram a exigir que, desde cedo, as crianças passassem a ter acesso a cursos profissionalizantes. Influenciados pelos planos de militarização da sociedade apresentados por Trótski, vários bolcheviques consideravam que era necessário subordinar o sistema de ensino às demandas econômicas. As indústrias russas careciam de técnicos especializados, cabendo às escolas fornecê-los. Lunacharsky opunha-se à ideia, considerando-a um passo rumo à renúncia dos objetivos humanistas da revolução, algo que sempre defendeu, desde seus dias no Vpered. Assumindo o poder em nome

---

* Com frequência, Stálin referia-se às pessoas como "engrenagens" (*vintiki*) da grande máquina do Estado.

dos trabalhadores, os bolcheviques tinham o dever de educar os filhos da Rússia soviética, instruindo-os até que atingissem o mesmo patamar dos intelectuais, tornando-se "mestres industriais". Não era suficiente — segundo ele — ensiná-los a ler e escrever, a fim de que se convertessem em aprendizes. Isso reproduziria as divisões de classe do capitalismo, a velha cultura em que havia Mestres e Homens, separados pelo abismo do conhecimento de uns e a ignorância de outros. Graças aos esforços de Lunacharsky, grande parte dos princípios politécnicos de 1918 foram refreados. Contudo, ainda sobreviveu um braço educacional voltado para os saberes específicos deste ou daquele ofício. A partir dos nove ou dez anos de idade, muitas crianças, em especial as órfãs sob os cuidados do Estado, eram postas para trabalhar como aprendizes nas fábricas.[28]

O apreço de Lênin pelas ideias de Frederich W. Taylor ajuda a explicar esta tendência. Havia muito que ele saudava a "administração científica" impregnada do taylorismo — que usava estudos de tempo e movimento para subdividir e automatizar as tarefas da indústria — como forma capaz de remodelar a psique do trabalhador, fazendo deste um ser obediente. Remodelando-o, seria possível moldar toda a sociedade segundo parâmetros mecânicos. Lênin encorajava o culto ao taylorismo que, à época, floresceu em solo russo. Os métodos de Taylor e Henry Ford forneceriam a chave para um futuro brilhante e próspero, diziam alguns bolcheviques. Mesmo em aldeias remotas o nome de Ford ficou conhecido — alguns camponeses pensavam tratar-se de uma espécie de divindade leninista e trotskista do trabalho. Alexei Gastev (1822-1941), engenheiro e poeta bolchevique, levou os princípios tayloristas a extremos. À frente do Instituto Central do Trabalho, fundado em 1920, ele desenvolveu experiências para treinar trabalhadores a agir como máquinas. Centenas de cobaias, vestidas exatamente iguais, marchavam em colunas para seus pretensos postos de trabalho à espera de ordens a serem dadas pelos zumbidos dos motores. Os homens recebiam lições de como usar corretamente o martelo: a aula consistia em tentar segurar uma destas ferramentas, presa a uma máquina, que a movimentava a intervalos constantes. Após meia hora, todos já tinham internalizado o ritmo mecânico. O mesmo processo repetia-se quando se tratava de ensinar a cinzelar e outras habilidades básicas. O objetivo de Gastev — segundo ele próprio — consistia em fazer do operário um "robô humano" — termo derivado do verbo russo *rabotat*, trabalhar. Como considerava as máquinas superiores aos seres humanos, Gastev pensava que elas promoveriam o aperfeiçoamento da humanidade. Para ele, a máquina era o próximo passo lógico na evolução da espécie humana. O engenheiro avistava um admirável mundo novo, de "unidades proletárias", em vez de "pessoas", tão destituídas de personalidade que sequer precisariam de nomes, sendo identificadas por meio de códigos alfanuméricos. Tal e qual as máquinas, "incapazes de pensar individualmente", esses autômatos limitar-se-iam a obedecer a quem estivessem no controle. Na psicologia do proletariado, um "coletivismo mecanizado tomaria o lugar da personalidade individual". A necessidade de emoções deixaria de existir e a alma humana não seria mais avaliada através de "um grito, ou um sorriso, e sim por medidores de pressão, ou velocímetros". Sobre este pesadelo utópico Zamiatin escreveu *Nós*, editado em 1924, inspirando o *1984*, de George Orwell. O romancista russo descreveu um mundo sob o domínio de entes robotizados — os "nós" — numerados e programados nos mínimos detalhes. A sátira pareceu tão perigosa que o livro foi proibido de circular, na Rússia, durante mais de 60 anos.

Gastev acreditava que em muito pouco tempo haveria uma sociedade mecanizada. *O ABC do comunismo*, que Bukharin e Preobrazhensky escreveram em 1919, previa o surgimento de um "novo mundo", com "novas pessoas e costumes", onde tudo seria "precisamente calculado". Imaginava-se que as referências mecânicas da arte do Proletkult colaboraria para parir este Mundo da Máquina. Quando Zamiatin escreveu *Nós*, existia uma Liga do Tempo, cujos 25 mil membros, distribuídos em 800 ramificações locais, mantinham um cartão em que anotavam como haviam passado cada minuto do dia — "7h, saí da cama; 7h01m, fui ao banheiro" etc. etc. etc. Os membros desta sociedade usavam imensos relógios de pulso, que ainda hoje são moda, na Rússia. Intitulando-se "guardiões do tempo", iam às fábricas e repartições, tentando evitar que os trabalhadores e funcionários desperdiçassem segundos preciosos. Outra de suas práticas consistia em substituir palavras longas por sinônimos mais curtos. Títulos oficiais extensos ganhavam abreviaturas e siglas. Aos políticos, eles pediam que dispensassem a verborragia, e aos oradores, nos congressos, que fossem sintéticos.[29]

A batalha contra a religião desempenhou papel crucial na guerra pela alma dos russos. Para os bolcheviques, o que não era secular merecia a pecha de retrógrado (o "ópio do povo"). No entender do regime, a Igreja era uma adversária em potencial, pois estaria tentando lhe usurpar o poder. Os soviéticos tinham ojeriza particular aos sentimentos religiosos do campesinato, considerando-os um abismo cultural a ser vencido, pois apartavam as aldeias dos ideais iluministas tingidos de vermelho. Os comunistas não conseguiam compreender nem esperar converter a gente "ignara" do campo enquanto esta se mantivesse tão aferrada ao etéreo. Portanto, a campanha antirreligião fazia parte de uma outra, mais ampla, que visava a acabar com o "alheamento" das aldeias rurais.

Até 1921, o combate à religião foi travado principalmente com as armas da propaganda. Os bolcheviques estimulavam a onda popular de anticlericalismo que havia tomado as terras da Igreja em 1917. O Decreto sobre a Separação da Igreja e do Estado, baixado em janeiro de 1918, eliminou os direitos dos sacerdotes à propriedade — os locais para funcionamento das paróquias passaram a ser alugados aos soviéticos — e impôs que não mais poderiam cobrar por serviços religiosos, assim tencionando colocá-los à mercê da população. A educação não leiga também foi banida. A propaganda bolchevista caricaturava o clero como parasitas gordos vivendo às custas dos lavradores e conspirando pela volta do tsar. A maioria dos jornais de província tinha colunas fixas sobre as atividades "reacionárias" dos padres da região, embora grande parte deles já tivesse se mudado para longe ou desaparecido pelas mãos da revolução camponesa. Evidentemente, as prisões da Cheka estavam cheias de padres.

O objetivo da propaganda bolchevista era substituir o culto a Deus pela veneração ao Estado, trocando os ícones religiosos pelos revolucionários. O comunismo seria o novo credo, e Lênin e Trótski, seus arcebispos. Neste sentido, a guerra soviética deu um passo além dos sacrilégios jacobinos: na Rússia, o propósito não se resumia a extinguir a religião, mas a apropriar-se de seus poderes e entregá-los ao Estado.

De um lado, havia a propaganda iconoclasta do regime. Os milagres cristãos eram tachados de mitos; sepulcros nos quais haveria relíquias de santos russos haviam sido abertos e, segundo os bolcheviques, nada continham além de esqueletos ou, em alguns casos, efígies de cera; e os celebrados "ícones chorosos" não passariam de pedaços de borracha que, devidamente comprimidos, produziam "lágrimas" quando alguém lhes oferecia um donativo. O apego do campesinato às explicações e superstições religiosas só merecia ser ridicularizado como imbecilidade: colheitas perdidas e epidemias deveriam ser evitadas pela ciência agronômica e meteorológica e não por preces e rituais, diziam os donos do poder. Para dirimir dúvidas, o regime fez a prova dos nove, semeando "terras de Deus" e "terras ateias", lado a lado — a primeira tratada com água benta, a outra, com fertilizantes químicos. A bordo de aeroplanos, os agricultores podiam constatar com seus próprios olhos que no céu não havia anjos nem seres divinos. A imprensa provinciana mantinha seções especiais dedicadas ao "paganismo científico". Centenas de panfletos e histórias ateus também foram publicados. A literatura e a música tidas como religiosas não mais podiam existir. Acusadas de conterem pitadas de sagrado, as obras de Platão, Kant, Schopenhauer, Nietzsche e Tolstói acabaram banidas, bem como o *Réquiem*, de Mozart, quase tudo de Bach, e as *Vesperais*, de Rachmaninov. Surgiu uma arte ateísta — um cartaz particularmente blasfemo mostrava a Virgem Maria grávida sonhando com um aborto — um teatro iconoclasta e um cinema profano. Criaram-se grupos de estudo e turmas noturnas cujo currículo resumia-se à análise da "ciência" do ateísmo. Boas notas poderiam ser uma credencial para uma posição de destaque no aparato do regime. Em 1921, apareceu uma União dos Ímpios, que editava uma publicação e mantinha centenas de sucursais, promovendo "debates" com os padres, nos quais questionavam a existência de Deus. Em geral, as discussões incluíam a conversão encenada de pelo menos um sacerdote que, de súbito, declarava estar convencido de que Deus não passava de uma balela, rogando às autoridades soviéticas que perdoassem sua vida de erros. Muitos padres devem ter sofrido torturas nas cadeias da Cheka, ou foram ameaçados de confinamento, a fim de abjurarem a fé. Ainda assim, a vitória dos hereges não estava assegurada. Num debate, o padre perguntou aos presentes quem havia feito o mundo. Quando alguém respondeu que a natureza se fizera sozinha, graças à evolução, houve risos entre os camponeses, que consideraram tal proposição grotesca. O religioso vencera a porfia.[30]

Além da propaganda iconoclasta, havia outro tipo de propaganda, que apresentava o comunismo como uma nova religião. Os festivais, rituais e símbolos do Estado soviético aludiam conscientemente a seus equivalentes cristãos, que procuravam substituir. As celebrações Vermelhas ocupavam as mesmas datas dos feriados religiosos: os dias do Komsomol caíam na Páscoa e no Natal; o Dia da Eletricidade, na data consagrada ao profeta Elias; o Dia da Floresta — um retrocesso ao passado pagão — coincidia com o antigo domingo da Trindade; o 1º de Maio e o Dia da Revolução estavam imbuídos de grande significado religioso: a parada, diante do Kremlin, centro da Rússia ortodoxa, lembrava a velha procissão sacra, na qual as cruzes haviam sido trocadas pelos rifles. O culto a Lênin propagou-se durante a guerra civil, conferindo-lhe status divino. O símbolo máximo do Estado comunista, a estrela vermelha, parecia-se a muitos signos piedosos e messiânicos profundamente entranhados no folclore russo.

Em 1918, um panfleto do exército comunista explicava aos soldados a razão da estrela vermelha aparecer na bandeira soviética e nas fardas. Outrora, existira uma linda donzela chamada *Pravda* (Verdade), que nascera com uma estrela rubra na testa, iluminando o mundo inteiro, anunciando a verdade, a justiça e a felicidade. Um dia, a estrela foi roubada por *Krivda* (Falsidade), resultando disso que o universo mergulhou nas trevas, convertendo-se no reino do mal. *Pravda*, então, conclamou o povo a retomar a estrela perdida e "devolver a luz da verdade ao mundo". Um jovem destemido incumbiu-se da missão. Vencendo *Krivda*, ele restituiu a estrela à antiga dona. Deste modo, as forças maléficas voltaram para suas furnas, fugindo da luz como "corujas e morcegos", e "o povo desfrutou da verdade de novo". Segundo o panfleto, "a estrela do Exército Vermelho é a de *Pravda*, e o soldado soviético representa o valente que combateu *Krivda* e seus perniciosos seguidores, fazendo a verdade prevalecer no mundo, e permitindo que todos os operários e camponeses, oprimidos e ludibriados, vivam bem e em liberdade".[31]

A exemplo do que ocorrera na vida pública, os rituais religiosos da vida privada também foram bolchevizados. Em vez de batizadas, as crianças passaram a ser "outubrizadas". Nessas cerimônias, muito comuns no início da década de 1920, os pais prometiam educar os recém-nascidos no espírito do comunismo; retratos de Lênin ainda criança eram dados de presente aos bebês; ao fundo, a *Internacional*. Os nomes escolhidos saíam dos anais da revolução: Marx, Engelina, Rosa (de Rosa de Luxemburgo), Vladlen; Ninel, Ilitch e Ilina (acrônimos, apelidos ou anagramas de Vladimir Ilitch Lênin), Marlen (combinação de Marx e Lênin), Melor (mistura de Marx, Engels, Lênin e Revolução de Outubro), Pravda, Barricada, Fevral (Fevereiro), Oktiabrina (Outubro), Revoliutsiia (Revolução), Parizhkommuna (Comuna de Paris), Molot (Martelo), Serpina (Foice), Dazmir (Vida Longa à Revolução Mundial), Diktatura (Ditadura) e Terrora (Terror). Muitos adultos aproveitaram a maré e trocaram os nomes que haviam recebido dos pais por algumas dessas inovações, escolhidas ao acaso, sem que delas soubessem sequer o significado, pelo simples fato de possuírem sonoridade estrangeira, o que levava os incautos a pensar que existia algum vínculo entre determinadas palavras e a revolução; assim, alguns passaram a se chamar Traviata, Markiza, Embryo, Vinagrete. Os casamentos constituíam um ritual à parte, popular entre a juventude do Komsomol. Em geral, celebravam-se nas fábricas ou clubes locais; em vez de se colocarem de frente para um altar, os noivos encaravam uma fotografia de Lênin; além dos votos de fidelidade, os futuros marido e mulher prometiam fidelidade eterna aos princípios do comunismo. No romance *Bodas do cão*, de 1925, Brykin reproduziu uma dessas solenidades. "Promete seguir a via do comunismo tão bravamente quanto está se opondo à Igreja e aos velhos costumes russos? Fará de seus filhos Jovens Pioneiros [organização do Komsomol destinada às crianças de mais tenra idade], e tratará de educá-los, apresentá-los aos métodos científicos de cultivo, e incentivá-los a lutar em defesa da revolução mundial? Então, em nome de nosso líder, camarada Vladimir Ilitch Lênin, declaro o matrimônio concluído", sentenciava o oficiante da história. Os sepultamentos soviéticos também tinham suas peculiaridades, inspiradas nas tradições fúnebres do movimento revolucionário e reservadas principalmente aos heróis do regime. Os guardas de honra, o caixão carregado numa carreta funerária coberta de vermelho, o hino *Tombaste Vítima*, os discursos ao pé do túmulo e a salva de tiros eram os procedimentos mais comuns, originalmente usados no enterro de Bauman, primeiro mártir bolchevique, em 1905.[32]

A partir de 1921, a guerra contra a religião passou das palavras e rituais ao fechamento de igrejas e execuções de sacerdotes. Lênin incentivava este domínio gratuito do terror. À exceção da Academia de Ciências, a Igreja era a única instituição nacional ainda livre do controle do Estado. Três anos de propaganda não a tinham destruído — sob vários aspectos, a guerra civil havia atraído mais gente para a fé. Assim, ele procurava atacá-la de maneira mais direta. A fome de 1921-1922 forneceu-lhe o pretexto de que precisava. Embora a Igreja tivesse participação ativa na campanha de socorro às vítimas, colocando à venda alguns de seus bens não sagrados, a fim de obter recursos para comprar alimentos no exterior, Lênin elaborou uma estratégia capaz de acusá-la de voltar as costas à crise. Determinou que a Igreja também pusesse à venda seu patrimônio sacro, sabendo que o clero não acataria tal ordem (o uso secular de bens sagrados constituiria sacrilégio). Desse modo, os padres dariam a impressão de estar contra o povo, não se desfazendo de relíquias que mitigariam a penúria dos russos. Açulando a campanha antieclesiástica, a imprensa bradava, histérica, pela venda de tudo quanto a Igreja possuía: "Transformem Ouro em Pão!", dizia uma manchete apelativa. Num último e desesperado esforço destinado a impedir a pilhagem, o patriarca Tikhon dispôs-se a levantar quantia equivalente ao valor dos objetos sagrados, solicitando doações e a venda de propriedades dos fiéis. O regime, porém, não aceitou a barganha. O dinheiro não importava, realmente.

Aos 26 de fevereiro de 1922, Moscou baixou um decreto ordenando que os Sovietes se apoderassem de todos os valores encontrados nos templos religiosos, inclusive objetos utilizados no culto. O decreto alegava que a venda de tais bens fazia-se necessária para ajudar as vítimas da fome; de fato, muito pouco do dinheiro obtido foi usado na compra de alimentos. Grupos armados destruíram as paróquias, carregando ícones, cruzes, cálices, mitras e até lascas dos altares. Em vários lugares, massas furiosas pegaram em armas para defender seus templos. Em alguns pontos do país, os padres defenderam as igrejas; em outros, os crentes se mobilizaram sozinhos. Os registros de 1922 e 1923 mencionam 1.414 episódios sangrentos. Na maioria das vezes, a violência foi unilateral. Munidos de metralhadoras, as tropas bolcheviques partiram para cima de velhos e mulheres que portavam forçados e rifles enferrujados; 7.100 religiosos — dos quais 3.500 freiras — morreram nestas batalhas desiguais. Um dos confrontos, ocorrido na cidade têxtil de Shuya, a pouco mais de 300 km de Moscou, levou Lênin a ordenar em sigilo o extermínio de todo o clero. No domingo, dia 12 de março de 1922, os fiéis conseguiram expulsar os burocratas que tentavam fechar a igreja local; três dias depois, os homens do regime retornaram, acompanhados de soldados e metralhadoras: na luta, várias pessoas morreram. Enquanto isso, aproveitando a ausência de Lênin, que estava em sua casa de campo, na cidade de Gorki, o Politburo aprovou a suspensão dos confiscos. Ao saber do que se passara em Shuya, o líder bolchevique determinou, pelo telefone, que a carnificina se intensificasse; a ordem, segundo ele, não deveria vazar para a sociedade. Tal determinação, que só veio à luz em 1990, revela a veia cruel da natureza deste homem, e acaba com a imagem "branda" que os historiadores ocidentais de esquerda lhe atribuem, principalmente nos seus últimos anos de vida. Segundo esses estudiosos, nos anos 1920, houve um período promissor de "democracia soviética", antes do stalinismo se firmar. No documento que só se tornou público em 1990, Lênin considerava que o evento de Shuya devia ser explorado, associando o clero aos Cem Negros, a fim de aniquilar a Igreja "por muitas décadas", e a "garantir ao regime várias centenas de milhões de rublos de ouro, uma quantia a ser usada na reconstrução econômica". Só assim, no contexto de uma fome devastadora, os camponeses em apuros se colocariam a favor do "regime ou, no máximo, optariam pela neutralidade", nesta guerra "feroz" contra a Igreja. "Cedo ou tarde, teremos sucesso", afirmara Lênin.

> Cheguei à conclusão inequívoca de que devemos travar a mais decisiva e impiedosa guerra contra os clérigos que apoiam os Cem Negros, acabando com toda a resistência e usando de toda crueldade, de forma a que dela não se esqueçam por décadas. Quanto aos demais sacerdotes e membros da burguesia reacionária, o melhor é fuzilá-los.

Levantamento recente indica que 8 mil pessoas foram executadas na brutal campanha de 1922. O patriarca Tikhon afirmava que 10 mil religiosos estavam presos ou vivendo no exílio, dentre os quais cem bispos. Só depois de 1925, sob pressão dos países ocidentais que mantinham relações comerciais com a Rússia, houve uma trégua temporária na perseguição à Igreja.[33]

De acordo com Gorki, os bolcheviques mobilizavam os militantes judeus das bases do partidos para confiscar o patrimônio eclesiástico. Ainda segundo o escritor, o regime ajudava a estimular o antissemitismo, de modo a desviar a ira da comunidade cristã. Desse modo, pretendia que todo o embate não passava de uma questão de crença. Em diversas cidades, como Smolensk e Viatka, houve *pogroms* antissemitas, seguidos de ataques a igrejas ortodoxas. Enquanto isto, os bolcheviques fechavam sinagogas, mantendo à risca a tática de combate à religião. A primeira sinagoga a ter suas atividades encerradas foi a de Vitebsk, terra natal de Chagall, em abril de 1921. As autoridades soviéticas afirmavam que seis das 80 sinagogas da cidade precisavam ser destinadas ao ensino do iídiche. De pronto, os judeus ocuparam os templos escolhidos pelos bolcheviques, lá mantendo vigílias de orações. Mas as autoridades os expulsaram à força, quebrando janelas e ao som de "Morte aos Judeus!" Várias pessoas morreram. Nenhuma das sinagogas jamais transformou-se em escola: uma tornou-se universidade comunista; uma passou a sediar uma fábrica de calçados; as demais viraram clubes operários. Houve mais fechamentos de templos judaicos em Minsk, Gomel, Odessa e Kharkov. Ao todo, entre 1921 e 1925, 800 sinagogas deixaram de existir.

Havia mais do que um matiz de antissemitismo nisto tudo. Nas palavras de Gorki, as bases do partido estavam cheias de "velhos nacionalistas russos, canalhas e vagabundos que desprezavam e temiam os judeus". A Oposição Militar e a Oposição Operária, que se escoravam na massa partidária, usavam a retórica do antissemitismo para disseminar animosidade de classe contra os "especialistas burgueses". Os primeiros anos da NEP — quando houve um aumento considerável do pequeno comércio, no qual os judeus, tradicionalmente, predominavam — ajudaram a fortalecer o preconceito racial. Para as bases bolcheviques, era amargo ver os "negociantes judeus tomando conta de Moscou". Durante a guerra civil, esses "especuladores" teriam sido presos; agora, viviam melhor do que grande parte dos filiados ao partido, numa época em que metade dos trabalhadores russos enfrentava o desemprego. A revolução — assim lhes parecia — estava batendo em retirada nas frentes da luta de classes e da discriminação racial. Foi neste contexto que muitos bolcheviques militantes começaram a ponderar, como fizera o próprio Marx, que os judeus, enquanto grupo social, eram sinônimo de capitalismo. Resumindo: todos os comerciantes seriam, essencialmente, "judeus". Tais ideias estavam presentes na campanha antissemita deslanchada em 1921. Naquele ano, e visando a fins puramente propagandísticos, as autoridades propuseram que durante o Yom Kippur as atitudes da comunidade judaica fossem "julgadas". O palco seria montado em Kiev, onde o inocente Beiliss (também judeu) sentara-se no banco dos réus, em 1913.[34]

A perseguição bolchevique à religião pouco fez para enfraquecer o fascínio que o "ópio do povo" exercia sobre a população. Embora os anos 1920 tenham testemunhado um declínio das práticas religiosas, em especial entre a juventude rural que frequentava a escola ou migrava do campo para a cidade, provavelmente tal mudança teve menos a ver com os esforços do regime comunista do que com as tendências à secularização da vida moderna. Há décadas que isto já ocorria. Na verdade, quase sempre as medidas opressoras dos bolcheviques provocaram efeito inverso ao desejado, tornando os fiéis ainda mais aferrados às suas crenças religiosas. A despeito da separação da Igreja e Estado, os clérigos locais continuavam a se manter graças a doações voluntárias dos paroquianos, bem como por meio de contribuições e cessões de terras de comunas rurais. Ironicamente, a situação se assemelhava aos sonhos do clero liberal do século XIX: uma paróquia autossustentável. Um forte apelo aos rituais religiosos permanecia guiando mesmo os que não mais acreditavam na religião com a fé inabalável de outrora. Bebês batizados segundo os novos cânones bolcheviques e os casamentos que juravam fidelidade eterna a Lênin não suplantavam seus equivalentes tradicionais (que, evidentemente, também eram mais divertidos do que a versão comunista). As pessoas ainda preferiam enterrar seus mortos a cremá-los, apesar da escassez de ataúdes e de túmulos e da garantia do Estado de promover cremações gratuitas. Afinal, segundo o funcionário de um necrotério, "os russos ainda são religiosos ou supersticiosos demais para esquecerem as tradições funerais da Igreja Ortodoxa".[35]

A exemplo do que se dera quanto às práticas religiosas, também no âmbito da cultura e da vida social a tentativa bolchevique de "transformar o mundo e o homem" naufragou ao se chocar com as pedras da realidade. Sob vários aspectos, o projeto soviético não passava de uma quimera utópica — acreditar que a natureza humana podia ser alterada simplesmente modificando o meio social em que o povo vivia. O homem não pode ser transformado de maneira tão fácil: a natureza humana se modifica a passos mais lentos do que as ideologias dominantes ou a sociedade. Talvez esta seja a lição moral mais importante da Revolução Russa e da terrível história do século XX.

3. Bolchevismo em retirada

Carta de Sergei Semenov

Andreevskoe, 21 de janeiro de 1921

Querida Ana

A vida na aldeia tornou-se insuportável. É fato que estamos em situação muito melhor do que os camponeses do restante da Rússia. Nem o confisco de comida nem o trabalho forçado tem nos afetado, ainda. Mas ainda sofremos de agruras diárias, tais como roubos, estupidez e desonestidade, causadas por representantes locais do poder soviético, o que faz da existência normal uma impossibilidade. O povo trabalhador, em cujo nome tudo foi promovido, não aguenta mais o novo regime. Não escreverei outra carta de reclamações a Kamenev [presidente do soviete de Moscou]. Como diz o provérbio, "Não há nada pior do que um homem que jamais ouve".

Apesar do fim da guerra e de todas as promessas de que o país voltaria a se erguer, nossa população não acredita que as autoridades terão capacidade para tanto. Todos estão tão cansados, irritados e devorados pelo sentimento de opressão que não se permitem pensamentos positivos nem veem saída para o problema. Muitos desesperam-se porque Wrangel e os poloneses acabaram derrotados — e, ainda assim, ninguém quer admitir que a resposta para nossos males não está em mudanças externas, infligidas de fora, mas em modificar o modo como vivemos.[36]

A exasperação e o desespero expressos no texto de Semenov eram partilhados pelos lavradores de toda a Rússia. O regime bolchevique destruíra todos os ideais da revolução camponesa. Os sovietes rurais, que em 1917 haviam praticamente realizado o velho sonho da *volia* — liberdade e autonomia das aldeias —, acabaram dominados por comunistas. De órgãos da autogestão dos povoados, converteram-se em engrenagens burocráticas do Estado. A revolução agrária, que visara a fazer das pequenas propriedades um padrão válido para todo o país, via-se ameaçada pelas fazendas coletivas. As terras da nobreza, que os camponeses imaginavam pertencer a eles, estavam sendo transferidas ao Estado. E que tipo de Estado era aquele? Um que não ajudava os agricultores a prosperarem; que levava seus filhos e cavalos para o exército; que prolongava indefinidamente as devastações da guerra civil, forçava a população do campo a formar equipes de trabalho e confiscava os grãos dos povoados. "A liberdade que conquistamos com a revolução nos foi tirada pelo novo regime", queixou-se um aldeão a um jornalista estrangeiro, em janeiro de 1921. "A vida no campo é igual à que tínhamos nos tempos do tsar."

Em 1921, grande parte da Rússia camponesa estava à beira de uma míngua de víveres assoladora. A crise de fome de 1921-1922 nascera diretamente da seca e das geadas fortes, mas não há dúvida de que as áreas mais afetadas foram aquelas que sofreram com os confiscos de grãos realizados entre 1918-1921. Na região mais atingida pela fome, a província de Samara, a quantidade de grãos confiscados no período 1919-1920 foi 30% maior do que o excedente de colheita comum da área. Em consequência, a família média camponesa local perdeu 118 kg de comida, forragem e sementes que deveriam ser mantidos em seus estoques. Nas duras condições de 1921, com frequência ter algo armazenado podia constituir a diferença entre a vida e a morte. No distrito de Balashov, província de Saratov, onde a brigada assassina de Cheremukhin recolhia o tributo, a quantidade de grãos confiscados excedeu a colheita total, de modo que os camponeses foram forçados a pagar a taxa com o que haviam acumulado em anos anteriores. No outono de 1920, segundo um funcionário local, "não havia mais sementes para plantar". Em toda a zona produtora de grãos da Rússia, os bolcheviques intencionalmente impuseram tributos mais altos do que o excedente agrícola estimado, pois supunham que os camponeses esconderiam até um terço do que de fato sobrara da safra. Fazendo uso desse raciocínio, as brigadas de confisco tomavam, indiscriminadamente, quaisquer gêneros alimentícios que encontrassem nos armazéns aldeões, não raro matando os que resistiam — *kulaks*, como gostavam de classificá-los. No entanto, muitos funcionários bolcheviques viam-se obrigados a admitir que os fuzilados costumavam ser os lavradores mais pobres que morreriam de fome se pagassem com tributo o último quinhão de alimento que lhes restara. Durante 1920, quando os sinais de crise iminente tornaram-se absolutamente claros, comunistas locais rogaram a Moscou que interrompesse os confiscos, mas o regime queria mais e mais. "Não existe mais grão para se levar", advertiu um deles, da região do Volga alemão, em setembro de 1920. Nesta área, 42% da parca safra de 1920 foram confiscados e embarcadas para o norte, também faminto. Os métodos mais cruéis valeram para extorquir tanto de quem tinha tão pouco: os comunistas saquearam as aldeias, fizeram crianças de reféns e espancaram e torturaram camponeses.[37]

De início, os lavradores defendiam-se usando as "armas dos fracos": resistência passiva e subterfúgios. Eles enterravam os grãos sob a terra, usavam uma parte para alimentar o gado ou preferiam transformá-lo em bebida a entregá-los aos bolcheviques. Logo depois, começaram a pegar em armas em revoltas locais esporádicas de frequência, alcance e violência cada vez maiores. Em 1928, os camponeses irados assassinaram 2 mil integrantes das brigadas de confisco; no ano seguinte, este número chegou a quase 5 mil; e, em 1920, a mais de 8 mil. No outono de 1920, todo o campo estava incendiado por guerras rurais. Até o verão daquele ano, o grupo guerrilheiro de Makhno, que contava com cerca de 15 mil homens, vagou pelas estepes ucranianas e, ao lado de incontáveis bandos locais, conseguiu paralisar grande parte dos transportes soviéticos. Na província de Tambov, na Rússia central, a rebelião encabeçada por Alexander Antonov obteve o apoio de toda a população rural: o poder soviético deixou de existir, na área, entre o outono de 1920 e o verão de 1921. Nas províncias de Voronezh, Saratov, Samara, Simbirsk e Penza havia bandos camponeses menores, mas não menos destrutivos, que criavam empecilhos ou efetivamente limitavam a ingerência bolchevique na região. Centenas de grupos de bandoleiros controlavam as estepes entre Ufa e o mar Cáspio. No Don e no Kuban, cossacos e camponeses finalmente uniram-se em torno de uma causa comum: o ódio aos comunistas. As tropas rebeldes das montanhas caucasianas dispunham de mais de 30 mil guerreiros. Na Bielo-Rússia, os lavradores, liderados pelos nacionalistas, assumiram boa fatia do campo e forçaram o esvaziamento dos sovietes de Minsk e Smolensk. Porém, a maior de todas as revoltas camponesas (embora a menos estudada) eclodiu na Sibéria ocidental. Ao longo do primeiro semestre de 1921, as regiões de Tiumen', Omsk, Cheliabinsk, Tobolsk, Ekaterinburg e Tomsk (incluindo suas principais vilas) caíram nas mãos de rebeldes rurais, dos quais 60 mil armados; praticamente toda a infraestrutura soviética montada nesta ampla faixa de terra deixou de funcionar por quase seis meses ininterruptos. Por toda a Rússia, o fenômeno se repetia em menor escala: enfurecidos, os agricultores armavam-se e expulsavam os bolcheviques das aldeias. A menos de 80 km do Kremlin, em algumas vilas perto de Andreevskoe e de Semenov, nenhum bolchevique se arriscaria a circular.[38]

O admirável nessas guerras camponesas é que todas partilhavam das mesmas características, apesar das distâncias geográficas imensas entre elas e dos diferentes contextos em que ocorriam.

A maioria das rebeliões maiores surgiu em 1920 como movimentos tímidos contra o confisco de grãos. Porém, graças à incompetência e à brutalidade com que foram tratadas pelos comunistas locais, em pouco tempo transformaram-se em insurreições amplas, até ganharem contornos de guerras camponesas. Iniciada na aldeia de Kamenka, em agosto de 1920, com a chegada de um destacamento incumbido de recolher mais uma cota de grãos, a rebelião de Tambov foi um exemplo clássico. O tributo de mais de 11 milhões de *puds* sem dúvida consistia num fardo pesado demais para a população. Até mesmo Lênin ponderou em setembro que talvez "a cota devesse ser reduzida". A colheita de 1920 tinha sido muito fraca e, caso pagasse o tributo integral, o povoado ficaria com apenas um *pud* de grão por pessoa, menos de 10% da quantidade normal de comida, sementes e forragem. No último outubro, a localidade já havia sido palco de revoltas causadas pela fome. Em janeiro, segundo o bolchevique Antonov-Ovseenko, enviado de Moscou e encarregado de reprimir o levante, "metade do campesinato não tinha o que comer". Os lavradores de Kamenka eram relativamente ricos — o que significava que passavam menos fome do que os de outras áreas —, razão pela qual o governo central decidira obrigá-los a pagar uma taxa extra. A aldeia recusou-se a aceitar tamanha injúria e partiu para o ataque, matando vários membros da brigada de confisco. Armados com forçados e rifles, os camponeses enfrentaram os reforços soviéticos provenientes de Tambov. Os povoados vizinhos engrossaram o movimento e logo estava constituído um rudimentar exército rural, o qual lutava sob a proteção de uma bandeira vermelha — tomar a si os símbolos da revolução foi uma constante destes levantes populares. Esta tropa formada às pressas tinha à frente o herói camponês SR Grigorii Plezhnikov, que, em 1905 e 1927, organizara a guerra contra as propriedades da nobreza na área. Neste ínterim, emergiu nos povoados uma rede de ligas camponesas (STKs) — quase sempre criadas por militantes SRs —, que substituíram os Sovietes e se encarregaram de abastecer os contingentes rebeldes, do que resultou o fuzilamento de mais de 50 comunistas.

A rapidez com que a revolta se espalhou pegou de surpresa os bolcheviques de Tambov. O soviete e o partido, na província, haviam se tornado muito débeis. Desde algum tempo, os filiados abandonavam o barco aos magotes — muitos eram ex-SRs, que logo se juntavam aos insurretos. As greves e denúncias de corrupção disseminavam a ideia de que pertencer aos quadros bolcheviques seria perigoso e embaraçoso. Devido à guerra com a Polônia, somente 3 mil soldados do Exército Vermelho permaneciam na região, quase todos pouco merecedores da confiança de Moscou. Como arma, dispunham de uma única metralhadora, ineficaz no combate ao distrito inteiro de Kirsanov, que também se levantara. Os insurretos tiraram vantagem da fraqueza do adversário, e marcharam sobre a capital da província. No meio do caminho, milhares de camponeses engrossaram suas fileiras. Mesmo em pânico, os bolcheviques mobilizaram reforços e conseguiram repeli-los. Seguiu-se uma campanha de terror que atingiu as aldeias vizinhas, várias delas incendiadas, enquanto os rebanhos eram confiscados e centenas de lavradores executados. Isso bastou para atiçar ainda mais as chamas da sublevação. "Toda a população refugiou-se nos bosques, assustada, e deu o braço aos rebeldes. Os próprios camponeses que se mantinham leais, não tendo nada a perder, aderiram à revolta", relatou um comunista local. De Kirsanov, o movimento expandiu-se na direção sul de Tambov, contaminando uma parte do território das províncias contíguas — Saratov, Voronezh e Penza. No final de 1920, o ativista da esquerda SR, Alexander Antonov, assumiu a liderança dos sublevados, criando a maior ameaça que o regime soviético jamais enfrentara, segundo Lênin reconheceria, mais tarde.[39]

A propaganda soviética sempre atribuiu as revoltas camponesas aos *kulaks*. Os fatos, porém, demonstram que se tratava de rebeliões rurais generalizadas. Os exércitos que enfrentavam os bolcheviques eram constituídos de lavradores comuns, como sugeriam suas armas agrícolas — forçados, machados, ancinhos e enxadas —, muito embora a eles se juntassem desertores da guerra civil, eventualmente capazes de liderá-los na luta contra os confiscos. Em Tambov, às vésperas da insurreição, havia 110 mil desertores, 60 mil deles nos distritos adjacentes aos bosques, próximos de Kirsanov. Muitos rebeldes eram jovens que não tinham como sobreviver, quase todos com menos de 25 anos de idade. Na província de Saratov, o exército de maltrapilhos sob o comando de Popov vestia-se com agasalhos roubados. Os documentos do Partido Buguruslan descreve os bandos que perambulavam pelas estepes de Orenburg como

> ...pessoas rudemente atingidas pela pobreza e pela fome. Os *kulaks* garantem auxílio material aos bandidos, mas só muito raramente pegam em armas, pois não há falta de braços para a luta. "Matar os Comunistas! Exterminar as Fazendas Coletivas!" é uma palavra de ordem muito popular entre os estratos mais retrógrados e oprimidos do campesinato.

Era de se esperar que, dada a ruptura geral da ordem, criminosos se somassem aos exércitos de agricultores, saqueando propriedades e violentando mulheres, fato que posteriormente ajudaria os bolcheviques a minarem o prestígio dos rebeldes entre a população local.[40]

A força das tropas revoltosas derivava dos laços estreitos que tinha com a aldeia, permitindo-lhes operações ao estilo de uma guerrilha, o que confundia os comandantes do Exército Vermelho. O que os norte-americanos aprenderiam muito depois no Vietnã — exércitos convencionais, ainda que bem armados, estão em desvantagem para enfrentar um contingente camponês que conta com o respaldo dos habitantes — os soviéticos descobriram em 1921. Sessenta anos mais tarde, os russos viveriam experiência semelhante no Afeganistão. As tropas de insurrectos de núcleos, ou aldeias, designavam responsáveis pela mobilização, alimentos e equipamento. Em Tambov e em certas regiões da Sibéria ocidental, os STKs, estreitamente vinculados às comunas, desempenhavam essas funções. Em outros lugares, a tarefa cabia às comunas. Em algumas áreas, a Igreja e os SRs locais, em especial aqueles da ala esquerda, também contribuíram para organizar a revolta, embora o papel preciso da liderança SR ainda esteja envolto em mistério.[41]

Com o apoio da população local, as tropas rurais eram, segundo Antonov--Ovseenko, "quase invulneráveis, extraordinariamente invisíveis e ubíquas". Os camponeses podiam se transformar em soldados e vice-versa, conforme a necessidade do momento. Os aldeões consistiam nos ouvidos e olhos dos exércitos revoltosos — mulheres, crianças e até pedintes serviam de espiões. Em toda parte, os Vermelhos eram passíveis de uma emboscada. Em contrapartida, quando perseguidos pelos inimigos, os rebeldes sumiam num estalar de dedos — fosse se fundindo com os habitantes da região ou saindo em disparada em cavalos cedidos pelas aldeias. Conhecendo bem o terreno, os camponeses chegavam a atravessar até 160 km, diariamente, ao passo que os Vermelhos não percorriam nem um terço dessa distância. Da mesma forma, eles estavam capacitados a promover ataques noturnos e sua mobilidade compensava a falta de artilharia; literalmente, eles corriam em círculos, cercando os bolcheviques, cujos comandantes queixavam-se de topar com adversários "em toda parte". Em vez de enfrentar os comunistas em campo aberto, os revoltosos preferiam se pôr de tocaia nas colinas, ou nos bosques, à espera da ocasião propícia a um ataque surpresa. Em seguida, desapareciam. Tratava-se de estratégia defensiva, pois eles não pretendiam investir contra Moscou, nem tomar as cidades mais longínquas. Só queriam livrar-se da influência do governo central. Assim, com vistas a neutralizar os Vermelhos, destruíam pontes, derrubavam postes telegráficos e arrancavam trilhos. Os soldados tinham dificuldades em fazer frente a todos esses artifícios, principalmente porque nenhum dos seus comandantes jamais enfrentara algo parecido. Quase todas as primeiras e reduzidas unidades mandadas para combater os rebeldes acabaram derrotadas e desmoralizadas. Muitos Vermelhos somaram-se aos revoltosos. Tukhachevsky chegou a afirmar que o único propósito das primeiras investidas parecia ser "armar os sublevados".[42]

Os objetivos e a ideologia das revoltas eram espantosamente uniformes e refletiam as aspirações comuns à revolução camponesa em toda a Rússia e Ucrânia. Todas as revoltas procuravam restabelecer a autogestão rural que vigorara em 1917-1918. Na maioria dos casos, seguiam a palavra de ordem "Poder soviético sem comunistas!", ou alguma versão similar. Algo que já se expressara em outros slogans igualmente confusos, tais como "Vida Longa a Lênin! Abaixo Trótski!", ou "Vida Longa aos Bolcheviques! Morte aos Comunistas!" Os camponeses iludiam-se supondo que bolcheviques e comunistas faziam parte de dois partidos distintos: a mudança do nome da legenda, em fevereiro de 1918, ainda não chegara aos povoados mais afastados. A gente do campo acreditava que "Lênin" e os "bolcheviques" haviam promovido a paz, permitindo às aldeias apoderar-se da terra pertencente à aristocracia, e vender a produção agrícola livremente no mercado, e regular as comunidades locais através dos Sovietes eleitos pela população. Em contrapartida, imaginavam que "Trótski" e os "comunistas" haviam causado a guerra civil, tomado a terra que pertencera aos nobres (destinando-a às fazendas coletivas), banido a liberdade de comércio, impondo os confiscos, e usurpado os sovietes provinciais.

Ao se colocarem a favor dos sovietes, os rebeldes camponeses tentavam dotar de "legitimidade" o protesto camponês. Muitos dos organismos que criaram para substituir a ingerência de Moscou autodenominavam-se "sovietes". Nem por isso o compromisso com o ideal democrático da revolução era menos autêntico. Todos os movimentos rurais mostravam-se hostis aos Brancos — e, é digno de nota, que todos só tenham surgido após a vitória do Exército Vermelho. Muitas das lideranças rebeldes (Makhno, Sapozhkov, Mironov, Serov, Vakhulin, Maslakov e Kolesov) tinham lutado contra os Brancos e, não raro, com distinção. Outros haviam atuado nos Sovietes. Alexander Antonov fora chefe de polícia, em Kirsanov, até o verão de

1918, quando os SRs de esquerda romperam com os bolcheviques e transformaram o distrito num bastião da revolta. Sapozhkov, que esteve à frente do exército camponês, no distrito de Novouzensk, em Samara, comandara os bolcheviques que agiam na clandestinidade contra o Komuch, tendo sido considerado herói na luta contra os cossacos; posteriormente, ocupara a presidência do Soviete local. Piatakov, líder camponês dos revoltosos na província de Saratov, fora comissário de abastecimento na região. Voronovich, liderança dos insurrectos do Cáucaso, ocupara a presidência do Soviete de Luga, em 1917, tendo participado na defesa de Petrogrado, quando da investida de Kornilov.[43]

Com frequência, os camponeses afirmavam estar fazendo uma nova "revolução" — e era exatamente isto o que pretendiam. Como em 1917, grande parte da infraestrutura do Estado no campo fora varrida por uma grande onda de fúria e destruição, uma maré de vingança, que visava ao regime comunista. Milhares de bolcheviques foram brutalmente assassinados, vítimas de torturas medonhas (e simbólicas), tendo suas orelhas, línguas e olhos arrancados; braços, pernas, cabeças e genitálias decepados; ventres abertos a golpes de faca, estripados e recheados com trigo; cruzes marcadas a fogo em suas testas e tórax. Outros foram pregados a árvores; queimados vivos, ou afogados no gelo, ou enterrados até o pescoço, ou jogados aos cães e ratos, sempre sob a vigilância de maltas de camponeses aos gritos. As sedes do partido e dos Sovietes foram saqueadas. Os prédios onde funcionavam a polícia e os tribunais rurais desapareceram em meio às chamas. Os centros de instrução partidária e de propaganda ruíram, e grande parte das fazendas coletivas desapareceu, suas ferramentas e animais, redistribuídos entre os lavradores das vizinhanças. O mesmo aconteceu nas estações coletoras de grãos, moinhos, destilarias, fábricas de cerveja e padarias mantidas pelo regime. Assim que as forças rebeldes tomavam um desses locais, "massas imensas de camponeses" apareciam para carregar os produtos confiscados e retornavam às aldeias nas suas carroças. A retomada da "propriedade do povo" — na verdade, um novo "saque aos saqueadores" — ajudou os exércitos rebeldes a consolidarem o apoio da população rural. Nem todos, porém, pareciam-se com Robin Hood. O banditismo puro e simples também tinha vez. Boa parcela dos exércitos insurrectos interceptavam e pilhavam trens. Na primavera de 1921, na região do baixo Don, ocorrências do gênero eram cotidianas. Os ataques às vilas e lavouras permitiam aos bandoleiros garantir a refeição diária. À época, o súbito aparecimento desse tipo especial de grupo rebelde, sempre acompanhado de grandes rebanhos, equipamento militar em profusão, barris de bebida e sacas de grãos invariavelmente roubados, constituía uma cena comum. Ao deixarem Kniazeva, no distrito de Serdobsk, os seguidores de Antonov levaram consigo os figurinos e adereços do teatro local, além de lanternas mágicas, manequins e anquinhas. Uma testemunha ocular da passagem das tropas revoltosas de Popov pela cidade de Khvalynsk, no Volga, referiu-se ao longo comboio de carrinhos de metralhadoras, puxados por seis cavalos:

> Os veículos, cobertos de manchas de sangue, contrastavam com os cavalos, decorados com fitas e outros apetrechos multicoloridos. Dez dos suportes volantes levavam gramofones, tonéis de cerveja e de vodca. Durante o dia inteiro, os bandidos cantaram e dançaram, num fragor inimaginável que encheu toda a cidade.[44]

Em março de 1921, o poder soviético em grande parte do campo havia, virtualmente, desaparecido. As organizações bolcheviques nas províncias mandavam telegramas desesperados a Moscou, afirmando estarem impotentes para resistir aos rebeldes e pedindo reforços imediatos. Nas áreas ocupadas pelos revoltosos, o confisco dos grãos destinados a alimentar os moradores dos centros urbanos havia sido interrompido. À medida que se aprofundava a crise de abastecimento nas cidades e mais e mais trabalhadores cruzavam os braços, em greve, tornava-se claro que os bolcheviques estavam enfrentando uma situação revolucionária. Lênin assustou-se: todos os dias, bombardeava os comandantes Vermelhos com ordens para que a sublevação fosse abafada o mais breve possível, não importava por que meios. "Mal conseguimos manter a situação como está", reconheceu ele, em março. As guerras camponesas, disse Lênin durante a sessão de abertura do X Congresso do Partido, em 8 de março, eram "muito mais perigosas do que todos os Denikins, Yudenichs e Kolchaks juntos".[45] Somadas às greves e ao motim de Kronstadt, também ocorrido naquele mês, as revoltas rurais acabaram forçando o partido a, finalmente, abandonar as odiadas políticas do comunismo de guerra e a restaurar o livre comércio, sob a tutela da NEP. Tratou-se de uma medida aflita para conter a maré da revolução popular que se apoderara do campo. Tendo derrotado os Brancos, os quais contavam com o respaldo de nada menos do que oito países do Ocidente, os bolcheviques renderam-se aos lavradores.

A onda de paralisações operárias que varreu a Rússia em fevereiro de 1921 não era menos revolucionária do que as revoltas camponesas. Nesse ano, dadas as punições esperadas pelos grevistas (demissão instantânea, detenção, confinamento e até execução), cruzar os braços podia ser considerado um ato de bravura, um desafio. As greves anteriores haviam sido um meio de barganhar com o regime, mas as de 1921 foram a derradeira e desesperada tentativa de derrubá-lo.

"Os trabalhadores nada têm a perder senão os seus grilhões!" A frase de Marx nunca fora tão verdadeira. A fábrica militarizada havia escravizado o proletariado. Sem estoques alimentícios o bastante para estimular a produção, os bolcheviques só podiam recorrer à coerção. Os trabalhadores eram privados de suas parcas rações, aprisionados e até fuzilados caso as fábricas não atingissem as cotas de produção preestabelecidas. Devido à safra minguada e à crescente relutância do campesinato em abrir mão dos grãos, os armazéns urbanos esvaziavam-se a olhos vistos, chegando a níveis críticos no inverno de 1920-1921. A interrupção do transporte, devido às fortes nevascas, tornou o problema ainda mais grave. Em 22 de janeiro, a ração de pão foi reduzida em um terço em várias cidades industriais, inclusive Moscou. Mesmo os trabalhadores mais privilegiados passaram a receber somente mil calorias diárias. Dada a falta de combustível, centenas de fábricas de todo o país foram obrigadas a cerrar as portas. O menchevique Fedor Dan viu operários e soldados famintos mendigando comida nas ruas de Petrogrado. As mulheres consumiam as noites nas filas, na esperança de comprar um pedaço de pão.[46] A cena parecia reprise das vésperas da Revolução de Fevereiro.

Moscou foi a primeira a se levantar. Um surto de reuniões operárias bradava pelo fim das regalias desfrutadas pela cúpula comunista, pela volta do livre comércio e pelo direito de ir e vir (o que significava poder viajar ao campo e negociar com os camponeses), pelas liberdades civis e pela Assembleia Constituinte. Bandeiras brancas foram penduradas nas fábricas e tornaram-se um símbolo do protesto proletário. Os gráficos da capital assumiram a testa do movimento. Tanto mencheviques quanto SRs tinham ampla representatividade no sindicato da categoria, que, em maio de 1920, já havia se colocado abertamente contra os donos do poder. Tamanha era a insatisfação entre os trabalhadores que os cabeças dos protestos não precisavam fazer esforço para arrebanhar seguidores. De sua parte, os bolcheviques enviaram emissários às fábricas, tentando apaziguar os ânimos. Em vão: os emissários eram rudemente rechaçados. Segundo um relato (muito questionável, por sinal), Lênin teria se apresentado diante de uma ruidosa reunião de metalúrgicos e perguntado aos presentes, que o acusavam de arruinar o país, se prefeririam estar sob o jugo dos Brancos. A questão teria merecido uma resposta irada: "Que venha quem for — branco, preto, o diabo —, mas que você suma." Em 21 de fevereiro, milhares de trabalhadores entraram em greve. Manifestações imensas tomaram as ruas do distrito de Khamovniki e, após esforços frustrados para dispersar a multidão, os soviéticos decidiram recorrer às tropas. Porém, como em fevereiro de 1917, os soldados recusaram-se a disparar nas massas. O governo precisou chamar os destacamentos especiais (ChON), que mataram vários trabalhadores. No dia seguinte, manifestações ainda maiores ocuparam as vias públicas, marchando contra o quartel de Khamovniki e tentando conseguir a adesão dos praças. No entanto, os soldados estavam trancados e, mais uma vez, os destacamentos comunistas debandaram a massa, à força. Em 23 de fevereiro, cerca de 2 mil operários realizaram novo protesto. O regime, então, decretou lei marcial em Moscou.[47]

Enquanto isto, as greves espalhavam-se em Petrogrado. No dia 22, inúmeras fábricas promoveram encontros contra os homens no poder. Como na capital, os trabalhadores queriam o fim das rações privilegiadas, a volta do livre comércio, direito de ir e vir e, sob a influência de mencheviques e SRs, eleições democráticas para os Sovietes e a convocação de uma Assembleia Constituinte. Nos três dias seguintes, milhares de operários cruzaram os braços. Todas as maiores metalúrgicas da cidade — Putilov, Trubochny, Báltica e Obukhovsky — juntaram-se ao movimento, que afetou ainda a maior parte das docas e estaleiros. Tratou-se praticamente de uma greve geral. Na Nevsky Prospekt e na ilha Vasilevsky, houve atritos entre grevistas e tropas Vermelhas. Alguns dos soldados do regime atiraram contra os trabalhadores, matando e ferindo pelo menos 30 deles, mas milhares dos que vestiam fardas bolcheviques passaram-se para o lado dos manifestantes, inclusive os Regimentos Izmailovsky e Finlandês. Até mesmo os marinheiros do *Aurora*, símbolo flutuante do poder soviético, ancorado em Petrogrado para se submeter a reparos, desembarcaram para se reunir aos que protestavam.

Não é necessário ser um gênio para perceber que a situação reproduzia aquela ocorrida havia quatro anos, quando um motim da guarnição de Petrogrado levara à queda do tsarismo. Os bolcheviques pareciam petrificados com a perspectiva de a história se repetir e fizeram tudo o que estava ao seu alcance para manter os soldados na caserna. Chegaram a sumir com as botas dos praças, sob a alegação de que iriam substituí-las por pares novos. No dia 25, Petrogrado também foi posta sob lei marcial. Todo o poder foi entregue a um Comitê de Defesa, cujo cabeça era Zinoviev. O chefe do partido, que sempre tendera a perder o controle em situações que exigiam sangue frio, fez um apelo histérico aos trabalhadores, implorando que retornassem à produção, em troca de melhores condições de vida. A Cheka prendeu centenas de grevistas e encarcerou os mencheviques e SRs de maior destaque. Centenas de operários foram trancafiados nos próprios locais de trabalho, ficando assim impossibilitados de ter acesso às parcas rações a que ainda faziam jus. Tanta brutalidade só tendia a exacerbar os ânimos. Os trabalhadores passaram a clamar diretamente pela queda do regime bolchevista. Em 27 de fevereiro, quarto aniversário da revolução, o seguinte texto apareceu pregado nos muros da cidade. Era um chamado a uma nova conflagração:

> Acima de tudo, nós, trabalhadores e camponeses, precisamos de liberdade. Não queremos nos submeter aos decretos bolcheviques. Queremos assumir o controle dos nossos destinos.
>
> Exigimos a libertação de todos os socialistas e de todos os trabalhadores não filiados ao partido; fim da lei marcial; liberdade de expressão, de imprensa e de reunião; eleições livres para os comitês de fábricas, sindicatos e sovietes.
>
> Convoquem assembleias, aprovem resoluções, enviem delegações às autoridades, exijam que nossas reivindicações sejam postas em prática.[48]

No mesmo dia, a revolta espraiou-se pelo golfo da Finlândia, alcançando Kronstadt. O país dera um passo à frente, rumo a uma nova rebelião popular. Em 1917, Trótski chamara os marinheiros da base naval de "orgulho e glória da revolução".* Afinal, eles tinham sido os primeiros a exigir o poder dos Sovietes, e desempenharam papel primordial nos eventos de outubro. Ainda assim, nunca deixaram de ser um bastião problemático do bolchevismo. Tão anarquistas quanto comunistas, sonhavam com uma República Soviética de Kronstadt — versão da Comuna de Paris — em contraposição a um Estado centralizado, diante do qual tivessem que se curvar. Até o verão de 1918, o Soviete de Kronstadt estivera subordinado a uma ampla coalizão de extrema esquerda. Sua executiva era escolhida segundo critérios de competência, obedecendo rigorosamente ao comando dos Sovietes eleitos pelos marinheiros da base. Os bolcheviques consideravam intolerável tanta democracia e decidiram expurgar os demais partidos, transformando o Soviete da ilha em mais um órgão burocratizado a serviço de Moscou. Os marujos não demoraram a demonstrar seu descontentamento. Tinham lutado ao lado dos Vermelhos na defesa de Petrogrado, em outubro de 1919, mas apenas porque os Brancos lhes pareciam uma ameaça maior. Finda a guerra civil, voltaram-se contra o Kremlin, condenando o modo como os camponeses eram tratados. Muitos deles provinham de famílias rurais — a Ucrânia e Tambov estavam muito bem representadas na base — e sentiam-se antecipadamente chocados, imaginando as cenas que presenciariam ao regressar ao lar. "Nosso sítio é como tantos outros, mas mesmo assim, quando eu e meu irmão voltamos à aldeia, depois de ter servido à república soviética, os camponeses vão rir de nossa lavoura arrasada, indagando a quem servimos, ou o que a república soviética nos deu", escreveu um dos tripulantes do *Petropavlovsk*, que em novembro de 1920 soube do confisco da vaca que pertencia à sua família. O estilo de vida feudal desfrutado pela cúpula do partido era outra fonte de crescente ressentimento entre os marinheiros e as bases bolcheviques. Raskolnikov, líder bolchevique de Kronstadt, em 1917, voltou à base na qualidade de comandante em chefe da esquadra do Báltico, em 1920. Nesta sua segunda passagem pela ilha, vivia como um príncipe, na companhia da esposa, a elegante comissária bolchevique Larissa Reissner. O casal prodigalizava banquetes, mantinha um motorista e diversos criados. Larissa possuía, inclusive, um armário repleto de vestidos confiscados de senhoras da aristocracia. Desiludidos, 50% dos bolchevistas de Kronstadt rasgaram suas carteirinhas de filiados.[49]

Quando notícias sobre as greves de Petrogrado chegaram a Kronstadt, os marinheiros mandaram uma delegação à cidade com a incumbência de apurar detalhes sobre a situação. Em 28 de fevereiro, quando o grupo voltou à ilha, a tripulação do *Petropavlovsk*, anteriormente um baluarte bolchevique, se insurgiu, clamando por eleições livres para os Sovietes, liberdade de expressão, imprensa e reunião

* O termo foi cunhado pela imprensa liberal, em 1917, referindo-se a Kerenski.

(embora apenas para operários e camponeses, partidos de esquerda e sindicatos), "rações iguais para todo o povo trabalhador" e "autonomia para os camponeses lavrarem a terra como lhes parecer apropriado", contanto que não contratassem mão de obra. Enquanto as resoluções dos proletários exigiam a reconvocação da Assembleia Constituinte, os marujos continuavam avessos a tal ideia. Fora um grupo de marinheiros anarquistas de Kronstadt que havia fechado a Assembleia Constituinte a pulso, em janeiro de 1918. O programa dos homens da base naval permanecia estritamente ligado aos Sovietes, visto que objetivava restaurar o pluripartidarismo, extinto no verão de 1918. Além do mais, ao contrário dos rebeldes camponeses, que defendiam a eliminação dos comunistas, os marujos se dispunham a aceitar que os Vermelhos mantivessem o poder, desde que respeitassem os princípios democráticos que haviam norteado os Sovietes, renunciando à ditadura. Ao contrário do que aconteceu nas demais revoltas de 1921, mais da metade das bases bolcheviques de Kronstadt juntou-se ao motim de Petrogrado.

Embaraçados pela perda de sua antiga fortaleza, os bolcheviques alegaram que os rebeldes da base naval não eram os mesmos de 1917 — os melhores tinham morrido na guerra civil, sendo substituídos por "jovens camponeses fardados", cujas mentalidades tipicamente "anarquistas" induziam a iniciativas "pequeno-burguesas". No entanto, conforme demonstrou Israel Getzler, os bolcheviques estavam sendo abandonados pelos próprios filhos prediletos. Em 1921, sob a liderança de veteranos, os rebeldes de Kronstadt eram essencialmente os mesmos de 1917. Alguns deles, como o SR Anatolii Lamanov, ideólogo do motim, fora membro destacado do Soviete local, entre 1917-1918. Nos dois maiores navios envolvidos no motim, o *Petropavlovsk* e o *Sebastopol*, 94% dos tripulantes haviam sido recrutados em 1918.[50] Aos olhos daqueles homens, a revolta representava um retorno aos dias revolucionários.

Em 1º de março, a fúria e a excitação revolucionárias tomaram as ruas. Uma assembleia realizada na Praça da Âncora contou com a presença de 15 mil marinheiros, quase um terço do contingente da base, e aprovou uma resolução que exigia eleições livres. Kalinin, encarregado de acalmar os ânimos, foi recebido com hostilidade, e Kuzmin, comissário bolchevique da esquadra, deixou o palanque debaixo de vaias. No dia seguinte, 300 delegados de várias embarcações e estaleiros reuniram-se para eleger um novo Soviete. Os bolcheviques amotinados constituíam minoria entre os delegados. Alarmados pelos rumores de que os guardas comunistas estavam prestes a invadir a reunião, os delegados preferiram selecionar um Comitê Revolucionário de cinco homens, que, às pressas, se pôs a organizar a defesa da ilha. O velho espírito de improvisação revolucionária estava de volta.

Embora tais rumores acabassem comprovando-se falsos, os bolcheviques de Petrogrado estavam, mesmo, se preparando para reprimir o motim. Não podiam esperar que o movimento desaparecesse, espontaneamente. Em Kazan e Nizhnyi-

-Novgorod, espoucavam revoltas contra a represão ao movimento da base naval. O gelo que cobria o golfo da Finlândia estava prestes a derreter, o que tornaria a fortaleza — e sua esquadra — virtualmente inexpugnável. Em 2 de março, o regime baixou lei marcial em toda a província de Petrogrado. As tropas e a artilharia reuniram-se ao longo da costa, na margem oposta a Kronstadt. Como acontecera na defesa de Petrogrado contra os Brancos, Trótski seguiu para a velha capital a fim de assumir o comando das operações. Ele chegou em 5 de março e ordenou que os amotinados se rendessem de imediato. Num ultimato que poderia ter sido dado por qualquer governador de província do século XIX a camponeses rebeldes, Trótski advertia que os insurrectos seriam "mortos como perdizes", caso não se rendesem em 24 horas. Ele determinou que as famílias dos marujos residentes em Petrogrado fossem aprisionadas como reféns. E, quando o chefe da Cheka local insistiu na tese de que o motim fora "espontâneo", Trótski telegrafou a Moscou, solicitando a demissão do insolente.[51]

O ataque teve início no dia 7 de março. Durante o dia seguinte inteiro, as pesadas balas dos canhões bolcheviques, montados na costa noroeste, bombardearam a fortaleza. Era o Dia Internacional da Mulher, e em meio ao ruído dos disparos, a rádio da base enviava saudações às mulheres de todo o mundo. Os estrondos foram ouvidos na Nevsky Prospekt, a 32 km de distância, onde estava Alexander Berkman. O anarquista norte-americano, cuja fé na revolução ressurgira subitamente graças ao motim, observou em seu diário: "São 18h. Kronstadt foi atacada! Dias de angústia e canhonada. Sinto meu coração entorpecido de desespero; algo morreu dentro de mim." O bombardeio visava tão somente a preparar o terreno — e os espíritos — para a investida que se daria através do gelo. As tropas bolcheviques teriam que atravessar 8 km em campo aberto, expostas à artilharia dos navios e dos fortes. O moral dos Vermelhos, recrutas recém-alistados, era baixo. A fim de evitar que debandassem, Tukhachevsky, encarregado da operação, dispôs à retaguarda os homens do corpo de segurança comunista e as metralhadoras da Cheka. Na manhã do dia 8, os soldados avançaram, alguns deles cobertos com lençóis brancos: uma nevasca providencial garantiu-lhes improvisada camuflagem, confundindo-os com a paisagem. Foi um desastre. Os canhões dos amotinados abriam buracos no gelo, e cegos pela neve, inúmeros atacantes se afogavam; as metralhadoras ceifaram cerca de 2 mil. Quando a tempestade cessou, a imensa extensão gelada estava coberta de cadáveres.[52]

Enquanto atiravam contra os bolcheviques que cruzavam o gelo, os marinheiros promoviam sua própria "revolução". Aquela seria uma república construída debaixo de fogo. Durante sua breve e febril existência — de 1º a 18 de março — o Comitê Revolucionário de Kronstadt desmantelou o aparato comunista existente na ilha, organizando eleições para os sindicatos e para o Soviete. Aos 8 de março, o *Izvestiia* da base publicou um emocionado documento de protesto intitulado "Por que lutamos", resumo de tudo o que eles consideravam errado na revolução:

> Ao fazer a Revolução de Outubro, a classe trabalhadora esperava conquistar sua emancipação. O resultado, porém, foi uma escravidão ainda maior. A repressão policial, que tão fortemente apoiara a monarquia, passou ao controle dos usurpadores comunistas, que, em vez da liberdade, presentearam o povo com a Cheka, instrumento de torturas muito piores do que as infligidas pela polícia tsarista. Os comunistas substituíram a foice e o martelo — glorioso emblema do estado dos trabalhadores — pela baioneta e pela janela cerrada com barras de ferro, que garantem a vida tranquila e confortável da nova burocracia, com seus comissários e funcionários.
>
> Pior e mais criminoso do que tudo isto é a servidão moral que nos é imposta: os comunistas se intrometem num mundo que só pertence ao povo trabalhador, forçando-o a pensar conforme suas conveniências. Através do controle do Estado sobre os sindicatos, acorrentam os operários às máquinas; o trabalho deixou de ser fonte de alegria, tornando-se uma nova forma de servidão. Aos protestos camponeses, expressos em levantes espontâneos, e aos dos trabalhadores, cujas condições de vida os levam à greve, os comunistas respondem com execuções em massa, numa carnificina que supera mesmo aquelas patrocinadas por generais do império. A Rússia dos que trabalham, a primeira a erguer o estandarte vermelho da liberdade, está ensopada de sangue.[53]

Foi nesse contexto que se reuniu o X Congresso do Partido, aberto em Moscou, naquele 8 de março. A liderança bolchevique via-se diante de duas questões cruciais. A primeira: derrotar a Oposição Operária — e os centralistas democráticos — autores de duas resoluções favoráveis à liberdade sindical e partidária. A segunda: derrubar uma outra moção acerca da crise revolucionária que o país atravessava.

Como em todas as situações similares, Lênin estava furioso, disposto a não se deter diante de nada para destruir seus oponentes. Começou hostilizando Kollontai: deixou de falar com ela e fez ameaças a quem não seguisse seu exemplo. No curso dos debates, valeu-se do fato de Shliapnikov e Alexandra serem amantes, ridicularizando os argumentos de ambos em prol da solidariedade proletária. "Sabemos que a camarada Alexandra e o camarada Shliapnikov são uma 'classe unida'", disse ele, provocando risos entre os presentes. Ao sarcasmo, acrescentou calúnia, denunciando o "desvio sindicalista" da Oposição Operária, cujos ideais seriam idênticos aos dos marinheiros de Kronstadt e dos operários em greve. Evidentemente, tratava-se de uma falsa imputação: os marujos e os trabalhadores exigiam a derrubada da ditadura bolchevique — a Oposição, no congresso, só pretendia reformar o governo, embora tais distinções não fossem muito perceptíveis. Na atmosfera de histeria reinante — que Lênin ajudou a propagar, advertindo a todo momento que o poder soviético estava sob risco iminente de cair — os delegados deixaram-se dominar pelo pânico, e incapazes de questionar os argumentos contrários aos dissidentes, aceitaram a tese demagógica de que a unidade partidária era indispensável, naquela circunstância tão delicada. Facções só beneficiariam o inimigo. Indubitavelmente, Lênin teria vencido de um jeito ou de outro. A "Plataforma dos Dez" sugerira um meio-termo entre o centralismo trotskista e o "sindicalismo" da Oposição Operária, restaurando as posições do IX Congresso, permitindo que a indústria continuasse a ser administrada por funcionários estatais, em vez dos Sovietes. Mas as entidades dos trabalhadores passariam a ser consultadas acerca do preenchimento dos cargos administrativos. A tática leninista foi vitoriosa. Ambas as resoluções que ele propôs, condenando a Oposição Operária, receberam a maioria esmagadora dos votos; apenas trinta, dos 694 delegados presentes, manifestaram-se contra as ideias do líder bolchevique.[54]

Lênin consolidou seu triunfo com uma das decisões mais degradantes da história do Partido Comunista — a expulsão dos integrantes das facções — aprovada pelo plenário, em votação secreta, no dia 16 de março: a partir de então, nenhum militante poderia mais arrogar-se a mínima independência em relação ao Comitê Central. Através de dois terços dos votos do Comitê Central e da Comissão de Controle, os integrantes das facções poderiam ser excluídos do partido. A proposta expressou a ira vingativa de Lênin contra a Oposição Operária, tendo sido aplaudida por um plenário claramente enfadado e impaciente ante as disputas internas travadas ao longo dos últimos meses, e ávido para alinhar-se com o líder. Nem ele nem as bases tinham clareza das consequências que a medida acarretaria. O Comitê Central passou a dirigir o partido segundo os mesmos métodos ditatoriais que já vinham sendo impostos ao país; quem ousasse desafiar suas decisões seria considerado antagonista da linha partidária. A ascensão de Stálin ao poder resultou do banimento das facções; contra Trótski e Bukhárin, ele brandiria o mesmo argumento que Lênin utilizara contra a Oposição Operária. De fato, foi com vistas à expulsão dos "dissidentes" e o expurgo dos oposicionistas que se criara, em abril de 1922, a Secretaria Geral do partido, com Stálin na condição de primeiro *Gensek*. No XII Congresso, em 1923, tudo isso se concretizou — juntamente com a ascendência de Stálin no CC. Poupados da expulsão desonrosa, Shliapnikov e Kollontai foram enviados para o exílio diplomático — ele, em Paris, e ela, em Estocolmo. Os integrantes da Oposição Operária perderam os postos que detinham no partido e nos sindicatos. A maioria sofreu perseguições e encarceramento. Mais tarde, durante o terror stanilista, quase todos morreriam fuzilados; Shliapnikov, em 1937.

Não menos monumental do que o banimento das facções foi a segunda resolução, igualmente histórica, aprovada pelo X Congresso: substituir o tributo, até então pago em grãos, por impostos em dinheiro. Ruía, assim, o pilar central do comunismo de guerra, dando lugar às fundações da NEP. Pagas as taxas, os camponeses poderiam vender o que restasse do excedente agrícola. Na prática, e numa óbvia tentativa de estimular a produção, restaurava-se o livre mercado: a carga fiscal diminuiu 45%, em relação ao que fora cobrado em 1920 (mais tarde, reduziu-se a 10% da colheita). Quem aumentasse a área de plantio e a produtividade teria descontos; a comuna deixaria de ter qualquer ingerência sobre o recolhimento dos valores devidos ao Estado: o lavrador tornou-se responsável direto pelo pagamento; criou-se um fundo especial destinado à aquisição de ferramentas agrícolas e bens de consumo, só disponível, entretanto, para os que atingissem as maiores safras. Ao que parece, Lênin vinha matutando havia semanas sobre a possibilidade de tratar a gente do campo de forma diferente. Um relatório de Bukharin, sobre o levante liderado por Alexander Antonov, entregue ao Politburo no dia 2 de fevereiro, afirmava ser impossível dar continuidade ao confisco de grãos, devido à resistência das aldeias em diversas províncias. Não pode haver dúvida de que a introdução da cobrança de taxas em espécie foi determinada pela urgência do regime bolchevique em pacificar os camponeses; Lênin os temia mais do que aos Brancos.[55]

Receoso de que os delegados considerassem a nova modalidade de taxação um retorno ao capitalismo, ele tentou limitar o debate da matéria, postergando a apresentação da resolução até 15 de março, penúltimo dia do congresso, data em que bom número dos participantes já teria se incorporado às forças envolvidas no confronto com os marinheiros de Kronstadt. Seu discurso sobre a NEP monopolizou a sessão, não restando muito tempo aos demais oradores. Ele enfatizou que a cobrança em dinheiro era absolutamente necessária para abafar as revoltas e para construir uma nova aliança com os camponeses — *smychka* — baseada no mercado, e sem a qual o poder soviético não sobreviveria: o fracasso da revolução, no Ocidente, deixara o proletariado sozinho. As políticas da guerra civil haviam sido um sonho utópico — não se podia "decretar" o socialismo — e num país rural e atrasado como a Rússia, o único meio de promover a recuperação da economia devastada e atingir a transformação socialista consistia em acumular capital, através do mercado. Ninguém devia temer que a volta do comércio privado devolvesse o país aos braços do capitalismo; afinal, o que se tinha em vista era um mercado socializado. A revolução liquidara as classes capitalistas russas, inclusive os *kulaks*. Enquanto o regime soviético controlasse as atividades econômicas mais importantes — bancos, indústria pesada, transporte e comércio exterior —, o mercado estaria regulado; as pressões fiscais seriam usadas para encorajar os pequenos proprietários rurais a optarem pelas fazendas coletivas e cooperativas. Mais uma vez, a tática leninista funcionou: seu discurso durou quase três horas e, ao fim da arenga, a maioria dos delegados parecia exausta ou intimidada demais para encarar uma discussão teórica sobre o tema. A respeito de outros assuntos da pauta, até 250 pessoas costumavam inscrever-se, querendo falar. Dessa vez, porém, apenas quatro oradores ergueram o braço, inclusive o próprio Lênin. O trio que se pronunciou fora escolhido pelo Presidium, e dividiu exíguos trinta minutos de tribuna, não fazendo nenhuma crítica, obviamente. Trótski e Bukharin mantiveram-se calados, embora discordassem de Lênin — um silêncio espantoso, considerando que nas sessões anteriores daquele mesmo congresso a dupla subira à tribuna quatorze vezes. O próprio Shliapnikov, alvo de tantas críticas por conta dos ataques desferidos contra a Oposição Operária e que, mais tarde, condenaria a cobrança do tributo como um recuo diante do campesinato, permaneceu estranhamente mudo.[56] A política que nortearia a década foi aprovada sem discussão. Iniciava-se uma era de congressos partidários em que um só homem tinha vez e voz.

Nesse meio-tempo, as atenções bolcheviques também se voltavam para a repressão da revolta popular. No dia 10, após uma melancólica descrição de Trótski sobre a situação de Kronstadt, 300 delegados apresentaram-se como voluntários, a fim de combater os marinheiros. Querendo provar sua lealdade ao regime, membros da Oposição Operária declararam-se dispostos à luta em defesa da causa soviética. Em Petrogrado, a notícia sobre a cobrança de impostos em dinheiro logo se espalhou, a fim de levantar o moral das tropas. A essa altura, as greves haviam esmorecido: as prisões e concessões — em 27 de fevereiro, Zinoviev prometera o retorno do livre mercado — bastaram para fazer os operários retornarem ao trabalho. O mesmo acontecera em Moscou. Em 16 de março, começou o ataque final à fortaleza de Kronstadt. Após vários dias de bombardeio intenso — inclusive aéreo — 50 mil soldados experientes avançaram através do gelo, aproveitando a escuridão da madrugada. A batalha durou 18 horas, ininterruptas, até a meia-noite do dia 17, quando a rebelião foi vencida e a maioria dos marinheiros se rendeu. Envergando a farda do regime soviético, mais de 10 mil homens haviam perecido, entre eles 15 delegados do X Congresso. Receando que os cadáveres acabassem atirados à costa finlandesa, na época do degelo, o governo de Helsingfors solicitou a Moscou que todos os corpos fossem retirados do local.

Na manhã seguinte, centenas de prisioneiros foram conduzidos em marcha pelas ruas de Petrogrado, rumo às prisões. Próximo ao centro, ao cruzarem com um magote de operários carregando sacos de batatas, eles gritaram: "Traidores! Vocês nos venderam em troca de batatas comunistas. Amanhã poderão devorar nossa carne junto com elas." À noite, cerca de 500 rebeldes foram fuzilados, sem julgamento; a ordem partira de Zinoviev. Ante a recusa dos pelotões, a tarefa coube a uma brigada do Komsomol. Advertido sobre o que ocorria, Gorki sentiu-se afrontado — como muitos socialistas, ele apoiara o levante da base naval — e partiu à procura de Lênin, com a ideia de sustar as execuções. O líder bolchevique determinou que Zinoviev se explicasse diante de uma reunião partidária, no apartamento do escritor, mas como ele sofreu um ataque cardíaco durante a discussão (mais tarde, Gorki diria que tudo não passara de fingimento), não mereceu mais do que uma leve reprimenda; provavelmente, Lênin teria aprovado seus atos. Nos meses que se seguiram, outros 2 mil rebeldes foram executados, a maioria sem julgamento. Enviados a Solovki, o primeiro grande campo de concentração soviético, construído numa ilha no mar Branco, centenas encontraram a morte, vitimados pela fome, a doença e o esgotamento. A ordem partira de Lênin. Cerca de 8 mil marinheiros de Kronstadt escaparam pelo gelo, rumo à Finlândia, onde foram obrigados a prestar serviços comunitários. Posteriormente, alguns regressaram à Rússia, atraídos pelas promessas de anistia: acabaram nos campos de concentração ou executados.[57]

A repressão à rebelião de Kronstadt dividiu os socialistas de todo o mundo. Não poderia existir prova mais conclusiva de que os bolcheviques haviam se transformado em tiranos. "Rompido o último fiapo de sua fé nos bolcheviques", Alexander Berkman vagou em agonia pelas ruas de Petrogrado — berço e, agora, também túmulo da revolução. Em 18 de março, ele registrou em seu diário, com amarga ironia: "Os vitoriosos estão celebrando o aniversário da Comuna de 1871. Trótski e Zinoviev denunciam Thiers e Gallifet pelo massacre dos rebeldes de Paris."[58]

A força bruta e o terror implacável também foram usados para acabar com as principais revoltas camponesas, embora, em alguns lugares, como na região do Volga, a fome e a exaustão se incumbissem de dar cabo dos insurrectos. O desfecho viria no início do verão, quando os bolcheviques reelaboraram sua estratégia militar: em vez de mandar pequenos destacamentos para combater os sublevados, passaram a despejar tropas nas áreas rebeldes, assim desencadeando uma campanha de terror em massa contra as aldeias que apoiavam as guerras rurais. De quebra, ainda inundavam os demais povoados com propaganda Vermelha. De início, o novo plano de ataque foi aplicado na província de Tambov, para onde, em abril, foi mandado Tukhachevsky. Coberto dos louros pela derrocada dos marujos de Kronstadt, sua incumbência consistia em esmagar a revolta de Antonov. Em junho, no auge das operações, as áreas insurgentes foram ocupadas por mais de 100 mil homens, a maioria soldados experimentados pertencentes às unidades de segurança (tidas como elite entre as tropas comunistas) e ao Komsomol. Com eles, desembarcaram no campo várias centenas de canhões e carros blindados. Os bolcheviques utilizavam aeroplanos para rastrear o movimento dos bandos camponeses e para lançar bombas e panfletos de propaganda sobre os pontos de concentração de rebeldes. Gás venenoso também era usado para "fazer os grupos abandonarem os esconderijos nos bosques". Através de informantes pagos, os bolcheviques sabiam com precisão que camponeses tomar como reféns, os quais acabavam aprisionados em campos de concentração construídos especialmente para a ocasião. No fim de junho, havia 50 mil lavradores nos campos de concentração de Tambov, dos quais mil eram crianças. Não raro a população de uma aldeia inteira era presa. Se a medida não bastasse para a rendição dos sublevados, todos os reféns eram fuzilados ou deportados para o Círculo Ártico. Às vezes, povoados inteiros desapareciam sob as chamas. Num *volost* do distrito de Tambov — que sequer era bastião da revolta camponesa — os soviéticos mataram 154 homens, prenderam 227 famílias, queimaram 17 casas e destruíram ou entregaram a informantes outras 46. Durante a repressão, estima-se que cerca de 100 mil pessoas foram presas ou deportadas; 15 mil morreram a bala.[59]

Além do tacão de ferro, Moscou se valeu também de fórmulas mais sutis para tentar fazer com que as aldeias abandonassem o apoio empenhado aos rebeldes. Os povoados que aprovassem resoluções condenando os "bandidos" eram recompensados com um fundo especial de sal e bens manufaturados. Os bolcheviques esperavam que os revoltosos, ao tomarem conhecimento de tais "prêmios", decidissem se vingar das aldeias traidoras. Assim, bastaria às tropas comunistas cercar o local e exterminar o bando, cuja imagem ainda ficaria maculada nas redondezas. Outra medida consistia em prometer anistia aos sublevados, embora quase todos os cerca de 6 mil que se mostraram tolos o bastante para se render tenham sido presos ou fuzilados. Por fim, houve um incremento substancial da propaganda sobre os benefícios da NEP; a eficácia de tal providência é questionável, ao contrário do que, posteriormente, alegariam os bolcheviques. Muitos agricultores, mesmo na região de Moscou, nunca ouviram falar do imposto a ser cobrado em espécie. E os que já tinham conhecimento da novidade "não estavam propensos a crer na sinceridade do decreto", como reconheceu Tukhachevsky.[60]

No fim do verão de 1921, quando a maior parte dos camponeses sofria sob a fome, a maioria das revoltas fora reprimida. As tropas de Antonov debandaram, mas ele conseguiu escapar e, seguido por uma pequena coluna de guerrilheiros, continuou a infernizar a vida dos bolcheviques, nas imediações de Tambov. Um ano depois, foi capturado e morto pela Cheka. No fim de julho, quase todos os grupos camponeses da Sibéria ocidental, do Don e do Kuban já haviam sido aniquilados; apenas os menores ainda sobreviviam. Até 1923, a resistência rural ao regime soviético perdurou, ainda que em escala reduzida e com métodos menos aguerridos. Makhno desistira da luta em agosto de 1921, fugindo para a Romênia com o que restara de seus seguidores. No entanto, a região sudeste da Ucrânia, onde costumava agir, continuou sublevada durante vários anos. Muitos o consideravam um herói folclórico (até a década de 1950, hinos em sua homenagem animavam casamentos e outras festividades), embora para outros ele não passasse de um bicho-papão. "Se não dormir já, Makhno vai pegar você", diziam as mães, ameaçando os filhos insones.[61]

Os mencheviques e SRs sumiram do mapa. Para a propaganda bolchevique, era inegável que os dois partidos haviam organizado as sublevações rurais e as greves operárias. Simpatia pelos movimentos eles tinham, sem dúvida, e em alguns casos chegaram a apoiá-los. Muito mais relevante, porém, é que sua popularidade aumentara à medida que a dos bolcheviques decrescia. Em suma: estavam se apropriando de fatia do prestígio Vermelho, e isto precisava ser coibido. Ao alegar que as greves e sublevações camponesas obedeciam à sua orientação — explicação simplista acerca dos protestos que corroíam a reduzida base de sustentação do regime —, os comunistas apenas buscavam pretexto para destruir os últimos rivais políticos que os ameaçavam. Em 1921, a prisão de cerca de 5 mil "contrarrevolucionários" mencheviques e, no ano seguinte, o grotesco julgamento das remanescentes lideranças SR — o partido foi sentenciado como "inimigo do povo" — constituíram medidas desesperadas através das quais os bolcheviques tentaram reafirmar a legitimidade popular de uma revolução falida.[62]

A Nova Política Econômica foi originalmente concebida como um recuo temporário. "Fazemos concessões econômicas para evitar transigências políticas", disse Bukharin ao Comintern, em julho. Em dezembro, Zinoviev acrescentou: "A NEP é apenas um desvio transitório, um recuo tático antes do ataque decisivo do trabalho contra o capitalismo internacional." Lênin concordava. Para ele, a NEP era um "Brest-Litovsk camponês" — tratava-se de retroceder um passo para avançar dois. Porém, ao contrário de muitos outros líderes do partido, ele encarava a possibilidade de retrocesso demorado o bastante para extrapolar a simples manobra tática, eventualmente capaz de desembocar numa revisão dos cânones revolucionários. Sem querer precisar datas, falava em "não menos de uma década, talvez mais do que isto". Seu pronunciamento ao partido, no mês de maio, frisava que "a NEP deve ser adotada com seriedade e por um longo prazo. Precisamos estar cientes disso, em face dos rumores de que se trata de uma política falsa... um truque político destinado a resolver questões momentâneas, o que não é verdade".[63]

No entender de Lênin, a NEP não era uma concessão temporária ao mercado, mas um esforço fundamental no sentido de redefinir o socialismo num país atrasado, cuja maioria da população residia no campo. Afinal, a Rússia ainda não concluíra a "revolução burguesa", em grande parte devido ao *coup d'état* dos bolcheviques, em 1917. Segundo o resumo de Lênin, perante o X Congresso do partido, somente nos "países de capitalismo avançado" seria possível uma "transição imediata ao socialismo". Portanto, o país dos Sovietes tinha que encarar a tarefa de "construir o comunismo com mãos burguesas", isto é, fundar o socialismo no mercado. Evidentemente, em virtude das dúvidas que alimentava, ele temia que o regime se afogasse no mar das ninharias tão caras aos camponeses. No geral, porém, via o mercado — regulado pelo Estado e gradualmente socializado, através de cooperativas — como o único caminho viável. Na prática, ele invertia a máxima que alimentara as ilusões bolcheviques até então, aproximando-se de uma versão segundo a qual "Quanto mais mercado, mais socialismo".[64]

No entanto, os bolcheviques não podiam esquecer com facilidade a desconfiança inata que nutriam pelo comércio privado. Até mesmo Bukharin, que mais tarde tornar-se-ia principal defensor da NEP, consumiu todo o período entre 1921 e 1923 acostumando-se com a ideia. Boa parte das bases bolcheviques viam o crescimento do mercado privado como uma traição à revolução. Afinal, a prática sempre fora condenada como um atentado à causa comunista e havia apenas alguns meses passara a contar com o aval e o estímulo de Lênin. Além do mais, uma vez abertas as portas para o mercado, seria difícil deter uma avalanche de iniciativas comerciais que poderia levar à mesma escassez experimentada pelos russos nos quatro anos anteriores. Em 1921, toda a população usava roupas e sapatos remendados, cozinhava em panelas velhas, bebia em canecas lascadas. Todos precisavam de algo novo. As pessoas montavam tabuleiros, nas ruas, a fim de vender ou trocar o que possuíam em casa, nada muito diferente do que se vê hoje em dia em tantas cidades russas; o mercado de pulgas prosperava e os mercadores clandestinos retornaram às estradas. Com base nas leis de 1921-1922, o país ganhou um sem-número de butiques, cafeterias, restaurantes, clubes noturnos, bordéis, hospitais, clínicas, instituições de crédito e poupança e pequenas manufaturas, mais numerosos do que cogumelos após a chuva. Observadores estrangeiros espantaram-se com a súbita transformação: Moscou e Petrogrado — que durante a guerra civil pareciam cemitérios — voltaram à vida, exibindo um comércio ruidoso, táxis lotados e letreiros comerciais luminosos. Nas vias públicas, o movimento era tanto quanto antes da revolução. "A NEP converteu a capital num imenso mercado", recordou Emma Goldman:

> Lojas e armazéns surgiam da noite para o dia, misteriosamente abarrotados de iguarias que a Rússia há anos não conhecia. Grandes quantidades de manteiga, queijo e carne ocupavam as vitrines; massas, frutas raras e doces de toda variedade estavam à venda. Homens, mulheres e crianças, rostos contraídos e olhos famintos, iam e vinham, fitando as vitrines e discutindo o grande milagre: o que até ontem era considerado uma ofensa abominável, agora era exibido de modo ostensivo e sob o amparo da lei.[65]

Mas, ainda que de pé, os famélicos poderiam adquirir todas aquelas gostosuras? As bases bolcheviques temiam que o crescimento do comércio privado conduzisse, inevitavelmente, a um abismo muito maior entre ricos e pobres. Nos anos 1940, um deles manifestou esta inquietude, afirmando: "Nós comunistas, na juventude, fomos educados na crença de que o dinheiro teria sido definitivamente banido... Sua reaparição não significaria o ressurgimento dos ricos? Não estaríamos escorregando de volta ao capitalismo? Colocávamos tais questões para nós mesmos, cheios de ansiedade." Tantas dúvidas foram reforçadas pelo aumento da taxa de desemprego nos dois primeiros anos da NEP. Enquanto os desempregados viviam do que conseguiam após enfrentar filas absurdas, os camponeses engordavam e tornavam-se opulentos. "Foi para isto que fizemos a revolução?", perguntou um bolchevique a Emma. Nas cidades, o sentimento predominante era que a NEP estava sacrificando os interesses da classe trabalhadora em favor do campesinato;

os habitantes dos grandes centros imaginavam os *kulaks* ressurgindo, ganhando prestígio e enriquecendo às custas dos operários. Coube à Oposição Operária afirmar isso com todas as letras. Em 1921-1922, dezenas de milhares de operários bolcheviques rasgaram suas carteirinhas de filiados, em protesto contra a NEP, sigla a que se referiam como "Nova Exploração do Proletariado".[66]

Boa parte de tamanha fúria concentrou-se contra os comerciantes, chamados de "filhos da NEP", que na década de 1920 enriqueciam escandalosa e rapidamente. Transcorridos sete anos de guerra e privações, talvez fosse inevitável que gente mal-intencionada incorresse em faltas. Poderíamos compará-los aos ladrões, que negociavam no mercado paralelo da Grã-Bretanha, após 1945, ou às máfias russas, posteriores à derrocada soviética. Em todo caso, os camponeses eram encorajados a vender sua produção ao Estado e às cooperativas em troca de bens manufaturados baratos. Porém, até que o sistema socializado começasse a funcionar a pleno vapor (o que só aconteceria em meados dos anos 1920), continuava sendo mais fácil e mais lucrativo recorrer aos serviços dos "filhos da NEP", que operavam como intermediários. Se algum produto era particularmente escasso, com certeza tais negociantes o teriam em estoque — e isto porque costumavam subornar burocratas soviéticos para ter acesso a artigos que outros jamais conseguiriam. Bebidas clandestinas, heroína, cocaína — eles vendiam de tudo. Os "filhos da NEP" eram um símbolo errante de uma nova e medonha forma de capitalismo, presenteando esposas e amantes com diamantes e peles, circulando em carros importados, roncando na ópera, cantando à mesa de restaurantes e, aos berros, sentando-se em bares de hotéis caros para se vangloriar das fortunas gastas em hipódromos e cassinos recém-inaugurados. O ostensivo desperdício desses *nouveaux riches* servia de contraponto à fome e ao sofrimento daqueles tristes anos, dando ensejo a um ressentimento acre e generalizado. A irritação era mais intensa entre os trabalhadores, crédulos em que a revolução já devia ter extirpado tais desigualdades.

Na verdade, a mágoa contra os "filhos da NEP" e os "especialistas burgueses", os "judeus" e os *kulaks*, estava profundamente arraigada nos coraçoes da plebe russa, mas os operários e as bases bolcheviques eram os que mais se revoltavam. Eis o apelo emocional básico do 1º Plano Quinquenal, a "revolução de cima para baixo" promovida por Stálin, rumo à industrialização; a segunda batalha da luta de classes travada contra a "burguesia" da NEP — os "novos inimigos do povo". O espírito romântico da guerra civil, ainda mais empedernido, parecia trazer de volta o "período histórico" da revolução, durante o qual os bolcheviques haviam conquistado cada baluarte, e seguido em frente, sem medo nem concessões — pelo menos era assim que dizia a lenda. A Rússia da década de 1920 permanecia um país em guerra consigo mesmo — cheio de tensões sociais não resolvidas e ressentimentos não extintos, todos quase à flor da pele. Nesse sentido, o legado mais forte da revolução fora o fracasso em eliminar as iniquidades que a haviam produzido.

XVI.

Mortes e partidas

1. Órfãos da Revolução

"Não, não estou bem", escreveu Gorki a Romain Rolland ao chegar a Berlim. "Minha tuberculose voltou, o que na minha idade não chega a ser perigoso. Muito mais duro é suportar a triste doença da alma. Sinto-me exaurido. Ao longo dos últimos sete anos, na Rússia, vi e vivi muitos dramas — ainda mais tristes porque não fora a lógica da paixão e do livre-arbítrio que os causara, mas a maquinação fria e calculista de fanáticos e covardes. Continuo acreditando, fervorosamente, na felicidade humana, mas estou enfermo, e me perturba o sofrimento crescente do povo, malgrado suas esperanças."[1] O extermínio e a desilusão haviam levado o escritor a abandonar a Rússia, no verão de 1921. Tanta gente fora morta, nos quatro últimos anos, que nem mesmo ele conseguia sustentar a fé e o ideal revolucionários. Nada valia tamanha dor, imposta a homens e mulheres.

Ninguém sabe quantos morreram. Qualquer contagem, no entanto, apontaria números catastróficos. Considerando somente as baixas da guerra civil, do terror, da fome e das enfermidades, chega-se a algo em torno de 10 milhões de vítimas. Mas há que se considerar, ainda, os que emigraram — cerca de 2 milhões — e os efeitos do formidável decréscimo na taxa de natalidade. Afinal, quem desejaria ter filhos numa época tão hedionda? Segundo as estatísticas, cerca de 10 milhões de crianças deixaram de nascer, a partir de 1917.* Entre os adultos, os índices de mortalidade cresceram — apenas em Petrogrado, em 1920, havia 65 mil viúvas;

* Sem mencionar a queda, na expectativa de vida, provocada por desnutrição e doenças. As crianças nascidas e criadas naquele período eram menores do que os russos de outras gerações; 5% dos bebês vinham ao mundo com sífilis (Sorokin, *Sovremennoe*, 16, 67).

mas a absurda proporção de óbitos não poupava nenhum canto do país. Não houve quem passasse incólume pela era revolucionária, sem perder parentes ou amigos. "Meu Deus, quantas mortes!" — desabafou Sergei Semenov, escrevendo a um velho amigo, em janeiro de 1921. "Baborykin, Linev, Vengerov, Vorontsov pereceram. Até Grigory Petrov se foi — como, ninguém sabe, mas certamente não terá sido de alegria pelo progresso do socialismo. O que machuca mais é desconhecer onde os entes queridos estão sepultados." A história dos Tereshchenkov ilustra bem como uma família inteira poderia ser afetada pela dizimação. Em 1919, Nikitin Tereshchenkov, médico do Exército Vermelho, perdeu a filha e a irmã numa epidemia de tifo; no mesmo ano, enterrou seu primogênito e um irmão, que caíram lutando, na frente sul, envergando a farda comunista; o cunhado foi misteriosamente assassinado. Sua mulher, moribunda, sofria de tuberculose, e ele próprio contraíra tifo. Em 1920, acusada pela Cheka de "inimiga do povo", a família viu-se obrigada a mudar da casa que ocupava, em Smolensk, para um pequeno sítio administrado por Volodya, de 15 anos, e Misha, de 13 — os dois únicos membros da prole que a morte poupara.[2]

Morrer na Rússia era fácil, mas merecer um funeral digno constituía prerrogativa para poucos. Os serviços fúnebres haviam sido nacionalizados; para conseguir que alguém querido fosse enterrado, fazia-se necessário enfrentar uma longa lista de exigências burocráticas. Havia também falta de madeira para confeccionar os caixões. Alguns cadáveres eram sepultados apenas envoltos em esteiras; muitos eram velados em ataúdes alugados, devidamente esvaziados na hora de baixar o corpo à terra — nos quais se lia a inscrição Favor devolver. Um velho professor corpulento demais para o caixão que fora arrendado pela família teve os ossos quebrados de modo a caber no espaço exíguo. Por alguma razão estranha, havia também falta de túmulos — alguém acreditaria nisto se não estivéssemos falando da Rússia? Alguns corpos esperavam meses pela regalia de um enterro; o porão do principal necrotério de Moscou era um depósito de centenas de cadáveres putrefatos. Os bolcheviques tentaram amenizar o problema oferecendo cremações gratuitas. Em 1919, prometeram construir o maior crematório do mundo; porém, o apego russo aos rituais fúnebres da Igreja Ortodoxa não permitiu que o projeto vingasse.[3]

A morte era tão rotineira que as pessoas se habituaram à convivência com espectro tão sinistro. Um cadáver estirado na rua não chamava mais atenção. A vida perdera todo o significado e valor. Os crimes se sucediam pelos motivos mais triviais — roubar alguns rublos, passar à frente numa fila ou simples malvadeza. Sete anos de guerra haviam brutalizado o povo, tornando-o insensível à dor e ao padecimento de terceiros. Em 1921, Gorki perguntou a um grupo de soldados do Exército Vermelho se não sentiam mal-estar em matar. "Não, não sentiam. 'Ele tem uma arma, eu tenho outra, estamos em igualdade de condições. Qual o problema? Se nos matarmos, sobrará mais espaço no mundo.'" Um praça, que também travara a Primeira Guerra na Europa, disse a Gorki que era mais fácil matar um russo do que um estrangeiro. "Somos muitos, nossa economia é pobre; se uma aldeia arde, o que se perde? No devido tempo, ela haveria de desaparecer, mesmo." A vida tornara-se tão barata que quase ninguém se importava com a sobrevivência de terceiros; nem se incomodava que seu nome fosse utilizado para que terceiros assassinassem milhões de seres humanos. Um camponês interpelou uma expedição científica que, em 1921, trabalhava nos Urais: "Pessoas instruídas como vocês podem me dizer o que está me acontecendo. Um bachkir roubou a minha vaca e eu matei o bachkir, recuperando o animal. Pergunto: serei punido apenas porque peguei a vaca de volta?" Os cientistas indagaram do homem se ele não esperava nenhum castigo pelo fato de ter tirado a vida de alguém. Resposta: "Qual o quê, hoje em dia as pessoas não valem nada."

Não faltavam histórias do gênero. Um marido assassinara a mulher sem motivo aparente. "Estava cansado dela e ponto", foi a explicação. Parecia que toda a violência dos anos anteriores havia arrancado o verniz de civilização que protegia as relações sociais, expondo os instintos primitivos do homem. As pessoas passaram a apreciar o cheiro de sangue. E ganharam gosto pelo sadismo — assunto sobre o qual Gorki também escreveu:

> Os camponeses da Sibéria cavavam buracos e enterravam os prisioneiros do Exército Vermelho de ponta-cabeça; depois, observando as convulsões das canelas, davam a impressão de estar apostando qual das vítimas mostraria maior resistência e morreria por último.
>
> Na província de Tambov, os comunistas eram cravados às arvores com a ajuda de pregos usados para unir trilhos, um metro acima do solo, pendurados somente pela mão e pelo pé esquerdos. Os tormentos dessa gente estranhamente crucificada transformavam-se em espetáculo.
>
> Outros tinham o ventre aberto, até que aparecessem parte das vísceras, devidamente pregadas a uma árvore ou poste de telégrafo, em torno do qual, à força de pancada, o prisioneiro era obrigado a correr, vendo os intestinos saírem pela ferida. Oficiais capturados eram despidos e tiras de sua pele eram cortadas; a que se descolava dos ombros precisava sair inteira, de modo a ser devolvida ao corpo, com pregos, à guisa de patentes. O suplício também incluía despelar o homem na área junto às linhas do cinturão da espada e das listas das calças. Tal cirurgia chamava-se "vestir o uniforme". Sem dúvida, exigia tempo e grande habilidade dos executores.[4]

O maior de todos os males da época, responsável pelo extermínio de 5 milhões de vidas, foi a grande fome de 1921-1922. Como todas as crises de aguda escassez de alimentos, a do Volga deveu-se ao homem e, em parte, a Deus. As condições naturais da região tornavam-na vulnerável a colheitas pobres — e houve várias assim em 1891-1892, 1906 e 1911. Secas de verão e geadas rigorosas no inverno caracterizavam o clima das estepes; os ventos fortes da primavera incumbiam-se de arrasar a camada arável do solo, prejudicando as lavouras mais sensíveis. Tais foram as precondições da tragédia que se abateu sobre o território, na década de 1920. A safra daquele ano fora ruim, e a de 1921, pior — às neves intensas seguiu-se um verão de grande estiagem. As estepes transformaram-se num imenso território poeirento. Na primavera, já se sabia que, pela segunda vez consecutiva, a colheita seria um fracasso. Grande parte das sementes havia sido inutilizada pela ação do frio e, mesquinhos, os talos de milho que surgiam não demoraram a ser destruídos por nuvens de gafanhotos e ratos. Apesar de perniciosos, esses predadores naturais não bastariam para causar a fome. Os camponeses estavam habituados a safras minguadas e, para enfrentar emergências, sempre mantinham fartos estoques de grãos, em geral em silos comunitários. O que tornou a crise tão desastrosa foi o fato de muito antes do castigo da natureza a economia rural já estar à beira do desastre, empurrada pela guerra civil e os confiscos. Temendo que os bolcheviques levassem tudo, os camponeses haviam passado à agricultura de sobrevivência, plantando apenas o bastante para alimentar a família e o gado, e garantir sementes necessárias ao próximo cultivo. Em resumo: deixaram de armazenar as reservas que lhes permitiriam enfrentar a adversidade climática. Em 1920, a área de plantio da região do Volga era 25% menor do que a existente em 1917. Ainda assim, Moscou continuava a carregar grãos — não só o excedente, mas estoques vitais, inclusive de sementes. Não espanta que a péssima safra de 1921 provocasse o aniquilamento das aldeias.[5]

Naquela primavera, um quarto do campesinato da Rússia soviética não tinha o que comer. A fome não atingia apenas a região do Volga, estendendo-se aos Urais, alcançando a bacia do Kama, o Don, a Bachkíria, o Cazaquistão, a Sibéria ocidental e sul da Ucrânia. Com a desnutrição chegaram o tifo e o cólera, matando centenas de milhares de pessoas já enfraquecidas. As áreas mais afetadas foram as estepes do Volga. No outono de 1921, na província de Samara, quase 2 milhões de homens, mulheres e crianças (três quartos da população) passaram fome. Desses, 700 mil morreriam até o fim da crise. No *volost* de Bulgakova, que em janeiro de 1921 contava 16 mil habitantes, mil pessoas sucumbiram à fome e 2.200 abandonaram suas casas para migrar. Cerca de 6.500 dos que permaneceram no local enfrentaram doenças e a falta de alimento no novembro seguinte. Em todo o Volga, camponeses famélicos passaram a ingerir grama, ervas daninhas, folhas, limo, cascas de árvores, palha e farinha extraídas dos frutos de carvalhos, serragem, barro e estrume de cavalo. Eles sacrificavam o gado e caçavam roedores, cachorros e gatos. Nos povoados, o silêncio era cortante. Os esqueletos, inclusive de crianças de barrigas inchadas, jaziam em todos os cantos, como cães à espera da morte. "Os aldeões simplesmente desistiram de viver", observou alguém que trabalhava em grupos de socorro às vítimas da fome em Saratov. "E estão débeis demais para se queixar."

Os que ainda tinham forças empilhavam seus parcos pertences numa carroça e fugiam para as cidades em busca de comida. Nos mercados urbanos, trocava-se pedaços de pão por um cavalo. Muitas pessoas sequer chegavam a concluir o trajeto: tombavam e expiravam ao longo da estrada. Multidões imensas rumavam para as estações de trem na vã esperança de embarcar para outras áreas do país — Moscou, o Don, Sibéria, qualquer lugar onde, segundo os boatos, ainda houvesse algo para forrar o estômago. Esses migrantes não sabiam que todo o transporte ferroviário da área devastada pela fome havia sido interrompido, segundo determinações da capital, na tentativa de impedir que as epidemias se alastrassem. Eis a descrição de uma cena, na gare de Simbirsk, durante o verão de 1921:

> Imagine uma massa compacta de trapos sórdidos, entre os quais são visíveis, aqui e ali, braços nus e finos, rostos já marcados com o selo da morte. Pervagando o ambiente, um odor deletério. Impossível passar. A sala de espera, o corredor, cada centímetro coberto de gente estirada, sentada, acocorada, em todas as posições. Ao olhar de perto, constata-se que esses farrapos repelentes estão tomados de vermes. Vítimas do tifo arrastam-se, carregando crianças no colo e tremendo de febre. De tão fracos, os bebês não conseguem mais chorar. Todos os dias, pelo menos vinte cadáveres são retirados do local; mesmo assim, ainda sobram vários a atulhar a estação. Às vezes, permanecem entre os vivos durante cinco dias, ou mais.
>
> Uma mulher tenta confortar o filho que traz junto ao peito. O pequeno berra, querendo comer... a mãe o embala... de repente, o espanca. A criança torna a berrar. Aparentemente enlouquecida, a mulher passa a sová-la com violência, a face contorcida de ódio. Seus pulsos abatem-se sobre o rosto e a cabeça do infante. Finalmente, ela o joga no chão e pisa em cima. Ergue-se em torno um murmúrio de horror. Alguém levanta a criança e o povo pragueja contra a mulher, mais calma agora, após o surto de excitação, inteiramente alheia a tudo o que a rodeia. Seu olhar mantém-se fixo no vácuo.[6]

A fome transformou as pessoas em canibais. Esse foi um fenômeno muito mais comum do que os historiadores têm presumido. Na Bachkíria e nas estepes em torno de Pugachev e Buzuluk, onde a falta de alimentos era aguda, verificaram-se milhares de casos, cuja maioria nem chegou a ser registrada. Um homem, condenado após ter devorado várias crianças, confessou: "Em nossa aldeia, todos consomem carne humana, mas não revelam que o fazem. Há inúmeras tavernas na vila e todas servem pratos à base de crianças." O fenômeno teve início com a aproximação do inverno, em novembro de 1921, quando as primeiras neves cobriram o que havia para substituir os alimentos e nada mais sobrara para enganar o estômago. As mães, desesperadas para dar de comer aos filhos, cortavam pernas e braços dos cadáveres e ferviam a carne. As pessoas se alimentavam dos próprios parentes — com frequência, bebês, menos resistentes à fome e às doenças e cuja carne era mais tenra. Em algumas aldeias, os camponeses recusavam-se a enterrar os mortos, preferindo guardar os corpos nos silos e estábulos; não raro, a gente do campo pedia às turmas de socorro às vítimas da fome que, em vez de recolher os defuntos, os abandonassem nos povoados. Na aldeia de Ivanovka, perto de Pugachev, uma mulher foi flagrada devorando a carne do marido. A refeição estava sendo dividida com o filho do casal. Quando as autoridades policiais tentaram jogar fora o que ainda havia no prato, ela gritou: "Não, precisamos dele para nos alimentar, ele é nosso sangue e ninguém tem o direito de levá-lo de nós." Roubar cadáveres de cemitérios tornou-se tão comum que, em muitas regiões, guardas armados vigiavam os portões. Caçar e matar pessoas para comer também era praxe. Na cidade de Pugachev, não era recomendável que crianças pequenas andassem pelas ruas, à noite, pois havia bando de canibais e negociantes que as matavam — fosse para consumo próprio, fosse para vender a carne num comércio abjeto. Na região de Novouzensk, existiam grupos de crianças que assassinavam adultos com o mesmo objetivo, obrigando as equipes de socorro às vítimas da fome a circularem armadas. Houve casos de pais que mataram os próprios filhos recém-nascidos — em geral, os do sexo feminino — a fim de garantir o alimento necessário ao sustento próprio e do restante da prole.

É fácil avaliar esses fatos como sinais claros de depravação moral ou psicose. Mas muitas vezes era a compaixão que empurrava as pessoas ao canibalismo. A agonia de ver os filhos morrendo lentamente de fome pode levar um pai a cometer qualquer loucura. Em circunstâncias tão extremas, a diferença entre o certo e o errado se turva. Realmente, quando interrogados, os canibais mostravam-se racionais, expondo um novo código de comportamento mediante o qual pretendiam legitimar os atos praticados. Muitos ponderavam que comer carne humana não constituía crime, visto que a alma já partira dos corpos, e só restara "comida para os vermes". Além do mais, não é privilégio desta ou daquela classe social em dificuldades habituar-se a esse tipo de alimento, desde que a situação o exija. Não raro, após longos períodos de trabalho em regiões assoladas pela fome, médicos famintos também provavam carne humana, afirmando que o pior da experiência era "o desejo insuperável e incômodo" que acabavam adquirindo pelo insólito alimento.[7]

Até julho de 1921, pelo menos oficialmente, o governo soviético desconheceu a existência da fome. Afinal, seria embaraçoso demais. Como ocorrera na crise de 1891, a imprensa foi submetida à censura e continuou a informar que tudo ia bem, no campo, após a introdução da NEP. Essa negligência deliberada atingiu a Ucrânia de maneira especial. Entre o outono e o verão de 1921, apesar de a fome aguda ter tomado conta da região, os soviéticos não suspenderam as grandes exportações de grão ucraniano para o Volga. Dava-se aos esfarrapados o que se tirava dos rotos.

Extrapolando as conclusões do estudo de Robert Conquest, sobre a fome de 1930-1932, talvez Moscou pretendesse punir os camponeses da Ucrânia, que haviam se oposto ao regime bolchevique.[8]

A exemplo de 1891, coube às entidades da sociedade civil e organismos estrangeiros organizarem campanhas de ajuda aos famintos. Gorki assumiu a testa do movimento. Em 13 de julho, ele publicou um apelo "A Todas as Pessoas Dignas", que mais tarde seria reeditado nos jornais do Ocidente:

> A tragédia aflige a terra de Tolstói, Dostoiévski, Mendeleev, Pavlov, Mussorgsky, Glinka e tantos outros, de renome internacional. Se é possível resgatar a fé na força criativa das ideias e dos bons sentimentos — abalada pela maldita guerra e pela implacabilidade com que os vencedores trataram os vencidos —, o infortúnio da Rússia oferece uma esplêndida oportunidade, capaz de demonstrar a vitalidade do humanitarismo. Peço a todas as pessoas dignas da Europa e da América que ajudem o povo russo. Deem alimentos e remédios. Já!

Arregimentando várias outras figuras de renome, o escritor dirigiu-se a Lênin, a fim de organizar o socorro às vítimas da fome. Desta forma, aos 21 de julho, surgiu o Comitê Público de Auxílio aos Famintos (Pomgol), primeiro e último órgão público independente nascido sob a égide do comunismo. A iniciativa tornou-se possível devido a concessões feitas por Gorki e, em parte, porque Lênin tinha especial interesse em obter auxílio externo. Entre os 73 membros do Pomgol havia representantes da cultura (Gorki, Korolensko, Stanislavski), políticos liberais (Kishkin, Prokopovich, Kuskova), um ex-ministro tsarista (N. N. Kutler) e uma velha militante populista (Vera Figner), além de agrônomos (Chayanov e Krondatev), engenheiros (P. I. Palchinsky) e médicos. Alexandra Tolstaia, filha de Leon Tolstói, passara os quatro últimos anos entrando e saindo das cadeias da Cheka e de diversos campos de concentração, mas mesmo assim foi aceita no Pomgol. A entidade procurava reviver o espírito que tinha salvo a Rússia, em 1891, angariando contribuições no país e no estrangeiro. Em Paris, o príncipe Lvov, partícipe da campanha anterior, recolheu dinheiro e gêneros alimentícios. Pretendendo estar seguros de que o organismo não se envolveria em assuntos políticos, os bolcheviques infiltraram nele uma "célula" de doze comunistas, liderados por Kamenev. Lênin não desejava que a fome levantasse clamores da oposição, como acontecera em 1891.[9]

Respondendo ao chamamento de Gorki, Herbert Hoover prontificou-se a enviar à Rússia a American Relief Administration (Administração de Auxílio Norte-Americano), criada para abastecer a Europa do pós-guerra com alimentos e medicamentos. Contudo, o presidente dos Estados Unidos impôs duas condições: a ARA teria que operar de maneira independente, sem qualquer interferência dos comunistas, e todos os cidadãos norte-americanos que estivessem presos deveriam ser imediatamente libertados. Lênin recusou e ainda se mostrou orgulhoso, bradando: "É preciso punir Hoover, é preciso que ele seja esbofeteado em público, a fim de que todos vejam." Afinal, acertaram-se os termos de um acordo e a ARA deu início à ajuda aos russos famintos. Pouco depois, o Pomgol seria extinto, a despeito dos vigorosos protestos de Kamenev e Gorki. Em 27 de agosto, todos os seus integrantes — afora o escritor Korolenko e os comunistas infiltrados — foram detidos pela Cheka, sob a acusação de "atividades contrarevolucionárias", e banidos para áreas remotas do país ou mesmo para o exterior. O próprio Gorki viu-se pressionado por Lênin a deixar a Rússia, "pelo bem de sua saúde".[10]

Ao longo do verão de 1922, operando a pleno vapor, a ARA alimentou, diariamente, 10 milhões de pessoas e distribuiu enormes quantidades de remédios, roupas, ferramentas e sementes — suficientes para assegurar duas colheitas consecutivas e abundantes (as de 1922 e 1923), que finalmente permitiram ao país recuperar-se do flagelo. A operação teve um custo total de US$61 milhões. Destinatários do auxílio, os bolcheviques o receberam com espantosa falta de gratidão: jamais um cavalo dado tivera os dentes examinados de forma tão detalhada. Moscou acusou a ARA de espionagem e de tentar desmoralizar e derrubar o regime soviético.* Os comunistas se intrometiam no trabalho dos norte-americanos, inspecionando remessas, retendo a marcha dos trens, apropriando-se de carregamentos e, inclusive, prendendo os integrantes das turmas de socorro. As duas condições impostas por Hoover — liberdade de ação, além da soltura de todos os norte-americanos presos nos cárceres russos — foram flagrantemente desrespeitadas. Numa atitude ultrajante, o governo soviético exportava milhões de toneladas de grãos russos, ao mesmo tempo que se apropriava da ajuda externa. Questionadas, as autoridades de Moscou alegaram a necessidade de exportar, caso contrário não teriam os recursos indispensáveis à aquisição de equipamentos industriais e agrícolas, só disponíveis no estrangeiro. Todavia, o escândalo impossibilitou que novas verbas fossem destinadas ao trabalho da ARA, na Rússia. Em junho de 1923, seus funcionários retiraram-se do país.[11]

Para Gorki, o modo como os comunistas lidaram com a fome fora vergonhoso e perturbador. E pesou muito na sua decisão de ausentar-se definitivamente do país. Quando o pior da crise já passara, os bolcheviques encaminharam ao povo

---

* Os motivos de Hoover não são de todo claros. Absolutamente hostil ao regime soviético, ele pode ter tentado fazer da campanha de socorro às vítimas da fome uma alavanca diplomática e um instrumento capaz de incrementar a influência política norte-americana em território russo. No entanto, caso tenham sido essas as suas razões, em nada fica prejudicado o espírito filantropo que também o moveu. Nem se justifica a atitude antipática dos bolcheviques. Ver Weissmann, *Herbert*, cap. 2.

norte-americano uma nota de agradecimento curta e formal. Mais generoso, o romancista escreveu ao presidente dos Estados Unidos, em 30 de julho de 1922, uma carta que traduzia muitos de seus mais nobres ideais:

> Em toda a história do sofrimento humano, desconheço algo que tenha imposto maior sofrimento à alma do que as dores que o povo russo vem suportando; na história do humanitarismo, ignoro atitude que possa comparar-se em grandeza e magnanimidade à ajuda que nos foi proporcionada. Vosso socorro entrará para os anais como uma realização única e gigantesca, digna da maior das glórias, e permanecerá na memória dos milhões que salvastes da morte. A generosidade dos norte-americanos ressuscita o sonho da fraternidade entre os povos, numa época em que a humanidade tanto precisa de caridade e compaixão.[12]

Um dos legados mais tristes da revolução foi a imensa população de órfaos que perambulava pelas ruas de cada cidade. Em 1922, havia algo próximo a 7 milhões de meninos e meninas vivendo soltos e dormindo nas estações ferroviárias, em casas abandonadas, sob marquises, em pilhas de lixo, porões, esgotos e outros buracos sórdidos. Esses infantes maltrapilhos e descalços, cujos pais haviam morrido ou lhes abandonado, simbolizavam o colapso social da Rússia. Até a família estava destruída.

Tais órfãos da revolução eram uma caricatura hedionda da infância de que não podiam desfrutar. A luta pela sobrevivência os forçava a se portar como adultos. Eles usavam um linguajar específico e criavam seus próprios códigos sociais. Aos 12 anos de idade, as crianças se "casavam" e tinham filhos. Muitos eram viciados em álcool, heroína ou cocaína. Para comer, esmolavam, faziam pequenos serviços, roubavam ou se prostituíam. Nas gares, eram tantos quanto moscas, atirando-se sobre quaisquer migalhas de comida que alguém lhes lançasse das janelas dos trens. Por uns trocados, dispunham-se a tudo, inclusive ferindo-se de propósito e expondo as chagas, a fim comover os passantes; deixavam-se humilhar em público, em arremedos circenses de péssimo gosto — um garoto que frequentava a estação de Omsk besuntava o rosto de fezes, desde que lhe dessem cinco copeques. Avessos a esses vexames, bandos de meninos furtavam artigos do mercado, assaltavam pedestres, esvaziavam os bolsos dos desavisados e invadiam lojas e residências. Quando pegos, costumavam sofrer espancamentos da gente comum, que os via com maus olhos. O castigo de nada adiantava. A cena que se segue foi testemunhada num centro comercial:

> Enquanto era sovado, um garoto de 10 a 12 anos de idade agarrou um pedaço de pão meio sujo e, vorazmente, enfiou-o na boca. Choviam bengaladas nas suas costas, e ele, de quatro, não parava de mastigar, não querendo perder um único bocado. Tudo aconteceu perto da fila da padaria, em frente ao

bazar. Fechando um círculo, as mulheres gritavam: "O canalha merece... bate mais! Esses vermes não nos deixam em paz."

Quase todos os órfãos se prostituíam. Um levantamento de 1920 constatou que 88% das meninas já tinham vendido o corpo em pelo menos uma ocasião; algumas delas tinham sete anos. A prática também era comum entre os meninos, em proporção quase idêntica. A maioria dos atos sexuais ocorria nas ruas, em áreas de comércio, dependências da estrada de ferro ou em parques. As meninas tinham cafetões — em geral, adolescentes —, que as usavam para roubar os clientes. Havia também bordéis para pedófilos, mantidos pelas chamadas "tias", que ofereciam as garotas (e garotos) em troca de comida e um canto para dormir, vivendo às custas da féria infantojuvenil.[13] Para milhões de crianças, aquilo era o que conheciam de mais parecido com cuidados maternais.

Gorki escreveu a Lênin, em abril de 1920, dizendo saber da existência de "crianças de 12 anos que já cometeram três assassinatos". Tendo perdido os pais, na infância, o escritor vagara pelas ruas; adulto, foi um dos primeiros a defender medidas que afastassem os pequenos infratores do submundo do crime. Naquele verão, ele articulou uma comissão especial encarregada de providenciar abrigos e um ensino de primeiras letras aos menores. Criada em 1991, por Kuskova e Korolenko, uma outra entidade, a Liga para o Resgate das Crianças, contava com a chancela do Sovnarkom. Todas as instituições somadas, entretanto, dispunham de apenas 500 mil vagas; dado que havia 7 milhões de órfãos nas ruas, o problema era tratado superficialmente. Assim, os bolcheviques aplicavam alternativas penais, apesar de terem proclamado, em 1918, a extinção dos "tribunais e prisões infantis". Milhares de crianças, muitas com menos de 14 anos, idade a partir da qual já costumavam ser responsabilizadas criminalmente, viviam nos cárceres e nos campos de trabalho. Além disso, as fábricas utilizavam mão de obra infantil. Mesmo durante a guerra civil, quando inúmeros operários adultos perderam o emprego, registrou-se imenso crescimento do número de meninos e meninas "proletários", alguns com seis anos. A exploração mais cruel se dava nas pequenas oficinas, onde as crianças encontravam vagas. Apesar dos clamores generalizados em prol de uma carga horária máxima de seis horas, para os trabalhadores mirins — segundo os que protestavam, eles deveriam ter direito a pelo menos duas horas de estudo regular —, o governo soviético preferiu não intervir, alegando ser "melhor que trabalhassem, em vez de perambular pelas ruas, adestrando-se no crime". Resultado: muitas mourejavam de 12 a 14 horas diárias.[14]

Os pequenos também constituíam excelentes soldados. O Exército Vermelho tinha muitos adolescentes em suas fileiras. Tendo passado a vida inteira cercado pela violência da guerra e da revolução, muitos infantes passaram a pensar que matar fazia parte do cotidiano. Esses guerreiros em miniatura eram conhecidos pela presteza com que acatavam ordens — a seus olhos, os comandantes desempenhavam o papel de pais postiços — e pela habilidade e frieza com que derrubavam o inimigo, a tiros. Para incentivá-los, os superiores costumavam afirmar aos meninos que a guerra era uma boa oportunidade para vingarem a morte de seus familiares. Por ironia, muitos deles viviam melhor no exército — que os tratava como filhos, fornecendo-lhes roupas, alimentando-os e alfabetizando-os — do que poderiam viver nas ruas.

Segundo Nina Berberova, Gorki chegou à Europa amargurado com os acontecimentos, profundamente abatido pelo que vira e vivenciara. Comparando seu marido, o poeta Khodasevich, e o escritor autoexilado, ela escreveu:

> Em 1920 (mas em períodos distintos), ambos visitaram um lar de órfãos, ou talvez fosse um reformatório de adolescentes, abrigo de muitas meninas sifilíticas, entre 12 e 15 anos; 90% delas já roubaram, metade estava grávida. Num misto de piedade e repulsa, Khodasevich lembrou-se como o agarravam, ainda nos degraus da entrada, cobertas de andrajos e infestadas de piolhos, levantando as saias esfarrapadas acima das cabeças, berrando obscenidades. Foi só com dificuldade que ele conseguiu libertar-se. Referindo-se ao fato, horrorizado, Gorki contraiu a mandíbula e, de repente, emudeceu, deixando claro o quanto se sentia chocado — mais, talvez, do que em virtude das impressões negativas que experimentara diante de meretrizes, ou em face dos horrores das profundezas abissais de onde extraía inspiração literária. Na Europa, quem sabe, ele busca a cura de certas feridas que nem ousa admitir, perguntando-se, sem que ninguém o ouça: por quê?

O romancista sentia-se órfão da revolução. Nos últimos quatro anos, ele abandonara todas as esperanças do seu credo particular. Em vez de consistir numa força social construtiva, a revolução aniquilara a civilização russa, de alto a baixo; longe de promover a libertação humana, produzira servidão; e em troca do prometido aperfeiçoamento espiritual, levara à degradação. Em 1921, inteiramente desiludido, Gorki comportava-se como um "misantropo", sem conseguir mais conciliar seu socialismo humanista e democrático às realidades da Rússia de Lênin, e impossibilitado de "fazer vista grossa" ante os pecados do regime. Os bolcheviques não se modificariam. Todos os seus esforços haviam dado em nada, e posto que seus ideais abandonaram a Rússia, só lhe restava partir para longe.[15]

A decisão de emigrar foi precedida por conflitos acirrados com o poder. O terror inimaginável dos últimos quatro anos, a destruição da intelectualidade, a perseguição contra os mencheviques e SRs, o esmagamento da revolta de Kronstadt e a insensibilidade diante da fome de milhões de pessoas haviam feito de Gorki um inimigo amargo dos comunistas. Ele detestava Zinoviev, que não o odiava menos e o mantinha sob constante vigilância, referindo-se à sua casa como "um antro da contrarrevolução". A correspondência do escritor era violada, sua residência, alvo de batidas policiais, e seus amigos mais próximos, ameaçados de cadeia. As cartas mais incisivas contra o Terror Vermelho ele as endereçara ao chefe do partido em Petrogrado. Numa delas, chegou a escrever que as prisões frequentes teriam dado origem, não apenas ao rancor do povo contra o regime, mas contra a pessoa de seu algoz — Zinoviev. Todavia, logo ficou claro que o cabeça do partido era Lênin. O comportamento e as críticas de Gorki irritaram o líder bolchevique a ponto de numa missiva ameaçadora, datada de julho de 1919, ele sugerir que o "estado mental" de Gorki fora contaminado por intelectuais burgueses "ressentidos": "Não pretendo dar conselhos, mas não posso me furtar a dizer: mude radicalmente de ares, de moradia, de ocupação — de outro modo, a vida mostrar-se-á ruim, inexorável", ameaçou.[16]

A decepção de Gorki aumentou ainda mais, em 1920. Opondo-se à independência de pensamento da editora mantida pelo escritor, Lênin já prometera cortar-lhe os subsídios. Queixando-se a Lunacharsky, o romancista constatou que o comissário suspeitava do próprio partido, cuja política visaria a manter sob controle todas as publicações russas — algo que considerava absurdo —, ouvindo dele um aviso (ou advertência): se não se transferisse para o exterior, teria de sustar suas atividades. Sob a pressão de Lênin, Lunacharsky estava de pés e mãos atados. Na sua peça *Don Quixote* — na realidade, o próprio Gorki — ele se coloca no papel de Don Baltazar, espremido numa relação triangular de que faz parte um terceiro personagem, Don Rodrigo (Lênin), e ao despedir-se do "cavaleiro de triste figura", resume o atrito que os separava — na verdade, um conflito entre os ideais da revolução e suas sinistras "necessidades".

> Se não tivéssemos rompido as conspirações existentes na retaguarda poderíamos ter levado nosso exército à ruína. Ah, Don Quixote, não quero agravar tua culpa, mas erraste. Não omitirei que a mente severa de Rodrigo cogitou de brandir a mão ameaçadora da lei sobre ti, a fim de mostrar a todos os filantropos de bom coração que a vida é dura, complicada e cheia de responsabilidades.[17]

As mortes dos poetas Alexander Blok e Nikolai Gumilev foram a gota d'água na desventura de Gorki. No ano de 1920, Blok sofreu um fortíssimo ataque de febre reumática; ele sobrevivera aos longos anos da guerra civil subnutrido e em ambientes mal aquecidos, mas sua verdadeira moléstia consistia no desespero e no desengano causados pelo rumo que a revolução tomara. De início, havia saudado a violência bolchevique como uma espécie de purgatório, capaz de expiar os pecados de uma civilização europeia apodrecida, que daria à luz um mundo asiático mais puro — um mundo de citas. Seu poema épico, "Os Doze", escrito em 1918, refere-se a um pequeno destacamento de Guardas Vermelhos, surpreendidos por uma tempestade de neve, mas preocupados em marchar "no mesmo passo da revolução", que arrasa o que há de velho e faz nascer o novo. À frente, coroado de rosas brancas, é Jesus Cristo quem carrega a bandeira vermelha. Mais tarde, o poeta confessou ter composto os versos, "literalmente, ao som do grande fragor do velho mundo vindo abaixo". Durante algum tempo, ele conservou sua crença na missão messiânica dos bolcheviques. Em 1921, estava desiludido e deixara de escrever. Gorki, um de seus amigos mais próximos, comparava-o a "uma criança perdida". Tendo desistido de toda a "fé na sabedoria humana", Blok o angustiava, propondo questões sobre a morte. Presente a uma sessão de leitura de poesias, em maio de 1921, assim o descreveu Kornei Chukovsky: "Estava sentado no camarote, logo atrás dele. No palco, jubilosos, vários 'oradores' informavam ao público que Blok estava morto... Virando-se na minha direção, ele disse: 'É verdade. Estou morto.' Mais tarde, perguntei por que deixara de escrever, ele me respondeu: 'Todos os sons desapareceram. Você ainda não se deu conta disso?'" Naquele mesmo mês, Blok cairia de cama. O médico recomendou que viajasse, a fim de internar-se num sanatório qualquer. No dia 29 de maio, Gorki encaminhou uma carta a Lunacharsky, afirmando tratar-se do melhor poeta vivo de toda a Rússia: "Se o proibir de deixar o país (...) e ele morrer, você e seus camaradas serão culpados." Durante semanas, a concessão de um passaporte foi postergada, até que aos 11 de julho Lunacharsky endossou a solicitação, junto ao Comitê Central. Em vão. A autorização só foi dada em 10 de agosto. Tarde demais. Blok morrera na noite anterior.[18]

Gumilev o seguiria duas semanas depois. A vida de Blok fora consumida pelo desespero do poeta e pela negligência das autoridades soviéticas. O fim de Gumilev foi mais rápido: preso pela Cheka de Petrogrado, ele passou alguns dias na cadeia e acabou fuzilado, sem julgamento. Monarquista de coração, pesava sobre ele a acusação (falsa) de participar de um complô visando à volta do antigo regime. Organizado no próprio enterro de Blok, um comitê de intelectuais solicitara sua libertação. A Academia de Ciências ofereceu garantias de que ele não se furtaria a sentar no banco dos réus, caso os bolcheviques se dispusessem a instaurar um processo legal. Mais uma vez, Gorki interveio, correndo a Moscou e à procura de Lênin. De regresso a Petrogrado, com uma ordem de soltura, ficou tão consternado ao tomar conhecimento da execução que tossiu sangue. Zamyatin afirmou que nunca o vira "tão irado quanto na noite em que Gumilev foi morto".[19]

Gumilev foi o primeiro grande poeta russo a ser executado pelos bolcheviques. Sua morte e a de Blok representaram, para Gorki e para a *intelligentsia*, a morte da revolução. Centenas de pessoas — "todas as que haviam sobrado da Petersburgo literária", segundo Zamiatin — compareceram às exéquias de Alexander Blok. Muito jovem, Nina Berberova lembra a reação que teve ao saber de seu falecimento:

"Fui assaltada por um sentimento que jamais voltaria a experimentar. De súbito, senti-me irremediavelmente órfã. O fim aproximava-se. Estávamos perdidos." Durante o sepultamento, Anna Akhmatova, primeira mulher de Nikolai Gumilev, chorou não só a morte do poeta, mas a dos ideais de uma geração inteira.

Num ataúde de prata o colocamos,
Alexander, nosso cisne puro,
Nosso sol, extinto no tormento.[20]

Dois meses depois, doente, Gorki deixou a Rússia. Tudo indicava que seria para sempre.

2. O campo não conquistado

Quatro anos de revolução tinham sido insuficientes para unir as aldeias de Andreevskoe, ainda disputadas por dois velhos rivais. De um lado, Sergei Semenov, sitiante progressista e reformador, que sonhava propiciar as maravilhas do mundo moderno àquele lugarejo pobre e desolado. De outro, Grigorii Maliutin, patriarca corpulento e beberrão, avesso a toda e qualquer mudança, que havia resistido às propostas de Semenov durante boa parte das últimas três décadas.

A contenda entre ambos nascera no decênio final do século XIX, quando a filha de Maliutin, Vera, matara o próprio filho, fruto de um relacionamento ilegítimo, e o enterrara nos bosques vizinhos à aldeia. A polícia investigara o caso e o rico ancião recorrera ao suborno, a fim de abafar o escândalo. Maliutin supunha que Semenov havia chamado os agentes policiais e, em represália, deu início a uma campanha de intimidação, cujo objetivo era expulsar o desafeto: seu silo foi queimado, o gado, morto, e ele, tachado de feiticeiro. Toda essa ira não impediu que Semenov criasse, em 1905, o braço da Liga Camponesa, em Andreevskoe; foi o quanto bastou para que as autoridades judiciárias locais o considerassem revolucionário, punindo-o com o exílio. Três anos mais tarde, retornando à aldeia como arauto da reforma agrária de Stolypin, ele tentou implantar em lotes privados, desvinculados da comuna, os métodos avançados de cultivo que aprendera na Europa Ocidental. Os camponeses mais jovens e progressistas aderiram à inovação, mas Maliutin, arvorando-se em chefe absoluto da comuna, reuniu os patriarcas e conseguiu bloquear as reformas. "Todos os meus sonhos de uma vida melhor foram aniquilados por aquele homem obstinado e ciumento", escreveu Semenov a um amigo, em 1916. A revolução, porém, faria a balança pender contra a velha ordem.

A estrutura de poder da qual Maliutin dependia desarticulou-se do dia para a noite. Na aldeia, fortalecia-se a voz dos agricultores mais moços e modernos, ao passo que a de anciões retrógrados, que nada viam de bom na revolução, só enfraquecia. Como defensor das reformas, Semenov tornou-se figura dominante na assembleia aldeã, sempre se manifestando contra a vetusta ordem patriarcal e a influência da Igreja. Em 1917, ajudou a organizar a redivisão da terra de Andreevskoe, reduzindo a propriedade de Maliutin à metade. Atuando no departamento agrário do soviete do distrito e nas cooperativas locais, Semenov fundou associações para partilhar utensílios modernos, melhorou a produção de laticínios e de linho, redigiu panfletos e deu aulas sobre agronomia; fez campanhas contra o alcoolismo, montou uma escola e uma biblioteca, e escreveu peças para o "teatro do povo" que havia criado junto com um amigo professor, na cidade vizinha de Bukholovo. Entre seus planos, estava o fornecimento de energia elétrica e a instalação de telefones nos povoados de Volokolamsk — chegou a enviar os dois projetos ao Soviete de Moscou. Embora suas crenças não permitissem que aceitasse cargos oficiais na administração local, "os camponeses, não apenas os de Andreevskoe, mas os de toda a região, viam-no como seu líder e defensor", segundo registrou um morador das redondezas.

Maliutin e os demais anciãos persistiam na oposição às iniciativas de Semenov, alegando que ele era comunista e que suas reformas só atrairiam os males do novo regime. O sacerdote denunciou-o como bruxo, advertindo a população da aldeia que seu "ateísmo" o levaria ao inferno. Juntando-se ao coro de calúnias, o arcediago Tsvetkov, de Volokolamsk, apontou-o como um anticristo. A nova escola que ele organizara, em 1919, era o que mais os enfurecia — a madeira utilizada na construção fora tirada dos bosques que tinham pertencido a Maliutin e à Igreja. Além do mais, lá não se ministrava nenhum ensino religioso e, nas salas de aula, a imagem de Lênin substituíra a cruz. Certa noite, o silo de Semenov ardeu em chamas; pouco depois, suas ferramentas de trabalho sumiram: mão misteriosa as jogara nas águas do lago. Denúncias anônimas indicaram-no à Cheka como "contrarrevolucionário" e "espião alemão", e ele foi chamado a prestar depoimento em diversas ocasiões, sendo solto, afinal, graças a telefonemas de Kamenev. Em 1921, quando as epidemias dizimaram os rebanhos, Maliutin e seus asseclas atribuíram o fato às "reformas agourentas". Houve quem afirmasse que o "gado adoecera devido a feitiços" do reformador. Tantos mexericos acabaram produzindo efeito, e alguns camponeses passaram a suspeitar de Semenov. Embora soubessem que o gado de toda a Rússia estava morrendo de doenças similares, os homens simples buscavam explicações para o prejuízo.

Finalmente, Maliutin tramou a morte do rival. Na noite de 15 de dezembro de 1922, nos arredores de Bukholovo, Semenov foi emboscado por um grupo do qual participavam dois filhos do seu arqui-inimigo, um dos quais atirou nele pelas costas. Ao virar-se de frente para seus assassinos, outras balas o atingiram. Depois de morto, riscaram o sinal da cruz no seu peito à ponta de faca.

Foi um crime covarde. Semenov sempre enfrentara seus oponentes cara a cara, com extrema lealdade; ainda assim, eles o mataram à traição. No cárcere, os assassinos alegaram que a vítima "servia ao diabo", e que enfeitiçara o gado, dizimando-o, razão pela qual Grigorii Maliutin e o arcediago Tsvetkov os haviam mandado liquidá-lo "em nome de Deus". Julgados, foram todos condenados a dez anos de trabalhos forçados no norte do Ártico.

O corpo de Semenov foi enterrado em sua propriedade, em Andreevskoe, incorporando-se ao solo pelo qual vivera e lutara anos a fio. Milhares de pessoas das aldeias vizinhas compareceram às exéquias, inclusive centenas de crianças da escola onde ele ensinara. "É uma perda trágica, ocorrida no exato momento em que sua obra e seus ensinamentos são tão necessários ao povo", afirmou o amigo Belousov, em discurso durante a cerimônia. Em homenagem a ele, a escola foi rebatizada com seu nome, e seu sítio, preservado pelo Estado. Até 1920, o filho de Semenov administrou o lote; numa comovente realização dos sonhos paternos, ele o transformou numa fazenda-modelo de técnicas agrícolas.[21]

Aproveitando a oportunidade para fazer propaganda partidária, o *Pravda* abriu espaço à história de Andreevskoe. Numa abordagem que beirava o absurdo, o jornal fez os personagens incorporarem diferenças de classe, retratando Maliutin como um *kulak* e vestindo Semenov com a roupagem de um camponês pobre, dotado de aguda consciência política. Na verdade, o crime servira para mostrar que a pouco mais de 150 km de Moscou havia povoados bem distantes da civilização moderna — um mundo à parte, onde as pessoas ainda acreditavam em feitiçaria e viviam segundo hábitos medievais. Os bolcheviques precisavam conquistar esse território inóspito, no qual experimentavam a mesma perplexidade de um exército de ocupação. Os primeiros etnógrafos soviéticos que vasculharam as áreas rurais próximas à capital pareciam exploradores da Floresta Amazônica. Surpresos, eles se depararam com russos que imaginavam o sol girando em torno de uma Terra plana, e confiavam na existência de anjos que habitavam nas nuvens. A estranha cultura aldea baseava-se em usos patriarcais antiquíssimos, medindo o tempo pelas estações do ano e os feriados religiosos, repleta de rituais pagãos e superstições; eram comuns os espancamentos de mulheres, linchamentos, brigas e bebedeiras, que duravam noites e dias.

Os bolcheviques não conseguiam entender esse mundo — Marx nada dissera acerca de bruxaria — mas dispunham-se a administrá-lo. A infraestrutura estatal só alcançava os *volosts*. A maioria dos camponeses vivia nas suas próprias comunas. A revolução e a guerra civil fortaleceram o apego que tinham à pequena propriedade. A verdade é que nos últimos ano a Rússia se tornara ainda mais "camponesa". As grandes populações urbanas haviam se desintegrado, a indústria fora virtualmente destruída, e o tênue verniz de civilização existente nas províncias, arrancado pelos fatos posteriores a 1917. Restavam os pequenos proprietários, pairando como uma ameaça sobre as cabeças bolcheviques. Na sua hostilidade à "barbárie camponesa", Gorki expressara tais temores. "A imensa maré rural terminará engolfando tudo", disse a um visitante estrangeiro, já em Berlim. "Graças à superioridade numérica, o homem do campo logo se tornará dono da Rússia. Isso será um desastre para o nosso futuro."[22] O medo que o campesinato despertava no regime soviético provocou a grande tensão da década de 1920 — uma tensão que, inexoravelmente, levaria à tragédia da coletivização.

Na verdade, a vida rural não era de todo obscura. Sob a NEP, um quinhão de modernidade alcançou as vilas. Energia elétrica, por exemplo. Em 1927, um dos grandes sonhos de Semenov converteu-se em realidade: a luz chegou a Andreevskoe. Lênin considerava a nova tecnologia uma panaceia para o atraso russo. "Comunismo é eletricidade mais Sovietes", gostava de repetir, dando a entender que a iluminação artificial tinha poderes mágicos. Certa vez, chegou a profetizar que lâmpadas pequeninas — as "lampadinhas Ilitch"— substituiriam os ícones idolatrados nas cabanas dos povoados. Na propaganda do regime, a lâmpada funcionava como metáfora de tudo que fosse positivo, da mesma forma que as trevas representavam a miséria e o mal. Fotografias mostravam os camponeses fitando as luzes recém-instaladas num êxtase quase religioso. No entender de Lênin, uma rede nacional integraria o universo remoto das aldeias à moderna cultura urbana. A Rússia rural e retrógrada sairia da escuridão guiada pelo clarão da indústria, a fim de desfrutar um brilhante futuro de progresso econômico acelerado, educação para todos e libertação da monotonia do trabalho manual. Havia um boa dose de fantasia nisso tudo. Segundo H. G. Wells, o pragmático Lênin sucumbira à "utopia da eletricidade": séculos de atraso não seriam superados por um simples interruptor. Contrapondo-se à doutrina marxista, ele apostava na vitória da tecnologia sobre os problemas sociais mais arraigados do país.[23]

Nos anos 1920, houve outros indícios de que a civilização aportara no campo. Começaram a surgir hospitais, teatros, cinemas e bibliotecas. O período da NEP testemunhou uma série de melhorias nos métodos de cultivo que promoveram uma revolução agrícola. As faixas aráveis, estreitas e de limites pouco claros, que tanto haviam contribuído para a ineficiência da lavoura comunal, foram reordenadas ou alargadas em cerca de cem milhões de hectares de terras incorporadas. Em quase um quinto de toda a propriedade comunal, passou a prevalecer o plantio de produtos variados, em sistema de rodízio, como era praxe na Europa Ocidental. Número cada vez maior de lavradores fazia uso de fertilizantes químicos, sementes selecionadas e ferramentas modernas. A produção de laticínios foi reestruturada e muitos camponeses passaram a dar maior atenção às demandas do mercado. O cultivo de vegetais, da beterraba — para extração de açúcar — e a produção de linho, antes da revolução limitados às fazendas da nobreza, caíram nas boas graças dos pequenos lavradores. Defensor incansável de tais reformas, Semenov não teria ficado menos satisfeito ao constatar, nos anos 1920, a prosperidade das cooperativas — tanto para a troca de mercadorias com a cidade, quanto para fornecimento de crédito na aquisição de utensílios e animais. Em 1927, metade de todos os sítios pertenciam a cooperativas agrícolas. Em consequência de tantas melhorias, o rendimento da terra aumentou, e muito. Os níveis de produtividade registrados em 1913 voltaram a ser atingidos em 1926. Nos dois anos seguintes, foram suplantados. As safras de meados da década de 1920 foram 17% maiores do que as da primeira década do século, a chamada "era de ouro" da agricultura russa.[24]

Nesse período, retomando a tendência verificada no início do século, construíram-se muitas salas de aula e mais camponeses passaram a frequentar os bancos escolares — a taxa de alfabetização, que em 1907 limitava-se a 35%, e que dez anos depois alcançara 43%, em 1926 atingiu 51% da população soviética. O avanço da educação beneficiou amplamente a juventude das aldeias: aos 20 anos, os filhos homens de camponeses tinham o dobro das chances de saberem ler e escrever do que seus pais. As mulheres dessa mesma faixa etária eram cinco vezes mais alfabetizadas que suas mães. Essa diferença de escolaridade entre as gerações era também demográfica e cultural. Em 1926, mais de 50% dos habitantes do campo tinham menos de 20 anos e mais de dois terços ainda não haviam chegado aos 30. Estes eram os alfabetizados. Muitos deles conheciam o mundo para além da aldeia graças ao tempo passado no exército. Eles desafiavam a autoridade dos patriarcas dos povoados, raramente iam à igreja e demonstravam forte individualismo, refletido no abrupto aumento de divisões de propriedade registradas na década de 1920. Nesse período, foi enorme a quantidade de filhos que se desligaram da casa paterna e montaram suas próprias famílias. Parte da prole da aldeia optou por alijar os pais da administração do sítio, assumindo o controle sobre a produção.[25] O campo russo estava menos dividido entre ricos e pobres do que cindido entre pais e filhos, ao contrário do que supunham os bolcheviques.

Esse conflito de gerações ajudou o regime soviético a construir sua influência no campo por meio de organizações jovens. No campo, o Komsomol cresceu muito mais velozmente do que o partido — de 80 mil membros, em 1922, para mais de meio milhão, em 1925 —, ano em que as bases partidárias mal chegavam aos 170 mil quadros. A juventude comunista operava como um clube de adolescentes entediados, promovendo cruzadas contra a Igreja e a velha ordem patriarcal das aldeias. Sua meta consistia em "virar o povoado de ponta-cabeça". Possível ingresso no partido, oferecia aos jovens camponeses oportunidades de progredir e trocar as tão desprezadas condições de atraso da terra natal pelas luzes do espaço urbano. Levantamento realizado num dos distritos agrícolas mais produtivos da província de Voronezh, em 1920, constatou que 85% dos membros do Komsomol provinham de famílias camponesas, enquanto míseros 3% ainda mostravam desejo de trabalhar a terra. Em 1923, um jovem estudante de etnografia resumiu as aspirações de seus contemporâneos e patrícios, da aldeia de Volokolamsk, próxima à Andreevskoe de Semenov, escrevendo assim:

> A juventude considera que os mais velhos "são uns tolos. Trabalham até a exaustão e nada conseguem com isso. Eles não sabem nada, a não ser como usar o arado — ou seja, nada, mesmo. Temos que desistir do sítio. Não dá lucro e não compensa o suor que consome". Os jovens só pensam em ir embora o mais rápido possível. Não importa para onde — a fábrica, o exército, estudar, quem sabe, tornar-se oficial.[26]

Trinta anos antes, Semenov e Kanatchikov haviam constatado opiniões idênticas entre os jovens. Ao que parece, a rejeição à vida camponesa demonstrada pelos moços contribuía para inchar os quadros bolcheviques.

O Exército Vermelho era outro desaguadouro da insatisfação da juventude camponesa. Retornando das trincheiras e nem um pouco atraídos pela monotonia da lavoura, os rapazes costumavam assumir a liderança dos sovietes locais e da cruzada Komsomol contra a velha ordem rural. Um grupo de veteranos montou um "congresso" com o objetivo de discutir a viabilidade da "luta contra a ignorância, a religião e outros males". Escarneciam da aldeia e, não podendo abandoná-la, tentavam afastar-se dela usando trajes urbanos e militares. Uma fonte notou que todos os "ex-soldados, ativistas rurais e integrantes do Komsomol — ou seja, os que se tinham na conta de progressistas — circulavam de farda ou em vestimentas que lembrassem a vida no quartel". Mais tarde, muitos desses jovens desempenhariam papel importante na campanha stalinista de coletivização. Depois de 1927, eles se juntaram aos esquadrões de confisco de grãos, que reacenderia a guerra entre as cidades e as aldeias; criaram "grupos de iniciativa" para fundar fazendas coletivizadas; participaram de ataques constantes à Igreja; ajudaram a abafar a resistência camponesa; e, passado algum tempo, tornaram-se burocratas ou operadores de máquinas nas novas fazendas coletivas.[27]

Ainda assim, a autoridade bolchevique nos povoados continuava a inexistir. Eis o motivo do malogro da NEP. Incapaz de governar o campo por meios pacíficos, o regime soviético resolveu aterrorizá-lo, implantando a coletivização. Os fatos de 1918-1921 haviam feito marcas profundas nas relações entre os camponeses e o Estado. A guerra civil entre ambos havia chegado ao fim mas, durante a trégua da década de 1920, os velhos rivais ainda se olhavam com desconfiança. Por meio da resistência passiva e cotidiana — fingindo não entender as determinações da capital, demorando a cumpri-las e mostrando-se apáticos e inertes — os camponeses esperavam manter os bolcheviques à distância. Quando o partido assumiu a administração dos Sovietes, nos *volosts*, eles bateram em retirada e se reorganizaram nas comunas. Portanto, a ressurreição do Estado absolutista, agora tingido de vermelho, recriou a antiga divisão entre a aldeia e o *volost*, permanente núcleo do poder estatal — outrora fora também da nobreza — "interessado somente em recolher impostos", como afirmou um agricultor. Gerenciando os titubeantes órgãos oficiais comandados pela capital — do lado de fora dos *volosts*, portanto —, os bolcheviques eram impotentes. Poucos deles viviam nas aldeias ou mantinham vínculos estreitos com o campesinato. Apenas 15% dos filiados ao partido que residiam fora dos grandes centros dedicavam-se, de fato, ao cultivo da terra; menos de 10% exerciam funções burocráticas nas regiões onde haviam nascido. Nos encontros partidários nas regiões agrícolas, a pauta resumia-se à política do Estado, eventos internacionais e até ética sexual; as questões que diziam respeito aos interesses da agricultura ficavam relegadas a um segundo plano.

Nos Sovietes rurais dava-se o mesmo. Embora formalmente subordinados à administração do *volost*, eles hesitavam em contrariar os interesses das comunas, de cujos impostos dependia a sua sobrevivência (leia-se, seu orçamento). A fim de sabotar o trabalho, os aldeões costumavam eleger representantes imbecis, alcoólatras ou alguém em débito com os patriarcas — truques que desde antes de 1917 minavam todos os esforços administrativos. Ineptos, os bolcheviques reagiam centralizando o poder e reduzindo o número de conselhos, o que só agravava a situação, visto que na grande maioria dos povoados eles simplesmente deixavam de existir. Em 1929, cada soviete rural tentava governar nove aldeias, em média, ou uma população em torno de 1.500 almas. Sem telefones e, às vezes, sem meios de locomoção, os funcionários das entidades remanescentes ficavam de pés e mãos atados: os impostos não eram recolhidos a tempo, as leis ficavam sem aplicação. No campo, a força policial tinha dimensões minúsculas, cabendo a cada agente a vigilância sobre cerca de 20 mil camponeses, distribuídos por até 20 aldeias diferentes.[28] Em 1927, dez anos após a implantação do poder soviético, grande parte da Rússia rural ainda não sabia o que era isso.

Entre os bolcheviques que escreveram sobre a NEP — Bukharin, principalmente — predominava a tese segundo a qual o enriquecimento e o aperfeiçoamento cultural do campo diluiriam o problema político. Algum misterioso processo determinava que assim fosse. Equívoco. Sob o sistema de pequena propriedade defendido pela Nova Política Econômica, a cultura política da aldeia tornava-se cada vez mais "camponesa", opondo-se acerbamente ao Estado. Propaganda ou educação nenhuma poderiam lançar uma ponte sobre tal abismo. Afinal, por que um lavrador mais instruído tornar-se-ia mais suscetível ao controle e à doutrinação comunista? A intelectualidade rural, única capaz de servir de intermediária entre os agricultores e o regime, constituía uma pequenina ilha no mar de lavradores, com sua cultura urbana própria e cada vez mais avessa aos aldeões.[29] Quanto mais a NEP agia, maior o contraste entre as ambições de Moscou e sua inoperância no campo. Cada vez mais, os bolcheviques temiam que a revolução se degenerasse, afundando na lama *kulak*, a menos que uma nova guerra civil fosse deslanchada com vistas a subjugar o campo à cidade. Eis as raízes da guerra civil de Stálin contra os povoados, a qual atendeu pelo nome de coletivização. Sem meios para governar as áreas remotas da Rússia — e, muito menos, para enquadrá-las em linhas socialistas — os homens do poder resolveram dizimá-las.

3. A última batalha de Lênin

Os primeiros sinais de que Lênin não estava bem surgiram em 1921, quando passou a queixar-se de enxaquecas e fadiga. Os médicos não conseguiam diagnosticar a doença — tratava-se mais de problemas mentais do que físicos. Durante os quatros anos anteriores, ele trabalhara quase ininterruptamente, em jornadas de até 16 horas. Seus únicos períodos de descanso haviam sido o verão de 1917, durante o qual esteve fugindo do governo de Kerenski, e as semanas de convalescença, em agosto de 1918, após ter sido baleado por Kaplan. A crise de 1920-1921 prejudicara sua saúde. A insônia, a irritação, as dores de cabeça e uma pitada de depressão, sintomas da "fúria de Lênin" — expressão de Krupskaya — voltaram a incomodá-lo na época em que combateu a Oposição Operária e as revoltas camponesas. Os rebeldes de Kronstadt, os operários, os lavradores, os mencheviques, os SRs, os clérigos — todos, sem exceção, foram alcançados pela sua ira e acabaram presos e fuzilados aos magotes. No verão de 1921, Lênin saíra vitorioso mais uma vez; no entanto, os indícios de sua exaustão psíquica já se faziam perceptíveis. Ele tinha lapsos de memória, dificuldades em falar e movimentos erráticos. Alguns especialistas consideravam tais sintomas sequelas do atentado: as balas continuavam alojadas no braço e no pescoço do líder bolchevista. (A do pescoço seria removida mediante cirurgia, em 1922.) Outros suspeitavam de paralisia, diagnóstico confirmado em 25 de maio de 1922, quando ele sofreu o primeiro de uma série de derrames, que praticamente imobilizou todo seu lado direito, impedindo-o temporariamente de articular. Segundo Maria Ulianova, irmã de Lênin e sua enfermeira até o fim da vida, só então ele percebeu que "estava acabado", chegando a pedir que Stálin lhe arranjasse veneno, pois pretendia suicidar-se. "Ele não quer viver, nem pode continuar vivendo", disse Krupskaya, que já tentara dar cianureto ao marido, mas não tivera coragem. Assim, ambos decidiram solicitar a ajuda daquele "homem resoluto e férreo, destituído de sentimentalismo". Embora mais tarde viesse desejar a morte de seu antecessor, Stálin recusou-se a atender ao pedido; o Politburto também foi contra a ideia. Vivo, Lênin tinha mais utilidade do que morto.[30]

No verão de 1922, enquanto se recuperava, na sua casa de campo, em Gorki, Lênin pensava sobre quem o sucederia. A tarefa deve ter sido dolorosa, pois como todos os ditadores, ele tinha ciúmes atrozes do próprio poder, imaginando que ninguém seria bom o suficiente para herdar-lhe a coroa. Seus últimos escritos deixam claro que preferiria ser substituído por uma liderança coletiva, temendo que a disputa entre Trótski e Stálin pudesse rachar o partido. Daí por que se dedicou a incentivar a rivalidade que os separava.

A seus olhos, ambos possuíam qualidades. Trótski era orador e administrador brilhante: mais do que qualquer um, levara o Exército Vermelho à vitória na guerra civil. Seu orgulho e arrogância, no entanto — para não citar seu passado menchevique e seus ares de intelectual judeu — granjearam-lhe a aversão do partido. A Oposição Operária e a Oposição Militar hostilizavam-no abertamente. Longe de ser um "camarada", por natureza, parecia mais um general, à frente de um exército, do que um coronel, integrante de uma estrutura de comando menos centralizada. As bases o viam como um "forasteiro". Membro do Politburo, nunca alcançou nenhum posto na hierarquia partidária e, raramente, comparecia às reuniões do partido. Os sentimentos de Lênin pelo ex-menchevique foram bem resumidos por Maria Ulianova: "Ele não simpatizava com Trótski, cujas características pessoais inviabilizavam o trabalho em grupo, embora fosse industrioso e talentoso. V. I. apreciava tais atributos e tentara incluí-lo na relação de seus sucessores. Se valera a pena ou não, esse é outro problema."[31]

Stálin, ao contrário, parecia dispor dos traços adequados para atender às necessidades da liderança coletiva. Durante a guerra civil, havia assumido uma quantidade imensa de pequenas funções, amplamente rejeitadas — foi comissário das Nacionalidades, membro do Conselho Militar Revolucionário, integrante do Politburo e do Orgburo, além de chefiar a secretaria do partido — conquistando assim fama de medíocre e ardiloso. Todos cometeram o erro de subestimá-lo. Mais: não se deram conta da influência que ele ia adquirindo aos poucos. Lênin, inclusive, apesar da intolerância que o caracterizava, mostrou-se absolutamente indulgente com Stálin; acreditando-o indispensável à unidade do partido, desconsiderou muitas de suas faltas, até mesmo a rudeza cada vez maior com que o tratava. Em abril de 1922, aceitou-o como secretário-geral do partido — o pedido fora encaminhado pelo próprio interessado, com o endosso de Kamenev —, um dado fundamental, no desenrolar dos fatos, pois lhe abriu o acesso ao poder. Ao se dar conta da situação, Lênin ainda tentou voltar atrás. Tarde demais.[32]

A chave para o prestígio cada vez maior de Stálin foi o controle que exercia no aparato partidário espalhado províncias afora. Como secretário-geral e único homem do Politburo participante no Orgburo, ele podia promover amigos e perseguir oponentes. Apenas ao longo de 1922, mais de 10 mil burocratas foram alocados nas províncias, sob as ordens do Orgburo e da secretaria, quase todos por sua indicação pessoal. Nos dois anos seguintes, durante a batalha travada com Trótski, aquela seria a sua principal tropa de choque. A maioria desses burocratas, verdadeiros guardiões de interesses comuns, provinha de famílias humildes e tivera pouca instrução — tal qual o patrono; suspeitando dos intelectuais, preferiam apostar na sabedoria stalinista, e em se tratando de questões ideológicas, inclinavam-se pelos chamados simplistas, defensores da unidade proletária e da disciplina bolchevique.

Lênin aceitara o crescente "clientelismo" de Stálin como antídoto à formação de facções oposicionistas nas províncias. (A Oposição Operária, por exemplo, continuou forte na Ucrânia e na Samara até 1923.) Na secretaria, ele consumia grande parte do tempo afastando os potenciais causadores de problemas. Todos os meses, ele recebia relatórios da Cheka — GPU, a partir de 1922 — sobre as atividades das lideranças que atuavam nas áreas mais remotas. Boris Bazhanov, seu secretário pessoal, nos informa como ele andava de lá para cá, em seu gabinete, no Kremlin, cachimbando, enquanto baixava ordens breves, exonerando fulano, substituindo-o por beltrano. Em 1922, mesmo no Politburo, poucos escapavam à sua estreita vigilância. Sob o pretexto de impor a ortodoxia, ele ia acumulando informações sobre todos os rivais; boa parte dos dados coletados, certamente, poderia arruinar a carreira de alguns. Guardava cartas na manga, pronto a apresentá-las se houvesse necessidade. Assim, garantia a fidelidade de parcela expressiva dos bolcheviques.[33]

Enquanto Lênin se recuperava do derrame, a Rússia viveu sob um triunvirato — Stálin, Kamenev e Zinoviev. No verão de 1922, eles formaram um bloco anti-Trótski, encontrando-se antes das reuniões do partido, a fim de combinar a estratégia mais conveniente e a maneira de instruir seus seguidores na hora de votar. Kamenev apreciava Stálin desde o exílio que haviam sofrido juntos, na Sibéria; ameaçado de expulsão do partido, graças à sua oposição do golpe de Outubro, Koba o defendera. O que movia, porém, não era a camaradagem ou a gratidão: pretendia, sim, conquistar a liderança do partido, por isso se alinhara a Stálin contra Trótski, a quem considerava uma ameaça mais séria. Ademais, o que deveria constituir-se numa disputa política, acabou adquirindo tons de rixa familiar. Kamenev esposara a irmã de Trótski. Zinoviev não estimava Stálin, mas no seu ódio a Trótski teria sido capaz de pactuar com o demônio, a fim de assegurar a derrocada do desafeto. Kamenev e Zinoviev imaginavam poder utilizar-se de Stálin — uma figura irrelevante, uma simples alavanca, na opinião de ambos —, mas quando Trótski caiu, foi ele quem atropelou os dois outros integrantes do triunvirato.

Recuperada a saúde, Lênin voltou ao trabalho, em setembro. Cheio de suspeitas acerca das pretensões do secretário-geral e, numa tentativa de contra-atacar, propôs a nomeação de Trótski para o cargo mais importante do Sovnarkom, logo abaixo dele, é claro. Com isso estaria garantida a sucessão, no entender dos que apoiavam o ex-comissário da Guerra. Na verdade, porém, o posto era visto como algo de somenos importância e pouco apetitoso. O poder estava concentrado nas instâncias partidárias. Assim, Stálin aprovou alegremente a ascensão do adversário à vice-liderança do governo. O próprio Trótski é que se opôs, escrevendo na sua cédula: "Categoricamente recusado." Na ocasião, alegou que havia se colocado contra a existência do cargo desde a sua criação, em maio. Posteriormente, diria que declinara dele por ser judeu, o que talvez incitasse a propaganda dos inimigos do regime (ver páginas 859-861). No entanto, tudo indica que a recusa não passava de soberba: aquilo não estava à altura das suas qualificações.

Lênin não considerava a vice-presidência do Sovnarkom uma ninharia. E, ao contrário do que afirmara Maria Ulianova, não a oferecera a Trótski num "gesto diplomático", tentando compensar sua suposta predileção por Stálin. Para ele, o Conselho de Comissários do Povo tinha mais importância do que o partido, era sua cria e absorvia suas melhores energias. Em outubro de 1921, ele cometeria um erro fatal, reconhecendo claramente, diante de Stálin, que ignorava como o Orgburo promovia "transferências". Nos últimos meses de vida política ativa, envolvido com os problemas resultantes da crescente intervenção partidária no governo, ele se aferrou ao Sovnarkom, querendo dividir o poder entre o partido e o Estado. Mas enquanto reduto do poder, o Conselho tendia a declinar, à medida que fenecia a saúde do seu líder, aos poucos retirado da política. Mesmo assumindo a vice-presidência, Trótski não conseguiria deter a maré da burocracia controlada por Stálin — e ele sabia disso, perfeitamente.[34]

As suspeitas de Lênin aprofundaram-se quando, em outubro, Stálin propôs que Trótski fosse expulso do Politburo, em represália pelo fato de ter rejeitado o posto no Sovnarkom. À medida que se informava acerca das atividades do triunvirato, Lênin percebia que seus eventuais substitutos visavam a afastá-lo do poder. Teve certeza disso ao descobrir que, tão logo se retirava das reuniões do Politburo — em geral antes do término, dado que se sentia cada vez mais cansado —, o triunvirato aprovava resoluções vitais que só chegariam ao seu conhecimento no dia seguinte. Assim, aos 8 de dezembro, ele ordenou que as discussões não durariam mais de três horas; findo esse prazo, o que faltasse decidir ficaria para outra ocasião. Ao mesmo tempo — segundo testemunho posterior de Trótski — sugeriu que ambos formassem um "bloco contra a burocracia", uma coalizão destinada a enfrentar Stálin e sua influência a partir do Orgburo. É verossímil. Afinal, estávamos às vésperas do Testamento de Lênin, uma peça na qual ele se revelaria especialmente preocupado com o domínio de Stálin e o controle que exercia sobre a máquina partidária. Trótski já havia criticado a burocracia do Rabkrin e, particularmente, a do Orgburo. E os dois opunham-se às iniciativas de Stálin quanto ao comércio exterior e à questão da Geórgia. Em meados de dezembro, portanto, tudo leva a crer que Lênin e Trótski estavam prestes a unir-se, a fim de combater o inimigo comum. Súbito, porém, na noite de 15 de dezembro, Lênin sofreu um segundo derrame.[35]

De pronto, Stálin passou a monitorar a equipe médica. Sob o pretexto de acelerar a recuperação do enfermo, ele obteve uma autorização do Comitê Central para mantê-lo "isolado" da política, restringindo o acesso de visitas e a correspondência. "Nem os amigos mais íntimos devem informar Vladimir Ilitch sobre qualquer ocorrência política, visto que isto poderia inquietá-lo e provocar excitação", afirmava o documento do Politburo, baixado em 24 de dezembro. Ignorando tais maquinações, confinado à cadeira de rodas e liberado para ditar ordens durante, no máximo, "cinco a dez minutos diários", Lênin tornara-se um prisioneiro; as principais secretárias, Nadezhda Alliluyeva (mulher de Stálin) e Lydia Fotieva, faziam saber ao "carcereiro" tudo o que ele dissera ou sugerira. Nesse ínterim, Stálin transformou-se num especialista em assuntos médicos; recorrendo a enciclopédias, convenceu-se do desenlace próximo e passou a tratar do doente com desprezo cada vez maior. "Lênin kaput", disse no início de dezembro. Essas palavras chegaram aos ouvidos de Lênin através de Maria Ulianova. "Ainda nem morri e eles já me sepultaram", confidenciou à irmã. Embora a reputação do georgiano se baseasse no relacionamento especial que mantinha com Lênin, em 1924, após esperar um ano inteiro pelo fim do bolchevique-mor, alguém o ouviu murmurar: "Sequer morreu como um verdadeiro líder." De fato, Lênin poderia ter falecido antes. No final de dezembro, frustrado ante as restrições que lhe haviam sido impostas, ele voltou a pedir veneno, para dar cabo da vida. Segundo Fotieva, mais uma vez, Stálin recusou-se a fornecê-lo, fato de que mais tarde se arrependeria, pois nos breves períodos de que dispunha, Lênin pusera-se a ditar uma série de notas para o congresso do partido que se avizinhava, condenando a ascendência crescente de Stálin e exigindo seu afastamento.[36]

Este foi o Testamento de Lênin, ditado aos poucos, fragmentado — às vezes, pelo telefone, a um taquígrafo instalado na sala ao lado, munido de um par de fones —, entre 23 de dezembro e 4 de janeiro. De acordo com suas determinações, o texto deveria ser mantido em absoluto sigilo — as notas, guardadas em envelopes lacrados. Além dele próprio, somente Krupskaya poderia abri-los. Todavia, através das secretárias dublês de espiãs, Stálin tomou conhecimento delas.[37] Em cada linha era evidente o desespero sobre os desvios da revolução. No seu estilo frenético, repleto de hipérboles e repetições obsessivas, o autor deixava claro que, além da paralisia, torturava-o a consciência de que o objetivo ao qual dedicara quatro décadas de vida transformara-se num monstruoso equívoco. Lênin parecia assombrado pelo fantasma do atraso cultural russo, como se reconhecesse, talvez somente para si mesmo, que os mencheviques tinham razão: a Rússia não estava madura para o socialismo — carentes de educação, as massas eram incapazes de substituir a burguesia. A tentativa de acelerar o processo por meio da intervenção do Estado levara à tirania. Teria Lênin feito tal raciocínio ao advertir que os bolcheviques ainda precisavam "aprender a governar?"

As derradeiras e angustiadas notas que escreveu referem-se a três grandes problemas — sempre responsabilizando Stálin. O primeiro: a questão da Geórgia e a dúvida a respeito de que tipo de tratado a Rússia deveria assinar com as fronteiras étnicas. Durante a guerra civil, a despeito de sua origem georgiana, Stálin provara-se de um chauvinismo grão-russo a toda prova, merecendo por isso as duras críticas que lhe fizera. No partido, a maioria dos que o apoiavam partilhavam de suas opiniões imperialistas, defendendo a ocupação das fronteiras (em especial, da Ucrânia) e a supressão da população nativa camponesa (formada por "nacionalistas pequeno-burgueses"). Na qualidade de comissário das Nacionalidades, Stálin propusera, no final de setembro, que três repúblicas não russas — Ucrânia, Bielo-Rússia e Transcaucásia — se convertessem em regiões autônomas — a ideia tornou-se conhecida como "proposta de autonomia" —, restaurando a "Rússia una e indivisível" do império tsarista. Lênin jamais pensara em algo semelhante quando incumbiu Stálin de traçar os planos de uma federação, imaginando o *status* de república "soberana", para todos os grupos étnicos maiores, e "autônoma", para os menores; ele nunca deixara de enfatizar a necessidade de atender às suas justas reivindicações históricas, assegurando-lhes ampla liberdade cultural e o direito formal de se separarem de Moscou.

Os projetos de Stálin contrapunham-se inclusive ao pensamento dos bolcheviques da Geórgia, cujos esforços para construir e manter uma base política dependiam da outorga de direitos nacionais à região. Em março de 1922, ele apoiou Ordzhonikidze, chefe do birô caucasiano, em Moscou, forçando a fusão entre a Geórgia, a Armênia e o Azerbaijão numa Federação Transcaucasiana. Aos olhos dos líderes georgianos, a dupla comportava-se como se dispusesse de um mando feudal; reagindo, eles rejeitaram o plano de autonomia e ameaçaram desligar-se do governo local, caso o regime soviético não se manifestasse a seu favor.*

A essa altura da crise, Lênin decidiu intervir. De início, apoiou Stálin. A seu ver, embora a "proposta de autonomia" parecesse indesejável — Lênin faria com que fosse substituída pela ideia de uma união federal, consagrada no Tratado da União Soviética, ratificado em 1924 —, os georgianos haviam errado ao dar um ultimato. Num telegrama irado, datado de 21 de outubro, ele expôs seu pensamento acerca desse açodamento. No dia seguinte, num protesto inédito na história do regime, todo o Comitê Central do Partido Comunista Georgiano exonerou-se. A partir do final de novembro, porém, Lênin já se indispusera com Stálin, mudando de atitude quanto à pendência da Geórgia. Fatos novos fizeram-no reavaliar o caso. Ele designara Dzerzhinsky e Rykov como chefes de uma comissão de investigação enviada a Tiflis e, em consequência, soubera que, numa discussão, Ordzhonikidze espancara um importante bolchevique georgiano. Motivo: este o xingara de "capacho stalinista". Ante tamanha audácia, Lênin irritou-se. Em suas notas encaminhadas ao congresso do partido, realizado em 30 e 31 de dezembro, ele comparou Stálin a um antigo chauvinista russo, "inescrupuloso e tirano", desejoso de prejudicar

* Em outras repúblicas, a oposição foi mais tímida: os ucranianos recusaram-se a se pronunciar sobre as propostas de Stálin, e os bielo-russos limitaram-se a dizer que acompanhariam a posição adotada pela Ucrânia.

e subjugar territórios pequenos como a Geórgia. Aos governantes russos, Lênin recomendava "profunda cautela, sensibilidade e presteza em transigir" diante de aspirações nacionais legítimas. Numa federação socialista, ponderou, os direitos de "nações oprimidas" deveriam ser maiores do que os das "nações opressoras" (i.e., a Rússia), de modo a "compensar as desigualdades decorrentes da opressão". Em 8 de janeiro, naquela que seria sua derradeira carta, Lênin prometeu defender a oposição georgiana "de todo o coração".[38]

Sua segunda grande preocupação consistia em deter o crescente poder dos principais organismos partidários, agora sob a ingerência de Stálin. Dois anos antes, quando ainda era o líder supremo do regime soviético, ele condenara as propostas dos centralistas democráticos, ávidos de democracia e *glasnost*. O vento mudara de direção, Stálin assumira o papel de ditador e Lênin optou pelas teses que antes combatera, apoiando a democratização do Comitê Central. No seu entender, isto se daria mediante a admissão de 50 a 100 novos membros, recrutados entre trabalhadores e camponeses que militassem nas bases. Sugeriu também que representantes do CC tivessem direito de participar de todas as reuniões do Politburo e de inspecionar documentos. À Comissão de Controle, fundida com o Rabkrin e reforçada por 300 a 400 operários, deveria caber a prerrogativa de limitar os poderes do Politburo. Foi um esforço tardio — sob vários aspectos similar à *perestroika*, de Gorbatchov — no sentido de lançar uma ponte sobre o abismo existente entre os "caciques" e as bases do partido, tornando a liderança mais aberta e eficiente, embora sem afrouxar as rédeas impostas à sociedade.

A terceira e última aflição de Lênin — e de longe, a mais explosiva — referia-se à sua sucessão. Nas notas ditadas em 24 de dezembro, ele não escondeu o quanto estava preocupado ante a rivalidade que opunha Trótski e Stálin — isso também pesara na sua proposta de ampliação do CC. Sublinhando a preferência pela liderança coletiva, enumerou os defeitos dos principais cabeças bolcheviques. Kamenev e Zinoviev, os "fura-greve da revolução", não mereciam crédito; Bukharin "o favorito do partido", tinha posições teóricas que só podiam ser consideradas marxistas com as "devidas reservas". Trótski, "talvez o homem mais capaz do Comitê Central", demonstrava um excessivo apego às "questões administrativas". As críticas mais devastadoras, entretanto, eram contra Stálin. Na secretaria-geral, o georgiano acumulara "poderes ilimitados". Lênin foi direto: "Não sei se ele saberá usá-los com sabedoria e cuidado necessários." Aos 4 de janeiro, ele acrescentou a seguinte observação:

> Stálin é rude demais, e esse defeito, embora tolerável no trato entre comunistas, torna-se insuportável num secretário-geral... sugiro que os camaradas pensem num modo de afastá-lo do posto, substituindo-o por alguém menos obstinado e dotado de maior tolerância, lealdade, cortesia e consideração.[39]

Assim, Lênin fora bastante claro: as mãos de Stálin precisavam ser atadas.

Sua decisão foi fortalecida, no início de março, quando tomou conhecimento de um incidente que envolvera Krupskaya. O fato, ocorrido meses antes, fora mantido longe de seus ouvidos, propositalmente. Em 21 de dezembro, ele havia ditado à esposa uma carta de congratulações a Trótski, pela bem-sucedida tática empregada na batalha contra Stálin, na questão do monopólio do comércio exterior. Ciente do conteúdo da missiva por intermédio de seus informantes, Stálin imaginou a existência de um "bloco" contra ele e, no dia seguinte, telefonou para Krupskaya, despejando "uma torrente de insultos" — palavras dela — acusando-a de quebrar as normas partidárias que pretendiam salvaguardar a saúde de Lênin — embora os ditados estivessem autorizados pelos médicos — e ameaçando submetê-la a uma sindicância, através da Comissão de Controle. Ao desligar, Krupskaya teve uma crise de choro, pontuada por soluços histéricos. O reinado de terror stalinista começara. Em 5 de março, ao saber de tudo, Lênin ditou nova carta, exigindo que Stálin se desculpasse pela "grosseria", caso contrário consideraria as relações pessoais entre ambos definitivamente rompidas. Embriagado de poder, Stálin não conseguiu escamotear o desdém que sentia pelo moribundo,* respondendo que "Krupskaya não é apenas sua mulher, mas também minha velha camarada de partido". Na "conversa" telefônica não pretendera ser "rude", e o caso "nada mais fora do que um tolo mal-entendido". Não satisfeito, deu um passo além. "Não obstante, se consideras que para preservar relações, devo retirar algo que disse, posso retirá--las, ainda que não compreenda por que, ou qual tenha sido meu erro, ou o que esperas de mim, exatamente."[40]

O incidente chocara Lênin, agravando seu estado de saúde. Aos 6 de março, um dos médicos que o atendiam descreveu as reações do paciente, escrevendo que "Vladimir Ilitch aparenta desalento, traz uma expressão assustada, olhos tristes, inquiridores, lágrimas correndo pelo rosto... agitado, tentou falar, mas as palavras lhe faltaram, e ele só conseguiu repetir: Oh, inferno, oh inferno. A velha mazela voltou". Três dias depois, sobreveio o terceiro derrame, que o deixou inteiramente emudecido, sem condições de opinar sobre matérias políticas. Nos dez meses seguintes, até morrer, ele se limitou a balbuciar *vot-vot* (aqui, aqui) e *s'ezd-s'ezd* (congresso, congresso).[41]

Em maio, foi transferido para Gorki, onde uma equipe de especialistas o acompanhava dia e noite. Quando havia bom tempo, tomava um ar do lado de fora da casa. Certo dia, um sobrinho o viu "sentado na cadeira de rodas, vestindo uma camisa branca, própria para o verão, colarinho aberto. Um velho quepe cobria-lhe a cabeça, e o braço direito decaía, de maneira pouco natural, no colo. Não notou

* Essa carta só seria publicada em 1989.

minha presença, apesar de ter me colocado ao alcance de sua vista". Krupskaya lia para ele — Gorki e Tolstói lhe proporcionavam algum conforto — e, em vão, tentava ensiná-lo a falar. Em setembro, com a ajuda de uma bengala e um par de botas ortopédicas, voltou a caminhar, às vezes apoiado na cadeira de rodas. Nessa época, voltou a ler jornais enviados de Moscou e, com a ajuda da mulher, reaprendeu a escrever com a mão esquerda. No outono, Bukharin foi visitá-lo. Mais tarde, diria a Boris Nikolaevsky que ele estava muito aflito com a sucessão. Incomodava-o também não poder passar para o papel todas as ideias que ocupavam sua mente. No entanto, o retorno à política estava fora de questão — desse ponto de vista, já estava morto.[42]

Tudo o que Stálin precisava era que Lênin saísse do seu caminho. Mobilizando uma rede de espiões, ele soubera da carta enviada ao XII Congresso do Partido. Se pretendesse assumir a posição de bolchevique-mor, ele precisava evitar a leitura pública do documento. Assim, em 9 de março, na qualidade de secretário-geral, ele transferiu a data do conclave para meados de abril. Trótski, que só teria a ganhar com a divulgação da carta, ainda assim, concordou prontamente com o adiamento — garantiu a Kamenev que concordava com "Lênin, na essência"—, i.e., sobre a questão da Geórgia e da reforma partidária — embora fosse "pela preservação do *status quo*", e contrário, portanto, ao "afastamento de Stálin", desde que houvesse uma "mudança radical" da política. E concluiu seu raciocínio com votos esperançosos: "Que cessem as intrigas, substituídas pela cooperação honesta." Como resultado dessa "falsa transigência" — fora assim que Lênin aconselhara Trótski a agir —, Stálin saiu vitorioso do congresso. De fato, as notas de Lênin sobre a questão das nacionalidades e a reforma partidária foram distribuídas e discutidas, sendo porém rejeitadas: a maioria dos participantes, provavelmente, apoiava Stálin, que defendia a unidade e julgava perda de tempo discutir sobre democracia. Silenciar Trótski e todas as críticas ao Politburo era precondição à sua ascensão ao poder.[43] As notas de Lênin sobre a sucessão, incluindo a exigência de seu afastamento, não foram lidas durante o congresso, e continuaram nas sombras, até 1956.*

É difícil explicar a conduta de Trótski. Num momento crucial de luta pelo poder, quando poderia ter alcançado a vitória, ele engendrou a própria derrota. Entre os 40 membros do novo Comitê Central, eleitos pelo congresso, ele só contava com

---

* O conteúdo do Testamento só chegou ao conhecimento dos delegados presentes ao XIII Congresso, realizado em 1924. Stálin chegou a afirmar que se desligaria do poder, mas sua oferta foi rejeitada, por iniciativa de Zinoviev, segundo o qual não valia a pena considerar situações passadas. O conflito entre Lênin e Stálin não teria passado de atritos pessoais, motivados pela doença do líder e sua condição de alheamento. Enquanto Stálin viveu, nenhum dos últimos escritos de Lênin foi publicado, integralmente, na Rússia; nos anos 1920, a imprensa bolchevique limitou-se a reproduzir fragmentos. Coube a Trótski e a seus seguidores divulgar, no Ocidente, o teor do Testamento de Lênin (Volkogonov, *Stalin*, cap. II).

três simpatizantes. Sentindo-se isolado, em especial após o derrame de Lênin, talvez tenha preferido apaziguar os ânimos do triunvirato. Em suas memórias, ele se diz vítima da conspiração urdida pelos três homens que detinham as rédeas do país. Possivelmente, tivesse optado por enfrentá-los, acabaria vencido, correndo risco de vida, acusado de "sectarismo" — a partir de 1921, isso representava uma sentença de morte. Também é verdade que lhe faltavam forças para lutar. O orgulho excessivo dotara-o de uma certa fraqueza de caráter, inadequada às grandes batalhas. E face da perspectiva do fracasso, preferiu abandonar a arena. Um de seus mais antigos amigos registrou um episódio, ocorrido em Nova York, durante uma partida de xadrez. Trótski desafiara-o a jogar, "com certeza considerando-se um bom enxadrista", mas uma vez derrotado, manifestou mau humor e recusou uma revanche.[44] Essa curta passagem mostra quem era o verdadeiro Trótski: defronte a um antagonista superior, capaz de vencê-lo, optava pela retirada e recolhia-se, em vez de encarar a porfia em condições desvantajosas.

Seu passo seguinte foi exatamente esse. Não querendo enfrentar Stálin nos órgãos superiores do partido, dedicou-se às bases, posando de defensor da democracia interna contra o "regime policial" da liderança. Nessa jogada, ele arriscou tudo — não cultivando hábitos democráticos, sabia que poderiam tachá-lo de "sectário". Mas que outra alternativa havia, se o corpo a corpo com Stálin estava fora de cogitação? Em 8 de outubro, Trótski divulgou uma carta aberta, acusando o Comitê Central de sufocar qualquer iniciativa democrática:

> A participação das massas bolcheviques na organização do partido está se tornando marginal. Desde o ano passado, impera uma psicologia peculiar e burocrática, baseada na crença de que a secretaria-geral é capaz de decidir toda e qualquer matéria, mesmo desconhecendo fatos básicos. Um amplo estrato de trabalhadores bolcheviques, tanto no governo quanto no aparato partidário, renunciou por completo às suas opiniões ou, pelo menos, não as expressam mais de maneira franca e aberta, como se presumindo que cabe à hierarquia formular as posições e a política partidárias. Abaixo desses abstinentes estão as massas do partido, sobre as quais incidem todas as deliberações, sob a forma de convocação ou comando.

O apoio a Trótski veio do chamado "Grupo dos 46" — Antonov-Ovseenko, Piatakov, Preobrazhensky etc. —, que também também protestou junto ao Comitê Central contra a falta de democracia interna. Segundo eles, o clima de medo era tamanho que até os próprios veteranos mostravam-se "temerosos de conversar entre si".[45]

A liderança, como se podia prever, acusou Trótski de instigar uma tese "perigosa", que poderia levar à criação de uma "facção" ilegal. Aos 19 de outubro, sem reagir às críticas, o Politburo deslanchou um virulento ataque a Trótski: arrogante, ele se colocava acima do árduo trabalho cotidiano, exigindo que lhe dessem tudo em troca de nada. Quatro dias depois, o acusado rebateu vigorosamente as acusações de sectarismo, e no dia 26 de outubro, compareceu à reunião plenária.

Até pouco tempo, pensava-se que Trótski, de fato, não estivera presente; Deutscher e Broué, seus principais biógrafos, afirmam que estava acamado, com gripe. Desta vez, porém, ele não fugiu ao compromisso. E foi tão incisivo que Buzhanov, incumbido por Stálin de transcrever o discurso, escondeu o registro nos seus arquivos pessoais — o documento só seria descoberto em 1990. Trótski negou com veemência a pecha de "bonapartismo" que tentavam imputar-lhe. Ostentando modéstia, citou dois episódios em que recusara postos importantes, oferecidos por Lênin — em outubro de 1917 (comissário do Interior), e em setembro de 1922 (vice-presidente do Sovnarkom) —, julgando que poderia ser prejudicial ao regime soviético, dado o antissemitismo que grassava na sociedade russa. Na primeira tentativa, Lênin teria considerado o argumento "trivial" demais. Na segunda, concordara.[46] O raciocínio de Trótski era óbvio: a oposição que o partido lhe movia decorria, em parte, de sua origem judaica. Mais: ao concordar com Trótski, em setembro de 1922, Lênin teria reconhecido tal circunstância. Aquele foi um momento trágico para Trótski, como homem e como político: acutilado pelo partido, ele que nunca se sentira judeu, viu-se obrigado a defender-se com base nas suas origens étnicas. Isso demonstra o quanto estava ilhado.

O apelo emocional surtiu pouco efeito sobre os delegados — a maioria já fechara questão e, por 102 votos, a plenária aprovou uma moção de censura contra o "sectarismo" de Trótski. Kamenev e Zinoviev exigiram que ele fosse excluído dos quadros partidários. Stálin, porém, manifestou-se contra tal medida.[47] O novo homem forte da Rússia não tinha pressa. O único adversário em condições de detê-lo fora politicamente aniquilado, e atitudes mais radicais poderiam esperar. A expulsão só aconteceria em 1927.

A população não havia sido informada sobre o real estado de Lênin, que estava às portas da morte. Até o último momento, a imprensa sustentou a mentira de que o líder máximo bolchevique vinha se recuperando de uma grave doença — passível, aliás, de dar cabo da vida de qualquer simples mortal. Ao inventar o "milagre da convalescença", o regime tentava manter de pé o culto a Lênin, do qual dependia, em doses cada vez maiores, a legitimidade bolchevista. A expressão "leninismo", cunhada em 1923, serviu ao triunvirato, que se apresentava como o verdadeiro paladino soviético, em oposição a Trótski, o "antileninista". Nesse mesmo ano, surgiu a primeira edição de uma coletânea das obras de Vladimir Ilitch (*Leninskii sbornik*) — as sagradas escrituras de sua ortodoxia — bem como o Instituto Lênin, formalmente inaugurado em 1924, abrigando um arquivo, uma biblioteca e um museu. Na época, choveram hagiografias, criando fantasias e lendas: Lênin, o pobre camponês; Lênin, o trabalhador de origem miserável; o amante dos animais e das crianças; o defensor incansável da felicidade do povo — tudo visando a conferir maior popularidade ao regime. Na década de 1920, apareceram imagens imensas de Lênin, pregadas às fachadas de prédios públicos. Num parque de Moscou havia um "retrato vivo" dele, formado por trepadeiras. Em algumas fábricas e repartições, fotografias e objetos lembravam suas muitas e prodigiosas realizações.[48] Enquanto morria, o homem transformava-se em divindade. Sua vida privada tornou-se conhecida, e ele se converteu numa instituição sagrada, sancionando o regime stalinista.

Lênin morreu no dia 21 de janeiro. Às 16h, sofreu um quarto derrame, entrou em coma e expirou, antes das 19h. Além da família e dos médicos que o assistiam, Bukharin testemunhou o fim. Em 1937, implorando pela própria sobrevivência, ele afirmaria que Lênin morrera em seus braços.[49]

No dia seguinte, Kalinin levou a notícia aos delegados do XI Congresso. Ouviram-se gritos e soluços no salão. Talvez devido à surpresa, os russos vestiram luto. Teatros e lojas fecharam as portas durante uma semana; ornados com fitas vermelhas e negras, retratos de Lênin foram colocados nas janelas das casas; caravanas de camponeses dirigiram-se a Gorki, última morada do mito; milhares de pessoas enfrentaram o frio espantoso que fazia, aglomerando-se nas filas que tomaram as ruas da capital, da estação Paveletsky até o Salão das Colunas, onde o corpo ficou exposto. Ao longo de três dias, meio milhão de mulheres e homens esperaram horas a fio para passar diante do caixão. Escolas, fábricas, regimentos, navios, cidades e aldeias de toda a Rússia enviaram milhares de coroas de flores e declarações de pêsames. Nos meses seguintes ao funeral, construíram-se monumentos e estátuas em honra a Lênin — uma delas, em Volgogrado, mostrava-o de pé sobre um parafuso gigante. Ruas e instituições mudaram de nome em sua homenagem. Petrogrado passou a chamar-se Leningrado. Fábricas inteiras filiavam-se ao partido — um agitador dizia tratar-se "da melhor grinalda que alguém poderia colocar sobre o ataúde do líder"; nas semanas subsequentes à morte de Lênin, nada menos do que 100 mil proletários assinaram suas fichas. Muitos jornalistas ocidentais interpretaram o "luto nacional" como "um voto de confiança póstumo". Outros o consideraram uma catarse coletiva, após tantos anos de sofrimento. Os russos choravam, histéricos, centenas de pessoas desmaiavam — cenas indescritíveis e além de qualquer explicação racional. Quem sabe, tantas demonstrações indiquem que o culto a Lênin já lançara raízes: embora odiando o regime, o povo amava o "Deus Lênin", do mesmo modo como, no passado, desprezara os boiardos e idolatrara o "paizinho tsar".

O sepultamento aconteceu no domingo, quando os termômetros marcavam 35º abaixo de zero. Durante todo o trajeto entre o Salão das Colunas e a Praça Vermelha, Stálin pôs-se à frente dos guardas de honra que carregaram o caixão aberto, afinal depositado sobre uma plataforma de madeira. A orquestra do Teatro Bolshoi tocou a Marcha Fúnebre, de Chopin, um antigo hino revolucionário e a *Internacional*. Cerca de 500 mil russos levaram seis horas desfilando diante do ataúde, num silêncio melancólico. Precisamente às 16h, enquanto o ataúde descia à cova, as sirenes e apitos das fábricas, e os canhões dos regimentos soaram num lamento em uníssono, por todo o país. As emissoras de rádio transmitiam uma só mensagem: "Levantem-se, camaradas, Ilitch está baixando ao túmulo." A Rússia — trens, navios, estabelecimentos fabris — manteve-se inerte até ouvir que "Lênin morreu, mas o leninismo vive!"

Em seu testamento, o líder manifestara o desejo de ser enterrado no jazigo da mãe, em Petrogrado; a família concordara. Stálin, porém, insistiu em embalsamar o corpo. A preservação do mito e a sobrevivência do leninismo exigiam um cadáver exposto, imune à putrefação, tal qual as relíquias dos santos. O novo homem forte da Rússia impôs sua vontade ao Politburo, a despeito das objeções de Trótski, Bukharin e Kamenev. A ideia do embalsamamento fora inspirada, em parte, na descoberta, em 1922, da tumba do faraó Tutancâmon. O *Izvestiia* comparou o funeral de Lênin ao dos "fundadores dos grandes Estados de antigamente". Contudo, o modo parvo como Stálin interpretava os rituais da Igreja Ortodoxa também contribuiu para dar o tom do adeus ao morto. Horrorizado com o plano, Trótski lembrou-se dos cultos religiosos da Idade Média: "Querem substituir os restos de Sergius, de Radonezh, e Serafim, de Sarov, pelos de Vladimir Ilitch." De início, a fim de evitar que o corpo de decompusesse, usou-se a refrigeração: não deu certo. Aos 26 de fevereiro, cinco semanas após a morte de Lênin, uma equipe especial de cientistas — conhecida como Comissão da Imortalização — assumiu a tarefa de encontrar um fluido capaz de manter o cadáver em bom estado. Após trabalhar, ininterruptamente, dias e dias a fio, eles chegaram a uma fórmula contendo glicerina, álcool e outros produtos químicos (a composição exata é mantida sob sigilo, ainda hoje). Pronto para resistir à eternidade, o cadáver de Lênin foi guardado numa cripta de madeira — mais tarde encerrado num mausoléu de granito — junto aos muros do Kremlin, na Praça Vermelha. Em agosto de 1924, o local foi aberto ao público.[50]

Antes, retirou-se o cérebro, enviado ao Instituto Lênin, como objeto de estudo de uma plêiade de especialistas, encarregados de detectar a "substância que determinara tamanho gênio". O trabalho deveria demonstrar um "estágio superior da evolução humana". Cortado em 30 mil pedacinhos, e armazenado em lâminas de vidro, sob condições cuidadosamente monitoradas, o cérebro destinar-se-ia à pesquisa de futuras gerações de cientistas, aos quais caberia revelar os mistérios mais sutis do prodígio. Cérebros de outros "gênios ímpares" — Kirov, Kalinin, Gorki, Maiakovski, Eisenstein e Stálin — somar-se-iam à coleção. Em 1994, divulgou-se a autópsia de Lênin: tratava-se de um cérebro mediano.[51] Isso mostra que inteligências nada excepcionais podem produzir comportamentos extraordinários.

O que aconteceria, caso Lênin não tivesse morrido? A Rússia estava pronta para seguir o caminho do stalinismo? A NEP e os últimos escritos de Lênin teriam sido uma alternativa? Historiadores não devem preocupar-se com questões hipotéticas. Verificar o que ocorreu já exige bastante esforço; muito mais árduo seria profetizar o que poderia — nesse caso, o que não poderia — ter sucedido. No entanto, as consequências da sucessão de Lênin suscitam algumas especulações. Afinal, parte considerável da história da revolução foi escrita a partir da perspectiva do que ocorreu na Rússia de Stálin. Desse modo, por que não nos perguntarmos se existiria opção ao que o país vivenciou, desde a década de 1920?

De certo ponto de vista, parece óbvio que em 1924 os fundamentos do regime stalinista estavam lançados — Estado unipartidário, terror sistêmico e culto à personalidade. Nas mãos do secretário-geral, o aparelho partidário transformara-se numa ferramenta muito conveniente. Durante a guerra civil, tendo às suas ordens o Orgburo, ele nomeara lideranças provinciais que partilhavam o mesmo ódio plebeu aos especialistas e à intelectualidade — a exemplo do "chefe", eram movidas pela retórica da solidariedade proletária e do nacionalismo russo. Em se tratando de ideologia, rezavam pela cartilha do Grande Líder. Não espanta, pois seus asseclas o reverenciavam como antes haviam sido incensados os Romanov. A última batalha de Lênin, em prol da reforma "democrática" do partido, dificilmente conseguiria eliminar a deferência dos russos diante do poder — é um traço cultural. As mudanças que ele pretendia não passavam de artimanhas burocráticas, limitadas a uma revisão da estrutura interna, autoritária, mantendo intocável o calcanhar de aquiles da NEP — a tensa relação política entre o regime e a sociedade, em particular, entre Moscou e o campo não conquistado. Sem uma democratização genuína, sem alterações concretas no modo de governo do país, a Nova Política Econômica estaria fadada ao insucesso. A longo prazo, liberdade econômica e ditadura são incompatíveis.

No entanto, o regime de Lênin diferenciava-se muito do de Stálin. No início, o número de pessoas assassinadas foi menor. E apesar do banimento das facções, ainda havia espaço para o debate. Trótski e Bukharin discutiram a estratégia da NEP, apaixonadamente — o primeiro, defendendo o confisco dos grãos, a fim de evitar o colapso do abastecimento que poderia emperrar as indústrias; o segundo, disposto a sacrificar as fábricas em favor do mercado, com vistas ao bom relacionamento com as aldeias. A discussão era puramente acadêmica, pois ambos apoiavam a essência da NEP, sequer cogitando de matar-se um ao outro, ou banir o oponente para a Sibéria. Só Stálin ousaria tanto. Só ele imaginaria que Trótski e Bukharin estavam tão cegos por pequenas divergências e pela rivalidade a ponto de serem manipulados, até a mútua destruição.

Nesse sentido, o papel pessoal de Stálin teve importância histórica tão grande quanto a ausência de Lênin. Se o último derrame não tivesse impedido o líder de discursar no congresso de 1923, o nome de Stálin estaria relegado às notas de pé de página dos livros de história russa. Mas "se" é matéria da Providência, e esta é uma obra de história, não de teologia.

Conclusão

"Não acredito que em pleno século XX haja algum povo traído", escreveu Gorki a Romain Rolland, em 1922. "Isso é uma lenda. Mesmo na África, onde ainda existem povos não organizados, seria mais justo conceituá-los como politicamente impotentes."[1] Na opinião do romancista, a tragédia da Revolução Russa advinha do legado cultural da sua população atrasada, nada tendo a ver com os malefícios eventualmente causados por um ou outro bolchevique "alienígena". Os russos não foram vítimas, mas protagonistas do próprio infortúnio — uma lição dolorosa, sem dúvida, mas que eles terão de aprender. Há quem suponha que setenta anos de opressão comunista lhes assegurou o direito de serem tratados com misericórdia. Todavia, o futuro do país enquanto nação democrática depende, em grande medida, da sua capacidade em confrontar a história recentemente vivida, reconhecendo que, embora a maioria tenha sofrido opressão, o sistema soviético nasceu e fincou raízes no solo russo. Consequência de séculos de servidão e governo autocrático, que mantiveram a gente comum impotente e passiva, foi a fraqueza da cultura democrática russa que permitiu ao bolchevismo prosperar. "O povo permaneceu em silêncio" — diz um provérbio russo, quiçá descrevendo boa parte da história russa e sinalizando o caráter não espontâneo dos padecimentos que o atormentaram, que ele ajudou a criar, prisioneiro de uma tirania secular.

"A escravidão decorre da nossa incapacidade de conquistar a liberdade", sentenciou Herzen. Isso se aplica bem ao povo russo: fez a revolução, mas não conseguiu se emancipar. Livrou-se dos imperadores, mas não chegou a assumir seu destino político nem estabeleceu a cidadania. O discurso de Kerenski, em 1917, no qual ele alvitrou a hipótese de o povo russo constituir-se de "escravos rebeldes", assombraria a revolução ao longo dos anos. Destruído, o velho sistema projetou sua imagem e semelhança no que se forjou. Nenhuma das organizações democráticas anteriores a outubro de 1917 sobreviveu, desaparecendo durante os primeiros tempos do domínio bolchevique. Em 1921, se não antes, a revolução já fechara o cerco e uma nova autocracia fora imposta à Rússia. Sob muitos aspectos, similar à antiga.

Para explicar tal fracasso, é preciso reexaminar a história russa. Séculos de servidão e de governo autocrático haviam impedido que o povo mais humilde adquirisse consciência de sua cidadania. Pode-se traçar uma linha direta entre a cultura que acorrentava o servo e o despotismo bolchevique. O conceito abstrato de "nação política", apontando para uma estrutura constitucional de direitos civis, que havia fornecido a base da Revolução Francesa, permanecia alheio ao campesinato russo, confinado na aldeia. A noção popular de poder continuava a ser articulada em termos de domínio e coerção da autoridade, aceita de uma forma quase religiosa, derivada das tradições da servidão e da autocracia — bem diferentemente do Estado moderno, ancorado em leis e incumbido de distribuir direitos e deveres entre os cidadãos. O único poder que o camponês conhecia, no seu dia a dia — do latifundiário ou da polícia — era arbitrário e violento. Contra esse despotismo, ele não poderia apelar a direitos legalmente assegurados — na verdade, limitava-se a espancar a mulher e os filhos, a fim de descontar o peso da tirania, esquivando-se dos tentáculos do Estado. Sonhando com a autonomia, a liberdade em relação ao Estado, ele preparou o terreno para uma coerção ainda maior; afinal, sua inclinação anárquica tornava-o praticamente ingovernável. De fato, em 1917, houve momentos em que os próprios aldeões clamaram pela "mão do senhor", pela "autocracia popular" dos sovietes, que traria ordem às aldeias revolucionárias.[2] Não raro, o anarquismo do meio rural imbuía-se de anseios pela força. A cultura russa concebia o poder, não em termos de lei, mas de hegemonia — uma questão entre amos e servos, cabendo saber qual deles predominaria e dominaria o outro. Em síntese, "quem manda em quem", segundo uma expressão de Lênin; ou segundo o príncipe Lvov, referindo-se à queda da monarquia, a "vingança dos servos". Uma vingança que redundou no terror e na guerra civil.

O resultado poderia ter sido diferente. Nas suas últimas décadas, o velho regime dera à luz uma esfera pública que só precisaria de mais algum tempo e alguma liberdade a mais para crescer, transformando a Rússia numa sociedade constitucional moderna. As instituições da sociedade civil, incluindo jornais e partidos políticos, vinham ampliando sua margem de influência à grande velocidade. Os conceitos ocidentais de cidadania, lei e propriedade privada começavam a lançar raízes. Os esforços de Semenov provam que essa onda já atingia segmentos do campesinato, conquanto a nova cultura política fosse frágil e em geral restrita às minúsculas classes médias urbanas; e os eventos de 1905 demonstraram como tais tendências podiam ser varridas pela violência sangrenta da "vingança dos servos". No entanto, se por um lado abundavam sinais de evolução, sugerindo a possibilidade de se resolver de modo pacífico a questão do poder, tudo dependia da vontade do regime em promover reformas. Os obstáculos foram erguidos pelos dois últimos tsares, profundamente hostis à ideia de uma ordem constitucional moderna. À medida que a Rússia se aproximava do século XX, ambos os monarcas trataram de fazê-la regredir ao século XVII, governando a partir da corte e detendo a influência modernizadora da burocracia. Ferrenhamente defendidos, os privilégios arcaicos do Estado nobre contrapunham-se à lógica de uma ordem social moderna, baseada na propriedade, que Stolypin tentou introduzir. Nessas condições, a violência camponesa tornou-se quase inevitável. Arrancados à força do tsar, em 1905, as liberdades civis e os direitos parlamentares foram sucessivamente reprimidos pela autocracia, tão logo se imaginava dirimido o risco de uma revolta generalizada. Em vista disso, faleciam as soluções constitucionais. O obstinado ânimo antirreformista do regime tsarista converteu um mero problema político numa crise revolucionária. Liberais conscienciosos, como o príncipe Lvov, viram-se forçados a mudar de trincheira, impelidos pela idiótica política que bloqueava as iniciativas dos *zemstvos*, por exemplo. Operários, como Kanatchikov, privados do direito de defender seus interesses de classe, através de partidos legais e sindicatos, optaram pela luta clandestina. Quanto aos nacionalistas, a russificação intransigente acabou compelindo-os a exigir independência absoluta. Foi a estupidez do regime tsarista que o levou à sua queda inevitável.

A Primeira Guerra Mundial representou um teste gigantesco para os Estados modernos. Na condição de único grande Estado europeu que não conseguira modernizar-se antes do conflito, a Rússia tsarista estava quase que fadada a ruir. O aparato militar dispunha de mais aristocratas leais à corte do que generais competentes, como Brusilov. O setor industrial estava infiltrado demais, e corrompido, pela burocracia, sem a competitividade que as operações bélicas haveriam de exigir. Ciumento de suas prerrogativas, e incapaz de se dar conta do exemplo de outros países, o regime tsarista não permitiria o surgimento de iniciativas civis que garantissem a retaguarda. Pior: não logrou despertar o patriotismo dos soldados, a maior parte deles de origem camponesa, e que se sentiam desobrigados de combater pelos territórios localizados além dos limites de suas aldeias, muito menos pelo tsar. Em suma: o camponês não se sujeitava às leis do regime — que prova mais cabal de sua inépcia? O preço de tanta incompetência foi a derrocada, que se estenderia aos líderes democráticos, de 1917, ingenuamente convencidos de que as "massas patrióticas" finalmente poderiam ser chamadas a cumprir o seu dever de cidadania, uma vez que estavam livres. A crença na "nação democrática" mostrou-se vã e ilusória; a ofensiva de verão, tal qual os combates anteriores, pôs a nu o fato de que havia duas Rússias: a privilegiada, de que faziam parte os oficiais, e a camponesa, dos recrutas. Na guerra civil, ambas haveriam de confrontar-se.

O ano de 1917 demoliu os ideais equivocados. Os liberais depositaram sua fé no império da lei, acreditando que os problemas do país seriam solucionados pacificamente, pela via parlamentar. Uma grande aposta no idealismo — mesmo em se tratando de otimistas, como Lvov. A breve experiência parlamentarista, que durou de 1906 a 1914, não convencera o povo comum, muito mais inclinado a fiar-se em suas próprias organizações locais, como os Sovietes. Os SRs o descobriram a partir de 1918, quando ficaram isolados, na defesa da Assembleia Constituinte. A fase constitucional da revolução exaurira-se em 1914: não atendendo às demandas dos trabalhadores e camponeses, os partidos da Duma viram sua base eleitoral estreitar-se. A partir de 1922, ganharam apoio as legendas de esquerda, que baseavam seus apelos na rejeição obstinada à coalizão entre a Duma e a burguesia. Reacionário, embora não menos visionário, Durnovo advertira o tsar, em 1914, de que conceder o poder à Duma — tal seria o preço da derrota militar — quase equivalia a desencadear uma violenta explosão social, pois as massas desprezavam os burgueses liberais e não partilhavam de suas crenças nas reformas políticas. A polarização social provocada pela guerra aproximou essa profecia ainda mais da realidade. No fim de 1916, a Okhrana achava supérfluo o projeto da Duma liberal, considerando apenas duas opções: repressão ou revolução. Ainda assim, a despeito de todas as evidências, os líderes liberais de 1917 — e os social-democratas que os conduziram ao poder — continuavam a crer num pacto constitucional, segundo o modelo ocidental, e em algo ainda mais improvável: que tal pacto perduraria e garantiria uma estrutura viável, resolvendo os problemas do país em meio a uma guerra e ao colapso social. Até onde vai a ingenuidade dos políticos...

Com razão, Lênin poderia ter chamado tal proposta de "ilusão constitucional" dos liberais, uma ilusão capaz de atribuir poderes quase místicos aos ideais democráticos. Não espanta, por conseguinte, que tais esforços, tendentes a impor as disciplinas do Estado à Rússia revolucionária, fazendo-a encaixar-se nos padrões de 1789, tenham acelerado o colapso da autoridade. Em resposta, nas trincheiras, nas fábricas e nas aldeias, o povo fez a revolução. A malograda ofensiva militar levou à desintegração do exército; a tentativa de regular as relações de propriedade através de leis nacionais provocou invasões de terras. Contra o Estado "burguês", o apelo dos Sovietes era cada vez mais ouvido. Pelo menos até que os bolcheviques assumissem o controle, revolução significava autogestão dos trabalhadores, nas oficinas; dos soldados, nas frentes de combate e nos quartéis; e dos camponeses, nas aldeias. Um poder que lhes daria condições de dominar antigos mestres e inimigos de classe.

Nas condições de 1917, apenas uma democracia que contivesse elementos dessa revolução teria alguma chance de durar. Os primeiros que ocuparam os Sovietes, entretanto, estavam enredados no dogma da "revolução burguesa" e perderam a oportunidade de fundar um sistema misto. Ao não combinarem o poder do Soviete com o de outros órgãos públicos, como os *zemstvos* e as Dumas municipais, sob o escudo da Assembleia Constituinte, deixaram escapar aquela que talvez tenha sido a única alternativa à guerra civil. Aceitariam esse tipo de "compromisso", tanto os bolcheviques moderados, como Kamenev, quanto os SRs e os mencheviques de esquerda, como Martov. Lênin e Kerenski a recusariam, e bem assim as forças políticas de direita. Mas a luta se travaria em escala menor. Ademais, só um pacto assim deteria os bolcheviques.

O bolchevismo foi algo essencialmente russo. Sua crença na ação combativa e sua insistência — contrária aos ensinamentos de Marx e Engels — na possibilidade da revolução "passar por cima" das contingências históricas, encaixava-se perfeitamente à tradição messiânica russa. Sua palavra de ordem — Todo Poder aos Sovietes — que nos primeiros meses de governo identificava-se com a autogestão direta pretendida pelos camponeses, soldados e trabalhadores, legitimou tendências anárquicas preexistentes, contribuindo para institucionalizar uma nova *pugachevshchina*, uma rebelião implacável contra o Estado e a civilização, que Gorki e Puchkin viam com idêntico horror, e definiam como a expressão do barbarismo russo. O Terror bolchevique emergiu das profundezas. De início, era parte da revolução, vingança sangrenta das classes mais sacrificadas contra os antigos opressores e inimigos de classe. Segundo Denikin, havia um "ódio ilimitado" às ideias e às pessoas que ocupassem qualquer posição minimamente acima das massas, e a todos os indícios de abundância. Tal sentimento denotava inveja e rancor acumulados ao longo dos séculos. Sem o ter criado, os bolcheviques insuflaram o ódio aos ricos, brandindo a palavra de ordem "Saque aos saqueadores", com vistas à destruição do antigo sistema social, à mobilização das classes subalternas contra os Brancos e os imperialistas, e à construção de uma ditadura baseada no terror. De quebra, a artimanha lhes assegurou o apoio das camadas mais miseráveis e brutalizadas pela guerra, que se compraziam ante o sofrimento e aniquilamento das velhas classes dominantes — ávidos de desforra, pouco se lhes dava qualquer outro proveito, bastando esse "ganho" emocional.

Enquanto forma de governo absolutista, o regime bolchevique foi caracteristicamente russo. Na prática, suas lideranças atuaram tal qual os Romanov. Lênin e, depois dele, Stálin, ocuparam o lugar do tsar-deus; seus comissários e os lacaios da Cheka desempenharam os mesmos papéis dos governadores de províncias, os *oprichniki*, e de outros plenipotenciários do monarca; os militantes do partido desfrutaram do mesmo poder e posição privilegiada usufruídos pela aristocracia do antigo regime. No entanto, havia uma diferença crucial entre os dois sistemas: a elite do regime tsarista distinguia-se do povo comum — nas fronteiras das nacionalidades não russas, também etnicamente; em contrapartida, a elite soviética constituía-se de russos e não russos comuns, que agiam do mesmo modo que a população, falando e vestindo-se como tal. Na guerra civil, isso deu aos Vermelhos uma vantagem decisiva sobre os Brancos, capacitando-os a monopolizar os signos da "revolução", sobretudo a cor da bandeira. Assim, o regime pôde apresentar-se como paladino das causas populares. A imagem do "antigo regime" colou-se aos

Brancos — eles a mereciam, devido à sua mentalidade e à sua recusa obstinada em endossar a revolução agrária, ou reconhecer o esfacelamento do império; a propaganda bolchevique não se cansou de alardear tais características do adversário, determinantes para o desfecho da guerra civil.

Durante os cinco primeiros anos do regime soviético, mais de um milhão de russos filiou-se ao Partido Bolchevique. A maioria deles, homens jovens e alfabetizados, filhos de famílias camponesas, como Kanatchikov e Os'kin, haviam abandonado a aldeia, antes de 1917, buscando trabalho na indústria, ou alistando-se no exército, a partir do que passavam a rechaçar as "trevas" e o "atraso" da velha Rússia rural. Sonhando com uma revolução cultural que aproximasse o campo da cidade, alguns retornaram a seus povoados, sendo recrutados pela burocracia emergente, a fim de modernizar a agricultura, introduzir o equipamento social moderno — escolas, hospitais e energia elétrica — e reduzir a influência da Igreja. Embora muito lenta, a disseminação bolchevique no meio rural, registrada na década de 1920, baseou-se na revolta dos mais jovens contra o arcaísmo patriarcal. Sob vários aspectos, esse movimento foi um desdobramento das reformas que pioneiros como Semenov haviam promovido, ao longo das três décadas anteriores. A maioria dos jovens de origem camponesa, porém, inclusive Os'kin e Kanatchikov, abraçou o leninismo nos locais de trabalho, nas oficinas, ou nas casernas. Não os empolgava a reforma da velha Rússia, mas a sua extinção. A disciplina desses rapazes vinculava-se, intimamente, à nova identidade "proletária" que haviam assumido e que os levava a negar seus antigos valores. Impregnada de tal negação, a retórica do partido convencia-os de que o bolchevismo era sinônimo de força capaz de empreender o progresso — o do país e o deles. A seus olhos, os bolcheviques exterminariam a brutalidade da aldeia, substituindo-a pela cultura adquirida nos bancos escolares e diante das máquinas, mediante a qual eles haviam ascendido à elite burocrática. Toda a identidade e a ideologia partidárias baseavam-se nas promessas de progresso industrial, de dar fim às bebedeiras e à superstição e de promover o desenvolvimento da Rússia, até que se superasse o Ocidente.

A arremetida destinada a superar o atraso estava no cerne da "revolução de cima para baixo" intentada por Stálin. O primeiro período do Plano Quinquenal (1928-1932) significou uma verdadeira marcha forçada rumo à industrialização. Como afirmou o próprio líder, em ardente discurso pronunciado em 1931, "retrógrada, a Rússia sempre fora vencida", pelos cãs da Mongólia, pelos lordes feudais suecos, pelos poloneses e lituanos, pelos capitalistas anglo-franceses, pelos japoneses e pelos imperialistas alemães. "Estamos 50 a 100 anos atrás dos países mais avançados. Precisamos cobrir essa distância em dez anos, ou seremos esmagados." O grande salto à frente emocionava todos os bolcheviques de origem humilde, inclusive os rapazes fugidos do atraso do mundo camponês, para os quais a revolução era um movimento nacional contra uma pobreza aparentemente hereditária. Nos anos

1920, as bases do partido estavam sob o controle desses homens semialfabetizados. A maioria juntara-se às suas hostes durante a guerra civil e, de uma maneira ou de outra, subordinavam-se ao aparato stalinista. Conheciam pouco a teoria marxista. Os argumentos de Lênin, Trótski e Bukharin — os três grandes intelectuais do partido —, acerca das sutis estratégias da NEP, só lhes despertavam indiferença. Em geral, interpretavam a Nova Política Econômica como um recuo, após os grandes avanços da guerra civil. Um dos trabalhadores da época de Stálin recorda a frustração que a juventude do partido experimentou, ante o fracasso econômico.

> Os jovens da minha geração, integrantes do Komsomol — aqueles que tinham dez anos de idade, ou menos, em 1917 —, mostravam-se bastante ressentidos... Quando nos tornamos politicamente conscientes e nos filiamos à Juventude Comunista, fomos enviados às fábricas, e nos lamentávamos que nada restasse além daquilo, pois o espírito da revolução se fora, porque os anos duros, mas românticos, da guerra civil não voltariam mais, e porque a geração mais velha nos legara uma vida monótona, sem luta ou emoção.[3]

A revolução de Stálin contra a NEP sinalizava um retorno ao "período heroico" das conquistas e da marcha batida, sem medo ou transigência, rumo ao socialismo. Acenava com o acirramento da guerra de classes contra os *kulaks* e os "especialistas burgueses". Sua retórica veemente e falaciosa prenunciava a hegemonia proletária.

Stálin sempre tentara fazer crer que seus métodos expressavam a continuidade da tradição leninista; assim, lembrando a atitude do bolchevique-mor antes da tomada do poder, em outubro de 1917, apelava ao voluntarismo e à energia da vanguarda, a fim de superar contingências objetivas adversas. Na essência, estava correto: sua arrancada para a industrialização, eliminando o mercado e o campesinato, em nada diferia da investida de Lênin em direção aos Sovietes, levando a democracia de roldão. Tudo isso seria inevitável, talvez, dada a contradição de Outubro — uma ditadura proletária num país camponês — algo contra o que Lênin se debateria em seus últimos e trágicos anos de vida. O isolamento da Rússia soviética, internamente e no plano internacional — a intervenção Aliada, na guerra civil, desencadeara a paranoia xenófoba sobre o "cerco capitalista" — levava os stalinistas a imaginarem que a lentidão do processo de desenvolvimento, defendida por Bukharin, impediria o país de superar o atraso, tornando-o indefeso. Desta forma, os controles brevemente relaxados, na década de 1920, voltaram à baila diante dos problemas suscitados pela animosidade do campesinato e pela crescente relutância das bases em sacrificar o ideal da industrialização rápida em prol de uma relação mais branda — via mercado — com esse mesmo campesinato. Sem falar na própria cultura de um partido que assomara o poder com quadros provenientes de classes menos instruídas e dotados de pouca habilidade para a gerência do Estado e das indústrias. Lênin tinha consciência disso, mas fora justamente a sua retórica igualitarista que atraíra tais colaboradores e que, agora, predispunha-os a odiar os "especialistas burgueses" dos quais o Estado-partido via-se forçado a depender. Nesse sentido, a NEP representou um equilíbrio precário e inviável, quem sabe, entre a necessidade revolucionária de preservar conhecimentos indispensáveis — Lênin referiu-se diversas vezes à "escola do capitalismo" — e o ímpeto proletário de destruí-los — cerne da revolução cultural de Stálin.

"Nos últimos anos, a Rússia mudou, inteiramente", escreveu o príncipe Lvov a Bakhmetev, em novembro de 1923.

> Trata-se de uma nova Rússia. Como de praxe, o povo e o poder são duas coisas diferentes. Porém, mais do que nunca, o país pertence ao povo... Aferrado a objetivos internacionais, o governo é hostil ao povo e aos sentimentos nacionais, iludindo a população e escravizando-a. Mesmo assim, conta com o respaldo dos escravos oprimidos. O povo ainda defenderia o regime de um ataque estrangeiro, ou no caso de um conflito civil, se alguma organização brandisse os antigos slogans ou se manifestasse em nome da restauração.
>
> O povo apoia o poder soviético. Isso não significa que as pessoas estejam felizes... sentem a opressão, mas dado que gente igual a elas ingressa no aparelho, isso as faz sentir que o regime é "seu".

Reconhecer o regime soviético significou uma reviravolta extraordinária, para um homem que cinco anos antes confidenciara ao presidente dos Estados Unidos que o povo russo, sem dúvida, apoiaria os Brancos. Lvov mudara de opinião devido à derrota na guerra civil — produto "da escolha do povo", como ele passara a admitir — e dada a introdução da NEP, capaz de satisfazer, segundo imaginava, as principais demandas de seus queridos camponeses. "A questão agrária ainda não foi resolvida e vai desembocar em conflitos sangrentos, mas do ponto de vista do lavrador comum, trata-se de assunto encerrado — agora, a terra lhe pertence", escreveu o príncipe a Bakhmetev.

No exílio, em Paris, o príncipe considerava que a revolução retornara ao ponto de partida. Em 1923, chegou às suas mãos uma carta de Popovka, informando que os mesmos camponeses que tanto o haviam ajudado a recuperar a economia de suas terras arruinadas tinham se apoderado da propriedade e a dividiram entre si. Certamente, a novidade deve ter lhe soado mal aos ouvidos. Durante toda a vida pública, ele se dedicara ao campesinato, e mesmo nos últimos anos de existência, diariamente, percorria a distância entre o pequeno apartamento que ocupava, em Boulogne-sur-Seine, e Paris, onde trabalhava para um comitê de ajuda, responsável pela coleta de fundos destinados a vítimas da fome; além disso, nunca negou ajuda aos refugiados sem teto. Era uma espécie de Zemgov, na França.

Numa sexta-feira, à noite, em março de 1925, Lvov retornou de Paris sentindo-se mal. Foi deitar e morreu de enfarte, durante o sono. O funeral ocorreu na igreja ortodoxa da capital, na rua Daru. A comunidade *émigré* compareceu em peso; a imprensa tributou homenagens ao "sincero servidor do povo".[4]

Num país mais coerente e pacífico, um homem com o conhecimento e os talentos de Lvov poderia ter ocupado, durante anos, o cargo de ministro da Agricultura, ou da Educação. Na Inglaterra, serviria muito bem aos governos liberais de Gladstone, ou de Lloyd George; haveria, sem dúvida, uma estátua sua, num dos muitos parques e praças londrinos. Na Rússia, porém, figuras como ele estavam destinadas a perecer sob a tempestade revolucionária; até hoje, nenhuma cidade do país ostenta qualquer marco que o lembre.

A despeito da hostilidade que nutria pelo comunismo, Brusilov reconciliou-se com o regime soviético: o nacionalismo grão-russo produziu sobre ele o mesmo efeito que a NEP fizera a Lvov. Para o general, a verdadeira tragédia de 1917 fora o colapso do império russo, e nao a queda da monarquia. Diante, apenas, da perda da Polônia, das terras bálticas e da Finlândia, ele podia descansar sossegado, sabendo que o espírito nacional acabaria sendo restaurado. "O bolchevismo há de findar", profetizava. "Sobrará, então, o povo russo e aqueles que permaneceram na Rússia, com o objetivo de guiá-lo no bom caminho." Sobre tal hipótese constituiu--se o nacionalismo bolchevista — desde que existissem patriotas, tipo Brusilov, em número suficiente, seria possível redirecionar a revolução de dentro para fora.

Terminadas as campanhas contra os poloneses e Wrangel, o velho general ficara adido ao Comissariado do Povo para a Agricultura, encarregado de supervisionar o incremento de equinos de raça destinados à cavalaria — uma tarefa ingrata, considerando que a maioria dos "especialistas militares" Vermelhos contentava-se com quaisquer puxadores de carroças. Aliviado, ele não demorou a ser transferido para a Inspetoria de Cavalaria, onde seus conhecimentos, adquiridos junto à elite dos Guardas do tsar, teriam muito maior serventia. Da segunda metade de 1921, até completar 70 anos, em 1923, solicitou aposentadoria diversas vezes; apesar de estar com a saúde bastante abalada — a gota atacou-lhe a perna ferida e ele passava as noites acordado, com bronquite crônica, sem dinheiro suficiente para manter aquecido o pequeno apartamento onde morava —, todos os pedidos foram indeferidos. Só o liberaram em 1924, no expurgo promovido por Budenny.

Na companhia da esposa, Nadezhda, e pretendendo recuperar-se das inúmeras mazelas que o afligiam, o general passou a primavera seguinte no famoso sanatório de Karlsbad, na Tchecoslováquia. Os tchecos receberam bem o herói da guerra de 1916; seu velho amigo, o presidente Masaryk, ofereceu um jantar, no Castelo de Praga, durante o qual conferiu ao militar reformado uma pensão que lhe permitiu recobrar-se do choque causado pela recente alta do custo de vida. Apesar do desgaste causado pela guerra civil às relações pessoais, Brusilov considerou "extremamente agradável estar, mais uma vez, entre europeus civilizados". De fato, a única animosidade com que se defrontou partiu da comunidade *émigré* russa, incapaz de perdoar o fato de ele ter-se juntado aos Vermelhos. Talvez por isso tenha decidido regressar à Rússia, a despeito da promessa de Masaryk de conceder-lhe a cidadania tcheca. A seu ver, os *émigrés* eram os verdadeiros traidores, pois haviam colocado seus interesses de classe acima dos interesses nacionais; mesmo que tentassem aceitá-lo, o general não conseguiria viver entre eles. No verão, o casal Brusilov voltou a Moscou. Segundo Nadezhda, seu marido "queria ser enterrado em solo russo".[5]

Brusilov morreu sereno, dormindo, em 17 de março de 1926. Durante o funeral, cercado da pompa reservada aos heróis de guerra, o Exército Vermelho alinhou-se pelas ruas da capital, bandas militares tocaram a marcha fúnebre e coros eclesiásticos cantaram, enquanto o caixão passava, nos ombros de seis soldados, rumo ao monastério Novodechie, em cujo cemitério ocorreu o sepultamento. Centenas de veteranos da Primeira Guerra Mundial acorreram, alguns provenientes de pontos tão distantes quanto Novgorod e Tver, a fim de prestar a última homenagem ao companheiro de armas — a igreja do monastério não comportou o público presente. Embora sem se curvar diante dos padres nem participar das orações, Voroshilov, Egorov e Budenny discursaram, elogiando o morto. Numa estranha mistura de velho e de novo — emblemas soviéticos, ícones e cruzes — o adeus àquele homem tão contraditório pareceu significar, nas palavras de Nadezhda, que "a nova Rússia enterrava a velha".[6]

Dmitry Os'kin era filho da nova Rússia. Soldado raso, juntara-se às tropas de Brusilov, na Primeira Guerra Mundial; quando da morte do general, já se tornara uma figura militar de destaque. Após chefiar o II Exército dos Trabalhadores, em 1920, assumiu o comando do Exército de Reservistas da República Soviética, uma força que somava quase meio milhão de homens. Glorificado pelo regime como Comandante Vermelho exemplar, digno de ser imitado pelas bases operárias e camponesas recrutadas durante a guerra civil, era o protótipo do soldado que carregara na sua mochila o bastão de general. Mirando-se nessa imagem é que ele escreveu a trilogia de suas memórias militares. Os últimos anos de Os'kin são obscuros. No final da década de 1920, ele converteu-se num burocrata. Morreu em 1934, possivelmente vítima do terror stalinista, com apenas 42 anos.

O destino de Kanatchikov foi exatamente esse. Filho da nova Rússia, também, ascendera durante a guerra civil. Operário de origem camponesa, sua carreira teve um curso bastante natural, misturando-se à política educacional que ele sempre defendeu. Em 1921, aos 42 anos, tornou-se reitor da Universidade de Petrogrado, um posto de prestígio, mantido ao longo de três anos. Em 1924, assumiu a chefia da Secretaria de Imprensa do Comitê Central e, um ano depois, o Departamento de Pesquisa Histórica, igualmente vinculado ao CC. Nada mau, para um homem que somava apenas quatro anos de escolaridade. Kanatchikov desempenhou papel importantíssimo na campanha do partido contra os trotskistas; em *História de um desvio* (1924), ele produziu uma diatribe realmente singular, seguida de uma série de obras similares, sempre a serviço do partido. Isso não o salvou, entretanto, dos pelotões de fuzilamento, na guerra que Stálin travou contra os velhos bolcheviques. Em 1926, defendendo maior rigor com o campesinato, Kanatchikov alinhou-se com a "oposição de esquerda", liderada por Zinoviev e Kamenev, em contraposição a Stálin e Bukharin. Esse "desvio" custou-lhe a transferência para Praga, como correspondente da TASS. Dois anos depois, graças a uma carta subserviente em que confessava seus "erros políticos", o Comitê Central permitiu que retornasse. O ardente apoio que deu à coletivização forçada — conclusão lógica de sua rejeição à velha Rússia camponesa — valeu-lhe uma "reabilitação" temporária. A partir de 1929, nomeado editor do recém-fundado *Jornal de Literatura*, semanário da União dos Escritores Soviéticos, despejou uma torrente de panfletos a favor de Stálin, ganhando em troca um aumento de salário e apartamento maior, além de todas as regalias de praxe. Assombrado pelo passado, no final de 1935, quando Stálin iniciou a perseguição dos "zinovietistas", a estrela de Kanatchikov deixou de brilhar, novamente. Preso, em 1936, recebeu uma condenação de oito anos de trabalhos forçados em algum ponto do arquipélago Gulag. Como tantas outras vítimas bolcheviques do Grande Terror, incapaz de identificar seu algoz, ele rogou a Stálin que interviesse, a fim de que fosse perdoado. Cumpriu metade da sentença e morreu, em 1940.[7]

Para Gorki, o exílio era uma espécie de tortura. Embora não pudesse suportar a vida na Rússia, o exterior lhe parecia intolerável. Ele oscilou, no limite da esquizofrenia, saudoso da terra natal, mas indisposto demais para voltar lá. Egresso de Berlim, vagou incansável através de cidades da Alemanha e da Tchecoslováquia, afinal fixando-se em Sorrento, na Itália. Escrevendo a Rolland, em 1924, ele confessou sentir-se "apátrida. Na Rússia, eu seria inimigo de tudo e de todos, batendo a cabeça contra um muro de pedras".

Gorki permaneceu exilado, nos anos da NEP, menos pela natureza do regime soviético e mais em virtude da política em vigor, hostil às artes e, ao mesmo tempo, amistosa em relação ao campesinato. Opositor intransigente da ditadura bolchevique, ele sempre encontrara um meio de justificá-la, atribuindo-lhe o caráter de antídoto necessário contra o anarquismo instintivo do camponês. Sua racionalização do regime soviético acentuou-se ainda mais depois da morte de Lênin, que o encheu de remorsos. O romancista admirava e odiava o líder da revolução — a relação entre ambos jamais seria equacionada. "Sim, meu caro amigo, a morte de Lênin foi um golpe pesado para mim. Eu o amava. Eu o amava com rancor", escreveu ele a Rolland. Nina Berberova, que privou de sua intimidade em Berlim e Marienbad, registrou como ele se mostrara "muito pesaroso", chorando sem parar durante semanas, enquanto redigia um elogio póstumo. "Sobrepujado pelo arrependimento", lembrou Berberova, "Gorki reafirmava sua fé na Revolução de Outubro, reavivando os primeiros anos do bolchevismo, o desempenho correto de Lênin e os seus próprios erros. Sinceramente, acreditava que a morte de Lênin o deixara órfão, ele e toda a Rússia." As *Memórias* de Gorki acerca de Lênin foram o primeiro passo rumo à reconciliação com aqueles que o sucederam no Kremlin. Em 1926, quando Dzerzhinsky morreu, ele teceu loas ao chefe da Cheka — "homem talentoso, de coração sensível e forte senso de justiça". Nem assim dispunha-se a regressar. Sem dúvida, assustava-o o que poderia encontrar. Em seus pensamentos, a Rússia sempre fora muito mais rósea do que o era na realidade e, apesar da enorme capacidade que possuía de autoiludir-se, tinha alguma consciência do quanto poderia se decepcionar. Certamente, seu apego aos princípios da liberdade individual e à dignidade humana continuavam fortes o bastante para detê-lo — era um artista criativo e sua capacidade de escrever dependia, essencialmente, das liberdades e dos confortos que só podia desfrutar no Ocidente. Na Europa, sua obra florescia. Entre 1925 e 1928, publicou *O caso Artamonov* e os dois primeiros volumes de *A vida de Klim Samgin*, dois grandes romances didáticos. Nesse ínterim, o regime soviético elaborara uma lista de livros "contrarrevolucionários" que incluía Platão, Kant, Ruskin, Nietzsche e Tolstói, todos retirados das bibliotecas públicas. Ultrajado e furioso, Gorki começou a escrever uma carta ao governo, renunciando à cidadania soviética, mas acabou rasgando o papel. Por mais que desprezasse aquele "vampirismo cultural", não conseguia romper os vínculos que o atavam aos bolcheviques.[8]

No fim, como acontecera a Brusilov, foi o velho e bom nacionalismo russo que o persuadiu a voltar para casa. Não conseguia suportar a convivência com os *émigrés*, nem era tolerado por eles. "Para nós, russos, Gorki é moral e politicamente responsável pelas grandes calamidades que o regime bolchevique causou ao país. Anos passarão, mas ele nunca será perdoado", escreveu um exilado que vivia em Paris, em 1922.[9] A isso, o romancista reagia alinhando-se cada vez mais ao regime. Além do mais, a vitória do fascismo na Itália, sua pátria adotiva, fizera com que rejeitasse todos os antigos ideais: se a Europa deixara de ser uma fortaleza histórica a favor do progresso e da civilização, não havia mais por que opor-se aos bolcheviques. A desilusão fez com que se inclinasse diante da Rússia soviética, reconhecendo nela um sistema moralmente superior. Um equívoco, sem dúvida, mas compreensível no contexto da época.

Gorki regressou à Rússia em 1928, após vagar pelo mundo durante cinco verões consecutivos, e quatro anos depois, fixou-se na sua terra natal. Em peças de propaganda antiocidentais, o regime saudou seu retorno como uma grande vitória. Ele recebeu a Ordem de Lênin e foi residir na casa que pertencera a Riabushinsky, uma verdadeira obra de arte da arquitetura moderna, abarrotada de tesouros pagos pelo Estado. Os cinemas exibiram uma trilogia versando sobre sua vida. A rua Tverskaia, em Moscou, passou a chamar-se rua Gorki. Sua cidade natal, Nizhnyi-Novgorod, também foi rebatizada em sua homenagem. Todas essas honras visavam a comprar seu apoio político. Ia acirrada a luta de Stálin contra os "direitistas" — Bakhurin, Rykov e Tomsky —, que se opunham às políticas extremas de coletivização e industrialização. De início, Gorki posicionou-se a meio caminho entre ambas as tendências, o que fez dele alvo de um fogo cruzado. As políticas stalinistas, no seu entender, eram o único caminho que levaria a Rússia para longe do retrógrado passado camponês. No entanto, não gostava de Stálin, nem do tratamento que ele dava à literatura, e considerava Bukharin e Rykov. Entre 1928 e 1932, até onde é possível saber consultando fontes incompletas, Gorki apoiou Stálin, ao mesmo tempo que tentava contê-lo, reeditando o papel que já desempenhara junto a Lênin, entre 1917 e 1921. Assim, garantiu a libertação de muita gente enviada aos campos de trabalhos forçados e, provavelmente, persuadiu o georgiano a escrever, em março de 1930, o famoso artigo "Embriagado de sucesso", no qual o homem forte da Rússia condenava os excessos praticados pela burocracia provinciana na primeira campanha de coletivização.[10]

Para seus camaradas de outrora, socialistas que haviam se mantido avessos aos bolcheviques, ou rompido com a Rússia soviética, o retorno de Gorki a Moscou pareceu uma traição. Viktor Serge, que se avistara com ele em 1930, referiu-se à figura trágica do ex-crítico que se permitira calar diante da selvageria do regime:

> O que se passava dentro dele? Sabíamos que ainda resmungava, incomodado, macambúzio, afetando pesar e protesto. Comentávamos que qualquer dia explodiria! De fato, explodiu, pouco antes de morrer, rompendo com Stálin. Mas, então, todos os seus colaboradores, no *Novaia zhizn'* de 1917, já haviam desaparecido atrás das grades, e ele nada dizia. A literatura estava morrendo, e ele nada dizia. Eu o vi na rua. Só, recostado no banco de trás de uma grande limusine, parecia distante da vida... reduzido a uma cifra algébrica de si mesmo. Não envelhecera, mas tinha emagrecido e parecia seco, a cabeça ossuda enfiada num boné turco, o nariz e os maxilares protuberantes, as cavidades dos olhos vazias como as de um esqueleto.

A verdade entretanto era bem mais complexa — eis a tragédia final de Gorki. Logo após seu retorno, ele começara a pensar que talvez estivesse equivocado em ficar na Rússia. Sentia-se cada vez mais avesso ao regime de Stálin e, ao mesmo tempo, não conseguia ir embora: transformara-se numa instituição, o público o adorava — prisioneiro, não fugiria de novo. Primeiro, porque as vendas de seus livros declinavam na Europa, e ele era financeiramente dependente do regime soviético. Segundo: Stálin não o deixaria partir.[11]

Durante esses últimos anos de virtual encarceramento, Gorki foi um estranho no ninho. Opôs-se ao culto da personalidade e só após muita insistência das autoridades aceitou a encomenda de um retrato hagiográfico de Stálin, similar ao que escrevera sobre Lênin, mas que desta vez pareceu permeado de cinismo em relação ao regime. Seus ensaios contra o fascismo valiam como uma condenação genérica do totalitarismo. No que restou de seus escritos particulares, ele extravasa um óbvio desdém — num caderno com capa de lona, encontrado nos seus pertences, depois que morreu, Stálin é comparado a uma "pulga monstruosa" a que a propaganda e a hipnose conferiam proporções inacreditáveis. Há evidências de que, em 1934, Gorki envolveu-se numa conspiração, aliando-se a Rykov, Bukharin, Yagoda, chefe da NKVD, e Kirov, chefe do partido em Leningrado, assassinado pouco depois. Por isso Stálin teria ordenado, também, a morte do filho de Gorki, Maximo, que agia como mensageiro entre o pai e Kirov. Talvez o próprio escritor não tenha morrido de causa natural.[12]

Realmente, as circunstâncias de sua morte permanecem obscuras. Durante anos, sua saúde declinara. Além do mal crônico que lhe afetava o pulmão, havia uma extensa relação de doenças, incluindo cardiopatia e gripe. Em 1936, pressentindo o desenlace, ele trabalhou às pressas e com esforço, tentando concluir a saga de *Klim Samgin*. "Fim do romance, fim do herói, fim do autor", comentou, em junho. No dia 17, teve febre, começou a cuspir sangue e morreu em vinte e quatro horas. Os que estiveram com ele nesses últimos dias testemunharam que a morte fora natural. Passados dois anos, porém, durante o espetacular "julgamento dos médicos", a Promotoria acusou os réus de o terem induzido a ingerir doses fatais de remédios inadequados; numa "trama contra o poder soviético", a ordem teria partido de Yagoda, influenciado por Bukharin e Rykov. É claro que Stálin poderia usar a morte natural do escritor como pretexto para destruir seus inimigos. No entanto, o envolvimento de Gorki com a oposição torna provável a hipótese de que o próprio georgiano tenha determinado seu assassinato. Com certeza, o momento era muito conveniente — dois meses antes do julgamento de Zinoviev e de Kamenev, cuja farsa Gorki pretendia desmascarar — e todos sabemos o que o açougueiro do Kremlin costumava fazer com quem se punha em seu caminho. Muitos anos mais tarde, alegou-se que os médicos que autopsiaram o cadáver de Gorki haviam encontrado vestígios de veneno. Em 1963, ao ser indagada sobre o assunto, Ekaterina, viúva do escritor, afirmou estar certa de que ele fora assassinado. Hoje, muitos russos concordam com ela,[13] mas a verdade jamais será conhecida.

Gorki foi enterrado com todas as honras soviéticas. Stálin liderou o cortejo fúnebre, que atravessou a Praça Vermelha, a fim de depositar as cinzas num nicho no muro do Kremlin, atrás do Mausoléu de Lênin. Assim Gorki converteu-se em uma instituição stalinista.

A Revolução Russa promoveu uma ampla experiência de engenharia social, talvez a maior da história da humanidade. Àquela altura da sua evolução, a raça humana tendia, mesmo, no sentido de maior justiça social e camaradagem. Gestada no curso da Primeira Guerra Mundial, quando a Europa beirava a autodestruição, muitos a consideraram essencial. Em 1918, a maioria dos partidos socialistas europeus sustentava que o capitalismo e a competição imperialista tinham sido as causas fundamentais do conflito armado. Para evitar outro embate semelhante, seria preciso eliminar essas causas. Em suma, aos olhos dos militantes desses partidos parecia que o velho mundo estava condenado, e que cabia ao socialismo, conforme os versos da *Internacional*, "refazer o mundo".

O teste resultou num completo desastre, menos devido à malícia dos que o empreenderam, a maioria dos quais alimentava nobres ideais, mas em virtude de tais ideais serem inviáveis. Poder-se-ia dizer que o fracasso deveu-se ao atraso da Rússia, despreparada para o socialismo, um sistema que dependeria do apoio de sociedades industriais avançadas. Tal visão afasta qualquer consideração acerca da lógica intrínseca do regime bolchevique, que conduziu o país à via stalinista. É verdade que os bolcheviques de 1917 não esperavam que a Rússia soviética vivesse por conta própria — ou mesmo sobrevivesse. A tomada do poder, em outubro, baseou-se na ideia de que a Rússia funcionaria como centelha capaz de atear a fogueira da revolução socialista pela Europa afora, alcançando inclusive, quem sabe, o mundo colonial. Como tal centelha morreu sem acender chama alguma, movidos pela necessidade de defesa, os bolcheviques adotaram uma estratégia de industrialização *à outrance*. Contudo, o modelo soviético produziu resultados negativos onde quer que tenha sido posto em prática, da China ao sudeste asiático, do leste europeu à África subsaariana, e em Cuba. Conclui-se que o problema fundamental tem mais a ver com princípios do que com contingências.

Forte e poderoso que seja, o Estado não pode nivelar as pessoas ou aperfeiçoá-las. Deve, sim, tratar os cidadãos com equidade, empenhando-se em garantir a livre iniciativa com vistas ao bem comum. Após um século de dominação totalitária comunista e fascista, cabe-nos esperar que a lição tenha sido bem aprendida. No umbral do século XXI, só o fortalecimento da democracia, fonte de liberdade e justiça social, impedirá que os menos favorecidos e os desiludidos a rejeitem, mais uma vez. Não é certo que as sociedades civis emergentes do antigo bloco soviético adotarão modelos políticos ocidentais. O triunfalismo liberal democrata com que o colapso da União Soviética foi recebido em várias partes do mundo não tem nenhuma razão de ser. Os comunistas convertidos — nem tão convertidos assim — podem obter sucesso eleitoral, caso a grande maioria do povo permaneça alienada ou excluída dos benefícios do capitalismo vitorioso. Muito mais preocupante, o nacionalismo autoritário já começou a preencher o vazio deixado pelo bolchevismo, e inspirando-se nele, forjou uma retórica áspera, repleta de conclamações à ordem e à disciplina, e de irados vitupérios contra o Ocidente e as desigualdades produzidas pelo crescimento econômico.

Os espectros continuam nos assombrando.

Notas

Detalhes completos sobre os títulos das obras podem ser encontrados na Bibliografia, ver páginas 925-958.

I. A dinastia

1. *Novoe vremia,* 17, 18, 20-8 de fevereiro de 1913; Romanov, V *mramornom,* 174-7; Taneeva, *Stranitsy,* 98-101; Buchanan, *Dissolution,* 36-7.
2. *Novoe vremia,* 18-28 de maio de 1913; *Niva,* 24, 1913, 477-9; Mossolov, *At the Court,* 240-1; Romanov, *V mramornon,* 178; Kokovtsov, *Out,* 361.
3. Whelan, *Alexander III,* 32-3.
4. "Dnevnik A. A. Polovtsova" (1902), 3, 1923: 136; Iswolsky, *Memoirs,* 264-5; Wortman, "Moscow and St Petersburg", 253-4; Verner, *Crisis,* 79.
5. Wortman, *Scenarios,* 381-7; Wortman, "Moscow and St Petersburg", 250-1; Spiridovitch, *Les Dernières,* 2: 253-62.
6. Wortman, "Moscow and St Petersburg", 254-7, 260-2.
7. Rodzianko, *Reign,* 75-7.
8. Kokovtsov, *Out of My Past,* 361; Miliukov, *Political Memoirs,* 236.
9. Wortman, "Invisible Threads", 397-8.
10. Elchaninov, *Tsar,* 148; Wortman, "Invisible Threads", 392-3.
11. Elchaninov, *Tsar,* 2-3, 121.
12. Massie, *Nicholas,* 227; *The Times,* 22 de fevereiro-6 de março de 1913; *British Documents on Foreign Affairs,* 1, A, 6: 323.
13. *Memoirs of Count Witte,* 201,710-13; Serge, *Ville en danger,* 37.
14. Pasternak Slater (org.), *Vanished Present,* 185-7.
15. Romanov, *Once a Grand Duke,* 168; *Memoirs of Count Witte,* 95; Zaionchkovsky, *Russian Autocracy,* 18-19.
16. Gurko, *Tsar,* 8; Wolfe, "Autocracy", 68; Essad-Bey, *Nicholas,* 26.

17. Iswolsky, *Memoirs*, 248-50; Romanov, *Once a Grand Duke*, 178; Ferro, *Nicholas*, 16.
18. Wolfe, "Autocracy", 66-7; Romanov, *Once a Grand Duke*, 168-9.
19. Salisbury, *Black Night*, 50-8; Iswolsky, *Memoirs*, 259-60.
20. Massie, *Nicholas*, ix; Pares, *The Fall*, 57.
21. Pares (org.), *Letters of the Tsaritsa*, 409; Chernov, *Great Russian*, I; Trótski, *History*, 73-4; Gurko, *Tsar*, 23-4.
22. Rogger, *Russia*, 20; Verner, *Crisis*, 64-7; Lieven, *Nicholas*, 113; Wolfe, "Autocracy", 72.
23. Pares, *The Fall*, 157; Verner, *Crisis*, 45-59; Lieven, *Russia's Rulers*, 287-9; Lieven, *Nicholas*, 105-6, 115-6.
24. Buchanan, *Dissolution*, 36.
25. Romanov, *Once a Grand Duke*, 169; Mossolov, *At the Court*, 31; Romanov, *V mramornom*, 60; de Jonge, *Life and Times*, 110; Pares (org.), *Letters of the Tsaritsa*, *xii*.
26. Chernov, *Great Russian Revolution*, 16; Gurko, *Tsar*, 69-70; Gilliard, *Thirteen Years*, 50, 83.
27. Gurko, *Tsar*, 34, 48-9; Pipes, *Russian Revolution*, 60.
28. Gilliard, *Thirteen Years*, 52.
29. Smitten, "Poslednyi", 10: 119-20; de Jonge, *Life and Times*, 36, 45, 54; Kotsiubinskii, "Sekret", 2 de dezembro de 1994; Curtiss, *Church and State*, 175-7; Graham, *With the Russian Pilgrims*, 180.
30. Fuhrmann, *Rasputin*, 13-14; de Jonge, *Life and Times*, 64-5
31. Fuhrmann, *Rasputin*, 94-8; de Jonge, *Life and Times*, 214-15.
32. Massie, *Nicholas*, 318.
33. Kotsiubinskii, "Sekret", 2, 9 e 16 de dezembro de 1994; de Jonge, *Life and Times*, 78, 224; Fuhrmann, *Rasputin*, 35; Pipes, *Russian Revolution*, 259-60.
34. Fuhrmann, *Rasputin*, 51, 119-20; Lockhart, *Diaries*, 1: 128-9.
35. de Jonge, *Life and Times*, 204. Sobre Maria Antonieta ver Hunt, *Family Romance*, cap. 4.
36. de Jonge, *Life and Times*, 187, 201-2.
37. Simanovich, *Rasputine*, 23-4; *Moscow News*, 9, 1991; Gilliard, *Thirteen Years*, 64-5; Gurko, *Tsar, 90;* Mamantov, *Na gosudarevoi sluzhbe*, 233.

II. Pilares instáveis

1. "Dnevnik A. A. Polovtsova"; *Memoirs of Count Witte*, 88-9, 199.
2. Becker, *Nobility and Privilege*, 64; Lieven, "Russian Civil Service", 371; Zaionchkovskii, *Pravitel'stvennyi*, 223; Raeff, "Bureaucratic Phenomena", 401-2; Raeff, *Understanding*, 608; Mosse, "Bureaucracy", 605-6; Ferro, *Nicholas*, 15.

3. Pipes, *Russia Under the Old Regime,* 286-7; Lieven, *Russia's Rulers,* 125-9.
4. Lieven, *Russia's Rulers,* 198-9.
5. Raeff, "Bureaucratic Phenomena", 403-4; Vernel, *Crisis,* 51-9; Rieber, "Sedimentary Society", 358-9; Lieven, *Russia's Rulers,* 133-6; Pearson, *Russian Officialdom,* 14-15; Trubetskaia, *Kniaz,* 38.
6. Lincoln, *In the Vanguard,* 107; Whelan, *Alexander III,* 83-7.
7. Saunders, *Russia,* 213.
8. Whelan, *Alexander III,* 91; Lieven, *Russia's Rulers,* 192; Wcislo, "Bureaucratic", 382-3.
9. Lieven, *Russia's Rulers,* 68-72, 185-92, 385.
10. Whelan, *Alexander III,* 32-3.
11. Urussov, *Memoirs,* 1, 12; Robbins, *Tsar's Viceroys,* 1-2.
12. Urussov, *Memoirs,* 96; Judge, "Urban Growth", 48-50.
13. Clowes, Kassow, West (org.), *Between Tsar and People* 3-27, 41-56, 75-89; Pipes, *Struve: Liberal on the Life,* 195.
14. Chekhov, *Plays,* 322; Urussov, *Memoirs,* 100; Bok, *Reminiscences,* 100.
15. Urussov, *Memoirs,* 98; Rogger, *Russia,* 52-3.
16. Robbins, "His Excellency", 76: *Padenie,* 1: 33, 49; Robbins, *Tsar's Viceroys,* 244-5. Para uma opinião contrária sobre os governantes, enfatizando sua subordinação aos ministérios centrais, ver Yaney, *Systematization,* 330.
17. Pipes, *Russian Revolution,* 68; Polner, *Zhiznennyi,* 55-6.
18. Rogger, *Russia,* 49; Robbins, *Tsar's Viceroys,* 183-4; Weissman, "Regular", 46-50, 56-8; Yaney, *Systematization,* 333-7.
19. Manning, *Crisis,* 9-10; Shanin, *Russia as a Developing Society,* 147.
20. BA, Coleção Bakhmeteff, caixa 39, Lvov, "Moi vospominaniia", 2-4, 10, 13, 15-16, 83; Polner, *Zhiznennyi,* 24-30.
21. *Dni,* 21 de março de 1925; Polner, *Zhiznennyi,* 62; Obolenskii, *Moia zhizn',* 373-4.
22. Mackenzie Wallace, *Russia,* 2: 249.
23. "Dnevnik A. A. Polovtsova" (1901), 3, 1923: 97; McKenzie, "Zemstvo"; Stone, *Europe,* 204; Tyrkova-Williams, *To, chego,* 253.
24. Yaney, *Urge,* 51, 98, 102-8; Macey, "Land Captains"; Semenov, *Dvadtsat',* 86; *A Radical Worker,* 151-2.
25. *Polnoe sobranie zakonov,* 14, 1894: 11,014.
26. Keep, "Military Style"; Verner, *Crisis,* 22-3; Elchaninov, *Tsar,* cap. 8.
27. Bushnell, *Mutiny,* 1-2.
28. Fuller, *Civil-Military,* 49, 144-53; Bushnell, *Mutiny,* vii, 15-21.
29. Wildman, *End,* 1: 33-5; Bushnell, *Mutiny,* 10-11.
30. McNeal, *Tsar and Cossack;* Rieber, "Landed", 36; Bushnell, *Mutiny,* 110-11.

31. Oberuchev, "V dni", 60; BA, Coleção Brusilov, mss. "Gazeta "Dni"'; Grondijs, *La Guerre,* 84, 263; Shabanov, "Kratkii", 5-9; GARF, f. 5.972, op. 1, d. 21a, 1. 11-12; op. 3, d. 70, l. 148.
32. Brussilov, A *Soldier's Notebook,* 17.
33. Ibid., 9-10.
34. Cherniavsky, *Tsar and People,* 111-116, 119-20, cap. 1 sobre príncipes considerados santos; Billington, *Icon,* 47, 64.
35. Curtiss, *Church and State,* 3-32, 71-2, 345-6; Freeze, "Handmaiden".
36. Morrison, "Church Schools", 193; Curtiss, *Church and State,* 186.
37. Waldron, "Religious Toleration", 104-15; Freeze, "Handmaiden", 89-90; Freeze, "Bringing Order"; Engelstein, *Keys to Happiness,* 27-8, 34, 51-2.
38. Freeze, "Going", 215-32; Dixon, "Church's Social Role", 167-92.
39. A *Radical Worker,* 27-34.
40. Gorki, *My Universities,* 122; Matossian, "Peasant Way of Life", 19-20; Belinskii, *Izbrannye,* 2: 516.
41. Lewin, *Making,* cap. 2; Ramer, "Traditional Healers".
42. Stepniak, *Russian Peasantry,* 372; Freeze, *Parish Clergy;* Belliutsin, *Description,* 189.
43. Curtiss, *Church and State,* cap. 5; Freeze, *Parish Clergy,* 330s., 389s.; Meyendorff, "Russian Bishops"; Simon, "Church", 206-12.
44. Curtiss, *Church and State*, 237ss., 405.
45. Gellner, *Nations,* 6 e passim.
46. Lênin, *PSS,* 25: 66.
47. Hofer, "Creation of Ethnic Symbols"; Anderson, *Imagined Communities;* Gellner, *Nations,* 57-8.
48. Hofer, "Creation of Ethnic Symbols", 124.
49. Hobsbawm, *Nations,* 54; Uustalu, *History,* 121-4.
50. Davies, *God's Playground,* 2: 6-7, 19-27, 37, 352-7.
51. Seton-Watson, *Russian Empire,* 411; Reshetar, *Ukrainian,* 6-10; Shevelov, "Language Question", 74-9, 92-3.
52. Suny, *Making,* caps. 4-6; Swietochowski, *Russian Azerbaijan,* 23-6.
53. Hobsbawm, *Nations,* 48-9; Slomka, *From Serfdom,* 171.
54. Suny, "Nationality", 232; Swietochowski, *Russian Azerbaijan,* 11.
55. Suny, *Making,* 116ss.; Swietochowski, *Russian Azerbaijan,* 21; Rorlich, *Volga Tatars,* cap. 8.
56. Himka, *Galician,* xxii, caps 2-4.
57. Guthier, "Popular Base"; Krawchenko, *Social,* 21; Shevelov, "Language Question", 79; Guthier, "Ukrainian Cities", 158-9; Himka, *Galician,* 158-75.
58. Krawchenko, *Social,* 264; Himka, *Galician,* 36-40.
59. Himka, *Galician,* 199-202; Trótski, *History,* 898.

60. Maynard, *Russian Peasant,* 379.
61. Davies, *God's Playground,* 84; Rogger, *Jewish Policies,* 106.
62. *Pervaia vseobshchaia perepis,* 1-19.
63. Pares, *Fall,* 64; Krawchenko, *Social,* 26; Lehovich, *White,* 25.
64. Rogger, *Jewish Policies,* 16, 29, 30-2; Aronson, *Troubled,* esp. 67-81, 145-60. Ver também Klier e Lambroza (org.), *Pogroms.*
65. *The Diaries of Theodor Herzl,* 395; Rogger, *Russia,* 203; Rogger, "Russian Ministers", 42.

III. Ícones e baratas

1. Gorki, *My Universities,* 101; Troyat, *Tolstoy,* 789.
2. Wortman, *Crisis of Russian Populism,* 10; Engelstein, *Keys to Happiness,* cap. 5.
3. Gorki, *My Universities,* 107-9, 124-5, 134, 140-50.
4. Herzen, *From the Other Shore,* 166; Dostoiévski, *Polnoe sobranie sochinenii,* 22: 44. Sobre toda essa questão ver também Frierson, *Peasant Icons.*
5. Aksakov, *Polnoe sobranie sochinenii,* 1: 292; Fanger, "Peasant in Literature", 252-6.
6. Wortman, *Crisis of Russian Populism;* Glickman, "Alternative View", 693-704; Pipes, *Russian Revolution,* 113.
7. Gorki, *Letters,* 54.
8. Dal', *Poslovitsy,* 404-5.
9. Rittikh, *Krest'ianskoe,* 135.
10. Frierson, "*Razdel*", 80, 83; "Peasant Family Divisions", 309-10.
11. Brooks, *When,* 4; Rashin, "Gramotnost", 46; Eklof, *Russian,* 285, 287.
12. Eklof, *Russian,* 423.
13. Rashin, "Gramotnost", 37.
14. Mironov, "Russian Peasant Commune", 450-1; Matossian, "Peasant Way of Life", 14-16; Engelstein, *Keys to Happiness,* 118-19, 180.
15. Matossian, "Peasant Way of Life", 4-8; *Some Notes on Social Conditions, 7;* Gatrell, *Tsarist Economy,* 33.
16. Frank, "Popular Justice"; Frierson, "Crime and Punishment".
17. Gorki, "On the Russian", 25; Frieden, *Russian Physicians,* 189-90.
18. Gorki, "On the Russian", 17-18; Worobec, "Victims", 199; Gorki, *My Universities,* 119.
19. Czap, "Peasant-Class Courts"; Frierson, "Rural Justice"; Burts, "Social Control", 56-9, 70-81.
20. Pipes, *Russian Revolution,* cap. 3; Herzen, *From the Other Shore,* 180.
21. Pakhman, *Obychnoe,* 1: 7-8; Efimenko, *Issledovaniia,* 2: 55-62.
22. Efimenko, *Issledovaniia,* 2: 139-4 1, 153-9; Pakhman, *Obychnoe,* 2: 209-11.

23. Semenov, *Dvadtsat'*, 35-40; Efimenko, *Issledovaniia*, 2: 176-9.
24. Gorki, "On the Russian", 12; Stites, *Revolutionary Dreams*, 15-16.
25. Tsytovich, *Sel'skoe obshchestvo*, 64.
26. Pipes, *Old Regime*, 157.
27. Berberova, *Italics Are Mine*, 12-13.
28. Sobre o clássico argumento em defesa da opinião tradicional — os camponeses foram reduzidos à privação absoluta devido ao excesso populacional, métodos ineficientes de cultivo e aumentos indiretos de impostos — ver Gerschenkron, "Agrarian Policies". A respeito da principal defesa "revisionista" — o aumento das receitas governamentais provenientes da taxação indireta refletia o crescente poder de compra dos camponeses, resultante de sua maior produtividade — ver Simms, "Crisis in Russian Agriculture". O mesmo autor também atacou a posição tradicional de que a grande fome de 1891 foi produto da exaustão do solo e de métodos retrógrados de plantio: "Crop Failure". Seus argumentos são frouxamente apoiados por Gregory, em "Grain Marketings" e "Russian Living Standards". Sobre variações regionais, ver Wheatcroft, "Crises and the Condition."
29. Kushner (org.), *Selo Viriatno*, 24; Semenov, *Dvadtsat'*, 1; Stepniak, *Russian Peasantry*, 55.
30. Shanin, *Russia as a 'Developing Society'*, 93-102.
31. Gatrell, *Tsarist Economy*, 50-1; Robinson, *Rural Russia*, 94-7; Figes, *Peasant Russia*, 11-12.
32. Shanin, *Awkward Class*, 48.
33. Polner, *Zhiznennyi put'*, 38; Shanin, *Russia as a "Developing Society"*, 137, 147; Anfimov, *Zemel'naia arenda*, 15.
34. Mixter, "Peasant Collective Action", 196-7; Manning, *Crisis*, 20-1.
35. Semenov, *Dvadtsat'*, 67.
36. Rashin, *Formirovanie*, 327. Esse era o número de passaportes internos concedidos anualmente a camponeses migrantes. Provavelmente, não inclui todos os 5 milhões de "camponeses" registrados pelo censo de 1897 como residentes nas cidades.
37. Koenker, "Urbanization", 85-90; Bater, *St Petersburg*, 47, 308-9; Smith, *Red Petrogad*, 15-23.
38. *A Radical Worker*, 4, 6. Ver também a excelente discussão sobre os temas lançados pela história de Kanatchikov, em Zelnik, "Russian Bebels".
39. Semenov, *Dvadtsat'*, 5-6; Tsarev, *Samouchka*, 17.
40. Brooks, When, 13, 55-6.
41. Johnson, *Peasant and Proletarian*; Bradley, *Muzhik and Muscovite*, 16-18, 27; von Laue, "Russian Labour", 48; *A Radical Worker*, 21.

42. *A Radical Worker,* 9; Bonnell, *Roots of Rebellion,* 124; Bradley, *Muzhik and Musvovite,* cap. 6; Glickman, *Russian Factory Women,* 11-14; McKean, *St Petersburg,* 39.
43. Zelnik, *Labour and Society,* 241; Bater, *St Petersburg,* 342-4, 352-63.
44. *A Radical Worker,* 8, 21.
45. von Laue, "A Secret Memorandum", 71; Glickman, *Russian Factory Women,* 145.
46. Tugan-Baranovsky, *The Russian Factory,* 324; McDaniel, *Autocracy,* 171.
47. Esse era o argumento dos historiadores soviéticos, determinados a provar que a revolução fora apoiada por um "proletariado" autêntico, urbanizado e com total "consciência de classe". Em maior ou menor escala, a maioria dos historiadores ocidentais concordavam que eles foram os mais militantes. Ver as obras de Bonnell, Koenker, Smith e McKean.
48. A afirmação clássica dessa posição está em Haimson, "Problem of Social Stability". A tese, originalmente desenvolvida pelos mencheviques, explica seu recuo nos centros urbanos, ante os bolcheviques, após 1905. Alegava-se que, enquanto os mencheviques tinham o apoio dos trabalhadores especializados e sindicalizados, a propaganda bolchevique encontrava maior receptividade entre os jovens e impulsivos trabalhadores-camponeses, recém-chegados às cidades, durante o período de crescimento industrial. Portanto, os bolcheviques não contavam com a adesão de uma classe trabalhadora genuína, mas de uma massa turbulenta formada por meio-camponeses, suscetíveis a surtos esporádicos de violência e aos apelos demagógicos.
49. Ver Brower, "Labour Violence". Para algumas críticas reveladoras, ver as contribuições no fim desse artigo feitas por Johnson, Suny e Koenker.
50. *A Radical Worker,* 59, 63, 71.
51. Babushkin, *Recollections,* 51; *A Radical Worker,* 102
52. *A Radical Worker,* 105.
53. Gorki, *My Childhood,* 9; *A Radical Worker,* 129.
54. *A Radical Worker,* 115.
55. Sapronov, *Iz istorii rabochego dvizheniia,* 35.
56. Zelnik, "Russian Bebels", 443; Shapovalov, *Po doroge k marksizmu,* 53-4

IV. Tinta vermelha

1. Gernet, *Istoriia,* 3: 169; 4: 43, 45, 139.
2. Custine, *Empire,* 334; Rogger, *Russia,* 69.
3. Gernet, *Istoriia,* 5: 260-1, 306; Galili, *Menshevik.* 195; Trótski, *History,* 812; Zelnik, "Fate", 21.
4. Haimson (org.), *Making,* 189.

5. Berdyaev, *Origin*, 3-5, 48-9; Tyrkova-Williams, *To, chego*, 98.
6. Hamburg, *Politics*, 14; Geifman, *Thou*, I73. Meus agradecimentos a Boris Kolonitskii pela história de Dubois.
7. Berlin, *Russian Thinkers*, 122-5.
8. Szamuely, *Russian*, 201-2; *Raeff, Origins*, 123-4.
9. Blok, "People", 359; Kelly, *Bakunin*, 97; Berdyaev, *Origin*, 32-3; Szamuely, *Russian*, 222-3.
10. Belinskii, *Polnoe sobranie sochinenii*, 10: 217-18; Lotman, "The Poetics of Everyday Behaviour" e "The Decembrists in Daily Life".
11. Matthewson, *Positive Hero*, 74-7; Besançon, *Intellectual*, 118-I9.
12. Ulam, *Bolsheviks*, 65; Gleason, *Young*, 296; Szamuely, *Russian*, 288; Valentinov, "Chernyshevskii", 194; Valentinov, *Encounters*, 67-8.
13. Gleason, *Young*, 75; Szamuely, *Russian*, 321-5; Pipes, *Russia Under the Old Regime*, 271; Kelly, *Bakunin*, 94; Venturi, *Roots*, 136.
14. Koz'min, "Molodaia Rossiia", 92, 103-4.
15. Gleason, *Young*, 341; *Pravitel'stevennyi Vestnik*, 11 de julho de 1871; Steklow, *Bakunin*, 3: 542.
16. Malia, *Herzen*, 396, 407-8; Berlin, *Russian Thinkers*, 199.
17. Venturi, *Roots*, xxvi.
18. Bogucharskii, *Aktivnoe*, 128-9.
19. Tkachev, *Izbrannye*, 3: 64-85; Szamuely, *Russian*, 388-95.
20. Geifman, *Thou*, 21.
21. "Karl Marks", 6-10; Resis, *"Das Kapital"*, 221-2.
22. Knizhnik, "Poliakov", 76-7; Haimson (org.), *Making*, 33; Resis, "*Das Kapital*", 226 (n. 22).
23. Haimson (org.), *Making*, 31-3, 458; Valentinov, *Encounters*, 23; Pipes, *Struve: Liberal on the Left* 57, 59, 61.
24. Kerenski, *Crucifixion*, 13; Volkogonov, *Lenin*, 6, 8-9, 13.
25. RTsKhIDNI, f. 2, op. 2, d. 125, l. 1; Volkogonov, *Lenin*, xxxvii, 6, 52; Valentinov, *Maloznakomyi*, 34.
26. Valentinov, *Encounters*, 107; *NZh*, 7 de novembro de 1917.
27. Ulam, *Bolsheviks*, 12, 162; Gorev, *Iz partiinogo*, 10; Potresov, *Posmertnyi*, 21.
28. Potresov, *Posmertnyi*, 294; Ulam, *Bolsheviks*, 118.
29. McNeal, *Bride*, 65.
30. Krupskaia, *Vospominaniia*, 35.
31. Lênin, *PSS*, 6:9; Haimson (org.), *Making*, 113, 105, 126.
32. Ulam, *Bolsheviks*, 178, 186; Valentinov, *Encounters*, 112-14; Haimson (org.), *Making*, 170-1.
33. Valentinov, *Encounters*, 40.

V. Primeiro sangue

1. Robbins, *Famine,* 1-2, 11-12, 59-64, 171; Simms, "Crop Failure", 237.
2. Bogdanovich, *Tri Poslednikh,* 149; Petrunkevich, "Iz zapisok", 275.
3. Wildman, *Making,* 6-7; Polner, *Zhiznennyi put',* 52; Frieden, *Russian Physicians,* cap. 6; Petrunkevich, "Iz zapisok", 276.
4. *Letters of Anton Chekhov,* 237.
5. Tolstói, *Pis'ma L. N. Tolstogo k zhene,* 208, 363; Semenov, "Vospominaniia o L. N. Tolstogom", 55-6.
6. Robbins, *Famine,* 177-83; Frieden, *Russian Physicians,* cap. 6; Balzer, "Problem of Professions", 189-90; Seregny, *Russian Teachers,* 10-11.
7. Haimson (org.), *Making,* 101.
8. Simms, "Famine and the Radicals", 16; Martov, *Zapiski,* 94, 137.
9. Haimson (org.), *Making,* 68.
10. Freeze, "Soslovie", 11-36; Haimson, "Problem of Social Identities", 1-20.
11. Kassow, *Students,* 16, 22.
12. Para uma excelente discussão acerca dos problemas referentes à formação de uma identidade da classe média, ver Clowes, Kassow e West (org.), *Between Tsar and People.*
13. Galai, *Liberation,* 54.
14. Manning, "Zemstvo and Politics", 139-40; Emmons, "Zemstvo", 433-7; Galai, *Liberation,* 24-55.
15. Kerenski, *Crucifixion,* 78-9.
16. *Istochinik,* 3, 1994: 5; GARF, f. 1807, op. 1, d. 382, l. 14.
17. GARF, f. 1807, op. 1, d. 382, l. 56.
18. Svobodov, "Gor'kii i studencheskoe", 71; Pipes, *Struve: Liberal on* the Left, 271-2; Tyrkova-Williams, *Na putiakh,* 72-3; Ivanov-Razumnik, *Memoirs,* 3.
19. *Memoirs of Count Witte,* 369; White, *Diplomacy,* 78-81.
20. *Memoirs of Count Witte,* 384; Pasternak Slater (org.), *Vanished Present,* 88; Ascher, *Revolution,* 47; Galai, *Liberation,* 198-205; Polner, *Zhiznennyi',* 67.
21. *Memoirs of Count Witte,* 382-3.
22. Bar-Yaacov, *Handling,* 70; Owen, *Capitalism,* 69; Petrunkevich, "Iz zapisok", 343; Gurko, *Figures and Features,* 253.
23. Ascher, *Revolution,* 54.
24. "Dnevnik kn. Ekateriny Alexeevny Sviatopolk-Mirskoi", 243, 251; Verner, *Crisis,* 115-17.
25. Galai, *Liberation,* 214-19; Manning, *Crisis,* 74-5, 83-5; Gor'kii, "Pis'ma k E. P. Peshkovoi", 132.
26. Verner, *Crisis,* 137-40; *Memoirs of Count Witte,* 399; Gurko, *Figures and Features,* 304.

27. Sablinsky, *Road to Bloody Sunday,* 222.
28. McDaniel, *Autocrary,* 64-89; Sablinsky, *Road to Bloody Sunday,* 103-5.
29. Sablinsky, *Road to Bloody Sunday,* 126, 344.
30. Ibid., 22-13, 218.
31. Ibid., 241-3.
32. *M Gor'kii v epokhu revoliutsii 1905-1907,* 30.
33. Sablinsky, *Road to Bloody Sunday,* 251-2, 273.
34. *M Gor'kii v epokhu revoliutsii 1905-1907,* 33; Gippius, *Dmitrii,* 132; Ascher, *Revolution,* 98.
35. Gor'kii, "Pis'ma k E. P. Peshkovoi", 148.
36. Gogol, "Maksim Gor'kii", 7-19.
37. Levin, *Stormy,* 98-100; Gorki, *Letters,* 32; *NZh,* 25 de abril de 1917.
38. GARF, f. 1807, op. I, d. 382, 1. 250; Ed. Pasternak Slater, *Vanished Present,* 110; Ascher, *Revolution,* 94.
39. Galai, *Liberation,* 245-8; Stites, *Women's Liberation,* 198; Baker, "Problem of Professions", 191-3; Ascher, *Revolution,* 129.
40. *M Gor'kii v epokhu revoliutsii 1905-1907,* 55; Gorki, *Letters,* 13.
41. Perrie, "Russian Peasant", 123-55; Bok, *Reminiscences,* 122-5; Shanin, *Russia, 1905-7,* 94; Mixter, "Peasant Collective Action", 215; Manning, *Crisis,* cap. 8.
42. Seregny, "Peasants and Politics", 341-77; Mixter, "Peasant Collective Action", 194; Shanin, *Russia, 1905-7,* 99-119.
43. Pavlov, *Markovskaya,* 13-14, 18-22, 44, 53; Shanin, *Russia, 1905-7,* 109-11;Ts-GALI, f. 66, op. 1, d. 296, l. 2; d. 312.
44. Bushnell, *Mutiny,* 52.
45. Ibid., 55-6, 60-5; Ascher, *Revolution,* 170-2.
46. Ascher, *Revolution,* 157, 159-60; Galai, *Liberation,* 205-6.
47. *Memoirs of Count Witte,* 406-7, Sablinsky, *Road to Bloody Sunday,* 277-8, 280-1; Verner, *Crisis,* 163; Ascher, *Revolution* 112.
48. Verner, *Crisis,* 179-80; GARF, f. 1807, op. 1, d. 382, l. 202.
49. Gor'kii, "Pis'ma k E. P. Peshkovoi", 162.
50. Suhr, *1905,* 342-4; Ascher, *Revolution,* 132.
51. Para uma brilhante discussão sobre a relação entre "violência revolucionária" e "vandalismo" em 1905, ver Neuberger, *Hooliganism,* cap. 2.
52. Ascher, *Revolution,* 211-17; Engelstein, *Moscow,* 123; "Khar'kov v oktiabre"; Lvov-Rogachevskii, "Oktiabr'skie dni", 80.
53. Ascher, *Revolution,* 217-21; Trótski, *My Life,* 186. Há quem discorde de que Lênin tenha realmente discursado no Soviete de Petrogrado, em 1905. Várias fontes afirmam que ele o fez uma ou duas vezes, mas não há confirmação definitiva.
54. Trótski, *My Life,* 172-4; Haimson (org.), *Making,* 324.
55. Verner, *Crisis,* 227; *Letters of Tsar Nicholas and the Empress Marie,* 188.

56. *Memoirs of Count Witte,* 515.
57. Petrunkevich, "Iz zapisok", 410.
58. Obolenskii, *Moia zhizn',* 373-4; Polner, *Zhiznennyi, 97,* 110.
59. Emmons, *Formation,* 41-4, 65-72, 146-7; Rosenberg, *Liberals* 12-24.
60. Emmons, *Formation,* 147, 217-22.
61. *Memoirs of Count Witte,* 501-2; Gurko, *Figures and Features,* 404-5.
62. Miliukov, *Political Memoirs,* 65
63. Rawson, *Russian Rightists,* 21-33, 46-72, 142-8.
64. Ibid., 137-8; Lambroza, "Pogroms", 227-8, 233-7; Weinberg, "Pogrom", 262, 268-9; *Letters of Tsar Nicholas and the Empress Marie,* 190-1.
65. Haimson (org.), *Making,* 180-3; Engelstein, *Moscow,* 140; Baring, *A Year in Russia,* 29-30.
66. Zenzinov, *Perezhitoe,* 225; Gul', "Byloe".
67. Haimson (org.), *Making,* 203; Gor'kii, "Pis'ma k K. P. Piatnitskomu", 193.
68. Engelstein, *Moscow,* 205, 222; Ascher, *Revolution,* 315-22.
69. "Dnevnik A. A. Polovtsova" (1906), 4, 1923: 99; Bing (org.), *Secret Letters,* 206; Manning, *Crisis,* 173; Shanin, *Russia, 1905-7,* 95: Ferro, *Nicholas II,* 118-19; Gurko, *Figures and Features,* 446.
70. Gor'kii "Pis'ma k E. P. Peshkovoi", 170.
71. Troyat, *Gorky,* 100-6.
72. Gor'kii, "Pis'ma k pisatel'iam", 132; Pasternak, *Stikhotvoreniia,* 204.
73. Pares, *My Russian Memoirs,* 161-2.
74. Miliukov, *Political Memoirs,* 42; Trótski, *My Life,* 194-5; Deutscher, *Prophet Armed,* 148.
75. Deutscher, *Prophet Armed,* 168.
76. Naumov, *Iz uteleshikh,* 2: 72; Manning, *Crisis,* 146; Neuberger, *Hooliganism,* 114, 118-19. Ver também Weissman, "Rural Crime".
77. Shanin, *Russia, 1905-7,* 98; Polner, *Zhiznennyi,* 110-11; BA, Coleção Polner, caixa 2, Death of Lvov.
78. Neuberger, *Hooliganism,* 237 (e caps. 4 e 5); Bely, *Petersburg,* 11; Engelstein, *Keys to Happiness,* 240, 257-60.
79. *Russkie vedomosti,* 16 de novembro de 1905.
80. *M Gor'kii v epokhu revoliutsii,* 52.
81. Kelly, "Self-Censorship", 201; *Vekhi,* 89.
82. Lênin, *PSS,* 41: 8-9.

VI. Últimas esperanças

1. Obolenskii, *Moia zhizn* 338-9; Kokovtsov, *Out of My Past,* 129-31.
2. Szeftel, *Russian Constitution,* 119-20, 177-8, 260; Vetner, *Crisis,* 300-2.

3. Gurko, *Figures and Features,* 23-5, 27-30. Para uma avaliação mais positiva do Conselho de Estado, ver Lieven, *Russia's Rulers.*
4. Obolenskii, *Moia zhizn',* 350.
5. Kryzhanovskii, *Vospominaniia,* 81-2; TsGALI, f. 66, op. 1, d. 324.
6. Baring, *What I Saw in Russia,* 255.
7. Obolenskii, *Moia zhizn',* 341.
8. Manning, *Crisis,* 199, 28; Hosking e Manning, "What Was the United Nobility?"; Atkinson, *End, 53.*
9. BA, Coleção Polner, caixa 2, Lvov's Death; Rosenberg, *Liberals,* 17-38.
10. Pares, *Fall,* 111.
11. Bok, *Reminiscences,* 122-5.
12. Ibid., 128.
13. Stolypine, *L'Homme,* 144.
14. Pares, *Memoirs,* 126; Kryzhanovskii, *Vospominaniia,* 210, 219.
15. Leontovitsch, *Geschichte,* 400.
16. Pares, *Memoirs,* 139.
17. Hosking, *Constitutional Experiment,* cap. 4.
18. Edelman, *Gentry Politics,* 10.
19. Korros, "Landed Nobility", 134-8; Weissman, *Reform in Tsarist Russia,* 198-202; Edelman, *Gentry Politics,* 118-23; Bok, *Reminiscences* 263.
20. Kokovtsov, *Out of My Past,* 267-8; Miliukov, *Political Memoirs,* 229-30.
21. BA, Coleção Kryzhanovsky, caixa 2, mss sobre Stolypin; Serebrennikov, *Ubiistvo,* 191; Bok, *Reminiscences,* 278-80.
22. Haimson, "Social Stability", 1: 619-42. Para uma visão diferente sobre a política da classe trabalhadora no período, ver McKean, *St Petersburg,* esp. caps. 4-5.
23. A história de Semenov é baseada em seus próprios relatos, incluídos em "Legko"; "Novye khoziaeva"; "Obnovlenie"; *Dvadtsat' piat' let;* e em escritos de sua autoria em TsGALI.
24. TsGALI, f. 200, op. 1, d. 80, l. 3.
25. Ibid., f. 2226, op. 1, d. 13, l. 354, 360; *Narodnyi pisatel',* 7.
26. TsGALI, f. 66, op. 1, d. 312, l. 4-5.
27. Ibid., f. 200, op. 1, d. 80, l 3; f. 2226, op. I, d. 1067; f. 66, op. 1, d. 296, l. 5; f. 122, op. 3, d. 13, l. 5-7; Semenov, "Legko", 253.
28. Robinson, *Rural Russia,* 194.
29. TsGALI, f. I22, op. 1, d. 1197, l. 42.
30. *Agrarnoe dvizhenie v Rossii v l905-1906,* 151.
31. Figes, *Peasant Russia,* 57-61; Macey, "Peasant Commune", 221-8; Yaney, *Urge,* 178-84.
32. Yaney, *Urge,* 156-60. As estatísticas referentes às reformas são notoriamente precárias. O melhor levantamento geral encontra-se em Atkinson, "Statis-

tics". Para um levantamento mais recente, em nível local, ver Pallot e Shaw, *Landscape,* cap. 7.

33. Sternheimer, "Administering", 286-98; Macey, "Peasant Commune", 228-30.
34. Danilov, "Ob istoricheskikh", 106. Dados anteriores, que tendiam a ser muito mais altos, foram resultado de erros de cálculo, conforme mostra Danilov.
35. Semenov, "Novye khoziaeva", 275.
36. Samuel, *Blood Accusation,* 17.
37. Cohn, *Warrant of Genocide,* 90-8, 108-25; Pipes, *Russia Under the Bolshevik Regime,* 255-7; Engelstein, *Keys to Happiness,* 299-300, 321-6; *Diaries of Theodor Herzl,* 394.
38. Tager, *Decay,* 29; Samuel, *Blood Accusation,* 26-7.
39. Tager, *Decay,* 39-40, 206; Samuel, *Blood Accusation,* 55.
40. Rogger, *Jewish Policies,* 40-55; Gruzenberg, *Yesterday,* 107; Tager, *Decay,* 147-65, 178.
41. Hosking, *Constitutional Experiment,* cap. 7; Haimson, "Social Stability", 1: 619-42; McKean, St *Petersburg,* 149.
42. Edelman, *Gentry Politics,* 176-7; Rogger, *Jewish Policies,* 208-9; Rawson, *Russian Rightists,* 65-72.
43. Pares, *Fall,* 122.
44. Rogger, *Russia,* 168.
45. Hosking, *Constitutional Experiment,* 233; Struve, "Velikaia Rossiia", 144-6; Seletskii, "Obrazovanie", 32-48.
46. Lieven, *Russia and the Origins,* 37, 131-3; *Novoe vremia,* 6 de março de 1914; Hutchinson, "Octobrists", 225.
47. Lieven, *Russia and the Origins,* 71-2, 92-101; Brussilov, *A Soldier's Notebook,* 38.
48. Lieven, *Russia and the Origins, 65;* Kerenski, *Crucifixion,* 172.
49. Golder, *Documents,* 21.
50. Bark, "Iiul' 1914", 22; Spring, "Russia and the Coming of War", 66.
51. Sazonov, *How the War Began,* 46-7; Paléologue, *An Ambassador's Memoirs,* 1:43-4.
52. Brussilov, *A Soldier's Notebook,* 40-1; Gilliart, *Thirteen Years,* 111.
53. Gippius, *Siniaia kniga,* 9; *Russian Schools,* 166-7; Troyat, *Gorky,* 123.
54. Pearson, *Russian Moderates,* 12-13, 15-16.

VII. Uma guerra em três frentes

1. GARF, f. 5972, op. 1, d. 26, 11. 3-5.
2. Stone, *Eastern Front,* 13-14.
3. RGVIA, f. 162, op. 1, d. 17, l. 97; d. 4, l. 108-10; Gourko, *Memories,* 11; Oberuchev, *V dni revoliutsii,* 62; Sokolov, "Aleksei", 83; BA, Coleção Brusilov, mss "Gazeta dni".

4. Lincoln, *Passage,* 83; GARF, f. 5972, op. 3, d. 70, l. 11-13.
5. Stone, *Eastern Front,* 61-8; Lincoln, *Passage,* 63-6, 69-78; Ironside, *Tannenberg,* 245.
6. Knox, *With the Russian Army,* l: 90.
7. Golovin, *Russian Army,* 45-74; Brussilov, A *Soldier's Notebook,* 93-4.
8. Denikin, *Ocherki,* 1: 19; Heenan, *Russian,* 90; Brussilov, A *Soldier's Notebook,* 37, 39.
9. Brussilov, *A Soldier's Notebook,* 98; Lincoln, *Passage,* 124.
10. Stone, *Eastern Front,* 52; Knox, *With the Russian Army,* l: 42, 46.
11. Brussilov, *A Soldier's Notebook,* 133, 330.
12. Ibid., 143.
13. Knox, *With the Russian* Army, I: xxv; Lincoln, *Passage,* 71-2; Os'kin, *Zapiski soldata,* 259-60; Brussilov, A *Soldier's Notebook,* 64-5; Stone, *Eastern Front,* 50-1, 148, 167-8.
14. Sidorov, *Ekonomicheskoe,* 11-12; Lincoln, *Passage,* 106; Knox, *With the Russian Army,* 1: 220; Chaadaeva (org.), "Soldatskie pis'ma", 127-8.
15. Brussilov, *A Soldier's Notebook,* 126-7; Lincoln, *Passage,* 105; Chaadaeva (org.), "Soldatskie pis'ma", 124-5.
16. GARF, f. 5972, op. 3, d. 70, l. 13-14; Rodzianko, *Reign of Rasputin,* 115-17.
17. Wildman, *End,* 1: 100-2.
18. RGVA, f. 37976, op. 9, d. 42I8.
19. Os'kin, *Zapiski soldata,* 143-4, 171, 212-13, 218-21, 243-5.
20. Chaadaeva (org.), "Soldatskie pis'ma", 158; Os'kin, *Zapiski soldata,* 223.
21. Chaadaeva (org.), "Soldatskie pis'ma", 126-7.
22. Lincoln, *Passage,* 127; Denikin, *Ocherki,* 1: 2: 29-30; Knox, *With the Russian Army,* 1: 317-18; 2: 410.
23. GARF, f. 5972, op. 3, d. 70, l. 82.
24. Lemke, *250 dnei,* 223-55; Knox, *With the Russian Army,* 1: 324-8.
25. Lincoln, *Passage,* 152; Iakhontov, "Tiazhelye dni", 33, 37, 74
26. Os'kin, *Zapiski soldata,* 234; RGVIA, f. 162, op. 1, d. 18, l. 4; d. 17; Pireiko, *Na fronte,* 35-6.
27. Golovin, *Russian Army,* 121-2; Os'kin, *Zapiski soldata,* 276-302, 318-33; Lincoln, *Passage,* 146-7.
28. Brussilov, *A Soldier's Notebook,* 170-1, 185.
29. Iakhontov, "Tiazhelye dni", 54, 98.
30. RGVIA, f. I62, op. I, d. I5, l. 6; HLRO, 206 Stow Hill Papers. DS 2/2, caixa 8, O. L. Kerenskaia, "Obryvki vospominaniia", 2.
31. Polner, Obolenskii e Turn (org.), *Russian Local Government,* 54 ss., 100-1; Gleason, "All-Russian", 365-82; Cherniavsky (org.), *Prologue,* 228.
32. Polner, *Zhiznennyi,* 174-88; Obolenskii, *Moia zhizn',* 374.

33. Grave (org.), *Burzhuazia,* 29-31; Polner, Obolenskii e Turn (org.), *Russian Local Government,* 300-3; Polner, *Zhiznennyi,* 210.
34. Stone, *Eastern Front,* 156, 199-202; Siegelbaum, *Politics of Industrial Mobilization,* 38; Pearson, *Russian Moderates,* 24-47.
35. Pearson, *Russian Moderates,* 46-53; Hamm, "Liberal Politics"; Rosenberg, *Liberals,* 39-42.
36. Pares (org.), *Letters of the Tsaritsa,* 125; Iakhontov, "Tiazhelye dni", 107-36.
37. Grave (org.), *Burzhuazia,* 59-60; Pares (org.), *Letters of the Tsaritsa,* 100, 166.
38. *Russkie vedomosti,* 27 de setembro de 1915.
39. Grave (org.), *Burzhuazia,* 62-3.
40. Pares (org.), *Letters of the Tsaritsa,* 114, 152, 221,409.
41. Pares, *Fall,* 317; Rodzianko, *Reign of Rasputin,* 178.
42. Knox, *With the Russian Army,* 2: 412; Pares (org.), *Letters of the Tsaritsa,* 134, 301.
43. Knox, *With the Russian Army,* 2: 416.
44. Stone, *Eastern Front,* 234; Brussilov, *A Soldier's Notebook,* 199-200.
45. Brussilov, *A Soldier's Notebook,* 215; GARF, f. 5972, op. 3, d. 70, 1. 80.
46. Stone, *Eastern Front,* 235.
47. Sokolov, "Aleksei", 213-14; Golovin, "Brusilov Offensive", 577-81.
48. GARF, f. 5972, op. 3, d. 70, 1. 49, 155; Stone, *Eastern Front,* 249; RGVIA, f. 162, op. 1, d. 17, l. 159-60.
49. Hindenburg, *Out of My Life,* 158; Brussilov, *A Soldier's Notebook,* 238-51, 267; Pares (org.), *Letters of the Tsaritsa,* 346
50. Brussilov, *A Soldier's Notebook,* 256; Pares, *Fall,* 364-70; Lincoln, *Passage,* 257-8.
51. RGVIA, f. 162, op. 1, d. 10; Brussilov, *A Soldier's Notebook,* 248, 272.
52. Knox, *With the Russian Army,* 2: 466-7, 472.
53. RTsKhIDNI, f. 75, op. 1, d. 14; Golovin, *Russian Army,* 246.
54. CUL, Templewood Papers, XXI: 1: 24; Pares, *Fall,* 301-2.
55. Katkov, *Russia 1917,* 157-60; Massie, *Nicholas,* 152, 299, 346-7; Kerenski, *Crucifixion,* 196-8.
56. Florinsky, *End,* 141; Pearson, *Russian Moderates,* 109-10; Katkov, *Russia 1917,* 218.
57. Pares (org.), *Letters of the Tsaritsa,* 394; BA, Coleção Brusilov, Memoirs, 3: 46; Pares, *Fall,* 381.
58. Pearson, *Russian Moderates,* 117-18. Meus agradecimentos a Boris Kolonitskii pela observação a respeito dos professores.
59. Voeikov, *S tsarem,* 185.
60. Pearson, *Russian Moderates,* 122, 137; Hasegawa, *February,* 182.
61. GARF, f. 5972, op. 1, d. 219, l. 161. Sobre a historiografia dessas conspirações, ver Hasegawa, *February,* 187-8.

62. Kotsiubinskii, "Sekret", 27, 29 de dezembro de 1994; Purishkevich, *Ubiistvo,* 81; Purishkevich, *Dnevnik,* 141.
63. Romanov, *V mramornom,* 307; Lincoln, *Passage,* 310-11.
64. Trótski, *My Life,* 276; Deutscher, *Prophet Armed,* 241.
65. Serge e Sedova, *Life and Death,* 30.
66. Trótski, *My Life,* 283.
67. Ibid., 219.
68. Cohen, *Bukharin,* 22; Trótski, *My Life,* 243; Kollontai, *Iz moei zhizni,* 146; Clements, *Bolshevik Feminist,* 84.
69. Ermanskii, *Iz perezhitogo,* 119.
70. Gankin e Fisher (org.), *Bolsheviks and the World War,* 322.
71. Dazhina e Tsivlina, "Iz arkhiva A. M. Kollontai", 1: 227; 2: 227.
72. Trotskii, *Sochineniia,* 8: 66-7; Deutscher, *Prophet Armed,* 216-23.
73. Trótski, *My Life,* 280; Dazhina, "Amerikanskie dnevniki"; Ziv, *Trotskii,* 67; Draper, *Roots,* 77.
74. Shliapnikov, *On the Eve,* 27-8, 38; Burdzhalov, *Russia's Second Revolution,* 26; McKean, *St Petersburg,* cap. 12.
75. RGIA, f. 806, op. 5, d. 10313, ll. 12-13; Voronov, "Analiz", 56-7; Minor, *Novye formy,* 1-16; Mendel'son, *Itogi,* 224; Binshtok e Kaminskii, *Narodnoe pitanie,* 45-52.
76. Antsiferov *et al.* (org.), *Russian Agriculture,* 140, 151-2; Anfimov, *Rossiiskaia derevnia,* 241-2, 280ss.
77. Antsiferov et al (org.), *Russian Agriculture,* 222.
78. Leiberov e Rudachenko, *Revoliutsiia i khleb,* 17-20.
79. Strumilin, *Izbrannye proizvedeniia,* 5: 187; McKean, *St Petersburg,* 337-8; Koenker, *Moscow Workers,* 84-7; Hasegawa, *February Revolution,* 67-9; Binshtok e Kaminskii, *Narodnoe pitanie,* 24-35; Gernet, *Moral'naia statistika,* 97; Gor'kii, "Pistma k E. P. Peshkovoi", 176.
80. Shliapnikov, *On the Eve,* 75, 94; Hasegawa, *February Revolution,* 87ss; Smith, *Red Petrograd,* 48-53; Koenker, *Moscow Workers,* 88-90; McKean, *St Petersburg,* caps. 13-14; Strumilin, *Izbrannye proizvedennia,* 5: 186-7.
81. Siegelbaum, *Politics of Industrial Mobilization,* cap. 7; Hasegawa, *February Revolution,* 123-32.
82. Ivanov, "Volnenie", 171-2.
83. Hasegawa, *February Rrvolution,* 159-68; Shklovsky, *Sentimental Journey,* 8.
84. Wiltman, *End,* 1: 105ss.; Chaadaeva, *Armiia nakanune,* 65-9; "Soldatskie pis'ma", 134-59; Brussilov, *A Soldier's Notebook,* 282.
85. Sitorov, *Revoliutsionnoe,* 221.

VIII. Glorioso fevereiro

1. Balk, "Poslednie", 28; Hasegawa, *February Revolution,* 199; Heald, "Witness", 45; *Trudy tsentral'nogo,* 7: 1: 252; Gor'kii, "Pis'rna k E. P. Peshkovoi", 192.
2. Lih, *Bread,* 12; Balk, "Poslednie", 28; Hasegawa, *February Revolution,* 200.
3. Balk, "Poslednie", 26-9; Hasegawa, *February Revolution,* 21-4.
4. Hasegawa, *February Revolution,* 232-8; Balk, "Poslednie", 31; LRA, MS 790/20 (carta de Marguerite Bennet, 15 de março de 1917); BC, Ransome Papers, telegrama 50, 10 de março de 1917; RGIA, f. 1282, op. 1, d. 741, l.41-2.
5. Hasegawa, *February Revolution,* 247-53; Balk, "Poslednie", 35-6.
6. BA, Coleção do Regimento Finlandês, caixa 10, D I. Khodnev, "Fevral'skaia revoliutsiia 1917 g. i zapasnyi battalion leib-gvardii finlandskogo polka"; Hasegawa, *February Revolution,* 253-5; RGIA, f. 1282, op. 1, d. 741, l. 89.
7. Balk, "Poslednie", 39-42; Sukhanov, *Russian,* 5; Hasegawa, *February Revolution,* 258.
8. *Padenie,* 1: 190.
9. Hasegawa, *February Revolution,* 267-9; Martynov, *Tsarskaia armiia,* 85; Kirpichnikov, "Vosstanie", 7-9.
10. Cherniaev, "Vosstanie"; Martynov, *Tsarssktaia armiia,* 87-9; *Padenie,* 1 :195-200.
11. Kirpichnikov, "Vosstanie", 10-15.
12. Kantorovich, "Fedor Linde", 221-38; *Kievskaia mysl',* 3 de setembro de 1917; Sokolov, *White Nights,* 21-2.
13. Balk, "Poslednie", 45; Hasegawa, *February Revolution,* 404-5; Kantorovich, "Fedor Linde", 239.
14. Jones, *Russia in Revolution,* 105-6; Shklovsky, *Sentimental,* 15.
15. Kantorovich, "Fedor Linde", 238; Romanov, *Vmramornom,* 318; Gorki, *Fragments,* 167; Bulgakov, "Revoliutsiia", 9-10; Jones, *Russia in Revolution,* 123-4; Raskolnikov, *Kronstalt,* 4; Shklovsky, *Sentimental,* 16.
16. Jones, *Russia in Revolution,* 108; Zenzinov, "Fevral'skie dni", 5: 219-20, Gorki, *Fragments,* 164; Berkman, *Bolshevik Myth,* 203.
17. Balk, "Poslednie", 55; Shulgin, *Dni,* 162-7; *Petrogradskii sovet,* 1:34-5, 46.
18. Sukhanov, *Russian,* 16; *The Times,* 17 de março de 1917; Jones, *Russia in Revolution,* 127; Bulgakov, "Revoliutsiia", 28.
19. BA, Coleção do Regimento Finlandês, caixa 10, D. I. Khodnev, "Fevral'skaia revoliutsiia 1917 g. i zapasnyi battalion leib-gvardii finlandskogo polka", 63.
20. Sobre a linguagem corporal das massas, ver meu próximo livro (com Boris Kolonitskii), *Interpreting the Russian Revolution: Essays on the Language, Rites and Symbols of 1917.*
21. Pitchet (org.), *Witnesses,* 14; *The Times,* 11 de março de 1917.

22. RGIA, f. 1278, op. 10, d. 7, l. 1; Bulgakov, "Revoliutsua", 7, 9-10; Jones, *Russia in Revolution,* 134.
23. Jones, *Russia in Revolution,* 119; GARF, f. 102, op. 341, d. 57, l. 24-9; f. 5849, op. 2, d. 33, l. 4-5; Bulgakov, "Revoliutsiia", 14-17; *RPG,* 1: 140; Anet, *Révolution*, 1: 129-30.
24. Sukhanov, *Russian,* 78, 95; Gor'kii, "Pis'ma k E. P. Peshkovoi", 114.
25. Ver, por exemplo, a condenação que Simon Schamas faz da violência das massas — e de toda a revolução, por conseguinte — em *Citizens: A Chronicle of the French Revolution*, Londres, 1989. Em *The Russian Revolution*, a abordagem de Richard Pipes é marcada pelo mesmo preconceito contra a violência.
26. Sukhanov, *Russian,* 96.
27. Sorokin, *Leaves,* 14-16; Bulgakov, "Revoliutsiia", 19; Jones, *Russia in Revolution,* 163.
28. Mstislavskii, *Five Days,* 23; Sukhanov, *Russian,* 21; Krupskaia, *Vosporninaniia,* 271; Aronson, *Rossiia,* 4.
29. Sukhanov, *Russian,* 43, 177; Trótski, *History,* 18.
30. Hasegawa, *February Revolution,* 330-45, 380; Sukhanov, *Russian,* 59-62, 83-7; Zenzinov, "Fevral'skie dni", 215-18.
31. Hasegawa, *February Revolution,* 348-59; *RPG,* 1: 45-7; Shulgin, *Dni,* 179.
32. Mstislavskii, *Five Days,* 30-1; Shklovsky, *Sentimental* 15-16; Bulgakov, "Revoliutsiia", 21; Nabokov, *Provisional,* 454.
33. Jones, *Russia in Revolution,* 165-6; NLW, Lord Davies Papers, C3/23.
34. Pipes, *Russian Revolution,* 303; *RPG,* 1: 47-8; Cantacuzène, *Revolutionary Days,* 147-9.
35. Zenzinov, "Fevral'skie dni", 1:237-9.
36. *RPG,* 2: 846-9; *Petrogradskii sovet,* 1: 49-50; Sukhanov, *Russian,* 113.
37. *RPG,* 3: 1223-4.
38. Mstislavskii, *Five Days,* 64-5.
39. Hasegawa, *February Revolution,* 410-16; Sukhanov, *Russian,* 116-25; *RPG,* 1: 135-6.
40. *RPG,* 1: 136; Mstislavskii, *Five Days,* 65.
41. Trótski, *History,* 201; Sukhanov, *Russian,* 140-4; *RPG,* 1: 128-9.
42. Kolonitskii, "Zagadka", 164-7; Wilcox, *Russia's Ruin,* 191; Nabokov, *Provisional Government,* 75; Gippius, *Peterburgskie,* 15.
43. "Dnevnik Nikolaia Romanova", 136; Mordvinov. "Otryvki", 86; Hasegawa, *February Revolution,* 274.
44. Kokovtsov, *Out of My Past,* 408; Paléologue, *Ambassadors' Memoirs,* 3: 151-2.
45. Hasegawa, *February Revolution,* 434-40.
46. *Padenie,* 1: 203-7; Balk, "Poslednie", 54-5; Martynov, *Tsarskaia armiia,* 107-8; Benckendorff, *Last Days,* 6-9.

47. Hasegawa, *February Revolution,* 473-9; Martynov, *Tsarskaia armiia,* 144-5.
48. *RPG,* 1: 83-9; Hasegawa, *February Revolution,* 495-502.
49. Hasegawa, *February Revolution,* 503-5; *RPG,* 1: 95-6.
50. Mordvinov, "Otryvki", 113.
51. Pares, *Fall,* 420-1; Paley, *Memories,* 26.
52. *Perepiska Nikolaia i Aleksandry,* 5: 225; Hasegawa, *February Revolution,* 510; Shulgin, *Dni,* 269.
53. Shulgin, *Dni,* 270-1; *Padenie,* 6: 265-8.
54. Paley, *Memories,* 60-1; Benckendorff, *Last Days,* 16-17.
55. Sukhanov, *Russian,* 146-7; Hasegawa, *February Revolution,* 531-3.
56. Miliukov, *Istoriia,* 1: 53-5; Kerenski, *Catastrophe,* 70; *Padenie,* 6: 266-8; Hasegawa, *February Revolution,* 556-60.
57. Nabokov, "Provisional Government", 18-20, 46-55; Hasegawa, *February Revolution,* 561-3.
58. *Izvestiia,* 4-16 de março de 1917; Kornakov, "Simvolika", 360; Paustovsky, *Story,* 474-5; TsGASP, f. 1000, op. 74, d. 13, l. 64; TsGAVMF, f. 2023, op. 1, d. 7, l. 1.
59. Iusupov, *Pered izgnaniem,* 187; *War, Revolution and Peace,* 50; RGIA, f. 1278, op. 10, d. 4, l. 241-2.
60. *1917 god v derevne,* 40, 64; TsGASP, f. 8558, op. 1, d. 5, l. 30; RGIA, f. 1278, op. 10, d. 11, l. 332.
61. Kornakov, "Simvolika", 361.
62. Heald, "Witness", 64-6; Stites, "Iconoclastic", 7-9; Sukhanov, *Russian,* 74; Nazhivin, *Zapiski,* 32-3; Bulgakov, "Revoliutsiia", 24, 28-9.
63. RGIA, f. 1412, op. 16, d. 534, l. 4. Ver também d. 101-12, 529-44.
64. Kolonitskii, "Kul't vozhdia", 17-18; Swift, "Kul'turnoe", 403.
65. RGIA, f. 1278, op. 10, d. 4, l. 242; *RPG,* 1: 216-21; 2: 803-19, 862-5; Buryshkin, *Moskva,* 319; Peshekhonov "Pervye neteli", 290-1; Silver, *Russian Workers',* 38.
66. Trótski, *History,* 193.
67. Buchanan, *My Mission,* 2: 86, 114; *War, Revolution and Peace,* 46; Kolonitskii, "Kul't vozhdia", 24-6.
68. Pyman, *Life,* 2: 243, 247; Zhukovskii-Zhuk, "Kogda", 64; Schweitzer, *Tsvetaeva,* 138.
69. Kolonitskii, "The 'Russian Idea'", 4, 9, 13-14; TsGAVMF, f. r-2063, op. 1, d. 7, l. 12; Oberuchev, *V dni,* 49; Sorokin, *Chelovek,* 228; *Gubernskii,* 54; TsGASP, f. 7384, op. 9, d. 76, l. 23-4; Kolonitskii, "Kul't vozhdia", 7.
70. Paustovsky, *Story,* 474; NLW, Lord Davies Papers, C3/23; BC, Ransome Papers, telegrama 53, 15 de março de 1917.
71. Polner, *Zhiznenneyi,* 245.

IX. O país mais livre do mundo

1. Nabokov, "Provisional Government", 44.
2. Hoare, *Fourth Seal,* 256; BA. Coleção Polner, caixa 2, Death of Lvov; Tsereteli, *Vospominaniia,* 2: 63-4; Gor'kti, "Pis'ma k E. P. Peshkovoi", 195.
3. IM, f. 454, op. 3, d. 70; Tsereteli, *Vospominaniia,* 1: 63-4; Nabokov, "Provisional Government", 84; Bublikov, *Russkaia,* 33-4.
4. Polner, *Zhiznennyi,* 231-45; Tsereteli, *Vospominaniia,* 1: 114; IM, f. 454, op. 3, d. 70.
5. Kerenski, *Memoirs,* 227-8.
6. Chernov, *Great Russian,* 103; Shlapentokh, "Images", 34-5; Sorokin, *Leaves,* 39; Heald, *Witness,* 89-90; IM, f. 454, op. 3, d. 70.
7. *RPG,* 1: 191-242; Polner, *Zhiznennyi,* 247.
8. Shliapnikov, *Semnadtsatyi god,* 2: 236.
9. Sukhanov, *Russian,* 145; Schapiro, "Political Thought", 106-7; Nabokov, "Provisional Government", 135-6; Rosenberg, *Liberals,* 146-7; *RPG,* 1: 435-47, 451.
10. TsGALI, f. 66, op. 1, d. 312, l. 8.
11. Ibid., f. 122, op. 3, d. 13; Tsarev, *Samouchka,* 37-8.
12. TsGALI, f. 66, op. 1, d. 312; f. 122, op. 3, d. 13; f. 200, op. 1, d. 80.
13. Figes, *Peasant Russia,* 56-61.
14. GARF, f. 393, op. 3, d. 359, l. 202; Figes, *Peasant Russia,* 47-56, 122-4.
15. Chernov, *Rozhdenie,* 313; Galynskii, *Ocherki,* 116.
16. GARF, f. 398, op. 2, d. 144, l. 158-9; Galynskii, *Ocherki,* 117, 141, 172.
17. GARF, f. 1791, op. 2, d. 144, l. 82; RGIA. f. 1278, op. 10, d. 4, l. 270-2.
18. IM, f. 454, op. 3, d. 70.
19. Figes, *Peasant Russia,* 33-7, 40-6; GARF, f. 406, op. 2, d. 237, l. 133, 160; Trótski, *History,* 882.
20. Koenker e Rosenberg, *Strikes,* 82, 87, 156, 229.
21. Keep, *Russian Revolution,* 69; Smith, *Red Petrograd,* 65-8; Koenker, *Moscow Workers,* 107-9; *RPG,* 2: 712-13.
22. Koenker e Rosenberg, *Strikes,* 102, 137-9, 172-3, 231; BC, Ransome Papers, telegrama 91, 3 de abril de 1917; Ferro, *Russian Revolution,* 112-13.
23. Pitcher (org.), *Witnesses,* 101-2; Reed, *Ten Days,* 40; Paustovsky, *Story,* 481. Sobre a ideia de *fêtes de libération,* ver M. Perrot, *Les Ouvriers,* Paris, 1974, 2: 548.
24. *Ekonomicheskoe polozhenie,* 2: 201; Smith, *Red Petrograd,* 80-98, 139-67.
25. Wade, *Red Guards,* 80-114, 173-82; Dune, *Notes of a Red Guard,* 51-7.
26. Rosenberg, "Social Mediation", 173-8; Hogan, "Conciliation", 49-66; Galili, *Menshevik Leaders,* 119-23.
27. Rosenberg, "Social Mediation", 181-3; Galili, *Menshevik Leaders,* cap. 6; Koenker e Rosenberg, *Strikes,* 200-2.

28. *RPG,* 1: 317; Radkey, *Agrarian Foes,* 40, 216-18.
29. Suny, *Revenge,* 29-30, 45, 54, 63, 75; Guthier, "Popular Base", 40.
30. Reshetar, *Ukrainian,* 320-1; Suny, *Revenge,* 48.
31. Khrystiuk, *Zametky,* 1: 46; Bociurkiw, "Rise", 222-4; Frenkin, *Russkaia armiia,* 211-56.
32. RGVIA, f. 162, op. 1, d. 18.
33. *RPG,* 1: 334-5; Upton, *Finnish Revolution,* caps. 1-6; Ketola, "Russkaia", 293-6; *Den',* 12 de maio de 1917.
34. *RPG,* 1: 344-55; *NZh,* 21 de julho de 1917.
35. *RPG,* 1: 374-7, 383-8; Stojko, "Ukrainian", 9ss; Tsereteli, *Vospominaniia,* 2: 89.
36. *RPG,* 1: 389-92; Reshetar, *Ukrainian,* 57; IM, f. 454, op. 3, d. 70.
37. RGVIA, f. 162, op. 1, d. 17, l. 199; GARF, f. 5972, op. 1, d. 21a, l. 12.
38. Wildman, *End,* 1: 228-45; BA, Coleção Brusilov, mss "Gazeta 'Dni'"; RGVIA, f. 162, op. 2, d. 18.
39. "Iz ofitserskikh pisem", 200; Kal'nitskii, *Ot fevraliu,* 43.
40. RGVIA, f. 162, op. 2, d. 18; Polovtsov, *Glory,* 206; Heenan, *Russian,* 97-8; Ferro, *October,* 84-5; GARF, f. 1791, op. 2, d. 629, l. 73.
41. *Trud,* 27 de maio de 1917.
42. *RPG,* 2: 1044-6, 1077-8, 1098; Wade, *Russian Search,* 26-38.
43. *NZh,* 23 de abril de 1917; Kantorovich, "Fedor Linde", 242-3; *Kievskaia mysl',* 3 de setembro de 1917; *RPG,* 3: 1242-4.
44. Roobol, *Tsereteli,* 133; Galili, *Menshevik Leaders,* 134-40, 179-85.
45. *RPG,* 3: 1241-2, 1267-9; Rosenberg, *Liberals,* 109-13; Wade, *Russian Search,* 47; IM, f. 454, op. 3, d. 70.
46. *RPG,* 3: 1276-8; Roobol, *Tsereteli,* 123-4; IM, f. 454, op. 3, d. 70.
47. Sukhanov, *Russian,* 269-70; Service, *Lenin,* 2: 154-5.
48. Karpinskii, "Vladimir", 105-6; Valentinov, *Encounters,* 21.
49. Para a evidência mais recente (e inconclusiva) sobre esse assunto, ver Volkogonov, *Lenin,* 109-28.
50. Getzler, *Martov,* 147-8; Service, *Lenin,* 2: 151-3.
51. Gorki, *Lenin,* 35; Service, *Lenin,* 2: 187; *NZh,*10 de novembro de 1917.
52. Lênin, *PSS,* 31: 9-59, 99-100; Sukhanov, *Russian,* 274-5.
53. Sukhanov, *Russian,* 285-8; Lênin, *PSS,* 31: 113-16; Service, *Lenin,* 2: 155-60, 165-6; Lênin, *Leninskii sbornik,* 7: 307-8; RTsKhIDNI, f. 72, op. 3, d. 687, l. 2; Shub, *Lenin,* 109.
54. Trótski, *History,* 300-7; Zelnik, "Fate", 6; Rabinowitch, "Bol'sheviki", 116-19.
55. Valentinov, *Encounters,* 148; Besançon, *Intellectual,* 193-6; Volkogonov, *Lenin,* 62.
56. Struve, "My Contacts", 593; Volkogonov, *Lenin,* 35-49; Fischer, *Life,* 329.
57. Valentinov, *Encounters, 50.*

58. Gul', "Byloe"; *RPG,* 2: 1209.
59. Voline, *Unknown,* 244; Rolland, *Journal,* 1168; Valentinov, *Encounters,* 148-51.
60. Trótski, *History,* 303, 558; "Pis'ma moi", 11:35.
61. Fischer, *Life,* 57-8; Aronson, *Rossiia,* 47-52; Valentinov, *Encounters,* 42.
62. Service, *Lenin,* 2: 169-77, 185; Rabinowitch, *Prelude,* 46-7; Trótski, *History,* 340.
63. Rabinowitch, *Prelude,* 42-5. Para a opinião de que o Comitê Central planejara um golpe, ver Pipes, *Russian Revolution,* 401-5.
64. Mawdsley, *Baltic Fleet,* 6-7, 21, 34, 51-3; *RPG,* 3: 1296-9; Raskolnikov, *Kronstadt,* 34.
65. Rabinowitch, *Prelude,* 260.
66. Rabinowitch, *Prelude,* cap. 3; Sukhanov, *Russian,* 402-6; Lênin, *PSS,* 31: 267.
67. *RPG,* 3: 1322-6; Sukhanov, *Russian,* 415-19.
68. AG, Pg-Rl, 30-19-603 (publicado aqui pela primeira vez).
69. *NZh,* 18, 20 de abril, 18 de maio de 1917; AG, Pg-Rl, 30-19-603.
70. Trótski, *Military Writings,* 1: 215; Agursky, *Third Rome,* 171-2; Pyrnan, *Life,* 2: 268-305.
71. *NZh,* 27 de abril, 9 de maio, 18 de maio de 1917; Taneeva, *Stranitsy,* 292; RGIA, f. 794, op.1, d. 4, l. 4.
72. AG, Pg-Rl, 30-10-601 (publicado aqui pela primeira vez).
73. *NZh,* 7 de dezembro de 1917.
74. RTsKhIDNI, f. 75, op. 1, d. 67, l. 1-3 (publicado aqui pela primeira vez).
75. Gor'kii, "Pis'ma k E. P. Peshkovoi", 196.
76. *NZh,* 25 de abril, 18 de maio de 1917; AG, Pg-In.
77. Gorki, "On the Russian Peasantry", 25; AG, Pg-Rl.
78. *NZh,* 18 de abril, 19 de novembro, 6 de dezembro, 7 de dezembro de 1917.
79. Gorki, *Lenin,* 30.
80. *NZh,* 23 de abril de 1917.
81. AG, Pg Rl, 30-19-601
82. *NZh,* 20 de abril de 1917; AG, Pg-Rl, 30-19-603.

X. A agonia do Governo Provisório

1. Kerenski, *Memoirs,* 278-9.
2. Ibid., 271.
3. RGVIA, f. 162, op. 1, d. 18; BA, Coleção Pronin, caixa 1, "Miting generala Brusilova".
4. RGVIA, f. 162, op. 1, d. 17, l. 202.
5. RPG, 2: 925-6, 927-8; Heenan, *Russian,* 38-42, 44.
6. RPG, 3: 1739; Lockhart, *Memoirs,* 180.

7. Kolonitskii, "A. F. Kerenskii", 98; Tsvetaeva, *Stikhotvorenie*, 2: 63 ("To the Tsar at Easter" [21 de maio de 1917]).
8. Stepun, Byshee, 2: 33-5; Kerenskii, *Izdaleka*, 204; Heenan, *Russian*, 103; RGVIA, f. 162, op. 1, d. 18.
9. RPG, 2: 913-15.
10. Rosenberg, "Russian Municipal", 161; AG, PG-R1, 30-19-603; Rougle, "Intelligentsia", 72; RPG, 2: 486-7.
11. Paustovsky, *Story*, 486.
12. Pares, *My Russian Memoirs*, 459.
13. Botchkareva, *Yashka*, 151-68.
14. RPG, 2: 880-3; RGVIA, f. 162, op. 1, d. 18; Wildman, *End*, 2: 22-3.
15. Abraham, *Kerenski*, 199-200; Farmborough, *Nurse*, 269-70.
16. Kerenski, *Memoirs*, 274, 282.
17. RGVIA, f. 162, op. 1, d. 17, l. 200; BA, Coleção Pronin, caixa 1, "Miting gen. Brusilova".
18. RGVIA, f. 162, op. 1, d. 18.
19. RGVIA, f. 162, op. 1, d. 18; Wildman, *End*, 2 :cap. II.
20. Stepun, *Byshee*, 2: 10; Brussilov, *Soldier's Notebook*, 290-1, 307-8, 340.
21. Golovin, *Russian Army*, 197; Heenan, *Russian*, 97-8.
22. RGVIA, f. 162, op. 1, d. 18; Bauermeister, *Spies*, 128-37.
23. RGVIA, f. 162, op. 1, d. 18.
24. Wildman, *End*, 2: 89ss.; Stankevich, Vospominaniia. 155-6, 160.
25. Botchkareva, *Yashka*, 208-18.
26. Miliukov, *Russian*, 1: 195.
27. Polner, *Zhiznennyi*, 254; IM, f. 454, d. 3, l. 70.
28. Trótski, *History*, 518.
29. Heenan, *Russian*, 54-5; Kerenski, *Catastrophe*, 207-10.
30. IM, f. 454, d. 3,1.47-67.
31. Rabinowitch, *Prelude*,117-18,121-2.
32. Rabinowitch, *Prelude*, 122-40; *Pravda*, 4 de julho de 1917; RPG, 3: 1338-40.
33. RPG, 3: 1335-6; Trótski, *History*, 529-30; Sukhanov, *Russian*, 429-30; Buchanan, *Petrograd*, 134; Blok, *Sobranie sochinenii*, 7, 273.
34. Sukhanov, *Russian*, 431; Trótski, *History*, 525.
35. "Pis'ma moi", 2: 35; RPG, 3: 1339-44; Rabinowitch, *Prelude*, 167-70; Sukhanov, *Russian*, 431-2; Woytinsky, *Stormy*, 300.
36. Sukhanov, *Russian*, 432; Buchanan, *Petrograd*, 135-6.
37. Rabinowitch, *Prelude*, 174-6.
38. Pipes, *Russian Revolution*, 419; Rabinowitch, *Prelude*.
39. Sukhanov, *Russian*, 479; *Krasnaia Gazeta*, 16 de julho de 1920; Zinoviev, "Lenin", 62.

40. Buchanan, *Petrograd*, 139; Raskolnikov, *Kronstadt*, 153-72; Pares, *My Russian Memoirs*, 465.
41. Sukhanov, *Russian*, 441-2; *Rabochy i soldat*, 26-7 de julho de 1917; Rabinowitch, *Prelude*, 181-4.
42. Krupskaia, *Vospominaniia*, 166 e passim.
43. AG, PG-R1, 30-19-605 (publicado aqui pela primeira vez).
44. Woytinsky, *Stormy*, 301-2; RPG, 3: 1356.
45. Sukhanov, *Russian*, 444-7; Raskolnikov, *Kronstadt*, 166-7.
46. Sukhanov, *Russian*, 448-9; Woytinsky, *Stormy*, 305-6. De fato, o 176º Regimento havia se alinhado, embora sem muito ânimo, com o Grupo Social-Democrata Interdistrital.
47. RPG, 3: 1347.
48. Sukhanov, *Russian*, 450.
49. Nikitine, *Fatal Years*, 155-7; Sukhanov, *Russian*, 462-4.
50. Sukhanov, *Russian*, 455.
51. RPG, 3: 1364-5; Nikitine, *Fatal Years*, 119-22; Zeman (org.), *Germany*, 94-5; Rabinowitch, *Prelude*, 206-7.
52. Polovtsov, *Glory*, 258.
53. Trótski, *History*, 570; Sukhanov, *Russian*, 469-70.
54. *NZh*, 15 de agosto de 1917.
55. Zinoviev, "Lenin", 70.
56. Lênin, *PSS*, 32: 433-4.
57. AG, PG-R1, 30-19-605 (publicado aqui pela primeira vez).
58. *NZh*, 9 de julho de 1917.
59. RPG, 3: 1350.
60. Polovtsov, *Glory*, 259-60; IM, f. 454, d. 3, l. 18; Polner, *Zhiznennyi*, 258.
61. Kolonitskii, "A. F. Kerenskii", 98-106.
62. Krasnov, "Na vnutrennom fronte", 106. O relato sobre a morte de Linde foi compilado das páginas 105-12 de Krasnov, "Na vnutrennom"; e Sokolov, *White Nights*, 15-40. O incidente também é contado, com uma boa dose de licença artística, em *Doutor Jivago* (capítulo 5), de Pasternak.
63. Kantorovich, "Fedor Linde", 251; Kievskaia mysl', 3 de setembro de 1917; Gippius, *Siniaia kniga*, 169-71; *RPG*, 3: 1390-1.
64. Cantacuzène, *Revolutionary Days*, 30; Rabinowitch, *Bolsheviks*, 39-42.
65. Brussilov, *A Soldier's Notebook*, 317; RGVIA, f. 162, op. 1, d. 4, l. 79, 83.
66. Vertsinskii, *God*, 18; Bogaevskii, *Vospominaniia*, 39; Katkov, *Kornilov*, 39-41; Brussilov, *A Soldier's Notebook*, 100-2, 321; Grondijs, *La Guerre*, 264.
67. GARF, f. 5849, op. 2, d. 3r, l. 2-3.
68. White, "Kornilov", 187-9; Katkov, *Kornilov*, 138-9.
69. Martynov, *Kornilov*, 16-20.

70. Abraham, *Kerenski*, 255; Stepun, *Byvshee*, 2: 144-5.
71. Brussilov, *A Soldier's Notebook*, 320; RPG, 2: 989-1010.
72. Martynov, *Kornilov*, 33-4; Savinkov, *K Delu*, 13-14.
73. Martynov, *Kornilov*, 20; PRO, FO 371, 3015, N 165148/17, 93-4; Stepun, *Byvshee*, 2: 143-4.
74. Katkov, *Kornilov*, 56-7, 171-2; Botchkareva, *Yashka*, 225; Lukomsky, *Vospominaniia*, 228.
75. Vladimirova, *Kontrrevoliutsiia*, 84; Stepun, *Byvshee*, 2: 162-3; *RPG*, 3: 1510-15.
76. Gippius, *Siniaia*, 162, 164.
77. Katkov, *Kornilov*, 50-1, 74-9, 84-8, 136-7, 159; *RPG*, 3: 1558-71.
78. *NZh*, 3 de setembro de 1917; *RPG*, 3: 1574-5; Katkov, *Kornilov*, 92.
79. Katkov, *Kornilov*, 97; Martynov, *Kornilov*, 110-11.
80. Pipes, *Russian Revolution*, 459-60; RGVIA, f. 162, op. 1, d. 4, l. 53.
81. Rabinowitch, *Bolsheviks*, 132-44.
82. Ibid., 144-50; *RPG*, 3: 1586-9.
83. Denikin, *Ocherki*, 2: 86; Katkov, *Kornilov*, 130-4.
84. Trótski, *My Life*, 331.
85. HLRO, 206, Stow Hill Papers, DS 2/2, caixa 8, O. L. Kerenskaia, "Obryvki a vospommanii", 8.
86. McCauley (org.), *The Russian Revolution*, 36-7.
87. Smith, *Red Petrograd*, 110-16, 160-7; Koenker, *Moscow Workers*, 194-5, 198-200, 222-4.
88. Rosenberg, "Russian Municipal", 159-61.
89. Keep, *Russian Revolution*, 146.
90. Rabinowitch, *Bolsheviks*, 174-5; Trótski, *History*, 804-6; Sukhanov, *Russian*, 528.
91. Ziv, *Trotskii*, 69-74; Deutscher, *Prophet Armed*, 284-5; Lunacharsky, *Revolutionary*, 65.
92. Rabinowitch, *Bolsheviks*, 154-8.
93. Smith, *Red Petrograd*, cap. 7; Koenker, *Moscow Workers*, 184-6, 320-5; Koenker e Rosenberg, *Strikes*, 254-60, 280-6; RPG, 3: 1640-52.
94. *Delo derevni*, 27 de agosto de 1917; Lutskii, "Krest'ianskoe", 49-78.
95. TsGANKh, f. 478, op. 1, d. 149-50; d. 202, l. 7-8; Edwards, *Sonya*, 466.
96. Figes, *Peasant Russia*, 61-84.
97. Galili, *Monshevik*, 384; Radkey, *Agrarian*, 403ss; Raleigh, *Revolution*, 235-7, 267-70.
98. Lênin, *PSS*, 32: 433-4; 33: 5-120; 34: 10-17.
99. Ibid., 34: 133-9.
100. *RPG*, 3: 1684-91, 1714-21; Trótski, *History*, 916-17.
101. Haimson (org.), *Making*, 18; Galili, *Menshevik*, 302, 327-8, 336-7.

102. Trótski, *History*, 1156; Gorky, *Lenin*, 46.
103. Lênin, *PSS*, 34: 239-41.
104. Ibid., 34: 214-28, 242-7, 272-83.
105. Sukhanov, *Russian*, 556; Rabinowitch, *Bolshevilks*, 202; RTsKhIDNI, f. 17, op. 1, d. 33.

XI. A revolução de Lênin

1. Sukhanov, *Russian*, 498-9; Reed, *Ten Days*, 54-5, 87.
2. Rabinowitch, *Bolsheviks*, 209-16, 219; Lênin, *PSS*, 34: 264-8.
3. RTsKhIDNI, f. 17, op. 1, d. 34, l. 1-15.
4. Ibid., l. 11-17; *NZh*, 18 de outubro de 1917; Lênin, *PSS*, 34: 423-7.
5. Rabinowitch, *Bolsheviks*, 215.
6. *Russkaia revoliutsiia glazami Petrogradskogo chinovnika*, 15 de outubro de 1917; PRO, Ministério da Guerra, 158/964: 6; FO 371, 2997, N 142922, 126; Keisner, *Izbrannye*, 489-90; CUL, Hardinge Papers, 35: 27; HLRO, 206: Stow Hill Papers, DS 2/2, caixa 18: 15-16; Ferro, *October*, 285; Gippius, *Siniaia*, 175, 187.
7. PRO, FO 371, 3016, N 205925: 542-5; N 210021: 582; N 208373: 577-8; 3017 N 209501: 10-11; N 208214: 567-70, N 210844: 572-3; Nabokov, *Ispytaniia*, 97, 99-100, 102, 139-40.
8. Gippius, *Siniaia*, 210; RGVIA, f. 162, op. 1, d. 18.
9. Nabokov, "Provisional Government", 78.
10. Rabinowitch, *Bolsheviks*, 253-4.
11. TsGASP, f. 131, op. 1, d. 8, l. 6; f. 54, op. 1, d. 2, l. 48; f. 148, op. 1, d. 24, l. 1; Startsev, "Voenno-revoliutsionnyi komitet", 134; Ignat'ev, "V noch", 314.
12. Melgunov, *Bolshevik*, 81.
13. Rabinowitch, *Bolsheviks*, 272; *Izvestiia TsK KPSS*, 1989, 1: 226.
14. Rabinowitch, *Bolsheviks*, 274-81; Lênin, *PSS*, 35: 1.
15. Kostiukov, "Kak my opozdali", 32 7; Oktiabr'skoe, 2: 346; Rabinowitch, *Bolsheviks*, 282; Trótski, *History*, 1108-9; Blagonravov, "Fortress", 206.
16. Rabinowitch, *Bolsheviks*, 290-1.
17. GARF, f. 543, op. 1, d. 1, l. 24-5; Sukhanov, *Russian*, 617-18; Melgunov, *Bolshevik*, 58-61.
18. GARF, f. 3348, op. 1, d. 149, l. 2; Melgunov, *Bolshevik*, 68-70; Pal'chinskii, "Poslednye chasy", 137; Reed, *Ten Days*, 92-3.
19. Sinegub, "Zashchita", 152; Melgunov, *Bolshevik*, 76; GARF, f. 3348, op. 1, d. 149, l. 3.
20. Reed, *Ten Days*, 106-7, 110-11.
21. Maliantovich, "V zimnem", 120-1; Reed, *Ten Days*, 112; Melgunov, *Bolshevik*, 80; Buchanan, *My Mission*, 2:208.

22. Reed, *Ten Days*, 98-9; Sukhanov, *Russian*, 616, 635 e passim; *Oktiabr'skoe*, 2: 353; Pipes, *Russian Revolution*, 498.
23. *Vtoroi vserossiiskii s'ezd*, 2-4, 33-5.
24. Citado em Rabinowitch, *Bolshteviks*, 294.
25. *Vtoroi vserossiiskii s'ezd*, 43-4; Getzler, *Martov*, 163.
26. *Vtoroi vserossiiskii s'ezd*, 43-4; Rabinowitch, *Bolsheviks*, 297.
27. GARF, f. 3348, op. 1, d. 149, l. 2-3; Melgunov, *Bolshevik*, 89-91; Rabinowitch, *Bolsheviks*, 299-301.
28. *Vtoroi vserossiiskii s'ezd*, 47-54; Reed, *Ten Days*, 113-16.
29. Trótski, *History*, 1140; Startsev, *Ocherki*, 195; Mawdsley, *Baltic Fleet*, 112-13.
30. Trótski, *History*, 1079; Korenev, "Chrezvychainaia", 29; Melgunov, *Bolshevik*, 67; Reed, *Ten Days*, 94-5, 106; Averbakh, "Revoliutsionnoe", 25-6.
31. TsGASP, f. 131, op. 1, d. 7, ll. 2, 7, 13, 24; d. 8, ll. 6, 17, 22, 54, 57, 59.
32. GARF, f. 1236, op. 1, d. 1, l. 70, 81, 83-5, 119, 136, 147, 154, 157; d. 12,1. 14, 153-4; d. 13, l. 56; d. 37, l. 6; d. 39, ll. 5, 20, 28; f. 1791, op. 2, d. 594, 596; TsGASP, f. 131, op. 1, d. 8, l. 54; Bonch-Bruevich, "Strashnoe", 180-92; Korolenko, "Iz dnevnikov", 378-80.
33. *NZh*, 11 de janeiro de 1918.
34. *NZh*, 18 de outubro de 1917.
35. GARF, f. 1236, op. 1, d. 1, ll. 28, 53-4, 58, 62; d. 12, l. 77; Koenker, *Moscow Workers*, 345; Mandel, *Petrograd Workers*, 328-32; *Znamia truda*, 2 de novembro de 1917.
36. RGVIA, f. 162, op. 1, d. 18.
37. RTsKhIDNI, f. 17, op. 1, d. 39.
38. Bone (org.), *Bolsheviks*, 136-42; Trotskii, *Stalinskaia shkola*, 123.
39. Clements, *Bolshevik Feminist*, 124-6; Bunyan e Fisher (org.), *Bolshevik*, 226; Iroshnikov, *Sozdanie*, 161-7.
40. Bunyan e Fisher (org.), *Bolshevik*, 323
41. Melgunov, Bolshevik, 127-8, 170, 180-1; "Pis'ma moi", 2: 43.
42. *NZh*, 7 de novembro de 1917.
43. Liubovitdh, "Kak", 65-9: Rigby, *Lenin's*, 45-51, 62-3.
44. Rigy, *Lenin's*, 14-19, 30ss.; Bunyan e Fisher (org.), *Bolshevik*, 185-6; Liberman, *Building*, 13.
45. *The Debate on Soviet Power*, 68-89, 140-2, 200-1.
46. GARF, f. 1236, op. 1, d. 1, ll. 59, 102, 104, 107-8; Sorokin, *Leaves*, 105-6.
47. Radkey, *Election*, apêndice; Radkey, *Sickle*, 248-9, 281-306.
48. *The Debate on Soviet Power*, 147.
49. Bunyan e Fisher (org.), *Bolshevik*, 356-62; Dolgokurov, *Velikaia*, 57ss.; *NZh*, 6 de dezembro de 1917; *The Debate on Soviet Power*, 174, 177.
50. Gippius, *Peterburgskie dnevniki*, 365.

51. Leggett, *Cheka*, 17.
52. AG, Pg-Rl, 30-19-616 (publicado aqui pela primeira vez).
53. *The Debate on Soviet Power*, 154.
54. Lênin, *PSS*, 35: 162-6, 221-3; *Nash vek*, 6 de janeiro de 1918.
55. Bunyan e Fisher (org.), *Bolshevik*, 369-70; *NZh*, 9 e 11 de janeiro de 1918.
56. Sorokin, *Leaves*, 125; Sokolov, "Zashchita", 67; Roobol, *Tsereteli*, 180-1; Bonch--Bruevich, *Na boevykh*, 250.
57. *Vserossiiskoe uchreditel'noe*, 110-11.
58. Sokolov, *White Nights*, 210.
59. Sokolov, "Zahschita", 24, 26, 32-3.
60. AGm Pg-Rl, 30-19-617 (publicado aqui pela primeira vez).
61. Sobre isso, ver meu próximo artigo, "The Russian Revolution of 1917 and Its Language in the Village", *Russian Review*.
62. Figes, *Peasant Russia*, 68; Sokolov, "Zashchita", 16.
63. Denikin, *Ocherki*, 2: 147-8; *Izvestiia vserrossiiskogo soveta krest'ianskikh deputatov*, 28 de maio de 1917; *Pravda*, 1º de janeiro de 1919.
64. Kolonitskii, "Antibourgeois", 190; Nazhivin, *Zapiski*, 15, 28; GARF, f. 551, op. 1, d. 108, l. 2.
65. Kolonistkii, "Antibourgeois", 184-5, 191; Libknecht, *Pauki*, 4; TCL, Coleção Margoulis, "Protokoly fabzavkoma", 8.
66. Lênin, *PSS*, 35: 204.
67. Ibid., 327; *NZh*, 16 de março de 1918.
68. Stites, *Revolutionary Dreams*, 127; GARF, f. 1236, op. 1, d. 1, l. 47, 67; Krasnov, "Iz vospominanii", 162-5; Melgunov, *Red Terror*, 111ss.; Obolenskii, "Krym", 216.
69. Bunyan e Fisher (org.), *Bolshevik*, 324, Meshcherskaya, "Trudovoe", 205-6.
70. GARF, f. 393, op. 2, d. 59, l. 35-8.
71. Clements, *Bolshevik Feminist*, 131-3; Bunyan e Fisher (org.), *Bolshevik*, 587; GARF, f. 130, op. 2, d. 155, l. 22; d. 167, l. 3.
72. Gor'kii, *Polnoe sobranie sochinenii*, 17: 212; Lênin, *PSS*, 35: 203; Trotskii, *Sochineniia*, 1, 1: 290-1.
73. Arbenina (Meyendorff), *Trough Terror*, 102; Pozner, *Dela*, 26-7; RGVIA, f. 162, op. 1, d. 18; Wrangel, *From Serfdom*, 301-4.
74. Nazhivin, *Zapiski*, 14.
75. Figes, *Peasant Russia*, 101ss., 131-5; Channon, "Tsarist Landowners", 584; Rudnev, *Pri vechernykh*, 112-29.
76. GARF, f. 4390, op. 14, d. 80, l. 8-10.
77. *NZh*, 19 de novembro de 1917.
78. GARF, f. 1791, op. 2, d. 629, l. 18; Karich', "O narodnom", 23-32; GARF, f. a-353, op. 3, d. 59, 60, 91, 95, 99, 108; Bunyan e Fisher (org.), *Bolshevik*, 289-91; *Narodnoe pravo*, 3-4, 1918: 209-10; Speranskii, "Narodnoe", 25-30.

79. Lênin, *PSS*, 35: 357-8. Evidência recentemente descoberta sugere que Trótski escreveu o Decreto (ver *Moscow News*, 12: 1991).
80. *Izvestiia*, 23 de agosto de 1918.
81. *Materialy narodnogo kommissariata iustitsii*, 1: 29.
82. Melgunov, *Red Terror*, 22-3.
83. *NZh*, 17 de janeiro de 1918; Steinberg, *In the Workshop*, 145.
84. Reed, *Ten Days*, 133.
85. Trótski, *My Life*, 355; Reed, *Ten Days*, 132; Kennan, *Russia Leaves the War*, 75-6.
86. Fokke, "Na stene", 15-17, 36-8.
87. Trótski, *My Life*, 378; Deutscher, *Prophet Armed*, 366.
88. RTsKhIDNI, f. 17, op. 1, d. 405, l. 1-13.
89. Fokke, "Na stene", 207.
90. RTsKhIDNI, f. 17, op. 1, d. 409.
91. Hoffman, *War Diaries*, 1: 206-7.
92. RTsKhIDNI, f. 17, op. 1, d. 410, l. 3-17.
93. Trótski, *My Life*, 406.
94. RTsKhIDNI, f. 17, op. 1, d. 412, l. 9; Wheeler-Bennett, *Brest-Litovsk*, 258-62.
95. Wheeler-Bennett, *Brest-Litovsk*, 269.
96. Istochnik, 1, 1994: 26; RGVIA, f. 162, op. 1, d. 5, l. 136.
97. RTsKhIDNI, f. 4, op. 2, d. 3734, l. 1 2.
98. Trótski, *My Life*, 366-9.

XII. Últimos sonhos do Velho Mundo

1. Bulgakov, *White Guard*, 51-2.
2. Ibid., 54.
3. Gul', *Ledianoi pokhod*, 8-10.
4. Kenez, *First Year*, 41-2, 55-64.
5. Trótski, *HRA*, 2: 287-8; Hasek, *Red Commissar*, 23.
6. Denikin, *Ocherki*, 2, 1: 94-100; Bogaevskii, *Vospominaniia*, 23-7; Suvorin, *Za rodinoi*, 15.
7. Gul', *Ledianoi pokhod*, 15; Tsvetaeva, *Selected Poems*, 62.
8. Bechhofer, *In Denikin's Russia*, 78; *Moscow News*, 16 de abril de 1922; Pipes, *Russia Under the Bolshevik Regime*, 14.
9. Grondijs, *La Guerre*, 262-6; RGVIA, f. 162, op. 1, d. 18. A máxima de Meinecke foi tirada de Faulenbach (org.), *Geschichtswissenschaft*, 69.
10. Kenez, *First Year*, 100-1.
11. Gul', *Ledianoi pokhod*, 16-17; Nesterovich-Berg, *V bor'be s bol'shevikami*, 97.
12. Holquist, "Russian Vendée", 1ss.; Kenez, *First Year*, 89-92; Medvedev e Starikov, *Mironov*, 45; Suvorin, *Za rodinoi*, 21, 29-30.

13. Denikin, *Ocherki*, 2, 1: 224; Lukomsky, *Vospominaniia*, 1, 156-4.
14. Wrangel, *Memoirs*, 185; Denikin, *Ocherki*, 2, 1: 237; Gul', *Ledianoi pokhod*, 65-9, 72-4, 145-7.
15. Kenez, *First Year*, 103-13; Denikin, *Ocherki*, 2, 1: 295.
16. Denikin, *Ocherki*, 2, 1: 298.
17. Holquist, "Russian Vendée", 211-26; Kenez, *First Year*, 119-27.
18. Kenez, *First Year*, 141.
19. Ibid., 169-71; Skobtsev, *Tri goda*, 144.
20. Denikin, *Staraia*, 2: 89; *Ocherki*, 3: 128.
21. Kenez, *Defeat*, 55-8, 80-4.
22. Sokolov, *Pravlenie*, 93-115; Denikin, *Ocherki*, 4: 233; Dolgorukov, *Velikaia*, 129-30.
23. Kenez, *Defeat*, 112-20.
24. Denikin, *Ocherki*, 3: 61; Krasnov, "Vsevelikoe", 223-7, 232-5; Kenez, *First Year*, 166-75.
25. Denikin, *Ocherki*, 4: 221-4; Sokolov, *Pravlenie*, 187-8, 286-7; Pokrovskii, *Denikinshchina*, 173-5; Kin, *Denikinshchina*, 82, 89, 95-109.
26. Kenez, *Defeat*, 60-2; Lehovich, *White*, 331; Denikin, *Ocherki*, 4: 218.
27. Maiskii, *Demokraticheskaia*, 46.
28. *Khronika grazhdanskoi voiny v Sibiri*, 168.
29. Figes, *Peasant Russia*, 163-4.
30. Maiskii, *Demokratischekaia*, 72-4, 84, 178-80.
31. Ibid., 84-8, 92-3, 126-31, 144-6.
32. Figes, *Peasant Russia*, 167-72.
33. Ibid., 1754.
34. *Krasnaia byl'*, 3: 53; *Vestnik komiteta uchreditel'nogo sobraniia*, 23 de agosto de 1918.
35. Mel'gunov, *Tragediia*, 1: 99; Petrov, *Ot Volgi*, 50; Figes, *Peasant Russia*, 179.
36. Figes, *Peasant Russia*, 178-82.
37. GARF, f. 5975, op. 1, d. 13, l. 9.
38. Maiskii, *Demokraticheskaia*, 141-2; Melgunov, *Tragediia*, 1: 206.
39. Gins, *Sibir'*, 1, 1: 259; Churchill, *Aftermath*, 97.
40. Budberg, "Dnevnik", 15: 331-2.
41. Varneck e Fisher (org.), *Testimony*, 173.

XIII. A revolução vai à guerra

1. RGVA, f. 37976, op. 9, d. 4218; Os'kin, *Zapiski voenkoma*, 5-7.
2. Trótski, *HRA*, 1: 5; Figes, "Red Army", 174-5.
3. Kavtaradze, *Voennye*, 175-8; Hagen, *Soldiers*, 23-6.
4. *Trotsky Papers*, 1: 149; Trótski, *HRA*, 1:196.

5. Benvenutti, *Bolsheviks*, 66-8, 70, 76; Os'kin, *Zapiski voenkoma*, 118-19.
6. *Pravda*, 29 de novembro e 25 de dezembro de 1918.
7. Trótski, *HRA*,1: 199-210, 220-6.
8. Benvenutti, *Bolsheviks*, 92-108.
9. Figes, "Red Army", 176-7; Os'kin, *Zapiski voenkoma*, 147.
10. Figes, "Red Army", 177-9.
11. Ibid., 199-202.
12. GARF, f. 130, op. 2, d. 120, l. 45, 54; d. 277, l. 175-86; Os'kin, *Zapiski voenkoma*, 113.
13. Figes, "Red Army", 182-6.
14. *Trotsky Papers*, 1: 797; Figes, "Red Army", 183-4.
15. White, *Growth of the Red Army*, 118; Figes, *Peasant Russia*, 293; Trótski, *HRA*, 1: 13.
16. Trótski, *HRA*, 2: 109, 298; Figes, "Red Army", 193.
17. Figes, "Red Army", 195-8
18. Ibid., 198-206; Os'kin, *Zapiski voenkoma*, 147-50; RGVIA, f. 7, op. 2, d. 483, l. 2; Brovkin, *Behind*, 145-55; *Antonovshchina*, 45-6.
19. Wildman, *End*, 1:101.
20. GARF, f. 2314, op. 9, d. 2, l. 15-16.
21. Elkina, "Likvidatsiia", 52-6.
22. Maiakovskii, *Polnoe sobranie sochinenii*, 2: 92-5.
23. GARF, f. 2313, op. 3, d. 26, l. 27.
24. Goldman, *My Disillusionment*, 8-9.
25. AG, Pg-Rl, 30-19-619 (publicado aqui pela primeira vez).
26. GARF, f. 539, op. 1, d. 3190, l. 24, 29-30, 35-6; *Izvestiia gosudarstvennogo kontrolia*, 5, 1919: 20, *NZh*, 1º de junho de 1918; Pozner, *Dela*, 41; GARF, f. 551, op. 1, d. 20, l. 19.
27. GARF, f. 539, op. 1, d. 3190, l. 8; Pozner, *Dela*, 42; Sorokin, *Leaves*, 209, 217-18; Berkman, *Bolshevik Myth*, 266.
28. Sorokin, *Leaves*, 219-20; *Materialy po statistike Petrograda*, 1, 1920: 10; McAuley, *Bread*, 276-8.
29. *NZh*, 1º de junho de 1918; Babine, *Diary*, 33; Strumilin, *Zarabotnaia plata*, 5, 17-18; Strumilin, "Prozhitochnoi", 4-8; Strumilin, "Biudzhet", 1-5; McAuley, *Bread*, 280; Stites, *Womens*, 372; Goldman, *My Disillusionment*, 11.
30. Harrison, *Marooned*, 99; GARF, f. 5692, op. 1, d. 101, l. 23.
31. *NZh*, 21 de maio, 1º de junho de 1918; Levin, *Stormy*, 203; Wolfe, *Bridge*, 77-8, 88-92; Scherr, "Notes", 260-1; Rozhdestvenskii, *Stranitsy*, 264; Fitzpatrick, *Commissariat*, 132-3.
32. Khodasevich, *Nekropol*, 231-2; Berberova, *Italics*, 169-70; Romanov, *V mramornom*, 357-8.

33. Levin, *Stormy*, 206, 210.
34. GARF, f. 5469, op. 2, d. 50, l. 116; Figes, *Peasant Russia*, 255-7.
35. *Kooperativnaya mysl'* (Saratov), nº 4 (35), 19 de janeiro de 1919; Figes, *Peasant Russia*, 284-95.
36. GARF, f. 130, op. 2, d. 441, l. 35; TsGALI, f. 66, op. 1, d. 913, l. 9.
37. Serge, *L'an 1*, 119; McAuley, *Bread*, 89.
38. Edwards, *Sonya*, 447-50; GARF, f. 5972, op. 1, d. 101, l. 29; Schweitzer, *Tsvetaeva*, 162-3; Meshcherskaia, "Trudovoe kreshchenie".
39. Isaev, *Berzrabotitsa*, 6; Kleinborg, *Istoriia*, 285; McAuley, *Bread*, 88-9, 188; Rabinowitch, "Bol'sheviki", 124-5; *Odinnadtsatyi s'ezd RKP(b)*, 103-4.
40. Koenker, "Deurbanization", 90-S; Brower, "City", 62-3; Figes, *Peasant Russia*, 138-44; Okninskii, *Dva goda*, 176.
41. GARF, f. 130, op. 3, d. 443, l. 35, 36, 55, 93, 98.
42. Chase, *Workers*, 19-20; Brower, "City", 72-3; 24; GARF, f. 545, op. 3, d. 475.
43. TsGANKh, f. 1943, op. 4, d. 116, l. 17; GARF, f. 5451, op. 4, d. 148, l. 175; f. 3429, op. 1, d. 305, l. 141; *Izvestiia samarskogo gubprodkomiteta*, 7-8, 1918: 22-3; Figes, *Peasant Russia*, 95-6; Vaisberg, *Den'gi i tseny*, 109-13.
44. Kabanov, *Oktiabr'skaia*, 210-11.
45. Trótski, *HRA*, 1: 85.
46. Suny, *Baku*, 208.
47. GARF, f. 393, op. 11, d. 199, l. 60.
48. Figes, *Peasant Russia*, 66-7, 81-3, 188.
49. Lênin, *PSS*, 37:40-1.
50. GARF, f. 130, op. 2, d. 442; d. 443, ll. 22, 35, 52, 75, 122.
51. TsGANKh, f. 1943, op. 1, d. 448, l. 70; op. 6, d. 376, l. 85; GARF, f. 4390, op. 2, d. 327, l. 38; f. 130, op. 2, d. 443, l. 53; GAVO, f. 503, op. 1, d. 49, l. 24.
52. GAKO, f. 7, op. 1, d. 535, l. 23.
53. *Protokoly zasedanii*, 294.
54. Figes, *Peasant Russia*, 188-99.
55. Aver'ev (org.), *Komitety*, 1: 21-2; GARF, f. 393, op. 3, d. 336, l. 285.
56. GARF, f. 130, op. 2, d. 277, l. 177.
57. *Leninskii sbornik*, 18: 144, 206.
58. Figes, *Peasant Russia*, 249-61.
59. Harrison, *Marooned*, 150-7; Banerji, "Commissars", 271.
60. Trotskii, *Sochineniia*, 12: 136-7.
61. AG, Pg-Rl, 30-19-621; McAuley, *Bread*, 280.
62. Sobre a opinião de que os trabalhadores apoiavam conscientemente os partidos de oposição, ver Brovkin, "The Mensheviks' Political Comeback". A respeito da posição contrária — e geralmente mais convincente — segundo a qual o movimento operário de protesto não foi partidarizado, ver Rosenberg, "Russian Labor".

63. GARF, f. 130, op. 2, d. 616, l. 2; Rabinowitch, "Bol'sheviki", 126-7.
64. Lênin, *PSS*, 36: 175-84.
65. Malle, *Economic*, cap. 2.
66. Gor'kii, "Pis'ma k E. P. Peshkovoi", 199.
67. *O Lenine*, 54.
68. *Pravda*, 1º de setembro de 1918; Tumarkin, *Lenin Lives!*, 82-90.
69. Tumarkin, *Lenin Lives!*, 83-5, 91-5; Seifullina, "Muzhitskii".
70. *Proletarskaia Revoliutsiia*, 6-7, 1923: 284; Lockhart, *Memoirs*, 320; Balabanoff, *My Life as a Rebel*, 209.
71. *Krasnaia gazeta*, 1º de setembro de 1918; *Izvestiia*, 3 de setembro de 1918; *Ezhenedel'nik chrezvychainykh komissii*, 1, 1918: 11.
72. Trotskii, *O Lenine*, 101; Ferro, *October*, 265.
73. Leggett, *Cheka*, 30-4.
74. Latsis, *Chrezvychainye*, 8.
75. Melgunov, *Red Terror*, 27-8; Peters, "Vospominaniia", 9.
76. GARF, f. 1236, op. 1, d. 5; Polner, *Zhiznennyi*, 262; *Moscow News*, 14-21 de junho de 1992.
77. *Piatyi vserossiiskii s'ezd*, 5-37; Rabinowitch, "Maria", 426-7; Leggett, *Cheka*, 72-6.
78. Hoover, Steinberg, "The Events of July 1918", 22; Rabinowitch, "Maria", 429.
79. Benckendorff, *Last Days*, 88.
80. Kerenski, *Catastrophe*, 268-9.
81. Massie, *Nicholas*, 449.
82. Trotskii, *Dnevniki i pis'ma*, 100-1.
83. Radzinsky, *Last Tsar*, 239.
84. Ibid., 248.
85. GARF, f. 601, op. 2, d. 32, l. 71; *Sovetskaia Rossiia*, 12 de julho de 1987.
86. Trotskii, *Dnevniki i pis'ma*, 100-1.
87. GARF, f. 130, op. 2, d. 653, l. 12.
88. Radzinsky, *Last Tsar*, 313-15.
89. *Literaturnaia Rossiya*, 28 de setembro de 1990.
90. Radzinsky, *Last Tsar*, cap. 15; Steinberg e Khrustalev, *Fall*, 357-60.
91. Para a história dos ossos, ver Massie, *Romanovs*.
92. Miliutin, "Stranitsy iz dnevnika", 10.
93. *Izvestiia*, 19 de julho de 1918; Lockhart, *Memoirs*, 304; GARF, f. 5972, op. 1, d. 22b, l. 365; Sokolov, *Ubiistvo*.
94. Carr, *Bolshevik*, 1: 174; Radzinsky, *Last Tsar*, 278; Radek, *Portrety*, 1: 50.
95. *Cheka*, 47, 90-1, 158-63; *Pamiat'*, 4: 379.
96. Peshekhonov, "Pered", 205; GARF, f. 130, op. 2, d. 67, l. 525, 546.
97. Peshekhonov, "Pered", 205-6

98. GARF, f. 130, op. 2, d. 67, l. 20.
99. Ibid., l. 263f.
100. Ibid., f. 5972, op. 3, d. 121, l. 2; d. 350; RGVIA, f. 162, op. 1, d. 18, l. 42-3.
101. *Izvestiia gosudarstvennogo kontrolia*, 1, 1919: 16-17; Dan, *Dva goda skitanii*, 126-33.
102. Melgunov, *Red Terror*, 162-200; Steinberg, *In the Workshop*, 145.
103. Gul', "Byloe".
104. GARF, f. 130, op. 2, d. 751, l. 151; f. 1129, op. 2, d. 105, l. 16-17; Bunyan, *Intervention*, 253-7.
105. AG, Pg-Rl, 16-40-1; Pg-Rl, 13-51-2.
106. GARF, f. 4390, op. 14, d. 133.
107. Lênin, *PSS*, 51: 47-8.

XIV. O novo regime triunfante

1. GARF, f. 6028, op. 1, d. 20, l. 9-10; *Istochnik*, 1, 1994: 24.
2. Polner, *Zhiznennyi*, 259-65; *Rus'*, 19 de março de 1935.
3. Fleming, *Fate*, 92-4, 105-6.
4. GARF, f. 6028, op. 1, d. 10, l. 5.
5. Ibid., d. 20, l. 8; Polner, *Zhiznennyi'*, 272.
6. GARF, f. 6028, op. 1, d. 17; *Grazhdanskaia voina*, 229.
7. Kiriukhin, *Iz dnevnika*, 71-2.
8. Figes, *Peasant Russia*, 324-33.
9. Ibid., 313-14; Lincoln, *Red*, 261-5; Fleming, *Fate*, 139.
10. Budberg, "Dnevnik", 15: 281, 290, 326.
11. Graves, America's, 200; Budberg, "Dnevnik", 14: 225.
12. Fleming, *Fate*, 136; Budberg, "Dnevnik", 14: 262.
13. Gins, *Sibir'*, 2, 2: 151-7.
14. Graves, America's, 147, 153-5, 160-1.
15. Mel'gunov, *Tragediia*, 3, 1:167-8; Maksakov (org.), *Partizanskoe*, 1: 129-43.
16. GARF, f. 1805, op. 1, d. 12; Maksakov (org.) *Partizanskoe*, 1: 145-72, 289.
17. Fleming, *Fate*, 157.
18. GARF, f. 439, op. 1, d. 108, l. 58; Medvedev e Starikov, *Philip Mironov*, 110-15; Brovkin, *Behind*, 101-6; Holquist, "Russian Vendée", cap. 5.
19. Kenez, *Defeat*, 27-34; Malet, *Makhno*, 30-2; Wrangel, *Memoirs*, 88.
20. Kenez, *Defeat*, 20-1; Mawdsley, *Russian*, 170; *Trotsky Papers*, 2: 650; Figes, "Red Army", 182, 188.
21. Wrangel, *Memoirs*, 89.
22. Denikin, *Ocherki*, 5: 118.
23. *Revvoensovet respubliki*, 177; Stankevich, *Vospominaniia*, 149; Soloman, *Sredi krasnykh vozhdei*, 214-18; *Istochnik*, 1, 1994: 3.

24. Kin, *Denikinshchina*, 115-16, 142-6; Friedgutt, *Iuzovka*, 2: 373.
25. Denikin, *Ocherki*, 4: 86-8.
26. Rakovskii, *V stane belykh*, 25,38; Lehovich, *White*, 324-5; Denikin, *Ocherki*, 4: 93-4; Sokolov, *Pravlenie*, 192-4; GARF, f. 439, op. 1, d. 108, l. 59.
27. Trótski, *My Life*, 473.
28. GARF, f. 130, op. 3, d. 363; Brovkin, *Behind*, 73-7, 167-8; Os'kin, *Zapiski voenkoma*, 179; *Revvoensovet respubliki*, 180; Hoover, Coleção Martov, "Oborona revoliutsii i sotsial-demoktariia", 3.
29. *Revvoensovet respubliki*, 177; Os'kin, *Zapiski voenkoma*, 187, 202-3.
30. Danilov, "Pereraspredelenie", 284-7; Figes, "Red Army", 206-9.
31. Egorov, *Razgrom*, 144; Os'kin, *Zapiski voenkoma*, 233.
32. Trótski, *HRA*, 3: 412-14.
33. Ruhl, *New Masters*, 109; Mannerheim, *Memoirs*, 221.
34. Trótski, *My Life*, 440-8, 473-4; Serge, *Memoirs*, 93; *Trotsky Papers*, 1: 718-19.
35. McAuley, *Bread*, 255; Serge, *Memoirs*, 91-3.
36. Os'kin, *Zapiski voenkoma*, 237; *Vospominaniia o... Lenine*, 2: 262.
37. Bechhofer, *In Denikin's Russia*,121; Sokolov, *Pravlenie*, 191.
38. Bechhofer, *In Denikin's Russia*,101.
39. Pipes, *Russia Under the Bolshevik Regime*, 99-114; Maslov, *Rossiia*, 2: 37.
40. Knei-Paz, *Trotsky*, 546; Shulgin, *1920 god*, 28.
41. GARF, f. 6764, op. 1, d. 775, l. 19.
42. Ibid., l. 20-23; Poliak, "Zhutkie dni", 17-36; Shekhtman, *Pogromy*, 368.
43. Maleev, *Tridtsat' dnei*; GARF, f. 6764, op. 1, d. 775.
44. GARF, f. 6764, op. 1, d. 775, l. 3-4.
45. Sokolov, *Pravlenie*, 253; Miliukov, *Russia Today and Tomorrow*, 230.
46. Ver Pipes, *Russia Under the Bolshevik Regime*, 9-14.
47. Babel, *1920 Diary*, 7.
48. Wrangel, *Memoirs*, 185.
49. BA, Coleção Bakhmeteff, caixa 5.
50. GARF, f. 4390, op. 13, d. 38.
51. Fischer, *Lenin*, 121.
52. GARF, f. 551, op. 1, d. 20, 21, 27, 29, 39; Pascal, *En Communisme*, 93-6.
53. GARF, f. 551, op. 1, d. 59.
54. RGVA, f. 33987, op. 3, d. 46, l. 142-3; GARF, f. 4085, op. 1, d. 14; f. 130, op. 2, d. 71, l. 332; f. 4390, op. 2, d. 327; op. 4, d. 109; *Deviataia konferentsiia RKP(b)*, 168; Harrison, *Marooned*, 124.
55. Bonch-Bruevich, *Na boevykh postakh*, 115.
56. Rigby, *Lenin's Government*, 176-8, 184-5; Service, *Bolshevik*, 120-2; Zelnik, "Fate", 26-7.
57. Pipes, *Russia Under the Bolshevik Regime*, 446; Sakwa, *Soviet Communists*, 49-53, 191-3; Lênin, *PSS*, 52: 65.

58. GARF, f. 5469, op. 2, d. 50, l. 81.
59. *Struktura i sostav organov*, 68; Goldman, *My Disillusionment*, 54.
60. Solomon, *Sredi*, 222-7; Orlovsky, "State", 185-92; *Strukftura i sostav organov*,79.
61. Figes, *Peasant Russia*, cap. 5.2.
62. Adelman, "Development", 93; Rigby, *Political Elites*, 49; Rapoporta, "Poltora goda", 103.
63. Kitaev, "Stroitel'stvo", 104.
64. Rigby, *Political Elites*, 28-9; Dukes, *Red Dusk*, 23.
65. Sakwa, *Soviet Communists*, 154; GARF, f. 539, op. 1, d. 3190, l. 53.
66. Rigby, *Political Elites*, 47-61.
67. Adelman, "Development", 93, 96-8.
68. GARF, f. 4085, op. 1a, d. 139, l. 30.
69. AG, Pg-Rl, 30-19-630; Sorokin, *Sovremennoe*, 52; GARF, f. 130, op. 3, d. 158, l. 414; *Petrogradskaia pravda*, 19 de janeiro de 1919.
70. RGVIA, f. 162, op. 2, d. 18.
71. GARF, f. 130, op. 4, d. 245, l. 397-8; RGVA, f. 33987, op. 3, d. 46, l. 143.
72. Arbatov, "Ekaterinoslav", 113; GARF, f. 5972, op. 1, d. 101; op. 3, d. 170, l. 3-4; RGVA, f. 33987, op. 1, d. 278; RGVIA, f. 162, op. 2, d. 18.
73. BA, Coleção Brusilov, Manuscritos "Gazeta i'Dni", 42; RGVIA, f. 162, op. 2, d. 18; Grondijs, *La Guerre*, 265.
74. GARF, f. 5972, op. 1, d. 226, l. 208-10.
75. RGVIA, f. 162, op. 2, d. 18; RGVA, f. 339823, op. 2, d. 267, l. 1-2.
76. GARF, f. 5972, op. 3, d. 170, l. 1; Trótski, *HRA*, 3: 158; *Pravda*, 11-12 de maio de 1920.
77. GATO, f. 1832, op. 1, d. 834, l. 9; Stites, *Revolutionary*, 95-6; Arbatov, "Ekaterinoslav", 113.
78. Agursky, *Third Rome*, 185ss; Burbank, *Intelligentsia*, 219-25; Ustrialov, *V bor'be*, 13; Gor'kii, *Perepiska A. M Gor'kogo s zarubezhnymi*, 67.
79. Davies, *White Eagle*, 187; Pipes, *Russia Under the Bolshevik Regime*, 182.
80. *Kommunisticheskii internatsional'*, 1º de maio de 1919; Zinoviev, *Sochineniia*, 15: 281; Carr, *Bolshevik*, 3: 180-1,192.
81. *Istoricheskii arkhiv*, 1: 1992: 12-30.
82. Ibid., 16-17.
83. *Trotsky Papers*, 1: 623, 625; Agabekov, *OGPU*, 16.
84. Wells, *Russia in the Shadows*, 99; *Congress of Peoples of the East*, 34.
85. Lênin, *PSS*, 48: 163.
86. Bulgakov, *White Guard*, 266; Graziosi, "Piatakov", 121-4.
87. Ordzhonikidze, *Stat'i i rechi*, 1: 106-7; *Resolutions and Decisions of the Communist Party*, 2: 102.

88. Majstrenko, *Borot'bism*, 191.
89. Krawchenko, *Social Change*, 55; Mace, *Communism*, 69.
90. Rodich, *Volga Tatars*, 138.
91. Pipes, *Formation*, 182; Park, *Bolshevism in Turkestan*, 36.
92. Becker, *Russia Protectorates*, 299-301; Park, *Bolshevism in Turkestan*, 133-4, 375.
93. Gokay, "Turkish"; Swietochowski, *Russian Azerbaidzhan*, 147ss.
94. PRO, FO 371/3404.
95. Hovannisen, *Republic*, 2: 249-50, 291.
96. Suny, *Making*, 192-9, 205-6.
97. Pipes, *Russia Under the Bolshevik Regime*, 164.
98. Suny, *Making*, 210; Lênin, *PSS*, 42: 367; 43: 199; Jones, "Establishment", 623-8.
99. Wrangel, *Memoirs*, 171-5.
100. Miliukov, *Russia Today and Tomorrow*, 181; Obolenskii, "Krym", 27, 31-2, 35, 41-2; Rakovskii, *Konets*, 84-5, 147-50.
101. Wrangel, *Memoirs*, 175, 191; Obolenskii, "Krym", 11-15, 30-2; Miliukov, *Russia Today and Tomorrow*, 178-9; Gukovskii (org.), "Agrarnaia", 52-3, 69-72.
102. Valentinov, "Krymskaia", 15-16.
103. Kalinin, *Pod znamenem*, 104; Rakovskii, *Konets*, 9, 158.
104. Wrangel, *Memoirs*, 274-5; Obolenskii, "Krym", 17; Rakovskii, *Konets*, 82-4.
105. Valentinov, "Krymskaia", 85-6; Bechhofer, *In Denikin's*, cap. 7; Kenez, *Defeat*, 306-8.
106. RGVIA, f. 162, op. 2, d. 18.

XV. Derrota na vitória

1. Os'kin, *Khoziaistvennaia*, 16-20, 24; TsGANKh, f. 3429, op. 1, d. 1527, l. 16, 190.
2. TsGANKh, f. 3429, op. 1, d. 1487, l. 25; d. 1527, l. 5; f. 1884, op. 28, d. 1; *Doklad ot narodnogo komissara putei soobshcheniia*, 5-9; *Narodnyi komissariat putei soobshcheniia*, 6; Rosenberg, "Social Background", 364-7.
3. *Krasnoarmeets*, 16-20 de fevereiro de 1920, 8; *Tretii Vserossiiskii s'ezd professional'nykh soiuzov*, 1: 87-90, 97.
4. *Dtviatyi s'ezd RKP(b)*, 94; *NZh*, 11 de novembro de 1917.
5. GARF, f. 5451, op. 3, d. 336; op. 4, d. 148, 289; f. 382, op. 4, d. 477; f. 130, op. 3, d. 363; TsGANKh, f. 1637, op. 1, d. 359, 361; f. 3429, op. 1, d. 857; Brovkin, *Behind*, cap. 2.
6. *Dva goda deiatel'nosti TsK po snabzheniiu rabcthikh*; Malle, *Economic*, 123-35, 182-4.
7. Trótski, *HRA*, 3: 47-52, 65-7; GAKO, f. 193, op. 2, d. 159, l. 102; Stites, *Revolutionary*, 19-24; Os'kin, *Khoziaistvennaia*, 78-9; Donskii, "Ot Moskvy", 208;

GARF, f. 130, op. 5, d. 1037, l. 19-20; op. 3, d. 104, l. 30, 68; TsGANKh, f. 3429, op. 1, d. 1527, l. 1-6; d. 857, l. 148; Bunyan (org.), *Origin*, 71-4.

8. Chase, "Voluntarism", 115; GARF, f. 539, op. 1, d. 3190, l. 30.
9. Banerji, "Commissars", 264; Ransome, *Six Weeks*, 88-92; Malle, *Economic*, 153-85.
10. McAuley, *Bread*, 286-95; Sorokin, *Leaves*, 220; GARF, f. 539, op. 1, d. 3190, l. 12-15.
11. Figes, *Peasant Russia*, 295-308; TsGANKh, f. 478, op. 3, d. 1157, l. 58; op. 4, d. 69, l. 60; Kabanov, *Krest'ianskoe*, 240-73.
12. GARF, f. 130, op. 3, d. 414; Brovkin, *Behind*, 287-99.
13. Rosenberg, "Social Background"; Schapiro, *Origin*, 256-92; Fitzpatrick, *Cultural Front*, 25-30; Sakwa, *Soviet*, 216-60
14. Sokolov, *White Nights*, 67-72.
15. Burleigh, *Death*, 11.
16. Joravsky, *Russian Psychology*, 53-63, 207-13; Trotskii, *Sochineniia*, XXI: 110-12.
17. Stites, *Revolutionary*, 32-3; Bogdanov, *Red Star*, 60-77, 196.
18. Gor'kii, *Polnoe sobranie sochineniia*, 24: 18-19; AG, Pg-In.
19. Scherrer, "Écoles", 265; RTsKhIDNI, f. 17, op. 60, d. 43, l. 19; Read, *Culture*, 113-14.
20. Mally, "Intellectuals"; Read, *Culture*, 89-90, 111-33; Fitzpatrick, *Commissariat*, 129-33; Stites, *Revolutionary*, 70-1; McClelland, "Utopianism", 411.
21. Michelson, "Wings", 61-9; Taylor, *Politics*, 36.
22. Stites, *Revolutionary*, 94-5, 136; Pipes, *Russia Under the Bolshevik Regime*, 305-8.
23. Bowlt, "Constructivism", 204; Stites, *Revolutionary*, 90.
24. Harrison, *Marooned*, 125-6; Chagall, *My Life*, 137; Pethybridge, *Social*, 149; Donskii, "Ot Moskvy", 199.
25. Clements, "Effects", 105
26. Stites, *Women's*, 362, 377; Goldman, *Women*, 7; Farnsworth, "Village", 246; Fitzpatrick, "Sex", 268-9; Goldman, "Working-Class", 129-30, 134-9.
27. Bonch-Bruevich, *Vospominaniia*, 380; Pipes, *Russia Under the Bolshevik Regime*, 299.
28. Zenzinov, *Deserted*, 27; Fitzpatrick, *Commissariat*, 31-3, 67, 218; McClelland, "Utopianism", 119-24.
29. Stites, *Revolutionary*, 146-57; Toller, *Which*, 1114; Gastev, "O tendentsiiakh", 44-5; *ABC*, 75.
30. GARF, f. 130, op. 2, d. 153, l. 12; d. 163, l. 60; Stites, *Revolutionary*, 105-9; *Moscow News*, 19-26 de agosto de 1990; Karpov, "Po volnam", 40-1; Hindus, *Red*, 275-6.

31. Stites, *Revolutionary*, 110; Tumarkin, *Lenin*, 71-2
32. Stites, *Revolutionary*, 111-13; Kolonitskii, "Revolutionary Names", 211-12, 223; Stites, *Women's*, 364.
33. Pipes, *Russia Under the Bolshevik Regime*, 347-9; Vasil'eva, "Russkaia", 43-4; RTsKhIDNI, f. 5, op. 2, d. 48, l. 29, 81-2; *Izvestiia TsK*, 4, 1990, 190-3; *Moscow News*, 19-26 de agosto de 1990.
34. Agursky, *Third Rome*, 266-7; Pipes, *Russia Under the Bolshevik Regime*, 356; Yodfat, "Closure"; GARF, f. 353, op. 3, d. 755, l. 125-31, 167-9, 201-2, 237-9; Gitelman, *Century*, 118.
35. Figes, *Peasant Russia*, 147-50; GARF, f. 4390, op. 12, d. 40, l. 17, 24.
36. TsGALI, f. 552, op. 1, d. 3827, l. 49.
37. *Volia Rossii*, 18 de janeiro de 1921; Figes, *Peasant Russia*, 269-72.
38. GARF, f. 5556, op. 1, d. 35a, 50; f. 130, op. 3, d. 414, l. 7-8; op. 5, d. 712, l. 53; *Volia Rossii*, 22 de março, 27 de julho de 1921; *Trotsky Papers*, 2: 386-7.
39. *Trotsky Papers*, 2: 492-5; RGVA, f. 7, op. 2, d. 483, l. 8; f. 235, op. 5, d. 63, l. 5, 6, 9, 10, 19-21, 25, 37, 38; d. 217, l. 15; GATO, f. 1832, op. 1, d. 631, l. 16, 26, 84; *Antonovshchina*, 95-6, 150-9; Radkey, *Unknown*, 38, 139-43, 192-6; Trifonov, *Klassy*, 37, 246; BA, Coleção Lidin, "Antonovshchina", 6.
40. GATO, f. 1832, op. 1, d. 834, l. 9; GARF, f. 130, op. 3, d. 414, l. 35, 61; Figes, *Peasant Russia*, 329, 349.
41. *Antonovshchina*, 198-210; Brovkin, *Behind*, 363-8; *Trotsky Papers* 2: 46-51; Figes, *Peasant Russia*, 326, 348-9.
42. *Trotsky Papers*, 2: 504-7; GARF, f. 130, op. 5, d. 712, l. 34; Trifonov, *Klassy*, 80, III; *Krasnaia armiia*, 3-4, 1921, 35-9.
43. Figes, *Peasant Russia*, 329-31, 334, 339, 344; GARF, f. 130, op. 5, d. 712, l. 27; *Trotsky Papers*, 2: 404-5; *Volia Rossii*, 21 de dezembro de 1920.
44. *Trotsky Papers*, 2: 480; Figes, *Peasant Russia*, 346-7, 351; Radkey, *Unknown*, 319-20; Gorki, *Russian*, 18; GARF, f. 130, op. 5, d. 712, l. 23.
45. Lênin, *PSS*, 43: 18, 82.
46. *Pravda*, 22 de janeiro de 1921; Dan, *Dva*, 104-5.
47. *New York Times*, 6 de março de 1921; Sakwa, *Soviet*, 244-5.
48. Brovkin, *Behind*, 391-4; Dan, *Dva*, 106; *Kronshtadtskii miatezh*, 26.
49. Sukhanov, *Russian*, 446; Getzler, *Kronstadt*, 173-6, 209-11; Radkey, *Unknown*, 404; *Pravda o Kronshtadte*, 145.
50. *Pravda o Kronshtadte*, 46-7; Getzler, *Kronstadt*, 208-8, 218-19, 223-9.
51. *Volia Rossii*, 17 de março de 1921; Avrich, *Kronstadt*, 76-87; *Kronshtadtskii miatezh*, 146-7; Pipes, *Russia Under the Bolshevik Regime*, 382.
52. Avrich, *Kronstadt*, 151-4; Berkrnan, *Bolshevik*, 303.
53. *Pravda o Kronshtadte*, 82-4.

54. Balabanoff, *Impressions*, 97-8; Balabanoff, *Life*, 252; Lênin, *PSS*, 43: 41.
55. Carr, *Bolshevik*, 2: 280-6; Schapiro, *Origin*, 307, 309; *Antonovshchina*, 109-10, 307; RTsKhIDNI, f. 17, op. 3, d. 128, l. 1.
56. *Desiaty s'ezd*, 403-15; Mikoian, *Mysli*, 156.
57. Avrich, *Kronstadt*, 46-51, 202-16; Sakwa, *Soviet*, 245-6; Sorokin, *Leaves*, 268-9; Levin, *Stormy*, 210; RTsKhIDNI, f. 76, op. 3, d. 167.
58. Berkman, *Bolshevik*, 303.
59. Esikov e Protasov, "Antonovshchina", 52; RGVA, f. 235, op. 2, d. 82, l. 40; op. 5, d. 133, l. 70; f. 33988, op. 2, d. 315, l. 256; *Trotsky Papers*, 2: 537; *Volia Rossii*, 27 de julho de 1921.
60. *Trotsky Papers*, 2: 482, 518, 529; *Volia Rossii*, 28 de abril de 1921.
61. Arbatov, "Batko", 112.
62. Schapiro, *Origin*, 205; Jansen, *Show*, 128.
63. *New Economic*, 58; Pipes, *Russia Under the Bolshevik Regime*, 369; Lênin, *PSS*, 43: 27, 329.
64. Lênin, *PSS*, 43: 25; 44: 163; 45: 82, 387-8.
65. Cohen, *Bukharin*, 138-41; Goldman, *My Further*, 23.
66. Barmine, *One*, 124-5; Goldman, *My Further*, 201-2; Ball, *Russia's*, 16.

XVI. Mortes e partidas

1. *Correspondence*, 26: 56.
2. Mawdsley, *Russian*, 285-7; Pipes, *Russia Under the Bolshevik Regime*, 508-9; Fisher, *Famine*, 83; TsGALI, f. 552, op. 1, d. 3827, l. 48; GARF, f. 130, op. 4, d. 245, l. 174-80.
3. Donskii, "Ot Moskvy", 205; Sorokin, *Sovremennoe*, 229-32; Shklovsky, *Sentimental*, 170; *Izvestiia gosudarstvennogo kontrolia*, 3-4, 1919, 33; GARF, f. 1390, op. 12, d. 40, l. 17, 24, 53.
4. GARF, f. 5972, op. 1, d. 21a, l. 65; *Cheka*, 11; Fisher, *Famine*, 97; Gorki, 'On the Russian', 16,18.
5. Figes, *Peasant Russia*, 267-73, 274-6.
6. *Kniga o golode*, 7, 16, 38-42, 48-53, 119, 123; *Volia Rossii*, 28, 29 de setembro de 1921; BA, ARA, Informação Relativa à Assistência Social na Rússia, memorando de abril de 1922; Fisher, *Famine*, 90.
7. *Itogi bor'by*, 196; *Kniga o golode* 52, 131-2, 140; Zenzinov, *Deserted*, 72-4; Fisher, *Famine*, 98; Raleigh (org.), *Russian*, 209-10.
8. Conquest, *Harvest*.
9. AG, Pg-In; BA, Coleção Polne, caixa 1, carta de Lvov a F. Rodichev, 10 de setembro de 1921; Wolfe, *Bridge*, 108-9; Heller, "Premier", 131-44.

10. *PSS*, 53: 110-11 Heller, "Premier", 147ss.; Wolfe, *Bridge*, 112.
11. Fisher, *Famine*, 195-210, 308-32, 553, 557.
12. ARA Boletim, ser. 2, 28: 6.
13. Ball, "Survival", 34, 36-7, 41-2, 47; Ball, *And Now My Soul*, caps. 1-3; Sorokin, *Sovremennoe*, 66.
14. *Lenin and Gorky*, 163; Zenzinov, *Deserted*, 10-17; Juviler, "Contradictions", 263-5; Serge, *Memoirs*, 98; *Biulleten' otdela sotsial'nogo obezpecheniia i okhrana truda*, 1, 1919: 17, 145.
15. Berberova, *Italics*, 188-9; Shub, "Maksim", 244.
16. Khodasevich, *Nekropol*, 233-4; Khodasevich, *Belyi koridor*, 227-34; RTsKhIDNI, f. 75, op. 1, d. 149; *Lenin and Gorky*, 145-8.
17. AG, Pg-Rl, 23-11-35; RTsKhIDNI, f. 75, op. 1, d. 70; Fitzpatrick, *Commissariat*, 131.
18. Pyman, *Life*, 2:274, 290-1, 374-5; Gorki, *Fragments*, 142-3; Vogel (org.), Alexander, 75; AG, Pg-Rl, 23-44-3; Rg-P, 46-1-40.
19. Khodasevich, *Nekropol*, 113-4 0; Wolfe, *Bridge*, 121-2. Nadezhda Mandelstam, hostil a Gorki, alega que ele não interveio em favor de Gumilev (*Hope Abandoned*, 88).
20. Pyman, *Life*, 2:379; Berberova, *Italics*, 123.
21. TsGALI, f. 200, op. 1, d. 80, l. 3; f. 2226, op. 1, d. 1067; f. 66, op. 1, d. 296, l. 5; d. 312, l. 4-5; d. 324, l. 1-2; d. 913, l. 1-8; f. 122, op. 3, d. 13, l. 1, 5-7.
22. *Pravda*, 11 de janeiro de 1923; Morizet, *Chez*, 241-2.
23. Lênin, *PSS*, 42:159; Liberman, *Building*, 60; Stites, *Revolutionary*, 48-50; Wells, *Russia*, 135.
24. Danilov, *Rural*, 160-72, 271-91; Danilov, *Sovetskaia*, 212.
25. Mironov, "Gramotnost"; Danilov, *Rural*, 42-4, 231-43.
26. Shanin, *Awkward*, 189-90; Kenez, *Birth*, 173, 186; *Ocherki byta*, 10-12.
27. Hagen, *Soldiers*, 300-2, 314-15; Fitzpatrick, *Stalin's*, 36.
28. Iakovlev, *Derevnia*, 74; Khataevich, "Partiia", 106; Iakovlev, *Nasha*, 33, 163; Male, *Russian*, 93-4; Weissman, "Policing", 179.
29. GARF, f. 130, op. 4, d. 245, l. 377; Gorki, "On the Russian", 23, 74; *Izvestiia TsK*, 2, 1989: 204.
30. Volkogonov, *Lenin*, 425-7; *Izvestiia TsK*, 12, 1989: 198.
31. *Izvestiia TsK*, 12, 1989: 197.
32. Volkogonov, *Stalin*, 69; Antonov-Ovseenko, *Time*, 25-6.
33. Fainsod, *How*, 182; Pipes, *Russia Under the Bolshevik Regime*, 462; Antonov-Ovseenko, *Time*, 27-9.
34. Pipes, *Russia Under the Bolshevik Regime*, 467; *Izvestiia TsK*, 12, 1989: 198; Lênin, *PSS*, 53: 300.
35. Naumov, "1923 god", 36; Lênin, *PSS*, 45: 327; Trótski, *My Life*, 498-9.

36. RTsKhIDNI, f. 5, op. 2, d. 27, l. 88; Lênin, *PSS*, 40: 710; Volkogonov, *Stalin*, 80; Valentinov, *Novaia*, 185-7; Antonov-Ovseenko, *Time*, 23; *Moscow News*, 23 de abril de 1989.
37. Fotieva, *Iz zhizni*, 279; *Moscow News*, 22 de janeiro de 1989.
38. *Izvestiia TsK*, 9, 1989: 191, 196, 199-200, 205-6; Lênin, *PSS*, 45: 211-13, 356-62, 557-8; 54: 299-300, 330; *Pravda*, 12 de agosto de 1988.
39. Lênin, *PSS*, 45: 344-6.
40. Pipes, *Russia Under the Bolshevik Regime*, 478; Lênin, *PSS*, 45: 327-30; 54: 674-5; *Izvestiia TsK*, 12, 1989: 193, 198.
41. *Izvestiia Tsk*, 4, 1990: 109; Pipes, *Russia Under the Bolshevik Regime*, 479; Volkogonov, *Lenin*, 428-9.
42. Weber e Weber, *Lenin*, 197; Nikolaevsky, *Power*, 12.
43. Isso emerge com clareza em *Stalin's Letters to Molotov*, recentemente publicadas.
44. Deutscher, *Prophet Unarmed*, 106; Trótski, *My Life*, cap. 40; Ziv, *Trotsktii*, 76.
45. *Izvestiia TsK*, 5, 1990: 169-70; 6, 1990: 190. A expressão "regime policial" foi tomada emprestada de Bukharin (*Izvestiia TsK*, 10, 1990: 168).
46. *Izvestiia TsK*, 5, 1990: 178-9; 7, 1990: 176-89; Deutscher, *Prophet Unarmed*, 118; Broué, *Trotsky*, 373; *Voprosy Istorii KPSS*, 5, 1990: 35-7.
47. *Izvestiia TsK*, 10, 1989: 188-9; Pipes, *Russia Under the Bolshevik Regime*, 485.
48. Tumarkin, *Lenin Lives!*,119-33.
49. *New York Times*, 15 de junho de 1999.
50. Tumarkin, *Lenin Lives!*, 139-4 9, 160-4, cap. 6.
51. *Argumenty i fakty*, 576, novembro de 1991, 1; *The Times*, 19 de janeiro de 1994.

Conclusão

1. AG, PG-In.
2. *Dolo derevni*, 20 de setembro, 3 de novembro de 1917.
3. Kuromiya, *Stalin's*, xi; Vorobei, *Odin*, 13.
4. BA, Coleção Bakhmeteff, caixa 5; *Poslednie novosti*, 8 de março de 1925.
5. GARF, f. 5972, op. 1, d. 21a, l. 22-4; RGVIA, f. 162, op. 1, d. 18; BA, Col. Brusilov, mss. "Gazeta 'Dni'".
6. GARF, f. 5972, op. 1, d. 219, l. 197-215.
7. *A Radical Worker*, 389-91; RTsKhIDNI, f. 72, op. 3, d. 687; Zelnik, "Fate", 9-11.
8. AG, Pg-In; Berberova, *Italics*, 189; Troyat, *Gorky*, 156, 160; *Moscow News*, 25 de janeiro de 1990.
9. Troyat, *Gorky*, 154.
10. Ivanov, "Pochemu", 105-6, 109-10, 116, 129; Spiridonova, "Gorky and Stalin", 417-18.

11. Serge, *Memoirs*, 268; Ivanov, "Pochemu", 101-2, 127-8, 131.
12. Spiridonova, "Gorky and Stalin", 418-23; Ivanov, "Pochemu", 120-6. Para uma visão diferente da morte de Maximo, ver Shentalinsky, *The KGB's Literary Archive*, 262-6.
13. Tucker, *Stalin in Power*, 362-5; Conquest, *Great Terror*, 387-9; Ivanov, "Pochemu", 133.

Bibliografia

Arquivos na Rússia

AG	Arquivo Gorki, Instituto de Literatura Mundial, Moscou
GAKO	Arquivo Estatal de Kuibyshe Oblast'
GARF	Arquivo Estatal da Federação Russa, Moscou
GATO	Arquivo Estatal de Tambov Oblast'
GAVO	Arquivo Público de Voronezh Oblast'
IM	Museu Histórico, Moscou
RGAE	Arquivo Estatal Russo de Economia, Moscou
RGIA	Arquivos Históricos do Estado Russo, São Petersburgo
RGVIA	Arquivo da História Militar do Estado Russo, Moscou
RTsKhIDNI	Centro Russo de Preservação e Estudo de Documentos da História Mais Recente, Moscou
TsGALI	Arquivo Central de Literatura e Arte, Rússia
TsGASP	Arquivo Central de São Petersburgo
TsGAVMF	Arquivo Central do Estado da Esquadra Naval Militar, São Petersburgo

Arquivos na Europa e nos EUA

BA	Bakhmeteff Archive, Universidade de Colúmbia, EUA
BC	Brotherton Collection, Universidade de Leeds, Inglaterra
CUL	Cambridge University Library, Sala dos Manuscritos, Inglaterra
HLRO	House of Lords Record Office, Coleção Histórica, Londres
Hoover	Hoover Institution on War, Revolution and Peace, Stanford, Califórnia, EUA

LRA	Leeds Russian Archive, Inglaterra
NLW	National Library of Wales, Departamento de Manuscritos e Registros, Aberystwyth
PRO	Public Records Office, Londres
TCL	Trinity College Library, Cambridge, Inglaterra

Jornais Contemporâneos

Delo derevni
Den'
Izvestiia
Izvestiia kvestiia gosudarstvennogo kontrolia
Izvestiia vserossiiskogo soveta krest' ianskikh deputatov
Kievskaia mysl'
Krasnaia armiia
Krasnaia byl'
Krasnaia gazeta
Krasnoarmeets
Narodnoe pravo
Narodnyi pisatel'
New York Times
Novaia zhizn' [NZh]
Novoe vremia Pamiat'
Petrogradskaia pravda
Poslednie novosti
Pravda
Pravitel'stvennyi vestnik
Proletarskaia revoliutsiia
Rabochii i soldat
Rus'
Russkie vedomosti
Sovetskaia Rossiia
The Times
Trud
Vekhi
Vestnik komiteta uchreditel'nogo sobraniia
Volia Rossii
Znamia truda

Livros e artigos

ABC of Communism, The, Ann Arbor, 1966.
Abraham, R., *Alexander Kerenski: The First Love of the Revolution*, Londres, 1987.
Adelman, J. R., "The Development of the Soviet Party Apparatus in the Civil War: Centre, Localities and the National Areas", *Russian History*, 9, 1, 1982.
Agabekov, G., *OGPU, The Russian Secret Terror*, Nova York, 1931.
Agrarnoe dvizhenie v Rossii v 1905-1906 gg., São Petersburgo, 1908.
Agursky, M., *The Third Rome: National Bolshevism in the USSR*, Boulder, 1987.
Aksakov, K. S., *Polnoe sobranie sochinenii*, 2 vols., São Petersburgo, 1861.
Anatomiia revoliutsii. 1917god v Rossii: massy, partii, vlast', São Petersburgo, 1994.
Anderson, B., *Imagined Communities*, Londres, 1983.
Anet, C., *La Révolution Russe*, 4 vols., Paris, 1927.
Anfimov, A. M., *Zemel'naia arenda v Rossii v nachale XX veka*, Moscou, 1961.
Anfimov, A. M., *Rossiiskaia derevnia v gody pervoi mirovoi voiny*, Moscou, 1962.
Antonov-Ovseenko, A., *The Time of Stalin: Portrait of Tyranny*, Nova York, 1983.
Antonovshchina: Krest'ianskoe vosstanie v Tambovskoigubernii v 1919-1921 gg. Dokumenty i materialy, Tambov, 1994.
Antsiferov, A. N. *et al.*, *Russian Agriculture During the War*, New Haven, 1930.
Arbatov, Z., "Ekaterinoslav 1917-1920 gg.", *Arkhiv russkoi revoliutsii*, 12, Berlim, 1923.
Arbatov, Z., "Batko Makhno", *Vozrozhdenie*, 29, Paris, 1953.
Arbenina, S. (baronesa Meyendorff), *Through Terror to Freedom*, Londres, 1929.
Aronson, G., *Rossiia v epokbu revoliutsii*, NovaYork, 1966.
Aronson, I. M., *Troubled Waters: The Origins of the 1881 Anti-Jewish Pogroms in Russia*, Pittsburgh, 1990.
Ascher, A., *The Revolution of 1905: Russia in Disarray*, Stanford, 1988.
Atkinson, D., "The Statistics on the Russian Land Commune, 1905-1917", *Slavic Review*, 4, 1973.
Atkinson, D., *The End of the Russian Land Commune, 1905-1920*, Stanford, 1983.
Averbakh, V A., "Revoliutsionnoe obshchestvo po lichnym vospominaniiam", in *Arktiv russkoi revoliutsii*, 14, Berlin, 1924.
Aver'ev, M N. (org.), *Komitety bednoty: Sbornik materiulov*, 2 vols., Moscou-Leningrado, 1933.
Avrich, P., *Kronstadt 1921*, Princeton, 1970.
Babel, I., *1920 Diary*, Londres, 1995.
Babine, A., *A Russian Civil War Diary: Alexis Babine in Saratov, 1917-1922*, D. J. Raleigh (org.), Durham, 1988.
Babushkin, I., *Recollections (1893-1900)*, Moscou, 1957.
Bakhtin, M. M., *The Dialogic Imagination*, Austin, Texas, 1981.

Balabanoff, A., *My Life as a Rebel*, Londres, 1938.

Balabanoff, A., *Impressions of Lenin*, Ann Arbor, 1964.

Balk, A. P., "Poslednie piat' dnei tsarskogo Petrograda (23-8 fevralia 1917 g.)", *Russkoe proshloe*, 1, 1991.

Ball, A., *Russia's Last Capitalists*, Berkeley, 1987.

Ball, A., "Survival in the Street World of Soviet Russia's *Bezprizornye*", *Jahrbucher für Geschichte Osteuropas*, 39, 1, 1991.

Ball, A., *And Now My Soul Is Hardened: Abandoned Children in Soviet Russia, 1918-1930*, Berkeley, 1994.

Balzer, H., "The Problem of Professions in Imperial Russia", E. Clowes *et al.* (org.), *Between Tsar and People.*

Banerji, A., "Commissars and Bagmen: Russia during the Civil War, 1918-1921", *Studies in History*, 3, 1987.

Baring, M., *A Year in Russia*, Londres, 1907.

Baring, M., *What I Saw in Russia*, Londres, 1927.

Bark, P., "Iiul' 1914", *Vozrozhdenie*, 22, Paris, 1959.

Barmine, A., *One Who Survived: The Life Story of a Russian Under the Soviets*, Nova York, 1945.

Bartlett, R. (org.), *Land Commune and Peasant Community in Russia: Communal Farms in Imperial and Early Soviet Society*, Londres, 1990.

Bar-Yaacov, N., *The Handling of International Disputes by Means of Inquiry*, Londres, 1974.

Bater, J. H., *St Petersburg: Industrialization and Change*, Londres, 1976.

Bauermeister, A., *Spies Break Through: Memoirs of a German Secret Service Officer*, Londres, 1934.

Bechhofer, C. E., *In Denikins Russia*, Londres, 1921.

Becker, S., *Russia's Protectorates in Central Asia: Bukhara and Khiva, 1865-1924*, Cambridge, Mass., 1968.

Becker, S., *Nobility and Privilege in Late Imperial Russia*, DeKalb, Illinois, 1985.

Belinskii, V G., *Izbrannye filosofskie sochineniia*, Moscou, 1948.

Belinskii, V G., *Polnoe sobraniie sochinenii*, Moscou, 1953-6.

Belliutsin, I. S., *Description of the Clergy in Rural Russia*, Cornell, 1985.

Bely, A., *Petersburg*, Harmondsworth, 1983.

Benckendorff, Count Paul, *Last Days at Tsarskoe Selo (March-August 1917)*, Londres, 1927.

Benvenutti, F., *The Bolsheviks and the Red Army, 1918-1922*, Cambridge, 1988.

Berberova, N., *The Italics Are Minc*, Londres, 1991.

Berdyaev, N., *The Origin of Russian Communism*, Glasgow, 1937.

Berkman, A., *The Bolshevik Myth: Diary, 1920-1922*, Londres, 1925.

Berlin, I., *Russian Thinkers*, Londres, 1978.

Besançon, A., *The Intelleetual Origin of Leninism*, Oxford, 1981.

Billington, J., *The Icon and the Axe: An Interpretative History of Russian Culture*, Nova York, 1966.

Bing, E. J. (org.), *The Secret Letters of the Last Tsar*, Nova York, 1938.

Binshtok, V I., e Kaminskii, L. S., *Narodnoe pitanie i narodnoe zdorov'e*, Moscou, 1929.

Blagonravov, G. I., "The Fortress of Peter and Paul, October 1917", *Petrograd: October 1917*, Moscou, 1957.

Blok, A., *Sobranic sochinenii v vos'mi tomakh*, Moscou-Leningrado, 1960-3.

Blok, A., "The People and the Intelligentsia", M. Raeff (org.), *Russian Intellectual History: An Anthology*, Nova Jersey, 1978.

Bociurkiw, B., "The Rise of the Ukrainian Autocephalous Orthodox Church, 1919-1922", G. Hosking (org.), *Church*.

Bogaevskii, A. P., *Vospominaniia 1918 goda*, Nova York, 1963.

Bogdanov, A. A., *Red Star: The First Bolshevik Utopia*, L. Graham e R. Stites (orgs.), Bloomington, 1984.

Bogdanovich, A. V, *Tri poslednikh samoderzhtsa. Dnevnik*, Leningrado, 1924.

Bogucharskii, V., *Aktivnoe narodnichestvo semidesiatykh godov*, Moscou, 1912.

Bok, M., *Reminiscences of my Father, P. A. Stolypin*, Nova Jersey, 1970.

Bonch-Bruevich, V. D., "Strashnoe v revoliutsii", in V. D. Bonch-Bruevich, *Na boevykh postakh fevral'skoi i oktiabr'skoi rovoliutsii*, Moscou, 1930.

Bonch-Bruevich, V. D., *Vospominaniia o Lenine*, Moscou, 1969.

Bone, A. (org.), *The Bolsheviks and the October Revolution: Mlnutes of the Central Committee of the RSDLP(b), August 1917-February 1918*, Londres, 1974.

Bonnell, V. E., *Roots of Rebellion: Workers' Politics and Organization in St Petersburg and Moscow, 1900-1914*, Berkeley, 1983.

Botchkareva, M., *Yashka: My Life as a Peasant, Soldier and Exile*, Londres, 1919.

Bowlt, J. E., "Constructivism and Early Soviet Fashion Design", A. Gleason *et al.* (org.), *Bolshevik Culture*.

Bradley, J., *Muzhik and Muscovite: Urbanization in Late Imperial Russia*, Berkeley, 1965.

British Documents on Foreign Affairs: Reports and Papers from the Foreign Office Confidential Print, Parte 1, Série A, vol. 6, University Publications of America, 1983.

Brooks, J., *When Russia Learned to Read: Literacy and Popular Literature, 1861-1917*, Princeton, 1985.

Broué, P., *Trótski*, Paris, 1988.

Brovkin, C, "The Mensheviks" Political Comeback: The Elections to the Provincial City Soviets in Spring 1918', *Russian Review*, 42, 1983.

Brovkin, V., *Behind the Front Lines of the Civil War: Political Parties and Social Movements in Russia, 1918-1922*, Princeton, 1994.

Brower, D., "Labour Violence in Russia", *Slavic Review*, 11, 1982.

Brower, D., "'The City in Danger': The Civil War and the Russian Urban Population", D. P. Koenker *et al.* (org.), *Party, State and Society.*

Brower, D., *The Russian City between Tradition and Modernity, 1850-1900*, Berkeley, 1990.

Brussilov, A., *A Soldier's Notebook 1914-1918*, Londres, 1930.

Bublikov, A. A., *Russkaia revoliutsiia: vpechatleniia i mysli ochevidtsa i uchastnika*, Nova York, 1918.

Buchanan, G., *My Mission to Russia and Other Diplomatics Memories*, 2 vols., Londres, 1923.

Buchanan, M., *Petrograd: The City of Trouble, 1914-18*, Londres, 1918.

Buchanan, M., *The Dissolution of an Empire*, Londres, 1932.

Budberg, A., "Dnevnik", *Arktiv russkoi revoliutsii* 12-15, Berlim, 1923.

Bulgakov, M, *The White Guard*, Harmondsworth, 1973.

Bulgakov, M., "Revoliutsiia na avtomobiIiakh (Petrograd v fevrale 1917 g.)", *Na chuzboi storone*, 6, Berlim-Praga, 1924.

Bunyan, J. (org.), *The Origin oy Forced Labour in the Soviet State, 1917-1921 Documents and Materials*, Baltimore, 1967.

Bunyan, J. (org.), *Intervention, Civil War and Communism in Russia: April-December 1918: Documents and Materials*, Nova York, 1976.

Bunyan, J., e Fisher, H. (org.), *The Bolshevik Revolution, 1917-1918: Documents and Materials*, Stanford, 1961.

Burbank, J., *Intelligentsia and Revolution: Russian Views of Bolshevism, 1917-1922*, Oxford, 1986.

Burds, J., "The Social Control of Peasant Labor in Russia: The Response of Village Communities to Labor Migration in the Central IndustriaI Region, 186I-1905", E. Kingston-Mann e T. Mixter (org.), *Peasant Economy.*

Burdzhalov, E. N., *Russia's Second Revolution*, Bloomington, 1988.

Buryshkin, P. A., *Moskva kupecheskaia*, Nova York, 1954.

Burleigh, M., *Death and Deliverance: "Euthanasia" in Germany, 1900-1945*, Cambridge, 1994.

Bushnell, J., *Mutiny Amid Repression: Russian Soldiers in the Revolution of 1905-1906*, Bloomington, 1985.

Cantacuzène, princesa, *Revolutionary Days*, Londres, 1920.

Carr, E. H., *The Bolshevik Revolution, 1917-1923*, 3 vols., Londres, 1950.

Chaadaeva, O. A. (org.), "Soktatskie pis'ma v gody mirovoi voiny (1914-1917 gg.)", *Krasnyi Arkhiv*, 65-6, 1934.

Chaadaeva, O. A., *Armiia nakanune fevral'skoi revoliutsii*, Moscou-Leningrado, 1935.

Chagall, M., *My Life*, Londres, 1965.

Channon, J., "Tsarist Landowers After the Revolution: Former Pomeshchiki in Rural Russia During NEP", *Soviet Studies*, 39, 1987.

Chase, W. J., *Workers, Society and the Soviet State: Labor and Life in Moscow, 1918-1929*, Urbana, 1987.

Chase, W. J., "Voluntarism, Mobilization and Coercion: Subbotniki, 1919-1921", *Soviet Studies*, 41, 1989.

Cheka: materialy po deiatel'nosti chrezvychainykh komissii, Berlim, 1922.

Chekhov, A., *Plays*, Harmondsworth, 1972.

Chekhov, A., *Letters of Anton Chekhov*, selecionadas por S. Karlinsky, Londres, 1973.

Cherniaev, V., "Vosstanie pavlovskogo polka 26-go fevralia 1917 g.", *Rabochii klass Rossii, ego soiuzniki i politicheskie protivniki* v *1917 godu. Sbornik nauchnykh trudov*, Leningrado, 1989.

Cherniavsky, M., *Tsar and People: Studies in Russian Myths*, New Haven, 1961.

Cherniavsky, M. (org.), *Prologue to Revolution*, Englewood, 1967.

Chernov, V, *Rozhdenie revoliutsionnoi Rossi (fevral'skaia revoliutsiia)*, Paris-Praga--Nova York, 1934.

Chernov, C, *The Great Russian Revolution*, New Haven, 1936.

Churchill, W. S., *The Aftermath*, Londres, 1929.

Clements, B., *Bolshevik Feminist: The Life of Alexandra Kollontai*, Indiana, 1979.

Clements, B., "The Effects of the Civil War on Women and Family Relations", A. Gleason *et al.* (org.), *Bolshevik Culture.*

Clowes, E., Kassow, D., e West, J. (org.), *Between Tsar and People: Educated Society and the Quest for Public Identity in Late Imperial Russia*, Princeton, 1991.

Cohen, S., *Bukharin and the Bolshevik Revolution*, Oxford, 1980.

Cohn, N., *Warrant for Genocide*, Nova York, 1966.

Congress of Peoples of the East: Baku, September 1919: Etnographic Report, Londres, 1977.

Conquest, R., *The Harvest of Sorrow*, Londres, 1986.

Conquest, R., *The Great Terror: A Reassessment*, Londres, 1990.

Correspondence Romain Rolland, Maxime Gorki, em *Cahiers Romain Rolland*, Paris, 1991.

Curtiss, J., *Church and State in Russia: The Last Year of the Empire*, Nova York, 1940.

Curtiss, J., *The Russian Church and the Soviet State, 1917-1950*, Boston, 1953.

Custine, marquês de, *Empire of the Tsar: A Journey through Eternal Russia*, Nova York, 1989.

Czap, P., "Peasant-Class Courts and Peasant Customary Justice in Russia, 1861-1912", *Journal of Social History*, 1, 1967.

Dal', V., *Poslovitsy russkogo naroda*, Moscou, 1957.

Dan, F., *Dva goda skitanii*, Berlim, 1921.

Danilov, V. P., "Ob istoricheskikh sud'bakh krest'ianskoi obshchiny v Rossii", *Ezhegodnik po agrarnoi istorii*, vyp. 6, *Problemy istorii russkoi obshchiny*, Vologda, 1976.

Danilov, V. P., "Pereraspredelenie zemel'nogo fonda Rossii v rezul'tate velikoi oktiabr'skoi revoliutsii", em *Leninskii dekret o zemle: sbornik statei*, Moscou, 1979.

Danilov, V. P., *Sovetskaia dokolkhoznaia derevnia: sotsial'naia struktura, sotsial'nye otnosheniia*, Moscou, 1979.

Danilov, V P., *Rural Russia Under the New Regime*, Londres, 1988.

Davies, N., *White Eagle, Red Star: The Polish-Soviet Flag, 1929-1920*, Londres, 1972.

Davies, N., *God's Playground: A History of Poland*, 2 vols., Londres, 1981.

Dazhina, I. M. (org.), "Amerikanskie dnevniki A. M. Kollontai (1915-1916 gg.)", *Istoricheskii arkhiv*, 1, 1962.

Dazhina, I. M., e Tsivlina, R., "Iz arkhiva A. M. Kollontai (Dnevniki, pis'ma, stat'i 1915-1917 gg.)", *Inostrannaia Literatura*, 1-2, 1970.

The Debate on Soviet Power: Minutes of the All-Russian Central Committee of Soviets, Second Convention, October 1917-January 1918, J. Keep, Oxford, 1979.

de Jonge, A., *The Life and Times of Grigorii Rasputin*, Nova York, 1982.

Delmas, J. "Légionnaire et diplomate: Le capitaine Z. Peshkoff", *Revue historique de l'Armée*, 10, 1968.

Denikin, A.I., *Ocherki russkoi smuty*, 5 vols., Paris, 1921-6.

Denikin, A.I., *Staraia armiia*, Paris, 1929-31.

Desiaty s'ezd RKP(b). Stenograficheskii otchet, Moscou, 1963.

Deutscher, I., *The Prophet Armed: Trostsky, 1879-1921*, Oxford, 1954.

Deviataia konferentsiia RKP (b), Protokoly, Moscou, 1972.

Deviatyi s'ezd RKP (b), Protokoly, Moscou, 1960.

Dixon, S., "The Church's Social Role in St Petersburg", em G. Hosking (org.), *Church*.

"Dnevnik A. A. Polovtsova", *Krasnyi arkhiv*, 3-4, 1923; 33, 1929; 46, 1931; 67, 1934.

"Dnevnik Nikolaia Romanova", *Krasnyi arkhiv*, 20-22, 1927.

"Dnevniki kn. Ekateriny Alekseevny Sviatopok-Mirskoiza 1904-1905 gg.", *Iztoricheskie zapiski*, 77, 1965.

Doklad ot narodnogo komissara putei soobscheniia, Moscou, 1919.

Dolgorukov, príncipe P. D., *Velikaia razrukha, 1916-1926*, Madri, 1964.

Donskii, R., "Ot Moskvy do Berlina", *Arkhiv russkoi revoliutsii*, 1, Berlim, 1923.

Dostoeivskii F. M., *Polnoe sobranie sochinenii v tridtsati tomakh*, Leningrado, 1980-4.

Draper, T., *The Roots of American Communism*, Nova York, 1967.

Dukes, P., *Red Dusk and the Morrow*, Londres, 1922.

Dune, E., *Notes of a Red Guard*, Urbana, 1993.

Dva goda deiatel'nosti tsentral'noi komissii po snabzheniiu rabochikh i ee mestnykh organov (1919-1921gg), Moscou, 1921.
Edelman, R., *Gentry Politics on the Eve of the Russian Revolution: the Nationalist Party, 1907-1917*, New Brunswick, 1980.
Edwards, A., *Sonya: The Life of Countess Tolstoy*, Londres, 1981.
Efimenko, A., *Issledovaniia narodnoi zhizni*, 2 vols., Moscou, 1884.
Egorov A. I., *Razgrom Denikina 1919*, Moscou, 1931.
Eklof, B., *Russian Peasant Schools: Officialdom, Village Culture and Popular Pedagogy, 1861-1914*, Berkeley, 1986.
Ekonomicheskoe polozhenie Rossii nakanune velikoi oktiabr'skoi sotsialisticheskoi revoliutsii, Leningrado, 1967.
Ekhaninov, A., *Tzar Nicholas II*, Londres, 1913.
Elkina, D.,'Likvidatsiia negramotnosti v Krasnoi Armii na frontakh grazdanskoi voiny', *Narodnoe obrazovanie*, 12, 1957.
Emmons, T., *The Formation of Political Parties and the First National Elections in Russia*, Cambridge, Mass., 1983.
Emmons, T., *"The Zemstvo in Historical Perspective"*, em T. Emons e W. Vucinich (orgs.), *The Zemstva.*
Emmons, T., e Vucinich, W (org.), *The Zemstva in Russia: An Experiment in Local Self-Government*, Cambridge, Mass., 1982.
Engelstein, L., *Moscow, 1905; Working-Class Organization and Political Conflict*, Stanford, 1982.
Engelstein, L., *The Keys to Happiness. Sex and the Search for Modernity in Fin-de-Siècle Russia*, Cornell, 1992.
Ermanskii, O. A., *Iz perezhitogo*, Moscou-Leningrado, 1927.
Esikov, S., e Protasov, L., "'Antonovshchina': novye podkhody", *Voprosy istorii*, 6/7, 1992.
Essad-Bey, M., *Nicholas II: Prisoner of the Purple*, Londres, 1936.
Fainsod, M., *How Russia Is Ruled*, Cambridge, Mass., 1963.
Fanger, D., '*The Peasant in Literature*', em W. Vucinich (org.), *The Peasant.*
Farmborough, F., *Nurse at the Russian Front*, Londres, 1977.
Farnsworth, B., "Village Women Experience the Revolution", A. Glezon *et al.* (org.), *Bolshevik Culture.*
Faulenbach, B. (org.), *Geschichtwissenschaft in Deutschland*, Munique, 1974.
Ferro, M., *The Russian Revolution of February 1917*, Londres, 1972.
Ferro, M., *October 1917: A Social History of the Russian Revolution*, Londres, 1980.
Ferro, M., *Nicholas II: The Last of the Tzars*, Londres, 1991.
Figes, O., *Peasant Russia, Civil War: The Volga Countryside in Revolution (1917-1921)*, Oxford, 1989.
Figes, O., "The Red Army and Mass Mobilization during the Russian Civil War", *Past and Present*, 129 (1990), 206-9.

Fischer, L., *The Life of Lenin*, Londres, 1965.
Fisher, H., *The Famine in Soviet Russia, 1919-1923*, Nova York, 1927.
Fitzpatrick, S., *The Commisariat of Enlightenment: Soviet Organization of Education and the Arts under Lunacharsky*, Cambridge, 1970.
Fitzpatrick, S., "Sex and Revolution: An Examination of Literary and Statistical Data on the Mores of Soviet Students in the 1920s", *Journal of Modern History*, 50, 1978.
Fitzpatrick, S., *The Cultural Front: Power and Culture in Revolutionary Russia*, Cornell, 1992.
Fitzpatrick, S., *Stalin's Peasants: Resistance and Survival in the Russian Village After Collectivization*, Oxford, 1994.
Fitzpatrick, S., Rabinowitch, A. e Stites, R. (orgs.), *Russia in the Era of NEP; Explorations in Soviet Society and Culture*, Bloomington, 1991.
Fleming, P., *The Fate of Admiral Kolchak*, Londres, 1963.
Florinsky, M., *The End of the Russian Empire*, New Haven, 1931.
Fokke, D. G., "Na stene i za kulisami brestskoi tragikomedii", *Arkhiv russkoi revoliustsii*, 20, Berlim, 1930.
Fotieva, L., *Iz zhizni Lenina*, Moscou, 1959.
Frank, S., "Popular Justice, Community and Culture among the Russian Peasantry, 1870-1900", *Russian Review*, 46, 1987.
Freeze, G., "'Going to the Intelligentsia': the Church and its Urban mission in Post-Reform Russia", E. Clowes, S. Kassow e J. West (orgs.), *Between Tsar and People*.
Freeze, G., *The Parish Clergy in Nineteenth-Century Russia: Crisis, Reform, Counter-Reform*, Princeton, 1983.
Freeze, G., "Handmaiden of the State? The Church in Imperial Russia Reconsidered", *Journal of Ecclesiastical History*, 3; 1, 1985.
Freeze, G., "The Soslovie (Estate) Paradigm and Russian Social History", *American Historical Review*, 91, 1986, 11-36.
Freeze, G., "Bringing Order to the Russian Family: Marriage and Divorce in Imperial Russia, 1760-1860", *Journal* of *Modern History*, 62, 1990.
Frenkin, M., *Russkaia armiia i revoliutsiia 1917-1918*, Munique, 1978.
Frieden, N. M., *Russian Physicians in an Era of Reform and Revolution, 1865-1905*, Princeton, 1981.
Friedgutt, T., *Iuzovka and Revolution*, 2 vols., Princeton, 1989, 1993.
Frierson, C., "Rural Justice in Public Opinion: The Volost' Court Debate, 1861-12", *Slavonic and East European Review*, 64, 1986.
Frierson, C., "Crime and Punishment in the Russian Village: Rural Concepts of Criminality at the End of the Nineteenth Century", *Slavic Review*, 46, 1987.
Frierson, C., "Razdel: The Peasant Family Divided", *Russian Review*, 46, 1987.
Frierson, C., "Peasant Family Divisions and the Commune", em R. Bartlett (org.), *Land*.

Frierson, C., *Peasant Icons: Representations of Rural People in Late 19th Century Russia*, Oxford, 1993.
Fuhrmann, J., *Rasputin: A Life*, Nova York, 1990.
Fuller, W., *Civil-Military Conflict in Imperial Russian 1881-1914*, Princeton, 1985.
Galai, S., *The Liberation Movement in Russia 1900-1905*, Cambridge, Mass., 1973.
Galili, Z., *The Menshevik Leaders in the Russian Revolution: Social Realities and Political Strategies*, Princeton, 1989.
Galynskii, T., *Ocherki po istorii agrarnoi revoliutsii Serdobskogo uezda, Saratovskoi gubernii*, Serdobsk, 1924.
Gankin, O. e Fisher, H. (orgs.), *The Bolsheviks and the World War: The Origins of the Third International*, Stanford, 1940.
Gatrell, P., *The Tsarist Economy, 1850-1917*, Londres, 1986.
Geifman, A., *Thou Shalt Kill: Revolutionary Terrorism in Russia, 1894-1917*, Princeton, 1993.
Gellner, E., *Nations and Nationalism*, Oxford, 1983.
Gernet, M. L., *Istoriia tsarskoi tiur'rny*, 5 vols., Moscou, 1961-2.
Gernet, M. L., *Moral'naia statistika*, Moscou, 1972.
Gerschenkron, A., "Agrarian Policies and Industrialization in Russia, 1861-1917", in *Cambridge Economic History of Europe*, 6/2, Cambridge, 1965.
Getzler, I., *Martov: A Political Biography of a Russian Social Democrat*, Londres, 1967.
Getzler, I., *Kronstadt, 1917-1921: The Fate of a Soviet Democracy*, Cambridge, 1983.
Gilliard, P., *Thirteen Years at the Russian Court*, Londres, 1921.
Gins, G. K., *Sibir' soiuzniki i Kolchak: povorotnyi moment russkoi istorii 1918-1920 gg.*, Pequim e Kharbin, 1921.
Gippius, Z., *Siniaia kniga*, Belgrado, 1929.
Gippius, Z., *Dmitrii Merezhkovskii*, Paris, 1951.
Gippius, Z., *Peterburgkie dnevniki (1914-1919)*, Nova York, 1982.
Gitelman, Z., *A Century of Ambivalence*, Nova York, 1988.
Gleason, A., *Young Russia*, Nova York, 1980.
Gleason, A., Kenez, P. e Stites, R. (org.), *Bolshezik Culture*, Bloomington, 1985.
Gleason, W., "The All-Russian Union of Zemstvos and World War I", em T. Emmons e W. Vucinich (orgs.), *The Zemstva*.
Glickman, R., "Alternative View of the Peasantry", *Slavic Review*, 32, 1973.
Glickman, R., *Russian Factory Women: Workplace and Society, 1880 1914*, Berkeley, 1988.
Gogol', D., "Maksim Gor'kii v petropavlovskoi kreposti", *Katorga i ssylka*, 8/9, 1932.
Gokay, B., "Turkish Settlement and the Caucasus (October 1918-March 1921)", documento apresentado à Universidade de Birmingham, 1993.
Golder, F., *Documents on Russian History, 1914-1917*, Nova York, 1927.

Goldman, E., *My Disillusionment in Russia*, Garden City, 1923.

Goldman, E., *My Further Disillusionment in Russia*, Garden City, 1924.

Goldman, W., "Working-Class Women and the 'Withering Away' of the Family: Popular Responses to Family Policy", em S. Fitzpatrick *et al.* (org.), *Russia in the Era of NEP*.

Goldman, W., *Women, the State and Revolution: Soviet Family Policy and Social Life, 1917-1936*, Cambridge, 1993.

Golovin, N., *The Russian Army in the World War*, Nova York, 1931.

Gorev, B., *Iz partiinogo proshlogo. Vospominaniia, 1895-1905*, Leningrado, 1924.

Gor'kii, A. M., "Pis'ma k k. P. Piatnitskomu", *Arkhiv A. M. Gor'kogo*, vol. 4, Moscou, 1954.

Gor'kii, A. M., "Pis'ma k E. P. Peshkovoi, 1895-1926", in *Arkhiv A. M. Gor'kogo*, vol. 5, Moscou, 1955.

Gor'kii, A. M., "Pis'ma k pisatel'iam i I. P. Ladyzhnikovu", *Arkhiv A. M. Gor'kogo*, vol. 7, Moscou, 1959.

Gor'kii, A. M., *Perepiska A. M Gor'kogo s zarubezhnymi literatorami*, Moscou, 1960.

Gor'kii, A. M., *Polnoe sobranie sochinenii*, Moscou, 1968.

A. M Gor'kii v epokhu revoliutsii, 1905-1907gg. Materialy, vospominaniia, issledovaniia, Moscou, 1957.

Gorki, M., *Letters*, Moscou, 1964.

Gorki, M., *My Childhood*, Harmondsworth, 1966.

Gorki, M., *My Universities*, Harmondsworth, 1966.

Gorki, M., *Lenin*, Edinburgo, 1967.

Gorki, M., *Fragments from My Diary*, Londres, 1972.

Gorki, M., "On the Russian Peasantry", em R. E. F. Smith (org.), *The Russian Peasantry 1920 and 1984*, Londres, 1977.

Gourko, G., *Memories and Impressions of War and Revolution in Russia, 1914-1917*, Londres, 1918.

Graham, S., *With the Russian Pilgrims to Jerusalem*, Londres, 1914.

Grave, B. B. (org.), *Burzhuazia nakanune revoliutsii*, Moscou, 1927.

Graves, W. S., *America's Siberian Adventure, 1918-1920*, Nova York, 1941.

Grazhdanskaia voina na Volge v1918godu. Sbornik pervyi, Praga, 1930.

Graziosi, A., "G. L. Piatakofi (1890-1937): A Mirror of Soviet History", *Harvard Ukrainian Studies*, 14, 1990.

Gregory, P., "Grain Marketings and Peasant Consumption, Russia, 1885-1913", *Explorations in Economic History*, 17, 1980.

Gregory, P., "Russian Living Standards During the Era of Industrialisation, 1885-1913", *Review of Income and Wealth*, 26, 1980.

Grondijs, L.-H., *La Guerre en Russie et en Sibérie*, Paris, 1922.

Gruzenberg, O., *Yesterday: Memoirs of a Russian-Jewish Lawyer*, Berkeley, 1981.

Gubernskii s'ezd krest'ianskikh deputatov Tomskoi gubernii, Tomsk, 1917.

Gukovskii. A. I. (org.), "Agrarnaia politika Vrangelia", *Krasnyi Arkhiv*, 26, 1928.

Gul', R.. "Byloe", *Ogonek*, 7 de fevereiro de 1992.

Gul', R.. *Ledianoi pokhod*, Berlim, sem data

Gurko, V I., *Figures and Features of the Past: Government and Opinion in the Reign of Nicholas II*, Stanford, 1939.

Gurko, V I., *Tsar i Tsaritsa*, Paris, s. d.

Guthier, S., "The Popular Base of Ukrainian Nationalism in 1917", *Slavic Review*, 38, 1979.

Guthier, S., "Ukrainian Cities During the Revolution and Inter-War Period", em I. Rudnytsky (org.), *Rethinking Ukrainian History*, Edmonton, 1981.

Guthier. S., "The Roots of Popular Ukrainian Nationalism: A Demographic Social and Political Study of the Ukrainian Nationality to 1917", tese de doutorado, Universidade de Michigan, 1990.

Hagen, M. von, *Soldiers in the Proletarian Dictatorship: The Red Army and the Soviet Socialist State, 1927-1930*, Itaca e Londres, 1990.

Haimson, L., "The Problem of Social Stability in Urban Russia. 1905-1917", *Slavic Review* 23-4, 1964-5.

Haimson, L. (org.), *The Politivc of Rural Russia, 1905-1924*, Bloomington, 1979.

Haimson, L. (org.), *The Making of Three Russian Revolutionaries: Voices from the Menshevik Past*, Cambridge, 1987.

Haimson, L., "The Problem of Social Identities in Early Twentieth-Century Russia", *Slavic Review*, 47, 1988.

Hamburg, G., *Politics of the Russian Nobility, 1881-1905*, New Brunswick, 1984.

Hamm, M., "Liberal Politics in Wartime Russia: An Analysis of the Progressive Bloc", *Slavic Review*, 53, 1974.

Harrison, M. E., *Marooned in Moscow*, Nova York, 1921.

Hasegawa,T., *The February Revolution: Petrograd 1917*, Seattle, 1981.

Hasek, J., *The Red Commissar*, Londres, 1983.

Heald, E., "Witness to Revolution: Letters from Russia, 1916-19", Imprensa da Universidade de Kent, 1974.

Heenan, L. C., *Russian Democrary's Fateful Blunder: The Summer Offensive of 1927*, Nova York, 1987.

Heller, M., "Premier avertissement: un coup de fouet. L'histoire de l'expulsion des personnalités culturelles hors de l'Union Soviétique en 1922", *Cahiers du monde russe et sovietique*, 20-1, 1974.

Herzen, A., *From the Other Shore*, Oxford, 1979.

Himka, J.-P., *Galician Villagers and the Ukrainian National Movement in the Nineteenth Century*, Nova York, 1988.

Hindenburg, P. von, *Out of My Life*, Londres, 1920.

Hindus, M., *Red Bread*, Bloomington, 1988.

Hoare, S., *The Fourth Seal*, Londres, 1930.

Hobsbawm, E. J., *Nations and Nationalism since 1810: Programme, Myth, Reality*, Cambridge, 1990.

Hofer, T., "The Creation of Ethnic Symbols from the Elements of Peasant Culture", em P. Sugar (org.), *Ethnic Diversity and Conflict in Eastern Europe*, Santa Barbara, 1980.

Hoffman, M. von, *War Diaries and Other Papers*, Londres, 1929.

Hogan, H., "Conciliation Boards in Revolutional Russia: Aspects of the Crisis of Labor-Management Relations in 1917", *Russian History*, 9, 1982.

Holquist, P., "A Russian Vendée: The Practise of Revolutionary Politics in the Don Countryside, 1917-1921", tese de doutorado, Colúmbia, 1995.

Hosking, G., *The Russian Constitutional Experiment: Government and Duma, 1907-14*, Cambridge, 1973.

Hosking, G. e Manning, R. T., "What Was the United Nobility?", em L. Haimson (org.), *The Politics of Rural Russia*.

Hosking, G. (org.), *Church, Nation and State in Russia and Ukraine*, Londres, 1991.

Hovannisen, R., *The Republic of Armenia*, 2 vols., Berkeley, 1971, 1982.

Hunt, L., *The Family Romance of the French Revolution*, Londres, 1992.

Hutchinson, J. F., "The Octobrists and the Future of Russia as a Great Power", *Slavonic and East European Review*, 50, 1972.

Iakhontov, A., "Tiazhelye dni", *Arkhiv russkoi revoliutsii*, 17, Berlim, 1926.

Iakovlev, Ia., *Derevnia kak ona est'*, Moscou, 1924.

Iakovlev, Ia., *Nasha derevnia: Novoe v starom i staroe v novom*, Moscou, 1924.

Ignat'ev, A., "V noch' na 25 oktiabria 1917 goda', *Krasnaia letopis*", 6, 1923.

Ironside, E., *Tannenberg: The First Thirty Days in East Prussia*, Londres, 1925.

Iroshnikov, M., *Sozdanie sovetskogo tsentral'nogo gosudarstvennogo apparata*, Moscou-Leningrado, 1966.

Isaev, A., *Behrabotitsa v SSSR i bor'ba s neiu, 1917-1924*, Moscou, 1924.

Iswolsky, M., *Memoirs*, Londres, 1920.

Itogi bor'by s golodom v 1921-1922 gg. Sbornik statei i otchetov, Moscou, 1922.

Iusupov, F., *Pered izgnaniem, 1887-1919*, Moscou, 1993.

Ivanov, A., "Volnenie v 1916 g. v 181 -om zapasnom pekhotnom polku', *Krasnaia letopis*", 10, 1924.

Ivanov, V. V., "Pochemu Stalils ubil Gor'kogo?", *Voprosy literatury*, 1993, nº 1.

Ivanov-Razumnik, V R., *The Memoirs of Ivanov-Razumnik*, Oxford, 1965.

'Iz ofitserskikh pisem c front l v 1917 g.', *Krasnyi Arkhiv*, 50-1, 1932.

Jansen, *M., A Show Trial under Lenin,* Hague, 1982.

Johnson, R., *Peasant and Proletarian: The Working Class of Moscow in the Late Nineteenth Century*, New Brunswick, 1979.

Jones, S., *Russia in Revolution, Being the Experience of an Englishman in Russia during the Upheaval*, Londres, 1917.

Jones, S., "The Establishment of Soviet Power in Transcaucasia. The Case of Georgia, 1921-1928", *Soviet Studies*, 40, 1988.

Joravsky, *D., Russian Psychology. A Critical History*, Oxford, 1989.

Judge, E. H., "Urban Growth and Anti-Semitism in Russian Moldavia", em L. H. Judge e J. Y. Sirnms (org.), *Modernization and Revolution*.

Judge, E. H. and Simms, J. Y., *Modernization and Revolution: Dilemmas of Progress in Late Imperial Russia: Essays in Honor of Arthur P. Mendel*, Nova York, 1992.

Juviler, P., "Contradictions of Revolution: Juvenile Crime and Rehabilitation", em A. Gleason *et al.* (ed.), *Bolshevik Culture*.

Kabanov, V. V., *Oktiabr'skaia revoliutsiia i kooperatsiia (1917-mart 1919)*, Moscou, 1973.

Kabanov, V. V., *Krest'ianskoe khoziaistvo v usloviiakh "voennogo kommunizma"*, Moscou, 1988.

Kalinin, I., *Pod znamenem Vrangelia*, Leningrado, 1925.

Kal'nitskii, Ia., *Ot fevralia k Oktiabriu: Vospominaniia frontovika*, Cracóvia, 1924.

Kalugin, O., *Vid s Lubianki*, Moscou, 1990.

Kantorovich, V., "Fedor Linde", *Byloe*, 24, 1924.

"Karl Marks i tsarskaia tsenzura", *Krasnyi Arkhiv*, 1933, 1.

Karpinskii, V A., "Vladimir Il'ich za granitsei v 1914-1917 gg.", *Zapiski Instituta Lenina*, vol. 2, Moscou, 1927

Karpov, U, "Po volnam zhiteinogo moria. Vospominaniia", *Novyi mir*, 1, 1992.

Kassow, S., *Students, Professors and the State in Tsarist Russia*, Califórnia, 1969.

Katkov, G., *Russia 1917: The February Revolution*, Londres, 1967.

Katkov, G., *The Kornilov Affair: Kerenski and the Break-up of the Russian Army*, Londres, 1980.

Kavtaradze, A.,*Voennye spetsialisty na sluzhbe Respubliki Sovetov 1917-1920 gg.*, Moscou, 1988.

Keep, J. L. H., *The Russian Revolution: A Study in Mass Mobilization*, Londres, 1976.

Keep, J. L. H., "The Military Style of the Romanov Rulers", *War and Society*, 1, 2,1983.

Kelly, A., *Mikhail Bakunin: A Study in the Psychology and Politics of Utopianism*, Yale, 1987.

Kelly, A., "Self Censorship and the Russian Intelligentsia, 1905-1914", *Slavic Review* 46, 1987.

Kenez, P., *Civil War in South Russia, 1918: The First War of the Volunteer Army*, Berkeley, 1971.

Kenez, P., *Civil War in South Russia, 1919-1920: The Defeat of the Whites*, Berkeley, 1977.

Kenez, P., *The Birth of the Propaganda State*, Cambridge, 1985.

Kennan, G. F., *Russia Leaves the War*, Princeton, 1956.

Kerenski, A. F., *Izdaleka*, Paris, 1922.

Kerenski, A. F., *The Catastrophe: Kerenski's Own History of the Russian Revolution*, Londres, 1927.

Kerenski, A. F., *The Crucifixion of Liberty*, Londres, 1934.

Kerenski, A. F., *The Kerenski Memoirs: Russia and History's Turning Point*, Londres, 1965.

Ketola, E., "Russkaia revoliutsiia i nezavisimost' Finlandii", in *Anatomiia*.

"Khar'kov v oktiabre 1905 g. (pis'mo uchastnika sobytii)", *Katorga i ssylka*, 19,1925.

Khodasevich, V F., *Nekropol: Vospominaniia*, Bruxelas, 1939.

Khodasevich, V. F., *Belyi koridor. Vospominanfia*, Nova York, 1982.

Khronika grazhdanskoi voiny v Sibiri, Moscou-Leningrado, 1926.

Khrystiuk, P., *Zametki i materialy do istorii ukrainskoi revoliutsii, 1917-1920 gg.*, 2 vols., Viena, 1921.

Kin, D., *Denikinshchina*, Leningrado, 1927.

Kingston-Mann, E. e Mixter, T.(org.), *Peasant Economy, Culture, and Politics of European Russia, 1800-1921*, Princeton, 1991.

Kiriukhin, N., *Iz dnevnika voennogo komissara: grazhdanskaia voina, 1918-1919,gg.*, Moscou, 1928.

Kirpichnikov, T., "Vosstanie I-go volynskogo polka v fevrale 19I7", *Byloe*, 27-28, 1917.

Kitaev, M., "Stroitel'stvo sel'skikh partiinykh organizatsii v gody grazhdanskoi voiny", *Voprosy istorii KPSS*, 7,1975.

Kleinborg, L., *Istoriia bezrabotitsy v Rossii, 1857-1919 gg.*, Moscou, 1925.

Klier, J. e Lambroza, D. (org.), *Pogroms: Anti-Jewish Violence in Modern Russian History*, Cambridge, 1992.

Knei-Paz, B., *The Social and Political Thought of Leon Trotski*, Oxford, 1978.

Kniga o golode, Moscou,1922.

Knizhnik, I., "N. P. Poliakov — izdatel' 'Kapitala' Karla Marksa", *Voprosy istorii*, 6,1947.

Knox, A., *With the Russian Army, 1924-1917*, 2 vols., Londres, 1921.

Koenker, D. P., *Moscow Workers and the 1917 Revolution*, Princeton, 1981.

Koenker, D. P., "Urbanization and Deurbanization in the Russian Revolution and Civil War", *Journal of Modern History*, 57, 1985.

Koenker, D. P., Rosenberg, W.G. e Suny, R.G.(org.), *Party, State and Society in the Russian Civil War: Explorations in Social History*, Bloomington, 1988.

Koenker, D. P. e Rosenberg, W. G., *Strikes and Revolution in Russia*, l927, Princeton, 1989.

Kokovtsov, conde V. N., *Out of My Past: The Memoirs of Count Kokovtsov*, Stanford, 1935.

Kollontai, A. M., *Iz moei zhizni i raboty*, Moscou, 1974.

Kolonitskii, B., "A. F. Kerenskil i Merezhkovskie v 1917 godu", *Literaturnoe obozrenie*, 3, 1991.

Kolonitskii, B., "'Revolutionary Names': Russian Personal Names and Political Consciousness in the 1920s and 1930s", *Revolutionary Russia*, 6, 1993.

Kolonitskii, B., "Antibourgeois Propaganda and Anti-"Burzhui" Consciousness in 1917", *Russian Review*, 53, 1994.

Kolonitskii, B., "Zagadka Kerenskogo", *Zvezda*, 6,1994.

Kolonitskii, B., "Kul't vozhdia", manuscrito inédito.

Kolonitskii, B., "The 'Russian Idea' and the Ideology of the February Revolution", manuscrito inédito.

Korenev, S. A., "Chrezvychainaia kommissiia po delam byvshikh ministrov", *Arktiv russkoi revoliutsii*, 7, Berlim, 1922.

Kornakov, P., "Simvolika i ritualy revoliutsii 1917 g.", *Anatomiia*.

Korolenko, V G., "Iz dnevnikov 1917-1921 gg.", em *Pamiat'. Istoricheskii sbornik*, 2, Paris, 1979.

Korros, A. S., "The Landed Nobility, the State Council and P. A. Stolypin, 1907-1911", em L. Haimson (org.), *The Politics of Rural Russia*.

Kostiukov, "Kak my opozdali ko vziatiu zimnego dvortsa", *Krasnyi balteets*, 6, 1920.

Kotsiubinskii, A., "Sekret liubvi Grigorii Rasputina", *Smena*, 2, 9, 16, 23, 27 e 29 de dezembro de 1994.

Koz'min, B., "Molodaia Rossiia", em B. Koz'min, *P. G. Zaichnevskii i "Molodaia Rossiia"*, Moscou, 1913.

Krasnov, P., "Na vnutrennom fronte", *Arktiv russkoi revoliutsii*, 1, Berlim, 1922.

Krasnov, P., "Vsevelikoe voisko donskoe", *Arkhiv russkoi revoliutsii*, 5/8, Berlim, 1922-3.

Krasnov, V., "Iz vospominanii o 1917-1920 gg.", *Arktiv russkoi revoliutsii*, 8, Berlim, 1923.

Krawchenko, B., *Social Change and National Conciousness in Twentieth-Century Ukraine*, Nova York, 1985.

Kronshtadtskii miatezh: sbornik statei, vospominanii i dokumentov, Leningrado, 1931.

Krupskaia, N., *Vospominaniia o Lenine*, Moscou, 1968.

Kryzhanovskii, S., *Vospominaniia*, Berlim, 1938.

Kuromiya, H., *Stalin's Industrial Revolution: Politics and Workers, 1928-1932*, Cambridge, 1988.

Kushner, P. (org.), *Selo viriatno v proshlom i nastoiashern*, Moscou, 1958.

Lambroza, S., "The Pogroms of 1903-1906", em J. D. Klier e S. Lambroza (orgs.), *Pogroms*.

Latsis, M., *Chrezvychainye komissii po bor'be s kontrrevoliutsiei*, Moscou, 1921.

Laue, T. von, "A Secret Memorandum of Sergei Witte on the Industrialization of Imperial Russia", *Journal of Modern History*, 26, 1954.

Laue, T. von, "Russian Labour between Field and Factory, 1892-1903", *California Slavic Studies*, 3, 1964.

Leggett, G., *The Cheka: Lenin's Political Police*, Oxford, 1981.

Lehovich, D., *White Against Red: The Life of General Anton Denikin*, NovaYork, 1974.

Leiberov, I. P. e Rudachenko, S. D., *Revoliutsia* i *khleb*, Moscou, 1990.

Lemke, M. K., *250 dnei v tsarskoi stavke*, Petrogrado, 1920.

Lênin, V. I., *Polnoe sobranie sochinenii*, Moscou, 1968-65 *[PSS]*.

Lênin, V. I., *Leninskii sbornik*, 39 vols., Moscou-Leningrado, 1924-80.

Lenin and Gorky: Letters, Reminiscences, Articles, Moscou, 1973.

Leontovitsch, V., *Geschichte des Liberalismus in Russland*, Frankfurt-am-Main, 1957.

Leslie, R., *Reform and Insurrection in Russian Poland*, Londres, 1963.

Letters of Tsar Nicholas and the Empress Marie, E. Bing, Londres, 1937.

Levin, D., *Stormy Petrel*, Londres, 1967.

Lewin, M., *The Making of the Soviet System*, Nova York, 1985.

Liberman, S., *Building Lenin's Russia*, Chicago, 1945.

Libknecht, V., *Pauki i mukhi*, Samara, 1917.

Lieven, D., "The Russian Civil Service Under Nicholas II: Some Variations on the Bureaucratic Theme", *Jahrbücher für Geschichte Osteuropas*, 29, 1981.

Lieven, D., *Russia and the Origins of the First World War*, Londres, 1983.

Lieven, D., *Russia's Rulers Under the Old Regime*, Nova York, 1989.

Lieven, D., *Nicholas II: Emperor of All the Russias*, Londres, 1993.

Lih, Lars T., *Breal and Authority in Russia 1914-1921*, Berkeley, 1990.

Lincoln, W. B., *In the Vanguard of Reform: Russias Enlightened Bureaucrats 1825-1861*, Dekalb, Ill., 1982.

Lincoln, W. B., *Passage Through Armageddon: The Russians in War and Revolution*, Nova York, 1986.

Lincoln,W. B., *Red Victory: A History of the Russian Civil War*, Nova York, 1989.

Liubovich, A., "Kak organizovalsia i rabotal narodnyi kommissariat pocht i telegrafov v pervyi period oktiabr'skoi revoliutsii", *Proletarskaia revoliutsiia*, 5, 1926.

Lockhart, R. H. B., *Memoirs of a British Agent*, Londres, 1933.

Lockhart, R. H. B., *The Diaries of Sir Robert Bruce Lockhart*, Londres, 1973.

Longley, D. A., "Some Historiographical Problems of Bolshevik Party Unity", *Jahrbücher für Geschichte Osteuropas*, 22,1974.

Lotman, Iu., "The Decembrists in Daily Life", em Iu. Lotman e B. Uspenskii, *Semiotics*.

Lotman, Iu., "The Poetics of Everyday Behaviour", em Iu. Lotman e B. Uspenskii, *Semiotics*.

Lotman, Iu. e Uspenskii. B., *The Semiotics of Russian Culture*, Ann Arbor, 1984.

Lukomsky, A. F., *Vospominaniia*, 2 vols., Berlim, 1922.

Lunacharsky, A. F., *Revolutionary Silhouettes*, Londres, 1967.

Lutskii, E. A., "Krest'ianskoe vosstanie v Tambovskoi gubernii v 1917 g.", *Istoricheskie zapiski*, 2, 1938.

L'vov-Rogachevskii, "Oktiabr'skie dni 1905 goda v Khar'kove", *Katorga i ssylka*, 19, 1925.

McAuley, M., *Bread and Justice: State and Society in Petrograd, 1927-1922*, Oxford, 1991.

McCauley, M. (org.), *The Russian Revolution and the Soviet State, 1917-1921: Documents*, Londres, 1988.

McClelland, "Utopianism versus Revolutionary Heroism in Bolshevik Policy: The Proletarian Culture Debate", *Slavic Review*, 39, 1980.

McDaniel, T., *Autocrary, Capitalism and Revolution in Russia*, Berkeley, 1988.

Mace, J., *Communism and the Dilemmas of National Liberation: National Communism in Soviet Ukraine, 1918-1933*, Cambridge, 1983.

Macey, D. J., "The Land Captains: A Note on their Social Composition, 1889-1913", *Russian History*, 16, 1989.

Macey, D. J., "The Peasant Commune and the Stolypin Reforms: Peasant Attitudes, 1906-14", em R. Bartlett (org.), *Land Commune*.

McKean, R. B., *St Petersburg Between the Revolutions: Workers and Revolutionaries, June 1907-February 1917*, New Haven, 1990.

McKenzie, K. E., "Zemstvo Organizations and Their Role within the Administrative Structure", em T. Emmons e W. Vucinich (orgs.), *The Zemstva*.

Mackenzie Wallace, D., *Russia*, 2 vols., Londres, 1905.

McNeal, R. H., *Bride of the Revolution: Krupskaya and Lenin*, Ann Arbor, 1972.

McNeal, R. H., *Tsar and Cossack, 1855-1914*, Nova York, 1967.

Maiakovskii, V., *Polnoe sobranie sochinenii*, Moscou, 1955-61.

Maiskii, *I., Demokraticheskaia kontrrevoliutsiia*, Moscou 1923.

Majstrenko, I., *Borot'bism: A Chapter in the History of Ukrainian Communism*, Nova York, 1954.

Maksakov, V. (org.), *Partizanskoe dvizhenie v Sibiri*, Moscou-Leningrado, 1925.

Male, D., *Russian Peasant Organization Before Collectivization*, Cambridge, 1971.

Maleev, A. F., *Tridtsat' lnei evreiskogo pogroma v mestechke Krivoe Ozero*, Moscou, 1921.

Malet, M., *Nestor Makhno in the Russian Civil War*, Londres, 1982.

Malia, M., *Alexander Herzen and the Birth of Russian Nacionalism, 1812-1855*, Harvard, 1961.

Maliantovich, P. N., "V zimnem dvortse *25-26* oktiabria 1917 goda", *Byloe*, 12, 1918.

Malle, S., *The Economis Organization of War Communism, 1918-1921*, Cambridge, 1985. Mally, L., "Intellectuals in the Proletkult: Problems of Authority and Expertise", em D. P. Koenker, W. G. Rosenberg e R. G. Suny (orgs.), *Party.*

Mamantov, V I., *Na gosudarevoi sluzhbe*, Talin, 1926.

Mandel, D., *The Petrograd Workers and the Soviet Seizure of Power*, Nova York, 1984. Mandelstam, N., *Hope Abandoned*, Londres, 1974.

Mannerheim, C. G. E., *The Memoirs of Marshal Mannerheim*, Nova York, 1954.

Manning, R. T., *The Crisis of the Old Order in Russia: Gentry and Government*, Princeton, 1982.

Manning, R. T., "The Zemstvo and Politics, 1904-1914", em T. Emmons e W. Vucinich (orgs.), *The Zemstva.*

Martov, Iu., *Zapiski sotsialdemokrata*, Berlim, 1922.

Martynov, E. I., *Kornilov: Popytka voennogo perevorota*, Leningrado, 1927.

Martynov, E. I., *Tsarskaia armiia v fevral'skom perevorote*, Leningrado, 1927.

Maslov, S. S., *Rossia posle chetyrekh let revoliutsii*, 2 vols., Paris, 1922.

Massie, R. K., *Nicholas and Alexandra*, Londres, 1968.

Massie, R. K., *The Romanovs: The Final Chapter*, Londres, 1995.

Materialy narodnogo kommissariata iustitsii, 1, Moscou, 1918.

Materialy po statistike Petrograda, 1, Petrogrado, 1920.

Matthewson, R. W., *The Positive Hero in Russian Literature*, Stanford, 1975.

Matossian, M., "The Peasant Way of Life", em W. Vucinich (org.), *The Peasant.*

Mawdsley, E., *The Russian Revolution and the Baltic Fleet: War and Politics, February 1917-April 1918*, Londres, 1978.

Mawdsley, E, *The Russian Civil War*, Londres, 1987.

Maynard, J., *The Russian Peasant and Other Studies*, Londres, 1942.

Medvedev, R. e Starikov, S., *Philip Mironov and the Russian Civil War*, Nova York,1978.

Melamed, S. M., "St Paul and Leon Trotsky", *Reflex*, novembro de 1927.

Melgunov, S. P., *The Red Terror in Russia*, Londres, 1925.

Mel'gunov, S. P., *Tragediia Admirala Kolchaka*, Belgrado, 1930.

Melgunov, S. P., *The Bolshevik Seizure of Power*, Oxford, 1972.

Mendel'son, A. L., *Itogo prinuditel'noi trezvosti i novye formy p'ianstva*, Leningrado, 1916.

Meshcherskaia, E., "Trudovoe kreshchenie", *Novyi mir*, 4, 1988.

Meyendorff, J., "Russian Bishops and Church Reform in 1905", em G. Hosking (org.), *Church.*

Michelson, A., "The Wings of Hypothesis", em *Montage and Modern Life, 1919-1942*, Boston, 1992.

Mikoian, A., *Mysli i vospominaniia o Lenine*, Moscou, 1970.

Miliukov, P. N., *Istoriia vtoroi russkoi revoliutsii*, Sofia, 1921.

Miliukov, P. N., *Russia Today and Tomorrow*, Londres, 1922.
Miliukov, P. N., *Political Memoirs, 1905-1917*, Ann Arbor, 1967.
Miliukov, P. N., *The Russian Revolution*, 3 vols., Flórida, 1987.
Miliutin, V., "Stranitsy iz dnevnika", *Prozhektor*, 4, 1924.
Minor, A. S., *Novye formy p'ianstva denaturom i spirtosoderzhashchimi zhidkostiami*, Moscou, 1915.
Mironov, B., "The Russian Peasant Commune After the Reforms of the 1860s", *Slavic Review*, 44, 1985.
Mixter, T., "Peasant Collective Action in Saratov Province, 1902-1906", em R. Wade e S. Seregny, *Politics and Society in Provincial Russia: Saratov, 1590-1917*, Columbus, Ohio, 1989.
Mordvinov, A., "Otryvki iz vospominanii', *Russkaia letopis*", 5,1923.
Morizet, A., *Chez Lenine et Trotski à Moscou*, Paris, s. d.
Morrison, J. D., "The Church Schools and Seminaries in the Russian Revolution of 1905", em G. Hosking (org.), *Church*.
Mosse, W. E., "Bureaucracy and Nobility in Russia at the End of the Nineteenth Century", *Historical Journal*, 24,1981.
Mossolov, A. A., *At the Court of the Last Tsar*, Londres, 1935.
Mstislavsky, S., *Five Days Which Transformed Russia*, Londres, 1988.
Nabokov, K. D., *Ispytaniia diplomata*, Estocolmo, 1921.
Nabokov, V D., "The Provisional Government", em U. D. Medlin e S. L. Parsons (orgs.), *V. D. Nabokov and the Russian Provisional Government, 1917*, New Haven, 1976.
Narodnyi komissariat putei soobshchentiia za dva goda revoliutsii. Otchet VII-my vserossiiskomu s' ezdy sovetov, Moscou, 1919.
Narodnyi pisatel' Sergei Terent'evich Semenov, Moscou,1968.
Naumov, A. N., Iz *ustelevshikh vospominanii, 1868-1917*, 2 vols., Nova York, 1954.
Naumov, C, "1923 god: sud'ba leninskoi al'ternativy", *Kommunist*, 5, 1991.
Nazhivin, I., *Zapiski o revoliutsii*, Viena, 1921.
Nesterovich-Berg, M. A., V *bor'be s bol'shevikami*, Paris, 1931.
Neuberger, J., "Stories of the Street: Hooliganism in the St Petersburg Popular Press, 1900-1905", *Slavic Review*, 48,1989.
Neuberger, J., *Hooliganism: Crime, Culture and Power in St Petersburg, 1900-1914*, Berkeley, 1993.
New Economic Policies of Soviet Russia, The, Chicago, 1921.
Nikitine, B. V., *The Fatal Years*, Londres, 1938.
Nikolaevsky, B. I., *Power and the Soviet Elite: "The Letter of an Old Bolshevik" and Other Essays*, Nova York, 1965.
Oberuchev, K., *V dni revoliutsii: vospominaniia uchastnika velikoi russkoi revoliutsii 1917 goda*, Nova York, 1919.

Obolenskii, V. A., "Krym pri Vrangele", *Na chuzhoi storone*, 9, 1925.
Obolenskii, V A., *Moia zhizn' moi sovremenniki*, Paris, 1988.
Ocherki byta derevenskoi mololezhi, Moscou, 1924.
Odinnaltsatyi s'ezd RKP(b). Stenograficheskii otchet, Moscou, 1922.
Okninskii, A., *Dva goda sredi krest'ian: videnнoe, slyshannoe, perezhitoe v Tambovskoi gubernii s noiabria 1918 goda do noiabria 1920 goda*, Newtonville, Mass., 1986.
Oktiabr'skoe vooruzhennoe vosstanie v Petrograde: Dokumenty i materialy, G. N. Golikov *et al.*, Moscou, 1957.
O Lenine: sbornik statei i vystuplenii, Moscou, 1965.
Orlovsky, D. T., "State-Building in the Civil War: The Role of the Lower-Middle Strata", em D. P. Koenker *et al.* (org.), *Party.*
Ordhonikidze, F. K., *Stat'i i rechi*, Moscou, 1956.
Os'kin, D. P., *Khoziaistvennaia rabota 2-oi osoboi armii*, Moscou, 1926.
Os'kin, D. P., *Zapiski soldata*, Moscou, 1926.
Os'kin, D. P., *Zapiski voenkoma*, Moscou, 1931.
Os'kin, D. P., *Vospominaniia o Vladimire Il'iche Lenine*, Moscou,1957.
Owen, T. L., *Capitalism and Politics in Russia: A Social History of the Moscow Merchants, 1855-1905*, Cambridge, 1981.
Padenie tsarskogo rezhima, 7 vols., Leningrado, 1924-7.
Pakhman, S. V., *Obychnoe grazhdanskoe pravo v Rossii*, 2 vols., São Petersburgo, 1877, 1879.
Pal'chinskii, P. I., "Poslednye chasy vremennogo plavitel'stva v 1917 godu", *Krasnyi Arkhiv*, 1, 1933.
Paléologue, M., *An Ambassador's Memoirs*, vol. 1, Londres, 1923.
Paley, princesa, *Memories of Russia, 1916-1919*, Londres, sem data.
Pallot, J. e Shaw, D., *Landscape and Settlement in Romanov Russia, 1613-1917*, Oxford, 1990.
Pamiat' istoricheskii sbornik, Paris, 1981.
Pares, B. (org.), *Letters of the Tsaritsa to the Tsar*, Londres, 1923.
Pares, B., *My Russian Memoirs*, Londres, 1931.
Pares, B., *The Fall of the Russian Monarchy*, Londres, 1939.
Park, A. G., *Bolshevism in Turkestan 1917-27*, Nova York, 1957.
Pascal, P., *En Communisme: Mon jounal de Russie, 1918-1921*, Lausanne, 1977.
Pasternak, B., *Stikhotvoreniia i poemy*, Moscou-Leningrado, 1965.
Pasternak Slater, Ann (org. e trad.), *A Vanished Present: The Memoirs of Alexander Pasternak*, Oxford, 1994.
Paustovsky, K., *Story of My Life*, Nova York,1964.
Pavlov, I., *Markovskaia respublika*, Moscou, 1926.
Pearson, R., *The Russian Moderates and the Crisis of Tsarism, 1914-1917*, Londres, 1977

Pearson, T., *Russian Officialdom in Crisis*, Cambridge, 1990.
Perepiska Nikolaia i Aleksandry Romanovykh, vol. 5, Moscou-Leningrado, 1927.
Perrie, M., "The Russian Peasant Movement of 1905-1907: Its Social Composition and Revolutionary Significance", *Past and Present*, 57, 1972.
Perrot, M., *Les Ouvriers en grève: France, 1871-1890*, Paris, 1974.
Peshekhonov, A. V., "Pered krasnym terrorom", *Na chuzbnoi storone*, 2, 1923.
Peshekhonov, A. V., "Pervye nedeli (iz vospominanii russkoi revoliutsii)", *Na chusbnoi storone*, 1, 1923.
Peters, "Vospominaniia o rabote v VChK v pervyi god revoliutsii", *Proletarskaia revoliutsiia*, 10, 1924.
Pethybridge, R.. *The Social Prelude to Stalinism*, Londres, 1974.
Petrogradskii sovet rabochikh i soldatskikh deputatov v 1917 godu Dokumenty i materialy, vol.1, São Petersburgo, 1993.
Petrov, P. P., *Ot Volgi do Tikhogo Okeana v riadakh belykh (1918-1922 gg)*, Riga, 1930.
Petrunkevich, I. I., "Iz zapisok obohchestvennogo deiatelia", *Arkhiv russkoi revoliutsii*, 21, Berlim, 1934.
Piatyi vserossiiskii s'ezd sovetov rabochikh i kazachikh deputatov. Stenograficheskii otchet, Moscou, 1918.
Pipes, R., *The Formation of the Soviet Union: Communism anl Nationalism, 1917-1923*, Harvard, 1954.
Pipes, R. (org.), *Revolutionary Russia*, Harvard, 1968.
Pipes, R., *Struve: Liberal on the Left*, Carnbridge, Mass., 1970.
Pipes, R., *Russia Under the Old Regime*, Londres, 1982.
Pipes, R., *The Russian Revolution, 1899-1919*, Londres, 1990.
Pipes, R., *Russia Under the Bolshevik Regime, 1919-1924*, Londres, 1994.
Pireiko, A., *Na fronte imperialisticheskoi voiny*, Moscou, 1925.
"Pis'ma moi k tebe, konechno, istoricheskie", *Voprosy istorii KPSS*, 2, 1991.
Pitcher, H. (org.), *Witnesses of the Russian Revolution*, Londres, 1994.
Pokrovskii, G., *Denikinshchina*, Berlim, 1923.
Poliak, V., "Zhutkie dni na Ukraine", *Evreiskaia letopis'*, 2, Moscou, 1923.
Polner, T. I., *Zhiznennyi put' kniazia G. E. Lvova*, Paris, 1932.
Polner, T. I., Obolenskii, V e Turn, S. (org.), *Russian Local Government During the War and the Union of Zemstvos*, New Haven, 1930.
Polovtsov, Gen. P. A., *Glory and Downfall: Reminiscences of a Russian General Staff Officer*, Londres, 1935.
Potresov, A. N., *Posmertnyi sbornik proizvedenii*, Paris, 1937.
Pozner, C., *Dela i dni Petrograda: vospominaniia i razmyshlenia, 1917-1921*, Berlim, 1923.
Pravda o Kronshtadte, Praga, 1921.
Protokoly zasedanii vserossiskogo tsentral'nogo ispolnitel'nogo komiteta (4 sozyva), Moscou, 1920.

Purishkevich, V M., *Dnevnik*, Riga, 1924.

Purishkevich, V M., *Ubiistvo Rasputina*, Paris, s. d.

Pyman, A., *The Life of Alexander Blok*, vol. 2, *The Release of Harmony, 1908-1921*, Oxford, 1980.

Rabinowitch, A., *Prelude to Bolshevism: The Petrlograd Bolsheviks and the July 1917 Uprisings*, Bloomington, 1968.

Rabinowitch, A., *The Bolsheviks Come to Power: The Revolution of 1917 in Petrograd*, Nova York, 1978.

Rabinowitch, A., "Bol'sheviki, nizy i sovetskaia vlast': Petrograd, fevral' 1917-iiul' 1918", in *Anatomiia*.

Rabinowitch, A., "Maria Spiridonova's 'Last Testament'", *Russian Review*, 54, nº 3, 1995.

Radek, K., *Portrety i pamflety*, Moscou, 1933.

Radical Worker in Tsarist Russia, A: The Autobiography of Semen Ivanovich Kanatchikov, R. E. Zelnik, Stanford, 1986.

Radkey, O. H., *The Election to the Russian Constituent Assembly of 1917*, Cambridge, Mass., 1950.

Radkey, O. H., *The Agrarian Foes of Bolshevism*, Nova York, 1958.

Radkey, O. H., *The Sickle Under the Hammer: The Russian Socialist Revolutionaries in the Early Months of Soviet Rule*, Nova York, 1973.

Radkey, O. H., *The Unknown Civil War in Soviet Russia*, Stanford, 1976.

Radzinsky, E., *The Last Tsar: The Life and Death of Nicholas 11*, Londres, 1992.

Raeff, M., *Origins of the Russian Intelligentsia: The Eighteenth-Century Nobility*, Nova York, 1966.

Raeff, M., "The Bureaucratic Phenomena of Imperial Russia", *American Historical Review*, 84, 1979.

Raeff, M., *Understanding Imperial Russia: State and Society in the Old Regime*, Colúmbia, 1984.

Rakovskii, G. N., *V stane belykh (ot Orla do Novorossiiska)*, Constantinopla, 1920.

Rakovskii, G. N., *Konets belykh (ot Dnepra do Bosfora)*, Praga, 1921.

Raleigh, D. J., *Revoluion on the Volga: 1917 in Saratov*, Cornell, 1986.

Ramer, S. C., "Traditional Healers and Peasant Culture in Russia, 1861-1917", em E. Kingston-Mann e T. Mixter (orgs.), *Peasant Economy*.

Ransome, A., *Six Weeks in Russia in 1919*, Londres, 1919.

Rapoporta, Iu. K., "Poltora goda v sovetskom glavke", *Arkhiv russkoi revoliutsii*, 2, 1921.

Rashin, A., "Gramotnost' i narodnoe obrazovanie v Rossi v XIX i nachale XX v.", *Istoricheskie zapiski*, 37, 1951.

Rashin, A., *Formirovanie rabochego klassa Rossii*, Moscou, 1958.

Raskolnikov, F. F., *Kronstadt and Petrograd in 1917*, Londres, 1982.

Rawson, D., *Russian Rightists and the Revolution of 1905*, Cambridge, 1995.
Read, C., *Culture and Power in Revolutionary Russia*, Londres, 1990.
Reed, J., *Ten Days that Shook the World*, Londres, 1977.
Reisner, L., *Izbrannye proizvedeniia*, Moscou, 1958.
Reshetar, J., *The Ukrainian Revolution, 1917-1920*, Princeton, 1950.
Resis, A., "*Das Kapital* Comes to Russia", *Slavic Review*, 24, 1970.
Resolutions and Decisions of the Communist Party of the Soviet Union, vol. 2, *The Early Soviet Period*, Toronto, 1976.
Revvoensovet respubliki, Moscou, 1991.
Rieber, A., "Landed Property, State Authority, and Civil War", *Slavic Review*, 47, 1988.
Rieber, A., "The Sedimentary Society", em E. Clowes *et al.* (org.), *Between Tsar and People*.
Rigby, T. H., *Lenin's Government: Sovnarkom, 1917-1922*, Cambridge, 1979.
Rigby, T. H., *Political Elites in the USSR: Central Leaders and Local Cadres from Lenin to Gorbachev*, Aldershot, 1990.
Rittikh, A. A., *Krest'ianskoe pravoporiadok*, São Petersburgo, 1902.
Robbins,R., *Famine in Russia, 1891-1892*, Nova York, 1975.
Robbins, R., *The Tsar's Viceroys Russian Provincial Governors in the Last Years of the Empire*, Cornell, 1987.
Robbins. R., "His Excellency the Governor: The Style of Russian Provincial Government at the Beginning of the Twentieth Century", em *Imperial Russia, 1700-1917: State, Society, Oppositions*, de Kalb, Ill., 1988.
Robinson, G. T., *Rural Russia Under the Old Regime*, Londres, 1932.
Rodzianko. M. V., *The Reign of Rasputin: An Empire's Collapse*, Londres, 1927.
Rogger, H., "Russian Ministers and the Jewish Question, 1881-1917", *California Slavic Studies*, 8, 1975.
Rogger, H., *Russia in the Age of Modernization and Revolution, 1881-1917*, Londres, 1983.
Rogger, H., *Jewish Policies and Right-Wing Politics in Imperial Russia*, Berkeley, 1986.
Rolland, R., *Journal des années de guerre*, Paris, 1952.
Romanov, grão-duque A. M., *Once a Grand Duke*, Londres, 1932.
Romanov, grão-duque G. K., *V mramornom dvortse*, Nova York, 1955.
Roobol, W. H., *Tsereteli — A Democrat in the Russian Revolution: A Political Biography*, Haia, 1976.
Rorlich, A.-A., *The Volga Tatars: A People in National Resilience*, Stanford, 1986.
Rosenberg, W. G., "The Russian Municipal Duma Elections of 1917: A Preliminary Computation of Returns", *Soviet Studies*, vol. 21-2, 1969.
Rosenberg, W. G., *Liberals in the Russian Revolution: The Constitutional Democratic Party*, 1917-1921, Princeton, 1974.

Rosenberg, W. G., "The Social Background to Tsektran", em D. P. Koenker, W. G. Rosenberg e R. G. Suny (orgs.), *Party.*

Rosenberg, W. G., "Russian Labor and Bolshevik Power: Social Dimensions of Protest in Petrograd after October", *Slavic Review*, 44, 1985.

Rosenberg, W. G., "Social Mediation and State Construction(s) in Revolutionary Russia", *Social History*, 19, 2, 1994.

Rougle, C., "The *intelligentsia* in Russia, 1917-1918", in Nils A. Nilsson (org.) *Art, Society, Revolution: Russia, 1917-1918*, Estocolmo, 1979.

Rozhdestvenskii, M. A., *Stranitsy zhizni: iz literaturnykh vospominanii*, Moscou, 1974.

RPG: ver *Russian Provisional Government.*

Rudnev, S., *Pri vechernykh ogniakh: vospominaniia*, Newtonville, Mass., 1978.

Ruhl, *A., New Masters of the Baltic*, Nova York, 1921.

Russian Provisional Government 1917: The Documents, R. G. Browder e A. F. Kerenski (org.), 3 vols., Stanford, 1961 *[RPG].*

Russian Schools and Universities in the World War, New Haven, 1929.

Russkaia revoliutsiia glazami petrogradskogo chinovnika Dnevnik 1917-1918, Oslo, 1986.

Sablinsky, W., *The Road to Bloody Sunday: Father Gapon and the St Petersburg Massacre of 1905*, Princeton, 1976.

Sakwa, R., *Soviet Communists in Power: A Study of Moscow During the Civil War, 1918-1921*, Londres, 1988.

Salisbury, H. E., *Black Night, White Snow: Russia's Revolutions, 1905-1917*, Nova York, 1978.

Samuel, M., *Blood Accusation*, Londres, 1966.

Sapronov, T., *Iz istorii rabochego dvizheniia*, Newtonville, Mass., 1976.

Saunders, D., *Russia in the Age of Reaction and Reform*, Londres, 1992.

Savinkov, B. S., *K delu Kornilova*, Paris, 1919.

Sazonov, J. D., *How the War Began in 1914*, Londres, 1925.

Schapiro, L., *The Origin of the Communist Autocracy: Political Opposition in the Soviet State, First Phase, 1917-1922*, Londres, 1977.

Schapiro, L., "The Political Thought of the First Provisional Government", em R. Pipes (org.), *Revolutionary Russia.*

Scherr, B., "Notes on Literary Life in Petrograd, 1918-22: A Tale of Three Houses", *Slavic Review*, 36, 1977.

Scherrer, J., "Les Écoles du parti de Capri et de Bologne: La formation de l'intelligence du parti", *Cahiers du monde russe et sovietique*, 19, 1978.

Schweitzer, V., *Tsvetaeva*, Londres, 1988.

Seifulllina, L., "Muzhitskii skaz o Lenine", *Krasnyi nov'*, 1, 1924.

Seletskii, C, "Obrazovanie Partii Pogressistov", *Vestnik moskovskogo gosudarstvennogo universiteta, Istoricheskaia Seriia*, 5, 1970.

Semenov, S. T., "Legko li u nas vydeliat'sia iz obshchiny?", *Sovremennik*, 5-6, 1911.
Semenov, S. T., *Vospominaniia o L. N. Tolstogo*, São Petersburgo, 1912.
Semenov, S. T., "Novye khoziaeva", *Sovremennik*, 10, 1913.
Semenov, S. T., *Dvadtsat'piat'let* v *derevne*, Petrogrado, 1915.
Semenov, S. T., "Obnovlenie chernozema", *Russkaia mysl'*, 2 e 4, 1917.
Senn, A., *The Emergence of Modern Lithuania*, Princeton, 1959.
Serebrennikov, A., *Ubiistvo Stolypina: svidetel'stva i dokumenty*, Nova York, 1986.
Seregny, S. J., "Peasants and Politics. Peasant Unions During the 1905 Revolution", in E. Kingston-Mann e T. Mixter (org.), *Peasant Economy*.
Seregny, S. J., *Russian Teachers and Peasant Revolution: The Politics of Education in 1905*, Bloomington, 1989.
Serge, V., *La Ville en danger: Petrograd l'an II de la révolution*, Paris, 1924.
Serge, V., *Memoirs of a Revolutionary, 1901-1941*, Oxford, 1967.
Serge, V., *L'an I de la révolution*, Paris, 1971.
Serge, V. e Sedova, N. S., *The Life and Death of Leon Trotsky*, Londres, 1973.
Service, R., *The Bolshevik Party in Revolution: A Study in Organizational Change, 1917-1923*, Londres, 1979.
Service, R., *Lenin: A Political Life*, 3 vols., Londres, 1985, 1991, 1995.
Seton-Watson, H., *The Russian Empire, 1801-1917*, Oxford, 1967.
Shabanov, V., "Kratkii Biograficheskii Ocherk", manuscrito inédito.
Shanin, T., *The Awkward Class*, Oxford, 1972.
Shanin, T., *Russia as a "Developing Society"*, vol. 1, *The Roots of Otherness: Russia's Turn of Century*, Londres, 1985.
Shanin, T., *Russia, 1905-7: Revolution as a Moment of Truth*, vol. 2, *The Roots of Otherness: Russia's Turn of Century*, Londres, 1986.
Shapovalov, A. I., *Po doroge k marksismu: vospominanfia rabochego revoliutsionera*, Moscou, 1922.
Shekhtman, I. B., *Pogromy dobrovol'cheskoi armii na Ukraine*, Berlim, 1932.
Shentalinsky, *The KGB's Literary Archive*, Londres, 1995.
Shevelov, G., 'The Language Question in the Ukraine in the Twentieth Century (1900-1941)', *Harvard Ukrainian Studies*, 10, 1986.
Shklovsky, C., *Sentimental Journey*, Itaca, 1970.
Shlapentokh, D., 'The Images of the French Revolution in the February and Bolshevik Revolutions', *Russian History*, 16-1, 1989.
Shliapnikov, A., *On the Eve of 1917: Reminiscences from the Revolutionary Underground*, Londres, 1982.
Shliapnikov, A., *Semnadsatyi god*, 4 vols., Petrogrado, 1923.
Shub, D., "Kropotkin and Lênin", *Russian Review*, 12, 1953.
Shub, D., "Maksim Gorkii i kommunisticheskaia diktatura", *Mosty*, 1, 1958.
Shub, D., *Lenin*, Londres, 1966.

Shulgin, V. C., *Dni*, Leningrado, 1926.

Shulgin, V. C., *1920 god*, Leningrado, 1927.

Sidorov, A. L., *Revoliutsionnoe dvizhenie v armii i flote v gody pervoi mirovoi voiny 1914-fevr.1917*, Moscou, 1966.

Sidorov, A. L., *Ekonomicheskoe polozenie Rossii v gody pervoi mirovoi voiny*, Moscou, 1973.

Siegelbaum, L. H., *The Politics of Industrial Mobilization in Russia, 1914-1917: A Study of the War-Industry Committees*, Londres, 1983.

Silver, B., *The Russian Workers' Own Story*, Londres, 1938.

Simanovich, A., *Rasputine*, Paris, 1930.

Simms, J. Y., "The Famine and the Radicals", em E. H. Judge e J. Y. Simms (org.), *Modernization*.

Simms, J. Y., "The Crisis in Russian Agriculture at the End of the Nineteenth Century: A Different View", *Slavic Review*, 36, 1977.

Simms, J. Y., "The Crop Failure of 1891: Soil Exhaustion, Technological Backwardness, and Russia's 'Agrarian Crisis'", *Slavic Review*, 41, 1982.

Simon, G., "Church, State and Society", em G. Katkov *et al.* (org.), *Russia Enters the Twentieth Century*, Londres, 1971.

Sinegub, A., "Zashchita zimnego dvortsa v den' 25 oktiabria 1917", *Arkhiv russkoi revoliutsii*, 4, 922.

Skobtsev, D. E., *Tri goda revoliutsii i grazhdanskoi voiny na kubany*, Paris, s. d.

Slomka, J., *From Serfdom to Self-Government: Memoirs of a Polish Village Mayor*, Londres, 1941.

Smith, S. A., *Red Petrograd: Revolution in the Factories, 1917-1918*, Cambridge, 1983.

Smitten, B. N., "Poslednyi vremenshchik poslednego tsaria. Materialy chrezvychainoi sledstvennoi komissii vremennogo pravirel'stva o Rasputine i razlozhenii samoderzhaviia", *Voprosy istorii*, 10, 12, 1964; 1, 2, 1965.

Sokolov, B. F., "Zashchita vserossiiskogo uchreditel'nogo sobraniia", *Arkhiv russkoi revoliutsii*, 12, 1924.

Sokolov, B. F., *The White Nights: Pages from a Russian Doctor's Notebook*, Londres, 1959.

Sokolov, Iu. V., "Aleksei Alekseevich Brusilov", *Voprosy istorii*, 11, 1988.

Sokolov, K. N., *Pravlenie generala Denikina (iz vospominanfi)*, Sofia, 1921.

Sokolov, N. A., *Ubiistvo tsarskoi sem'i*, Paris, 1925.

Solomon, G. A., *Sredi krasnykh vozhdei: Lichnoe perezhitoe i videnoe na sovetskoi sluzhte*, 2 vols., Paris, 1930.

Some Notes on Social Conditions in Soviet Russia, Londres, 1925.

Sorokin. P., *Sovremennoe sostoianie Rossii*, Praga, 1922.

Sorokin, P., *Leaves from a Russian Diary*, Nova York, 1924.

Sorokin, P., *Chelovek, tsivilizatsiia, obshchestvo*, Moscou, 1992.

Speranskii, "Narodnye zasedateli", *Proletarskaia revoliutsiia i pravo*, 5, 1918.

Spiridonova, L., "Gorky and Stalin. (According to New Materials from A. M. Gorky's Archive)", *Russian Review*, 54, nº 3, 1995.

Spiridovitch, A., *Les Dernières Années de la cour de Tsarskoe Selo*, 2 vols., Paris, 1929.

Spring, D. W., "Russia and the Coming of War", em R. J. W. Evans e H. Pogge von Strondmann (org.), *The Coming of the First World War*, Oxford, 1988.

Stalin's Letters to Molotev, L. T. Lih, O. V Naumov e O. V Khlevniuk (org.), New Haven, 1995.

Stankevich, C., *Vospominaniia, 1914-19 g*, Berlim, 1920.

Startsev, V. I., "Voenno-revoliutsionnyi komitet i krasnaia gvardiia", in *Oktiabr'skoe vooruzhennoe vosstanie v Petrograle: sbornik statei*, Moscou-Leningrado, 1957.

Startsev, V. I., *Ocherki po istorii Petrogradskoi krasnoi guarlii i rabochei militsii*, Moscou-Leningrado, 1965.

Steinberg, I. N., *In the Workshop of the Revolution*, Nova York, 1953.

Steinberg, M. D. e Khrustalev, V. M., *The Fall of the Romanovs: Political Dreams and Personal Struggles in a Time of Revolution*, New Haven, 1995.

Steklow, G., *Mikhail Bakunin*, Stuttgart, 1913.

Stepniak (Kravchinskii), S. M., *The Russian Peasantry: Their Condition, Social Life, and Religion*, Londres, 1905.

Stepun, F., *Byvshee i nesbyvsheesia*, 2 vols., Nova York, 1956.

Sternheimer, S., "Administering Development and Developing Administration: Organizational Conflict in Tsarist Bureaucracy, 1906-1914", *Canadian-American Slavic Studies*, 9, 1975.

Stites, R., *The Women's Liberation Movement in Russia: Feminism, Nihilism and Bolshevism, 1860-1930*, Princeton, 1978.

Stites, R., *Revolutionary Dreams: Utopian Vision and Experimental Life in the Russian Revolution*, Oxford, 1989.

Stites, R., "Iconoclastic Currents in the Russian Revolution: Destroying and Preserving the Past", em A. Gleason *et al.* (org.), *Bolshevik Culture*.

Stolypine, A., *L' Homme du dernier tsar*, Paris, 1931.

Stojko, W., "Ukrainian National Aspirations and the Russian Provisional Government", em T. Hunczak (org.), *The Ukraine, 1917-1922: A Study in Revolution*, Harvard, 1977.

Stone, N., *The Eastern Front, 1914-1917*, Londres, 1978.

Stone, N., *Europe Transformed, 1878-1918*, Londres, 1983.

Struitura i sostav organov VSNKh v tsentre i na mestakh v 1921 g, Moscou, 1922.

Strumilin, S. G., "Prozhitochnoi minimum i zarabotki chernorabochikh v Petrograde", *Statistika truda*, 2-3, 1918.

Strumilin, S. G., "Biudzhet moskovskogo rabochego", *Statistika truda*, 1-4, 1919.

Strumilin, S. G., *Zarabotnaia plata i proizvoditel'nost' truda v russkoi promyshlennosti v 1913-1922 gg.*, Moscou, 1923.

Strumilin, S. G., *Izbrannye proizvedeniia,* vol. 1, Moscou, 1963.
Struve, P. B., "Velikaia Rossia: iz razmyshlenii o probleme russkogo moguchestva", *Russkaia mysl'*, 28, 1908.
Struve, P. B., "My Contacts and Conflicts with Lênin", *Slavic Review*, 12, 1933-4.
Stulov, P. M., "Pervyi pulemetnyi polk i iiulskie dni 1917 g.", *Krasnaia letopis'*, 3, 1930.
Suhr, G., *1905 in St Petersburg: Labor, Society and Revolution*, Stanford, 1989.
Sukhanov, N. N., *The Russian Revolution: A Personal Record*, J. Carmichael, Princeton, 1984.
Suny, R. G., *The Baku Commune, 1917-18,* Princeton, 1972.
Suny, R. G., *The Making of the Georgian Nation*, Indiana, 1988.
Suny, R. G., "Nationality and Class in the Revolutions of 1917: A Re-examination of categories", em N. Lampert e G. Rittersporn (org.), *Stalinism: Its Nature and Aftermath*, Londres, 1992.
Suny, R. G., *The Revenge of the Past: Nationalism, Revolution, and the Collapse of the Soviet Union*, Stanford, 1993.
Suvorin, *B., Za rodinoi: geroicheskaia epokh dobrovol'eheskoi armii*, Paris, 1922.
Swietochowski, *T., Russian Azerbaijan, 1905-1920: The Shaping of a National Identity in a Muslim Community*, Cambridge, 1988.
Swift, A., "Kul'turnoe stroitel'stvo ili kul'turnaia razrukha? (Nekotorye aspekty teatral'noi zhizni Petrograda i Moskvy v I917 g.)", in *Anatomiia*.
Svobodov, A., "A. M. Gor'kii i studencheskoe dvizhenie 1901 goda. (Po delam arkhiva Nizhegorodskogo gubernskogo zhandarmskogo upravleniia)", *Katorga i ssylka*, 6, 1927.
Szamuely, T., *The Russian Tradition*, Londres, 1988.
Szeftel, M., *The Russian Constitution of April 23, 1906*, Bruxelas, 1976.
Tager, A. B., *The Decay of Czarism: The Beiliss Trial*, Filadélfia, 1935.
Taneeva (Vyrubova), A., *Stranitsy iz moei zhizni*, Berlim, 1923.
Taylor, R., *The Politics of the Soviet Cinema, 1917-1929*, Cambridge, 1979.
Tkachev, P., *Izbrannye sochineniia na sotsial'no-politicheskie temy*, Moscou, 1932.
The Diaries of Theodor Herzl, Marvin Lowenthal (org.), Londres, 1958.
Toller, E., *Which World? Which Way?*, Londres, 1931.
Tolstói, L. N., *Pis'ma L N lolstogo, 1848-1910 gg.*, Moscou, 1910.
Tolstói, L. N., *Pis'ma L. N. Tolstog k zhene, 1862-1910 gg.*, Moscou, 1915.
Tretii vserossiiskii s'ezd professional'nykh soiuzov, Moscou, 1921.
Trifonov, I., *Klassy i klassovaia kor'ba v SSSR v nachale NEPa*, Leningrado, 1964.
Trotskii, L. D., *O Lenine*, Moscou, 1924.
Trotskii, L. D., *Sochineniia*, Moscou, 1925-7.
Trotskii, L. D., *Stalinskaia skhola falsifikatsii*, Berlim, 1932.
Trotskii, L. D., *Dnevniki i pis'ma,* ed. Iu. G. Fel'shtinskii, Nova Jersey, 1986.
Trótski, L. D., My *Life,* Harmondsworth, 1975.
Trótski, L. D., *The History of the Russian Revolution,* trad. M. Eastman, Londres, 1977.

Trótski, L. D., *How the Revolution Armed*, em *The Military Writings and Speeches of Leon Trotsky*, 5 vols., trad. B Pearce, Londres, 1979 [*HRA*].

Trotsky Papers, The, J. M. Meijer, 2 vols., Haia, 1964, 1971.

Troyat, H., *Tolstoy*, Harmondsworth, 1980.

Troyat, H., *Gorky*, Londres, 1991.

Trubetskaia, O., *Kniaz S N. Trubetskoi (vospominaniia sestry)*, Nova York, 1953.

Trudy tsentral'nogo statisticheskogo upravleniia, 7, 1, Moscou, 1921.

Tsarev, B., *Samouchka pisatel' S. T. Semenov*, Moscou, 1925.

Tsereteli, I. G., *Vospominaniia o fevral'skoi revoliutsii*, 2 vols., Haia, 1963.

Tsvetaeva, M., *Stikhotvorenie i poemy*, 5 vols., Nova York, 1982.

Tsvetaeva, M., *Selected Poems*, trad. D. McDuff, Newcastle, 1987.

Tsytovich, N., *Sel'skoe obshchestvo kak organ mestnogo upravleniia*, Kiev, 1911.

Tucker, R. C., *Stalin in Power: The Revolution from Above, 1928-1942*, Nova York, 1990.

Tugan-Baranovsky, M. I., *The Russian Factory in the Nineteenth Century*, Homeward, Ill., 1970.

Tumarkin, N., *Lenin Lives! The Lenin Cult in Soviet Russia*, Cambridge, Mass., 1983.

Tyrkova-Williams, A. V., *Na putiakh k svobode*, Nova York, 1952.

Tyrkova-Williams, A. V., *To, chego bol'she ne bydet*, Paris, sem data.

Ulam, A., *The Bolsheviks*, Nova York, 1965.

Upton, A., *The Finnish Revolution, 1917-1918*, Minneapolis, 1980.

Urussov, S. D., *Memoirs of a Russian Governor*, Londres, 1908.

Ustrialov, N. I., *V bor'be za Rossiiu*, Kharbin, 1920.

Uustalu, E., *The History of the Estonian People*, Londres, 1952.

Vaisberg, R. E., *Den'gi i tseny (podpol'nyi rynok v period "Voennogo Kommunizma")*, Moscou, 1925.

Valentinov, A. A., "Krymskaia epopeia (po dnevnikam uchastnikov i po dokumentam", *Arkhiv russkoi revoliutsii*, 5, 1922.

Valentinov, N., "Chernyshevskii i Lenin", *Novyi zhurnal*, 26, 1951.

Valentinov, N., *Encounters with Lenin*, Londres, 1968.

Valentinov, N., *Maloznakomyi Lenin*, Paris, 1972.

Valentinov, N., *Novaia ekonomicheskaia politika i krizis partii posle smerti Lenina. Gody raboty v VSNKh vo vremia NEP: vospominaniia*, Stanford, 1971.

Varneck, E. e Fisher, H. (org.), *The Testimony of Kolchak and Other Siberian Materials*, Stanford, 1935.

Vasil'eva, D. Iu., "Russkaia pravoslavnaia tserkov' i sovetskaia vlast' v 1912-27 gg.", *Voprosy istorii*, 8, 1993.

Venturi, F., *Roots of Revolution: A History of the Populist and Socialist Movements in Nineteenth Century Russia*, Nova York, 1960.

Verner, A., *The Crisis of Russian Autocrary: Nicholas II and the 1905 Revolution*, Princeton, 1990.

Vertsinskii, E. A., *God revoliutsii: vospominaniia oftisera general'nogo shtaba za 1917-18 gg.*, Talin, 1929.

Vladimirova, C., *Kontrrevoliutsiia v 1917g. (Kornilvshchina)*, Moscou, 1924.

Voeikov, V. N., *S tsarem i bez tsaria*, Helsingfors, 1936.

Vogel, L (org.), *Alexander Blok: An Anthology of Essays and Memoirs*, Ann Arbor, 1982.

Voline, *The Unknown Revolution*, Nova York, 1975.

Volkogonov, D., *Stalin: Triumph and Tragedy*, Londres, 1992.

Volkogonov, D., *Lenin Life and Legacy*, Londres, 1994.

Vorobei, K., *Odin za vsekh, vse za odnogo*, Leningrado, 1961.

Voronov, D. N., "Analiz derevenskogo alkogolisma i samogonnogo promysla", *Voprosy narkologii*, 1, Moscou, 1926.

Vserossiiskoe uchreditel'noe sobranie, Moscou-Leningrado, 1930.

Vtoroi vserossiiskii s'ezd sovetov rabochikh i soldatskikh deputatov, Moscou, 1957.

Vucinich, W. (org.), *The Peasant in Nineteenth-Century Russia*, Stanford, 1968.

Wade, R., *The Russian Search for Peace, February-October 1917*, Stanford, 1969.

Wade, R., *Red Guards and Workers' Militias in the Russian Revolution*, Stanford, 1984.

Waldron, P., "Religious Toleration in Late Imperial Russia", em O. Crisp e L. Edmondson (org.), *Civil Rights in Imperial Russia*, Oxford, 1989.

War, Revolution, and Peace in Russia: The Passages of Frank Golder, 1914-1927, T. Emmons e B. Patenaude, Stanford, 1992.

Wcislo, F. W., "Bureaucratic Reform before World War I", *Russian History*, 16, 1989.

Weber, G. e Weber, H., *Lenin: Life and Works*, Londres, 1980.

Weinberg, R., "The Pogrom of 1905 in Odessa: A Case Study", em J. Klier e D. Lambroza (org.), *Pogroms*.

Weissman, R., *Herbert Hoover and Famine Relief to Soviet Russia*, Stanford, 1974.

Weissman, N., "Rural Crime in Tsarist Russia: the Question of Hooliganism", *Slavic Review*, 37, 1978.

Weissman, N., *Reform in Tsarist Russia: the State Bureaucracy and Local Government, 1900-9*, New Brunswick, 1981.

Weissman, N., "Regular Police in Tsarist Russia, 1900-1914", *Russian Review*, 20, 1985.

Weissman, N, "Policing the NEP Countryside", em S. Fitzpatrick, A. Rabinowitch e R. Stites (org.), *Russia in the Era of NEP: Explorations in Soviet Society and Culture*, Indiana, 1991.

Wells, H. G., *Russia in the Shadows*, Londres, 1920.

Wheatcroft, S. G., "Crises and the Condition of the Peasantry in Late Imperial Russia", em E. Kingston-Mann e T. Mixter (org.), *Peasant Economy*.

Wheeler-Bennett, J., *Brest-Litovsk: The Forgotten Peace*, Nova York, 1938.

Whelan, H. W., *Alexander III and the State Council*, New Brunswick, 1982.

White, D. D. F., *The Growth of the Red Army*, Princeton, 1944.
White, J. A., *The Diplomacy of the Russo-Japanese War*, Princeton, 1964.
White, J. D., "The Kornilov Affair: A Study in Counter-Revolution", *Soviet Studies*, 20, 1968.
Wilcox, E. H., *Russia's Ruin*, Londres, 1919.
Wildman, A., *The Making of Workers' Revolution: Russian Social Democracy, 1891-1903*, Stanford, 1967.
Wildman, A., *The End of the Russian Imperial Army*, 2 vols., Princeton, 1980, 1987.
Wilton, R., *Russia's Agony*, Londres, 1918.
Wilton, R., *Last Days of the Romanovs*, Londres, 1920.
Witte, S. I., *The Memoirs of Count Witte*, trad. e org. S. Harcave, Londres, 1990.
Wolfe, B. D., *The Bridge and the Abyss: The Troubled Friendship of Maxim Gorky and V. I. Lenin*, Londres, 1967.
Wolfe, B. D., "Autocracy Without an Autocrat", in *Revolution and Reality: Essays on the Origin and Fate of the Soviet System*, Chapel Hill, 1981.
Worobec, C. D., "Victims or Actors? Russian Peasant Women and Patriarchy", em E. Kingston-Mann e T. Mixter (org.), *Peasant Economy*.
Wortman, R., *The Crisis of Russian Populism*, Cambridge, 1967.
Wortman, R., "Moscow and Petersburg: The Problems of Political Center in Tsarist Russia, 188I-1914", em S. Wilentz (org.), *Rites of Power: Symbolism, Ritual, and Politics Since the Middle Ages*, Filadélfia, 1985.
Wortman, R., "Invisible Threads: The Historical Imagery of the Romanov Tercentenary", *Russian History*, 16, 2-4, 1989.
Wortman, R., *Scenarios of Power: Myth and Ceremony in Russian Monarchy*, Princeton, 1995.
Woytinsky, W. S., *Stormy Passage*, Nova York, 1961.
Wrangel, N., *From Serfdom to Bolshevism: The Memoirs of Baron N. Wrangel*, Londres, 1927.
Wrangel, P. N., *The Memoirs of General Wrangel*, London, 1929.
Yaney, G., *The Systematization of the Russian Government*, Urbana, 1973.
Yaney, G., *The Urge to Mobilize: Agrarian Reform in Russia, 1801-1930*, Urbana, 1982.
Yodfat, A.Y., "The Closure of Synagogues in the Soviet Union", em *Soviet Jewish Affairs*, 3, 1973.
Zaionchkovsky, P. A., *The Russian Autocracy Under Alexander III*, Gulf Breeze, 1976.
Zaionchkovskii, P. A., *Pravitel'stvennyi apparat: samoderzhavnoi Rossii v XIX v.*, Moscou, 1977.
Zelnik, R. E., *Labor and Society in Tsarist Russia: The Factory Workers of St Petersburg, 1855-90*, Stanford, 1971.
Zelnik, R. E., "Russian Bebels: an Introduction to the Memoirs of Semen Kanatchikov and Matvei Fischer", *Russian Review*, 34, 1976.

Zelnik, R. E., "The Fate of a Russian Bebel: Semen Ivanovich Kanatchikov, 1905-1940", *The Carl Beck Papers in Russian and East European Studies*, 1105, Pittsburgo, 1995.

Zeman, Z. (org.), *Germany and the Revolution in Russia, 1915-1918*, Londres, 1958.

Zenzinov, V., *Deserted: The Story of the Children Abandoned in Soviet Russia*, Londres, 1931.

Zenzinov, V., "Fevral'skie dni", *Novyi zhurnal*, 34-3, 1953.

Zenzinov, V., *Perezhitoe*, Nova York, 1953.

Zhukovskii-Zhuk, "Kogda otkrylis' t'iuremnye dveri", *Katorga i ssylka*, 15, 1925.

Zinoviev, G. E., "Lenin i iiul'skie dni", *Proletarskata revoliutsiia*, 8-9, 1927.

Zinoviev, G. E., *Sochineniia*, Leningrado, 1923-9.

Ziv, G., *Trotskii: po lichnym vospominaniiam*, Nova York, 1921.

Zozulia, *Tsar' (cherez god)*, Petrogrado, 1918.

1917god v derevne: vospominaniia krest'ian, Moscou-Leningrado, 1929.

Créditos fotográficos

Arquivo Estatal de Filmes e Documentos Fotográficos, São Petersburgo.
Ibid.
Ibid.
Museu da Revolução, Moscou.
Arquivo Estatal de Filmes e Documentos Fotográficos, São Petersburgo.
Saltykov-Shchedrin Library, São Petersburgo.
The Russian Century, de Brian Moynaham (Chatto & Windus, Londres, 1994).
Arquivo Estatal de Filmes e Documentos Fotográficos, São Petersburgo.
Museu da Revolução, Moscou.
Arquivo Estatal de Filmes e Documentos Fotográficos, São Petersburgo.
Ibid.
Arquivo Estatal Russo de Filmes e Documentos Fotográficos, Krasnogorsk.
Ibid.
Museu Fotográfico da Califórnia, Universidade da Califórnia, Riverside.
Arquivo Estatal Russo de Filmes e Documentos Fotográficos, Krasnogorsk.
Russian in Original Photographs 1860-1920, de Marvin Lyons (Routledge & Kegan Paul, Londres, 1977).
Arquivo Estatal de Filmes e Documentos Fotográficos, São Petersburgo.
The Russian Century, de Brian Moynaham (Chatto & Windus, Londres, 1994).
Arquivo de História do Estado Militar Russo, Moscou.
Arquivo Estatal de Filmes e Documentos Fotográficos, São Petersburgo.
Ibid.
Coleção particular.
Museu do Distrito de Tula.
Arquivo Estatal de Filmes e Documentos Fotográficos, São Petersburgo.
Arquivo Estatal Russo de Filmes e Documentos Fotográficos, Krasnogorsk.

Museu da Revolução, Moscou.
Arquivo Estatal Russo de Filmes e Documentos Fotográficos, Krasnogorsk.
Arquivo Estatal de Filmes e Documentos Fotográficos, São Petersburgo.
Ibid.
Ibid.
Arquivo Estatal Russo de Filmes e Documentos Fotográficos, Krasnogorsk.
Arquivo Estatal de Filmes e Documentos Fotográficos, São Petersburgo.
Arquivo Estatal Russo de Filmes e Documentos Fotográficos, Krasnogorsk.
Russian in Original Photographs 1860-1920, de Marvin Lyons (Routledge & Kegan Paul, Londres, 1977).
Arquivo Estatal Russo de Filmes e Documentos Fotográficos, Krasnogorsk.
Arquivo Estatal de Filmes e Documentos Fotográficos, São Petersburgo.
Arquivo Estatal Russo de Filmes e Documentos Fotográficos, Krasnogorsk.
Museu da Revolução, Moscou.
Arquivo Estatal de Filmes e Documentos Fotográficos, São Petersburgo.
Ibid.
Ibid.
Arquivo Bakhmeteff, Universidade da Colúmbia.
Arquivo Estatal Russo de Filmes e Documentos Fotográficos, Krasnogorsk.
Ibid.
Museu da Revolução, Moscou.
Arquivo Estatal de Filmes e Documentos Fotográficos, São Petersburgo.
Arquivo Estatal Russo de Filmes e Documentos Fotográficos, Krasnogorsk.
Ibid.
Ibid.
Ibid.
Ibid.
Ibid.
Arquivo Estatal de Filmes e Documentos Fotográficos, São Petersburgo.
Arquivo Estatal Russo de Filmes e Documentos Fotográficos, Krasnogorsk.
Museu da Revolução, Moscou.
Ibid.
Arquivo Estatal Russo de Filmes e Documentos Fotográficos, Krasnogorsk.
La Révolution est là (Baschet, Paris, 1978).
Arquivo Estatal Russo de Filmes e Documentos Fotográficos, Krasnogorsk.
Instituto Hoover de Guerra, Revolução e Paz, Stanford, Califórnia.
Ibid.
Arquivo Estatal Russo de Filmes e Documentos Fotográficos, Krasnogorsk.
Ibid.
Ibid.

Ibid.
Arquivo Estatal de Filmes e Documentos Fotográficos, São Petersburgo.
Ibid.
Coleção particular.
Arquivo Estatal Russo de Filmes e Documentos Fotográficos, Krasnogorsk.
Ibid.
Ibid.
Ibid.
Ibid.
Ibid.
Ibid.
Ibid.
Ibid.
Photokhronika Tass, Moscou.

Índice

Este livro foi composto na tipografia
Minion Pro, em corpo 10/13,2, e impresso
em papel off-white na gráfica Plena Print